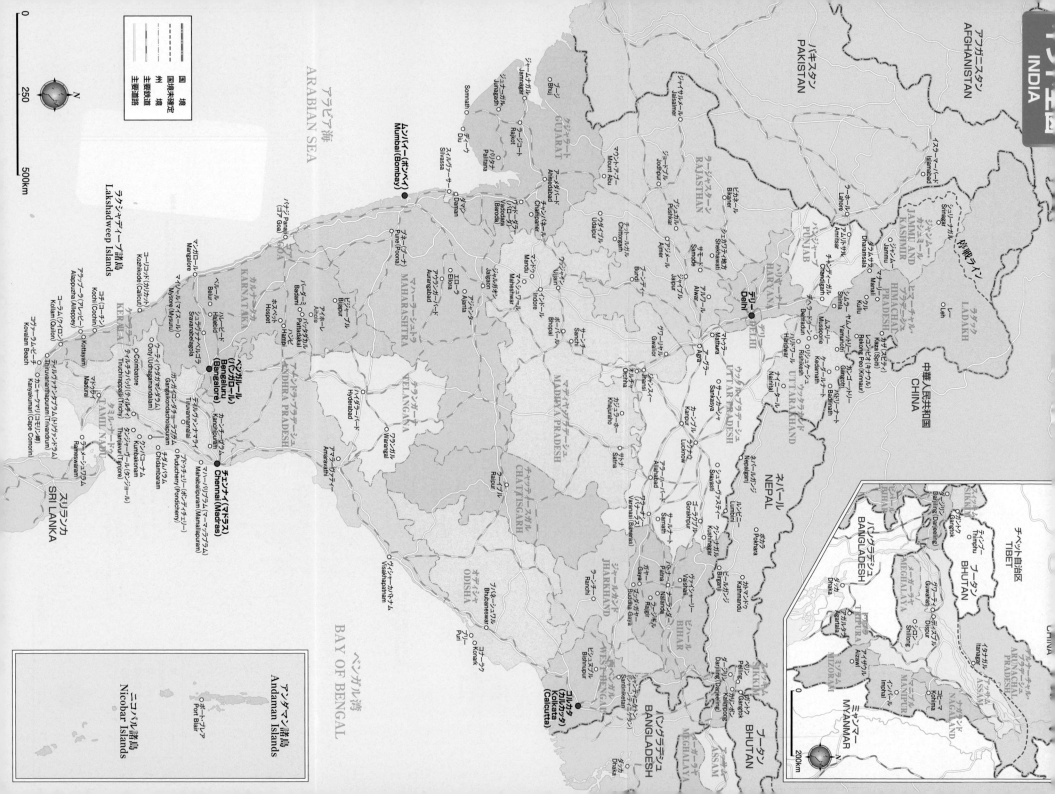

インド
India

寒さと暑さと
餓えと渇えと
風と太陽の熱と
虻とヘビと
これらすべてのものにうち勝って
犀の角のようにただ独り歩め

『ブッダのことば』（スッタ・ニパータ）より
中村元・訳／岩波文庫

地球の歩き方 編集室

INDIA CONTENTS

出発前に必ずお読みください！ 旅のトラブルと安全情報…95、146、147、635

■新型コロナウイルス感染症について
新型コロナウイルス (COVID-19) の感染症危険情報について、全世界に発出されていたレベル1 (十分注意してください)
は、2023年5月8日に解除されましたが、渡航前に必ず外務省のウェブサイトにて最新情報をご確認ください。

◎外務省 海外安全ホームページ・ (国名) 危険情報
www.anzen.mofa.go.jp/info/pcinfectionspothazardinfo_001.html#ad-image-0

593 | 旅の準備と技術編

■最新情報は
「地球の歩き方」ホームページもチェック!
海外再出発!ガイドブック更新&最新情報
www.arukikata.co.jp/travel-support

旅のキーワード

インドで町歩きをする際に、覚えておく
と便利な用語をピックアップ。

▌アーシュラム ● Ashram

ヒンディー語で「同等の仕事」を意味する宗
教の共同体。ヨーガや瞑想などを行うための
修行道場のこと。

▌ガート ● Ghat

川岸に設置された階段または足場。洗濯場
のほか、巡礼者の沐浴の場として用いられる。

▌ゴープラム ● Gopuram

ドラヴィダ寺院建築に見られるピラミッド状
の門。塔門とも呼ばれる。精細な彫刻や鮮や
かな彩色が施されることが多い。

▌ゴンパ ● Gompa

チベット仏教僧院。

▌ストゥーパ ● Stupa

サンスクリット語で「仏塔」の意味。「パゴ
ダ Pagoda」とも呼ばれる。もともとはブッ
ダの遺骨（仏舎利）を納めた塔。チベット語
では「チョルテン Chorten」。

▌チョウク ● Chowk

「市場」や「交差点」、「道が集まる広場」を
意味する。人々が行き交う活気ある場所であ
ることが多い。

▌ハヴェーリー ● Haveli

ラージャスターン州とグジャラート州に多く
見られる、美しい装飾が施された貴族の邸宅。

▌バザール ● Bazaar

市場を意味するが、専用の敷地があるという
よりは店がたくさん並ぶストリートまたはエ
リアといった感じ。ガンジ Ganj も同じ。

▌バワン ● Bhavan / Bhawan

ヒンディー語で「大きな建物」「屋敷」「ビル」
などを意味する。

▌プージャー ● Puja

「尊敬」を意味する。おもにヒンドゥー教で
神にささげる礼拝または犠牲。

▌マールグ ● Marg

「道」を意味し、英語のロードやストリート
と同様に使われる。

▌マハル ● Mahal

宮殿もしくは邸宅の意味。ただし「タージ・
マハル」のマハルは、妃の名ムムターズ・マ
ハルからきている。

歩き方の使い方

本書で用いられる記号・略号

ⓘ	観光案内所
[MAP]	地図位置
🏠	住所
☎	電話番号
✉	eメールアドレス
[URL]	URL（"http://"と末尾の"/"は省略）
🕘	開館・営業・催行時間
[料]	入場料などの料金
[休]	閉館日、休業日
[交]	交通アクセス
Ⓜ	メトロ（地下鉄）
[他]	支店など
[問合]	日本での問い合わせ先

Rs	インドルピー
US$	アメリカドル
€	ユーロ
NPR	ネパールルピー

St.	Street
Rd.	Road
Ave.	Avenue
La.	Lane
Mg.	Marg
Gov.	Government
Pl.	Place
Cantt.	Cantonment
Fl.	Floor

（インドでは英国式の表示を採用しているため、1st Fl. は日本の2階に当たる）

Bldg.	Building
Hwy.	Highway
Opp.	Opposite
R. S.	Railway Station

[Card] クレジットカード

A アメリカン・エキスプレス
D ダイナース・クラブ
J JCB
M MasterCard
V VISA

飛行機、鉄道、バスを中心に、掲載都市への行き方を示しています。起点となる町の公共交通機関の乗り場は、各町の「Access」と「歩き方」記事を参考にしてください

各州で通じる都市名の現地公用語表記です

折り込み付録の「インド全図」MAP での位置を示しています

読者の皆さんからの投稿や、その町での便利な情報、インド全般の小ネタなどを紹介しています

Mysore (Mysuru) ಮೈಸೂರು　MAP B-4

マイソール（マイスール）

マイソール観光のハイライトとなるマイソール宮殿

マイソールの市外局番
0821
マイソールの人口
約90万人

ACCESS

鉄　道
バンガロール・シティ駅から特急（週6便）で所要約2時間。急行（1日8便）で2時間30分～4時間。バンガロール・カント駅発の列車もある。

バ　ス
ベンガルールのマイソール・ロード・サテライト・バススタンドからはノンストップのエクスプレスバスがほぼ24時間、1時間に3～5便走っている（約3時間）。A/C付きのバスが快適。そのほかコチ（9～11時間）、ホスペット（10～12時間）、ウーティ（4～5時間）、チェンナイ（10～12時間）などとも結ばれている。

マイソールは、王宮（マイソール宮殿）を中心にこぢんまりとまとまった町だ。デカン高原の最南端の町で、海抜770mの高原にあるため、1年中避暑客や旅行者でにぎわっている。

現在はカルナータカ州の一都市だが、1973年まではマイソール州と呼ばれ、インド独立までマイソール藩王国の都として、この地方の政治経済の中心となっていた。このマイソール王国を築き上げたのは、ハイダル・アリーHyderAliとその息子ティプー・スルターンTipu Sultanのふたりの王。彼らは2代にわたって、マイソールの北16kmの**シュリーランガパトナSrirangapatna**を中心に、マイソール、ベンガルールなど、この地方に数多くの宮殿や寺院を建て、強大な勢力を誇った。しかし1799年、第4次マイソール戦争でイギリス軍に敗れ、この繁栄は終わる。

イギリスはその後ウォルデヤール家を王家に据え、マイソールを藩王国として残した。マイソールは現在観光都市として栄えているが、それもすべて歴代の王の残した遺産によっているわけだ。

マイソールの歩き方

駅があるのは町の西側。長距離バスが発着するのは、町の東側にあるセントラル・バススタンド（KSRTCバススタンド）。町の中心部はその間の2km四方にすっぽりと収まり、徒歩圏だ。特にデーヴァーラージ・マーケット周辺は、1日中にぎわいを見せている。マイソールを訪れたら必ず行くべきマイソール宮殿は、町の南側にある。

セントラル・バススタンドにはカルナータカ州各地や、ウーティなど他州へのバスが発着している。周辺にはホテルが多いので、バス移動を続けるならこの付近が便利。市内や近郊へのバスは、KR Circle近くのシティ・バススタンドに発着している。

HINT

便利なFlybus
ベンガルールのケンペゴウダ国際空港からは、マイソールへの直通バスも出ている。Flybusと呼ばれるVolvoタイプのA/Cデラックスバスで、24時間ほぼ1時間間隔で運行、所要約4時間。Rs750。マイソールから行く場合はセントラル・バススタンドから乗車できる。
[URL] www.ksrtc.in/oprs-web

ⓘ 毎年9月末から10月初めにかけての10日間、マイソールでは宮殿を中心に世界中の観光客を集めるダシャラー祭が行われる。この期間はほぼすべてのホテルが満室となるので注意。

568

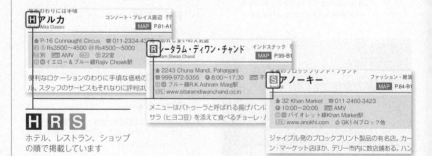

場所のわりには手頃
[H] アルカ　コンノート・プレイス周辺
Hotel Alka Classic　[MAP] P.81-A1
🏠 P-16 Connaught Circus　☎ 011-2334-43…
[料] Ⓢ Rs3500～4500 [W] Rs4500～5000
[税] 別　[Card] AMV　[Wi-Fi]　[室] 22室
[交] Ⓜ イエロー＆ブルー線Rajiv Chowk駅
便利なロケーションのわりに手頃な価格の…
ル。スタッフのサービスもそれなりに評判はい…

…売り切れしまいの人気店
[R] シータラム・ディワン・チャンド　インドスナック
Sita Ram Diwan Chand　[MAP] P.99-B1
🏠 2243 Chuna Mandi, Paharganj
☎ 999-972-5355　🕘 8:00～17:30　[Card] 不…
[交] Ⓜ ブルー線R.K.Ashram Marg駅
[URL] www.sitaramdiwanchand.co.in
メニューはバトゥーラと呼ばれる揚げパンに…
サラ（ヒヨコ豆）を添えて食べるチョーレ・…

…のブロックプリント・ブランド
[S] アノーキー　ファッション・雑貨
Anokhi　[MAP] P.84-B1
🏠 32 Khan Market　☎ 011-2460-3423
🕘 10:00～20:00　[Card] AMV
[交] Ⓜ バイオレット線Khan Market駅
[URL] www.anokhi.com　[他] GK1-Nブロック他
ジャイプル発のブロックプリント製品の有名店。カー…
ン・マーケット店ほか、デリー市内に数店舗ある。ハン…

H R S
ホテル、レストラン、ショップの順で掲載しています

投稿記事は多少主観的でも原文にできるだけ忠実に掲載しています。（東京都 ○○ '18）は寄稿者の居住地と氏名、掲載年度を表し、追跡調査でデータ改訂している場合 ['23] と調査年度を添えてあります

ACCESS

各都市への交通アクセスのほか、その都市での公共交通機関の情報や、郊外の観光地への交通情報などを掲載しています

INFO

掲載している各都市の観光案内所の情報のほか、本編では掲載しきれなかった観光情報などをまとめて紹介しています

HINT

『地球の歩き方』スタッフや読者の皆さんからの投稿、知っていると旅が楽しくなるような雑学など、旅のヒントを紹介しています

地　図

●	見どころ
H	ホテル
R	レストラン、カフェ
S	ショップ
●	銀行
❶	観光案内所
●	郵便局
✚	病院
⋮	バススタンド、バスターミナル、バス停
✈	空港

ホテルの部屋

室料		TAX	税
バス付き			(GST（物品サービス税）などが料金に含まれる場合は「込」、含まれない場合は「別」と表記)
(安宿ではトイレ、シャワーのこと)			
A/C（エアコン）付き		Wi-Fi	Wi-Fi
シングル			(ロビーのみなど、使える場所が限られる場合は「公共エリアのみ」と表記)
ツインまたはダブル			
トリプル			
ドミトリー		Card	クレジットカード
(相部屋の1ベッドを使う)		室	客室数

■取材データ

　2022年10月から2023年2月の取材調査を基に編集しています。掲載料金は外国人割増や季節変動の影響も受けるため、あくまでも目安としてご利用ください。交通機関の料金、発着時間や経路、あらゆる物件の開場時間、連絡先などは、予告なく変更されることが多々あります。できるかぎり現地でご確認ください。

■地図

　掲載地図はできるかぎり補正していますが、正確な元地図を入手しづらい背景もあり、地図によっては多少正確さに欠ける点があることをご了承ください。特に郊外図は概要を把握する程度にご利用ください。

　ショップ、ホテル、レストランなどは、可能なかぎり地図に示しています。ただし投稿情報など地図での位置が不詳の物件は、その投稿の内容から判断して自力で探すか、リクシャーのドライバーなどに目的地を告げて連れていってもらうなどしてください。

■ホテルの料金表示

　スイートルームを除く客室の料金を、バス付き、バスなし、A/C（エアコン）付き、A/Cなしといった部屋のタイプごとに分けて表示しています。付記のないかぎり、ひと部屋当たりの料金（ただし『Ⓓ＝ドミトリールーム』は1ベッド当たりの料金）です。TAX（税金）別と記載のある場合、部屋代に規定の金額が加算されます。

　掲載料金はホテルが公表する個人宿泊客向け一般料金です。都市によっては季節変動があります。ホテル予約サイトで大幅なディスカウント料金が提示されることもありますので、宿泊や予約の際は、必ずその時点での料金を確認してください。なお、掲載データは基本的に編集室が実際に訪れて尋ねたり、または電話をかけたりして確かめています。ウェブサイトなどを参考に料金を示している場合もあります。

■掲載情報のご利用に当たって

　編集部では、できるだけ最新で正確な情報を掲載するよう努めていますが、現地の規則や手続きなどがしばしば変更されたり、またその解釈に見解の相違が生じることもあります。このような理由に基づく場合、または弊社に重大な過失がない場合は、本書を利用して生じた損失や不都合について、弊社は責任を負いかねますのでご了承ください。本書掲載の情報やアドバイスがご自身の状況や立場に適しているかは、すべてご自身の責任でご判断のうえでご利用ください。

■発行後の更新情報と訂正

　発行後に変更された掲載情報や、訂正箇所は、『地球の歩き方』ホームページ「地球の歩き方全シリーズ更新・訂正情報」で可能なかぎり案内しています（ホテル、レストラン料金の変更などは除く）。

www.arukikata.co.jp/travel-support

インドの基本情報

▶ 旅の言葉→ P.639

▶ インドの宗教
→ P.634

※人口などの出典：
URL censindia.gov.in

国 旗
サフランはインドの勇気、白は真理と平和、緑は豊穣な大地を表す。中央のチャクラは回り続ける生と死を象徴。

正式国名
インド共和国
Republic of India（Bharat Ganrajya）

国 歌
『Jana Gana Mana』（ジャナ・ガナ・マナ『インドの朝』）。詩人ラビーンドラナート・タゴール作。

国 鳥
インドクジャク（Indian Peacock）

国 花
ハス（Nelumbo Nucifera Gaertn）

面 積
約 329 万 km²（世界第 7 位）

人 口
約 12 億 1057 万人（2011 年国勢調査）
※ 2023 年国連人口基金推計では 14 億 2860 万人

首 都
ニューデリー　New Delhi

元 首
ラーム・ナート・コヴィンド大統領
Ram Nath Kovind（2017 年〜）

政 体
政治は連邦共和制で、議会は二院制。元首は大統領で、首相は大統領が任命する形だが、実際の力は首相のほうが上。現在の首相はナレンドラ・ダモダルダス・モディ Narendra Damodardas Modi（2014 年〜）。

人種構成
トルコ・イラン、インド・アーリヤ、スキト・ドラヴィダ、アーリョ・ドラヴィダ、モンゴロ・ドラヴィダ、モンゴロイド、ドラヴィダの 7 種。

宗 教
ヒンドゥー教徒 79.8%、イスラーム教徒 14.2%、キリスト教徒 2.3%、スィク教徒 1.7%、仏教徒 0.7%、ジャイナ教徒 0.4%、その他宗教 0.9%。

言 語
ヒンディー語が公用語で、英語は補助公用語。他に憲法公認の 22 の州の言語と 844 の方言がある。

通貨と為替レート

▶ 通貨と両替、
クレジットカード
→ P.606

使用通貨はルピー Rupee(Rs／₹) とパイサー Paisa (P)。ヒンディー語ではルパヤー Rupaya (複数 は ルパイェー Rupaye)、パイサー Paisa（複数はパイセー Paise)。Rs1＝P100。2023年6月8日現在、Rs1は約1.7円。紙幣はRs10、Rs20、Rs50、Rs100、Rs200、Rs500、Rs2000の7種類だがRs2000札は2023年10月以降使用できなくなる可能性が高い。現在鋳造されている硬貨はP10、P20、P50、Rs1、Rs2、Rs5、Rs10、Rs20の8種類。Rs1とRs2、Rs5の 紙 幣 とP5〜25の硬貨もわずかに流通している。

Rs1　　Rs2　　Rs5　　Rs10　　Rs20

Rs10

Rs20

Rs50

Rs100

Rs200

Rs500

Rs2000
※ 2023年9月末流通停止

電話のかけ方

▶ インドの通信事情
→ P.629

日本からインドへ
例：デリー (011)876-54321 へかける場合。携帯電話にかける場合は市外局番不要

| 事業者識別番号 0033（NTTコミュニケーションズ）0061（ソフトバンク）携帯電話の場合は不要 | ＋ | 国際電話識別番号 010※ | ＋ | インドの国番号 91 | ＋ | 市外局番の最初の0を除いた番号 11 | ＋ | 相手先の電話番号 87654321 |

※ 携帯電話の場合は010のかわりに「0」を長押しして「＋」を表示させると、国番号からかけられる
※ NTTドコモ（携帯電話）は事前にWORLD CALLの登録が必要

出入国

ビザ
日本人のインド入国にはビザが必要。渡航目的に応じて必要なビザは異なるが、観光の場合、1〜5年有効なeビザや1ヵ月有効のアライバル・ビザなどがある。

パスポート
残存有効期間がビザ申請開始時に6ヵ月以上あり、査証欄の余白が2ページ以上あること。

▶パスポートとビザ
→ P.604

日本からの フライト時間

日本からデリーまでは直行便で約9時間〜。東京〜デリー間の直行便を運航しているのは、エア・インディア（成田・関空発）と全日空、日本航空（いずれも羽田発）。また、全日空が東京（成田）〜ムンバイー、日本航空が東京（成田）〜ベンガルールへの直行便を運航している。

▶インドへの道
→ P.609

気 候

一般的にインドの旅のベストシーズンとされるのは10〜3月頃。この時期は乾季なので、雨具はいらないし移動も楽。インドが初めての人にはいい。ただし、南は暑いが、デリーなど北部では12〜1月の夜はかなり冷え込む。また、北インドの1月は濃霧で観光や交通に支障をきたすことも。7〜8月は雨季だが、ヒマーラヤ山間の聖地を歩くならベストシーズン。

▶旅の季節→ P.600

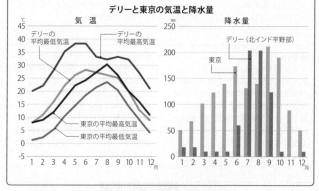

デリーと東京の気温と降水量

気温 ／ 降水量

デリーの平均最低気温／デリーの平均最高気温／東京の平均最高気温／東京の平均最低気温

デリー（北インド平野部）／東京

各地の言語

インドは各州で言語が異なる多言語国家。本書の都市名表記で出てくるのは以下10言語。
ヒンディー語、パンジャーブ語、グジャラート語、マラーティー語、コンカニ語、ベンガル語、タミル語、マラヤラム語、ラダック語、オリヤー語

▶各州公用語
→ P.62、212、355、390、451、466

時差と サマータイム

日本より3時間30分遅れ。日本の正午はインドの8:30。サマータイムは採用していない。

インドから日本へ
例：東京（03）1234-5678 または 090-1234-5678 へかける場合

国際電話識別番号	＋	日本の国番号	＋	市外局番と携帯電話の最初の0を除いた番号	＋	相手先の電話番号
00 ※		**81**		**3** または **90**		**1234-5678**

※ 公衆電話から日本にかける場合は上記のとおり。
ホテルの部屋からは、外線につながる番号を頭につける

▶**インド国内通話**
市内へかける場合は市外局番不要。市外へかける場合は市外局番からダイヤルする。携帯電話からかける場合は市内、市外とも最初の0が必要。

▶**公衆電話のかけ方**
①受話器を持ち上げて、「ツー」という音を確認する
②電話番号をダイヤルする
③相手が出たらコインを投入する。使えるコインはRs1のみ

祝祭日

全国的な祝日のうち、固定休日は以下の4日。これ以外に州ごとにさまざまな祝祭日がある。

■共和国記念日	1月26日
■独立記念日	8月15日
■ガーンディー生誕日	10月2日
■クリスマス	12月25日

▶インドの祭り
→P.638

※1月26日と8月15日はクローズする見どころが多いので注意

電圧とプラグ

220～240V、50Hz。プラグのタイプはB3、BF、B、Cタイプが主流。

ビデオ方式

DVD、BD購入時は放送方式（日本はNTSC／インドはPAL）とリージョンコード（日本はDVD＝2、BD＝A／インドはDVD＝5、BD＝C）に注意。PAL再生にはNTSCへ変換のできる再生機が必要。コードはソフトとプレーヤーを一致させるか、いずれかがオールリージョン対応なら再生可。

チップ

ホテル
ホテルで荷物を運んでもらったり、ルームサービスを頼んだりしたときにはチップを渡したほうがマナーとしてスマート。目安としては、中級ホテルでRs30、高級ホテルでは荷物1個につきRs40～50程度。

レストラン
レストランではサービス料が含まれている場合は不要だが、そうでない場合は5～7%程度。ただし、庶民的なレストランではおつりの小銭を置けばよいし、それも必ずというものではない。

ドライバー・ガイド
個人で手配したガイドには客ひとりにつきRs100～が相場。ドライバーは丸1日の場合はRs300～500程度、半日ならRs100～が相場。

飲料水

水道水はそのまま飲まないほうがいい。ホテルやレストランで「Boild Water」と表示された水さしが置かれていることがあるが、沸騰するまで沸かしているかどうかは疑わしい。ミネラルウオーターは、インド中どこでも購入可能（1ℓRs20前後）。買うときは開栓済みでないかをチェックしよう。

郵便

日本へのエアメールは、絵はがきならRs15、手紙はRs25。届くまでの日数は、航空便で4～10日。郵便局の営業時間は一般的に9:00～17:00で、日曜は休みの場合が多い。

ビジネスアワー

一般的な営業時間は次のとおりだが、あくまでも目安であり、店によって異なる。

銀行
10:00～16:30（土曜は～14:00）、日曜と祝日はクローズ。

デパート、ショップ
10:00～19:00、休日は店によってさまざま。

レストラン
11:00～23:00（15:00～18:00頃にクローズするところもある）。

2017年7月に物品サービス税（GST）が導入された。税率は商品の種類により0%、5%、12%、18%、28%が課税される。また、アルコールなど品物によっては、GST以外の税金がかかることもある。ホテルでは宿泊料がRs1000以上の場合税金がかかる。

▶ 旅のトラブル
→ P.635

治　安

インド最北部のカシュミール地方は、領有問題でパキスタンと緊張状態にある。2023年5月現在、ジャンムー＆カシュミール州は、ジャンムー＆カシュミール連邦直轄領とラダック連邦直轄領となり、地元民とインド政府も緊張状態にあり、外務省もレベル3〜4で渡航中止勧告および退避勧告を出している。またアーンドラ・プラデーシュ、オディシャ、チャッティースガル各州の奥地、ジャールカンド、ビハール両州の農村地帯では、「ナクサライト」と呼ばれる極左武装勢力による襲撃事件が頻発している。それ以外の地域でも、テロ予防などの理由によって大都市に危険情報が出されることがある。

犯　罪

詐欺やスリ、ひったくり、性的暴行、睡眠薬強盗などが発生している。特にデリーでは旅行会社がらみの詐欺事件が多発している。

健　康

基本的に予防注射は必要ない。無理をしない、暴飲暴食をしない、飲み水・生野菜に気をつける、食前の手洗いを励行するなどを心がけていれば、体調を崩すことも少ない。

《現地の日本大使館・領事館》
各都市のユースフル・アドレスを参照。
・デリー（P.94）
・ムンバイー（P.313）
・コルカタ（P.417）
・チェンナイ（P.476）
・ベンガルール（P.562）

日本と同じで、長さや距離はメートル法を採用。重さはグラム、容積はリットルを使用する。

喫　煙

インドでは公共の施設での禁煙法が施行されている。対象となる場所は空港のラウンジ、ホテル、レストラン、カフェ、バー、駅、バス停、ショッピングモール、映画館、病院、学校など。違反者にはRs200の罰金が科せられる。ただし喫煙エリアが設けられている場所は、公共の場所であっても喫煙可能。

飲　酒

イスラーム教は飲酒を禁じており、ヒンドゥー教徒もあまり好まない。しかし各町には酒屋があり、ライセンスをもつレストランやバーで飲むことはできる。ただし、グジャラート州、ビハール州、ケーララ州、マニプル州、ナーガーランド州では禁酒法が施行されており、アルコールの販売などが禁止または制限されている。また、禁酒法がない州にもドライデー（禁酒日）があり、この日は酒類を一切販売しない。ガンディーの生誕日や独立記念日など、特定の祝祭日は国全体で禁酒が行われる。また、全国の主要道路や鉄道駅などから500m以内でのアルコールの提供は禁止されており、ヒンドゥーの聖地でもアルコールの販売制限がある。

人に出会わずにインドを旅することはできない。

インドにはこういう喩えがある。

——深い森を歩く人がいるとしよう。

その人が、木々のざわめきを、小鳥の語らいを心楽しく聞き、

周りの自然に溶けこんだように自由に歩き回れば、

そこで幸福な一日を過ごすだろう。

だがその人が、たとえば毒蛇に出会うことばかりを恐れ、

歩きながらも不安と憎しみの気持をまわりにふりまけば、

それが蛇を刺激して呼び寄せる結果になり、

まさに恐れていたように毒蛇に噛まれることになる——

さあ、旅立ちのとき、魂まっ裸のトリップを！

謎めいた言葉で、インドはキミに呼びかけている……。

「さあ、いらっしゃい！　わたしは実は、あなたなのだ」

『地球の歩き方 インド』初版（1981年）「はじめに または おわりに」の言葉より

人間の森へ

インドは「神秘と聖性の国」だと言う。
またインドは「貧困と悲惨の国」だとも言う。
だがそこが天国だとすれば、
ボクらのいるここは地獄なのだろうか?
そこを地獄と呼ぶならば、ここが天国なのだろうか?
インドを旅するキミの心が、
そこに幻視するのは「天国」だろうか、
それとも「地獄」だろうか?

インド、その自然は美しくも苛烈。人間は心暖かくまた強烈……
インド……それは人間の森。
木に触れないで森を抜けることができないように

【インド世界遺産紀行_1】

アジャンター石窟群
&
エローラ石窟群

写真・文 小川
イラスト 武田

仏教にまつわる物語を読む 1

壁画群で最も代表的なものは仏教にまつわるもの
で、代表的な題材はジャータカ（ブッダの前世の物
語）だ。ブッダがまだ修行中の菩薩であった頃、さま
ざまな生物に転生していた時代の話で、黄金のガ
チョウであった時代のブッダの壁画などが残る。ブッ
ダの生涯を描いた壁画も数多い。訪問者はブッダ
の前世から人生にいたるまでを追体験できる。

アジャンターの
壁画を読む

28の石窟に無数の壁画が描かれるアジャンター。壁画の数は膨
大で、テーマも多岐にわたり、ただ石窟を訪問するだけでは全
容をつかむのは難しい。ここでは3つの視点からアジャンターの
壁画を解釈した。壁画を巡る際、理解の手がかりにしてみよう。

王族の暮らしを読む 2

アジャンターの壁画群は、紀元前2世紀から紀
元5世紀までの王族やエリートの暮らしも生きい
きと描いている。宮殿の様子や祭りの様子、化粧
をする女性の様子などは、当時の暮らしを今に伝
える貴重な資料だ。仏教を題材とした壁画の中
にも、当時インドに実際に住んでいた人々の姿を
参考にしたであろう絵がいくつも描かれている。

外国とのつながりを読む

壁画群の中には多くの外国人が登場する。盃を交
わすペルシア人や外国の使節、釈迦の降臨に参列
する多くの外国人の姿。アフリカ北東部出身と思
われる人物も壁画の中に描かれている。どの人物
も異国風の装いに身を包んでおり、その姿はインド
の当時の人々とは大きく異なる。これは当時盛ん
だった国際交流を示す例として考えられている。

エローラの建築を歩く

エローラ第16窟のカイラーサナータ寺院は、34の石窟の単なるひとつとして捉えるにはあまりにも広大だ。見どころは多く、注意深く見ていないと見逃してしまうものも散見される。ここではこの寺院内の重要な彫刻、聖像などを取り上げたい。

ナーンディー堂
nandi pavilion

シヴァ神の従者として知られる聖なる牛の像。かつては賢者シラーダの息子であり、シヴァの熱心な信者であった。シヴァの命により牛の姿となり、今も彼に仕えている。

オベリスク
obelisk

左右に対になっている高さ17mの記念柱。この高さをもつ柱でさえも、ひとつの岩から削られたことを考えると、当時の石工の技術の高さに想いをはせずにはいられない。

三体の女神像
three goddesses

入口を入ってすぐ西側には、ヤムナー、ガンガー、サラスワティーの3つの聖なる川を神格化した女神像がある。それぞれ「献身」「知識」「冷静さ」を象徴するという。

ガジャーラクシュミー
gajalakshmi

美と富と豊穣と幸運を司る女神·ラクシュミーの化身のうちのひとつで、動物に関する富を司っている。2頭のゾウが彼女に水を浴びせる姿を模している。

屋根
the roof

マンダパ（前殿）の屋根には4方向に咆
哮するライオンの彫刻がある。実際のライ
オンとほぼ同じ大きさとされ、シヴァを4方
角から守っているといわれる。

リンガ
linga

シヴァ神、あるいはそのエネルギー
の象徴とされる彫像。男性器を模
しているとする説もあり、台座であ
るヨニを女性器を模すと捉え、その
合一を再創造の象徴とするという。

宇宙を支えるゾウ
supporting elephants

胴体の蓮の彫刻とともに彫られたゾウたちは、外
壁下部でまるで寺院を支えるかのようにたたずん
でいる。これは寺院そのものだけでなく、「宇宙を
支えるゾウ」とも考えられている。

須弥山をゆさぶるラーヴァナ
ravana shaking mount kailasa

ラーヴァナ（ラーマーヤナに登場する悪魔の王）
が、シヴァ神と妻パールヴァティーが住むカイ
ラーサ山（カイラス山）を揺らして乱している様子
を描いている。

こうして寺院は作られた

インドの建築の中でも最も重要なもののひとつで
あるカイラーサナータ寺院は、8世紀ラーシュトラ
クータ朝の王クリシュナ1世によって造営された。
これだけの巨大な寺院であるにもかかわらず、建
築方法は石を積む方法を取っていない。エローラ
の崖を、上から谷底に向かってくり抜くように作ら
れたのだ。寺院は単一の岩からできていると考え
られ、8万5000㎥の岩を削り作られたといわれ
る。造形的にはシヴァ神の神聖な住居であるカイ
ラーサ山（カイラス山）を表していると考えられる。

ラーマヤナとマハーバーラタ
ramayana & mahabaratha

外壁にはインドを代表する古典、「ラーマーヤナ」
「マハーバーラタ」の浮き彫りがいたるところに
ある。どちらの叙事詩もヒンドゥー教の神々と密
接に関係があることで知られる。

いつか訪れたいインド

ユネスコによると、インドの世界遺産登録数は40件で世界6位（無形遺産を除く／2022年5月のデータ）。暫定リストにはさらに何件も登録されており、今後も増えることが予想されている。

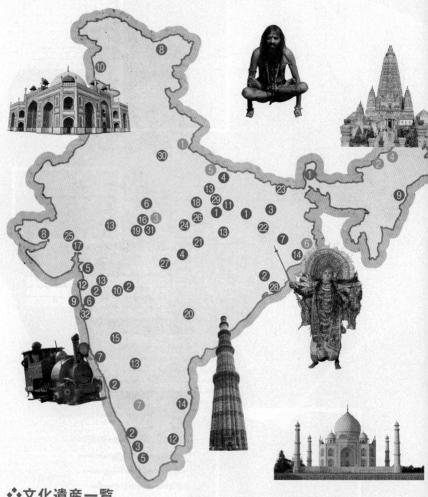

❖文化遺産一覧

❶アーグラー城塞（アーグラー／1983年）Agra Fort
❷アジャンターの石窟寺院群（アジャンター／1983年）Ajanta Caves
❸ビハール州ナーランダ・マハーヴィハーラ（ナーランダ大学）の遺跡（ナーランダー／2016）Archaeological Site of Nalanda Mahavihara at Nalanda, Bihar
❹サーンチーの仏教建造物群（サーンチー／1989年）

Buddhist Monuments at Sanchi
❺チャンパネール・パーヴァガドゥ遺跡公園（チャンパネール／2004年）Champaner-Pavagadh Archaeological Park
❻チャトラパティ・シヴァージー・ターミナス駅（旧名ヴィクトリア・ターミナス）（ムンバイー／2004年）Chhatrapati Shivaji Terminus(formerly Victoria Terminus)

の世界遺産

❼ゴアの教会群と修道院群（ゴア／1986年）
Churches and Convents of Goa
❽ドラヴィダのハラッパ遺跡（ハラッパー／2021年）
Dholavira : a Harappan City
❾エレファンタ石窟群（ムンバイー／1987年）
Elephanta Caves
❿エローラ石窟群（エローラ／1983年）
Ellora Caves
⓫ファテープル・シークリー（アーグラー／1986年）
Fatehpur Sikri
⓬大チョーラ朝寺院群（タンジャーヴールほか／1987年）
Great Living Chola Temples
⓭ハンピの建造物群（ハンピ／1986年）
Group of Monuments at Hampi
⓮マハーバリプラムの建造物群（マハーバリプラム／
1984年）Group of Monuments at Mahabalipuram
⓯パッタダカルの建造物群（パッタダカル／1987年）
Group of Monuments at Pattadakal
⓰ラージャスターンの丘陵要塞群（アンベールほか／
2013年）Hill Forts of Rajasthan
⓱アーメダバードの歴史都市（アーメダバード／2017年）
Historic City of Ahmadabad
⓲デリーのフマユーン廟（デリー／1993年）
Humayun's Tomb, Delhi
⓳ジャイプールの歴史都市（ジャイプル／2019年）
Jaipur City Rajasthan
⓴テランガーナ州のカーカティーヤ朝のルドレシュワラ
（ラマッパ）寺院（パランペット／2021年）
Kakatiya Rudreshwara Temple, Telangana
㉑カジュラーホの建造物群（カジュラーホー／1986年）
Khajuraho Group of Monuments
㉒ブッダガヤの大菩提寺（ブッダガヤー／2002年）
Mahabodhi Temple Complex at Bodh Gaya
㉓インドの山岳鉄道群（ダージリンほか／1999年）
Mountain Railways of India
㉔デリーのクトゥブ・ミナールとその建造物群
（デリー／1993年）Qutb Minar and its Monuments,
Delhi
㉕ラニ・キ・ヴァヴ　グジャラート・パタンの女王の階段
井戸（パタン／2014年）Rani-ki-Vav(the Queen's
Stepwell) at Patan, Gujarat
㉖レッド・フォートの建造物群（デリー／2007年）
Red Fort Complex
㉗ビンベットカのロック・シェルター群（ボーパール／2003
年）Rock Shelters of Bhimbetka
㉘コナーラクの太陽神寺院（コナーラク／1984年）
Sun Temple, Konark
㉙タージ・マハル（アーグラー／1983年）Taj Mahal
㉚ル・コルビュジエの建築作品―近代建築運動への顕著
な貢献―（チャンディーガルほか／2016年）
The Architectural Work of Le Corbusier, an
Outstanding Contribution to the Modern Movement
㉛ジャイプールにあるジャンタール・マンタール（ジャイプ
ル／2010年）The Jantar Mantar, Jaipur
㉜ムンバイのヴィクトリアン・ゴシックとアール・デコの遺産
群（ムンバイー／2018年）Victorian Gothic and Art
Deco Ensembles of Mumbai

❖自然遺産一覧

❶大ヒマラヤ国立公園（ヒマーチャル・プラデーシュ
州／2014年）Great Himalayan National Park
Conservation Area
❷カジランガ国立公園（アッサム州／1985年）
Kaziranga National Park
❸ケオラデオ国立公園（ラージャスターン州／1985年）
Keoladeo National Park
❹マナス野生生物保護区（アッサム州／1985年）
Manas Wildlife Sanctuary
❺ナンダ・デヴィ国立公園及び花の谷国立公園
（ウッタラカンド州／1988年）Nanda Devi and Valley
of Flowers National Parks
❻スンダルバンス国立公園（西ベンガル州／1987年）
Sundarbans National Park
❼西ガーツ山脈（インド西南部／2012年）
Western Ghats

❖複合遺産一覧

❶カンチェンゾンガ国立公園
Khangchendzonga National Park

❖無形遺産一覧

❶ラーム・リーラー（2008年）Ramlila, the traditional
performance of the Ramayana
❷ヴェーダチャンティング（2008年）
Tradition of Vedic chanting
❸クーリヤッタム（世界最古のサンスクリット古典劇）
（2008年）Kutiyattam, Sanskrit theatre
❹ラマン:ガルワール、ヒマラヤの宗教的祭事と儀式の演
劇（2009年）Ramman, religious festival and ritual
theatre of the Garhwal Himalayas
❺ムディエットゥ（ケーララの伝統的な儀式舞踊）（2010年）
Mudiyettu, ritual theatre and dance drama of
Kerala
❻カルベリアダンス（2010年）
Kalbelia folk songs and dances of Rajasthan
❼チャウダンス（2010年）Chhau dance
❽ラダックの仏教チャンティング（2012年）
Buddhist chanting of Ladakh
❾マニプールのサンキルタナ:宗教的歌唱、舞踊、ドラム
（2013年）Sankirtana, ritual singing, drumming
and dancing of Manipur
❿グジャラートのサテラ:真鍮・銅手職人カースト（2014年）
Traditional brass and copper craft of utensil
making among the Thatheras of Jandiala Guru,
Punjab
⓫ヨーガ（2016年）Yoga
⓬ノウルーズ（パルシーコミュニティの元日行事）（2016年）
Nawrouz
⓭クンブ・メーラ（2017年）Kumbh Mela
⓮コルカタのドゥルガープージャ（2021年）
Durga Puja in Kolkata

喧騒うず巻くデリーの街を
闊歩するためのパワー朝食

ニハーリー

Nihari

高層ビルが林立し、縦横無尽にメトロが走る現代のインド。
しかしオールドデリーには、
まだまだ昔ながらのにぎやかな人々の暮らしがある。
そんな活気あるデリーっ子たちの朝を象徴するのが、
老舗食堂のひと皿、ニハーリーだ。

早朝のニハーリーでインドの喧騒に立ち向かうパワーチャージを

1 混み合うニハーリー屋の店頭　2 部位ごとの食べ比べもおすすめ　3 巨大なデーグ鍋で長時間煮込まれるニハーリー　4 店の奥に座り、一連の作業を眺めながら食べるのが醍醐味

明け方からごった返すニハーリー屋

「ボーティーとローティー2枚、ナッリーもかけて!」

　まだ夜が明けきらない早朝、礼拝を終えたムスリムの男たちが煌々と明かりをともした食堂に吸い込まれていく。お目当てはニハーリーだ。

　ニハーリー・ワーラー（ニハーリー屋）の朝は早い。6時ぐらいには開店している。もともとペルシア語で「前夜から何も食べてない状態」を意味するように、ニハーリーは朝食として提供される（夕方営業する店もある）。水牛や山羊の肉を香辛料とともに大鍋で長時間煮込んだ料理の総称で、部位によってボーティー（赤身）、マガズ（脳みそ）、パーヤー（足）、ナッリー（骨髄）などに分かれる。それらをタンドールで焼かれた熱々のローティー（パン）とともにいただくのだ。

　「朝から肉なんて」と尻込みしてしまいそうだが心配ご無用。針生姜や刻み青唐辛子なんかの薬味類が充実していて意外と食べられてしまう。具以外のスープはお代わりも可能で、なかには2皿を並べて食べている猛者もいる。

　ジャーマー・マスジッドから南へとのびるマティヤ・マハール通りには、そんなニハーリー食堂が

ひしめいている。かつてムガル帝国が栄華を誇った時代、すでにその一角は人々が往来するにぎやかな通りだった。ひと皿のニハーリーは、うま味とともにそんな古い時代の味も感じさせてくれる。

おすすめニハーリー屋

Shabrati Nahari Shop　MAP P.79-B2

1957年創業の老舗食堂。デーグ（大鍋）とタンドールの脇をすり抜けて店内に入る伝統的なたたずまい。骨髄や脳みそのニハーリーを求める客で朝からにぎわう。

小林真樹／
アジアハンター

Kobayashi Masaki／Asia Hunter

インド食器・調理器具を輸入販売するアジアハンター代表。30年以上インドを行き来し、食器調査という名目でインド全土の食堂に入り食べ歩く。著書に『食べ歩くインド』（旅行人）ほか。

ラモージの夢、王国の残り香
〜世界最大の映画スタジオ ラモージ・フィルムシティをゆく〜

写真・文 井生明

ラモージ・フィルムシティ Ramoji Film City （P.591）
ハイダラーバード郊外にある映画スタジオとテーマパークが融合した施設で多くのインド映画が撮影されている。世界で最も巨大な映画スタジオとしてのギネス記録を持ち、毎年100万人を超える観光客を集めている。

ハリウッドのような映画スタジオを作りたい

　メディア業界の大物で映画プロデューサーでもあるラモージ・ラオの夢は1996年ハイダラーバード郊外に「ラモージ・フィルムシティ」という形で結実した。674ヘクタール（東京ドーム約144個分！）という広大な敷地内には、47の撮影スタジオ、空港や鉄道駅、インドの観光名所や街並みなどの常駐セット、さらには映画撮影のため監督や俳優、各種製作スタッフが宿泊できる6つのホテルを擁し、文字どおり映画尽くしの「映画都市」となっている。

　そういった映画関連の設備とテーマパーク的なアミューズメント施設が融合したこの「ラモージ・フィルムシティ」はギネスにも世界最大の映画スタジオとして認定されている。数多くの映画が撮影され、われわれ日本人にもなじみ深い映画も多く産み出された。日本でも大ヒットした『バーフバリ』2部作、劇中歌「ナートゥ・ナートゥ（Naatu Naatu）」が2023年アカデミー賞の歌曲賞を受賞し、日本でも一大旋風を巻き起こした『RRR』、『マガディーラ 勇者転生』（『バーフバリ』、『RRR』も手がけたラージャマウリ監督作品）、『ムトゥ 踊るマハラジャ』でおなじみのラジニカーント主演の『チャンドラムキ 踊る！ アメリカ帰りのゴーストバスター』や『ロボット』、シャー・ルク・カーン主演の『チェンナイ・エクスプレス』などなど。園内は常駐セットやアミューズメントエリアをバスで移動するが、いちばんの目玉はやはりバーフバリセット。『バーフバリ』の撮影に使われた撮影現場が大道具・小道具とともに残されている。ラモージの夢が実現したこの場所で、マヒシュマティ王国の残り香を身体いっぱいに吸い込もう。

はためくインド国旗を背景にギネス認定証が！

このレトロなバスで園内を移動し見学して回る。後ろには「ラモージ・フィルムシティで600日間『バーフバリ』が撮影された」との大看板が！

※マヒシュマティ王国：映画『バーフバリ』2部作の舞台となる架空の王国。映画ではこの国の王位をめぐる3世代にわたる重厚なストーリーが描かれている。

1日では足りないかも?!
インドらしさ満載のエンタメシティ!

映画のための壮大なセット!

インドの大叙事詩『ラーマーヤナ』と『マハーバーラタ』のセット。後者をモチーフにしたカンナダ語映画『クルークシトラ』もここで撮影された! この二大叙事詩はインド人の心の奥底にしみついている。

映画撮影の裏側がわかる!

クロマキー合成を使った撮影を実演。実際に撮影が行われるだけでなく、こういった映画製作の手法も紹介している。馬車に乗った女性の背景の緑色のスクリーンに道路が合成されている。

なりきり! サルマン・カーン

園内には鉄道駅のセットも常設されている。シャー・ルク・カーン主演の『チェンナイ・エクスプレス』の鉄道シーンもここで撮影された。写真では、インド人観光客が列車の先頭部に立ち、サルマン・カーン出演映画のワンシーンをなりきって再現!

大興奮のスタントショー

西部劇のセットを使ったスタントショー「WILD WEST STUNT SHOW」を観ることができる。ならず者にさらわれそうになる美女をめぐっての大立ち回り! インド人スタントのアクションと観客のリアクションの両方を楽しもう!

インドならではの「映え写真」!

叙事詩『ラーマーヤナ』に出てくる10の顔をもつラーヴァナの顔ハメ。ラーマの敵役ではあるが、インドでの人気は高い。このラーヴァナになりきっての写真撮影もラモージ・フィルムシティではマストだ!

インド映画通ならたまらない名所!

南インドのスーパースター、ラジニカーント主演の『チャンドラムキ 踊る!アメリカ帰りのゴーストバスター』の「王の呪われた家」のシーンが撮影されたセット。この映画ではやったセリフ「ラカラカラカ」をキミも叫ぼう!

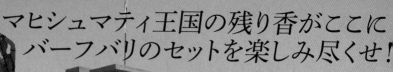

マヒシュマティ王国の残り香がここに
バーフバリのセットを楽しみ尽くせ！

なりきりバーフバリ！
シヴァリンガを持ち上げる
シヴドゥ

母を思う気持ちを忘れるな！

なりきりバーフバリ！
檻の中に閉じ込められる
デーヴァセーナー

25年にわたる幽閉の憂き目を忘れてはならない！

なりきりバーフバリ！
暴れ牛の突進を食い止める
バラーラデーヴァ

自らの力を過剰なまでに誇示するのだ！

なりきりバーフバリ！
玉座に座る
バーフバリ

必ず叫ぼう！ ジャイ・マヒシュマティ！

マヒシュマティ王国宮殿のミニチュア

帰りのバス内。インドの人も大満足！

バーフバリの顔ハメもマスト！　左にはバラーラデーヴァの戦車が！

ここだけのバーフ
バリメニュー！

バーフバリの世界に浸っておな
かがすいたならば、セット脇に
あるレストラン「バーフバリ・ダル
バール」で腹ごしらえをしよう！
メニューのほとんどが
「バーフバリ」に関連す
る名前が付けられ、
レストラン内には撮
影時のビフォー・
アフターの写真なども展示し
てある。目の前にあるセットで撮影され
たのだから、感激もひとしおだ。

長さ1m越えの
「バラーラデー
ヴァ・ドーサー」

25

インドの大地によって育まれた
手織布と手仕事布。

カーディ
Khadi

インドは、かつて世界中にあった織りや染め、
刺繍などの布仕事が今も残る稀有な国だ。
現在世界で生産される手織布の95％がここで生産されている。
ただ古きを繰り返すのではなく、
今なお新しく育まれる布の大地へ。

西ベンガル州の村でカーディを織る男性

26

村における太陽 "カーディ"

　コルカタから車で数時間。砂埃の大道を逸れ、キラナがひしめく細道を抜け往くと、カーディの村だ。緑の木々の合間に干されたばかりの赤いサリーが目に飛び込んでくる。トタン板の小屋からは、パタンパタンという機音が響く。

　カーディは、インドで育まれた手紡手織布。その糸も織りも不均一で揺らぎがある。

　マハートマ・ガーンディーは、「カーディは村という太陽系における太陽である。その営みなくしては他の惑星の活動はなりたたない。村のひとの時間を有効に使うためには、チャルカ（糸車）を回し続けなくてはならない」と説いた。

　その言葉のとおり、今日でも村にはさまざまな仕事が残る。織り師のまわりには、染めをするものや糸を準備するもの、整経をするものがいる。ガーンディーチャルカを回す女性たちは、手紡ぎをしているようにみえるが、その多くは緯糸の準備だ。手紡糸の多くは、アンバーチャルカと呼ばれる生産性の高い糸車を用いて屋内で作られる。

　時代の変化をおおらかに受け入れつつ、カーディは作り続けられている。原理主義からでは

なく、ただ受け継がれてきた営みとして、自らの生活の糧になること自分たちの精神に適うこととの調和を探りながら。

おすすめカーディ店

Khadi Gramodyog Bhavan（デリー）　MAP P.81-A1

各都市にカーディ・グラムウドヨグ・バワンKhadi Gramodyog Bhavanという政府系のお店がある。デリーの中心地コンノート・プレイスにもあり、旅行者でも気軽に立ち寄れる。村から届いた織りたての布やさまざまな村の物産を扱っている。村には機械紡績の糸を使った布や機械で織った布も多く、売られている布すべてが手紡手織というわけではない。そこでのカーディは"村の経済を回す"あらゆる産物を表す。現代のインドの村でどのようなものが作られているかを識る足掛かりにしていただきたい。

小林史恵／CALICO
Kobayashi Fumie / CALICO

CALICO : the ART of INDIAN VILLAGE FABRICS 代表として、インド各地で現地の職人・エキスパートらと手仕事が持続するためのデザイン・普及活動を行う。奈良市に「CALICO : the BHAVAN」をオープン。著書に『CALICO のインド手仕事布案内』（小学館）
www.calicoindia.jp

【1】アンバーチャルカを回す女性（西ベンガル州）【2】壁に飾られたガーンディーの肖像（タミル・ナードゥ州）【3】杼と織り師の手（西ベンガル州）【4】シングルチャルカを回す女性（西ベンガル州）※【1〜3】写真撮影：在本彌生

ル・コルビュジエの
計画都市とジャンヌレの椅子
〜モダニズムとインドが出合う町、チャンディーガル〜

写真・文　松岡宏大（KAILAS）

チャンディーガル　Chandigarh（P.164）
パンジャーブの州都として1950年から建設がはじまった計画都市。現在はパンジャーブ州とハリヤナ州のふたつの州の州都を兼ねている。
2016年「ル・コルビュジエの建築作品—近代建築運動への顕著な貢献—」のひとつとして世界遺産に登録された。

ル・コルビュジエの計画を
結実させたもうひとりの建築家

　第2次世界大戦を経て、イギリス領からの独立を果たしたインド。初代首相ジャワハール・ネルーは高らかに宣言した。

　「過去の伝統にとらわれない、インドの自由を象徴するような町を造る」

　この計画に白羽の矢が立ったのが、モダニズム建築の巨匠、ル・コルビュジエLe Corbusier（1887〜1965）である。実はコルビュジエによる都市計画はチャンディーガルだけではない。バルセロナ再整備やブラジル大学都市構想などいくつかの計画が立ち上がったもののすべて頓挫している。そんな大計画が唯一結実したのが、ここチャンディーガルだ。

　ここにはひとりの建築家の存在が大きく関与している。ピエール・ジャンヌレPierre Jeanneret（1896〜1967）。コルビュジエの従兄弟にあたる彼はチャンディーガル計画のため、コルビュジエとともにインドへ随行してきた。彼はコルビュジエが去ったあともチャンディーガルに残り、都市計画遂行の監督を務めた。結局病気で帰国せざるを得なくなった1965年まで、14年もの長い年月をここで過ごすことになった。インドを深く愛していたジャンヌレの遺骨は遺言に従いチャンディーガルのスクナ湖に流された。

　長年コルビュジエの陰としてほとんど注目されてこなかったジャンヌレだが、2000年代に入り彼がデザインしていた椅子がフランスのギャラリーに見出され、一気に衆目を集めることになる。現在では世界中の美術館がコレクションし、オークションでは数百万円もの高値が付くジャンヌレの椅子だが、実際のところこの椅子はあまりに世にありふれていた。今でいうところのオープンソースであったため、あらゆるところで自由に作られていたからだ。しかし、この椅子こそ素材から制作、修理にいたるまで、インドの風土や職人の技術を知り尽くしていたからこそできた、まさにモダニズムデザインとインドの手工芸が重なる大傑作であった。議事堂内をはじめ、チャンディーガルの官公庁では現在もこの椅子が普通に使われている。もちろん座り心地は最高だ。

ル・コルビュジエ設計の高等裁判所

建築博物館に展示されているジャンヌレの家具。パンジャーブ大学のガンディーバワン（SECTOR14）やバスターミナル（SECTOR17）もジャンヌレが設計したものだ

より深くル・コルビュジエを知るために

SECTOR 1
キャピトル・コンプレックス

コルビュジエが設計した官公庁の建築が集まるエリア。観光客がエリア内に立ち入るにはツーリストインフォメーションから出発する1日3回のツアーに参加するしかない。写真は「議事堂」(左手前)と「星の塔」(右奥)

SECTOR 1
議事堂のエナメル画とタペストリー

機能性と合理性を造形理念とするモダニズム建築だが、写真のエナメル画や堂内のタペストリー(撮影不可)など、ル・コルビュジエの遊び心が随所に見られる

SECTOR 10
政府博物館&美術館

日本の「国立西洋美術館」(ル・コルビュジエ設計、弟子の前田國男らが実施設計・工事監理)とよく似た建築。ほとんど建築当時のままなので、内部構造をつぶさに見学することができる

SECTOR 10
チャンディーガル建築博物館

いかにしてチャンディーガルが造られたのか……図面や写真、模型など豊富な資料によって解き明かされていく。ジャンヌレがデザインした家具のオリジナルも多数展示されている

SECTOR 19
ル・コルビュジエ・センター

貴重な写真やスケッチなどによって、ル・コルビュジエの姿に迫る小さな博物館。モダニズム建築の巨匠の人間らしい一面を垣間見ることができる。マグカップやバッジなどコルビュジエ・グッズはおみやげにおすすめ

北から南までありとあ
足で探したもの、ロ
飽きのこない、かつ安
旅先で見つけ

チェンナイに拠点を構
える人気チェーン店サ
ラヴァナバワンのマサ
ラドーサ。生地もポテト
フィリングも、添えられた
サンバルやチャトニも間
違いない。ニューヨーク
など海外展開もしてい
るので、ぜひ日本にも進
出してほしい。(デリー店
→P.102)

マサラドーサ
Masala Dosa
Rs165

ダーム・ターリー
(ハーフ)
Dham Thali
Rs240

ヒマーチャルのバラモンに代々伝わる
豆と野菜のカレー定食。味の決め手は
ヨーグルト。写真はハーフだけど、フルは
ご飯とカレーが2倍! さらにおかわりア
ンリミテッド!!(シムラー→P.176)

ムガル帝国の宮廷料理を今に
引き継ぐ名店カリームズホテル
の味が片手で食べられるファスト
フードに。ローティの中にはたっ
ぷりチキン!(デリー→P.101)

カリーム・
ロール
Karim Roll
Rs170

チョーレー・
バトゥーレー(ハーフ)
Chore Bature
Rs50

シータラムは1970年代から
続く老舗の名店。チャナマサ
ラ(ひよこ豆カレー)もバトゥー
ラー(揚げパン)も他の店とは
まったく違う。フル(Rs90)は
バトゥーラーが2枚。パハルガン
ジに投宿したときの朝食はいつ
もここ。(デリー→P.101)

1944年創業、ジャイプルの
ラッシー店、ラッシーワー
ラー。日本語に訳せば「ラッ
シー屋さん」って、そのまんま
じゃん! 往年のボリウッドス
ター、アミターブ・バッチャンも
わざわざ飲みに来たという名
店。(ジャイプル→P.228)

ラッシー
Lassi
Rs35(小)

おいしいよ〜

チャナ・バトゥーラ発祥の地は
西インドのパンジャーブ。州都
のチャンディーガルは新しい
町だけど、やっぱりここは本
場。値段もちょっと高めだけ
ど、ボリュームいっぱい。ラッ
シーと一緒に楽しむのが定番。
(チャンディーガル→P.167)

チャナ・バトゥー
Chana Batura
Rs155

マッカクルフィー
Matka Kulfii
Rs70

ピスタチオで風味を付けた練乳を凍らせた濃厚な味わいのアイスクリーム。マッカ（器）に入ったクルフィーは灼熱のインドでも溶けにくい。夏の定番。個人的には冬でも食べたい。（アムリトサル→P.172）

食べてね！

新聞に載ったよ
おいしいよ〜

材陣による

の絶品
イーツ

る地域を訪れる取材スタッフが
ルの口コミで見つけた
おいしいものをご紹介！
ぜひトライして！

ジャパニサモサ
Japani Samosa
Rs40

オールドデリーに1949年から屋台を構えるマノーハル・ダバ。パイ生地のようなサクサクした食感がおもしろい。名前の由来は、以前日本のメディアが取材に来たことがあったかららしいです……。（デリー）

ワーダ
Vada
Rs20

シュリー・アーナンダ・バワンのワーダ（メドゥ）とサウスインディアン・フィルターコーヒー（Rs35）。南インドでの朝食はこのコンビで決まり！（マハーバリプラム→P.486）

インドの スーパーマーケット

旅行の定番おみやげスポットにもなりつつあるスーパーマーケット。
インドのスーパーマーケット (的なものは) 日本や欧米とはちょっと違う。
ここではおみやげで、旅で使える定番ラインナップをご紹介。
使いこなして、インド旅行を快適にしよう!

リムカ　Limca

インドでは圧倒的な人気を誇る
レモンとライムフレーバーの炭
酸飲料。インドで生まれた清涼
飲料水だが、現在はコカ・コー
ラ社の傘下にある。インドのス
プライト的存在で、どんな田舎
町でも飲める。

マーザ　Maaza

インドならどこででも売られてい
るマンゴージュース。インド人
も大好き。「マージャ」と発音
するとインドでは通じやすい。
初めての人はおいしすぎて毎
日飲むハメに。慣れてくると甘
過ぎてあまり飲まなくなる。

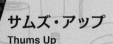

サムズ・アップ
Thums Up

1977年、コカ・コーラのインド
撤退にともない誕生したインド
産コーラ。後にペプシ進出の
際にコカ・コーラ社に買収され
たが、現在もインドのコーラで
は売上ナンバー1。コーラ好
きはお試しあれ!

トゥルシー・ ティー
Tulsi Tea

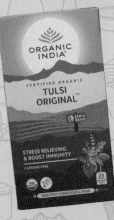

ホーリーバジルとも呼ばれ
るトゥルシーはどの家庭に
もある万能ハーブ。トゥル
シーティーはノンカフェイ
ンでデトックスやアンチエ
イジング効果があるとも。
独特の香りがあるが、飲
みやすいハーブティー。

レトルトカレー　Pre-packaged curry

スーパーにはさまざまなブランドのレトルトカレーが売られてい
る。スパイスを買うより手軽なおみやげ。写真はデリーの名店
「シータラム・ディワン・チャンド (P.101)」のレトルト。味の再
現度はかなり高し!

インド味
ポテチ　Chips

インド人も大好きなポテチ。マサラフレーバーやスパイシーチリフレーバー、ライム＆ペッパーなど日本にはない種類もたくさん。「Lay's」や「Uncle Chipps」「BINGO!」ブランドなどがポピュラー。

カシューナッツ
Cashew Nuts

ゴアやカルナータカ、ケーララ州など各地で取れるカシューナッツは手頃な価格で手に入る。日持ちがするのでおみやげにもいい。こちらもプレーン、塩味、ペッパーなどさまざまなフレーバーが揃っている。

ナムキーン　Namkeen

ヒンディー語の「ナマック＝塩」から派生したナムキーンは、しょっぱいスナック全般のこと。ポテトチップスもナムキーンのひとつ。さまざまな豆やナッツを混ぜたスナックなど種類は無限にある。

カップヌードル
Cupnoodles

日清カップヌードルは1988年からインドにも進出している。マサラやスパイシーチキン、チリ、ローガンジョシュ味など日本とはすべて異なるラインアップ。珍しいものを見つけたらトライしてみては？

ビスケット　Biscuits

老若男女を問わず甘いものが大好きなインドの人々。ビスケットは安くて、手軽でみんなの大好きなお菓子。チョコチップやナッツ入りはもちろん、クミンシードの入ったものなどバリエーションは豊富。

インドのスーパー（的な）ショップ

都市部で増えつつある
コンビニ的スーパーマーケット

いわゆるスーパーマーケットはなかなかインドでは浸透せず、市場で生鮮品を買うのが主流。代わりに都市部ではコンビニ的ショップが急増中。『24seven』がポピュラー。

どんな田舎にも必ず存在する
伝統のジェネラルストア

食品から日用雑貨まで、小さな店に驚くほどの商品数を扱うジェネラルストアはインド中どこにでもある。欲しいものを言えば、ディスプレイになくても奥から出てきたりも。

インドのドラッグストア

ジェネラルストアと同じく、インドならほとんどの町で見つかる薬局。
ラインアップはまちまちだが、本格的な薬からおみやげになるものまでさまざま。
ここで紹介するもののなかにはジェネラルストアなどで買えるものもある。

オドモス　Odomos

旅する時期や場所によっては必須となる蚊除けクリームの定番。「オドモス」が欲しいと言うと、類似品を出されることも。

歯磨き粉　Toothpaste

インドの歯磨き粉はスパイスやハーブ成分をたっぷり配合したものが多い。特に人気なのが「パタンジャリ」ブランドのもの。

マイソール・ソープ
Mysore Sandal Soap

マイソール藩王国で100年以上前から作り続けられている100％純粋なサンダルウッドオイルを使った大定番ソープ。

リップクリーム
Lip Balm

意外と乾燥するインドではリップクリームは必需品。「ヒマラヤ」はどこでも手に入るポピュラーなブランド。

フットクリーム
Foot Care Cream

寺院など裸足になる場面が多いからか、角質を軟らかくするフットケアクリームはいろんなブランドから出ている。

エレクトラル
Electral

具合が悪くなったときはこれ。インドでいちばんポピュラーなORS（経口補水液）で、変わらぬパッケージ。味はビミョー。

カイラス・
ジーバン軟膏
Kailas Jeevan

万能アーユルヴェーダクリームとして知られる軟膏。説明書によると傷や虫刺され、やけど、不眠などあらゆるものに効くらしい。

プロライト　Prolyte

こちらもORS。スポーツドリンク的なオレンジフレーバーで飲みやすい。紙パックに入った液体状のものなどもある。

プディンハラ・
パールズ
Pudin Hara Pearls

脂っぽい食事が続いたときや、食べ過ぎたとき、胃腸の調子が悪いときに飲むミントのカプセル。胃の中からスーッとして爽快に！

コフレット　Koflet

空気の悪い都市部では、1日外にいるだけでのどが痛くなることも。そんなときは咳ドロップを。バラ売りもしている。

いろんなものも取り扱いアリ
町の薬局

インドの薬局はいわゆる一般薬から日本で処方薬にあたるものまで、幅広く取り扱っている。症状を伝えると、処方箋なしでも薬が買えたりするので緊急時は役立つ。

INDIAN
CULTURE

インドのカルチャー

▶食 Food
▶映画 Movie
▶伝統芸能 Traditional Music & Dance
▶手工芸品・おみやげ Handicrafts/Souvenirs

インド・グルメガ

北インドの定食
ターリー
Thali

パーパル Papad
豆せんべい。北インドは焼いて出てくることが多く、南インドでは揚げて出てくることが多い

カチュンバル Kachumber
生野菜とチャートマサーラーというミックススパイスのサラダ。

チャパーティー Chapati
全粒粉で作った無発酵平焼きパン。

ダール・フライ Dal fry
ひきわり豆の煮込み。北インドでは毎食見かける。家庭でも外食でも必ず出る。チャパーティーにつけたり、ご飯にかけて食べる

青唐辛子 Hari Mirch
辛味が欲しいときにかじる。

ライス Rice
北インドでは小麦がおもな主食だが、米も日常的に食べる。ただし小麦に比べると少し割高。

アチャール Achaar
ピクルス。少量ながら存在感が大きいアイテム。チャパーティーに少しつけて食べるとアクセントになる。

アジアハンター
小林真樹 Masaki Kobayashi ／インド食器輸入業の有限会社アジアハンター代表。90年頃からインド渡航を開始。最大の関心事はインド亜大陸の食文化で、食器の仕入れを兼ねてインド亜大陸各地をくまなく食べ歩いている。

マサラワーラー
インド料理を作るのが好きでいつも作りすぎてしまうのでだったら食べたい人を集めて食べてもらえばいい！ということで、いろんなところでインド料理を作る2人組。インド料理ユニットというより、インドをリスペクトするコピーバンドみたいな2人組。

マサーラー Masala
汁気の濃度がある料理の総称。チキンやマトンのマサーラーなどはうま味たっぷり濃い味。スパイスもマサーラーと呼ぶ。

サブジー Sabji
野菜の炒め煮の総称で、ドライな炒め物であることが多い。

主食の小麦食

**ローティー
Roti**
小麦で作ったパン状の物の総称。アーター（全粒粉）で作った生地をタンドールで焼いたパンもローティーと呼ぶ。

**チャパーティー
Chapati**
北、西インドで食べられているポピュラーなパン。アーターを水で練り薄く伸ばしタワ（鉄板）で焼いたパン。

**パラーター
Paratha**
チャパーティーと同じアターの生地にギー（精製バター）を何度も塗り折りたたみ、層状にして薄く伸ばして焼いたもの。中に具が入るものもある。

**ナーン
Naan**
精製した小麦粉（マイダー）を練り発酵させてタンドールで焼き上げたふっくらしたパン。家庭で食べる場合はお店で買って食べている。

**プーリ
Puri**
チャパーティーをぷっくり揚げたパン。インドでは焼いたものより揚げたもののほうがより清浄とされている。

**バトゥーラ
Bathura**
こちらはナーンの生地を揚げたもの。よりこってりと豪華なパン。代表的なメニューはチョーレーバトゥーレ。

イド

旅の楽しみのひとつが毎日食べる食事。インド料理といえばカレーをイメージするけど、インドは広く人種もいろいろ！ところ変われば食事も変わる。インド各地の食を思う存分楽しもう！

by マサラワーラー（鹿島信治＆武田尋善）＆アジアハンター（小林真樹）

南インドの定食
ミールス
Meals

タイル Tayir
ヨーグルト。南インドでは〆にライスにヨーグルトをかけて食べるのが決まり。ウルガを混ぜて食べるのが最高！

ラッサム Rassam
タマリンドの酸味が効いたすっぱ辛いスープ。

コロンブ Kuzhambu
汁物の総称。酸味のあるタマリンドの果実を水で揉んで溶かしたジュースを使い煮込む。ワッタルという乾燥野菜を具にすることも多い。

ウルガ Urga
ピクルス。少量ながら存在感が大きいアイテム。タミル・ナードゥでは塩辛く仕上げられる。

パルップ Paruppu
ひきわり豆のスープ。優しい味わいでご飯に混ぜながら食べる。

パチャディ Pachadi
生野菜をヨーグルトであえたものやヨーグルトとココナッツで炒めた野菜をあわせたものなどいろんなスタイルがある。

ライス Rice

ポリヤル Poriyal
野菜炒めの総称で、ドライな炒め物であることが多い。

クートゥ Kootu
豆とココナッツのあえ物的存在。店によって、季節によって食材が変わるのもまた楽しい。

アップラム Appalam
豆せんべい。汁がバナナの葉に残ったときは、これに吸わせてきれいに食べるのもテクニック。

サーンバール Sambhar
豆と野菜の煮込み。ミールスに限らずどんなものにもついてくる。サーンバールの味でミールスの善し悪しが決まる。

┃ 南インドのティファン ┃

ドーサ
Dosa
米と豆のペーストを発酵させた生地を鉄板でクレープのように焼いたもの。いろいろなバリエーションがある。

イドゥリ
Idli
ドーサと同じ生地を専用の蒸し器で蒸した米の蒸しパン。南インドの朝食、夕食での定番の蒸しパン。

ワダ
Vada
ウラドダールという豆をペーストにしドーナツ状に成形して油で揚げたもの。こちらも朝食、夕食の定番。

ウッタッパン
Uttapam
ドーサと同じ生地を使った焼きもの。パンケーキのように厚く焼いた生地に玉ねぎやトマトなどを乗せて焼く。

プットゥー
Puttu
削ったココナッツと米粉を専用の筒状蒸し器に交互に入れて蒸し上げたもの。汁物と合わせて混ぜながら食べる。

イディヤッパン
Idiyapam
米粉を練り、専用の道具で麺状に押し出して蒸したもの。見た目は麺状だが汁物をかけて潰して混ぜながら食べる。

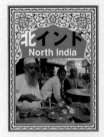

北インド
North India

多くの外国人がイメージするインド料理はおそらく北インドの料理。

チャパーティーと**ダール**は最も一般的な組み合わせ。朝ごはんにはジャガイモなどの具を入れた薄いパン、パンジャーブ名物の**パランターParantha**。**ライターRaita**（ヨーグルトと切った野菜）と一緒に食べることが多い。

ルマーリー・ローティーRumali Roti（ハンカチパン）はひっくり返した中華鍋のような鍋で焼くパン。焼くときのアクションが目を見張るほどハデでかっこいいので注目！

リッティ・チョーカーLitti Chokhaはビハールの伝統的な料理で、リッティは全粒粉で作った団子を灰に埋めて焼いたパン。焼いた野菜をマッシュしたチョーカーとともに食べる。北インド名物で有名なのが、**タンドゥール料理Tandoor**。もともとはナーンを焼くためのタンドゥール窯で肉などを焼いたものが**タンドゥーリー・チキン**。タンドゥーリー・チキンをトマトとクリームで煮込んだ**バターチキン・マサーラー**は今やインドを超えて世界中のあちこちで食べられる料理になった。

タンドゥール窯はムガル帝国の侵略とともにアフガニスタンからインドに伝わったといわれている。かつて栄華を極めたムガル料理の宮廷料理が起源とされるモグライ料理は、ナッツや乳製品を使ったリッチな料理。北インド中にモグライ料理のレストランはあるけれど、本場のデリーには名店がたくさん。代表的な料理は、**ハリームHareem**（牛肉や羊肉を豆や麦などと一緒に長時間煮込んだ濃厚なグレーヴィーの料理）、**チキン・シャージャハーニー Chicken Shahjahani**（皇帝の名を冠した白い材料だけで作られた豪華な料理）、**ニハーリー Nahari**（骨つきの牛肉や羊肉の塊を煮込んで作る豪快な料理）、そしてなんといっても**ビリヤーニー Biryani**！ 濃厚なグレーヴィーと香り高い米を一緒に炊き込んだインドの炊き込みご飯で、お祝い事のときには大量に作られる料理。現在は屋台でも食べられる一般的な食べ物でもある。

こうした料理は南アジアのムスリムに愛され、世界中のムスリムコミュニティで食べられている。しかし、肉料理はモグライ料理に限らない。カシミール州の**ローガン・ジョーシュRogan Josh**、ラージャスターン州の**ラール・マーンスLaal Maans**などもぜひどうぞ！

ベジ料理も多彩。焼きナスを細かく切ってから調理する**ベイガン・バルカー Baigan Bharta**はスモーキーでとても美味。鮮やかな緑色の**サルソン・カー・サーグSarson ka Saag**（からし菜のカレー）はからし菜の黄色い花が咲き乱れるパンジャーブ名物。バターミルクにベーサン（ひよこ豆の粉）を溶いて煮込む**カリー**

ニハーリー

タンドゥーリー・チキン

ビリヤーニー

インド中華 Indian Chinese

もともとは英領時代からコルカタに住んでいた中国系移民コミュニティ発祥の料理が、ムンバイーその他の都市部に広がって、今ではインド全域で愛されている「インド中華」というジャンルの食べ物になった。ちょっと今日はスパイス入ってないもの食べたいなあーって旅人にも昔から愛されているインド中華はこちら！（でもインド流になっているのでスパイス入り。）

スプリングロール
Spring roll

春巻き。中の具材はいろいろあるが、キャベツの千切りが入っていてケチャップをつけて食べるタイプのものがポピュラー。ケチャップがインド中華のポイント。

チョウミン
Chow mein

焼きそば。ベジのほか、卵、チキン、マトン、ミックスなどがある。醤油味でチリソースやケチャップが付く場合もある。

Kadhiという料理は名前がカレーに似てるけど全然カレーらしくない料理。**野菜が少ないラージャスターン料理の知恵**が感じられる。

インドの中のチベット文化圏、ラダック地方ではチベット料理を食べることもできる。チベット風のうどんともいわれる**トゥクパTukpa**や、**モモMomo**（チベット風の蒸し餃子）などは日本人にとって身近に感じられるメニュー。モモはネパール料理とも共通していて、デリーなどでもチベットやネパールの料理を食べられるところは多い。

北インドのストリート・フードではいろいろな種類のチャート Chaat（スナック）類が有名。**ナムキーンNamkeen**と呼ばれる塩味のスナックやジャガイモ、小さい揚げパンの**プーリPoori**などをタマリンドのソースやヨーグルト、そしてチャートマサーラーというスパイスであえたもので、北インドを代表する味となっている。プーリが入った**ベル・プーリ Bhel Poori**、ひよこ豆の入った**チャナー・チャートChanaa Chaat**、ピンポン玉のような丸いプーリに具と酸っぱい水を入れて食べる**パーニー・プーリPani Poori**、**サモーサーSamosa**をつぶして薬味と混ぜた**サモーサー・チャート Samosa Chaat**などなど、いろいろな種類がある。揚げパンの**バトゥーラ Bhatura**とひよこ豆のカレーを合わせた**チョーレー・バトゥーレー Chole Bhature**も人気メニューのひとつ。

サモーサー

ヒンドゥー教には乳製品は神様からの授かりものという考えがあり、さまざまな料理に使われている。なかでもスイーツは豊富で、インドの町なかでは必ずスイーツ屋を見かけるはず。**ラーブリーRabri**は練乳とナッツ、砂糖などでできたお菓子。甘くて濃厚！　アーグラーの名物**ペタPetha**は冬瓜と砂糖でできたスイーツ。とても甘くてなんだか懐かしいスイーツ。

西ベンガル州、オリッサ州の**主食は米**、米に合うさらっとしたグレーヴィーが主流。

西ベンガルは、ガンジス川とブラフマプトラ川が流れ込むデルタ地帯で、土地柄淡水魚や汽水魚をたくさん食べる地域でベジタリアンのブラーフミンでも「魚は野菜」と言って魚を食べる人が多い。マスタードオイルをよく使い5つのスパイスを混ぜた**パンチフォロン**（マスタードシード、メティ、クミンシード、フェンネルシード、カロンジー）を使い香りを出している。全国的に食べているダールはもちろん、淡水魚のスープ**マチェル・ジョル Macher Jhol**、魚のマスタード煮**ショルシェ・マーチShorshe Maach**が有名。野菜料理もポピーシードを使ったジャガイモの蒸し煮**アル・ポストAloo Posto**、乾燥えんどう豆を戻して煮た**ググニーGuguni**などもよく食べる。

オリッサの水ごはん

魚のカレー

チリチキン
Chilli chicken
下味をつけて揚げたチキンにとろみをつけた赤いチリソースをまとわせたもの。

マンチュリアン Manchurian
「満州」という意味ながら、満州とは関係ないインドオリジナル料理。具は肉やパニール、野菜など。材料を揚げてからニンニクや青唐辛子、チリソースなどと合わせて作る。カリフラワーを使ったゴビ・マンチュリアンが人気がある。

チキン65 Chicken65
インド中華としても紹介されることの多い料理。南インド人の中にはかたくなに「これは中華だ」と言い張る人もいる。鶏肉を香辛料や醤油などでマリネしてからフライにしたもの。名前の由来には諸説あるけれど、料理自体はスパイシーなから揚げ。酒場の定番メニュー。

西インドの大半を占める**マハーラーシュトラ州**にはインド最先端の都市**ムンバイー**がある。モダン・インディアンと呼ばれる洗練されたフュージョン系インド料理から、サラリーマンの昼メシ時ににぎわうターリー料理、屋台のストリート・フードや雰囲気の異なるパールスィー料理まで、**ありとあらゆる食シーンが見られるのは大都会ムンバイー**ならでは。ムンバイっ子に人気なのが、西洋式のパオ（＝パン）に具を挟んだ軽食。**パオ・バジPav Baji**はトマトとジャガイモを煮込んだ具とパン。パンにジャガイモのフライにタマリンドとコリアンダーのソースなどをかけた**バタタ・ヴァダ・パオBatata Vada Pav**もある。ニューヨークのホットドッグのようにあちこちの露店で売っている。大きな鉄板の上で具を調理し、パンに挟んでできあがり。

ボンベイ・ダックBombay Duckという奇妙な名前の魚も有名。和名テナガミズテング。おもにフライにして、その料理名もそのままボンベイ・ダック。白身でやわらかく、酒のつまみにもピッタリだ。

プネーの有名なベジ料理**ズンカー・バークリーZunka Bhakri**はタマネギやニンニクとベーサンを炒め煮して作った料理（ズンカー）とキビのローティー（バークリー）の組み合わせ。伝統的なプネー料理はグジャラート料理に負けず劣らず甘いのが特徴。

パオバジ

南マハーラーシュトラの**コーラープリーKolhapuri**料理は**ちょっとしたブランド**になっている。特にチリを多用したノンベジ、マトン料理が有名で、赤くて辛いマトンのスープ**タンバダ・ラッサ Tanbada Rassa**やココナッツミルクを使った白いマトンスープ**パンダラ・ラッサPandhara Rassa**などがある。

また、**マハーラーシュトラは盛大なガネーシャの祭りで有名**なので、お祭りに欠かせないスイーツも多い。**プーラン・ポーリーPuran Poli**は、チャパーティーのような薄いパン（ポーリー）に甘いきな粉のような具（プーラン）を挟んだスイーツ。ココナッツの団子**ココナッツ・ラッドゥCoconuts Laddu**や米粉でできた小籠包のような形の皮にココナッツとヤシ砂糖でできた具を入れて蒸したり揚げたりする**モーダカModak**などが有名。

モーダカ

インドで最も西部に位置するのが**グジャラート州**。ここでは甘味のあるベジ料理が主流。乾燥した気候のため料理に使われる野菜の種類はあまり多くないが、それを補うように乳製品や豆類、ベーサンを多用する。とても品数の多いターリーも有名。**テープラーThepla**は、小麦粉とベーサン、メティの葉などを混ぜて薄く伸ばして焼いたパン。**ドークラーDhokra**はベーサンで作る蒸しパン。ケーキのスポンジのような食感。小腹満たしにもぴったり。おかずでは、緑を主体にした冬野菜を具にした汁気の少ない煮込み料理**ウンディユーUndhiyu**がよく食べられる。また、バターミルクとベーサンを混ぜて沸かした生地を平たく伸ばして巻い

カンドヴィ

⋙⟨ ゴアのカトリック料理 Goan Cuisine ⟩⋘

1530年、ポルトガルが総督府をゴアに築き、香辛料貿易を行っていた。その影響でカトリック教徒も多く、豚肉メニューも多い。また彼らが伝道したカトリックの影響でワインも広く飲まれるようになり、他地域ではあまり見ない豚肉や牛肉を使う料理も豊富。ビーチでのんびりしながら、ゴアだけの特別な料理とおいしいお酒をエンジョイしよう！

ポークヴィンダルー
Pork Vindaloo

豚肉を数種類の香辛料とたっぷりのニンニクと酢でマリネしてから調理する酸味の効いた代表的なゴア料理。

た**カンドヴィKhandvi**はなぜかスライスチーズのような味がする。スイーツなら**シュリカンドSreekhand**。水切りヨーグルトを甘くしてカルダモンで香りづけしたスイーツ。プーリと一緒に食べるととてもおいしい。**カッチ・ダベリKutchi Dabeli**はグジャラート州の最奥部カッチで人気のストリート・フード。甘酸っぱい具をパンに挟んだ不思議な味わいのバーガー。

西インドで食べたいのが**パールスィーParsi**（ゾロアスター教徒）料理。現在のイランをその出自とするインド国内のパールスィーの人たちのほとんどはムンバイーや南グジャラートなど西インドに住んでいるため、パールスィーの料理を出すレストランも多い。**ダンサクDhansak**は豆と野菜、肉を煮込んだもので、ペルシア料理とグジャラート料理のミックス料理。なんだかとても日本のカレーに似ている味。細切りの揚げたポテトが添えられているのがまたうれしい。**アクリーAkuri**はスクランブルエッグのこと。パンとサラダとともに朝ごはんになる。パールスィーは卵好きで有名らしい。プリンとかもおいしく作る。**マトン・カツレツMutton Cutlets**はマトンの入ったコロッケ。**パトラ・ニ・マッチ Patra Ni Machhi**はミントなどで緑色にマリネした白身魚をバナナの葉に包んで蒸し焼きにした派手な料理。パールスィーの料理はスパイスが控えめで辛味も少なめ。ちょっと洋食のような味わいだ。

インド中でも少ないパールスィー料理店のほとんどがムンバイーにあるので、見つけたらぜひ試してみてほしい。

ダンサク

北東インド
Northeast India

北東インドは未知なる食べ物との出合いが多い地域。チベット系や東南アジア系、バングラデシュ、ミャンマーの影響を受けているため、食べ物も他のインド諸地域とは違ったインド料理が楽しめる。北東インドは非ベジタリアンが多くお肉の種類も鶏、山羊、豚、牛とあらゆるものを食べる。淡水魚もよく食べる。ネパール料理にも似ている地域もあるので、蒸し餃子「モモ」、汁麺の「トゥクパ」などもよく食べる。

ナガランド州では豚料理の種類が多く、露店で子豚が生きたまま縛られて売られている。レストランではフレッシュ・ポークやスモークド・ポークの項目があり、そこにタケノコやヤム芋などで煮たり炒めたりした料理がたくさんある。イモムシや**アクニAkhuni**という納豆のようなものも食べる。食べ方はスープにしたり、豚などの肉料理、魚料理など幅広い。またタニシを使った料理も定番。犬を使った料理まである。

アッサム州では**ジョルパンJolpan**というもち米、押し米、米粉、セモリナ粉などを牛乳やココナッツミルクで煮込み砂糖やジャガリーで甘く蒸しあげたものを朝食によく食べる。

トゥクパ
タニシ
アクニ

ソルポテル Sorpotel
豚の内臓を濃厚な香辛料の効いたソースで味つけした料理。ゴアのイドゥリ「サンナ」と一緒に食べる。

シャクティ Xacti
ココナッツやポピーシードとさまざまなスパイスで作ったマサーラと肉、シーフードなどで作る料理。

バルチャーオ Balchão
エビをたくさんのスパイスと唐辛子、酢を使って調理した保存食。他の地域のアチャールやピックルと似ている。

ゴアン・ソーセージ Goan sausage
香辛料の効いたソーセージ。

サンナ Sanna
米が原料の蒸しパン。イドゥリに似ているが、形が円盤形ではなく平たい円筒形。ゴアのサンナはトディ酒かココヤシの樹液で発酵させる。

中央インドは、食の面では隣接する北・東・北東インドの影響を色濃く受けている。

中央インド
Central India

この地域の大きな特徴はアーディワーシー（先住民族）がたくさん住んでいるということ。アーディワーシーはよくも悪くもヒンドゥー化しなかった人たちなので、**ヒンドゥー教やイスラーム教の禁忌から自由**で、他の一般的なインド料理とはひと味もふた味も違う独特なもの。アーディワーシーといえばチャッティスガルのバスタル地方が有名。一般的にアルコールをおおっぴらに飲まないインドでも、部族や村の人たちはさまざまなお酒を作って飲む。マフアーの花やココナッツから作ったお酒などがよく知られる。ただし、密造酒での事故も多いので飲み過ぎにはくれぐれも要注意。**サルフィSarfi**はクジャクヤシの樹液から作った酒で「バスタルビール」とも呼ばれるヤシ酒。ケーララのトディと同じ。マフアーの花を発酵させて蒸留した酒**マフアーMahua**は、マハーラーシュトラやオリッサなど他の地域でもよく飲まれる蒸留酒。季節になると大きなマフアーの木の下でカゴ一杯に落ちてきたマフアーの花をひろう光景が見られる。米からできたアルコール度数の少ない酒、**ハンディアHandia**は日射病の予防になり、冬は体を温めるといわれている。

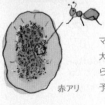

赤アリ

南インド
South India

1年中暑く、野菜もたくさん育つ豊かな地域。北インドとは少し違い、乳製品よりも**ココナッツミルクを多用し**、油もココナッツオイルやごま油が多く使われる。スパイスもマスタードシードを好んで使いカレーリーフもふんだんに使う。ベジタリアン料理もかなりたくさん！
米食の文化で汁物、あえ物、炒め物などがたっぷり食べられる**ミールスMeals**は**お昼の大定番**。旅が長くなっても飽きることがない。バナナの葉の上にご飯がドサっと盛られ、これから始まる**食べさせられ放題にワクワクが止まらない**はず。

どんどん来ます。

2

地域によって出てくるアイテムも変わり、ケーララでは野菜炒めの**トーレンThoran**、青バナナなどをヨーグルトであえる**カーランKaalen**、ニンジン、ジャガイモなどをココナッツとヨーグルトであえてある**アヴィヤルAvial**などのアイテムがある。アーンドラ料理では**パップーPappoo**と呼ばれる豆の煮込み、汁の多いタミルのコロンブにあたる**プルスPulls**、ちなみにカルナータカでは**ゴーシュGosh**と呼ばれる。
昼がミールスなら朝晩は**ティファンTiffin**と呼ばれる軽食

コップの水で素ばなを清める。

1

MEALS READY!!
Let's TRY!!
ミールスを
食べよう!!

おかわり放題

3

※┥ インドの飲み物 Drinks in India ┝※

インドでも日本と同じようにドリンクのバリエーションはさまざま。ただ日本のように蛇口をひねって水を飲むことはできないので気をつけて！ レストランで出される水はフィルターを通してあったりけするので飲んでも大丈夫なことがほとんどだが、気になる人はお店やレストランで水、清涼飲料水、フレッシュジュース、紅茶、コーヒーなどなどが買えるので、その土地ごとのローカルドリンクを楽しむのもいい。

チャーイ＆コーヒー
Chai&coffee

町なかいたるところで飲めるのがミルクティーのチャーイ。タミル・ナードゥ州ではコーヒー（カピKapiとも呼ぶ）がよく飲まれる。チャーイと同じく甘い。甘いのが苦手なら注文時にNO SUGARも頼める。どちらもホットで飲むのが一般的でアイスは見かけない。

フレッシュジュース
Fresh Juice

暑いインドはフルーツがおいしい。町角のジュース屋ではいろんなフルーツジュースが飲める。レモンと合わせたサトウキビのジュースも最高！ ココナッツもナタで割ってストローをさして飲む。最後は中の果肉まで味わいたい。

好きなおかずを
ご飯とよく
混ぜる

（P.37）。これらのティファンにもサーンバールとココナッツのペーストやトマトのペーストなどバリエーションが無限にありそうな**チャトニChutney**が付く。

パロッタやイディヤッパンには**ベジタブル・クルマVegetable Kurma**というポピーシードをペーストにしたグレーヴィー、プットゥには茶色いひよこ豆カダライの煮込んだものが付くことが多い。プットゥはバナナ、砂糖と一緒にぐちゃぐちゃに混ぜる食べ方もある。

まとめる

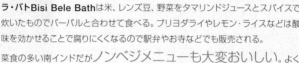

混ぜご飯や炊き込みご飯のバラエティも多い。レモンやトマトの風味が効いている**レモン・ライスLemon Rice**や**トマト・ライスTomato Rice**。プリヨダライPriyodaraiとも呼ばれるタマリンドライス。カルナータカ州でよく食べられる**ビシ・ベラ・バトBisi Bele Bath**は米、レンズ豆、野菜をタマリンドジュースとスパイスで炊いたものでパーパルと合わせて食べる。プリヨダライやレモン・ライスなどは酸味を効かせることで腐りにくくなるので駅弁やお寺などでも販売される。

ちょっと押す
6

菜食の多い南インドだが**ノンベジメニュー**も大変おいしい。よく知られるのがタミル・ナードゥ州の中ほどにある、マドゥライから少し北に位置するカライクディを中心とするチェッティナード料理。近年日本でもかなり有名になってきた**チェッティナード・チキンChettinadu Chicken**など香り高いノンベジ料理。タミル・ナードゥのマドゥライ近郊ではウサギやウズラなどのジビエもよく食べる。

持ち上げる
7

8
親指で押して

ケーララ州の北側のマラバール地方で食べられる**マラバール・ビリヤーニーMalabar Biryani**は絶品。短粒の香り米カイマライスをギーで炒め炊き上げ、具はチキン、マトン、ムール貝などの魚介、ムスリムの多い地域なのでビーフなどのグレーヴィーと合わせ蒸しあげたビリヤーニー。ぜひ北ケーララで食べてみてほしい。野菜も魚介も肉もうまい南インドは、食い倒れにご注意を！！

口に入れる
ばくり

ビリヤーニーは各地での食べ比べもおもしろい。タミル・ナードゥ州のディンドゥッカルという街でジーラカサンバという香り米を使い、付け合わせに**ダールチャDalcha**というマトンの骨やマンゴー、いろんな野菜を豆と煮込んだものが付いてくる。アーンドラ・プラデーシュ州の**ハイデラバーディー・ビリヤーニーHyderabadi Biryani**は日本でも有名なビリヤーニーだ。

ポードゥン！

10

食べ終わったら葉っぱ
をたたんで終る！

9

海岸線に囲まれている南インドは魚介類の宝庫。カニ、エビの甲殻類も抜群にうまい。ほかにケーララの家庭料理ではカッパ（タピオカ芋）とミーンカリ（フィッシュカレー）を一緒に食べるミーンカリ・カッパも有名。

クールドリンクス
Cool Drinks
清涼飲料水や炭酸飲料のこと。コカコーラ、スプライトなどもあるけど、せっかくならローカルドリンクを。インド産のコーラ、「タムスアップThums UP」やレモンとライム風味炭酸飲料「リムカLimca」も定番。

ラッシー＆シェイク
Lassi & Shake
日本でもずいぶん知られるようになったヨーグルト飲料、ラッシーもインド人の大好物。表面にヨーグルトの膜とクッキーをトッピングする店もある。塩味のソルティーラッシーも美味。南インドでは塩入りのバターミルク、「モール」もよく飲まれる。アイスシェイクのような「ジガルタンダ」も南インド独特のドリンク。

アルコール
Alcohol
州によっては禁酒州もあるインド。それでもお酒が好きな人はたくさんいる。酒屋は鉄格子越しにやりとりをするシステム。お酒のライセンスを取得しているホテルのラウンジやバーなどでも飲める。実は、インドではビール、ウイスキー、ラム、ワインなどが作られ輸出もしている。ローカルビールはかなり独特な味！

映画が拓くインドへの道

年間約2,000本の映画が生まれる映画大国インド。日本でも再びブームになっている
インド映画は、インドを知るための絶好のガイド役。さらにインド人と友人になれる
話題提供アイテムでもある。インドへの道は映画が拓く。　　（文・松岡環）

アカデミー賞も受賞したインド映画が日本で大ヒット！
日本でのインド映画公開史

インド映画の日本初公開は1926年、仏陀の生涯を描くサイレント
映画『亜細亜の光』(1925) で、戦後は1954年にヒンディー語
映画『アーン』(1952) と『灼熱の決闘』(1951) の娯楽作2本が
公開された。だが、1966年にサタジット・レイ監督のベンガル
語映画『大地のうた』(1955) が公開されると、以後はアート系作
品の公開が続く。1997年、43年ぶりの娯楽作としてヒンディー
語映画『ラジュー出世する』(1992) が公開され、翌年にはタミ
ル語映画『ムトゥ 踊るマハラジャ』が大ヒット、インド映画ブー
ムが起きる。ところが映画の権利トラブルなどが続き、人気は
いったん下火に。2013年、ヒンディー語映画『きっと、うまくい
く』(2009) がヒットしてブーム再来、2018年にはテルグ語映画
『バーフバリ 王の凱旋』(2017) が大ヒット、インド映画は広く
知られるようになった。コロナ禍を経て2022年から23年にか
けては、テルグ語映画『RRR』(2021) がスーパーヒット。米アカ
デミー賞歌曲賞獲
得も追い風となり、
20億円超の興収記
録を打ち立てた。
今、インド映画
は上げ潮である。

『亜細亜の光』©NFAI

『RRR』©2021 DVV
ENTERTAINMENTS LLP.ALL
RIGHTS RESERVED.

『ムトゥ 踊るマハラジャ』©1995/2018
KAVITHALAYAA PRODUCTIONS PVT LTD.&EDEN ENTER-
TAINMENT INC.

インド映画が案内してくれるインド各地とインドの様々な世界
映画はインドへの最強ガイド

インド映画は情報満載。インド人の日常生活や衣・
食・住、各地のお祭りに芸能、結婚式、葬式などの
通過儀礼、土地の風景や歴史、さらには社会構造
や人々の考え方など、ありとあらゆるインド情報を見
る者に運んできてくれる。『RRR』では独立前の歴
史を、グジャラート語映画『エンドロールのつづき』
(2021) やヒンディー語映画『めぐり逢わせのお弁当』
(2013) ではおいしい料理の数々を、ヒンディー語映
画『ガリーボーイ』(2019) や『あなたの名前を呼べ

たなら』(2018) では格差社会の現実を知ることがで
きるはずだ。『きっと、うまくいく』のラストシーンを
見て、ラダックのパンゴン湖に旅した人もいるし、コ
ルカタが舞台のヒンディー語映画『女神は二度微笑
む』(2012) を見て、ドゥルガー女神の祭りに行きた
くなった人もいるに違いない。『バーフバリ』2部作
(2015&2017) はインド古代叙事詩「マハーバーラタ」
と「ラーマーヤナ」の世界に誘ってくれるし、映画
では時間と空間を超えた旅がいくらでもできる。

よりインドがわかる！ テーマ別
魅力満載のインド映画

あらゆる娯楽要素満載で、歌と踊りが入るインド映画は、以前は「幕の内弁当」などといわれたことも。だが1991年の経済政策転換以降、シネコンの誕生で上映時間は短縮化、ダンスシーンは減少した。それでも魅力的なのはなぜ？

神話が躍動する世界

インドでは人口の約8割がヒンドゥー教徒。多神教のヒンドゥー教はさまざまな神を擁し、豊富な神話に彩られている。映画の舞台は現代でも、神話や古代叙事詩「マハーバーラタ」「ラーマーヤナ」を下敷きにした要素が潜み、主人公に神々がもつ特性が反映されていることもしばしば。『バーフバリ』のS.S.ラージャマウリ監督は、上手に神話を落とし込む作風で人気が高い。

『バーフバリ 伝説誕生』(2015年/テルグ語)
『バーフバリ 王の凱旋』(2017年/テルグ語)

©ARKA MEDIAWORKS PROPERTY, ALL RIGHTS RESERVED.

アマレンドラとマヘンドラのバーフバリ父子2代にわたる数奇な運命を描く。彼らからマヒシュマティ王国を奪ったバラーラデーヴァの母でアマレンドラの養母シヴァガミや、アマレンドラの妻デーヴァセーナ、女戦士アヴァンティカなど、女性キャラの強靭さも魅力。日本でもリピーターが続出、「ジャイ・マヒシュマティ！」と叫ぶ「王国の民」を多数生んだ。

社会問題にも果敢に挑戦

経済発展が続くインドだが、今も多くの社会問題を抱えるのはご存じのとおり。「カースト制度」「貧困」「女性差別」などのほか、BJP政権成立以降イスラーム教徒への風当たりが強くなるなど、「宗教ヘイト」問題も。経済発展後は、娯楽性も保ちながら社会問題を正面から描く作品が増えてきた。

『スーパー30 アーナンド先生の教室』(2019年/ヒンディー語)

全国23ヵ所にあるインド工科大学(IIT)はエリート養成機関。名門校と進学塾で学んだ受験生しかパスできない難関だ。そんな、「王の子供が王になる」システムに反発、貧しい子にもIIT入学の機会を、と無料塾「スーパー30」を立ち上げたアーナンド・クマールを主人公に、格差社会に一石を投じた胸アツの秀作。

©Reliance Entertainment ©HRX Films ©Nadiadwala Grandson Entertainment ©Phantom Films.

『僕の名はパリエルム・ペルマール』(2015年/タミル語)

指定カースト(＝被差別カースト、ダリト)枠で法科大学に入れたパリエルム・ペルマール。親切な女子学生に英語を助けてもらい、彼女と付き合い始めるが、中間カーストである彼女の親族は彼を侮辱する。苦悩する彼の前に、新たな敵も現れて……。赤裸々な描写に魂が震える必見作。

©Neelam Productions

世界一のソング＆ダンスシーン

大衆演劇から発展したインド映画は、劇中に歌と踊りが入るのが特徴だ。経済発展以降曲数は減ったが、A.R.ラフマーンら音楽性に富む作曲家と詩人でもある作詞家たちが作り、専門の歌手がプレイバック(吹替)した歌は、人々の心をわし掴む。振付、撮影、編集のワザはハリウッドより数段上、世界に誇る名ソング＆ダンスシーンが今日も生み出されていく。

『RRR』(2021年/テルグ語)

1920年の英領インドを舞台に、男の友情と独立への戦いを描いて大ヒット。2023年米アカデミー賞歌曲賞を受賞した曲「ナートゥナートゥ」の場面は、超絶ダンスが皆を虜にしてまれる人続出。見事なステップを披露したNTR Jr.とラーム・チャランは世界的人気者に。『バーフバリ』のS.S.ラージャマウリ監督が打ち立てたインド映画の金字塔。

©2021 DVV ENTERTAINMENTS LLP.ALL RIGHTS RESERVED.

フェミニズム映画と女性監督

女性のエンパワーメントを促す作品が多く作られるようになったのは21世紀に入ってから。興収トップ10に入る女性監督作もあり、フェミニズム視点は今や映画では必要不可欠。活躍中の女性監督としては、ヒンディー語映画のファラー・カーン、ゾーヤ・アクタル、タミル語映画のスダー・コーングラーなどがいる。

『マダム・イン・ニューヨーク』(2012年/ヒンディー語)

女性監督ガウリ・シンデーが、母親の生き方にヒントを得て作った作品。地方都市の平凡な主婦が、ニューヨークに住む姪の結婚式に向けて手助けに行き、英語学校で学ぶことで自己肯定に目覚める。久々に復帰したシュリデヴィがすばらしい演技を見せ、日本でもヒットした。2018年の彼女の急逝が惜しまれる。

© Eros International Ltd

NTR.jr RamCharan

知ればもっと楽しい！
インド映画の豆知識

インドには、「インド映画博士」がいっぱい。彼らレベルになるには、
今どきの映画はもちろんのこと、昔のヒット映画とヒット曲、そしてスターに精通しておくこと。
映画の中でも、しばしばその知識が試されるシーンが出てくる。

インド映画の歴史

インド初の劇映画『Raja Harishchandra（ハリシュチャンドラ王）』が公開されたのは1913年。1931年のトーキー化でソング＆ダンスシーンが入るようになった映画は大人気となり、ボンベイ（現ムンバイ）、カルカッタ（現コルカタ）、マドラス（現チェンナイ）などで言語別製作が始まった。1947年の印パ分離独立を機に、歌は専門の歌手による吹き替えが定着。1960・70年代はカラー化、ワイドスクリーン化が進み、1970・80年代はアミターブ・バッチャン全盛期。一方、南インド映画も力をつけ始める。1990年代はアーミル、サルマーン、シャー・ルクの「3人のカーン」が現れて世代交代、2000年前後からシネコンの普及で映画が変わり始め、ダンスシーンは減少。現在は南インド映画のパワーが強大化しつつある。

〈上から〉
『Raja Harishchandra』
『ラガーン』
『恋する輪廻 オーム・シャンティ・オーム』
©NFAI

各地の映画界

ムンバイは旧名ボンベイから「ボリウッド」、チェンナイは映画スタジオの多い地区名から「コリウッド」、ハイダラーバードはテルグ語映画製作地なので「トリウッド」、カンナダ語映画界は土地の特産物から「サンダルウッド」、マラヤーラム語映画界は「モリウッド」だが、マラーティー語映画界も同名を名乗る。。ベンガル語映画界は映画スタジオの多い地区名から「トリウッド」と呼ばれていたが、今はテルグ語映画界にお株を奪われた。テルグ語映画界は広大な映画スタジオ「ラモージ・フィルムシティ」（P.22）を擁し、一方ムンバイには市所有の映画スタジオ「フィルム・シティ」がある。

輝くスターたち

○○ウッドにはそれぞれスターがいる。コリウッドにはラジニカーントにヴィジャイら、トリウッドにはプラバース、ラーム・チャラン、NTR Jr、サンダルウッドにはヤシュ、モリウッドにはドゥルカル・サルマーンと、「3人のカーン」ら人気スターを多数抱えるボリウッドを中心に、男性スターが○○ウッドの顔となる。女性スターは異なる言語間を自在に移動し、ときにはアイテム・ガール（ダンスシーンにだけ出演し、魅力を振りまく女優）としてゲスト出演も。スターはCMやイベント出演でも稼ぐ、憧れの職業である。

若かりし頃のスターたち

＜上段左から＞サルマーン・カーン、アーミル・カーン、シャー・ルク・カーン ©R.T.Chawla ＜下段左から＞ラジニカーント、ヴィジャイ ©Filmnews Anandan、モーハンラール ©R.T.Chawla

インドで映画を見るには

上映情報はネットで検索。そのまま予約できるサイトも多いが、途中で飲食予約の枠があったりするので、面倒なら直接劇場へ。劇場窓口でチケットを頼むと紙発券が普通だが、現在はスマホを受け取ってチケット画面を撮影するペーパーレス方式の劇場も増えた。チケット代は各地で違い、席もペア席、豪華席など多様だが、2023年のムンバイではRs200前後。映画途中の休憩は必ず入り、休憩時には年々多様＆豪華になるスナック販売カウンターが手ぐすね引いて待ち構えている。

見てから行くか、行ってから見るか?!

必見!インド映画最近作!

インド人の好きな話題は政治か映画。政治の話は外国人には難しいが、映画の話題なら題名とスターの名前さえ憶えて行けば、すぐにインドの人と盛り上がれる。行く前に、なるべくたくさんのインド映画を見ておこう。

Rajinikanth

『RRR』 (2021年/テルグ語)

2022年から23年にかけて世界中で旋風を巻き起こした作品。パワフルなアクションシーンのつるべ打ちには日本の観客も大興奮。時代考証どこ吹く風のエンタメ作品だが、英領インド時代の対イギリス国民感情がよくわかる点も。3時間という長さを感じさせぬこの名作から「ナートゥナートゥ」ダンスか歌「ドースティ」を憶えていけば、あなたは皆からヒーロー視されるはず。

Blu-ray&DVD好評レンタル中
発売・販売元:ツイン
©2021 DVV
ENTERTAINMENTS LLP. ALL
RIGHTS RESERVED.

『WAR ウォー!!』 (2019年/ヒンディー語)

ボリウッドで最も身体能力が高いスター、リティク・ローシャンとタイガー・シュロフ共演のアクション大作。諜報機関RAWのエージェントであるふたりが、世界各地で華麗なアクションとダンスを見せる。どんでん返しのストーリーも見応え満点。シッダールト・アーナンド監督は2023年にも『Pathaan(パターン)』を大ヒットさせた。

発売中 Blu-ray ¥4,800(税抜)
DVD ¥3,900(税抜)
発売元:カルチュア・パブリッシャーズ
販売元:ハピネット・メディアマーケティング
©2019 YASH RAJ FILMS PVT.
LTD.

『グレート・インディアン・キッチン』
(2021年/マラヤーラム語)

タイトルからするとグルメ映画かと思うが、「キッチンという名の牢獄──名前を持たない"妻"と"夫"の物語」という惹句が示すとおり、ケーララ州の保守的な家庭における女性蔑視が描かれる。伝統的なケーララ家庭の日常がのぞけるほか、ラストではケーララの現代舞踊団が踊る、目の覚めるようなダンスが見られる。

発売中 DVD ¥3,900(税抜)
提供:SPACEBOX
発売元:フルモテルモ
販売元:ハピネット・メディアマーケティング
©Mankind Cinemas ©Symmetry
Cinemas ©Cinema Cooks

『囚人ディリ』 (2019年/タミル語)

タミル語映画の人気者、男優カールティの出世作。毒にやられた多数の警官を病院に搬送する任務を託された元囚人が、警察にヤクを押収されて復讐に燃えるマフィアの妨害をかわしながら、夜道をトラックで爆走する。ひと晩の出来事を、サスペンスと見せ場満載の物語に仕立てたローケーシュ・カナガラージ監督の手腕がすごい。

発売中 Blu-ray ¥4,800(税抜)
DVD ¥3,900(税抜)
提供:SPACEBOX
発売元:フルモテルモ
販売元:ハピネット・メディアマーケティング
©Dream Warrior Pictures
©Vivekananda Pictures

『パッドマン 5億人の女性を救った男』
(2018年/ヒンディー語)

実在の人物に材を採った秀作が増えているインド映画だが、これは妻のために安価な生理用ナプキンを作った男性がモデル。インドールに近い村の発明男をアクシャイ・クマールが好演、NY国連本部での演説は感動を呼ぶ。生理を"穢れ"と見る偏見の打破、ナプキンの製造と販売による農村女性の経済的自立、女性のエンパワーメントを応援する見どころがぎっしり。

DVD 3,809円(税抜)
発売・販売元:ソニー・ピクチャーズ エンタテインメント

こちらもオススメ! 個人的インド映画BEST 3

『炎』(1975年/ヒンディー語)
インド人は全員知っているオールタイム・ベスト。この映画の台詞を言えれば、人気者に。日本版ソフトがないのが残念。
『恋する輪廻 オーム・シャンティ・オーム』(2007年/ヒンディー語)
ボリウッド映画最後の本格的ミュージカル。シャー・ルク・カーンとディーピカ・パードゥコーン初共演作で、宝塚でも舞台化された。
『裁き』(2014年/マラーティー語)
でっち上げの罪で警察に拘束される、ダリト(被差別カースト)の歌手。無意味な裁判の端々から、差別意識が透けて見える。

執筆:松岡環
1949年生まれ。大阪外大(現大阪大)でヒンディー語を専攻。1976年よりインド映画の紹介と研究を始め、インド映画祭開催などを経て、現在はさまざまなインド映画の公開・上映に協力している。字幕翻訳も手がけ、担当作品は『トゥ 踊るマハラジャ』『きっと、うまくいく』『パッドマン 5億人の女性を救った男』など多数。共著に『新たなるインド映画の世界』(PICK UP PRESS)など。

47

天竺芸能ビジュアルガイド

ビートルズやジョン・マクラフリンなど多くの一流ミュージシャンを魅了した芸能の宝庫インドを旅しよう！

インドは世界に名だたる芸能大国といっても過言ではない。格式のある古典舞踊・古典音楽だけでなく、各州にも独自の音楽や民俗舞踊がある。旅先の路上や観光地で歌を歌い、演奏をする人を目にすることもあれば、市井の人々が寺院で神への献身を歌い上げる場面や儀礼の際の音楽、さらにはヒンドゥー教の神像をのせた神輿を先導する楽団に遭遇することもあるだろう。もちろん楽器もインドという国をそのまま示すかのように多種多様！ どんな音がするのか？ と想像するだけでも楽しいだろう！

四大都市のデリー、ムンバイー、コルカタ、チェンナイはもちろん、文教都市プネーやアーメダバード、ベンガルールやハイダラーバードなどでも、しっかりとしたホールで古典音楽や舞踊の公演を観ることができる。一般に過ごしやすい12〜2月にかけては全インド的に頻繁にコンサートが開催されている。興味のある人は、観光の合間にこういった芸能を鑑賞してみてはいかがだろうか？

『The Hindu』、『Times of India』、『Metro』などの英語新聞のイベント欄で、公演や上映に関する情報をチェックできる。ホテルの人におすすめを聞いて、インドの人に交じって、楽しもう！

インド古典音楽〈Indian Classical Music〉

古い歴史をもつインドの古典音楽は、おもに北インド・東インド・西インドのヒンドゥスターニー音楽と、南インドのカルナータカ音楽に大別される。前者はペルシアなどのイスラーム文化の影響を大きく受けているのに対し、後者は古いインド的な伝統を色濃く残しているが、どちらも「ラーガ」と「ターラ」と呼ばれるインド独自の音楽概念を共有している。

「ラーガ」はメロディに関する決まりごとで、1オクター

ブ内でどの音階を使うかというスケール的な部分だけでなく、邦楽の「こぶし」にも似た音の装飾の方法なども細かく決められている。ラーガの数は数百にも及び、一つひとつに固有の名前が付けられている。ヒンドゥスターニー音楽では、個々のラーガには演奏にふさわしい時間や季節が決められており（黄昏時のラーガや雨季のラーガなど）、インドの人の音に対するこまやかな感性が表れていて非常におもしろい。

「ターラ」はリズムサイクルのことで、基本となる8拍子や16拍子だけでなく、5拍子や7拍子といった日本人にはあまりなじみのない拍子もある。ヒンドゥスターニー音楽ではアラブやペルシアからの影響を受けた流麗なリズム、カルナータカ音楽では、理知的でクール＆タイトなリズムが特徴。

「ラーガ」と「ターラ」と呼ばれる独自の概念をともに用いつつも、その歴史・文化的背景が異なることにより、古典音楽自体も異なるということがよくわかる。インドが誇るふたつの古典音楽を聴き比べてみるのもおもしろいだろう。

北インドの古典音楽 (ヒンドゥスターニー音楽/Hindustani Music)

中世以降イスラームの侵攻を受けた北インドでは、もともとのインドの音楽がアラブ・ペルシア音楽

と折衷されてヒンドゥスターニー音楽が創り上げられ、おもに宮廷内で発展を遂げた。その瞑想的な音はビートルズなど多くの人々を魅了している。またドゥルパドと呼ばれる古くて重厚な音楽もあり、ワラナーシーではこの音楽を中心とする音楽祭ドゥルパド・メーラーも毎年シヴァラートリの直前 (2～3月) に開催されている。楽器としては、ビートルズが自らの音楽にも取り入れた弦楽器シタールが有名だが、それ以外にも竹笛バーンスリーや撥弦楽器サロード、擦弦楽器のサーランギーなど共鳴弦をもち瞑想的な音を出す多くの楽器が使用される。

サロード sarod
フレットのない撥弦楽器で、深く内省的な音が特徴。鏡のような指板や特徴的なヘッドなど見た目もエキゾチック。

シタール sitar
北インドを代表する弦楽器。演奏弦や共鳴弦など全部で20本ほどの弦がある。ビートルズやローリングストーンズなども自身の音楽に取り入れた!

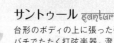

サントゥール santur
台形のボディの上に張った弦をバチでたたく打弦楽器。澄んだ音が重なり合い、天上へと誘ってくれる。

サーランギー sarangi
声楽の伴奏によく使われる擦弦楽器。背筋がぞくぞくするヤバい音!

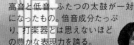

タブラ tabla
高音と低音、ふたつの太鼓が一対になったもの。倍音成分たっぷり、打楽器とは思えないほどの豊かな表現力を誇る。

バーンスリー bansuri
6つの穴を開けただけのシンプルな竹笛。あたたかくまろやかな音色になごむこと間違いなし!

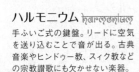

ハルモニウム harmonium
手ふいご式の鍵盤。リードに空気を送り込むことで音が出る。古典音楽やヒンドゥー教、スィク教などの宗教讃歌にも欠かせない楽器。

南インドの古典音楽（カルナータカ音楽/Carnatic Music）

　ヒンドゥスターニー音楽とは異なり、イスラーム文化の影響を受けなかった南インドのカルナータカ音楽はヒンドゥー教の神々をたたえる宗教讃歌。宗教用語で「献身」を意味する「バクティ」をベースにしているとされ、そこに長い歴史の中で培われた高度な音楽理論が結びついた芸術音楽ともなっている。器楽演奏もあるが、祈りをベースにしているため、言葉をともなう声楽のほうが圧倒的に人気だ。楽器としてはサラスヴァティー女神と関連づけられるヴィーナーという弦楽器や、19世紀頃に取り入れられたバイオリン、竹笛などに加え、打楽器では両面太鼓のムリダンガム、カンジーラというトカゲ皮のタンバリン、素焼きの壺太鼓ガタム、モールシンと呼ばれる鉄口琴などがあり、複雑でありながらも美しく構成されたリズムが刻まれる。

バイオリン violin
楽器としては西洋のバイオリンとまったく同じだが、インド人の手にかかると、あら不思議！ 実にインドな音がする。声楽の伴奏やソロ楽器として使われる。

ヴィーナー veena
南インドを代表する弦楽器。日本の楽器「琵琶」の語源になったともいわれている。

プランクラル pullankuzhal
8つの穴が開いた竹笛。北インドのバーンスリーに比べると音域が高く、日本の祭囃子のようにひゃらひゃらと軽やかな音がする。

カンジーラ kanjira
木の枠にトカゲ皮を張ったタンバリン。小さな見た目だが、表現力豊かで大きな音がする。

ガタム ghatam
楽器として作られた素焼きの壺。軽やかでヌケのよい音がする。

ムリダンガム mridangam
南インドの打楽器の王様！ 低音部と高音部に分かれ、フィンガリングによっていくつもの音色をたたき分ける。

モールシン morsing
鉄の弁を弾いて、その振動を口の中で共鳴させる鉄の口琴。倍音豊かな音がパーカッシブに刻まれる。

インドの民謡/Indian Folk Music

古典音楽以外の音楽としては各州・地域のフォークミュージックがあるが、その中でも有名なものがラージャスターン州の民謡と西ベンガル州のバウルと呼ばれる修行者の歌だろう。ともに海外でも公演が行われ、日本でも招聘公演が開催されたこともある。前者はジャイプル、ジョードプル、ジャイサルメールなどの観光スポットでの観光客向けの演奏や、と

きにはホールでのコンサートや結婚式などで、後者はコルカタやシャンティニケタンなどで目にする機会もあるだろう。バウルの独特な歌詞はラビンドラナート・タゴールにおおいに影響を与え、ボブ・ディランもまたその歌詞の世界に感銘を受けたひとりといわれている。

♪ インドで音楽祭を楽しもう！ ♪

芸能大国インドでは、音楽を楽しむということも立派な旅の目的となりうる！インドの音楽が気になっている人のために場所的・日程的に参加しやすいインドの代表的な音楽祭を紹介しよう。

♪ チェンナイ・ミュージックシーズン
(Chennai Music Season)

12月から1月にかけてチェンナイのいたるところで開催されるインド最大の音楽祭。というか、正確には大小の音楽祭の集合体！もとはタミル暦のマールガリ月（西洋暦の12月半ば～1月半ば）を中心に開催されていたが、インド自体の経済発展を受け現在では12月初旬～1月末頃までと前後に時期が拡大している。開催期間も長く、コンサート数も多いのでいちばん行きやすい音楽祭といえるだろう。最も盛り上がるのは12月半ばから大晦日にかけ

て。市内のいくつもの会場で朝から晩まで古典音楽と舞踊のコンサートが開催される。南インドのものだけでなく、北インドの古典音楽や舞踊が観られることもあるので、おすすめだ。年が明けてからは、舞踊が中心となるので、音楽・舞踊の両方を楽しむことを強烈におすすめする！

♪ サプタック音楽祭
(Saptak Annual Festival of Music)

グジャラート州アーメダバードにて開催。日程は毎年1月1日から13日までの13日間。晩から日付が変わるぐらいまで、毎日3～4アーティストが出演。毎年日程が固定されているので、スケジュールが組みやすい。音楽と舞踊の両方が楽しめ、アーティストの選出もベテラ

ンだけでなく若手にも機会を与えるので、現代の音楽・舞踊事情がわかる音楽祭ともいえる。

♪ ドーバーレーン音楽祭
(Doverlane Music Conference)

西ベンガル州コルカタにて開催。日程は毎年1月22日から25日の4日間にわたり晩から翌日の明け方までのオールナイトで開催。会場はコルカタ南部

のノズルール・マンチャ。オールナイト・コンサートで会場は冷えるので防寒対策はしっかりとして臨もう。

インド古典舞踊〈Indian Classical Dance〉

遺跡に残された彫刻や壁画に古代舞踊の様子が描かれていることからもわかるように、インド舞踊の歴史は古い。古代インダス文明のモエンジョ・ダーロ遺跡からも踊り子の像が出土しているのだから、その起源は約4000年以上も前に遡るともいえる。ここでは一般に「インド四大舞踊」と呼ばれているものを中心に紹介しよう。いずれもミュージシャンによる生伴奏にて踊られるので、音楽好きの人も楽しむべし！

♬ バラタナーティヤム/Bharatanatyam

最古の歴史を誇るバラタナーティヤムは、タミル・ナードゥ州のダイナミックな踊り。もともとはヒンドゥー寺院に仕えたデーヴァダーシと呼ばれる女性たちにより踊られていたものだが、今では男性のダンサーもいる。現在は南インドを中心に、北インドの大都市でも踊られている。

「ムドラー」と呼ばれる、手のひらや指先で表される「印（ハンドジェスチャー）」、さらには顔の表情をも巧みに使いストーリーを表現する部分と、純粋に身体的表現を見せる部分とに分かれる。

♬ カタック/Kathak

もともとはヒンドゥー寺院などで語り伝えられてきた神話などの「語り」にジェスチャーやパントマイムなどが取り入れられ、「舞踊」として成立したといわれる。ムガル帝国はカタックを庇護し、イスラーム文化の影響を受けた洗練された宮廷舞踊として発展させた。宮廷の華やかな雰囲気を彷彿とさせる音楽をバックに、華麗なステップやくるくると激しく旋回しながら舞い、顔の表情や目・指先の動きなどのジェスチャーで感情を表現する。

♫ カターカリ/Kathakali

カター（ドラマ）カリ（音楽）の名が示すように、『マハーバーラタ』や『ラーマーヤナ』などの神話を題材にしたケーララ州の舞踊劇。歌舞伎の「くま取り」のような化粧を施し、役柄によって顔を塗り分ける。目の動きを強調し、表情をより豊かにするために植物の実を目に入れ、白目を充血させる。マーダラムやチェンダという打楽器の伴奏で、ヒンドゥー寺院の祭りの際には夜を徹して上演される。

♫ マニプリ/Manipuri

インド北東部、われわれ日本人と同じモンゴロイドが住むマニプル州の踊り。そのためほかのインド四大舞踊と比べると、インドらしいアクの強さは薄く、東南アジアの舞踊に近い雰囲気をもつ。軽やかなステップと緩やかな動きが、親しみやすさを感じさせる。特にカップケーキのような円筒形のスカートをはいた女性が可憐に舞う「ラース・リーラ」が有名。

これ以外にも南インドではケーララ州のモヒニアッタム、アーンドラ・プラデーシュ州のクチプディ、最古の演劇ともいわれるサンスクリット語劇「クーリヤッタム」、カルナータカ州の舞踊劇ヤクシャガーナなど。北インドではオディシャ州の古典舞踊オディッシーをはじめ、東インドの仮面舞踊チョウなど、まさにインドの多様性をそのまま表すほどのバラエティがある。旅先で観るチャンスがあったらぜひともお見逃しなく！

踊るシヴァ神（ナタラージャ）のブロンズ像。舞踊公演では必ずこのナタラージャ像がステージ上に置かれる。

モヒニアッタム
mohiniattam

ケーララ州の古典舞踊モヒニアッタム。悪魔を殺すシーン。

クーリヤッタム
koodiyattam

クーリッヤッタムは非常にレアなサンスクリット語劇。現存する最古の演劇ともいわれる。甕の打楽器ミラーブも超シブい！

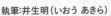

執筆：井生明（いおう あきら）
写真家・ライター・イベントプランナー。著書に南インドの古典舞踊家としてデビューする女の子を撮った児童書『ひよっこダンサー、はじめの一歩』。

クチプディ
kuchipudi

アーンドラ・プラデーシュ州の古典舞踊クチプディ。お盆の上にのったまま踊る演目もある。

オディッシー odissi

オディシャ州の古典舞踊オディッシー。頭飾りや衣装なども各州の踊りごとに異なるのがおもしろい。

インド**買いもの**カタログ

インド各地の町や村には、その土地らしい名産や伝統工芸が星の数ほどある。
そこでしか出合えないものを持ち帰るのは、このうえない旅の醍醐味のひとつ。
美しいもの、おいしいもの、かわいいもの……
まずは行く前にインドの"定番"から"今ドキ"をざっとチェック!

1 papermache
ペーパーマシェ

紙を貼り合わせてお面や立体を作る
ペーパーマシェ。ビハール州のマドゥバ
ニ地方が特に有名で、さまざまな動物
をモチーフにしたものがかわいらしい。

2 wooden toy
木のおもちゃ

木のおもちゃはウッタル・プラデーシュ州やオディシャ州などが
有名な産地。インドの有名人モチーフや動物、乗り物などバリ
エーションも豊富。

3 blue pottery
ブルーポッタリー

鮮やかなブルーが特徴的な焼き物は、ラージャ
スターン州ジャイプルの特産品。小さなボウル
やカップ、ソープディッシュなどはおみやげにも
いい。

4 brass work
真鍮のオブジェ

ドークラと呼ばれる真鍮のオブジェは
オリッサ州の民芸品。溶かした金属を
型に流し込んで鋳造するロストワック
ス製法で作られている。

5 black pottery
ブラックポッタリー

インド北東部のマニプル地方で作られる焼き物。
この地方で採れる土とブラックロックを原料として
いて、耐熱性のある鍋なども作られる。

執筆:野瀬奈津子(KAILAS)

インドまわりの書籍や
雑誌を作る編集ユニッ
ト。買い物は得意分野
で、KAILAS松岡宏大
との共著『持ち帰りた
いインド』(誠文堂新光
社)ではさらにたくさん
のモノを紹介している。

6 stationary
紙文具

封筒やネームタグ、ラッピングボックスなど、ブロックプリントの紙文具おみやげにぴったり。「アノーキー」（P.229）や「チマンラール」（P.318）が有名。

7 embroidery
刺繍

刺し子のようなカンタをはじめ、各地に残る美しい針仕事も買って帰りたいもののひとつ。写真のタオルはコチのユダヤ人街のショップで（P.555）。

8 vintage prints
ヴィンテージポスター

ヴィンテージのポスターやはがき、マッチラベルや缶はノスタルジックなデザインが秀逸。デリーの「オール・アーツ」（P.104）は常に品数豊富。

9 miniature kitchen
ままごとセット

古くからある子供用の玩具。ミニチュアのインドのキッチン用品が一式揃う。最近は残念ながらプラスチック製のものも多い。参道の店や道端で見つかる。

10 blockprint products
ブロックプリント布製品

インドといえば、ブロックプリントといえるほど代表的なクラフト。服や部屋着などのファッションからポーチなどの雑貨までバリエーション豊富に揃う。

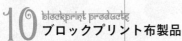
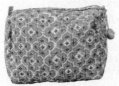

11 ayurvedic cosmetic
アーユルヴェーダコスメ

植物やスパイスの効能をふんだんに取り入れたアーユルヴェーダコスメ。インドではカーマ（P.105）とフォレスト・エッセンシャルが2大高級コスメ。

12 himarayawool
ヒマラヤウール

ヒマラヤは良質なウールの産地。最近はデザイン性も高くなっている。写真の靴下はレーのルームズ・オブ・ラダック（P.208）のもの。値段は張るけどパシュミナの靴下も。

13 black tea & herbal tea & spices
紅茶・ハーブティー＆スパイス

インドといえば紅茶。店によって質や値段は大きく変わるので信頼できる店で購入したい。トゥルシーと呼ばれるホーリーバジルのハーブティーも人気。

14 masala bag
マサラバッグ

お店や問屋の人が使うための商品ロゴが入った丈夫な布バッグ。日本人の間では「マサラバッグ」と呼ばれることも。右は在住日本人御用達のHappy Hunterのマサラバッグ。10周年記念バージョン。

15 banana chips
バナナチップ

南インド、特にケーララ州を旅するなら一度は食べたいのがこれ。ココナッツオイルの香りとしょっぱいバナナチップは止まらなくなる。タピオカチップも美味。

16 ready made curry
レトルトカレー

インドの味を手軽に持って帰るなら、レトルトカレーはいかが。最近はさまざまな名店の味を楽しめるようになった。割高だがデリーの空港などでも買える。

17 *khadi*
カーディ製品

カーディは、手織り、手紡ぎで作られたコットンのこと。ガーンディーの運動により国中に広まった。各地にあるカーディ・ショップでも購入できる。肌触りのよいタオルは旅行中にも使える。

18 *fashion*
ファッション

今、インドではパリコレに出るような若手の実力派デザイナーがぐんぐんと頭角を現してきている。デリーやムンバイーのセレクトショップなどでお気に入りを見つけたい。

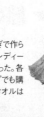

19 *tribal accessary*
少数民族のピアス

オディシャ州に暮らすデンカナル族は、ピアスやネックレスなど真鍮のアクセサリーを作っている。シンプルかつ印象的なデザインで日本でも使いやすい。

20 *leather sandal*
レザーサンダル

意外にも牛革の輸出量が世界一というインド。サンダルやバッグなどのレザー製品も特産品だ。写真はムンバイーの老舗「ジョイ・シューズ」（P.318）。

21 *applique*
アップリケ

オールドデリーのキナリ・バザールは、花嫁衣装のパーツを専門に売る店がずらりと並ぶ。リボンやアップリケ、布などありとあらゆる手芸材料が見つかる。

22 *rug and carpet*
ラグ＆絨毯

コットン、ウール、ジュート（麻）……インドではさまざまな素材を用いてラグや絨毯が織られている。コットンラグは比較的軽くて柄もさまざま（右）。ウールはほっこりとした質感が魅力（左）。

地球の歩き方 旅の図鑑シリーズ

見て読んで海外のことを学ぶことができ、旅気分を楽しめる新シリーズ。
1979年の創刊以来、長年蓄積してきた世界各国の情報と取材経験を生かし、
従来の「地球の歩き方」には載せきれなかった、
旅にぐっと深みが増すような雑学や豆知識が盛り込まれています。

W01
世界244の国と地域
¥1760

W07
世界のグルメ図鑑
¥1760

W02
世界の指導者図鑑
¥1650

W03
**世界の魅力的な
奇岩と巨石139選**
¥1760

W04
**世界246の首都と
主要都市**
¥1760

W05
世界のすごい島300
¥1760

W06
**世界なんでも
ランキング**
¥1760

W08
世界のすごい巨像
¥1760

W09
**世界のすごい城と
宮殿333**
¥1760

W11
世界の祝祭
¥1760

W10 世界197ヵ国のふしぎな聖地&パワースポット ¥1870
W13 世界遺産　絶景でめぐる自然遺産　完全版 ¥1980
W16 世界の中華料理図鑑 ¥1980
W18 世界遺産の歩き方 ¥1980
W20 世界のすごい駅 ¥1980
W22 いつか旅してみたい世界の美しい古都 ¥1980
W24 日本の凄い神木 ¥2200
W26 世界の麺図鑑 ¥1980
W28 世界の魅力的な道 178 選 ¥1980
W31 世界のすごい墓 ¥1980

W12 世界のカレー図鑑 ¥1980
W15 地球の果ての歩き方 ¥1980
W17 世界の地元メシ図鑑 ¥1980
W19 世界の魅力的なビーチと湖 ¥1980
W21 世界のおみやげ図鑑 ¥1980
W23 世界のすごいホテル ¥1980
W25 世界のお菓子図鑑 ¥1980
W27 世界のお酒図鑑 ¥1980
W29 世界の映画の舞台&ロケ地 ¥2090
W30 すごい地球! ¥2200

※表示価格は定価（税込）です。改訂時に価格が変更になる場合があります。

NORTH INDIA

北インド

▶デリー連邦直轄領 Delhi
▶ハリヤーナー州 Haryana
▶ウッタル・プラデーシュ州 Uttar Pradesh
▶ウッタラカンド州 Uttarakhand
▶パンジャーブ州 Punjab
▶ヒマーチャル・プラデーシュ州 Himachal Pradesh
▶ジャンムー＆カシミール連邦直轄領 Jammu and Kashmir
▶ラダック連邦直轄領 Ladakh

top sites in north india

北インドのハイライト

多くの旅行者にとって、旅の起点となるであろう北インドは世界遺産も含め見どころは多い。北部に行けば、チベット文化圏のエリアもあり多彩。

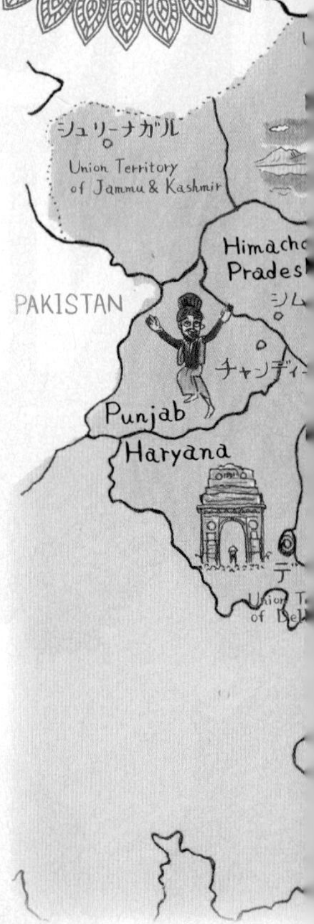

シュリーナガル
Union Territory of Jammu & Kashmir
Himacha Prades
PAKISTAN
シム
チャンディ
Punjab
Haryana
デ
Union T of Del

1 Delhi デリー

P.64

インドの首都デリーは、3つの世界遺産を抱える歴史都市であると同時に、ファッションやカルチャーの発信地としてもぐんぐん成長している。

2 Chandigarh チャンディーガル

P.164

世界的な建築家ル・コルビュジエがインドの首相ネルーに依頼されて町ごと設計したという不思議な町。パンジャーブ州とハリヤーナー州の州都。

3 Shimla シムラー

P.173

19世紀、イギリスの植民地時代の夏の首都だったシムラー。現在も瀟洒な様式の建築物が多く残るヒマーチャル・プラデーシュ州の州都。

4 Great Himalayan National Park 大ヒマーラヤ国立公園

2014年にユネスコの世界自然遺産に登録された国立公園。25種類もの森林が存在し、熱帯性生物と温帯性生物が共存する類まれな環境。

5 Nanda Devi and Valley of Flowers National Parks ナンダ・デヴィと花の谷国立公園

ともに自然遺産に登録されているナンダ・デヴィ国立公園と花の谷国立公園。自然環境と並びヒンドゥー教徒にとっては崇拝の対象でもある。

6 Agra アーグラー

P.108

インドのみならず、世界的にも有名なタージ・マハルのある町。世界文化遺産アーグラー城やファテープル・スィークリーもある一大観光都市。

北インド・旅のモデルプラン

初めてのインドなら、デリー、アーグラーに西インドのジャイプルを加えたゴールデン・トライアングルを巡るのが定番ルート。ヒンドゥー教や仏教の聖地巡りや、ラダック地方でチベット文化にどっぷり浸かるなど、テーマのある旅も楽しい。できるなら駆け足の旅よりもワンテーマでゆっくり回りたい。

プラン1

北インド主要3都市、ゴールデン・トライアングル8日間

1日目 空路デリーへ（デリー泊）
2日目 デリー市内観光（デリー泊）
3日目 デリー市内観光、夕方アーグラーへ（アーグラー泊）
4日目 アーグラー観光（アーグラー泊）
5日目 ジャイプルへ（ジャイプル泊）
6日目 ジャイプル観光（ジャイプル泊）
7日目 デリーへ。デリー市内観光後、空港へ
8日目 空路日本へ

ムガル帝国の都デリーとアーグラー、そしてラージャスターンの州都ジャイプルの3都市を駆け足で回る。デリーではオールドデリーで半日、フマユーン廟とクトゥブ・ミーナールで半日は取りたい。アーグラーでは早朝にタージ・マハルを訪ねたあと、アーグラー城を観光。その後ファテープル・スィークリーへ。ジャイプルは丸1日あれば、アンベール城など主要な見どころは見学可。ただしかなりの駆け足旅なので、宿泊、交通は事前に手配しておきたい。

7 Srinagar シュリーナガル

P.192

大ヒマーラヤの西端に位置する「東方のヴェニス」。情勢が安定しないのが欠点だが、平野部とは別世界のようなすがすがしく美しい高地。ハウスボートにも滞在してみたい。

8 Dharamsala ダラムサラ

P.177

チベット亡命政府が拠点をおいていることで知られる山中の静かな町。チベット仏教最高指導者のダライ・ラマと多くの亡命チベット人が暮らす町はインドの中のチベットだ。

9 Manali マナリ

P.183

標高2000mを超える高地の町マナリは、インドと中国西部をつなぐ交易路だった町。避暑地としても人気が高い。ラダックやスピティへ向かう人にとっては拠点ともなる町。

10 Ladakh ラダック

P.196

かつての仏教王国の名残を色濃く残すインド最北部の秘境ラダック。冬の間は道を閉ざしてしまうこの地域の厳しく雄大な自然は魅力的。ベストシーズンは下界が最も暑い頃だ。

11 Varanasi ワラーナシー

P.127

ヒンドゥー教最大の聖地、ワラーナシー。多くの信者とともに、たくさんの旅行者をひきつけ続ける。母なるガンガーと、そこに暮らす人の営みをじっくり観察してみたい。

12 Rishikesh リシュケーシュ

P.154

たくさんの修行者が集まるヒンドゥー教の聖地であるとともに、ヨーガのふるさととして世界的にも有名なガンジス河の上流の町。アーシュラム滞在もできる。

13 Amritsar アムリトサル

P.168

パンジャーブ州最大の都市で、スィク教の聖地でもあるアムリトサル。毎日10万人分の食事を提供することで有名な黄金寺院はスィク教の総本山。パキスタンとの国境にも近い町。

CHINA

NEPAL

ラクナウ
Uttar Pradesh
ワラーナシー

プラン2

北インドのヒンドゥーの聖地を巡る旅

1日目	✈ 空路デリーへ（デリー泊）
2日目	デリー市内観光、夕方ワラーナシーへ 🚂（車中泊）
3日目	ワラーナシー観光（ワラーナシー泊）
4日目	ワラーナシー観光（ワラーナシー泊）
5日目	ワラーナシー観光、深夜ハリドワールへ 🚂（車中泊）
6日目	🚌 ハリドワールからリシュケーシュへ（リシュケーシュ泊）
7日目	リシュケーシュ観光（リシュケーシュ泊）
8日目	リシュケーシュ観光（リシュケーシュ泊）
9日目	🚌 ハリドワールからデリーへ。デリー到着後空港へ
10日目	✈ 空路日本へ

北インドのヒンドゥー教の聖地、ワラーナシーとリシュケーシュをメインに旅するプラン。ワラーナシーでは仏教の聖地サールナートに立ち寄ってもいい。リシュケーシュではアーシュラムに宿泊してヨーガ三昧もできる。リシュケーシュが修行者にとっての聖地なら、近くのハリドワールはヒンドゥー教徒にとっての聖地。4年に1度の祭り、クンブメーラーが行われる場所でもある。

プラン3

インドの中のチベットを旅する

1日目	✈ 空路デリーへ（デリー泊、空港内か空港近くが楽）
2日目	✈ デリーから空路レーへ（レー泊）
3日目	🚗 上ラダック（ティクセ、ヘミスなど）観光（車チャーター、レー泊）
4日目	🚗 下ラダック（アルチ、ラマユルなど）観光（車チャーター、レー泊）
5日目	パンゴン・ツォ日帰り観光（車チャーター、レー泊）
6日目	✈ レーから空路デリーへ、同日夜に空路日本へ
7日目	✈ 日本着

インド北部のリトル・チベット、ラダックでの滞在に絞ったプラン。ラダックの中心街レーは標高約3500mにあるため、到着した日は市外散策など軽めの行動にし、高地順応に必要な時間を確保すること。人気の最勝地パンゴン・ツォは標高4200mとさらに高地にあるので、訪れるなら旅程の終盤に組み込むといい。冬季はデリー～レー間の飛行機が荒天でしばしば欠航になるほか、大半の宿や食堂、商店が閉まるので注意しよう。

北インド エリアガイド

ヒマーラヤの南、聖なるガンジス河やヤムナー河の流域が北インドだ。数千年の歴史をもつ聖地ワラーナシー、ヨーガのふるさとリシュケーシュ、ブッダが悟りを開いたブッダ・ガヤー、ムガール帝国が栄えたアーグラーやデリー、イギリス植民地から独立時に分割されたパンジャーブ……。
インドの歴史はいつもここが舞台の中心だった。標高3000mを超える高地にあるラダックにはチベットの文化が色濃く残る。さまざまな文化が入り混じったバラエティに富んだ風土。私たちがイメージするインドはここにある。

ベストシーズン　11〜2月 (デリーほか)、6〜9月 (ラダック)

標高2000m以下の地域はインドのなかでも寒暖差が激しいところ。4〜6月は酷暑となり、6月末からは雨季に入り、気温は下がるものの湿度が増すので不快感は続く。移動に支障が出ることもあり、観光にはつらい時期。一方、標高の高いラダック地方はこの6〜9月がオンシーズ

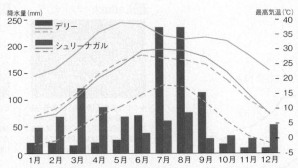

ンとなる。それ以外の地域は雨季が終わった10月くらいから過ごしやすくなり、11〜2月が最も旅行に適したシーズン。ただし12〜1月は霧がしばしば発生する。平野部で気温が10℃以下になることもある。

言語　ヒンディー語・英語

北インドでおもに話されているのがヒンディー語。デーヴァナーガリー文字が用いられる。イスラーム教徒が話すウルドゥー語はムガル帝国時代のデリーでできた言葉で、話し言葉はほぼヒンディー語だが、記述はペルシア文字が用いられる。首都圏など高い教育を受けた人たちのなかには、日常会話でも英語を使う人たちもいる。都市部では英語が使えれば困ることはほとんどない。

おもな祝祭日・祭り

◎2〜3月：ホーリー　◎2〜3月：シヴァラトリ (ワラーナシー)
◎7月：ヘミス・フェスティバル (ラダック)
◎8〜9月：クリシュナ生誕祭 (マトゥラー)
◎10〜11月：ディワーリー

各州によって信仰している宗教が異なるため、祭りはさまざま。ヒンドゥー教は、春の到来を祝う色かけ祭りホーリーや新年ディワーリーなどが特に盛り上がる。イスラーム教はラマダン (断食月) 明けのイードが盛大に祝われる。ラダック地方は、チベットならではの祭りが行われ見応えがある。

各州ポイント

デリー Delhi
首都。多くの旅行者にとって、ここがインドの玄関口となる。観光、ショッピングやレストランなどが充実。

ハリヤーナー州 Haryana
デリーに隣接した小さな州で、ビジネスパーソンおなじみのグルグラム (グルガオン) がある。

北インドエリア

0　200km

カラコルム山脈

インダス河

停戦ライン

ラダック
LADAKH

シュリーナガル
Srinagar P.192

レー P.196
Leh

ジャンムー・
カシミール
JAMMU AND
KASHMIR

中華人民共和国

ジャンムー
Jammu

マナリ P.183
Manali

パキスタン

ダラムサラ
Dharamsala
P.177

ヒマーチャル・
プラデーシュ
HIMACHAL
PRADESH

アムリトサル
Amritsar
P.168

チャンディーガル
Chandigarh
P.164

シムラー
Shimla
P.173

ウッタラカンド
UTTARAKHAND

ヒマーラヤ山脈

パンジャーブ
PUNJAB

デラードゥーン
Dehradun

リシュケーシュ P.154
Rishikesh

ネパール

ハリヤーナー
HARYANA

ハリドワール
Haridwar
P.152

ニューデリー
New Delhi
P.64

デリー
DELHI

ラージャスターン
RAJASTHAN

グルグラム（グルガオン）
Gurugram (Gurgaon)
P.106

ウッタル・プラデーシュ
UTTAR PRADESH

マトゥラー
Mathura
P.123

アーグラー P.108
Agra

ラクナウ
Lucknow
P.124

ルンビニー
Lumbini
P.150

ジャイプル
Jaipur

カーンプル
Kanpur

ワラーナシー P.127
（バナーラス）
Varanasi
(Banaras)

アジメール
Ajmer

グワーリヤル
Gwalior

アラーハーバード
Allahabad

ビハール
BIHAR

ウダイプル
Udaipur

サトナ
Satna

ジャールカンド
JHARKHAND

サーンチー
Sanchi

マディヤ・プラデーシュ
MADHYA PRADESH

チャッティースガル
CHATTISGARH

ナルマダー川

ウッタル・プラデーシュ州 Uttar Pradesh

タージ・マハルのあるアーグ
ラー、ガンジス河の沐浴場ワ
ラーナシーなど旅行者には
外せない。

パンジャーブ州 Punjab

ターバンをかぶったシク教徒
たちが暮らす。州都チャンデ
ィーガルはコルビュジエによ
って設計。

ヒマーチャル・プラデーシュ州
Himachal Pradesh

英領時代に避暑地として開発
された。山岳地帯はチベットが
色濃く、荒涼な大地が広がる。

ジャンムー＆カシミール
Jammu and Kashmir

美しい自然の残るカシミール
渓谷。カシミールはイスラーム
が多数派。ジャンムーはチベッ
ト文化圏。

ウッタラカンド州
Uttarakhand

ヒマーラヤから流れ出たガン
ジス河のほとりには世界中の
ヨーガ修者が集まるリシュケー
シュがある。

安全情報　ジャンムー＆カシミールは常に注意を

パキスタンと国境を接するカシミール地方は、常
に政情不安となっており、外務省からはレベル3
「渡航を止めてください」（渡航中止勧告）が、国

境管理ラインはレベル4「退避してください」（退
避勧告）の危険情報が出ている。しかし、旅行者が
巻き込まれる犯罪の多くは詐欺のたぐいだ。

デリー

ムガル庭園式の最初の建築でもある世界遺産フマユーン廟

<table>
<tr><td>デリーの市外局番
011</td></tr>
<tr><td>デリーの人口
約1288万人</td></tr>
</table>

ACCESS

飛行機
【国際線】
東京から直行便で約9時間15～45分。東京からはエア・インディア、日本航空、全日空の3社、関西からはエア・インディアが就航している。
【国内線】
国内最大のハブ空港であるインディラー・ガーンディー国際空港から多数の航空会社がインド各都市に就航している。直行便によるおもな都市間の所要時間は以下のとおり。

コルカタ	約2時間20分
ムンバイー	約2時間10分
チェンナイ	約2時間50分
ベンガルール	約2時間45分
コーチン	約3時間15分

鉄道
P.75を参照

バス
各都市への長距離バスも発着している。詳細はP.74を参照

アーグラー	約4時間30分
ジャイプル	約5時間30分

古代の叙事詩『マハーバーラタ』時代の要衝ともいわれたデリー。この町の歴史的証拠をたどれるのは8世紀以降のラージプト王権の時代からだ。以来、歴史の変遷を経て複数の城砦都市の興亡が繰り返されてきたこの地は「七つの都市」「十五の都市」などと呼ばれることもある。

『歴史学に「もし？」は禁物だが、もし仮にイギリスがデリー遷都を実行しなかったなら、二十世紀におけるこの都市の命運は変わったものとなっていただろう。（中略）一八七〇年代にデリーが「インド帝国」の一要衝となり、二十世紀に入ってその新たな首都になると、デリーは再び首都としての脚光を浴び始める。そればかりか、この度はニューデリーという、政治的支配のために新たに計画された都市区域が、ムスリム支配初期の首都圏地域とムガル旧都シャージャハーナーバードとの中間地帯に建設されたのである。それは、近代化をともなっての「首都デリー」の再生を意味した。』（荒松雄『多重都市デリー』）

小さな漁村からインド1、2の大都市へとのしあがったムンバイーやコルカタと違い、デリーは常に歴代権力の政治的拠点であり続けてきた。いくつもの王朝文化が地層のように重なってきたこの町には、現在でもそこここにそのかけらが垣間見られる。デリーを単なるトランジットとして通過してしまうのはもったいない。デリーの北に南に点在する多くの遺跡群が、それぞれ歴史の地層の一端であることがわかれば、この町はぐんとおもしろくなる。さらに、近年加速度的に変化していくデリーは、インド各地の多様性をも内包している。歴史と伝説、先鋭と多様性をはらむ町。デリーで初めてインドの地を踏む人にとっても、インドの縮図を体感できる刺激的な町だ。暮らしの息づかいが感じられるエネルギッシュなオールドデリー、新しいカルチャーを生み出すサウスデリー、訪れる人それぞれの魅力に応えてくれる町でもある。

 デリーの地名は門口を意味するペルシア語のDehliesが起源とも、8世紀の王Raja Dilluの名からきているともいわれる。ヒンディー語では「ディッリー Dilli」と呼ぶ。

デリーでの入出国と空港案内

インディラー・ガーンディー国際空港

　日本からの直行便、国内各地へのハブ空港となるのが、デリー中心部から南西15kmほどの所に位置する**インディラー・ガーンディー国際空港**Indira Gandhi International Airport。2015年にムンバイーを抜いて、インド国内で最も乗降客の多い空港となった。略して**IGI Airport**と表記されることもある。メインターミナルはターミナル3で、将来的にはターミナル4～6までが建設される予定だ。

ターミナル3

　2010年に行われたコモン・ウェルス・ゲームの際に全面的に刷新されたターミナルで、現在も拡張工事が進行している。現状のメインターミナルで、すべての国際線とエア・インディアAir India、ビスタラVistaraなどの国内線がこのターミナルから発着する。建物向かって右側が国際線、左側が国内線と分かれており、それぞれ1階が到着ロビー、2階が出発ロビーとなる。基本的には航空券を持つ人か、入場料を払った人しか空港内には入れないので、空港外で送迎の待ち合わせをする人も多い。到着ロビーの出口、外の柱には番号が振られているので、それを目印に待ち合わせするのがいいだろう。

飛行機を降りて進んだところにある入国審査のロビー

ターミナル1C&1D

　ターミナル1は現在格安航空（LCC）のターミナルとして使用されている。インディゴIndigoの一部路線とスパイス・ジェットSpice Jetのフライトのみがこのターミナルから発着する。1Cは国内線到着専用、1Dは国内線出発専用のターミナルとなっている。メトロで行く場合の最寄り駅はDelhi Aerocity。駅からターミナル1Dへのバスが利用できる。ターミナル3と1は距離があり、航空券を持っていれば、無料のシャトルバスが利用できる。20分間隔で運行しているが、時間がかかることが多いので注意。2022年に拡張オープンした。

ターミナル2

　全面改装したターミナル2は、施設が刷新されショップやサービスも充実。有料のプレミアムラウンジも備えている。インディゴの一部路線やゴー・ファーストGo Firstなど国内線が、ここから発着する。ターミナル3に隣接しており、メトロ駅は同じIGI Airport駅を利用できる。

インディラー・ガーンディー国際空港
📖 P.72-A2外
Ⓜ Ⓢメトロ・エクスプレス・ライン（オレンジ線）でニューデリー駅からターミナル3まで19分。10～15分間隔で運行している。ニューデリー駅始発は4:45、終電は23:30。
☎ 0124-479-7300、337-6000
URL www.newdelhiairport.in

インドの航空会社
P.613を参照

ⓘ ターミナル3の到着階の中央付近にある窓口で、3時間有効の入場券Rs100が買える（要身分証明書）。その脇の入口で荷物検査を受けて入れば、2階出発ロビーのビジターズラウンジにも入れる。ただし大きなバッグを持っていると入場不可。

空港から市内へ

　空港からデリー市内へ出るにはいくつかの方法がある。予算や到着の時間帯、人数などに合わせて最適なものを選びたい。ただし、デリーおよびインドが初めてという人には、あらかじめホテルや旅行会社の送迎を予約しておくことをおすすめする。

送迎サービス
1台1000〜1500円程度。日本出発前に要予約

（1）ホテルや旅行会社の送迎サービス

　いちばん安心なのが、宿泊予定のホテルや旅行会社に送迎を頼む方法。料金はそれぞれ異なり、なかには宿泊費とセットになっている場合もある。名前、フライト情報、宿泊の情報をホテル側に伝える。旅行会社の場合は信頼できるところ（P.93）で。待ち合わせはターミナルの内か外か、会えなかった場合の連絡先などを聞いておこう。だいたいの目安は1000〜1500円程度。

プリペイド・タクシー
空港ロビーまたは外にあるPre-paid Taxiと描かれたカウンターで支払い。ニューデリー駅まで約Rs400

メータータクシー
Meru CabとMega Cabの2社。ニューデリー駅まで約Rs600〜700

アプリ配車サービス
利用にはWi-Fiとあらかじめアプリのダウンロード、登録が必要。旅行者は現金での支払いが可能

（2）各種タクシー

　タクシーはいくつか種類がある。まずは昔ながらの**プリペイド・タクシー**は行くエリアで料金が決まっている。カウンターで行先を告げて、支払いレシートを持って列に並ぶ。最近は**メータータクシー**もあり、MeruとMega Cabの2社がある。ターミナル3の15、16番柱の前に乗り場がある。料金は1kmにつきRs23で、空港乗り入れ料Rs150が追加される。ニューデリー駅までRs600〜700程度。近年急速に普及しているのがUberやOlaなどの**アプリ配車サービス**。自分で予約して、駐車場内にある専用乗り場へ向かう。

HINT

メトロでメイン・バザールに向かうなら、New Delhi駅のひとつ手前、Shivaji Stadiumで降りてリクシャーに乗り換えよう。距離にして2〜3km、Rs100以下で行けるはずだ。メトロのNew Delhi駅はメイン・バザールと反対側にあり、10分ほど歩かなければならないうえに客引きなどもうるさい。

（3）エアポート・メトロ

　最も簡単で、安く早いのは**エアポート・メトロAirport Metro**を利用すること。ただし運行時間は4:45〜23:30であるため、深夜着のフライトでは使えないことも。また上り下りの移動も多いので、荷物の多い人には向かないが、10〜15分間隔で運行しており渋滞知らず、市内までRs50〜60というのは魅力だ。

エアポート・バス
コンノート・プレイス　Rs100
ISBT（長距離バススタンド）　　Rs100

（4）エアポート・バス

　10〜20分間隔で1日中運行しているのがDTC（Delhi Transport Corporation）が運営する**エアポート・バス**。18番柱の前が乗り場。コンノート・プレイスを経由し、その後ISBTの長距離バススタンドへ向かう。所要時間はコンノート・プレイスまで約50分、Rs100。大きな荷物はひとつRs25支払う。

 プリペイド・タクシーは「カウンターでつり銭をごまかされた」「別のホテル（または旅行会社）に連れて行かれた」などの事例もしばしば聞く。どの運転手にあたるかもタイミングなので、不安な人は別の方法を使おう。

市内から空港へ

　市内のホテルから空港へ向かう場合、基本的には空港から市内へと同じく、タクシーやメトロが一般的。市内のホテルや旅行会社で車を手配する場合はRs400～が相場。人数や車の大きさによって値段は変わる。ニューデリー駅前の北端にプリペイド・タクシーのカウンターもあるが、そこへ行くまでのうっとうしさに数十ルピーの節約が見合うかは疑問。また、最近はデリー市内の渋滞がかなり慢性化している。深夜の車のいない時間帯なら45分～1時間見れば十分だが、ラッシュ時は少なくとも到着したい時間の1時間30分前には出発するようにしたい。時間の正確さなら、エアポート・メトロが最も便利で早い。始発のNew Delhi駅もしくは次のShivaji Stadium駅から乗るのが便利。エアポート・メトロに乗り継ぐために大きな荷物を持って、メトロに乗るのはおすすめできない。リクシャーなどでエアポート・メトロ線の駅まで行こう。

出国の手続き

　国際線の場合2時間前に空港に到着というのがスタンダードだが、最近のデリーの空港の混み具合はかなり慢性化しており、チェックインから出国カウンターを通り抜けた時点で搭乗最終案内ということもままある。できれば3時間前には空港に着いておきたい。ターミナル入口ではパスポートと搭乗券をチェックされるので、すぐに出しやすいところに準備しておこう。中に入ったら、預け荷物のX線検査を受け、航空会社のカウンターでチェックイン。チェックイン後は**出国カウンターImmigration**へ。特に記入する書類などは不要だ。持ち込み手荷物とボディチェックを受けたら、あとは搭乗口へ向かうのみ。免税店やレストランなども多いので、早めに着いても十分楽しめる。ただし、搭乗口によっては最大10分ほど歩くことになるので、乗り遅れのないように注意したい。

深夜に空港に着く場合は要注意！

　日本からデリーの国際線は深夜着のものが少なくない。そのままタクシーでホテルに向かうとき、悪徳旅行会社や指定したホテルと違うところに連れて行かれるといったことはよく聞く話。まだ現地の物価もわからず、現地の事情にも詳しくない旅行者は、彼らの押しの強さに負けて被害に遭うケースも少なくない。

📧 デリーに深夜到着し、プリペイド・タクシーを利用したときのこと。市街に近づいた頃、エンジンが故障したと男は言い、別の車に乗り換えるように指示。明らかに演技でした。今度は乗り換えた車の運転手が「メイン・バザールはクローズした」と言い、旅行会社に連れて行こうとします。私は車を降りずに「ホテルに行け」と言いましたが、相手も譲りません。周りは真っ暗で非常に怖くなりました。その

とき、たまたま道を聞いてきた青年の車に「ヘルプ・ミー！」と助けを求めて乗り換えることができ、メイン・バザールまで連れて行ってもらえました。
（八潮市　小野塚元気　'16）

📧 夜中にインディラー・ガーンディー国際空港に到着し、そのまま国内線に乗り換える予定のある場合、到着ロビーで過ごすのが最もおすすめです。私は深夜に到着し、数時間後に国内線に乗り継ぐ予定だったため、そのまま到着ロビーで過ごしました。トイレはもちろんのこと、24時間営業の売店やカフェがあり、旅行者もたくさんいたので、女性ひとりでもまったく危険を感じませんでした。危険をおかして夜中に市内に出るリスクを考えたら、到着ロビーで過ごすほうがずっと安心で疲れませんでした。
（東村山市　パドマ　'13）

 オートリクシャーで空港に行こうとしたら、少し手前の無料シャトルバス乗り場で降ろされました。オートリクシャーは空港乗り入れができないそうです。バスは人が集まり次第発車です。（春日井市　赤羽治子　'18）

デリー入国完全ガイド

2010年にオープンしたターミナル3。東京からのエア・インディア、日本航空、全日空の直行便のほか、香港やバンコクなどの乗継便もここインディラー・ガーンディー国際空港に到着する。飛行機を降りたら、まずは「Arrival (到着)」のサインのほうに歩き出そう。入国カウンターまではなかなか距離がある。エスカレーターを降りると1階のアライバルホールへと出る。

1.入国審査

まずは入国審査Immigrationカウンターへ。外国人は右方向「Foreign Nationals」の表示に沿って進む。大使館で取得したビザ (Sticker Visaと表記される) の人は、エスカレーターを降りて11～18番カウンターへ。「Foreign Passport Holders」のサインがある列に並ぼう。日本であらかじめ取得した「e-Visa」の人は31～38番カウンターへ、空港でビザを取得する「Visa on Arrival (VOAアライバルビザ)」の人は表示のある方向へ。

それぞれ順番が来たら、記入済みの入国カードとパスポートを提出する。入国審査ではそれほど細かく質問されることはないが、入国カードに未記入項目があると埋めるよう指示される。滞在先は見込みでもよいので1泊目の滞在先 (ホテルの名前と住所) を必ず記入しておこう。

アライバルビザを取得する場合は、まず書類の記入をしてからカードまたは現金でビザ代金を払う。書類とパスポートを提出し、申請が下りればその後専用通路を通って荷物受け取りへ進む。アライバル

ビザは、手続きに時間がかかることが多いので、送迎などの予約がある人はできるだけ日本でビザを取得しておくのがおすすめだ。

2.預け荷物の受け取り

入国審査を通り抜けると、大きな免税店がある。そこを抜けると荷物のターンテーブルが並ぶ場所に出る。11を除く7～14の番号が振られているので、モニターで自分の便名とターンテーブルを照合しよう。万一荷物が出てこなかった場合は、同じフロアにある「Baggage Enquiry (荷物調査)」カウンターへ。預け時に受け取ったタグを見せて問い合わせる。すぐに荷物が出てこない場合は滞在先まで届けてもらえるので、連絡先と送付先を伝える。

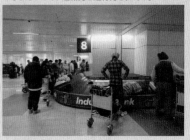

3.両替

荷物を待つ間、もしくは到着ロビーでも両替ができる。Thomas CookやEBIX Cash、Central Bank of Indiaなどいくつかの両替所があり、それぞれレートが表示されている。ただし、市内の両替所よりレートは1割ほど悪いので、必要最低限のみにしておくのがいいだろう。送迎を頼んでいるならホテルに着いてから両替するのもひとつの手。両替をしたら、受け取った金額とレシートの金額が同じかを必ずその場で確認すること。「空港の両替時にだまされた」という投稿はインドでは決して少なくない。

空港のターミナル3から1Dへのシャトルバスは柱番号9-10あたりから発着。FreeとありますがクーポンがないとRs25かかります。斜めうしろのカウンターで搭乗券を見せるともらえます。(横浜市　モカ　'18)

4.税関

　荷物を受け取ったら税関Customへ。申告Declare
と非申告Non Declareに分かれているので、特に申
告するものがなければそのまま通り過ぎればいい。
税関申告書なども必要ない。

5.到着ロビー～市内へ

　税関を抜けると、ようやく到着ロビー。名前を書
いた紙を持った出迎えの人が大勢いるが、自分の送
迎が必ずここにいるとは限らない。搭乗客以外が到
着ロビーに入るには入場料がかかるので、建物外の
4～6番ドアを出たところで待っていることもある。
予約時にあらかじめ「6番ドアを出たところ」など送
迎待ち合わせの詳細が伝えられているはずなので、
よく確認しておこう。

　送迎を予約していない人は、バス、メトロ、各種

タクシー（P.66）などそれぞれの表示に従って進も
う。到着が深夜で、外が明るくなるまで空港で過ご
すという人は、到着ロビーにいるのがおすすめ。カ
フェや売店、ATMもありシャワーを浴びられるツー
リスト用のラウンジもある。ただし、一度外に出ると
戻れないので注意しよう。

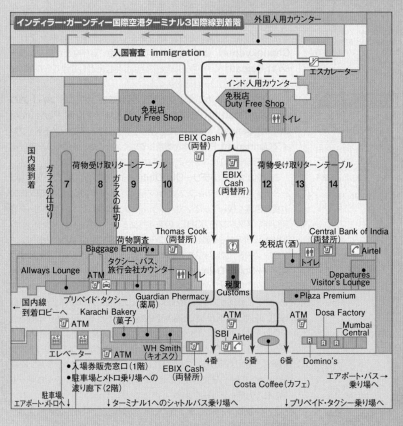

インディラー・ガーンディー国際空港ターミナル3国際線到着階

外国人用カウンター

入国審査 immigration

エスカレーター

インド人用カウンター

免税店
Duty Free Shop

トイレ

免税店
Duty Free Shop

国内線到着

ガラスの仕切り

EBIX Cash
（両替）

荷物受け取りターンテーブル

ガラスの仕切り

7　8　9　10

EBIX
Cash
（両替所）

荷物受け取りターンテーブル

12　13　14

Thomas Cook
（両替所）

Central Bank of India
（両替所）

荷物調査
Baggage Enquiry

免税店（酒）

トイレ

Airtel

Allways Lounge

ATM

タクシー、バス、
旅行会社カウンター

トイレ

税関
Customs

Departures
Visitor's Lounge

国内線
到着ロビーへ

プリペイド・タクシー

Guardian Phermacy
（薬局）

Plaza Premium

Karachi Bakery
（菓子）

ATM

SBI Airtel

ATM

Dosa Factory

Mumbai
Central

ATM

WH Smith
（キオスク）

ATM

4番　5番　6番

R R R

Domino's

エレベーター

EBIX Cash
（両替所）

Costa Coffee（カフェ）

エアポート・バス→
乗り場へ

●入場券販売窓口（1階）
●駐車場とメトロ乗り場への
　渡り廊下（2階）

駐車場、
エアポート・メトロへ↓

↓ターミナル1へのシャトルバス乗り場へ

↓プリペイド・タクシー乗り場へ

デリーからアライバルビザで入国したところ、ビザかアメリカンエクスプレスでしか受け付けられませんでした。歩き方やネット
情報でも現金支払い可能とのことでしたが、そのときはそう対応されました。（Y.S.　'19）

デリーの歩き方

大統領官邸へと真っすぐに続くインド門

INFO

観光情報なら

ジャンバト通りにあるインド政府観光局（P.94）では、デリーの地図やイベント情報などが入手できる。デリー以外の各地観光情報も提供してくれる。

HINT

両替するなら

デリーなら銀行や両替所、ホテルのレセプションなど両替には不自由しない。銀行は外貨両替に慣れているところなら可能だが、時間がかかる。中級以上のホテルなら、公認の私設両替所がある。市中のレートはほとんど同じ。またATMから国際キャッシュカードで現金を引き出すこともできる。

　空港のある南西から市街地に入ると、緑豊かで瀟洒なエリアに入り、いくつかの高級ホテルや高級住宅地などがあるエリアを通り抜ける。かつて町の外周であった**リング・ロードRing Road**の内側に入ると、日本をはじめ、各国大使館が集まるエリア、**チャーナキャプリーChanakyapuri**、そこから大統領官邸、議会、官庁などが集まる**ラージパトRajpath**へ。イギリス統治時代に公用住宅として建てられた、城壁に平屋のバンガローが目を引く。

　インド門をかすめて北上すると、高層建築が増え**ジャンパト通りJanpath Road**や**パーラメント通り（サンサド・マルグ）Parliament Street (Sansad Marg)**など、南からの道はすべて**コンノート・プレイスConnaught Place**へと集まっていく。ここが、英領期に都市計画によって建設されたニューデリーの中心のひとつだ。

　この北が**オールドデリーOld Delhi**。旧市街の中心は、ラール・キラーとチャンドニー・チョウク、ジャマー・マスジッドとムガル帝国時代の遺構を色濃く残している。ガーンディーが火葬されたラージ・ガートや長距離バススタンド（ISBT）のあるカシュミール門もある。さらにその北4kmにはチベット難民のコロニー、マジュヌ・カ・ティラへと続く。

　コンノート・プレイスを挟んで真反対、リング・ロードの南側は**サウスデリーSouth Delhi**と呼ばれ、現在ではデリーの中でも富裕層が集まるショッピングセンターや住宅地が点在する。常に進化し続け、カルチャーやファッションの先端を行くこのエリアは、また同時にデリーで最も古い時代に町が造られた場所でもある。クトゥブ・ミーナールやトゥグラカーバードなど、13〜14世紀、ムガル帝国時代のはるか昔の遺跡が残るエリアだ。例えば、13世紀に造られた貯水池ハウズ・カースのすぐ隣で、人々は朝のランニングをし、エッジのきいたファッションに身を包んだデリーっ子たちが、ショッピングに夢中になる、そんなギャップのある光景もデリーでは珍しいことではない。

　北、中心部、南、どこをとってもデリーは過去と現在の境界線をいとも簡単に飛び越えられてしまう、そんな町だ。

 DTTDCの市内観光ツアーに参加しました。英語でとても詳細に説明してくれます。ラール・キラーは正面で写真を撮るだけでしたが1000円以下で終日楽しく過ごしました。おすすめです。（大和郡山市　KD　'18）

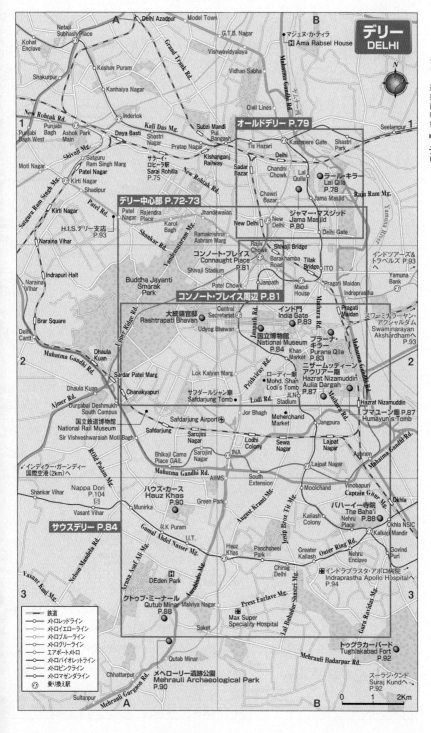

デリー
DELHI

マジュヌ・カ・ティラ
H Ama Rabsel House

オールドデリー P.79

ラール・キラー
Lai Qila
P.78

デリー中心部 P.72-73

ジャマー・マスジッド
Jama Masjid
P.80

コンノート・プレイス
Connaught Place
P.81

インドツアーズ&
トラベルズ P.93 へ

コンノート・プレイス周辺 P.81

大統領官邸
Rashtrapati Bhavan

インド門
India Gate
P.83

プラーナ・キラー
Purana Qila
P.83

スワーミナラーヤン・
アクシャルダム
Swaminarayan
Akshardham へ
P.93

国立博物館
National Museum
P.84

ニザームッディーン
アウリアー廟
Hazrat Nizamuddin
Aulia Dargah
P.87

サフダールジャン廟
Safdarjung Tomb
ローディー廟
Mohd. Shah
Lodi's Tomb

フマユーン廟 P.87
Humayun's Tomb

Hazrat Nizamuddin

サウスデリー P.84

国立鉄道博物館
National Rail Museum
Sir Vishveshwaraiah Moti Bagh

インディラー・ガーンディー
国際空港(2km)へ

Nappa Dori
P.104

ハウズ・カース
Hauz Khas
P.90

ババハーイー寺院
The Baha'i
P.88

インドラプラスタ・アポロ病院
Indraprastha Apollo Hospital へ
P.94

H DEden Park

クトゥブ・ミーナール
Qutub Minar
P.88

Max Super
Speciality Hospital

トゥグラカーバード
Tughlakabad Fort
P.92

メヘローリー遺跡公園
Mehrauli Archaeological Park
P.90

スーラジ・クンド
Suraj Kund へ
P.92

鉄道
メトロレッドライン
メトロイエローライン
メトロブルーライン
メトログリーンライン
エアポートメトロ
メトロバイオレットライン
メトロピンクライン
メトロマゼンダライン
乗り換え駅

0   1   2Km

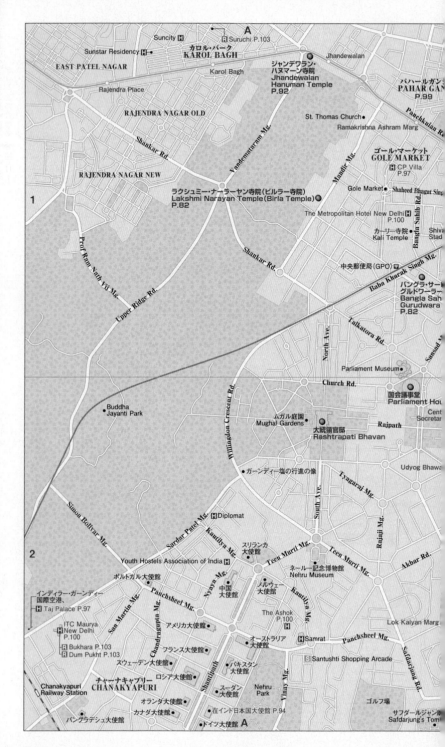

A P.103

Suruchi P.103

Suncity H

Sunstar Residency H

カロル・バーク
KAROL BAGH

Jhandewalan

EAST PATEL NAGAR

Karol Bagh

ジャンデワラン・ハヌマーン寺院
Jhandewalan
Hanuman Temple
P.92

パハールガンジ
PAHAR GAN
P.99

Rajendra Place

St. Thomas Church ●

Panchkuian R.

RAJENDRA NAGAR OLD

Ramakrishna Ashram Marg

ゴール・マーケット
GOLE MARKET

Shankar Rd.

Vandemataram Mg.

H CP. Villa
P.97

RAJENDRA NAGAR NEW

Mandir Mg.

Gole Market ● Shaheed Bhagat Sing

ラクシュミー・ナーラーヤン寺院(ビルラー寺院)
Lakshmi Narayan Temple(Birla Temple)●
P.82

The Metropolitan Hotel New Delhi H
P.100

1

Prof. Ram. Nath. Vij Mg.

Upper Ridge Rd.

Shankar Rd.

カーリー寺院 ●
Kali Temple

Shiva
Stad

中央郵便局(GPO) ⊠

Baba Kharak Singh Mg.

Bangla Sahib Rd.

バングラ・サーグルドワーラー
Bangla Sah
Gurudwara
P.82

Sansad M.

Talkatora Rd.

Buddha
Jayanti Park

Willingdon Crescent Rd.

North Ave.

Parliament Museum ●

Church Rd.

国会議事堂
Parliament Hou

ムガル庭園
Mughal Gardens ●

大統領官邸
Rashtrapati Bhavan

Rajpath

Cent
Secretar

● ガーンディー塩の行進の像

Tyagaraj Mg.

Udyog Bhawa

Simon Bollivar Mg.

Sardar Patel Mg. H Diplomat

Kautilya Mg.

スリランカ
大使館 ●

South Ave.

Teen Murti Mg.

Teen Murti Mg.

Rajaji Mg.

Akbar Rd.

ポルトガル大使館 ●

Youth Hostels Association of India H

Nyaya Mg.

中国
大使館 ●

ノルウェー
大使館 ●

ネール記念博物館
Nehru Museum

インディラー・ガーンディー
国際空港、
H Taj Palace P.97

Panchsheel Mg.

Chandragupta Mg.

San. Martin Mg.

アメリカ大使館 ●

The Ashok
P.100

Lok Kalyan Marg

ITC Maurya
H New Delhi
P.100

オーストラリア
大使館 ●

H Samrat

Panchsheel Mg.

Safdarjung Rd.

R Bukhara P.103
R Dum Pukht P.103

フランス大使館 ●

S Santushti Shopping Arcade

スウェーデン大使館 ●

Shantipath

ロシア大使館 ●

パキスタン
大使館 ●

Chanakyapuri
Railway Station

チャーナキャプリー
CHANAKYAPURI

スーダン
大使館 ●

Nehru
Park

Vinay Mg.

ゴルフ場

サフダールジャン
Safdarjung's Tom

オランダ大使館 ●

バングラデシュ大使館 ●

カナダ大使館 ●

在インド日本国大使館 P.94

ドイツ大使館 ●

A

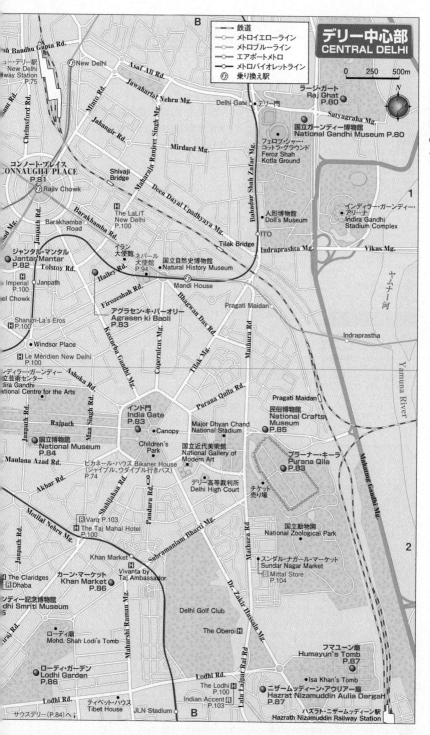

デリー中心部
CENTRAL DELHI

凡例
━━━ 鉄道
○━○ メトロイエローライン
○━○ メトロブルーライン
○━○ エアポートメトロ
○━○ メトロバイオレットライン
ⓡ 乗り換え駅

0　250　500m

N

New Delhi

ューデリー駅
New Delhi
Railway Station
P.75

Asaf Ali Rd.

Minto Rd.

Jawaharlal Nehru Mg.

Delhi Gate　デリー門

Satyagraha Mg.

ラージ・ガート
Raj Ghat
P.80

Jahangir Rd.

Mirdard Mg.

フェロツ・シャー・
コッタ・グラウンド
Feroz Shah
Kotla Ground

国立ガーンディー博物館
National Gandhi Museum P.80

Chelmsford Rd.

コンノート・プレイス
CONNAUGHT PLACE
P.81

Shivaji
Bridge

Deen Dayal Upadhyaya Mg.

人形博物館
Doll's Museum

Rajiv Chowk

Barakhamba Rd.

Barakhamba
Road

The LaLiT
New Delhi
P.100

Tilak Bridge

ITO

Indraprashtha Mg.

Vikas Mg.

インディラー・ガーンディー・
アリーナ
Indira Gandhi
Stadium Complex

ヤ
ム
ナ
ー
河

Janpath Rd.

ジャンタル・マンタル
Jantar Mantar
P.82

Tolstoy Rd.

イラン
大使館
ネパール
大使館
P.94

国立自然史博物館
Natural History Museum

Pragati Maidan

Indraprastha

Imperial
P.100

Janpath

Hailey Rd.

Mandi House

el Chowk

Firozeshah Rd.

Bhagwan Das Rd.

Yamuna River

Shangri-La's Eros
P.100

アグラセン・キ・バーオリー
Agrasen ki Baoli
P.83

Kasturba Gandhi Mg.

Copernicus Mg.

Tilak Mg.

Pragati Maidan

民俗博物館
National Crafts
Museum
P.85

Windsor Place

Le Méridien New Delhi
P.100

Ashoka Rd.

Purana Qila Rd.

ンディラー・ガーンディー
立芸術センター
dira Gandhi
ational Centre for the Arts

Man Singh Rd.

インド門
India Gate
P.83

Mathura Rd.

Rajpath

Canopy

Major Dhyan Chand
National Stadium

プラーナー・キーラ
Purana Qila
P.83

国立博物館
National Museum
P.84

Children's
Park

国立近代美術館
National Gallery of
Modern Art

Maulana Azad Rd.

Akbar Rd.

ビカネール・ハウス
（シャイブル、ウダイブル行きバス）
Bikaner House
P.74

デリー高等裁判所
Delhi High Court

チケット
売り場

Mahatong Gandhi Mg.

国立動物園
National Zoological Park

Motilal Nehru Mg.

Shahjahan Rd.

Pandara Rd.

Subramaniam Bharti Mg.

Mathura Rd.

Varq P.103
The Taj Mahal Hotel
P.100

Khan Market

スンダル・ナガール・マーケット
Sundar Nagar Market
Mittal Store
P.104

The Claridges

カーン・マーケット
Khan Market
P.86

Vivanta by
Taj Ambassador

ンディ記念博物館
dhi Smriti Museum

Dhaba

Maharshi Raman Mg.

Dr. Zakir Hussain Mg.

Delhi Golf Club

ローディ廟
Mohd. Shah Lodi's Tomb

The Oberoi

フマユーン廟
Humayun's Tomb
P.87

ローディ・ガーデン
Lodhi Garden
P.86

Isa Khan's Tomb

Lodhi Rd.

Lodhi Rd.

ティベット・ハウス
Tibet House

The Lodhi
P.100

Indian Accent P.103

ニザームッディーン・アウリアー廟
Hazrat Nizamuddin Aulia Dargah
P.87

Lala Lajpat Rai Rd.

サウスデリー (P.84) へ↓

JLN Stadium

ハズラト・ニザームッディーン駅
Hazrath Nizamuddin Railway Station

飛行機

デリーはインド国内の多くの都市に空路でつながっている。フラッグシップ・エアラインであるエア・インディアをはじめ、インディゴ、スパイス・ジェット、ゴー・エアなどLCCの選択肢も豊富（P.613）。各航空会社によって就航都市は異なるため、行き先によっては航空会社の選択肢がないこともある。

長距離バス

長距離バスのスタンドは市内にいくつかある。まずメイン・バススタンドとなるのがカシュミール門近くの**ISBT（Kashmere Gate Inter State Bus Terminus）**。リシュケーシュやアムリトサル、ダラムサラなど北方面行きのバスがおもに発着する。デリーの南、フマユーン廟の近くにある**サラーイ・カレ・カーン・バススタンドSarai Kale Khan Bus Stand**からは、アーグラーやジャイプルなど南方面行きのバスが運行している。ジャイプルやウダイプルなどラージャスターン州へのデラックスバスが発着するのはラージャスターン州政府観光局に隣接している**ビカネール・ハウスBikaner House**。バスは鉄道に比べると本数が多く、予約の必要もほとんどなく、路線によっては鉄道よりも速い。ただし行き先によっては、揺れもひどく、トイレが車内にないバスに長時間乗るのはつらい。例えばデリー〜ジャイプル間で比較すると、列車は特急列車エアコン付き座席Rs565（所要約4時間30分）〜特急列車1等Rs1580（約4時間）。バスは設備によって大きく変わるがRs370〜1500程度（約6時間30分）。所要時間と料金を比べると、鉄道に軍配が上がるが、本数が多いのは、バスのメリットでもある。

ISBT
地図 P.79-A1
メトロ レッド、イエロー、バイオレット線Kashmere Gate駅下車。徒歩すぐ
1階にバス乗り場、2階にはEnquiryと政府バスのチケット売り場、3階にトイレ、4階には民営バスのオフィス兼チケット売り場がある。ターミナル外にはニューデリー方面行きの市バスやミニバス乗り場がある。

サラーイ・カレ・カーン・バススタンド
地図 P.84-B1

ビカネール・ハウス
地図 P.73-B2

HINT

バスでの移動
アグラからジャイプール、ジャイプールからデリー間の移動に長距離バスを利用しました。両区間とも鉄道よりも1時間ほどかかりましたが、デラックスバスには、リクライニングシート、エアコン、電源が完備され、快適な移動となりました。（三重県 こうし '19）

ニューデリー駅周辺のトラブルにご注意！

投稿 メトロのNew Delhi駅からメイン・バザールへの途中、インチキインド人に引っかかりました。近づいてきたインド人がメイン・バザールはクローズしていて、入るにはDDTDCのパーミッションが必要だと言ってきました。陸橋のセキュリティチェックの係員も同じことを言って通してくれません。仕方なくリクシャーで反対側に出ようとしましたが、1台目は軍や警察関係施設のような所で止まり「中には入れない、DDTDCのパーミッションがいる」と言ってきました。乗り換えたリクシャーも同様でした。

聞く人が皆同じことを言うので信じてしまい、DTTDCへ。しかし連れて行かれたのは今考えると偽物です。「大規模なデモがあり危険だからパーミッションは出せない」と言われました。歩き方に載っている高級ホテルを見せて電話をかけてもらっても、どのホテルも日本円で10万円を要求してきました。電話を細工して、仲間のところにかかっていたのだと思います。私は翌日アーグラー、翌々日にはジャイプルに行く予定でホテルもおさえていました。押し問答の挙げ句、約3万円を払って車でアーグラーに行くことに。

あとで調べたメトロのNew Delhi駅からメイン・バザールへの行き方を紹介します。①陸橋を渡る。チケットは不要です。②遠回りですが、陸橋が渡れなくても北側の大きな道を通れば行けます。メトロ駅3番出口から。③メイン・バザール反対側にあるR.K. Ashram Marg駅から行けばじゃまする人は誰もいません。（渋谷区 げんじ '18）

ニューデリー駅に行ったものの外国人専用鉄道オフィスにたどり着けず、別の旅行会社に連れて行かれたという投稿は多い。話しかけてくる人を相手にしない、とにかく階段を見つけたら2階にあがる、これだけでもずいぶん防げるはずだ。

国内線のセキュリティチェックがとても厳しかったです。前の人は同じものを持っていても通過できて、自分は没収。小型扇風機や目覚まし時計、予備電池など手荷物でも預け荷物でもだめと言われ戸惑いました。（KH '19）

鉄 道

デリーにはおもにふたつの駅がある。メイン・バザールにある**ニューデリー駅New Delhi R.S.**とオールドデリーにある**デリー駅Delhi R.S.**。チケット購入の際はニューデリー駅と混同しないように注意が必要。ラージャスターン方面への列車はデリー駅発が多い。このほかに、フマユーン廟の近くにある**ハズラト・ニザームッディーン駅Hazrat Nizamuddin R.S.**はおもに南部へ向かう列車が発着する。コンノート・プレイスから北西に4kmほどの所にある**サラーイ・ロヒーラ駅Sarai Rohilla R.S.**からはジャイプル、ジョードプル、ウダイプル行きの一部の列車が発着する。チケットを購入した際は必ず出発駅を確認しよう。

チケットは、手数料を払えば旅行会社やホテルに依頼することもできるが、大都市には外国人専用鉄道オフィスがある。デリーはニューデリー駅構内の2階、**外国人専用鉄道予約オフィスInternatiional Tourisut Bureau**。インド国鉄のウェブサイトからも予約・購入可 (P.615)。

ニューデリー駅
🗺 P.73-B1

デリー駅
🗺 P.79-A1

ハズラト・ニザームッディーン駅
🗺 P.84-B1

サラーイ・ロヒーラ駅
🗺 P.71-A1

外国人専用鉄道予約オフィス
☎ 011-4262-3242、2374-0008
🕐 8:00〜20:00（日・祝10:00〜16:00）
🏖 無休　Card M.V.
現金はルピーのみ支払い可。チケットは90日前から予約できる。

▶デリーからのおもな列車

行先	列車番号＆名称	運賃	所要時間	本数	発車時刻	始発駅
アーグラー	12724 Telangana Express	Rs192〜1290	2時間5分	1便／日	16:00	ニューデリー
	12002 Rani Kamlapati Shatabdi	Rs490〜985	1時間40分	1便／日	6:00	ニューデリー
ラクナウ	82502 Tejas Express	Rs1505〜2629	6時間25分	6便／週	15:40	ニューデリー
ワラーナシー	12560 Shiv Ganga Express	Rs447〜2730	10時間5分	1便／日	20:05	ニューデリー
	22436 Vande Bharat Express	Rs1840〜3390	8時間	5便／週	6:00	ニューデリー
ハリドワール	12401 Nanda Devi Express	Rs590〜1290	4時間10分	1便／日	23:50	ハズラト・ニザームッディーン
	12017 Shatabdi Express	Rs720〜1310	4時間48分	1便／日	6:45	ニューデリー
アムリトサル	12029 Swarna Shatabdi Express	Rs1130〜1995	6時間10分	6便／週	7:20	ニューデリー
カルカ（シムラー）	12011 Shatabdi Express	Rs775〜1415	4時間	1便／日	7:40	ニューデリー
ジャイプル	12015 Shatabdi Express	Rs775〜1415	4時間30分	1便／日	6:10	ニューデリー
	12916 Ashram Express	Rs257〜1430	5時間	1便／日	15:20	オールドデリー
ウダイプル	20473 Chetak Express	Rs422〜2525	12時間15分	1便／日	19:35	サラーイ・ロヒーラ
ムンバイー	12952 Rajdhani Express	Rs3120〜5310	15時間40分	1便／日	16:55	ニューデリー
	12954 August Kranti Rajdhani Express	Rs2565〜5310	16時間50分	1便／日	17:15	ハズラト・ニザームッディーン
ゴア（マドガオン）	12432 Rajdhani Express	Rs3950〜6740	24時間44分	3便／週	6:16	ハズラト・ニザームッディーン
コルカタ	12302 Rajdhani Express	Rs3055〜5190	17時間5分	6便／週	16:50	ニューデリー
チェンナイ	12270 Duronto Express	Rs1807〜7185	28時間55分	2便／週	15:55	ハズラト・ニザームッディーン
ベンガルール	22692 Rajdhani Express	Rs4280〜7335	33時間30分	1便／日	19:50	ハズラト・ニザームッディーン

※料金・所要時間は目安。変更になることがあるので事前に確認を

A/C付きの列車はかなり冷える。特に寝台列車の上段は冷風が直接あたり風邪をひくことも。インドだから暑いと思って薄着しか持たないと失敗する。必ずコンパクトにたためる防寒具などを持っておこう。

◆━━━━━ デリーの市内交通 ━━━━━◆

メトロ

デリー市内の移動手段で外国人旅行者が最も使いやすいのが**メトロ**。2023年現在12路線（グルガオンメトロなども含む）、それぞれ「イエローライン」「レッドライン」のように色の名前で呼ばれている。メトロ（地下鉄）となっているが、実際に地下を走るのは町の中心部のみで、運行区間の大半は高架になっている。朝夕の通勤・通学時間帯は駅構内も身動きが取れないほど混雑することがある。

駅構内に入る際、常に手荷物検査があるのはややうっとうしいが、リ

クシャーとの値段交渉をするよりはずっとスムーズな移動手段。トラベルカードを持っていない場合は窓口や販売機でトークンを購入する。改札機にかざして入場し、出札時はトークンを改札機に入れる。

オートリクシャー

慣れるとこれほどラクな乗り物はないと思えるのが**リクシャー**。小型オート三輪の後ろを座席にしたスクーターだ。ドア・トゥ・ドアで目的地

まで行けて、タクシーよりも安く、小回りの利く気軽な乗り物だ。ただし外国人旅行者と見ると正規のメーター料金で走ることはまれ。相場感覚と交渉慣れが必要だが、多少高く払うのは仕方ないと割り切ろう。

タクシー

黄と黒に塗り分けられたクラシックな流しの**タクシー**は、あまり町なかで見かけることはない。マーケットのタク

シースタンドなどに待機していることはある。昨今はUberやOlaの配車アプリが優勢で、実際にはこちらのほうが便利で安く使い勝手もよい。

路線バス

デリーのバスは公営の**DTCバス**のみ。グリーンとレッドの2種類があり、違いはA/Cなしとa/C付き。レッドは運賃がRs5割高に

なる。後ろのドアから乗車して、車掌に行き先を告げて運賃（Rs10～25）を支払う。

ハイヤー

数人で観光地やショッピングに回るなら、**プライベートカー**と呼ばれる車のチャーターが便利。タクシーと比べてもそんなに高くない。旅行会社などで頼むのが安心だ。

デリー・メトロ
URL www.delhimetrorail.com
運行時間は5:00～23:50頃。地上を走る線は4～12分間隔、地下の線は8～12分間隔で運行している。運賃はRs10～70。

HINT

メトロ・トラベルカード
何度もメトロに乗るなら、トラベルカード（スマートカード）の利用が便利。メトロ各駅の改札機近くの窓口で販売している。毎回トークン（購入から60分以内に使用）を買う手間が省け、運賃が10%引きになる。Rs150から購入でき、うちRs50がデポジット扱い。リチャージの最低金額はRs100。同じ窓口で払い戻し可能だが、手数料Rs20が差し引かれる。

メトロ・ツーリストカード
メトロをメインで観光の足にするならこちらも便利。観光客向けの乗り放題パス。1日券Rs200、3日券Rs500（どちらもうちRs50がデポジット）。ただしエアポート・エクスプレスには使用できない。

リクシャー料金
初乗り（最初の2km）はRs30。以後1kmごとにRs11が加算される。停車中も70秒ごとにRs3加算される。23:00～翌5:00は深夜料金で25%増し。
※正規料金で走るリクシャーを探すのは難しい。1km当たりRs15、最低料金Rs40を目安に。

タクシー料金
初乗り（最初の1km）はRs40。以後1kmごとにRs17が加算される（A/C付きはRs20）。23:00～翌5:00は深夜料金で25%増し。

ⓘ 車を1日チャーターした場合、ドライバーへのチップの相場は乗車人数がひとりならRs500、ふたりの場合はひとりRs250、3人の場合はひとりRs200程度が目安。何日かにわたるときはこれに日数をかける。

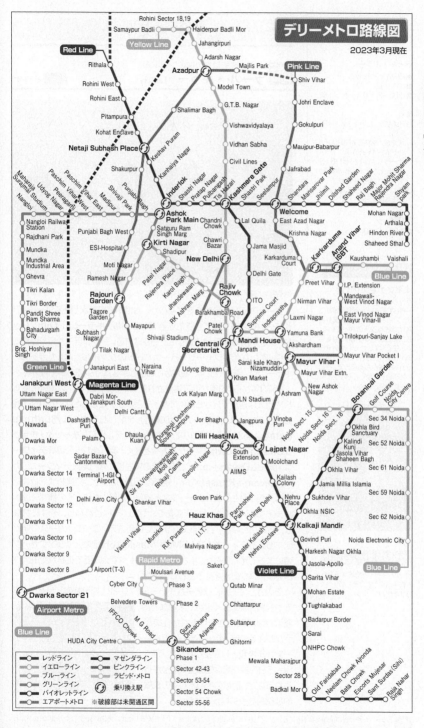

デリーメトロ路線図

ラール・キラー

ラール・キラー

- ♠ Chandni Chowk
- ☎ 011-2327-7705
- ⏰ 6:00〜20:00（チケット発売）
- 🗓 月
- 💰 Rs600（カード払いはRs550）
  博物館入館料込みRs950（カード払いはRs870）
  オーディオガイドRs118（英語、ヒンディー語、韓国語）
  ※ビデオ持込料Rs25
- Ⓜ バイオレット線Lal Quila駅下車徒歩2分

博物館
- ⏰ 9:00〜17:00
- 🗓 月

INFO

オンラインチケット

ラール・キラーをはじめ、インド考古学局（ASI）管轄の遺跡では、スマートフォンで入場券を購入できるようになっている。窓口に並ぶ手間が省け、料金も少し安くなる。ただし海外発行のクレジットカードが受け付けられない場合もあるので、念のため現金も準備しておこう。

HINT

ラール・キラーを撮影するなら、午前中は逆光になるため午後がおすすめ。

ムガル帝国以来の国のシンボル
ラール・キラー　Lal Qila

MAP P.79-B1

帝国時代に要衝だったラホール（現パキスタン）へ続く道の始まりだったラホール門

　オールドデリーの中心をなすのが、ムガル帝国第5代皇帝シャー・ジャハーンによって建てられた赤砂岩の**ラール・キラーLal Qila**。レッド・フォートRed Fortの通り名でも呼ばれる。アーグラーからの遷都により、新たな首都シャージャハーナバードのシンボルとなったラール・キラーでは、料理や文学、音楽などさまざまなムガル文化が花開いた。

　1639年から約9年かけて建設された城は、長さ2.4kmの城壁に囲まれた壮大な建築で外からは中の様子をうかがい知ることはできない。櫓にチャトリ（小さなドーム状の東屋）を配した**ラホール門Lahore Gate**を入ると、ペルシアのマーケットをモデルにした**チャッタ・チョウクChatta Chowk**のマーケットへと続く。奥へ進むと公謁殿**ディワーニ・アームDiwan-i-arm**、さらにその奥左手には内謁殿**ディワーニ・カースDiwan-i-Khass**がある。矩形の似通ったふたつの建物は平板な矩形の外観よりも、柱のレリーフなど細部に注目したい。その欄間にはペルシア語で「もし地上に天国ありとせば、そはこれなり、そはこれなり、そはこれなり」と象嵌で刻まれている。ディワーニ・カースのすぐ北にある**モティ・マスジッドMoti Masjid**は6代皇帝アウラングゼーブ帝によって建てられた。小さいながらもすべて大理石で造られたモスクは真珠モスクの別名にふさわしい建物。

　そのさらに北側には優美なチャール・バーグ（四分庭園）があり、噴水や宮殿内まで続く水路や水盤など、贅沢な水の演出を取り入れた往時がうかがえる。ラール・キラーは現在も一部が軍施設として使われたり、毎年8月15日の独立記念日に首相演説が行われるなど、国家の中心としての象徴的な役割を今も担っている。

細部まで美しいディワーニ・カース

 ラール・キラーの東端を見下ろすと、かつてはすぐ下に水をたたえたヤムナー川があったが、地形の変化により川の流れが変わり、遠くになってしまった。現在見えるのはリング・ロードという幹線道路。

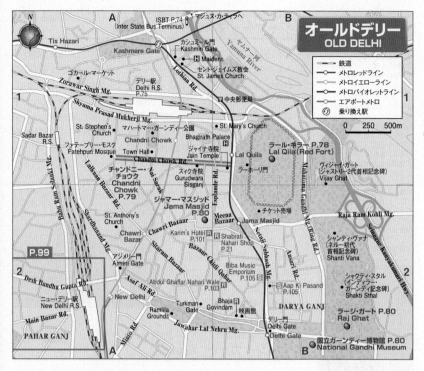

MAP P.79-A1

ムガル時代は城下町の目抜き通りだった
チャンドニー・チョウク　Chandni Chowk

チャンドニー・チョウク
◎ Ⓜバイオレット線Lal Quila
　駅下車、徒歩すぐ

　ラール・キラーの正面から西へ真っすぐに延びる大通り、チャンドニー・チョウク。「月光通り」という詩的な名前の響きとはうらはらに、道には車、リクシャー、牛、手押し車がひしめき、大通りは常に渋滞。道の両側には所狭しと商店が並ぶ一大バザール。地元のみならず、インド全国から人々が訪れる。インドの活気と混沌が交じり合う城下町の庶民の市場だ。また大通りの路地を入ると奥へ奥へと、毛細血管のように町は広がり、業種ごとに固まってコミュニティを形成している。

　大通りには、小さいながらもジャイナ寺院、ヒンドゥー寺院、スィク寺院やモスクもあり、この町の多様性を象徴している。

　どぎつい色の看板に隠れているが、タウンホールをはじめ、1800年代後半から20世紀初頭にかけての建築物が今も現役で使われている。美しい造りのファサードにも注目したい。

　ちなみにこのエリアはまだサイクル・リクシャーが現役。渋滞に巻き込まれながら、ゆっくりと通りの左右を眺めるのもいいかもしれない。

ⓘ Ⓜ Chandoni Chowk駅の出口はデリー駅方面とチャンドニー・チョウク方面のふたつに分かれている。チャンドニー・チョウク側出口は大通りではなく公園のようなところにあるので、歩くときは人の流れに沿って通りに出よう。

ジャマー・マスジッド

🕐 7:00～12:00、13:30～18:30
🚫 無休
💰 無料 ※カメラ・ビデオ持込料Rs300（携帯電話を含む）
🚇 バイオレット線Jama Masjid駅から徒歩2分

ミナレット

🕐 9:00～17:30 🚫 無休
💰 Rs100
ミナレットのチケットカウンターはモスクに向かって左側。ミナレットの入口は南側の門の中にある。また、ミナレットでの写真撮影に別途Rs300が必要だと言ってくる人がいるが、カメラチケットは共通。チケットは渡してしまわず持っているように。
また、ミナレットには同伴者のいない女性と子供は入れない。宗教上の理由からジャマー・マスジッド自体への入場ができない場合もある。

ラージ・ガート

🕐 5:00～19:00
🚫 無休
💰 無料
🚇 バイオレット線Jama Masjid駅から徒歩20分

国立ガーンディー博物館

📍 Opp. Raj Ghat
☎ 011-2331-0168、011-2331-1793
🕐 9:30～17:00
🚫 月、第2日、祝
💰 無料
🚇 バイオレット線Delhi Gate駅から徒歩7分
🌐 www.gandhimuseum.org

美しいシンメトリーのインド最大級のモスク
ジャマー・マスジッド　Jama Masjid

MAP P.79-A2

1656年に6年の歳月と5000人の職人を使って建てられたモスク。ラール・キラー同様、シャー・ジャハーンによる建立。別名金曜モスク Friday Mosqueとも呼ばれる。インド国内でも最大級のモスクは9mの丘の上に建つことから、さらに迫力を増して見え、100m²あるという中庭は、金曜の礼拝時にはゆうに2万人を収容できるといわれる。礼拝室は大理石と赤砂岩を組み合わせたファサードで、大きな3つのドームと、南北にミナレット。見事な対称性が美しい建築だ。

入口は南北と東の3ヵ所、1857年のインド大反乱のときには、イギリス軍への最後の突撃のため、反乱軍が白装束に身をかためてここに集結し、この石段に死体を埋めたという。

南北に立つミナレットのうち、南側は上まで登ることができる。高さ39m、最上階までは狭い通路を120段登らなければいけないが、上からはオールドデリーの風景を一望できる。

近代インドの礎をつくったガーンディーの墓
ラージ・ガート　Raj Ghat

MAP P.79-B2

ヤムナー川のほとりにあるガーンディーの埋墓。1948年1月30日に暗殺された翌日、この場所でヒンドゥーの作法で火葬に付された。黒花崗岩の墓石には、最後の言葉だったという「ヘー・ラーム（おお、神よ！）」がヒンディー語で刻まれている。独立の父と呼ばれるガーンディーの墓には、各州のトップも立ち寄り、敬意を表して祈りをささげるという。ガーンディーの亡くなった毎週金曜の17時、誕生日である10月2日、落命した1月30日には、祈りのセレモニーが行われる。

ガーンディーの私物や生々しい資料を展示
国立ガーンディー博物館　National Gandhi Museum

MAP P.79-B2

ラージ・ガートから徒歩5分。めがねや手紙、日記など、生前のガーンディーの私物を中心に展示している博物館。衣類や時計など、暗殺時に身に着けていたものから、実際に暗殺に使われた銃弾まで展示されており、なかなか興味深いラインアップ。

 ラージ・ガートは土足禁止です。入口に靴の預かり所があり、任意の金額を支払い預かってもらいます。ほかにも土足禁止の寺院もあるので靴袋を持参するといいと思います。（大和郡山市　KD '18）

イギリス時代の面影を残す商店街
コンノート・プレイス　Connaught Place

MAP　P.81

コンノート・プレイス

⊠Ⓜイエロー＆ブルー線Rajiv Chowk駅からすぐ

コンノート・プレイスはAからNまでのブロックで住所が振り分けられている。目的地を目指すときは、リクシャードライバーにブロックを伝えるか、最寄りのメトロ出口から出るとスムーズ。

　1931年、イギリス植民地下に都市計画の一環として造られたインド最大の商店街。ボンベイの軍司令官だったヴィクトリア女王の三男、プリンス・コンノートの名前を冠している。内外二重構造になっており、このサークルを中心に、各方面への主要道路へとつながる構造になっている。

　観光客的にはショッピングスポットとしての見どころは多くはないが、レストランや旅行会社などもあり便利。ここに来れば、必要なもののほとんどが揃う。また建造物としてもおもしろい造り。

2018年には改修工事が終わり装い新たに

2010年から続いていたコンノート・プレイスの改修作業がようやく終わり、新しいテナントも多く入った。食事やショッピングを楽しむインド人が増え、再び活気を取り戻している。

ジャンタル・マンタル

- ⏰ 日の出～日没
- 🎫 Rs300（カード払いはRs 250）
　※ビデオ持込料Rs25
- 🚇 Ⓜイエロー線Rajiv Chowk 駅から徒歩7分

モダンアートのようなインパクトある建造物 MAP P.81-A2

ジャンタル・マンタル　Jantar Mantar

　コンノート・プレイスからもほど近く、都会のビルの谷間にある不思議な建造物。これはジャイプルの王でもあったサワーイ・ジャイ・スィン2世が1724年に造った天文台。若くして王位を継いだジャイ・スィン2世は天文学にも精通しており、儀式を行う際、正確に惑星の位置を計測するためにジャンタル・マンタルを建設した。当時としては驚くほど高い精度で計測できた。

　太陽高度から時間を割り出す**サムラート・ヤントラSamrat Yantra**や太陽や星の位置を観測できる**ジェイ・プラカシュJai Prakash**、水平・垂直を正確に測るための**ラーム・ヤントラRam Yantra**など合計5つの観測装置がある。18世紀後期にダメージを受け、オリジナルの大理石などは失われているが、その後ジャイプルの領主が尽力して修復した。

　ちなみにジャンタル・マンタルは、ジャイプル（P.218）、ワラーナシー（P.138）など全国3ヵ所に設置されている。

バングラ・サーヒブ・グルドワーラー

- 📍 Ashok Rd., Hanuman Rd. Area, Connaught Pl.
- ⏰ 4:00～21:30
- 🎫 無料
- 🚇 Ⓜエアポート線Shivaji Stadium駅から徒歩7分
　※入場の際は頭に布をかぶる。入口付近で借りることもできる。

都会の真ん中にある大きなシーク寺院 MAP P.72-A1

バングラ・サーヒブ・グルドワーラー　Bangla Sahib Gurdwara

　シーク教8代目のグル（教祖）、ハルクリシャンによって1783年に建てられたシーク寺院。内部は広く、総大理石の白と黄金のドームの建物、それを映し出す大きな池は荘厳な雰囲気。シーク教の教えでもあるランガール（共食）も行われている。

ラクシュミー・ナーラーヤン寺院

- 📍 Gole Market
- ⏰ 4:30～9:00
- 🎫 無料
- 🚇 Ⓜブルー線R.K Ashram Marg駅から徒歩18分
　※内部の写真撮影は禁止

デリーでは有数のヒンドゥー教寺院 MAP P.72-A1

ラクシュミー・ナーラーヤン寺院　Lakshmi Narayan Temple

　インドの財閥ビルラー家が、1938年に建立した比較的新しいオディシャ様式のヒンドゥー寺院。ヴィシュヌ神の化身ナーラーヤンと、その妻で富の象徴であるラクシュミーを祀る。別名**ビルラー寺院Birla Temple**。すべてのカーストに開かれた寺院として入口にはウエルカムサインも掲げられ、落成式にはガーンディーも訪れた。

 ラクシュミー・ナーラーヤン寺院は、カメラやスマートフォンの持ち込み、内部撮影は厳禁で、素足になる必要があります。ツアーで参加したので前もって不要なものは置いていきました。（大和郡山市　KD　'18）

デリーにある階段井戸では有数の美しさ
アグラセン・キ・バーオリー　Agrasen ki Baoli

MAP P.81-B2

　バーオリーは井戸の周囲を構造物で囲った階段井戸のこと。14世紀にアグラセン王によって造られたとする説もあるが、正確には誰が造ったかは定かではない。デリーにいくつかある階段井戸のなかでも最も美しいとされている。幅15m、奥行き60m、3階建てのバーオリー越しにはコンノート・プレイスの高層ビルが見えるのがおもしろい。103段の階段を下りていくにつれて、モスクがあったりと建造物をじっくり見られ

る。井戸の水は2002年まではあったとされ暑い時期に水浴びをする人もいたが、現在は涸れており底まで下りることができる。

　2015年に公開されたアミール・カーン主演の映画『PK』のロケ地としても知られる。

アグラセン・キ・バーオリー
- ♠ Halley Rd.
- 🕐 7:00～18:00
- 🎫 無料
- 🚇 Ⓜ パープル線Janpath駅から徒歩10分

戦没者を慰霊するために建てられた
インド門　India Gate

MAP P.73-B2

　1911年コルカタからデリーへ英領インドが遷都され、イギリス人建築家のエドウィン・ランドシーア・ラッチェンスによりニューデリーの都市計画が進められた。インド門は

ラッチェンスの設計によるもの。高さ42mのインド門は、第1次世界大戦や第3次アフガン戦争で戦死した兵士たちの慰霊碑。壁面には戦没者1万3500人の名前が刻まれ、絶えず火がともされている。

インド門
- ♠ Rajpath, India Gate
- 🕐 随時
- 🎫 無料
- 🚇 Ⓜ バイオレット線Central Secretariat駅から徒歩25分。駅前からオートリクシャーの利用が便利

高く、厚い壁の内側に隠された歴史
プラーナ・キラー　Purana Qila

MAP P.73-B2

　16世紀半ば、アフガン系の支配者シェール・シャーによって最初に建設が始まり、後にムガル皇帝フマユーンが手を加えて建てたといわれる。ムガル帝国時代に建てられた建造物のなかではラール・キラーやアーグラー城より古いことからプラーナ・キラー（古い城）と呼ばれる。図書館として使われていたという八角形の2階建ての建物**シェール・マンダルSher Mandal**はフマユーンが足を

すべらせて亡くなった場所といわれている。庭園は人も多くなく、静かでゆっくりできる。

プラーナ・キラー
- ♠ Mathura Rd., Near Delhi Zoo
- ☎ 011-2336-5358
- 🕐 6:00～18:00
- 🎫 Rs300、ビデオ持込料Rs25
- 🚇 Ⓜ バイオレット線Khan Market駅から徒歩18分

博物館
- 🕐 10:00～17:00
- 🎫 金、祝

　プラーナ・キラーの庭園に建つ赤砂岩の美しいキラー・イ・クーナ・モスクQila-i-Kuhna Mosqueはフマユーン帝を破ったシェール・シャー・スリによって1541年に建てられたとされている。

教科書で見た有名な所蔵品も

国立博物館 National Museum

国立博物館

- 🏠 11 Janpath Rd.
- ☎ 011-2301-9272
- 🕐 10:00～18:00
- 🈺 月、祝
- 🈹 Rs500
- 🚇 Ⓜ イエロー線Udyog Bha-wan駅から徒歩12分、Central Secretariat駅から徒歩15分
- 🔗 www.nationalmuseum india.gov.in

※無料のガイドツアーが行われている。平日は10:30～、14:30～の2回、土日は10:30～、11:30～、14:30～、15:00～の4回。

デリーを代表する国立博物館には、5000年前のインダス文明から中世・近代まで20万点以上の豊富なコレクションを見ることができる。ガ

ンダーラの仏像、宝石や細密画、木工細工やテキスタイル、楽器など、時代もジャンルも多岐にわたる。駆け足で見るにしても2時間くらいは見ておきたいところ。じっくり見るなら、オーディオガイドの利用がおすすめ。

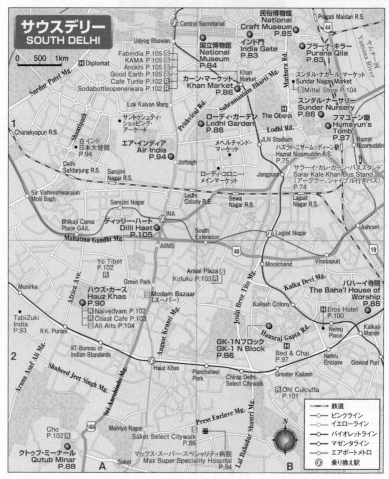

サウスデリー
SOUTH DELHI

i 19世紀半ば以降のアートなら国立近代美術館National Gallery of Modern Art 📖P.81-B2を訪ねてみよう。1936年に建てられたジャイプルのマハラジャの邸宅を改装している。

インド各地の伝統的な手しごと
民俗博物館　National Crafts Museum

MAP P.84-B1

プラーナ・キラーのすぐ近く、多種多様なインド各地のコミュニティの伝統的な芸術や手しごとが見られる博物館。貴金属や籠細工、木工品、染織・布など、さまざまな工芸品だけ見ても、あらためてインドの文化の幅広さと豊かさに驚かされる。また、博物館の外にはナガ族やゴンド族など実際の大きさで少数民族の家を展示したヴィレッジ・コンプレックスや壁画などもあり、見どころは多い。奥のマーケットでは職人たちが地方から彼らの工芸品を持ってきて売るクラフトバザールもある。

入口を入ってすぐの併設のカフェCafe Lotaではインド各地のメニューが食べられ、行列ができるほどの人気。ショップで各地のクラフトも買える。

民俗博物館
- 🏠 Pragati Maidan Bhairon Marg.
- ☎ 011-2337-1887
- 🕐 10:00～18:00
- 休 月
- 料 Rs300（オーディオガイド付）
- 🚇 Ⓜブルー線Pragati Maidan駅から徒歩20分
- URL nationalcraftsmuseum. nic.in

カフェ
- 🕐 8:00～21:00
- 休 無休

ショップ
- 🕐 9:30～17:30
- 休 無休

ガーンディーが最後の144日を過ごした家
ガーンディー記念博物館　Gandhi Smriti Museum

MAP P.73-B2

ガーンディーが最後の144日を過ごした家を、そのまま博物館として公開している。ガーンディーもしばしば交流があったという、インドの財閥ビルラー家の持ち物だった家で、寝室だけで12部屋という豪邸。彼が過ごした部屋は写真や所持品も含めて、当時のままを見ることができる。また、ガーンディーの生涯や最期の24時間をジオラマで視覚的にたどれる展示などもある。

ガーンディー記念博物館
- 🏠 5 Tees January Marg
- ☎ 011-2301-2843
- 🕐 10:00～17:30
- 休 月
- 料 無料
- 🚇 Ⓜイエロー線Lok Kalyan Marg駅から徒歩12分
- URL gandhismriti.gov.in

デリーとガーンディー

バープー（お父さん）と親しみを込めて呼ばれるほどに、独立の父マハートマー・ガーンディーはインドの人にとって特別な存在だ。そして英領インドの首都であったデリーとの縁も深い。

まずはガーンディーが火葬に付されたラージ・ガート（P.80）。ガーンディーの没後70年以上がたった今でも、ガート内はきれいに保たれ、設置されている募金箱に集まったものは、ガーンディーが生涯をかけて訴えてきたハリジャン（カーストの最底辺で差別されてきた人たち。ガーンディーは彼らを神の子と呼んだ）の差別撤廃のために使われる。

ラージ・ガート正面の道路を挟んで斜め向かいの国立ガーンディー博物館（P.80）には、ガーンディーに関する多くの資料のほか、彼が最期の瞬間に身に着けていたドーティも展示されている。そ

の血痕は時間がたっても生々しく私たちに訴える迫力がある。

ガーンディーの独立運動の支援者であったインドの民族資本家ビルラー財閥のデリー邸は、ガーンディーの寄宿先でもあった。その中庭が、まさにガーンディーが凶弾に倒れた場所。この中庭の寺院に夕方の祈りをささげるのはガーンディーの日課であったという。彼の最後の家となったビルラー邸はガーンディー記念博物館（P.85）として公開されている。

国立ガーンディー博物館は無料ですがフリーパスと書かれたチケットをくれるためよい記念になりました。展示物も見応えがあり、ガーンディーの肉声、心臓の音を聞くこともできました。（タムラマドカ　'19）

ローディ・ガーデン
Lodhi Rd., Lodhi Gardens, Lodhi Estate
011-2464-0079
6:00〜19:30
㊡無休
㊕無料
㊋Ⓜイエロー線Jor Bagh駅から徒歩14分

豊かな緑はデリー市民の憩いの場

ローディ・ガーデン（ローディ廟） Lodhi Garden (Lodhi's Tomb)

MAP P.84-B1

ニューデリーの真ん中の緑豊かなゆったりとした公園。ジョギングをやヨーガをする人、家族でピクニックをする人など、デリー市民の憩いの場として親しまれている。植物の手入れも行き届いており、公園だけでも十分楽しめる。サイード朝およびローディ朝の遺跡が点在していたふたつの村を1936年にまるごと公園へと変えてしまったのがローディ・ガーデンの始まり。最も大きく絵になる建物が**バーラー・グンバッドBara Gumbad**。15世紀に建設された廟にモスクと宿泊施設が続いている。園内には**シーシュ・グンバッドSheesh Gumbad**のドームや**アトゥプラ橋Athpula**など見応えある遺跡が建ち並ぶ。

スンダル・ナーサリー
Nizzamuddin, New Delhi
011-4070-0700
7:00〜22:00（最終入場21:30）
㊡無休
㊕Rs200
㊋バイオレット線JLN Stadium駅下車徒歩15分
URL www.sundernursery.org

ムガル時代の隠れた庭園を復興

スンダル・ナーサリー Sunder Nursery

MAP P.84-B1

フマユーン廟の向かいに2018年にオープンしたヘリテージパーク。ムガル朝時代にはアジームバーグとして知られていた庭園で、中には霊廟をはじめとした16世紀当時のムガル時代の15の遺構が残る。長らく打ちやられていたが、デリーの都市再開発プロジェクトの一環として、整備・改修され美しく生まれ変わった。日曜にはオーガニックマーケットなどのイベントも開催される。庭園内にはカフェもあり、デリーの喧騒から逃れて静かなひとときを過ごせる。

デリーのハイエンドショッピング

バックパッカーにとってはデリーは素通りする都市であったけれど、今やショッピングのためだけに弾丸旅行をする人も。話題のショップの多くは、ハイエンドなマーケット内にある。

デリーの北から南へと案内していこう。中心部のコンノート・プレイスからも近いのがカーン・マーケットKhan Market（MAP P.84-B1）。グッド・アース（P.105）やオガーンOgaanなどのファッションやカーマ（P.105）やフォレスト・エッセンシャルForest Essentialのコスメなど、インドのハイブランドがずらりと揃う。アノーキーやファブインディア（ともにP.105）などの定番ブランドもある。どこか1ヵ所しか行けないならここがおすすめ。

南へ下って、GK-1 Nブロックマーケット（MAP P.84-B2）へ。ここはアノーキーをはじめファブインディア、カーマ、書店フル・サークルFull Circleなどがラインアップ。

さらに南に行くとハウズ・カース・ヴィレッジHauz Khas Village（MAP P.84-A2）。以前は個性的なショップも多かったが、昨今はショップの入れ替わりが激しい。オール・アーツ（P.104）は健在。

その南には大型ショッピングモール、サキット・セレクト・シティウォークSaket Select Citywalk（MAP P.84-A2）もある。グッド・アースの大型店、カーマなどインドのブランドのみならず、無印良品やインターナショナルブランドのショップも多く出店している。

デリーは今やショッピングパラダイス。続々と新たなマーケットが日々勃興している。

シゲタ・トラベル（P.93）ではデリー市内1日ショッピングツアーの車チャーターもできる。ドライバーが慣れていて、リクシャードライバーが知らないショップもわかるし、買った荷物を車に置いておけるので便利。Rs2250〜。

タージ・マハルの手本となった
フマユーン廟 Humayun's Tomb

MAP P.73-B2

ムガル朝第2代皇帝フマユーンの墓廟で、妻のハージ・ベグム王妃が、彼の死後9年かけて1565年に建設した。フマユーン廟は、チャール・バーグ（四分庭園）の中央に墓廟を配し、頂点にドームを置くというムガル様式の礎となるスタイルを最初に取り入れた墓廟で、ムガル建築のなかでも重要な位置づけにある。インド・イスラーム建築の傑作とされ、1993年には世界遺産にも登録されている。この様式は、その100年後タージ・マハルなどへと受け継がれていくことになる。

赤砂岩を基調に、大理石をドームとファサードに組み合わせたフマユーン廟は、どの方角から見ても完璧なシンメトリーを構成しておりペルシアおよびイスラーム様式を色濃く反映している。入口のアーチをとおして見ると、その安定感はいっそう際立つ。夕暮れ時に赤く染まるフマユーン廟はまるで絵画のように美しく映える。

廟内の中央には大理石の棺が置かれているが、これは模棺で実際の棺は地下に妻たちと息子の遺体とともに安置されている。

ちなみにフマユーン廟への入口の途中にある八角形の建物は、**イサ・カーン廟Isa Khan's Tomb**。1547年、フマユーン廟に先立って造られたもので、八角形の廟の初期建築でタイルや内部の透かしなどが比較的残っている。廟の隣には**モスクIsa Khan's Mosque**があり、こちらも細部まで凝った造り。

フマユーン廟
- ♠ Mathura Rd. Opposite Dargah, Nizamuddin
- ☎ 011-2435-5275
- ⏰ 6:00～18:00（最終入場17:40）
- 🎫 Rs600（カード払いはRs 550）
- ※入場チケットの代わりにトークンを渡される。紛失するとRs100の罰金となる。
- Ⓜ バイオレット線JLN Stadium駅下車徒歩15分

南アジアで最も大きな聖者廟のひとつ
ニザームッディーン・アウリアー廟 Hazrat Nizamuddin Aulia Dargah

MAP P.73-B2

ニザームッディーン・アウリアー（1238～1325年）はデリーに22人いるスーフィー聖者のうちのひとりで、最も人気があり常に参拝者でにぎわっている。イスラームの貴人たちがその後同じ場所に自らの墓所を造ったため、周囲には多くの墓所があり、敷地内の学校などを含め、それら一帯を**ニザームッディーン・コンプレックスNizamuddin Complex**と呼んでいる。

ちなみにメインの礼拝堂は1562年に建て直されたもので、オリジナルの姿はとどめていない。

ニザームッディーン・アウリアー廟
- ♠ Boali Gate Rd., Nizamuddin
- ⏰ 随時
- 🎫 無料
- Ⓜ バイオレット線JLN Stadium駅から徒歩20分
- ⓤ nizamuddinaulia.org

ⓘ ニザームッディーン廟ではラマダーン中のイフタール（日没後の食事）を振る舞っており、ツーリストもご相伴にあずかれる。ただし参加するときは敬意を払って、無料とはいえ心付けの寄付をするくらいの気遣いを忘れずに。

バハーイー寺院

☎ 011-2644-4029
🕐 9:00～19:00（10～3月は～17:30）
🚫 月
💴 無料
🚇 Ⓜ マゼンタ線Okhla NSIC駅から徒歩5分
🔗 www.bahaihouseofworship.in

遠くからでも目立つ大きなロータス

バハーイー寺院　The Baha'I House of Worship

MAP P.71-B3

バハーイー教は19世紀半ばにバハー・ウッラーがイランで創始したイスラーム系の新宗教。人類の平和と統一、男女平等、科学と宗教の調和などを説いている。インドではカーストの区別なく、誰もが純粋に祈り、瞑想できることを標榜している。

1986年に建てられたデリーの寺院は世界各国のバハーイー寺院のなかでも特にそのデザインで有名で、イランの建築家ファリブルズ・サーバの設計によるもの。通称**ロータス・テンプルLotus Temple**と呼ばれ、27枚の花弁を組み合わせた蓮の花をかたどった巨大な寺院は遠くからでも目をひく。宗教にかかわらず多くの人が訪れる。インフォメーション・センターには、日本語も含め多言語でのパンフレットが置かれている。

クトゥブ・ミーナール

🏠 Mehrauli
☎ 011-2336-5358
🕐 7:00～21:00（チケット発売は6:30～20:30）
💴 Rs600（カード払いはRs550）
🚇 Ⓜ イエロー線Qutab Minar駅から徒歩25分。駅を出て目の前の道路にかかる歩道橋を渡り、北へ20分ほど歩くとミーナールが見えてくる。オートリクシャーならRs100程度。

デリーの歴史を大きく変えた

クトゥブ・ミーナール　Qutub Minar

MAP P.71-A3

デリー観光のハイライトのひとつが、1993年に世界遺産にも登録されたクトゥブ・ミーナールとその建造物群。

始まりは12世紀、ゴール朝（現アフガニスタン）の王に仕えていた指揮官クトゥブッディーン・アイバクが、当時のデリーの支配者チャーハマーナ・ラージプトを破り、そのままデリーに留まったことに端を発する。これがインド最初のイスラーム系支配で、アイバク自身が元奴隷の身分だったことから、奴隷王朝と呼ばれ、敗軍の将ラージ3世の城砦に自らの拠点を築いた。ヒンドゥー王の城砦を利用したため、偶像崇拝にあたる部分を破壊して新たにモスクなどを建設したのがこの建造物群だ。

ミーナールとはモスクの尖塔（ミナレット）のことで、通常はモスクの一部として礼拝の時間などを知らせる役目があるが、クトゥブ・ミーナールに関しては、アイバクのヒンドゥー教への勝利の記念塔という意味合いが強い。高さはインドの塔で最も高い72.5m、5層からなり、基部の直径は14.3m、頂部は2.7mと上に行くに従って細くなる。上の2層は大理石と砂岩で造られている。1192年に建設が始まったが、アイバクの存命中に完成したのは1層のみ、2～3層目は後継者のイールトゥミッシュによって完成した。14世紀にトゥグルク朝のスルタ

クトゥブ・ミーナールの内部には379段の階段があり、かつてはそれを上って最上部まで行くことができたが、過去に見学中の子供たちが転落死する事故があり、以降閉鎖されている。

ーンが4層目を修復した際に5層目とドームを加えたが、ドームは地震で落下して今はなくなっている。1層目は円形と三角形の断面が繰り返す造り。コーランの章句を図案化したものが刻まれている。

イールトトゥミッシュ廟の内部

ミーナールのすぐ脇にあるのが、破壊されたヒンドゥー寺院やジャイナ寺院の石材を使ってアイバクが1188年に建設したモスクが、**クワットゥル・イスラーム・マスジッドQuwwat-ul-Islam Masjid**だ。回廊のところどころに残る彫刻の跡は、ヒンドゥー時代の石材を転用している。かつては漆喰で塗り固められていたものが剥がれ落ち、痕跡が露呈している。

中庭にある高さ7mの**鉄柱Iron Pillar**は3〜4世紀のグプタ朝時代に造られたとされ、サンスクリット文字が刻まれている。鉄の純度が100%近く、いまだ錆びていないという不思議な鉄柱。

マスジッドの回廊の柱も美しい

クトゥブの北にある塔の残骸のような**アラーイー・ミーナールAlai Minar**は、未完の塔。ハルジー朝のスルターン、アラウッディーンがクトゥブの2倍の塔を建てようと1312年に着工したが、途中で暗殺されてしまった。基部の直径は25mある。

クトゥブの南にあるドームを載せた四角い建物は**アラーイー・ダルワーザーAlai Darwaza**。1310年に同じくアラウッディーンにより建てられた南門で、ここがかつての正門だった。その隣にある砂岩のドームを載せた小さな建物は聖者イマーム・ザミンの墓。西の端にある廃墟は**アラウッディーン・マドラサAla-ud-din Madrasa**。イスラームの神学校で、インド国内ではこれが最古のものとなる。中にはアラウッディーンの墓がある。

クトゥブ・ミーナール
Qutub Minar

コンノート・プレイスへ↗

ムガル庭園

アラーイー・ミーナール
Alai Minar

モスク　入口　駐車場

イールトトゥミッシュ廟
Tomb of Illutmish

チケット売り場

クワットゥル・イスラーム・マスジッド
Quwwatul-ul-Islam Masjid

鉄柱
Iron Pillar

メトロ
Qutab Minar駅へ
2.5km

クトゥブ・ミーナール
Qutub Minar

アラーイー・ダルワーザー
Alal Darwaza

イマーム・ザミン廟
Tomb of Imam Zamin

アラウッディーン廟

アラウッディーン・マドラサ
Ala-ud-din Madrasa

0　50　100m

未完のままのアラーイー・ミーナール

ⓘ　クトゥブ・ミーナールのミナレットのモデルとなったのは、世界遺産でもあるアフガニスタンのジャームのミナレットといわれる。また、鉄柱は5世紀頃のスタンバ（柱）が移設されたものだという。

♦ Mehrauli
☎ 874-292-5876
🕐 5:00~18:30
🏛 無料
Ⓜ イエロー線Qutab Minar
　駅から徒歩約20分

ここがかつてのデリーの中心だった
メヘローリー遺跡公園　Mehrauli Archaeological Park

MAP P.71-A3

　クトゥブ・ミーナール遺跡群は、メヘローリー遺跡公園として、さらに広範囲に広がっている。クトゥブッディーン・アイバクがデリーにスルターン朝を樹立したときは、ここが首都の中心であった。この周辺地域には大小のモスクや墓建築、聖者廟、階段井戸、ムガル貴族やイギリス人高官の住居跡など、スルターン朝からムガル朝末期にいたるさまざまな建造物が残っている。

　クトゥブ・ミーナールの南側にあるのが13世紀に建てられた**バルバン廟Balban's Tomb**、アイバクの後継者の墓だ。そのやや西には**ジャマリ・カマリ廟とモスクJamali-Kamali Mosque and Tomb**がある。ローディ朝後期の詩人ジャマリの墓で、彼の詩が彫られている。内部の装飾も比較的残っている。さらに南に行くと1200年代に建てられたと考えられているモスク、**マディ・マスジッドMadhi Masjid**がある。クトゥブ・ミーナールの南西には**ラジョン・キ・バオリRajon ki Baori**の階段井戸や13世紀の聖者廟**ダルガー・クトゥブ・サーヒブ Dargah Qutb Sahib**、16世紀に建てられた八角形の建造物、アクバル帝の宰相**アダーム・カーン廟Adham Khan's Tomb**もある。

階段井戸、ラジョン・キ・バオリ

　広い園内に遺跡が点在しているので、効率よく見て回りたければガイドをつけて歩くのもおすすめだ。

ハウズ・カース
♦ Hauz Khas Complex
🕐 随時
🏛 無料

かつては巨大な貯水池だった
ハウズ・カース　Hauz Khas

MAP P.71-A3

　現在では高級ブティックやレストランが建ち並ぶエリアとしてのイメージが強くなってしまったハウズ・カースだが、もともとはハルジー朝第3代スルターン、アラーウッディーン・ハルジーが水の貯水池として造営したもの。ハウズ・カースとは高貴な貯水池を意味し、最大時は28ヘクタールにも及び、乾季中の王族たちの城で必要な水を十分に確保できるほど大きかったという。

　後のスルターン、トゥグルク朝のフィローズ・シャーが14世紀に造ったマドラサ（神学校）と自身の廟が入口付近、池の端にあり、大きな貯水池が眺められるように設計されている。3つのドームをつなげた造りのデリーでは他に類を見ない珍しい建築。池を挟んで真反対の所にあるのが**ムンダ・グンバドMunda Gumbad**。かつてはこれが貯水池の中心にあったようで、往時の広さがうかがえる。

　当時の貯水池部分の大半は現在は公園として整備され、地元の人々の憩いの場となっている。夜はほとんどライトがないので、細部をよく見るなら昼間に行くのがいい。

 メヘローリー遺跡公園は東京ドーム約1個分の敷地内に、大小100以上の遺跡建築が点在している。建造された時代ごとの建築を見比べたりしたい場合は、きちんとした知識のあるガイドをつけるのがいいだろう。

デリーという都市の歴史

『マハーバーラタ』時代の古代デリー

北インド、ガンジス・ヤムナー平原には、古代まで歴史を遡ることのできる土地が少なくない。デリーの歴史も、国民的古典である叙事詩『マハーバーラタ』に始まる。物語の主人公バラタ族の王子たちが築いたインドラプラスタは、現在のプラーナー・キラーの場所にあったと考えられ、クライマックスの大戦争があった土地は、デリーの北方にクルクシェートラという昔のままの名で残っている。もちろん大半は物語だ。しかしデリーのあたりにモデルとなった古代勢力が存在したことは事実であるらしい。しかしブッダや、それに続くアショーカ王が活躍した時代に栄えたガンジス中流域の都市に比べれば、現実の古代デリーは多少「田舎」であった。

イスラーム政権支配の開始

歴史上再びデリーが注目されるのは、13世紀。中央アジアから南下してインド平原部の富の略奪を繰り返していたイスラーム勢力の一部がインドにとどまってこの地に支配を打ち立てたのだ。これが北インドで初めての本格的イスラーム政権、奴隷王朝であった。この後、ムガル帝国の成立まで、デリーを首都とする短命なイスラーム政権が興亡するが、これを総称してデリー諸王朝（デリー・サルタナット）と呼んでいる。

当時のインドには特に強力な勢力はなく、各地の中小政権が互いに抗争を続けていた。デリー政権もインド初のイスラーム領主というほかは、そうした地方勢力のひとつにすぎず、後代のようにデリーがいろいろな意味でインドの中心というわけではなかった。デリー政権の王城は1ヵ所ではなく、政権ごと、時代ごとに移っていたので、城跡やモスクなどの史跡が現在も町のあちこちで、多くは打ち捨てられて朽ちるに任せるという感じで残っている。

ムガル帝国も、バーブルが先代のローディー朝を倒してデリーに覇を唱えた当時はさしたる勢力ではなかった。しかもムガル朝を文字どおり帝国に造り上げたアクバルは、都をデリーの外に移してしまった。だからムガル時代全盛期、またインド文化全体を代表する当時の遺産は、デリーには多くはない。ムガル帝国の中枢がデリーに戻ってくるのはシャー・ジャハーンのときである。ラール・キラー、チャンドニー・チョウク、ジャマー・マスジッド、周囲の城壁と門、といった現在のオールドデリー地域が彼の築いた当時の城下町にあたる。

しかしそれからの帝国は衰退の道をたどる。帝国は名前だけのものになり、周辺の領土もマラータなどインドのほかの勢力に奪われ、皇帝の権限が及ぶのは城下町だけになってしまった。そして1803年、マラータ勢力に勝ったイギリスはデリーに駐屯地と居留地を建設する。

イギリス植民地時代から独立へ

イギリス支配への最初の大きな反発である1857年の大反乱（セポイの乱）では、デリー近郊のイギリス軍のインド人傭兵が反乱の口火を切り、デリーを占拠してムガル皇帝を擁立した。反乱は結局鎮圧されるのだが、シャー・ジャハーン以来の王城はこのとき大きな痛手を受けた。やがて破壊された市域が徐々にイギリス人居住区や軍用地へ転用され、さらに1911年カルカッタからデリーへ英領インドの首都が移されると、コンノート・プレイスから南の官庁街やインド門、放射状の道路と町並みといったニューデリーの建設が、イギリス人の建築家の設計によって進められることになる。デリーはこうして大きな変貌を遂げていったのである。

独立インドは新旧のデリーをそのまま引き継いで首都とし、現在にいたっている。印パ分離によって発生した難民や、地方からの急激な人口流入に都市計画が追いつかず、古い地区は超過密、空き地は新興アパート群とスラムで埋まっていく。かつて町の外周を取り巻いていたリング・ロードのはるかかなたへと市域は広がり、グルガオン、ガジアバードなど近郊の都市を吸収して巨大な首都圏を形成している。住宅不足、交通渋滞、停電、大気汚染などお定まりの都市問題を抱えつつも、首都という魅力が人々を引きつける。これまで旅人の多くは、ニューデリーを、国際線から国内ルートへの乗り換え地として通り過ぎていくだけだった。しかし伝統と現代、地方と都会が混在し、融合し、刻々と変化し続けるスリリングな町、明日の歴史がつくられる場所として、立ち止まってもっと目を向けてもいいのではないだろうか。

(関口真理)

ⓘ ショッピングエリアに行きたいときは「ハウズ・カース・ヴィレッジ」とドライバーに伝えよう。ハウズ・カースとだけ言うと別の場所に着いてしまう。また、週末はこの周辺がおそろしく渋滞するのでドライバーも嫌がる。

91

トゥグラカーバード

♠ Tughlakabad
🕐 7:00～17:00
💰 Rs300（オンライン予約＆支払いの場合はRs250）
🚗 Ⓜ バイオレット線TughlakabadまたはBadarpur駅から乗り合いオートリクシャーで20分、Rs10。クトゥブ・ミーナールからはオートリクシャーで20分、Rs150程度

「トゥグラカーバード」は周辺の地名でもあるため、「フォート」を入れたほうが通りがいい。メトロ駅から遠いが、乗り合いオートリクシャーが走っている。

スーラジ・クンド
🗺 P.71-B3外

かつての城塞都市の面影をわずかに残す

トゥグラカーバード　Tughlakabad Fort

　クトゥブ・ミーナールの東約7kmにある、デリー・スルターン朝の3番目の王朝、トゥグルク朝の都城跡。1321年にハルジー朝を倒したギャースウッディーン・トゥグルクによって新たに建設された都だった。当時、インドが脅威に感じていたモンゴルの襲来を警戒するために10～15mの高い城壁で囲まれている。城壁都市の内部は宮殿や要塞、バザールまで整えられており、かの旅行家イブン・バットゥータも「黄金のタイル」や「富にあふれた大きな商店」とトゥグラカーバードを評したといわれている。その息子の時代の1327年、都は一時デカン高原のダウラターバードに遷都されたが、反対が多く1334年には再びデリーに都は戻された。

整備が進むのはこれからだ

　以前は荒れ果てていた遺跡だが、近年は整備が進んでいる。とはいえ見学できるのは南の城壁部分や宮殿跡があるあたりのみで、中央エリアは今も雑草や低木に覆われたままだ。

　トゥグラカーバードから東南に2kmほど行くと、**スーラジ・クンド貯水池**Suraji Kund Tankにたどり着く。これは太陽神の寺院の脇に造られた貯水池で、11世紀頃のラージプト支配の頃の建築物だと考えられている。付近には8世紀頃に造られたとされる**スーラジ・クンド・ダム**Suraj Kund Damもある。デリーに残る数少ないヒンドゥー時代の遺跡だ。

城壁の上からはデリーを一望できる

車から、メトロから見える巨大ハヌマーン

　パハールガンジからも近いカロルバーグに巨大な像が立っている。高さ約33m、2007年に完成したニューデリー最大のハヌマーン像だ。

　ハヌマーンは猿の姿をしたヒンドゥー教の神様。『ラーマーヤナ』の中で登場し、ラーマ（ヴィシュヌ神の化身）に従い、魔王ラーヴァナに捕らわれたシータをランカー島から救い出す。空を飛び、山を持ち上げるほどの力持ち。勇敢な戦士として描かれ、民衆からの人気は高い。この像も自分の腕で胸をかき開く姿で立っているが、これはラーマに対する忠誠心を表現している。

　この巨大像は中に入ることができる。ハヌマーン像の足元には巨大な魔王ラーヴァナとライオンが口をあけているが、入口はハヌマーンに踏みつけられた魔王ラーヴァナのほう（ちなみにライオンは出口）。大きく開かれた口の中に入っていくと、内部は寺院になっており地元の人々が熱心に参拝している。続く半地下へ進むと、カイラス山に鎮座するシヴァ神像や刀を振りかざしたカーリー女神、電飾で彩られたドゥルガー女神など、ヒンドゥーの神々のワンダーランドとなっている。

▶ジャンデワラン・ハヌマーン寺院
Jhandewalan Hanuman Temple

🗺 P.72-A1　♠ Karol Bagh West Extension Area
🕐 日の出～日没　💰 お布施
🚗 Ⓜ ブルー線Jhandewalan駅から徒歩すぐ

　ハヌマーン寺院のあるエリアはカロル・バーグと呼ばれる。たくさんのホテルやレストランがひしめきあい、インド人旅行者には人気のエリア。パハールガンジからも近いので、ぶらりと立ち寄ってみるのもいいだろう。

ヤムナー河東岸の巨大寺院
スワーミナラーヤン・アクシャルダム　Swaminarayan Akshardham

MAP　P.71-B2外

スワーミナラーヤン・
アクシャルダム

♠ N.H. 24 Akshardham Setu
☎ 011-4344-2344
◉ 9:30～18:30（最終入場）
休 月
料 無料（アトラクション3種Rs
250、ウォーターショー Rs
90）
交 Ⓜ ブルー線Akshardham駅
から徒歩2分
URL akshardham.com
※カメラ、携帯電話、電子機器
の持込不可。入場前に無料のク
ロークで預ける。飲食物は持込
不可だが中にフードコートがあ
る。ノースリーブやひざ上のボ
トムスでの入場不可。

　2007年「世界一大きなヒンドゥー寺院」としてギネスブックに認定された巨大寺院。ヴィシュヌ派の聖人スワーミナラーヤンSwaminarayan（1781～1830年）を祀る寺院として2005年に完成した。寺院の広大な中庭では噴水ショーなども行われている。またインドの歴史をたどるボートライドや、スワーミナラーヤンの少年時代を描く映画の上映、スワーミナラーヤンの生涯をロボット仕掛けのジオラマで再現したアトラクションもあり、さしずめテーマパークのよう。とはいえ、インドの宗教の多様性と寛容さにあらためて感心させられる施設。

デリーの旅行会社

　インド旅行でよくあるデリーの旅行会社にだまされて、高額のツアーを組まされたというトラブルは、編集部への投稿（P.95）もあとを絶たない。信頼できる旅行会社をいくつか紹介しよう。

●シゲタ・トラベル　Shigeta Travel
MAP P.99-A2　♠ 4775 Main Bazaar, Near Chhe Tooti Chowk, Pahar Ganj
☎ 991-170-5706、880-070-5706　◉ 8:00～21:00　URL www.yokosoindia.com（日本語）
メイン・バザールの中程にあるⒽハリ・ピオルコ・インターナショナルの1階にある。オーナーのラジェンダさんは日本語OK。空港送迎（Rs1500～）やデリー1日市内観光（Rs2250～／8時間）など車の手配や、列車、飛行機の予約も依頼できる。インドのSIMカードをホテルまで配達＆開通サービスもある。24時間の両替サービスも行っている。小額紙幣を混ぜてくれるなど、細やかなサービスで日本人旅行客の頼れる存在。LINEのIDは「Shigeta.travel」。

●インドツアーズ＆トラベルズ
　Indo Tours & Travels
MAP P.71-B2外　♠ A-1 Near Sanjay Park, Main Market, Shakar Pur, Delhi　☎ 981-120-5056、981-057-4257　◉ 9:00～18:00
URL www.indotabi.com（日本語）
日本語の達者なオーナーのシンさんとノーティヤルさんがていねいに応対してくれる、日本人に人気の旅行会社。空港送迎や鉄道予約などの手配はもちろん、ホームステイやインド料理教室など、希望に合わせてさまざまなプランを提案してくれる。オフィスはブルー線ラクシュミーナガール駅2番出口

からすぐ。もちろんメールなどでのやりとりでも対応可能。LINEのIDは「ballujapan」。

●ロニ・トラベル　Roni Travel
MAP P.99-A1　♠ Ajay Guest House, 5084-A Main Bazaar, Pahar Ganj
☎ 011-2358-9000、2359-2447、981-106-1822
URL www.tabisuruindo.com（日本語）
Ⓗアジャイ・ゲストハウスにある、ロニさんの旅行会社。空港送迎、鉄道や長距離バス、飛行機のチケット手配から、車をチャーターしての周遊観光までOK。日本語の本や情報ノートの閲覧もできる。ロニさんのLINEのIDは「GENKIJI72」。

●H. I. S. デリー支店
MAP P.71-A1　♠ Second Floor, Flat No.P, South Patel Nagar　☎ 011-4516-1111（日本語）
◉ 月～金10:00～18:00　休 土日祝
URL www.his-discover.com/india
日本の大手旅行会社H.I.S.のインド支店。国内線航空券や鉄道、ホテルの手配などができる。日本人スタッフも常駐。現地発のオプショナルツアーも。

●タビズキ・インディア　TabiZuki India
MAP P.84-A2　♠ D-66/A 3rd Floor L/S Right Side, Chhabra Complex, Munirka　☎ 011-4052-1172
◉ 10:00～18:00　休 日
URL tabizukiindia.com（日本語）
「本当のインドを体験しませんか？」をテーマに、旅のアレンジをしているインド政府認可の旅行会社。女性の日本語ガイドや日本人スタッフが在籍し、女性のひとり旅でも安心・安全なオリジナル旅を提案してくれる。問い合わせは公式LINEアカウント（@846hcjad）から日本語で気軽にできる。

 上記で紹介した旅行会社のほとんどが両替も受け付けてくれる。宿泊や旅行の申し込みをしなくてもOKなので空港の両替は最小限にとどめておくのがいい。空港や町中の大手両替所よりもレートがよいことが多い。

Useful Address ユースフル・アドレス

▶観光情報

インド政府観光局 India Tourism
🗺 P.81-A2
🏠 88 Janpath　☎ 011-2332-0342、2332-0005
🕐 月〜金9:00〜18:00、土9:00〜14:00
㊏ 日、祝日（1/26、8/15、10/2、ホーリー）
URL incredibleindia.org、tourism.gov.in

デリー観光開発公団 Delhi Tourism & Transportation Development Corporation（DTTDC）
🗺 P.81-A1
🏠 Coffee Home -1 Baba Kharak Singh Mg.
☎ 011-2336-3607、2336-5358
🕐 7:00〜21:00　㊏ 無休
URL www.delhitourism.gov.in
主要観光地を効率よく回れるバスツアーなども催行している。ウェブサイトのほか、観光局やオフィス、一部のホテルから予約可能。ニューデリー駅、デリーハート、デリー空港T1にも予約窓口がある。ただしニューデリー駅にはDTTDCを装った詐欺まがいの窓口があるので要注意。

▶エアライン

エア・インディア Air India
🗺 P.84-A1
🏠 3 Safdarjung Airport, Aurobindo Mg.
☎ 011-2462-2220　🕐 8:00〜20:00　㊏ 日
URL www.airindia.com

▶大使館・領事館

在インド日本国大使館 Embassy of Japan
🗺 P.84-A1
🏠 Plot No.4 & 5, 50-G Shanti Path, Chanakyapuri
☎ 011-2687-6581、2688-5587
🕐 9:00〜13:00、14:00〜17:30
㊏ 土・日、インドと日本の祝日
URL www.in.emb-japan.go.jp

ネパール大使館 Embassy of Nepal
🗺 P.73-B1
🏠 Barakhamba Rd.　☎ 011-234-76200　🕐 9:00〜13:00、14:00〜17:00
㊏ 土・日、祝日
URL in.nepalembassy.gov.np

▶病院

マックス・スーパー・スペシャリティ病院 Max Super Speciality Hospital
🗺 P.84-B2
🏠 1 Press Enclave Rd., Saket　☎ 011-265-15050
URL www.maxhealthcare.in
最新設備を備えた新しい病院。デリー近郊のノイダやグルガオンにも系列医院がある。

インドラプラスタ・アポロ病院 Indraprastha Apollo Hospital
🗺 P.71-B3外
🏠 Sarita Vihar, Delhi-Mathura Rd.
☎ 011-269-25858、269-25801
URL www.delhi.apollohospitals.com
インド各地に医院をもつ最大規模の近代的な病院グループ。外国人用窓口がある。

HINT

さまざまな詐欺の手口
デリーやアーグラー、ワラーナシーなどには、さまざまなだましの手口がある。「自分はDTTDCで働いている」「シゲタ・トラベルの弟だ」など本書に書かれている名前を出して、安心させる方法もそのひとつ。DTTDCは通りまで出て客引きをすることはない。P.95を参照し、通りで話しかけてくる人は信用しないこと。また「ショッピングはどうだ」などと言って強引に違う場所に連れて行こうとするリクシャーに乗り合わせた場合も、断固として断ること。

ⓘ　DTTDCのデリー市内を回るバスツアーは午前、午後、1日の3種類。ひとりRs420〜630。立ち寄る観光地はそれぞれ異なるので、事前にウェブで確認しよう。またアーグラーの日帰りツアー（Rs2100）などもある。

出発前に必読！ インド旅行のトラブル《旅行会社編》

インド旅行＝トラブルと決めてかかる人は多い。かつてたくさんの被害者がいた睡眠薬強盗、運び屋詐欺などについての報告は、以前に比べ減っている。ところがいっこうに減る気配がないのが、旅行会社がらみのトラブルだ。どのようなケースが多いのか、積極的に情報を集めて気をつけたい。

図 『地球の歩き方』でトラブル情報を頭にたたき込んでいたにもかかわらず、怖い目に遭いました。20:00頃、メトロのNew Delhi駅に着きました。何日か前の昼間のように、今回も陸橋を渡ってメイン・バザールに行こうとしたところ、荷物チェックの男に「今の時間帯は鉄道チケットがないと駅構内へは入れない。ついて来い」と言われました。連れて行かれたのは、オートリクシャーの待機所。そこにいたほかの男が「今の時間帯はメイン・バザールへ入るにはエリアパーミッションが必要。DTTDCで無料発行しているので、まずはそこへ行こう」と言ってきました。

私はあやしいと思いましたが、乗るしかありませんでした。オートリクシャーは「No Entry」の柵で引き返すことを何度も繰り返し、最後に仕方なく彼らの言うDTTDCへ。しかし、着いたのはいかにもあやしい小さな旅行会社。Delhi Tourist Information Centreだったかと思います。あやしいので門構えを写メしたら、旅行会社の男から、今撮った写メを消せと言われました。

その男は私からホテルの予約番号を聞き、PCで調べる素振りをしたあと、私の予約は夜遅くなったからキャンセルされており、同等のホテルを紹介すると言ってきました。「エリアパーミッションは？」と聞くと、「メイン・バザールには今の時間帯は行けない」と言ってきました。私はとにかくこの旅行会社から出なければと思い、大通り沿いまで走って逃げました。そして携帯から電話して、予約したホテルのスタッフに迎えに来てもらいました。

今思えば、オートリクシャーに乗らず、ニューデリー駅で電話して、ホテルスタッフに迎えに来てもらえばよかったです。今回、お金は払っていませんが、駅の陸橋が渡れなかったために冷静な判断に欠けてしまい、怖い思いをしました。女ひとりで夜にニューデリー駅に着くときは、細心の注意が必要だと身に沁みました。 （千葉市 りさ '17）

図 3度目のインドでしたが、本当に痛い目に遭いました。空港からメイン・バザールに行くためにニューデリー駅を通過しようとしたら、「先日テロがあってまだ暴動が続いているから、メイン・バザールへは行けない」と言われました。違う道を通って行こうとしても、警察官にも同じことを言われました。とにかくリクシャーに乗れという勧誘に負けて乗ると、旅行会社に連れていかれてしぶしぶ中へ。すると手厚くもてなされ、つい気を許してしまいました。

事情を説明すると「テロあったよ。新聞にも載ってる」と記事を見せてくれたのです。明日乗る列車もないと言われ、あちこち電話をしましたがらちがあかず、パソコンですべての電車に「Ride Stop」の文字が表示されているのを見せられました。

結局Rs5万を支払い、タクシーでリシュケーシュに行きました。無一文になっていましたが、知人が現地の方と連絡を取ってくれ、お金も借りられました。

あとで知ったのですが、メイン・バザールでのテロはなく、列車も定刻通りニューデリーを出発したとのこと。予約していたホテルも営業していて、警察官もニセモノとわかりました。おかしいと思ったら、すぐに予約した旅行会社やホテルに電話すること。私のような目にひとりでも遭わないように願っています。 （江東区 自信過剰だった '18）

常に冷静であることが大切

日本からの旅行者の入国地点であり、インドの旅が始まる出発地点であるデリー。当然インドに慣れていない旅行者が多いのだから、この手のトラブルがデリーで頻発するのは、仕方がないことなのかもしれない。もちろん「仕方ない」で済まされることではないので、気持ちよくインドの旅が続けられるように対策を考えておきたい。

●インド入国初日のホテルと迎えは日本で手配しておく。多少お金がかかっても"安心料"と考えれば決して高い金額ではない。偽者の迎えが空港にいるかもしれないが、その場で、手配した旅行会社や予約したホテルの名前を確認すれば済む。

●インド入国当日にツアーのスケジュールを組むことはやめる。まずはホテルに直行して休むこと。まともな旅行会社が夜遅く開いているわけがない。

●DTTDC（デリー観光開発公団）の名前を出して、信用させる手口が横行している。彼らが客引きをすることは100％ない。DTTDCの名前を出す旅行会社は、まず疑ってかかろう。

●料金を支払ったら必ず領収書をもらう。それを出し渋るような会社はまともな会社ではない。

●とにかく事前に情報収集を。インターネットでデリーの旅行会社を検索すれば、まともな旅行会社のサイトでツアー料金の目安はすぐにわかるはずだ。英語のサイトが苦手なら、日本語の各種掲示板などで、旅行会社の評判などを知ることが可能だ。

インド編取材者が複数の被害者に会って話を聞くと、異口同音に聞かれたのが「自分は大丈夫と思っていた」というセリフだ。ところが、理由を聞くと、答えられる旅行者はほとんどいなかった。根拠のない自信が、判断の妨げになっているのだろうか。自分の判断だけでなく、ほかの旅行者の経験も聞いてみよう。情報と状況を客観的に判断できる冷静さを、常にもっておきたい。

ニューデリー駅で男が近づいてきて一瞬でポケットのiPhoneを盗られてしまった。スマートフォンのIMEIナンバーをメモしておけば警察で携帯の場所をトラッキングできるそう。（秋田県 しょうこ '23）

Hotel ホテル

場所のわりには手頃
H アルカ
Hotel Alka Classic

コンノート・プレイス周辺 ₹₹
MAP P.81-A1

🏠 P-16 Connaught Circus ☎ 011-2334-4328
🛏 Ⓢ Rs3500〜4500 Ⓦ Rs4500〜5000
🚿 別 [Card] AMV [WiFi] 🛏 22室
🚇 Ⓜ イエロー＆ブルー線Rajiv Chowk駅

便利なロケーションのわりに手頃な価格の中級ホテ
ル。スタッフのサービスもそれなりに評判はいい。設備
はやや古いが、改修された部屋もありきちんと手入れ
されている。客室はA/C、
バスタブ付きで、朝食も
付いている。また、1階に
はベジタリアン・レスト
ランを併設している。

メトロ駅もすぐ近く
H パレス・ハイツ
Palace Heights

コンノート・プレイス周辺 ₹₹
MAP P.81-B1

🏠 D-26/28 Connaught Circus
☎ 011-4546-0000、011-4358-2610
🛏 Ⓢ Rs5500〜6000 Ⓦ Rs6500〜6999（朝食付）
🚿 別 [Card] AMV [WiFi] 🛏 14室
🚇 Ⓜ イエロー＆ブルー線Rajiv Chowk駅
[URL] hotelpalaceheights.com

レストランやショップが多いコンノート・プレイスの
Dブロックにある。広くはないが、客室は清潔で快適
に過ごせる。併設するレストラン、ザフランも「タイ
ムズ・フード・アワード」
を受賞したお墨付きの人
気店。朝食付き。空港か
らの送迎も頼める。ホテ
ル入口は2階にある。

コンノート・プレイスのど真ん中
H ジュカソ・イン
Hotel Jukaso Inn

コンノート・プレイス周辺 ₹₹
MAP P.81-B1

🏠 L-Block Connaught Circus New Delhi
☎ 011-2341-5450、011-2341-5451
🛏 Ⓢ Rs3300 Ⓦ Rs4250 🚿 別 [Card] AMV [WiFi]
🛏 35室 🚇 Ⓜ イエロー＆ブルー線Rajiv Chowk駅
[URL] www.jukaso.com

メトロの出口から徒歩5分とかからない、絶好のロケー
ション。メインサークルの後ろ側にあるため、静かな環
境。2020年に全館リノベーションを終えたホテルは客
室もシンプルで清潔に整ってい
る。外観もモノトーンのガーリー
デザイン。この立地と新しい施設
を考慮するとかなりお得な値段
設定といえる。近隣にはレストラ
ンやショップも多く便利。常に満
室なので早めの予約がおすすめ。

鉄道駅利用の前後に使いやすい
H ブルームルームス
Bloomrooms

ニューデリー駅前 ₹₹
MAP P.99-B2

🏠 8591 Arakashan Rd. ☎ 011-4551-2740
🛏 Ⓢ Ⓦ Rs4600〜5700 🚿 別 [Card] AMV [WiFi]
🛏 49室 🚇 Ⓜ イエロー線、エアポートメトロNew Delhi
駅 [URL] staybloom.com ✉ br2@staybloom.com

ニューデリー駅から徒歩5分程度。白と黄色のモダン
でビビッドなデザインが目を引くホテル。日本のビジ
ネスホテルのように、必要最低限が過不足なくまとめ
られており、清潔で居心地もいい。ホテル内は吹き抜
けのラウンジがあり、明るい雰囲気。部屋によっては
バルコニーも付いてい
る。スタッフも感じがい
い。公式ホームページか
らの予約が最も安く、割
引率も高くなる。

日本人旅行者も多い
H コテージ・イエス・プリーズ
Cottage Yes Please

パハールガンジ ₹
MAP P.99-A1

🏠 1843-44, Laxmi Narayan St., Raj Guru Rd.,
Chuna Mandi, Paharganj ☎ 011-4308-1300、
011-4357-2400 🛏 Ⓢ Ⓦ Rs1600 Ⓣ Rs2200 🚿 込
[Card] 不可 [WiFi] 🛏 39室 🚇 Ⓜ ブルー線R.K.Ashram
Marg駅 [URL] www.cottageyesplease.com

パハールガンジにある中級ホテル。メイン通りから1
本外れているため、車もアクセスしやすく便利。メト
ロ駅からも近い。客室はツイン、ダブル、トリプル、
ファミリーとバリエーションが多く、客室は新しくな
いが掃除がきちんとされている。すぐ近くには姉妹
ホテル、ナトラジ・イエ
ス・プリーズ（P.98）が
ある。シーズンによって
は混み合うので事前の予
約がおすすめ。

閑静な場所で安心できる
H YMCAツーリスト・ホステル
YMCA Tourist Hostel

コンノート・プレイス周辺 ₹₹
MAP P.81-A2

🏠 Jai Singh Rd.
☎ 011-2336-1915、2375-6031（予約専用）
🛏 Ⓢ Rs3270〜3660 Ⓦ Rs3850〜4350 🚿 込
[Card] 不可 [WiFi] 🛏 104室 🚇 Ⓜ イエロー＆ブルー線
Rajiv Chowk駅 [URL] www.newdelhiymca.in

ジャンタル・マンタル（P.82）から近く、ニューデリー
中心部にある施設。客室は簡素だが、必要最低限のも
のは整えられているので
快適。セキュリティもしっ
かりしており女性も安心。
朝食に加え、夕食も宿泊
費に含んだプランもある。

モダンで快適な新ホテル

H リ・ロイ・エクスプレス パハールガンジ ₹₹
Le Roi Express ■MAP P.99-A1

🏠 672-676 Baoli Chowk, Near Cheh Tooti Chowk,
Main Bazar
☎ 011-4375-0055
Ⓢ Ⓓ Ⓐ Ⓒ Rs2400 Ⓘ Ⓐ Rs3360～3920
🆃 別 Ⓒard MV Ⓦi-Fi
URL www.leroihotels.com

2023年にオープンした H リ・ロイの姉妹ホテル。メイン・バザールのほぼ真ん中という好ロケーション。コンパクトな客室はモダンかつミニマルなインテリアで統一され、機能的で快適。エグゼクティブルームにのみ窓がある。ルームサービスや24時間ランドリーサービスもあり便利。ホテル内には朝食から終日営業のレストランもある。

最高レベルの施設とサービス

H タージ・パレス・ホテル チャナキャプリ ₹₹₹
Taj Palace Hotel ■MAP P.72-A2外

🏠 Sardar Patel Marg, Diplomatic Enclave
☎ 011-2611-0202
Ⓗ デラックスRs1万3000～、ラグジュアリースイートRs5万6000～
🆃 別 Ⓒard ADJMV Ⓦi-Fi 🛏 403室
Ⓜ イエロー Dhaula Kuanから車で約5分
URL www.tajhotels.com
☎ 03-3595-7840（株式会社アクセス）

言わずと知れたタージ・グループのハイエンド・ラグジュアリーホテル。サービス、客室、施設、どれをとっても最高でVIPのような気分に浸れる。空港へのアクセスもいい。ホテル内のダイニングもインド料理、ヨーロピアン、中華など多彩なラインアップ。評判が高い。オフシーズンには大幅な値引きがされることもある。

このエリアでは比較的新しく快適

H グランド・ウダヴ パハールガンジ ₹₹
The Grand Uddav ■MAP P.107-A1

🏠 4953-54, Ramdwara Rd., Nehru Bazar, Paharganj
☎ 981-096-5967, 011-2356-1096 Ⓢ Rs2500～
Ⓦ Rs3000～ 🆃 込 Ⓒard MV Ⓦi-Fi 🛏 60室

パハールガンジのほぼ真ん中あたり。一本道を入ったところにあるホテル。比較的新しいホテルで、客室は広くモダン、3～4人のグループで泊まれる部屋もある。このあたりのホテルではかなりいいレベルのホテル。

都会の穴場的B&B

H シーピー・ヴィラ ゴール・マーケット ₹₹₹
CP VILLA ■MAP P.72-A1

🏠 7-A, Doctors Lane, Gole Market ☎ 999-988-6796 Ⓢ Ⓓ Ⓐ Ⓒ Rs6000 🆃 別 Ⓒard ADJMV Ⓦi-Fi
🛏 4室 Ⓜ ブルー線R.K.Ashram Marg駅
URL www.cpvilla.in ✉ cpvilladelhi@gmail.com

大きな庭付きの邸宅を改装したB&B。客室は4室のみだが、どの部屋も広々としており、パティオが付いていたりと都会の喧騒を忘れるようなゆったりとした造り。パハールガンジからもほど近い。

サウスデリーの隠れ家的B&B

H ベッド＆チャイ GK1 ₹
Bed & Chai ■MAP P.84-B2

🏠 R-55 Top Floor, GK-1
☎ 011-4606-6054, 852-788-4555
Ⓢ Ⓓ Ⓐ Ⓒ Rs1500～3000 🆃 込 Ⓒard MV Ⓦi-Fi
🛏 12室 Ⓜ バイオレット線Kailash Colony駅
URL www.bedandchai.com

GK-1 (P.86) から徒歩でもアクセス可能なB&B。建物正面の看板を目印にすると探しやすい。このエリアにしては手頃でかつ清潔。共用バスのスタンダードとバス付きのスーペリアルームから選べる。

デリーのホテル事情

昔はデリーのホテルといえば、バックパッカーが集まるニューデリー駅前の安宿街メイン・バザールが定番だったけれど、今は宿泊もバリエーションが広がっている。

ニューデリー駅前、通称パハールガンジは現在でも世界中から旅行者が集まるエリア。ただし1泊数百ルピーのバックパッカー向けのドミトリーのような安宿から、いわゆる中級程度の施設・サービスを備えたRs1500以上のホテルも新しくオープンしている。旅行者に必要なものはすべて徒歩圏内で揃い、駅にも地下鉄にもアクセスがいい。

高級ホテルに泊まるほどの予算はないけれど、

パハールガンジはちょっと……という人や、インドが初めての女性にはコンノート・プレイス周辺の中級ホテルやYMCA系の宿が静かでおすすめ。

コンノート・プレイス南のジャンバト通りや、空港に向かう途中に多いのが、設備、サービスともに快適なラグジュアリーホテル。シーズンによってはかなり安く泊まれることもある。またサウスデリーにはセンスのいいブティックホテルもいくつかある。

▶ニューデリー駅周辺のホテル

ニューデリー駅前から延びるメイン・バザール（パハールガンジ）には安宿から中級ホテルが密集している。ここに紹介するのは一例だが、宿を探すときは、決める前に必ず部屋を見せてもらおう。部屋の清潔さやお湯が出るかなど、価格に見合うかを自分の目で確かめるのが大事。

Ⓢシングル、Ⓦダブル　注：[TAX]の表示のないホテルでもTAXがかかる場合があります。

パハールガンジ　₹₹ [MAP] P.99-A1 [H] アヌープ Anoop	🏠 1566 Main Bazar, Paharganj ☎ 011-4154-1390、011-2358-9366 [料]ⓈⓌ Rs1000～1200　[TAX] 別 [Card] 不可　[Wi-Fi]　[室] 30室	メイン・バザール沿いに面しており、メトロ駅からも徒歩5分程度。24時間オープンのトラベルデスクがあり、両替も可能。ホットシャワーも24時間使える。
パハールガンジ　₹₹ [MAP] P.99-A1 [H] ヴィヴェック Vivek	🏠 1534-50, Main Bazaar, Paharganj ☎ 011-2358-2904、995-343-7793 [料]Ⓢ Rs1000 Ⓦ Rs1200　[TAX] 込 [Card] AMV　[Wi-Fi]　[室] 50室 [URL] www.vivekhotel.com	メイン・バザール沿いのランドマーク的存在な建物なので見つけやすい。部屋は比較的新しくてきれい。両替所、トラベルカウンター、レストランもあり使い勝手のよいホテル。
パハールガンジ　₹ [MAP] P.99-A1 [H] ヴィシャル Vishal	🏠 1575/80 Main Bazar, Paharganj ☎ 011-2356-2123、011-2358-7629 [料]Ⓢ Rs800～1000 Ⓦ Rs1200～1400 [TAX] 込　[Card] 不可　[Wi-Fi]　[室] 27室	メトロ駅から歩いて5分以内。メイン・バザールに面した部屋は少々騒々しいが、周囲にさまざまな店があるので便利。チェックアウトは昼の12:00。
パハールガンジ　₹₹ [MAP] P.99-A2 [H] ゴールド・リージェンシー The Gold Regency	🏠 4350, Main Bazar Rd., Bagichi Ramchander, Kaseru Walan, Paharganj　☎ 011-4169-8777、981-157-6813　[料]🛁[A/C]Ⓢ Rs2595～3195 Ⓦ Rs2895～3495　[TAX] 別　[Card] AMV　[Wi-Fi] [室] 34室　[URL] www.hotelgoldregency.co.in	ニューデリー駅からメイン・バザールに入ってすぐの左側という立地なので列車で移動する前日も便利。旅行会社やレストラン、バーがある。バスルームは広く、ホットシャワーも24時間使える。
パハールガンジ　₹ [MAP] P.99-A2 [H] サンタナ Santana	🏠 Main Bazar Rd., Pahar Ganj ☎ 964-358-3313 [料]Ⓓ Rs500 🛁[A/C]Ⓢ Rs800 Ⓦ Rs800～1300 [TAX] 込　[Card] 不可　[Wi-Fi]　[室] ドミトリー4室、個室3室　[URL] indiasantana.net/delhi	プリーにある日本人宿、サンタナ・ロッジのデリー支店。日本人スタッフが常駐しているので、初めてのインド旅行で不安な人でも安心。朝食付きでホットシャワーも24時間OK。
パハールガンジ　₹ [MAP] P.99-A2 [H] ディーセント・ゲストハウス Decent Guest House	🏠 4604 Main Bazar Rd, Bagichi Ramchander, Kaseru Walan, Paharganj　☎ 011-2358-86621、987-320-5820　[料]🛁Ⓢ Rs695 Ⓦ Rs950 🛁[A/C]Ⓢ Rs995 Ⓦ Rs1090　[TAX] 込 [Card] 不可　[Wi-Fi]　[室] 18室	メイン・バザールから少し入ったゲストハウス密集エリアにある4階建てのホテル。表通りに看板が出ているので、それを目印に。安さのわりに、部屋はまあまあきれいに保たれている。
パハールガンジ　₹₹ [MAP] P.99-A1 [H] プライム・デリー The Prime Delhi	🏠 2352-54 Chuna Mandi, Pahar Ganj ☎ 011-4158-8833、788-810-1313 [料]ⓈⓌ Rs3500～5500　[TAX] 込　[Card] MV　[Wi-Fi] [室] 22室　[交][M] ブルー線R.K.Ashram Marg駅 [URL] www.theprimedelhi.com	2021年10月オープンのホテル。このエリアではハイグレードで、設備は最新かつ清潔。ベッドや水回りも快適で居心地がよい。客室によっては窓のない部屋もあるので事前に確認を。
パハールガンジ　₹₹ [MAP] P.99-A1 [H] ナトラジ・イエス・プリーズ Natraj Yes Please	🏠 1750 Chuna Mandi, Paharganj ☎ 011-4362-8200 [料]Ⓢ Rs1400 Ⓦ Rs2000 Ⓣ Rs2400　[TAX] 込 [Card] MV　[Wi-Fi]　[室] 32室 [URL] www.yespleasehotels.com	メトロ駅から歩いてすぐ、姉妹ホテルのコテージ・イエス・プリーズ（P.96）からも歩いてすぐの距離。シングルの部屋も多く、部屋はきれい。ほとんどの部屋に冷蔵庫がある。
パハールガンジ　₹₹ [MAP] P.99-B1 [H] リ・ロイ Le Roi	🏠 2206 Raj Guru Rd., Chuna Mandi, Pahar Ganj　☎ 011-2358-0050、011-2358-0081 [料]🛁[A/C]Ⓢ Rs2500～ Ⓦ Rs2800～　[TAX] 別 [Card] MV　[Wi-Fi]	メイン・バザールエリアでは高めだが、そのぶん部屋はきれい。一部の部屋にバスタブ、セーフティボックス、湯沸かしポットが備えられている。
パハールガンジ　₹ [MAP] P.99-A2 [H] ローズ・ホテル Lord's Hotel	🏠 51 Main Bazar, Pahar Ganj ☎ 011-2358-8303、999-976-1858 [料]🛁Ⓦ Rs1100～1350 🛁[A/C]Ⓣ Rs1500～1800 Ⓦ Rs1450　[TAX] 込 [Card] 不可　[Wi-Fi]　[室] 15室	部屋はシンプルなダブルベッドがあるだけだが、そのぶん余計なものがなく清潔。ホットシャワーは24時間OKで、トラブル時に親切に相談に乗ってくれる。旅行会社を併設している。
パハールガンジ　₹ [MAP] P.99-B2 [H] ゾステル・デリー Zostel Delhi	🏠 5, Ara Kashan Rd., Near New Delhi Rly. Station ☎ 011-2354-0456、882-629-0005 [料]Ⓓ Rs549～ Ⓦ Rs1680～　[TAX] 込　[Card] MV [Wi-Fi]　[室] 39室　[URL] www.zostel.com	若者に人気のスタイリッシュなドミトリー宿。男女共同の6人部屋、8人部屋に加えて、女性専用ドミトリーや通常の客室もある。ドミトリーにはロッカーもありセキュリティもしっかりしている。

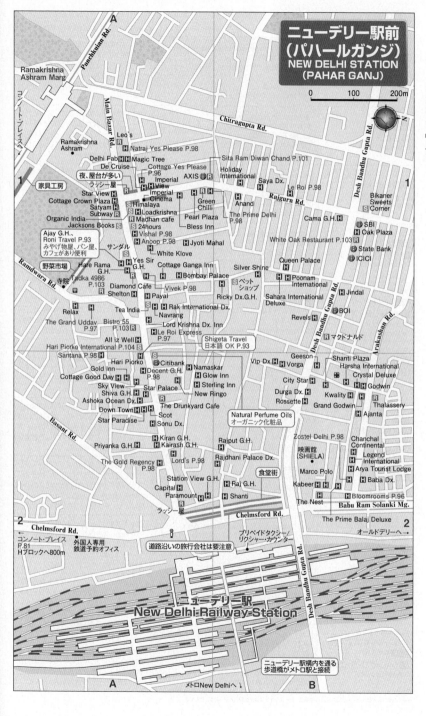

0　　　100　　　200m

Ramakrishna
Ashram Marg

Panchkuian Rd.

A

Chitragupta Rd.

Desh Bandhu Gupta Rd.

N

1

コンノート・プレイスへ

Main Bazar Rd.

Ramakrishna
Ashram

Leo's
Natraj Yes Please P.98

Sita Ram Diwan Chand P.101

Delhi Fab　Magic Tree
De Cruise
夜、屋台が多い
ラッシー屋
Star View
Cottage Crown Plaza
Satyam
Subway
Organic India
Jacksons Books

Cottage Yes Please
P.96
Imperial
View
Imperial
Cinema
Himalaya
Loadkrishna
Madhan cafe
24hours
Vishal P.98

AXIS

Holiday
International
Saya Dx.

Anand

Green
Chilli
Pearl Plaza
Bless Inn

Rajgurn Rd.

Le Roi P.98

The Prime Delhi
P.98

Bikaner
Sweets
Corner

Cama G.H.

SBI
Oak Plaza

Ajay G.H.、
Roni Travel P.93
みやげ物屋、パン屋、
カフェがあり便利

Anoop P.98
White Klove

Jyoti Mahal

White Oak Restaurant P.103

State Bank
ICICI

Ramdwara Rd.

野菜市場
寺院

Hare Rama
G.H.
Tadka 4986
P.103
Diamond Cafe
Shelton

Yes Sir
G.H.
Cottage Ganga Inn

Vivek P.98
Payal

Silver Shine

Queen Palace

ペット
ショップ
Bombay Palace
Ricky Dx.G.H.

Sahara International
Deluxe

Poonam
International

Jindal

Revels

BOI

Relax
The Grand Uddav
P.97
Hari Piorko International P.104
Saritana P.98

Tea India

Bistro 55
P.103

Rak International Dx.
Navrang
Lord Krishna Dx. Inn
Le Roi Express
P.97

マクドナルド

All iz Well

Shigeta Travel
日本語 OK P.93

Citibank
Hari Piorko
Gold Inn
Cottage Good Day
Sky View
Shiva G.H.
Ashoka Ocean Dx.
Down Town
Star Paradise

Decent G.H.
P.98
Star Palace

The Drunkyard Cafe
Scot
Sonu Dx.

Namaskar
Glow Inn
Sterling Inn
New Ringo

Vlp Dx.

Vorga

Geeson

Shanti Plaza
Harsha International
Crystal Deluxe

City Star

Durga G.H.
Rossette

Godwin
Kwality
Grand Godwin
Ajanta

Thalassery

Natural Perfume Oils
オーガニック化粧品

Priyanka G.H.
Kiran G.H.
Kairash G.H.
Lord's P.98

Rajput G.H.

Zostel Delhi P.98

映画館
(SHIELA)

Chanchal
Continental
Legend
International
Arya Tourist Lodge

The Gold Regency
P.98

Rajdhani Palace Dx.

食堂街

Marco Polo

Baba Dx.

Capital
Paramount

Station View G.H.
Raj G.H.
Shanti

Kabeer

Bloomrooms P.96
Babu Ram Solanki Mg.

ラッシー屋

The Nest

The Prime Balaj Deluxe

Chelmsford Rd.

2

Chelmsford Rd.
コンノート・プレイス
P.81
Hブロックへ800m

外国人専用
鉄道予約オフィス

道路沿いの旅行会社は要注意

プリペイドタクシー／
リクシャー・カウンター

オールドデリーへ →

Basant Rd.

B

ニューデリー駅
New Delhi Railway Station

ニューデリー駅構内を通る
歩道橋がメトロ駅と接続

メトロNew Delhiへ

▶高級ホテル

Ⓢシングル、Ⓦダブル　注：TAXの表示のないホテルでもTAXがかかる場合があります。

チャナキャプリ　₹₹₹ MAP P.72-A2 **H アショーク** The Ashok	🏠 50-B Diplomatic Enclave, Chanakyapuri ☎ 011-2611-0101 料ⓈⓌ Rs9550～（朝食付）　TAX 込 Card AJMV Wi-Fi　室 550室 URL itdc.co.in/hotels/the-ashok	デリーで最初の5つ星ホテルとしての歴史をもつホテル。施設は少々古めかしいが、広々とした庭が気持ちよい。アーユルヴェーダを取り入れたトリートメントが人気のスパ「Amattra」はビジター利用もできる。
サウスデリー　₹₹₹ MAP P.84-B2 **H エロス** Eros Hotel	🏠 American Plaza, Nehru Pl. ☎ 011-4122-3344 料ⓈⓌ Rs1万2000～　TAX 別 Card AJMV　Wi-Fi　室 218室 URL www.eroshotels.co.in	サウスデリーにあるホテル。洗練されたサービスに定評がある。24時間オープンのフィットネスセンターとビジネスセンター、カフェもあるので使い勝手がよく、出張利用にも便利。
コンノート・プレイス周辺　₹₹₹ MAP P.81-A2 **H インペリアル** The Imperial	🏠 Janpath Ln., Connaught Pl. ☎ 011-2334-1234 料ⓈⓌ Rs1万8000～　TAX 別 Card ADJMV　Wi-Fi　室 218室 URL www.theimperialindia.com	1936年オープンのヘリテージホテル。ビクトリア、コロニアル様式をミックスさせた建築や所蔵のアートコレクションのすばらしさでも有名。ハイティー付きのアートツアーも行っている。
コンノート・プレイス周辺　₹₹₹ MAP P.73-B1 **H ラリット・ニューデリー** The Lalit New Delhi	🏠 Barakhamba Ave., Connaught Pl. ☎ 011-4444-7777 料ⓈⓌ Rs1万4500～　TAX 別 Card AJMV　Wi-Fi　室 461室 URL www.thelalit.com	5つ星デラックスクラスのホテルで唯一コンノート・プレイス内にあるのがここ。客室、施設はモダンな造りで、スパ、3つのレストランに加えてナイトクラブもある。好立地で日本人出張者も多い。
サウスデリー　₹₹₹ MAP P.73-B1 **H ル・メリディアン・ニューデリー** Le Meridien New Delhi	🏠 Windsor Pl. ☎ 011-2371-0101 料ⓈⓌ Rs1万9000～　TAX 別 Card ADJMV　Wi-Fi URL www.marriott.com	ガラス張りのモダンな外観はデリーのアイコン100に選ばれたこともあるホテル。コンノート・プレイスにも徒歩圏内で出張でも観光でも便利。人気スパ「Amattra」プロデュースのスパルームもある。
サウスデリー　₹₹₹ MAP P.72-A2 **H ITCマウリヤ・ニューデリー** ITC Maurya New Delhi	🏠 2 Sardar Patel Mg., Diplomatic Enclave ☎ 011-2611-2233 料ⓈⓌ Rs2万～　TAX 別 Card ADJMV　Wi-Fi　室 437室 URL www.itchotels.com	美食ホテルとしても知られるITCマウリヤは、各国の要人を迎えてきた一流ホテル。青々とした緑が気持ちいい。空港へのアクセスもいい。公式サイトから予約するとWi-Fiが無料になる。
コンノート・プレイス周辺　₹₹₹ MAP P.72-A1 **H メトロポリタン・ホテル・ニューデリー** The Metropolitan Hotel New Delhi	🏠 Bangla Sahib Rd., Connaught Pl. ☎ 011-4250-0200 料ⓈⓌ Rs1万1000～　TAX 別 Card ADJMV　Wi-Fi　室 178室 URL www.hotelmetdelhi.com	コンノート・プレイスから西に約1kmの所にあるモダンなホテル。ホテル内には日本食レストラン「さくら」がある。高級ホテルにしてはリーズナブルで客室もビジネスホテルの雰囲気。
サウスデリー　₹₹₹ MAP P.73-B2 **H ローディ** The Lodhi	🏠 Lodhi Rd. ☎ 011-4364-3333 料ⓈⓌ Rs2万7000～　TAX 別 Card AJMV　Wi-Fi URL www.thelodhi.com	大理石の透かし彫りのエントランスがひときわ目を引くラグジュアリーホテル。スタンダード客室でも50m²超えのゆったりとした造り。人気レストラン「インディアン・アクセント（P.103）」もある。
コンノート・プレイス周辺　₹₹₹ MAP P.81-A2 **H パーク** The Park	🏠 15 Sansad Mg., Hanuman Rd. Area, Connaught Pl.　☎ 011-2374-3000 料ⓈⓌ Rs1万2000～　TAX 別 Card AMV　Wi-Fi URL www.theparkhotels.com	コンテンポラリーアートが館内のあちこちを飾る、都会的かつモダンなデザインセンスのブティックホテル。洗練されたサービスも魅力。ジャンタル・マンタルからすぐの静かなロケーション。
サウスデリー　₹₹₹ MAP P.73-B2 **H タージ・マハル・ホテル** The Taj Mahal Hotel	🏠 1 Mansingh Rd. South Block, Mansingh Rd. Area　☎ 011-6656-6162 料ⓈⓌ Rs1万9000～　TAX 別 Card ADJMV　Wi-Fi URL www.tajhotels.com	インド門やカーン・マーケットからも近いタージグループのラグジュアリーホテル。サービスは超一流で、伝統とモダンがうまくミックスされたインテリアは旅気分と快適さを兼ね備えている。
コンノート・プレイス周辺　₹₹₹ MAP P.73-B1 **H シャングリ・ラ・エロス** Shangri-La's Eros	🏠 19 Ashoka Rd., Janpath Connaught Pl. ☎ 011-4119-1919 料ⓈⓌ Rs1万3500～　TAX 別 Card AJMV　Wi-Fi　室 320室 URL www.shangri-la.com	コンノート・プレイスにほど近いロケーションでビジネスにも観光にも便利。日本食やイタリアンのレストランもあるが香港ベースのホテルチェーンだけあって、中華ダイニングは本格的。

※多くのホテルが公式サイトでベストレートを保証。シーズンオフは表示金額より安くなることもある。

Restaurant レストラン

売り切れじまいの人気店
R シータラム・ディワン・チャンド
インドスナック ₹
Sita Ram Diwan Chand
MAP P.99-B1

🏠 2243 Chuna Mandi, Paharganj
☎ 999-972-5355　🕐 8:00〜17:30　💳 不可
🚇Ⓜ ブルー線R.K.Ashram Marg駅
🔗 www.sitaramdiwanchand.co.in

メニューはバトゥーラと呼ばれる揚げパンにチャナマサラ（ヒヨコ豆）を添えて食べるチョーレ・バトゥーレRs85（ハーフRs45）のみ。パンジャーブ地方の朝食メニューとして知られる。屋台からスタートしたという1970年から続く有名店で、週末の朝は行列ができることも。甘いラッシー（Rs60）にもよく合う。テイクアウトも可。すぐ近所ではおみやげ用のレトルト製品も売っている。

宮廷料理を受け継ぐ味
R カリームズ・ホテル
北インド料理 ₹₹
Karim's Hotel
MAP P.79-A2

🏠 Jama Masjid　☎ 011-2326-4981　🕐 9:00〜23:00
🈵 別　💳 不可　🚇Ⓜ バイオレット線Jama Masjid駅

1913年、ムガル王朝の終焉とともに、宮廷料理人から市井のレストランになったという有名店。ムスリム風カレーやタンドゥーリ料理がおいしい。タンドゥーリ・マトン・ブッラRs390（ハーフ）、バターチキンRs450（ハーフ）など。時間限定メニューもある。いつも混んでいるが、回転は早いので待ち時間は少ない。狭い路地の奥にありわかりづらいので、迷ったら近くで聞こう。市内に数店舗あるが本店で雰囲気とともに味わうのがおすすめ。

コンノート・プレイスの有名店
R ピンド・バルチ
北インド料理 ₹₹
Pind Balluchi
MAP P.81-A2

🏠 13 Regal Bldg., Connaught Pl.
☎ 011-4372-0507〜9　🕐 12:00〜23:00　🈵 別
💳 AJMV　🚇Ⓜ ブルー＆イエロー線Rajiv Chowk駅
🔗 www.pindballuchi.com

入口に立つ立派なヒゲの看板おじさんが有名なコンノート・プレイスの人気店。観光客も訪れやすく、地元の人でもにぎわっている。メニューはパンジャーブ州の料理がメイン。フレッシュミントがさわやかなチキン・ビルヤーニーRs399をはじめとした肉料理やフィッシュ・アムリトサルRs530がおすすめ。デザートにはクルフィーRs75〜を。

みんな知ってるスナックブランド
R ハルディラムズ
インドスナック ₹
Haldiram's
MAP P.81-B1、B2

🏠 L-6 Outercircle, Connaught Pl.
☎ 011-4768-5300　🕐 9:30〜22:45　🈵 別
💳 AJMV　🚇Ⓜ ブルー＆イエロー線Rajiv Chowk駅
🚇 チャンドニー・チョウク　🔗 www.haldiram.com

ハルディラムズはインド全土でスナックなどを販売している有名ブランド。セルフサービス式の店内ではスイーツ、スナック、インド料理を気軽に楽しめる。パニ・プーリ Rs65などストリート・フードはカウンターで気軽に食べられる。レストラン併設店舗ではターリーRs320なども食べられる。衛生面の心配をせず屋台料理を楽しみたい人に。

いろんなビルヤーニーを食べ比べ
R ビルヤーニー・ブルース
北インド料理 ₹₹
Biryani Blues
MAP P.81-B2

🏠 9 Atma Ram Mansion, Scindia House, Connaught Pl.　☎ 011-4355-1731、837-597-3229　🕐 11:00〜22:30　🈵 別　💳 AJMV　🚇Ⓜ ブルー＆イエロー線Rajiv Chowk駅　🔗 biryaniblues.com

ビルヤーニーをメインとしたハイデラバーディ料理のレストラン。デリーに16店舗あるほか、グルグラムや他都市にも支店が多くある。素焼きの壺で炊いたビルヤーニーはぱらりとしておいしい。ベジやチキン、エッグなど種類も豊富なのでシェアして食べるのもおすすめ。カジュアルな雰囲気で入りやすく、ひとり用メニューもある。

ベンガル料理を楽しめる
R オー！カルカッタ
ベンガル料理 ₹₹
Oh! Culcutta
MAP P.84-B2

🏠 E-4 Local Shopping Centre, Masjid Moth, GK-2
☎ 931-014-9806　🕐 12:30〜15:30、19:00〜23:00
🈵 別　💳 AMV　🚇Ⓜ マゼンタ線Greater Kailash駅から徒歩15分　🔗 www.speciality.co.in

本格的なベンガル料理が食べられるサウスデリーのレストラン。移転後「メインランド・チャイナ」という中華レストランとの複合店となり、両店のメニューが注文可。鯉のマスタードカレー Rs395をはじめ、ベンガル料理を代表する魚やエビのカレーメニューが豊富。フライド・エッグプラントRs165もおいしい。デザートには甘さ控えめのヨーグルト、ミスティ・ドイRs135もおすすめ。

由緒正しいデリーの社交場
Ⓡ ユナイテッド・コーヒーハウス
United Coffee House

カフェ、コンチネンタル ₹₹

MAP P.81-B1

🏠 E-15, Rajiv Chowk, Inner Circle, Block E, Connaught Pl. ☎ 011-2341-6075
🕐 10:00～23:30 🅰 別 Card AMV
🚇 ブルー＆イエロー線Rajiv Chowk駅
URL unitedcoffeehouse.in

1942年、インド独立の兆しが見える頃に創業されたコーヒーハウス。往時は政治家や学者、アーティストが集う社交場のような存在だった。喫茶利用もできるが、食事もおいしい。1962年からのオリジナルメニュー、トマトフィッシュ Rs1289がここの名物。コンチネンタ

ル、日本、タイ、中華、ベトナム料理など、不思議なほどに各国料理のメニューがずらりと並ぶ。興味がある人は試してみては。

大きなドーサは話のネタに
Ⓡ ナイヴェディヤム
Naivedyam

南インド料理 ₹

MAP P.84-A2

🏠 1 Hauz Khas Village
☎ 920-598-4401
🕐 10:00～22:30 🅰 別 Card MV
🚇 バイオレット線Green Park駅
URL www.naivedyamrestaurants.in

ハウズ・カース・ヴィレッジ内にある南インドレストラン。シックな雰囲気の店内はいつも混み合っている。人気のペーパー・マサラ・ドーサRs260は驚くほどの大きさだがペロリと食べられる軽さ。一度はチャレンジしてみたい。ドーサやイドゥリー、イディヤップムなど、南インドのスナックメニューも豊富で、味も評判がいい。夜でもミールスRs

330～が食べられるのがうれしい。コンノート・プレイスにも支店ができた（MAP P.81-A1）。

スタイリッシュなカフェのよう
Ⓡ ソーダボトルオープナーワーラー
Sodabottleopenerwara

パルシー料理 ₹₹

MAP P.84-B1

🏠 93B Khan Market ☎ 981-087-7701
🕐 12:00～23:30 🅰 別 Card MV
🚇 バイオレット線Khan Market駅
URL sodabottleopenerwala.in

カーン・マーケットにあるパルシー料理レストラン。店内はスタイリッシュなカフェ風。パルシー風エビカレー Rs795やムンバイー名物パブーバジーRs475などがおいしい。デザート類も豊富で、カフェとしても使えるほか、バーもあり

インドらしいカクテルメニューも多く揃っているので、気軽に飲みたい人にもおすすめ。

インドの味に疲れたら
Ⓡ カフェ・タートル
Cafe Turtle

カフェ ₹

MAP P.84-B1

🏠 Shop No.23, 2nd Fl., Middle Lane, Khan Market
☎ 011-2465-5641 🕐 10:00～20:00 🅰 別
Card AMV 🚇 バイオレット線Khan Market駅
URL cafeturtle.com

朝食からランチ、喫茶にと使い勝手のよいベジタリアンのカフェ。サラダRs385やサンドイッチRs375～、キッシュやパスタなどインド料理に胃が疲れたときにもいい。併設の書店、フルサークルFull Circleもおすすめ。

地元の人で行列の南の味
Ⓡ サラヴァナ・バワン
Hotel Saravana Bhavan

南インド ₹

MAP P.81-B2

🏠 50 Janpath ☎ 011-2331-6060 🕐 8:00～23:00
🅰 別 Card AMV 🚇 バイオレット線Janpath駅
URL www.saravanabhavan.com

インド全土のみならず、国外にも支店をもつ南インドでは有名なチェーン店。昼時には地元のインド人で大行列ができるほどの人気。マサラドーサー Rs165やワーダRs130など南インドのスナックのほか、ランチとディナータイムはミールスRs250～なども

ある。

世界遺産ビューのテラスレストラン
Ⓡ チョー
Cho

ベトナム料理 ₹₹₹

MAP P.84-B1

🏠 1st Floor, H5/1, Ambawatta One, Kalkadass Marg, Mehrauli ☎ 931-190-2818 🕐 12:00～23:30
🅰 別 Card AMV 🚶 クトゥブ・ミナールから徒歩5分

クトゥブ・ミーナールに隣接するショッピング・コンプレックス内にあるベトナム料理の店。フォー Rs795～や生春巻きRs495など正統派メニューからモダンアレンジまでさまざま。ライトア

ップされた夜のクトゥブ・ミーナールを眺めながら食事を楽しめる、ロケーション抜群のレストラン。

インド北東部の味
Ⓡ ヨー・チベット
Yo Tibet

チベット料理 ₹

MAP P.84-A2

🏠 119-A Upper Ground Fl., Near N.C.C. Gate, Humayunpur Village, Safdarjung Enclave
☎ 011-4906-1573、999-061-3558
🕐 12:00～翌0:00 🅰 別 Card 不可
🚇 ピンク線Bhikaji Cama Place GAIL駅

チベット料理をメインにタイやブータンのメニューもあるカジュアルレストラン。豚肉メニューが豊富で、ポークフライドライスRs190～やポークモモRs130～などがある。汁麺のトゥックパなどもあるので、あっさりしたものが食べたいときにもぴったりだ。

▶その他のレストラン

インド・中華・和食　₹ **MAP** P.99-A1 R **ビストロ55** Bistro 55	🏠 2nd Fl., 6 Tooti Chowk, Main Bazaar, Pahar Ganj　☎ 011-2358-9392 🕐 8:00〜23:00　🍴 ホーリー TAX 込　Card AMV Ⓜ ブルー線R.K.Ashram Marg駅	メイン・バザールのほぼ真ん中、町並みが見下ろせる屋上席と3階フロアにある。スタッフ、メニューも旧店を引き継いでおり、インド料理のほか、から揚げセットRs390など各種弁当が人気
インド・中華　₹ **MAP** P.99-A1 R **タドカ4986** Tadka 4986	🏠 4986 Ram Dwara Rd., Nehru Bazaar, Pahar Ganj　☎ 011-2358-2705 🕐 9:00〜23:00 TAX 込　Card 不可 Ⓜ ブルー線R.K.Ashram Marg駅	インドと中華料理を提供するベジレストラン。にぎやかな周囲の雰囲気とはかけ離れ、中は静かにくつろげる。値段もリーズナブルながら、味はなかなかのもの。洋食や朝食メニューもある。
カフェ　₹₹ **MAP** P.84-A2 R **コースト・カフェ** Coast Café	🏠 H-2 Hauz Khas Village ☎ 011-4160-1717 🕐 12:00〜深夜0:00 TAX 別　Card MV Ⓜ バイオレット線Green Park駅	ハウズ・カース・ヴィレッジにあるブティック「オガーン」の3階にあるこじゃれたカフェ。パスタやバーガー、サラダなど洗練されたメニュー。デザートやお茶などカフェ利用にもちょうどいい。
北インド料理　₹₹₹ **MAP** P.72-A1 R **スルチ** Suruchi	🏠 15A/56 W.E.A, Karol Bagh　☎ 011-4500-0255　🕐 11:00〜16:00、19:00〜23:00 TAX 込　Card AMV Ⓜ ブルー線Karol Bagh駅 URL www.suruchirestaurants.com	これぞターリーという食事を味わいたいならここ。ラジャスターニ・ターリーRs 362（週末Rs383）やグジャラーティー・ターリーRs357（週末Rs379）をはじめとした豪華ターリーを楽しめる。
北インド料理　₹₹₹ **MAP** P.72-A2 R **ダム・プク** Dum Pukht	🏠 ITC Maurya, Diplomatic Enclave, Sardar Petal Mg.　☎ 011-2611-2233（ITCマウリヤ） 🕐 19:00〜23:45（土日のみ12:00〜14:45も営業） TAX 別　Card ADMV　Ⓜ ピンク線Durgabai De-shmukh South Campus駅　URL www.itchotels.in	かつて有名グルメ漫画にも登場した正統派北インド料理。世界のベストレストラン50にも選出された。看板メニューのダム・プク・ビルヤーニRs1845のほかカバーブメニューも評判が高い。
北インド料理　₹₹₹ **MAP** P.72-A2 R **ブカラ** Bukhara	🏠 ITC Maurya, Diplomatic Enclave, Sardar Petal Mg.　☎ 011-2611-2233（ITCマウリヤ） 🕐 12:30〜14:45、19:00〜23:45 TAX 別　Card ADMV　Ⓜ ピンク線Durgabai Deshmukh South Campus駅 URL www.itchotels.in	インド国内外の数々の要人をもてなしてきた有名レストラン。トマトの酸味が効いた独特のダール・ブカラが有名。予算はひとりRs3000程度。食に興味があるなら一度は食べてみる価値があるだろう。
フュージョンインド　₹₹₹ **MAP** P.73-B2 R **インディアン・アクセント** Indian Accent	🏠 The Lodhi, Lodhi Rd.　☎ 011-6617-5151 🕐 12:00〜14:30、19:00〜23:00 🍴 Rs3000　TAX 別 Ⓜ バイオレット線Jangpura駅 URL www.indianaccent.com	2018年世界のレストラン50にも選ばれたモダンなフュージョンインド料理のレストラン。シェフのおすすめコースRs 3600（ベジ）、Rs3900（ノンベジ）が人気。夜は2部制で要予約。
フュージョンインド　₹₹₹ **MAP** P.73-B2 R **バーク** Verq	🏠 The Taj Mahal Hotel, 1 Mansingh Rd. ☎ 011-6651-3151　🕐 12:30〜14:45、19:00〜23:45　TAX 別　Card AMV Ⓜ バイオレット線Khan Market駅 URL www.tajhotels.com	タージ・マハル・ホテル内のダイニング。エビやカニなどシーフードメニューが充実。素材を尽くしたひと皿はシェフならではのフュージョンインド料理。ここでしか味わえない贅沢さを楽しみたい。
日本料理　₹₹ **MAP** P.84-B2 R **幸福** Kofuku	🏠 BG-09 Ansul Plaza Mall, August Kranti Marg, Khelgaon　☎ 801-017-4174 🕐 12:00〜23:00　TAX 別　Card ADJMV Ⓜ レッド線South Extention駅 URL kofuku.co.in	ムンバイー発の日本食レストラン。グルガオンにも支店がある。居酒屋風の店内ではお好み焼きから寿司、天ぷら、鍋料理、丼ものなど幅広いメニューが食べられる。予算はランチでひとりRs600〜1000。
ニハーリー　₹ **MAP** P.79-B2 R **アブドゥル・ガファル・ナハリ・ワラ** Abdul Ghaffar Nahari Wale	🏠 771 Sui Walan Daria Gunji Delhi-2 ☎ 921-012-6101 🕐 6:00〜10:00、18:00〜22:00 TAX 込　Card 不可 Ⓜ バイオレット線Jama Masjid駅	オールド・デリーにはたくさんのニハーリー（羊や牛の濃厚な煮込み）屋があるが、朝早くでも閉まってしまう店が多い中、ここは10時過ぎでディナーでもニハーリーが食べられる。ビーフ・ニハーリーRs50と値段も手頃。
北インド料理　₹₹ **MAP** P.99-B1 R **ホワイトオーク・レストラン** White Oak Restaurant	🏠 Plot No.3/5, D.B.Gupta Road, Paharganj ☎ 991-611-1916 🕐 12:00〜24:00 TAX 込　Card 不可 Ⓜ ブルー線R.K.Ashram Marg駅	Ⓗ Oak Plaza Delhiの2階にある新しいレストラン。北インド料理（ベジ、ノンベジ）、中華、コンチネンタルと各種料理を取り揃え、味もボリュームも満足がいく。バターチキンRs475。

インド各地の工芸品が見られる

S セントラル・コテージ・インダストリーズ・エンポリウム
Central Cottage Industries Emporium

工芸品・雑貨
MAP P.81-B2

🏠 Jawahar Vyapar Bhawan, Janpath
☎ 011-2332-0439 ⏱ 10:00～19:00 🈔 祝
Card AJMV Ⓜ バイオレット線Janpath駅
URL www.cottageemporium.in

政府が運営するインド各地の手仕事や特産品を集めた大型みやげ物店。定番の紅茶やスパイスから雑貨、コスメまで品揃えは豊富。定価制なので交渉の必要もなく買い物しやすい。買い物は
すべて1階の集中カウンターに送られ、まとめて支払ったあとに、レシートと品物を交換するシステム。

洗練されたレザープロダクト

S ナッパ・ドリ
Nappa Dori

革製品
MAP P.71-A3

🏠 17A, Basant Lok, Vasant Vihar
☎ 011-4560-1122 ⏱ 10:00～21:00 Card AMV
Ⓜ マゼンタ線Vasant Vihar駅 URL nappadori.com

インドメイドの革製品ブランド。バッグから靴、トランク、ステーショナリーまでさまざまなラインアップ。エッジの効いたデザ
インが多くギフトにもしやすい。バサント・ビハール店は2階にカフェも併設している。

手頃なコスメが充実ラインアップ

S ハリ・ピオルコ・インターナショナル
Hari Piorko International

コスメ
MAP P.99-A1

🏠 4766-78 Main Bazaar, Pahar Ganj ☎ 011-2358-3033 ⏱ 9:30～20:30 🈔 日・祝 Card JMV
Ⓜ ブルー線R.K. Ashram Marg駅

パハールガンジのちょうど真ん中あたりにあるみやげ物店。お香などの定番インドみやげもあるが、ここはナチュラル系のコスメ類が充実しており、特に「ヒマラヤ」はサプリメントまで幅広くラインアップされている。値段も手頃で、定価制。

オールドデリーの老舗インド楽器店

S リキ・ラーム
Rikhi Ram

インド楽器
MAP P.81-A1

🏠 G-8A Connaught Circus, Marina Arcade
☎ 011-2332-7685 ⏱ 12:00～20:00 🈔 日・祝
Card MV Ⓜ イエロー線Rajiv Chowk駅
URL www.rikhiram.com

1928年にパキスタンのラーホールで創業、デリーに1948年に移ってきた老舗の楽器店。ラヴィ・シャンカル・モデルのシタールがRs7万5000～、エレクトリッ

ク・シタールがRs7～9万。店内に飾られた写真のなかには、インドを訪れたビートルズの姿も。

質のいい紅茶とスパイスならここ

S ミッタル・ストア
Mittal Store

紅茶・スパイス
MAP P.81-B2

🏠 GF-6 New Delhi House, 27 Barakhamba Rd.
☎ 011-4152-0402
⏱ 10:00～19:30 🈔 日・祝 Card JMV
Ⓜ ブルー線Barakhamba Road駅
URL www.mittalteas.com

1954年創業。デリーでは最も古い紅茶店のひとつ。オーナーのミッタル氏は紅茶の知識も豊富で、現地の人はもちろん、駐在外国人からも絶大な支持がある。3～4月の新茶の時期に行くと珍しい紅茶に出合うこ
とも。試飲も可能。紅茶はもちろん、質の高いスパイスも揃う。スンダル・ナガール・マーケットにも支店がある。

創業100年を超える老舗本屋

S オックスフォード・ブックストア
Oxford Bookstore

本・雑貨
MAP P.81-B1

🏠 N 81, Block N, Connaught Place
☎ 933-002-0986
⏱ 10:00～20:00 Card AMV
Ⓜ ブルー＆イエロー線Rajiv Chowk駅
URL oxfordbookstore.com

1919年にコルカタで創業された歴史あるブックストア。ほとんどの書籍が英語で、さまざまなジャンルの本が揃うので、インドに関する資料も探せる。カフェ
Cha Barも併設しており、カフェとしても使える。おみやげ的な雑貨もあるので、本目当てでなくても楽しめる。

思わず時間がたつのを忘れる店

S オール・アーツ
All Arts

ビンテージ印刷物
MAP P.84-A2

🏠 1 Hauz Khas Village, Hauz Khas
☎ 981-111-3237 ⏱ 11:00～20:00 Card MV
Ⓜ イエロー線Green Park駅

昔のインド映画のポスターやテキスタイルラベル、ヴィンテージの缶など、レトロなデザインの紙ものを中心に扱う。探し始めるとキリがないほどのコレクション。レプリカもあるが、
聞けばきちんと教えてくれる。所狭しと並んでいるので根気よくお気に入りを探そう。

お祭り気分が味わえるマーケット
Ⓢ ディッリー・ハート
Dilli Haat
`工芸品・雑貨` **MAP** P.84-A1

🏠 Sri Aurobindo Mg., Opp. INA Market
☎ 011-2611-9055 ⏰ 10:30〜22:00 💰 Rs100
💳 店舗により異なる Ⓜ イエロー線INA駅

インド各地の手工芸品の小さな店が敷地内にずらりと並ぶデリー観光局運営のマーケット。それぞれ作り手が出店しており、店によっては値段交渉が可能。各地の名物料理が食べられる屋台は地元の人にも人気。

アパレルセクションが充実
Ⓢ グッド・アース
Good Earth
`ファッション・雑貨` **MAP** P.84-B1

🏠 9ABC Khan Market ☎ 011-2464-7175
⏰ 11:00〜20:00 💳 AJMV Ⓜ バイオレット線
Khan Market駅 🌐 www.goodearth.in
🏠 セレクト・シティウォーク内

大都市では必ず見かける大型ライフスタイルショップ。キッチン用品やクッションカバーなど、モダンなデザインながらインドらしい雑貨が多い。質のいいコスメコーナーもチェック。2階のファッションフロアもおすすめ。

定番のブロックプリント・ブランド
Ⓢ アノーキー
Anokhi
`ファッション・雑貨` **MAP** P.84-B1

🏠 32 Khan Market ☎ 011-2460-3423
⏰ 10:00〜20:00 💳 AMV
Ⓜ バイオレット線Khan Market駅
🌐 www.anokhi.com 🏠 GK1-Nブロック他

ジャイプル発のブロックプリント製品の有名店。カーン・マーケット店ほか、デリー市内に数店舗ある。ハンカチなどの小物はリーズナブルでおみやげにもちょうどいい。シーズンごとに新しい柄が出るのも飽きない。

オーガニックのアーユルヴェーダコスメ
Ⓢ カーマ
Kama
`コスメ` **MAP** P.84-B1

🏠 22A Khan Market ☎ 011-2465-4886 ⏰ 10:30
〜20:30（日11:00〜）💳 AMV Ⓜ バイオレット線Khan Market駅 🌐 www.kamaayurveda.com
🏠 GK1-Nブロック他

ハイエンドアーユルヴェーダコスメのブランドショップ。すべてナチュラルな素材から作られており、ショップでは全ラインアップを試すことができる。パッケージの美しさも秀逸。メンズコスメのラインアップも。

最高品質の紅茶をおみやげに
Ⓢ アプ・キ・パサンド
Aap Ki Pasand
`紅茶・スパイス` **MAP** P.79-B2

🏠 Sterling House, 15 Netaji Subhash Mg., Darya Ganj ☎ 011-2326-0373
⏰ 10:00〜19:00 💤 日・祝 💳 AJMV
Ⓜ バイオレット線Delhi Gate駅
🌐 www.aapkipasandtea.com

San-chaのブランドネームで展開する高級紅茶店。空港でも買えるが値段は高くなる。最高品質の紅茶を取り揃えており、パッケージのデザインもいい。ブティックでは試飲もできるので、飲み比べてみよう。

全国各地からカーディが集まる
Ⓢ カーディ・インディア
Khadi India
`ファッション・雑貨` **MAP** P.81-A1

🏠 24 Regal Bldg., Connaught Circus
☎ 011-2336-2231、2336-0902 ⏰ 11:00〜19:30
💳 MV Ⓜ イエロー＆ブルー線Rajiv Chowk駅
🌐 www.khadinatural.com

インド各地の農村エリアで作られた手仕事を販売する店。計り売りでカーディやウールなどの布を買いたい人にはおすすめ。値段も手頃で、質実剛健な製品を販売している。ナチュラルコスメや食品などもある。

インド人にも人気のブランド
Ⓢ ファブインディア
Fabindia
`ファッション・雑貨` **MAP** P.84-B1

🏠 Central Hall, Above Shop 20&21, Khan Market
☎ 011-4368-3121 ⏰ 10:00〜21:00 💳 AMV
Ⓜ バイオレット線Khan Market駅
🌐 www.fabindia.com
🏠 コンノート・プレイス他

地元インド人にも人気のライフスタイルブランド。メンズ、レディス、キッズとも品揃えがよく、インドらしいスタイルが好きならおすすめ。キッチン雑貨やインテリア、高品質なオーガニック食品も揃う。

気軽に相談に乗ってくれる
Ⓢ ビバ・ミュージック・エンポリウム
Biba Music Emporium
`インド楽器` **MAP** P.79-B2

🏠 3664 Netaji Subhash Mg., Darya Ganj
☎ 011-2328-4558、981-178-4558
⏰ 10:30〜20:00 💤 日 💳 ADMV
Ⓜ バイオレット線Delhi Gate駅

1947年創業。日本語堪能のロッキーさんが相談に乗ってくれる。シタールは代々続く職人に注文して作らせており、値段はRs7500〜2万5000。予算に見合う材料を使うので、値段は自由に設定できる。タブラーはセットでRs4500〜1万9000。

グルグラム（グルガオン）

グルグラムの市外局番
0124

グルグラムの人口
約89万人

ACCESS

タクシー
インディラー・ガーンディー国際空港からタクシーで約30分。ニューデリーから約1時間。

メトロ
イエロー線ニューデリー駅からIFFCO Chowkまで約1時間。

　デリーの南西約30km、ハリヤーナー州に位置するグルガオン。2016年、州政府により「グルグラム」と正式に名称変更されているが、現状はまだ旧名「グルガオン」のほうが通りがよい。

　デリー近郊の衛星都市のなかでも、近年特に急成長を遂げており、多国籍企業の進出があとを絶たない。もともとは何もない砂漠の町だったが、1990年代後半からインドの大手不動産DLFが本格的に開発を進め、外国企業を誘致した。当初はITやコンピューター関連の産業がおもだったが、デリーへのアクセスのよさと土地の広さから物流拠点としても注目を集めるようになった。現在では、世界的大企業がオフィスを構え、外国人向けの高層マンションが次々と建設され、年々上昇するデリーの賃料に悩まされていた外資系企業が続々と集まっている。

　インディラー・ガーンディー国際空港からもアクセスがよく、デリー市内からのメトロの開通、高速道路の整備など、交通の便が劇的に改善されたり、大型ショッピングモールが点在したりと、住宅エリアとしても人気を呼び、人口が急増している。

　この新興ビジネス都市には日本からも多くの企業が進出しており、現在2000人を超える日本人が駐在員として働いている。インドに進出している日系企業の半数以上がグルガオンにオフィスを構えているといわれ、その総数は400社を超える。出張ベースでグルガオンを頻繁に訪れるビジネスマンを含めると、グルガオンの日本人人口は5000人を超すとみられている。それにともない、日本食材店、レストラン、ホテルなどが次々とオープンしている。観光客にとっては、まったく魅力がない町だが、日本人駐在員にとっては、むしろデリーよりも住みやすい環境が整っているといえる。

　しかし、その一方で深刻な環境問題を抱えており、最も大気汚染が進んでいる都市というデータも発表されている。

人気のギャレリア・マーケット

 「インドの小さな手工芸博物館」ともいえるみやげもの屋を見つけました。グルガオンにある Ⓢ Frangipaniは、日本人の女性店主、美好さんがインド各地を走り回り、集めてきた品々を適正な価格で売る店です。（デリー在住　のん　'18）［'23］

グルガオンの歩き方

　グルガオン市街の北に位置するのが**サイバーシティCyber City**。グーグルやIBMなどの企業がオフィスを構えるエリアだ。

　市街の中心となるのは、そこからDelhi Gurugaon Expresswayを南西へ数キロ下り**H**ウェスティンがあるあたりで、**イフコ・チョウクIFFCO Chowk**と呼ばれる。この周辺にいくつかのショッピングモールやホテルがある。グルガオンのショッピングとしてまず名前があがるのが、**ギャレリア・マーケットGalleria Merket**。ファブインディアやボディショップ、スターバックスなど外国人御用達のブランドやショップが軒を連ねている。

　イフコ・チョウクから南東に5kmほど行った所にある**グローバル・フォイヤーGlobal Foyer**も日本人御用達。居酒屋くふ楽のほか、バーやスナック、マッサージ店、評判のいい歯医者も入っている。

　またそこから**DLFゴルフコースロードDLF Golf Course Rd.**をさらに南へ3kmほど下った所にある**サウスポイント・モールSouth Point Mall**には、日本食レストランの愛味や日本食材が手に入るイチバなどが入っている。

インドのIT産業の中心地サイバーシティ

INFO

ギャレリア・マーケット
Galleria Market
- DLF Galleria Rd., DLF Phase 4, Sector 28
- 10:00～23:00（店舗によって異なる）

グローバル・フォイヤー
Global Foyer
- Golf Course Rd.,DLF Phase 5, Sector 43

サウスポイント・モール
South Point Mall
- Golf Course Rd., DLF Phase 5, Sector 43

HINT

バンジャラ・マーケット
Banjara Market
- 51 Village Ghata, near Shiv Mandir, Ghata
- 9:00～21:30
家具や食器などを扱う露店がずらりと並ぶ。現地在住外国人やバイヤー御用達のマーケット。

Restaurant & Shop レストラン&ショップ

日本の味といえばここ
R 愛味
Manami

日本料理 ₹₹
MAP　P.106外

- LG36, South Point Mall, Golf Course Rd.
- 9958084701　11:30～14:30LO、18:00～21:30LO　第1月　Card JMV

気取らない雰囲気で、カツ丼やちゃんぽんなど食べ慣れたおいしい日本食が食べられる。シェフは日本人なので味は折り紙つき。メイン料理はRs450～650ほどで、ご飯とスープのセット（Rs250）を追加すれば定食にも。一番人気はスタメン（Rs850）。

炭火焼き鳥が看板メニューの居酒屋
R くふ楽
Kufuraku

日本料理 ₹₹
MAP　P.106

- Global Foyer, Golf Course Rd. Sector 43
- 981-805-5080　12:00～14:30LO、17:00～22:00LO　Card AJMV

本店は千葉県にある居酒屋。日本の居酒屋と変わらない雰囲気とメニューを楽しめる。炭火焼き鳥とともに、ここでぜひとも味わいたいのがラーメン（Rs720～）。

日本の食材や雑貨が並ぶコンビニ
S 大和屋
Yamato-ya

MAP　P.106外

- 2nd Floor, Bloom Plaza Shop-4 Sector 57
- 124-423-8377　9:30～18:00

醤油や味噌、お米、冷凍食品などの食材や使い慣れた生活雑貨など、インド駐在日本人にとっての必需品が揃う。おにぎりやお弁当など、手軽な軽食もある。

何でも揃うショッピングモール
S アンビエンス・モール
Ambience Mall

MAP　P.106

- NH-8, Ambience island, DFL Phase-3, Sector 24
- 886-080-0800　10:00～22:00
- URL ambiencemalls.com

1kmモールの通称をもつ巨大ショッピングモール。GAPやユニクロなどのアパレルブランドから、化粧品、コーヒーショップまで店舗数は200軒を超える。

ギャレリアの中にある書店 S Bahrisonsに併設されているカフェ R Blue Tokaiがおすすめ。売っている本を持ち込むことはできませんが、ゆっくりくつろげます。（神奈川県　KM　'23）

アーグラー

この美しい姿をひとめ見ようと、インド中、世界中から観光客が集まる

アーグラーの市外局番
0562
アーグラーの人口
約177万人

ACCESS

飛行機
アーグラーには空港があり、アーメダバード、ラクナウから便があるが、本数が少ないので利用しにくい。空港からアーグラー市内へのタクシー料金はRs600が目安。

鉄道
ニューデリー駅6:00発の12002 Bhopal Shatabdi Exp.で7:50アーグラー・カント駅着。帰りの12001 New Delhi Shatabdi Exp.はアーグラー・カント21:15発、ニューデリー駅23:50着で日帰りも可能。また金曜を除く週6日は、デリー南部のハズラト・ニザームッディーン駅から出る特急列車12050/12049 Gatimaan Exp.でも日帰りで往復ができる。往路はニザームッディーン駅8:10発、カント駅9:50着。復路はカント駅17:45発、ニザームッディーン駅19:30着。そのほかにニューデリー駅から急行（1日15〜18便）で1時間50分〜3時間50分。
ジャイプル駅5:35発の19666 UDZ Kurj Exp.で10:20アーグラー・カント駅着。

タージ・マハル──ヤムナー河畔に建つムガル皇帝シャー・ジャハーンの愛の記念碑。その白亜のドームは、人類が地上に残したひと粒の真珠。この完璧な建物は、時代を経るにつれ、ますますその輝きを増しているようだ。

そしてファテープル・スィークリー──わずか14年の間、首都としての栄光を担ったあと、見捨てられた人住まぬ廃都。ファテープル（勝利の都）の城壁は、とどまることを知らぬ時の流れに今も勝利を収め続けるのだろうか。

アーグラーは、デリーからヤムナー河沿いに約200km下った所にある地方都市。アーグラーの歴史は古く、インド叙事詩の『マハーバーラタ』には紀元前3世紀の都市Agravanaとして登場し、またプトレマイオスの世界地図にもAgaraとして記されている。16世紀初めにスカンダル・ローディーによりアーグラーの開発が進められローディー朝はここに都をおいたが、ムガル帝国初代皇帝バーブルに制服される。16世紀半ばに第3代皇帝アクバルが首都をおき、17世紀半ば第6代皇帝アウラングゼーブによって首都がデリーに移されるまで、1世紀足らずの間だが隆盛する帝国の中心として繁栄した。アーグラーに残る史跡は、タージ・マハルも含めて、いずれもこのムガル帝国時代に建造された壮大なものだ。

アーグラー・カント駅。多くの旅人でごった返す

 本誌に掲載している店の客引きにだまされたという報告がときおり寄せられるが、それはコミッション目的の外部の客引き。ついて行く場合は、目的の店と違う所に連れて行かれたり、あとでガイド料などを請求されることは覚悟のうえで。

アーグラーの歩き方

　鉄道でアーグラーに入る場合、デリーやムンバイーからの列車は、ほとんどが**アーグラー・カント駅Agra Cantt. R. S.**（中央駅にあたる）に入る。ジャイプル、ラクナウ、コルカタなどからの列車の一部は、**アーグラー・フォート駅Agra Fort R. S.**に着くこともある。カント駅には、IRCTCツーリズム観光案内所（窓口はプラットホームNo.1に面している）があり、市内の地図や安いホテルについての情報が得られる。

　駅前からステーション・ロードStation Rd.を進み、MGロードとの交差点を過ぎると、名前はモール・ロードThe Mall Rd.に変わる。このあたりはホテルやオフィスなどが並ぶ、いわば**新市街**。これに対して、フォート駅の北側、「**シティCity**」と呼ばれる地域は、マンディー（市場）と名のつく通りの集まったバザールだ。モール・ロードが走る新市街からタージ・マハルやアーグラー城までは2kmほどだ。

アーグラーのおもな見どころ

世界一美しい墓
タージ・マハル　Taj Mahal
MAP P.111-C1

　広々としたヤムナー河のほとりに、遠くからもその偉観が美しい憧れのタージ・マハル。青空に輝く白いドームを目指して歩くのもよいし、リクシャーで行くのもよい。

　近づくと全体の規模がわかってくる。西と東の2ヵ所にある入口から敷地内に入ると、赤砂岩の堂々とした正門にいたる。そこをくぐると、300m四方の庭園と泉を前景にして、タージ・マハルが完全に左右対称なその姿を現す。

　その完璧なシンメトリーは、どこか病的な感じさえする。これが、人間がそこで生きるための建物ではなく、神を祀るためのものでもなく、ただ死にささげられた大建築だからだろうか？

　周囲には、何の建物もなく、広々としている。裏は広大なヤムナー河。だから初めはタージ・マハルの大きさを実感しにくいが、青空にそそり立つこの白大理石の量感は圧倒的だ。基壇の大きさは95m四方、本体は57m四方で、高さ67m、四隅のミナレット（塔）の高さは43mという。世界遺産登録は1983年。

メインゲート越しに眺めるタージ・マハル

ACCESS

バ　ス
デリーのサラーイ・カレ・カーン・バススタンド（地図 P.84-B1）から所要約5時間、1時間おき。ジャイプルから5〜6時間、日中は1時間に数本ある。早朝に1〜2本。アジメールから約9時間、マトゥラーから約2時間。ワラーナシーからのバスは、市の北東、スィカンドラーの3km手前にあるISBT（地図 P.112）に着く。ワラーナシーから9〜11時間。

アーグラー・カント駅での鉄道予約
駅に向かって左側に予約オフィスがある。外国人専用窓口はカウンター No.1。駅に向かって右側の予約オフィスは当日出発分の切符のみを扱っている。

ACCESS

アーグラーの市内交通
アーグラー・カント駅からはプリペイド・リクシャーが便利。料金は下記欄外情報を参照のこと。配車アプリも各種利用可。また、タージ・マハルの東・西門付近は一般車両の乗り入れができない。電動シャトルに乗り換えよう（外国人は無料）。

タージ・マハル
🕐 日の出〜日没　🚫 金
💰 Rs800+Rs500（ADA）
　　オンライン決済はRs750+Rs500（ADA）
Card MV
URL www.tajmahal.gov.in
※ADAチケットはインド考古学局に対して支払う料金。アーグラーのおもな観光名所で入場料とは別に必要になる。場所によって額が異なるが、Rs500を支払うと、タージ・マハルだけでなく、アーグラー城やスィカンドラー、ファテープル・スィークリーなどにも利用できる。ただし、適用されるのは同日入場の場合のみ。別の日の場合は、あらためてADAチケットを買うことになる。

タージ博物館
タージ・マハルの敷地内にある博物館。ムガル時代の細密画やカリグラフィー、武器、現代のタージのスケッチなどを展示している。
※2023年2月現在休業中

 【アーグラー・カント駅からのプリペイド・リクシャー料金】イードガー・バススタンドRs50、タージ・マハル西門Rs150、南門Rs150、タージ・マハル往復Rs300（2時間）、スィカンドラー往復Rs500（2時間）、1日チャーター Rs800（8時間）。

入退場ゲートは東西と
南の3ヵ所にある
南門/ゲストハウス街に最も近
いが、退場のみ可能。
東門/チケットの販売は、東門
近くのチケット売り場で。東門
付近は一般車両の乗り入れが制
限されている。東に1.2kmほど
離れたシルプグラムShilp-
gram（地図P.110-D2）から、東
門手前120mほどにある**H**シー
ラ（地図P.110-C2）近くまでは、
電動シャトルが運行している
（外国人は無料）。
西門/チケットの販売は、西門
近くにあるチケット売り場で。
周辺の道路からチケット売り場
までの区間は、一般車両は乗り
入れができないため、公園内を
走るリクシャーに乗り換える
か、歩く（所要約10分）。

タージ・マハルは、巨大な墓なのだ

　マハル（宮殿）と呼ばれているので、王妃のための宮殿とつい思って
しまうが、そうではなく、これはムガル帝国第5代皇帝シャー・ジャハー
ン（在1628〜1658）の妃ムムターズ・マハルの墓。タージ・マハル
というのは、この死んだ妃の称号ムムターズ・マハルが変化したもの
で、宮殿の意味ではない。

　シャー・ジャハーン皇帝が熱愛した妃アルジュマンド・バースー・ベ
ーガム（ムムターズ・マハル）が亡くなったのは、1631年。その死を悲
しんだシャー・ジャハーンは建築狂らしく、ムガル帝国の国力を傾けて
このタージ・マハルを建設し、その愛を表現しようとした。世界各地か
ら貴石が取り寄せられ、また職人が集められ、22年といわれる歳月と
天文学的な費用をかけて1653年に完成したとされている。

　真偽のほどは定かではないが、シャー・ジャハーンは、この後ヤムナ
ーの対岸に、黒大理石で自分の墓を建て、両者を橋で結ぶことを計画し
ていたという。イスラームの教えに従って、この世の終わりにすべての

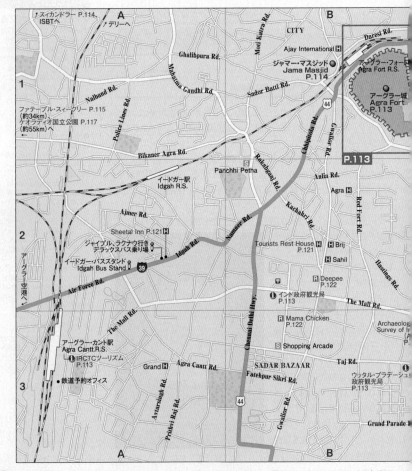

ツアーに含まれていたので、サリーを着てタージ・マハルへ行きました。タージ・マハル周辺にはいくつかレンタルできる店があるようです。サリーを着た外国人は珍しいらしく、インド人から何度も一緒に写真を撮ろうと言われました。（名古屋市　みみ　'17）

墓から死者がよみがえり、アッラーの裁きを受けるときまで、子孫代々に守られてやすらかに眠り、妃とともに楽園へいたることを夢見たのであろう。だが現世の権力ははかなく、シャー・ジャハーンは自分の息子に幽閉され、死後はタージ・マハル内の妃の墓の横に葬られることになった。今、彼らの墓所は、異教徒も交じる見物人に踏み込まれ、ふたりはやすらかに眠るどころか、「この世の終わりだ」と嘆いていることだろう。

昼間あれほど圧倒的に見えたタージは、夜になると重さのない幻と化す。特に満月の夜、青白い月光に照らし出されたあやしい美しさは、現世にはないようなすご味さえ感じさせる。満月を挟む5日間は、夜間もタージに入場できる。もしくはタージを眺めることのできるホテルに滞在し、ムードを味わってみたい。

タージ・マハルの西側に建つモスク

HINT

持ち込み制限に注意

タージ・マハルでは、門から先の荷物の持ち込みが制限されている。飲食物やカメラと携帯電話以外の電子機器、三脚、本、ドローン、刃物などの持ち込みはできない。アメ程度でも没収の対象になるので、荷物は必要最低限に。事前に確認してホテルに置いていくか、クロークに預けるようにしよう。水と靴カバーはチケット売り場で無料でもらえる。忘れずにもらおう。

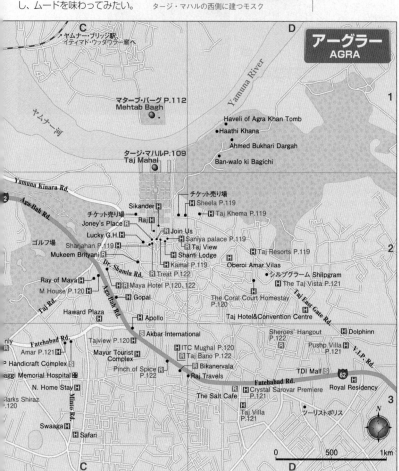

西口のクレジットカード支払い窓口はすいていました。チケットを購入したら、その脇で水と靴カバーが無料でもらえます。ガイドが入場口の長蛇の列を5分で突破できると売り込んできますが、単に列に割り込んでいるだけのようです。(坂戸市　タカハラ　'18)

111

マターブ・バーグ

- 日の出～日没
- Rs300（オンライン決済Rs250）
- ※ビデオ持込料Rs25
アーグラー市内からリクシャーで往復Rs100～150。同じく対岸にあるイティマド・ウッダウラー廟と合わせて回ってRs350。

対岸からタージを眺める
マターブ・バーグ　Mahtab Bagh

タージ・マハルからヤムナー河を渡った対岸にある庭園。「黒いタージ」の建設予定地であったともいわれる。現在は英国式の庭園として整備されているが、その一部に、1990年代に発掘されたムガル時代の遺構が残されている。ここから河を隔てて見るタージは、とても美しい。

日中は暑いので昼間はひと気がないが、日没前には夕日に染まるタージを見ようと、観光客でにぎわう。

マターブ・バーグの西側にある道の突き当たりからもタージを垣間見ることができる。こちらは無料だが、近年、外国人観光客が増えすぎているため、現在は警察によって川辺への立ち入りが禁止されている。

アーグラー広域図

デリー、スィカンドラーP.114へ
R Ashoka
R Chokho Jeeman
ISBT
Yamuna River
509
N
19
イティマド・ウッダウラー廟 Itimad-ud-daulah's Tomb P.114
アーグラー・シティ駅 Agra City R.S.
ラージャ・キ・マンディ駅
ヤムナー・ブリッジ駅
ジャマー・マスジッド Jama Masjid P.114
マターブ・バーグ Mehtab Bagh P.112
イードガー駅
アーグラー城 Agra Fort P.113
ファーテープル・スィークリーP.115へ
39
アーグラー・フォート駅 Agra Fort R.S.
タージ・マハル Taj Mahal P.109
アーグラー・カント駅 Agra Cantt R.S.
62
44
アーグラー空港へ
P.110-111
0　1　2km

花壇越しに見えるタージ・マハル

満月の夜にタージ・マハルへ

世界で最も美しい建造物ともいわれるタージ・マハルだが、満月に照らされた姿はより神秘的だ。そして、ラマダン月と金曜を除き、満月とその前後2日ずつの計5日間、明るい月に照らされたタージの夜間見学ができる。中に入れる時間は20:30～翌0:30の間の30分ほどで、50人ずつのグループを作って入場する。1日最大400人まで見学可能。月の光の下でタージを見たければ、前日に必ず右記のインド考古学局オフィスで申し込みとチケットの購入をすること。それより前の予約はできない。

●Archaeological Survey of India（ASI）
- P.110-B3
- 22 The Mall Rd.
- 0562-2227261～3
- 10:00～18:00
- 土、日（チケットの購入は可能）　Rs750
入場は東門からで、電動シャトルはシルプグラーム（P.111-D2）発。夜間見学の正確な日付は、タージ・マハルのウェブサイトで確認を。
URL www.asiagracircle.in
URL www.tajmahal.gov.in

月明かりに浮かび上がるタージ・マハル

インド考古学局オフィス

タージ・マハルをマターブ・バーグから見たい人は、昼過ぎまでに対岸に渡るのをおすすめします。夕方はヤムナー河を渡る橋が大渋滞するので、リクシャーの運転手に断られることもあるのでご注意ください。（横浜市　モカ　'18）

ムガル帝国の宮殿
アーグラー城 Agra Fort

MAP P.110-B1

ヤムナー河岸にそびえるこの城は、ムガル帝国第3代皇帝、「大帝」と称されるアクバル（在1556〜1605年）によって1565年に築かれた権力の象徴。もともとは軍事要塞として築かれたものだが、シャー・ジャハーンの時代に白い大理石で大増築が行われ、宮殿へと格上げされた。

二重に張り巡らされた城壁は高さ20m以上、外周は2.5kmにも及ぶ。城へは濠を渡り、南側の**アマル・スィン門Amar Singh Gate**から中へ入る。この濠には大きなワニが放たれていたという。通路は敵の侵入を妨げるため迷路状になっており、さまざまな仕掛けが設けられている。

まず最初に目に飛び込んでくる赤砂岩の大きな建物が**ジャハーンギール宮殿Jehangir's Palace**。アクバルが息子である第4代皇帝ジャハーンギール（在1605〜1627年）のために建てたとされる建物で、中央アジアの建築様式が取り入れられた豪奢なもの。入口の前にはハウズィ・ジャハーンギールHauzi-Jehangirと呼ばれる巨大な石をくり抜いたボウルが置かれている。

ディーワーネ・アームDiwan-i-Amは一般謁見の間で、シャー・ジャハーンが造ったもの。内政を司るために使われた。玉座後部の壁面には色とりどりの宝石がはめ込まれていたという。

ディーワーネ・カースDiwan-i-Khasは貴賓謁見の間。高官や外国の大使らと面会するときに使われた。かつてはここに孔雀の玉座が設置されていた。この奥に大理石の小さなモスクがある。これが**ナジナ・マスジットNagina Masjid**「宝石のモスク」で、宮廷の女性のためにシャー・ジャハーンが建てた傑作建築だ。

ヤムナー河を見晴らすように黒い岩盤が置かれているが、これはジャハーンギールが王子だったときに彼のために造られた王座。ここから眺めると、タージ・マハルはぐるっと曲がった河の水面に浮かぶように見える。

大理石の八角形の塔が**ムサンマン・ブルジュ（囚われの塔）**。タージ・マハルの完成直後、息子のアウラングゼーブ（在1658〜1707）に皇帝の地位を追われたシャー・ジャハーンが幽閉されていたのがここ。彼はここからはるか向こうにタージ・マハルを眺めて8年間を過ごし、1666年に74歳で息を引き取った。

アーグラー城

❹ 日の出〜日没
❿ Rs600+Rs50（ADA）
　オンライン決済はRs550+
　Rs10（ADA）
※ビデオ持込料Rs25
入口の荷物預かり無料
🌐 agrafort.gov.in

INFO

インド政府観光局
India Tourism
🗺 P.110-B2
🏠 191 The Mall Rd.
☎ 0562-222-6378
❹ 9:00〜17:30
🈺 土、日、祝、ホーリー
🌐 www.incredibleindia.org

ウッタル・プラデーシュ州政府観光局
UP Tourism
🗺 P.110-B3 🏠 64 Taj Rd.
☎ 0562-222-6431
❹ 10:00〜17:00
🌐 www.uptourism.gov.in

IRCTCツーリズム観光案内所
IRCTC Tourism Information and Facilitation Centre
🗺 P.110-A3
🏠 アーグラー・カント駅構内
　Platform 1
☎ 0562-242-1204（ツアー予約など）
❹ 6:00〜20:00 🈺 金

アーグラー城
AGRA FORT

 デリーから車でアーグラーを訪れた際、行きの200kmはかなりの悪路あり渋滞ありで数時間かかった。しかし、帰りに少し料金の高い高速道路を通ったら、非常に快適だった。車をチャーターするなら高速道路をすすめる。（中津川市　古橋直樹　'16）

いつもたくさんの人と鳩がいる

イティマド・ウッダウラー廟
🕐 日の出〜日没
🈯 Rs300+Rs10（ADA）
　オンライン決済はRs250+
　Rs10（ADA）
※ビデオ持込料Rs25
アーグラー市内からオートリク
シャーでRs100程度。

スィカンドラー
🕐 日の出〜日没
🈯 Rs300+Rs10（ADA）
　オンライン決済はRs250+
　Rs10（ADA）
※ビデオ撮影禁止
アーグラー市内からオートリク
シャーでRs150程度。

ムガル帝国から現在も人々の礼拝堂　　　　　　　　　　　MAP P.110-B1

ジャマー・マスジッド　Jama Masjid

　デリーのラール・キラーの南西にあるものと同じように、アーグラー城近くのキナリ・バザールの中に、赤砂岩で造られた長方形のイスラームのモスク（礼拝堂）、ジャマー・マスジッドがある。このモスクは1648年にシャー・ジャハーンの娘によって建設されたもので、インド最大ともいわれている。ミナレットは造られていないが、赤と白のモザイク柄で装飾された見事な外観に、誰もが目を奪われる。

別名ベイビー・タージ　　　　　　　　　　　　　　　　　MAP P.112

イティマド・ウッダウラー廟　Itimad-ud-daulah'sTomb

　ヤムナー河に面して建つミズラー・ギヤース・ベーグの墓所。彼はジャハーンギールの側近で、ジャハーンギールの妃、ヌール・ジャハーンの父でもある。ここはヌール・ジャハーンにより1622〜1639年に建てられた。芝生の中央に座する廟は、白大理石が緑に映えて印象的だ。この小さな廟は、ムガル帝国最初の総大理石造りの建物。さらに大理石の透かし彫りや、大理石に貴石を埋め込むピエトラデュラと呼ばれる技法は、後にタージ・マハルに受け継がれた。それがゆえに「ベイビー・タージ」の異名をもつ。

スケールは小さめながら繊細な美しさを誇る

アクバル帝の廟　　　　　　　　　　　　　　　　　　　MAP P.112外

スィカンドラー　Sikandra

　ムガル帝国に隆盛期をもたらしたアクバルの墓所。赤い砂岩と白い大理石をふんだんに用いた豪奢な建物と3階建てのミナレット、広々とした庭園とをもつ美しい建築。アクバル自ら造営に乗り出し、息子のジャハーンギールにより1613年に完成した。アーグラー中心部から、マトゥラー方向へ9kmほどの所にある。バスに乗って通れば、道路のすぐ脇に建っているのが見える。

大帝にふさわしい美しさを誇る

アーグラーでは毎年11月の6日間にわたりバルーン・フェスティバルが行われ、数多くの気球が空に放たれる。気球には抽選に当たれば無料で、それ以外はひとりRs1万5500で乗ることができる。

ファテープル・スィークリー Fatehpur Sikri

14年で放棄されたつかの間の都

MAP P.110-A1外

　アーグラー中心部の南西37kmにあるアクバルの城跡。世継ぎに恵まれなかったアクバルは、ここに住む聖者シェイク・サリーム・チシュティーの予言によって男児（後の第4代皇帝ジャハーンギール）を得た。これにちなんでアクバルは、1571年に首都をこの地に移転させた。

　約5年をかけて建設された都は、3×1.5kmの広大な土地を城壁で囲み、その中央の丘に宮廷やモスクを赤砂岩で築いた壮麗なものだった。壮大な都城の遺跡が、それほど傷まないで残っている。ほとんど使われた形跡をとどめない建築は、アクバルの理念であるイスラームとヒンドゥーなど他の文化的融合を示していて興味深い。

　遺跡は大きく2ヵ所に分かれる。

　北東側が宮廷地区で、この遺跡のメインとなるエリア。柱が幾層にも積み上げられた**パンチ・マハルPanch Mahal**やディーワーネ・カースの円柱の玉座は、石造りだが木組みを思わせる遺跡だ。

　南側のモスク地区は入場無料。**ジャマー・マスジッドJama Masjid**には、巨大な**ブランド門Buland Darwaza**とシェイク・サリーム・チシュティーの白く輝く廟があり、壮大な回廊が四方を囲む。

　水不足が原因で、わずか14年後には立ち去らなければならなかったとはいえ、これにより帝国の財政が傾いたわけでもなく、せいぜい離宮をひとつ見放した程度のことだったかもしれない。

　21世紀の今、うつろな抜け殻となった赤い都城は、巨万の富と権力が生んだ、まるでおとぎ話のようなできごとの証人といえるだろう。世界遺産登録は1986年。

ファテープル・スィークリー

🕐 日の出〜日没
🎫 Rs600＋Rs10（ADA）
　オンライン決済はRs550＋
　Rs10（ADA）
　（モスク地区のみの見学は無料）
※ビデオ持込料Rs25
🚌 アーグラーのイードガー・バススタンドからバスで1時間〜1時間20分。6:30〜18:00の間、1時間ごとに発車。片道Rs45。タクシーは片道Rs950（所要約1時間）。タクシーで訪れる場合、2kmほど手前にある駐車場より先には行かない。そこからは政府の専用バス（Rs10）で移動。ファテープル・スィークリーからイードガー・バススタンドまで行くバスの最終は17:00。

HINT

ファテープル・スィークリーでのガイド

モスク地区、宮廷地区の両方を1時間30分ほどで回り、料金はRs450（英語）。ファテープル・スィークリー周辺にはRs100程度で案内できると声をかけてきたり、ガイド料の写真をスマホで見せてきて、格安であることを主張する非公認ガイドもいるが、トラブルのもとなのでついていかないほうがいい。

かつての栄華をしのばせる建築が数多く存在する

アーグラー・カント駅の1番プラットホームにあるIRCTCの観光案内所でツアーを手配できる。タージ・マハル、アーグラー城、ファテープル・スィークリーをチャーター車で巡り、料金は半日Rs2700。

ディワーネ・カース外観

ディーワーネ・カースの見事
な柱

ひときわ高い女性たちの展望台
パンチ・マハル

●宮廷地区

駐車場から専用バスに乗り到着するのは、ディーワーネ・アーム前の出入口。ここでチケットを買って宮廷地区に入る。

ディーワーネ・アーム（一般謁見の間）　Diwan-i-Am

入口の門をくぐって最初に広がる回廊に囲まれた中庭がディーワーネ・アーム。一般民衆はここで皇帝に謁見した。

ディーワーネ・カース（貴賓謁見の間）　Diwan-i-Khas

中庭からさらに奥を進んだ所が宮廷地区の政務部分に当たる。すぐ目に飛び込んでくる建物がディーワーネ・カース。見た目はシンプルだが、吹き抜けの室内の中央には房状の装飾が彫刻された巨大な柱が建ち、2階の回廊の四方から延びる橋でこの柱の上に渡ることができる構造になっている。ここの玉座からアクバルは貴賓や賢人たちを迎えた。

パンチ・マハル（五層閣）　Panch Mahal

5階建ての特徴的な建物がパンチ・マハル。かつては透かし彫りのスクリーンで覆われ、宮廷の女性たちが展望や涼を取るために使ったという。列柱に支えられた階段状の五層の吹き抜けからなり、下層の84本の柱のデザインはすべて異なるという凝りよう。

パチシーの中庭　Pachisi Court

パンチ・マハル前の中庭には大きく十字形に方眼が刻まれている。ここでハーレムの女性たちを駒に見立てたチェス（パチシー）を行い、それを皇帝が上から眺めていたという。

ミリアムの館　Miriam's House

ミリアムはアクバルの妃で、ジャイプル出身のヒンドゥー教徒。1562年にアクバルと結婚し、1569年にファテープル・スィークリーでジャハーンギールを出産した。内部の天井などにはまだかつての絵が残されており、当時は黄金で装飾されていたという。

ジョド・バーイー殿　Jodh Bai's Palace

宮廷内最大の建築で、アクバルの息子ジャハーンギールの妃の名で呼ばれる宮殿。宮廷地区の居住区でもある。実際にはアクバルとその妃の住まいであったらしい。柱や庇はヒンドゥー建築、円蓋はイスラーム建築、青い屋根のタイルはペルシア風とさまざまな建築様式が取り入れられている。

ヒラン・ミーナール（鹿の塔）　Hiran Minar

宮廷地区から北側を眺めると、奇妙な装飾が施された塔が立っているのが見える。塔の外側一面に突き出しているのは象牙。彼が大事にしていたゾウの亡骸の上に建立されたと伝えられている。アクバルは高さ21mのこの塔の上から狩猟で鹿などを撃ったという。夜には階上で火がたかれ、陸の灯台の役割を果たしていた。

●モスク地区

宮廷地区のもうひとつの出入口がジョド・バーイー殿前。ここからモスク地区までは徒歩5分ほど。

ブランド門（勝利門）　Buland Darwaza

モスク（ジャマー・マスジッド）に入るための門。アクバルが1573年にグジャラート地方を征服した記念に建立された。丘の上に建つため、54mの高さがさらに巨大に見える。随所にヒンドゥー建築の要素を取り入れ、赤砂岩に白大理石の象嵌を施したムガル建築の最高傑作とされる。木造の扉に打ち込まれた蹄鉄は、病気の家畜が聖者の力によって治癒されることを祈願したもの。

ジャマー・マスジッド（金曜モスク）　Jama Masjid

サリーム・チシュティーなどの廟（ダールガー）が祀られていることから、ダールガー・モスクの別名をもつ。インド最大級の面積を誇る。

礼拝堂中央のミフラーブ（メッカの方向を示す龕）は、細かな象嵌細工が美しい。また中庭を囲む回廊の柱の形や庇などにヒンドゥー建築の影響が見られ、各宗教を尊重したアクバルの理念が反映されている。

サリーム・チシュティー廟　Tomb of Shaikh Salim Chishti

モスクの中庭に築かれた白亜の建築。アクバルに息子が授かるとしたこの聖者の予言は現実のものとなり、彼の死後、1581年にアクバルはこの場所に彼の墓を建立した。壁面の透かし彫り（ジャーリー）は精緻を極める。多くの女性がここを訪れ、子宝に恵まれるように祈りを込めてこのジャーリーに赤いひもを結びつけている。

各所に美しい透かし彫りが

HINT

かりそめの都

北インド全域の支配を実現しつつあったムガル帝国第3代皇帝アクバルの唯一の悩みが、世継ぎがないことだった。ところが都アーグラーの南西40km、スィークリーに住む聖者シェイク・サリーム・チシュティーは、皇帝がすぐに男子を授かると予言。翌年、予言どおり、後の第4代皇帝ジャハーンギールとなる男子が誕生した。アクバルは、生まれた子をサリームと名づけ、さらに聖者にあやかり1571年にスィークリーへの遷都を決行する。新たな都は「ファテープル・スィークリー（勝利の都）」と名づけられた。

🏛 **世界遺産に登録された渡り鳥の楽園**
ケオラディオ国立公園　Keoladeo National Park

MAP　P.110-A1外

かつてはバラトプルのマハーラージャの狩猟地だった広大な湿地帯で、1982年にケオラディオ国立公園になり、現在はバードウオッチャーだけでなく、市民の憩いの地として開放されている。冬のシーズン中に園内で見られる鳥類は、200種類以上。1985年にユネスコの世界自然遺産に登録された。

この国立公園はラージャスターン州の町バラトプルの町外れにあるが、アーグラーからのアクセスが便利。園内は広く、入口から最初の湿地帯に出るまで2kmほど離れているが、原則として車の通行が禁止されているので、園内は徒歩かレンタサイクル、あるいは専任のサイクルリクシャーで回ることになる。越冬する珍しい渡り鳥を見るなら、10～2月の冬がベストシーズン。

この時期は、ツルやサギ、カモ類などの渡り鳥のほか、フクロウやカワセミ、インコなどのインド在来の鳥類、水鹿（サンバー）、ジャッカルなどの哺乳類などを見ることができる。効率よく動物を見たいなら、入口に待機しているガイドを雇おう。国立公園付近には宿泊施設やレストランも数軒あり、朝早くからのバードウォッチングも可能だ。

ケオラディオ国立公園

❶ 日の出～日没（チケット販売は日没の1時間30分前まで）
⑮ Rs400
　ガイド料1時間Rs250（5人まで）、サイクルリクシャー1時間Rs150
アーグラーとジャイプルを結ぶ幹線道路沿いの公園入口までバスで、またはバラトプルのバススタンドからリクシャーで行く。アーグラーからバスで1時間30分～2時間。

入口にはサイクルリクシャーが待ちかまえている

ⓘ　サリーム・チシュティー廟の入口ではおじさんが前にザルのようなものを置いて座っているが、これは帽子。男性は参拝するときに、おじさんからこれを借りて被る。

ムガル帝国人物史

中央アジアから一時はヨーロッパにまで覇を唱えたティムール帝国の末期、王子として生まれたバーブル（1483〜1530年）は幼くして地方領主の地位に就いたものの、間もなく領土争いに巻き込まれて中央アジアを追われる。そこで歴代のイスラーム勢力と同じようにインドへ矛先を転じ、何度かの侵攻のあとに、1526年デリー諸王朝最後のローディー朝を攻め滅ぼして、デリーの新しい支配者としてムガル朝を建てた。ムガル朝の支配層はモンゴル系やトルコ系で、インドにとっては外国人であった。

息子のフマユーン（1508〜56年、在1530〜40年、55〜56年）は父を継いで、ラージプートの諸王と戦い勢力拡大を目指したが、帝国をつくり上げるどころか逆にビハールの総督だったシェール・シャーに敗れて領土を失ってしまう。ムガル朝はここでいったんは滅びたのだ。フマユーンは残りの人生を文字どおり失地回復のために費やすが、デリーを再び取り戻してすぐ、事故で死んでしまった。

跡継ぎのアクバル（1542〜1605年、在1556〜1605年）は当時まだ少年で、デリーから追い払った敵は周辺に残り、宮廷では父の遺臣たちが実権を握っていた。しかし成長するにつれ彼は自己主張を始める。戦果を上げて領土拡大に転じ、目障りな旧臣を排除、アーグラーに新しい城都を建設し、軍事、行政の制度改革を行って自らへの権力集中を強めた。

一方でインドの旧勢力であるヒンドゥー教徒のラージプート出身者を登用するなど、インドを広く統治するにふさわしい柔軟な姿勢ももっていた。ムガル朝が「帝国」へ成長したのも、こうした「大帝」アクバルの功績であった。

アクバルが眠るスィカンドラー

息子のジャハーンギール（1569〜1627年、在1605〜27年）はペルシア出身の妻ヌール・ジャハーンを迎えた。どうやら根が道楽者だった皇帝は、賢く美しい妻に政治を任せたままになり、彼女の一族が宮廷で活躍した。中央アジア出身のイスラーム勢力であるムガル王家にとって、ペルシア文化はもともと先進的で洗練されたものであったが、ヌール・ジャハーンの存在はペルシア文化の受容に大きな役割を果たした。宮廷ではペルシア語が話され、絵画、建築、文学、衣装、風俗の分野で、ヒンドゥー・インド的な要素とペルシア・アラビア的な要素が融合した独特の文化が生まれた。

続くシャー・ジャハーン（1592〜1666年、在1628〜58年）は何といってもタージ・マハルの建築で知られているが、この壮麗な墓をささげられた妻ムムターズもまたペルシア系であった。皇帝は妻の亡きあとも行政に、遠征に活躍し、その治世は、帝国の絶頂期とされている。アクバルのアーグラー城、ファテープル・スィークリー、シャー・ジャハーンのタージ・マハルと、ムガル時代だけでなくインド史を代表する建築物が築かれていることからも、統治の拡大と安定がもたらした繁栄の大きさがしのばれよう。

しかしシャー・ジャハーンの晩年になると、皇子たちの間に継承争いが起こった。父がほかの兄弟を支持することを恐れたアウラングゼーブ（1618〜1707年、在1658〜1707年）は兄弟を殺し、父を幽閉して帝位に就いた。シャー・ジャハーンはタージ・マハルの見えるアーグラー城内の一室で、静かにさびしく余生を過ごしたという。軍事的統率力に長けたアウラングゼーブの時代、帝国の領土は最大の広がりを見せるが、一方では地方勢力の反発や、直属の家臣の離反が始まる。アウラングゼーブはこれまでの皇帝と違い、異教徒であるヒンドゥーに対して強硬な統治を打ち出していた。また繁栄のなかで見えない間に蓄積された政治や経済政策の矛盾が噴き出したのだ。こうして帝国の繁栄は坂道を転げ落ちるように失われていく。

ヒンドゥー勢力の雄マラーター王国に、イギリスをはじめとするヨーロッパ勢力の進出が加わり、アウラングゼーブ亡きあと、帝国領はわずかにデリー城の周辺だけになってしまう。称号だけの存在になってしまった後代の皇帝の事跡を追うのは難しい。実はデリーに残るほかの時代の遺跡の片隅に隠れるように、つけ足したように彼らの墓やゆかりの廃墟が残っている。説明されなければわからないのだが、それがわかるとかえって痛ましい。1858年、最後の皇帝バハードゥル・シャー2世が反イギリスの「インド大反乱」に加担した罪を問われて、廃位、流刑となり、ムガル帝国は名実ともに滅亡した。　　（関口真理）

流刑となったバハードゥル・シャー2世はミャンマーのヤンゴンに眠っている

 アーグラーにかぎらず、州政府系のホテルに泊まる場合、予約が必要になるケースが多い。インターネットなどで予約をして、宿泊代を前もって納めるシステムになっている。宿泊を考えている人は、各州政府観光局で尋ねてみよう。

Hotel ホテル

タージ・マハル南門エリアには、バックパッカー向けの多くのゲストハウスやレストランが集まっている。今いちばん便利なのは東門エリア。高級ホテルから安宿までたくさんのホテルが集まっている。タージ・マハルへも徒歩圏内だ。落ち着いた雰囲気を求めるのなら、新市街のファテハバッド通りFatehabad Rd.付近でホテルを探すといいだろう。

老舗の人気宿
H カマル
Hotel Kamal
タージ・マハル南門 ₹
MAP P.111-C2

🏠 South Gate, Taj Mahal　☎ 941-218-0575
Ⓢ⑨ⓌⒶ Rs1500〜 🛏Ⓐ Rs2200〜 ⊠込
Card 不可　WiFi　🛏 20室
URL www.hotelkamal.com

南門に近い老舗ゲストハウス。室内は改装してあるが、建物は古い。部屋は比較的広め。人気のためか客室料金は割高だが、スタッフは親切。屋上にタージ・ビューのレストランがある。

タージが眺められる安宿
H サニヤ・パレス
Saniya Palace
タージ・マハル南門 ₹
MAP P.111-C2

🏠 Chowk Kajziyan, South Gate, Taj Mahal
☎ 888-127-0199
Ⓢ Rs200 🛏Ⓐ Rs700〜800 🛏Ⓐ⑨ Rs1200〜1600
⊠込 Card 不可　WiFi　🛏 12室
URL www.saniyapalace.in

南門のゲストハウスエリアの通りから少し引っ込んだ所にあるが、通りに看板が出ている。部屋はこの料金の客室としては平均的。
A/C付きの部屋はタージ・ビュー。屋上レストランからのタージの眺めもいい。

便利で格安の宿
H シャージャハーン
Sharjahan Hotel & Restaurant
タージ・マハル南門 ₹
MAP P.111-C2

🏠 South Gate, Taj Mahal
☎ 971-900-0757、931-941-1225
Ⓢ⑨ Rs350 🛏Ⓐ Rs600 🛏Ⓐ⑨ Rs750〜850 ⊠込
Card ADJMV　WiFi　🛏 22室
✉ shahjahan_hotel@gmail.com

南門のすぐそば。アーグラーでも歴史のある宿で、"社長"と呼ばれる御年85歳のオーナー、ニサールさんが歓待してくれる。タージ・ビュールームはRs1200。駅やバススタンドでのピックアップサービス（無料）あり、ホットシャワーは6:00〜12:00のみ。屋上レストランあり、電車チケットの手配も可。

タージのすぐ近くにある快適な安宿
H シーラ
Hotel Sheela
タージ・マハル東門 ₹₹
MAP P.111-C2

🏠 1/16 B East Gate, Taj Mahal
☎ 0562-233-2074、935-974-1471
Ⓢ⑨ⓌⒶ Rs900〜 🛏Ⓐ⑨ Rs1450〜3000
⊠別 Card MV　WiFi　🛏 20室
URL www.hotelsheelaagra.com

東門からすぐのところにある安宿。みやげ物屋などが多い表通りにも近いが、敷地内は緑が多く広々として、くつろげる雰囲気。部屋自体はシンプルで、広さは部屋によって差があるので前もって見せてもらうほうがよい。
竹製のバンガローもあり、値段は同じ。A/Cルームは24時間ホットシャワー可。その他の部屋は、頼めばバケツにお湯をくれる。

夜のタージが眺められる
H タージ・ケーマ
Hotel Taj Khema
タージ・マハル東門 ₹₹
MAP P.111-D2

🏠 East Gate, Taj Mahal
☎ 941-215-7277
Ⓢ🛏Ⓐ⑨Ⓢ Rs1200〜2200 ⑨ Rs1500〜2500
⊠別 Card 不可　WiFi　🛏 6室

東門を出て200mほど直進した左側にある、政府系の老舗ホテル。小高い丘になった裏庭からは、木々の後ろに建つタージ・マハルが眺められる。宿泊客でない場合は、入場料Rs222（金曜のみRs333）＋TAXを払うことで敷地内の散策ができる（飲み物・軽食付きはRs400/金曜Rs500）。朝食付き。設備のわりに割高との投稿もあり。

プールもある中級ホテル
H タージ・リゾーツ
Hotel Taj Resorts
タージ・マハル東門 ₹₹₹
MAP P.111-D2

🏠 Plot No.538, Near Shilp Gram
☎ 0562-223-0160、783-005-0001
Ⓢ🛏Ⓐ⑨Ⓢ Rs4000〜
⊠別 Card MV　WiFi　🛏 34室

タージ東門から徒歩10分。シルプグラムの近くにある。タージと名前はついているものの、タージ系列ではなく、あくまで中級ホテル。しかしスタッフは親切で、タージ・マハルが眺められる屋上レストランや、プールなどの設備も充実し、欧米人観光客に人気がある。部屋も適度なデラックスさがあり、落ち着いて滞在ができるコストパフォーマンスの高いホテルだ。朝食付き。

 タージ・マハル南門エリアのゲストハウスやホテルは大抵屋上レストラン付きで、料理やビールを楽しみながらタージ・マハルの姿をゆっくりと見ることができる。レストランの雰囲気で宿を選ぶのもひとつの手だ。

119

Uttar Pradesh　ウッタル・プラデーシュ州　Agra　アーグラー

おしゃれで清潔なホームステイ

[H]コーラル・コート・ホームステイ
The Coral Court Homestay

タージ・マハル東門 ₹₹

[MAP] P.111-D2

🏠 9 Amarlok Colony, Opp. Jalma Hospital
☎ 902-764-0344
[料][浴][A/C][W] Rs2799～ [T] Rs3807～ [TAX] 込 [Card] MV
[Wi-Fi] [室] 8室
[URL] coralcourthomestay.com

タージ東門から歩いて15分ほど。語学堪能で、海外経験が豊富なオーナー夫妻がインド各地で集めたというカラフルなインテリアでまとめられた館内は、とても清潔でセンスがよい。スタッフはほとんどが地元出身の女性で、皆とても親切だ。屋上は眺めのよいテラスになっていて、タージ・マハルのドームが見える。ローカルレシピの、フレッシュなベジタリアンの朝食付き。

レストランが地元でも有名

[H]マヤ
Maya Hotel

タージ・マハル西門 ₹

[MAP] P.111-C2

🏠 18/184 Purani Mandi, Fatehabad Rd.
☎ 971-910-7691
[料][浴][A/C][D] Rs500 [W] Rs900～1500 4人部屋Rs3000
[TAX] 込 [Card] ADJMV [Wi-Fi] [室] 12室
[URL] www.mayainmagic.com

西門から徒歩5分の、大通りに面したホテル。部屋はすべて異なったデザインだが、基本的にファシリティはほぼ一緒。オーナーは親切で頼れる人物で、セキュリティなども安心だ。併設のレストラン（P.122）は地元の有名店だ。道路を隔てて同経営のホテルRay of Mayaもあり、こちらは部屋が広く内装がおしゃれ。設備も新しく快適だ。すべてA/C付きでRs 2000～4000。全7室。

明るい雰囲気の宿

[H]Mハウス
M House

タージ・マハル西門 ₹

[MAP] P.111-C2

🏠 Purani Mandi, Fatehabad Rd.
☎ 989-736-5604
[料][浴][A/C][W] Rs800～1200 [TAX] 別
[Card] 不可 [Wi-Fi] [室] 9室
[URL] www.hotelmhouse.com

赤とピンク色の派手な外観が目印の安宿。タージ・マハルからも徒歩圏内で、付近に店も多く便利なロケーションにある。値段はリーズナブルだが、部屋はきれいでスタイリッシュ。バルコニーのある部屋もある。屋上のレストランはインド人や欧米人の若者を中心に人気で、営業中は相当にぎやか。駅からの送迎はRs400。

日本からのツアーも利用する高級ホテル

[H]クラークス・シラーズ
Hotel Clarks Shiraz

新市街 ₹₹₹

[MAP] P.111-C3

🏠 54 Taj Rd. ☎ 0562-222-6121
[料][浴][A/C][S][W] Rs6500～8500
[TAX] 込 [Card] ADJMV [Wi-Fi] [室] 236室
[URL] www.hotelclarksshiraz.com

敷地内は広々としており、美しい庭や、バー併設のプール、ビリヤード場、ジムなどがある。タージからは2kmほど離れているが、サービスは非常に洗練されていて、客室も高級感がある。シャワーは熱いお湯がふんだんに出るうえ、シャンプーや石鹸、歯ブラシ、ドライヤーまで揃っており、日本のホテルとほとんど同じ感覚でステイできる。ビュッフェの朝食付き。

アーグラー屈指の高級ホテル

[H]ITCムガル
ITC Mughal

新市街 ₹₹₹

[MAP] P.111-C3

🏠 Taj Ganj ☎ 0562-402-1700
[料][浴][A/C][S][W] Rs1万1000～
[TAX] 別 [Card] ADJMV [Wi-Fi] [室] 233室
[URL] itchotels.in/itcmughal

広大な敷地に重厚な外装の建築が建つ高級ホテル。内装も豪華。プールやジムも完備。[R]タージ・バノ（P.122）をはじめ、伝統的北インド料理を出すレストラン、ロビーバーなど食事も充実している。バスタブ付きの部屋をリクエスト可能。ゲートは交通量の多い大通りに面しているものの、庭が広いため客室やロビーは驚くほど静か。スタッフのサービスも洗練されている。

おなじみタージ系ホテル

[H]タージビュー
Tajview

新市街 ₹₹₹

[MAP] P.111-C3

🏠 Taj Ganj, Fatehabad Rd.
☎ 0562-660-2000
[料][浴][A/C][W] Rs1万2000～3万
[TAX] 別 [Card] AMV [Wi-Fi] [室] 100室

高級ホテルグループ、タージ系列の4つ星ホテル。プール側の部屋ではタージ・マハルは望めないものの、設備はどの部屋も整っている。2023年にリノベーションされたばかりでとてもきれい。屋上レスランなど、設備やサービスも充実している。ムガル風の雰囲気が漂い、あでやかな内装に仕上げられている。スタッフの対応もよい。タージ・マハル東門に系列のTaj Hotel & Convention Centre Agraもオープンしている。

[i] タージ・マハル南門の近くにある[R]ジョニーズ・プレイス（[MAP] P.111-C2）は韓国、中国料理を含めたアジア料理が充実。いつも外国人旅行者で混雑している。🕘 5:00～22:30 ☎ 983-733-9686

新市街のブティックホテル

[H]タージ・ヴィラ
Taj Villa

新市街 ₹₹
MAP P.111-D3

🏠 A-21 Taj Nagri, Phase-2, Fatehabad Rd.
☎ 981-111-4336 [料]🛁[A/C][W] Rs2200～2800
[TAX] 別 [Card] ADJMV [Wi-Fi] [室] 22室
[URL] www.tajvilla.com

設備の整ったブティックホテル。客室は広くはないがスタイリッシュでおしゃれ。地下にダイニングとスイミングプールもある。新市街のメイン通り、ファテハバッド通りから少し入っているので環境は静か。朝食付き。

高級感あふれる大型ホテル

[H]クリスタル・サローヴァー・プレミア
Crystal Sarovar Premiere

新市街 ₹₹₹
MAP P.111-D3

🏠 Fatehabad Road
☎ 562-711-0711 895-480-0346
[料][A/C][W] Rs6500～ [TAX] 別
[Card] ADJMV [Wi-Fi] [室] 168室
[URL] www.sarovarhotels.com/crystal-sarovar-premiere-agra
✉ fom@crystalsarovaragra.com

新市街にあり、3つのレストラン、スイミングプール、フィットネスセンターなどの充実した設備を揃えた高級ホテル。スタッフの応対も洗練されている。

快適な中級ホテル

[H]アマール
Hotel Amar

新市街 ₹₹
MAP P.111-C3

🏠 Tourist Complex Area, Fatehabad Rd.
☎ 0562-402-7000
[料]🛁[A/C]Ⓢ Rs3500～ [W] Rs4000～
[TAX] 別 [Card] ADJMV [Wi-Fi] [室] 68室
[URL] www.hotelamar.com

客室は少し古びているが明るい雰囲気で、料金にはビュッフェの朝食が含まれている。地下にはスイミングプールとレストランがあり、食事時にはローカルの家族連れでにぎわう。ベジターリーがRs300とリーズナブル。

ツアーでも使われる

[H]プシプ・ヴィラ
Hotel Pushp Villa

新市街 ₹₹
MAP P.111-D3

🏠 V. I. P. Rd. ☎ 0562-223-0681、233-4301
[料]🛁[A/C]Ⓢ[W] Rs3500～
[TAX] 込 [Card] MV [Wi-Fi] [室] 51室
[URL] www.hotelpushpvilla.com

タージ・マハルの南東約2kmの場所にあるきれいなホテル。各部屋は広々としており、すべてTV、冷蔵庫、バスタブ付き。1階にバーとスパ、最上階には回転レストランがある。朝食はひとりRs300。

欧米人旅行者に圧倒的な人気を誇る

[H]ツーリスツ・レスト・ハウス
Tourists Rest House

新市街 ₹
MAP P.110-B2

🏠 4/62 Kachari Rd., Balu Ganj
☎ 0562-226-5018
[料]🛁Ⓢ[W] Rs550～900 🛁[A/C][W] Rs950～1100
[TAX] 込 [Card] ADJMV [Wi-Fi] [室] 24室
[URL] www.dontworrychickencurry.com

老舗の安宿。部屋は清潔で、タオル、トイレットペーパー、石鹸が備えられている。緑の多い中庭はレストランとなっており、夕方は多くの旅行客でにぎわう。前日までに連絡すれば、駅やバススタンドでの無料送迎サービスあり。スタッフは親切で、夜行列車などで出発する前には無料でシャワーを使わせてくれる。

2023年オープンの新しいホテル

[H]ザ・タージ・ビスタ
The Taj Vista

タージ・マハル東門 ₹₹
MAP P.111-D2

🏠 HIG 24 A TAJNAGI PH-1, Tajganj
☎ 999-711-3228
[料][A/C][W] Rs2000～2500
[TAX] 込 [Card] ADJMV [Wi-Fi] [室] 18室
[URL] tajvista.com
✉ anilwadhwa2008@gmail.com

2023年にオープンしたばかりのホテル。シンプルな造りでリーズナブルな価格帯ではあるが、1階のダイニングルームも、上階の部屋もどちらもとても清潔でよいコンディションに整えられている。スタッフも親切。タージ・マハルからは1kmほど。[H]ツーリスツ・レスト・ハウスの系列でもあり、旅行相談などにも乗ってくれる。

親日家のオーナーが経営

[H]シータル・イン（旧サクラ・ゲストハウス）
Sheetal Inn (Old Sakura Guest House)

新市街 ₹
MAP P.110-A2

🏠 49 Old Idgah Colony, Near Idgah Bus Station
☎ 941-226-3731
[料]🛁Ⓢ Rs450～800 [W] Rs450～1000
🛁[A/C]Ⓢ Rs800～1500 [W] Rs800～2000
[TAX] 込 [Card] 不可 [Wi-Fi] [室] 12室
[URL] www.hotelsakuraagra.com

イードガー・バススタンドから徒歩3分。宿名変更後も、オーナーのアシュさんが親切に世話をしてくれる。トラベルデスクでは、鉄道のチケットを手数料Rs 100～300で手配可能。部屋にはトイレットペーパー、タオル、石鹸あり。ホットシャワーは朝夕のみOK。併設のレストランでは、ターリーRs150～などが食べられる。駅から無料送迎サービスあり（6:00～22:00）。

✉ 年末にアーグラーに行きました。ちょうどインド人の連休と重なったのか、相当の数の観光客。どの見どころも激混みでしたが、外国人はチケットを買うにも優先レーンがあり、並ばないで入ることができました。（座間市　ケレタロ　'16）

Restaurant レストラン

ローカルにも人気
R マヤ
Maya

北インド料理 ₹₹
MAP P.111-C2

🏠 18/184 Purani Mandi, Fatehabad Rd.
☎ 971-910-7691
🕐 7:00〜23:00　税別　Card ADJMV

1階のA/Cルームと2階のコーヒーショップ、3階のテラス席からなる。タンドゥーリー・チキンRs430（ハーフ）などのインド料理のほか、パスタやチョウメンもある。ここで焼いている全粒粉のパンや、水牛のミルクから手作りしているパニールやヨーグルトもおいしい。マトンや魚料理も評判がいい。また、イタリア製のコーヒーマシンがあり、本格的なコーヒーが飲める。

金曜以外の毎日19:00〜22:00にインド古典音楽の演奏が行われ、いつも人々でにぎわう。テラス席もおすすめ。

味にも雰囲気にも満足
R ピンチ・オブ・スパイス
Pinch of Spice

北インド料理 ₹₹₹
MAP P.111-C3

🏠 1076/2 Fatehabad Rd., Opp. Hotel ITC Mughal
☎ 0562-404-5252　🕐 12:00〜23:30
税別　Card ADJMV
URL www.pinchofspice.in

アーグラーで北インド料理といえばここというレストラン。メニューは一品Rs400〜600程度。量が多く、どれもおいしい。特にチキンを生クリームに漬け込んでタンドゥーリーで焼いたムルグ・マライ・カバーブRs515は絶品。アルコール類の提供もあり。食事どきは、地元の人や観光客など、多くの人でいつもにぎわっている。

ラグジュアリーなビュッフェを堪能
R タージ・バノ
Taj Bano

各国料理 ₹₹₹
MAP P.111-C3

🏠 ITC Hotel, Taj Ganj　☎ 0562-402-1700
🕐 6:00〜10:30、12:30〜14:30、19:00〜22:45
税別　Card ADJMV

🅷 ITCムガル（P.120）内にある高級ビュッフェレストランで、内装もゴージャス。シェフたちがてきぱきと仕事をする姿がとても凛々しい。インド料理以外にも、中華料理、西洋料理が食べられ、スイーツの種類も豊富。料金は朝食がRs1300、ランチがRs1700、ディナーがRs1700で、週末のディナーのみRs1900。

圧倒的人気のチキン専門店
R ママ・チキン
Mama Chicken

チキン料理 ₹
MAP P.110-B3

🏠 Sadar Bazaar Rd.　☎ 889-919-9999
🕐 12:00〜0:00　税込　Card ADJMV

もともと小さな屋台から始まったチキン料理専門店だが、現在は店舗を拡大。その場で食べて帰る人もいるが、ローカルは持ち帰りがほとんど。チキンロールRs40〜、濃厚なグレービーソースが自慢のチキンタカタクRs290（ハーフ）〜。

おいしい南インド料理を
R ディーピー
Deepee

南インド料理 ₹₹
MAP P.110-B2

🏠 Meher Theatre Complex 1, Gwailor Rd.
☎ 936-872-2676
🕐 12:00〜22:45　税別　Card MV

南インドのマイソール料理レストランで、ベジタリアン料理の種類が豊富。ディーピー・ターリーRs375、ミニ・ターリーRs250など。アイスクリームやサンデー各Rs110〜などデザートも多い。

食事をすることで支援
R シーローズ・ハングアウト
Sheroes' Hangout

コンチネンタル ₹₹
MAP P.111-D3

🏠 R.K.Puram Tajnagri Pase-1, Behind GoSTOPS Hostel　☎ 0562-405-5267、995-806-6951
🕐 10:00〜22:00
税込　Card ADJMV
URL www.instagram.com/sheroes_hangout/

酸を頭部にかけられたアシッドアタックのサバイバーの女性たちがウエーターとして働くレストラン。壮絶なバックグラウンドにもかかわらず、彼女たちは驚くほど明るくチャーミングだ。資料も数多くある。心地よいサービスと社会的意義から、欧米人を中心に人気。料理の値段は決まっておらず、客が決めた額を支払う。料理はすべてベジタリアンで、インド料理のほか西洋料理、手作りチョコレートなどのスイーツもある。

日本食が食べられる
R トリート
Treat

各国料理 ₹
MAP P.111-C2

🏠 South Gate, Kutta Park, Tajmahal
☎ 931-901-2891　🕐 7:00〜22:30
税込　Card 不可

日本食や韓国料理など、インド料理に疲れた胃には優しい料理が食べられる小さなレストラン。親子丼Rs170、卵ラーメンRs120、ビビンバRs100など。

 市内の見どころは1日あればOKなので、連泊する人が少ないアーグラー。しかしもう1日あれば、郊外のファテーブル・スィークリーと、そこからバスで約1時間のケオラディオ国立公園へ行ける。また、城のあるバラトプルや聖地マトゥラーなどへも日帰り可。

マトゥラー

マトゥラーはヒンドゥー教7大聖地のひとつとされる町。デリーの南145kmほどの場所にある。ヴィシュヌ神の化身であるクリシュナが、ここで誕生したことで有名だ。シヴァ神の聖地をワラーナシーとすれば、ここはヴィシュヌ神巡礼の一大中心地。毎年8～9月頃には、クリシュナの誕生を祝う祭りジャンマシュタミJanmashtamiが盛大に行われる。

この地で忘れてならないのは、仏像などに代表されるマトゥラー美術だ。シュンガ朝、クシャーナ朝、グプタ朝にかけての時期、インド彫刻のなかでも最も美しい仏像が造られ、仏教美術の一大中心地となった。特にシュンガ朝の遺物はすばらしく、ガンダーラの仏教美術にも引けを取らない。ガンダーラのものがきりっとしてハンサムなのに対して、こちらのものは丸味があり、明るく楽天的。肉感的な女神ヤクシー像にしても、どこか神秘的な官能性が感じられ、まさにインド的だ。

クリシュナを祀るバグワット・バワン

見事な仏像が並ぶ考古学博物館

◆── マトゥラーの歩き方 ──◆

町のメインストリートは、オールド・バススタンド近くを走る**ホリ・ダルワザ・ロードHori Darwaza Rd.**。北に向かうと、左側には公園や博物館に通じる道がある。さらに北に進むと時計台になった立派な石造りの門ホーリー・ゲートがある。そこからヤムナー河畔まで小さな店がびっしりと続く。突き当たりがクリシュナ寺院のある**ヴィシュラム・ガートVishram Ghat**。

クシャーナ朝のカニシカ王の像と、マトゥラー近辺から出土したグプタ様式の仏像を多数収蔵しているのが、**考古学博物館Archaeological Museum**だ。マトゥラーの仏像はどこか優しくふくよかだ。大きな胸をした肉感的な女神像もすばらしい。

クリシュナ・ジャンマブーミーKrishna Janmabhumiは、クリシュナ生誕の地といわれる小高い丘。クリシュナを祀るヒンドゥー寺院**バグワット・バワンBhagwat Bhavan**（1982年建立）が建つ。笛を吹くクリシュナと牧女ラーダーの像がある。

ヴリンダーバンVrindavanは、マトゥラーの北15kmの地にあるヤムナー河畔の古い町。クリシュナが牧女と戯れながら育ったといわれる土地で、毎日多くの信者が訪れる。4000ともいわれるヒンドゥー寺院がひしめき、そのすべてがクリシュナを祀っているというから驚きだ。なかでも大きな寺院は9つ。ハレ・クリシュナ教団の**イスクコン寺院IskconTemple**や、白大理石で造られた**プレム寺院Prem Mandir**、**バンケ・ビハーリー寺院Banke Bihari Mandir**などが特に有名。

ACCESS

鉄　道
ニューデリー駅から毎日何本もの列車が出ており、所要約2時間。アーグラーから所要約1時間。マトゥラー・ジャンクションMathura Junction駅と、2kmほど北にあるマトゥラー・カントMathuraCantt.駅のふたつがある。

バ　ス
デリー、アーグラー、ジャイプルなどからそれぞれ便がある。

考古学博物館
⌂ Museum Rd, Dampier Nagar
☎ 0888-990-4541
⏰ 10:30～16:30　休 月
￥ Rs25
※カメラ持込はRs20

クリシュナ・ジャンマブーミー
⏰ 5:00～12:00、16:00～21:30
￥ 無料
バグワット・バワン寺院はカメラの持ち込みは厳禁（入口で預ける）。隣にはアウラングゼーブ帝が建てた大きなモスクがある。

イスクコン寺院
⌂ Krishna Balaram Mandir, Bhaktivedanta Swami Marg, Raman Reti, Vrindavan
⏰ 4:10～12:00、16:00～20:15
URL iskconvrindavan.com/

プレム寺院
⌂ Sri Kripalu Maharaj Ji Marg, Raman Reiti, Vrindavan
☎ 0888-248-0000
⏰ 8:30～12:30、16:30～20:30
URL www.jkp.org.in/premmandir

バンケ・ビハーリー寺院
⏰ 9:00～13:00、16:30～20:00
（夏期は8:00～12:00、17:30～20:30）

　ヴリダーバンまで行くなら、クリシュナ・ジャンマブーミー近くから出ている乗合オートリクシャーを利用するのが便利。

ラクナウ

バーラ・イマームバーラの屋上から中庭を見渡す

ラクナウの市外局番
0522

ラクナウの人口
約350万人（2019年推計）

ACCESS

飛行機

デリーからエア・インディアやビスタラなど各社合計毎日約10便、所要約1時間10分。そのほかにムンバイー、ジャイプル、コルカタなどからの便がある。空港は町の約15km南西に位置するチャウダリー・チャラン・スィン（CCS）国際空港（別名アマウシ国際空港）。市の中心部へはタクシーでRs300程度、所要約30分。またはCCS国際空港駅からメトロで市内中心部まで行ける。チャールバーグCharbagh駅まで所要約20分、Rs30。

鉄 道

ニューデリー駅から特急や急行（1日15〜20便）でラクナウ（Lucknow Ne）駅まで所要6時間30分〜10時間。アーグラー、ワラーナシー、ゴーラクプルなどからの便もあり、アクセスはいい。

バ ス

メインのバススタンドは鉄道駅北口にあるチャールバーグCharbagh バススタンド（地図P.125-A2）で、アーグラー（所要約7時間）、ワラーナシー（約8時間）、ゴーラクプル（約8時間30分）など。ただし長距離は鉄道のほうが早くて便利だ。シュラーヴァスティー方面への中継点ゴーンダへは、中・近距離のバスが発着するカイザーバーグKaiserbagh バススタンド（地図P.125-A1）から所要約4時間。ふたつのバススタンドの間は、乗り合いオートリクシャーが運行している。

ウッタル・プラデーシュ州の州都で、インド独立後はインドで最も人口が多い州の州都として、政治の都として発展してきた。このアワド地方はムガル帝国時代には、ナワーブと呼ばれるイスラーム系の太守が治めており、ムガル帝国の衰退とともにその勢力を広めていった。1764年以降はイギリスの監督下に入るが、アワド政権の繁栄は続き、1775年に都をこのラクナウに遷都する。1819年にはイギリスの藩王国となるが、その後、無能な君主が続いたため1856年に王が追われ、王国は短命に終わる。また、翌年の1857年に起きたインド大反乱（セポイの乱）の際には、激戦地となった場所でもある。

ラクナウの歩き方

街の南側にラクナウ鉄道駅があり、その北口に長距離バスが発着するチャールバーグ・バススタンドがある。ホテルはこの付近に多く、短い期間ならこのエリアに滞在するのが便利だが、いささか騒々しい。

町の中心部は、ここから5kmほど北を流れるゴムティ川との間に収まり、なかでもMGロードMahatma Gandhi Rd.沿いの**ハズラトガンジHazratganj**と呼ばれるエリアは、中級ホテルやレストランも多いにぎやかな商業エリアだ。空港、鉄道駅、ハズラトガンジ間はメトロでも移動できるが、見どころであるレジデンシーやバーラ・イマームバーラなどの見どころへはオートリクシャーを使ったほうが効率よく回れる。バーラ・イマームバーラから1kmほど西にあるフサイナバード・イマームバーラ周辺も、観光地として再開発が進められている。

フサイナバード・イマームバーラ付近の貯水池

 ラクナウはビリヤーニーが有名。R Dastarkhwan（地図P.125-B1）🏠 Osama Talha Rd., Nr. Tulsi Theatre ☎ 752-200-0564 ⏰ 13:00〜23:00）はマトンやチキンのビリヤーニーがハーフRs130からと手頃な値段で、昼は相席になるほど混む。

ラクナウのおもな見どころ

「大反乱」の激戦地
レジデンシー　The Residency

MAP P.125-A1

　英軍のカントンメント（駐屯地）がおかれた場所。インドでは「第1次独立戦争」と呼ばれる1857年の「大反乱」では、軍人や民間人、イギリス人に仕えるインド人など約3000人が87日間にわたってここに立てこもり、旧藩王国の勢力や反乱を起こしたシパーヒー（イギリスの傭兵）と激しく戦い、イギリス側の死者だけでも2000人を数えた。敷地内には教会や学校、宝物庫などの当時の建物が廃墟となって残っている。博物館として使われている建物には、現在も弾丸や砲弾の跡が生々しく残っている。

奥にある英国人墓地

敷地内には廃墟になった建物が点在する

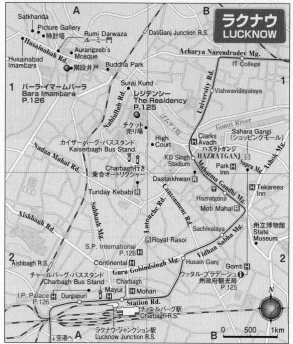

レジデンシー
● 10:00〜17:00
⊕ Rs300

博物館
● 9:00〜17:00
⊕ 金

敷地内にある博物館

INFO

ウッタル・プラデーシュ
州政府観光局
UP Tourism
MAP P.125-B1
● 6 Sapru Mg.　(H Gomti内)
☎ 0522-261-5005
● 9:00〜19:00　⊕ 日
URL www.uptourism.gov.in

ラクナウ・メトロのホーム

ACCESS

ラクナウ・メトロ

2017年より運行開始し、現在は市の南西部にあるCCS国際空港駅から鉄道駅のあるチャールバーグ、市内中心部のハズラトガンジを通り、Munshipulia駅までの21駅の路線が運行している。数年後にはチャールバーグから北西へ向かう別路線が開通予定なので、レジデンシー方面へも行きやすくなるだろう。運行時間は6:00〜22:00。運賃はRs10〜60。
URL lmrcl.com

ⓘ　レジデンシーの説明文では、この「大反乱」を「植民地支配に対する自由のための戦い」と記し、インド独立に先駆けた「第1次独立戦争」と定義づけている。インドと西欧では、同じ戦いでも大きく解釈が異なるのだ。

<table>
<tr><td>

バーラ・イマームバーラ

🏠 Hussainabad Trust Rd.
🕐 8:00～18:00
　（金15:00～18:00）
💰 Rs500
チケット売り場は、第2の門の入口にある。外国人用のチケットは、1kmほど離れた時計塔とそれに付属するPicture Gallery、太守ムハンマド・アリ・シャーが自分の墓として1837年に建てた、フサイナバード・イマームバーラHussainabad Imambara（チョータ・イマームバーラ）に入場できる共通券なので、なくさないように。

HINT

階段井戸のガイド

バーラ・イマームバーラの中庭にある階段井戸（バーオリー）の前には、ガイドが待機している。下に下りていくと非常に暗い階段などもあるので、懐中電灯を持ったガイドがいると安心。ガイド料はRs50～100。

ルーミー門の西側

</td><td colspan="2">

インドにおけるイスラーム教シーア派の聖地　　MAP P.125-A1
バーラ・イマームバーラ　Bara Imambara

　ラクナウに都を移したナワーブ（太守）のアーサーフ・アッダウラーにより、1780年代に建てられたイマームバーラ（シーア派の祭事を行う場所）や廟、モスク、門などからなる宗教複合施設。最初の門をくぐり、円形の中庭と第2の門を通りぬけると第2の中庭に出る。正面に大ホールを擁するイマームバーラ、右側にデリーのジャマー・マスジッドを模したモスク、左側にはこの地方には珍しい階段井戸（バーオリー）に通じる入口が見える。

　イマームバーラの大ホールは、高さ15m、幅50mの広さがあり、イラクにある聖人（イマーム・フセイン）の墓のレプリカがある。建物の脇にある階段を上った上階は、**ブールブーライヤーBhulbhulaiya**、あるいは**ラビリンスLabyrinth**と呼ばれており、暗がりのなかにいくつも造られた階段や細い回廊は、確かに迷路のようだ。ここを上りきった屋上からの眺めはすばらしいが、手すりなどがないので落下に注意。屋上は夕暮れ時は地元の人でにぎわう。

　第2の中庭の東側には階段井戸があり、入口にガイドが待機している。中は暗く、行き止まりかと思える暗闇の先に階段や通路があったりするのがわかるので、彼らに頼んで案内してもらうのもいいだろう。

　バーラ・イマームバーラの先には、印象的な外観をした**ルーミー門Rumi Darwaza**が道路の中央に残っている。「ルーミー」とは「トルコ」の意味で、イスタンブールにある門にならって1784年に造られた。

イマームバーラの大ホール

</td></tr>
</table>

Hotel ホテル

<table>
<tr><td>

快適な中級ホテル
ＨSPインターナショナル　チャールバーグ ₹₹
S. P. International　　MAP P.125-A2

🏠 92/192 Gautam Budh Mg., Latouche Rd.
☎ 0875-659-1919、0522-407-9166
💳 Rs1400～2300　込 Card DMV WiFi
🛏 25室

駅から徒歩約7分。手頃な料金のホテルが並ぶLatouche Rd.にある。ホットシャワーも24時間OK。部屋はシンプルだが清潔で、ビジネスホテルという感じ。冷蔵庫やテレビがある。

</td><td>

メトロ駅から近く
Ｈアイピーパレス　チャールバーグ ₹₹
Hotel I.P.Palace　　MAP P.125-A2

🏠 279/89 Pandariba Rd. Opp. Hotel Raj Palace, Charbagh　☎ 0522-407-6230
💳 Rs2400～2800　別 Card MV
🛏 36室 URL www.hotelippalace.com

Ⓜ Durgapuri駅から徒歩5分。お湯のタンクが各部屋にあり、寒い冬はありがたい。部屋は新しく、建物はまだ増築中。ドアが薄く、部屋によっては廊下の声が聞こえるのが難。

</td></tr>
</table>

 Ⓡ Tunday Kebabi MAP P.125-A2　🏠 168/6, Old Nazirabad Rd.　☎ 0522-262-2786　🕐 8:00～23:00）は食堂風だが、映画スターもやってくる有名店。名物のタンダイ・ケバブはマトンやビーフのミンチを丸く焼いたミニハンバーグ風。

ワラーナシー（バナーラス）

ガンガーから眺めるワラーナシーの町並み

ヒンドゥー教最大の聖地、シヴァ神の聖都ワラーナシー。インドに興味をもつ人でこの町を知らない人はいないだろう。

おびただしい人々と、その間を運ばれてゆく死者たちに迎えられて、旅人はこの世界の底にある町に入り、永遠なるガンガーに全身を浸すことになる。

「ワラーナシー」の名は、この町が北と南をワルナー川Varunaとアッスィー川Assiに挟まれているのに由来しているといわれる。旅行者の間では簡単に「バラナシ」と呼ばれることが多い。ヒンディー語の「バナーラス」Banaras、英語名ベナリースBenaresの誤読で「ベナレス」との呼称が使われていることもある。さらにもうひとつ、巡礼の聖地としての古名「カーシー」Kashiがある。これは「霊的な光にあふれた町」の意味だといわれている。

「ガンジス河」Gangesも英語名だが、ヒンドゥー教の聖地であるこの町では、やはり「ガンガー」Gangaと呼びたい。ヒンドゥー教においては、この河そのものが神格化された女神ガンガーGanga-mataji（母なるガンガー）としてあがめられている。

ヒマーラヤの水を集めたガンガーが悠々と平原を流れ、シヴァ神の額にかかる三日月形に曲がる所に、この古い町はある。

ワラーナシーは、ガンガーなしには考えられない。ここでの時の流れは、大河ガンガーのように壮大な輪廻をたどり、すべての小道は河辺に通じていて、さまよっていると、いつの間にかガンガーの河辺にたどり着いている。

対岸から昇る朝日

ワラーナシーの市外局番
0542

ワラーナシーの人口
約 159 万人

ACCESS

飛行機
デリーほかインド各都市から便が就航している。デリーから所要約1時間20分。
カトマンドゥからの国際線も就航。

鉄　道
デリー、コルカタほかインド各都市と結ばれている。ニューデリーから所要12〜17時間。

バ　ス
ラクナウやデリーからの便がある。

→詳しくはP.130参照

Uttar Pradesh
ウッタル・プラデーシュ州

Varanasi (Banaras)
ワラーナシー（バナーラス）

 本誌に掲載している店の客引きにだまされたという報告がときおり寄せられるが、それはコミッション目的の外部の客引きの可能性がある。やむを得ずついていく場合は、あとでガイド料などを請求されたりする可能性があることを念頭に。

127

INFO

**UP州政府観光局インフォ
メーションカウンター**
UP Government Tourist
Information Counter

🗺 P.129-A1
🏠 ワラーナシー・ジャンクショ
ン駅構内
☎ 0542-2506670
🕐 9:00〜19:00
🈺 無休
ワラーナシー・ジャンクション
駅構内の「May I Help you?」
の看板が目印。市内各地へのリ
クシャー料金や観光地の情報に
ついて教えてくれる。ツアーは
催行していない。

インド政府観光局
India Tourism

🗺 P.129-A1
🏠 15B The Mall, Cantt.
☎ 0542-2501784
🕐 月〜金9:00〜17:30
土、祝9:00〜14:00
🈺 日、一部の祝
カントンメント地区にあり、イ
ンド各地の観光パンフレットが
揃う。親切だがワラーナシー情
報は駅のインフォメーションの
ほうが詳しい。

HINT

両替には気を付けて
ダシャーシュワメード・ロー
ドの旅行会社で両替したところ、
勝手に財布を触られ、あとでお
金を抜かれていたという事例が
報告されている。両替の際に相
手に財布を見せないなど、決し
て油断しないように。またベン
ガリー・トラでも両替時のトラ
ブルが多発しているとのことな
ので、くれぐれも注意を。

ヒンドゥーの信仰によれば、ガンガーの聖なる水で沐浴すれば、すべての罪は浄められ、ここで死に、遺灰がガンガーに流されれば、輪廻からの解脱を得るという。これはヒンドゥー教徒にとって最高の幸福といえる。この町に年間100万人を超える巡礼が訪れ、そのなかにはここで死ぬのを目的にしている人さえいるのもこのためだ。不幸にも、ここで死ぬわけにはいかない旅人としては、せめて一度は日が昇る頃ガンガーへ沐浴しに行ってみよう。ガンガーを全身で感じることは、どこか魂に触れる経験として忘れられないものになるだろう。

ここではあまり急いでもらいたくはない。短時間にあれもこれも見て回るというプランは捨て、朝に夕にガンガーと対面し、ここに集まる人々の営みを見てほしい。

ワラーナシーの歴史

ワラーナシーはおよそ3000年の歴史を誇る古い町だが、破壊と再生を繰り返しており、古都の雰囲気をとどめているように見える町並みは、実のところ200年以上前の建築はほとんど残っていない。

この町は、ヒンドゥー教の聖典ともされる叙事詩『マハーバーラタ』にもその存在が確認できる。紀元前6世紀、ブッダが誕生する以前よりすでにここはカーシー王国の首都がおかれ、たくさんのバラモンが修行する宗教拠点となっていた。5世紀にはヴィシュワナート寺院（ゴールデンテンプル）が建立、8世紀にはヒンドゥー教の改革者シャンカルチャルダによりシヴァ信仰が確立され、聖都としての地位を築いていく。

しかし12世紀末、アフガニスタンからゴール朝が侵攻して以来、ワラーナシーはイスラーム勢力による破壊が繰り返されることになる。16世紀、ムガル帝国第3代皇帝アクバルの時代には、イスラームとヒンドゥーの融和政策がとられたため町は復興を遂げる。しかし17世紀、6代皇帝アウラングゼーブの時代になると、ほぼすべてのヒンドゥー寺院が徹底的に破壊され、ヴィシュワナート寺院の上にはモスクが建てられた。

現在のワラーナシーの町並みが造られたのは、18世紀に入りムガル帝国が弱体化する一方で、ヒンドゥー教徒であるマラーター王国の勢力が拡大し、藩王マーナス・ラームがワラーナシーの実権を握ってから。彼の息子バルワント・シングにより対岸にラームナガル城が建てられ諸侯のアヒリヤー・バーイー・ホールカルによってヴィシュワナート寺院も再建された。ガンガーの岸辺はガートとして石造りに整備され、インド各

ガンガーに沿って立派な離宮や寺院が並ぶ

✉ ワラーナシーで「ババ」と名乗る日本語が上手な青年に連れられて「なんでも屋」と書いてある店に連れて行かれ、高額で
鉄道チケットを買わされました。（埼玉県　ババに注意　'19）

地の藩王たちはここに競って眺めのよい離宮を建てた。

　18世紀後半になると、イギリス東インド会社の統治下におかれることになる。イギリスは火葬場の郊外へ移転を計画するが、民衆の大反対を受け断念せざるを得なかった。記録にはこう記されている。「火葬場が町のために存在するのではない。町が火葬場のために存在するのだ」と。

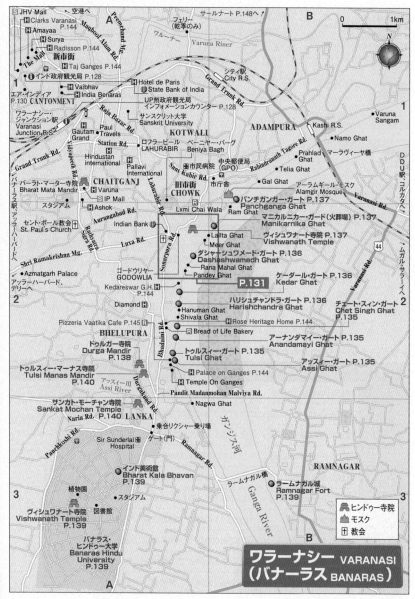

ワラーナシー VARANASI（バナーラス BANARAS）

ガートの対岸では、朝方持ちきれないほどの大きな荷物を運んで遠くから歩いてくる人の姿をよく目にする。これは商品を岸辺まで持って運び、ボートでガート側に渡って町に売りに行くためだ。ワラーナシーの人々の生活が垣間見られる。

カントンメント　　Rs700
ゴードウリヤー　　Rs800
バナーラス・ヒンドゥー大学
　　　　　　　　　Rs1350
DDU駅　　　　　Rs1200

エア・インディア Air India
✉ P.129-A1
🏠 52 Yadunath Mg., Cantt.
☎ 0542-2502527
🕐 10:00〜13:15、14:00〜
　17:00
🚫 日

ワラーナシー駅の外国人専用窓口

かつてワラーナシー・ジャンクション駅にあった外国人専用窓口は2023年3月現在閉鎖されている。

列車の遅れとアドバイス

ワラーナシー・ジャンクション駅発着の列車は、始発駅ではないことが多いのでよく遅れる。特に北インドの平野部では11〜2月の朝はよく霧が発生するので、1〜2時間の遅れは普通。5〜6時間の遅れも珍しくない。

駅からのオートリクシャー料金の目安

ワラーナシー・ジャンクション駅から
ゴードウリヤー　　Rs150
サールナート　　Rs250〜300
DDU駅から
ゴードウリヤー　　Rs500〜600

ワラーナシーへのアクセス

飛行機

　ワラーナシーはデリーやムンバイー、チェンナイなど、インド国内のいくつかの都市と空路で結ばれている。インディゴのほか、エア・インディアやビスタラも就航している。デリーから所要1時間20分。毎日7便就航している。

　国際線の定期便は、ブッダ・エアーによるカトマンドゥ便が就航している。

　ワラーナシー空港は、正式名ラール・バハードゥル・シャストリ空港といい、市内から18km離れた場所にある。空港から市内へはプリペイド・タクシーやオートリクシャー、もしくはOLAやUberも利用できる。

バ ス

　デリーから所要約16時間、ゴーラクプルから約7時間、ラクナウから約7時間30分。メインのバススタンドは、ワラーナシー・ジャンクション駅近くにある。

鉄 道

　ワラーナシーのメイン駅は**ワラーナシー・ジャンクション駅Varanasi Junction (BSB)**。ただし、デリー〜コルカタ間など主要都市をつなぐ多くの列車はワラーナシーから南東に17kmほど離れれたDDU駅(旧ムガル・サラーイ駅Mugal Sarai)を通るので、少し不便だがこちらの駅を使ったほうが本数は多い。また、ニューデリー〜ワラーナシーをつなぐ最も主要な特急シヴ・ガンガー・エクスプレスは、ワラーナシーの少し先のバナーラス駅Banaras (BSBS)発着となっている。

▶**ワラーナシーからのおもな列車**

行先	番号＆列車名	運賃(Rs)(1A/2A/3A/SL)	所要時間	運行日	発車時刻	乗車駅
ニューデリー	12561 Swatantra Exp.	2695/1605/1140/430	11時間	毎日	4:50	ワラーナシー・ジャンクション
	22435 Vande Bharat Exp.	3305(EC)/1750(CC)	8時間	月・火・水・金・土・日	15:00	ワラーナシー・ジャンクション
	12559 Siv Ganga Exp.	2695/1605/1140/430	10時間10分	毎日	22:15	バナーラス
アーグラー	13239 Pnbe Kota Exp.	2310/1380/970/360	12時間35分	月・水・木・金	16:35	ワラーナシー・ジャンクション
カジュラーホー	01028 Gkp Dr Spl	−/1440/1050/385	10時間35分	月・火・木・土	18:55	ワラーナシー・ジャンクション
ラクナウ	12237 Begumpura Exp.	1255/760/555/230	5時間	毎日	12:40	ワラーナシー・ジャンクション
コルカタ	12334 Vibhuti Exp.	−/1605/1140/430	13時間35分	毎日	18:05	ワラーナシー・ジャンクション
	13010 Ynrk Hwh Exp.	−/1455/1020/375	14時間45分	毎日	16:15	ワラーナシー・ジャンクション
ムンバイー	22178 Mahanagari Exp.	4185/2465/1715/655	25時間40分	毎日	10:00	ワラーナシー・ジャンクション
チェンナイ	12670 Gangakaveri Exp.	5225/3065/2120/810	36時間	火・木	1:20	ワラーナシー・ジャンクション

ⓘ　かつての「ムガル・サラーイ駅」は「DDU駅」に名称変更されている。さらに「マンドゥワーディー駅」は「バナーラス駅」に変更されており、紛らわしいので注意。

ワラーナシーの歩き方

まずは町の概観を頭に入れよう。

ワラーナシー駅の北方にイギリス支配時代に開かれた**新市街**がある。カントンメントCantonmen（軍営地）と呼ばれ、銀行や高級ホテルが点在している。

旧市街はカントンメントの南東、ガンガー西岸沿いの地区で、ここが皆が目指すワラーナシーの中心部だ。寺院やバザールが集中している。

市街の南部は**ランカLanka**と呼ばれるエリアで、広々としたバナラス・ヒンドゥー大学Banaras Hindu University（BHU）がある。

ダシャーシュワメード・ロードの雑踏

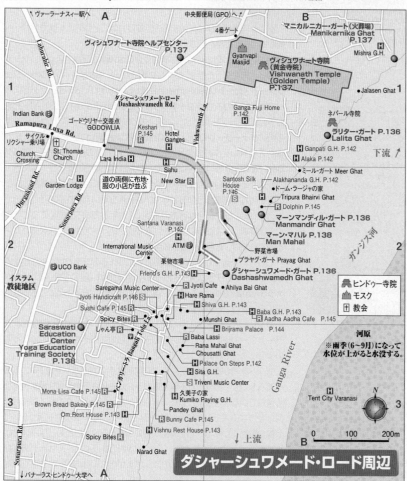

ダシャーシュワメード・ロード周辺

ホーリーのワラーナシーは地元の人たちが暴徒化することがありとても危険。過去に暴行事件やレイプ事件も発生しているので、できれば当日は宿から出ないことをおすすめしたい。水や食料、トイレットペーパーなどは前日までに買い込んでおこう。

ワラーナシーではオートリクシャーが便利。料金の目安はP.130参照。乗合オートリクシャーも多く、荷物が少なければ旅行者でも利用しやすい。ワラーナシー・ジャンクション駅からの料金は、ゴードウリヤー Rs20、バナーラス・ヒンドゥー大学（ランカLanka）Rs20。すでに何人か集まっているリクシャーに乗り込めば、すぐに出発する。
配車アプリはUberとOlaが利用できる。

ワラーナシーでの両替
旅行者の多いエリアには私設の両替所があり、手早く両替してくれる。またホテルによっても両替に応じてくれる。レートは場所、金額によって異なるので、いくつか回ってみよう。ATMも、駅をはじめ各所にある。

ボートの料金
個人なら手こぎのボートを雇うことになるが、料金交渉は乗る前にしっかりやろう。料金の目安は1〜4人なら1時間Rs500〜600。しかし、交渉次第で高くも安くもなる。マニカルニカー・ガートの火葬場あたりを見て、ダシャーシュワメード・ガートに引き返してくるのが最短のコース。また、対岸に渡り、岸辺を散策することも可能。ボートに乗ってくる花売り少年もいる。花の値段を聞くと「いくらでもいい」と答えるが、花をガンガーに流したあと、「ひとつRs100」などと請求してくることがある。相場はひとつRs20。流す前に代金を支払ってしまおう。

祈りをささげて花を流す

この町でいちばん便利な足はやはりオートリクシャーだ。行き先を伝え料金交渉をきちんとしたうえで、楽しく乗せてもらおう。オートリクシャーと肩を並べて、ここではまだまだ自転車で引くサイクルリクシャーが多い。ベルの音も華々しく、大通りをかなりの数が流している。場所によってはオートリクシャーは入れないがサイクルリクシャーは入れるという場合もあり、意外と利用する機会もあるだろう。町の人々も気軽に利用している。ただし外国人が乗るときは、オートリクシャーと値段が変わらない、あるいはもっとふっかけられるうえ、時間もかかる。

駅を出たとたんリクシャーワーラーに囲まれて恐怖を感じる人もいるかもしれないが、向こうも稼ぐのに必死なだけ。落ち着いて、納得できる金額で行ってくれる人に決めればいい。ただ安過ぎる人は避けたほうがよい。宿やショップが払うコミッションが目当てなので、あとあともめるようなことになりがちだ。不愉快な目に遭うかもしれないが、逆に意外なほど気持ちよく乗れる場合もある。これもインドの民衆との出会いのひとつだ。

駅近くの高級ホテルに泊まるのでなければ、とりあえずはガンガーへ向かおう。安宿があるのもこっちだ。

河沿いの古い町の中心部は**チョウクChowk**と呼ばれるが、リクシャーに行き先を言うときは、わかりやすいガート（沐浴場）の**ダシャーシュワメード・ガートDashashwamedh Ghat**（MAP P.131-B2）、あるいはいちばん大きな交差点**ゴードウリヤーGodowlia**（MAP P.131-A1）と言おう。駅から約3km。ただしオートリクシャーはゴードウリヤー交差点手前の**チャーチ・クロッシングChurch Crossing**（MAP P.131-A1）までしか入れない。夕方の混雑時にはにさらに手前の**ベーニヤー・バーグBeniya Bagh**（P.129-A2）までしか入れない場合もある。

安宿があるのは、交差点よりもずっと河の近く。いきなり雑踏のなかに降ろされて面食らうかもしれないが、落ち着いて宿を目指そう。ただし、旧市街の細い路地は迷路のように入り組んでおり、初めてここを歩く人は間違いなく迷うので、もし宿でピックアップサービスを行っているのであれば、お願いするのも手だ。

もし荷物を持って歩くのが面倒だったりするのであれば、中心地からは少し離れるが**アッスィー・ガートAssi Ghat**（MAP P.129-A2）や**シヴァラSivala**（MAP P.129-A2）に宿を取るという方法もある。こちらはホテルの前までオートリクシャーやタクシーがつけられる。

河沿いの小道をガートからガートへ行くのは、歩くのがいちばん。ワラーナシーの臭いをいっぱい吸い込んで路地をのそのそ歩く、聖なる牛のようにゆったり歩こう。

ガートを河から見物するための観光船は手こぎのボート。「向こう岸へ渡らないか」と誘われる場合もある。ガートや建物、寺院がすき間なく並んでいるこちら側から見ると、ガンガーの向こうに広がる対岸は、何ひとつない清らかな彼岸に見える。広いガンガーを小舟で渡り、向こう側からはるかにガートを遠望するのも悪くない。もともとは不浄とされてきた土地で、20年くらい前まで対岸に渡るインド人はまずいなかったが、現在ではむしろ対岸のほうが水がきれいなので、こちらで沐浴

ⓘ ガンガーでは、寒い時期の2ヵ月間に、遠くシベリアから渡り鳥がやってくる。餌売りのボートから餌を買い、ボートから与えることができる。舟こぎが鳥の鳴きまねのような特殊な声を出すと、群れになった鳥が餌を求めていっせいに集まってくる。

する人たちも多い。今ではインド人観光客目当てに乗馬をやっていたり、チャーイ屋の屋台も出ている。

町の南、**ナグワー・ガート**Nagwa Ghatの南では、新しく架かったラームナガル橋を通り、車で対岸に渡ることもできる。対岸のラームナガル城に渡る渡し舟も出ている。

朝日に礼拝しながら沐浴

ワラーナシーのおもな見どころ

母なる大河と沐浴場
ガンガーそしてガート　Ganga & Ghat
MAP P.131

　ワラーナシーの命であり、インドの母なる大河でもあるガンガー（ガンジス河）、そしてその岸辺に連なるガートこそ巡礼の目指す所。

　旧市街の河の西岸に沿って、84のガートが並んでいる。ガートとは、岸辺から階段になって河水に没している堤のことで、沐浴する場として使われているが、ヒンドゥー教徒の火葬場になっているものもある。

　各ガートには町から道が通じていて、河岸に面して建ち並ぶ王侯の館や寺院が、その間をぎっしり埋めている。河が増水したときの水面の跡が、建物の壁のかなり高い所に残っていたりする。水量は季節と雨量によって変わり、乾季の12〜5月頃には水面はずっと低くなっている。

　数あるガートのなかでも、この町に来る巡礼にとって重要な聖地となっているのは、北からワルナーサンガム、パンチガンガー、マニカルニカー、ダシャーシュワメード、アッスィーの5ヵ所。なかでも市の中心にあり多くの人でにぎわうのが**ダシャーシュワメード・ガート**Dashashwamedh Ghat。ここから河沿いに歩いて近くのガートへ行けるし、沐浴風景を見物するボートもここには多い。

　大きな火葬場のある**マニカルニカー・ガート**Manikarnika Ghatはダシャーシュワメードから南へ10分ほど歩いた所にある。

HINT

ガートで話しかけてくるガイドたち

ガートには流暢な日本語で話しかけてくるインド人がたくさんいる。彼らのほとんどは、ガイドとしておみやげ屋やマッサージ屋、ツアー会社に観光客を連れていくことでお金を得るのが目的。客が支払った額の5割ほどをガイドが得る。適正価格で買い物がしたければ、ガイドをともなわずに店を訪ねるほうがよいだろう。安易に仲よくなると、思わぬトラブルに巻き込まれることもあるので注意したい。火葬場では寄付を要求されることが多い。

ガンガー信仰　〜母なるガンガー〜

　日本の文化や精神性を象徴するのが富士山であるとすれば、インドのそれは間違いなくガンガーである。ヒマーラヤの山間部ガンゴートリー氷河に源をもち、勢いよく南進して平地に達すると、あとは北インドのヒンドゥスターン平原をゆったりと東に向かう。ベンガル湾で海に注ぐまで、およそ2500km。これは北海道から沖縄までの距離に等しい。ワラーナシーはガンガーが激しく蛇行する中流に位置している。そのため南が上流、北が下流という不思議な流れになっている（ダシャーシュワメード・ガートから見て、アッスィー・ガートが上流、マニカルニカー・ガートが下流にあたる）。

　神話によれば、バギーラタという王が先祖の犯した罪を浄めるために、神々に懇願し苦行を重ねた結果、罪障を洗い浄める力をもったガンガー女神が天界から地上に流れ下ったのだとされる。それ以来、ガンガーはあらゆる人々の罪障を浄め、よりよい再生をかなえてくれる聖なる河としてあがめられるようになったという。

　ガンガー流域から離れた場所で儀礼を行う際も、その土地の水を入れた壺にガンガーの聖水を一滴でも注げば浄められるというほど、この水は霊力をもつと信じられている。ヒンドゥー教徒はこの河で沐浴するときには、母なるガンガーに身をゆだねる安堵感に浸り、また、死んだときには母に抱かれてヒマーラヤに帰っていくことを願って、ガンガー女神にあつい信仰をささげる。

ⓘ　ワラーナシーにあるもうひとつの火葬場がハリシュチャンドラ・ガートで、規模は小さいが、マニカルニカー・ガートに比べ、言い寄ってくる自称ガイドが少なく、ゆっくりと火葬の様子を見ることができる。ベンチもあり、インド人ものんびりくつろいでいる。

ワラーナシーの朝日は美しい

ガートへは日の出前に

なぜ早朝がいいかというと、ガートから見るガンガーの向こうから昇る太陽がすばらしいし、朝のうち沐浴に来る人が多いからだ。

ガートに近づくと、あちこちから来たさまざまな階層の巡礼者が続々と集まっている。ここでは現世での差別を離れ、皆一様に、聖河に浸りたいという熱望で結ばれているようだ。

路上にはガンガーにささげる花を売る女たちが店を開き、その先には物乞いたちがずらっと列をなして座り、行き交う人々に喜捨を求めている。やせた子を差し出す母親。まだ幼い子供たち、死が訪れるまではこうして生き延びなければならない老人。その物乞いの一人ひとりに、小銭や食物を供養していく人がいる。与える人にとっても、それが喜びとなるのだろう。

ガートの石段を下り始める。目の前にガンガーが、すべての人間の営みを超えて、ゆったりと音もなく流れている。そして深紅の太陽が、川面を染めて昇ってくる。まず沐浴する人々へ、そしてその後ろに広がる人間の世界へ光を与えるために。初めも終わりもなく永遠に回転しているかのようなインドの時の流れそのものを見る一瞬だ。

ここで沐浴しなければ、来たかいがない……?

ただ人の沐浴風景を見ているのと、一度でもガンガーの水に抱かれるのとでは大きな違い。水は濁って見えるが、ガンガーは聖なる河。ヒヤッとして気持がよい。岸から少し離れた所では、火葬されずに投げ込まれた幼児の死体らしいものが流れていったり、淡水イルカだろうか、何だか巨大な魚類がちらっと水面に背を見せたりして、ドキリとすることがある。

水辺には大きな傘を立てた台に座ったバラモンが、沐浴に来た人に説法している。沐浴するときは、ルンギー（腰布）でも用意しておき、着替えたら、衣類をその台の一角に置かせてもらうとよい。女性用には着替え用の建物もある。バラモンが頭に浄めと祝福の印を付けてくれるかもしれない。そうしたら数ルピーのお布施を渡せばよい。河のほとりにある寺の脇では信者たちが讃歌を歌っている。

近くには露店のみやげ物屋が並んでいる。銅の壺が売られているが、これはガンガーの聖水を詰めたもの（ガンガー・ジャリー）だ。

ボートに乗るなら朝がおすすめ

8月にワラーナシーを訪れましたが、雨季でガンガーの水位が上がり、ガートはほとんど水没、川の水は、黄土色で流れもとても急でした。ボート乗船は宿の人におすすめできないと言われ、ちょっと残念でした。（久喜市　大滝恵美子　'15）

84のガート

　ガンガーはワラーナシーの南端から緩やかな弧を描くように北上し、その岸辺に84のガートが連なっている。なかでも重要なガートをピックアップして紹介していこう。

たくさんのインド人が沐浴するダシャーシュワメード・ガート

アッスィー・ガート　Assi Ghat

　　　　　　　　　　　　　　MAP P.129-A2

　上流（南）に位置するガートで、西から流れ込むアッスィー川との合流点に当たる。アッスィーはサンスクリット語のアスィ（剣）に由来し、外部からこの聖地に悪が侵入するのを防いでいるといわれる。

トゥルスィー・ガート　Tulsi Ghat　　　　　　MAP P.129-A2

　宗教詩人トゥルスィーダース（16～17世紀）が住んでいたといわれ、履物が残されている。彼は叙事詩『ラーマーヤナ』を、民衆がわかる言葉で『ラーム・チャリト・マーナス』（ラーマ王子の行状の湖）という作品に仕上げ、秋にはその作品に基づく劇がインド各地で催される。

アーナンダマイー・ガート　Anandamayi Ghat　　MAP P.129-A2

　ベンガル出身の女性聖者アーナンダマイー・マーのアーシュラムと病院があり、彼女を慕う多くの信者が訪れる。

赤と白のストライプのケーダール・ガート

チェート・スィン・ガート　Chet Singh Ghat　　MAP P.129-A2

　見る者を圧倒するような豪壮な城砦は、18世紀の藩王チェート・スィンによって建てられたもの。1781年、初代ベンガル総督ヘイスティングスの軍隊との熾烈な戦いの舞台となった。

火葬場マニカルニカー・ガートの風景

　布にくるまれ竹の担架に乗せられて、はるばる運ばれてきた死者は、このガートで火葬されその形を失う。遺灰はすべて河に流され、あとには何ひとつ残らない。燃え上がる焚き木、炎に包まれる死体、煙と異臭……目の前で展開する光景は、インドではその生があからさまであると同様に、死の姿もあからさまであることを語っている。焼けるのを待つ遺族だけでなく、燃え残りを狙う（?）のら犬や、迷い込んで来た白牛もこれを見守っている。その向こうを、やがて生あるものすべてをのみ込むガンガーが無表情に流れ続けている。

　すべてのものをのみ込み続ける大河は海へ注ぎ、天に戻って再びすべての水の源となって流れ続けているのだ。

　三島由紀夫は小説『豊饒の海（暁の寺）』の中で、輪廻転生を目の当たりにする啓示的な光景として、これらガートの様子を描いている。この場所を訪れた者にとってガートで繰り広げられる光景は、どんな啓示になるだろう?

煙の絶えることのないマニカルニカー・ガート

 ワラーナシーのガートの数は古来84だったが、近年、上流と下流にいくつかのガートが増設されており、高級ホテルの送迎用ボートや大型観光船の発着場として利用されている。

もうひとつの火葬場ハリシュ
チャンドラ・ガート

ハリシュチャンドラ・ガート　Harishchandra Ghat　MAP P.129-A2

ガンガーの河沿いにふたつある火葬場のひとつ。昔むかし、ハリシュチャンドラという王が神様の試練を受け、国を失って火葬職人になったが、約束を堅く守ったのですべてを取り戻すことができたという伝説がある。

ケーダール・ガート　Kedar Ghat　MAP P.129-A2

ヒマーラヤ山麓にあるケーダールナート寺院を勧請した同名の寺院がある。ここのシヴァ神の御神体はリンガではなく、山型をしたピンダと呼ばれるもの。この寺院は南インドとの結びつきが強く、岸辺ではカラフルな衣装をまとった南インドの巡礼者たちが沐浴や祖霊供養をする光景が見られる。

ダシャーシュワメード・ガート　Dashashwamedh Ghat　MAP P.131-B2

岸辺のほぼ中心に位置するこのガートには、最も多くの巡礼者がやってくる。ダシャは10、アシュウメードは古代インドで王位継承の際などに執り行われた特別な儀式のこと。神話によれば、ここで創造神ブラフマーがその儀式を挙行したとされるが、紀元2世紀頃の王族たちが行ったという伝承もある。

マーンマンディル・ガート　Manmandir Ghat　MAP P.131-B2

16世紀にジャイプル王サワーイー・マーン・スィンによって離宮が建てられた。1710〜37年にはジャイ・スィン2世が、その上に天文台（ジャンタル・マンタル）を築いた。

ラリター・ガート　Lalita Ghat　MAP P.131-B1

ラリター女神を祀る祠がある。そばには、エロチックな彫像に囲まれた、ネパール王寄進の木造寺院がある。

最もにぎわうダシャーシュワ
メード・ガート周辺。通称「メ
インガート」と呼ばれる

プージャーを見よう

ガンガーでは早朝や夕刻にプージャー（礼拝）が行われている。礼拝僧が河に花を浮かべ、燭台の火を掲げて祈りをささげる姿は必見だ。ダシャーシュワメード・ガートで日没時（18:30頃）に行われているアールティーは、インド人参拝客と外国人観光客が入り乱れ、毎晩すごいにぎわいとなる。ドラと太鼓が鳴り響き、無数のろうそくの火に照らし出された一帯は劇場空間と化している。

もう少しゆっくりと見たい人には、アッスィー・ガートのアールティーがおすすめ。同じく日没時に行われ、それなりの規模はあるがダシャーシュワメードのような混雑はない。

パンチガンガー・ガートのプージャーはまた趣が異なり、日の出とともに行われる。周辺の住民が集まった簡素なものだが、人々の生活に根づいた祈りの世界を垣間見ることができる。ボートに乗って

行けば日の出の美しい風景も同時に楽しむことができる。

※日の出前の町のひとり歩きは危険なので、事前にボートを予約しておくのがおすすめ。

毎晩行われるアールティー・プージャー

 ダシャーシュワメード・ガートのアールティ・プージャーの際に、プージャーの様子を収めたDVDを男が売り歩く。興味がある人は買ってみるといいかもしれない。

マニカルニカー・ガート　Manikarnika Ghat　MAP P.131-B1

　マニカルニカーとは宝石の耳飾りのこと。ヴィシュヌ神が自ら掘った池のほとりで苦行に励んでいると、シヴァ神が現れて何でも願い事をかなえる約束をした。シヴァ神のいるこの都に永遠に住みたいと言うと、シヴァ神は喜びにうちふるえ、耳飾りが池の中に落ちたという神話に由来する。

　ここはワラーナシー最大の火葬場で、24時間火葬の煙が途絶えることがない。ここに運ばれてきた死者は、まずシヴァ神を祀るターラケーシュワル寺院に安置される。死者の耳にシヴァ神がターラカ・マントラ（救済の真言）をささやくことで、生前いかなる大罪を犯した者でも解脱できるとされる。死者がガンガーの水に浸され、火葬の薪の上に載せられると、喪主が火をつける。遺灰は火葬場の仕事をするドーム・カーストの人たちによってガンガーに流される。ちなみに、子供とサドゥ（出家遊行者）は火葬されず、石の重しを付けて河の深みに沈められる。子供はまだ十分に人生を経験していないから、またサドゥはすでに人生を超越しているからだといわれる。ヒンドゥー教徒は墓をもたないが、命日などには祖霊供養を欠かさない。

パンチガンガー・ガート　Panchganga Ghat　MAP P.129-B1

　ガンガー、ヤムナー、サラスヴァティー、ドゥーパパーパー、キナーラーの5つの河が合流する伝説の聖所。10月頃になると、死者が迷わず帰ってこられるよう、灯明を入れる小籠を付けた竹竿がたくさん立てられ、秋空を彩る風物詩になっている。急な階段を上ると、ヴィシュヌ神を祀るビンドゥマーダヴァ寺院とアーラムギール（アウラングゼーブ）・モスクに出る。

巡礼者が必ず参拝するシヴァを祀る寺
ヴィシュワナート寺院（黄金寺院）　Vishwanath Temple (Golden Temple)　MAP P.131-B1

　聖都ワラーナシーの中心地として、またシヴァ信仰の中心地として、全巡礼者が目指すのがヴィシュワナート（世界の主）寺院。開基は5世紀に遡るが、12世紀以降イスラーム教徒の攻撃によって数回移転しており、大伽藍はムガル皇帝アウラングゼーブによって破壊され、今も境内には大きなモスクが建てられている。現在の寺院は1777年にインドールの女王アヒルヤーバーイの寄進による。尖塔が約790kgの黄金で葺かれているので、通称黄金寺院と呼ばれている。

　ダシャーシュワメード・ロードから始まる参道ヴィシュワナート小路Vishwanath La.では、連日寺院を訪れる巡礼者でにぎわっている。狭い通りにはぎっしりとアクセサリーとみやげ物店が連なり門前町らしくてよい雰囲気。

　近年、モディ首相の号令により巨額の工費が投じられて再開発が進められた。周辺の土地は買収され、4万6450平方メートルの敷地をもつ巨大寺院となった。現在のメインゲートは大通りに面した4番ゲートとなっており、いつもインド人参拝客の長い行列ができている。

マニカルニカー・ガートで写真撮影は注意
このガートに座っていても、誰も文句は言わないが、ガート内での写真撮影は厳禁。見張っている人がいて、必ずトラブルになるので、カメラは持っていてもバッグの中にしまっておこう。

斜塔として有名なラトネシュワル・マハーデーヴ寺院。マニカルニカー・ガートの少し先にある

ヴィシュワナート寺院（黄金寺院）
ヒンドゥー教徒以外の外国人でも、バラモンの案内によって参拝することもできる。4番ゲート近くのヴィシュワナート寺院ヘルプセンターで申し込む。料金はひとりRs600、要パスポート。参拝に際しては、カメラや携帯電話を含むすべての身の回りのものは持ち込み不可。パスポートとお布施のお金以外は、すべてヘルプセンターのロッカーに預けることになる。案内してもらったあと、バラモンにRs100くらいのチップを渡すのが暗黙のマナー。

ヴィシュワナート寺院ヘルプセンター
Shri Kashi Vishwanath Temple Trust Help Center
MAP P.131-A1
◑ 6:00～11:00、12:30～18:00

新しくなったヴィシュワナート寺院。黄金の尖塔が垣間見える

　ラリター・ガートの階段を上ると、ネパール王が建てたという木造のネパール寺院がある。寺院に彫られた彫刻が見事だ。拝観料Rs20。MAP P.131-B3

左カラム（サイドバー）

マーン・マハル

☎ 0524-240-0129
🕐 日の出〜日没 💰 Rs300

ドゥルガー寺院

🕐 4:00〜13:00、15:00〜0:00
🆓 無料

HINT

ワラーナシーでヨーガ体験

ベンガリー・トラに事務所をおくヨーガ・クラス。教室は徒歩2〜3分の所にある。授業は1回2時間Rs500。ヒーリング効果のあるヨーガ、呼吸法を取り入れたヨーガなど約6種類のヨーガを体験できる。ヨーガだけでなく、アーユルヴェーダ体験(Rs600〜) をはじめ、インドの伝統舞踊、ヒンディー語、さらには手相判断や占星術まで、学べる範囲は広い。宿泊施設も併設(DSWⓂ Rs350〜2100)。ヨーガの先生のソミット氏は、子供を支援するボランティア活動も行っている。授業料の一部はその活動にも充てられている。

Saraswati Education Center Yoga Education Training Society(Regd.)
Somit Paying Guest House

🗺 P.131-A3
🏠 D32/162 Devanathpur(教室)
☎ 983-910-5112 (Mr. Somit)
🌐 varanasiindiango.jimdo.com

ヨーガインストラクターのソミットさんによるレッスンは親切かつていねいでとても明快。親しみやすいキャラクターで、ヨーガ初心者の私でも無理なく体験できました。英日対応可。
（中野区 匿名希望 '18）['23]

右カラム（本文）

マハーラージャの天文台
マーン・マハル

MAP P.131-B2

ジャイプルのマハーラージャ、ジャイ・スィン2世は天文学に造詣が深く、インド各地に天文台（ジャンタル・マンタル）を造った。ジャイプルやニューデリーのものが有名だが、そのうちのひとつがワラーナシーにある。場所はマーンマンディル・ガートに面した、ジャイ・スィン2世の離宮マーン・マハルの屋上。ダシャーシュワメード・ロードから行くと、右手の野菜市場の小路に入りガートへ下りる手前に入口がある。日時計のサムラート・ヤントラをはじめ、6つの観測儀が残っている。離宮内は博物館になっている。

モダンアートのような建造物群

戦いの女神を祀った
ドゥルガー寺院 Durga Mandir

MAP P.129-A2

旧市街の南側にある寺院。ドゥルガーはシヴァの妃である女神で、10本あるいは18本の手に武器を持つ戦いの女神。本堂に入れるのはヒンドゥー教徒のみだが、境内からのぞくと熱心なヒンドゥー教徒が寺を巡って礼拝している。周辺にはたくさんのサルがうろついているが、あまり友好的なサルではなく、からかうとかみつかれる。何もしなくても襲われることがあるので十分気をつけよう。

真っ赤な建物が目印

コラム

ガンジス河対岸にあるフリースクール

ガンジス河の対岸に、NPO法人オンザロードが運営するフリースクールがある。経済的・社会的な理由により満足に教育を受けられていない子供たちへ、無料で教育支援をしている。さらに、高校・大学への進学支援、就職までを伴走する自立支援も行っている。

スクールには日本人スタッフがいて、事前連絡をすれば、特技を生かして先生になる「特別授業」に参加することができる。授業の見学も可能だが、必ず連絡したうえで参加してほしい。

年数回、独自のスタディーツアーも開催しており人気です。個人向けにも、インド旅行が不安な方にプラン作成から一緒に作り上げるオリジナルツアーを実施しており、安心・安全に各地を巡りながら、より深くインドを知ることができる内容となっている。

●NPO法人オンザロード
🌐 otr.or.jp/india.education ✉ india@otr.or.jp

まずは連絡して見学してみよう

 イスラム教徒地区には、カバブやグレービーなカレーなど安くておいしいリッチなノンベジ料理が味わえるお店がたくさんある。入り組んだ路地の中だが、Janta Sewa Hospitalが目印。

豊かな緑と広い構内

バナーラス・ヒンドゥー大学　Banaras Hindu University (BHU)

MAP　P.129-A3

　1916年に民族主義者パンディット・マラディアにより、芸術や哲学などインドの民族文化を総合的に研究するために設立された大学で、国内屈指の名門。ガート近くのごみごみした喧騒がうそのような、平和で穏やかな雰囲気に包まれている。

　構内には、白くそびえる**ヴィシュワナート寺院**がある。ガート近くにある同名の黄金寺院（P.137）とは違って、出入り自由なので足を運んでみよう。静かで風が通るので居心地がいい。夕方などに行くと感じのよい寺院だ。構内にある**インド美術館Bharat Kala Bhawan**は小さいながら、優れた彫刻や細密画を収めている。

大学構内の真ん中に建つヴィシュワナート寺院

河の向こうにあるマハーラージャーの城

ラームナガル城

MAP　P.129-B3

　ワラーナシー旧市街の南東、ガンガーの対岸に見えるのが、ラームナガル城と呼ばれるマハーラージャー（藩王）の居城。1750年にバルワント・シングによって建てられたもの。マハーラージャーの一族は暮らしてはいないが、場内の一部が博物館になっており、ムガル時代の武具や服飾品、日用品などが展示されている。

　城のそばには、ガンガーの西岸と東岸を結ぶ新しい橋が完成し、1年を通して車両の通行が可能になった。

ガンガーに面して建つラームナガル城

バナーラス・ヒンドゥー大学

オートリクシャーのまま入ることも可能。乗合オートリクシャーやバスは敷地入口のゲート（ランカLanka）までしか行かない。そこからリクシャーに乗り換えると楽。構内は広いので歩くのは大変。

ヴィシュワナート寺院
🕐 4:00～12:00、13:00～21:00
💰 無料

インド美術館
🗺 P.129-A3
☎ 958-010-3670
🕐 7:30～13:00
📅 日と学校の休日
💰 Rs250
携帯やカメラ、バッグなどは入口のクローク（無料）に預ける。

図書館
🕐 9:00～21:00（日10:00～）
一般の人は入館の際にパスポートなどのIDを見せ、ビジターカードに記入する。無料。バッグなどの持ち物は入口で預ける。本を借りるのは不可。

ラームナガル城
🕐 10:00～17:30
💰 Rs200
🚗 ガートの近くからオートリクシャーでRs300。往復だとRs600ほど。所要約30分。乗合リクシャーの場合、大学前のランカLankaで乗りついで計Rs40ほど。
博物館内の写真撮影は不可（城内は撮影可）。

ワラーナシーの音楽祭

　ワラーナシーは今なお芸能が盛んで、お寺やガートなどを舞台とした音楽祭もよく開催されている。うれしいことにその多くが無料で観られるので、ワラーナシー滞在時にインドの古典音楽や舞踊に触れてみるのもおもしろいだろう。毎年4月にはバナーラス・ヒンドゥー大学の近くのサンカト・モーチャン寺院（P.140）でオールナイトの音楽祭が開かれる。シヴァラートリの数日前からシヴァラートリ当日にかけて、ガンガー沿いのトゥルシー・ガートで「ドゥルパド・メーラー」という、インドの古いスタイルの声楽を中心とする音楽祭も開催されている。またホーリーのあとに開催される「グーラブ・バリ」というイベントでも芸能を楽しむことができる。情報は英語新聞ではなかなか入手で

きないので、地元の人に聞くとよいだろう。

メインガートで行われることもある

ラームナガル城のすぐそばにワラーナシーいちおいしいラッシー屋があります。上にのせたマライとローズウオーターが特徴。いつもにぎわっているのですぐにわかります。（熱海市　KM　'23）

トゥルスィー・マーナス寺院

● DurgakundRd.
● 4:00〜12:00、15:30〜21:00
⊕ 無料

地元の人に人気がある
トゥルスィー・マーナス寺院　Tulsi Manas Mandir
MAP　P.129-A2

　インド2大叙事詩のひとつ『ラーマーヤナ』はサンスクリット語で書かれている。それを庶民にわかりやすいようにヒンディー語訳した人物が、このお寺の名前の由来となったトゥルスィーダースだ。「ラーマのお寺」として現地の人にたいへん人気がある。寺院内の壁にはラーマの物語が一面に彫られ、2階にはラーマの物語をジオラマで再現しているコーナーがある。

ひっきりなしに参拝客が訪れる

サンカト・モーチャン寺院

● 3:00〜22:30
⊕ 無料

ハヌマーンの誕生日に音楽祭が開催される
サンカト・モーチャン寺院
MAP　P.129-A3

　前述のトゥルスィーダースがラーマに祈りをささげ、ハンセン病患者の姿で現れたハヌマーンと出会ったとされる場所に建てられた寺院。巨大なハヌマーン像が祀られており、地元の人たちの厚い信仰を受けている。外国人でも入場できるが、入口で持ち物検査がありカメラなどは持ち込めない。毎年4月頃、ハヌマーンの誕生日に大規模な音楽祭が開かれ、たくさんの人が集まる。演奏は19:30から始まり、翌朝7:00頃まで続く。

入口は地味だが中はにぎわっている

ワラーナシーからネパール（カトマンドゥ、ポカラ）へ

　ワラーナシーは、ネパールとの国境の町スノウリへの起点となる町。ネパールの首都カトマンドゥや、観光地のポカラへはいくつかの行き方がある。
　いちばん簡単な行き方は、ワラーナシー駅前のバススタンドからカトマンドゥへの直通バスを利用する方法。公営のUPSRTCと民営バス会社が運行していたが、コロナ禍の影響で2023年3月現在運休となっている。
UPSRTC (Uttar Pradesh State Road Transport Corporation)
URL www.upsrtconline.co.in

●ワラーナシーからスノウリへ
列車でゴーラクプル（P.151）まで行き、そこでスノウリ行きのバスか乗合ジープに乗り換える。ワラーナシー駅からゴーラクプルまでは、毎日3〜4便の列車が運行しており、所要4〜6時間。ゴーラクプルからスノウリへは、ゴーラクプルのバススタンドから運行しているバスか（1時間に1本）、駅前からの乗合ジープに乗り、所要2〜3時間。

●スノウリからバイラワへ
国境を越えてすぐのスノウリのバスパークからバイラワまで、ミニバスや乗合ジープが頻発している。所要約15分。またはリクシャーで約25分。

●バイラワからカトマンドゥへ
デイバスが早朝から正午までは30分〜1時間おき、所要8〜9時間。ナイトバスは16:00から21:00まで1時間おき、所要9〜12時間。

●バイラワからポカラへ
デイバスが早朝4:00から13:00頃まで30分おき、ナイトバスもある。所要8〜10時間。

●バイラワからルンビニーへ
ルンビニー・バスパークから30分〜1時間おき、所要約45分。またはタクシーで約25分。

ネパールビザ
ネパールのビザは国境または空港で取得可能。15日間有効でUS$30、30日間有効でUS$50、90日間有効でUS$125。すべてマルチエントリービザ。顔写真が1枚必要。

メインガートの近くのガンガー沿いにドーム（火葬を執り行う人たち）の親方の邸宅、通称「ドーム・ラージャの家」があります。しゃちほこのように飾られたトラが目印。

ヒンドゥー教の神々

インドを旅すると、あちこちで神様の絵を見かける。ときにきらびやかだったり、ときにはおどろおどろしかったり、その姿や持ち物にはそれぞれどんな意味があるのだろう。代表的なヒンドゥーの神様の見分け方や神様同士の関係性を頭に入れておけば、旅の楽しさも増すこと請け合いだ。

ヴィシュヌ

シヴァと並ぶヒンドゥー教2大神のひとりで、世界の維持神。慈愛の神としても知られ、この神に心から信仰をささげる者に恩寵を施すと信じられている。円盤とこん棒、法螺貝、ハスの花を持ち、ガルーダ鳥を乗り物とする。悪を退治するため、人や動物に姿を変えて救済に現れる。各地方の土着の神々をその化身として取り込んでいるため、全インドで人気が高い。

シヴァ

聖山カイラーサで瞑想する苦行者の姿で表される破壊の神。トラの皮をまとい、蓬髪を巻き上げ聖紐としてコブラを身に回している。乗り物はナンディーと呼ばれる乳白色の牡牛。宇宙の創造と破壊を象徴するダンスを踊るとされ、舞踊の創始者ナタラージャとしても有名だ。

ガネーシャ

シヴァとパールヴァティーの長男で、商売と知恵、学問の神。ゾウの頭と大きな太鼓腹をもち、ネズミを乗り物とする。障害を除去し、福をもたらす神としてインド全域で信仰されている。物事を始める前には必ずこの神に祈る習慣がある。

パールヴァティー

シヴァの神妃。ガネーシャの母親とされ、ウマー（母）とも呼ばれる。貞淑な妻としてのサティー、ライオンにまたがり、水牛の姿をした悪魔と戦うドゥルガー、黒い体にドクロの首飾りをして赤い舌を出したカーリーと、さまざまな形で崇拝される。

ラクシュミー

ヴィシュヌの神妃で、富と幸運と豊饒を司る。アムリタ（霊薬）の壺とハスの花を持つ姿で表され、手のひらから金貨がこぼれ落ちている。ヴィシュヌ神が化身するたびに、それぞれに呼応して従う貞淑な妻のイメージが強い。仏教にも取り込まれ、吉祥天と呼ばれる。

ハヌマーン

ラーマ王子を助けて活躍する神猿。叙事詩『ラーマーヤナ』のなかでは、ラーマ王への無私の忠誠を誓い、体の大きさを自在に変え、空を飛んだり山をもち上げたりして大活躍し、庶民から圧倒的人気を得ている。『西遊記』の孫悟空のモデルになったと考えられる。

クリシュナ

ヴィシュヌの化身のひとつ。ヒンドゥー教の神のなかでもスーパーヒーローともいえるほど人気がある。いたいけな赤ん坊の姿、バター泥棒などのいたずら、牧女（ゴーピー）たちとの戯れの場面など、その姿は多彩だが、肌は常に青黒く描かれ、横笛を手にしている。

ラーマ

古代コーサラ国の王子伝説をもとに成立したインドの国民的叙事詩『ラーマーヤナ』の主人公。後にヴィシュヌの化神のひとつとして重要な神格となる。妻シーターと弟ラクシュマン、神猿ハヌマーンとともに祀られることが多い。持ち物は大きな弓。

これらのほかに、南インド固有の神々もいる。彼らは古くからドラヴィダ人の間で信仰されており、ヒンドゥー教が浸透するにつれ、ヒンドゥーの神として信仰の対象となっていった。もとはマドゥライの守護神で、「魚の目をもつ女神」といわれるミーナークシーや、ミーナークシーの夫で、後に兄とされたアリヤハル、戦いと勝利の神ムルガンなどがいる。

ワラーナシーは野良犬が多く狂犬病に注意が必要ですが、狂犬病は犬だけの病気ではありません。私はホテルのベランダでサルにかまれて、病院で狂犬病のワクチンを接種されました。（福井県　S.R）

　各地から巡礼や観光客が集まるだけあって、ワラーナシーには無数のホテルがある。高級ホテルはワラーナシー駅の北側のカントンメント地区にある。旧市街のダシャーシュワメード・ガート周辺にはリーズナブルな宿が多い。特にベンガリー・トラは、バックパッカーフレンドリーな安宿が集まっている。シャワー共用のドミトリーもあるし、安いレストランも多く便利。もう少しゆったりと滞在したいのであれば、ダシャーシュワメード・ガートから少し離れたシヴァラ・ガートやアッスィー・ガート周辺のホテルを選ぶといいだろう。荷物が多くてもタクシーを前までつけられる。

　近年はインド人の旅行熱が高まっており、ワラーナシーは人気の観光地となっている。そのためホテルはすぐに満室になってしまう。どこでもよいのであれば、泊まれないことはないだろうが、できれば事前に予約を入れて行ったほうが無難だろう。

おしゃれな内装の人気宿
Ⓗ ガンパティ・ゲストハウス
Ganpati Guest House
ダシャーシュワメード ₹₹₹
MAP P.131-B1

🏠 D3/24 Meer Ghat　☎ 0542-239-0057、239-0059、752-588-0099　🛁別　Card MV　Wi-Fi　🛏 25室
URL www.ganpatiguesthouse.com

部屋や屋上レストラン、公共スペースのデザインがカラフルでかわいらしく、緑の多い館内は開放的な雰囲気。窓が大きく取られたガンガービューの部屋もあり、どの部屋も手入れが行き届いていて快適だ。ルーフトップには

ガンガーを一望できるレストランもある。メインガートまで徒歩数分という立地も魅力。人気の宿なので予約しておいたほうが確実。

広いテラスで食事ができる
Ⓗ アルカ
Alka Hotel
ダシャーシュワメード ₹₹₹
MAP P.131-B1

🏠 D3/23 Meer Ghat　☎ 0542-240-1681、239-8445、761-900-9995　🚿Ⓢ Rs990　🛁Ⓢ Rs1200　🛁AⒸⓈⓥ Rs2500～7000　🛁別　Card MV　Wi-Fi　🛏 36室　URL www.hotelalkavns.com

ガンガーに面した絶好の立地。ミール・ガートの上にあるので、乾季ならガート沿いに歩いていくとわかりやすい。安い部屋は4部屋と少ないので、予約が望ましい。

ガンガーまで徒歩0分
Ⓗ アラカナンダ・ゲストハウス
Alakhananda Guest House
ダシャーシュワメード ₹₹₹
MAP P.131-B2

🏠 5/100, Tripura Bhairvi Ghat, Dashashwamedh Rd.　☎ 0542-239-0952　🛁AⒸⓈⓥ Rs2000～　🛁別　Card 不可　Wi-Fi　🛏 7室

ダシャーシュワメード・ガートの近く、ガンガーに面した中級ホテル。朝は前にある祠でお祈りをする鐘の音で目が覚めることだろう。客室はシンプルだが、エアコンやバスルーム付きで快適。ガンガービューの部屋は4室。小さいホテルなので予約がおすすめ。1階にガンガービューの南インド料理のレストランもオープン。

スタッフが親切でうれしい
Ⓗ ガンガー・フジ・ホーム
Ganga Fuji Home
ダシャーシュワメード ₹
MAP P.131-B1

🏠 D7/21 Sakarkand Gali, Near Meer Ghat　☎ 0542-239-7333、941-520-4888（日本語可）　🚿Ⓢⓥ Rs1000～1500　🛁AⒸⓈⓥ Rs1800　🛁別　Card 不可　Wi-Fi　🛏 16室　URL home.m04.itscom.net/dolphy/ganga/

日本語堪能なラージさんがオーナーの宿。おもしろくて、相談にものってくれる。客室もそこそこ清潔。駅からのピックアップサービスあり（有料）。ガンガー遊覧のボートや、アーユルヴェーダマッサージなどの手配も可能。このあたりは地理的にヴィシュワナート寺院（ゴールデン・テンプル）のすぐ近く

で、かつては最もにぎわう参道エリアだった場所。今でも参拝者向けのおみやげ屋が多く集まっている。

河を眺めてのんびり過ごしたい
Ⓗ パレス・オン・ステップス
Palace On Steps
ベンガリー・トラ ₹₹
MAP P.131-A3

🏠 D21/11 Rana Mahal Ghat　☎ 0542-245-0970、245-0971、885-877-8857　🛁AⒸⓈⓥ Rs2500～1万4000　🛁込　Card MV　Wi-Fi　🛏 28室

マハーラージャの宮殿の一部を使った中級ホテル。少し料金は張るが、ガンガーを望むバルコニー付きの部屋が人気。部屋の広さやバルコニーの有無など部屋のタイプがさまざまなので、事前に見せてもらうとよい。眺めのよい屋上レストランもある。ベンガリー・トラからのアクセスがわかりにくいのが難点だが、

空港（Rs1200～）や駅（Rs1000～）でのピックアップサービスあり。

Ⓡ Jyoti Cafe（MAP P.131-A2）にたまたまフラッと入ったのですが、びっくりするくらいおいしかったです。コックさんは若干日本語を話します。ラーメンもおいしそうでしたが、私はここのカレーの虜になっていたので、試していません。（坂戸市　タカハラ　'18）['23]

サンタナ・バラナシ
Santana Varanasi ベンガリー・トラ ₹
MAP P.131-A2

ベンガリー・トラから徒歩5分

D-33/53 Khalishpura ☎0542-245-0295 D Rs600 S Rs1300〜 Rs1600〜 込 不可 WiFi 9室 URL www.indiasantana.net

有名な日本人宿「サンタナ・ロッジ」のワラーナシー支店。世界一周旅行者の常宿。ちょっと入り組んだ路地の中にあるが、メインガートまでは徒歩8分。心配な人は空港や鉄道駅からの送迎サービスを頼むといいだろう。客室はシングル、ツイン、トリプルのほかドミトリーもある。ベッド数は部屋により2〜4ベッドと異なるが、割り増し料金で1〜3人での部屋専有も可。ホットシャワー24時間OK。朝食付き。日本人スタッフが常駐するほか、両替やチケット手配もできるトラベルデスクもあり安心。

フレンズ・ゲストハウス
Friend's Guest House ベンガリー・トラ ₹
日本語の「友達の家」看板が目印
MAP P.131-B2

D18/7A1 Ahalya Bai La. ☎0542-245-0260, 983-903-1878 D Rs300 S Rs600〜1500 Rs2000〜3000 込 Card 不可 WiFi 9室 URL www.friends-guest-house.com

ガートのすぐそば。壁面に大きく書かれた「友達の家」という文字が目印。日本人が多く、日本語の本の貸し出しや買い取りもしている。ホットシャワーOKでボートやチケットの手配なども可。Rs150〜200で家庭料理も出してくれる。フレンドリーなオーナーが家族で経営するアットホームな宿で居心地もいい。オーナーの息子は現在日本在住で芸人として活動している。

ヴィシュヌ・レストハウス
Vishnu Rest House ベンガリー・トラ ₹
テラスからの眺めは最高
MAP P.131-A3

24/17 Pandy Ghat ☎0542-245-5238, 245-0206 S Rs800 Rs1300 Rs3000 込 Card MV WiFi 15室 URL www.vishnuresthouse.com

ガンジス河に面した老舗ゲストハウス。建物自体は古くなっているが、それなりに清潔でスタッフのサービスには安定感がある。とにかくすばらしいのがそのロケーション。テラスからは対岸から昇る朝日はもちろん、ワラーナシーの街を一望できる。数は少ないがガンガービューの客室もありおすすめ。ワラーナシーを舞台にした日本のテレビドラマでも使われたことがある。

シヴァ・ゲストハウス
Shiva Guest House ベンガリー・トラ ₹
居心地のよいゲストハウス
MAP P.131-A2

D20/14 Munsi Ghat ☎0542-245-2108, 945-112-2703 D Rs500 S Rs800 Rs900 Rs1500〜2000 込 Card MV WiFi 15室 Shiva_guest_house@hotmail.com

ブリッジュラマ・パレス（P.144）の裏手にあり、ガンガーまで徒歩数分という立地のよさ。ベンガリー・トラから少し入ったこのエリアにはバックパッカー向けの小さなゲストハウスがたくさんあるが、なかでも昔から根強い人気を誇っているのがここ。バルコニー付き、窓の広さや数などにより、部屋のカテゴリーが細かく分かれている。節約派にはドミトリーもある。屋上にはガンガービューのレストランがある。オーナーの姉妹がアーユルヴェーダマッサージを行っているほか、日本語が話せるスタッフがいることもある。

ババ・ゲストハウス
Baba Guest House ベンガリー・トラ ₹
若いご主人がゲストの強い味方
MAP P.131-A2

D20/15 Munsi Ghat ☎0542-245-5452, 993-566-9146 D Rs1250 Rs1550〜 別 Card MV 21室 URL baba-guest-house-in.book.direct

日本人バックパッカーの定宿だったが、現在はスペインやフランスなどからの欧米人ツアー客が利用していることもある。客室自体は狭いが居心地のよさは相変わらず。かつてドミトリーだった最上階の大部屋はおしゃれなカフェ（P.145）に改装されている。シーズン中は予約をしたほうがいい。空港への送迎も有料で手配可能。オーナーは親日家なので、困ったことがあったら相談にのってくれる。

オム・レスト・ハウス
Om Rest House ベンガリー・トラ ₹
共同で使える冷蔵庫がある
MAP P.131-A3

D24/32A Pandey Ghat ☎786-093-5519 S Rs600 Rs800〜1000 Rs2000 込 Card MV WiFi 13室 ompandcy67753@gmail.com

屋上からガンガーを一望でき、洗濯場と服を干せるスペースがある。自由に利用できる冷蔵庫と、ちょっとした調理ができるスペースがある。チェックアウト後も荷物は預かってくれる。スタッフは親切で、快適。オーナーのオムさんが無料で市内案内もしてくれる。ドル、円での支払いも可能。

ヴィシュワナート寺院のさらに先、警察署のある交差点（プリス・チョウク）の近くにあるLaxmi Chai Walaは地元の名店。朝だけ食べられるマライトーストが絶品です。（新潟 KM '23）

200年前の建築がホテルに
Ｈ ローズ・ヘリテージ・ホーム
Roes Heritage Home　シヴァラ ₹₹
MAP P.129-A2

🏠 Shivala　☎ 919-833-2130　💳📶Ⓐ Rs4980～
別 Card MV WiFi 🛏 5室 ✉ info@jaico.net

200年前の建築を改装したおしゃれなブティックホテル。のんびりとワラーナシー滞在を楽しみたい旅行者におすすめ。それぞれの客室はステンドグラスやアンティークが配され、マハーラーニー、マハーラージャ、プリンスなどテーマごとにそれぞれ内装が違う。バスルームや水回りも広くて快適。朝食付き。ガンガーまでは徒歩5分。有料で空港からのピックアップサービスもある。通り沿いなので、タクシーがホテル前までつけられるのもありがたい。オフシーズンは割引料金あり。

女性におすすめのガンガーが見える宿
Ｈ ケダーレシュワル・ゲストハウス
Kedareswar Guest House　シヴァラ ₹₹
MAP P.129-A2

🏠 14/1 Chowki Ghat, Mansarovar, near Kedar Ghat
☎ 0542-245-5568、098-390-63587 💳📶Ⓐ Rs
1600～ 込 Card 不可 WiFi
URL www.kedareswarguesthouse.com

ガンガーに面した高台に建つ中級ゲストハウス。テラス席でガンジス河を眺めながらの朝食は最高。客室によっては大きな窓から河が一望できる。水回りの掃除が行き届いており女性も快適。オートリクシャーで来る場合は、ハリシュチャンドラ・ガートで降ろしてもらえば、そこから徒歩3分ほど。オーナーは日本語も堪能なので、困ったことがあれば気軽に相談してみよう。

アッシー・ガートのすぐそば
Ｈ パレス・オン・ガンジス
Palace on Ganges　アッシー ₹₹
MAP P.129-A2

🏠 B-1/158, Assi Ghat　☎ 0542-231-5050
💳📶Ⓐ Rs6000～ 別 Card MV WiFi 🛏 24室
✉ info@palaceonganges.com

ガートのすぐそばの歴史的建造物を改装したホテル。客室には「ケーララ」「パンジャーブ」などインド各州の名前が付けられている。客室は決して広くはないが、手入れが行き届いており快適。リバービューの客室がおすすめ。屋上にはガンガーから昇る朝日を眺められるルーフトップレストランもある。近くのアッシー・ガートでは、夕刻にアールティーも行われる。メインガートでのアールティーよりもゆったりと楽しめるのでぜひ足を運んでみよう。

最高の立地にある最高級ホテル
Ｈ ブリッジュラマ・パレス
Brijrama Palace　ベンガリー・トラ ₹₹₹
MAP P.131-A3

🏠 Darbhanga Ghat, Near Munshi Ghat　☎ 708-400-7007、912-941-4141 💳📶Ⓐ Rs2万5000～
Card MV 🛏 32室 URL www.brijhotels.com/brijrama-palace-hotel-in-varanasi/

ガンジス河のほとりに200年前に建てられた宮殿を改装した高級ホテル。メインガートからも近い絶好のロケーション。豪華な客室やダイニングに加えスパも完備。特にダイニングDarbhangaのベジタリアン料理はおいしいと評判。夕方になると中庭ではインドの古典音楽の演奏や舞踊が行われる。マハーラージャ気分を堪能できる。

新市街の高級ホテル
Ｈ タージ・ガンジス
Taj Ganges　カントンメント ₹₹₹
MAP P.129-A1

🏠 Nadesar Palace Ground　☎ 0542-666-0001
💳📶Ⓢ Ⓐ Rs1万～ 別 Card AMV WiFi
🛏 130室 URL tajhotels.com

タージ系の5つ星ホテル。広大な敷地を有し、施設の充実度は申しぶんなく、レストランも美味。プール、テニスコート、ヘルスクラブ、ジョギング用トラックまである。客室にはそれぞれ異なるインテリアが配されている。隣接して緑に囲まれたマハーラージャの離宮を改装した「ナデサール・パレス」もある。

Ｈ タージと並ぶ5つ星ホテル
Ｈ クラークス・ワラーナーシー
Hotel Clarks Varanasi　カントンメント ₹₹₹
MAP P.129-A1

🏠 The Mall Cantonment　☎ 0542-250101120
💳📶Ⓐ Rs5500～ 別 Card AMV WiFi
🛏 105室 URL www.clarkshotels.com

プールやバー、ビジネスセンターを備える高級ホテル。建物は古いが清潔で、スタッフの応対もいいと評判。料金はレートにより変動することもあるので確認を。

快適な5つ星ホテル
Ｈ ラディソン
Radisson Hotel　カントンメント ₹₹₹
MAP P.129-A1

🏠 The Mall Cantonment　☎ 1800-108-0333（フリーダイヤル）💳📶Ⓢ Ⓐ Rs5500～ 別
Card AMV WiFi 🛏 116室 URL www.radisson.com

新市街にあるアメリカ系高級チェーンホテル。少し古びてきているが、メンテナンスはしっかりしており居心地は悪くない。屋内プールあり。レストランの評判もよい。ネット割引あり。

ℹ 乾季のときだけガンジス河の対岸に出現するのが Ｈ Tent City Varanasi（MAP P.131-B3）URL www.tentcityvaranasi.com）。モディ首相の号令によって鳴り物入りでオープンしたラグジュアリーキャンプ型の高級リゾート。1泊Rs8000～と高額ながらも✏

Restaurant レストラン

気軽に日本の味を楽しめる
R スシ・カフェ
Sushi Cafe
日本料理 ₹₹
MAP P.131-A2

D-32/20, Rana Mahal Ghat, Bengalitola
☎ 861-023-3984 8:00〜22:30 TAX 込 Card 不可

ベンガリー・トラにある日本料理レストラン。定食Rs340〜。ラーメン、日本のカレーまで庶民的な味が並ぶ。おすすめは餃子やから揚げ。オーナーシェフはかつて日本人駐在員の元で働いていただけに味は本格的。

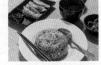

隠れ家のようなカフェ
R バニー・カフェ
Bunny Cafe
日本料理 ₹₹
MAP P.131-A3

D-24/29-AS, Pandey Ghat, Bengalitola
☎ 831-853-4686、812-730-7408
12:00〜22:00 TAX 込 Card 不可

インド人と日本人のカップルが営む小さな日本料理レストランで、日本人長期滞在者のオアシス。人気はカツ丼Rs250（ポーク）やそぼろ丼Rs280（チキン）。隠れメニューとしてスタミナ丼も。天然石を使ったすてきなマクラメ編みのアクセサリーも販売している。

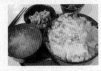

ガンガーを見下ろしながら食事を
R ドルフィン
Dolphin
インド・コンチネンタル ₹₹
MAP P.131-B2

Rashmi Guest House, 16/28A Man Mandir Ghat
☎ 0542-239-1768 7:00〜23:00 TAX 別
Card AJMV URL thedolphinvaranasi.com

ガート脇にあるベジレストラン。壁一面の窓からガンガーが見渡せる。屋上の席もあり。パニール・バター・マサーラー Rs320などインド料理のほか、パスタなどの西洋料理や中華料理もある。

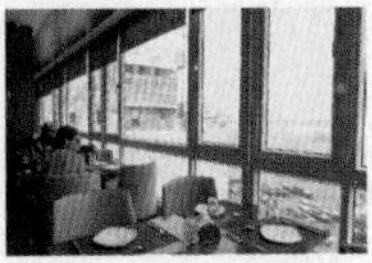

ワラーナシーで南インド料理を
R ケシャリ
The Keshari Restaurant
南インド料理 ₹₹
MAP P.131-A1

D-14/8, Godowlia ☎ 0542-240-1472
9:30〜22:30 TAX 込 Card 不可

ドーサやウッタパムなど南インドのスナックが食べられるベジタリアンレストランとして、ローカルにも旅行者にも人気。スペシャルドーサRs85。食後にアイスクリームやコーヒーもおすすめ。

どこに行こうか迷ったら
R モナリザ・カフェ
Mona Lisa Cafe
コンチネンタル ₹₹
MAP P.131-A3

D-29/11, Devanath Pura ☎ 945-155-7533
7:00〜22:00 TAX 込 Card MV

1995年のオープン以来、ベンガリー・トラのランドマークとして外国人旅行者に不動の人気を誇るカフェレストラン。ピザRs170〜やパスタRs200〜のほか、日本、韓国、中華、イスラエル料理などメニューが豊富でリーズナブル。エスプレッソマシンで入れた本格的なコーヒーも自慢。地上階だけでなく、屋上にも席がある。

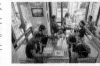

欧米人旅行者に人気
R アーダアーダ・カフェ
Aadha Aadha Cafe
コンチネンタル ₹₹
MAP P.131-A2

Baba Guest House, D-20/15, Munsi Ghat
☎ 888-713-4507、993-566-9146
8:00〜21:00 TAX 込 Card 不可

ババ・ゲストハウス（P.143）の最上階にある、インド人とフランス人のカップルが始めたカフェ。アーダアーダとは半分半分の意味で、地元産の最高の素材をえりすぐった料理を提供している。フレンチスタイルのスイーツがおいしい。

オーガニックな食材がウリ
R ブラウン・ブレッド・ベーカリー
Brown Bread Bakery
コンチネンタル ₹₹
MAP P.131-A3

D25/42 Ganga Mahal, Bengali Tola La., Pandey Ghat ☎ 0542-245-0472、983-888-8823
7:00〜22:00 TAX 込 Card MV

オーガニック食材を使ったパンやチーズ、野菜、肉を使い、欧米人旅行者が多いカフェ。各種サンドイッチRs125〜、パスタRs200〜などの軽食が中心。

ガンジス河を眺めながらピッツアを
R ピッツェリア・ヴァーティカー・カフェ
Pizzeria Vaatika Cafe
イタリア料理 ₹₹
MAP P.129-A2

B-1/178 Assi Ghat ☎ 945-139-7331
8:00〜22:00 TAX 込 Card 不可

1992年創業「インドで最初のピッツェリア（ピザ専門）」を掲げる店。マルゲリータRs330など薪窯で焼いた本格的なイタリアピザがウリ。デザートはアップルパイのアイスクリームのせRs150が定番。アッスィー・ガートのすぐ上という絶好のロケーションで欧米人旅行者に人気が高い。

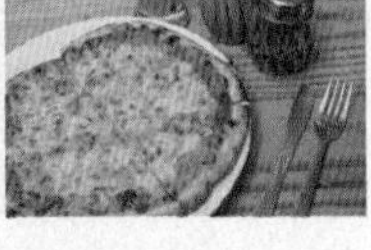

↘連日満室でなかなか予約が取れないほどの人気。しかし、宿泊者の評判を聞くと、水回りなどいろいろ不便も多いのだとか…。

豊富な品揃えと安心感

S サントシュ・シルク・ハウス
Santosh Silk House

シルク

MAP P.131-B2

♠ D15/3 Manmandir Ghat ☎ 933-698-3722、998-441-6974 ⑨ 6:00〜21:00 Card 不可

色とりどりのシルク、カシミヤ、衣類、お香などの商品が豊富に揃い、目移りしてしまうほど。偽物との見分け方も教えてくれる。おすすめはアリババ・パンツRs200〜1000、サリーRs1500〜1万など。町なかでこの店に行こうと声をかけてくる人がいるがこの店とは関係ないので相手にしないこと。迷ったときは電話すれば、メインガート付近まで迎えにきてくれる。

ベンガリー・トラで30年

S ジョティ・ハンディクラフト
Jyoti Handicraft

雑貨

MAP P.131-A2

♠ D32/21, Hathi Phatak, Dashashwmedh ☎ 737-688-8105、737-665-0940 ⑨ 9:00〜21:00 Card 不可

ベンガリー・トラには外国人旅行者向けの服や小物を売る店がたくさん並んでいるが、そのなかでもラインアップやデザインが豊富なのがここ。TシャツRs100〜、クルタRs150〜と価格も良心的で値段交渉いらず。ポーチなど小物もリーズナブルなので、バラマキみやげを探すときにも便利。ワンピースやシャツなど凝ったデザインのものやヨーガマット用のケースなどもおすすめ。

読者投稿　読者が遭遇したトラブル

パスポートがない!

パスポートをなくしたら、①最寄りの警察、②日本大使館・領事館、③FRRO（外国人地方登録事務局）の3ヵ所へ行くことになります。私はパスポートではなくTravel Document（帰国のための渡航書）を作りました。

まずは警察へ行きましょう。そこでやる気のない警官に「Someone took my bag! I lost my passport!」などと騒ぎ、なんとかしてPolice Report（紛失証明書）をもらいます。これは白い紙に警察のスタンプ、サインなどがしてあるもので、日本の保険会社にもこれを証拠として提出します。盗まれた場所を聞かれますが、警察近くの適当な建物の近くで盗まれたことにしましょう。彼らは管轄外の仕事はしません。駅で盗まれたなどと言うと、鉄道警察にたらい回しにされます。なくした経緯を自分に過失がありそうなら盗盗に遭ったとでも言っておけばいいです。

大使館では申請書、顔写真2枚、Police Reportを提出します。これさえあれば数日以内に作ってもらえます。パスポートコピーがないなら宿泊したホテルに行き、コピーをもらってください。ほかにも戸籍抄本、身分証明書、航空券などがあれば出します。大使館は土・日曜休みです。私は土曜に行きましたが、大使の方はとても親切で、帰りの便をいつにすればいいかなどの助言をいただきました。土曜にもらった申請書を持って月曜の9:00に大使館へ行きました。

翌日火曜にTravel DocumentとFRROへの紹介状をいただき、大使館南東にあるFRROへ。ここでは渡航書の査証欄にスタンプとサインをしてもらいます。まずReception & Enquiryカウンターで大使館からの書類を見せ、来た理由を言います。する

と書類がもらえるので、記入して写真を貼り付け受付へ行きます。渡航書のコピーが必要ですが、私は「I don't have it. Please!」とごねたら許されました。そこで大使館の書類と記入した書類をIn Chargeカウンターに提出。サインをしてもらってReception & Enquiryカウンターに提出。私は「明日の15:00に来い」と言われました。この日は1時間ほどで終了。レシートなどは何もありません。翌日行くと、書類の山から昨日出した私の書類をくれました。カウンターでその書類とTravel Documentを渡し、スタンプとサインをもらいます。In Chargeカウンターでもサインをもらって終了! 2回目は20分ほどで終了でした。私はカードも身分証明書もお金も何もかもなくしましたが、以前泊まったホテルでパスポートとビザのコピーが取れたので、3日間で手続きが終わりました。パスポートをなくすと大変ですが、絶対日本に帰れます。強くいきましょう!　　　　　　　　（川崎市　よし　'12）

ニューデリー駅で列車がないと言われる

ニューデリー駅で荷物検査に並んでいたら男性に声をかけられました。日本からインターネットで予約し、プリントしてあったチケットを見せると、「この列車は9時間遅れているから、カウンターに行って手続きしろ」と言われ、強引にDTTDCへ。偽物のツアーに申し込まされそうになりました。結局、定刻通りに列車は出発しました。
（吹田市　なつめ　'18）
※ニューデリー駅前にはツーリストインフォメーションの看板を掲げる旅行会社が並んでいるが、これらの会社は旅行者をだまして偽のツアーを組ませるのが昔からの常套手段。（編集部）

 駅で客引きしているリクシャーは、宿からのコミッションが目当てで、希望とは異なる宿へ連れていくことも多い。そうした宿はコミッションを上乗せしてくる場合もあるので、よく考えてから宿を選ぼう。

トラブルを防ぐにはどうしたらいいのだろう

毎年、数多くの投稿が『地球の歩き方』編集室に届く。その投稿のなかでも、「インドでトラブルに遭った」というものはかなりの数だ。本書にはトラブルの実例を紹介したり、対策を載せているが、残念ながらその数は減少していない。

トラブルに遭わないようにするには、それこそインドへ行かないのがいちばんなのだが、トラブルに遭うことを恐れて、このすばらしい国に行くことを諦めるのは何とも惜しい。インド（特にデリー、アーグラー、ワラーナシー）には確かに悪いヤツがいる。でも、ほとんどのインド人は優しく素朴な人ばかりだ。

どんな人がトラブルに遭うのか

インドに何度も行っているのに一度もトラブルに遭わない人、初めてインドに行って、次々といやな経験をする人。どこが違うのだろう。

昔のバックパッカーは、今の旅行者が遭っているようなトラブルとはあまり縁がなかったようだ。その理由を考えると、なぜ多くの旅行者がトラブルに遭っているか何となくわかってくる。

インドを知らないということ、自分が旅慣れていないことを自覚する

近年最も多いトラブルの事例が、ニューデリー駅周辺で「乗る予定だった列車は来ない」と言われたり、駅の高架を渡って通り抜けようとするときに「メイン・バザールがクローズしている」と言われたりして、結局は変な旅行会社に連れていかれ、高額のツアーや車のアレンジをさせられた、というもの。

右も左もわからないままインドにやってきた人は、悪質旅行会社のいいカモだ。大勢でぐるになるなど、手口は悪質化しており、見破るのも困難になってきているが、だいたいのパターンは同じ。慣れてくるまでは、駅周辺などで出会う人の言うことはうのみにせず、インド人の強引さに押し切られないようにしなければならない。

自分がインドを知らないということを自覚し、最初の1泊は事前にホテルを予約し、送迎を頼むなどして空港から真っすぐそこへ向かうようにすれば、このようなトラブルは半分がた避けられる。自信がなければ安心をお金で買うことも大切だ。

できることは自分でやって、人任せにしない

ちょっと前まで、インドで列車のチケットを取るのは1日仕事だった。それでも多くの旅行者は、人に頼まず、すべてそれをひとりでやっていた。人に頼めば当然ながら費用がかかる。また人に頼んだからといって、目的のチケットが取れるかどうかもあやしい。それなら面倒だが、自分で取ったほうが安心だからだ。

毎年「旅行会社でだまされた」という投稿が多数届いているが、多くは自分でできること（列車やバスのチケットの手配、市内ツアーの参加申し込みなど）をわざわざあやしげな旅行会社やホテルの人に頼み、損をしているようだ。

女性の町歩きで気をつけたいこと

一時期インドのレイプ事件が日本でもしばしば報道されたため、特に女性にとって危ないイメージがついてしまったが、最低限のルールとマナーを守っていればインドは決して怖い場所ではない。

まず大前提になるのは、道で声をかけてくる人にはついていかないこと。日本人には心が痛むかもしれないが、無視してしまって大丈夫。また、肩や脚が出た服はインド人男性を誘っているようなものなので、露出はなるべく控えよう。このほか、夜道はひとりで歩かないようにしたり、宿や移動の列車も、料金だけを重視するのではなく、セキュリティの高いクラスを選ぶなど、安全を第一にした選択を心がけよう。

インドの価値基準を知る

だますほうが悪いのか、だまされるほうが悪いのかと聞くと、「そんなの、だますほうが悪いに決まっている!!」とお怒りの方もいるだろうが、本当にそうだろうか。

例えば、あなたがあるサリー屋でRs1500で生地を買ったとしよう。たまたま知り合った日本人旅行者が同じ生地を、同じ店でRs500で買ったことを知ったあなたは、きっと「だまされた!」と思うだろう。しかし値札のない品物の値段は、買う人が決めるもの。あなたはそれをRs1500の価値があると思ったから買ったのではないだろうか？ 人によって価値観が違うのは当然だ。ほかの人が同じ物を自分より安く買ったからといって、自分が「だまされた」と思うのは正しくない。仮にそれが、10分の1の値段であっても、非難されるべきものではないし、単に自分にものを見る目がなかったということだ。

もちろん悪質な業者が、二束三文の品を、言葉巧みに高値で売りつけようとする場合もあるだろう。しかしその場合でも買ったほうに非がないとは言い切れない。

値段交渉に自信がないのであれば、値札が付いているエンポリウムや高級ホテルの中の店で買い物をすればよい。町のマーケットよりは割高だが、少なくともだまされたと思うことはないだろう。

※本書ではインドでのトラブル体験を多数掲載している。それは決して怖がらせるためではない。先輩たちの被害例を頭にたたき込み、気を引き締めて少しでも安全な旅をしてほしいからだ。（編集室）

ⓘ 最近はGoogle Mapもあり、これはこれで便利なのだが、インドの場合はしばしばプロットが間違っているので注意。ワラーナシーの場合、小道が入り組み過ぎていて行き着けないことも。また電波が届かないことも多い。

サールナート

ACCESS

ワラーナシーのガート近くから
オートリクシャーで往復Rs400
〜500。乗合オートリクシャー
なら、サイクルリクシャーなど
でベーニヤー・バーグBenia
Baghまで行き、そこからパン
ディブールPandeypur行きの
乗合オートリクシャーに乗る。
パンディブールからはサールナー
ト行きの別の乗合オートリク
シャーに乗り換える。

かつてはダメーク・ストゥーパを中心に多くの僧院があったが、現在は土台の部分がわずかに残っている程度だ

サールナートは、かのブッダ（釈尊）が初めて説法をした所（初転法輪の地）であり、ヒンドゥー教徒にとってのワラーナシーと同様に、仏教徒にとっての重要な聖地だ。

前正覚山（P.395）で苦行し、ブッダ・ガヤーで覚りを得たブッダ（覚者）は、当時多くの宗教者が集まっていたワラーナシーを目指した。そして前528年に市の郊外の鹿野苑（現在のサールナート）に着いたあと、かつてともに修行していた5人の修行者と出会い、自分の覚った真理を初めて語った。耳を傾けたのはこの5人と、森にすむ鹿たち。だがここで初めて「言葉」になった教えは、その後世界へと広まり、多くの人の心にしみ込んでいくことになる。

当時のサールナートは古代インドの学問の中心地でもあり、中国から法顕や玄奘なども訪れていたという。

ビルマ僧院
Burmese Monastery
鹿公園
Deer Park P.149
ダメーク・ストゥーパ
Dhamekh Stupa
P.149
アショーカ王の石柱
Ashoka's Pillar
ムールガンダ・
クティー寺院
Mulgandha
Kuti Vihar
P.149
ジャイナ教寺院
Jain Temple
Dharmapala Rd.
中国寺
Chinese Temple
チケット
売り場
UP Tourist Police
サールナート博物館
Sarnath Museum P.149
タイ寺院
Thai Temple P.149
ミニバス乗り場
Rishipatan Rd.
UPSTDC Rahi
Tourist Bungalow
P.149
チベット僧院
Tibetan Monastery
日月山法輪寺
Japanese Temple
P.149
N
チャウカーンディ・ストゥーパ
Chaukhandi Stupa
0 100 200m
サールナート
SARNATH
ミニバス乗り場
ワラーナシーへ

サールナートはワラーナシーから簡単に日帰りできる。村には5世紀に建立されたダメーク・ストゥーパを中心に各国の寺院が点在している。毎年5月にはBuddha Mahotsavaと呼ばれるブッダの生誕祭も行われる。

ストゥーパの表面は剥がれ、現在はれんがの部分が露出している

i ダメーク・ストゥーパ周辺には多くの仏教寺院があるが、いちばん近い場所にあるのはなぜかジャイナ教寺院。ジャイナ教寺院に入る機会はそう多くはないので、ここで見学してみてはどうだろう。

サールナートの歩き方

サールナートは、ワラーナシー中心部の北西約10kmにある。町のざわめきを離れ、大きな並木が影を落とす道を進むと、芝生が広がるなかに、大きなストゥーパ（仏塔）や寺院の建物が見えてくる。

ダメーク・ストゥーパ・モニュメントサイトDhamekh Stupa Monument Siteの敷地内に入ると、木々の緑と広々とした芝生が美しい遺跡の中で、大きな**ダメーク・ストゥーパDhamekh Stupa**がひときわ目立つ。直径26m、高さ13mの台座の上に建つ約31mのこの塔は6世紀に造られ、一部破壊されているが、外側の模様はきれいに残っている。今もその周りを回って礼拝する修行者の姿を見る。かつて多くの僧が修行していた僧院の跡が、芝生の中に赤いれんがの土台を見せている。アショーカ王が建てた石の円柱も基部を残している。

ダルマパル・ロードDharmapal Rd.に出て東へ進むと、花壇に囲まれた新しい寺院が見える。**ムールガンダ・クティー寺院Mulgandha Kuti Vihar**だ。中に入ると壁いっぱいに、ブッダの生涯を描いた壁画がある。戦前に日本人画家、野生司香雪が仕上げた作品だ。

ムールガンダ・クティー寺院では壁画を見てみよう

この寺の後ろから先に進むと、鹿や鳥のいる小動物園がある。この緑地一帯は**鹿公園Deer Park**で、遺跡がたくさん残っている。説明や案内図がないので、何が何の遺跡だかよくわからないのが少し残念。仏教の聖地というよりはむしろのどかな公園だ。

サールナートはのんびりした所で、静かな村の中にチベット僧院、中国寺、日本寺などがぽつん、ぽつんと建っている。袈裟を着たお坊さんの姿が多く、仏教の村らしい平和な雰囲気が漂っている。

遺跡の外、バス道路が曲がる角に、サールナートからの出土品を収める**サールナート博物館Sarnath Museum**がある。入って正面にあるのはアショーカ王石柱の頂上にあった、ライオンの像。インドの国章として、コインの裏などにデザイン化されているものだ。左奥のホールにある初転法輪像は、5世紀の作品。覚りの内容を語り聞かせるブッダの、静かな自信と慈愛にあふれた表情が美しい。

考古学博物館ではサールナートからの出土品が展示

ムールガンダ・クティー寺院内部にブッダの生涯の壁画を描いた野生司香雪は、明治から昭和にかけて作品を残した仏画家で、ここにある壁画は昭和7年から11年にかけて描かれたもの。

ウッタル・プラデーシュ州 Uttar Pradesh ／ サールナート Sarnath

ダメーク・ストゥーパ・モニュメントサイト
MAP P.148
🕐 日の出〜日没
💰 Rs300（クレジットカード払いはRs250）
※ビデオ持込料Rs25

ムールガンダ・クティー寺院
🕐 4:00〜11:30、13:30〜20:00
💰 無料

日本寺
ツーリスト・バンガロー近くに日月山法輪寺がある。仏像や屋根瓦は日本製。宿泊も可能だが、朝夕2回（6:00〜と17:00〜）の勤行への参加が必要。宿泊費はお布施で。

タイ寺院
美しい庭園には、12年かかって2011年3月に完成した巨大な仏像が立っている。
🕐 6:30〜18:00（4〜9月）、7:15〜17:00（10〜3月）
💰 無料

サールナート博物館
MAP P.148
☎ 0542-259-5095
🕐 9:00〜17:00（入場16:45まで）
🚫 金
💰 Rs5
🔗 www.sarnathmuseum asi.org
館内の写真撮影は不可。門を入ったすぐ右側のクロークルームで荷物を預ける。

INFO

サールナートのホテル
🏨 UPSTDC Rahi Tourist Bungalow
MAP P.148
☎ 0542-259-5965
🛏 🅰🅢🏧 Rs1600〜
📠 別
🛏 210室
🔗 online.up-tourism.com/booking
UP州観光開発公団が運営する宿で、部屋は広くて快適。

149

ルンビニー（ネパール）

ネパールの国番号
977

ルンビニーの市外局番
071

ACCESS

バイラワからのアクセス
バイラワのバスパークには、カトマンドゥ（所要9〜12時間）、ポカラ（所要8〜10時間）との間を結ぶバスが30分〜1時間おきに発着している。ここからルンビニー・バスパークへは1.5kmほど離れているので、サイクルリクシャーを利用するといい（約15分）。ルンビニー行きのバスはそこから日中30分〜1時間おきに出ている。ルンビニー村は終点ではなく、バスはさらにその先のバレリヤ・バザールまで行くので、注意して降りるようにしよう。
インドからバイラワへのアクセスは「インドからネパールへ」（P.140、151）参照。

ルンビニー聖園
🕕 6:00〜18:30
🎫 200ネパールルピー
※カメラ持込料105ネパールルピー

HINT

ルンビニーのホテル
🏨 ルンビニーホテル笠井
☎ 977-71-404036
🛏️AC Ⓢ US$120 〜 Ⓦ US$150
URL lumbinihotelkasai.com
団体客も泊まる高級ホテル。

🏨 Lumbini Village Lodge
☎ 977-71-580432
🛏️ Ⓢ US$10〜 Ⓦ US$14〜
ルンビニー村にある。

マーヤー聖堂とその前に建つアショーカ王の石柱

　マハーマーヤーデヴィ妃によって、前566年頃に産声を上げたのが、後にブッダとなるゴータマ・シッダールタ。その生誕の地ルンビニーは、インドではなく隣国ネパールにある。しかしインドとネパールの国境からは数十kmしか離れていないため、インド側から訪問する旅行者も数多い。ルンビニーはブッダゆかりの四大聖地のひとつで、紀元前249年にはマウリヤ朝のアショーカ王がこの地を巡礼し、記念の石柱を立てた。中国の僧、法顕や玄奘もこの地を訪れたという。ルンビニーの聖園は1997年にユネスコの世界遺産に登録された。

ルンビニーの歩き方

　最寄りの町バイラワのルンビニー・バスパークを出たバスは、1時間ほどでルンビニー村の入口に着く。ゲストハウスは村の中に数軒、中級ホテルはバス道路沿いに点在している。バス停から南へ30mほど歩くと、ルンビニー聖園への入口。向かいには食堂が数軒並んでいる。
　ルンビニー聖園Lumbini Sacred Gardenでは菩提樹に経文が書かれた旗のタルチョーがはためき、その下では僧侶が瞑想をしている姿も見られる。その中央に建つ**マーヤー聖堂**Maya Devi Templeの内部には、アショーカ王により置かれたというブッダ生誕の地を示すマークストーンがある。仏典によれば、出産のために実家へ里帰りする途中のマーヤー夫人が、ここで脇の下から赤子を産み落とした。その赤子はすぐに7歩歩き、「天上天下唯我独尊」と言ったという。発掘された浮き彫りがマークストーンの上に置かれているが、表面はイスラーム教徒により削り取られてしまっているのが残念だ。マーヤー聖堂の周りには**アショーカ王の石柱**Ashok Pillarや、シッダールタの産湯に使ったという**プスカリニ池**Puskarini Pondがある。聖園の周囲にはネパール寺やチベット寺をはじめ、各国の寺院があり、宿泊も可能だ。

 スノウリで国境を越えると、運転手がルンビニーまで車をチャーターしないかと声をかけてくる。言い値は1000ネパールルピー（約1000円）だが、交渉すればもっと安くなるかも。時間のない人にはいい。

インドからネパールへ

　ゴーラクプルのバススタンド前から国境のスノウリ行きのバスが1時間おきに出ており、所要約3時間。また駅前から乗合タクシーも出ている。バスが到着するスノウリのバススタンドから国境までは500mほど。国境ゲートの50mほど手前に、目立たないが小さなインド側イミグレーションがある。インド人とネパール人は越境の手続きは必要ないが、外国人はここで出国手続きをする。国境を越えると、すぐ右側にネパール側のイミグレーションがあり、ビザがない人はここで取得できる。イミグレーションを過ぎ、50mほど進むとバススタンドに出る。こ
こから乗合ジープに乗り、4km先のやや大きな町、バイラワのバイラワ・バスパークへ移動（所要約15分）。ルンビニー行きのバスはバイラワの町の北側にあるルンビニー・バスパークから出ている。

インド＝ネパールの国境ゲート

ネパールのビザ

　ネパールへの入国にはビザが必要。あらかじめネパール領事館で取得することもできるが、空港や陸路国境にあるイミグレーションオフィスでも簡単にビザを取得できる。申請時にパスポートの残存有効期間が6ヵ月以上必要で、申請書（イミグレーションオフィスにある）、パスポート、パスポートサイズの顔写真1枚、申請料が必要。

Gorakhpur गोरखपुर　　　　　　　　　　　　　　　　MAP B-2

ゴーラクプル

　ヒンドゥー教のヨーギで聖人、ゴーラクナートが祀られる町で、ワラーナシーからネパール国境への中継地点。ゴーラクプルからネパールの国境までは約100kmだ。また、ブッダ入滅の地クシーナガルへ行くための起点となる町でもある。南北と東西の幹線が交わる町なので、交通量は多いが、町なかにはこれといった見どころはなく、旅行者にとっては次の場所へ行く単なる通過点だろう。

　駅南口を出ると、目の前の道沿いにずらりと1泊Rs800以下の安宿と食堂が並んでいる。ひと晩中列車や車の音が絶えないが、すぐ移動するには便利だ。この南口前ではスノウリの国境へ向かう乗合タクシーが客引きをしている。鉄道予約オフィスは、南口を出て西（右側）を700mほど行った所にある。南口から南へ真っすぐ300mほど進むと、バススタンドに出る。スノウリ行きのバスはバススタンドのすぐ外側に停まっている。

ゴーラクプルの鉄道駅

 ゴーラクプルからクシーナガルは、駅前のバススタンドからカシアー行きのバスを利用する。日中は1時間に1～2本。カシアーの手前3kmほどで下車。所要約1時間30分。日帰りも可能。

ハリドワール

ハリドワールの市外局番
01334

ハリドワールの人口
約23万人

ACCESS

鉄 道
ニューデリー駅6:45発の12017 Dehradun Shatabdi Exp.で11:33ハリドワール駅着。ニューデリー駅から急行で約4〜8時間。

バ ス
デリーから直行バスが1時間に1〜2便ある。所要6〜7時間。リシュケーシュからは1時間に2〜3便、約1時間。

INFO

ロープウエイ
📖 P.153-B
🕐 6:30〜19:00
💰 往復Rs129

HINT

もうひとつの寺院へ
インド人の巡礼者は、マンサー・デーヴィー寺院とあわせて、市街から4km南東にあるニール・ヒルの上にあるマー・チャンディ・デーヴィー寺院へも参拝に行く。こちらのロープウエイはRs349。両方行けるコンボチケットも売られている。

聖なる河ガンガー（ガンジス河）の水源は、ヒマーラヤにすむシヴァ神の髪から地上に流れ落ちた水に始まるという。それは氷河の下から湧き出し、支流を集めて谷を走り、山地を去って平野部に躍り出る。まさにその場所こそ、古くから聖地とされているこのハリドワールだ。ハリドワールという地名は、「神（ハリHariまたはハルHar）の門（ドワールDwar）」を意味する。

ハリドワールの歩き方

町の中心となるのは、ガンガーのガート、**ハリ・キ・パイリーHari-ki-Pairi**（「ヴィシュヌの足跡」の意）。ここのガートはきちんと整備されており、沐浴風景もワラーナシーのガートの光景とは、また印象を異にする。ガンガーの流れは激流で、巡礼者は鉄の鎖や柵につかまりながら沐浴をする。日暮れ時、このガートに来てアールティー（ガンガーへの礼拝）の様子を眺めよう。神にささげるため盆にともされた火が人々の顔を染め、黒くなってゆく川面を、木の葉で作った皿に載せられた灯明が次々と流れてゆく。

この周辺からガンガー沿いに広がる**モーティー・バザールMoti Bazaar**には、ガンガーの聖なる水を持ち帰る真鍮容器ガンガージャリーや神様グッズなど、巡礼者向けのみやげ物屋が並んでいる。

市街の中心街は、駅前のRailway Rd.の北東方向、バススタンドと反対のガンガー沿いに延びている。車やオートリクシャー、バイクがひっきりなしに往来している。この通りを1kmほど北東へ進み、途中で左折し、線路をくぐるとロープウエイの乗り場。これを使って、町の見どころのひとつ、山上の寺**マンサー・デーヴィー寺院Mansa Devi Temple**に行ける。ここからハリドワールの町を一望できる。

アールティーを終えた巡礼者でにぎわうハリ・キ・パイリー

ⓘ 北インドで「ガンガーを見たいからワラーナシーに行く」と私たちが言うと、たいていのインド人が「それなら、ハリドワールへ行け」と答える。その理由が、「水がきれい」「町がきれい」「ワラーナシーのようにだます人が少ない」。さあ、ハリドワールへ行ってみよう。

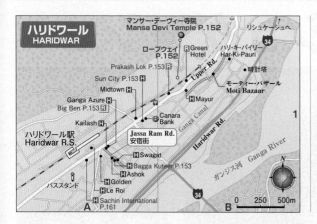

ハリドワール
HARIDWAR

マンサー・デーヴィー寺院
Mansa Devi Temple P.152
リシュケーシュへ

ロープウェイ
P.152
Green
Hotel
ハリ・キ・パイリー
Har-Ki-Pauri
Prakash Lok P.153
時計塔
Sun City P.153
Upper Rd.
モーティー・バザール
Midtown
Moti Bazaar
Ganga Azure
Mayur
Big Ben P.153
Canara
Kailash
Bank
ハリドワール駅
Haridwar R.S.
Jassa Ram Rd.
安宿街
Haridwar Rd.
ガンジス河 Ganga River
Swagat
バススタンド
Bagga Kuteer P.153
Ashok
Golden
Le Roi
Sachin International
P.161

0　250　500m

Hotel & Restaurant　ホテル&レストラン

　安宿はバススタンドから右（駅を出たら左）に歩くとぶつかる三差路周辺、特にJessa Ram Rd.に集中している。ガート近くには多くの寺院があり、巡礼者を泊める宿ダラムシャーラーが並んでいる。またガンガー沿いには富豪の邸宅（ハーヴェリー）を使ったホテルもある。

居心地のよい中級ホテル
H サン・シティ
Sun City
市街 ₹₹
MAP P.153-A

🏠 Railway Rd.　☎ 963-911-1160　🛏🖥 Rs2500
🛏🖥 Rs3000　別込　Card 不可　WiFi　🚪18室

バススタンドから徒歩15分ほどの、観光に便利な場所にある。メインストリートから1本細い路地を入った所にあり、少しわかりにくいが、ホテルの雰囲気は明るい。客室は採光こそよくないが、シックなインテリアで広々としており清潔で快適。

駅前にあり便利
H サチン・インターナショナル
Sachin International
駅周辺 ₹₹
MAP P.153-A

🏠 Opp.Railway Station　☎ 992-734-8497　🛏🖥
Rs2000　🛏🖥 Rs3000　別込　Card 不可　🚪68室
URL hotelsachininternational.com

場所は駅を出てすぐ目の前。バススタンドにも隣接しておりアクセスは最高。フロントは階段を上がった2階にある。部屋はわりと清潔。フロントは2階。A/Cの効いたレストランも併設されている。

駅前の安宿街でいちばん新しい
H バガ・クティール
Hotel Bagga Kuteer
駅周辺 ₹₹
MAP P.153-A

🏠 Jassa Ram Rd.（Shiv Murti Gali）
☎ 941-058-2850　🛏🖥 Rs1300　Card 不可
別　WiFi　🚪28室

駅前の安宿街Jassa Ram Rd.の奥の方に位置する。あたりには同じようなホテルが並んでいるが、ここは2023年にオープンしたばかりなので、清潔で快適。

駅やバススタンドから近い
R ビッグ・ベン
Big Ben
ベジタリアン料理 ₹₹
MAP P.153-A

🏠 Railway Rd.　☎ 931-903-0500
🕐 7:00〜22:30　Card 不可

インド料理のほか中華などもメニューに並ぶベジタリアン料理レストラン。ビッグ・ベン・スペシャル・ミールRs270がおすすめ。H Ganga Azureの1階にある。

ラッシーの有名店
R プラカシュ・ロク
Prakash Lok
ラッシー ₹
MAP P.153-B

🏠 Upper Rd.　☎ 01334-22-9393
🕐 11:00〜24:00　Card 不可

濃厚でボリュームのあるラッシーRs50で知られる有名店の2号店。リッチなスペシャルドライフルーツラッシーRs70もおすすめ。本店はモーティー・バザールの中にある。

 聖地ハリドワールではかつてヒンドゥー教徒以外が沐浴することを禁じていた。ハリ・キ・パイリーでは領収書の用紙を持った係員が外国人と見るや寄付を求めてくるが、これは自発的なもの。数十ルピーが常識的。

リシュケーシュ

とうとうと流れるガンガーの上に架かるラーム・ジューラー橋

リシュケーシュの市外局番
0135

リシュケーシュの人口
12万人

ACCESS

飛行機
リシュケーシュの16km北西にあるデヘラードゥーンのジョリー・グラント空港を利用する。デリーからインディゴなどが毎日運航。所要1時間。このほか、ラクナウやムンバイー、ベンガルールなどからの便がある。空港からリシュケーシュへはタクシーでRs1000程度。

鉄　道
ハリドワール駅から急行（1日1便）で所要約1時間30分。

バ　ス
ハリドワールから1時間に2〜3便、所要約1時間。デヘラードゥーンから30分おきに1便、約1時間30分。デリーから約6時間。

標高約250mのハリドワールから北へ、ガンジス河の流れに沿って24km遡った所にあるヨーガの本場。山に囲まれたこの町では、下流の濁水からは想像できないほど「美しき青きガンガー」が音を立てて流れている。

ビートルズが修行したヒマーラヤ山中の聖地というようなイメージがあるが、実際にはそれほど山奥ではない（標高356m）。鉄道が乗り入れていて、バスの往来も多いので、巡礼者のみならず外国人旅行者も多い。ハリドワールをヒンドゥー教の一般信者の町とするならば、このリシュケーシュは修行者の町。サフラン色（明るいオレンジ）の衣をつけた修行者サードゥーの姿が目立つ。

ヒンドゥーの聖地として寺院も多く、アーシュラム（道場）など宗教施設も数多い。またリシュケーシュは「ヨーガのふるさと」として、国際的にあまりにも有名な町。多くの外国人がヨーガを学ぶため長期間アーシュラムに滞在している。こうして旅行者の出入りが頻繁になるにつれ、しだいに聖地の雰囲気も変わってきており、山中深くの聖地と比べると俗っぽさも感じられる。

リシュケーシュの歩き方

リシュケーシュは3つの地域に分かれている。駅、バススタンドがある市街地、ここからガンガーを3kmほど遡った**ラーム・ジューラー橋Ram Jhula (Shivananda Jhula)**、さらに2kmほど川沿いに上がった所にある**ラクシュマン・ジューラー橋 Lakshman Jhula**があるエリアだ。リシュケーシュを堪能するのであれば、新市街はパスして迷わずラーム・ジューラー橋またはラクシュマン・ジューラー橋周辺を目指そう。

ハリドワールからリシュケーシュ市街地を貫き、ふたつの橋を越えて

 リシュケーシュやハリドワールでは、食堂はおろかホテルのレストランでも肉類は一切出さない。もちろんアルコールもなし。だが、ふたつの町の中間にRaiwalaという村があって、ここには酒屋、チキンや魚、マトン料理の食堂がたくさんある。

ガンガー沿いにシュリーナガルへと続く**メインロード**は、正式には市街地の部分をハリドワール・ロードHaridwar Rd.、リシュケーシュ市街地からラクシュマン・ジューラー橋までをラクシュマン・ジューラー・ロードLakshman Jhula Rd.、そこからさらに北へ進むとバドリーナート・ロードBadrinath Rd.と名を変えるが、地元の人はただメインロードと言っているので（実際、大きい道はこれ1本だけ）、本書でも住所表記を除きメインロードと呼ぶことにする。

リシュケーシュ新市街

　デリーやハリドワールからバスや鉄道で入る際の入口となるのがここ。市街地が広がっており、意外に交通量が多く騒がしい。鉄道で到着した場合、駅を背にふたまたに分かれた道の右側を進むと、700mほどでメインロードに出る。メインロードの周辺には安宿が軒かある。メインロードを左折し300mほど進むと**トリヴェーニー・ガートTriveni Ghat**へ向かうGhat Rd.が右側に見えてくる。ここからガートまでは参道になり、バザールを造っている。途中にもホテルやレストランが何軒か並んでいる。外国人旅行者向けは少ないが、インド人参拝客でにぎわうエリアだ。トリヴェーニー・ガートは舗装された広いガートで、朝夕に人々が沐浴にやってくる。このエリアにある**バーラト寺院 Bharat Mandir**入口脇には小さな展示場があり、5〜12世紀の石像が展示されている。

パルマルト・ニケタン前のガートにはシヴァ神像が建つ

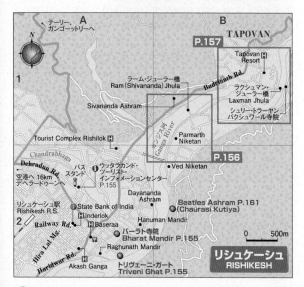

リシュケーシュ
RISHIKESH

P.157

TAPOVAN

P.156

P.155

テーリー、ガンゴットリーへ　A　B
Tapovan Resort
ラーム・ジューラー橋 Ram (Shivananda) Jhula
Badrinath Rd.
ラクシュマン・ジューラー橋 Laxman Jhula
Sivananda Ashram
シュリー・トラーヤン バクシュワール寺院
オレンジ河 Ganga River
Tourist Complex Rishilok
Parmarth Niketan
Chandrabhaga
Dehradun Rd.
空港は16km デヘラードゥーンへ
バススタンド
ウッタラカンド・ツーリスト・インフォメーションセンター P.155
Ved Niketan
リシュケーシュ駅 Rishikesh R.S.
Dayananda Ashram
State Bank of India
Inderlok
Baseraa
Beatles Ashram P.161 (Chaurasi Kutiya)
Hanuman Mandir
Railway Rd.
バーラト寺院 Bharat Mandir P.155
Raghunath Mandir
Akash Ganga
Hira Lal Mg.
Haridwar Rd.
トリヴェーニー・ガート Triveni Ghat P.155
0　500m

Uttarakhand ウッタラカンド州
Rishikesh リシュケーシュ

HINT

町の名前
「リシケシ」と呼ぶ人が多く、そのほうが通りもいい。

リシュケーシュは聖地への入口
リシュケーシュではインド人巡礼者の姿をたくさん目にする。彼らはここを起点として、さらにガンガーの源流にある聖地、ヤムノートリー、ガンゴートリー、ケーダールナート、バドリーナートを目指す。

INFO

ウッタラカンド・ツーリスト・インフォメーションセンター
Uttarakhand Tourist Information Centre
📖 P.155
🏠 Center Bldg., Yatra Terminus Bus Compound
☎ 2430209　🕙 10:00〜17:00
🈺 日、第2土、祝
ヨーガのアーシュラム情報もここで得られる。

リシュケーシュ新市街／ハリドワールからツーリストエリアへ
リシュケーシュのバスターミナルや鉄道駅からラーム・ジューラー橋周辺のツーリストエリアまでは、オートリクシャーでRs200〜250。乗合リクシャーであればRs30〜50。ハリドワールからはタクシーでRs1500、オートリクシャーでRs700〜800、乗合リクシャーでRs80〜100。

タクシーでリシュケーシュへ
旅行ではなく、ヨーガを目的でリシュケーシュを目指す人の場合、デリーからタクシーでリシュケーシュに入るものとつの手。旅行会社やタクシーのグレードにもよるが、片道Rs5000〜7000ほど。
リシュケーシュからタクシーで帰る場合は、ラーム・ジューラー橋、ラクシュマン・ジューラー橋にあるタクシー会社で手配できる。料金は黒板に明示されており、どちらも同料金。デリーまではRs5600。デヘラードゥーン空港まではRs820。

ラーム・ジューラー橋のオートリクシャー乗り場

ⓘ 駅からメインロードまでの間は住宅地と商業地が混在し、交通量も多い。ヨーガの修行をしない人でも、静かに過ごしたいなら、河を渡った地区に滞在したほうがいい。

INFO

対岸への渡し船

⊕ひとり片道Rs40。
ラーム・ジューラー橋のタクシースタンドの下あたりに乗り場がある。ただし、雨季など川が増水して流れが急なときは運休となる。

ガンジス河を船で横断

ラーム・ジューラー橋エリアからラクシュマン・ジューラー橋エリアへの市内交通

歩いて行けないことはないが、相当距離があるので乗合オートリクシャーを利用しよう。メインロードを頻繁に行き来しており、どちらのエリアへ行くにも一律ひとりRs20。ただし満席にならないと出発しないので、お客が少ないと「Rs50払えば出るけど」などと提案される。またRs150支払えばひとりでチャーターも可能。対岸のマーケットエリアを結ぶ乗合ジープもあり、こちらもひとりRs20。

荷台部分がシートになっている乗合オートリクシャー

ラクシュマン・ジューラー橋が工事中

2023年5月現在、ラクシュマン・ジューラー橋は大規模な改修工事に入っており利用できない。そのため、北岸のタポヴァンと南岸のラクシュマン・ジューラーを行き来するには渡し船を利用するしかない。料金はひとりRs40〜50。

シュリー・トラーヤンバクシュワール寺院

⏱ 7:00〜17:30

ラクシュマン・ジューラー橋のたもとにある

ラーム・ジューラー橋周辺
RAM JHULA

（地図中の表記）
Sivananda Ashram
Sanidhya Inn P.158
Sivananda Auditorium
ラクシュマン・ジューラー橋へ
Badrinath Rd.
Yoga Niketan P.163
Sanskriti P.158
Shri Haridra Flavour P.159
ラーム・ジューラー橋 Ram Jhula P.156
ビーチ
Lakshman Jhula Rd.
タクシースタンド
オートリクシャースタンド
Chotiwala
渡し船（乾季のみ）
Chotiwala P.159
乗合タクシー（ジープ）スタンド
ATM (Axis Bank)
郵便局
Juice Stand
ATM (State Bank)
ガンジス河 Ganga River
SWARG ASHRAM
リシュケーシュ市街地へ
The Office
Soul Kitchen P.159
パルマト・ニケタン・ガート
Parmarth Niketan Ghat
Parmarth Niketan
Geeta Bhavan Rd.
Junk Rd.
ラクシュマン・ジューラー橋へ
Parmarth Hospital
Green One Earth P.158
0 100 200m
↓ビートルズ・アーシュラム P.161、Ved Niketanへ

ラーム・ジューラー橋エリア

　メインロードをガンガー沿いに上流へ3kmほど進むと、大きなつり橋が見えてくる。これが**ラーム・ジューラー橋**で、この周辺のメインロード沿いにはヨーガ・ニケータンやシヴァナンダ・アーシュラムといったアーシュラムがある。オートリクシャースタンドで乗合オートリクシャーを降り、橋のほうへ下っていくと、小道沿いにタクシースタンド、レストランやホテル、みやげ物屋が続く。ラーム・ジューラー橋は車の通行は不可。対岸へは徒歩で橋を渡るほか、水量の少ないときであれば渡し船も利用できる。川を渡った東岸には、大きなシヴァ神像があるパルマルト・ニケタン・ガートなどがあり、川沿いの道にはアーシュラムのほか、レストランやショップもたくさん並んでいる。

ラクシュマン・ジューラー橋エリア

　メインロードをさらに上流に進むと、急激な上り坂になり、ガンガーがどんどん下に遠くなっていく。2kmほどでもうひとつのつり橋、**ラクシュマン・ジューラー橋**付近に着く。乗合オートリクシャーもここが終点（それ以上先へは追加料金がかかる）。このエリアは**タポヴァン Tapovan**と呼ばれ、近年、中級のホテルやゲストハウスが建ち並ぶようになった。オートリクシャースタンドのすぐ先から、ゲストハウスやレストラン、ショップが並ぶ道を下っていくと、ラクシュマン・ジューラー橋に10分ほどで出る。橋の両端は欧米人に人気のエリアで、ヨーガや瞑想をしに来ている長期旅行者の姿が多い。東岸に見える大きなヒンドゥー寺院は、**シュリー・トラーヤンバクシュワール寺院Shri Trayanbakshwar Mandir**。13階建てで、寺院の中をぐるぐると回りながら最上階まで上れるようになっている。橋を渡った東岸にもアーシュラムがいくつかあ

ⓘ ラクシュマン・ジューラー橋のたもとにあるシュリー・トラーヤンバクシュワール寺院やラーム・ジューラー橋の渡し船乗り場付近のガートなどでは、毎日日暮れ頃からガンガー・アールティ（礼拝）が行われる。

A ⊞ Mustache Rishikesh Luxuria P.159

The 60's Cafe The Beatles P.160 🍴

Green Hills ⊞

TAPOVAN

Rajendra Yoga & Wellness Center P.163 ●

A Tavola Con Te P.160 ●

Sara ⊞

Kriya Yoga ⊞

Badrinath Rd.

🅂 SBI

Organic Store

オートリクシャースタンド

Upplan P.158 ⊞

Anand Prakash P.163 ●

⊞ Laxmi Yellow G.H. P.159

Tapovan ⊞ Resort

シュリー・トラーヤンバクシュワール寺院 Shri Trayambakeshwar Mandir P.156

🍴 Maharishi Cafe P.160へ

タクシー スタンド

寺院● ●

Devraj Coffee Corner P.160

Divine Resort ⊞ P.158

Fabindia ●

ラクシュマン・ジューラー橋 Lakshman Jhula 改修工事中(2023年5月現在) P.156

Ganga Beach Cafe 🍴 (休業中)

ガンジス河

Ganga River

ビーチ

渡し船

Purple P.160

● Lucky P.158 へ

Sant Sewa Ashram ● Vedic Dham Ganga P.158 へ

Lakshman Jhula Rd.

Little Buddha Cafe 🍴 P.159

乗合タクシー (ジープ) スタンド

ラーム・ジューラー橋へ

Jonk Rd.

ラクシュマン・ジューラー橋周辺
LAKSHMAN JHULA

B 0 100 200m

N

1

P.159

アーシュラム滞在

ヨーガでアーシュラムに滞在する人は、最低2週間ぐらいは時間を取りたい。途中でアーシュラムを変わるのは大変なので、選ぶときはなるべく多くの情報を集めてから慎重に (P.162)。

大きなアーシュラムのひとつ パルマト・ニケタン

国際ヨーガフェスティバル
International Yoga Festival

毎年3月第1週。主催は州政府観光局、パルマト・ニケタン。期間中は、インド中から有名なヨーガの指導者が集まり、講演、実技指導などが行われる。デリーからバスや宿、食事などを含んだツアーが催行されている。 🌐 www.internationalyoga festival.com

リシュケーシュでの アクティビティ

近年、リシュケーシュでは、ラフティングやトレッキング、バンジージャンプなどのアクティビティを楽しむ人も増えてきている。市内の旅行会社で手配できる。

ラフティングに興じるインド人観光客

り、ゲストハウスやレストラン、ショップも並ぶ。メインロードまでまた道を登って戻るのは面倒という人は、ここから徒歩または乗合ジープでラーム・ジューラー橋まで行くことができる。ガンガー沿いに下流のほうへ歩いていくと、郵便局を過ぎて少しした所の川側に、きれいに舗装された遊歩道が延びている。ここを進めば徒歩15分ほどでラーム・ジューラー橋のたもとに着く。

ラクシュマン・ジューラー橋の近くで瞑想する外国人

ウッタラカンドの避暑地

デリーからあまり遠くないヒマーラヤの麓に、多くのインド人が訪れる避暑地がある。リゾートだけに物価は高めだが、清らかな空気と過ごしやすい気候に癒やされること間違いなし。避暑シーズンは5〜6月と9〜10月頃で、7〜8月は雨季となる。

▶ムスーリー Mussoorie 📖 折込B-1

19世紀にイギリス人に見いだされた小さな町で、リゾート地とあってホテルの数は多い。35km離れた麓の町デヘラードゥーンDehradunからのバスが着くふたつのバススタンド付近は、どちらも小さな店が集まるバザール。その間が、ザ・モールThe Mallと呼ばれるメインストリートだ。

デリーからはデヘラードゥーン行きの列車で所要約6時間。そこからムスーリーへのバスは、日中1時間に1〜2便あり、所要約1時間30分。

▶ナイニータール Nainital 📖 折込B-2

エメラルド色の水をたたえたナイニータール湖があり、湖畔にはレストランやホテルが並ぶ。昼は湖でヨットやボート遊びをするほか、町の周囲でいちばん高い山ナイナ・ピークに、徒歩かポニーで登ることもできる。湖のすぐ近くの山スノー・ビューにはロープウエイで上れる。最寄りの駅カートゴーダムKathgodamからナイニータールへは、バスで所要約1時間30分。

ⓘ 今インド人観光客に絶大な人気を博しているアクティビティがラフティング。料金は曜日やコースによって異なるがRs500くらいから参加できる。このあたりの川の流れは見た目以上に速いので注意。

Hotel ホテル

宿泊はアーシュラムの施設が利用できるほか、市街地、ラーム・ジューラー橋、ラクシュマン・ジューラー橋の3つのエリアに分かれてホテルがある。市街地は交通量も多く騒々しいので、たとえ数日の滞在でも両橋付近のエリアへ行ったほうがいい。

女性のひとり旅でも安心

H サンスクリティ
Sanskriti

ラーム・ジューラー橋 ₹₹
MAP P.156-A1

住 Near Sivananda Ashram, Swag Ashram, Yatri Niwas, Ram Jhula ☎ 706-044-9920 料 W Rs 5000（朝食付） 税 込 Card MV Wi-Fi 室 6室 URL www.sanskritivedicretreat.com

タクシースタンドからラーム・ジューラー橋へ向かう途中という絶好のロケーション。ヨーガクラス、アーユルヴェーダトリートメントもできる複合施設。客室はシンプルで清潔。カフェも併設されている。短期滞在の女性にもおすすめ。

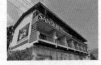

全室ガンガービュー

H サニディヤ・イン
Sanidhya Inn

ラーム・ジューラー橋 ₹₹
MAP P.156-B1

住 Near Ram Jhula, Muni Ki Reti ☎ 789-507-3561、783-062-5995 料 W Rs3000 税 込 Card MV Wi-Fi 室 10室 URL www.sanidhyainn.com

ラーム・ジューラー橋のたもとにある。客室は広くはないが、シンプルで使いやすい。全室リバービューなので、ベッドに横になりながらガンガーを眺められる。スタッフの対応もよい。ホテルの裏の階段はメインロードへの近道。

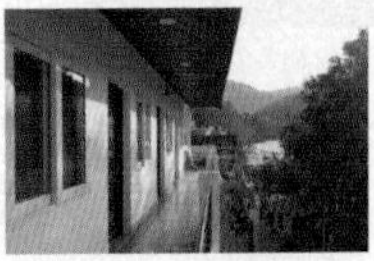

部屋数の多い中級ホテル

H グリーン・ワン・アース
Hotel Green One Earth

ラーム・ジューラー橋 ₹₹
MAP P.156-A2

住 Near Parmarth Niketan Swarg Ashram ☎ 639-730-2552 料 W Rs3500～4000 税 別 Card MV Wi-Fi 室 36室 URL www.oneearthhotels.com

ラーム・ジューラー橋東岸エリア、スワルグ・アーシュラムにある。全室TV付き、ホットシャワー24時間OK。両替やインターネットの利用も可能で快適に滞在できる。レストランやトラベルデスクもあり便利。ホテルに併設されたホールで行われるヨーガクラスもアレンジ可能。

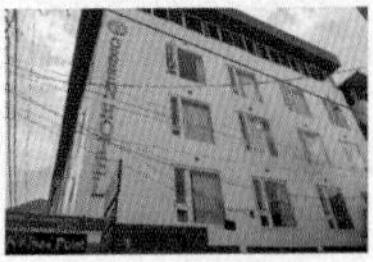

無料ヨーガ教室も開催

H ディヴァイン・リゾート
Divine Resort

ラクシュマン・ジューラー橋 ₹₹
MAP P.157-A2

住 Tapovan, Lakshman Jhula ☎ 0135-244-2128 料 マウンテンビュー W Rs1万4000 ガンガービュー W Rs1万5000（朝食付） 税 別 Card MV Wi-Fi 室 64室 URL www.divineresort.com

メインロードからラクシュマン・ジューラー橋のほうへ下り、すぐ右側にある。ガンガービューの新館の客室バルコニーや敷地内にあるダイニングのテラス席からは眼下に流れる川を見渡せる。ベッドは広いダブルベッド。ホットシャワー24時間OK。1階のカフェでは、本格的なエスプレッソやケーキなどが提供される。朝食はビュッフェスタイル。

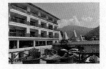

アクセスのよさも魅力

H アッププラン
Upplan

ラクシュマン・ジューラー橋 ₹
MAP P.157-A1

住 Near Anand Dham, Tapovan, Laksman Jhula ☎ 978-457-2006 料 D Rs450 A/C S W Rs1300 税 別 Card 不可 Wi-Fi 室 16室

H ディヴァイン・リゾートの向かい側にあるゲストハウス。インド人の若者がオーナーで、ポップな雰囲気が特徴。小さいわりには部屋数も多く、ドミトリーもある。

おしゃれなヨーガホテル

H ヴェディック・ダーム・ガンガー
Vedic Dham Ganga

ラクシュマン・ジューラー橋 ₹₹
MAP P.157-B2

住 Omkarananda Satyarayan Mandir, Laxman Jhula ☎ 915-246-3355 料 食 D S W Rs1500～ 税 別 Card MV Wi-Fi 室 8室

ヨーガや瞑想ができる宿泊施設。メディテーションのワークショップなども行われているのでドミトリーもある。ガンガーに面した絶好の立地と、オーガニックでおしゃれな雰囲気もあり、予約がなかなか取れないほどの人気。3食付き。

ガンガービューの部屋もある

H ラッキー
Lucky

ラクシュマン・ジューラー橋 ₹
MAP P.157-B2

住 Near Taxi Stand, Lakshman Jhula ☎ 941-175-3223 料 S Rs1200 W Rs1800 A/C S W Rs2500～3000 税 込 Card 不可 Wi-Fi 室 7室 URL www.luckyhotel.co.in

部屋がきれいでコスパのよい人気の宿。周辺にはカフェやレストランが多く、バックパッカーでにぎわっている。1階が同経営のレストランで、向かって右側の階段を上がると受付がある。奥のほうの客室はガンガービュー。人気の宿なので事前に予約しておくと確実だ。

ラーム・ジューラー橋エリアのパルマルト・ニケタンの前にあるガートには大きなシヴァ神像が建っている。ここの前で毎夕行われるアールティ・プージャーがおすすめ。（世田谷区 Yuri '19）['23]

デラックスなバックパッカー宿
H ムスタッシュ・リシケーシュ・ラグジュリア
Mustache Rishikesh Luxuria

タポヴァン ₹₹
MAP P.157-A1

🏠 NH58, Badrinath Highway, Opp Deecon Valley
Apts, Tapovan ☎ 902-712-0828 💰 Rs600～
1000 💰 Rs5500 💰 Rs7500 別 Card MV
WiFi 🛏 35室 🌐 www.moustachescapes.com

バックパッカーに人気の H ムスタッシュホステルの豪華版。ガンガーからは少し離れているが、プールなど設備は整っている。ロビーのオープンスペースは、みんなの憩いの場となっており、旅行者同士が情報交換をしている。もちろんドミトリーもあり。個室利用の場合は朝食付き。外国人はもちろんだが、若いインド人旅行者の利用も多く、時代の移り変わりを感じさせる。

長期滞在者にも向いている
H ラクシュミー・イエロー・ゲストハウス
Laxmi Yellow Guest House

ラクシュマン・ジューラー橋 ₹
MAP P.157-B1

🏠 Near Anand Prakash Yoga Ashram, Tapovan
☎ 0135-244-2625
💰 Rs1500～Rs2500
込 Card 不可 WiFi 🛏 18室

長期滞在者の多いタポヴァンエリアにあり、中心部からは少し離れるがそのぶん落ち着いて滞在できる。アーナンド・プラカーシュ（P.163）に近いので、早朝のヨガクラスを受けたい人には便利だ。客室は全室エアコン付きだが、シンプルでコンパクトな部屋からキッチン付きの部屋までいくつかのカテゴリーがあるので、自分のスタイルに合った部屋を選ぶといい。最上階にはヨガホールもある。

Restaurant レストラン

レストランを探すのには苦労しないが、聖地という土地柄、原則的にどの店も肉類はなく、すべてベジタリアン。アルコールも置いていない。

リシュケーシュの名物レストラン
R チョティワラ
Chotiwala Restaurant

インド料理 ₹₹
MAP P.156-B1

🏠 Swarg Ashram ☎ 963-949-0001
⏰ 8:00～23:00 Card 不可

1958年創業の老舗レストラン。同名の店が2軒並んでおり、値段も似たようなものだがメニューは微妙に異なっている。店先にはチョティ（ツンととがった髪の毛のこと）のキャラクターに扮した人が座っており、観光客が一緒に記念撮影に興じている。人気はデザートにグラブジャームンが付いたスペシャルターリーRs349。ラーム・ジューラーのタクシースタンドの隣にも支店がある。

気軽に入れるローカルレストラン
R シュリ・ハリドラ・フレイバー
Shri Haridra Flavour

インド料理 ₹
MAP P.156-A1

🏠 Near Ram Jhula Parking., Ram Jhula
☎ 940-778-4409 ⏰ 8:00～22:00 Card 不可

タクシースタンドの向かい側、階段を上った2階にある。マサラドーサRs130やターリー Rs250～などインドのスナックや定食がメインで、インド人観光客でにぎわっている。

緑のなかでヘルシーフード
R ソウル・キッチン
Soul Kitchen

インド料理・コンチネンタル ₹₹
MAP P.156-B2

🏠 Neelkantha Rd. ☎ 976-059-0971
⏰ 8:30～22:00 Card 不可

ラーム・ジューラー橋から徒歩5分ほど坂道を上った静かな場所にあるレストラン。ヘルシー志向のベジタリアン料理は、刺激が強くなくおいしい。砂糖などの甘味調味料を一切使っていないデトックスジュースRs90～もおすすめ。緑に囲まれた気持ちのいい空間で、欧米人のヨーギたちがのんびりと過ごしている。

ガンガーを見下ろす高台のカフェ
R リトル・ブッダ・カフェ
Little Buddha Cafe

コンチネンタル ₹₹
MAP P.157-B2

🏠 Lakshman Jhula Rd., Lakshman Jhula
☎ 750-075-8873 ⏰ 8:00～22:30 Card 不可

欧米人旅行者に絶大な人気を誇るオープンエアなカフェレストラン。入口はラクシュマン・ジューラー通りに面した2階にあり、少しわかりにくいが、暗いトンネルのような通路抜けると、往年のヒッピーテイストを感じさせる和やかなムードのお店が広がっている。川沿いの席からはガンガーが見渡せ、吹き抜ける風が心地よい。メニューは、フレッシュジュースRs90～やインドとコンチネンタルが合わさったようなブッダサンドイッチRs60など。

ⓘ ラーム・ジューラー橋のたもとからさらに10分くらい歩いた所に「ゴア・ビーチ」と呼ばれる河原がある。ヒッピーのような欧米人旅行者がのんびりしている隠れ家のような場所。

今リシュケーシュでいちばんおしゃれな場所
R マハリシ・カフェ
Maharishi Cafe

コンチネンタル ₹₹

MAP P.157-B1 外

🏠 12 Neelkanth Rd., Lakshman Jhula ☎ 884-068-2097 🕒 9:30～21:00 🈡 水 🈳 別 Card MV

竹や土などを使ったナチュラルな建物にアンティークの調度品、BGMには静かなジャズが流れるおしゃれな空間。朝食セットのモーニンググローリーRs280やブッダボウルRs450はヘルシーでボリューム満点。ランチにはヴェジバーガーRs280やクリーミーソースがおいしいローストレッドペッパーパスタRs420がおすすめ。創作的なアーユルヴェーダターリーRs1250もぜひ味わってみたい。オーナーはオランダ人で、ハイクオリティなショールやデザイン製の高いアクセサリー、アムステルダム発のアパレルを扱うコーナーもある。ラーム・ジューラー橋から5～6分歩くことになるがわざわざ行ってみる価値大。

本格イタリアンが味わえる
R ア・タボラ・コン・テ
A Tavola Con Te

イタリア料理 ₹₹

MAP P.157-A1

🏠 Behind Kriya Yoga Ashram, Tapovan ☎ 897-967-6849 🕒 12:00～21:30 Card 不可

オートリクシャースタンドから北に坂を少し上り、左側にある看板のある細い路地を入った場所にある。窯焼きピザが人気で、マルゲリータRs290やゴルゴンゾーラRs400など種類も豊富。イタリアから輸入したオリーブオイルやチーズを使ったパスタRs270～も本格的な味わい。ラクシュマン・ジューラー橋からは少し離れているが、わざわざ足をのばしてでも食べに行く価値のあるレストランだ。

ビートルズファンなら訪れてみたい
R ザ・シックスティーズ・カフェ・ザ・ビートルズ
The 60's Cafe The Beatles

コンチネンタル ₹₹

MAP P.157-A1

🏠 Badrinath Highway, Tapovan ☎ 921-9-7742 🕒 9:30～20:00 🈳 別 Card MV

60年代のロックをモチーフにしたカフェ。壁面には往年のロックスターの写真が飾られ、BGMには60年代の名曲が流れている。緑の庭園にはビートルズラウンジもある。ジュースの種類が豊富で、ストロベリーフィールズ・フォーエバーやアクロス・ザ・ユニバース各Rs190などビートルズの名曲から名前を取ったメニューが並ぶ。

高台に建つカフェ
R デヴラージ・コーヒー・コーナー
Devraj Coffee Corner

コンチネンタル ₹₹

MAP P.157-B1

🏠 Near Lakshman Jhula ☎ 976-082-4719 🕒 8:30～21:30 Card 不可

ラクシュマン・ジューラー橋を見下ろす崖の上にある「ジャーマン・ベーカリー」の別名をもつカフェ。アーモンドトライアングルRs60やチーズケーキRs130が名物。本屋を併設。

おいしくてリーズナブル
R パープル
Purple Restaurant

インド料理 ₹₹

MAP P.157-B2

🏠 Lakshman Jhula ☎ 976-018-9967 🕒 9:00～17:00、19:00～22:00 Card 不可

カレーの種類が多くどれもおいしいと地元でも評判のレストラン。カレー3種とサラダ、バター・チャパーティー、ライスも付いてボリューム満点のスペシャル・ターリーはRs350。女性にはセミ・ターリーRs100もおすすめ。ガンガービューの席や2階席もある。

パタンジャリ・メガストア

「パタンジャリPatanjali」という日用品ブランドをご存じだろうか。オレンジ色の装装を着た髭モジャのおじさんの写真の看板を見たことないだろうか? 全土で取り扱いがあるので、インドを訪れたことがある人であれば必ず一度は目にしたことがあるはず。若干宗教色が強過ぎる感じがして敬遠しがちなのだが、このブランド、その品質のよさとリーズナブルな価格設定で、インド人の圧倒的な支持を受けている。

パタンジャリは、ヨーガ行者・ババ・ランデーヴBaba Ramdevがアーユルヴェーダからスタートしたブランドで、現在の取り扱い品目は、アタ(全粒粉)やオイル、石鹸、シャンプー、お菓子にいたるまで生活日用品全般にわたっている。特に人気が高いのが歯磨き粉(P.34)だ。

ババ・ランデーヴのおひざもと、ハリドワール郊外にはパタンジャリ・ヨーグ・ピータという病院やヨーガセンターも兼ねた大型施設がある。この敷地内には、パタンジャリ製品が勢揃いしたパタンジャリ・メガストアがあり、旅行者にもおすすめだ。

▶ パタンジャリ・ヨーグ・ピータ Patanjali Yog Peeth
🏠 Maharashi Dayanand Gram, Delhi-Haridwar National Highway, Haridwar
🕒 8:00～22:00(パタンジャリ・メガストア) Card MV

ラーム・ジューラー橋周辺から時計塔に向かうと、バザールの終わり近くに R The Officeというフルーツとお菓子、チャーイの店があります。おじさんが大きなカップで出してくれるチャーイとアップルサモーサーは絶品です。(品川区 うくじん '17)['23]

ビートルズの名作「ホワイト・アルバム」が生まれたアーシュラム

今から55年前、ビートルズがインドにやってきた。その頃のインドは、多くの人にとっては情報もほとんどない神秘の国。そこに世界最大のスターであるビートルズが、精神修行のために訪れたというニュースが世界中に報道されたのだ。当時、ビートルズ経由でインドに興味をもった人たちも多かったのではないだろうか。

1960年代半ば、従来の西洋的な思想では飽き足らなくなった欧米の若者たちの間で、東洋の神秘思想にひかれる者たちが増えてきた。そのひとつに"瞑想"があり、マハリシ・マヘーシ・ヨーギは瞑想の三大グル（導師）のひとりとして人気があった。

イギリスで教えを受けたあと、ビートルズのメンバー4人とその妻やガールフレンド、取り巻きたちは、1968年2月にリシュケーシュにあるマハリシ・マヘーシ・ヨーギ・アーシュラムを訪れた。予定は1ヵ月。しかし「食事が合わない」とリンゴ夫妻は2週間ほどで帰国。根性なしと思うなかれ。今では洋食どころか日本食だって食べられるリシュケーシュだが、当時の食事は毎日似たような豆カレーだったに違いない（聖地のため、酒も肉食も禁じられている）。ポールは予定どおり1ヵ月で帰国。性格が出ている。ジョンとジョージは4月までがんばったが、帰国後、ジョンとポールはマハリシのセクハラ疑惑について発言し、滞在は失敗だったと認める。当然マハリシ側は否定するが、この件は何となくうやむやに終わってしまう。しかしこのリシュケーシュ滞在中に、『ザ・ビートルズ（通称「ホワイト・アルバム」）』収録の名曲が生まれたことは確かだ。滞在中は1日5時間の瞑想タイム以外は自由だったが、遊び盛りの若者たちが行くところもなく、かなり退屈だったことは想像できる。ドラッグなどいろいろワルいこともやったようだが、あまりにもヒマだったのだろう。曲を作り出した。電気楽器はないので、楽器は持ち込んだアコースティックギター。同行していたドノバンに教えてもらった、3フィンガー奏法にまじめに取り組んだのがジョンだ。『ディア・ブルーデンス』はその典型的な曲で、最初から最後まで印象的なギターの3フィンガーの伴奏が

奏で続けられている。瞑想ばかりの生活はジョンにとっては退屈だったようで、それを曲に表しているのが『アイム・ソー・タイアド』。マハリシに対するダイレクトな攻撃の曲『セクシー・セディ』もここで作られた。ここで作られた曲ではないというが、3フィンガー奏法は『ジュリア』にも取り入れられている。

一方、ポールはというと、この奏法をまじめには習得しなかったが、斜め見でその雰囲気をつかんで覚え、そのテクを導入し、自分なりの2フィンガー奏法を生み出した。さすが天才である。『ブラックバード』、『マザーズ・ネイチャー・サン』がこうして生まれた。そのほかにも『ロッキー・ラクーン』、『ホワイ・ドント・ウィー・ドゥー・イット・イン・ザ・ロード』、『アイ・ウィル』がここで書かれたといわれている。働き者だ。

ジョージはどうしたか？　残念ながらジョージがここで書いたという曲は知られていない。ジョージは3フィンガー奏法をその後もほぼ披露していないので、おそらくまじめに瞑想に励んでいたのであろう。帰国後、予定どおり4月にビートルズは自分たちの会社アップルを発足させ、シングル『ヘイ・ジュード』を発表。その夏にリシュケーシュで作った曲を多く含む2枚組『ザ・ビートルズ』の録音をするが、そこでバンドの分裂が加速化していくのは、ファンならご存じのことである。ジョンに"セクシー・セディ"呼ばわりされたマハリシだが、その後も信徒は増え、2008年に没するまで活動を続けた。

リシュケーシュのマハリシ・マヘーシ・ヨーギ・アーシュラムは、1997年に閉鎖され廃墟となっていたが、現在は内部は公開されており、ビートルズが投宿した建物や写真館もある。

▶ビートルズ・アーシュラム
Beatles Ashram (Chaurasi Kutiya)
MAP P.155-B2
🕙 10:00〜16:00　🎫 Rs600
リシュケーシュのラーム・ジューラー橋を東岸に渡り、ガンジス河沿いに1kmほど下った所にある。

不思議な形の瞑想用の建物

ホール跡にはマハリシとビートルズの肖像画

リシュケーシュ市街地にあるトリヴェニー・ガートは広々としていて、アーシュラムがある両橋付近地域とは雰囲気が違い、沐浴に訪れる人でにぎわっている。

リシュケーシュのヨーガ入門

「ヨーガのふるさと」と呼ばれるだけあって、リシュケーシュには世界中からヨーガを学びにたくさんの人々が集まり、町のあちこちで「YOGA」や「MEDITATION」という文字が見られる。国内外のヨーガ指導者がここでアーシュラムやヨーガ教室を開き、聞くところによると、それらの施設は現在100以上あるという。そのうえさらに新しい施設も増えつつあり、ヨーガ人気はとどまるところを知らない。

そんなリシュケーシュだからこそ、いざヨーガを体験したいと思っても、いったいどこですればいいのか迷ってしまうかもしれない。ヨーガにはさまざまな種類があるが、ハタ・ヨーガと銘打ったものは、ヨーガと聞いてイメージする一般的なポーズや動きのクラスだと思っていいだろう。ほかに、ダイナミックな動きが特徴のアシュタンガ・ヨーガや、一つひとつのポーズにじっくりと取り組むアイアンガー・ヨーガなども有名だが、こちらは若干経験者向けだ。クラスの見学はできないところが多いので、直感で気になったクラスにドロップインして様子を見てみるか、もしくは宿の人や旅友達に聞いてみるといい。本格的にヨーガと向き合いたい人は、宿泊や食事が込みのアーシュラム滞在スタイルが、哲学や聖典をじっくり学べたり、プージャー（祈りの儀式）に参加できたりするのでおすすめだ。

セッションはたいてい朝と夕方に催行される。なるべくセッションが始まる1〜2時間前には食事を済ませ、水分をたっぷり取ってから参加したい。ヨーガマットなどの備品は用意されていることが多いが、町にはヨーガグッズがたくさん売られているので、自前のものを持ち込めばモチベーションも上がるだろう。服装は基本的に自由だが、動きやすく体を締め

つけないものがよい。セッションがスタートしたら、難しいことは考えずに肩の力を抜いて流れに身を委ねてみよう。初めにマントラ（お経）を唱えて、アーサナ（ポーズ）の練習、プラーナヤーマ（呼吸法）、瞑想、そして最後にマントラで締めるという流れが一般的だ。たいていのセッションの指導は英語だが、「インヘイル（息を吸って）」と「エクスヘイル（息を吐いて）」さえ覚えておけば大丈夫。呼吸こそヨーガの最大のポイントなので、体の動きに合わせてゆっくり深い呼吸を意識しよう。苦しいポーズのときはつい息を止めてしまいがちだが、そんなときこそ呼吸するのを忘れずに。細かいポーズや動きは先生が上手にアシストしてくれるはずだが無理は禁物。自分のできる範囲で気持ちよく体を動かしていこう。余裕が出てきたら、マントラを覚えたり、先生から投げかけられる哲学的な言葉にも耳を傾けてほしい。

ちなみに、ヨーガのポーズは「コブラのポーズ」や「英雄のポーズ」、「木のポーズ」など、聞いたことがありそうなものもあり、それらの変化形なども含め種類はまさに星の数ほどある。そんななかでも真骨頂は「屍のポーズ」と呼ばれるシャバーサナだという人もいる。これは両手足を軽く広げて仰向けに寝転ぶだけの、一見ポーズというにはためらわれるほど簡単過ぎるポーズだが、全身を完全にリラックスさせるのは意外と難しい。眉間や奥歯、頭や首など、普段無意識のうちに力んでいることに気がつくはずだ。さまざまなポーズを取りながら体の緊張と弛緩を繰り返すうちに、全身の気の巡りがよくなっていくのをじっくりと感じよう。そしてたっぷりと吸い込んだガンガーの聖なるエネルギーで全身を満たせば、あなたも立派なヨーギ＆ヨーギニだ。

広いホールで行われるヨーガクラス（アーナンド・プラカーシュ）

 ラクシュマン・ジューラー橋からラーム・ジューラー橋へ向かって10分ほど歩き、郵便局の向かいの路地をさらに上った所にある®Pyramid Cafeは、緑あふれる静かな場所で食事が楽しめます。シズラーがおいしかったです。（富士市　Yuki　'18）['23]

アーシュラム・教室情報

日本人に人気のアーシュラムや初心者向けの教室を紹介する。ヨーガと宿泊、食事も含まれるアーシュラム住み込みのスタイルは、安くつくが年季の入ったところも多いので、先に部屋やヨーガホールを見せてもらってから決めるといい。時間や料金はよく変動するので、なるべく事前に確認を。

▶ヨーガ・ニケータン Yoga Niketan
[MAP] P.156-A1　☎ 0135-243-0227
🕘 8:30〜12:00 13:00〜17:30
[料] 1泊Rs1232〜（ヨーガと食事込）　[休] 日
[URL] www.yoganiketanashram.org

小高い丘の上にヨーガホールや宿泊施設があるアーシュラム。静かな環境でヨーガに集中することができる。スケジュールは5:15起床、5:30〜瞑想、6:45〜ヨーガ、8:30〜朝食、12:00〜昼食、15:15〜レクチャー、16:00〜ティータイム、16:30〜ヨーガ、18:00〜瞑想、19:15〜夕食。夜は曜日によって賛歌やキャンドル・メディテーションの時間もあり本格的だ。日曜は朝掃除があるほかは休み。図書館にはヨーガに関する本が豊富で、日本語の本もある。滞在は3日以上から受け入れてくれる。

モザイクで彩られたメディテーションホール

●アーナンド・プラカーシュ Anand Prakash
[MAP] P.157-B1　☎ 0135-244-2344、844-910-8668
🕘 8:00〜19:00　[休] 日
[料] 1回Rs500〜、1日Rs1300（ヨーガと食事込）

きれいなアーシュラムで本格的なヨーガを学べる。クラスは朝6:00〜と夕方16:00〜の2回あり、アーシュラムの創立者ヴィシュワ先生が指導する回（朝のことが多い）がおすすめ。ドロップイン（Rs500）や1日パス（Rs1300、食事込み）もあるが、ここはじっくりと宿泊して取り組みたい。1泊の料金はふたり部屋のシェアでRs2400、個室でRs4000。最低3泊から受け付けてくれる。部屋数が少なく、満室のことも多いので早めに予約を入れたい。指導者育成クラスもある。

メディテーションホールではアールティも行われる

アーナンド・プラカーシュ創設者のヴィシュワ師

▶ラージェンドラ・ヨーガ&ウェルネス・センター Rajendra Yoga & Wellness Centre
[MAP] P.157-A1　☎ 941-099-3180、838-488-5169
🕘 8:00〜17:00　[休] 日の夕方　[料] 1回Rs300〜
[URL] www.yogmaster.org

日本人の女性ひとりでも安心して学べるアットホームな雰囲気のヨーガクラス。先生は日本語を交えたシンプルな英語で、参加者のレベルに合わせ、ポーズはもちろん呼吸法や哲学についても教えてくれる。ドロップインでの参加は1回Rs300。1週間以上の滞在であれば宿泊も可能で1泊Rs600〜（個室、ホットシャワー付き）。初心者におすすめなのが、1週間で基礎から学べるFoundation Course（Rs2万4000）。1日4回のヨーガクラス、宿泊、3回の食事、ヒンドゥー文化を知るための聖地やヨーガマスターを訪ねるツアーがすべて含まれている。アメリカのヨガ連盟認証のヨーガ指導者養成コースもある。

リラックスして学べるヨーガホール

世界各国のヨーギ&ヨーギニがここで学ぶ

✉ タポヴァンエリアのオートリクシャースタンドの近くにある[S] Organic Storeには、食品から日用品までオーガニックなアイテムが豊富。ニームやクローブ配合の歯磨き粉や肌に優しいハーバルコスメは、おみやげにも最適。（品川区　もっつん　'18）['23]

チャンディーガル

コルビュジエが牛の角をモチーフとしてデザインした議事堂

チャンディーガルの市外局番
0172

チャンディーガルの人口
102万人

ACCESS

飛行機

デリーから各社合計日曜以外の毎日3～11便、所要50分～1時間25分。ムンバイーから毎日2～7便、所要約2時間30分。空港は町の南約10kmにあり、空港と市街のバスターミナルとはエアポートシャトルバス（Rs 100）で結ばれている。

鉄道

ニューデリー駅から特急が1日3便、所要約3時間30分、急行が1日5～7便、4時間～5時間20分。アムリトサルから急行が1日2便、4時間～4時間30分。カールカーから特急や急行が1日6～7便、30～45分。

バス

デリーから所要約5時間。アムリトサルとハリドワールから約5時間。ダラムシャーラーから約8時間。マナーリーから約11時間。セクター17と43にそれぞれISBTがある。セクター17からはデリー、ウッタラカンド、ウタル・プラデーシュ、ラージャスターン方面行き、セクター43からはパンジャーブ、ヒマーチャル・プラデーシュ方面行きのバスが出ている。

デリーの約250km北に位置するチャンディーガルは、ハリヤーナー州とパンジャーブ州の州都。それと同時に、独立した連邦直轄領でもある。この町を歩くとすぐに、ほかのインドの都市と比べて一風変わっている点に気づくだろう。広く真っすぐな通り、涼しい木陰をつくる街路樹、そして碁盤の目状の町並み……。

チャンディーガルはモダニズム建築の礎を築いたスイス人建築家、ル・コルビュジエによって設計された計画都市だ。1947年、パキスタンがインドから独立すると、パンジャーブの中心都市ラーホールはパキスタン領となった。そこで新州都として選ばれたのがこの町だった。

町は57の「セクター」に分けられ、マーケットや公園、人造湖が配されている。ル・コルビュジエが手がけたモダンな建築が点在し、2016年に世界遺産に登録されている。

町を行く裕福そうな人々や、ごみの少ないきれいな町並み。ここはインドの中でも最もインドらしくない町のひとつといえるかもしれない。

オープン・ハンド・モニュメント

 セクター1の南にあるスクナ湖は、都市計画の一部である人造の湖。湖周辺は歩きやすいよう整備されており、ボート遊びもできる。ショップやレストランがあり、市民の憩いの場になっている。

チャンディーガルの歩き方

セクター17は多くのレストランやショップが集まるチャンディーガルの中心地。その隣の**セクター22**周辺にホテルが多いので、着いたらまずはここを目指そう。鉄道駅や空港は町の南にあるので、中心部に向かう市バスに乗るといい。長距離バスの場合はセクター17のほかに43にもバススタンドがあるので、どこに着いたかをまず確認すること。

チャンディーガルのおもな見どころは、セクター17の北の**セクター10**と、町の北東端の**セクター1**に集まっている。各セクターの長辺は約1.4kmもあるので、徒歩による観光はきつい。リクシャーやバスをうまく利用しよう。

スクナ湖は市民の憩いの場

INFO

チャンディーガル市内交通
市バスは1回Rs25。1日乗車券もあり、Rs60ですべてのバスが1日乗り放題となる。バスの中で購入可能。
オートリクシャーは料金交渉制だが、例えばセクター17からセクター1へ行くなど通常の乗車であれば、相場はRs50。

チャンディーガル
CHANDIGARH

SECTOR 12

B

0　500m

A

ガーンディー・バワン

キャピトル・コンプレックス
Capitol Complex P.166

SECTOR 2

SECTOR 11

議事堂
Vidhan Sabha P.166

行政庁舎
Secretariat P.166

オープン・ハンド・モニュメント
Open Hand Monument

ブーゲンビリア・ガーデン
Bougainvillea Garden

影の塔 P.166

SECTOR 3

高等裁判所 P.166
High Court

ツーリスト・インフォメーション・センター

1

高等裁判所博物館 P.166
High Court Museum

SECTOR 15

SECTOR 10

SECTOR 1

チャンディーガル建築博物館
Chandigarh Architecture Museum P.167

Government College of Art

ネック・チャンド・ロック・ガーデン
Nek Chand Rock Garden P.166

SECTOR 4

SECTOR 24

自然史博物館
Natural History Museum P.167

政府博物館＆美術館
The Government Museum & Art Gallery P.167

ザキール・フセイン・ローズ・ガーデン
Zakir Hussain Rose Garden

SECTOR 9

SECTOR 5

ボート乗り場

SECTOR 16

SECTOR 23

SECTOR 17

スクナ湖
Sukhna Lake

Shivalikview

Neelam Cinema

SECTOR 8

Hop on Hop offバス乗り場

Ghazal

SECTOR 6

Aricent P.165

ISBT（セクター17）

Anokhi

SECTOR 22

SECTOR 18

SECTOR 7

The Piccadily P.167

Satyadeep
Sai Sweets P.167

Malt & Co.

ル・コルビュジエ・センター
Le Corbusier Centre P.167

SECTOR 26

The Aroma

Aquamarine P.167

SECTOR 19

SECTOR 21

JW Marriott

チャンディーガル駅（6km）、空港（10km）へ

SECTOR 20

SECTOR 27

B

ⓘ セクター14のパンジャーブ大学の構内にあるガーンディー・バワン（MAP P.165-A1）は、コルビュジエのいとこピエール・ジャンヌレが設計し、1966年に建てられたもの。建築好きなら一見の価値がある美しい建物だ。

キャピトル・コンプレックス

☎ 921-653-5045
🕐 10:00～、12:00～、15:00～
🚫 祝
💰 無料
敷地内はガイドツアーでのみ見学できる。セクター1のツーリスト・インフォメーション・センターに、ツアー開始の10分前までに行き、パスポートを見せノートに必要事項を記入。土・日曜と政治集会の開かれる日は、議事堂は外から眺めるのみとなる。

高等裁判所博物館

高等裁判所近くにある博物館で、歴史的な裁判の資料や、マハートマー・ガーンディーを暗殺したナートゥーラーム・ゴードセーの手錠などを展示している。
🗺 P.165-B1
🕐 10:00～17:00
🚫 日
💰 無料

HINT

Hop on Hop off

チャンディーガル観光開発公団（CITCO）が運行するオープントップのダブルデッカーバスで、セクター17の🅷シヴァリクビュー（🗺 P.165-A2）を出発し、ザキール・フセイン・ローズ・ガーデン、政府博物館＆美術館、ブーゲンビリア・ガーデン、ネック・チャンド・ロック・ガーデン、スクナ湖を回る。8:00～18:00の間約1時間に1便運行。
💰 1回券Rs10、半日券Rs75
🌐 www.citcochandigarh.com

観光地巡りに便利

ネック・チャンド・ロック・ガーデン

📍 Sector No.1
🕐 4～9月 9:00～19:30
　　10～3月9:00～18:00
💰 Rs30
🌐 nekchand.com

コルビュジエ作品が集まった
キャピトル・コンプレックス　Capitol Complex

MAP P.165-B1

町の北東部に位置するセクター1は、主要な行政機関が集まる場所。ル・コルビュジエの設計したモニュメントが多く見られることから、チャンディーガル観光には外せないエリアだ。**高等裁判所High Court**は、一部にカラフルな色が塗られたコンクリート製の建物で、直線と幾何学模様のようなパターンがコルビュジエらしい。建物の北側には、高さ26mのチャンディーガルのシンボル、**オープン・ハンド・モニュメントOpen Hand Monument**がある。その近くには周囲を水に囲まれた**議事堂Vidhan Sabha**があり、壁にカラフルなコルビュジエの作品が描かれている。その前にある幾何学的な小さな建物が**影の塔Tower of Shadows**だ。

また、議事堂の近くにある**行政庁舎Secretariat**は、キャピトル・コンプレックス最大の建物。その迫力を楽しもう。

カラフルな色使いの高等裁判所

廃材アートのテーマパーク
ネック・チャンド・ロック・ガーデン　Nek Chand Rock Garden

MAP P.165-B1

セクター1の広大な敷地に、不思議な空間が広がっている。1950～70年代に、ネック・チャンド・サイニ（1924～2015）が造った、廃材アートの庭園だ。

都市建設が進むなかで大量の廃材が出ると、当時道路検査官だったネック・チャンドはそれらを集め、森の中に並べ始めた。これは違法行為だったため、作業はひとめを恐れて夜に行われたが、1975年に見つかってしまう。危うく取り壊されそうになったが、その作品の重要性を理解した当局により、彼は公に庭園造りができるようになった。

敷地内へ入ると、陶器のかけらやスイッチなどを壁に埋め込んだファンタジックな空間が続く。奥へ進むとコンクリート製の滝が現れ、まるで遺跡かテーマパークのよう。そして廃材で作られた、人や動物の像の多さに圧倒される。

ユーモラスな人形がたくさん並ぶ

 セクター16のザキール・フセイン・ローズ・ガーデン（🗺 P.165-A1～2）は、多くの種類のバラが植えられた緑の庭園で、市民の憩いの場所になっている。市内にはほかにセクター3にブーゲンビリア・ガーデン（🗺 P.165-B1）もある。

建築や芸術を楽しむ
政府博物館と美術館　The Government Museum & Art Gallery
MAP P.165-A1

セクター10には3つの博物館や美術館が集まっている。日本の国立西洋美術館に酷似したコルビュジエデザインの建物は、**政府博物館＆美術館The Government Museum & Art Gallery**。絵画や陶器、石の彫刻、テキスタイル、刺繍などを展示しているが、なかでもガンダーラ仏のコレクションが充実している。

その隣にある**チャンディーガル建築博物館Chandigarh Architecture Museum**は、チャンディーガルの都市計画に関する展示を行う博物館で、設計図や資料などとともに、建築の模型などが展示されている。

少し離れた所にある**自然史博物館Natural History Museum**では、化石や恐竜の模型を見ることができる。

建築好きなら訪れたい
ル・コルビュジエ・センター　Le Corbusier Centre
MAP P.165-B2

ル・コルビュジエの写真や手紙、建築の写真などを展示する博物館。オープン・ハンド・モニュメントの水彩画やスケッチもある。併設のショップでは、マグカップやキーホルダー、時計や皿などのコルビュジエグッズを販売している。

政府博物館＆美術館
- ♠ Sector 10-C
- ☎ 0172-274-0261
- ⏱ 10:00～16:30
- 休 月、祝　料 Rs30
- ※カメラ持込料Rs30（それぞれのミュージアムで必要）
- 大きなバッグ、カメラ、水の入ったペットボトルなどの持ち込み不可。入口で預ける（無料）。

チャンディーガル建築博物館
- MAP P.165-A1
- ⏱ 10:00～16:30　休 月、祝
- 料 Rs30 ※カメラ持込料Rs10

自然史博物館
- MAP P.165-A1
- ⏱ 10:00～16:30　休 月、祝
- 料 Rs10 ※カメラ持込料Rs30

ル・コルビュジエ・センター
- ♠ Madhya Mg., Sector 19-B
- ☎ 0172-277-7077
- ⏱ 10:00～17:00
- 休 月、祝
- 料 無料

Hotel ホテル

バスターミナルのすぐ目の前
H アリセント
Hotel Aricent

セクター 22 ₹₹
MAP P.165-A2

- ♠ SCO 1044-45, Sec 22-B　☎ 869-903-1044、0172-462-1044　料 AC Rs2000～2500　M 別
- Card 不可　WiFi　室 13室　URL www.hotelaricent.com

セクター17のバスターミナルの向かい側という絶好の立地。フロントは2階にある。設備も整っており清潔で、スタッフの対応もいい。このあたりには同じような中級ホテルが並んでいるが、ここはおすすめ。

便利なロケーションにある
H ピカデリー
The Piccadily

セクター 22 ₹₹
MAP P.165-A2

- ♠ Himalaya Mg., Sector 22-B　☎ 0172-431-5431、270-7571　料 AC Rs5490～7490　W Rs5990～7490　M 別　Card AMV　WiFi　室 47室
- URL www.thepiccadily.com

セクター22にある大型ホテル。2015年に改装されたので、内部はきれい。ビジネスセンターやイタリア料理レストランがある。24時間ルームサービスあり。

図ホテル1階のMalt & Co.は、常に5種類程度のビールがあるマイクロブルワリー。（市川市 XATTO РИКэйхо '17)［'23]

飲食店の多いエリアにあり便利
H アクアマリン
Aquamarine

セクター 22 ₹₹
MAP P.165-A2

- ♠ Himalaya Mg., Sector 22-C　☎ 0172-501-4000、504-7200　料 S Rs4100～6350　W Rs4600～6350　M 別　Card MV　WiFi　室 21室
- URL www.hotelaquamarine.com

「ブティックホテル」と銘打ったホテルで、客室はシックでスタイリッシュ。カフェ The Coffee Beamを併設するほか、近くのThe Aromaにはいくつものバーやレストラン、ファストフード店などが集まっているので、食事には困らない。朝食付き。

小腹がすいたら立ち寄りたい
H サイ・スイーツ
Sai Sweets

インド料理 ₹
MAP P.165-A2

- ♠ SCO 1102-1103, Sec 22-B
- ☎ 017-2466-1102、628-376-7035
- ⏱ 8:30～22:30　M 込　Card 不可

便利な場所にあるベジのスイーツ＆インドスナック店。名物はチャナバトトゥーレRs155。グラブジャームンやラスグッラーを持ち帰りで買い求める地元客も多い。2階に同経営のホテル H Satyadeep（料 S Rs1000～ W Rs1200～）もある。

 ノンベジの高級料理店 R Ghazal（MAP P.165-A2　⏱ 13:00～23:00)。1980年代初頭にオープンした老舗で、本格的なムガル料理が味わえる。おすすめはタンドーリプラッター（Rs1045)。

アムリトサル

アムリトサルの市外局番
0183

アムリトサルの人口
約113万人

ACCESS

飛行機

【国際線】
ロンドン、バーミンガム、ミラノ、シンガポール、クアラルンプール、ドバイ、ドーハなどの間の便がある。

【国内線】
デリーからエア・インディア、インディゴなどが5〜8便。所要約1時間15分。
空港から市街中心部まで約14km。プリペイド・タクシーでRs600〜800程度。黄金寺院周辺までの無料シャトルバスは早朝と午後の1日2便。

鉄道

ニューデリー駅から1日約11〜13便、所要約6〜13時間。デリー駅から1日2〜3便、所要7〜10時間。黄金寺院周辺までの無料シャトルバスは1時間に1、2便程度。

バス

デリーから所要約10時間、チャンディーガルから約4時間30分、パタンコートから約4時間、ダラムサラから約7時間。
民営バス会社はホールゲート(圏P.168-B1)に集まっており、バスはこの近くから発着する。

INFO

パンジャーブ州
政府観光局
Punjab Tourist Information Centre

圏 P.168-A1
☎ 0183-240-2452
🕐 10:00〜17:00
休 月
URL www.punjabtourism.gov.in

パンジャーブ州最大の都市、アムリトサル。スィク教の聖地、黄金寺院のあるこの街に来ると、ターバンで頭を覆ってひげをたくわえたスィク教徒の姿を大勢見かける。パキスタンとの国境にも近く、長旅の途中につかの間の休息を取る旅行者も多い。この街には、インド独立運動のさなかに起こったジャリヤーンワーラー庭園での大虐殺や、1984年にインド軍が過激派の掃討という名目で黄金寺院を襲撃し、多数のスィク教徒が犠牲になったブルースター作戦など、数多くの惨劇の舞台になってしまったという悲しい過去もある。

アムリトサルの歩き方

街は、鉄道を挟んで南の旧市街と北の新市街とに分かれる。旧市街には黄金寺院など主要な観光スポットが集まっていて、商店や食堂も周辺のバザールにたくさんあるので滞在に便利。バスターミナルは旧市街の北東、G.T.ロードG.T.Rd.に面した場所にある。

旧市街にあるランジート・スィン像

ⓘ アムリトサルを舞台にしたインド映画には、シャー・ルク・カーン（奇妙な一人二役を演じる）とアヌシュカー・シャルマー主演の『Rab Ne Bana Di Jodi』(邦題『神が結び合わせた2人』)などがある。

アムリトサルのおもな見どころ

スィク教で最も神聖な寺院
黄金寺院　Golden Temple (Harmandar Sahib)

MAP P.168-B2

アムリト・サロヴァルの中心に建つ金色の聖堂と沐浴するスィク教徒

　スィク教における最も神聖なグルドワラ（寺院）。正式名称はハリマンディル・サーヒブ。16世紀後半にスィク教の第4代グル・ラーム・ダースによって建築が始まり、17世紀初頭の第5代グル・アルジュンの時代に完成。18世紀にアフガニスタンのドゥッラーニー帝国との戦乱のなかで破壊されてしまったが、その後再建され、19世紀に建物が金箔で覆われてからは「黄金寺院」という通称で呼ばれるようになった。

　黄金寺院を訪れる際は、頭を布で覆い、靴と靴下を脱いで預かり所に預け、洗い場で足を清めなければならない。境内に入ると、**パルカルマ**と呼ばれる白大理石の回廊の内側に、聖なる池**アムリト・サロヴァル**が静かに水をたたえている。金色の聖堂は池の中央に位置する。岸辺と聖堂との間をつなぐ橋の上では、大勢の巡礼者たちが長い列を作り、周囲には聖典を詠唱する声と伴奏が絶え間なく響く。夜になると、ライトアップされて光り輝く聖堂の姿が、池の水面に鮮やかに映し出される。

　金色の聖堂の中には、スィク教の聖典にして、今はグル（師）そのものとして扱われているグル・グラント・サーヒブの原典が安置されている。夜になると、聖典は橋の向かいにあるアカール・タクト・サーヒブという建物内にいったん移され、早朝にまた聖堂に戻される。

　パルカルマを囲む白い建物の2階には**中央スィク博物館Central Sikh Museum**があり、スィク教に関する資料や絵画が展示されている。

夜は鮮やかにライトアップされる

黄金寺院

⏱ 随時
💰 無料（お布施）
🔗 goldentempleamritsar.org

金色の聖堂内での写真撮影は不可。聖典を移動させるための儀式が執り行われるのは、夏は朝4:00と夜22:30頃、冬は朝5:00と夜21:30頃。寺院の周囲には四方に入口があり、その近くに靴と靴下の預かり所がいくつかある。靴と靴下は境内に持ち込めないので、必ず預けること。預かり料は無料。

インフォメーションオフィス
Information Office Golden Temple

🗺 P.170
⏱ 8:00～19:30
黄金寺院とスィク教に関するパンフレットをもらえるほか、さまざまな質問に親切に応じてくれる。

HINT

黄金寺院参拝時のマナー

・頭を布で覆う（布は入口などでレンタル可能）。
・靴と靴下を預かり所に預ける。
・洗い場で足を洗ってから中に入る。
・たばこと酒の持ち込みは厳禁。
・池のほとりに座る際は足を水に浸さない。
・境内での写真撮影は許可されているが、金色の聖堂内での写真撮影は不可。

中央スィク博物館

🗺 P.170
⏱ 9:00～17:00（入場は16:00まで）
💰 無料

黄金寺院の周辺には商店やレストラン、カフェが集まっていて、マクドナルドやサブウェイといった外資ファストフードチェーンもあるが、いずれも肉を使わないベジメニューのみ販売されている。

P.170
- 随時
- 無料（お布施）

食事をいただく際のマナー
・頭を布で覆う（布はレンタル可能）。
・靴と靴下を預かり所に預ける。
・洗い場で足を洗ってから中に入る。
・たばこと酒の持ち込みは禁止。
・食事は残さず全部食べる。お代わりは自由。
・使い終わった食器は指定の場所に戻す。

グル・カー・ランガルは、外国人や異教徒でも受け入れてくれる

グル・ラーム・ダース・ニワース

P.170

INFO

グル・ラーム・ダース・ニワース内の鉄道予約オフィス
P.170
- 月〜土8:00〜20:00、日8:00〜14:00

グル・カー・ランガル　Guru Ka Langar

　黄金寺院に併設されている無料食堂。一度に5000人もの人々が同時に食事を取ることができ、毎日約10万食分の食事が無料で振る舞われている。約300人の調理スタッフは全員ボランティア。すべての人々は平等というスィク教の教えを体現している場所だ。

グル・ラーム・ダース・ニワース　Guru Ram Das Niwas

　黄金寺院に隣接している巡礼宿。外国人旅行者も含め、すべての人々が無料で宿泊可能で、外国人専用のドミトリーもある。

スィク教とはどんな宗教か

　スィク教は、16世紀にグル・ナーナクが興した宗教で、パンジャーブ州を中心に約3000万人の信者がいる。スィクは「弟子」を意味し、スィク教のすべての信者はグル（師）の弟子であることを示している。

　スィク教には、グル・ナーナクから10人のグルがいた。第4代グル・ラーム・ダース以降は世襲制となっていたが、第10代グル・ゴーヴィンド・スィンのとき、彼の4人の息子がムガル帝国との戦いで全員命を落としたため、以降はスィク教の聖典グル・グラント・サーヒブそのものが、グルとして扱われている。

　スィク教の教義の特徴は、人種や性別、思想、宗教、社会的地位、カーストなどに関係なく、すべての人間は平等であると考えている点だ。どのような職業でも一生懸命に働くことで、その人によりよい来世がもたらされると信じている。戒律として、たばこ、酒、麻薬の類は禁じられている。

　第10代グル・ゴーヴィンド・スィンの時代の軍事組織カールサーでは、その構成員を識別するために、ケーシャ（髪と髭を切らない）、カンガー（櫛）、カラー（右手に鉄の腕輪）、カッチャー（短袴）、キルパーン（短剣）という5つの規則を定めていた。現在でも、スィク教徒の多くは右手に腕輪をはめ、男性は髭を伸ばし、長い髪をターバンで覆っている。

 1日10万食分の食事が供されるグル・カー・ランガルと、そこで働くボランティアの人々の様子は、ドキュメンタリー映画『Himself He Cooks』（邦題『聖者たちの食卓』）でつぶさに撮影されている。

独立運動のなかで起きた悲劇の舞台
ジャリヤーンワーラー庭園　Jallianwala Bagh

MAP P.168-B2

　黄金寺院の北東にある庭園。今はのどかな雰囲気の公園だが、ここはインド独立運動のさなかに起こった悲劇の現場でもある。

　1919年3月、当時イギリスの統治下にあったインドでは、テロ活動の容疑者に対して令状なしでの逮捕や裁判なしでの投獄などを容認する法令、ローラット法が制定された。この法令に対し、パンジャーブ州各地では大暴動が発生。集会禁止令が通達されたものの、4月13日には、女性や子供も含む非武装の市民1万人以上がジャリヤーンワーラー庭園に集まった。イギリス軍のダイヤー准将はこの集会に対し、配下のグルカ兵部隊に無差別発砲を指示。約1500名もの死傷者を出す大惨事となった。「アムリトサルの大虐殺」と呼ばれるこの悲劇を契機に、インドにおける独立運動の機運は一気に高まっていった。

　現在、庭園内には大虐殺の慰霊碑のほか、弾痕の残る壁や、銃撃から逃げ惑う人々が飛び込んだ井戸が残されている。虐殺の様子を描いた絵などが展示されているギャラリーもある。

庭園内に建つ慰霊碑（上）と、多くの犠牲者を出した井戸（下）

勇壮でどこかコミカルな国境閉鎖式
アターリー／ワガ国境　Attari / Wagah Border

MAP P.168-A1外

　アムリトサルの西約30km、インドとパキスタンの国境がある地点。インド側はアターリー、パキスタン側はワガとなる。この国境では毎日夕刻になると、日中掲揚されていたインドとパキスタンの国旗を同時に収納し、夜の間国境を閉鎖するためのセレモニーが行われる。このセレモニーは極端にショーアップされていて、特にインド側からは毎日、大勢の観客がセレモニー見物に訪れる。

　インド側ではセレモニーの開始前からアップテンポの曲が大音量で流され、観客たちも踊りながら気勢を上げる。セレモニーが始まると、正装に身を固めた両国の兵士たちが、コミカルに見えるほど大仰な身振りで行進し、胸をたたいて拳を突き上げ、足を踏み鳴らし、互いに国威を示し合う。やがて両軍の兵士たちが間近に向き合うと、国旗を収納する儀式が始まる。どちらか一方が高い位置に留まったりしないよう、双方の国旗は、ゆっくりと同時に降ろされる。外された国旗は兵士たちによって運び去られ、国境のゲートも閉じられる。

国境というよりスタジアム（上）畳んだ旗を運ぶ兵士たち（下）

ジャリヤーンワーラー庭園
⏰ 7:00～18:30　🎫 無料
🌐 www.jallianwalabagh.ca

INFO

パーティション・ミュージアム
Partition Museum
🗺 P.168-B1
⏰ 10:00～18:00
🗓 月　🎫 Rs250

タウンホールの中にある博物館。18世紀のイギリス統治時代から1947年のインド・パキスタン分離独立にいたる凄惨な歴史が、数多くの資料や写真とともに展示されている。この分離独立により1800万人が流浪の民となり、100万人の死者が出たという。

赤れんが造りのタウンホール

アターリー／ワガ国境
セレモニーの会場には、カメラは持ち込めるがバッグの類は一切持ち込めないので注意。外国人はパスポートを提示すると専用の席に誘導してもらえる。

INFO

アターリー／ワガ国境へのアクセス
黄金寺院周辺やランジート・スィン像（🗺 P.168-B1）の前にシェアタクシーやシェアオートリクシャーの客引きがたくさんいる。バスやシェアタクシーは早めに申し込んでおくほうが確実。

バ　ス
ランジート・スィン像前のHop on Hop Busのチケット売り場で。国境のみの場合は往復Rs350。14:00出発、19:30帰着。

シェアタクシー
往復Rs350。14:00～15:00出発。

シェアオートリクシャー
往復Rs200～300。15:00～16:00頃、客が集まり次第出発。

チャータータクシー
宿泊のホテルなどで手配可能。往復Rs1700～1800。

 インドとパキスタンが分離する前、パンジャーブ州の州都は現在パキスタン側にある街、ラホールだった。インド側のパンジャーブ州の州都は現在、ハリヤーナー州の州都でもあるチャンディーガルが兼ねている。

Hotel & Restaurant ホテル&レストラン

旧市街のランドマーク的存在

[H]ラマダ・アムリトサル

Ramada Amritsar

旧市街 ₹₹₹

[MAP] P.168-B1

🏠 117/1 Opp. Kairon Market, Hall Bazaar ☎ 0183-502-5555、828-802-4518 [料][S][W]🛁 Rs6500～1万2000 [TAX]別 [Card] ADJMV [Wi-Fi] [室]144室
[URL] www.ramadaamritsar.com

旧市街の便利な立地にある、この地域のランドマーク的な存在の星付きホテル。館内には、プールやフィットネスセンターも完備。24時間対応のフロントデスクの対応は非常にていねいで、安心して泊まることができる。

旧市街で気軽に泊まれる安宿

[H]バックパッカーズ・ネスト

Backpacker's Nest

旧市街 ₹

[MAP] P.168-B1

🏠 Opp. C. D. Mehra Book Shop, Near R. S. Towers
☎ 988-892-0440、988-892-0490 [料][D] Rs450
[S][W]🛁 Rs1454 [TAX]込 [Card] AMV [Wi-Fi]
[室]個室12、ベッド12

旧市街の安宿のなかではかなり利用しやすい宿。ドミトリーと個室があるが、どちらも広々としていて快適。フロントのスタッフは英語が堪能で、親身に旅の相談にのってくれる。ブラザーズ・ダバなどの食堂にも近い。

黄金寺院のすぐ近くにある宿

[H]CJインターナショナル

CJ International

旧市街 ₹₹

[MAP] P.170

🏠 Opp. Langar Hall Bldg., Inside Golden Temple Car Parking ☎ 0183-254-3478 [料][S][W]🛁 Rs2150～4750 [TAX]込 [Card] MV [Wi-Fi] [室]35室
✉ cjhotel@gmail.com

黄金寺院のすぐそばにある中級ホテル。部屋はシンプルだが明るくて過ごしやすい。フロントのスタッフもきちんとした対応。デラックスルームの屋上から黄金寺院を眺めることができる。レストランも併設されている。

黄金寺院の巡礼者のための宿

[H]グル・ラーム・ダース・ニワース

Guru Ram Das Niwas

旧市街 ₹

[MAP] P.170

🏠 Golden Temple [料][D]無料（お布施） [TAX]なし [Card]不可
[室]ベッド24 [URL] www.goldentempleamritsar.org

黄金寺院の巡礼宿。無料で泊まれるが、お礼にお布施を置いていくことが望ましい。入口から入って巡礼者がザコ寝している中庭のようなスペースに出る手前の左側に、外国人専用ドミトリーへのドアがある。ベッドでは虫に注意。

気安い雰囲気の人気レストラン

[R]ブラザーズ・ダバ

Brother's Dhaba

パンジャーブ料理 ₹

[MAP] P.168-B1

🏠 Adjacent to Bhrawan Da Dhaba, Near Town Hall
☎ 988-841-1226 🕐 8:00～23:30 [TAX]別 [Card]不可
[URL] www.brothersdhaba.com

アムリトサル市内で複数の支店をもつ人気店。抜群に雰囲気がいいのがシティホール前にあるこの本店で、ポップなサインボードが飾られてカジュアルで気取らずに食事やお茶が楽しめる。ひとりでふらっと立ち寄ってみるのにもちょうどいい。中にジャガイモを練り込んだアムリトサリ・クルチャRs120やターリーRs295～などが人気で、ボリュームたっぷりで味もなかなか。デザートには、素焼きの器に入ったナッツたっぷりのアイスクリーム、マッカクルフィーRs70がおすすめ。

老舗のパンジャーブ菜食レストラン

[R]バーラワン・ダ・ダバ

Bharawan Da Dhaba

パンジャーブ料理 ₹₹

[MAP] P.168-B1

🏠 near Town Hall, Katra Ahluwalia
☎ 980-314-6469 🕐 7:00～24:00 [TAX]別 [Card] MV

1912年創業。店内に入ると重厚な木のテーブルと椅子が並んでおり、高級感ある雰囲気とスマートなスタッフの対応が老舗店らしいが肩肘を張るほどの高級店ではないので気軽に立ち寄れる。パニール料理がおいしいと評判で、おすすめはスペシャルミニターリーRs270。赤いダールとパニールバターマサラがセットになったリッチなターリー。

町の中心地シティホールのフードコート

[R]アンバルサリ・フード・ストリート

Ambarsari Food Street

パンジャーブ料理 ₹

[MAP] P.168-B1

🏠 Town Hall 🕐 10:00～23:00 [TAX]別 [Card]不可

気軽にパンジャーブの味が味わえるオープンテラスのフードコート。ミックスパランタRs95やプーリチョーレRs110などのストリート・フードのほか名物のパニールティッカRs190などのメニューもある。マサラティーRs50、マンゴーラッシーRs100などドリンクも充実しているので、気軽に立ち寄れる。夜遅くまで営業しているのもうれしい。シティホールの敷地内には、スターバックスなど、ほかにもいくつかのカフェやレストランが入っている。

[i] 豊かな穀倉地帯であるパンジャーブ州は、食文化も豊かだ。日本人にもなじみの深いインド料理のメニューのうち、タンドゥーリーチキンやバターチキンなどはパンジャーブが発祥とされている。

シムラー

標高約2200m、深い森に覆われた山々の尾根沿いにある町、シムラー。19世紀にインドがイギリスに統治されていた時代、夏はシムラー、冬はカルカッタ（現コルカタ）に首都機能がおかれていた。現在ヒマーチャル・プラデーシュ州の州都となっているこの町には、19世紀のイギリスを彷彿させる瀟洒な様式の建築物が数多く残されている。

シムラーの歩き方

町の中心は、尾根の上にある繁華街ザ・モールThe Mallとザ・リッジThe Ridgeのあたり。その南北の急斜面には無数の家々が建ち並ぶ。かなりの高低差があるので、宿はザ・モールに近い場所のほうが楽だ。

急峻な尾根沿いに広がるシムラーの町

シムラーの市外局番
0177

シムラーの人口
約17万人

ACCESS

飛行機
デリーからアライアンス・エアが毎日1便、所要約1時間15分。空港はシムラーの西約22kmの場所にある。

鉄道
カールカーから毎日6便、所要約4時間〜5時間30分。詳細はP.175を参照のこと。鉄道駅は街の中心部から西に約1.5kmの場所にある。

バス
デリーから所要約10時間、ハリドワールから約10時間、チャンディーガルから約4時間、マナリから約10時間、ダラムサラから約8〜10時間、レコン・ピオから約10時間。ニュー・バススタンドであるISBTは町の中心部から西に約7km離れた場所にある。シムラーから東方面に向かうバスは、ザ・リッジから北に少し下った場所にあるリヴォリ・バススタンドRivoli Bus Standから発着する。

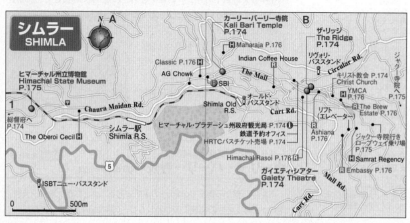

シムラー
SHIMLA

カーリー・バーリー寺院
Kali Bari Temple P.174

ザ・リッジ
The Ridge P.174

Maharaja P.176

Indian Coffee House

Classic P.176

リヴォリ・バススタンド

Circular Rd.

AG Chowk

The Mall

キリスト教会 P.174
Christ Church

ヒマーチャル州立博物館
Himachal State Museum P.175

SBI

YMCA P.175

オールド・バススタンド

The Brew Estate P.176

Chaura Maidan Rd.

Shimla Old R.S.

Cart Rd.

リフト（エレベーター）

総督府へ P.174

The Oberoi Cecil

シムラー駅
Shimla R.S.

ヒマーチャル・プラデーシュ州政府観光局 P.174

鉄道予約オフィス

Ashiana P.176

ジャクー寺院行きロープウェイ乗り場 P.175

HRTCバスケット売場 P.174

Himachal Rasoi P.176

Samrat Regency

ガイエティ・シアター
Gaiety Theatre P.174

Embassy P.176

Mall Rd.

ISBTニュー・バススタンド

Cart Rd.

0   500m

急な坂道の多いシムラーの町には、ザ・モールのやや東寄りの位置にカート通りCart Rd.との間を上下する有料のエレベーターがある（Rs10、大きな荷物は別料金）。

HINT

ザ・モールとザ・リッジへのアクセス

ニュー・バススタンドからオールド・バススタンドへはローカルバスでRs20。ザ・モールやザ・リッジ付近へはタクシーでRs350。この周辺は一般タクシーは入ることができない。アクセスポイントはいくつかあるが、一般的なのは東寄りのCart Rd.からリフト（エレベーター [料] Rs10）に乗る方法。ただし、ここからも相当な坂道を登らなければならない。

INFO

ヒマーチャル・プラデーシュ州政府観光局
HPTDC Tourist Office

[MAP] P.173-B1
⌂ The Mall
☎ 0177-265-8302
🕘 9:30～17:30
隣に鉄道予約オフィスとHRTCのバスチケット売り場がある。

ガイエティ・シアター

⌂ The Mall
☎ 0177-265-0173
🕘 夏季11:00～13:30、14:00～18:30
冬季11:00～13:30、14:00～17:30
[料] Rs200
[URL] www.gaiety.in

総督府

⌂ Rashtrapati Niwas
☎ 0177-283-1376（Indian Institute of Advanced Study）
🕘 9:00～17:30
[休] 月、祝
[料] 庭と外観のみRs50
※ガイド付きのツアーで建物の中を見学することもできる。ツアーの催行は1日9回（11:40～16:50）。外国人はRs500。建物内の写真撮影は禁止。
市街中心部から西に約4km。ザ・モールを歩けば比較的平坦な道のり。

カーリー・バーリー寺院

⌂ The Mall
🕘 6:00～22:00
[料] 無料（お布施）
建物内外の写真撮影は不可。境内からの景色の撮影は可。

シムラーのおもな見どころ

尾根の上にある町の中心地

ザ・リッジ The Ridge

[MAP] P.173-B1

シムラーの市街中心部、尾根（リッジ）の最上部にある広々とした遊歩道。西の端には**スキャンダル・ポイントScandal Point**と呼ばれるザ・モールとの三叉路があり、東の端にはインド北部で2番目に古いとされる1846年完成の**キリスト教会Christ Church**が建つ。晴天のときは周辺の山々がよく見え、日中は大勢の観光客がそぞろ歩いている。

夕刻のザ・リッジとキリスト教会の風景

19世紀の記憶を残す劇場

ガイエティ・シアター Gaiety Theatre

[MAP] P.173-B1

1877年に英国人建築家ヘンリー・アーウィンの設計で建てられた、ヴィクトリア様式の劇場。一時老朽化していたが、その後修復された。座席数320の場内を見渡すと、往時の雰囲気が伝わってくる。現在も演劇などの上演が行われている。

往時の雰囲気を残す劇場内部

インド史で重要な舞台となった建物

総督府 Viceregal Lodge

[MAP] P.173-A1外

イギリス統治下のインド総督の住居として1888年に建てられた建物。**ラーシュトラパティ・ニワースRashtrapati Niwas**とも呼ばれる。この総督府もヘンリー・アーウィンの設計によるもの。インド独立へと続く歴史のなかで、数多くの重要な決定がこの総督府でなされたといわれている。現在は**インド高等学術研究所Indian Institute of Advanced Study**の建物として使われている。

中世の城を思わせる重厚な建物

シムラーの街が見渡せる場所

カーリー・バーリー寺院 Kali Bari Temple

[MAP] P.173-B1

市街中心部から西に1kmほどの場所にある、小さなヒンドゥー寺院。境内からは、尾根の南麓に広がるシムラーの町並みが一望できる。

[i] ザ・リッジとザ・モールが合流するスキャンダル・ポイントは、かつてパティアーラPatialaのマハーラージャが、イギリス統治下時代のインド総督の娘と駆け落ちをした場所として知られている。

丘の上にある博物館
ヒマーチャル州立博物館　Himachal State Museum

MAP　P.173-A1

　市街中心部から西に約2km、総督府にいたる途中の小高い丘の上に建つ、州立の博物館。ヒマーチャル・プラデーシュ州一帯をはじめとするインド各地の民族衣装や宝飾品、ミニアチュール（細密画）、彫刻、考古学上の遺物などが豊富に展示されている。

こぢんまりとした博物館

サルが支配する山上の寺院
ジャクー寺院　Jakhu Temple

MAP　P.173-B1外

　市街中心部から東に約2.5km、標高約2455mの山上にある寺院。猿神ハヌマーンを祀る寺院で、境内には2010年に完成した高さ約33mの巨大なハヌマーン像がある。寺院の周辺には非常にサルが多く、観光客の帽子やめがね、携帯電話などをひったくる悪さをするものも多いので注意。

巨大なハヌマーン立像（左）と、ロープウエイ（右）

ヒマーチャル州立博物館
- Chaura Maidan
- 0177-280-5044
- 10:00〜17:00
- 月、祝
- Rs150
※カメラ持込料Rs200、ビデオ持込料Rs2000

ジャクー寺院
- 日の出〜日没
- 無料（お布施）
ザ・リッジのキリスト教会に向かって左手に、ジャクー寺院までの参道の入口がある。徒歩で片道30〜40分程度。

HINT
ジャクー寺院行きのロープウエイ
- 9:00〜18:00
- 往復Rs490 片道Rs265
インド人には料金が高すぎるということで評判が悪いが、上りは予想以上にきついので片道だけ利用するのも手。

世界文化遺産カールカー＝シムラー鉄道

　カールカー＝シムラー鉄道は、ハリヤーナー州の街カールカーとシムラーの間を結ぶ、総延長約96kmの山岳鉄道だ。1903年、当時の夏の首都シムラーへの交通手段として敷設された。一般的な鉄道の半分程度のレール幅のナロー・ゲージを採用しているトイ・トレインで、ダージリン・ヒマラヤ鉄道やニルギリ山岳鉄道とともに「インドの山岳鉄道群」として世界文化遺産に登録されている。

　標高差約1420m、深い山の中をぬうようにして続く路線上には、合計で102ヵ所のトンネルと886ヵ所の橋がある。列車の車体はおもちゃのようにこぢんまりとしていて、乗客たちは折り畳んだひざを突き合わせ、トンネルを通過するたびにワイワイと歓声を上げながら、約5時間20分の旅を楽しむ。

　カールカーとシムラーの間は、毎日5便程度の列車が行き来している。デリー・サラーイ・ロヒーラ駅とカールカーの間を結ぶ列車に接続するヒマラヤン・クイーン号Himalayan Queenが、旅程に組み込むには便利だ。デリーからは早朝発の上記の列車で昼にカールカーに到着し、トイ・トレインに乗り換えると、夕方にはシムラーに着く。シムラーからは午前発の便に乗ってカールカーで乗り換えれば、

その日の夜にデリーに到着することができる。

ヒマラヤン・クイーン号のスケジュール
- デリー→シムラー
ニューデリー7:40発→カールカー11:40着
カールカー12:10発→シムラー17:20着
- シムラー→デリー
シムラー10:55発→カールカー16:35着
カールカー17:45発→ニューデリー21:50着

トイ・トレインが発着するシムラー駅

 標高が約2200mに達するシムラーは、酷暑期の頃も比較的涼しくて過ごしやすいため、大勢のインド人観光客が避暑に訪れる。7月から9月にかけては雨が多く、冬は雪が降るほど寒くなる。

Hotel & Restaurant ホテル&レストラン

ホテルやレストランが集まる繁華街、ザ・モールやザ・リッジのあたりにはタクシーが入れない。しかし、ものすごい上り下りの坂道なので、荷物が多い場合はポーターを頼むといいだろう。料金は距離にもよるがRs200〜400。ホテルで呼んでもらうこともできる。

シムラーでは老舗の宿

H クラシック

Hotel Classic

市街中心部 ₹₹

MAP P.173-A

The Mall ☎ 0177-265-3078 Ⓜ︎ⓈⓌ Rs1600〜2200 TAX 別 Card 不可 室 12室

カーリー・バーリー寺院の少し西、ザ・モールに面した場所にあるホテル。ザ・リッジや鉄道駅、オールド・バスターミナルにも近く、立地は最高。タクシーは近くの交差点AG Chawkまでつけられる。建物は少し古いが手入れされており、清潔で快適。客室からの眺望もよい。

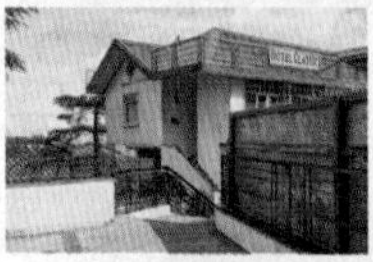

広くて清潔感のある部屋

H マハラジャ

Hotel Maharaja

市街中心部 ₹₹

MAP P.173-B

Fingask Estate,The Mall Near Kali Bari Temple
☎ 0177-265-7788、780-770-7788、821-905-6889 Ⓜ︎ⓈⓌ Rs4000〜5000 TAX 込
Card ADJMV Wi-Fi 室 19室
URL hotelmaharajashimla.com

カーリー・バーリー寺院の近くという便利な立地のホテル。5階建ての館内にはエレベーターがあり、レストランやルームサービスも気軽に利用できる。部屋は広々として清潔感があり、窓からの眺望もなかなかいい。

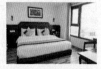

安くて好立地の宿

H YMCA

YMCA

市街中心部 ₹

MAP P.173-B

The Ridge ☎ 0177-265-0021、265-2375
Ⓓ Rs600 Ⓢ Rs1200 Ⓦ Rs1600 ⓈⓌ Rs1500
TAX 込 Card 不可 Wi-Fi 公共エリアのみ 室 40室
✉ ymcashimla@yahoo.co.in

ザ・リッジのキリスト教会の右脇の道を少し東に進み、左手の細い路地の階段を上った先に入口がある。テラスからの街の眺望がよく、部屋はわりと清潔。シーズン中は朝食付き。共同バス・トイレの客室とドミトリーにはタオルが付いていないので持参すること。

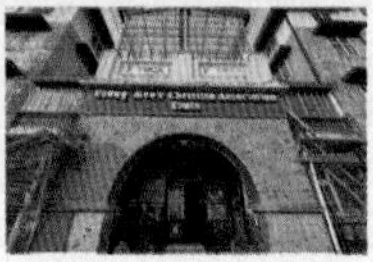

ザ・リッジにあるレストラン

R アシアナ

Ashiana

北インド料理 ₹₹

MAP P.173-B

The Ridge ☎ 0177-265-8464 🕘 9:00〜22:00
TAX 別 Card MV

HPTDC経営のレストラン。周囲がガラス張りの店内からは、ザ・リッジを行き交う人々の姿がよく見える。インド料理や中華料理のほか、ヒマーチャルターリーRs230など地元ヒマーチャルの料理も食べられる。地下はグーファGoofaという同系列のレストラン。

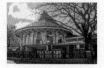

絶品伝統ベジターリー

R ヒマーチャル・ラソイ

Himachal Rasoi

北インド料理 ₹₹

MAP P.173-B

54 Mall Rd., Middle Bazaar ☎ 177-265-2386
🕘 12:30〜21:30 TAX 別 Card 不可

結婚式や祝祭のときに供されるというダーム。これは地元のバラモンの間で継承れてきた伝統料理だそう。乳製品を多用したベジターリーはリッチな味わいで食べてみる価値大。メニューは2種類あり曜日によって変わる。フルRs300とハーフRs240があるが、フルはお代わり自由。

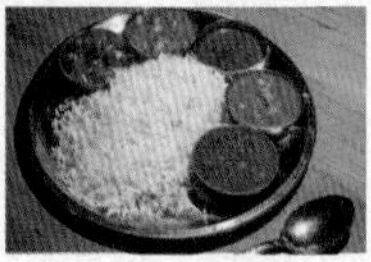

濃厚な味わいのケーキとホットチョコレート

R エンバシー

Embassy

スイーツ ₹₹

MAP P.173-B

Regent House, The Mall ☎ 0177-7265-6867
🕘 11:00〜23:00 TAX 別 Card 不可

80年前から続くシムラーで最も歴史のあるベーカリー。店先ではケーキのほかアイスクリームも販売している。ウッディーでおしゃれな内装の店内で食べることもできる。イチオシはアップルアーモンドケーキRs290。寒い夜にはラムホットチョコレートであたたまるのもおすすめ。

地ビールが味わえる

R ザ・ブリュー・エステート

The Brew Estate

バー ₹₹

MAP P.173-B1

Near Christ Church, The Ridge, Lakkar Bazar
☎ 988-833-8338 🕘 11:00〜23:00 TAX 別 Card 不可

ザ・リッジのキリスト教会の裏手にあるおいしいビールが飲めるパブ。おすすめはなんといってもクラフトビール。330mlでRs295。フィッシュ&チップスRs545やシンガポールヌードルRs525などフードメニューには世界各国の料理が並ぶ。

ザ・リッジのヒマーチャルプラデーシュの州政府が経営するジューススタンドがあります。特産のリンゴジュースはもちろん、チョコレートもおすすめです。(神奈川県 Suzuki '23)

ダラムサラ（マクロード・ガンジ）

山に張り付くようにできた町、マクロード・ガンジ

　ヒマーチャル・プラデーシュ州の西の山中にある町、ダラムサラ。チベット亡命政府が、1960年からその拠点をおいていることで世界的に知られている場所だ。町は山の麓にあるダラムサラと、北に5kmほど離れた標高約1700mの山上に位置するマクロード・ガンジとに分かれている。マクロード・ガンジ周辺では約6000人の亡命チベット人とその家族が暮らしていて、チベット仏教の最高指導者ダライ・ラマ法王14世の居所もここにある。

　町を歩くと、あちこちでえんじ色の袈裟をまとった僧侶の姿を見かける。繁華街ではチベット料理レストランがにぎわいを見せ、仏画や法具などを扱う店が軒を連ねる。ともするとここがインドであることを忘れそうなほどチベット文化が色濃く根付いている町だ。

ダラムサラ（マクロード・ガンジ）の歩き方

　この町を訪れるほとんどの旅行者は、山の麓のダラムサラではなく、北に約5km、500mほど標高の高い場所にある**マクロード・ガンジ McLeod Ganj**に宿泊する。多くのバスは麓のダラムサラに到着するので、そこからローカルバス、またはタクシーかオートリクシャーでマクロード・ガンジへ向かう。本数は多くはないがマクロード・ガンジ発着のバスもある。マクロード・ガンジはコンパクトな町なので、高低差はあるが、ほとんど徒歩圏内。中心となるのは、バススタンドやタクシースタンドに近いメインスクエア。ここから**テンプル・ロードTemple Rd.**と**ジョギバラ・ロードJogibara Rd.**が南に延びている。レストランやカフェ、商店、宿などは、この2本の道沿いに密集している。さらに南にはチベット亡命政府の官庁などが集まる**ガンチェン・キション Gangchen Kyishon**がある。

ダラムサラの市外局番
01892

ダラムサラの人口
約5.3万人

ACCESS

飛行機
デリーからスパイス・ジェットやインディゴなどが毎日4〜8便程度、所要約1時間30分。空港はダラムサラの南西約13kmのガッガルGaggalにある。

鉄道
最も近い駅はパタンコートPathankotにある。デリーから毎日10便程度、所要約8〜10時間。アムリトサルから毎日12便程度、所要約2〜3時間。パタンコートからのバスは下記参照。

バス
デリーから毎日10便程度、所要約12時間。シムラーから毎日7便程度、所要約10時間。マナリから毎日3便程度、所要約10時間。アムリトサルからの直通バスは毎日2〜3便、所要約7時間。パタンコートからは朝から夕方まで約1時間おき、所要約3時間30分。

ダラムサラ〜マクロード・ガンジ間の移動
約30分おきにバスが行き来しており、所要約30分。タクシーは片道Rs300、オートリクシャーはRs200程度。

ダラムサラやチベット文化圏でよく見かける経文の印刷された5色の旗は、タルチョという祈祷旗。青が空、白が風、赤が火、緑が水、黄が大地を表す。家の屋根や僧院、山頂、峠、橋などによく結び付けられる。

INFO

ヒマーチャル・プラデーシュ州政府観光局
HPTDC Tourist Office

🏠 Kotwali Bazzar, Dharamsala
☎ 01892-22-4212
🕙 10:00～17:00
URL hptdc.in

ナムギャル・ゴンパ
🕙 4～10月　5:00～20:00
　 11～3月　6:00～18:00
🈳 お布施
法会や法要の際は、会場へのカメラや携帯電話の持ち込み、写真撮影は不可。

HINT

ダライ・ラマ法王14世の法話会への参加方法

基本的に法話会への一般参加は無料。ダラムサラで行われる法話会に参加するには、マクロード・ガンジにあるチベット・セキュリティオフィス支部（Tibetan Branch Security Office、MAP P.178-A1）での登録が必要となる。申請時はパスポート、パスポートサイズの証明写真2枚、登録料（Rs10）が必要。登録受付は開催の約3日前から始まり、法話会初日に締め切られる。法話会のスケジュールは前々日か前日に発表される。座る場所は先着順だが、場所取りでの口論など愚かな行為は慎もう。地面に敷く座布団の類、お茶をいただくためのコップ、法話の翻訳（日本語チャンネルもある）を聴くためのFMラジオの持ち込みは許可されているが、カメラや携帯電話などの電子機器は持ち込めない。会場内には寄付の受付窓口も設置されている。

HINT

HRTCバスチケット売り場

MAP P.178-B1
公営HRTCのバスチケット売り場がメインスクエアの🚉Mclloの下にある。
🕙 9:00～16:00

チベット僧の姿も多い

ダラムサラのおもな見どころ

チベット人たちの祈りの中心地
ナムギャル・ゴンパ　Namgyal Gompa (Tsuglagkhang Complex)

MAP P.178-A2

　マクロード・ガンジの南に位置する、ダライ・ラマ法王直属の僧院（ゴンパ）。ツクラカン・コンプレックス、あるいは単にツクラカンなどとも呼ばれる。もともとチベット・ラサのポタラ宮にあった僧院が再建されたもので、チベット仏教の主要な宗派の教義と儀式をそれぞれ継承するために、約200人の僧侶たちが日々修行に励んでいる。本堂となるツクラカンには、釈迦牟尼、観音菩薩（ダライ・ラマ法王は観音菩薩の化身とされている）、パドマサンバヴァ（グル・リンポチェ）の像が祀られている。その隣に位置するのは、カーラチャクラ（時輪金剛）の曼荼羅が祀られているカーラチャクラ堂だ。僧院のすぐ南側には、ダライ・ラマ法王14世の公邸がある。

　ダラムサラでダライ・ラマ法王14世による法要や法話会が執り行われる際には、ツクラカンを中心に大勢の僧侶や参拝者が集まる。平時では庭で僧侶たちが2人1組になって、手を打ち鳴らしながら問答修行に励む姿を目にすることができる。

問答修行に励む若いチベット僧

聖ジョージ教会、ダラムサラへ↖
ダル湖 P.181へ　バグス＆ダラムコッド、トリウンドへ
バススタンド
Loling G.H.
Dharamkot Rd.
Bhagsunag Rd.
バグスへ P.181
タクシーカウンター
オートリクシャー・カウンター
Green P.182
Kunga G.H.
Tibet Kitchen P.182
Nick's Italian Kitchen P.182
メインスクエア
Jogiwara Rd.
Punjab National Bank
チベット・セキュリティオフィス支部 P.178
チベット寺院
Snow Lion
Mcllo
HRTCバスチケット売場
Kailash
Dip Tse Chokling Monastery
Narowije Rd.
Ashoka
The Club House Mcleod Ganj
State Bank（ATM）
Mount View
Main Point
Takhyil G.H.
Cafe Budan
Shivalik
Akash
Moon Walk Residency P.182
Monnpeak Deli P.182
Ladies Venture
Kareri Lodge P.182
The Bhagsu
Mitra Hostel 2.0 Mcleodganj P.182
HDFC（ATM）
Lungta Restaurant P.182
Rewa Cafe
ダラムサラ・スカイウエイ（ロープウェイ）乗り場 P.180
Khara Danda Rd.
Chonor House P.181
Temple Rd.
Villa Paradiso
Jogiwara Rd.
N
0　　　100m
ナムギャル・ゴンパ
Namgyal Gompa P.178
チベット博物館 P.180、
メンツィーカン P.180、
ノルブリンカ P.180、
ギュト・モナストリー P.181へ
A
B

マクロード・ガンジ
McLeod Ganj

ⓘ　チベット仏教のゴンパ（僧院）を参拝するとき、堂内や僧院の周囲などはすべて時計回りに回るように心がけよう。これはコルラ（右遶）と呼ばれる、チベット仏教における参拝時の基本だ。

ダライ・ラマ法王 14 世とチベット

仏教では、すべての生きとし生けるものは六道（天道、人道、修羅道、畜生道、餓鬼道、地獄道）で輪廻転生を繰り返すと考えられている。現世で人間に生まれていても、来世は動物や虫になってしまうかもしれない。人々はよりよい来世を迎えるために、日頃から善行を積むことを心がける。仏陀のように悟りを開いて輪廻から解脱することが、仏教の究極の目標とされている。

チベット仏教の僧侶のなかでも、リンポチェ（宝珠）という尊称で呼ばれる高僧の多

法話会で語られるダライ・ラマ法王14世（写真提供：チベットハウス・ジャパン）

くは、代々高僧として生まれ変わるトゥルク（転生者、化身）と考えられている。先代の高僧が亡くなると、その生まれ変わりとされる子供が占いなどの方法によって探し出され、英才教育を施されて、高僧の称号が継承される。

ダライ・ラマ法王（16世紀にモンゴル王アルタン・ハーンから贈られた称号で「大海」の意味）は、そうしたチベット仏教の高僧のなかでも宗派を超えた最高指導者であり、すべてのチベット仏教徒から尊敬を集める存在だ。歴代のダライ・ラマ法王は、観音菩薩の化身と考えられている。観音菩薩は悟りの境地に達しながらもあえて輪廻の中に踏みとどまり、世の生きとし生けるものを慈悲の心で救済する存在とされている。

現在のダライ・ラマ法王14世テンジン・ギャツォは、1935年7月6日、チベットのアムド地方にあるタクツェルという農村に生まれた。2歳のときにダライ・ラマ法王の転生者として捜索隊に認定され、4歳でチベットの首都ラサへ。そして15歳の若さで、チベットの政治上の全権力をも担う最高指導者となった。23歳のときには仏教哲学における最高位の試験にも合格し、ゲシェ・ラランパという学位を授けられている。

しかしその頃、当時はまだ独立国家であったチベットをめぐる情勢は、悪化の一途をたどっていた。1949年から中国人民解放軍によるチベットへの侵攻が始まると、ダライ・ラマ法王14世は米国や英国に仲裁を求め、中国にも使節団を派遣したが、はかばかしい成果は得られず。逆に使節団は、チベットにとって圧倒的に不利な内容の17ヵ条協定への調印を強要される結果となった。その後もチベット国内における中国の武力支配体制は刻々と増強されていき、各地で中国軍によるチベット人への弾圧行為が多数報告されるようになった。

1959年3月10日、中国軍によるダライ・ラマ法王14世の身柄拘束の危機が迫ると、ラサでは約30万人ともいわれるチベット人が一斉に蜂起。緊迫した情勢の中、法王はわずかな随伴者とともにインドに亡命した。このときに蜂起したチベット人は中国軍に徹底的に弾圧され、以来、チベットは完全に中国の支配下におかれることになった。

亡命したダライ・ラマ法王14世は、インド国内でチベット亡命政権を樹立。1960年にはダラムサラをその拠点と定めた。それから現在にいたるまで、法王は国際社会に対し、一貫して非暴力による方法でチベット問題を提起し続けている。また法王は、亡命チベット人憲章の起草や各官庁の再編、選挙制度の導入など、チベット亡命政府の民主化も積極的に推進。亡命チベット人の子供たちのための教育環境の整備にも尽力した。そうした姿勢と実績が高く評価され、法王は1989年にノーベル平和賞を授与されている。

現在、ダライ・ラマ法王14世はチベット亡命政府の政治的指導者の立場からは引退しているが、多くのチベット人たちにとっては今もかけがえのない精神的支柱であり、国際的にも多くの人々に尊敬される存在であり続けている。日本へもしばしば来日し、各地で法話会や講演などを行っている。

ダライ・ラマ法王14世に関しては、法王の公式サイトにまとめられている情報が非常に詳しい。法王の活動に関する最新ニュースのほか、ダラムサラや世界各国での法話会および法要のスケジュールなどがわかりやすく網羅されている。日本語を含む12ヵ国語で閲覧できるので、ダラムサラを訪れる予定があるなら、事前に目を通しておくといいだろう。

▶ダライ・ラマ法王14世公式サイト
英　語　URL www.dalailama.com
日本語　URL www.dalailamajapanese.com

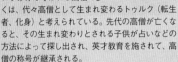 チベット仏教徒が手に持って回しているマニ車（マニ・ラコー）は、内部に丸めた経文の紙が収められていて、時計回りに1回回すと、1回お経を唱えたことになるという道具だ。

左サイドバー

チベット博物館
- 🕐 9:00～17:00
- 🈺 日、土、祝
- 💰 Rs20
- 🔗 tibetmuseum.org
- 🚗 マクロード・ガンジから約2km。オートリクシャー／タクシーで片道Rs100／Rs150。

HINT

ダラムサラ・スカイウエイ
- 🗺 P.178-B2
マクロード・ガンジとダラムサラをつなぐロープウエイ。晴れた日は眺めがいい。
- 🕐 10:00～18:30
- 💰 片道Rs425、往復Rs650

メンツィーカン博物館
- 🕐 9:00～13:00、14:00～17:00
- 🈺 日、第2・3土、祝
- 💰 Rs20
- 🔗 www.men-tsee-khang.org
- 🚗 マクロード・ガンジから約2km。オートリクシャー／タクシーで片道Rs100／Rs150。

HINT

チベット医学を学ぶ
メンツィーカンではチベット医学を学ぶことができる。外国人も受け入れていて、日本人もいる。ただし授業は基本チベット語で行われるので、最初にチベット語の習得コースを履修する必要がある。

ノルブリンカ
- 🕐 9:00～17:30
- 🈺 無休 ※スタジオは日、第2土休み
- 💰 Rs110
- 🔗 www.norbulingka.org
- 🚗 マクロード・ガンジから約20km。タクシーで片道Rs500／Rs1000。

メインコンテンツ

チベット人の苦難の歴史がわかる　　　　　MAP P.178-A2 外

チベット博物館　The Tibet Museum

　チベット人の歴史と現在、そして未来を展示した博物館。かつてはナムギャル・ゴンパに隣接していたが、マクロード・ガンジから2kmほど離れた所に移転してリニューアルされた。1949年頃から始まった中国人民解放軍によるチベットの占領と、それに対するチベットの人々の抵抗、亡命、そして現在にいたるまでの経緯が、写真や映像、英語も含めた解説文などによって、詳しく紹介されている。チベットの歴史と現在の状況について知りたいなら、ぜひ訪れておきたい場所だ。館内の展示物の写真撮影は、すべて許可されている。

チベットの歴史が詳しく解説されている

チベット医学・暦法学研究所　　　　　MAP P.178-A2 外

メンツィーカン　Men-Tsee-Khan

　チベットでは古来医療と占星術などが深く結びついており、このチベット医学と暦法学を保存・伝承するために1961年に開設された研究所。併設されている博物館のコレクションはとても充実しており一見の価値あり。珍しい医療タンカのほか、医療で使われる器具や薬品となる鉱物や植物などが展示されている。特に占星術のコーナーは非常に興味深い（ただし館内の写真撮影は不可）。

滞在もできるチベット美術工芸館　　　　　MAP P.178-A2 外

ノルブリンカ　Norbulingka

　チベットの伝統工芸美術を研究・継承するための施設。ノルブリンカとは、ダライ・ラマの夏の宮殿の名前にちなんで付けられたもの。美しい庭園のある敷地内には、タンカや木工、彫金などの技術を教える学校のほか、チベット文化を伝える人形博物館やホテル、レストラン、ショップまである。中心にある寺院内には高さ4m以上ある金色の仏像と大きなタンカが祀られており、人々の信仰を集めている。もちろんこの仏像やタンカもノルブリンカに所属する作家たちの手によるものだ。

手入れの行き届いた庭園の中にある

チベット仏教でダライ・ラマ法王と対をなす高僧パンチェン・ラマは、阿弥陀如来の化身といわれる。パンチェン・ラマ11世に認定されていたゲンドゥン・チューキ・ニマ少年は、1995年、中国当局に誘拐された。誘拐から20年以上たつが、ゲンドゥン・

500年以上の歴史を誇る

ギュト・モナストリー Gyuto Monastry

[MAP] P.178-A2外

1474年、チベット東部に創建された歴史ある僧院。ダライ・ラマ法王の亡命に従い、ダラムサラ近郊に再建された。今なお儀式と瞑想を通じた密教研究の中心地として機能しており、500人を超える僧侶たちがここで修行に勤しんでいる。

元気のよい若い僧侶たち

ギュト・モナストリー
🕘 5:00〜20:00
[休] 無休
[料] 無料
[交] マクロード・ガンジから約20km。チベット博物館、メンツィーカン、ノルブリンカと一緒に回ってもらうとタクシーでRs1200〜1500が相場。

森の中の小さな湖

ダル湖 Dal Lake

[MAP] P.178-A1外

マクロード・ガンジの北西約3kmにある湖。岸辺には小さなシヴァ寺院がある。湖の南東にはチベット人の子供たちの学校、チベット子供村（Tibetan Children Village, TCV）があり、北西には**ナディ・ビュー・ポイントNaddi Viwe Point**という見晴らしのいい場所がある。

ダル湖
[交] マクロード・ガンジから徒歩で所要約40分。湖の手前に少し上り坂がある。オートリクシャー／タクシーで片道Rs100／Rs300。

マクロード・ガンジ近郊ののどかな村

バグス&ダラムコット Bhagsu & Dharamkot

[MAP] P.178-B1外

マクロード・ガンジの北東約2kmにあるふたつの村。狭い範囲に建物が密集しているマクロード・ガンジに比べるとのんびりした雰囲気だが、近年は宿などが大幅に増えた。瞑想センターなども多く、長期滞在らしき旅行者も大勢見かける。バグスには16世紀に建立されたと伝えられるシヴァ寺院のほか、1kmほど郊外には高低差20mほどの滝壺があり、軽めのハイキングが楽しめるルートがある。

のどかな雰囲気のバグス

バグス&ダラムコット
[交] マクロード・ガンジから徒歩で所要約30分。バグスへはバグス・ロードBhagsu Rd.、ダラムコットへはTIPAロードTIPA Rd.をたどる。オートリクシャー／タクシーで片道Rs100／Rs200。

HINT
トリウンドへハイキング
ダラムコットの北東約6kmの所にある標高2800mの丘陵で、外国人旅行者に人気のキャンプスポット。現地でテントも借りられる。ダラムコットから徒歩約3時間。マクロード・ガンジからグル・テンプルまで車で行き、そこから歩く人も多い。

Hotel & Restaurant ホテル&レストラン

ノルブリンカが経営する高級ホテル

[H] チョナー・ハウス
Chonor House

マクロード・ガンジ ₹₹₹
[MAP] P.178-B2

🏠 Temple Rd. ☎ 988-297-6879、835-281-6561
[料][浴][AC][S][W] Rs5544〜8131 [TAX] 込 [Card] MV [Wi-Fi]
[室] 18室 [URL] www.norbulingkahotels.com

ナムギャル・ゴンパの近く、少し奥まったところに建つれんが造りのホテル。運営しているのはノルブリンカ（P.180）。チベットの雰囲気もありつつ、内装はシックで落ち着いており、快適に過ごせる。朝食付き。

最上階はマウンテンビュー

[H] アカシュ
Hotel Akash

マクロード・ガンジ ₹₹
[MAP] P.178-B1

🏠 Jogiwara Rd. ☎ 945-919-1000、821-943-9732
[料][浴][S][W] Rs1700〜5500 [TAX] 別 [Card] 不可 [Wi-Fi]
[室] 17室 [URL] www.hotelakashmcleodganj.com

メインスクエアからは少し山を下るが、この界隈はホテルやレストランが集まっていて便利。比較的昔からあるホテルだが、スタッフはフレンドリーで客室も清潔。1階には旅行会社も入っており、タクシーなどの手配も可能。

↘チューキ・ニマ少年の所在は今も明らかになっていない。現在パンチェン・ラマ11世を名乗っている人物は、中国政府側が仕立てた傀儡だ。

こぢんまりとしたロッジ
Ｈ カレリ・ロッジ
Kareri Lodge

マクロード・ガンジ ₹
MAP P.178-A2

🏠 Hotel Bhagsu Rd., Mcleod Ganj ☎ 01892-22-1132、981-600-7100 🛏Ⓢ🅜🅟 Rs1100～2130 🆑込 Card 不可 Wi-Fi 🛏 5室
✉ karerilodge@gmail.com

マクロード・ガンジでは比較的閑静な場所にある小さなホテル。全部で5つある部屋のうち、Rs990以上の部屋は眺望のいいビュールームとなる。部屋は明るい雰囲気で手入れも行き届いていて、快適に過ごせる。

客室からの眺めは最高
Ｈ ムーンウォーク・レジデンシー
MoonWalk Residency

マクロード・ガンジ ₹₹
MAP P.178-B1

🏠 Jogiwara Rd. ☎ 980-518-1168、980-514-4727 🛏🅜Ⓢ🅟 Rs2450～3500 🆑別 Card 不可 Wi-Fi 🛏 12室 URL www.moonwalkresidency.in

ルンタ・レストランからさらに坂道を下ると左手に入る路地があり、近年このエリアに新しいホテルが次々と建てられている。外観は非常にポップなのだが、内装はむしろクラシック。客室は広く、窓からの眺めはとてもよい。

シンプルながら快適
Ｈ グリーン
Green Hotel

マクロード・ガンジ ₹
MAP P.178-B1

🏠 Bhagsu Rd. ☎ 835-281-0887、980-510-6101 🛏Ⓢ🅜🅟 Rs1000～3000 🆑別 Card MV Wi-Fi 🛏 30室 URL www.greenhotel.com

メインスクエアから徒歩2分ほどのところにあり、立地は最高。周辺にはおいしいレストランも多い。古くからあるホテルなので老朽化が進んでいるが、客室はシンプルで取り立てて特徴もないが、居心地は悪くない。

バックパッカー御用達
Ｈ ミトラ・ホステル2.0・マクロードガンジ
Mitra Hostel 2.0 Mcleodganj

マクロード・ガンジ ₹
MAP P.178-B2

🏠 Jogiwara Rd. ☎ 915-898-6969 🛏🅓 Rs500 🛏Ⓢ🅟 Rs2500～3500 🆑別 Card 不可 Wi-Fi 🛏 7室

ポップな内装とリラックスできる雰囲気で世界中のバックパッカーから支持されている。ベランダ付きの客室からは山並みを見える。節約したい旅行者にはうれしいドミトリーもある。

マクロード・ガンジの日本料理店
Ｒ ルンタ・レストラン
Lungta Restaurant

日本料理 ₹
MAP P.178-B2

🏠 Jogiwara Rd., Mcleod Ganj ☎ 981-674-0125 ④ 12:00～17:30 ㊡ 日、1～2月、3/10、釈迦の誕生日、7/6 🆑込 Card 不可

日本人の山崎直子さんとチベット人のソナムさん夫妻が経営するベジ日本食レストラン。巻き寿司や天ぷらなどの主菜に小鉢と味噌汁も付く日替わり定食Rs300は、ほっとする味で外国人旅行者の間でも人気。

安定の味のチベット料理店
Ｒ チベット・キッチン
Tibet Kitchen

チベット料理 ₹
MAP P.178-A1

🏠 House No.1, Jogiwara Rd., Mcleod Ganj ☎ 780-741-9692 ④ 12:00～21:30 🆑込 Card MV

マクロード・ガンジ中心部の広場の近くにあるチベット料理レストラン。チベット風蒸し餃子のモモRs130～のほか、チベット風うどんのトゥクパRs140～など、チベット料理の定番メニューが安定感のある味で気軽に楽しめる。

僧侶も訪れるイタリア料理店
Ｒ ニックス・イタリアン・キッチン
Nick's Italian Kitchen

イタリア料理 ₹
MAP P.178-B1

🏠 Bhagsu Rd., Mcleod Ganj ☎ 985-742-1180 ④ 7:30～21:00 🆑込 Card 不可

バグス・ロード沿いにあるベジタリアンのイタリアンレストラン。ピザRs270～やラザニアRs250～、パスタRs220～などメニューが豊富。ドリンクも充実しているので、ちょっとお茶を飲んで休憩するのにも便利。ティラミスRs140などケーキやデザートを持ち帰りする人も多い。地元のチベット僧侶たちもよく利用している。

マクロード・ガンジでいちばんおしゃれなカフェ
Ｒ ムーンピーク・デリ
Moonpeak Deli

カフェ ₹
MAP P.178-A1

🏠 Temple Rd. ☎ 980-535-9809、981-606-9746 ④ 9:00～20:00 ㊡ 月

メインスクエアからナムギャル・ゴンパへ続く坂道の途中にある雰囲気のよいオープンエアなカフェ。メニューはノンベジにもヴィーガンにも対応しており、おしゃれなだけでなくサンドイッチRs200～やコーヒーもおいしい。フランRs120などスイーツもおすすめ。

メインスクエアからBhagsu Rd.を進み、ホテルが少なくなってきたあたりの右手に小さなチャイショップがあります。ここのレモンティーが絶品。ぜひ味わってみてください。(埼玉県 Vp '23)

マナリ

クル渓谷の最北部、標高約2050mの高地にある町、マナリ。町の名は、インド神話に伝わる世界を滅ぼした大洪水のあとに人間の始祖となったマヌに由来しているという。毎年4〜6月と9〜11月頃には、大勢のインド人観光客が下界の酷暑を逃れてこの避暑地を訪れる。陸路でラダックやスピティを目指す旅行者にとっては重要な中継地点でもある。

マナリの市外局番
01902
マナリの人口
約8000人

ACCESS

バス、タクシー
シムラーから1日6便程度、所要約10時間。ダラムサラから所要約11時間。デリーから所要約14〜16時間。レーからは1泊2日。

飛行機
最寄りの空港はクル空港。デリーから週4〜5便、所要約2時間10分（チャンディーガル経由）。クル空港からマナリへはタクシーでRs2200、所要約1時間。

~~~~~~

← **マナリの歩き方** →

~~~~~~

町はニュー・マナリとオールド・マナリに分かれている。ニュー・マナリはモールと呼ばれる商店街を中心にした新市街。川を渡って北側のオールド・マナリには、旅行者の滞在に便利な宿や食堂、商店が集まっている。

インドでも人気の避暑地、マナリ

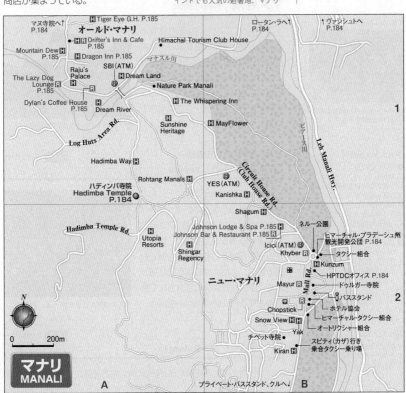

マナリ
MANALI

ヒマーチャル・プラデーシュ州観光開発公団
Tourist Information Center

- 🗺 P.183-B2
- 🏠 The Mall
- ☎ 01902-25-2175
- 🕐 10:00〜17:00
- 🈺 日、祝
- 🔗 himachaltourism.gov.in

HPTDCオフィス
HPTDC The Marketing Office

- 🗺 P.183-B2
- 🏠 The Mall
- ☎ 01902-25-3531
- 🕐 9:00〜19:00
- 🔗 hptdc.in

HPTDCが運用するデリーとレー行きのバスの予約などが可能。

ハディンバ寺院

🈺 無料
寺院内の写真撮影は不可。
マナリから徒歩で約30分。山道を上っていくので、オートリクシャーなどを利用すると楽。

マヌ寺院

🈺 無料
オールド・マナリの麓から徒歩で約15〜20分。

ヒマーチャルの伝統的な帽子をかぶった男性たち

ヴァシシュト寺院

- 🕐 9:00〜21:00
- 🈺 無料

共同浴場の入浴は無料だが、必ず水着などを着用すること。女性用は寺院の入口右手、男性用は少し階段を上がった先にある。温泉内の撮影はたいてい怒られる。
🚕 ニュー・マナリからオートリクシャー／タクシーでRs100／150、オールドマナリからRs150〜200／Rs250〜300。

ロータン・ラ

マナリから車などをチャーターするのが一般的。積雪の多い冬の間は訪れるのが難しくなる。

マナリのおもな見どころ

ハディンバ寺院　Hadimba Temple (Dhungri Temple)

深い森に囲まれた寺院

MAP P.183-A1

深い森の中に建つ木造のヒンドゥー寺院。またの名をドゥーングリ寺院ともいう。創建は1553年とかなり古く、4層構造の建物の内部には、マハーバーラタに登場する女神ハディンバが瞑想した場所とされる岩がある。

参拝者が絶えることはない

観光客を乗せるヤク

マヌ寺院　Manu Temple

オールド・マナリの寺院

MAP P.183-A1外

オールド・マナリの坂道を登ると、にぎやかな安宿街を抜けた先に古い木造家屋の集落があり、その奥にこの寺院が建っている。マナリの街の名の由来となっているマヌは、大洪水から逃れたあと、この場所で瞑想に入ったと伝えられている。

オールド・マナリの最上部の寺院

ヴァシシュト　Vashisht

温泉が湧く人気の保養地

MAP P.183-B1外

マナリの北約2kmのところにある村。村の中心となるのがヴァシシュト寺院Vashisht Mandir。この寺院には温泉が湧き出しており、露天の共同浴場がある。掛け流しの湯で泉質は最高。また、村には手頃な宿が多く、マナリではなくこちらにで長期滞在するバックパッカーも多い。

温泉の湯気が上がるヴァシシュト寺院

ロータン・ラ　Rothang La

別世界へと続く峠

MAP P.183-B1外

マナリの北にある標高約3978mの峠。峠の北側から東に向かうとスピティ、北に向かうとラホールやラダックにいたる。

 ロータン・ラ付近では毎年6〜7月頃、さまざまな種類の高山植物が花開く。標高3500mより高い場所には、「ヒマラヤの青いケシ」と呼ばれる人気の花、ブルー・ポピーも咲いている。

Hotel & Restaurant ホテル&レストラン

庭園のあるシックなホテル
H ジョンソン・ロッジ＆スパ ニュー・マナリ ₹₹₹
Johnson Lodge & Spa　**MAP** P.183-B2

🏠 Circuit House Rd.　☎ 981-604-5123　🏧💳📶Ⓢ
💰 Rs7000～1万9000　📋 別　💳 AMV　📶
🛏 21室　URL www.johnsonlodge.com

ニュー・マナリから徒歩数分、オールド・デリーへと続く道の途中という絶好のロケーションにある。石造りの建物と手入れの行き届いた庭園が美しい高級ホテル。スタッフの対応もよく、客室もクラシックな調度品でまとめられている。

村の中で暮らしているよう
H タイガーアイ・ゲストハウス オールド・マナリ ₹
Tiger Eye Guest House　**MAP** P.183-A1

🏠 Old Manali　☎ 190-225-1092、889-416-0181
🏧💳📶Ⓢ Rs1500～　💳 込　💳 不可　📶　🛏 16室
✉ tigereyeguesthouse@gmail.com

少し奥まったところにある静かなゲストハウス。ウッディーな内装で客室も清潔。ゆったりと落ち着いた滞在ができる。場所が少しわかりにくいが、オールド・マナリのホテル街からマヌ寺院へ向かう坂道途中の細い路地を入ったところにある。

ロケーションとテラスからの眺めがいい
H マウンテンデュー オールド・マナリ ₹
Mountain Dew Hotel　**MAP** P.183-A1

🏠 Manu Temple Rd., Old Manali　☎ 913-738-4965
🏧💳📶Ⓢ Rs1500～4000　💳 込　💳 不可
📶　🛏 16室

オールド・マナリのメインストリート、Manu Temple Rd.沿いにある4階建てのホテル。客室は普通だが、テラスからの山の眺めは最高。キッチン付きのファミリールームもある。1階にはヒッピーテイストのカフェがあり評判もよい。

オールド・マナリの定番宿
H ドラゴン・イン オールド・マナリ ₹₹
Dragon Inn　**MAP** P.183-A1

🏠 Old Manali　☎ 979-990-5867　💳Ⓢ💳📶Rs
1500～3999　💳 別　💳 MV　📶　🛏 23室
URL www.dragoninnmanali.com

1986年オープン、オールド・マナリの老舗のゲストハウス。れんが造りのクラシックな建築で、客室もゆったりとしており居心地はよい。ただし山の眺めはほとんど期待できない。2023年4月現在改装中で、新しくカフェもオープンする予定。

名物のマス料理を堪能するなら
R ジョンソン・バー＆レストラン 各国料理 ₹₹
Johnson Bar & Restaurnt　**MAP** P.183-B2

🏠 Circuit House Rd.　☎ 981-604-5123
🕐 8:30～23:00　📋 別　💳 AMV

庭園の緑に囲まれたジョンソン・ロッジ＆スパ内にあるダイニングバーだが、宿泊客でなくても利用できる。料理の味とクオリティはマナリ随一。名物のマスのグリルRs950が絶品。ゆったりとお酒も楽しめる。

オールド・マナリに古くからある人気店
R ドリフターズ・イン＆カフェ 各国料理 ₹₹
Drifter's Inn & Cafe　**MAP** P.183-A1

🏠 Manu Temple Rd., Old Manali　☎ 986-005-5950
🕐 10:00～23:00　📋 別　💳 MV

オールド・マナリにある古い店のひとつ。パスタRs350～やラムラザニアRs470など何を頼んでもおいしい。マスのグリルRs690はジンジャーガーリックソースがおすすめ。ビールやワインも飲める。

テラス席で川を眺めながら
R レイジードッグ・ラウンジ バー ₹₹
The Lazy Dog Lounge　**MAP** P.183-A1

🏠 Manu Temple Rd., Old Manali　☎ 701-822-8644
🕐 12:00～23:00　📋 別　💳 MV

川沿いにあるクラシックなムードのバーラウンジ。ビールRs250～のほか、ワイン、ウイスキーやウオッカなどアルコールが豊富。レストランとしても利用でき、自家製パンとヒマラヤハチミツを使った朝食もおいしい。週末の夜はバンド演奏がある。奥にはテラス席もあり。

ボブ・ディランの歌が流れるカフェ
R ディランズ・コーヒーハウス カフェ ₹
Dylan's Coffee House　**MAP** P.183-A1

🏠 Manu Temple Rd., Old Manali　☎ 889-423-6364
🕐 9:00～21:00　🕐 火　📋 別　💳 不可

マナリで本格的なコーヒーが味わえる場所として、旅行者や地元客で1日中にぎわうオープンエアなカフェ。店内の壁面にはボブ・ディランの絵や写真がたくさん飾られている。カプチーノRs130と一緒に味わいたいのが名物の温かいチョコチップクッキーRs50。

 マナリは世界中のヒッピーが集まる。目的はチャラス（マリファナ）。オールド・マナリやヴァシシュトではいたるところで吸っているのを見かけるが、時々警察が見回っているので気軽に手を出さないほうがいい。

スピティ（カザ）

カザの市外局番
01906

カザの人口
約2000人

ACCESS

バス、タクシー
スピティへのルートはおもにふたつ。ひとつは、マナリからロータン・ラとクンザム・ラという標高4000m級の峠を越えてカザに至るルート。バスもあるが、マナリのキラン・ホテル（國 P.183-B2）前から早朝発の乗合タクシーを使うのが一般的。所要約10～12時間。通行可能なのは積雪のない6月下旬から10月下旬頃まで。もうひとつはキナウルのレコン・ピオ方面からスピティにいたる道で、早朝発のバスがある。所要約10時間。こちらは冬の間も通行可能だが、夏は土砂崩れ、冬は積雪でしばしば通行不能となる。こちらのルートは事前に入域許可証（ILP）の取得が必要（P.187右）。いずれも高山病に注意。

　ヒマーチャル・プラデーシュ州の北東部、中国との国境近くにある渓谷地帯を、スピティと呼ぶ。「狭間の土地」という意味の名をもつこの土地は、チベットとラダックの狭間にあるチベット文化圏のひとつとして、古来から独自の歴史と伝統を積み重ねてきた。ヒマラヤ山脈の西外れに位置しているため、平均標高は3500mに達し、年間の降水量はごくわずかで、冬の寒さは非常に厳しいが、渓谷沿いに点在する村々のたたずまいは穏やかで美しい。

戦乱による破壊と再建を繰り返してきたキー・ゴンパ

カザの歩き方

　現在のスピティの中心地となっている町、カザ。標高約3500mの高所にある。人口は約2000人と、とてもこぢんまりとした町だが、ほとんどの旅行者はこのカザを拠点にしてスピティ各地を回る。

　カザの町は、涸れ沢を挟んで東側の**オールド・カザ**と、西側の**ニュー・カザ**のふたつに大きく分かれる。オールド・カザにはバススタンドやタクシー組合のオフィスのほか、銀行、商店、レストランなどが集まるバザールがある。ニュー・カザには、病院や郵便局、学校、入域許可証（ILP）を発給するADCオフィスなどが集まっている。

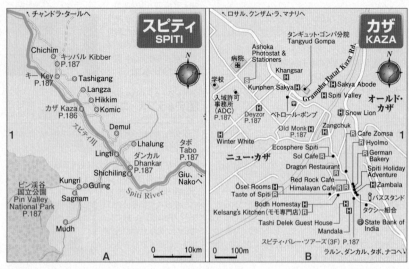

スピティ
SPITI

チャンドラ・タールへ

Chichim
キッバル Kibber P.187
キー Key P.187
Tashigang
Langza
Hikkim
カザ Kaza P.186
Komic
Demul
スピティ川
Lhalung
Lingti
ダンカル Dhankar P.187
Shichiling
タボ Tabo P.187
Kungri
Guling
Giu、Nakoへ
ピン渓谷国立公園 Pin Valley National Park P.187
Sagnam
Spiti River
Mudh

0　　10km

A

カザ
KAZA

ロサル、クンザム・ラ、マナリへ

タンギュット・ゴンパ分院 Tangyud Gompa
病院
Ashoka Photostat & Stationers
Khangsar
学校
Kunphen Sakya
Gramphu Batal Kaza Rd.
Sakya Abode
入域許可事務所（ADC）P.187
Spiti Valley
オールド・カザ
Deyzor P.187
ペトロール・ポンプ
Snow Lion
Zangchuk
Winter White
Old Monk P.187
Cafe Zomsa
Ecosphere Spiti
ニュー・カザ
Hyolmo
Sol Cafe
German Bakery
Dragon Restaurant
Spiti Holiday Adventure
Ösel Rooms
Red Rock Cafe
Zambala
Taste of Spiti
Himalayan Cafe
バススタンド
Bodh Homestay
タクシー組合
Kelsang's Kitchen（モモ専門店）
Tashi Delek Guest House
State Bank of India
Mandala
スピティ・バレー・ツアーズ（3F）P.187
ラルン、ダンカル、タボ、ナコへ

0　　100m

B

(i) スピティではカザとタボに銀行のATMがあるが、何らかの事情で作動していないときもあるため、あまりあてにしないほうがいい。スピティに入る前に、あらかじめまとまった額の両替を済ませておくほうが安心だ。

魅力的な村や僧院が点在する

スピティの村々と自然 Villages & Nature in Spiti

MAP P.186-A

　カザの北西11km、標高約3700mの場所にある村、**キーKey**。城塞のようなたたずまいのキー・ゴンパ**Key Gompa**は、11世紀に創建されたと伝えられるスピティを代表する僧院。現在はゲルク派に属し、約300人の僧侶が在籍している。キーの北にある山村**キッバルKibber**は自然保護区になっており、ブルーシープやユキヒョウが生息している。

　カザの南東に広がる高原地帯ではヤク（雄の毛長牛）やディモ'（雌の毛長牛）などが放牧されている。標高3700mのラルン**Lhalung**は段々畑が広がり、スピティ随一の美しい景色が広がる。

　カザの南東約30kmの所にある村、**ダンカルDhangkar**はかつてスピティの政治と宗教の中心だった場所。岩尾根の上にそびえるダンカル・ゴンパ**Dhangkar Gompa**には、貴重な壁画やタンカ（仏画）が残されている。

　カザの南東約48kmの所にある**タボTabo**は、スピティで2番目に大きな町。10世紀末に創建されたタボ・ゴンパ**Tabo Gompa**は、黄褐色の土壁に覆われたような独特の外観。内部にはカシミール様式の仏像や壁画が数多く残されている。

　カザの南に広がる**ピン渓谷Pin Valley**は、国立公園に指定された野生動物の宝庫。トレッキングが楽しめる。

　スピティの西にある峠、クンザム・ラの西側から15kmほど北上した所にある**チャンドラ・タールChandra Tal**は、三日月のような姿をした聖なる湖で、ヒンディー語で「月の湖」の名がつけられている。

（左）危険な岩尾根にあるダンカル・ゴンパ　（右）土壁に覆われたタボ・ゴンパ

HINT

スピティで入域許可証が必要な地域

カザから東のタボやその先のキナウル方面に行く場合、外国人は入域許可証（インナーライン・パーミット、ILP）の取得が必要になる。ニュー・カザにあるADCオフィス（MAP P.186-B）では外国人1名でも申請が可能で、申請書、パスポートのコピー、顔写真2枚を提出する。申請書はADCオフィスの向かいの文具店で販売している。パスポートのコピーも可能。日曜、祝日、第2土曜は申請不可。スピティ内の入域許可証のチェックポストは、現在はシチリンという村の付近にある。

ACCESS

スピティの交通事情

カザとタボの間は、早朝と午後にバスが運行している。その他のスピティ各地の村々へは、カザを夕方に出発して翌朝引き返してくるバスや乗合タクシーがいくつかあるが、短期間で回るなら、カザのタクシースタンドや旅行会社で車をチャーターするほうが効率がいい。

INFO

スピティの旅行会社

スピティ・バレー・ツアーズ

Spiti Valley Tours

スピティ人が経営する旅行会社。スピティでのインド映画の撮影や日本のテレビ番組の取材のコーディネート経験もある。英文メールで気軽に相談することができる。

MAP P.186-B　Old Kaza
☎ 941-853-7688、898-881-0101
URL spitivalleytours.com

Hotel ホテル

カザで一番人気の宿

Hデイゾール

Hotel Deyzor

ニュー・カザ ₹₹

MAP P.186-B

Near BSNL Office, New Kaza　☎ 95305-70649、94184-02660　S（S）（S）（S）Rs1400〜2900（すべて別料金で朝食、昼食、夕食も可）　不可
WiFi 10室　URL www.hoteldeyzor.com

2009年開業のゲストハウス。太陽光発電設備と太陽熱温水器を備えていて、快適に過ごせる。併設のレストランでは、地元で取れる野菜などを使った料理が旅行者の間で評判。人気の宿なので、夏の間は予約が必須。

親切な夫妻が経営する宿

Hオールド・モンク

The Old Monk Hotel

ニュー・カザ ₹₹

MAP P.186-B

New Kaza　☎ 94183-27760、94185-56　S（S）（S）（S）Rs1500（すべて別料金で朝食、昼食、夕食も可）　不可　ロビーとレストラン周辺のみ　10室　hoteloldmonk@gmail.com

ニュー・カザの涸れ沢沿いに面したホテル。部屋は広々としていて清潔感がある。1階のレストランで供される食事もおいしい。オーナー夫妻は英語が堪能で、スピティ内での車の手配の相談などにも乗ってくれる。

標高4300m、ランザの南にある村、ヒッキムHikkimには「世界一高い場所にある郵便局」を標榜する郵便局がある。局員に頼むと、目の前で消印の記念スタンプを押してくれる。

キナウル（レコン・ピオ）

レコン・ピオの市外局番
01786
レコン・ピオの人口
約2500人

ACCESS

バス

シムラーからレコン・ピオまでのバスはほぼ1時間おきに運行、所要時間10時間。カザからレコン・ピオまでは早朝発のバスがあり、所要約10時間。夏は土砂崩れ、冬は積雪でしばしば遅延が発生する。レコン・ピオから北のスピティ方面に行く場合、事前に入域許可証（ILP）の取得が必要（P.189）。

シムラーの北東、スピティの南に位置する渓谷地帯、キナウル。シムラーからサトレジ川沿いを車で北東に進んでいくと、目もくらむような高さの垂直の断崖に穿たれた道を走らなければならなくなる。白い雪を戴く聖山**キナウル・カイラスKinnaur Kailash**を見上げながらバスは進む。かつてのバシャール王国の領土で、ヒンドゥー教と仏教の信仰が入り混じるこの土地には、インドの他の地域には見られない独特の伝統と文化が残っている。

キナウルの伝統衣装を身にまとった人々

レコン・ピオの歩き方

キナウルの旅の拠点となるのは、標高2300mの**レコン・ピオReckong Peo**。人口3000人弱の町だが、中心となるメイン・バザール界隈はかなりにぎやかで、ホテルや商店が建ち並んでいる。この南寄りには、観光案内所と旅行会社モンク・トラベルがあり、入域許可証（ILP）の申請はここで行う。レコン・ピオに到着するバスの多くは、市街でいったん停車するが、バススタンド自体は市街から1〜2km山道を上った場所にある。

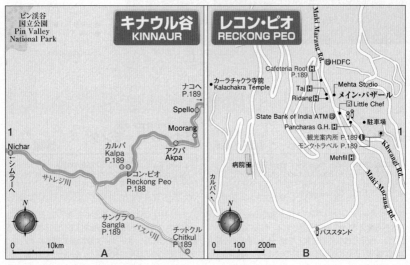

キナウル谷 KINNAUR / レコン・ピオ RECKONG PEO

キナウルにある標高約6050mの高峰、キナウル・カイラス。普段はチベットの聖山カイラスにいるシヴァ神は、冬になるとキナウル・カイラスにやってきてハシシをたしなむ、という言い伝えがある。

独特の文化が残る辺境の地
キナウルの村々　Villages in Kinnaur

MAP P.188 左

　レコン・ピオの西約7kmの山の上にある村、**カルパKalpa**。ヒンドゥー寺院と仏教人が共存しており、晴れた日にはキナウル・カイラスの眺望がすばらしい。宿も多く静かな環境なので、何泊か滞在してみるのもいい。

石葺き屋根の伝統家屋

　サトレジ川に流れ込むバスパ川の一帯はサングラ渓谷と呼ばれる。その中心となる**サングラSangla**には、石葺き屋根の伝統的な木造建築が数多く残されている。郊外の**カムルーKamuru**と呼ばれる集落は、かつてバシャール王国の中心地だったとされる所で、丸い丘の上に昔ながらの家々が密集して立ち並ぶ様子はまるで時間が止まったかのようだ。サングラ渓谷の最奥に位置する**チットクルChitkul**には標高約3400m。澄み切った大気の中にのどかな渓谷の風景が広がっている。村の中には、キナウル特有の伝統的な石葺き屋根の木造家屋がたくさん残されているほか、立派なヒンドゥー寺院もある。サングラ渓谷の他の地域と同様、冬は積雪で道路が通行不能になる場合がある。

カルパの村とキナウル・カイラス

　キナウルとスピティの中間あたり、中国国境に近い村**ナコNako**は、小さな湖のほとりにある古い集落。11世紀に創建されたと伝えられる僧院、**ナコ・ゴンパNako Gompa**がある。

HINT

キナウルで入域許可証が必要な地域

レコン・ピオの北東のアクパという村から、スピティのシチリンという村までの間の地域を通過するには、入域許可証（インナーライン・パーミット、ILP）の取得が必要になる。レコン・ピオの観光案内所と同じ建物にある旅行会社、モンク・トラベルに依頼すると取得しやすい。外国人2名以上のパスポートが必要だが、同社に依頼すれば1人でも他の旅行者と一緒に申請してもらえる。午前中に申請、午後に受領という場合が多い。日曜、祝日、第2土曜は申請不可。

INFO

モンク・トラベル
The Monk Travel
　P.188-B
♠ 201, Tourist Information Centre
☎ 94182-34004、98055-30056
🕙 10:00〜17:00
休 日、祝、第2土
URL themonktravels.com

観光案内所
Tourist Information Centre
　P.188-B
🕙 10:00〜17:00
休 日、祝、第2土

Hotel ホテル

レコン・ピオで便利な立地
🅷 カフェテリア・ルーフ
Hotel Cafeteria Roof

レコン・ピオ ₹

MAP P.188-B

♠ Main Bazaar, Rekong Peo
☎ 01786-22-2883
💴Ⓢ🅰🛜 Rs700〜900（すべて別料金で朝食、昼食、夕食も可）　込　不可　WiFi 🚪 8室

　レコン・ピオの中心部、メイン・バザールにある宿。設備は簡素で、Wi-Fiもめったにつながらないが、部屋からの眺望は悪くない。階下にはレストランがあり、味はまずます。注文すれば部屋まで運んでくれる。

ナコにある快適なホテル
🅷 レオ・パーギル
Hotel Reo Purguil

ナコ ₹₹

♠ Nako　☎ 94594-94111　💴Ⓢ🅰🛜 Rs1000〜2000、2500（すべて別料金で朝食、昼食、夕食も可）　込　不可　WiFi 🚪 11室
✉ vjneginawa69@gmail.com

　ナコにあるホテル。部屋は清潔で快適。辺境の村にあるため、Wi-Fiなどの利用は難しい。簡素なレストランが併設されているので、頼めば部屋まで食事を運んでもらえる。11月頃から3月頃までは冬季休業。

キナウルの人々が常にかぶっている緑色の幅広い折り返しのついた帽子。これはテパングと呼ばれるもので、彼らの誇りの証でもある。

ジャンムー

ジャンムーの市外局番
0191
ジャンムーの人口
約50.4万人

ACCESS

飛行機

デリーからエア・インディアやインディゴなど各社合計毎日9〜11便、所要約1時間30分。ムンバイーから毎日4便、3〜4時間。レーからエア・インディアが週6便、約50分。このほか、シュリーナガルから毎日5〜7便、約50分。空港は市の中心部の南西6kmにある。タクシーまたは乗り合いのミニバスで中心部へ行ける。

鉄道

ニューデリー駅21:20発の11077 Jhelum Exp.で翌10:05ジャンムー・タウィ駅着。ほかにもニューデリー駅やデリー駅からと急行が毎日9便程度ある。アムリトサルから急行が毎日2〜3便、所要5〜6時間。ハリドワールから1日1〜2便、所要約10時間40分。

バス

シュリーナガルからは1日12便程度、所要約12時間。シェアタクシーもある。アムリトサルから20分おきに1便、約6時間。パタンコートから20〜30分おきに1便、約3時間。チャンバから1日1便、約7時間。デリーから約13時間。ダラムサラからはパタンコートでバスを乗り換え。

HINT

ジャンムーは軍事重点エリアのため携帯電話の電波が制限されている。デリーなど他の都市で購入したSIMカードは通じない。もちろん日本の携帯電話も通じない。

タウィ川のほとりに開けた人口50万4000人の都市で、ジャンムー＆カシュミールの冬の州都。標高は327mで、ヒマーラヤ山脈に覆われたこの地域では低地にあり、夏は暑く冬も温暖な気候が特徴だ。

この地の歴史は古く、近郊からはインダス文明の遺物も見つかっている。さまざまな民族がやってきたが、19世紀にはドグラ王朝のグラブ・スィン（1792〜1857）がジャンムー＆カシュミール藩王国のマハーラージャとなり、ラダックを含む広い範囲を統治した。市内には一族が残した造形物が点在している。

シュリーナガルやアムリトサルへ向かう途中で、列車やバスを乗り継ぐために訪れる人も多いだろう。休息を取りがてら、のんびり散策してみたい。

タウィ川を見下ろすように建つバフー城塞

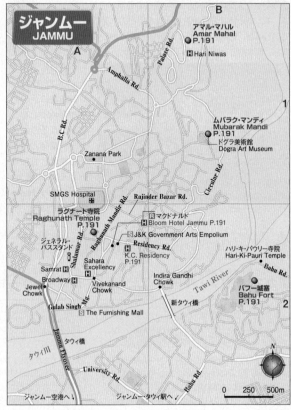

オートリクシャーでバススタンドから旧市街の繁華街 **H** K.C.レジデンシー周辺まではRs50〜100。郊外の見どころをすべて見て回るとRs800〜1000。

ジャンムーの歩き方

町はタウィ川を挟んで南北に分けられる。北側は旧市街でバススタンドがあり、南側は新市街で空港と鉄道駅はこちらにある。鉄道駅とバススタンドの間は4kmほどあり、乗合タクシーが行き来している。ホテルやレストラン、観光地はほとんどが北側の旧市街にある。

旧市街の中心にある**ラグナート寺院Raghunath Temple**は、19世紀にグラブ・スィンの命により建てられた大きなヒンドゥー寺院。塔状の屋根（シカラ）をもつ7つの堂からなる。寺院の周辺はにぎやかなバザールで、ショップやレストランが多く建ち並んでいる。

豪奢なアマル・マハル

ラグナート寺院の北西部、タウィ川を見下ろす**ムバラク・マンディMubarak Mandi**は、19世紀に建てられマハーラージャの一族が住んだ宮殿。ラージャスターン様式とムガル様式、バロック様式の混じり合った壮麗な建築だ。さらに北には、

宮殿ムバラク・マンディ

1890年にアマル・スィンがフランス人建築家に設計させた赤れんがの宮殿**アマル・マハルAmar Mahal**がある。現在は博物館となっており、120kgもの黄金を使った玉座が見もの。隣にはマハーラージャのハリ・スィンが建てた宮殿ハリ・ニワースHari Niwasがあり、現在はホテルになっている。

タウィ川南岸の丘には昔築かれた城塞があったが、1820年にその上に**バフー城塞Bahu Fort**が再建された。敷地内には1822年創建のカーリー寺院がある。

ラグナート寺院
MAP P.190-A2
◐ 6:00～20:00
無料
URL www.raghunathtemple.com
バッグ、ペン、カメラや携帯電話など電気製品の持ち込み不可。預かり所に預ける。

ムバラク・マンディ
MAP P.190-B1

ドルガ美術館
Dorga Art Museum
ムバラク・マンディの中にある博物館。貴重な細密画のコレクションのほか、彫像やテラコッタ、調度品や宝飾品などが並ぶ。
◐ 10:15～16:00
月、祝
Rs50
※カメラ持込料Rs470

アマル・マハル
MAP P.190-B1
◐ 10:00～13:00、14:00～18:00（4～9月）
10:00～13:00、14:00～17:00（10～3月）
月、祝
Rs50
※カメラ持込料Rs50、ビデオ持込料Rs200

バフー城塞
MAP P.190-B2
◐ 6:00～13:00、14:00～20:00（火・日5:00～13:00、14:00～21:00）
カメラ、カメラ付き携帯電話の持ち込み不可。入口で預ける。

Hotel ホテル

旧市街のランドマーク
H K.C. レジデンシー
K.C. Residency
旧市街 ₹₹
MAP P.190-A2

🏠 Veer Marg　☎ 191-252-0770、920-500-9669
Ⓐ M Ⓢ Rs5300～5720 Ⓡ Rs6200～7150 別
Card AMV WiFi 57室
URL www.kcresidency.com

旧市街の中心に建つ4つ星ホテルで、最上階にある回るレストランが目印。客室はクラシックでシックな雰囲気がある。アルコールが飲めるバーや、屋上にはブッフェディナーが楽しめるオープンエアのレストランもある。スタッフの対応もよい。チェックアウトは24時間制。

スタイリッシュなシティホテル
H ブルーム・ホテル・ジャンムー
Bloom Hotel Jammu
旧市街 ₹₹
MAP P.190-A2

🏠 Veer Marg, Eidgah St.　☎ 011-4122-5666
Ⓐ M Ⓢ Ⓡ Rs4000 別 Card MV WiFi 44室
URL staybloom.com/hotels/jammu/bloom-hotel-jammu

インド全土に展開しているチェーンホテル。ポップなイエローが目を引く。客室は広く窓も大きく明るい。バスルームなど水回りも清潔で快適。スタッフの対応もスマートで英語もよく通じる。1階にはホテルのラウンジレストランのほか、マクドナルドが入っている。

夜になるとResidency Rd.に魚のフライの屋台が立ちます。揚げたては美味。持ち帰りもできますが、その場で食べることもできます。（福島県 T.S. '23）

シュリーナガル

シュリーナガルの市外局番
0194

シュリーナガルの人口
約119万人

ACCESS

飛行機
デリーからエア・インディアや
ゴーエアなど各社合計毎日17〜
19便、所要約1時間20分。ジャ
ンムーから毎日3便、約50分。
空港は市の中心部から約11km
南西にあり、プリペイドタクシ
ーでRs1500。

鉄道
市中心部の南約13kmにあるシ
ュリーナガル駅を通るカシュミ
ール鉄道があるが、完成してい
るのは一部の区間のみ。将来的
にはジャンムーからの路線に接
続される予定。

バ ス
ジャンムーから所要約10時間、
レーから乗合タクシーで12時間。

INFO

観光案内所
Tourist Reception Centre
地図 P.193-B
☎ 0194-250-2274
🕐 10:00〜16:00
URL www.jktdc.co.in
ハリ・パルバット城塞のパスは
ここで発行してもらう。

ツーリストポリス
Tourist Police
盗難や金銭のやりとりに関する
もめ事があったときなどに相談
すれば、力になってくれる。特
にハウスボートにとっては、警
察ともめると営業許可の停止や
取り消しもあり得るので怖い存
在だ。
地図 P.193-B
☎ 0194-250-2276
🕐 24時間

HINT

ジャンムーは軍事重点エリアの
ため携帯電話の電波が制限され
ている。

カシュミールはインドの北の果て、大ヒマーラヤの西端に位置する地
域。山々に囲まれた盆地に湖が点在し、乾燥した平野部に比べると別天
地のようなすがすがしい場所だ。中心都市のシュリーナガルは標高
1585m、人口約119万人の都市で、ジャンムーが冬の州都であるのに
対し、こちらは夏の州都となっている。風光明媚なダル湖のほとりに町
が広がり、古来「東方のヴェニス」「地上の楽園」と呼ばれ、その美し
さをたたえられてきた。

かつて仏教とヒンドゥー教が栄えたこの地域は、14世紀にイスラー
ム教徒の支配下に入り、後にムガル帝国領となった。そのためイスラー
ム教徒がほとんどを占めるが、1947年にパキスタンがインドから分離
独立すると、ヒンドゥー教徒だったカシュミール藩王はインドへの帰属
を決定。一方、住民の大多数はパキスタン編入を望んだ。この帰属問題
が現在まで解決されず、治安の不安定化につながっている。

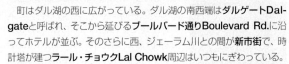

← シュリーナガルの歩き方 →

町はダル湖の西に広がっている。ダル湖の南西端は**ダルゲートDal-
gate**と呼ばれ、そこから延びる**ブールバード通りBoulevard Rd.**に沿
ってホテルが並ぶ。そのさらに西、ジェーラム川との間が**新市街**で、時
計塔が建つ**ラール・チョウクLal Chowk**周辺はいつもにぎわっている。

一方、**旧市街**はラール・チョウクの北、ジェーラム川の両岸に広がっ
ている。木やれんがの家が建ち並ぶ独特の町並みだ。

旧市街の北東には、ダル湖の一部であるナギン湖がある。ロケーショ
ンは便利とはいえないが、あたりは静かで水はダル湖よりもきれいなた
め、ここを好む旅行者も多い。

ダル湖周辺にはほかにも多くの見どころが散らばっている。ハウスボ
ートでのんびり過ごすのもいいし、アクティブに動き回って観光しても
いいだろう。

湖を渡るボート

 シュリーナガルでの両替は、ブールバード通りにあるJ&K Bank（地図 P.193-B）が便利。日本円の両替が可能で、旅行者慣れし
ているので手続きもスムーズだ。

←　シュリーナガルのおもな見どころ　→

ハウスボートやシカラで過ごしたい

ダル湖　Dal Lake

MAP P.195-B1

　ダル湖は琵琶湖の半分より少し小さい湖。周囲を山々に縁取られた眺望が美しく、「シュリーナガルの宝石」とも呼ばれている。

　その楽しみ方は湖畔から眺めるだけではない。湖上ホテルのハウスボートが多数並び、手こぎの水上タクシー、シカラがあちこちに待機している。シュリーナガル観光のメインともいえるハウスボートは19世紀、陸上に建物を造ることが許されなかったイギリス人が滞在した水上家屋が始まり。一方シカラは2～3人乗りが一般的で、陸地とハウスボートへの往復に使ったり、貸し切りにしたりする。

　ダルゲートからブールバード通りを東へ向かうと、番号のついたシカラスタンドが並び、多数のハウスボートやシカラが停泊している。客引きの声がいちばんうるさいのはこのあたりだ。さらに先、湖中に浮かぶ島にある**ネールー公園Nerhu Park**を過ぎると、ハウスボートはほとんどなくなり、湖遊覧を楽しむシカラが行き交うのみとなる。なお、ハウスボートはナギン湖やジェーラム川にもあるが数は少ない。

　ダル湖で訪れてみたいのが**水上野菜マーケットFloating Vegetable Market**。前夜シカラと交渉して朝暗いうちに出発し、地元の人々が船上で野菜を売り買いする様子を見るもので、ダル湖のアトラクションのひとつとなっている。

HINT

旅のシーズン

3月中旬から10月までがベストシーズン。北インドの酷暑期である4～6月に避暑客が多い。6～9月の雨季にも、シュリーナガルは雨量が少なくて快適。10月からはかなり涼しくなり、12～2月には雪も降る。

シカラチャーター料金の目安

1時間Rs300程度で、数時間乗ると1時間当たりの料金は下がる。4時間でRs1000程度。

ハウスボートに泊まるなら

なかには金品を盗んだり、高額なツアーを売りつけたりする、たちの悪いボートもある。事前に十分な情報収集を。心に決めたハウスボートがない場合は、現地でシカラを契約してハウスボートを巡り、見て決めることが可能。人の感じがよく、眺めや設備に満足でき、ほかの旅行者も滞在しているボートがいい。できれば到着日は湖畔のゲストハウスに泊まるなどし、余裕をもって探そう。食事、陸への送迎、冬ならヒーティングチャージが込みか確認を。貴重品は持ち歩くか、厳重にしまって外出する。なお、デリーでハウスボート滞在込みのシュリーナガルツアーを申し込むとトラブルが多いので、絶対に避けること。

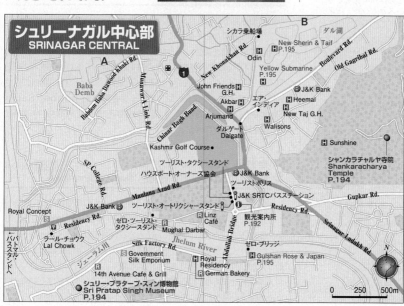

シュリーナガル中心部
SRINAGAR CENTRAL

A

B

シカラ乗船場

ダル湖

New Sherin & Taif
P.195

New Khonakhan Rd.

Odin

Yellow Submarine
P.195

Boulevard Rd.

Old Gagribal Rd.

John Friends
G.H.

エア・
インディア

J&K Bank

Heemal

Baba
Demb

Balden Baia Daswod Khaki Rd.

Akbar

New Taj G.H.

Munawar-A Link Rd.

Arjumand

Walisons

Sunshine

Chinar Bagh Bund.

ダルゲート
Dalgate

Kashmir Golf Course

シャンカラチャルヤ寺院
Shankaracharya
Temple
P.194

ツーリスト・タクシースタンド

ハウスボート・オーナーズ協会

J&K Bank

SP College Rd.

ツーリストポリス

Maulana Azad Rd.

J&K SRTCバスステーション

Gupkar Rd.

Royal Concept

J&K Bank

ツーリスト・オートリクシャースタンド

Residency Rd.

Residency Rd.

ゼロ・ツーリスト・
タクシースタンド

Linz
Café

観光案内所
P.192

Srinagar Ladakh Rd.

ラール・チョウク
Lal Chowk

Mughal Darbar

Abdullah Bridge

ゼロ・ブリッジ

ジェーラム川

Jhelum River

Silk Factory Rd.

Government
Silk Emporium

Royal
Residency

Gulshan Rose & Japan
P.195

German Bakery

14th Avenue Cafe & Grill

シュリー・プラターブ・スィン博物館
Sri Pratap Singh Museum
P.194

N

0　　250　　500m

　ダル湖裏側の［H］Arjumandから［H］Odinに行くまでの道とその路地には、雰囲気がよくて清潔なゲストハウスが連なっています。交渉で安く泊まれる宿がいくつもあります。（品川区　うくじん　'17）

193

シャー・ハムダン・モスク
♠ New Zaina Kadal Bridge
🕐 4:30～21:00
🆓 無料
新市街からオートリクシャーで
Rs100程度。

ジャマー・マスジッド
♠ Nowhatta
🕐 8:00～21:00　🆓 無料
🚌 観光案内所前からSoura行き
　市バスに乗る。もしくは新市
　街からオートリクシャーで
　Rs60程度。

ハリ・パルバット城塞
♠ Koh-i Maraan, Nowhatta
☎ 0194-250-2274（観光案内
　所）
🕐 10:00～15:00（入場14:00
　まで）
🆓 金　💰 Rs200
訪れる前に観光案内所でパスポー
トとビザのコピーを提出し、
入場許可をもらう必要がある。
新市街からオートリクシャーで
Rs200程度。

シャンカラチャルヤ寺院
♠ Durgjan
🕐 7:00～17:00　🆓 無料
カメラは持ち込み不可、入口で
預ける。ゲートは6:00～17:30
の間オープン。ゲートからオー
トリクシャーで往復Rs300程度。

INFO

そのほかの見どころ
ハズラトバル・モスク
Hazaratbal Mosque
シュリーナガル唯一のドームを
もつモスク。1000年ほど前に
メディナからもたらされた預言
者ムハンマドの髪の毛を祀り、
大きなイベントの際に公開され
る。観光案内所前からダールガ
ート行きバスで終点下車。
🗺 P.195-A1
🕐 4:00～23:00　🆓 無料

**シュリー・プラタープ・
スィン博物館**
Sri Pratap Singh Museum
ジャンムー・カシュミール藩王
国2代目の王、ランビール・ス
ィンの宮殿を改築した博物館。
石像や絨毯、民族衣装、工芸品
などを展示している。37年か
けて作られたというシュリーナ
ガルの地図を刺繍したショール
が見もの。展示物は近くの新館
に移されつつある。
🗺 P.193-A
♠ Lal Mandi
☎ 0194-231-2859
🕐 10:00～16:00
🆓 月、祝　💰 Rs50
※カメラ持込料Rs200、ビデオ
持込料Rs3000

装飾が美しい緑のモスク　　　　　MAP P.195-A2
シャー・ハムダン・モスク　Shah Hamdan Mosque

　旧市街のジェーラム川の河畔に建つ木造のモスク。14世紀にこの地
にやってきたペルシアの聖者シャー・ハムダンを記念している。たびた
び火災に遭い、現在の建物は1732年に
再建されたもの。シュリーナガル最古、
かつ最も美しいモスクとされ、壁はカシ
ュミールの工芸品としても有名なペーパ
ーマッシュの技術が用いられている。異
教徒は建物の中に入ることができない。

旧市街の中心部にある　　　　　　MAP P.195-A2
ジャマー・マスジッド　Jama Masjid

　3万人を収容できるという巨大なモスク。この場所に最初にモスクが
建てられたのは1400年頃だが、以降幾度も焼失と再建を繰り返す過程
で、外壁はれんがに変えられた。現在の
建物は17世紀のアウラングゼーブ帝時代
のもの。シャー・ハムダン・モスク同様、
ドームをもたないこの地方特有の建築様
式が興味深い。建物内部には378本のヒ
マーラヤ杉の柱が建ち並び壮観だ。

城の上からの眺めは絶景　　　　　MAP P.195-A2
ハリ・パルバット城塞　Hari Parbat Fort

　旧市街を見下ろすハリ・パルバットの丘に築かれた城塞で、その偉容
はダル湖の対岸からも望むことができる。16世紀、アクバル帝がこの
丘を囲む形で壁を築き、19世紀に頂上に城が建てられたが、現在は遺
跡となっている。この城塞は兵士の駐屯地になっており、見学には観光
案内所（P.192）でパスを発行してもらう必要がある。丘の麓には17世
紀建造のモスク、**マクドーム・サヒーブ寺院Makhdoom Sahib
Shrine**があり、信者を集めている。内部はインドらしくなく、中近東に
近い雰囲気が漂っている。

ダル湖を見下ろす山上にあるシヴァ寺院　　MAP P.193-B
シャンカラチャルヤ寺院　Shankaracharya Temple

　イスラーム教徒がほとんどを占めるシュリーナガルでは珍しいヒンド
ゥー寺院。ダル湖のネルー公園近くのゲートから約5.5kmの山上にあ
る。この寺院の歴史は紀元前に遡るとされ、現在の建物はジャハーンギ
ール帝の時代に建てられた。石段を上りつめると、溶けた石をつないで
造ったかのような不思議な寺院にたどり着く。
　人々は列をつくり、鐘を鳴らしながら熱心に祈りをささげていく。山
上からはダル湖と、湖中に並ぶハウスボートが一望のもとだ。

 ブールバード通りのハウスボートは、小舟で渡らなくてはならず不便です。外出できないのをいいことに食事やツアー、連泊を無理強
いするところがあります。ダル湖裏側の岸辺のハウスボートは古くて部屋も狭いですが便利だと思います。（品川区　うくじん　'17）

4つの庭園
ムガル庭園　Mughal Gardens

MAP P.195-B1～B2

　ムガル帝国時代、皇帝たちは酷暑の平野部を逃れてカシュミールで夏を過ごした。ダル湖の周辺には彼らが造ったいくつもの庭園が残されている。

　市の中心部から約12km、湖の北東部にあるのが**シャリマール・バーグShalimar Bagh**。1619年、ジャハーンギール帝が妃のヌール・ジャハーンのために造園した。その3kmほど南の**ニシャット・バーグNishat Bagh**は、1633年、ヌール・ジャハーンの兄アサフ・カーンが建てたもので、12のテラスをもつカシュミール最大のムガル庭園だ。

　さらに6km南の**チャシュマ・シャーヒーChashma Shahi**は、シャー・ジャハーンが1632年に建造した小さな庭園。建物の中から泉が湧き出ている。チャシュマ・シャーヒーから約2kmの場所には、17世紀中頃にシャー・ジャハーンの長男ダーラー・シコーが建造した**パリ・マハルPari Mahal**が建つ。小高い山の上にあり、少し離れた所にあるダル湖を望むダイナミックな景色が楽しめる。なお、シャリマール・バーグとニシャット・バーグは、ダル湖東岸を北上するバスで行ける。チャシュマ・シャーヒーとパリ・マハルはバスが通る道から少し離れているため、下車後徒歩かオートリクシャーを利用するのがいい。

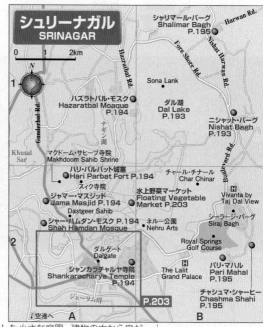

シュリーナガル
SRINAGAR

シャリマール・バーグ
Shalimar Bagh P.195

ダル湖
Dal Lake P.193

ニシャット・バーグ
Nishat Bagh P.193

ハズラトバル・モスク
Hazaratbal Moaque P.194

Sona Lank

マクドーム・サヒーブ寺院
Makhdoom Sahib Shrine

ハリ・パルバット城塞
Hari Parbat Fort P.194

スィク寺院

ジャマー・マスジッド
Jama Masjid P.194
Dastgeer Sahib

シャー・ハムダン・モスク P.194
Shah Hamdan Mosque

チャール・チナール
Char Chinar

水上野菜マーケット
Floating Vegetable Market P.203

ネルー公園
Nehru Arts

Vivanta by Taj Dal View

シーラージ・バーグ
Siraj Bagh

Royal Springs Golf Course

ダルゲート
Dalgate

シャンカラチャルヤ寺院
Shankaracharya Temple P.194

The Lalit Grand Palace

パリ・マハル
Pari Mahal P.195

チャシュマ・シャーヒー
Chashma Shahi P.195

ジェーラム川

P.203

空港へ

A　　B

Harwan Rd.

Fore Shore Rd.

Nishat Harwan Rd.

Boulevard Rd.

Hazratbal Rd.

Ganderbal Rd.

Khusal Sar

ナギン湖

ムガル庭園
⏰ 9:00頃～19:00頃
🎫 各庭園Rs20

ⓘ ダル湖の南東部にあるシーラージ・バーグSiraj Bagh（MAP P.195-B2）は、アジア最大のチューリップ庭園といわれる場所。毎年3～4月には35万株のカラフルなチューリップが開花し、大地を美しく染める。この季節に訪れたらぜひ足を運んでみたい。

ラダック (レー)

レー市街を見下ろすように建つレー王宮

レーの市外局番
01982
レーの人口
約3万人

ACCESS

飛行機

デリーからレーには、エア・インディア、ビスタラ、スパイス・ジェットなどが毎日5〜8便、早朝から午前中に発着。所要約1時間20分。冬はデリーの濃霧やレーの悪天候などによる欠航も多い。数は少ないがチャンディーガル、ジャンムー、シュリーナガルとの間の便もある。空港から市街までは約5km。空港の建物を出たパーキングエリアにプリペイドタクシーの窓口がある。市街までRs550。

バス

陸路でラダックに行く際は、マナリからレーに至るルートを利用するのが一般的。通行可能なのは積雪の少ない6〜10月頃のみ。標高4000〜5000m級の峠を4つも越えるので、高山病（P.204）に注意。HPTDCバスは、ケーロンKeylongで宿泊する1泊2日の行程で運行。マナリを真夜中に出発して同日夜にレーに着く小型バスも運行している。所要約20時間。シュリーナガルから乗り継いで1泊2日でレーに行くことも可能だが、スリナガルは政情不安に陥ることが多いので注意。

　インド最北部、標高5000mを超えるいくつもの峠に隔てられた秘境、ラダック。現地の言葉で「峠を越えて」という意味の名をもつこの土地は、かつて独立した仏教王国だったが、19世紀に滅亡し、後にインド領になった。1974年頃まで外国人の入域が許されていなかったこともあって、ラダックには、中国に占拠されたチベット本土よりも、古来の仏教に根ざした伝統と文化が色濃く残っているといわれている。

　ラダックの平均標高は約3500m。夏の日差しは強烈で、雨はほとんど降らない。しかし、冬になると気温はマイナス20℃まで下がり、外界との間をつなぐ峠道は積雪で通行不能になってしまう。むきだしの岩山と砂塵の舞う荒野で、ラダックの人々はわずかな水を得られる場所に根を下ろし、遠い昔から受け継がれてきた祈りとともに、素朴でささやかな暮らしを営んできた。想像を絶するほど雄大な自然の中で生き抜いてきた人々の穏やかな笑顔は、私たちがいつの間にか忘れてしまっていた何かを思い出させてくれる。そんなラダックの独特な魅力にひかれ、何度も繰り返し足を運んでしまう旅人は数多い。

レーの歩き方

　16世紀頃からラダック王国の王都がおかれていたレーは、現在もラダックの商業・文化・交通の中心地。レーの中心は**メイン・バザールMain Bazaar**と呼ばれる一角。州政府観光局、銀行、旅行会社、商店などが集まっている。**ナムギャル・ツェモNamgyal Tsemo**という岩山の南麓には、レー王宮と、古い民家が残る旧市街がある。メイン・バザールから南に下ると、バススタンドや病院などがある。街の中心から南西に下る**フォート・ロードFort Rd.**と、北西にある**チャンスパChangspa**と呼ばれる一帯は、宿やレストランなどが多く、夏は大勢の旅行者でにぎわう。

 ラダックで暮らす人々の多くはラダック人（ラダクスパ）という民族。チベット語の方言のラダック語を話し、チベットと共通する伝統や文化を数多くもつ。ザンスカール人（ザンスカルパ）もほぼ同じ言語を話す。

レーのおもな見どころ

かつてのラダック王の居城
レー王宮（レーチェン・パルカル）Lehchen Palkhar

MAP P.197-B1

　ナムギャル・ツェモの中腹にそびえる巨大な城跡。17世紀、ラダック王国の全盛期の頃にセンゲ・ナムギャル王によって建立された。ほぼ同時期に建てられたチベット・ラサのポタラ宮によく似ている。一時は崩壊が進んで危険な状態だったが、1999年頃から進められてきた修復作業がほぼ終わり、現在はかつての姿を取り戻しており、最上階からはレー市街が一望できる。内部は王宮と呼ぶには閑散としているが、Royal Shrineというお堂が公開されている。

メイン・バザールから見たレー王宮

王宮内のお堂、Royal Shrine

INFO

ラダック連邦直轄領
観光局
🗺 P.198-B2
☎ 01982-25-7788
🕐 夏期10:00～18:00
　冬期10:00～16:00

ラダックの旅行会社
ヒドゥン・ヒマラヤ
Hidden Himalaya

日本人の上甲紗智さんと、ザンスカール人のツェワン・ヤンペルさん夫妻が経営する旅行会社。日本語で相談できるのが心強い。依頼の際は、オフィスを訪問する前にメールなどで相談しておいたほうがいい。
🗺 P.198-A2
🏠 #21 Hemis Complex, Zangsti, Upper Tukcha Rd.
☎ 600-557-0673、959-661-5063、990-699-9937
✉ sachitsewang@gmail.com
🌐 zanskar.jimdo.com

レー王宮
🕐 夏期8:00～18:30
　冬期8:30～17:30
💴 Rs300

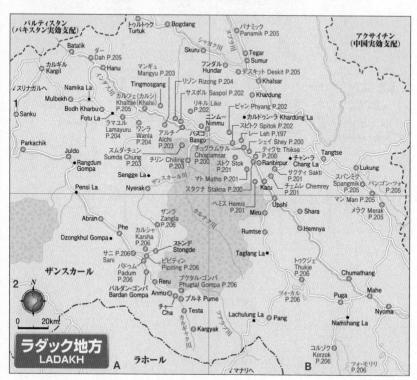

ラダック地方
LADAKH

0　20km

ラダックで用いられている言語はラダック語。「ジュレー」は「こんにちは」「さようなら」「ありがとう」という意味を併せもつ便利な言葉。ただし、多用し過ぎるとちょっと印象が悪くなるので、ほどほどに。

197

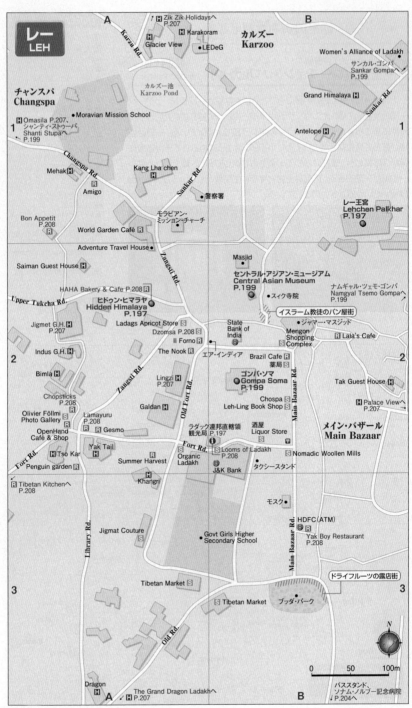

レー
LEH

↑ Zik Zik Holidaysへ P.207
H Karakoram
Glacier View ● LEDeG

カルズー Karzoo

Women's Alliance of Ladakh

サンカル・ゴンパへ
Sankar Gompaへ
P.199

チャンスパ Changspa

カルズー池
Karzoo Pond

Grand Himalaya H

H Omasila P.207、
シャンティ・ストゥーパへ
Shanti Stupaへ
P.199

● Moravian Mission School

Antelope H

Changspa Rd.

Mehak H

Kang Lha chen

Amigo

● 警察署

レー王宮 Lehchen Palkhar P.197

Bon Appetit P.208

モラビアン・ミッション・チャーチ

World Garden Café R

Sankar Rd.

Adventure Travel House ●

Saiman Guest House H

Masjid

セントラル・アジアン・ミュージアム
Central Asian Museum P.199

ナムギャル・ツェモ・ゴンパへ
Namgyal Tsemo Gompaへ
P.199

HAHA Bakery & Café P.208 R

Upper Tukcha Rd.

ヒドゥン・ヒマラヤ
Hidden Himalaya P.197

● スイク寺院

イスラーム教徒のパン街

Jigmet G.H. H P.207

Ladags Apricot Store S

Dzomsa P.208 S

Il Forno R

State Bank of India S

ジャマー・マスジッド

Mengon Shopping Complex

R Lala's Cafe

Indus G.H. H

The Nook R

エア・インディア

Brazil Cafe R
薬局 S

Bimla H

Lingzi H P.207

ゴンパ・ソマ
Gompa Soma P.199

Tak Guest House H

Chopsticks P.208

Galdan H

Chospa S
Leh-Ling Book Shop S

H Palace Viewへ P.207

Olivier Föllmi Photo Gallery S

Lamayuru P.208 S

R Gesmo

メイン・バザール Main Bazaar

OpenHand Café & Shop

Yak Tail H

ラダック連邦直轄領観光局 P.197

酒屋
Liquor Store S

H Tso Kar

Fort Rd.

Summer Harvest

Organic Ladakh

Looms of Ladakh S P.208

S Nomadic Woollen Mills

Penguin garden R

J&K Bank

タクシースタンド

R Tibetan Kitchenへ P.208

Khangri

Library Rd.

Jigmat Couture S

モスク ●

HDFC (ATM)

Yak Boy Restaurant P.208

Govt Girls Higher Secondary School

ドライフルーツの露店街

Tibetan Market S

Tibetan Market S

ブッダ・パーク

N

Dragon H

↓ The Grand Dragon Ladakhへ P.207

0   50   100m

バススタンド、
ソナム・ノルブー記念病院
→ P.204へ

メイン・バザールの中心部には銀行やATMがたくさんある。両替所によっては日本円の現金も両替可能。

198

レー市内　Leh City

ナムギャル・ツェモ・ゴンパ　Namgyal Tsemo Gompa

　ナムギャル・ツェモ山頂にある小さなゴンパ（僧院）。16世紀頃の創建と伝えられている。内部に大きなチャンバ（弥勒菩薩）像などが祀られているが、普段は閉まっていることが多い。背後には小さな白い砦跡があり、階上に登ることも

できる。山頂からは、レーの街の全景を眺めることができる。100mほど離れた場所にある、もうひとつの頂との間に張られたタルチョ（祈祷旗）が風にはためくさまも感動的だ。

タルチョがはためくナムギャル・ツェモ・ゴンパ

ゴンパ（僧院）拝観のマナー

　ゴンパは僧侶の祈りと修行の場。拝観させていただけるかどうかは、そのときどきの僧侶の都合による。鍵を持つ僧侶が不在で拝観できないことはよくある。拝観の際は少額で構わないので仏前にお布施を置くこと。ゴンパによっては一定の拝観料を支払ってチケットを受け取る場合もある。短パンなど露出の多い服装は避け、僧院内で静粛に。飲酒やたばこは厳禁。お堂の中では時計回りにコルラ（右遶）して拝観しよう。

ナムギャル・ツェモ・ゴンパ
🗺 P.198-B2外
旧市街のある南側、またはチュビに面した北側から、歩いて15〜20分ほどで登れる。車道も通じているので、タクシーなどで訪れることも可能。

ゴンパ・ソマ　Gompa Soma

　メイン・バザールの中心にある僧院で、レー・ジョカンなどとも呼ばれる。1957年にラダック仏教徒協会（LBA）が建立した建物で、特定の宗派には属していない。高僧による法話など、仏教関係の行事の会場としておもに利用されている。

ゴンパ・ソマ
🗺 P.198-B2
🙏 お布施

サンカル・ゴンパ　Sankar Gompa

　レーのやや北、サンカル地区にある僧院。レー郊外にあるスピトク・ゴンパ（P.202）の分院で、朝夕の時間帯を除いて、お堂は閉まっていることが多い。建物自体は20世紀初頭に建立されたものだが、本堂の2階の奥に祀られているドゥカル（白傘蓋仏母）像は迫力がある。ゴンパから道を挟んだ場所には、スピトク・ゴンパの座主クショ・バクラ・リンポチェが代々使用している邸宅がある。

サンカル・ゴンパ
🗺 P.198-B1外
🙏 お布施
メイン・バザールから徒歩20〜30分。

シャンティ・ストゥーパ　Shanti Stupa

　日本の宗教団体、日本山妙法寺によって1985年に建立された仏塔。現在は同団体と袂を分かっている。ストゥーパの周囲は広場のような見晴らし台になっていて、そこからのレーの街や上ラダック方面の眺めはとてもよい。

白い巨大なストゥーパはレーの町のどこからでも見える

シャンティ・ストゥーパ
🗺 P.198-A1外
🙏 お布施
上までは車道が通じているほか、チャンスパ方面から長い石段を歩いて登っても行くことができる。

セントラル・アジアン・ミュージアム　Central Asian Museum

　メイン・バザールから少し北の奥まった場所にある博物館。古来からの伝統的な工法を活用して建てられていて、内部にはラダックを中心とした地域の歴史と伝統文化に関する資料が所蔵されている。最上階からはレー王宮を間近に眺めることができる。

セントラル・アジアン・ミュージアム
🗺 P.198-B2
🕐 10:00〜13:00
　14:00〜19:00
🎫 Rs50

　セントラル・アジアン・ミュージアムの近くには、昔ながらのかまどでパンを焼く、イスラーム教徒のパン屋が何軒かある。いずれも早朝から営業していて、焼きたてのパンはRs10程度と安くておいしい。

上ラダック（トゥ） Upper Ladakh (Stod)

レーの南東、インダス川沿いを上流に遡った地域を上ラダック（トゥ）と呼ぶ。ラダックを象徴するゴンパが数多く集まっているほか、川沿いに開けたのどかな農村風景も楽しめる。ほとんどの場所はレーから車で日帰りで訪れることが可能だ。

チョグラムサル　Choglamsar

レーの南東約7kmの街道沿いにある町。亡命チベット人が数多く暮らしていて、寄宿学校のチベット子供村（TCV）をはじめ、チベット関連の施設が多い。南東には、ダライ・ラマ法王がラダック訪問時に滞在する邸宅、ジウェツァルShewatselがある。

シェイ　Shey

10世紀頃にラダック王国の最初の王都がおかれていた村。村の岩山には17世紀頃に建立された王宮、シェイ・カルShey Kharがそびえ、内部のシェイ・ゴンパShey Gompaには、高さ10mほどのシャキャ・ムニ（釈迦牟尼）像が祀られている。麓には聖なる池がある。

シェイ・カルがそびえる岩山

ティクセ　Thikse

レーの南東約19kmの場所にある大きな村。15世紀頃に建立されたゲルク派の僧院、ティクセ・ゴンパThikse Gompaがあることで知られる。険しい岩山の斜面に無数の僧坊がひしめく姿は、まさに圧巻のひと言。ゴンパの最上部付近にあるお堂のうち、チャムカンというお堂には、高さ15mほどの端正な顔立ちのチャンバ（弥勒菩薩）像が祀られている。朝の早い時間帯に訪ねると、僧侶の方々の朝の勤行を見学できる場合がある。ゴンパ内に宿坊、食堂、売店などもある。

ラダックを象徴する僧院、ティクセ・ゴンパ

スタクナ　Stakna

ティクセの南にある小さな村。ブータンに由来のある僧院、スタクナ・ゴンパStakna Gompaがある。岩山に屹立する建物の内部には、新旧の仏像や壁画、タンカ（仏画）が多数祀られている。ザンスカールのバルダン・ゴンパと同じ宗派に属している。

スタクナ・ゴンパ内部の仏像

ACCESS

上ラダック各地への交通手段
レーから上ラダック各地に向かうミニバスは、レー市街南部にあるミニバススタンドから発着しているが、便数はかなり少ない。車をチャーターすると、限られた日程でも効率よく回れる。免許を持っているなら、レーでレンタバイクもある。

チョグラムサル
MAP P.197-B1
レーのメイン・ゲート付近から、チョグラムサル方面行きのミニバスが発着している。

シェイ・カル
MAP P.197-B1
🕐 お布施
レーからティクセまたはサクティ方面行きのミニバスに乗り、途中下車。

ティクセ・ゴンパ
MAP P.197-B1
🕐 Rs50
レーからティクセまたはサクティ方面行きのミニバスに乗り、ゴンパの前で下車。

スタクナ・ゴンパ
MAP P.197-B1
🕐 お布施
レーからティクセまたはサクティ方面行きのミニバスに乗り、ゴンパの東にある橋のたもとのあたりで下車。

HINT

旅の服装
夏のラダックは日差しが非常に強く、空気は乾燥していて土ぼこりも多く、昼夜の寒暖の差が激しい。服装は重ね着で調節しやすいものを選び、帽子やサングラス、土ぼこりよけのバンダナなどを持参しよう。日焼け止めとリップクリームも忘れずに。氷点下15〜20℃まで下がる冬は、ダウンなどの防寒着はもちろん、ニットキャップやマフラー、手袋、タイツ、厚手の靴下などを用意しよう。

ラダックに伝わるチベット仏教の宗派は、ゲルク派（ティクセ、スピトク、リキル、リゾン他）、ドゥク派（ヘミス、チェムレ他）、ディクン派（ピャン、ラマユル他）、サキャ派（マト）、ニンマ派（タクトク）がある。

マト　Matho

　レーの南東約20km、インダス川西岸にある村。サキャ派の僧院、**マト・ゴンパMatho Gompa**がある。女人禁制のゴンカン（護法堂）では、床に麦粒が敷き詰められ、壁には無数の武器や仮面がひしめいている。屋上からの上ラダック方面の眺めは絶景だ。

山上に建つマト・ゴンパ

マト・ゴンパ

🗺 P.197-B1

🏠 お布施

ゴンカン内部の写真撮影は不可。日帰りで訪れるなら、車をチャーターするかレンタバイクで、シェイやティクセ、スタクナとともに回ると効率がいい。

ストク　Stok

　レーからインダス川を挟んで南の山麓にある村。19世紀頃に建てられた王家の末裔の居城、**ストク・カルStok Khar**があり、現在は王家の宝飾品などを収蔵する博物館となっている。

ストク・カル

🗺 P.197-B1

🕐 8:00〜13:00、14:00〜19:00

🏠 冬季

💰 Rs80

内部の写真撮影は不可。レーのメイン・ゲート付近で発着するチョグラムサル行きのミニバスに乗り、ザンパ（橋の意味）と呼ばれる橋のたもとのT字路付近からストク行きの乗合タクシーを利用。

ヘミス　Hemis

　レーの南東約45kmの山間にある村。ラダック王国全盛期の17世紀、センゲ・ナムギャル王が王家の導師タクツァン・レーパのために建てたドゥク派の僧院、**ヘミス・ゴンパHemis Gompa**がある。巨大なグル・リンポチェ像のあるグル・ラカンや、タクツァン・レーパの壁画が残るラカン・ニンパなどが見どころ。毎年夏には、仮面をかぶった僧侶たちが舞を披露するヘミス・ツェチュという祭りが催される。

夏の祭礼、ヘミス・ツェチュ

ヘミス・ゴンパ

🗺 P.197-B1

💰 Rs100またはお布施

料金には併設の博物館の入場料が含まれる。車をチャーターするかレンタバイクで、チェムレやサクティとともに回ると効率がいい。

チェムレ　Chemdrey

　レーの南東約45km、サクティに向かう途中にある小さな村。17世紀、ラダク王国のセンゲ・ナムギャル王の死を弔うために建てられたドゥク派の僧院、**チェムレ・ゴンパChemdrey Gompa**がある。まるで要塞のような勇壮なたたずまいが印象的なゴンパだ。

チェムレ・ゴンパの威容

チェムレ・ゴンパ

🗺 P.197-B1

🏠 お布施

レーからサクティ方面行きのミニバスに乗り、途中下車。日帰りで訪れる場合は車かレンタバイクのほうが無難。

サクティ　Sakti

　レーの南東約45kmの場所にある大きな村。ニンマ派に属する僧院、**タクトク・ゴンパTakthok Gompa**がある。高僧が瞑想に用いていた石窟から発展したゴンパで、石窟内には古色蒼然とした仏像が並び、天井にはお布施の紙幣や硬貨が貼り付いている。

タクトク・ゴンパの石窟

タクトク・ゴンパ

🗺 P.197-B1

🏠 お布施

レーからサクティ方面行きのミニバスに乗り、終点からゴンパまで少し歩く。日帰りの場合は車かレンタバイクが無難。

 グル・リンポチェとは、8世紀頃にチベットに仏教をもたらしたとされる密教行者。空を飛んでチベットにやってきて、土着の神々を調伏したなど、数々の伝説を残す。ラダックやザンスカールでもあつく信仰されている。

下ラダック（シャム） Lower Ladakh (Sham)

レーの西、インダス川の下流側にあたる地域は下ラダック（シャム）と呼ばれていて、ラダックを代表するゴンパの数々や、貴重な仏教美術の残るスポットが各地に点在している。上ラダックに比べると各スポットの距離がかなり離れているので、途中で何泊かしながらゆっくり見て回るといい。

スピトク Spitok

レーの南西約8km、空港の近くにある村。ラダックを代表する僧院のひとつ、**スピトク・ゴンパSpitok Gompa**がある。このゴンパの座主のクショ・バクラ・リンポチェは、先代がモンゴル大使なども務めた名士で、レーの空港にはその名が冠されている。

南側から見たスピトク・ゴンパ

ピャン Phyang

レーの西17kmほどの場所にある大きな村。16世紀頃に建てられたディクン派の僧院**ピャン・ゴンパPhyang Gompa**のほか、村の東外れの山の中腹には、内部にラダック屈指の美しい仏教壁画の残るお堂、**グル・ラカンGuru Lhakhang**がある。

グル・ラカン内部の色鮮やかな壁画

リキル Likir

レーの西60kmほどの場所にある小さな村。幹線道路からは約5km離れている。下ラダックからザンスカールにいたるまで大きな影響力をもつゲルク派の僧院、**リキル・ゴンパLikir Gompa**がある。現在の建物は18世紀に火災で焼失したあとに再建された新しいもの。ゴンパ内部に古いタンカ（仏画）などの展示室があるほか、境内には高さ約20mの巨大なチャンバ（弥勒菩薩）座像がある。

境内のチャンバ像

サスポル Saspol

レーの西約62kmにある大きな村。標高がやや低く、水源に恵まれているため、野菜や果物が豊富に取れることで知られている。村の北側の崖に、村人からダクプク（石窟）などと呼ばれている洞窟がいくつかあり、うち数窟の内部には驚くほど色鮮やかな仏教壁画が残されている。

ダクプク内部の壁画

ACCESS

下ラダック各地への交通手段

レーから下ラダック各地に向かうバスおよびミニバスは、レー市街南部にあるメイン・バススタンドおよびミニバススタンドから発着している。いずれも便数は少なく、短期間での観光には利用しづらい。車をチャーターするなどして複数のスポットを周遊する形にしたほうが効率がいい。

スピトク・ゴンパ
MAP P.197-B1
⊕ お布施
レーのメイン・ゲート付近からスカルザンリンSkalzangling方面行きのミニバスに乗り、そこから乗合タクシーを利用。あるいは下ラダック各地に向かうバスを途中下車。

ピャン・ゴンパ
MAP P.197-B1
⊕ お布施

グル・ラカン
MAP P.197-B1
⊕ お布施
レーからはミニバスも運行しているが、グル・ラカンを含めて回るなら車かレンタバイクのほうが便利。グル・ラカンは麓に住む村人が鍵を管理しているので、頼んで開けてもらう必要がある。

リキル・ゴンパ
MAP P.197-A1
⊕ お布施
レーからのミニバスは夕方発で翌朝にはレーに引き返すので、車かレンタバイクで訪れるほうが便利。村には宿や簡素な食堂が数軒ある。

サスポルのダクプク
MAP P.197-A1
⊕ お布施
下ラダック方面に向かうバスを途中下車する形でも行けるが、ダクプクの場所は少しわかりにくいので、車をチャーターしてダクプクの直下まで行ってもらうといい。

ラダックやザンスカールのおもなゴンパでは、年に1回程度、僧侶たちによる仮面舞踊の祭礼（チャム）が催される。チャムの日程は各ゴンパごとにチベット暦に沿って決められているので、西暦では毎年日程が変化する。夏にチャムが行われるゴンパは、↗

アルチ　Alchi

レーの西約65kmにある村。チベット文化圏でも1、2を争う貴重な仏教美術の宝庫、**アルチ・チョスコル・ゴンパAlchi Choskor Gompa**がある。特にスムチェク（三層堂）やドゥカン（本堂）には、11世紀頃に高僧リンチェン・サンボがカシミール地方から連れ帰った仏師や絵師がもたらした、カシミール様式の仏像や壁画が残されていて、まさに圧巻。村の西側には、村人から**ツァツァプリTshatshapuri**などと呼ばれる別の寺院があり、堂内の壁には鮮やかな曼荼羅や千仏画が残されている。

（上）木彫も見事なアルチ・チョスコル・ゴンパ　（下）内部に残されたカシミール様式の見事な壁画

アルチ・チョスコル・ゴンパ

 P.197-A1
⏰ 8:00～13:00、14:00～18:00
🎫 Rs50
堂内での写真撮影は不可。

ツァツァプリ

🗺 P.197-A1
🎫 お布施
レーからは夕方頃発のミニバスがあるが、翌朝にはレーに引き返すので、車やレンタバイクで訪れるほうが効率がいい。

マンギュ　Mangyu

レーの西約70km、**ウレ・トクポUle Tokpo**からインダス川を挟んで南の山中にある村。アルチ・チョスコル・ゴンパと同時期のものと考えられているカシミール様式の貴重な仏像や壁画が残されている**マンギュ・ゴンパMangyu Gompa**がある。

マンギュ・ゴンパの壁画

マンギュ・ゴンパ

🗺 P.197-A1
🎫 お布施
レーからのバスは週に1便しかないので、車やレンタバイクで訪れるのが一般的。

スムダ・チュン　Sumda Chung

アルチから南に10kmほど離れた山中にある小さな村。アルチ・チョスコル・ゴンパやマンギュと同時期に建立されたと考えられている**スムダ・チュン・ゴンパSumda Chung Gompa**がある。本尊のナンパ・ナンツァ（毘盧遮那如来）像を中心にした金剛界立体曼荼羅はアルチやマンギュよりも複雑な構成で、息をのむ美しさ。傷みは激しいものの、堂内左側の曼荼羅の壁画もすばらしい。

本尊のナンパ・ナンツァ像

スムダ・チュン・ゴンパ

🗺 P.197-A1
🎫 お布施
ザンスカール川沿いのスムダ・ドSumda Doという集落からさらに山中に入る。以前は途中から歩くしかなかったが、2018年に村まで車道が開通した。

チリン　Chiling

インダス川とザンスカール川の合流地点から、ザンスカール川沿いを30kmほど南下した場所にある、人口70人ほどの小さな村。かつてネパールから来た仏師の末裔にあたる、精緻な細工物を手がけるセルガルと呼ばれる鍛冶職人が数人いる。作業場で鎚を振るうセルガルの仕事ぶりを見学させてもらえるほか、水差しや食器、アクセサリーなど、セルガルの作品を購入することもできる。

セルガルの作業場

チリン

🗺 P.197-A1
レーからのバスは週に1往復のみ。スムダ・チュンなどとあわせて車やレンタバイクで訪れると効率がいい。村の民家でのホームステイ（1泊Rs1000程度、食事付き）も可能。

➘ラマユル、ヘミス、ストンデ、カルシャ、ピャン、コルゾク、タクトク、サニなど。秋や冬に行われるのは、デスキット、ティクセ、チェムレ、スピトク、リキル、ストク、マトなど。

リゾン・ゴンパ

MAP P.197-A1
🏛 お布施
レーからのバスはないので、車かレンタバイクでの訪問が一般的。交渉すれば僧坊での宿泊も可能。女性の場合は近くにある尼僧院での宿泊になる。

ラマユル・ゴンパ

MAP P.197-A1
🏛 Rs50またはお布施
レーからはカルギルKargil方面行きのバスを途中下車。かなり距離があるので、車やレンタバイクの場合も現地で1泊したほうが余裕をもって見学できる。村にはゲストハウスや食堂が数軒ある。

ワンラ・ゴンパ

MAP P.197-A1
🏛 お布施
現在はレーからのバスはなく、車やレンタバイクでの訪問が一般的。さらに先に行くと、ファンジラPhanjila、ハヌパタHanupata、フォトクサルPhotoksarなどの村がある。

リゾン・ゴンパ Rizong Gompa

レーの西約70km、ウレ・トクポから北に5kmほど入った山中にある、ゲルク派の僧院。創建は19世紀頃と比較的新しい。近くに村や集落はなく、戒律の厳しいゴンパとして知られている。麓には多くの少年僧が学んでいる学校がある。

人里離れた山中にあるゴンパ

ラマユル Lamayuru

レーの西約125kmの場所にある村。周囲は「月世界」とも形容される異様な形状をした黄褐色の岩肌の山々に囲まれている。その雄大な風景のなかに建つのが**ラマユル・ゴンパLamayuru Gompa**だ。ディクン派に属する僧院で、19世紀の戦乱の際に破壊されたが、その後現在の形に再建された。本堂内部の右側に、カギュ派の開祖ナーローパが瞑想したとされる石窟への小窓がある。本堂の南にあるセンゲガンと呼ばれるお堂は、11世紀頃に建てられたものといわれているが、定かではない。

夕暮れのラマユル・ゴンパ

ワンラ Wanla

ラマユルの手前で幹線道路を離れ、10kmほど南下した場所にある村。ラマユル・ゴンパの分院、**ワンラ・ゴンパWanla Gompa**があり、本堂にはチューチグザル（千手観音）像が祀られている。隣には19世紀の戦乱の際に破壊された城跡もある。

ワンラ・ゴンパと城跡

高山病とその対策

ラダックのように標高の高い場所では、平地に比べると同じ体積の空気に含まれる酸素の量が減少し、1回の呼吸で取り込める酸素の量も少なくなる。こうした環境の変化が高山病の原因だ。高山病でいきなり重症に陥ることはまれで、最初は頭痛や食欲不振、吐き気など、「山酔い」と呼ばれる初期症状が出る。この段階で適切に対応していればほどなく順応できるが、無理な行動をすると重症化して、最悪の場合は死にいたる危険性もある。

ラダックに到着したら、1、2日は無理をせず、高地順応の期間に充てよう。深呼吸と水分補給を心がけ、散歩などでゆっくり体を動かす。激しい運動はもちろん、飲酒や喫煙、熱いお風呂なども避けよう。順応がうまく進まない場合は、レーのソナム・ノルブー記念病院（MAP P.198-B3外）の救急窓口（24時間受付）で診察してもらうといい。

日本旅行医学会（URL www.jstm.gr.jp）のサイトには、高山病に効く薬として知られているアセタゾラミド（ダイアモックス）を処方してくれる認定医のリストがある。

 高山病の予防策として有効なもののひとつに、事前に低酸素室でトレーニングをして体を酸素の薄い環境に慣らしておくという方法がある。最近は日本国内でも低酸素トレーニングの可能な施設が各地に増えている。

花の民が暮らす谷
ダー・ハヌー　Dah Hanu

MAP P.197-A1

　下ラダックの**カルツェKhaltse**からインダス川沿いを北西に進むと、頭上に花を飾る風習から「花の民」として知られる少数民族ドクパ（ブロクパ）が暮らす土地、ダー・ハヌー（ドクユル）に入る。ラダックとは言葉も文化も大きく異なる場所だ。ダー・ハヌーの中心にある村は**ダーDah**。村人の多くは仏教徒で、村には小さなゴンパもある。「花の民」とはいうものの、村人は普段から盛大に頭上に花を飾っているわけではなく、祭りなどの際に限られる。3年に一度、秋頃にボノナー（チュポ・シュウブラ）という大収穫祭が催されるが、日程は直前まで判明しない。カメラを向けられることを嫌う村人も多いので、失礼のないように配慮しよう。

盛装した花の民の女性

渓谷に点在するオアシスの村
ヌブラ　Nubra

MAP P.197-A1～B1

　ラダック北部の標高約5600mの峠、カルドゥン・ラを越えた先にある渓谷地帯を、ヌブラと呼ぶ。平均標高はレーとほぼ同じ3500m程度。シャヨク川とヌブラ川がもたらす豊かな水により、緑に恵まれたオアシスの村々が点在している。シャヨク川沿いにある大きな村**デスキットDeskit**がヌブラの中心地。宿や商店、食堂などもそれなりにある。村の南側にティクセ・ゴンパの分院、**デスキット・ゴンパDeskit Gompa**がある。ヌブラ川沿いの村**パナミックPanamik**は温泉が湧いていることで有名。

空を映して青く輝く湖
パンゴン・ツォ　Pangong Tso

MAP P.197-B1～B2

　ラダック東部からチベットにかけて、標高約4200mに達する高地に横たわる、全長約130kmに及ぶ細長い湖。荒涼とした岩山に囲まれたなかに、鮮烈なターコイズ・ブルーの湖水が広がっている。インド映画の大ヒット作『3 Idiots』（邦題『きっと、うまくいく』）のラストシーンが撮影されたことで、一躍人気の観光スポットになった。旅行者の多くは車をチャーターして日帰りで訪れるが、**スパンミクSpangmik**、**マンMan**、**メラクMerak**といった湖畔の村の一部の民家では、ホームステイも可能だ。

この世のものとは思えないほど美しい湖水が広がる

HINT

ラダックで入域許可証が必要な地域

ダー・ハヌー、ヌブラ、パンゴン・ツォ、ルプシュなどの地域に行く際、外国人は入域許可証（インナーライン・パーミット、ILP）の取得が必要になる。有効期間は7日間。ヒドゥン・ヒマラヤ（P.197）などの旅行会社に旅行の手配とともに申請代行を依頼すると、午前中にパスポートを預ければ夕方までに取得できる。

ダー
MAP P.197-A1
レーのメイン・バススタンドから、午前中にバスが1便ある。所要時間7～8時間。事前に入域許可証（ILP）の取得が必要。村にはゲストハウスがあるが食堂はないので、食事はすべて宿泊先で出してもらうことになる。

HINT

ヌブラの市外局番

ヌブラ一帯ではラダックと異なり、電話の市外局番は01980となる。

フンダルの砂丘を行くラクダの隊列

デスキット・ゴンパ
MAP P.197-B1
㊙お布施
レーからのバスは極端に便数が少ない。乗合タクシーもあるが、ほとんどの旅行者は車をチャーターしてヌブラを訪れる。所要時間6～7時間。事前に入域許可証（ILP）の取得が必要。

パンゴン・ツォ

レーからのバスは便数が非常に少ないので、旅行会社に入域許可証（ILP）の申請と車の手配をまとめて依頼するのが一般的。標高約5320mに達する峠チャン・ラChang Laを越えたあと、タンツェTangtseで入域許可証のチェックを受ける。レーからパンゴン・ツォ北西端のビュースポットまで、所要約5～6時間。湖畔の村でのホームステイを希望する場合は、旅行会社に事前に相談しよう。

デスキットとフンダルの間には広大な白い砂丘が広がる。その砂丘をフタコブラクダに乗って歩き回るキャメル・サファリが旅行者の間で人気だ（所要約15分）。12:00～15:00は休憩時間なので注意。

左カラム

ツォ・モリリとツォ・カル

MAP P.197-B2

レーからコルゾクまでのバスは
極端に少なく、入域許可証
(ILP)の申請とともに、旅行会
社に車と宿の手配を依頼するの
が一般的。所要約7時間。

ツォ・モリリには希少な生態
系が残る

ACCESS

**ザンスカールへの
交通手段**

レーからは夏の間、私営バスが
カルギルKargilを経由してパ
ドゥムまで行き来している（片
道1泊2日、Rs1000程度）。ス
ケジュールは固定されておら
ず、短期間の旅行では利用しづ
らい。事前にレーの旅行会社に
相談して、往復に必要な各行程
の車を手配しておいてもらった
ほうが安心だ。カルギルとパ
ドゥムの間は公営バスや乗合タ
クシーもある。

**ザンスカール内での
交通手段**

ザンスカール内では現在、ミニ
バスの類はほとんど運行してお
らず、乗合タクシーもあまりあ
てにならない。ホテルか旅行会
社を通じて、移動に必要な車を
手配するといいだろう。

HINT

ザンスカールの市外局番

ザンスカールではラダックと異
なり、電話の市外局番は01983
となる。

パドゥム

MAP P.197-A2

カルギルから所要13〜15時
間。途中で標高約4400mの峠、
ペンジ・ラPensi Laを越える。
夏の間、パドゥムの宿はかなり
混雑するので、レーの旅行会社
から予約しておくのが望ましい。

ブクタル・ゴンパ

MAP P.197-A2 ⑬ お布施

堂内は撮影禁止。車道はチャー
ChaまたはプルネPurneの村ま
でしか通じていない。パドゥム
からチャーまたはプルネまで、
車で所要約4〜5時間。それぞ
れの村からブクタルまで、山道
を徒歩で所要約2〜3時間。ブ
クタルにはゴンパ経営の宿泊所
とキャンプサイトがある。

右カラム

希少な生態系の残る場所
ルプシュ　Rupshu

MAP P.197-B2

レーから南東に約200km、標高約4500mに達する高地をルプシュ
と呼ぶ。ここにツォ・モリリ、ツォ・カルというふたつの湖がある。**ツ
ォ・モリリTso Moriri**は、南北約28km、東西8kmに及ぶ巨大な湖。湿
原にはさまざまな野鳥が飛来する。湖に面した**コルゾクKorzok**という
村には宿やキャンプサイトもある。ツォ・モリリの北西約40kmにある
のが**ツォ・カルTso Kar**という塩湖。この北東の**トゥクジェThukje**に
は小さなゴンパがある。

ヒマラーヤの山奥の隠れ里
ザンスカール　Zanskar

MAP P.197-A2

ラダックの南、さらに幾重にも連なる山々に囲まれた地域がザンスカー
ルだ。ほとんどの住民が仏教徒で、いたるところに大きなゴンパがあ
る。外界との間をつなぐ峠道は、冬になると積雪で通行不能になってし
まう。隔絶された土地ゆえ、ザンスカールには昔ながらの伝統的な生活
様式がラダックよりもよく残っている。

ザンスカールの中心となる小さな町が**パドゥムPadum**。宿や食堂、
商店も集まっている。パドゥムから北東に20分ほど歩いた所にあるの
が**ピピティン・ゴンパPipiting Gompa**。ここのチョルテンは「グル」
と呼ばれあがめられている。

パドゥムの北6kmの所にある**カルシャ・ゴンパKarsha Gompa**は、
ザンスカール最大のゲルク派の僧院。15世紀に建立されたとされ、本
堂には高僧の即身仏が祀られている。

パドゥムの西6kmの所にある**サニ・ゴンパSani Gompa**は、ザンス
カールで最も古い由来をもつ僧院。中庭のカニカ・チョルテンは2世紀
頃に作られ、グル・リンポチェやナーローパが瞑想修行したとも伝えら
れている。

パドゥムの北東35kmの所にある**ザンラZangla**は、かつてパドゥム
王家と並びザンスカールを二分して支配していたザンラ王家の末裔が
暮らす村。岩山の上には王宮跡が残っている。

パドゥム南東、ルンナク川とツァラブ川を遡った先にあるゲルク派の
僧院が、15世紀創建の**ブクタル・ゴンパPhugtal Gompa**。切り立った
断崖絶壁にぽっか
りと開いた巨大な
洞窟の周辺にきわ
どい形で僧坊が立
ち並び、現在も
60名ほどの僧侶
がいる。崖の上の
シュクパ（ヒノキ
の一種）は聖なる
木としてあがめら
れている。

断崖に建つブクタル・ゴンパ

ⓘ ザンスカールへいたる車道は、従来はカルギルからパドゥムまでのルートだけだったが、2019年秋に南東のダルチャDarcha
からの道もほぼ開通。マナリから直接ザンスカールに行けるようになる日も近づいてきた。

Hotel ホテル

　ラダックの観光シーズンは4月中旬～10月上旬。冬季の11～3月は観光客を相手とするホテルやレストラン、ショップはほとんどがクローズする。いくつかのゲストハウスは通年営業しているが、水道の蛇口をひねっても水が出ない（水道管が破裂するため）など不便なことも多い。

ラダックでは珍しい星付きホテル
H グランド・ドラゴン・ラダック　レー ₹₹₹
The Grand Dragon Ladakh　MAP P.198-A3外

🏠 Old Rd. Sheynam　☎ 01982-25-7786、25-5866、25-5266　ⓈⒼ📧 Rs2万2420～（朝食付。別料金で昼食、夕食も可）　📶 込　Card MV　WiFi
🛏 75室　URL www.thegranddragonladakh.com

　ラダックでは珍しい5つ星の最高級ホテル。設備の整った客室で、星付きホテルならではの快適なサービスを1年を通じて受けられる。料金はそのぶんかなり高いが、万全の環境でラダックに宿泊したい人にはおすすめ。

街の中心の便利な立地
H リンジー　レー ₹₹
Hotel Lingzi　MAP P.198-A2

🏠 Old Fort Rd.　☎ 01982-25-2020、600-605-9597　ⓈⒼ📧 Rs3640～（別料金で朝食、昼食、夕食可）　📶 別　Card AMV　WiFi　🛏 24室
✉ lingzihotel@gmail.com

　1983年創業の老舗のホテル。レー中心部のメイン・バザールの近くにあり、出歩くのに非常に便利。ホテルのスタッフの対応もていねいで好感がもてる。日本や各国のグループツアー客の利用も多い。11～3月は休業。

レー王宮の眺望は随一
H パレスビュー・ゲストハウス　レー ₹₹
Palace View Guest House　MAP P.198-B2外

🏠 Near Polo Ground　☎ 990-699-1786、700-618-1850　ⓈⒼ📧 Rs1500　📧 Rs2000（すべて別料金で朝食、昼食、夕食可）　📶 込　Card 不可
WiFi　🛏 12室　✉ wasimleh7@gmail.com

　1973年創業の家族経営のゲストハウス。レーのポロ・グラウンドのすぐ北にあり、屋上からのレー王宮と旧市街の眺望のよさは、レーのなかでも随一。通年オープン。

ブラッド・ピットも泊まった宿
H オマシラ　レー ₹₹
Hotel Omasila　MAP P.198-A1外

🏠 Changspa　☎ 01982-25-2119、25-7207、941-917-8815、941-921-9504　ⒼⓈ📧 Rs3500～
📧 Rs3600～（すべて別料金で朝食、昼食、夕食も可）
📶 別　Card MV　🛏 38室
URL hotelomasila.com

　ブラッド・ピットや中谷美紀も泊まったことがあるという、チャンスパのホテル。客室は木の温もりを活かしたインテリアで、シンプルだがゆったりとくつろげる。中庭からは、高峰ストク・カングリを望むすばらしい風景が楽しめる。11～3月は休業。

レーの老舗ゲストハウス
H ジグメット・ゲストハウス＆ホテル　レー ₹₹
Jigmet Guest House & Hotel　MAP P.198-A2

🏠 Malpak Upper Tukcha Rd.　☎ 962-296-5846
Ⓖ GHⓈ📧 Rs1500　📧 Rs1700、ホテルⓈ📧 Rs2500　📧 Rs3200（すべて別料金で朝食、昼食、夕食も可）　📶 込　Card 不可　WiFi ロビーとレストラン周辺のみ　🛏 20室（GH6室、ホテル12室）
URL www.jigmetladakh.com

　1976年にホームステイから創業した老舗の宿。アッパー・トゥクチャ・ロードに面した便利な立地。敷地内には手入れの行き届いた緑豊かな庭園があり、夏季であればそこのテラスでのんびりと過ごすこともできる。ホテルの客室は窓が大きく取られており明るく広々として快適。宿はゲストハウスとホテルとに分かれている。冬の間はゲストハウス部分のみ事前に予約すれば宿泊することができる。

閑静なカルズーの人気宿
H ジクジク・ホリデイズ　レー ₹
Zik Zik Holidays　MAP P.198-A1外

🏠 Upper karzoo　☎ 962-299-0273　旧館ⓈⒼ📧 Rs1000～　📧 Rs1200～、新館ⒼⓈ📧 Rs2000～（すべて別料金で朝食、昼食、夕食も可）　📶 込　Card 不可
WiFi　🛏 22室　URL www.zikzikholidays.com

　レー市街中心部の北側、カルズーで人気の宿。オーナー一家は気さくで人あたりがいい。新館は少し割高だが、部屋は明るく設備も整っておりおすすめ。予約の際は旅行会社マイルストーン・ジャーニーズ（941-917-9357）で電話予約すれば英語が通じる。通年オープン。

 ラダックで冬も営業しているホテルやゲストハウスでは、ストーブなどの暖房器具を使うと別料金を課される場合が多い。布団や毛布は山ほど貸してもらえるが、気になる人は厳寒期用の寝袋を持参すると快適。

Restaurant & Shop レストラン&ショップ

レーでいちばん人気のレストラン
R ボナペティ
Bon Appetit

イタリア料理 ₹₹
MAP P.198-A1

🏠 Changspa ☎ 962-228-0778 🕐 12:00～
15:45、18:00～22:00 🈂 込 Card 不可

レーで最も人気のあるレストラン。建物は伝統様式を
取り入れた設計。シンク
ラストピザ各種Rs350～、
ハウスサラダRs350など、
値段は高いが満足感はそ
れ以上。10～4月は休業。

エスニック感覚の料理
R チョップスティックス
Chopsticks

東南アジア ₹₹
MAP P.198-A2

🏠 Fort Rd. ☎ 600-606-6103、962-298-7881
🕐 10:30～23:00 🈂 別 Card 不可

レーでは珍しい、東南アジア風の料理を出すレストラ
ン。パッタイRs250～やワンタンヌードルスープRs
190～など、値段は高め
だが上品な味で、安心し
て食べられる。店内も落
ち着いた雰囲気。11～3
月は休業。

ニューオープンの日本風カフェ
R ハハ・ベーカリー・アンド・カフェ
HAHA Bakery & Cafe

カフェ ₹
MAP P.198-A2

🏠 Shop No.21 Zangsti Upper Tukcha Rd. ☎ 600-
557-0673、990-699-9937 🕐 8:00～19:00
🈺 不定休 🈂 込 Card 不可

2023年に開業した日本人経営の小さなベーカリー&
カフェ。厳選した材料で作られたクッキー Rs140～、
豆にこだわったコーヒー Rs130～、日本風の菓子パ
ンRs120～などが販売されており、テイクアウトも
OK。店内は狭いので満席の場合が多い。

地元の人たちに大人気
R ヤクボーイ・レストラン
Yak Boy Restaurant

チベット料理 ₹
MAP P.198-B3

🏠 near Main Bazaar Rd. ☎ 889-909-1377
🕐 10:00～16:00 🈂 込 Card 不可

安くてボリュームたっぷりのローカルチベット料理
店。4つのテーブルはいつも地元客で満席。トゥクパ
ミックスはトゥクパの上にモモののったよくばりメニ
ュー。チョウメンミック
スもある。メイン・バザ
ールからモスクの斜め向
かいの細い路地を入った
所にある。

チベット料理が評判の店
R チベタン・キッチン
Tibetan Kitchen

チベット料理 ₹₹
MAP P.198-A3外

🏠 Fort Rd. ☎ 788-958-3247、849-291-1940
🕐 12:30～16:00、18:15～22:00 🈂 別 Card 不可

チベット料理がおいしいと評判のレストラン。ギャコック(4
～5人 分、Rs3000～4500)
というチベット風の鍋料理
がグループ客に人気。夜はか
なり混雑するので予約した
ほうがいい。11～4月は休業。

手頃な値段と気軽な雰囲気
R ラマユル・レストラン
Lamayuru Restaurant

チベット料理 ₹
MAP P.198-A2

🏠 Fort Rd. ☎ 990-697-4224 🕐 8:00～22:00
🈂 込 Card 不可

フォート・ロードにあるレストラン。チベット料理か
らインド、イタリアン、中華とメニューが豊富で、ボ
リュームのある朝食セットRs240～などが食べられ
る。スタッフの対応もよく、シーズン中はたくさんの
お客さんで賑わう。11～4月は休業。

ユニークな発想のエコショップ
S ゾムサ
Dzomsa

雑貨 ₹
MAP P.198-A2

🏠 LBA Shopping Complex, Zangsti 🕐 10:00～21:00 🈂 込 Card 不可

レーでは有名なエコショップ。水筒や空のボトルを持
っていくと、煮沸消毒した水を市販の水の半額程度
でリフィルできる。オー
ガニック食品の販売やラ
ンドリーサービスなども
行っている。12～3月は
休業。

ていねいなラダックの手仕事
S ルームズ・オブ・ラダック
Looms of Ladakh

ハンドクラフト ₹₹
MAP P.198-B3

🏠 1st Floor, Tourist Information Center, Main Market
☎ 962-297-1173、990697-8606 🗓 夏期10:00～
17:00、冬期11:00～16:00 🈴 日 🈂 込 Card 不可

ラダックの女性たちの自助の手助けとなりたいと2015
年に創立。地元のウールやパシュミナ、キャメルなどを
使ったニットの靴下やキャップなどのアパレルからラ
グまで手仕事の品々が並
んでいる。ウールの靴下
でRs1450～となかなか
の値段だが、クオリティや
デザイン性の高さは抜群。

ⓘ 冬の間、レーの街では観光客向けのレストランはほとんど休業しているが、地元の人向けの食堂は営業しているところもある。
ただ、冬は肉や野菜などの食材が乏しいため、夏と同じような味はあまり期待できない。

WEST INDIA 西インド

▶ラージャスターン州 Rajasthan
▶グジャラート州 Gujarat
▶マハーラーシュトラ州 Maharashtra
▶ゴア州 Goa
▶ダマン＆ディーウ連邦直轄領
Union Territory of Daman & Diu

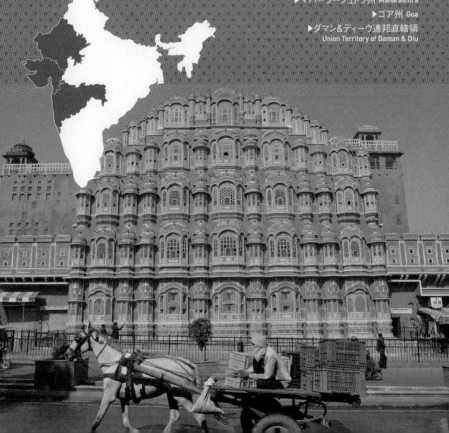

西インドの
ハイライト

色彩にあふれた砂漠のラージャスターン州に
グジャラート州、インドーの大都会ムンバイー。
ユニークな自然と奥深い文化に触れられるエリア。

1 Jaipur ジャイプル

P.214

ピンク・シティとして知られるカラフルな
町ジャイプルはラージャスターン州の
州都。近郊の世界遺産アンベール城
もぜひ訪れたい。

2 Jaisalmer ジャイサルメール

P.249

タール砂漠の真ん中に位置するかつ
ての城塞都市。町のシンボルは世界
遺産ジャイサルメール城。ゴールデン
シティの異名をもつ黄砂岩の町だ。

3 Jhalawal ジャラワール

かつてラージプートの一氏族によって
築かれたジャラワールは小さな地方都
市。川の中州にそびえる世界遺産
ギャグロン城は圧倒される迫力。

4 Udaipur ウダイプル

P.259

「湖の町」の名を持つ静けさと美しさ
が漂う山あいの古都ウダイプル。近郊
の世界遺産の山城クンバルガール城
観光への拠点ともなっている。

5 Bundi ブーンディー

P.270

丘の斜面に沿うように造られた宮殿を
望む町ブーンディー。かつての藩王国
の風情を残したのんびりと静かな町。
ゆっくりと滞在を楽しみたい。

6 Jodhpur ジョードプル

P.241

スカイブルーにペイントされた町並み
のブルーシティ。この町のシンボルは
世界遺産メヘラーンガル城砦。伝統
音楽・舞踊も楽しめる。

地図ラベル: Rajast / ジャイサルメール / アジメ / ジョードプル / ウダイプル / PAKISTAN / Gujarat / アージ / アーメダバード / ディーウ / ムンン / プ / パナシ / G

西インド・旅のモデルプラン

南北にも広い西インドエリアは、各州が広く、そ
れぞれに独特なカルチャーがある。世界遺産の
建造物など見どころも多い。見たいものやテー
マを絞って、各都
市3〜4泊ずつ
じっくりといくつ
かの都市を周遊
するとその魅力が
いっそう深まる。

プラン1

ラージャスターン周遊12日間

1日目 空路デリーへ（デリー泊）
2日目 早朝ジャイプルへ。到着後観光（ジャイプル泊）
3日目 アジメールへ。バスに乗り継いでプシュカルへ（プシュカル泊）
4日目 プシュカル観光（アジメール日帰りも可）（プシュカル泊）
5日目 アジメール経由でジョードプルへ移動（ジョードプル泊）
6日目 ジョードプル観光（ジョードプル泊）
7日目 ジャイサルメールへ（ジャイサルメール泊）
8日目 ジャイサルメール観光（ジャイサルメール泊）
9日目 ジョードプルへ（ジョードプル泊）
10日目 ウダイプルへ（ウダイプル泊）
11日目 ウダイプル観光（ウダイプル泊）
12日目 デリーへ戻り、空路日本へ

7 Ranthambhore ランタンボール

P.233

北インド有数のベンガルタイガー保護区でもあるランタンボール国立公園。トラを見るならここはかなりの高確率。サファリだけでなく、世界遺産ランタンボール城も立ち寄りたい。

8 Bhuj ブージ

P.279

カッチ地方の中心都市、ブージ。塩分を含んだ湿地帯という過酷な風土で生きる人々の暮らしの風景と、伝統の手仕事が見られる。塩が結晶化する砂漠ホワイト・ランも見てみたい。

9 Rani ki Vav ラーニ・キ・ヴァヴ

グジャラート州パータンに残る7層構造の階段井戸。現存するもので最古・最大規模で、西インドの階段井戸を代表するもののひとつ。遠回りをしても見に行く価値のある遺跡。

10 Ahmedabad アーメダバード

P.272

旧市街が世界遺産登録されるなど、モダンと伝統が行き交うインド第6位の大都市アーメダバード。ガーンディーや現首相モディの出身地としても知られる。

11 Mumbai ムンバイー

P.295

インドの最大都市ムンバイー。近代的な超高層ビルとビクトリア調やアール・デコの建築物が隣り合う様子はインドのエネルギーと混沌を肌で感じられるパワフルな町。

12 Ellora エローラ石窟群

P.14 & 331

仏教、ヒンドゥー教、ジャイナ教という異なる宗教の石窟群が今でも並存するエローラ遺跡。巨大なヒンドゥー教寺院のカイラーサナータ寺院は最大の見どころだ。

13 Ajanta アジャンター石窟群

P.14 & 337

アジアの古代仏教絵画の源流ともいわれているアジャンターの美しい壁画の数々。30近くある石窟には、現在も多くの壁画が保存状態よく残されている。

14 Goa ゴア

P.344

インドで最も小さな州、ゴアはアラビア海に面したビーチリゾート。ポルトガル植民地時代の面影を残した町並みは世界遺産に登録されており、旅行者にも人気だ。

プラン2

手仕事をめぐる12日間

1日目 ✈空路デリーへ（デリー泊）
2日目 🚌ジャイプルへ（ジャイプル泊）
3日目 ジャイプル観光（ジャイプル泊）
4日目 ジャイプル観光（ジャイプル泊）
5日目 ジャイプル観光、夜🚆アーメダバードへ（車中泊）
6日目 アーメダバード観光（アーメダバード泊）
7日目 アーメダバード観光（アーメダバード泊）
8日目 🚆ブージへ（ブージ泊）
9日目 ブージ観光（ブージ泊）
10日目 ブージ観光（ブージ泊）
11日目 ✈ムンバイーへ（ムンバイー泊）
12日目 ✈デリー経由で空路日本へ

プラン3

壮大な世界遺産を訪ねる9日間

1日目 ✈空路ムンバイーへ（ムンバイー泊）
2日目 ムンバイー観光（ムンバイー泊）
3日目 ムンバイー観光（ムンバイー泊）
4日目 ✈or🚆アウランガーバードへ（アウランガーバード泊）
5日目 エローラ観光（アウランガーバード泊）
6日目 アジャンター観光（アウランガーバード泊）
7日目 アウランガーバード観光（アウランガーバード泊）
8日目 ✈or🚆ムンバイーへ（ムンバイー泊）
9日目 ムンバイー観光、夕方空路日本へ

プラン2の手仕事の旅ではジャイプル、アーメダバード、ブージをゆっくりと12日かけて回る。プラン3ではアジャンター、エローラをもう1日ずつ増やしてもいいだろう。

西インド エリアガイド

インド最大の都市ムンバイーでは、イギリス植民地時代のコロニアル建築や、海に浮かぶエレファンタ島の石窟寺院、世界各国の料理などが楽しめる。グジャラート州ではブージを起点に、カッチ地域の手工芸の村や塩の湿原ホワイト・ランを訪れる旅が人気。
そして、ゴアはいわずと知れたヒッピーの聖地。長期滞在してビーチを楽しむ外国人旅行者たちがたくさんいる。一方、現在はインド人の若者たちにとっても大人気のデスティネーションとなっており、インド人観光客で身動きが取れないほど混み合っているビーチも。

ベストシーズン　10〜2月

ムンバイー周辺のアラビア海沿岸部は高温多湿で、モンスーンの影響で6〜9月の4ヵ月間に1年の大半の雨が降る。夏は酷暑で、特に4〜6月は平均最高気温が40℃近い日々が続く。観光に適したシーズンは乾季の10〜2月。デカン高原にあるアウランガーバードなどは、雨季にはやはり雨が多いが、ム

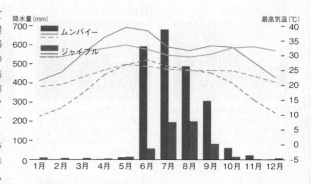

ンバイーなどに比べると数分の1程度で、全体的に乾燥している。ブージなどカッチ地方は7〜8月に雨が降るが、それでも降雨量は少なく、年間を通じてかなり乾燥している。

言語　ヒンディー語、英語、ラージャスタニー語（ラージャスターン州）、グジャラート語（グジャラート）、マラーティー語（マハーラーシュトラ州）、コンカニ語（ゴア）

各州がそれぞれに公用語をもっており、インド連邦政府も指定言語として認めている。ほかにもグジャラートのカッチ地方のみで使われるカッチ語などもある。地元の人たちはそれぞれの言葉を使っているが、一般的に英語やヒンディー語が比較的通じやすい。特にムンバイーなどの大都市に暮らす上流階級の人たちは日常会話や家族同士での会話でも英語を用いている場合も珍しくない。

おもな祝祭日・祭り
◎3月：ホーリー（ジャイプルほか）
◎8〜9月：ガネーシャ祭り（ムンバイーほかマハーラーシュトラ州）
◎9〜10月：ナヴァラートリー（グジャラート）
◎11月：プシュカル祭／ラクダ市（プシュカル）
◎12月：フランシスコ・ザビエルの祝日（ゴア）

ムンバイーでは年間を通じてたくさんの祭りやイベントが開催されるが、盛り上がるのは商売の神様ガネーシャ祭り。各町内や家族でガネーシャ像を祀り、10日目の最終日にチョウパーティー海岸へ運んでいき、海に投げ込むのが習わし。
ゴアはキリスト教の祭りが多いが、なかでもザビ

エルの祝日は盛大で、10年に一度だけ彼の遺体が公開される。
ラージャスターンは春の到来を祝う色かけ祭りホーリーの本場。周辺のラクダが一堂に会するプシュカルのラクダ市は国内からの巡礼者、世界中からの観光客が集まる。

西インドエリア

ハリヤーナー HARYANA
ウッタラカンド UTTARAKHAND
中華人民共和国
ネパール
ニューデリー New Delhi
デリー DELHI
ビカネール Bikaner
ウッタル・プラデーシュ UTTAR PRADESH
ラクナウ Lucknow
ビハール BIHAR
バングラデシュ
ラージャスターン RAJASTHAN
プシュカル Pushkar P.238
ジャイプル Jaipur P.214
アーグラー Agra
パトナー Patna
パキスタン
ジョードプル Jodhpur P.241
アジメール Ajmer P.235
グワーリヤル Gwalior
ワーラーナシー (バナーラス) Varanasi (Banaras)
西ベンガル WEST BENGAL
ウダイプル Udaipur P.243
ブーンディー Bundi P.270
ジャールカンド JHARKHAND
コルカタ (カルカッタ) Kolkata (Calcutta)
ブージ Bhuj P.279
クジャラート GUJARAT
ガーンディーナガル Gandhinagar
マディヤ・プラデーシュ MADHYA PRADESH
ボーパール Bhopal
チャッティースガル CHATTISGARH
オディシャ ODISHA
ブバネーシュワル Bhubaneswar
ラージコート Rajkot P.284
アーメダバード Ahmedabad P.272
インドール Indore
ディーウ Diu P.291
ダマン Daman
エローラ Ellora P.331
アジャンター Ajanta P.337
デカン高原
ライプル Raipur
スィルヴァーサー Silvassa
アウランガーバード Aurangabad P.325
ムンバイー (ボンベイ) Mumbai (Bombay) P.295
プネー (プーナ) Pune (Poona) P.319
テランガーナ TELANGANA
ヴィシャーカパトナム Visakhapatnam
アラビア海 ARABIAN SEA
マハーラーシュトラ MAHARASHTRA
ハイデラバード Hyderabad
ベンガル湾 BAY OF BENGAL
カルナータカ KARNATAKA
アーンドラ・プラデーシュ ANDHRA PRADESH
N
パナジ Panaji (ゴア Goa) P.344
ゴア GOA
0 200km

各州ポイント

ラージャスターン州 Rajasthan

勇猛果敢なラージプート族の
マハーラージャ、砂漠にそび
える城、豪奢な邸宅、色鮮や
かなサリーをまとった女性た
ち……インドらしいカラフルな風景が広がる。

グジャラート州 Gujarat

インド独立の父マハートマー・
ガーンディーやナレンドラ・モ
ディ首相を輩出した土地で、国
内では比較的豊かな州。カッ
チ地方は刺繍などテキスタイルの宝庫でもある。

マハーラーシュトラ州
Maharashtra

インド最大の都市にしてボリ
ウッド映画やファッションの中心
地ムンバイー。内陸にはアジャ
ンタやエローラといった世界
遺産の石窟寺院がある。

ゴア州
Goa

大航海時代のポルトガル人に
よって栄えた交易都市。1960
～70年代以降現在にいたるま
で、世界中の旅行者が集まるビ
ーチとして知られる。

ダマン&ディーウ
Daman & Diu

ポルトガルが香辛料貿易の拠
点として商館をおいていた2ヵ
所の飛び地。1961年までポル
トガル領だったが、現在は連邦
政府の直轄領。

安全情報　テロのニュースには注意

2008年にムンバイーで起きた大規模な同時多
発テロ以来、大規模なテロ事件は起きていない
が、インド随一の都市であるだけにテロの標的に
なることもありうるのでニュースなどはよくチェッ
クしておこう。比較的安心して旅行できるエリア

だが、ムンバイーのインド門周辺などで、旅行者
に言い寄ってだまそうとする事例もある。
また、ヒッピーの聖地ゴアなどでは比較的簡単に
ドラッグが手に入るが安易に手を出さないこと。

ジャイプル

旧市街をぐるりと囲む壁には7つの門がある。写真はサンガネール門

ジャイプルの市外局番
0141

ジャイプルの人口
約347万人

ACCESS

飛行機
ジャイプル空港は町の南約13kmのサンガネールにある。空港は航空会社によってターミナル1と2に分かれており、ターミナル間は3km離れている。市内からの公共交通機関はなく、オートリクシャー（約Rs300）またはタクシーで約30分（約Rs500〜600）。各地からの所要時間は下記のとおり。

デリー	45分〜1時間
ムンバイ	1時間35〜50分
アーメダバード	1時間20分
コルカタ	2時間20〜30分
ハイダラーバード	約2時間
チェンナイ	約2時間30分
ベンガルール	約2時間50分

(URL) jaipurairport.com

鉄道
12015 Ajmer Shatabdi Exp.
ニューデリー 6:10→10:40着
12916 Ashram Exp.
デリー 15:20→20:20着
ほかデリーからは急行が1日7〜9便ある。アーグラーからも1日6〜7便の急行が出ている。
(12547 Sabarmati SF Exp.アーグラー・カント22:10→ジャイプル1:50着ほか)

デリーから南西へ266km、ラージャスターン州の州都ジャイプルは、北インド初の計画都市として知られる。1728年にこの地方に勢力をもつカチワーハ家（ラージプートの一氏族）の王、サワーイー・ジャイ・スィン2世によって造られ、その名にちなんでジャイプルと呼ばれるようになった。ちなみに「プル」は「城壁に囲まれた町」を意味する。

ジャイプルの旧市街は、建築したのはヴィディヤーダル・バッタチャーヤと伝えられる。7つの門をもつ城壁にぐるりと囲まれ、中は800m角の正方形で9区画が並ぶ。その中を都市計画に基づく整然とした街路が縦横に走り、宮殿や古い建物が昔のままの姿を見せている。**ピンクシティPink City**とも呼ばれるこの町は、町並みがすべてローズピンク一色に統一されている。

タール砂漠の入口に当たる乾燥地帯に位置するジャイプル。乾いた空気を切り裂いて降り注ぐ太陽光は強烈で、影の色は濃い。目のくらむような光と影の交差のなかを、原色のサリーを着た女性たちが行き交い、車を引くラクダがゆったりと通りすぎる。

ジャイプルの歩き方

ジャイプルの町は、城壁に囲まれた旧市街と、南側に広がる新市街に分かれている。駅、バススタンド、ホテルやショップの多くは新市街にあるが、おもな見どころは旧市街にある。

列車が着くのは町の西側**ジャイプル駅Jaipur Junction**。ジャイプルの鉄道オフィスは駅を出て右側。外国人専用窓口もある。駅のメインゲートを出て右側を見ると、メトロの高架と駅が見える。全線開通にはいたっていないが、**セントラル・バススタンド**まではひと駅で移動できる。

セントラル・バススタンドは駅から旧市街の入口**チャンドポール門**

デリーからシャタブディー・エクスプレスでジャイプルに向かう際、ひとつ前のJaipur Gandhinagar駅で下車しないよう注意。ジャイプル駅はそこから約10分のJaipur Junction駅。

Chandpol Gateへ延びる**ステーション・ロードStation Rd.**の途中にある。周辺には手頃な安宿やレストランが並ぶ。

　新市街の中心は、旧市街の城壁跡に沿うように東西に走る**MIロードMirza Ismail Rd.**。通り沿いには郵便局、銀行、レストラン、ショップなどがある。また、**プリスヴィラージ・ロードPrithviraj Rd.**のある**CスキームC Scheme**エリアには、ブロックプリント製品などのショップが多く集まる。

　市内のおもな見どころは旧市街にある。各門からはバザールの名前がついた大きな通りが碁盤の目のように走っているので、時間があれば1本裏の路地に足を踏み入れてみるのも楽しい。活気に満ちた人々の生活が見られるはずだ。各バザールとも日曜は休み、町が本格的ににぎやかになるのは10時以降だ。

ジャイプルの市内交通

　ジャイプル市内を回るなら、最も便利なのがオートリクシャー。旧市街内は徒歩で見てまわることも可能だが、旧市街の外の観光地はオートリクシャーかタクシーが便利だろう。また市バスも運行しているが、時間の効率はあまりよくない。

　ジャイプルにもメトロが開通しているが、現在運行しているのはピンクラインの11駅のみ。旧市街に最も近いのはチャンドポール駅Chandpole。運行間隔は10〜15分で、運賃はRs6〜18。窓口でトークン（ICコイン）を買い、自動改札にかざして入場する。出札時には回収される。また、スマートカードと呼ばれるICカード（Rs100〜）も販売されている。旅行者用のツーリストカード（1日券Rs100、3日券Rs200）もあるが、現段階ではあまり使い勝手はよくない。

配車アプリのUber、Olaもジャイプルでは利用可能。時間制チャーターでなく、点から点への単純移動で使いたいなら便利だ。

バス

デリーから約4時間30分、アーグラーから約4時間。
ラージャスターン州の公営バススケジュールは以下のウェブサイトからも検索できる。
URL rsrtconline.rajasthan.gov.in

ジャイプル駅

MAP P.216-A2

セントラル・バススタンド

MAP P.216-B1
最寄り駅は **M** Sindhi Camp

HINT

オートリクシャー料金の目安

駅から2km以内	Rs50〜80
駅から旧街街	Rs80〜100
4時間市内観光	Rs600
1日（6時間観光）	Rs800〜

※タクシー利用の場合は上記料金のほぼ倍程度

ジャイプルのおすすめリクシャー

客引きがしつこく、料金交渉が面倒なジャイプルのリクシャー。信頼できるおすすめドライバーを紹介しておく。アスラムAslam（☎ 98-2952-3170）。歩き方読者であることを伝えると、以下の料金で走ってくれる。**H**アールヤ・ニワス付近にいることが多い。

市内観光1時間	Rs200
市内観光3時間	Rs500
市内観光6時間	Rs800
アンベール城往復	Rs800

 インドの観光地の入場料は学生証提示で安くなることがある。ジャイプルではRs1000の観光地共通チケットがRs500になる。ユネスコ推奨の国際学生証（ISIC）を持っていっておこう。

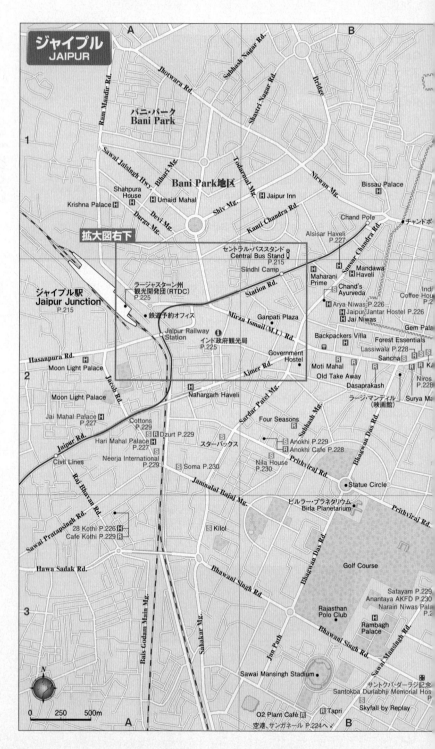

ジャイプル
JAIPUR

Bani Park地区

パニ・パーク
Bani Park

Ram Mandir Rd.

Jhotwara Rd.

Subhash Nagar Rd.

Shastri Nagar Rd.

Bridge

Sawai Jaisingh Hwy.

Bihari Mg.

Todarmal Mg.

Nirwan Mg.

Bissau Palace H

Shahpura House

Krishna Palace H

H Umaid Mahal

H Jaipur Inn

Devi Mg.

Durga Mg.

Shiv Mg.

Kanti Chandra Rd.

Chand Pole

チャンドポ

拡大図右下

Alsisar Haveli
P.227

セントラル・バススタンド
Central Bus Stand
P.215

Sindhi Camp

Samar Chandra Rd.

H Maharani Prime

H Mandawa Haveli

ラージャスターン州
観光開発団 (RTDC)
P.225

Station Rd.

Chand's Ayurveda

Indi Coffee Hou
P.2

ジャイプル駅
Jaipur Junction
P.215

鉄道予約オフィス

Mirza Ismail (M.I.) Rd.

Ganpati Plaza

H Arya Niwas P.226

Jaipur Jantar Hostel P.226

H Jai Niwas

Jaipur Railway Station

インド政府観光局
P.225

Gem Pala

Backpackers Villa

Forest Essentials

Lassiwala P.228

Sancha

Hasanpura Rd.

H Moon Light Palace

Government Hostel

Ajmer Rd.

Moti Mahal

Old Take Away

Dasaprakash

Niros

P.228

Moon Light Palace

Jacob Rd.

H Nahargarh Haveli

ラージ・マンディル
（映画館）

Surya Ma

Jai Mahal Palace H
P.227

Sardar Patel Mg.

Subhash Mg.

Bhagwan Das Rd.

Cottons
P.229

S R Dzurt P.229

Four Seasons

Jaipur Rd.

Hari Mahal Palace H
P.227

スターバックス

S Anokhi P.229

R Anokhi Cafe P.228

Civil Lines

Raj Bhawan Rd.

Neerja International
P.229

S Soma P.230

Nila House
P.230

Prithviraj Rd.

Statue Circle

Jammalal Bajaj Mg.

Sawai Pratapsingh Rd.

28 Kothi P.226 H

Cafe Kothi P.229 R

S Kilol

ビルラー・プラネタリウム
Birla Planetarium

Prithviraj Rd.

Hawa Sadak Rd.

Bhawani Singh Rd.

Golf Course

Bhagwan Das Rd.

Bais Godam Main Mg.

Sahakar Mg.

Jan Path

Rajasthan Polo Club

Satayam P.229
Anantaya AKFD P.230
Narain Niwas Pala
P.2

H Rambagh Palace

Bhawani Singh Rd.

Sawai Mansingh Rd.

Sawai Mansingh Stadium

サントクバ・ダーラジ記念
Santokba Durlabhji Memorial Hos

Skyfall by Replay

N

0   250   500m

O2 Plant Café R

R Tapri

空港、サンガネール P.224へ

A   B

ガイトールへ↑

ガール要塞
hargarh Fort
221

アンベール城 P.222 (11km)、ジャイガル要塞 P.224、
アノーキー・ミュージアム P.224、水の宮殿 P.220 (2km)、
⑤ Jaipur Blue Pottery P.230へ
🏨 Rajputana Haveli

Amer Rd.

デリー門

Albana Haveli P.226

ゾラワル門

ガンガーポール門

Prity G.H. 🏨

Samode Haveli

248

1

Amer Rd.

Silver & Art ⑤
Palace

ジャンタル・マンタル (天文台)
Jantar Mantar P.218

チャール・ダルワジーザー門

Brahmpuri Rd.

Rajamal Talab Rd.

Hawa Mahal Rd.

Gangopal Rd.

旧市街

シティ・パレス
City Palace
P.219

Pandit
Kulfi

チケット
売場

風の宮殿
Hawa Mahal
P.218

Chhoti
Chaupar

トリポリア門
P.221

🅡 Tattoo Cafe

Tripolia Bazar

Bari Chaupar

バススタンド
(アンベール城へ)

Ramganj Bazar Rd.

Suraj Pol Bazar Rd.

スラージ・ポール門

Johari Bazar Rd.

Chat Darwaza Bazar Rd.

LMB 🏨
P.228

🏨🅡 The Johri Jaipur
P.226

メーリー門

ガルタ P.221、→
ガルタージー寺院へ

Nehru Bazar Rd.

Saraogi Mansion

ジョーハリ・バザール

ススタンド
空港へ)

⑤ National Silk Palace

ニュー
ゲート

⑤ State Bank Of India

Bapu Bazar

ガート門

thali (州物産店)

サンガネール門

Mirza Ismail (M.I.) Rd.

Moti Doongri Rd.

Ram Niwas Garden

●動物園

Agra Rd.

248

アルバート・ホール博物館
Albert Hall Museum
P.220

2

アーグラーへ

ジャイプル駅周辺

ー・マンスイン病院
ai Mansingh Hospital

セントラル・バススタンド
Central Bus Stand

ラージャスターン州
観光開発団 (RTDC)
P.225

SMS
Medical
College

N

0   100   200m

Mirza Ismail (M.I.) Rd.

Kanti Chandra Rd.

Park Inn

Arena

Golden

Sindhi Camp

Station Rd.

Jananthali Mg.

Paul
Avenue

ジャイプル駅
Jaipur
Junction

Maya
Intercontinental

🏨 Swagatam

🏨 Teej (RTDC) Kanji Sweets

Tony G.H. 🏨
P.226

⑤ 映画館

🏨 Rawat

Karni Niwas
P.227

🏨 Natraj

Mansingh
Mg.

Jwala Niketan

ラージャスターン州
観光開発団 (RTDC)
P.225

New Ashoka 🏨

Rawat

Atithi G.H. 🏨
P.227

Neelam

Mansingh
Towers

形博物館
olls Museum

ITC
🏨 Rajputana

Radisson

Ganpati Plaza

鉄道予約
オフィス

Gangaur (RTDC) 🏨

Mirza Ismail (M.I.) Rd.

Mansingh

Jaipur Railway
Station

Khasa Kothi🏨

インド政府観光局 ℹ
P.225

Citi Bank 🏦

i Doongri Fort

Hasanpura Rd.

Sunder Mg.

Pearl Palace
P.227

Sundar Patel Mg.

レラー寺院
la Temple
220

Sunder Palace
🏨

Ajmer Rd.

Gopal Bari Ln.

Harikishan
Sonani Mg.

Pearl Palace Heritage
🏨

C

D

3

ジャンタル・マンタル
- 🕙 9:00〜18:30
- Ⓗ ホーリー
- Ⓡ Rs200
- ※公式英語ガイドRs400

芸術的なオブジェはマハーラージャによる観測儀 MAP P.217-C1
ジャンタル・マンタル Jantar Mantar

ジャイプルの町を築いたマハーラージャ、サワーイー・ジャイ・スィン2世は、天文学に造詣が深かった。ペルシアやヨーロッパの書物を集め、当時最先端といわれていた中央アジアのサマルカンドにあったウルグ・ベクの天文台なども参考にし、ムガル皇帝の許しを受けて、インド各地に天体観測儀を集めた天文台を造った。1724年にデリー（P.82）、その後1728年にジャイプル、1734年にウッジャイン（P.373）、1737年にワラーナシー（P.138）、1738年にマトゥラーと計5ヵ所にジャンタル・マンタルを建設した。

このジャイプルのものは特に巨大で、観測儀の数も20と多く、インド国内に残るジャンタル・マンタルのうち、最も保存状態がよい。現在見られるのは1901年に修復したもの。いくつかの観測儀は今も現役で、モ

HINT

観光地の共通チケット
ジャンタル・マンタル、風の宮殿、アルバート・ホール美術館、アンベール城、ナルガール要塞、ヴィディヤダール庭園、シソディア・ラニ庭園の共通チケット。2日間有効でRs1000（学生証提示でRs500）。2日間で集中して回るならお得なチケット。ただしシティ・パレスは含まれないので注意。

ンスーンの期間、洪水や飢饉の可能性などの予測に使われている。

ちなみにジャンタル・マンタルはサンスクリット語のヤントラ・マントラが語源で「計算の道具」を意味する言葉だといわれている。

まるで現代アートのオブジェのような観測儀

風の宮殿
- 🕙 9:00〜19:00
- Ⓗ ホーリー
- Ⓡ Rs200（学生Rs100）

ジャイプルのアイコン的建造物 MAP P.217-C1
風の宮殿 Hawa Mahal

シティ・パレスの東側、**ジョーハリ・バザールJohari Bazzar**に面したピンクシティのランドマーク。正面から見ると大きいが、中に入ると奥行きがほとんどないことに驚く。その昔、後宮の女性たちが顔を見せることなく、町を見物できるように建てられたといわれている。

1799年に当時のマハーラージャ、サワーイー・プラターブ・シンによって建設された。最上階からはシティ・パレスとジャンタル・マンタルが一望できる。入口は裏側、**トリポリア・バザールToripolia Bazzar**から少し入った所にある。

横から見ると建物の薄さがよくわかる

ジャンタル・マンタルには16の観測儀がある。太陽の光が当たってできる影の形によって2秒単位まで正確に時間を計れるインドで最も大きな日時計や、曜日や星座を計るものまである。

シティ・パレス　City Palace

旧市街の中心部に位置する宮殿。1726年に造られて以来、現在にいたるまでジャイプルのマハーラージャの住まいとして使われている。7階建ての**チャンドラ・マハルChandra Mahal**は細部まで美しい装飾が施されたマハーラージャの住居部分。ラージプト様式とムガル様式両方の要素を取り入れた建築で、一部が博物館として公開されている。

敷地内に入って最初の中庭の中央にあるのが、英国人建築家サミュエル・ジェイコブが設計した**ムバーラク・マハルMubarak Mahal**。もとは賓客のための宿泊施設で、現在はテキスタイルの展示館になっている。歴代のマハーラージャたちが使っていた衣類や、宮中で使われた楽器などが展示されている。9kgもの金糸を使ったマハーラーニのサリーや、マハーラージャが寺参りに行くときに着たサンガネール染めのローブなどがある。なかでも目を引くのが、サワーイー・マド・スィン1世（在位1750〜68年）のシルクのガウン。ワラーナシーで特別に作らせたというガウンは、その巨大さから相撲取り並みの体格の持ち主だったことが想像できる。

細部にも注目したいチャンドラ・マハル

テキスタイル館のある同じ中庭には、絵画や写真が展示されているアートギャラリーや、武器が並ぶ武器館などがある。

博物館がある中庭から**ラージェーンドラ門Rajendra Pol**を通って次の間に入ると、中央にひときわ豪華な建物がある。**ディワーネ・カース Diwan-i-Khas**と呼ばれる貴賓謁見の間だ。入口に衛兵をともなって置かれているふたつの巨大な銀の壺は、人間の背丈ほどの高さがあり、ギネスブックにも登録されている世界で最も大きな銀製品。1902年、エドワード7世の戴冠式に出席するためにマハーラージャがイギリスに旅行した際、持って行かせたといわれるもの。非常に敬虔なヒンドゥー教徒だったマハーラージャはこの壺にガンガーの水を入れ、旅の途中でも常に体を清められるよう、イギリスまで船で運ばせて毎日沐浴をしていたという逸話が残っている。

美しい玄関ロブリタム・チョウク

シティ・パレス
🏠 Tulsi Mg., Gangori Bazaar
☎ 0141-408-8888
🕐 9:30〜17:00
🏖 ホーリー
💴 Rs700（ジャイガル要塞入場料含む。2日間有効）
※公式英語ガイドRs400〜（人数により変わる）。その他18:30〜20:30にオープンするミュージアム・アット・ナイトRs1000やプライベートルームツアーなどもある。
ギャラリー内部は撮影禁止。誤って撮った場合でも罰金Rs500を徴収される。

ⓘ ピンクシティの由来は、一説には1876年に来印したプリンス・オブ・ウェールズを歓迎するための装飾が始まりだったともいわれている。太陽の反射を考慮して、いくつものピンクから選ばれた色だといわれる。

アルバート・ホール博物館

☎ 0141-257-0099
🕐 9:00〜20:45
（最終入場20:00）
🈲 毎月最終火、ホーリー
🈂 Rs300（学生Rs150）
※英語ガイドRs400（1〜4名）
🔗 alberthalljaipur.gov.in
※3/30、4/18、5/18、9/27は
入場無料

インド・サラセン様式の建物も見もの
アルバート・ホール博物館　Albert Hall Museum

MAP P.217-C2

　旧市街の南、**ラーム・ニワース庭園Ram Niwas Garden**に建つ旧市街の南、ラーム・ニワース庭園Ram Niwas Gardenに建つラージャスターン州最古の博物館。マハーラジャ、ラーム・シンの命により、サミュエル・S・ジェイコブにより設計されたインド・サラセン様式の建築。1876年のプリンス・オブ・ウェールズ、アルバート・エドワード王子の訪問を記念して命名された。1887年に博物館として一般公開された。

　現在ではテキスタイルや彫刻、武器、陶器、楽器、宝石など幅広いコレクションが並ぶ。

ビルラー寺院

🕐 6:30〜12:00、15:00〜
20:30（11〜2月）
6:00〜12:00、15:00〜
21:00（3〜10月）

ピンクシティに映える白亜の寺院
ビルラー寺院　Birla Temple

MAP P.217-C3

　インドの財閥一家ビルラー家によって建てられたヒンドゥー寺院。できたのは1988年と比較的新しい。ラクシュミー・ナーラーヤン・テンプルの名前でも呼ばれる。ローズピンク色のジャイプルの町にあって、その白亜の大理石の外観はむしろ新鮮に見える。建築様式としては、オーソドックスなヒンドゥー寺院だが、内部は非常にユニーク。キリスト教会のような色鮮やかなステンドグラスには、ヒンドゥーの神々をモチーフにした神話が描かれている。

水の宮殿

🚕 ジャイプル旧市街からオート
リクシャーで約10分

湖の水位によって見え方が変わる
水の宮殿　Jal Mahal

MAP P.217-D1外

　ジャイプルの北約5kmのマンサガール湖に浮かぶ水の宮殿。18世紀半ばにサワーイー・マド・スィン1世によって建てられた夏の離宮。王が子供時代を過ごしたことのある、ウダイプルにあるレイク・パレス（P.265）に影響されて建てたともいわれ、ここでマハーラージャたちは鴨狩りなどに興じたという。

　現在は一般公開はされておらず、湖岸から見ることができるのみ。ジャイプルからアンベールに行く途中の右手側に見えるので、立ち寄って写真を撮るのもいいだろう。

アルバート・ホール博物館近くの動物園は入場料Rs150でトラやヒョウ、クマ、ワニなどがいました。家族連れやカップルも多くにぎわっていました。火曜は休み。MAP P.217-C2（伊賀市　たや　'15）['17]

ジャイプルの町を見下ろす
ガルタ　Galta

MAP P.217-D2 外

ガルタ
☎ 0141-268-0951
⏰ 5:30～19:30
🅿 無料
※カメラ持込料Rs50、ビデオRs150

ジャイプル旧市街の東端、**スーラジ・ポール・バザール**Suraj Pole Bazaarを真っすぐ進み、ゲートを抜けると大きな門がある。ここがガルタへの出発点。乾いた岩山の坂道を10分ほど上ると頂上の寺院にたどり着く。ここからジャイプルの町のすばらしい眺望が楽しめる。東のほうに目をやると荒涼とした山々が続いているのが見える。サードゥーたちが奏でる音楽や読経が聞こえる数軒の家の前を通り、谷のほうに下りていくと静かな谷あいに

寺院や沐浴場が点在する。何世紀もの間、同じ姿のままあり続けた寺を見ていると、タイムスリップしたような錯覚に陥る。ジャイプルの雑踏に疲れたら訪れてみたい場所だ。

旧市街の東にある展望台
ナルガール要塞　Nahargarh Fort

MAP P.217-C1

ナルガール要塞
☎ 0141-514-8044
⏰ 10:00～21:30
🎉 ホーリー
🎫 Rs200
　（学生証提示でRs100）
※3/30、4/18、5/18、9/27は入場無料

ジャイプルの中心から約14km（直線距離では2km）の山上にあり、またの名を**タイガー・フォート**Tiger Fortともいう。1734年に最初に造られ、1868年にはさらに広げられた。歴代の皇帝により利用されてきた

要塞だ。敷地内には、サワーイー・マド・スィン2世が9人の王妃のために建てた宮殿がある。夜景もすばらしく、屋上にあるレストランでは夜景を楽しみながら簡単な食事を取ることもできる。レストランは22:00に閉店。

Ghati Gateそばにある階段式井戸

北インド初の計画都市・ジャイプルの旧市街散策

北インド最初の計画都市として造られたジャイプルの旧市街は、商店などの区画も当時から熟考して配置されたという。旧市街内に9つのセクターをつくり、業種ごとに配した。変わってしまったところもあるが、現在でもその趣は感じられる。

かつてシティ・パレスのメイン玄関だったトリポリア門（MAP P.217-C1）。その門に面した大通りが東西に走る**トリポリア・バザール Toripolia Bazaar**だ。ここを端から端まで歩いてみると、金物屋や文房具屋、日用雑貨を売る店がブロックごとにかたまって商売をしている様子がわかる。これはほんの一例で、旧市街の中はこういった業種ごとのかたまり

が今も色濃く残っている。

トリポリア門から南に延びる大通り**チャウラ・ラスタ Chaura Rasta**をのぞけばテラコッタの陶器がずらりと並び、**ジョーハリ・バザール Johari Bazaar**には宝石店がひしめいている。こうして町をひたすら歩いてみれば、興味深い発見があるはずだ。

ℹ ジャイプルには風の宮殿以外にもアイコニックな建物がある。ラージ・マンディール（MAP P.216-B2）という映画館もそのひとつ。1976年に建てられたピンクの巨大な外観の建物は、インドで最も有名な映画館としても知られている。

アンベール城
🕘 8:00～20:00（ホーリー初日11:00～13:00）
㊡ ホーリー2日目
㊎ Rs500（学生Rs150）
※英語オーディオガイドRs200

ACCESS

ジャイプルからアンベールまではオートリクシャーで約30分、往復でRs300～400が目安。風の宮殿付近の交差点のバス停からローカルバスで行くこともできる。

ラージプート族の山間の古都

アンベール城 Amber Fort

MAP P.223

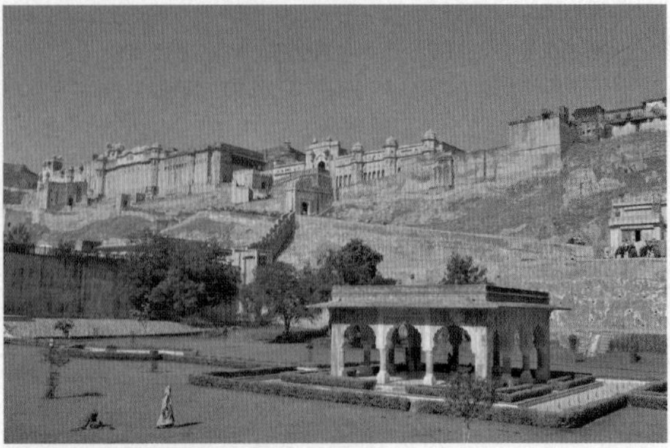

アンベール城の全景を望む

ジャイプルから北東へ11km、ブーゲンビリアが両脇に咲く道を抜けるとイスラームとラージプート混合様式のアンベール城が見えてくる。周囲の町を圧倒する丘の上の巨大な山城だ。築城が始まった16世紀には、ここがカチワーハ家の王国（アンベール王国）の首都であった。

ラージプート族の威信をかけて築城されただけあって、シンプルな卵色の外壁からは想像もつかないほど城内は美しい。北側から一列に4つの中庭が継起した造りで、それぞれの中庭を囲むように建物が連なる。

最初のセクションが**ジャレブ・チョウクJaleb Chowk**と呼ばれるメインの中庭。宮殿の正門、**スーラジ・ポールSuraj Pol（太陽門）**を入ると、切符売り場やみやげ物屋が壁際に沿って並ぶ。ゾウのタクシーが到着するのもここだ。太陽門の反対側には**チャンド・ポールChand Pol（月門）**があり、車で山頂まで来る場合はここから入場することになる。

宮殿内部へと続く**スィン・ポールSinh Pol（獅子門）**をくぐり階段を上ると、右側に小さな寺院**シュリー・シーラーデヴィ寺院Shree Siladevi Mandir**がある。豪奢な銀の扉に施された圧巻のレリーフは一見の価値ありだ。

階段をさらに進むとふたつ目の中庭。ここには**ディワーネ・アーム**

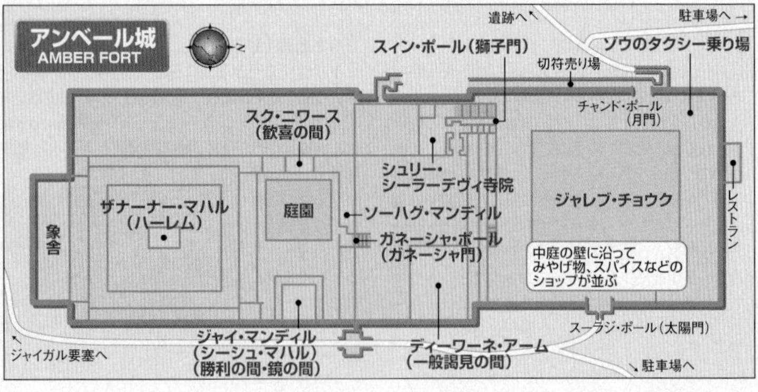

アンベール城
AMBER FORT
遺跡へ
駐車場へ →
スィン・ポール（獅子門）
ゾウのタクシー乗り場
切符売り場
チャンド・ポール（月門）
スク・ニワース（歓喜の間）
シュリー・シーラーデヴィ寺院
ジャレブ・チョウク
ザナーナー・マハル（ハーレム）
庭園
ソーハグ・マンディル
ガネーシャ・ポール（ガネーシャ門）
レストラン
象舎
中庭の壁に沿ってみやげ物、スパイスなどのショップが並ぶ
スーラジ・ポール（太陽門）
ジャイ・マンディル（シーシュ・マハル）（勝利の間・鏡の間）
ディーワーネ・アーム（一般謁見の間）
ジャイガル要塞へ
駐車場へ

ℹ アンベール城の庭園の水路の途中にある水ためは、マハーラージャが酒を冷やすのに使っていたという。また水が流れ落ちる部分のウロコのような装飾は、水が流れる際に魚が泳いでいるように見せるしかけだったという。

Diwan-i-Am（一般謁見の間）。赤砂岩と大理石の組み合わせが美しい建物からは、町の景色を見渡せる。

ハイライトともいえる3つ目の中庭には美しいフレスコ画で彩色された**ガネーシャ・ポールGanesh Pol（ガネーシャ門）**を抜けていく。アルハンブラ宮殿にも似た

モザイクが美しいジャイ・マンディル

美しいイスラーム庭園の奥には**ジャイ・マンディルJai Mandir（勝利の間）**がある。象嵌細工と鏡細工が幾何学模様で美しく装飾され、往時の宮廷生活の華やかさを感じられる。別名**シーシュ・マハルSheesh Mahal（鏡の間）**。マハーラージャは夜ごと開かれる宴会と庭園の風景を屋上から眺めて楽しんだという。庭園を挟んだ反対側には**スク・ニワースSukh Niwas（歓喜の間）**がある。マハーラージャたちが涼をとるために室内を水が回るように造られていた。

いちばん奥の中庭には**ザナーナ・マハルZenana Mahal（ハーレム）**がある。マハーラージャ

ガネーシャ門入口の上にはガネーシャのフレスコ画

の妻たちが暮らすハーレムで、各部屋は独立しており、マハーラージャが夜ごとどの部屋を訪ねたかが知られないようになっていたという。城内は風通しがよく、窓は日光が入らないように上手に設計されている。見た目の美しさだけでなく、実用性も兼ね備えていた。

INFO

アンベール城のゾウタクシー

麓から城までは、歩いて登る以外に、ゾウに乗っても行ける。8:00〜11:30のみで、猛暑時には休業や営業時間の変更もある。1頭につきRs1100（別途チップが必要）でふたりまで乗れる。

アンベール王国からジャイプルへ

ラージャスターンの丘陵城塞群のひとつとして世界遺産に登録されているアンベール城は、ラージプト=ムガル宮廷様式を代表する建築物としても高く評価されている。

アンベール王国は11世紀頃までその歴史を遡れるとされる。アンベール城の築城が始まったのは1592年、当時の支配者であったカチワーハ家のマハーラージャ、ラージャ・マン・スィン1世によって着手された。その後、築城は約150年、3人のマハーラージャにわたる壮大なプロジェクトとなり、18世紀サワーイ・ジェイ・スィンの在位中に、この巨大な城は完成した。

王国の首都がアンベールからジャイプルに遷都されたのは1727年。人口増加や水不足によって、必要に迫られた末の選択だったという。

アンベール AMBER

アノーキー・ミュージアム Anokhi Museum P.224

カーリ門 Khari Gate

階段井戸 Step Well

サーガル湖 Sagar Lake

モザイク・ゲストハウス P.227へ

Sagar Rd.

エレファント・テンプル Elephant Temple

ジャイガル要塞 Jaigarh Fort P.224

ゾウ乗り場

アンベール城 Amber Fort P.222

Amer Rd.

0 200m

マオサ湖 Maotha Lake

ジャイプルへ

 アンベール城ではサウンド＆ライトショーが見られる。ナレーションはインドの大スター俳優アミターブ・バッチャン。🕐 18:30〜（10〜2月）、19:00〜（3〜4月）、19:30〜（5〜9月）英語のみ。

ジャイガル要塞

☎ 0141-267-1848
🕐 9:00～18:00
🚫 ホーリー
💰 Rs200（学生Rs100）
※公式英語ガイドRs300、ビデオ持込料Rs200
先にシティ・パレスに入場するとジャイガル要塞のチケットが付いてくる（2日間有効）
🚗 アンベール城からの山道は急な坂道になるので、車かオートリクシャーを使うのもいい。その場合は、幹線道路を一度ジャイプル方面に戻り、途中の分岐からジャイガル要塞まで行く道を利用する。

アノーキー・ミュージアム

🏠 Anokhi Haveli, Kheri Gate
☎ 0141-253-0226
🕐 10:30～17:00（日11:00～16:30）
🚫 月、祝日、5/1～7/15
💰 Rs80
💳 AMV（Rs300以上）
🌐 www.anokhi.com

ACCESS

サンガネールへは

ジャイプルのアジメーリー門前でT字形に交差するサワーイー・ラーム・シン・ロードSawai Ram Singh Rd.から6:15～22:00の間、約15分ごとに市バスが出ている。34番のバスで所要50分。風の宮殿近くのバディ・チョウパルBari Chauparからもバスで行ける。

アンベール城を眼下に一望できる
ジャイガル要塞　Jaigarh Fort

MAP　P.223

アンベール城を背に、右側にさらに30分ほど上った山上にある要塞。この要塞はサワーイー・ジャイ・スィン2世によって1726年に建てられたもので、門をくぐるといくつかの建物やマハーラージャの屋敷などが続く。城壁に上ればアンベール城の全貌や周囲の岩山に長く続く要塞、遠くの町や湖までが見下ろせて壮観。そのほかには砲身8m、重さ50トン、射程35kmという世界最大の車付き大砲Jaya Vana（過去に一度だけ使われた）も見ものだ。武器コレクションやマハーラージャの写真の展示コーナーもある。ライトアップされた夜の要塞も印象的だ。

ユニークなテキスタイルの美術館
アノーキー・ミュージアム　Anokhi Museum

MAP　P.223

ブロックプリントで有名なブランド、アノーキー（P.229）によるテキスタイルの博物館。古いハーヴェリー（邸宅）を改装した建物も美しい。ブロックプリントの歴史や染織や木版についてなど、制作過程にまつわる展示だけでなく、職人によるブロックプリントのデモンストレーションや参加型のワークショップも行われている。

館内にはミュージアムショップがあり、商品はここにしかない特別なラインアップ。ジャイプルからは少し遠いが、アンベール城と合わせて足を運ぶ価値のあるユニークな博物館だ。エントランスの庭にはガーデンカフェもあり、ひと息つける。

ブロックプリント工房が多く残る村
サンガネール　Sanganer

MAP　P.216-B3外

ジャイプルの南16km、サラスヴァティー川のほとりの木版染めで有名な村。茜の花柄模様に代表されるサンガネール染めの更紗は、その名を知らなくてもこれまで目にしたことがあるはずだ。橋を渡った川の西側には多くの工房があり、職人たちが手作業で更紗を作っている。木版を彫る者、下地染めをする者……雨季のあとなら、川岸に天日干しにされた何千枚もの更紗が見られるだろう。実は紙製品も有名で、世界規模で輸出されている。どちらもインドならではの風合いが美しい。手仕事に興味があるなら訪れてみたい場所。

 チャンド・バオーリーで英語ガイドRs200をお願いしました。なぜこんなところに、このような井戸が作られたのか詳しく教えてくれます。値段以上の内容で大満足でした。2013年頃、ここで転落事故があったそうで、以来階段には柵が張られ、下へ降り

インドで最も美しい階段井戸
チャンド・バーオリー　Chand Baori

　インド各地に残る階段井戸のなかでもとりわけ美しいとされているアバーネリーのチャンド・バーオリー。雨季に水を貯めておく貯水槽としての役割としてだけでなく、宗教的な儀式にも用いられていたといわれている。とりわけ乾燥した地域である西インドでは、階段井戸が多く、それぞれに特徴的な造形が発達した。

　チャンド・バーオリーが最初に創建されたのは9世紀。付近に同時代のハルシャ・マーター寺院の基部が残っていることから、ここも寺院との宗教的な関連があると考えられている。上部に行くにつれ、後世に手が加えられ、敷地を囲む柱廊部分は18世紀に造られたとされている。井戸部分は地下7層になっており、深さは20mを超える。一辺は35m、三方の壁が幾何学的なジグザグ模様を描く階段で構成されている。上からのぞき込むと、その深さとだまし絵のような模様に吸い込まれるような感覚に陥る。残る一方の壁は部屋が積み重なり、裏側に井戸のシャフトがある。

公共交通機関で行くのは大変だが、タクシーをチャーターすればジャイプルから1時間程度。訪れる価値はおおいにある。

目の錯覚を起こしそうな幾何学的模様

チャンド・バーオリー
♠ Abhaneri
◔ 7:00～18:00
㊿ Rs300
※ビデオ持込料Rs25
⊙ジャイプルとアーグラーを結ぶ幹線道路上にある町、スィカンドラーSikandraから9kmほど入った所にある。ジャイプルからアーグラー行きのバスに乗り、スィカンドラー下車。所要約1時間30分。そこでジープをチャーターするか、スィカンドラーからアルワール方向へ向かうバスに乗り、約5km北上した所にあるグーラール・チョーラヤGolar Chorayaと呼ばれるロータリーで下車、東へ徒歩で約4km。最寄りの鉄道駅はバンディクイBandikui（12km）またはドーサDausa（35km）。

Useful Address　ユースフル・アドレス

▶観光情報 ·····························

インド政府観光局　India Tourism
🗺 P.217-D3　♠ Hotel Khasa Kothi内　☎ 0141-237-2200　◔ 9:30～18:00　㊡ 土日祝

ラージャスターン州観光開発団　Rajasthan Tourist Development Corporation（RTDC）
《駅》
🗺 P.216-A2　♠ ジャイプル駅構内プラットフォームNo.1　☎ 0141-231-5714
◔ 7:00～22:00
《バススタンド》
🗺 P.217-D3　♠ セントラル・バススタンドプラットフォームNo.3付近
☎ 0141-220-6720　◔ 7:00～21:00

▶病院 ·····························

サントクバ・ダーラジ記念病院　Santokba Durlabhji Memorial Hospital
🗺 P.216-B3　♠ Bhawan Singh Mg., Near Rambagh Circle　☎ 0141-256-6251、992-960-7030（救急）　◔ 救急24時間対応　🔗 www.sdmh.in

サワーイー・マンシング病院　Sawai Mansingh Hospital
🗺 P.217-C3　♠ 2 Sawai Ram Singh Rd., Dusadon Ka Bagh, Rambagh
☎ 0141-251-8222　◔ 救急24時間対応

緊急連絡先
救急車	☎ 102
警　察	☎ 100
消　防	☎ 101

＼りることはできないそうです。ガイドいわく、年に3～4回は井戸底へ携帯電話を落としてしまう観光客がいるそうです。（MN　'19）

Hotel ホテル

ジャイプルのホテルはバックパッカー宿から超高級ホテルまで幅広い。比較的手頃な価格で、宿が多いのがジャイプルの鉄道駅および、セントラル・バススタンド周辺。新市街には宮殿ホテルのランバーグ・パレスやブティックホテルも混在する。旧市街にはホテルは多くない。

サービス、メンテナンスとも最高

H アールヤ・ニワース
Arya Niwas

旧市街西 ₹₹ MAP P.216-B2

🏠 Behind Amber Tower, Sansar Chandra Rd.
☎ 0141-407-3456 ⑤⑥ Rs1650～3700
⑩ Rs2450～4050 🆃🅰🆇 別 Card MV WiFi 🛜 128室
URL www.aryaniwas.com

ジャイプルでは有名な評判のいいホテル。常宿にしている人も多い。大きな規模ながら、掃除、サービスが行き届き、居心地よく滞在できる。スタッフのサービスも気持ちいい。レストラン、トラベルカウンター、ショップなど旅行者に必要な者が過不足なく揃うおすすめの宿。

ソロトラベラーにおすすめ

H ジャイプル・ジャンタル
Jaipur Jantar Hostel

旧市街西 ₹ MAP P.216-B2

🏠 Near LIC Office, Gopinath Marg ☎ 0141-236-3964 ⑩ Rs350～500（6、10、12人部屋） 🆃🅰🆇 込
Card MV WiFi URL www.jaipurjantarhostel.com

アールヤ・ニワースグループによるドミトリー宿。広々とした一軒家を6、10、12人部屋のドミトリーに改装している。すべてA/C付きで、女性専用ドミトリーもある。宿泊者にはロッカーがあるので荷物も安心。PCワークスペースやシアタールームなどもある。朝食付き。チェックインは、向かいの H ジャイ・ニワースで行う。

親日家オーナーのバックパッカー宿

H トニー・ゲストハウス
Tony Guest House

バススタンド周辺 ₹ MAP P.217-D3

🏠 11 Station Rd. ☎ 992-887-1717 ⑤⑥ Rs180
⑤ Rs280 ⑩ Rs340～460 🆃🅰🆇 込 Card 不可 WiFi
🛜 10室 ✉ tonyguesthouse@yahoo.com

セントラル・バススタンドから徒歩2分の好立地。階段を上った所に受付と部屋がある。部屋は必要最低限、シャワーは共用で、ホットシャワーは20分Rs50。屋上カフェではチャイが無料で飲める。昔ながらのバックパッカー宿。

プライベート感ある美しいブティックホテル

H 28 コティ
28 Kothi

新市街 ₹₹ MAP P.216-A3

🏠 28 Shivaji Nagar, Civil Lines Rd. ☎ 890-555-1685 ⑩ Rs6050～（朝食付）🆃🅰🆇 別 Card AMV
WiFi 🛜 5室 URL www.28kothi.com
✉ reservation@28kothi.com

新市街の閑静な住宅地にあるゲストハウス。外からはわかりにくいが、門を入ると美しく整えられた中庭が広がる。客室は広々としたしつらえでインテリアもおしゃれ。ロビーやライブラリーなど共用スペースもあり、外出しない日も快適に過ごせる。空港送迎やスパ、ヨーガなどのサービスも充実。宿泊しなくても利用可能なカフェ・コティ（P.229）を併設している。

ジャイプルの観光地に好アクセス

H アルバナ・ハヴェリ
Albana Haveli

旧市街東 ₹₹ MAP P.217-D1

🏠 1782 Near Zorawar Singh Gate, Amer Rd.
☎ 988-746-8984 ⑩ Rs1500～1800 🆃🅰🆇 別
Card MV WiFi 🛜 16室 ✉ info@albanahaveli.com

車がアクセスしやすい場所にあり、旧市街の渋滞を避けられるうえ、風の宮殿やシティ・パレス、アンベール方面など、ジャイプルのどの観光地にもアクセスのよいロケーション。徒歩で出かけることもできる。規模的にはツアーでも使われる中級ホテルで、最近リノベーション済み。客室もきれいに保たれている。

旧市街のラグジュアリーホテル

H ザ・ジョリー
The Johri

旧市街 ₹₹₹ MAP P.217-C2

🏠 3950 MSB Ka Rasta, Johri Bazar ☎ 890-555-1680 ⑩ Rs22000（朝食付）🆃🅰🆇 別 Card AMV
WiFi 🛜 5室 URL thejohrijaipur.com
✉ reservation@thejohrijaipur.com

ホテルがほぼなかった旧市街に新たにオープンしたラグジュアリーブティックホテル。宝石屋街ジョーハリ・バザールを一本奥に入った通りにある古い邸宅を改装した歴史ある建物で、全5室がスイートルーム。宮殿ホテル並みの豪華なインテリアで贅沢な滞在ができる。旧市街内にあるので、渋滞を気にすることなく徒歩で街歩きも楽しめる。レストラン・バーも併設（P.228）。

 近年ジャイプルでは宿泊そのものを楽しむラグジュアリー系のブティックホテルがどんどんとオープンしている。2021年にオープンした H ヴィラ・パラディオVilla Palladioもそのひとつ。 URL villa-palladio-jaipur.com

新市街のヘリテージホテル

[H]ナレイン・ニワス・パレス

Narain Niwas Palace Hotel

新市街 ₹₹ [MAP] P.216-B3

🏠 Kanota Bagh, Narain Singh Rd. ☎ 0141-256-1291 [料][S] Rs7500 [S] Rs1万1500〜Rs1万2500（朝食付） [TAX] 別 [Card] AMV [Wi-Fi] [室] 45室 [URL] www.kanotahotels.com ✉ reservation@kanotahotels.com

1928年に建てられたアングロ=インディアン様式の邸宅を改装したホテル。ジャイプルスタイルの華やかなインテリアで、スイミングプールやスパ、広々とした庭園もある。客室はスタンダード、デラックス、スイートがある。どの部屋もクラシックなデザインでまとめられている。ホテルの入口、前庭にはジャイプルの人気ショップが集まるコンプレックスもある。

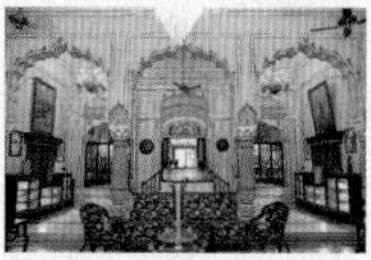

穴場的ヘリテージホテル

[H]アルシサール・ハーヴェリ

Alsisar Haveli

旧市街西 ₹₹₹ [MAP] P.216-B2

🏠 Sansar Chandra Rd. ☎ 0141-236-8290 [料][W] Rs6000〜9500（朝食付） [TAX] 込 [Card] AMV [Wi-Fi] [室] 40室 [URL] www.alsisarhaveli.com ✉ alsisar@alsisar.com

1892年建造のラージプートの一族の邸宅を1994年に改装オープンしたヘリテージホテル。旧市街西にあり、鉄道駅やバススタンドも近い。門をくぐるとレセプション棟やスイミングプールがあり、その奥には庭園やレストラン、客室棟が広々と続く。ロビーなどいたる所に当時の調度品が飾られ豪華な雰囲気が漂う。ヘリテージホテルのわりには、手頃なのもうれしい。近郊の観光ツアーやタクシーなどのアレンジもしてくれる。

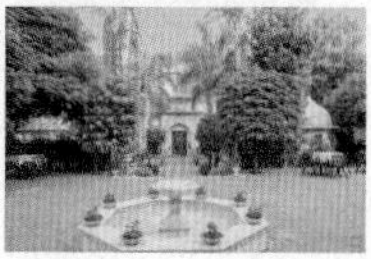

センス抜群の美しいグルメ宿

[H]モザイク・ゲストハウス

Mosaics Guesthouse

アンベール ₹₹ [MAP] P.223

🏠 Siyaram Ki Doongri, Amber ☎ 0141-253-0031 [料][S] Rs4500 [W] Rs5000（朝食付） [TAX] 込 [Card] 不可 [Wi-Fi] [室] 4室 [URL] www.mosaicsguesthouse.com

アンベールにある小さなゲストハウス。ホテル内はモザイクアートやアンティークで美しく整えられている。客室はコンパクトだが、上質なブロックプリントが配された部屋でそれぞれ違うインテリア。リクエストでツインルームもOK。花でいっぱいの中庭も気持ちいい。食事のおいしい宿としても知られており、宿泊していなくても予約をすれば食事だけに訪れることもできる。ランチ・ディナーともひとりRs 1000〜1500。要予約。

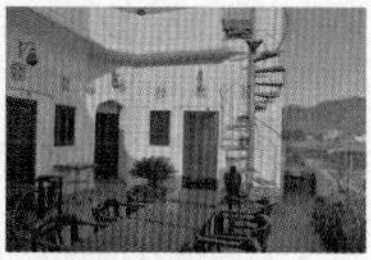

ルーフトップレストランも人気

[H]パール・パレス

Hotel Pearl Palace

駅周辺 ₹₹ [MAP] P.217-D3

🏠 51 Hathroi Fort, Harry Kishan Somani Mg., Ajmer Rd. ☎ 0141-237-3700 [料][W] Rs1800〜2500 [TAX] 別 [Card] MV [Wi-Fi] [室] 22室 [URL] hotelpearlpalace.com

各国の旅行者が集まる人気宿で、シーズン中は予約必須。ラージャスターンテイストで装飾された館内&部屋は清潔で快適。屋上レストランも評判がいい。バススタンドから送迎サービスあり。近隣にラグジュアリーな[H]パール・パレス・ヘリテージもある。宿泊時に歩き方読者であることを伝えれば税金分がサービス。

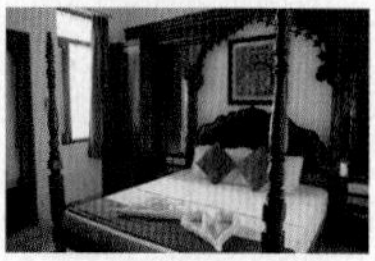

居心地のいいゲストハウス

[H]アティティ・ゲストハウス

Atithi Guest House

バススタンド周辺 ₹₹ [MAP] P.217-D3

🏠 Opp. All India Radio, 1 Park House Scheme ☎ 0141-237-8679、237-9496 [料][S][W] Rs1200〜1800 [TAX] 別 [Card] MV [Wi-Fi] [室] 24室

ジャイプルで35年以上続くゲストハウス。大通りを一本入った静かな立地。客室は最近改装されたので、きれいで清潔。大きく取られた窓が気持ちいい。1階にレストラン、屋上にはゆったりとしたラウンジがある。値段も手頃。

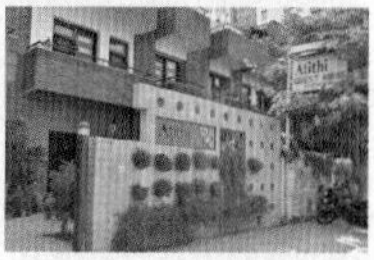

広々とした庭園が心地よい

[H]ハリ・マハル・パレス

Hari Mahal Palace

駅周辺 ₹₹ [MAP] P.216-A2

🏠 Tirthraj, Jacob Rd., Civil Lines ☎ 0141-222-1399 [料][D] Rs3000〜6000（朝食付） [TAX] 込 [Card] AMV [Wi-Fi] [室] 37室 [URL] harimahalpalace.com

イギリス、ムガル、ラージプート様式折衷の1930年の土地の名士の建物をホテルに改装したヘリテージホテル。リーズナブルにヘリテージホテルに宿泊してみたい人にはおすすめ。広々とした前庭は緑あふれる空間。館内の調度品も見事で、ゆったりとゴージャスに滞在したい人に。

築250年のヘリテージホテル

[H]ジャイ・マハル・パレス

Jai Mahal Palace

駅周辺 ₹₹₹₹ [MAP] P.216-A2

🏠 Jacob Rd., Civil Lines ☎ 0141-660-1111 [料][W] Rs1万9000〜 [TAX] 別 [Card] AJMV [Wi-Fi] [室] 100室 [URL] www.tajhotel.com

インド・サラセン様式で1745年に建てられた建物を改装したヘリテージホテル。18エーカーの広々としたムガル様式庭園も見事。館内にはスパやスイミングプール、レストランもある。ジャイプルには同じタージ・グループの宮殿ホテルランバーグ・パレスもある。

✉ [H]ビッソー・パレスBissau Palaceに宿泊にしました。ザ・ジャイプル、という感じのキラキラのインテリアで旅の雰囲気が盛り上がりました。（大阪　ナオミ　'19）

Restaurant レストラン

地元で人気のノンベジ・レストラン
R ニロス
Niros

北インド ₹

MAP P.216-B2

🏠 319 M.I. Rd. ☎0141-221-8520 ⏰11:00～23:00
🚕別 Card AMV URL www.nirosindia.com

60年以上続くMIロードのアイコン的存在の高級北インド料理レストラン。多くの映画俳優などのセレブリティも訪れた。北インド料理やタンドール料理が中心で、スパイスに漬け込んだラムのグリル、ラジャスターニ・スーラRs700などが看板料理。ビールやワインも飲めるので、スナックと一緒に楽しむのもいい。

シンプルなオーガニック・ベジ料理
R ザ・ジョリー
The Johri

北インド ₹₹

MAP P.217-C2

🏠 3950 MSB Ka Rasta, Johri Bazar ☎890-555-1680 ⏰13:00～17:00、19:00～23:00
Card AMV 🚶サンガネール門から徒歩5分
URL thejohrijaipur.com

H ザ・ジョリーにあるレストラン。オーガニックの野菜を使ったラージャスターンスタイルのベジメニューがメイン。軽食はもちろん、変わり種のビリヤニなども食べられる。デザートやコーヒー、紅茶もこだわりのラインアップが揃っているので、カフェ利用もOK。旧市街内のレストランでは珍しくバーも併設しており、アルコールの種類も豊富。静かに飲みたい人にもいい雰囲気。食事なら予算ひとりRs700程度。

連日行列ができるショップ併設のカフェ
R アノーキー・カフェ
Anokhi Cafe

カフェ ₹

MAP P.216-B2

🏠 2nd Floor, KK Square, C-11, Prithviraj Rd., C-Scheme ☎0141-400-7245 ⏰10:00～19:30
🚕別 Card AMV URL www.anokhicafe.com

アノーキー（P.229）に併設しているカフェ。ゆったりとした空間で喫茶やランチを楽しめる。メニュー数は多くはないものの、ノンベジ、オーガニックにこだわり、ランチ時の店内はいつも満席で行列ができるほど。コーヒーRs150、ケーキ類Rs200～、ペンネ・アラビアータRs400など。ショーケースでメニューを選んでから、カウンターで注文、先に支払うシステム。ほとんどがテイクアウトもできる。買い物がてら立ち寄ろう。

ラージャスターンの味を試すなら
R エル・エム・ビー
LMB

北インド・スイーツ ₹

MAP P.217-C2

🏠 Shop 98-99 Johari Bazar ☎902-460-9609
⏰8:00～23:30 🚕別 Card MV URL hotellmb.com

1727年創業、旧市街の中にある地元で人気のスイーツ&スナックショップ。量り売りでスナックが買えるほか、店内でも食べられる。昼時やおやつの時間には地元のインド人で大混雑する有名店。奥はレストランになっており、ラージャスターニ・ロイヤルターリーRs585などラージャスターン料理が味わえる。メニューはすべてベジタリアンだが、北インド、コンチネンタル、南インドなど幅広く提供している。

朝食やスナックにちょうどいい
R インディアン・コーヒー・ハウス
Indian Coffee House

南インド ₹

MAP P.216-B2

🏠 M.I. Rd., Nr. Ajmeri Gate ☎0141-236-2024
⏰8:00～21:00 🚕別 Card 不可

全国に多くの支店をもつインディアン・コーヒー・ハウスのジャイプル店。朝早くから開いているので、朝食にもいい。フィルターコーヒーRs43やマサラドーサー Rs85など南インドのメニューがどれも手軽な値段で食べられる。少し奥まった場所にありわかりにくいが、早朝の店内は驚くほど多くの人でにぎわっている。ノスタルジックな店内も味わいがあり、クジャクのようなユニホームを着た給仕係もクラシック。

数あるラッシー屋のなかでも評判が高い
R ラッシーワーラー
Lassiwala

ラッシー ₹

MAP P.216-B2

🏠 314 M.I. Rd. ☎931-451-7382 ⏰7:00～16:00
🚕込 Card 不可

ジャイプルに数あるラッシー屋のなかでも、特に人気があるのがここ。同名の店が3軒並んでいるが、向かっていちばん左の店がおいしいと評判。創業約80年の歴史ある店だ。近隣店は夜まで営業するが、ここは酸味が増すという理由で夕方で店じまいするというこだわりぶり。売り切れじまいのこともある。使い捨ての素焼きのカップ、ブルワに入れて出されるラッシーは濃厚な甘さ。暑さで疲れた体にしみ渡る。小Rs35、大Rs70。

おいしいクルフィなら R パンディット・クルフィ Pandit Kulfiへ。ピスタチオ入りやチョコ味もおいしい。MAP P.217-C1 🏠 110
Hawa Mahal Market ☎941-407-1922

オーガニック＆ベジの創作料理

R カフェ・コティ
Cafe Kothi

ベジタリアンカフェ ₹₹　　MAP P.216-A3

🏠 28 Civil Lines　☎ 766-583-4022
🕐 9:00～21:00　Card AMV
URL www.28kothi.com

ブティックホテルに併設されたオーガニック・カフェ。宿泊者でなくても利用可能。キヌアビリヤニボウルRs370やグリル野菜サンドRs320などオーガニック素材に各国料理の要素とインドのエッセンスを融合させたフュージョン料理やデザートは盛りつけも美しい。軽めのランチやティータイムにおすすめ。脂っこい食事で胃が疲れたときや、フレッシュな野菜を食べたいときにもぴったりだ。

ケーキ＆ベーカリーならここ

R ディザルト
Dzurt Patisserie and Cafe

カフェ ₹　　MAP P.216-A2

🏠 Achrol House, Jacob Rd., Civil Lines
☎ 0141-222-2549　🕐 11:00～23:00
🈸 別　Card AMV　URL dzurtshop.com

眼前に広がる芝生が気持ちいい空間にあるパティスリー＆ベーカリー。フランスのコルドン・ブルーで学んだというパティシエが作るパンやデザートは甘さ控えめで、日本人の舌にも合う。サンドイッチやクレープなど、軽いランチも食べられる使い勝手のよいカフェ。クッキーやケーキ類はテイクアウトもできる。シュガーフリークッキーやヴィーガンブラウニーなどの焼き菓子もある。

Shop ショップ

本店ならではの品揃え

S アノーキー
Anokhi

ファッション・雑貨　　MAP P.216-B2

🏠 2nd Floor, KK Square, C-11, Prithviraj Rd., C-Scheme　☎ 0141-400-7244
🕐 10:00～20:00　Card AMV
URL www.anokhi.com

ブロックプリントの有名店、アノーキーのジャイプル本店。広々とした店内にはファッションアイテムからインテリアグッズまで幅広く揃っており、ゆっくりと買い物ができる。1970年にオープンしたフラッグシップ店ならではの限定シリーズなど、ジャイプル店のみ取り扱いのラインアップにも注目。アノーキー・ミュージアム（P.224）と合わせて立ち寄ろう。

振り出し物が見つかることも

S コットンズ
Cottons

ファッション・雑貨　　MAP P.216-A2

🏠 Hari Bhawan, Jacob Rd., Civil Lines　☎ 0141-222-3870　🕐 10:30～19:30（日11:00～17:00）
Card JMV　URL www.cottonsjaipur.com

色鮮やかな生地やブロックプリントなどジャイプルらしい手法のファッションアイテムが揃う。NGOなどと協働して、エシカルな製品づくりをしている。服はクルタなどインドスタイルのものが多く、地元客にも人気。インテリアグッズもあるのでじっくりと店内を見ると、お気に入りが見つかるはず。値段が手頃なのもうれしい。常時セールの棚もある。

美しく上質なインド素材の服

S サタヤム
Satayam

ファッション　　MAP P.216-B3

🏠 174, Laxman Dwara, Near City Palace, Opposite Jantar Mantar Ticket Window
☎ 0141-257-5554、982-905-8558
🕐 10:00～18:00　Card MV　URL satayam.in

美しいデザインと上質な素材を使ったオリジナル服をラインアップ。日本の有名ブランドとも服作りをしており、縫製も美しく、細部まで妥協がない。決して安くはないが、お気に入りに出合ったらぜひ。数日あれば、オーダーや細かいサイズ直しも受け付けてくれる。🅷 ナレイン・ニワス・パレス（P.227）にも支店がある。

色鮮やかなブルーポッタリー

S ニルジャ・インターナショナル
Neerja International

雑貨　　MAP P.216-A2

🏠 1 Anand Bhawan, Jacob Rd., Civil Lines
☎ 0141-411-2609　🕐 11:00～20:00
Card ADJMV　URL www.neerjainternational.com

ジャイプルの手工芸品、ブルーポッタリーのショップ。食器類からアクセサリーまでバリエーション豊富で、色鮮やかな絵付の陶器はジャイプルらしいおみやげになる。キーホルダーやマグネット、ボタンなど小さなものを選べば持ち帰るのにもかさばらずいい。ブルーポッタリーは軟陶で破損しやすいが、きちんと梱包もしてくれるので安心。海外発送にも対応している。

ℹ️ おすすめマッサージ店 S Chand's Ayurveda　MAP P.216-B2　🏠 UL-14 Amber Tower, Sansar Chandra Rd.　☎ 856-086-0849　URL www.chandspajaipur.com

モダンなインドデザインの雑貨
S アナンタヤAKDF
Anantaya AKFD
雑貨
MAP P.216-B3

🏠 The Kanota, Narain NiwasHotel, Narain Singh Circle, Rambagh　☎ 0141-257-5400
🕐 10:30〜20:00　Card MV
URL anantayadecor.com

デリー空港のインテリアデザインなども手がけた、オーナー兼デザイナー夫妻がプロデュースするモダンな雑貨ショップ。キッチンやホームプロダクツなど、どれも洗練されたデザインながら、さりげなくインドのエッセンスや素材をちりばめてあり美しい。チークを使った小物や真鍮の食器類など、インドの伝統的な雑貨をリプロダクトとして再デザインした商品も人気。気の利いたおみやげが見つかるショップだ。

落ち着きあるデザインが多い
S ソーマ
Soma
ファッション・雑貨
MAP P.216-A2

🏠 A-5 Jamnalal Bajaj Marg, C-Scheme
☎ 0141-237-2246　🕐 10:00〜20:00　Card AMV
URL www.somashop.com

ジャイプル発のブランド。ブロックプリントのファッションや雑貨が所狭しと並ぶ。他のブランドに比べると、ソフトで落ち着きのあるデザインが多い。オーガニックコットンを使用したアパレルやインテリアシリーズもある。ショップは3階からなっており、地下には常時セールをしているフロアも。小さなポーチRs200〜、キルトのベッドカバー Rs4000〜と手頃な値段。

ブルーポッタリーの有名店
S ジャイプル・ブルー・ポッタリー
Jaipur Blue Pottery Art Centre
雑貨
MAP P.217-D1外

🏠 Near Jain Mandir, Amer Rd.
☎ 0141-263-5375　🕐 10:00〜20:00
Card AMV　URL jaipurbluepottery.in

ジャイプルの工芸品として有名なブルーポッタリーの陶器の工房のひとつ。工房はサンガネールにあり、広い店内には陶器がぎっしり並び、食器から日用雑貨、アクセサリーまでたくさんのバリエーションから選べるのでおみやげにもいい。ブルーポッタリーが作られる工程を見ることもできる。また、陶芸クラスも不定期に行われている。やや大きくなるが、しっかり梱包してくれる。

伝統工芸を守り育てるプロジェクト
S ニーラハウス
Nila House
ファッション
MAP P.216-B2

🏠 C-86 Prithviraj Rd., C-Scheme　🕐 11:00〜18:00
🚫 日・祝　Card AMV　🚶 旧市街からリクシャーで約10分　URL nilajaipur.com

2020年オープン。古い邸宅を改装したスタジオスペース。館内では職人たちがものづくりをする様子を見られたり、資料室やワークショップスペースを見学することができる。ショップは予約なしで入ることができ、インド伝統の手仕事をモダンにアレンジしたアパレルやインテリアアイテムを購入できる。タイミングが合えば、地下の展示スペースでエキシビションが行われることもある。建物を見るだけでも訪れる価値がある。

シェカワティ地方の不思議なハーヴェリー

　ジャイプルから車で北に約3時間、シェカワティ地方は、かつて裕福な豪商たちが暮らす町だった。観光客も多くはなく、現在ではさびれた町に見えるこの地域だが、街に点在する不釣り合いなほどの美しい豪邸には驚かされる。

　ここにあるハーヴェリーはユニークだ。壁はほぼ例外なくぎっしりと絵で埋め尽くされている。

ラージャスターンらしい絵柄はもちろんだが、ときには飛行機やイギリス人など当時の世相

を反映するようなモチーフもある。美しく、ときにはコミカルな絵から往時の豊かさが垣間見える。

　シェカワティは14世紀頃からグジャラートとの交易拠点として栄えてきた。19世紀にはイギリスの植民地政策により、コルカタやムンバイーの台頭で地域は衰退したが、商人たちは大都市に移り住み、その稼ぎを故郷に送り、これらのハーヴェリーを造らせたのだという。

シェカワティ地方の中心の町はナワルガルNawalgarhという小さな町。ハーヴェリーを見たければ、まずはこの町を目指すのがいい。ジャイプルからは車で約3時間ほど。観光客向けの場所ではないので、ホテルなどはあまりないが、日帰りでも十分だ。

アルワール

デリーとジャイプルのほぼ中間にある旅行者が訪れることの少ない小さな町だが、かつてはラージプートの小王国の都だった。見どころは町の北の山側にある宮廷地区に固まっており、気軽に歩いて観光できる。ジャイプルやサリスカ・タイガー・リザーブへ行く途中に寄ってみるといいだろう。

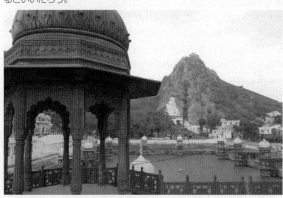

ムースィー・マハーラーニー廟からサガールを見る

アルワールの市外局番
0144
アルワールの人口
約32.3万人

ACCESS

鉄　道

ニューデリー駅から特急（1日1〜2便）で所要約2時間40分。オールドデリーのデリー駅から急行（1日約8便）で約3時間。ジャイプル駅から急行（1日約3〜4便）で約2時間。

バ　ス

デリーから所要3〜4時間。ジャイプルから所要約2時間〜2時間30分。アルワールからはサリスカ行きのバスが出ており、1時間〜1時間30分。

◀━ アルワールの歩き方＆見どころ ━▶

駅は町の東側にあり、駅を出て左（南）に進むとすぐ右側に観光案内所、少し進んだ線路沿いに鉄道予約オフィスがある。中心部は駅から2kmほど西で、ロータリーの**ホープ・サーカス**Hope Circusから長距離バススタンドにかけて、いくつかの小バザールが点在する。ホテルはバススタンドの東側に多い。

アルワールのいちばんの見どころは**シティ・パレス**City Palace。かつてマハーラージャが住んでいた宮殿で、バススタンドから西へ1kmほどの宮廷地区にある。ラージプートとムガルの両建築様式を取り入れた宮殿で、1793年にマハーラージャの**バクタワール・スィン**Bakhtawar Singhにより建設が始まった。現在は地方政府の施設として使用されており、内部の見学はできないが、5階建ての白い建物が囲んでいる中庭などは自由に入れる。中庭に面して建てられた大理石製のパビリオンは一見の価値がある。また、建物の上階の一部が**アルワール博物館**Alwar Museumになって

シティ・パレスのパビリオン

アルワール博物館
- ◐ 9:45〜17:15
- ㊂ 月
- ㊜ Rs100
- (URL) museumsrajasthan.gov.in/museum/alwar
- ※館内は写真撮影不可

アルワールの周辺はラージャスターンの町にしては緑が多く、周辺ではたくさんの野鳥が観察できる。バードウォッチング好きにも楽しめるエリアだ。

バーラー・キラー

❹ 日の出〜日没
❼ 無料
※麓の検問所で名前やパスポート番号を記入する。頂上までは4kmほどある。町なかからは8kmほどあるので、オートリクシャーで往復するといいだろう。

HINT

アルワールの滞在

高級ホテルはなく、安宿〜中級ホテルがバススタンドの東側に数軒ある。鉄道ですぐ移動するなら、駅を出て線路沿いに左へ200mほど行った 🏨 Aravali（☎ 0144-232-2883 ⓈⒹ⊠⊠ Rs2499）が便利だろう。町なかにはレストランの数は少なく、スナック程度のものを除けば、ホテルに併設されたレストランを利用することになる。

サリスカ・タイガー・リザーブ

☎ 0144-284-1333（❼ Forest Reception Office）
❹ 日の出〜日没（チケット販売は15:30頃まで）
❼ Rs570
※公園内はジープで回る。人数にもよるが、ジープ代ひとりRs300〜500程度が別にかかる。

おり、宮殿で使われていた家具や食器、衣服、刀や銃などの武具、100点以上に及ぶミニアチュールなどが展示されている。

シティ・パレス背後にある大きなサーガル（人造湖）に面してあるのが、**ムースィー・マハーラーラーニー廟**Moosi Maharani Chhatri。1階が赤砂岩、2階が白大理石で造られた2階建ての大きなチャトリー（廟）がある。これはマハーラージャのヴィネイ・スィンが、父親のバクタワール・スィンをしのんで1815年に建てた廟だが、一般にはその妃であるマハーラーニー・ムースィーの名前で呼ばれている。かつてマハーラージャはこの優美な姿のチャトリーでくつろいでいたのだろう。

ムースィー・マハーラーニー廟

シティ・パレスの裏側には岩山が迫り、その上には城塞**バーラー・キラー**Bala Qilaがそびえている。300mの高さの崖の上に建つ城塞で、**アルワール・フォート**Alwar Fortとも呼ばれる。ムガル帝国時代には南方へ遠征する皇帝たちがここに宿泊していた。現在は廃墟になっている。

トラが絶滅した野生動物保護区 MAP 折込B-2
サリスカ・タイガー・リザーブ Sariska Tiger Reserve

アルワールから35km北にある野生動物保護区。かつて王侯貴族によりトラ狩りが行われていたが、1978年に「国家トラ保護計画」の一環として、トラの保護区に指定された。公園内にはヒョウ、ハイエナ、ジャッカル、アクシスジカ、サンバー（シカの仲間）、数多くの鳥類などが生息しており、また砦などの建物も点在している。ただし、ここにいたトラは2000年代に絶滅しており、現在はランタンボール国立公園（P.233）から移されてきたトラがわずかに生息しているのみ。

水をたたえる宮殿？　ディーグ・パレス

アルワールからバスで約2時間、バラトプルBharatpurからは約1時間ほどにある、小さな町ディーグDeeg。旅行者は素通りしてしまいがちな町だが、ここには**ディーグ・パレス**Deeg Palaceというマハーラージャの宮殿跡がある。別名「水の宮殿Jal Mahal」とも呼ばれるように、宮殿は豊富な水をたたえた貯水池とそれに挟まれた建物、その間を流れる水路や噴水からなっている。宮殿が建てられたのは、18世紀半ば。メインは片側が貯水池のゴーパル・サガールGopal Sagar、片側が四分庭園に面した**ゴーパル・バワン**Gopal Bhawanという2階建ての建物で、ラージプートとムガルを折衷した建築様式だ。建物内にはマハーラージャの私物などが展示されている。四分庭園を望むテラスには、かつてブランコをつり下げたと

いうアーチが残っている。敷地内には多くの噴水の設備やプールがあり、水をたたえていた往時がしのばれるが、今では水を流していない。現在は1年に1〜2回だけ、噴水を復活させているという。

ディーグにはほかにも、堀と高い壁に囲まれたフォートがある。城壁の見張り台まで上れるところがあるので、町を見渡してみよう。

▶ディーグ・
パレス
Deeg Palace
❹ 9:00〜
　17:00
❽ 金
❼ Rs200

 アルワールやディーグなどを効率よく見て回るなら、デリーで車をチャーターする方法もある。朝早く出れば、デリーからアルワールまで車で約2時間30分。アルワールからディーグまで約1時間。日帰りも可能だ。

ランタンボール国立公園 （サワーイー・マドプル）

ジャイプルから南東へ約160kmに位置するランタンボール国立公園は、北インド有数のベンガルタイガーの保護区だ。かつてはジャイプルのマハーラージャの狩猟区で、マハーラージャがトラ狩りにいそしんでいたというが、インド独立後はトラの保護区に、1980年以降は国立公園になっている。広大な公園はいくつかのエリアに分かれており、その一部でジープサファリができる。一時はトラの数が減少したが、今では50頭余りが生息しており、見るのが難しいという野生のベンガルタイガーを見るのにうってつけの場所だ。

もうひとつの見どころが、世界遺産に登録されたラージャスターン城塞群のひとつ、ランタンボール城。同じ国立公園内にある。

サワーイー・マドプルの市外局番

07462

サワーイー・マドプルの人口
約 12.1 万人

ACCESS

鉄　道

最寄り駅は、サワーイー・マドプルSawai Madhopur。ジャイプルから特急や急行（1日11便）で、所要約2時間～2時間30分。デリーから特急や急行（1日4～5便）で、4時間～4時間30分。コーター（ブーンディーへの乗り換え駅）から急行（1日4～5便）で、所要1時間30分～3時間。アーグラーやウダイプルからの列車もある。

バ　ス

ジャイプルからサワーイー・マドプルへバスがあるが、所要4時間ほどなので鉄道の利用が楽。そのほかの地域からも、バスで大きな都市に出て鉄道に乗り換えるほうが早い。

HINT

**タイガーサファリに
参加するなら**

ランタンボール国立公園には入場制限があり、入場には予約が必要。インターネット予約のほか、直接公園に行ってキャンセル待ちも申し込めるが、宿泊ホテルで申し込むのが一般的。手数料などは取られるが、そのほうが確実だ。キャンセル待ちの場合、1～2時間前に並ぶことになる（旅行社のスタッフも並んでいる）。料金はホテルや旅行会社によるが、ジープでRs1700～2000、キャンター（小型トラック）でRs1500ぐらいが相場（公園への送迎含む）。料金はホテルからの送迎やガイド、税金などの諸費用を含んだもの。

~~~~~~ サワーイー・マドプルの歩き方 ~~~~~~

最寄りの町はサワーイー・マドプル。ここから国立公園の入口までは11kmほど。安宿は町なかに、中級以上のホテルやリゾートは国立公園までの道筋に数十軒点在している。レストランは、ホテル併設のものを除くと少ない。

ここへやってくる観光客の最大の目的は、やはり野生のベンガルタイガーを見ること。タイガーサファリは開園中の毎日、朝夕の2回あり、所要約3時間30分。ただしホテルの送迎や、入園手続き込みの時間なので、公園内を走るサファリ自体は正味2時間強だ。乗り物は6人乗りのジプシー（ジープ）と20人乗りのキャンター（トラック）があり、料金も異なる。ジプシーのほうが見やすく、写真を撮るにもおすすめ。

町からも離れており、タイガーサファリは早朝と夕方のみ行われるため、昼間はのんびりと気だるい空気に浸って楽しむのもいい。1度のサファリでトラを目撃できることはまれ。最低2回はできる日程で行くのがおすすめだ。なお国立公園は7～9月は休園となる。

ⓘ 気温が低い朝夕にサファリがあるので、寒い早朝はもちろんのこと、暑い日中にスタートする夕方のサファリでも、1枚羽織れる薄手のものを持っていったほうがいい。日差しを遮るのにも便利だ。

ランタンボール国立公園
☎ 921-277-7223
🕐 6:30～10:00、14:30～18:00
（10・2・3月）
7:00～10:30、14:00～17:30
（11～1月）
6:00～9:30、15:00～18:30
（4月～5月15日）
6:00～9:30、15:30～19:00
（5月16日～6月）
🚫 7～9月
URL ranthamborenational
park.com
※上記ウェブサイトからもサ
ファリの予約が可能

トラとの遭遇率は国内トップクラス
ランタンボール国立公園　Ranthambore National Park & Tiger Reserve

MAP 折込 B-2

北インドでは最大の国立公園のひとつ。ベンガルタイガー保護区として着実に成果を出しており、2018年の統計では70頭が公園内に生息している。必ずトラが見られるという保証はないが、インド国内のタイガーサファリでも遭遇率は高いといわれている。どうしてもトラを見たいなら、2～3回サファリに参加できるだけの時間の余裕をもって滞在しよう。公園内には野鳥だけでも300種以上、レパード、サンバー、ハイエナ、ナマケグマ、ジャッカルをはじめ、驚くほど多くの動物が見られる。

ランタンボール城
🏠 Sawai Madhopur
🕐 6:00～18:00
💰 無料
🚗 サワーイーマドプール駅から
車で約30分

城内の寺院への参拝客も多い
ランタンボール城　Ranthambore Fort

MAP 折込 B-2

215mの丘の上にそびえる古城は、遠くから一見するだけでは城があるようには見えない。近づくにつれごつごつとした岩と一体化したかのような巨大な城が見えてくる。城壁は全長7kmにもわたり、7つの城門は今も健在だ。10世紀に建てられたという城は、当時のチャーハマーナ朝のサパルダクシャ王の時代に建設が始まったというのが一般的な説。1970年まで、城の所有者はジャイプルの王サワーイー・マン・スィンだった。城へは、国立公園の入口から乗り合いジープを使うのが便利。

Hotel ホテル

瀟洒な建物が美しい
H ヴィヴァンタ・バイ・タージ・サワイマドプル・ロッジ　国立公園 ₹₹₹
Vivanta by Taj Sawai Madhopur Lodge

🏠 Ranthambore Rd., Sawai Madhopur
☎ 07462-22-0541
💰 Rs1万7500～　税別　Card ADJMV　Wi-Fi
🛏 36室　🚗 サワーイー・マドプル駅から車で約15分
URL vivantahotels.com

ジャイプルのマハーラージャのハンティングロッジだったという建物を改装したヘリテージホテル。宿泊客専用のタイガーサファリも用意されている。食事やサービスも完璧で、サファリ以外の時間もプールやスパで楽しめる。

サファリ手配も得意
H タイガー・サファリ・リゾート　国立公園 ₹₹
Tiger Safari Resort

🏠 Ranthambore Rd., Sawai Madhopur
☎ 07462-22-1137
💰 Rs1300～、ロッジRs1800～　Card MV
🚗 サワーイー・マドプル駅から車で約15分
URL tigersafariresort.com

カジュアルかつリーズナブルな人気ホテル。マネジャーがタイガーサファリに精通しており、ホテルでツアーのアレンジも可能。部屋はシンプルながら清潔。レストラン、プールも併設している。駅や空港の送迎サービスもあり。

 サファリでトラを見るなら、一般的には3月半ば～6月半ばがベストシーズンといわれている。ガイドの腕と経験によるところも大きいが、結局はそのときのタイミングと運も大きく関わってくる。

アジメール

プシュカルへ向かう旅行者の単なる中継地というには惜しい、活気にあふれた魅力ある町。プシュカルがヒンドゥーの聖地であるのに対し、高名なイスラームの聖人を祀る廟があるアジメールは、イスラーム教徒にとっての聖地だ。聖者廟周辺にはみやげ物屋や食堂が並び、いつも人の熱気に満ちている。一方でJaipur Road周辺には欧米資本のきれいなショップなども並び、プシュカルからわずか30分にもかかわらず対照的な要素がいくつもあるおもしろい町だ。

アジメールはラージプートの本拠地のひとつで、7世紀にはチャイハーン王国の都として栄えた。やがて北方からのイスラーム勢力の侵入を受け始め、1192年にはゴール朝のシハーブッディーンに占領される。以降、ラージャスターンにおけるイスラーム勢力の中心地として現在にいたっている。

フワージャ・ムイーヌッディーン・チシュティーの第三の門

ラージャスターン州　Rajasthan

Ranthambore National Park / Ajmer

ランタンボール国立公園／アジメール

アジメールの市外局番
0145
アジメールの人口
約54万人

ACCESS

鉄　道
ニューデリー駅から特急（1日2便）で所要約6時間。オールドデリー駅からの急行（1日8便）のほうが便が多い。ジャイプル駅から急行（1日15便ほど）で約2時間。

バ　ス
デリーから所要約9時間。ジャイプルから約3時間。そのほかにもアーグラー、アーメダバード、ジョードプル、ウダイプルなどからの便がある。プシュカルからは7:00〜19:00の間15分おき、約30分。

INFO

ツーリストセンター
MAP P.237-B2（駅構内）
● 9:30〜17:30

HINT

市内交通
市内ならたいていの所へサイクルリクシャー（Rs20〜30）かオートリクシャー（Rs40〜50）で行ける。駅前〜メイン・バススタンド間には乗合オートリクシャーが走っている。

***

アジメールの歩き方

アジメールはデリーとグジャラートを結ぶ交通の要地で、列車、バスともに本数は多い。駅は町の東側にあり、おもな見どころはそこから1kmほど離れた町の西側に点在している。中・長距離バスが発着するメイン・バススタンドは、駅から北東へ2km先のロータリー近くにあり、プシュカル行きもここから出ている。

おもな見どころは駅から徒歩圏内にあるが、メイン・バススタンドは少し離れた場所にあるので、リクシャーを使うのが便利。チシュティー廟は町の西側。メインの参道の**ダールガー・バザールDargah Bazar**以外にも、周囲の細い道には商店や食堂、巡礼者用の宿泊所が数多くあり、活気に満ちている。1泊してゆっくりとこの町の雰囲気に浸るのもいいだろう。

 イスラームの町らしく、アジメールはバザールもアラビア風。ラージャスターンは基本的にヒンドゥー教徒が住む土地なので、まるで中東のようなアジメールのバザールはなかなかエキゾチックで新鮮。

フワージャ・ムイーヌッ
ディーン・チシュティーの
ダールガー（廟）
🕐 5:00～15:00、16:00～21:45
💰 寄付
🌐 www.dargahajmer.com
※カメラの持ち込み不可。撮影
は携帯電話でのみ可。

HINT

聖者廟でのマナー

聖者廟は熱心な信仰の場。敬意
を払って以下のようなことに気
をつけたい。
・土足禁止
・肌の露出は不可
　短パンやタンクトップなどで
　は入場できない
・廟内には頭を覆って入場
　バンダナやタオルを用意する
　か売店でイスラーム帽子を購
　入すること
あらゆる場所で寄付を求められ
るが、それらは任意だ。なお、脱
いだ靴は廟東側バーブル門もし
くはアクバル・マスジッド手前
で預かってもらえる。料金は言
い値。また、カメラや大きな荷
物などを預けたい場合は、バー
ブル門向かいのKhwaja Garib
Nawaz Guest House Com-
plex内にクロークがある。料金
はカメラRs50、バッグRs20。

クロークの入口

北インド有数のイスラーム聖者廟
フワージャ・ムイーヌッディーン・チシュティーのダールガー（廟） Dargah Khwaja Muin-ud-din Chishti

MAP P.237-A2

奥に聖者廟のドーム

　インドのムスリムにとって重要な聖地の
ひとつ。ここに祀られているフワージャ・ム
イーヌッディーン・チシュティーKhwaja
Muin-ud-dinChishtiは、1192年にペルシア
から布教にやってきたイスラームのスーフ
ィー（イスラーム神秘主義者）で、1236年
にここアジメールで没した。やがて後継者
によりチシュティー教団は大きく発展し、北
インドでは大きな影響力をもつようにな
る。この墓廟もその後、ムガル帝国の歴代
皇帝たちの庇護の下で大きく発展し、周囲
にモスクや門などの付属建築物が次々に建てられていく。ムガル皇帝ア
クバルは、長子サリーム（後のジャハーンギール帝）が誕生すると、ア
ーグラーから素足でこの廟を訪れ、お参りしたという。

　巡礼者でにぎわうダールガー・バザールを抜けていくと、まず正面に
1915年に建てられた**ニザーム門Nizam Gate**が見えてくる。中に入る
と、1571年にアクバルによってモスクとして建てられ、現在は神学校と
して利用されている**アクバル・マスジッドAkbar Masjid**が右側に見え
る。シャー・ジャハーンによって建てられた**ナッカルハナNakkarkha-
na**と呼ばれる2番目の門をくぐり中に入ると、途中には、聖廟にささげ
る花を売る売店が多い。3番目の**ブランド門Buland Darwaza**を抜け
少し歩くと、ようやく聖廟が姿を現す。シャー・ジャハーンによって建
てられた白大理石のモスクも聖廟の向かいに建っている。聖廟の周囲で
はタブラーとハルモニウムによる音楽が流れるなか、祈りや花をささげ
に来る巡礼者があとを絶たない。廟内
へ入る場合は、頭を布や帽子で覆わな
いと入場できないので注意しよう。

　聖廟の周囲にはほかにも多くの墓が
あるが、これは聖者の力にあやかるた
めに貴族などが自分の墓をそばに造ら
せたものだ。

アクバル・マスジッド

アダーイ・ディン・カ・
ジョーンプラー
🕐 随時
💰 無料

インド最古のモスクのひとつ
アダーイ・ディン・カ・ジョーンプラー Adhai-din-ka-Jhonpra

MAP P.237-A2

　チシュティー廟のニザーム門を出て、左側を狭い道なりに進んでいく
と、5分ほどで右側の階段上に古いモスクの廃墟が見えてくる。アダー
イ・ディン・カ・ジョーンプラーとは「2日半で建てられた小屋」という
意味で、サンスクリット語の学校やヒンドゥー寺院を壊した石材を使っ
て「2日半」で建てられたという伝承が名前の由来になっている。

 ℝMango Masalaはおしゃれなレストラン。敷地内にカフェ、ノンベジレストラン、ベジレストランの3つのエリアがある。パン
ジャーブ・ターリーなどがおすすめ。🗺 P.237-B1 🏠 Kutchery Rd. 📞 0145-242-2100 🕐 9:00～23:00

イスラーム勢力が北インドに侵攻した12世紀末、アジメールはラージプートの拠点だった。そのためアジメールのヒンドゥー教寺院を打ち壊して大モスクを建てるということは、イスラーム教の威光を示すという政治的な意味があったという。よく見ると、列柱や天井の装飾などにヒンドゥー寺院のものが残っているのがわかるだろう。同時期に建てられたデリーのクトゥブ・ミーナールの脇にあるクワットゥル・イスラーム・マスジッド同様、この時代の貴重な資料だ。

柱には繊細な彫刻が施されている

黄金のジオラマは必見
ナスィーヤン・ジャイナ教寺院　Nasiyan Jain Temple

MAP P.237-A1

1865年創建のジャイナ教寺院で、赤砂岩を使った建物の外観からレッド・テンプルとも呼ばれている。寺院内は吹き抜けになっている**黄金のホールGolden Chamber**のみ入場可。ここにはジャイナ教の世界観で造られた古代世界のジオラマで、金箔で覆われた宮殿や空飛ぶ船に乗った人々などのミニチュアがあり、見ていて飽きることはないだろう。黄金のホールの壮麗さから、ゴールデン・テンプルとも呼ばれる。

HINT

アジメールのホテルとレストラン

巡礼の町だけありホテルの数は少なくないが、料金と設備を考えるとプシュカルに泊まって日帰りしたほうがいい。一方、プシュカルではノンベジ料理や酒類を提供する店がほとんどないので、そういったものを求める場合にはアジメールで食事をするのが望ましい。

黄金のホール
🕐 8:00～18:00
🎫 Rs30
※靴預け料Rs任意

INFO

その他の見どころ
アナ・サガール
Ana Sagar

🗺 P.237-A1
町の北西にある2km四方ほどの湖。東岸が公園（ダウラト庭園）になっており、その湖岸には1637年にシャー・ジャハーンが建てたという大理石製のパビリオンがある。公園は日が暮れてきた頃から、そぞろ歩きする家族連れの姿が増えてくる。朝と夕方に見渡す湖は特に美しい。

アジメール城
Ajmer Fort

🗺 P.237-B2
🕐 9:45～17:15
🚫 月、祝
🎫 Rs200
※館内の撮影は携帯電話でのみ可。
ムガル帝国のアクバル大帝が1570年に建てたという宮殿の一部で、現在は市の博物館になっている。仏像やミニアチュール（細密画）、武具などが展示されている。近年リニューアルされた。

地図内の表記：
アナ・サガール湖 Ana Sagar P.237
ダウラト庭園 Daulat Bagh
Merwara
メイン・バススタンド（プシュカル行きへ）
Pushkar Rd.
Daulat Bagh Rd.
Sundar Vilas Rd.
Jaipur Rd.
Mango Masala
Vega Inn
ナスィーヤン・ジャイナ教寺院 Nasiyan Jain Temple P.237
Embassy
アグラ門
Roop Mahai G.H.
Bhola
コトワリ門
デリー門
Ajmeru
Kutchery Rd.
Prithvi Raj Mg.
アジメール城 Ajmer Fort P.237
Mehmaan Manzil
Dabar Palace
Shri Laxmi Sweets
Jannat
バーブル門 Babul Gate
Nala Bazar Rd.
Dargah Bazar Rd.
アダーイ・ディン・カ・ジョーンプラー Adhai-din-ka-Jhonpra P.236
Ander Kote Rd.
クローク
ニザーム門 Nizam Gate
メイン・バススタンド行き乗合オートリクシャー
フワージャ・ムイーヌッディーン・チシュティーのダールガー（廟）Dargah Khwaja Muin-ud-din Chishti P.236
Taragarhへ（約2km）
アジメール駅 Ajmer R.S.
ツーリストセンター P.235
0　200m

アジメール AJMER

✉ ダールガーの正面玄関は非常に混雑しているので、Langer Khana Gali沿いのMohammadi Hotel側にある4番ゲートからの入場もおすすめ。（大阪府　LiEM　'20）

プシュカル

プシュカルの市外局番
0145
プシュカルの人口
約 2.2 万人

ACCESS

バ ス
アジメールのメイン・バススタンドから5:30〜23:00の間、10分おきに出発。所要約30分。オートリクシャーでも行けるが町なかには入れない（所要約40分）。タクシーだとRs550。

INFO

ツーリストインフォメーション
P.239-B1
🕐 10:00〜17:00
🏨 Sarovarの敷地内。地図がもらえる。

アジメールから山ひとつ越えた所にヒンドゥー教の聖地がある。深い緑色の小さな湖の東から北側に位置する静かな町プシュカルだ。

湖岸には52のガートがあり、町には400の寺院があるといわれる。巡礼に訪れる人々は、この湖で沐浴をし、ブラーフマー神に祈りをささげる。ほかの巡礼地、例えばワラーナシーやハリドワールなどと比べると、ここは穏やか。こののんびりした雰囲気が気に入って、長期滞在する旅行者も少なくない。

ただ年に一度、この穏やかな町が異様な熱気に包まれるときがある。毎年11月の満月の日を最終日として開かれる、**プシュカル祭Pushkar Fair**（またはCattle & Camel Fair）（P.240）の期間だ。この小さな村に20万人もの巡礼者が集まり、郊外では盛大なラクダ市が開かれ、何万頭ものラクダと極彩色の民俗衣装の男女が集い、踊りや売買に熱中する。

ガートの周りには多くの巡礼者が

〜〜〜◀ プシュカルの歩き方 ▶〜〜〜

プシュカルには駅がないので、最寄りの町アジメールからバスで行くことになる。プシュカルのバススタンドはふたつ。町の北にある**マールワール・バススタンドMarwar Bus Stand**がアジメール行きを含めたほとんどのバスの発着地で、ひっきりなしにバスが往来している。もうひとつ、町の東側に「新しいバスターミナル」の意味をもつ**ナヤ・バススタンド Naya Bus Stand**もあるが、閑散としていてバスの本数は少ない。ただしプシュカルは小さな町なので、どちらのバススタンドに着いても宿までは遠くない。湖に向かって歩き出せば、途中に宿が見つかるはずだ。

プシュカルの町は聖なるプシュカル湖を囲むように広がるが、だいたいが徒歩圏。町の中心はプシュカル湖の北側を走る**サダル・バザールSadar Bazaar**。衣料品を扱う店やみやげ物屋、両替所、レストランな

🅡Honey & Spice（MAP P.239-A1）は、豆腐や味噌を使った料理もあるナチュラルフード中心のレストラン。場所はバラ・ガートからブラフマー寺院方面に300mほど歩いた右側。（プシュカル在住　ミーナ　'17）

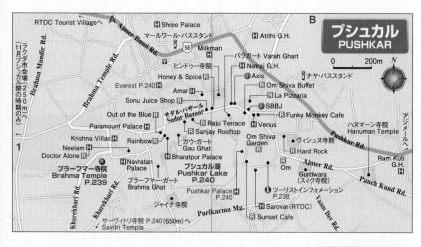

プシュカル PUSHKAR

ど、旅行者に必要なものはたいていこの通りとその周辺にある。サダル・バザールを西へ進むと、プシュカルのシンボル**ブラーフマー寺院Brahma Temple**に出る。この周辺はインド人巡礼者の姿が多い。

　湖の周りにはいくつものガートがあり、なかでも西側にある**ガウ・ガートGau Ghat**付近がにぎやか。ただし観光客に花を渡したり、手首にひもを巻いたりしてお金を要求する者もいる。また、それぞれのガートでは、靴を脱ぐなどの決まりごとがあったりするので、下りる前に人に聞くといいだろう。湖の南側の丘にはサーヴィトリ寺院Savitri Templeがあり、頂上からは町の眺めが一望できる。

HINT

プシュカルのレストラン

ヒンドゥーの聖地のため、多くはベジタリアン専門で、基本的には酒類も置いていない。外国人の多い**R**Out of the Blueや薪窯ピザのおいしい**R**La Pizzaria、新鮮なフルーツを使ったメニューが多い**R**Sonu Juice Shop、開放的な屋上からプシュカル湖が望める**R**Rainbow、**H**Neelamのの庭にある**R**Doctor Aloneなどがおすすめ。

プシュカルの見どころ

世界でも数例の珍しいヒンドゥー寺院
ブラーフマー寺院　Brahma Temple

MAP P.239-A1

　ヒンドゥー教の3人の主神は、世界創造神ブラーフマー、世界維持神ヴィシュヌ、そして世界破壊神シヴァ。世界を造った神様がいちばん偉いように思えるが、インドのどの寺を見ても、ご本尊はヴィシュヌ神かシヴァ神のどちらか。唯一ブラーフマー神をご本尊としているのが、14世紀に建立された、湖の西側に建つブラーフマー寺院だ。大理石の白が美しい寺院は、巡礼に訪れる人々でいつもにぎわっている。なお、内部の撮影は禁止されている。

ブラーフマー寺院

🕐 随時
💰 無料
※バッグ、カメラの持ち込み不可。荷物は有料のロッカーに預ける。料金はRs50～100。靴も入口手前で預けられる。

ⓘ　プシュカルのレストランはベジタリアン中心ではあるが、外国人観光客も多いためか薪窯ピザ、スペイン料理、イスラエル料理、チベット料理などワールドワイドな料理が楽しめる。お気に入りの1軒を探すのも楽しい。

INFO

プシュカルでキャメルサファリ

プシュカルから車で西へほんの20分ほどの所に砂漠があり、キャメルサファリをすることができる。いくつかのホテルで予約可能。1時間Rs300程度。

HINT

高額なお布施の要求に注意

ブラーフマー・ガート周辺で、Rs1000程度の高額なお布施を要求してきて、お布施をしない限り写真撮影は不可能と主張してくる人間がいるが、無視して構わない。自分が妥当だと思う額だけお布施をしよう。

サーヴィトリ寺院

🕘 6:00～12:00、14:00～18:30
[料] 無料
[交] ロープウエイでアクセス可能。ロープウエイ🕘 8:00～19:00
[料] 往復Rs150

聖地らしい伝説が残る湖

プシュカル湖 Pushkar Lake

[MAP] P.239-A1

町の中心にある静かな湖は、天地創造の神ブラーフマーが手にしていた蓮華が地上に落ち、そこに水が湧き出してできたと伝えられている聖なる湖。周囲の建物がすべて真っ白なので、天気のいい日は、青空と白い建物、緑の湖が美しいコントラストを見せる。巡礼者は、ここで沐浴をして心身の汚れを落としてから、最高神ブラーフマーを参詣する。朝夕にガートを歩けば、各地からやってきた巡礼者が一心に祈りをささげているのを目にするだろう。

ブラーフマーの妻を祀る

サーヴィトリ寺院 Savitri Temple

[MAP] P.239-A1外

町を見下ろすようにそびえる三角の丘の頂上にある寺院。ブラーフマー神の妻である、太陽の女神サーヴィトリを祀る。町から頂上まで歩いて1時間ほどかかるが、頂上からの見晴らしは最高で、特に夕日の時間は美しい。振り返れば、薄紫色の空の下、湖の周りの家々の明かりが、群青色の湖に映り込んで幻想的だ。丘の頂上まではかなり急な道だが、ロープウエイでも行けるので足腰に自信がなくても安心だ。

Hotel ホテル

屋上からの眺めもいい

[H] エヴェレスト Everest

サダル・バザール ₹
[MAP] P.239-A1

🏠 Kalo ka Mohalla, Badi Basti ☎ 941-466-6958
[料][扇][S][W] Rs500～600 [扇][A/C][S][W] Rs1350～1550
[TAX] 込 [Card] MV [Wi-Fi] [室] 15室
[URL] www.pushkarhoteleverest.com

サダル・バザールから2分ほど北へ外れた裏道にあるので静か。屋上レストランもくつろげる。部屋は広めで清潔、ベランダ付きの部屋もある。ホットシャワーも24時間OK。スタッフもほどよい距離感でいい。

町いちばんの高級ホテル

[H] プシュカル・パレス Pushkar Palace

プシュカル湖 ₹₹₹
[MAP] P.239-B1

🏠 Chhoti Basti, Pushkar Lake ☎ 0145-277-3001～2
[料][扇][A/C][S] Rs6000～1万 [W] Rs6500～1万
[TAX] 込 [Card] MV [Wi-Fi] [室] 53室
[URL] www.hotelpushkarpalace.com

湖畔に建つ、古い宮殿を改装したヘリテージホテル。部屋はゆったりとしていて、のんびりくつろげる。アーユルヴェーダのマッサージサービス、オープンエアテラスなどサービスや施設も充実。朝食付き。

プシュカル・キャメル・フェア

ラージャスターンで最も有名な祭りのひとつ、プシュカル・キャメル・フェア。14日間にわたって、巡礼者、観光客合わせて国内外から40万人が訪れるという大規模なフェスティバルだ。

祭りは毎年11月頃、ヒンドゥーの暦でカルティック月の満月（Kartik Purnima）を挟んで行われる。ラージャスターン中から5万頭を超えるラクダや馬、牛を連れた人々が集まり、人も動物も色とりどりに飾られる。実際にラクダの取引も行われるが、ヒゲコンテストやラクダのデコレーションコンテストなど、ユニークなイベントも見物だ。

とはいえ、これらのイベントは実は余興にすぎない。ヒンドゥー教徒にとっての本来の目的は、プシュカル湖の聖なる水で沐浴することなのだという。祭りの最終日には何千人という人が湖にやってきて、キャンドルを浮かべる。

2023年は11月20日頃から満月となる28日までが予定されている。せっかくならこの時期にかけて旅するのもいい。詳細は [URL] pushkarcamelfair.comで見られる。

[i] プシュカル湖の静かな写真を撮りたいなら、いつでも人でにぎわっているガウ・ガートやブラーフマー・ガートよりも湖の東側が落ち着いていておすすめ。お布施の要求なども比較的少ない。

ジョードプル

青の路地の中へと吸い込まれていく

　　ラージャスターンの州都ジャイプルからさらに西へ約300km、広大なタール砂漠の入口にある町がジョードプルだ。州都ジャイプルに次ぐ規模をもつラージャスターン州第2の都市で、デリーから西インド、そして南インドへ向かう際の交通の要衝でもある。1475年に、ラートール家（ラージプートの一氏族）の王ジョーダが**マールワール王国Marwar**の首都として造ったこの町は、長さ10kmもの城壁に囲まれている。砂漠特有の強い日差しの下、町を見下ろしてそびえる城砦が印象的。**メヘラーンガル砦Mehrangarh Fort**と呼ばれるインド有数の城砦だ。ここから旧市街を見下ろすと、ほとんどの建物が青で統一されていることに気づく。ジャイプルが「ピンクシティ」なのに対してジョードプルが「ブルーシティ」と呼ばれるゆえんだ。

　　ラージャスターンの伝統音楽・舞踊を楽しむことができる**マールワール祭Marwar Festival**は、ジョードプルで10月に行われる。また、ジョードプル郊外のマンドールの町の**蛇神祭Nag Panchami**は7〜8月。なぜ旧市街の建物群が青く塗られているかは諸説ある。青という色がシヴァ神と密接に関わっているからとか、青色がバラモン階級であることを示す意味があったといった宗教的、社会的理由から、建物内部の温度を下げるためといった現実的理由まで、さまざまな説明がなされる。

ジョードプルのシンボル、メヘラーンガル砦

ジョードプルの市外局番
0291
ジョードプルの人口
約138万人

ACCESS

飛行機

デリーからエア・インディアが毎日1便、所要約1時間30分。ムンバイーからエア・インディアが毎日1便、約1時間50分。空港は市内から5km離れた町外れにある。市内へはプリペイド・タクシーでRs500〜550、オートリクシャーならRs300ほど。旧市街の時計塔まで20〜25分。

鉄道

オールドデリーのデリー駅から急行（1日3便ほど）で所要10〜13時間。

バ　ス

ジャイプルから所要7〜8時間。ウダイプルから6〜8時間。ジャイサルメールから5〜7時間。

 ジョードプルの宿は時計塔からメヘラーンガル砦の間に多い。どこもルーフトップレストランがあり、のんびりくつろぐことができるが、砦の見え方は当然ながらそれぞれ違う。部屋と合わせて屋上からの景色も考慮して宿を選ぶといいだろう。

241

INFO

鉄道予約オフィス
P.246-A2
駅を出てSojati Gate方面へ行った右側、中央郵便局の向かい。

ACCESS

市内交通
市内の移動にはオートリクシャーが便利。タクシーは駅前にスタンドがあるが、旧市街の狭い路地に入るのは不向き。時計塔付近からのオートリクシャーの料金の目安は、ジョードプル駅Rs60、バススタンドRs60、ウメイド・バワン宮殿Rs100だが、近年料金は上昇傾向にある。

HINT

マールワール祭
10月の満月の日に開催される。

ジョードプルの歩き方

サダル・バザールのにぎわい

　町は古い城壁に囲まれた旧市街と、その南東に発展した新市街に大きく分かれている。駅やバスターミナルは新市街にある。詳しい観光情報は、ラージャスターン州観光開発公団（RTDC）から仕入れよう。駅の東2kmの**ハイ・コート・ロードHigh Court Rd.**にRTDCのホテル**Ghoomar**があり、敷地内のツーリスト・レセプション・センター（P.246）は頼りになる。祭りや観光、ゲストハウスやホームステイの案内もしてくれる。

　長距離バススタンドは、町の東側の**ライカ・バーグ駅Raika Bagh**の前にあり、RTDCのバスを含め、各州へのバスが発着している。RTDCの小さな窓口もある。プライベート・バススタンドはジョードプル駅前の通りの中央郵便局向かいあたりと、駅を出て左折しオリンピック・シネマ手前の道を右折して200mほどの所にある。

　町の中心はハイ・コート・ロードから旧市街の**サダル・バザールSardar Bazaar**まで真っすぐ延びる**ナイ・サラク通りNai Sarak**周辺。布地を扱う店、食堂、電器店などが並び、夜半までにぎわいを見せる。**時計塔Ghanta Ghar**がシンボルのサダル・バザールは、カラフルな衣装を身にまとったラージャスターンの女性による露店が軒を連ねている。野菜や果物、日用雑貨、手工芸品があふれ、活気に満ちた広場だ。この時計塔は、有料だが中に入れる。上から見える市場の活気や岩山の上に堂々とそびえるメヘラーンガル砦を見るのもまた格別。しばしラージャスターンの風に吹かれて、リフレッシュするのもよいだろう。ここからゆっくり坂を上っていくと、25分ほどでメヘラーンガル砦に着く。旧市街は狭い路地が多く、道に迷ってしまいそうだが、歩いていると自然に広い道に出るので問題ない。

街のシンボル、時計塔

 空港から市内へは4kmほどしかないのに、オートリクシャー代はRs300と高い。しかし空港敷地内では乗車料金が決められている。そこで、安く済ませたい人は空港の外まで歩いて出て、オートリクシャーを見つけている。交渉能力にもよるが、Rs100〜

ジョードプルの市街を見下ろす岩山の上にある砦

メヘラーンガル砦　Mehrangarh Fort

メヘラーンガル砦の威容

高さ130mの切り立つ岩山の上にさらに高さ36mにも達する城壁を積み上げて築いた、まさに文字どおりの「荘厳な砦」。一部で厚さが24mにもなるという城壁は、まさに天空の城とも呼びたくなる圧倒的な迫力でそそり立っている。『ジャングル・ブック』の著者ラドヤード・キップリングは、19世紀末にここを訪れ「天使や妖精、巨人たちの創造物」と形容した。山の下に広がる城下町とともに、ラーオ・ジョーダ王がマールワール国の新都ジョードプル（ジョーダの町）のシンボルとして建設したのは15世紀半ばのことだ。その後も増改築が繰り返され、内部には豪華な王宮や寺院が建ち並ぶ。

いまだにマハーラージャ所有のこの砦は現在、博物館として公開されている。旧市街の急な坂道を上っていくと、時計塔から徒歩25分ほどで到着する（最後の5分は、本当に急だ）。大回りだが、舗装道路を通って車やオートリクシャーで行くこともできる。

入場料を払うと、入口でヘッドホン式のオーディオガイドを渡される。入口から**ジャイ・ポールJai Pol**、**ファテー・ポールFateh Pol**といった門をくぐって坂を上っていくと、**ローハー・ポールLoha Pol**（鉄の門）に着く。この門の脇には多くの手形の浮き彫りがあるが、これはマハーラージャのマーン・スィンが亡くなり火葬される際、その火中に身を投じて殉死（サティーと呼ばれる習慣）した妃たちを表す。

この門をくぐると、広い回廊に出る。右側にはレストランCafe Mehranと博物館の入口がある。博物館はマハーラージャの住居を一部開放したもので、

シンガル・チョウクの様子

メヘラーンガル砦
☎ 0291-254-8790
🕐 9:00～17:00
💰 Rs600
※公式英語ガイドRs500（4人まで）Rs600（5～15人）

※オーディオガイドは2023年2月現在新型コロナウイルス感染予防対策のため貸出停止中

HINT

『ONE PIECE』の世界に浸れる都市

ジョードプルは漫画『ONE PIECE』に出てくるアラバスタ王国のモデルになった都市といわれている。漫画に出てくる宮殿や時計台は、旧市街の砦や時計塔によく似ている。また、犬銃「ラッスー」のモデルと思われる大砲もメヘラーンガル砦内の博物館に展示されている。漫画の世界を思い浮かべながら散策するのも楽しい。

犬銃「ラッスー」と見比べてみよう！

＼150で時計塔の手前まで行ってくれる。「もっと安く」という人は、10分ぐらい歩くとバス通りに出るので、バスでHigh Court Rd.まで行くことができる。

階段を上るとシンガル・チョウクという広場に出る。ここには歴代の王の戴冠式に用いられた白大理石で造られた玉座Coronation Seatが置かれている。建物の中には、御輿、鎖帷子や剣などの武具、ミニアチュールなど、マハーラージャのコレクションが収蔵されている。また、マハーラージャとその一族のかつての暮らしを物語る部屋も公開されている。彩色や金箔が施された豪華な宮殿で、各種儀式などに用いられたのが**フール・マハルPhul Mahal**（花の宮殿、18世紀）。壁面に隙間なく文様を描いて装飾した宮殿で、30人の妃と数十人の愛妾をもったタハット・スィン王（在1843～73）が好んだのが**タハット・ヴィラスTakhat Vilas**（19世紀）。王の私的な謁見の間で、天井には金箔や象嵌した細かな鏡、壁面の漆喰には貝殻を混ぜ込み、光沢をもたせて装飾した**モーティー・マハルMoti Mahal**（真珠の宮殿、16世紀）などが代表的なものだ。

出口でオーディオガイドを返却したあとにはミュージアムショップがあり、関連書籍や写真集、ラージャスターン民謡のCDなどもあるので、おみやげを探しがてらのぞいてみよう。

壮麗なタハット・ヴィラス

トゥールジーの階段井戸
●随時
囲無料

旧市街に新たに生まれた憩いの場

トゥールジーの階段井戸　Toorji's Step Well

MAP P.246-A1

18世紀半ばにマハーラージャのアバイ・シンの妃により建設された階段井戸。かつては水没していて、立ち入ることができなかったが、近年、たまっていた水がくみ出されて整備され、永らく隠されていた全容が見られるようになった。現在はToorji's Stepwell（Toorji Ka Jhalra）として公開されている。周辺にはカフェや雑貨屋などが入った、ちょっとしたショッピングビルも完成し、地元の人や観光客の憩いの場となっている。ラージャスターンやグジャラートといった西インドには階段井戸が多いが、町なかにあって気軽に見られるという場所はあまりないので、貴重ともいえる。時計塔からメヘラーンガル砦にかけての旧市街を散策する際には、ぜひとも立ち寄りたいスポットだ。階段井戸の下には水がちゃんとたまっていて、時には西洋人のバックパッカーが果敢にもダイブをして遊んでいるが、眺めるだけにしておいたほうが無難だろう。階段はかなりの段数で、上から水面をのぞき見ると相当な迫力だ。すぐそばにあるカフェでのんびりするのもいいだろう。

憩いの場となっている階段井戸

　Rオープン・ハウス・カフェ P.246-A1 はメヘラーンガル砦と階段井戸を眺めながら食事やお茶ができます。ノンベジやサラダもあって日本人にはおすすめ。何気にインドの即席ラーメン「マギー」がメニューにあるのも高ポイント！（板橋区　アイシュ　'19）

白亜の墓廟
ジャスワント・タダ　Jaswant Thada

MAP P.246-A1

　マハーラージャのジャスワント・スィン2世をしのび、1899年に建て
られた。外観は大理石
で造られており、周囲
には親族の廟が並ぶ。
ここから眺める町やメ
ヘラーンガル砦はなか
なかのもの。メヘラー
ンガル砦から坂道をゆ
っくり下って徒歩15
分。旧市街からも歩い
て15分ほど。

美しい白大理石の外観

ジャスワント・タダ
● 9:00～17:00
⊕ Rs50
※ガイド料Rs150（英語、4人
まで）

今もマハーラージャが住む
ウメイド・バワン宮殿　Umaid Bhawan Palace

MAP P.246-B2

　1929年から1943年にかけて、14年の歳月をかけて建設された宮殿
で、マハーラージャのウメイド・スィンによって建てられた。設計は英国
の建築家によるもの。丘の上に建つ砂岩で造られた重厚な姿は、市街か
らも見える。現在もマハーラージャの一族が住んでいるが、建物の左半
分は博物館、右半分は
宮殿ホテル（P.248）
として営業している。
残念ながらホテルの敷
地には宿泊客以外は入
れない。博物館内に
は、マハーラージャゆ
かりの品々が展示され
ている。

一度は泊まってみたい

**ウメイド・バワン宮殿内
博物館**
● 9:00～17:00
⊕ Rs200（オート駐車場Rs10）
入口でパスポートチェックあ
り。町外れの丘の上にあるの
で、行くならタクシーかオート
リクシャーで。

自然あふれる散策路
ラーオ・ジョーダ・デザート・ロック・パーク　Rao Jodha Desert Rock Park

MAP P.246-A1

　メヘラーンガル砦の裏側に広がる公園
で、長い間荒地だったのを2006年から
整備を進めて公開。所要時間の異なるい
くつかのトレイル（散策路）が用意され
ている。ここはメヘラーンガル砦の水源
となる貯水池を中心としたエリアで、城
壁や崖に沿った古道も残っている。冬季
は貯水池にやってくる渡り鳥を見ること
もできる。ただし冬季を除き、日中はと
ても暑いので、訪れるなら朝夕がおすす
めだ。

城塞沿いの小道

**ラーオ・ジョーダ・デザート・
ロック・パーク**
☎ 957-127-1000
● 7:00～18:30（4～11月）
　8:00～17:30（12～3月）
⊕ Rs100
※ガイドRs200
(URL) www.raojodhapark.com

 旧市街のサダル・バザールの中心にある時計塔は上ることができる。夕涼みがてら上ってみては？　● 7:00～22:00
⊕ Rs100

マンドール

● 9:00～17:00（博物館9:45～17:15）
⑭ 月、祝
⑭ 無料（博物館Rs100）
⑳ 時計塔からオートリクシャーで片道Rs200。駐車場Rs20。
※博物館内部撮影禁止

ピクニック気分で出かけたい
マンドール Mandore

　市街から北へ9km。ジョードプルに遷都される以前の、マールワール王国の首都だった場所。今ではかつての栄華をしのぶものは少なく、市民にとっては「憩いの庭園」としてのほうがなじみが深い。敷地内にある赤砂岩の建築群は寺院のように見えるが、これはマハーラージャの墓廟群。ポーチ、前室（マンダパ）、主堂（ヴィマーナ）などからなる造りは、伝統的なヒンドゥー寺院だが、装飾にイスラーム風の味つけがされているのが特徴だ。また、敷地内には博物館もある。市内からローカルバス、またはリクシャーで約20分。

マハーラージャの墓廟

INFO

そのほかの見どころ
オシアン・キャメルサファリ
Osian Camel Safari

MAP P.246-A2外
ジャイサルメールへの途中にあるオシアン砂漠では、気軽にキャメルサファリを楽しめる。たいていの宿泊先で受け付けているので聞いてみよう。日帰りや1泊3食付き、ダンスや寺院訪問などオプション付きもあり。

Useful Address　ユースフル・アドレス

▶観光情報

ツーリスト・レセプション・センター　Tourist Reception Centre
MAP P.246-B2　♦ RTDC Hotel Ghoomar内　☎ 0291-254-5083
● 10:00～18:00　⑭ 土・日・祝
ジョードプルの観光情報はここで。ベテランのマニーシラトゥさんを筆頭に、ジョードプルを熟知したスタッフがていねいな案内をしてくれる。

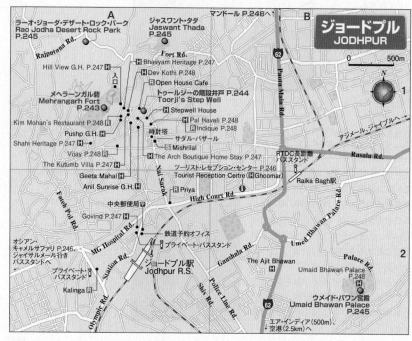

ラーオ・ジョーダ・デザート・ロック・パーク
Rao Jodha Desert Rock Park P.245
ジャスワント・タダ
Jaswant Thada P.245
マンドール P.246 へ→
ジョードプル
JODHPUR
0　　500m
N

Raiputana Rd.
Fort Rd.
Hill View G.H. P.247 H
入口
H Bhavyam Heritage P.247
H Dev Kothi P.248
R Open House Cafe
メヘラーンガル砦
Mehrangarh Fort P.243
トゥールジーの階段井戸 P.244
Toorji's Step Well P.244
H Stepwell House
Paota Main Rd.
62
Kim Mohan's Restaurant P.248 R
Pushp G.H.
H Pal Haveli P.248
R Indique P.248
時計塔
Shahi Heritage P.247 H
Vijay P.248 R
サダル・バザール
The Kutumb Villa P.247 H
R Mishrilal
H The Arch Boutique Home Stay P.247
Geeta Mahal
Nai Sarak
ツーリスト・レセプション・センター P.246
Tourist Reception Centre H Ghoomar
RTDC長距離バススタンド
Anil Sunrise G.H.
R Priya
Raika Bagh駅
Rasala Rd.
中央郵便局
High Court Rd.
Govind P.247 H
Fateh Pol Rd.
Umed Bhawan Palace Rd.
鉄道予約オフィス
MG Hospital Rd.
プライベート・バススタンド
オシアン・キャメルサファリ P.246、ジャイサルメール行きバススタンドへ
Gaushala Rd.
The Ajit Bhawan
Palace Rd.
ジョードプル駅
Jodhpur R.S.
Umaid Bhawan Palace P.248
2
プライベート・バススタンド
Station Rd.
Olympic Rd.
Kalinga R
Shiv Rd.
Police Line Rd.
62
ウメイド・バワン宮殿
Umaid Bhawan Palace P.245
エア・インディア（500m）、空港（2.5km）へ

マンドールはかつての首都だったとは思えないほど、のんびりしています。入口には伝統楽器ラワンハッタを弾くおじさんや、マハーラージャの墓廟近辺にもハヌマーン・ラングールがうろうろしていて和みます。（板橋区　アイシュ　'19）

Hotel & Restaurant ホテル&レストラン

ジョードプルは旧市街だけで100軒ほどのゲストハウスがあるともいわれる町。宿が多いので、満室で困るということは特にないはずだ。予約なしで探しても問題はないだろう。安宿・中級ホテルは旧市街の時計塔からメヘラーンガル砦にいたる旧市街に集中している。どこもルーフトップ・レストランをもち、砦が見えるという所が多いので、部屋の雰囲気やセキュリティ面を考慮して選ぶとよいだろう。ホテルによっては送迎してくれるところもあるが、旧市街の宿ならば、ひとまず時計塔までリクシャーで行けば、そこから先はどこもだいたい徒歩圏内になるだろう。

家族経営で安心

[H]ザ・クトゥン・ヴィラ
The Kutumb Villa

砦付近 ₹₹

MAP P.246-A1

🏠 Killi Khana, Mehron Ka Chowk
☎ 907-922-2390 [料]🚿[A/C]Ⓦ Rs1500～4200
[TAX]別 [Card]不可 [Wi-Fi] [室]10室
✉ kutumb2004@gmail.com

部屋は近年リノベーションされ、とてもきれい。24時間お湯が出る。駅やバススタンドからのピックアップも有料で可。屋上レストランもある。キャメルサファリやビレッジサファリのほか列車チケットの手配も可能。オーナーはジョードプルゲストハウス協会の会長で、家族も1階に住んでいるので心強い。ヘナ体験や料理教室、ラージャスターンドレスの試着体験もできる。

民家のゲストになった気分

[H]バーヴヤム・ヘリテージ
Bhavyam Heritage

砦付近 ₹₹

MAP P.246-A1

🏠 Behind Killa Khana, Naya Bass
☎ 979-940-9942 [料]🚿Ⓦ Rs900～ 🚿[A/C]ⓈⓌ Rs1500～3100 [TAX]別 [Card]不可 [Wi-Fi] [室]9室
✉ bhavyamheritage@gmail.com

時計塔から徒歩10分の、小さいながらも快適な宿。24時間お湯も出て、諸ツアーアレンジも可。屋上からの町や砦の眺めは最高。レストランで食事をしながら、夜景も楽しめる。家族も同じ建物に住んでいるのでアットホームな雰囲気で、女性も安心。女性オーナーのアーシャさんのモットーは、「まるで友人の家に招かれたようなあたたかい空間を目指す」とのことで、ジョードプルの街についてもいろいろなことを教えてくれる。

駅のすぐ近く

[H]ゴーヴィンド
Govind Hotel

駅付近 ₹₹

MAP P.246-A2

🏠 Opp. Main G.P.O., Station Rd. ☎ 0291-262-2758、941-357-4901 [料]Ⓓ Rs400 🚿Ⓢ Rs900～1000 Ⓦ Rs1000～1200 🚿[A/C]Ⓢ Rs1000～1200 Ⓦ Rs1200～1400 [TAX]別 [Card]不可 [Wi-Fi] [室]12室
[URL] www.govindhotel.com

鉄道予約オフィスの真向かい。管理が行き届き、部屋も清潔。ホットシャワーは朝夕以外はそのつどリクエストで。屋上レストランあり。

美しい部屋のホームステイ

[H]ザ・アーチ・ブティック・ホームステイ
The Arch Boutique Home Stay

砦付近 ₹₹

MAP P.246-A1

🏠 Toowar Ji Ka Jhalra (Step Well) Near Makrana Mohalla (Clock Tower Area) ☎ 701-434-3978
[料]Ⓦ[A/C] Rs4000～ [TAX]込 [Card]MV [Wi-Fi] [室]6室
✉ thearchboutique@gmail.com

トゥールジーの階段井戸近くにある、築200年のハヴェーリーを改築したホームステイ。調度品も非常に洗練されている。隣接するサムズ・アート・カフェではおいしい食事が楽しめる。

壮麗な部屋で贅沢なひと時を

[H]シャヒ・ヘリテージ
Shahi Heritage

砦付近 ₹₹

MAP P.246-A1

🏠 City Police, Gandhi Street ☎ 982-858-3883
[料]ⓌⓉ[A/C] Rs2500～4500 [TAX]込
[Card]MV [Wi-Fi] [室]6室

ハヴェーリーを改築したブティックホテル。街の中心からはやや外れるが、そのぶん落ち着いた雰囲気を味わえる。部屋はこだわりのインテリアで彩られとてもきれい。部屋数が少ないので事前予約したほうがよい。

頼りがいのある女性オーナーの宿

[H]ヒル・ビュー・ゲストハウス
Hill View Guest House

砦付近 ₹₹

MAP P.246-A1

🏠 Near The Fort, Killi Khana, Fort Rd
☎ 0291-2441763、982-915-3196
[料][A/C]Ⓓ Rs300 🚿Ⓢ Rs350～400 🚿[A/C]Ⓦ Rs700～1000 [TAX]込 [Card]ADJMV [Wi-Fi] [室]15室
✉ zafransayyed786@gmail.com

坂の上だが、真後ろがメヘラーンガル砦で、時計塔からも徒歩7分ほどという好立地。道を挟んで2軒ある。両替、列車チケットの予約、オシアンへのキャメルサファリやビレッジサファリも手配可能。

[i] ジョードプルでは、オートリクシャーの運転手が宿へ連れて行き、コミッションを宿に要求することが多い。宿にピックアップを依頼するか、時計塔まで行き、そこから歩いて気に入った宿を探すといい。

世界最大級の個人宅
H ウメイド・バワン・パレス
Umaid Bhawan Palace

空港付近 ₹₹₹
MAP P.246-B2

🏠 Umaid Bhawan Palace ☎ 0291-251-0101
🏨 ﾒ Rs3万1000〜 🍴 別
Card ADJMV WiFi 🛏 70室
URL www.tajhotels.com
📞 03-3527-2197（株式会社アクセス）

小高い丘の上に建つ宮殿は、ジョードプルのシンボル的存在。現在もマハーラージャが暮らす宮殿の半分はホテルとなっている。1928年から15年かけて造られ、アールデコとラージプート様式が融合した荘厳な宮殿。このうえなく贅沢
な滞在が味わえる。館内のレストラン、バーも壮麗な雰囲気で、最高級のサービスが体験できる。

インテリアが凝っている
H デーヴ・コティ
Dev Kothi

砦付近 ₹₹
MAP P.246-A1

🏠 Killi Khana, Near Shiv Mandir ☎ 992-991-4751
🏨 ﾒ AC S ﾒ Rs2000〜4200 🍴 別 Card MV
WiFi 🛏 8室 📧 devkothi@gmail.com

ナチュラル系のアメニティやインテリアにこだわったおしゃれなブティックホテル。スタッフも親切で、ホームステイ的な感覚で滞在できる。屋上レストランもあり、キャメルサファリや諸チケット手配も可。オーナーはジョードプルの街に詳しく、とても親切な人
物。旧市街ツアー、グルメツアー、写真ツアーなど、豊富なツアーもリーズナブルな価格で手配してくれる。

優雅な気分でステイできる
H パル・ハヴェーリー
Pal Haveli

砦付近 ₹₹₹
MAP P.246-A1

🏠 Gulab Sagar, Near Clock Tower
☎ 0291-263-8344 🏨 ﾒ AC S ﾒ Rs6500〜10500
🍴 込 Card AMV WiFi 🛏 18室
URL www.palhaveli.com

時計塔から徒歩2分。200年以上前のハヴェーリーを、建設当時の哲学に注意を払いながら修復したホテルで、中庭を囲む優雅な造り。それぞれの部屋は調度品や内装が異なるが、木製の屋根や装飾的な窓、古いランプなど、往時のものを今の時代に合うような形で活用している。建物内には当時の生活を伝えるような博物館も併設されている。各部屋ともTV、ミニバー、コーヒーメーカーやヘア
ドライヤーなどの設備が充実。併設のレストラン・インディーク（P.248）も人気がある。

ラージャスターンの伝統料理を
R ヴィジャイ
Vijay

ラージャスターン料理 ₹
MAP P.246-A1

🏠 1sr Floor, Katla Bazar ☎ 982-827-9958、941-395-9007 🕐 11:00〜23:00 🍴 込 Card MV

観光客向けのレストランではなかなか食べられない、伝統的なラージャスターン料理を食べさせてくれる地元の人々に人気のレストラン。メニューはベジのみだけが、ドライフルーツや乳製品、バターなどがふんだんに使われていて、どれも力強い味。ケール・ダーク（干し葡萄の炒め煮）Rs240、濃厚なラッシーRs
60など。ハーフサイズで注文できるメニューも多いので、さまざまな種類の料理を注文してシェアするのも楽しい。

砦を見ながら本格的韓国料理を
R キム・モハンズ・レストラン
Kim Mohan's Restaurant

韓国料理 ₹₹
MAP P.246-A1

🏠 Suya Colony, Naya Bass, Manak Chowk
☎ 998-333-5449 🕐 7:30〜23:00 🍴 込 Card 不可

ネパール出身のモハンさんが腕を振るう本格韓国料理のレストラン。H Sunshine Guest Houseの屋上にある。モハンさんが韓国人宿で働いていたときに韓国人から手ほどきを受けたというだけあって、味は非常に本格的。手作りの自家製キムチがいつでも楽しめる。時期によっては自家製カクテキもあり。ビビンパRs300、ヤンニョムチキ
ンハーフRs500、パジョンRs150など。辛さ控えめのメニューもあり、胃に優しい。

砦を見ながらお酒も飲める
R インディーク
Indique

北インド料理 ₹₹
MAP P.246-A1

🏠 Hotel Pal Heveli, Gulab Sagar, Opp. Clock Tower
☎ 0291-263-8344
🕐 7:00〜10:30、12:00〜16:30、18:30〜22:30
🍴 別 Card AMV

ホテル・パル・ハヴェーリーにある屋上レストラン。夜はライトアップされた砦や時計塔を眺めながら、キャンドルライトの元でロマンティックに食事ができる。ウエーターのサービスも非常に洗練されていて、ゆったりとしたディナータイムが過ごせる。料理はラージャスターン伝統料理が中心。ラールマーンスRs755、ガタ・カリーRs655など。バーも併設しているのでお酒の種類も多い。
ディナー時は混んでいるので、予約をするか早めに19:00頃には入店しておこう。

女子には H デーヴ・コティをおすすめします。オーナーが自らセレクトしたインテリアはとてもセンスがよく、気分よく滞在できる宿でした。オーナー家族が目を光らせているおかげで部外者も入ってこられないようでした。（板橋区 アイシュ '19）

ジャイサルメール

ラージャスターン州　Rajasthan

ジョードプル／ジャイサルメール　Jodhpur／Jaisalmer

フォート・パレスからの展望

　ジョードプルから西へ287km、パキスタンとの国境まで100km。ジャイサルメールはタール砂漠の真ん中に位置する人口約7万人の町。12世紀にバッティ家（ラージプートの一氏族）の王ジャイサルによって、東西貿易の要所に築かれた都市国家であった。イスラーム教徒との戦いのなか国家が滅びるが、城塞都市としての重要性は貿易商人に引き継がれ、遠くエジプトやヨーロッパまで続く交易路の中継地として、都市はますます発展していった。

　しかし、繁栄は永遠ではなかった。最盛期には11万人の人口を擁した都市の没落は、スエズ運河の開通によって交易路の重要性が失われたことに始まる。決定的だったのは、パキスタンの分離独立によって西への路が閉鎖されてしまったことだ。かつての東西交易路のオアシスも、今日ではインド辺境の田舎町に過ぎない。

　私たちをひきつけるジャイサルメールの魅力は、この町が近代化に取り残されてしまったことと無関係ではない。城内は道が狭く、車が入れないからとても静かだ。土を固めた家々の窓や壁面は、レース状の紋様が刻まれ、その美しさを競い合う。町はゴールデンシティの異名をもつが、砂漠の土で造られた家々の色ばかりでなく、13世紀の雰囲気の残る町並みの美しさからいってもふさわしい名といえる。

　しかし今やこのジャイサルメールにも民間の空港が開港、デリーやアーメダバードから砂漠を飛び越えて行けるようになり、国内の観光客の数も増えている。また芸能を行うカーストや集団は、インド国内での情報伝達手段の発達を受けて、デリーやムンバイーなどの大都市だけでなく、海外のプロモーターとも直接SNSを介してつながり、ジャイサルメールから飛び出し、今や日本を含む海外でも公演を行うようになってきている。かつては時代の流れに取り残されたジャイサルメールだが、今また新しい時代の流れにのって活気を取り戻す転換点に来ているのかもしれない。

ジャイサルメールの市外局番
02992
ジャイサルメールの人口
約7万人

ACCESS

飛行機
デリーからスパイス・ジェットが毎日1便、所要約1時間30分。アーメダバードからスパイス・ジェットが週6便、所要約1時間30分。

鉄　道
オールドデリーのデリー駅から急行（1日2〜3便）で所要17時間30分〜18時間30分。ジョードプルから急行（1日3〜4便）で5時間〜6時間30分。

バ　ス
ジョードプルから所要5〜6時間、ジャイプルから約12時間。

INFO

**ラージャスターン州
政府観光局**
ガディサール門近くのGadisar Rd.にある。
🗺 P.250-B2
☎ 02992-25-2406
🕘 9:30〜18:00
🚫 土、日、祝

　ジャイサルメール城は、2013年にほかの5つの城塞とともに、「ラージャスターンの丘陵城塞群」としてユネスコの世界遺産に登録された。ほかの5つはアンベール（ジャイプル）、ランタンボール、ガグロン、チットールガル、クンバルガールの城。

駅での鉄道予約
窓口は8:00〜20:00（日曜は〜13:45しか開いていないので、予約をする人は注意）。

HINT

砂漠祭
2月に訪れるなら、ぜひ砂漠祭Desert Festivalに予定を合わせよう。砂漠の民の民族芸能を堪能できる。

　ジャイサルメール駅は町の東側にあり、城壁に囲まれた町の入口**ガディサール門Gadisar Pol**へは約800m。ホテルが集中している**アマル・サガール門Amar Sagar Pol**周辺や旧城内へは少し遠いので、オートリクシャーが便利。駅では、無料送迎をうたい文句に外国人旅行者の腕をつかむホテル勧誘がすごいが、法外な料金でキャメルサファリを斡旋されたりするなど、トラブルも起きているので注意しよう。

　小さい町なので交通機関もさしてないが、ここは路地に美しさがある町、自分の足で歩けば十分だろう。初めに、そびえ立つ城に上って町全体を見渡すといい。町の外は地平線まで平らな荒野。ジャイサルメールが砂漠に忽然と出現した城塞都市だったということが実感できる。近年はインド人の国内旅行者が驚くほど増え、観光客で混雑する城内の狭い小路でも自撮りをするインド人を多く見かける。これも時代の流れなのだろう。その

あとは、ハヴェーリー（貴族の私邸）を訪ねながら町を歩こう。中世そのままの家並みに感激すること請け合いだ。

美しい城塞都市

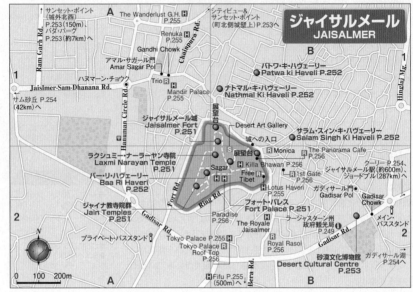

ジャイサルメールにはさまざまな芸能カースト・集団がいる。彼らはおもに町外れのサンセットポイントの下側斜面のアーティスト・コロニー（Kalakar Colony）に住んでいる。興味のある人は行ってみるとよいだろう。海外公演を行うような人も住んでいる。

ジャイサルメールのおもな見どころ

高さ76mの丘にそびえる
🏛 ジャイサルメール城 Jaisalmer Fort

MAP P.250-B1

フォート・パレス

　黄色の砂岩で強固に築かれた城は、ジャイサルメールのシンボル。城内には今も3000人ほどの人々が暮らしていて、城塞都市の面影をとどめている。ラージャスターンでは最古の城のひとつで、2013年には世界遺産に登録された。

　城内にある**フォート・パレスFort Palace**は、ジャイサルメールの統治者が代々住んでいた居城。オーディオガイドを聴きながら、1時間30分ほどで内部を一周できる。ウダイプルやジョードプルのパレスのような派手さはないが、王家が使っていた品々が展示されており、なかなかきらびやかだ。そのほかにも、王の寝室や中庭など、プライベート空間も公開されている。

　城内のもうひとつの大きな見どころが、**ジャイナ教寺院群Jain Temples**だ。かつては王の保護により、多くのジャイナ教徒が城内に住んでいたという。15〜16世紀に建てられた寺院が全部で7つ（入口は4つ）あり、内部に施された精巧な彫刻が見ものだ。

　城内にはヒンドゥー教寺院である**ラクシュミー・ナーラーヤン寺院 Laxmi Narayan Temple**もあり、地元の人々の静かな信仰の場となっている。

　また、人気観光地なだけに、城内にはホテル、レストラン、ショップも多い。ここでのんびりと午後を過ごしてみよう。

ジャイナ教寺院の彫刻

フォート・パレス

📖 P.250-B2
🕐 8:30〜18:00（11〜3月）、7:30〜18:00（4〜10月）
🎫 Rs600（オーディオガイド付き。日本語あり）
オーディオガイドを借りる際は、ID（パスポート）かクレジットカード、もしくはRs2000のデポジットが必要。

ジャイナ教寺院群

📖 P.250-A2
🕐 11:00〜14:00頃
🎫 Rs250（カメラ・ビデオ持込込み）
※各寺院で入場時間は異なる。うちふたつは7時から入場可

ラクシュミー・ナーラーヤン寺院

📖 P.250-B2
🕐 随時
🎫 無料

ラクシュミー・ナーラーヤン寺院入口

 フォート・パレスのオーディオガイドは中世からのジャイサルメールの歴史をていねいに解説してくれ、聞き応え十分。ジャイナ教など、関連した概念に関する解説も豊富。

251

MAP P.250

今に残るラージプート貴族たちの私邸
ハヴェーリー　Haveli

　ジャイサルメールの住宅はどれも壁面装飾が美しいが、貴族や富豪の邸宅となると豪華さも桁違い。黄金色の砂岩を積んで建てられた高層住宅の、全面に刻み込まれた精緻なレリーフはすばらしい。こうした装飾彫刻はイスラーム教徒の伝統技術であったが、印パ戦争の際に職人がパキスタンに脱出してしまったため、これほどの建物は財政的にも技術的にも今後造られることはない。ハヴェーリーもまた、歴史の夢なのだ。ハヴェーリーは今も個人の住宅であり、大家族が住んでいる。中を見せてくれるハヴェーリーもあるので、見学してみたい。

パトワ・キ・ハヴェーリー　Patwa ki Haveli

パトワ・キ・ハヴェーリー

MAP P.250-B1
政府の管理部分 Rs200
9:00〜17:00
民間の管理部分 Rs250
9:00〜18:30

　5階建ての本館と3つの別館からなる、ジャイサルメールで最も豪華なハヴェーリー。18世紀に金銀細工の商いで財をなしたパトゥワ家の邸宅だ。精緻なレリーフが全面を覆う館の正面には目を見張る。見学できる建物は政府が管理する部分と民間が管理する部分に分かれている。ただし奥にある政府管理部分は見るべきものはほとんどない。展示物が多い手前の民間の部分がおすすめ。

サラム・スィン・キ・ハヴェーリー　Salam Singh ki Haveli

**サラム・スィン・キ・
ハヴェーリー**

MAP P.250-B1
8:00〜18:00（10〜4月）、
8:00〜19:00（5〜9月）
Rs50（ガイド付き）
※カメラ・携帯持込料Rs20、
ビデオ持込料Rs50
このハヴェーリーの外観は斜め向かいのレストランからよく見える。お茶でもしながら眺めるのもよい。

　18世紀から19世紀にかけてジャイサルメールの宰相だった、サリーム・スィンの邸宅。上階が下層階よりも広い、展望台のような設計が印象的。精緻な彫刻が施された窓から町を眺めると、気分はアラビアンナイト。建物の保存状態はよくない。

ナトマル・キ・ハヴェーリー　Nathmal ki Haveli

ナトマル・キ・ハヴェーリー

MAP P.250-B1
9:00〜18:00
無料

　19世紀後半に宰相だったディーワン・ナトマルの館。2階の右棟と左棟は、一族の兄弟が別々に建てたので、よく似ていながらも微妙に違う表情をしている。7つあるバルコニーにも注目。2階部分の見学に関しては、1階にいる一族の子孫の方に尋ねれば混雑状況に応じて可能な場合がある。2階部分はラクダの骨製の民芸品などが並ぶみやげ物屋ともなっている。

バー・リ・ハヴェーリー　Baa Ri Haveli

バー・リ・ハヴェーリー

MAP P.250-A2
7:30〜19:00
Rs50

　16世紀建築の、かつてマハーラージャを補佐していたバラモンの邸宅で、現在はマハーラージャに献上された宝物や、当時使われていた日用品などが展示された博物館となっている。

　パトワ・キ・ハヴェーリーの政府管理部分に見るべきものは少ないが、屋上からのジャイサルメールの町の景色はすばらしいものがある。観光客も民間管理部分に比べれば少なく、穴場的なスポットだ。

こぢんまりとしているが内容は充実
砂漠文化博物館　Desert Cultural Centre

MAP　P.250-B2

　ジャイサルメール近辺の砂漠生活や、ラージャスターン地方の文化に関する展示物を集めた小さな博物館。民族楽器などの展示が豊富。毎夜18:30と19:30にパペットショーが行われる。ユーモラスな人形の動きを見るだけで楽しく、子供から大人まで楽しめる。

砂漠文化博物館
🕐 10:00～18:00
🎫 Rs50、パペットショー込み　チケットRs150
※カメラ・モバイル持ち込み料Rs50

夕日に輝く墓と、城の遠景
サンセット・ポイント　Sunset Point

MAP　P.250-A1外

　サンセット・ポイントは城外北西の小高い丘の上にあり、すぐ隣にはVyas Chhatriという遺跡がある。ヒンドゥー教徒は普通墓を造らないが、ここに並んでいるのはバラモンたちの墓に当たる記念碑。この遺跡周辺に腰かけて眺める夕日と町並みは実に美しい。

　もうひとつのシティビュー＆サンセット・ポイントは町の北側の城壁の上にあり、町なかから見える。アマル・サガール門から徒歩約10分。いずれも夕景の美しさゆえにサンセット・ポイントと呼ばれている。夕日もいいが、1日の最後の光を受けて黄色に輝く城の美しさは感動的。

サンセット・ポイント
（城外北西のポイント）
🕐 8:00～日没
🎫 Rs100
（町北側城壁上のポイント）
🕐 日の出～日没
🎫 無料

眺望がすばらしい穴場
バダ・バーグ　Bada Bagh

MAP　P.250-A1外

　サンセット・ポイントから北西へさらに4kmほどの場所にある王家の墓。乾燥した岩肌の小高い丘の上に、新旧いくつもの墓が寄り添うように並ぶ。丘の上部は600年ほど前のヒンドゥー教様式の墓、丘の下部は200年ほど前のイスラーム教様式の墓となっている。墓標には歴代の王と、王が亡くなり火葬される際、その火中に身を投じて殉死した妃たちが描かれている。あたりは庭園になっているが荒涼とした雰囲気で、その光景がまた辺境の地を感じさせる。また周囲には風力発電用の大きな風車が建ち並んでおり、その風景のなかに夕日が落ちるさまも感動的。

バダ・バーグ
🎫 Rs300
🚗 町からオートリクシャーで25分。往復Rs250ほど。

　バダ・バーグにはあまりリクシャーが停車しておらず、ジャイサルメールは2023年2月現在UberやOlaも使えない。リクシャーは待機してもらって、往復で利用するのが望ましい。

心静まる砂漠のオアシス
ガディサール湖 Gadisar Lake

MAP P.250-B2外

町の南東側にある湖。貯水池として築かれ、かつては町の生命線であったが、今では渡り鳥の集うオアシス。涼んでいる人もいれば、洗濯をしている人もいる。ボート遊びもできる。入口に装飾の立派な門があり、上層はクリシュナ寺院となっている。

市民の憩いの場となっている

サム砂丘
🎫 無料（乗り物やラクダで入る場合は有料）

キャメルサファリの観光客でにぎわう
サム砂丘 Sam Sand Dune

MAP P.250-A1外

ジャイサルメールの西約41kmの場所にあり、外国人が行ける範囲では最大級の砂丘。そのためここを訪れる観光客も多い。ただし公共交通の便が悪いので、行くならツアーに参加するか、車をチャーターすることになる。

サム村から西へ約55km、パキスタン国境までの間は外国人の立ち入りが禁止されている。また、悲しいことに現在サム砂丘では観光客が捨てたごみがとても目立つ。そのため、サム砂丘ではなくクーリー村周辺の砂丘でキャメルサファリを行う旅行会社も少なくない。

サムにはこういった砂漠のリゾートが多い

クーリー
ジャイサルメール駅の約200m南、Barmer Road沿いのバススタンドから1日6便バスがあり、所要1時間40分。(Rs40〜50) ジープで行くことも可能。クーリーにはホテルやゲストハウスが何軒もあり、各ゲストハウスでキャメルサファリの手配が可能。ジープで行くことも可能。クーリーにはホテルやゲストハウスが何軒もあり、各ゲストハウスでキャメルサファリの手配が可能。

砂漠の生活を知るには、村へ行ってみよう
クーリー Khuri

MAP P.250-B2外

ジャイサルメールの南約50kmにある砂漠の中の村。観光客はあまり多くないが、砂に建つ家々、水場に集う女たち、ここで生まれここで死ぬ人々の暮らし、このペースが心にぴったりくる人はきっと何日でも滞在したくなるだろう。2kmほど離れた所に、荒らされていない砂丘もある。

砂丘を走り回る子供たち

 弾丸旅行中にクーリーに行き、体調を崩す若い旅行者が少なくない。村は都会と違って衛生面や快適さも違うので、今までの旅の無理が出てしまうのだ。クーリーからジャイサルメールに戻って数日間動けなくなる人もよくいるので、気をつけよう。

Hotel & Restaurant ホテル&レストラン

ジャイサルメールは町の規模のわりにホテルの数が多く、宿探しには困らない。駅で客待ちをしているジープのなかから、お目当ての宿を見つけられればジープ代はタダになる。

屋上レストランも人気

[H]レーヌーカー
Hotel Renuka

城外 ₹

MAP P.250-A1

🏠 North of Gandhi Chowk, Chainpula St.
☎ 02992-252757 [扇]🚿[D] Rs150 [S][W] Rs550～750 🚿[A/C][D] Rs300 [S][W] Rs950～1550 [TAX] 込 [Card] 不可 [Wi-Fi] [室] 9室 [URL] www.hotelrenuka.net

老舗の安宿。事前に電話をすれば駅やバススタンドでのピックアップサービスを頼める。屋上レストランから眺めるライトアップされた城が美しい。駅やバススタンドで客引きが同ホテルの悪口を言って、ほかのホテルへ連れていこうとすることがあるので注意しよう。また、キャメルサファリが充実している(P.258)。

Gandhi Chowkからすぐ

[H]マンディル・パレス
Mandir Palace Hotel

城外 ₹₹₹

MAP P.250-A1

🏠 Gandhi Chowk, Mandir Palace
☎ 961-044-1554 [扇]🚿[A/C][S] Rs9100 [W] Rs7400～2万2000 [TAX] 別 [Card] MV [Wi-Fi] [室] 28室 [URL] www.mandirpalace.com

もとは王族の宮殿だったためとても美しい造りになっている。プールや豪華な雰囲気のレストランもある贅沢なホテル。中を歩いて見て回るだけでも楽しい。

「誠実なホスピタリティ」がモットー

[H]フィフ
Hotel Fifu

城外 ₹₹

MAP P.250-B2外

🏠 Opp. Nagarpalika Bldg., Pushkarna Bera Rd.
☎ 941-414-9631 [扇]🚿[A/C][S][W] Rs2450～3250 [TAX] 別 [Card] MV [Wi-Fi] [室] 11室 [URL] www.hotelfifu.com

ラージャスターンの文化に詳しいオーナーがセレクトした、センスのいい調度品が随所にあり快適に滞在できる。屋上のベジレストランでは、砦を眺めながら食事も取れる。キャメルサファリや料理教室もアレンジ可。ピックアップも無料だ(要事前連絡)。少し町外れにあるが、外出の際にはオートリクシャーを呼んでくれるので問題はないだろう。

日本にいるかのようなホスピタリティ

[H]トーキョー・パレス
Hotel Tokyo Palace

城外 ₹

MAP P.250-B2

🏠 Near Fort, Airforce Chouraha, Dhibba Para
☎ 982-846-6595、998-312-1011 [扇][D] Rs300～400 🚿[A/C][S] Rs1000～2000 [W] Rs1500～3000 [TAX] 込 [Card] ADJMV [Wi-Fi] [室] 16室 [URL] www.tokyopalace.net

マネジャーのマタールさんの奥さんは日本人。マタールさん自身も流暢な日本語を喋り、こまやかなホスピタリティが評判の宿だ。11月～3月末頃までのオンシーズンにはマタールさんも常駐し、言葉の面でも安心。鉄道駅やバススタンドへの無料送迎あり(要事前連絡)。キャメルサファリも日本人に人気だ(P.258)。部屋はどれも清潔で快適と評判。A/C付きのドミトリーは男女別。屋上のレストラン(P.256)からの城の眺めもいい。価格帯は比較的リーズナブルな部類だが、ウエルカムチャーイ、ウエルカムレモンソーダといったサービスがあり(ウエルカム味噌汁は現在休止中)、スイミングプールもあるなど設備も充実している。空港送迎も片道Rs 800で手配可能でアクセスも容易。

アーティスト・コロニーのすぐそば!

[H]ワンダーラスト・ゲストハウス
The Wanderlust Guest House

城外 ₹₹

MAP P.250-A1

🏠 Artist Colony Near Sunset Point
☎ 946-115-7753 [扇]🚿[S] Rs800 🚿[A/C][W] Rs1500 [TAX] 込 [Card] ADJMV [Wi-Fi] [室] 16室

サンセットポイントのすぐ下。アーティスト・コロニーの入口にある。部屋は清潔にしてある。ルーフトップレストランからは砦も見える。食事の評判も高い。スタッフはみな親切で、キャメルサファリなどの手配もしてくれる。

城内の綺麗な安宿

[H]ロータス・ハヴェリ
Lotus Haveri

城外 ₹

MAP P.250-B2

🏠 On Fort, Kotri Para ☎ 992-813-3833、946-051-6291 [扇][W] Rs300、[W][A/C] Rs650～850 [TAX] 込 [Card] ADJMV [Wi-Fi] [室] 5室 ✉ lotushaveli@gmail.com

城内にあるきれいな安宿。安宿の価格帯ながら、インテリアにはこだわりが感じられ、値段以上の満足感が得られる。宿からの眺めもとてもよく、コモンルームもとても落ち着ける。スタッフもフレンドリー。

[i] [H]トーキョー・パレスのマネジャーのマタールさんは、4～11月頃は東京のインド料理レストラン「ボンベイ・パレス」板橋店で働いている。旅仲間の語らいなどで行ってみては? 🏠 東京都板橋区板橋3-27-3 ☎ 03-6781-3300

地平線が見える
H パラダイス
Hotel Paradise
城内 ₹
MAP P.250-B2

On Fort, Opp. Royal Palace ☎ 02992-25-2674
⬛🛏Ⓢ Rs950 ⬛Rs1500 ⬛Ⓢ Rs1200 ⬛Rs1750
⬛込 Card ADJMV WiFi 🛏16室
URL www.paradiseonfort.com

城内の南エリアにあるリーズナブルなホテル。部屋
はきれいで眺めもよく、バルコニー付きの部屋もあ
り、値段を考えれば満足感のある滞在ができる。ス
タッフも優しくていねいに応対してくれる。併設の
ベジレストランの食事の評価も高く、安くておいし
いという評判だ。駅・バ
ススタンドでのピックア
ップ無料（要事前連絡）。
空港でのピックアップは
片道Rs650。

スタッフの心遣いが心地よい
H キラー・バワン
Hotel Killa Bhawan
城内 ₹₹₹
MAP P.250-B2

On Fort, 445 Kotri Para ☎ 02992-25-1204
⬛🛏 Rs5400 ⬛Ⓜ⬛ Rs7400～1万3250
⬛別 Card MV WiFi 🛏8室
URL www.killabhawan.com

築500年を超える古い邸宅を改装した隠れ家的ホテ
ル。入口こそ小さいがテラスなどは広々としていて、
砦や街の展望もすばらしい。ホテル内部は入り組んで
おり、探検しているだけでも楽しい。インテリアにも
こだわりが感じられ、シックな雰囲気の中で優雅な滞
在を楽しめる。チャーイ、ミネラルウオーター、朝食
付き。ライブキッチンや
ミュージックショーも楽
しめる、デラックスなキ
ャメルサファリもアレン
ジ可。

町が一望できる
R パノラマカフェ
The Panorama Cafe
各国料理 ₹
MAP P.250-B2

Near Maharani Palace, Kotri Para, on Fort
☎ 952-169-9886 ⏰ 7:00～22:30
⬛込 Card 不可

城内南東の大砲がある展望台のすぐそば。サリーム・
スィン・キ・ハーヴェリーなどジャイサルメールの町
が見渡せる眺めのよいカフェ。ラージャスターン料理
のほか、チャイニーズ、コンチネンタル料理と幅広い
メニューがある。スタッフもフレンドリー。名物のパ
ノラマ・スペシャル・ターリーはRs550。Wi-Fiもある
のですばらしい景色の中
で1日を過ごすこともでき
る。夜はキャンドルの明
かりの中でディナーも楽
しめる。

城を見ながら食事を
R トーキョー・パレス・ルーフ・トップ
Tokyo Palace Roof Top Restaurant
北インド料理 ₹
MAP P.250-B2

Near Fort, Airforce Chouraha, Dhibba Para
☎ 9983121011 ⏰ 7:30～23:30 ⬛込
Card ADJMV（1Fのフロントでの機械でのみ精算可）

ホテル・トーキョー・パレスの屋上にあるレストランで、
ここからの城の眺めもすばらしい。食事だけでなく、
昼間はカフェスペースとしてものんびりできる。メイ
ンのインド料理の量は多めなので、ふたり以上でシェ
アしてもいい。バターチキン（ハーフ）Rs550、スペ
シャル・ターリーはRs1000、オクラカレーはRs200。
そのほかにも、チョウメ
ン、パスタ、サンドイッ
チ、フライドライスなど
の各国料理もあり、どれ
もおいしい。

本格的なラージャスターン伝統料理
R ロイヤル・ラソイ
Royal Rasoi
ラージャスターン料理 ₹₹₹
MAP P.250-B2

Fort Road, Dhibba Para ☎ 935-278-5901、
978-366-3991 ⏰ 8:30～23:00 ⬛込 Card 不可

本格的なラージャスターン料理が楽しめるレストラ
ン。内装も雰囲気がありその空間にいるだけでも楽し
い。ヨーグルトとニンニクを効かせた辛いマトンカ
レー、ラール・マースRs400など、どれもおいし
い。ノンベジだけでなくベジタリアン料理も充実し
ていて、辛さ控えめのオーダーもできる。トウジンビ
エで作られた伝統的なバジュラ・ロティRs50も素朴
な味わい。朝早くから夜
遅くまで営業しているの
で、当日のスケジュール
に合わせてさまざまな利
用法が可能だ。

ピザがおいしい
R ファーストゲート
1st Gate Restaurant
イタリア料理 ₹₹₹
MAP P.250-B2

Dhibba Para ☎ 02992-25-4462
⏰ 7:30～10:30、12:00～15:00、18:00～22:30
⬛別 Card MV URL 1stgate.in

おしゃれな宿 H 1st Gate Home Fusionに付属のレ
ストランで、窯焼きピザなどのイタリア料理やインド
料理が楽しめる。ピザの評判は欧米のツーリストから
も高く、いつもたくさんの観光客でにぎわっている。
料理のボリュームもしっかりあり、大人数で行ってわ
いわい楽しむのも楽しい。ワインやビール、クラブサ
ンドイッチやエスプレッ
ソコーヒーもあり、朝食
から夜遅くのバータイム
までさまざまな使い方が
できる。Wi-Fi無料。

 ジャイサルメールでは古い邸宅を改装したブティックホテルの建設ブームで、場内場外問わずさまざまなところにおしゃれな宿
が新規オープンしている。小さな街なので、お気に入りの一軒を探すのも楽しい。

タール砂漠に沈む太陽　キャメルサファリ

はるかかなたの地平線に太陽が沈んでいく

タール砂漠の真ん中にある「黄金の町」ジャイサルメール。かつて栄華を誇ったこの町では、幾人もの旅人や商人がラクダの脚を頼りに、灼熱の太陽の中、もしくは風が吹き荒れる漆黒の闇の中を一歩一歩町へと進み、またそれぞれの故郷へと帰って行ったのだろう。

ラクダに乗って砂漠を旅するということに特に憧れていたわけではない。だけれども、かつてこの土地に生きたそんな人々の姿がふと脳裏によぎり、たとえツアーであっても茫洋とした砂漠の中に自分の体を置くことに興味が湧いたのだ。

クミンの香りとこの土地の歴史

今回ツアーを手配してもらったのはホテル・フィフ（P.255）。オーナーのフィフは非常に理知的なインド人で、ラージャスターンの文化だけでなく宗教、産業、社会構造など、あらゆる面を熟知している頼りになる男だ。

今回は砂漠の村でその土地の食事が食べたいというリクエストをしたので、ジャイサルメールの町を通常のツアーより早い12時過ぎにたちタール砂漠へと向かった。ジープにはフィフのほかにドライバーのガンビラ、フィフの息子のラッキー、そして村の案内役の12歳の少年、マンヴェンドラが乗った。

ジープが進むにつれ視界には家々が少なくなっていき、車窓から外を見れば赤茶けた土地の上に緑の草がふさふさと茂っている。フィフに聞くと、これはクミンの畑だという。質のよいクミンがジャイサルメール近辺で作られているとのことだ。クミンはしょっぱい水としょっぱい砂質の土でしかうまく育たず、この土地は栽培にぴったりなのだ。クミンの華やかな香りを思い浮かべるとともに、塩水が多く、飲み水が何より貴重であったであろうこの土地の歴史に想いをはせる。

ジープはダネリという村に着いた。伝統的な薪のかまどでチャーイを作ってもらい、しばらくすると昼食が運ばれてきた。シンプルなランチだが、ジャガイモの炒め煮がとにかくおいしい。素朴ながらもニンニクの効いた力強い味で、そこにスパイスの香りが加わる。そう、先ほど見たばかりのクミンの香りだ。

村ではマンガニャールと呼ばれる音楽カーストの方々から歓迎の歌が振る舞われ、フィフやマンヴェンドラが話を通してくれたために写真もたくさん撮影することができた。

ラクダの背に乗り砂漠の中へ

村を離れ、ついにキャメルサファリが始まる。キャメルサファリの際にはドライバーもフィフたちも同行せず、ラクダ使いと自分のふたりだけになる。かつての旅人のように、限りなくひとりに近い状況で砂漠の中をラクダで歩くのだ。今回乗せてもらうオスのラクダの名前はカルという。

座っているカルに恐る恐るまたがると、ラクダ使いの合図でカルは一気に足を伸ばす。急激に体が持ち上がるので肝を冷やす。乗馬の経験もない自分は果たして最後まで乗り続けられるのだろうかと不安になったが、ラクダの背は想像した以上に安定感があり、またがっている限りはそう簡単に落ちることがなさそうなことにすぐ気がついた。

カルは茫洋とした砂漠の中を行く。首に付けられた鈴の音と、砂漠を踏みしめる蹄の音以外は何も聞こえない。

そしてラクダ使いが足を止める。ここから夕日がきれいに見えるのだという。カルから降り太陽が沈むのを待つ。カルも気づけばじっくりと沈む日を眺めている。自分も太陽の動きをじっと眺める。

日がゆっくりと沈んでいく。太陽の色は、地平線に近づくにつれ理由はわからないが徐々に濃く、赤々としてくるように見える。その赤が空一面にばっと広がったすぐあとには、地平線の下に太陽は隠れようとしていた。

再びカルに乗り歩を進める。空の色が真っ黒へと落ちて行こうとする。変化していく砂の色を眺めながら、宿泊するキャンプへ向けて自分たちは進んでいく。

キャンプに着く頃には外は真っ暗だった。冬の寒さを鑑み、キャンプは設備が整ったところにしたが、煌々と照らされた光がまるで町の灯のようだった。人々の話し声や音楽が聞こえてくる。あの砂漠での体験はまるで幻のようだったけれども、砂漠を踏みしめる蹄の音をかつての旅人も同じように聞いていたのだろうか？

そんな思いにひたりながら、夜は更けていった。空を見上げれば満天の星空がそこにはあった。

（小川周佑）

サファリ中、ダネリ村で振るまわれた素朴な昼食

城への入り口から歩いて坂を登ったところにある **S** Desert Art Gallery（|||| P.250-B2）ではジャイサルメール近辺の村々で不要になった伝統的な意匠の布などを使い、オリジナルの製品を作っている。非常に品質も高い。

キャメルサファリ／ラクダの旅

周辺の村や遺跡、また寺院のあるオアシスを訪ねるキャメルサファリ。砂漠の民の生活に触れ、野生動物に出会う。日中の目を開けていられないほどの日差し、砂漠に野宿する夜の静けさも忘れがたい。

コースは、日帰り、1泊2日～3泊4日。またサム砂丘、クーリー村など自分で行き先を決めて長期で出かけることもできる。ツアーの参加人数は平均的には2～8人だが、大規模ツアーを催行するところもある。旅行会社などに応相談。

費用の基本は、ラクダ、キャメルドライバー（ラクダを連れてくる土地の人）、1日3食とチャーイ、寝具（ふとん・毛布）。各社さまざまな料金を設定している。ガイドとふたり乗りか別乗りか、テント泊か野宿（砂漠の上にベッドを立てる）か、食事内容でかなり料金が異なる。あまりに安い料金で宣伝している場合は、料金に何が含まれるか確認すること。食事はキャメルドライバーが調理してくれる。

1年中いつでも可能だが4～6月は暑いし、7～9月は雨季。暑い時期には朝方と夕方だけ動き、昼間は日陰で休むパターンになる。冬季（12～2月）は寒暖差が激しく、昼間は暑くても夜の野宿はかなり厳しい。自身の体力、季節などを総合的に鑑み、よく相談してコースを選びたい。

一般的なツアーの内容と料金

ツアーの雰囲気は大きく分けると2系統。静かな砂漠の夜を満喫したい人は、ひと気のない場所で野宿か簡易テントに宿泊。にぎやかに過ごし、快適に眠りたい人は、キャンプ村でビュッフェのディナーと民族音楽のショーを楽しみ、設営されたテントに泊まる。

●半日コースA (Rs1000前後)

少人数で、人が少ない砂丘を目指す。ホテルを15:00頃出発、車でキャメルサファリのスタート地点まで行き、16:30頃から2時間弱のキャメルサファリ。砂丘でサンセットを見たあと、帰途につく。ホテル着は20:00頃。

●半日コースB (Rs1600前後)

大きなリゾートキャンプで、にぎやかなショーを楽しむ。夕日観賞までは半日Aと同じで、18:30頃にキャンプに着き、ビュッフェ形式のディナーと民族舞踊のショー、キャンプファイヤーを楽しんだあと、22:00頃ホテルに戻る。静かさは味わえないが、にぎやかなのが好きな人向け。

●1泊2日コースA (Rs1950～2450)

1日目は半日コースAと同じだが、静かな砂漠でサンセットを見たあとに夕食を取り、美しい星空を見ながら21:00頃就寝。2日目は朝食後の8:00頃からキャメルサファリ。途中、車の出迎えで11:30頃ホテルに戻る。1日目にリゾートキャンプでのディナーとショーを楽しんだあと、テント村に宿泊するパターンはRs3500程度。

●1泊2日コースB (Rs2200～2850)

1日目は8:30出発、車でスタート地点まで行き、10:00から2時間のキャメルサファリ。ランチを取ったあと、再び3時間ほどラクダに乗り、砂丘でサンセット観賞後、キャンプファイヤー、夕食。砂丘に泊まる。2日目は朝食後の8:00頃からキャメルサファリ＆村観光し、オアシスでランチ。15:00に砂漠を離れ、ジープで16:00ホテル着。

●野宿かテントか

最初からテントが付いているツアーもあるが、テントは別料金（Rs300程度）の場合もある。野宿の場合、雨や強風のときはつらい。天気を見ながらどちらを選ぶか考えよう。

用意するもの

●日よけと防寒を兼ねて長袖の服かターバン用の布があるといい。日焼け止めも必要。また、冬は毛布1枚では寒いので、余分に持っていくように。

●1Lのミネラルウオーターを1日2本計算で買っておくといい。調理用の水もこちらで用意する場合もあるので出発前に確認しよう。

●そのほか、トイレットペーパーやウエットティッシュなど、あるに越したことはないが、ここは、「郷に入れば……」の気持ちでいったほうが楽しい。

コースガイド

コースで立ち寄るおもな見どころは、Mool Sagar：マハーラージャの庭がある村、Lodhruva：旧都だがジャイナ教の寺があるだけの村、Amar Sagar：牛に引かせて水くみする井戸とジャイナ教の寺がある村、Bada Bag：ヒンドゥー教徒の王家の墓、Kanoi：井戸で水くみをする風景がいい村、Roopsi：小学校のある村、Kuldhara：廃墟の村、Khava：城のある廃墟の村、Jassery：小さなオアシス。

悪徳サファリに注意

強引にすすめてくるホテルや会社は避けること。複数の会社を回り、内容と料金を確認しよう。またほかの旅行者に聞いた生の情報は役に立つはずだ。

女性のひとり参加は避けよう

女性がガイドにレイプされる事件が起こっており、女性の単独参加は避けたい。また、列車やバスの中で勧誘され、いざ参加してみたら自分ひとりしかおらず、非常に怖い思いをした、という投稿も来ている。必ず仲間を募って複数で参加すること。

 キャメルサファリの中にはディナーの際にアルコール類を注文できるものもあるが、たいていがツアー料金とは別会計だ。しっかり確認したうえで楽しみたい。

ウダイプル

ラージャスターン州　Rajasthan

Udaipur　ウダイプル

ピチョーラー湖に沈む夕日が白亜の建物を照らしていく

グジャラート州に近いラージャスターン州西部に位置する古都ウダイプル。16世紀、ムガル帝国の攻撃を受けてチットールガルを追われたウダイ・スィン2世は、メーワールと呼ばれていたこの山あいの谷間に都を移した。王は川をせき止め、ピチョーラー湖などの人造湖を築き、貴重な水の確保に努めた。この町がもつ静けさと潤いは、湖なしにはあり得ない。「湖の町」との別名をもつウダイプルは、その名にふさわしい美しさと安らぎのある町だ。

ウダイプルにはもうひとつの別名がある。「ハート・オブ・メーワール（メーワール朝の中心）」。ラージプートたちは、誇らしげにそう言う。ウダイプル王は、マハーラーナー（武王）と呼ばれる。ムガル帝国や大英帝国のなかで地方王にすぎなかったほかのマハーラージャ（藩王）と異なり、ウダイプル王はインド共和国発足までその独立を守り通した。マハーラーナーと称するのは、独自の力と文化をもつ証なのだ。

町はピチョーラー湖を中心として、白大理石や御影石で作られた白亜の壮麗な建築物が立ち並ぶ。通りにはおいしいコーヒーを出すカフェやビールを出すルーフトップバー、宝石店や工芸品の店が並ぶウダイプルは、ラージャスターン州の中でも極めて洗練度の高い町だ。インドの他の都市に比べても静かな雰囲気があるので、ゆっくりと滞在時間をとって、湖を眺めながら優雅な時間を過ごしたい。

ウダイプルの歩き方

ウダイプル空港は町の東に25kmほど離れた所にある。市街への交通手段はタクシー。鉄道駅は市街の南東にある**ウダイプル・シティ駅 Udaipur City R.S.**。駅構内には州政府観光局も入っている。市街へはオートリクシャーかタクシーで10分ほど。

ウダイプルの市外局番
0294

ウダイプルの人口
61万人

ACCESS

飛行機

デリーからエア・インディアが毎日1便、インディゴが毎日2便。所要1時間～1時間40分。ムンバイーからエア・インディアが毎日1便、インディゴが毎日2便。所要1時間30分。
空港から市内へは、プリペイドタクシーで20～30分、Rs700ほど。空港出口を出て目の前がタクシー乗り場。Uber、OlaでRs400ほど。

鉄道

デリーのハズラト・ニザームッディーン駅発の12963Mewar Exp.で所要12時間50分（18:25→翌7:15）。ジャイプルから急行が毎日4～5便、所要7時間5分～8時間30分。

バス

ジャイプルから所要8～9時間。ジョードプルから所要8時間。ウダイプルのメイン・バスターミナルは、スーラジ・ポール門の500mほど南。シティ・パレス周辺のホテルエリアへはオートリクシャーでRs80～100。

 ジャイプルがピンク、ジョードプルが青なら、ウダイプルは白。アーグラーの大理石、ジャイプルの宝石、ワラーナシーのシルクと並んで、ウダイプルでは細密画などのアートが有名。

ラージャスターン州政
府観光局
Rajasthan Tourist Reception
Centre

📖 P.260-B2
🏠 Fateh Memorial Bldg.
Near Suraj Pole
☎ 0294-241-1535
🕐 9:30～18:00 (休)土・日、祝日

観光の中心となるのは、城壁で囲まれた旧市街。歩いて回れるほどの広さだ。その中心となるのは、**シティ・パレスCity Palace**と**ジャグディーシュ寺院Jagdish Temple**の周辺。ホテルやみやげ物店もこのあたりに多い。

旧市街の外にある**ローク・カラー・マンダル民俗博物館Bhartiya Lok Kala Museum**や**ファテー・サガール湖Fateh Sagar Lake**の周辺へはオートリクシャーを利用すると便利だ。

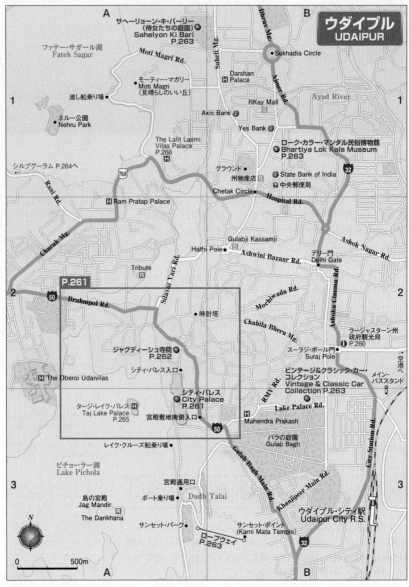

ウダイプル
UDAIPUR

この地域の乾季は5～6月で、雨季は7～9月。乾季の終わりにウダイプルを訪れると、年によってはピチョーラー湖の水が干上がっていることがある。ロマンティックな風景を期待していくとがっかり。事前に確認したほうがいい。

ウダイプルのおもな見どころ

ピチョーラー湖を見下ろす高台に建つ王宮

シティ・パレス　City Palace

MAP P.261-B

　旧市街を見下ろす、御影石と大理石で造られた壮大な宮殿。長きにわたりマハーラーナーの居城であったが、現在は4つに分割され管理されている。

　博物館として一般公開されているのがシティ・パレス。ラージャスターン州最大の宮殿で、正面は全長224m、高さは30m以上に及ぶ。建設はこの町と同様、ウダイ・スィン2世によって着手された。朝日が当たる時間に訪れれば、青空に映える宮殿の姿が見られる。内部に入れば、ラージャスターン全土はもとより、遠くペルシアやヨーロッパから集められた数装飾品の数々と、職人技術の粋を極めた壁面装飾がどこまでも続く。上層バルコニーの、ガラスと鏡をふんだんに使用したモザイクの美しさには思わず見とれてしまうだろう。

　シティ・パレスの南側にある**サムブー・ニワスSambhu Niwas**は現在もマハーラーナーの住居として使用されているため立ち入り禁止。

　その両側には宮殿ホテルとなっている**シヴ・ニワース・パレスShiv Ni-**

was Palaceと**ファテー・プラカーシュ・パレスFateh Prakash Palace**。宿泊しなくても、食事のみの利用もできる。

シティ・パレス
☎ 0294-241-90219
⏰ 9:00～16:45
💰 Rs300（カメラ持込料含む）
オーディオガイド（英語）
Rs200
🔗 www.eternalmewar.in/museums

入口は北側、ジャグディーシュ寺院のそば。公式ガイド（英語）は5人までRs500、6～10人Rs600、11～20人Rs700。各部屋や内部の装飾、マハーラージャの暮らしぶりについて説明してくれる。
宮殿の敷地南側に入るには入場料とは別にRs30が必要。

音と光のショー
⏰ 5～8月　20:00～21:00（ヒンディー語）
9～3月　19:00～20:00（英語）
4月　19:30～20:30（英語）
💰 Rs550（英語）、Rs300（ヒンディー語）

HINT

ピチョーラー湖のクルーズ

10:00～14:00（夏季～15:00）の1時間おきに運航。湖を巡り、島の宮殿Jog Mandirを訪れる1時間コース。ボート乗り場はシティ・パレスの南側にある。料金はRs500。チケットは、ボート乗り場のチケットブースのほかシティ・パレスの入口でも購入可。
サンセット・ボートライドは、夏季16:00～18:00、冬季15:00～17:00の1時間おきに運航。料金はRs800。町が夕日に染まる様子を眺めながら、ゆったりとした時間を過ごすことができる。

ピチョーラー湖上を漂うボート

シティ・パレス周辺

The Little Prince P.267
ハヌマーン・ガート
Brahmpol Rd.
モスク　50
Dream Heaven
Jagat Villa Guesthouse P.266
時計塔
Bara Bazaar Rd.
Pap's Juices
バゴーレ・キ・ハーヴェリー
Bagore Ki Haveli P.262
Cafe Edelweiss P.267
Sargam Sadan P.266
Sarovar
Neelam
Baba Palace
Hari Gar P.267
ラール・ガート
Lal Ghat
ジャグディーシュ寺院
Jagdish Temple P.262
Rao Jika Bara Rd.
ガンゴール・ガート
Gangaur Ghat
Lal Ghat Rd.
Lotus Cafe
Wonder View Palace P.266
Blue Moon Kinaraz P.267
Rainbow P.267
Shiva G.H.
Little Garden G.H.
Hari Niwas G.H. P.266
The Leela Palace
Jaiwana Haveli P.266
ピチョーラー湖
Lake Pichola
シティ・パレスチケット売り場
シティ・パレス
City Palace P.261
Anokhi
Bhattiyani Chohatta
タージ・レイク・パレスへの船乗り場
Raj Palace
Espresso Love Cafe
タージ・レイク・パレス
Taj Lake Palace P.265
Sunset Terrace
Fateh Prakash Palace P.265
Rangniwas Palace P.265
Soma
Neel Kamal
Jharokha
Bhairo
Amrit Sagar
クリスタル・ギャラリー
Crystal Gallery P.262
Shiv Niwas Palace P.265
N
0　　200m

ℹ️ ウダイプルのマハーラーナーは、戦いのときに自分の乗る馬にゾウのマスクを付けてその権力を示した。そのときの絵や模型がシティ・パレスに展示されている。今見ると威厳を見せつけるというより、かなりコミカルで笑える。

クリスタル・ギャラリー
🕘 9:00〜18:00
🎫 Rs500
写真撮影不可（ダルバール・ホールのみ可）

ラージャスターンでいちばん豪華なギャラリー
クリスタル・ギャラリー　Crystal Gallery

　シティ・パレスの一角、ファテー・プラカーシュ・パレス・ホテルに付属するダルバール・ホールThe Darbar Hallの上層階がギャラリーとして公開されている。19世紀のマハーラーナー、サジャン・スィンが英国に注文した、豪華極まるクリスタル製の調度品が並ぶ。椅子やテーブル、ソファのほかに、なんとクリスタル製のベッドまである。これらのゴージャスな品々は、サジャン・スィンの死後に届いたために忘れ去られ、110年も箱にしまわれたままだったという。クリスタルが展示されている下の階が、巨大なシャンデリアが輝くダルバール・ホール。インドにある王族のレセプションホールのうち、最も規模が大きく贅沢なもののひとつ。

きらびやかなダルバール・ホール

バゴーレ・キ・ハーヴェリー
☎ 0294-252-3858、248-2322
🕘 9:30〜17:30
🎫 Rs100、カメラ持込料Rs55、ビデオ持込料Rs55
🌐 www.wzccindia.com

Dharohar
🎫 Rs200
※カメラ・ビデオ持込料Rs100)
当日券は17:00から博物館チケット売り場で販売。ネット予約（droharfolkdance.in）は2023年5月現在システム障害により停止中。

伝統建築のなかでトラディショナルショー
バゴーレ・キ・ハーヴェリー　Bagore Ki Haveli

　ガンゴール・ガートの近くにある、メーワール朝の首相が18世紀に建てた邸宅。この建物が博物館となっている。中庭を囲む部屋には、かつての生活を垣間見られる調度品などが展示されている。

　毎晩19:00からナイトショーDharoharが行われ、ラジャスターンの伝統的な踊りや音楽、パペットショーなどが楽しめる。シーズンには大混雑となるので事前のチケット購入がおすすめ。

建物の一角で行われるナイトショー。内容も充実

ジャグディーシュ寺院
🕘 5:30〜14:30、16:00〜22:30
🎫 無料
寺院内部の撮影は不可。プージャーが行われるのは5:30、7:00、11:00、12:00、19:30、22:00（時期により変更あり）。

地元の人々の信仰を集めるヒンドゥー寺院
ジャグディーシュ寺院　Jagdish Temple

　マハーラーナーのジャガート・スィンの命により1651年に建てられた、ウダイプル最大のヒンドゥー寺院。建物の壁面にびっしりと埋め尽くされた彫刻は見応えがある。本尊はヴィシュヌの化身のひとつであるジャガンナートで、黒い石で造られた神像が祀られている。

町の中心に建ち、参拝客が絶えることはない

ファテー・サガール湖の西には、モンスーン・パレスと呼ばれる宮殿がある。おとぎ話に出てくるような小高い丘の上にある白い宮殿で、湖を望む見晴らしがすばらしい。🕘 9:00〜17:00　🎫 Rs160、頂上までのタクシー往復Rs106

花に囲まれた噴水
サヘーリョーン・キ・バーリー（侍女たちの庭園）　Sahelyon Ki Bari

1710年にマハーラーナーのサングラーム・スィンが侍女たちのために造った庭園。緑の木々とブーゲンビリアに囲まれた池と噴水、大理石のゾウの彫刻などが置かれており、かつてはここで王族の娘たちや侍女たちがピクニックに訪れていたという。現在では、観光客のみならず、涼を求める地元の人たちの憩いの場となっている。

緑に囲まれた噴水

サヘーリョーン・キ・バーリー
🕐 8:00～20:00
💰 Rs100

レアなクラシックカーがずらり
ビンテージ＆クラシック・カー・コレクション　Vintage & Classic Car Collection

マハーラーナーが使用していたクラシックカーのコレクション。映画『007 オクトパシー』にも使用されたという1934年製のロールスロイスや1938年製のキャデラックなど往年の名車、約20台がガレージに並んでいる。併設されたレストランでのターリー付きチケット（11:00～15:00のみ）が人気。

車好きにはたまらない

ビンテージ＆クラシック・カー・コレクション
☎ 0294-241-8881
🕐 9:00～21:00
💰 Rs400（ターリー付きはRs300プラス）

ラージャスターンのフォークアートに触れる
ローク・カラー・マンダル民俗博物館　Bhartiya Lok Kala Museum

ラージャスターン地方のブロックプリントの布や民族衣装、人形、仮面などを展示した民俗博物館。ラージャスターンはパペット（操り人形）で有名だが、ここにはインドネシアやアメリカなど世界中から集められたパペットも展示されている。

館内のシアターでは観客の入りに合わせて、10分程度のパペットショーも開催される。

中の劇場で行われるパペットショーは必見

ローク・カラー・マンダル民俗博物館
☎ 0294-252-9296、252-5077
🕐 9:00～17:30
💰 Rs120
※カメラ持込料Rs25、ビデオ持込料Rs60
🔗 www.kalamandal.org
屋外で行われるスペシャルショーは、12:00～13:00と18:00～19:00、19:15～20:15。料金Rs180。フォークダンスとパペットショーが観られる。館内で行われるものとは別プログラム。

ウダイプル市内とピチョーラー湖を見渡せる
ロープウエイ　Ropeway

ピチョーラー湖沿いにあるサンセット・パークの端から、町を見下ろす山Machhla Hillの頂上までを5分で結ぶ。頂上からは、西はピチョーラー湖、東はウダイプルの市街の眺望が楽しめる。夕暮れから夜にはたくさんの観光客でにぎわう。

ロープウエイ
🕐 9:00～20:00
💰 Rs107.10
カップルチケットを買えば、4人乗りのゴンドラをふたりで占有できる。麓の乗り場付近はさびしいので、夜のひとり歩きは避け、暗くなったらオートリクシャーやタクシーなどを利用しよう。

ラール・ガート周辺でクルーズの勧誘があり、島の宮殿に行きたいので断ろうとすると、島の宮殿は年末休業で工事中で、さらに、Rs300でよいとのこと。確かに、グルっと回ってくれましたが、島の宮殿が休業中というのはデタラメでした。(姫路市　くりりん　'18)

ACCESS

シルプグーラム

☎ 0294-243-1304
🕐 11:00～19:00
🎫 Rs120
※カメラ持込料Rs55、ビデオ
持込料Rs55
🚗 ウダイプル市内からオートリ
クシャーで15～20分
URL www.shilpgram.in

インド中の伝統芸能が楽しめる民俗村

シルプグーラム　Silpgram

MAP P.260-A1外

ウダイプルの郊外、ファテー・サーガル湖の北西にある観光民俗村。敷地内では、ラージャスターンのほか、マハーラーシュトラ、ゴア各州の伝統家屋が再現されている。ほかにも音楽や踊りを楽しめるステージや、インド各地の工芸品を直売している店舗などもある。特に週末は、

ショーや職人による工芸品制作の実演などが行われ、観光客でたいへんにぎわっている。かつてバゴーレ・キ・ハーヴェリーにあった「ワールド・オブ・パペッツ」の部屋の操り人形の数々は、今はここに移転され展示されている。

盛り上がるダンスショー

クンバルガール城

🕐 日の出～日没
🎫 Rs200

ACCESS

クンバルガール城への
行き方

Kelwara行きのバスに乗り、そこから城までの7kmはオートリクシャーをチャーターする。Kelwaraには宿もあるが、ウダイプルから車をチャーターして行くのが一般的。ラーナクプル（P.265）と一緒に回って所要8～9時間、1台Rs3000～。飲食ができるのは、門をくぐった所にある簡単なレストランとカフェのみなので、水の補給はここでしておこう。ドライバーが連れていくレストランはたいてい高いので、ここで食事をしてもいい。

世界遺産になった6つの城塞のひとつ

クンバルガール城　Kumbhalgarh Fort

MAP 折込A-2

ウダイプルから北西に約80km。丘陵が連なる地域に、チットールガル城の陥落後、ラーナー（藩王）のクンバによって1443～1458年にかけて建てられた城塞がある。2013年に「ラージャスターン

城塞のいちばん高いところにあるのが宮殿

の丘陵城塞群」として、世界遺産登録された6つの城塞のひとつで、1周10kmを超える城壁内はとても広く、宮殿以外にも多くの寺院が点在している。入口は城門のひとつのラーム・ポール門。ここから丘上の宮殿までは、くねくねとした上り道を進んでいく。宮殿の中心がバダル・マハルBadal Mahalで、中庭を囲む部屋には、彩色されたゾウの壁画などが残っている。かぎられた時間で見学するなら、ラーム・ポール門近くにあるヴェディ寺院群Vedi Temple Complex、その奥にあるシヴァにささげられたニールカント・マハーデーヴ寺院Neelkanth Mahadeve Temple、その500mほど先にある、寺院を囲む壁の上に塔が並ぶバワン・デオリBawan Deoriなどを見るといいだろう。

10kmもの長い城壁で囲まれている

 世界遺産に登録されている城塞は、クンバルガール城のほか、アンベール城（P.222）、チットールガル城（P.269）、ランタンボール城（P.234）、ジャイサルメール城（P.251）、ガグロン城。

彫刻に圧倒される白亜のジャイナ教寺院

ラーナクプル Ranakpur

[MAP] 折込A-2

　ウダイプルの北西約90km、ラーナクプル村から数km離れた何もない山中に、インド有数のジャイナ教寺院がある。15世紀に建立されたこの60m四方の**ジャイナ教寺院Jain Temple**（別名**アディナータ寺院Adinatha Temple**）は、ほとんどが白大理石造り。一歩寺院の中に入ると、壁から天井まで床を除いたほぼすべての面に繊細な彫刻が施されており、そのクオリティと量に圧倒される。寺院は3層で、中央の本堂を柱で支えられた前室ホールが取り囲み、さらにその外側を小堂が囲む造りになっている。420本あるという柱には、すべて異なる彫刻が施されているという。8ヵ所ある天井のない部分からは、建物の外側がどうなっているか見ることができる。ウダイプルからは少々離れているが、訪れる価値のある寺院だ。

ジャイナ教寺院
◷ 9:00～17:00
[料] Rs200（オーディオガイド付き英語）
※カメラ持込料Rs100、ロッカー使用料 Rs50
寺院内への飲食物、財布やベルトなどの革製品などの持ち込みは禁止で、ロッカーに預ける。（持ち物チェックあり）。デポジットとしてパスポートを預ける。

ACCESS

ラーナクプルへの行き方
ウダイプルとジョードプルからはラーナクプル行きのバスもあるが（ウダイプルから所要約3時間、ジョードプルから4～5時間）、車をチャーターして日帰りするのが一般的。

Hotel ホテル

湖に浮かぶ夢の宮殿

[H] タージ・レイク・パレス
Taj Lake Palace　シティ・パレス周辺 ₹₹₹　[MAP] P.261-A

🏠 Lake Pichola　☎ 0294-242-8800
[料]🚿[A/C]Ⓢ[W] Rs2万6000～（レイクビューはRs2万9500～）[TAX]別 [Card] ADJMV [Wi-Fi] [室] 83室
[URL] www.tajhotels.com

ピチョーラー湖に浮かぶ、美しい白亜の宮殿。もともとは1746年にマハーラーナーの離宮として建てられたもの。過去にはインドのベストホテルに選出されたこともある。世界の著名人が感動したというこのホテル、ぜひとも泊まってみたい。シティ・パレスの西側の船乗り場から宿泊者専用のボートに乗って行く。

優雅な気分に浸れる

[H] ラングニワース・パレス
Rangniwas Palace Hotel　シティ・パレス周辺 ₹₹　[MAP] P.261-B

🏠 Lake Palace Rd.
☎ 0294-252-3890～1
[料]🚿[A/C]Ⓢ Rs2000～4000 [W] Rs3500～4700 [TAX]別
[Card] MV [Wi-Fi] [室] 16室 [URL] rangniwaspalace.com

シティ・パレスの南側から少し歩いたところにある、美しい庭園をもつヘリテージホテル。18世紀建築の建物を利用している。設備は高級ホテルに比べれば幾分シンプルだが、そのぶん気軽に、比較的リーズナブルに泊まれる。スタッフもフレンドリー。ホットシャワー24時間OK。ランドリーサービス、プールあり。

シティ・パレスの宮殿ホテル

[H] シヴ・ニワース・パレス
Shiv Niwas Palace Hotel　シティ・パレス周辺 ₹₹₹　[MAP] P.261-B

🏠 City Palace Complex
☎ 0294-252-8016～19
[料]🚿[A/C][W] Rs8000～12万5000 [TAX]別 [Card] ADMV
[Wi-Fi] [室] 36室 [URL] www.hrhhotels.com

シティ・パレスの敷地内にある、マハーラーナーのファテー・スィンの私邸を修復して建てられたホテル。重要文化財にも指定されている。この旧王族の迎賓館には快適な滞在に必要なすべてが揃っていて、豪華極まる雰囲気。スタッフの対応も洗練されている。パーントヤ・レストランでは、インド、コンチネンタル料理が楽しめる。スイミングプールエリアの雰囲気も抜群。シティ・パレスの敷地内には[H]ファテー・プラカーシュ・パレスFateh Prakash Palace Hotel（[料]🚿[A/C]Ⓢ[W] Rs4万5000～ [TAX]別 [室] 35室）もある。

明るい姉妹が営む

[H] ハリ・ニワース・ゲストハウス
Hari Niwas Guest House　シティ・パレス周辺 ₹₹　[MAP] P.261-B

🏠 117 Battiyani Chohatta
☎ 982-827-7645
[料]🚿[A/C][W]Ⓢ Rs3300～ [TAX]別 [Card] AJMV
[Wi-Fi] [室] 6室 [URL] www.hariniwasudaipur.com

シティ・パレスの裏にあるアットホームなゲストハウス。インテリアはカラフルでかわいらしい雰囲気。オーナーの姉妹は明るくて親切。町の観光情報を地図付きで教えてくれ、タクシーやリクシャーの手配もしてくれる。朝食は姉妹の手作りで、インド料理やトースト、フルーツ、パンケーキ、ワッフルなど、量もたっぷり。テラスからの眺めもよく、快適な気分での滞在が楽しめる。

[i] [H]タージ・レイク・パレスは映画『007／オクトパシー』のロケ地としても有名。映画のなかでボンドガールが住んでいたのがここ。

立地最高でおしゃれな宿

Hリトル・ガーデン・ゲストハウス シティ・パレス周辺 ₹₹
Little Garden Guest House MAP P.261-B1

121, Bhattayani Chouhatta ☎982-827-6535
扇 TV A/C Ⓦ Ⓢ Rs3000～8000 TAX込
Card ADJMV Wi-Fi 室12室

親切でフレンドリーな一家が経営するゲストハウス。築200年になる建築だが、中に入ると驚くほどおしゃれで広々としている。内装はインドらしさを生かしたデザインになっており、1室ごと個性あふれる造りになっているうえ、とにかく清潔で快適。朝食はRs300。観光情報はなんでもオーナーに聞いてみよう。

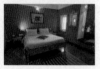

フレンドリーなゲストハウス

Hジャガット・ヴィラ・ゲストハウス シティ・パレス周辺 ₹
Jagat Villa Guesthouse MAP P.261-B1

58, Ganeth Ghatti, Gadiya Devra
☎992-826-4984、882-493-1437
扇 Ⓢ Rs400～800、Ⓦ 600～999 TAX別 Card不可
Wi-Fi 室10室 ✉vivekjagat58@gmail.com

リーズナブルながらとても居心地のよいゲストハウス。部屋はシンプルだが清潔に保たれていて快適。オーナーのヴィヴェックはとてもフレンドリーで協力的。お母さんによるインド料理教室や、手作りの朝食Rs120あり。

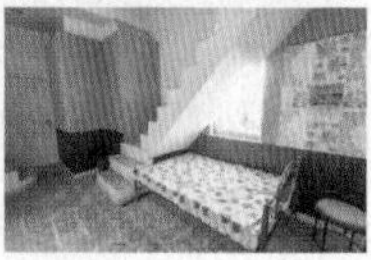

白亜の4階建てホテル

Hジャイワナ・ハヴェーリー シティ・パレス周辺 ₹₹
Jaiwana Haveli MAP P.261-B1

14 Lal Ghat ☎0294-241-1103
扇 TV A/C Ⓢ Rs3500～ Ⓦ Rs4200～ TAX込 Card MV
Wi-Fi 室28室 URL jaiwanahaveli.com

部屋はシンプルながら快適に過ごせる。Rs4495の角部屋からはピチョーラー湖が見える。屋上レストランでは湖に浮かぶタージ・レイク・パレスを眺めながら食事ができる。チェックアウト後にも利用できるリラックスルームがある。

喧騒から離れたひとときを

Hワンダー・ビュー・パレス シティ・パレス対岸 ₹₹
Wonder View Palace MAP P.261-A1

6 Panch Dewari Mg. ☎979-939-4391
扇 TV A/C Ⓦ Rs2500～7000 TAX別 Card MV Wi-Fi
室15室 URL www.wonderviewpalace.com

ピチョーラー湖の北側、シティ・パレスの対岸に位置する中級ホテル。にぎやかな通りに面しているが、ホテルの中は静かでくつろげる。屋上のレストランRブルー・ムーン・キナラズ（P.267）からはシティ・パレスを眺められる。

レイクビューの部屋に泊まりたい

Hレイク・ピチョーラー シティ・パレス対岸 ₹₹
Lake Pichola MAP P.261-A1

Outside Chand Pole, Panch Devri Mg
☎637-636-4840
扇 TV A/C Ⓢ Rs5000～ Ⓦ Rs5600～
TAX別 Card ADMV Wi-Fi 室32室
URL www.lakepicholahotel.in

ピチョーラー湖に面した、趣のあるヘリテージホテル。外装、ロビーともに非常に豪華で、部屋も広くきれいで落ち着ける。デラックス以上のレイクビューの部屋（Ⓦ Rs8200～）がおすすめ。湖に面したテラスレストランも非常におしゃれな雰囲気。スイミングプール、マッサージセンターがあるなど、施設も充実している。プライベートボートの手配も可能。朝食付き。

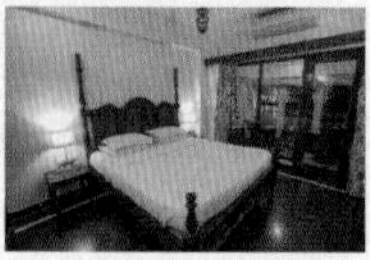

ピチョーラー湖を眺められる

Hサーガム・サダン ウダイプル市内 ₹₹
Sargam Sadan MAP P.261-A1

35-36 Nagar Parishad Colony, Outside Brahm Pole ☎0942-431-225、946-002-9289
扇 TV A/C Ⓢ Rs3050～ Ⓦ Rs3250～ TAX込 Card MV
Wi-Fi 室9室 URL www.hotelsargamsadan.com

住宅街の端の静かな場所にあるホテル。客室はそれぞれ異なる色のインテリアで品よくまとめられている。室内からは湖とその向こうに沈む夕日が眺められる。屋上のレストランではインド、各国料理が食べられ、スパイスを控えめにして調理してもらうことも可能。オフシーズンはディスカウントしてくれる。現在拡張工事中で、2023年中には新しい部屋もオープンの予定だ。

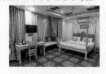

かつての藩王の邸宅

Hラリット・ラクシュミー・ヴィラース・パレス ウダイプル市内 ₹₹₹
The Lalit Laxmi Vilas Palace MAP P.260-A1

Opp. Fateh Sagar Lake ☎0294-3077777～8
扇 TV A/C Ⓢ Ⓦ Rs1万5000～ TAX別
Card ADMV Wi-Fi 室55室 URL www.thelalit.com

1911年にマハーラーナーのブパール・スィンによって建てられた、ウダイプルでも最高級のホテルのひとつ。伝統的なラージャスターン建築様式を採用した建物は、広々としたロビーが印象的だ。町の中心からは少し離れているので、とても静かな環境での滞在が楽しめる。敷地は広々としていて、部屋からの眺めもよい。バイキング形式の朝食や、レストランの評価も高い。夜は伝統的ラージャスターンのダンスショーも楽しめる。

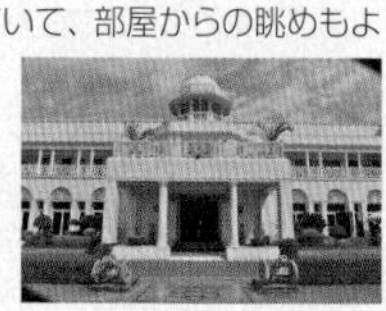

ⓘ ウダイプルでは22:00くらいになるとほとんどの店が閉まる。ホテルを選ぶなら、ジャグディーシュ寺院の近くが最もにぎやかでおすすめ。レストランも多い。

Restaurant レストラン

ロマンティックムード満点
R サンセット・テラス
Sunset Terrace

インド料理 ₹₹₹
MAP P.261-B1

🏠 City Palace Complex ☎ 0294-262-8873
🕐 12:00～17:00、19:00～22:30
込 Card AMV

ファテー・プラカーシュ・パレスの隣にある、オープ
ンテラスのカフェ&レストラン。目の前がピチョーラ
ー湖で、ここからの夕日が沈む湖の眺めはとてもきれ
い。食事もできるが、シーズン中はいい席にはたいて
い予約が入っているので、予約を入れるか早めに行く
かしたほうがいい。お酒の種類も豊富で、ビール
Rs475～や各種カクテル
Rs900～もある。最低Rs
3000以上の注文が必要。
敷地内への入場には別途
Rs30かかるので注意。

おいしいコーヒーをオープンテラスで
R カフェ・エーデルワイス
Cafe Edelweiss

カフェ ₹₹
MAP P.261-B1

🏠 70-71, Gangaur Ghat Road
☎ 907-904-4721
🕐 8:00～20:00 込 Card MV

ガンコール・ガート近くにある、本格的なコーヒーや
パスタが楽しめるオープンテラスカフェ。焼きたての
パンや、ホームメイドのケーキも評判が高く、欧米人
観光客を中心に人気が高い。エスプレッソシングル
Rs90、カプチーノRs150とコーヒーは手頃な値段
で、スパゲティペペロン
チーノRs320、クリーム
ソースのタリアテッレRs
420などパスタの種類も
充実。

湖を見ながら朝食を
R リトル・プリンス
The Little Prince Restaurant

各国料理 ₹₹
MAP P.261-A1

🏠 Outside Chandpole, near Walking Foot Bridge
☎ 900-192-2643 🕐 9:00～22:00 Card AMV

ピチョーラー湖の北側、シティ・パレスの対岸に渡る
橋のたもとにあるおしゃれな雰囲気のカフェレストラ
ン。西洋人観光客に人気で、オープンテラスの席はい
つもお客さんでにぎわっている。インド料理、西洋料
理から韓国料理を中心としたアジアン、イスラエル料
理までインターナショ
ナルなメニューが並ぶ。パ
ニールチーズバーガーRs
230、ファラフェルRs
250など。

ピチョーラー湖を眺めながらディナーを
R ハリ・ガル
Hari Gar

インド料理 ₹₹
MAP P.261-A1

🏠 Hanuman Ghat, Outside Chandpole
☎ 0294-243-1578、977-288-0333
🕐 8:30～23:00 別 Card AMV
URL www.restaurantharigarh.com

ピチョーラー湖のほとりにある雰囲気のよいレストラ
ン。ちょっと贅沢なディナーをというときにぜひ使い
たいお店。カップルやグループには、シティ・パレス
とウダイプルの夜景が眺められる湖脇の座敷席がおす
すめ。人気があるのでよい席を取るなら事前予約が望
ましい。メニューはタン
ドーリチキンやケバブな
ど北インドの肉料理が中
心。料理もリーズナブル
でおいしいと評判。

雄大な景色を見ながら美味しい食事を
R レインボー
Rainbow Restaurant

各国料理 ₹₹
MAP P.261-B1

🏠 27-28, Lal Ghat
☎ 982-858-2203、982-826-7234
🕐 7:00～23:00 別 Card ADMV

ピチョーラー湖のほとりの2階にあるオープンテラス
レストランで、昼の眺めも夜の雰囲気も非常にいい。
いつも多くのお客さんでにぎわっている。自慢はタ
ンドゥーリ料理で、タンドゥーリチキンRs400、自家
製のパニールティッカRs350など。西洋料理もおいし
く、ピザや、チーズとキ
ノコのオムレツなどの評
判がよい。アルコール提
供あり、お酒のチョイ
スも豊富。

週末の夜は生演奏が
R ブルー・ムーン・キナラズ
Blue Moon Kinaraz

各国料理 ₹₹
MAP P.261-A1

🏠 6 Panch Dewari Mg. 4th floor
☎ 946-072-6436 🕐 14:00～23:00
別 Card AMV

H ワンダー・ビュー・パレス（P.266）の5階にある
レストラン。日中は湖の眺めがすばらしく、明るい雰
囲気。夜は一転してキャンドルライトの下、シックな
ムードの中で食事やお酒を楽しめる。インド、中華、
コンチネンタルと各種料理を提供し、味もおいしい。
ハッカヌードルRs210～
300（具により異なる）
など。木、土、日の夜に
は生演奏、金曜日にはDJ
あり。

 シティ・パレスの敷地内にある建物の2階には、ブロックプリント柄のファブリックや服飾品で知られるアノーキーの支店があり、
かわいくてセンスのいい服やキッチンマットなどが手に入る。（🕐 9:30～17:30 🔒 5～7月の日、祝）

チットールガル

チットールガルの市外局番
01472
チットールガルの人口
約9.6万人

ACCESS

鉄 道
アジメール駅から急行(1日2～3便)で所要約3時間。ウダイプル・シティ駅から急行(1日4～5便)で約2時間。ブーンディー駅から急行(1日3便)で2～3時間。ジャイプル駅から急行(1日3～4便)で5～6時間。

バ ス
アジメールから1時間に1本、所要約4時間。ウダイプルからは30分に1本、約2時間30分。ブーンディーからは直通バスはないので、コーターへ出て(約1時間)そこで乗り換える。コーターからは1時間に1本、約4時間かかるので、鉄道のほうが早い。

チットールガル(チットールChittorとも)はかつてのメーワール王国の都。1567年にウダイプルに遷都されたこの城塞は、数あるラージャスターンの城塞のなかでも最強と評されていた。それだけに敵もあとを絶たず、14～16世紀にかけてイスラーム教徒軍から3度もの侵攻を受けた。1303年の最初の侵攻では、城だけでなく妃までが標的にされ、妃を含む1万3000人もの女性が自らの命を断ち、5万人ものラージプートが戦死したとも伝えられている。最後の侵攻は1567年のムガル帝国のアクバルによるもの。難攻不落の城塞は以来廃墟と化した。

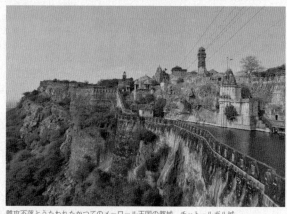

難攻不落とうたわれたかつてのメーワール王国の都城、チットールガル城

特に大きな町ではないが、この雄大な城塞を見るためだけに訪れる価値は十分にある。

町は西側の駅とチットールガル城がある東側の丘の間2kmほどの間に広がっている。駅、バスターミナルどちらに着いてもすぐにオートリクシャーが寄ってくるだろう。1泊してゆっくりと城を見学するなら、宿は**チットールガル駅Chittorgarh R.S.**もしくは駅から2kmほど北のバススタンド周辺に集中している。日帰りでチットールガル城を見るなら、ウダイプルを拠点にするのがいい。

オートリクシャーが回るチットールガル城の見どころは、クンバ・パレス、ストリンガー・チョーリ寺院、勝利の塔、サマディスヴァラ寺院、カリカ・マタ寺院、パドミニ・パレス、太陽門、名誉の塔が定番コースとなっている。

チットールガルのみどころ

チットールガル城　Chittorgarh Fort

建築的な歴史価値も高い大規模な城塞

平地からの高さ180m、幅1km、長さ5kmの細い丘の上の城塞がかつてのメーワール王の城塞、チットールガル城だ。外敵を見渡せる小高い丘の上にある城塞という地理的条件が、この城が難攻不落といわれたゆえんでもある。麓から7つある門をくぐって丘の上に到着すると、最初の見どころが**クンバ・パレスKumbha Palace**。15世紀にラーナー・クンバ王によって建てられた大規模な宮殿は、ラージプト様式の宮殿の最初期のものともいわれる。

9階建ての勝利の塔

この城塞内で最も重要な建造物が**名誉の塔（キルティ・スタンバ）Kirti Stambha**と**勝利の塔（ジャヤ・スタンバ）Jaya Stambha**。イスラーム建築様式のミナレットが到来する以前のインドの塔建築が現存しているのは非常に珍しい。名誉の塔は1301年にジャイナ教の始祖

クンブシャム寺院

アディナートにささげて建てられたもの。砂岩造りの塔は7階建て、高さ24mにもなる。内部にはジャイナ教の祖師ティールタンカラの彫刻がある。メーワール王族はヒンドゥー教徒であったものの、異教徒にも寛容だったため城塞内にはジャイナ寺院も点在している。

一方、勝利の塔はラーナー・クンバ王がムスリム軍に勝利したのを記念して1448年に建てられたもの。名誉の塔よりさらに大きな9階建て、高さ37mの迫力ある塔で、中央のらせん階段と外側の階段を交互に上るという、世界でもまれな構造をとっている。この塔の周囲にはヒンドゥー寺院がいくつかある。

城内の南端には王妃パドミニのために建てられたという**パドミニ・パレスPadmini Palace**がある。中庭をもつ小さな宮殿の隣にある貯水

名誉の塔とジャイナ教寺院

池には、浮かぶようにして離宮が建っている。デリーのハルジー朝のスルターン、アラウッディーンは、この離宮にいたパドミニの姿を見初め、彼女を手に入れるためにチットールガルを攻略したという伝説も残されている。

チットールガル城
🕐 9:00〜17:00
🎫 Rs200

HINT

日帰りならウダイプルから
チットールガルには観光客向けのホテルやレストランは多くない。ウダイプルならバスの便も多く、約2時間30分で行ける。チットールガルのバススタンドに着いたら、オートリクシャーと交渉してチットールガル城を周遊してもらおう。慣れている運転手なら、任せておけばおもな観光・撮影ポイントを回ってくれる。相場は3時間Rs300〜400。城塞はゆっくり見ると4時間以上はかかるので、オーバー分は1時間当たりRs100を目安に払えばいい。

ⓘ 駅やバススタンド周辺に数軒ずつホテルがあるが、交通量が多く落ち着いた感じではない。ホテル内のものを除くとレストランの数も少ない。チットールガル城内にはRTDC運営のレストランがあり、そこで食事もできる。

ブーンディー

ブーンディーの市外局番
0747
ブーンディーの人口
約8.9万人

ACCESS

鉄　道
町の4km南に小さなブーンディー駅がある。デリーのハズラト・ニザムッディーン駅から1日1便、所要約7時間。ウダイプルからは1日2便で約5時間。ジャイプル、アジメール、ジョードプルからの列車はないので、まず最寄りの大きな町コーターKotaを目指し、バスに乗り換える。

バ　ス
コーターからバスが頻発している。所要約1時間。アジメールからは15分おきで約4時間。ジャイプルからは15分おき発車で約5時間。チットールガルやウダイプルからは1時間おきにあるコーター行きを使い乗り継ぐ。チットールガルから約5〜6時間、ウダイプルから約8時間。

バスが町に近づくにつれ、丘の中腹に大きな宮殿の姿が見えてくる。交通の要衝として開けた町ブーンディーは、1947年のインド独立までは小さいながらも藩王国として存続した。ムガル帝国期、ラージプート諸侯の力をそぐため皇帝は各王国の分家を命じ、その結果コーター王家が分家した。この地方の中心はやがてコーターKotaに移り、ブーンディーはひなびた町になっていく。のんびりとした町には独特の味わいと美しさがある。

町は旅行者が多く集まる丘の中腹の旧市街と、南側に下った新市街に分かれている。バススタンドは新市街にあり、旧市街入口の**チョーガン門Chogan Gate**までは徒歩約10分。門の手前はバザールになってい

ナガール・サガールの後ろには宮殿がそびえるように建つ

る。チョーガン門を入ると旧市街で、左手の道**サダル・バザールSadar Bazar**をゆっくりと10分ほど上るとガール・パレスの麓に出る。

ナガール・サガールNagar Sagar北岸沿いには旅行者向けの宿やレストランが多く建ち並ぶ。すぐに歩けてしまう小さな町だが不思議な魅力がある場所だ。

ⓘ 『ジャングルブック』などで知られるイギリスの作家、キップリングはブーンディーに滞在して執筆していたこともある。スーク・マハルで彼の代表作のひとつ『少年キム』が書かれたといわれている。

町を見下ろすシンボル的存在
ガール・パレスとチトラサラ　Garh Palace & Chitrasala
MAP P.270

17世紀に建てられたかつての王宮ガール・パレス。ゾウの彫刻が掲げられた**ハティ・ポールHati Pol**をくぐると、宮殿の中庭、謁見や儀式が行われていた**ラタン・ダウラートRatan Daulat**に出る。2階に上がると、貴族や王族用の謁見の間**ディワーネ・アームDiwan-i-Am**に出る。この奥のテラスからはブーンディーの町が一望できる。テラス周辺の小部屋ではすばらしい壁画が見られる。

メインのチャタル・マハル宮殿

ハティ・ポールを出て外側の急な石坂を上ると、宮殿の一部である**チトラサラChitrasala**に入場できる。ここはマハーラージャ、ウメイド・スィンが18世紀に建てた王族のプライベート空間。中庭奥の建物に残る色鮮やかな壁画は必見だ。

細密画に彩られたチトラサラ

絶好のサンセットポイント
タラガール要塞　Taragarh Fort
MAP P.270

マハーラージャ、ラーオ・ラージャ・バール・スィンが1354年に建てた中世の山城。内部は広く、敵が攻めてきたときに立てこもれるよう造られた階段池など多くの建物が残るが、手入れがほとんどされていないのが残念。ただし城壁からは周囲が見渡せ、眺めはいい。早朝か夕刻がおすすめ。ひと気が少ないのでひとりで行くのは避けたい。サルにも注意。

町でいちばん美しい「王妃の階段井戸」
ラーニジ・キ・バーオリー　Raniji-ki-Baori
MAP P.270

ブーンディーには階段井戸が50以上もあるが、そのなかでも最も大きく美しいといわれているのがここ。アルニッダ王の第2夫人が亡き夫のために造ったといわれる。46mもの深さがあり、真っすぐに井戸底まで下りていく大階段が途中で直角方向からの階段と合流する構造。飾りアーチとゾウの彫刻の装飾が美しい。

ガール・パレス
🕐 8:00～18:00
💰 Rs500

タラガール要塞
🕐 8:00～17:00
💰 Rs100
※カメラ持込料Rs50、ビデオ持込料Rs100

ラーニジ・キ・バーオリー
🕐 9:00～17:00
🚫 日
💰 Rs350（スーク・マハル、84柱廟との共通チケット。2日間有効）

INFO

ツーリストオフィス
🗺 P.270
☎ 0747-244-3697
🕐 9:30～18:00
🚫 土日

ℹ テラスから宮殿を望むアットホームなゲストハウス。**H** Kasera Heritage View 🗺 P.270 ☎ 0747-244-4679
💰Ⓢ Rs1200～ 🅜 Rs1500～ **Card** DMV 📶込 Wi-Fi 🛏 10室

アーメダバード

3つのアーチが並ぶティーン・ダルワーザー

アーメダバードの市外局番
079
アーメダバードの人口
約 558 万人

ACCESS

飛行機
ムンバイーからエア・インディアとゴー・エアが毎日3便、インディゴが毎日7便、アカサ・エアーが毎日3便。所要約1時間10分。このほかデリー、コルカタ、チェンナイからも便がある。空港は市の北東10kmほどにある。市内までプリペイドタクシーでRs500。オートリクシャーでRs350〜400程度。所要約20分。

鉄 道
ニューデリー駅から特急（1日1〜2便）で所要約12時間50分〜14時間40分。オールドデリーのデリー駅から急行（1日3便）で約15時間〜17時間10分。ムンバイー・セントラル駅から特急など（1日6〜8便）で約5時間25分〜8時間50分。

バ ス
ウダイプルから所要6〜7時間。ラージコートから5時間。ジュナーガルから約8時間。ブージから9時間。

STC バススタンド
MAP P.273-B2

アーメダバードは、デリーからムンバイーに西回りで行くなら必ず通る町。インドの綿織物生産の中心地として栄えている町だが、グジャラート州出身のガーンディーが、インド独立運動の思想をこの町で育んだという歴史も秘めている。今もガーンディーの面影を伝えるサーバルマティー（ガーンディー）・アーシュラムは多くの人が訪れる。

現在、インド第6位、人口558万人の大都市に発展したが、サーバルマティー川の東に広がる旧市街は、2017年に世界遺産にも登録され、ぶらぶらと歩くには最適な場所。色とりどりのインド綿の服を軒先に今もぶらさげている問屋街をのぞいて歩くこともできる。それと同時に、現在の首相ナレンドラ・モディが同州出身ということもあり、経済的にも近年大きく発展。インド高速鉄道計画の最初のルートとして、日本の技術・資金両面での支援により、ムンバイーとこのアーメダバードを結ぶ区間が2017年に着工されるなどダイナミックに動いている。

◀━ アーメダバードの歩き方 ━▶

町の中を南北に流れる**サーバルマティー川Sabarmati River**の西に**新市街**、東に**旧市街**が広がっている。新市街と旧市街では町の趣がまったく異なる。新市街はこぎれいな商店が並ぶのに対し、旧市街のバザールは、日用品が中心といった感じ。おもな見どころのほとんどは旧市街にあるから、まずこちらから歩き出そう。

もし3〜6月の暑季にここを訪れるなら、この時期は最高で50℃ぐらいまで気温が上がるので、帽子を忘れずに持っていこう。

駅は旧市街の東端に、中・長距離のバスが発着する**STCバススタンド**はその南西2kmほどの場所にある。市内バスが発着するラール・ダルワーザー・バススタンドはサーバルマティー川近くにある。

ⓘ 町の名前であるアーメダバードとは、アフマド（アフメッド）の町という意味。グジャラート王国を統治していたアフマド・シャーが、1411年、グジャラート北部のパータンにあった都をこの場所に移し、自分の名を冠したことによる。

町全体は「アフマダーバードの歴史都市」として世界遺産に登録されている。都市としての世界遺産登録はインド初。旧市街に残る2〜3階建ての「ポル」と呼ばれる集合住宅などを見学してみよう。

外来勢力の侵入が激しかった西インドの特徴だろうか、この町にも数多くの宗教が共存しているが、イスラーム教のモスクは特に多く見かける。

駅の南約300mの所にあるのが、なんと塔が揺れるということで有名な**シディ・バシール・モスクSidi Bashir Mosque**。MGロードにある、インドで最も美しく、大きいモスクのひとつといわれる**ジャマー・マスジッドJama Masjid**は、260本の石柱が並ぶ礼拝堂も重々しく、荘厳である。また、ネルー橋の500mほど東には、非常に繊細な格子窓が特徴の**シディ・サイヤド・モスクSidi Saiyad Mosque**もある。MGロードにある3つのアーチが並ぶ**ティーン・ダルワーザーTeen Darwaza**は、城塞都市だったアーメダバードへの入口として、スルターンとその一族だけが通り抜けできたもの。

新市街には大学や各種の学校などアカデミックな建物が多い。北にはサーバルマティー（ガーンディー）・アーシュラムがある。**キャリコ博物館**の織物のコレクションも必見だ。

INFO

鉄道予約オフィス
アーメダバード駅を出て左側の建物。外国人用のカウンターもある。（3番）
地図 P.273-B2
⏰ 8:00〜20:00

鉄道でラージャスターンへ
アーメダバードから鉄道でラージャスターン州へ向かう場合、ウダイプールへは所要11〜16時間。長いので夜行寝台がおすすめ。ジャイサルメールへの起点となるジョードプルへは約10時間。朝発に乗れば、夕方には着く。

Gujarat
グジャラート州
Ahmedabad
アーメダバード

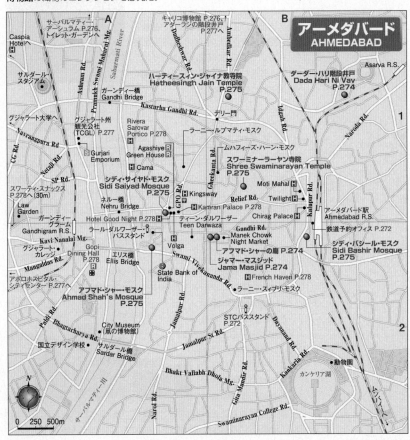

アーメダバード
AHMEDABAD

グジャラート王国はインド洋貿易で発展し、キャンベイ湾の港はカリカットと並ぶ中継貿易の拠点となった。1509年のディーウ沖の戦いではポルトガルに敗れるが、1537年に国王バハードゥル・シャーがポルトガルに暗殺されるまで、その繁栄が続いた。

ダーダー・ハリ階段井戸
🕐 随時
💴 無料

500年前の世界を感じさせてくれる
ダーダー・ハリ階段井戸　Dada Hari Ni Vav

MAP P.273-B1

　アーメダバード駅から北へ約2km行った、Asarva駅の近くにある階段井戸は、数十段の階段を下って井戸にいたる大建築の井戸。1499年にイスラーム政権の王妃ダーダー・ハリによって造られ、建築学的にも極めて優れた建物として世界的に知られている。今は水脈が移り、井戸の中は土で埋められているが、建築物は堂々と残っている。柵などはないので、行けば自由に見学ができる。

　井戸の深さは20m。井戸はふたつあり、いちばん奥の円形のものが実際に井戸として使われ、その手前の方形の井戸は人々が涼を取るための場所だったという。

　方形井戸上部の吹き抜けは、各階の周囲を装飾された柱やバルコニーが囲んでいて見応えがある。ただしイスラーム教徒が造った井戸のため、偶像彫刻は見られない。

建築に興味があればぜひ訪れたい

ジャマー・マスジッド
📍 M.G. Rd.
🕐 6:00～18:00
💴 無料

アーメダバード最大のモスク
ジャマー・マスジッド　Jama Masjid

MAP P.273-B2

　集団礼拝のための金曜モスクで、創建は1424年。入口は狭いが、敷地に入ると想像以上に広い。中庭に面した礼拝堂のファサード（正面入口部分）には、ミナレットがそびえていたが、今は失われてしまった。礼拝堂に入ると260本の柱がびっしりと並んでおり、まるで林の中にいるようだ。ミフラーブ（メッカの方向を示すくぼみ）の手前には、持ち出し構造で支えられた大きなドーム屋根が架けられている。モスクに彫られた装飾を見ていると、イスラーム建築とインドの伝統建築が融合した、その豊かな実りを感じることができるだろう。

　中庭の隣には、アーメダバードを開いた**アフマド・シャーの廟Tomb of Ahmad Shah**があり、壁の透かし彫り装飾など見応えがある。道路を挟んだ所にはその王妃たちの廟があり、装飾された模棺（実際の墓は地下にある）が並んでいる。

彫刻がすばらしいモスクのファサード部分

旧市街のアフマド・シャーの廟の東を南北に走る通り周辺は午後8時頃から深夜にかけてマネック・チョウク・ナイトマーケット
Manek Chowk Night Market（地図 P.273-B2）となり屋台が並ぶ。東南アジアの夜市のようにテーブルや椅子がずらりと並び、→

●その他のモスク

　アーメダバードを1411年に開設したアフマド・シャーが最初に建てたのが**アフマド・シャー・モスク**。1414年の創建で、急いで造る必要があったため、ヒンドゥー寺院やジャイナ寺院を取り壊して得た石材を転用している。礼拝堂内の列柱などには偶像を削った跡が残っている。駅から南へ5分ほど歩いた所にあるのが、**シディ・バシール・モスク**。入口は大通り側と反対の路地側にありわかりにくいが、2本の対になったミナレットが目立つモスクがある。モスクは1452年に建てられたもので、この高さ21.3mのミナレットは土台がつながっているため、片方を揺らすと他方も揺れるという。1573年の建造。町なかのロータリーにこぢんまりとした礼拝堂が残っているのが**シディ・サイヤド・モスク**。インド・サラセン様式の代表作とされている。裏にある半円形の線条細工の窓が美しく見もの。

モスクの見学

基本的にはどこも日の出から日没までで、入場は無料。

荘厳なるヒンドゥー寺院　　　　　MAP P.273-B1
スワーミナーラーヤン寺院　Shree Swaminarayan Temple

　グジャラート州で活動したヒンドゥーの聖人、スワーミナーラーヤン（1781～1830）が建てた6つの寺院の最初のひとつ。スワーミナーラーヤンは現在も多くの崇拝者をもち、ヴィシュヌ派の新興宗教勢力となっている。グジャラート、マラーティー、ラージャスターン、英国のデザインのエッセンスが混在した建築は、当時の統治者であった英国のダンロップ卿をも感動させたという。敷地内にはいくつかの寺院に加え、ビルマのチーク材を使って建てられた僧院などもある。旧市街を散策するツアー「ヘリテージ・ウオーク」はここからスタートする（P.276）。

訪れる信者が絶えない

スワーミナーラーヤン寺院

▲ Swaminarayan Mandir Road, Old City, Kalupur, Ahmedabad,
☎ 079-2213-2170
◐ 5:00～12:00、15:00～22:00

細かい装飾が興味深い　　　　　MAP P.273-B1
ハーティースィン・ジャイナ教寺院　Hatheesingh Jain Temple

　イスラーム色の濃いアーメダバードではモスクにばかり目がいくが、この寺院はレース状の精緻な石刻と、柱に丸彫りされたジャイナ教の神々の彫刻が見事。1848年創建で、中央の礼拝堂をはじめ、寺院全体に施された細かい石彫装飾が見もの。

　回廊にある52体の像の目には、信者から寄進された宝石が埋め込まれている。寺院手前には、スタンバ（塔）もある。

入口部分の見事な彫刻

ハーティースィン・ジャイナ教寺院

▲ Balvantrai Mehta Rd.
◐ 6:00～12:00、13:00～20:00
㊡ 無休
※内部の写真撮影は不可

＼周りの屋台から好きなものを注文することができる。グジャラートのスナックからドーサーやウタパムなどの南インド料理、サンドイッチやピザなどが食べられる。地元の人や観光客に交じって食事を楽しんでみよう！

サーバルマティー・
アーシュラム
♦ Gandhi Smarak Sangra-
halaya
☎ 079-2755-7277
🕐 8:30〜18:00
💰 無料
URL www.gandhiashramsa
barmati.org

ガーンディーの運動の拠点

サーバルマティー・アーシュラム Sabarmati Ashram (Gandhi'fs Ashram)

MAP P.273-A1外

市の中心から北へ約6km、サーバルマティー川の西岸に面した閑静な修行道場で、ガーンディー・アーシュラムとも呼ばれている。

まず自由と独立こそが幸せの原点としたガーンディーが、1917年、イギリスの悪政と戦うため、数々の運動の拠点として設けた。1930年3月12日、イギリスの塩の専売に反対して行った有名な「塩の行進」も、このアーシュラムから始まった。

別棟には彼の居室が当時のままに残されており、禁欲と純潔の生活のなかで自由への情熱を燃やし続けた彼の体臭が今も残っているかのようだ。

そのほか、写真で彼の生涯を紹介した建物やショップもあり、ガーンディーに関連する書籍やグッズなどを売っているので立ち寄ってみるといい。

敷地内にはベンチがあり、川を眺めながらガーンディーの人生に思いをはせることができる。

ガーンディーの足跡をたどる

キャリコ博物館
♦ Sarabhai Foundation, Opp.
Underbridge, Shahibag
☎ 079-2286-8172、079-
2286-5995
🕐 10:30〜12:30（ハヴェーリ
ー・ギャラリーツアー）
14:30〜16:30（チョーク・
ギャラリーツアー）
15:30〜17:00（庭園ツアー、
火・木のみ）
💰 月、祝 💰 無料
URL www.calicomuseum.org
✉ calicomuseum1@gmail.
com
※館内の写真撮影は不可。カメ
ラやバッグは入口で預ける。

第一級の織物を集めた

キャリコ博物館 Calico Museum

MAP P.273-B1外

インド第一級の染織物(キャリコ＝更紗)が集められており、マハーラージャたちの愛用した逸品はパネルに保存されている。めくってみると、まるで花園のように次々と豪華な刺繍の壁掛布、錦織、手描きのカラムカリや木型でプリントされた布が現れる。館内はハヴェーリー・ギャラリー、チョーク・ギャラリー、庭園の3つのエリアから成り立っており、それぞれツアーでのみ訪問可。ツアー開始時刻の15分前までに到着が必要。定員は15人だが、満員のことが多いので、必ず電話かメールで予約していくこと。2週間前までの予約が必須で、1ヵ月以上前からがより望ましい。

世界遺産の旧市街を歩こう！

2017年にユネスコの世界遺産に登録されたアーメダバードの旧市街。町中に点在するモスクやジャイナ教寺院、ポルと呼ばれる集合住宅など、何気ない見どころがたくさんある。もちろん自分でぶらぶらと歩くのももちろん楽しいが、都市の歴史などにも興味がある人はアーメダバード・ヘリテージウォーク（Rs300）に参加してみよう。基本的には毎日開催しており、当日午前7時半頃から旧市街のスワーミーナーラヤン寺院の門をくぐってすぐ右側の建物の2階で申し込みができる。イントロの動画を見たあとはガイドの説明（英語）を聞きながら、迷路のような路地に点在する見どころをジャマー・マスジッドまで回る。
☎ 1800-233-908

ヘリテージウオーク受付

アーメダバード・ヘリテージウオークには、通常のチケットに加えツアー終了後ガーンディーや映画俳優ラージ・カプールなども来たという古いレストラン（というか食堂?）での軽食付きのチケット（Rs450）もある。

階段井戸に興味があればぜひ

アダーラジの階段井戸 Adalaj Vav

　西北インドに数多い階段井戸だが、その規模や完成度からいっても、最も見る価値があるもののひとつ。アダーラジ村はアーメダバードの北19kmにある小さな村だが、この階段井戸が造られた当時はこれだけのものを造る人口も財力もあったのだろう。

　井戸にある碑文によれば、この井戸はヴァーゲラー朝の王妃であるルダによって1498年に造られた。井戸の深さは30m。地上の三方から下りていく階段が、まず地下3mの踊り場ホールで合流。そこから井戸まで階段が真っすぐ下りていくという構造になっている。井戸と階段の上には4階分の建物が架けられ、寺院だったのではないかと思うほど凝った建築になっている。井戸の上部は地上へ続く八角形の吹き抜けとなっていて、そこから外光が差し込むようになっている。

　井戸の周囲まで下りると、空気はひんやりとしている。かつて人々は水をくみに来るだけでなく、暑い昼の日差しを避け、ここで快適な時間を過ごしていたのだ。各階の壁の窪みには、樹木、葉、花、ゾウ、馬、日輪などの浮き彫り装飾があるが、これらはかつて涼を求めて来た人々の目を楽しませていたのだろう。

対称性のある見事な建築

アダーラジの階段井戸

⏱ 6:00～18:00
🎫 Rs300
STCバススタンドの19番/20番ホームからガーンディナガルGandhinagar行きのバスに乗り（8:00～18:00、20分ごと)、街道沿いで下車後、徒歩5分。オートリクシャーをチャーターする場合はRs800前後。敷地内は禁煙。

Useful Address　ユースフル・アドレス

▶観光情報 ⋯⋯⋯⋯⋯⋯⋯⋯⋯⋯⋯⋯⋯⋯⋯⋯⋯⋯⋯⋯⋯⋯⋯⋯

グジャラート州観光公社　Tourism Corporation of Gujarat Ltd (TCGL)
🗺 P.273-A1　🏠 H. K. House, Opp. Bata Showroom, Ashram Rd.
☎ 079-2657-8044　⏱ 10:30 ～ 18:00　🏖 日、第2・4土、祝
🔗 www.gujarattourism.com

▶病院 ⋯⋯⋯⋯⋯⋯⋯⋯⋯⋯⋯⋯⋯⋯⋯⋯⋯⋯⋯⋯⋯⋯⋯⋯⋯⋯⋯

アポロホスピタル・シティセンター　Apollo Hospitals City Center
🗺 P.273-A2外　🏠 No.1, Tulsi Baugh Society Opp. Doctor House, Near Parimal Garden,　☎ 079-6630-5800
🔗 askapollo.com

ℹ️ アーメダバードでは毎年正月から2週間ほどサプタック音楽祭Saptak Annual Festival of Music」(P.51) が開催される。一流のインド古典音楽や舞踊が体感できるのでぜひとも観に行こう！ 🔗 www.saptak.org

Hotel & Restaurant ホテル&レストラン

観光に手頃なロケーション
H カムラン・パレス
Kamran Palace
旧市街中心部 ₹₹
MAP P.273-A1

🏠 Near Relief Cinema, G.P.O. Rd.
☎ 079-2550-9586
🛁🗜🅰🅲Ⓢ Rs1400〜 🛁🗜🅰🅲Ⓢ Rs1700〜 別
Card MV 📶 🚪30室

旧市街の中心に近く、観光に便利な中級ホテル。徒歩圏内でいろいろなものが揃うので便利。比較的リーズナブルな値段ながら、部屋は広々として清潔。インテリアや雰囲気が各部屋によって違うので、事前に部屋を見せてもらうのが望ましい。ホットシャワー、ルームサービス24時間OK。チェックアウトは24時間制、もしくは12時チェックアウトのどちらかを選択可。

シディ・サイヤド・モスクに近い
H グッド・ナイト
Hotel Good Night
旧市街中心部 ₹₹
MAP P.273-A1

🏠 Opp. Sidi Saiyed's Jali, Near Electicity House, Lal Darwaja ☎ 079-2550-7181 🛁🗜🅰🅲Ⓢ Rs1400〜 2000 🛁🗜🅰🅲 Rs1600〜2200 別 **Card** MV 📶 🚪28室 🌐 www.hotelgoodnight.co.in ✉ goodnight.hotel@gmail.com

シディ・サイヤド・モスクの向かいにある中級ホテルで、レストランの2階にある。周りにお店やレストランも多く食事にも困らず、観光にも便利。部屋はシンプルだがとても清潔で、チェックアウトは24時間制、もしくは12時を選択可能。スタッフもフレンドリーで、朝食の評判もよい。ランドリーや両替のサービスもある。

旧市街のおしゃれなブティックホテル
H フレンチ・ハヴェーリー
French Haveri
旧市街中心部 ₹₹
MAP P.273-B2

🏠 1824 Khijada Sheri, Opp. Jain Derasan, Dhal Ni Pole ☎ 989-861-9396 🗜🅰🅲 Rs3000、🅰🅲 Rs4000〜6500 込 **Card** AMV 📶 🚪5室 🌐 frenchhaveli.com ✉ info@3foundation.org

旧市街の路地の奥にある、約150年前のグジャラートの邸宅を改装したブティックホテル。車が入れないような入り組んだ路地の中にあり、たどり着くのが少々大変だが、とても快適な滞在が楽しめる。朝食もシンプルながら評判が高い。共用スペースの居心地や雰囲気もよく、西洋人観光客を中心にリピーターも多い。

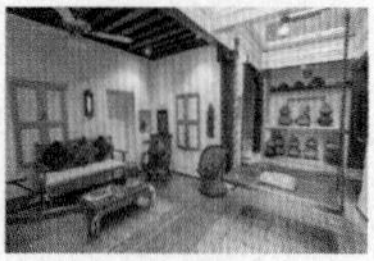

高級感のあるビジネスホテル
H リベラ・サロヴァール・ポルティコ
Rivera Sarovar Portico
旧市街中心部 ₹₹
MAP P.273-A1

🏠 Bhavan's College Road ☎ 079-2560-1111、704-333-6732 🗜Ⓢ🅰🅲 Rs3500〜 🗜🅰🅲 Rs4500〜 別 **Card** ADJMV 📶 🚪80室 🌐 sarovarhotels.com ✉ fom@sarovarahmedabad.com

サーバルマティー川近くにある快適でゴージャスなビジネスホテル。ランドリー、フィットネスセンターなどのサービスも充実しており、スタッフの対応も非常にていねい。レストランではインド料理や各国料理が食べられる。建物の中には政府認可の酒店もあり、パーミッションを取れば酒類も購入可能。部屋は値段以上の高級感があり、清潔で広々としている。リバービューの部屋もあり。

いつもにぎわう
R スワーティ・スナックス
Swati Snacks
グジャラート料理 ₹₹
MAP P.273-A2外

🏠 Sera, Law Garden
☎ 079-2640-5900
🕐 12:00〜22:45 別 **Card** MV

カジュアルにグジャラート料理を食べることができる人気の店。アーメダバードに2店舗があり、ランチタイムは大混雑する。12:00〜15:00はスワーティ・ターリー Rs550も食べることができる。豆の粉で作った蒸しパンのようなグジャラート料理の定番ドクラや、パールスィー料理のダンサク、ドーサやウタパムなどの南インド料理もあり、メニューはバラエティ豊富。

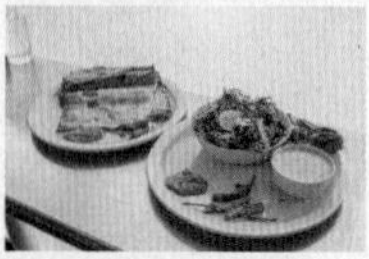

『ニューズウィーク』にも取り上げられた！
R ゴーピー・ダイニング・ホール
Gopi Dining Hall
グジャラート料理 ₹
MAP P.273-A2

🏠 Opp. Town Hall, Ellisbridge
☎ 987-951-4277
🕐 10:30〜15:30、18:30〜22:30 別 **Card** 不可

伝統的なグジャラート料理を食べられる人気店。メニューは2種類のターリーがあるが、ランチはグジャラート・ターリーのみ。1979年創業の人気店で量も多い。民俗衣装姿のウエーターが次々にやってきて給仕してくれるので、おなかをすかせて準備万端にしてから行くとよいだろう。当然お代わりは自由だ。グジャラート・ターリーは量またはデザートの有無によってRs310〜425。

 サーバルマティー川近くにある H Cama Hotel（MAP P.273-A1）は創業1960年の老舗。伝統あるホテルだが中はリノベーションされていてとてもきれい。🌐 camahotelsindia.com

ブージ

民族衣装を着たカッチの女性のほほ笑み

インドの西端からパキスタンにかけて広がる**カッチKachchh（また はKutch）**と呼ばれる一帯は、カーティアワール半島の隆起とインダス河の堆積物が生み出した、塩分を含んだ湿地帯だ。モンスーン時には冠水し、乾くと塩が結晶化する過酷な風土に、伝統文化を守る民族が暮らしている。

ブージはそのカッチ地域の中心都市で、アーメダバードからは西に411km、パキスタンとの国境にも近い。1549年にラーオ・ケーンガルジー1世がここを首都に定めて以降、城塞都市としての建設が行われてきた。以降ラーオまたはマハーラーオと呼ばれる支配者による治世は、1948年まで18代にわたって続いた。

近年、カッチに住む諸民族の刺繍などの手工芸が日本を含む海外でも高く評価を受けている。乾季には北方に広がる大塩原ホワイトランや点在する諸民族の村を訪ねる拠点となる町がブージだ。

ブージの歩き方

町の中心は、城壁に囲まれた一帯**ダルバールガドDarbargadh**で、マハーラーオの宮殿アーイナー・マハルやプラグ・マハルがここにある。そこから東へ延びる**シュロフ・バザールShroff Bazaar**は、生活雑貨や手工芸品の店が並ぶにぎやかな通り。周辺には迷路のような路地が続くので、迷わないよう気をつけよう。

ダルバールガドの西には、1819年に造られた**ハミルサール湖Hamirsar Lake**が広がっている。その南側から東西に延びるバススタンド・ロードも人どおりが多い場所のひとつ。町の外周を囲む山上に築かれた城壁は、軍の基地内にあるので立ち入り禁止となっている。

町は意外と広いので、オートリクシャーが移動には便利だ。

ブージの市外局番
02832

ブージの人口
約13万人

ACCESS

飛行機
ムンバイーからアリアンス・エアが週6便、所要約2時間。空港は町の北約5kmの場所にある。

鉄　道
アーメダバード駅から急行（1日4〜5便）で所要6時間15分〜9時間50分。ムンバイー・バンドラ・ターミナス駅から急行（1日2〜3便）で約13時間〜17時間25分、その他ムンバイー・ダーダル駅からの便もある。

バ　ス
アーメダバードから所要約8.5時間。ラージコートから約6時間。

INFO

観光情報局（TCGL）
Tourist Information Bureau
🗺 P.280-A2
🏠 1F Exhibition Hall, Opp. Bahumali Bhavan
☎ 02832-22-4910
🕐 10:00〜18:00
🈺 日、第2・4土、祝

ⓘ 2001年1月26日、ブージの西20km地点を震源とする地震が起き、2万人前後が死亡、40万近くの家が倒壊するという大惨事となった。町の被害は甚大だったが、現在、旅行には支障がない程度に復興を遂げている。

アーイナー・マハル

- Darbargadh
- ☎ 902-548-9094
- ⏰ 9:00～11:45、15:00～7:45
- 休 木
- 料 Rs30
- ※カメラ持込料 Rs100
- ビデオの持ち込みは不可

プラグ・マハル

- Darbargadh
- ⏰ 9:30～17:45
- 休 祝
- 料 Rs50
- ※カメラ持込料 Rs100、ビデオ持ち込み不可

ダルバール・ホール

伝統的なカッチ様式の建物
アーイナー・マハルとプラグ・マハル Aina Mahal & Prag Mahal

MAP P.280-A1

　シュロフバザールの西、城壁に囲まれた宮殿地区ダルバールガドには3つの宮殿がある。そのひとつラーニ・マハルは2001年の地震で崩壊し閉鎖されたまま。現在観光できるのはプラグ・マハルとアーイナー・マハルだ。

　門を入って正面の堂々とした建物がプラグ・マハルで19世紀の建造。謁見の間ダルバール・ホールは、往時の華やかな宮廷の趣を残している。

　奥まった場所にある建物が1750年頃建造のアーイナー・マハル。「鏡の宮殿」を意味するマハーラーオの館で、鏡の部屋、金の足の寝台が置かれたベッドルーム、小さなプール付きの音楽の間などがあり、往時のマハーラーオの暮らしがうかがえる。

アーイナー・マハル

ブージ BHUJ

（i）【ブージのその他の見どころ】バラティヤ・サンスクリティ・ダルシャン博物館　カッチ地方の民族による手工芸品や生活用具などを展示する私設博物館。2館に分かれている。説明は主にグジャラーティー語。MAP P.280-A2　● Mandvi Rd, Near Taluka⤴

村巡りの前にカッチの民族について知ろう
カッチ博物館　Kachchh Museum

MAP P.280-A2

1877年建造のグジャラート州最古の博物館で、カッチの歴史と文化について紹介している。1階はブージ周辺の民俗文化コーナーで、民族衣装をまとったマネキンが展示されている。2階は武器や金銀の食器、象牙製品、刺繍などの布製品を展示。特に刺繍の緻密さには驚く。

美しい刺繍作品

カッチ博物館
⌂ College Rd.
🕐 10:00～17:00
🗓 水、祝
💰 Rs50
※カメラ持込料 Rs100、ビデオ持込料 Rs500

巨額の費用をかけて再建された白亜の寺院
スワーミナーラーヤン寺院　Shree Swaminarayan Temple

MAP P.280-A2

白大理石の建物と、天蓋に使われた黄金が美しいヒンドゥー寺院。ヴィシュヌの化身であるクリシュナを祀る。祭壇の中央には3体の像が祀られ、真ん中が黒いクリシュナ、右側に黒いアルジュナ、左側がスワーミナーラーヤンだ。

夕暮れ時のスワーミナーラーヤン寺院

スワーミナーラーヤン寺院
⌂ Tirth Dham
☎ 02832-25-0231
🕐 5:00～13:00、15:00～2:00
🗓 無料
🌐 www.bhujmandir.org

カッチの刺繍を知りたければまずここへ
リビング＆ラーニング デザインセンター　Living & Learning Design Centre

MAP P.280-B1、B2外

カッチの農村の女性支援を目的とするNGO「シュルージャン」が2016年に設立した施設。LLDCの略称で知られる。カッチに住む12民族の手工芸をていねいに紹介。快適なシアターを備え、カッチの手工芸に関するドキュメンタリーの上映や、実際に各民族ごとの刺繍のサンプルに触れることができる。カフェやショップ（クレジットカード使用可）もあり、半日は楽しめるほどの充実した施設。ブージ駅から東へ約14キロと距離はあるが、訪れる価値は十分ある。不定期にイベントもあるので、ウェブサイトで情報をチェックしてみよう。アクセスはアジュラクブルかバチャウ行きのシェアオートかバスで、その他の村々も回るならば車をチャーターするのがいいだろう。

リビング＆ラーニングデザインセンター
⌂ 705, BhujBhacahu Road, Opposite Anchor Factory, Ajrakpur
☎ 898-032-9090
🕐 10:00～18:00（17:15最終入場）
🗓 月・祝
💰 Rs100
🌐 shrujanlldc.org
内部の写真撮影はギャラリー1のみ不可。要パスポート。
🚗 ジュビリーサークル（地図P.280-A2）から出るアジュラクブルもしくはバチャウ行きのシェアオート乗車で途中下車。所要約25分。

色とりどりの刺繍の鮮やかさに息をのむ

Panchayat ☎ 940-916-3246 🕐 11:00～13:00、16:00～18:00 🗓 日・祝 💰 Rs100（各館につき） カメラ持込料Rs200、ビデオ持込料Rs500

MAP P.282

手工芸の村々

バンニエリアに行くには登録が必要で、ビリンディアラ村の900mほど北にあるチェックポストで行う（🕙10:00〜18:00）。申請書に必要事項を書き、パスポートとビザのコピー1枚とともに提出。ホワイト・ランへ行く場合は入場料ひとりRs100、車1台当たりRs50をここで支払う。入域は1回限り有効。ブージから各村へ行くバスもあるが、1日に行ける場所が制限されるのでタクシーをチャーターするのがおすすめ。ホテルなどで手配してもらえる。オートリクシャーはアーイナー・マハル内の旅行会社でも依頼できる。

多彩な文化と手の技が息づく

手工芸の村々　Handicraft Villages

　ブージ郊外にはラバーリーやアヒール、メグワルなどの独特の文化をもつ民族が暮らす村が点在している。彼らの美しい民族衣装を見たり、村の素朴な暮らしに触れたり、刺繍や工芸制作の実演を見学したりできるのが、村巡りの楽しさだ。各村に行くバスもあるが、本数も少ないし移動効率も悪くなるので、オートリクシャーかタクシーをチャーターして行くのがベスト。また村によってはホームステイをさせてくれるところもあるので、村の生活を垣間見てみたいという人は挑戦してみるとよいだろう。

　旅程に余裕がある人はまずはブージの東、**アジュラクプルAjrakhpur**にあるリビング＆ラーニング デザインセンターを訪れるのがおすすめ。アジュラクプルにもブロックプリントの工房があるので、あわせて見学すると楽しいだろう。ブージから北へ向かうと、ルドラマタ・ダムの近くにマッドワークが美しい**ルドラマタ村Rudramata**がある。さらに先に進み、幹線道路から外れて少し東へ向かうとあるのが**スムラサール村Sumerasar**。アヒール族やイスラーム教徒のムトゥワの人々など約9000人が住み、カッチの女性による刺繍技術の継承を援助するNGO、カーラ・ラクシャのショップもある。

　スムラサールの20km西にある**ニローナ村Nirona**には、世界で唯一ローガン（ペルシア由来の粘性の強いオイルベース）を用いたアートに携わる職人の家がある。ニローナ村にはまた、コリと呼ばれるジャーティの人々がいて、カイガラムシから取れる染料で木工品に鮮やかな色をつける。

　幹線道路に戻ってさらに北に進むと**ビリンディアラ村Bhirendiara**があるが、ここより北は、**バンニBanni**と呼ばれる観光客に人気のエリア。

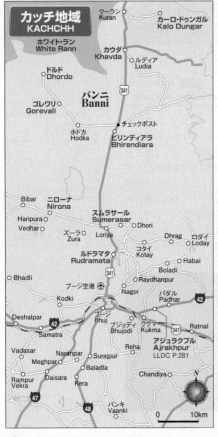

カッチ地域
KACHCHH

ホワイト・ラン
White Rann

クーラン
Kuran

カーロ・ドゥンガル
Kalo Dungar

カウダ
Khavda

ルディア
Ludia

ドルド
Dhordo

バンニ
Banni

341

ゴレワリ
Gorevali

ホドカ
Hodka

チェックポスト

ビリンディアラ
Bhirendiara

ビバル
Bibar

ニローナ
Nirona

ハリプラ
Haripura

ベダル
Vedhar

ズーラ
Zura

ロリヤ
Loriya

スムラサール
Sumerasar

ドリ
Dhori

ドラグ
Dhrag

ロダイ
Loday

バドリ
Bhadli

ルドラマタ
Rudramata

341

コタイ
Kotay

ハバイ
Habai

ボラディ
Boladi

ブージ空港 ✈

レイダンプル
Raydhanpur

コドキ
Kodki

ナゴル
Nagor

パダル
Padhar

42

デシャルパル
Deshalpar

42

ブージ
Bhuj

ブジョディ
Bhujodi

ククマ
Kukma

ラトナル
Ratnal

サマトラ
Samatra

ナランパル
Naranpar

スラジプル
Surajpur

レハ
Reha

アジュラクプル
Ajrakhpur
LLDC P.281

341

バダサル
Vadasar

メグパル
Meghpar

バラドラ
Baladla

チャンディヤ
Chandiya

N

ランプル
Vekra
Rampur

ダイサラ
Daisara

ケラ
Kera

47

バンキ
Vaanki

48

0　　　10km

職人の工房を訪れる

伝統的な建築スタイルの住居

 ガンガラム・ゲストハウスでA/C車を紹介してもらいました。9:00に運転手が来て、回る村などの計画を立てました。ルドラマタ、スムラサール、ビリンディアラ、ゴレワリ、ドルドに加えおすすめの村へ行き、ホワイト・ランの夕日を見、20:30にブージに戻り、

村の北にあるチェックポストを抜けて真っすぐ北に向かえば、陶芸の工房がある**カウダ村Khavda**があり、さらに先を途中で東に折れれば「黒い丘」を意味する**カーロ・ドゥンガルKalo Dungar**にいたる。パキスタン国境近くにある山で、夕日の名所となっている。

ビリンディアラ村の近くにあるチェックポストから西へ向かうと、メグワル族が多く住む**ゴレワリ村Gorevali**、ムトゥワの人々が多い**ドルド村Dhordo**がある。さらに北に進むと現れるのが塩の大湿原**ホワイト・ランWhite Rann**だ。異世界に降り立ったような不思議な空間を楽しもう。

ホワイト・ラン。白一色の壮大な風景

HINT

ブージの旅行会社

アプラグ・マハルの入口を入ってすぐ右に、アーイナ・マハル元館長のプラモド・ジェティ氏による旅行会社がある。観光案内もしており、旅の相談にのってもらえる。近郊の村を訪れるツアーは、オートの日帰りでRs1500（ガイド付きだとRs3000）Rs3000（車）。宿泊付きのツアーは要相談。
Kutch Tour Guide
☎ 937-423-5379
✉ pramodjethi2013@gmail.com

Hotel & Restaurant ホテル&レストラン

アットホームな老舗ゲストハウス
H シティ・ゲストハウス
宮殿地区 ₹
City Guest House
MAP P.280-B1

🏠 Langa St., Near Darbargadh　☎ 02832-22-1067
Ⓢ Rs500　Rs700~800　込　Card 不可
WiFi 📶　🛏 30室　URL cityguesthousebhuj.com

40年の歴史をもつゲストハウス。黄緑色の建物が建つ敷地内は明るい雰囲気。ホットシャワー24時間OK。暗い感じの部屋もあるので見せてもらってから決めよう。チェックアウトは24時間制。別料金で朝食も注文可能。

気持ちよく滞在できる
H ガンガラム・ゲストハウス
宮殿地区 ₹
Gangaram Guest House
MAP P.280-A1

🏠 Near Aina Mahal, Darbargarh Chowk, Mallsheri
☎ 846-944-0676, 960-126-3145　Ⓢ Rs1000、
AC Rs1200　込　Card AJMV　WiFi
🛏 15室　URL www.hotelgangaram.com

部屋は清潔でホットシャワーOK。近くに飲食店はないが、レストランを併設しているので困ることはない。近郊の村への車のチャーターが可能で、飛行機や鉄道のチケット手配をしてくれる。チェックアウトは10:00まで。

赤い建物が目印
H イラーク
幹線道路付近 ₹₹
Hotel Ilark
MAP P.280-B1

🏠 Station Rd.　☎ 02832-25-8999, 992-502-5908
AC Ⓢ Rs3600~5000　AC Rs4200~6000
別　Card 別　🛏 30室
URL www.hotelilark.com

ブージでもいいホテルのひとつで、客室は清潔でインテリアもあか抜けている。インド、中華、コンチネンタル料理が食べられるレストランを併設。グジャラーティー・ターリー（Rs300＋税）はランチタイムのみ。お湯は24時間出る。ルームサービスもある。

広くて快適な部屋
H パーク・ビュー・レジデンシー
幹線道路付近 ₹₹
Park View Residency
MAP P.280-B2

🏠 Laltekri,Bhuj　☎ 02832-25-3461
Ⓢ Rs1200~2000　Rs1700~2500
別　Card ADJMV　WiFi 📶　🛏 22室

町の東側にある比較的リーズナブルなホテル。どの部屋もインテリアはシンプルだが広く清潔で、手入れが行き届いており、快適に滞在することができる。エレベーターもあるので重い荷物を持っていても安心。レストランはないがルームサービスで食事を頼むことができる。お湯は24時間使用可能。近郊の村へのツアーもアレンジ可能なので、フロントで相談してみよう。チェックアウトは9:00と早めだが、オプションで朝食もつけられる。目の前はにぎやかな通りで、買い物や食事にも不自由しない。

メニューが豊富
R グリーン・ロック
北インド料理他 ₹
Green Rock
MAP P.280-A2

🏠 Near ST Bus Stand　☎ 02832-25-3644
🕐 11:00~15:00, 19:00~22:30　Card 不可

1階に両替所（Smruti）がある建物の2階にあるベジレストラン。地元の人にも観光客にも人気があり、いつもたくさんのお客さんでにぎわっている。ランチタイムに食べられるグジャラーティー・ターリーRs280が人気。パンジャービー・ターリーもある。パニール料理も自慢で、10種類を超えるメニューがパニールだけでも存在する。その他インド中華、ピザやサンドイッチなどのベジメニューも数多く揃えている。ベジフライドライスRs165、パラクパニールRs180など値段も手頃。

↘Rs3200でした。バンニに食堂はありません。フルーツやスナックをあらかじめ持参しましょう。チャーイ屋はビリンディアラ村周辺の比較的大きな村の道沿いにあります。コーヒーもありました。（神戸市 coco '18）

ラージコート

ラージコートの市外局番
0281
ラージコートの人口
129万人

ACCESS

飛行機
ムンバイーからエア・インディアが毎日1便、インディゴが毎日2便。所要約1時間10分。

鉄道
アーメダバードから1日3〜4便。所要4〜4時間30分。

バス
アーメダバードから1時間おきに1便、所要約4時間。ブージから1時間おきに1便、約6時間。ジュナーガル（約3時間）やバリタナ（約4時間）からの便もある。

カーティアワール半島の中部に位置するラージコートは、商業、工業が盛んなグジャラート州第4の都市。かつてはラージプート系の小さな藩王国で「インド独立の父」マハートマー・ガーンディーの父親が宰相を務めていたため、ガーンディーは少年時代をここで過ごした。町にはガーンディー一家が住んでいた家や、ガーンディーが学んだ学校など彼の生い立ちや足跡が今も残っている。19世紀のイギリス植民地時代は南西グジャラートの本部があったため、現在も町のあちこちでコロニアル建築が見られる。

ラージコートの歩き方＆見どころ

メインストリートは、町の中央を南北に走る**ジャワーハル・ロードJawahar Rd.**。その北側にある**ジュビリー・ガーデンJubilee Garden**の中にあるのが、**ワトソン博物館Watson Museum**だ。この地方の歴史や考古学に興味をもっていたジョン・ワトソン大佐が収集したヒンドゥー教の石像、ジャイナ教の教典、細密画、楽器などが展示されている。

その南にはガーンディーの母校**アルフレッド・ハイスクールAlfred High School**（現モハンダス・ガーンディースクール）があり、さらに南に下った所にある**H**ギャラクシー近くにグジャラート州観光公社（TCGL）のオフィスがある。

そこから東へ7〜8分歩いた場所には、ガーンディーゆかりの建物**カバ・ガーンディー・ノ・デロKaba Gandhi No Delo**がある。内部にはいくつもの部屋があり、ガーンディーの生涯を年表にしたものや、彼の写真などが展示されている。門の上にあったという、若き日のガーンディーが住んだ部屋は崩れてしまって今はもうないが、スタッフが常駐しているので、ガーンディーに関することを尋ねてみるといいだろう。

旧市街のライヤ・ナカ・タワー

i マハートマー・ガーンディーは、小学校時代に友人にそそのかされて肉を口にしたこともある。また、彼は13歳の若さで生涯を共にした妻カストゥルバと結婚したが、どちらもこのラージコート時代でのできごとだった。

このあたりからワトソン博物館東側までの一帯が旧市街だ。バングルなどを売る**バングディ・バザールBangdi Bazaar**から

Capダミー Capダミー Capダミー Capダミー Capダミー

パラ・バザール・ロードPara Bazaar Rd.へ抜け、**ライヤ・ナカ・タワーRaiya Naka Tower**を目指して散歩してみよう。庶民の熱気が感じられるエリアだ。

旧市街の南には、**スワーミナーラーヤン寺院Swaminarayan Temple**がある。19世紀の聖人を祀ったこの寺院では、毎日5回のプージャーが行われている。開始前から熱心な参拝者たちが集まり、プージャーでは讃歌をみんなで歌う。入口は男女別で、男性は寺院の建物に向かって右側から、女性は正面階段を上って中に入る。

宗教讃歌バジャンを歌う人々

INFO

グジャラート州観光公社(TCGL)
[MAP] P.284
🏠 Jawahar House bihind State Bank of Saurashtra
☎ 0281-223-4507
🕘 10:30～18:00
[休] 日、祝、第2・4土

ワトソン博物館
[MAP] P.284 🏠 Jubilee Garden
☎ 0281-222-3065
🕘 9:00～13:00、15:00～18:00
[休] 水、祝、第2・4土
[料] Rs100
※カメラ持込料Rs100、ビデオ持込料Rs500

カバ・ガーンディー・ノ・デロ
[MAP] P.284
🏠 8 Kadiya Navline, Dharmendra Rd.
☎ 0281-222-6544
🕘 9:00～12:00、15:00～18:00 (日10:00～) [料] 無料

スワーミナーラーヤン寺院
[MAP] P.284

Hotel & Restaurant ホテル&レストラン

Ⓢシングル、Ⓦダブル 注:[TAX]の表示のないホテルでもTAXがかかる場合があります。

旧市街 ₹ [MAP] P.284 [H] **ヴィシュラム・ゲストハウス** Vishram Guest House	🏠 Nr. Trikon Baug, Sir Lakhajiraj Rd. ☎ 0281-222-7144 [料] Ⓢ Rs300 Ⓦ Rs500～ [TAX] 込 [Card] 不可 [Wi-Fi] [室] 14室	カバ・ガーンディー・ノ・デロや旧市街のバングディ・バザールなどへ徒歩圏内の安宿。ホットシャワー24時間OK。すぐ隣に同名のレストランあり。
旧市街 ₹₹ [MAP] P.284 [H] **ユーロパ・イン** Europa Inn	🏠 Kotak St., Opp. Rajshree Talkies, Bhupendra Rd. ☎ 0281-222-6888、942-721-4409 [料] 📺 [A/C] Ⓢ Rs1650～1850 Ⓦ Rs2150～2500 [TAX] 別 [Card] MV [Wi-Fi] [室] 27室	部屋は3つのカテゴリーに分かれ、どこも掃除が行き届いていて清潔。ルームサービスやランドリーサービスもあり。24時間制の快適な中級ホテル。
旧市街北 ₹₹ [MAP] P.284 [H] **プラチナム** Platinum	🏠 Opp. Pathikashram, Jubilee Garden, Jawahar Rd. ☎ 0281-223-2000 [料] 📺 [A/C] Ⓢ Rs3100～ Ⓦ Rs3400～ [TAX] 別 [Card] ADMV [Wi-Fi] [室] 70室 [URL] platinumhotel.in	目抜き通りに面したワトソン博物館からも近い比較的新しいホテル。朝食付き。レストラン、ジムも完備されていてビジネスマンの利用も多い。
インド・中華他 ₹ [MAP] P.284 [R] **フレイバーズ** Flavours	🏠 Nr. Malaviya Petrol Pump, Dr. Yagnik Rd. Corner ☎ 0281-248-0008 🕘 10:30～15:30、19:00～23:30 [TAX] 別 [Card] MV [URL] www.hotelsilverpalace.com	[H] Silver Palace内にあるこのエリアではちょっといいレストランで、北インド、南インドのティファン、中華、コンチネンタルと幅広く楽しめる。

[i] Sir Lakhajiraj Rd.からバングディ・バザールにいたる道には、グジャラート州で有名な絞り染め、バンダーニを売る店がいくつもある。バンダナの語源となった布だ。みやげにしてみるのもいいだろう。

ジュナーガル

古い町並みが今でも残る

ジュナーガルの市外局番
0285

ジュナーガルの人口
31.9万人

ACCESS

鉄　道
アーメダバードから急行（1日3
～4便）で所要6～8時間。

バ　ス
ラージコートやアーメダバード
から直通バスがある。ラージコー
トからは早朝から30分おきに
多数。所要2時間45分。アーメ
ダバードからは早朝から正午ま
での間30分おきにある。7～8
時間。

HINT

ラージャスターンへは
ダール・ロードDhal Rd.と線路
が交差する付近にあるバス会社
Mahasagar Travelsでは、ムン
バイーやウダイプル行き直行バ
スのチケットも扱っている。

　アーメダバードから南西へ355km。カーティアワール半島の南部に
位置し、アショーカ王時代（紀元前250年頃）からの歴史をもつ町。ジ
ュナーガルとは、グジャラート語で「古い（ジュナー）城砦（ガル）」を
意味する。その名のとおり、町にはかつての城砦や中世ヨーロッパを思
わせるような市門が残っているが、修復や積極的な保存はされていない
ためずいぶん傷んでいる。ジュナーガルは、1748年にムハンマド・バ
ハドゥール・ハーン1世がムガル帝国から独立を宣言することにより誕
生。彼の子孫により2世紀にわたり栄華を誇った。1947年にパキスタン
がインドから分離独立するにあたり、イスラーム教徒であった太守ムハ
ンマド・マハーバト・ハーン3世はこの町をパキスタンへ帰属させるこ
とを望んだ。しかし、住民の多くがヒンドゥー教徒であったためインド
にとどまることとなり、太守はパキスタンへと去った。町に残る古い建
物はその当時に建てられたもので、今では人々が生活する風景に溶け
込み、静かな時間を重ねている。

　ジュナーガルはジャイナ教徒とヒンドゥー教徒にとっての聖地、ギル
ナール山巡礼の玄関口であり、またアジア唯一のライオンが生息してい
るササーン・ギル国立公園へ行くための拠点にもなっている。市内の観
光だけならラージコートからの日帰りも可能だ。

ジュナーガルの歩き方

　ジュナーガルの町の中心は、ウパルコート砦へと続く**ダール・ロード
Dhal Rd.**と**ポスト・オフィス・ロードPost Office Rd.**に挟まれた範
囲で、**ディワン・チョウクDiwan Chowk**と呼ばれている。郵便局から
銀行、食堂まで生活に必要なたいていのものはここで手に入る。ギルナ
ール山や動物園以外の町の見どころは歩いて回れる。

 ジュナーガル・ジャンクション駅のチケット売り場は閉まっていることがある。窓口の開いているときに早めに次に目指す都市ま
での手配を済ませるのがいいだろう。またはオンラインでの予約も便利だ。

ジュナーガルのおもな見どころ

ジャングルの中から発見された砦

ウパルコート砦 Uparkot Fort

　町の中央を東西に走るダール・ロードをMGロードとの交差点から東に1kmほど歩くと、うっそうと木の生い茂るウパルコート砦へとたどり着く。紀元前319年にチャンドラグプタによって建設されたと伝えられる砦で、周囲は壁に囲まれており、高い所では20mにも及ぶ。入口は三重構造になっており、古くから侵入者を拒み続けてきたことを感じさせる。この砦は7世紀から10世紀まで森林に覆われており、後に再発見されたという。

　砦の東側には、**アディ・チャディAdi Chadi**と**ナヴァハン・クーヴァ Navaghan Kuva**というふたつの階段井戸がある。アディ・チャディは、水汲みを強いられていた王室に仕える女性の名前に由来するという。大地の裂け目のような岩の隙間に162段の下り階段が延びており、水がたまる最奥部から地上までの高

岸壁が迫るアディ・チャディ

ウパルコート砦
🕐 8:00～18:00
💰 Rs300

グジャラート州 ジュナーガル
Gujarat　Junagadh

INFO

そのほかの見どころ
ジュナーガルの太守が所有していた輿（こし）や武器、太守たちの肖像画などが展示されている博物館。

ダルバール・ホール博物館
Darbar Hall Museum

🗺 P.287-B1
🏛 Darbar Hall Museum,
　Janta Chowk
🕐 9:00～12:00、15:00～17:00
📅 水、祝、第2・4土
💰 Rs50
※カメラ持込料Rs100、ビデオ持込料Rs500

ジュナーガル JUNAGADH

サッカーバーグ動物園 P.290、
H Girnarへ

ジュナーガル・ジャンクション駅
Junagadh Junction R.S.

The Lotus P.290

ブッディスト・ケイブ
Buddhist Caves
P.288

マハーバト・マクバラー
Mahabat Maqbara
P.288

H
Geeta Lodge
P.290

アディ・チャディ
Adi Chadi
P.287

ジャマー・マスジッド
Jama Masjid
P.288

ナヴァハン・クーヴァ
Navaghan Kuva
P.287

31

Harmony Mahasagar
P.290 Travels
H

Relief
H

ウパルコート砦
Uparkot Fort
P.287

STCバススタンド

30

ディワン・チョウク
Diwan Chowk

Dhal Rd.

ギルナール山
P.289へ

H Yatrik
P.290

ダルバール・ホール博物館
Darbar Hall Museum
P.287

図書館

Moliwada Rd.

Bank of Baroda
(ATM)

MG Rd.

Nagar Rd.

Jawahar Rd.

Shree Surrakant Aacharya Mg.

1

2

Kalwa Chowk

Jayshree Rd.

N

Datar Rd.

0　250　500m

College Rd.

A　　B

さは41m。井戸の両壁には、鳩が無数の巣を作っており、強い臭気に満ちている。糞が落ちてくるので、最奥部まで歩く場合は注意が必要だ。

ナヴァハン・クーヴァでは、垂直に掘られた井戸を内部に設けられた階段で下りていく。壁面にある窓状の切れ込みが特徴的な階段井戸だ。これらは、いずれも15世紀に造られたものだという。暗くて足元が見えにくい場所もあるので、懐中電灯を持っていくとよいだろう。

砦の西側には**ブッディスト・ケイブBuddhist Caves**と呼ばれる洞窟があり、三層に造られた部屋はかつて仏僧の宿舎として使われていた。内部は薄暗く、とても静か。砦の中央に建つ**ジャマー・マスジッドJama Masjid**は、もともとは宮殿であったが、スルターンであったムハンマド・ベグダが王侯サウラシュトラを服従させた際にモスクへと変えられた。そのためインドのモスクには珍しく中庭が残っている。

壁面には彫刻の跡が見える

緻密な装飾と目を引く外観の霊廟　　　　　　　MAP P.287-A1
マハーバト・マクバラー　Mahabat Maqbara

マハーバト・マクバラーは1892年にナワーブ・バハドゥール・ハーン2世によって完成された太守マハーバト・ハーン3世を祀る霊廟だ。グジャラートにおけるインド・イスラーム建築の最高傑作ともいわれている建築物だが、柱や窓の造りにヨーロッパの建築様式の影響が見られるのが興味深い。建物の上部に施された大小さまざまな玉ねぎ状の装飾は、天に向かって延びており、その数は数百にも上る。そして、ひときわ目を引くのがマハーバト・マクバラーの右隣に建つ**ヴァジールズ・マクバラーVazir's Maqbara**。15mほどの高さの尖塔が四方に建ち、その外側に巻きつけられたらせん階段はまるで大蛇のよう。歳月を経て廟は全体的に黒ずんでおり、存在感をいっそう強めている。物語に描かれそうな姿のこの霊廟は、今は静かに町の片隅から人々を見守り続けている。

ギルナール山に向かう途中、町の外に白い建物があり、内部にはアショーカ王が紀元前250年頃、14の勅令をパーリ語で刻ませた岩が展示されている。Ashokan Rock Edicts　🕐 9:00〜18:00　🎫 Rs100

288

山上から見る寺院群は圧巻の美しさ

ギルナール山 Mt. Girnar

MAP P.287-B1 外

ジュナーガルの中心から**Girnar Rd.**を東に約4km。グジャラート州最高峰の標高1031mで5つの頂を有し、西インドにおいてはジャイナ教のみならずヒンドゥー教の聖地としても最も重要な巡礼地だ。実に866もの寺院があり、巡礼の道は**ダモダール・クンドDamodar Kund**と呼ばれる場所から始まる。石畳の両脇に並ぶみやげ物屋を抜け、頂上にある寺院まで9999といわれる石段を上っていく。

山上から見るネミナータ寺院

3000段までの間は、道沿いに祀られた大小さまざまな石にオレンジの色を塗って目だけを描いたシヴァやハヌマーンなどの神々を拝みながら進む。3000段から4000段の間にはひとつ目の頂があり、ギルナール山で最も古く1128年建立の、ジャイナ教22番目のティールタンカラ（開祖以前にいたという祖師）を祀った**ネミナータ寺院Neminath Temple**をはじめとする複合的なジャイナ教寺院群が広がる。寺院内を見学したら、さらにあと1000段ほど上り、そこから寺院群を眺めてほしい。眼下に広がる尖塔、大小さまざまなドーム形の屋根、そこにタイルで施された鮮やかなモザイクは圧巻だ。登山口からここまで約2時間。ギルナール山いちばんの見どころであるため、観光客はここで引き返すことが多いが、余力のある人はさらに2時間ほど歩いて先を目指したい。

新婚夫婦が幸せな家庭を築けるように願いをかける**アンバー・マター寺院Shree Ambaji Mandin**や展望広場などを越えてさらに進むと、とがった峰の上にちょこんと小さな小屋が乗っかっているのが見えてくる。これが**ダッタトレーヤ寺院Guru Dattatreya Temple**だ。1000段単位で上り下りを繰り返し、息を切らしてたどり着いた頂上の寺院内には聖人がいる。祝福を受けたら、心ばかりのお布施を渡そう。

そのまま下まで行った所にある寺院では、24時間無料で食事を振る舞っているので、

多くの巡礼者がギルナール山の山頂を目指す

ここで食事をするのもいいだろう。もちろん、寄付も忘れずに。下山もまた長い道のりなので、途中の茶屋などで水分補給を忘れず、慌てずに下りよう。

ギルナール山
- ⏱ 随時
- 🎫 無料
- 🚌 ジュナーガル・ジャンクション駅から南に1kmのバススタンドから1時間おきにバスが出ている。中心部からオートリクシャーでRs50〜80。

HINT

ギルナール山へ行くなら

ギルナール山の麓には、みやげ物屋、チャーイ屋が建ち並ぶ。多くの観光客、巡礼客は夜明け前から早朝には出発する。山中の寺院は11:00〜15:00まで閉まっていることがあるので注意しよう。

ジャイナ教寺院群をじっくり見て、さらにいちばん奥の頂まで行くと1日がかり（8時間以上）の行程になる。出発時間やどこまで行くかはあらかじめ考えておきたい。

また、山中にも売店があるので、あまり大量の水を持って行かなくても途中で買うこともできる。

Gujarat グジャラート州 | Junagadh ジュナーガル

ℹ️ ギルナール山は、ヒンドゥー教徒にとっては三位一体の神ダッタトレーヤが滞在したことから聖地とされている。ジャイナ教、ヒンドゥー教両宗教の聖地になっている場所はインドでも珍しく、巡礼に訪れる人が絶えない。

サッカーバーグ動物園

♠ Rajkot Rd., Outside of Majevadi Gate
☎ 0285-266-0235
🕐 9:00〜18:15 (6〜4月は〜17:45)
🅿 水
💰 Rs20 (ミニサファリバスRs25)
※カメラ持込料Rs20
🚗 中心部からオートリクシャーでRs40前後。「ズー」または「ジュナーガル・ズー」で通じる。

アジアに生息する唯一のライオンがいる
サッカーバーグ動物園 Sakkarbaug Zoo

MAP P.287-A1 外

中心部から2km北西にあり、グジャラート州では最も古く、インド全体でも3番目に古い動物園。ササーン・ギル国立公園内の森林保護区に生息するインドライオンが絶滅の危機に瀕したのを受け、これを保護するため1863年に開園した。園内には哺乳類と鳥類が500種類以上いる。ミニ・サファリバスツアーは定員の8名が集まればすぐに出発するが、定員に達しない場合でも1時間に1回催行される。金網で仕切られてはいるものの広々とした敷地内を歩き回る動物たちの姿を見られる。特に人気なのは、アジアで唯一グジャラートにだけ生息するインドライオンとホワイトタイガー、ヒョウなど。それぞれの動物の前でバスを降りて、間近で観察できる。ただし、園で飼育していない野生動物が現れることもあるので、バスから降りてもよい場合を除き徒歩でパーク内を移動しないように。

ホワイトタイガーも見られる

ここだけで見られるインドライオン

Hotel & Restaurant ホテル&レストラン

ドミトリーもある安宿
Ｈヤートリック
Yatrik

MGロード ₹
MAP P.287-A1

♠ Opp. Govt. Hospital ☎ 0285-262-0095
🔲Ⓢ Rs210 🔲 Rs350 🔲 Rs400 🅃🄰 込
Card 不可 WiFi 🚪24室

部屋はシンプルだが清潔で気持ちがよい。ディワン・チョウクにも近く、ぶらぶらと町歩きをしたい人に便利な宿。チェックインは24時間制で、お湯も24時間使用可。

駅のすぐそば
Ｈロータス
The Lotus Hotel

駅付近 ₹₹
MAP P.287-A1

♠ Station Rd. ☎ 0285-265-8500 🔲🔲🄰🄶Ⓢ Rs 1500〜2400 🔲 Rs1900〜2900 🅃🄰 別 Card ADJMV
WiFi 🚪20室 URL thelotushotel.com

駅から徒歩3分。モダンなビジネスホテルといった感じのホテルで、部屋は掃除が行き届き清潔。快適に過ごせる。朝食付きでルームサービス、ランドリーサービスも24時間頼める。1階には朝・昼・夜と食べられるレストラン、ペタルスを併設。

バススタンドからすぐの好立地
Ｈハーモニー
Harmony

バススタンド周辺 ₹
MAP P.287-A1

♠ Prisam Complex, S.T. Rd. ☎ 0285-263-4154
🔲🔲Ⓢ🄶 Rs999〜 🔲🄰🄶Ⓢ Rs1500〜2850
🄶 Rs1650〜2850
🅃🄰 別 Card ADMV WiFi 公共エリアのみ 🚪23室
URL www.harmonyhotel.in

バススタンドすぐそばのプリザム・コンプレックスという建物の3階。すぐ向かいに同経営のレストランUtsavもある。

地元で人気のターリー食堂
Ｒギーター・ロッジ
Geeta Lodge

グジャラート料理 ₹
MAP P.287-A1

♠ Baliya Dharmshala, Station Rd. ☎ 0285-262-3317 🕐 10:30〜15:30、19:00〜22:00 Card 不可

1938年開業の老舗のターリー屋。メニューはグジャラーティー・ターリー Rs130のみ。バターミルクとパパルはお代わり自由。ダヒー・ヴァーダやフルーツサラダなどのサイドディッシュは、一律Rs35。地元の人でいつも混雑している。

インドライオンはかつて西アジアの広い範囲に生息していたが、現在確認できるのはグジャラート州のササーン・ギル国立公園のみ。60年代後半には180頭にまで減少したが、2018年3月には600頭まで回復している。

ディーウ

　アラビア海に突き出したカーティアワール半島の先に浮かぶ、小さな島ディーウ。ここはゴアGoaやダマンDaman同様、1961年までポルトガルの植民地だった。歴史好きな人には「ディーウ沖海戦」や、イランから逃れてきたゾロアスター教徒たちが最初に到着した場所としても記憶されているだろう。東西11km、南北3kmほどのこの小島のいたるところに、ポルトガル風の家、石畳、教会が残っており、城壁の向こうにある巨大な砦の中には、ポルトガル製の砲弾や火砲が、時に取り残されたようにアラビア海の風を受けている。

　現在のディーウはグジャラート州にありながら、ダマンと合わせてひとつの連邦直轄地となっている。ディーウはほかのインドの町のような喧騒もなく、人も穏やか。のんびりと時を過ごし、しばし旅の疲れを取るのもいいだろう。

　ラージャスターンの乾いた空気のなかを旅した人には、穏やかな海風が心地よく、禁酒州であるグジャラートを旅した人には、開放的な雰囲気のなかで飲むビールが体にしみわたる。ディーウは旅人に優しい町だ。

フォートにある灯台から海を眺める

ディーウの市外局番
02875
ディーウの人口
約2.4万人

ACCESS

飛行機
ムンバイーからアカサ・エアー、インディゴ、ゴー・ファースト、スパイス・ジェット、エア・インディア、ヴィスタラが1日計15便以上。所要1時間〜1時間30分。

鉄道
最寄り駅は約90km離れたヴェラヴァルVeravalで、アーメダバード（1日3〜4便、所要8〜10時間）やラージコート（1日4〜5便、約4時間）からの便がある。

バス
バーヴナガル（所要約5時間30分）、ジュナーガル（約4時間30分）、ラージコート（約5時間30分）からのバスがある。ヴェラヴァルからは約2時間30分。バススタンドには私営の旅行社があり、アーメダバード、ムンバイー、ダマン、スーラトなどへの長距離バスの予約やタクシーのチャーターができる。

INFO

ディーウ観光局
MAP P.292-A1
🏠 Marine House, Diu Jetty
☎ 02875-25-2653
🕘 9:30〜18:00　🈳 日
URL www.diutourism.com

フォート
MAP P.292-B1　🏠 Fort Rd.
🕘 8:00〜18:00
🈯 無料（灯台Rs2）
フォート内のカヴァレイロ灯台からはアラビア海を見渡せる。18:00には門が閉まる。入口横の建物は今も現役の刑務所だ。

ディーウの歩き方＆見どころ

　14km北にある町**ウナUna**から来て、橋を渡ってすぐにあるのが**ジェティバーイ・バススタンドJethibai Bus Stand**。ここからフォートまでの約2kmの海沿いの道が**フォート・ロードFort Rd.**で市場、ホテルやバーが並ぶメインストリートだ。町いちばんの見どころである**フォートFort**は島の東端。1541年にポルトガルによって築かれた。内部には廃屋となった教会などがあり、中世ポルトガルの雰囲気を今に伝える。

　フォートのすぐそばに見える、海に浮かぶ小さな砦が**パニ・コータPani Kotha**だ。かつては海底トンネルでフォートと結ばれていたといわれている。ディーウ観光局横の渡し場から、船で行くことができる。フォートから500mほど歩くと見えてくる白亜の伽藍が、**聖ポール教会St. Paul's Church**。そこから5分ほど歩けば、**聖トーマス教会St. Thomas' Church**だった建物を改築した**ディーウ博物館Diu Museum**だ。

 ディーウはバスの本数が少ない。ウナのほうが本数が多いので、ウナから出入りするのもよい。ウナへはジェティバーイ・バススタンドから30分おきに1本バスがあり、所要約40分。

左サイドバー

パニ・コータ
📍 P.292-B1

ディーウ博物館
📍 P.292-B1
🕐 9:00～21:00　🆓 無料

聖ポール教会
📍 P.292-B1
🕐 8:00～18:00　🆓 無料

ガンゲーシュワル寺院
📍 P.292-A1
ディーウ・タウンと空港の間にある村Fudamの海辺にある。寺院というには小さな祠で、岩場に5つのシヴァリンガがあり、人々がお参りに訪れる。満潮のときに波に洗われるこの5つのリンガは、叙事詩『マハーバーラタ』に出てくるパーンダヴァ5兄弟が造ったといわれている。ディーウ・タウンからはオートリクシャーでRs100ほど。Fudamから徒歩10分。

本文

内部ではカトリックの聖者像や天使像などを展示している。

　ディーウ・タウンから西に向かった島の南部には、海水浴に最適な**ナゴア・ビーチNagoa Beach**がある。途中に塩田や空港を見ながらオートリクシャーで約15分。

地図内のラベル：
ウナヘ／ディーウ観光局 P.291／パニ・コータ行き渡し船 Jetty／パニ・コータ Pani Kotha P.291／ジェティバーイ・バススタンド／フィッシュ・マーケット Fish Market／Relax Inn／Apaar P.292／オートリクシャースタンド／Apana Foodland／Fort Rd.／パンチュムルティ Panchmurti／Gate／ICIC Bank／Samrat P.292／St.Paul Church Rd.／ディーウ空港へ／ディーウ博物館 Diu Museum P.291／ザンパ門 Zampa Gate／ヒンドゥー寺院／Heranca Goesa P.292／聖ポール教会 St. Paul's Church P.291／フォート Fort P.291／アッシジの聖フランチェスコ教会（現在は病院）Church of St. Francis of Assisi (Gov.Hospital)／ウナヘ／ディーウ・アイランド／ディーウ空港／Rasal Beach Resort P.292／ナゴア・ビーチ Nagoa Beach／ガンゲーシュワル寺院 Gangeshwar Temple P.292／ディーウ・タウン DIU TOWN／0 200m

---

Hotel ホテル

ナゴア・ビーチ沿いの
🄷 ラーサル・ビーチ・リゾート
Rasal Beach Resort　ナゴア・ビーチ　₹₹
MAP P.292-A1

🏠 Nagoa Beach Rd.　☎ 02875-27-5322、971-431-5000　🛏AC⊕ Rs5000～　TAX 別　Card MV
WiFi URL rasalbeachresort-diu.com

ディーウ空港にもほど近い、ナゴア・ビーチにあるリゾートホテル。やや古めかしいが施設内は掃除が行き届いており気持ちいい。1階にはビーチらしい雰囲気のバー&レストランがあり、リゾート客でにぎわう。朝食付き。

ディーウ博物館の近く
🄷 ヘランサ・ゴエサ
Heranca Goesa　ディーウ・タウン　₹
MAP P.292-B1

🏠 205/3 Behind Diu Museum　☎ 02875-25-3851
🛏⊕S⊕ Rs1000～　🛏AC⊕ Rs1500　TAX 別
Card 不可　🚪 8室
✉ heranca_goesa@yahoo.com

ポルトガル人の末裔というゴア出身のオーナーが経営する家庭的なゲストハウス。シンプルに整えられた部屋はきれいで快適と評判。

町の中心部にある
🄷 サムラート
Samrat　ディーウ・タウン　₹₹
MAP P.292-A1

🏠 Near Vegetable Market, Old Collectorate Rd.
☎ 02875-25-2354　🛏⊕S⊕ Rs1500～　🛏AC⊕ Rs2000～2500　TAX 別　Card MV　WiFi　🚪 31室
URL hotelsamratdiu.com

野菜市場の裏側にあるホテル。スイミングプールやA/C付きのレストランもある。町の中心部にあり、周囲はにぎやか。オートリクシャースタンドにも近く、観光に便利。

バルコニー付きの部屋も
🄷 アパール
Apaar　ディーウ・タウン　₹₹
MAP P.292-A1

🏠 Fort Rd. Bunder Chowk, Opp. Govt. Parking
☎ 02875-25-5321　🛏AC⊕ Rs1800～　TAX 込
Card MV　WiFi　🚪 31室
URL hotelapaardiu.com

バススタンドから500m。リクシャースタンドにも近い。ノンベジも食べられるレストランとピュアベジのガーデンレストランもある。

 フォート・ロードにあるオートリクシャースタンドの横にICICI銀行があり、USドル、ユーロ、ポンドの両替が可能。日本円は両替不可。ATMもある。

パリタナ

　山の頂上が開かれ、無数のジャイナ教寺院が天に向かってそびえている。バスがパリタナの町に近づくにつれ、その天空の城はさらに迫力を増して視界に飛び込む。どこかこの世のものならざる景観をなすジャイナ教5大聖地のひとつ、シャトルンジャヤ山。カーティアワール半島の東部、アーメダバードの南215kmに位置する、標高591mのこの聖なる山には、実に1008ものジャイナ教寺院が存在しており、今も多くの巡礼者を集めている。

圧倒的な迫力の寺院群の景観

パリタナの歩き方&見どころ

　シャトルンジャヤ山Shatrunjayaへの登山口は、町のバススタンドから南へ約4km。山頂まで続く石段は3950段あるが、緩やかな上りで途中2ヵ所は長く平坦な道が続き、さほど大変ではない。ゆっくりと登っても2時間ぐらいだ。だが、日が昇ったあとは冬でも気温が上がるので、日の出前には登り始めよう。夏の日中に行くのはほとんど不可能。雨季も修行僧を除き、山が閉じられた状態になる。

　参道の途中には水飲み場も兼ねた東屋があるが、食堂やチャーイ屋の類は一切ない。ミネラルウオーターやビスケットなどの食料は必携だ。ただし巡礼で来ている人のなかには

頂上まではあとひと息

パリタナの市外局番
02848

パリタナの人口
6.5万人

ACCESS

飛行機
最寄りの空港は56km離れたバーヴナガルBhavnagar空港。ムンバイーからスパイス・ジェットが毎日1便、所要1時間15分。

バス
アーメダバードから1日7便、所要約6時間。ラージコートから1日7便、約4時間。ジュナーガルから1日1便、約4時間。バーヴナガルから1日3便、約1時間30分。

HINT
バーヴナガルに宿泊
パリタナは巡礼地なので、一般の旅行者向けの宿やレストランは少ない。観光に来るインド人の多くは、宿の多いバーヴナガルに泊まり、早朝のバスでパリタナへ向かいシャトルンジャヤに登っている。

HINT
シャトルンジャヤ入山のマナーとルール
・寺院群内外の写真撮影は全面的に不可。参道での上り下りの際は問題ない。寺院群内のスケッチも不可。
・皮革製品の持ち込みはできない。靴、ベルト、財布など革製品は宿に置いていこう。
・生理中の女性の入山は禁止。

ⓘ　頂上の寺院群では基本的に食料は調達できないが、ラーム・ポールの前でヨーグルトを売っている。水は参道の東屋で手に入る。飲用水ではあるがパッケージド・ウオーターではないので、心配な人は避けたほうが無難。

パリタナ
PALITANA
0 250 500m
N
↑バーヴナガルへ
パリタナ駅
Palitana R.S.
Axis
Sumeru
31
112
Jagruti
バススタンド
Shravak
P.294
カロ川
スーパーマーケット
ICICI
リクシャーは直進できない
31
Sankalp
P.294
ジャイナ教美術館 P.294、
シャトルンジャヤ P.293登山口
↓(1.5km)へ
Gov.Hospital

断食している人も多いので、肉が入った弁当などは持ち込まないこと。山頂の寺院群では食事厳禁だ。足腰に自信がない人にはドーリーと呼ばれるつり椅子式の乗り物がある。相場は山頂までの往復でRs2000。

頂上は南北の峰に分かれ、「トゥーク」と呼ばれる壁で囲まれた要塞のような寺院群で構成され、大まかには北峰、南峰とその谷間のトゥークに分かれる。頂上の寺院群の手前で道はふたつに分かれる。右の道を行くと北峰、左の道を行くと南北の峰の間の谷間に着くが、通常は左の道を行く。左の道をしばらく行くと、第1の門**ラーム・ポール**に着く。ここを入って左に真っすぐ行くと第2の門**サーガル・ポール**。ここを入った右側で履き物を預ける（左側にはトイレがある）。その先にノートがあり、外国人は名前と国籍をここで記入する。このあとは、第3の門**バーガル・ポール**、左右にゾウの彫像がある第4の門**ハティア・ポール**、第5の門**ラタン・ポール**を抜ければ、**アーディシュワラ寺院Shri Adishvara Temple**だ。16世紀の創建で、外壁の彫刻もすばらしく、ゆっくりと時間をかけて堪能したい。本堂では9:30と12:30の2回、プージャーが行われ、多くの巡礼者でにぎわう。本堂前の供物台には、供物のバラの花が甘い香りを放ち、スワスティカと呼ばれる吉祥のシンボルを米粒で描く人もいる。信者の歌うバジャン（讃歌）が朗々と響きわたり、まさにジャイナ教の聖地のひとつであることを実感する。

北峰にはアーディナータ、ヴァッラバーイなどの寺院があり、全山一つひとつ丹念に見学すると4〜5時間はかかる。時間がない人でも、アーディシュワラ寺院だけは見逃さないでほしい。

ジャイナ教美術館
Vishal Jain Museum

MAP P.294外
住 Near. Kesariyaji Jain Dharmshala, Taleti Rd.
営 8:30〜12:30、15:30〜20:30
休 ウッタラヤン（1月中旬頃）
料 Rs20

ジャイナ教美術を中心に展示している美術館。説明は基本的にグジャラーティー語かヒンディー語だが、ジャイナ教の世界観や独特の造形感覚を見られる。地下には鏡張りの礼拝室がある。シャトルンジャヤ登山口の手前400mほどの左側にある。

Hotel & Restaurant ホテル&レストラン

バススタンドの目の前

H シュラヴァク
Shravak

バススタンド周辺 ₹
MAP P.294

住 Opp. Central Bus Stand
☎ 02848-25-2428
料 Ⓢ Rs350 Ⓢ Rs500 Ⓓ Rs850
TAX 込 Card 不可 Wi-Fi 室 16室

バススタンドの目の前にあることのほかは典型的な安宿だが、お湯は全室出る。チェックイン時に、ロビーにあるパソコンで写真を撮られる。チェックアウトは10:00。ドミトリーの部屋もある。室内の設備などはあくまで最低限。

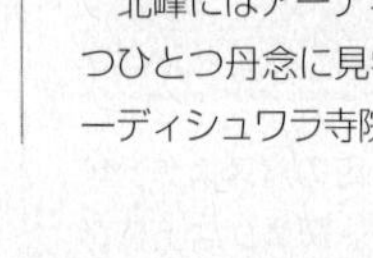

アーメダバード発のレストラン

R サンカルプ
Sankalp Restaurant

南インド料理 ₹
MAP P.294

住 Opp. Gov. Hospital, Taleti Rd.
☎ 02848-24-2070
営 11:00〜23:00 Card MV
URL sankalponline.com

南インド料理を中心としたインド料理が食べられるチェーンレストラン。地元の若者や、出張で来ているビジネスマンなども集まる。値段も手頃だ。ドーサやイドゥリー、ウプマなどの定番にひとひねり加えたメニューが揃う。

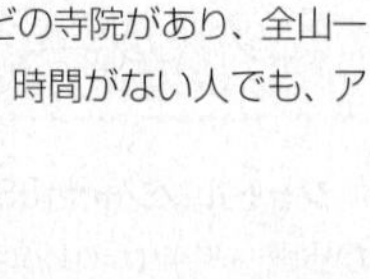

H Vijay Vilas（住 Village Adpur ☎ 02848-28-2371）は、シャトルンジャヤへの階段まで徒歩約20分のヘリテージホテル 料 AC Ⓢ Rs2700〜（朝食込み）。食事（別料金）もおいしい！（杉並区　A. H.　'17）

ムンバイー（ボンベイ）

活気ある漁師町としての一面を今でももつ

　漁師たちが最初にここにやって来た。（中略）ボンベイは亜鈴の形をした島で、中央部がせばまって細く輝く砂浜になっていて、その向こうにアジア最大の良港が見えていた。マザガオン、ウォルリ、マトゥンガ、マヒーム、サルセット、コラバがいずれも島であった頃—（中略）1668年9月21日、東インド会社はこの島を手に入れ……そしてフォート地区や埋立地を造り、瞬く間に都市が出現した。古謡に歌われたボンベイが。（サルマン・ラシュディ『真夜中の子供たち』寺門泰彦訳）

　ポルトガルがこの土地を手に入れたとき、ムンバイーは7つの島がある沼地だった。ポルトガル語でボン・バイア（良質な湾）を意味する名前"ボンベイ"と命名されたのはこのときだ。1661年にイングランド王チャールズ2世とポルトガルのカタリナ・デ・ブラガンザの結婚により、この地はイギリスへの貢ぎ物となった。イギリスが使い道のない土地を、東インド会社に10ポンドで貸し付けた途端にできあがったのが、インド最大の都市ムンバイーだ。

　ムンバイーではわずかな漁師と土地の女神のほかは、すべてがよそ者だった。今やインド最大の都市となったグレーター・ムンバイーは、ほとんどゼロから生み出されたといってもよい。

　グジャラート商人、パールスィー、アラビア海を渡ってきたイスラーム教徒、アフリカ、アルメニア、ポルトガル、イギリスから来た人たち……この町の建設に参加した者は、誰もが受け入れられた。近代的な超高層ビルに、歴史的なビクトリア調やアール・デコの建築物、その隣には巨大なスラムも広がる。大富豪、セレブリティからスラムで暮らす人まで、光と影、裏と表、上から下まで、すべての混沌をのみ込んでしまう大都会がムンバイーだ。

　暮らす人の数だけこの町の顔がある。ムンバイーのどこを切り取って見つめるかは、その人次第だ。

ムンバイーの市外局番

022

ムンバイーの人口
約1244万人

ACCESS

飛行機
【国際線】
直行便（ANA）
成田→ムンバイー　約10時間
（週3便）
経由便（エア・インディア）
成田→デリー→ムンバイー　約13時間40分（週4便）
※その他クアラルンプール、シンガポール、ダッカ、コロンボなどからの便がある。
【国内線】
デリーからエア・インディアが毎日11便（所要約2時間20分）。他社便を合わせると毎日60便程度のフライトがある。
コルカタからエア・インディアが毎日3便（約2時間50分）。他社便と合わせると毎日20便ほど。
※その他各都市から直行便が運航している。

鉄道
P.300を参照。

バス
ハイダラーバードから所要18時間、ベンガルールから約24時間、ゴアから約15時間。

 ムンバイーとはマラーティ語で、女神の名前。地元の漁師たちの信仰を集めていた土着の女神で、腕が8本あったという。パールヴァティーの化身とされている。

チャトラパティ・シヴァージー
国際空港
☎ 022-6685-1010
URL www.csia.in

チャトラパティ・シヴァージー国際空港

　ムンバイーの空港は、市内中心部から北へ26km離れた**チャトラパティ・シヴァージー国際空港Chhatrapati Shivaji International Airport**。インド最大の都市だけあり、国際線、国内線ともに便数も多く、特に国内路線はインドの主要都市のほとんどと結んでいる。国際線と国内線のターミナルは約4km離れている。

国際線ターミナル（T2）

　すべての国際線は国際線ターミナル（旧名サハール国際空港）のターミナル2（T2）に発着している。日本から全日空を利用してムンバイーに行く場合、到着は夕方。エア・インディアの場合、到着は夜になる。

　到着した乗客は案内に従って1階の到着フロアへ下り、アライバルビザやeツーリストビザ申請の人はそれぞれのカウンターへ、それ以外の人は入国審査へと進む。ここで記入済みの入国カードとパスポートを提示。パスポートが返却されるが、出国時のトラブル防止のため、入国スタンプが押されているか確認しておいたほうがいい。入国審査後は手荷物のX線検査を受け、ターンテーブルへ。預け荷物をピックアップしたら税関に進み、申告するものがある人は税関申告書を提出する。

　到着ロビーには24時間営業の両替所やカフェ、売店、インド政府観光局、プリペイド・タクシーのカウンターなどがある。

インドの航空会社
P.613

乗り継ぎと国内線ターミナル（T1）

　エア・インディアやジェットエアウェイズ、ビスタラなどは国際線ターミナルのターミナル2（T2）に発着。それ以外のゴー・エアやインディゴ、スパイス・ジェットなどの航空会社は、国際線ターミナルから4kmほど市内よりにある国内線ターミナル（旧名サンタクルス空港）のターミナル1Bに発着している。ただし、行き先が国内でも、その便の最終降機地が国外の場合などのさまざまな理由で発着場所が変わることがあるので、事前にきちんと確認しておく必要がある。

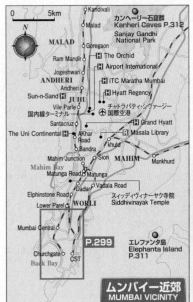

ⓘ　国際線ターミナル（T2）は一度出てしまうと、セキュリティ上の都合再度入場ができない。入場券のカウンターも現状稼働していない。空港の両替所はターミナル内にしかないので注意が必要。

空港から市内へ

　国際線、国内線ともに各ターミナルから市内へのエアポート・バスの運行はない。国際線ターミナルでは、先払い制の**プリペイド・タクシー**か、MERUなどの**メーター・タクシー**を利用するのが一般的だ。空港からインド門周辺のコラバ地区までは、車で約1時間。ただし市の中心部を抜けていくため、朝（8:00〜10:00）と夕（16:00〜20:00）の渋滞時にはそれ以上の時間がかかることもある。プリペイド・タクシーの料金は地区ごとに決まっている。デリーなどに比べるとトラブルに遭ったという話は少ないが、別のホテルへ連れていかれたり、プリペイドなのにあとから多額のチップを要求されたりといったケースもまれにある。また、国内線ターミナルからも市内へのプリペイド・タクシーが出ている。UberやOlaなどの配車サービスも使える。

　公共交通機関を利用する場合、国際線ターミナルは最寄り駅**アンデーリーAndheri**、国内線ターミナルは最寄り駅**サンタクルズSantacruz**までタクシーかオートリクシャーで移動し、そこから市内のチャーチゲート駅まで郊外列車で移動する。列車によってはCST駅に行くものもあるので路線を確認すること。なるべくなら朝夕のラッシュアワーの利用は避けること。また、オートリクシャーは市内中心部には入れないので注意。

出国の手順

　国際線のチェックインは原則では出発の3時間前から。手際が悪く列がなかなか進まないので、早めに行っておいたほうがいい。ウェブチェックインを受け付けている航空会社も多いので、事前チェックインをしておくと希望の席を確保しやすい。

　搭乗者は出発ロビー入口で航空券（eチケットのプリントアウト）とパスポートのチェックを受けたあと、機内預け荷物のX線検査へと進む。X線検査済みの「Security」のシールを貼ってもらったあと、搭乗航空会社のチェックインカウンターへ。

　チェックインの次にはセキュリティチェックがあり、機内持ち込み手荷物のX線検査とボディチェックを受ける。問題がなければ、搭乗券に「検査済み」のスタンプが押される。

　次に出国審査（イミグレーション）カウンターへ進み、パスポートと搭乗券を提示し、審査を受ける。出国審査後には再度、搭乗ゲート前でX線による機内持ち込み荷物の検査がある。

プリペイド・タクシー料金

≪国際線ターミナルから≫
フォート&コラバ地区（所要40分〜1時間半）Rs1600（A/C付）
国内線ターミナル（所要15分）Rs600（A/C付）
≪国内線ターミナルから≫
フォート&コラバ地区（所要1〜2時間）Rs1500〜2000（AC付）
※チケットカウンターはウェストウイングZone1付近にある

メーター・タクシー料金

メーター・タクシー会社のカウンターがT2の手荷物受け取りターンテーブルを過ぎたあたりにある。MERU社の場合、最初の4kmがRs90、その後1kmごとにRs20。待ち時間は1分につきRs2。夜間（0:00〜翌5:00）は25%増し。

空港からプネーへ

国内線ターミナル（T1）からプネー行きのタクシーがあり、1台Rs3000。所要3〜4時間。

市内から空港へ

市内のホテルでタクシーを申し込むか、メーター・タクシーを使う。コラバ地区のホテルではRs600程度で空港への送迎をしているところも多い（深夜は3割増）。空港へはだいたい1時間ほどだが、朝のラッシュ時には2時間ほどかかることもある。急ぐ場合は海上橋のBandra-Worli Sea Link（通行料Rs60）を渡ると20〜30分ほど短縮できる。

郊外列車を利用して安く済ませることもできる。国際空港へはチャーチゲート駅、またはCST駅からアンデーリー駅まで列車に乗り（所要時間40分）、そこからオートリクシャーに乗り換えて空港へ行く（約40分）。国内線ターミナルへはサンタクルズ駅まで列車に乗り（約30分）、そこからオートリクシャーに乗り換えて空港へ（約15〜20分）。スーツケースなど荷物が多い場合はタクシーが便利だ。

ⓘ 国際線ターミナル（T2）からUberまたはOlaを利用する場合は、空港ビル向かいの建物にある乗り場へ。到着階（P6）からエレベーターで上がったP7（駐車場階）のEASTがOla、WESTがUber乗り場となっている。

HINT

ムンバイーかボンベイか

ムンバイーの名称は、ポルトガル領になる以前から地元の漁師が信奉していた土着のヒンドゥー女神ムンバデーヴィーの名に由来し、マラーティー語（マハーラーシュトラ州の公用語）を話す人たちの間では「ボンベイ」と呼ばれていた時代もこの名が使われていた。しかしボンベイ以前のムンバイーは寒村にすぎず、拡大した現在の市域の大半はもともとムンバイーではない土地だった。
現在ではマラーティー語圏外から来た住民も多く、むしろボンベイの地名改変に強い抵抗感をもつ人もいる。日常では「ボンベイ」でも十分通用する。

INFO

睡眠薬強盗に注意

在ムンバイ日本国総領事館によると、ここ数年、管内で日本人が睡眠薬強盗の被害に遭う事件が報告されている。被害者は現地で知り合ったインド人にすすめられた飲み物を飲んで、意識を失っている。

🅷 Ripon Palace（🗺 P.299-B1）に滞在しました。この界隈、特にホテルから南東のKAMATHIPURA（カマシプラ）地区は、ムンバイでは有名な置屋街だそうです。夕方1人で周辺を歩いているときに、置屋の仲介人と思われる男にしつこくつきまとわれ、怖い思いをしました。ホテルの人からは、旅行者が誘惑のままについて行ったあげく、高額の料金を請求され、払うまで軟禁されるという話も聞きました。夕方以降このエリアを歩く際には十分に注意したほうがよいと思います。（栃木県　ベルアシ '20）

16世紀には7つの島々と小さな漁村からなっていたムンバイーだが、町が拡大していくとともに島々の間の埋め立てが行われ、陸地がつながっていく。19世紀になると、ムンバイーは現在のように海に突き出た半島に形を変えていた。

半島の最南端にある地区**コラバColaba**は、旅行者が最も多く集まるエリア。インド門、タージ・マハル・ホテルなどの見どころや、安宿から高級までの数多くのホテル、レストランがひしめいている。エレファンタ島への船着場があるのもここだ。

コラバに隣接して北側にあるのが、**フォートFort**。ここは18世紀にイギリスが砦を築き、ムンバイーの基礎を築いた場所で、マイダーンと呼ばれる広場の周囲には植民地時代の面影を残すムンバイー大学や高等裁判所などの建築物が残っている。フォート地区の南側には美術館や博物館、北側にはチャトラパティ・シヴァージー・ターミナス（CST）駅、西側にはチャーチゲート駅がある。コラバ地区から各駅までは、歩いて20〜30分ほど。チャーチゲート駅西側の**マリーン・ドライブMarine Drive**は、朝夕散歩する人も多い市民の憩いの場だ。

フォートからマリーン・ドライブを北へ1〜2kmほど進むと、**チョウパティー・ビーチChowpatty Beach**に出る。ビーチの西にはインドきっての高級住宅地**マラーバル・ヒルMalabar Hill**、北にはマニ・バワン（ガーンディー博物館）、ムンバイー・セントラル駅、さらに北にはマハーラクシュミー寺院やハッジ・アリー廟などの見どころがあり、このあたりが市の中心部だ。

中心部の北、半島が狭まっている地区は**ダーダルDadar**。この先で鉄道や道路は大きくふた手に分かれていく。ダーダルの北にある入江は、かつて島々を分けていた海の名残だ。橋を越えると、今まで見なかったオートリクシャーの姿が目に入ってくる。かつてはここからが「郊外」だったが、今では市街にすっかりのみ込まれてしまった。空港のあるアンデーリーを通り過ぎると、やっと郊外らしさが出てくる。それほどムンバイーは大きいのだ。空港の北西にある**ジュフー・ビーチJuhu Beach**周辺は、高級ホテルやレストランなどが並ぶリゾート地。ムンバイーのセレブたちや、インド経済を支える裕福な新中間層が暮らす。

時間があれば、ムンバイー郊外のサンジャイ・ガーンディー国立公園内にあるカンヘーリー石窟群や、ムンバイー湾に浮かぶ世界遺産エレファンタ島に足を運んでみるのもいいだろう。

魚市場をのぞくのも楽しい

 ムンバイーに行くとインドの他の地域に比べて物価がかなり高いと感じるはずだ。安宿も少なく、レストランやカフェのメニューは全体的にやや高め。おまけにフォート地区は渋滞緩和のためにオートリクシャーの乗り入れが禁止されているため、少しの

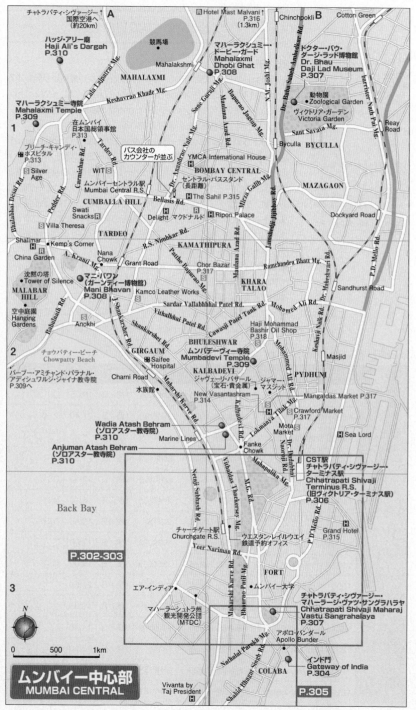

チャトラパティ・シヴァージー↑
国際空港へ
（約20km）

ハッジ・アリー廟
Haji Ali's Dargah
P.310

R Hotel Mast Malvani↑
P.316
(1.3km)

Chinchpokli B Cotton Green

競馬場
Mahalakshmi

MAHALAXMI

マハーラクシュミー
ドービー・ガード
Mahalaxmi
Dhobi Ghat
P.308

ドクター・バウ・
ダージ・ラッド博物館
Dr. Bhau
Daji Lad Museum
P.307

Keshavrao Khade Mg.

Lala Lajpatrai Mg.

動物園
Zoological Garden

マハーラクシュミ寺院
Mahalaxmi Temple
P.309

ヴィクトリア・ガーデン
Victoria Garden

在ムンバイ
日本国総領事館
P.313

Byculla BYCULLA

Reay
Road

1

Tardeo Rd.

Dr. Ambedkar Nahr Mg.

Sane Guruji Mg.

Maulana Azad Rd.

Bapurao Jagtap Mg.

N.M. Joshi Mg.

Dr. Babu Saheb Ambedkar Rd.

Sant Savata Mg.

Harrisee Nath Pai Mg.

Barrister Nath Pai Mg.

ブリーチ・キャンディ・
ホスピタル
P.313

MAZAGAON

Silver
Age

WIT

バス会社の
カウンターが並ぶ

YMCA International House

BOMBAY CENTRAL

Carmichae Rd.

Pedder Rd.

ムンバイ・セントラル駅
Mumbai Central R.S.

セントラル・バススタンド
（長距離）

Bellasis Rd.

R The Sahil P.315

Mirza Galib Mg.

Maulana Azad Rd.

Jamshedji Jijibhoy Rd.

Dockyard Road

CUMBALLA HILL

Swati
Snacks R

Delight マクドナルド

Ripon Palace

Dr. Maheshwari Rd.

P.D. Mello Rd.

Villa Theresa

R.S. Nimbkar Rd.

Ramchandra Bhatt Mg.

Sandhurst Road

Shalimar

Kemp's Corner

TARDEO

KAMATHIPURA

China Garden

A. Kranti Mg.

Nana
Chowk

Grant Road

Panthe Bapurao Mg.

Chor Bazar
P.317

KHARA
TALAO

Keshavji Naik Rd.

沈黙の塔
Tower of Silence

マニ・ババン
（ガーンディー博物館）
Mani Bhavan
P.308

Kamco Leather Works

Maulana Azad Rd.

Mohamed Ali Rd.

MALABAR
HILL

Sardar Vallabhbhai Patel Rd.

Haji Mohammad
Bashir Oil Shop
P.318

Masjid

空中庭園
Hanging
Gardens

Babulnath Rd.

J. Shankarsher Rd.

Shankarsher Rd.

Vithalbhai Patel Rd.

Cawasji Patel Tank Rd.

Mohammed Ali Rd.

Anokhi

2

チョウパティ・ビーチ
Chowpatty Beach

GIRGAUM

Saifee
Hospital

BHULESHWAR
ムンバデヴィー寺院
Mumbadevi Temple
P.309

PYDHUNI

バーブー・アミチャンド・パナラル・
アディシュワルジ・ジャイナ教寺院
P.309へ

Charni Road

Maharshi Karve Rd.

KALBADEVI
ジャヴェーリ・バザール
（宝石・貴金属）

ジャマー
マスジット

水族館

New Vasantashram
P.314

Kalbadevi Rd.

Lokmanya Tilak Mg.

Mangaldas Market P.317

Crawford Market
P.317

Wadia Atash Behram
（ゾロアスター教寺院）
P.310

Marine Lines

Fanke
Chowk

Mota
Market

Dr. Dadabhai Naoroji Rd.

Sea Lord

Anjuman Atash Behram
（ゾロアスター教寺院）
P.310

Netaji Subhash Rd.

Nathibhai Thackersey Rd.

Mahapalika Mg.

CST駅
チャトラパティ・シヴァージー・
ターミナス駅
Chhatrapati Shivaji
Terminus R.S.
（旧ヴィクトリア・ターミナス駅）
P.306

Back Bay

M.G. Rd.

P. D'Mello Rd.

Grand Hotel
P.315

P.302-303

チャーチゲート駅
Churchgate R.S.

ウエスタン・レイルウエイ
鉄道予約オフィス

Veer Nariman Rd.

3

N

FORT

エア・インディア

ムンバイ大学

マハーラーシュトラ州
観光開発公団
（MTDC）

チャトラパティ・シヴァージー・
マハーラージ・ヴァツ・サングラハラヤ
Chhatrapati Shivaji Maharaj
Vastu Sangrahalaya
P.307

0   500   1km

Nariman Karve Rd.

Bhaurao Patil Mg.

アポロ・バンダール
Apollo Bunder

ムンバイー中心部
MUMBAI CENTRAL

Vivanta by
Taj President

Nathalal Parekh Mg.

Shahid Bhagat Singh Mg.

COLABA

インド門
Gateway of India
P.304

P.305

ムンバイーへのアクセス

CST 駅外国人専用窓口
🗺 P.303-D1
🕐 8:00～20:00（日～14:00）
1階の4番窓口。購入時にはパ
スポート・ビザの提示が必要。
支払いはルピー現金のみ。

**ウエスタン・レイルウエイ
鉄道予約オフィス**
🗺 P.302-B2
🕐 8:00～22:00（日～14:00）
チャーチゲート駅北側にある奥
の建物の2階。1番窓口が外国
人専用窓口。購入時にはパスポ
ートが必要（コピーは不可）。

鉄 道

　西インドの玄関口だけあり、インド各地からの長距離列車が発着する
駅が複数ある。運営が異なるウエスタン・レイルウエイWestern
Railwayとセントラル・レイルウエイCentral Railwayが乗り入れてい
るため、ふたつの管区の駅が混在している。

●チャトラパティ・シヴァージー・ターミナス駅　Chhatrapati Shivaji Terminus R. S. （旧ヴィクトリア・ターミナス駅）

　フォート地区北側にある、セントラル・レイルウエイの長距離列車と
郊外列車のターミナル駅。通称 CST駅。デリー、ワラーナシー方面の
一部や、チェンナイ、ハイダラーバード、ゴアなど、インド北西部（ラ
ージャスターンなど）方面以外のほとんどの列車が発着する。プラット
ホームは、東側が長距離列車、西側が郊外列車のホームになっており、
チケット窓口も別々にある。

●ムンバイー・セントラル駅　Mumbai Central R. S.

　市内中心部にある、ウエスタン・レイルウエイの長距離列車と郊外列
車のターミナル駅。デリーからの列車の一部やジャイプル、アーメダバ
ードなどインド北西部からの列車がここに発着している。駅の向かいに
は長距離バスターミナルがある。ここで郊外列車に乗り換え、南へ4駅

▶ムンバイーからのおもな列車

行先	列車番号＆名称	運賃	所要時間	本数	発車時刻	始発駅
アグラー	12137 Punjabi Mail	Rs615～3910	22時間25分	1便／日	19:35	CST
アーメダバード	12901 Gujarat Mail	Rs320～1930	8時間10分	1便／日	21:40	ダーダル
	12009 Shatabdi Exp.	Rs1095～2385	6時間25分	1便／日（日曜運休）	6:20	ムンバイー・セントラル
アウランガーバード	17057 Devagiri Exp.	Rs240～1525	6時間45分	1便／日	21:30	CST
	12071 Jan Shatabdi Exp.	Rs180～605	6時間15分	1便／日	12:10	CST
ベンガルール	11301 Udyan Exp.	Rs530～3465	21時間50分	1便／日	8:10	CST
チェンナイ	22159 CSMT Chennai EX	Rs595～2225	22時間	1便／日	12:45	CST
デリー	12951 Mumbai Rajdhani	Rs2345～5275	15時間32分	1便／日	17:00	ムンバイー・セントラル
ブバネーシュワル	11019 Konark Exp.	Rs740～2865	33時間20分	1便／日	14:00	CST
インドール	12961 Avantika Exp.	Rs455～2850	12時間10分	1便／日	20:55	ムンバイー・セントラル
ジャイプル	12995 MMCT JP SF Exp.	Rs560～3545	16時間55分	1便／日	19:05	ムンバイー・セントラル
エルナクラム・ジャンクション(コチ)	16345 Netravati Exp.	Rs645～2495	24時間50分	1便／日	11:40	Lokmanya Tilak駅
ゴア（マドガオン）	12051 Mao Jan SHT	Rs990～2495	9時間	1便／日	5:10	ムンバイー・セントラル
	12133 Mangaluru Exp.	Rs435～1620	9時間18分	1便／日	22:02	CST
プネー	12123 Deccan Queen	Rs285～995	3時間15分	1便／日	17:10	CST

朝のラッシュアワーでも、CST駅、チャーチゲート駅から北に向かう列車は比較的すいています（途中から超満員になります）。
夕方のラッシュは逆方向の列車がすいています。ムンバイーの郊外列車にはドアがありません。ラッシュのときは人がドアから

下った終点がチャーチゲート駅だ。

●ダーダル駅　Dadar R. S.

デリーやワラーナシー、ゴアなどへの一部の長距離列車が発着する。ウエスタン・レイルウエイとセントラル・レイルウエイが合流し、分岐する地点にあり、郊外列車の乗り換え駅でもある。

バス

　長距離バスが発着するのは、ムンバイー・セントラル駅向かいの徒歩3分の所にある**セントラル・バススタンドCentral Bus Stand**。ここからマハーラーシュトラ州各地や周辺への公営バスが出ている。長距離バスの予約は15日前から。また、セントラル駅周辺のBellasis Rd.には、A/C付きデラックスなどの私バス会社が並んでいる。ゴアへは、鉄道よりバスのほうが乗り換えなどもなく便利。

🢂　ムンバイーの市内交通　🢀

郊外列車　Suburban Train

　ムンバイー郊外と市内中心部を結ぶ市民の足。朝夕の通勤時間の混雑はひどいが、うまく利用すれば市内観光に利用できるし、安くて渋滞にも左右されない利点もある。3路線あるが、旅行者がおもに使うのはHarbour Lineを除く2路線、ウエスタン・レイルウエイの**チャーチゲートChurchgate駅**と、セントラル・レイルウエイの**CST駅**がそれぞれ始発駅となる。

　郊外列車には普通と急行がある。急行停車駅（ダーダル、アンデーリー、ボリヴァリなど）は始発駅では電光掲示板で確認できるが、ほかの駅ではわかりにくいので乗車前に誰かに聞くこと。郊外列車のチケット売り場は長距離列車とは別の窓口。混んでいるが、列車はほぼ5〜10分おきに発着している。車両は2等のほかに、女性専用車両と1等車両がある。1等料金は2等の10倍近くもするが車内設備はほとんど同じ。切符を買ってもさほどメリットはないだろう。車内での検札はあまりないが、駅で係員がランダムに検札をしているので切符をなくさないように。

市バス、タクシーとオートリクシャー

　ムンバイーではオートリクシャーの市内中心部への乗り入れが禁止されているので、市バス（BEST）かタクシーが市内のおもな交通手段になる。市バスには路線番号が振られており、市内各所にあるスタンドから運行している。ただし英語の行き先表示は古いバスにはないので、乗るバスの番号をしっかりと把握したい。

　タクシーはメーター制だが、外国人と見るやメーターを使わず、値段をふっかけてくる運転手もいる。オートリクシャーがないこともあり、中心部では市民が気軽にタクシーを使うので、朝夕のラッシュ時はなかなかつかまらないことも。郊外では駅前や商業地域を外れると流しのタクシーは少ないので、必要なら電話で呼んでもらおう。市内でも早朝や夜間は、大きなホテル周辺以外ではつかまえにくくなる。

HINT

ムンバイーの時刻表アプリ

スマートフォン用アプリ「m-Indicator」は列車、バス、メトロ、モノレール、フェリー、タクシーなど市内のあらゆる交通手段の時刻表や料金目安を網羅しているアプリ。行く前にダウンロードしておけば便利だ（Android/iPhone対応）。

セントラル・バススタンド
🗺 299-A1

INFO

ムンバイー・メトロ

2023年1月現在、ムンバイーでは3つの路線が開通し、懸念であった交通渋滞の解消に寄与している。初乗りRs10で、距離により最高Rs40まで。残念ながら現状旅行者にとって便利な交通手段ではないが、2026年までに全14路線の開業が目指されている。営業情報は🔗 www.mumbaimetrotimes.com/mumbai-metro-map-routeがわかりやすい。

HINT

タクシー料金の目安

初乗り1.5kmがRs28。以降1kmごとにRs15ずつ上がっていく。夜間（0:00〜翌5:00）は25%増し。ただしA/C付きの車やタクシー会社によっては、これより高い設定をしているものがある。
🔗 www.taxiautofare.com

黄×黒のタクシーはA/Cなし。青い車体はA/C付きでクール・キャブとも呼ばれる

301

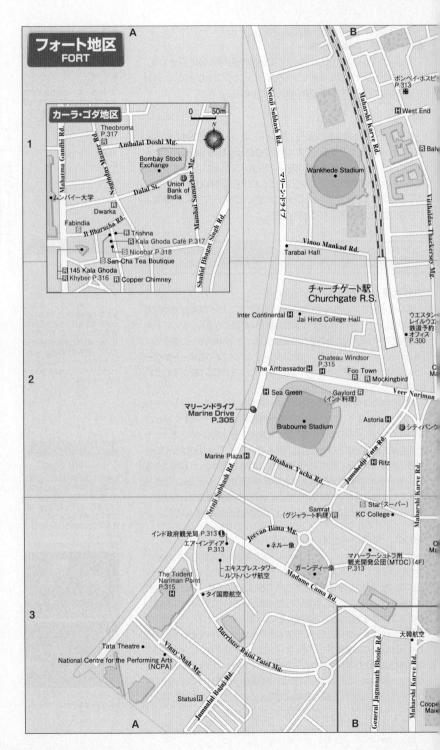

フォート地区
FORT

カーラ・ゴダ地区

0   50m

Mahatma Gandhi Rd.
Nagindas Master Rd.
Ambalal Doshi Mg.

Theobroma P.317

Bombay Stock Exchange

Dalal St.

ムンバイー大学

Union Bank of India

Dwarka

Fabindia

B Bharucha Rd.

Trishna
Kala Ghoda Café P.317
Nicobar P.318
San-Cha Tea Boutique

145 Kala Ghoda
Khyber P.316   Copper Chimney

Mumbai Samachar Mg.
Shahid Bhagat Singh Rd.

Netaji Subhash Rd.
マリーン・ドライブ

Maharshi Karve Rd.
Vithaldas Thackersey Mg.

ボンベイ・ホスピ
P.313

West End

Balv

Wankhede Stadium

Vinoo Mankad Rd.
Tarabai Hall

チャーチゲート駅
Churchgate R.S.

Inter Continental   Jai Hind College Hall

ウエスタン
レイルウェ
鉄道予約
オフィス
P.300

Chateau Windsor
P.315

The Ambassador   Foo Town
Mockingbird

C
Ma

Sea Green   Gaylord
（インド料理）

Veer Nariman

マリーン・ドライブ
Marine Drive
P.305

Brabourne Stadium

Astoria   シティバンク

Marine Plaza

Dinshaw Vacha Rd.

Ritz

Jamshedji Tata Rd.

Samrat
（グジャラート料理）

Star（スーパー）
KC College

インド政府観光局 P.313
エア・インディア
P.313

Jeevan Bima Mg.
ネルー像

エキスプレス・タワー
ルフトハンザ航空

マハーラーシュトラ州
観光開発公団（MTDC）(4F)
P.313

The Trident
Nariman Point
P.315

ガーンディー像

Madame Cama Rd.

タイ国際航空

O
Ma

Barrister Rajni Patel Mg.

大韓航空

Tata Theatre
National Centre for the Performing Arts
(NCPA)

Vinay Shah Mg.

Status

Jamnalal Bajaj Rd.

General Jagannath Bhosle Rd.
Maharshi Karve Rd.

Coope
Mai

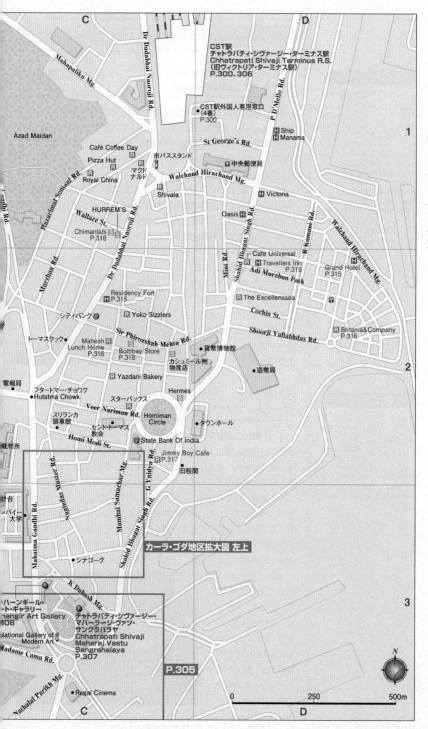

Mahapalika Mg.

Dr. Dadabhai Naoroji Rd.

C

D

CST駅
チャトラパティ・シヴァージー・ターミナス駅
Chhatrapati Shivaji Terminus R.S.
(旧ヴィクトリア・ターミナス駅)
P.300、306

CST駅外国人専用窓口
●(4番)
P.300

P. D'Mello Rd.

Ship
Manama

1

Azad Maidan

St. George's Rd.

中央郵便局

Café Coffee Day

Pizza Hut

マクド
ナルド

Royal China

市バススタンド

Walchand Hirachand Mg.

Hazarimal Somani Rd.

HURREM'S

Shivala

Victoria

Wallace St.

Oasis

Chimanlal's
P.318

Shahid Bhagat Singh Rd.

R. Kamani Rd.

Walchand Hirachand Mg.

Murzban Rd.

Cafe Universal
Travellers Inn
P.315

Grand Hotel
P.315

Residency Fort
P.315

Mint Rd.

Adi Murzban Path

シティバンク

Yoko Sizzlers

The Excellensea

トーマスクック●

Mahesh
Lunch Home
P.316

Sir Phirozshah Mehta Rd.

Cochin St.

Shoorji Vallabhdas Rd.

Britania&Company
P.316

Bombay
Store
P.318

貨幣博物館

2

電報局

Yazdani Bakery

カシュミール州
物産店

造幣局

フタートマー・チョウク
●Hutatma Chowk

Hermes

スターバックス

スリランカ
領事館

セント・トーマス
教会

Veer Nariman Rd.

Horniman
Circle

タウンホール

Homi Modi St.

State Bank Of India

裁判所

Jimmy Boy Cafe
P.317

旧税関

Narottam Master Rd.

G. Vaidya Rd.

Mumbai Samachar Mg.

Shahid Bhagat Singh Rd.

時計台
ンバイー
大学

Mahatma Gandhi Rd.

カーラ・ゴダ地区拡大図 左上

●シナゴーグ

K. Dubash Mg.

ハーンギール・
ト・ギャラリー
angir Art Gallery
808

チャトラパティ・シヴァージー・
マハーラージ・ヴァツ・
サングラハラヤ
Chhatrapati Shivaji
Maharaj Vastu
Sangrahalaya
P.307

ational Gallery of
Modern Art

3

adame Cama Rd.

P.305

N

Nathalal Parikh Mg.

●Regal Cinema

0   250   500m

C

D

303

INFO

ムンバイー同時多発テロ
2008年11月26日の夜半から27日にかけて、イスラーム原理主義者とみられる集団による同時多発テロがムンバイー各所で続いた。タージ・マハル・パレス、CST駅、レオポルド・カフェなど、旅行者になじみのある場所も襲撃され、日本人を含む170名余りの死者を出した。2023年現在、表立ったテロの脅威は薄れているが、日本を出る前に外務省の「海外安全ホームページ」などをチェックしておくのを忘れずに。

植民地時代のムンバイの名残を残す
インド門　Gateway of India

MAP P.305-B2

　港町ボンベイの入口となる高さ26mの巨大な門。英国王（インド皇帝）ジョージ5世夫妻の来印記念に、1911年に建立され、その後は英本国からの要人の来印歓迎会の式典会場となった。後の1947年、インドが独立した際にはここからイギリス軍が去って行ったというのはなんとも皮肉なエピソードでもある。

　門の下にはふたつのホールがあり、約600人を収容できる。建築は16世紀のグジャラート建築の要素を取り入れたインド＝サラセン様式で、素材は玄武岩。設計はスコットランドの建築家ジョージ・ウィテットによるもの。ホール上部の石彫装飾はアーグラーの120km南に位置するグワーリヤルで製作された。

　門の前の広場には、17世紀の英雄チャトラパティ・シヴァージーの像、北側には近代の傑出した哲学者、宗教指導者であるヴィヴェーカーナンダの像がある。

HINT

ホテル？　パレス？
タージ・マハル・ホテルの現在の正式名称はタージ・マハル・パレス。ただし一般的には「タージ・マハル・ホテル」のほうが通り名としては一般的で、住所表示などもこちらが使われることが多い。本書でもホテル紹介欄（P.314）以外ではこちらで紹介している。

インド独立以前からの歴史を見てきた
タージ・マハル・ホテル　Taj Mahal Hotel

MAP P.305-B2

　インド最大の富豪ジャムシェードジー・ターターが建てた世界有数のホテル。19世紀末、ムンバイーの資本家であったターターは、外国の友人とあるホテルへ夕食に出かけた。そのホテルでヨーロッパ人専用であるとして入場を拒まれたことをきっかけに、インドに一流ホテルを造ることを決意。何度もヨーロッパへ渡り、発電機やエレベーターなど当時最新の機械を調達した。パリ大博覧会ではエッフェル塔に魅せられ、塔を支えているのと同じ巨大な鉄骨を注文した。この鉄骨は、今もホテルの舞踊ホールの天井を支えている。ホテルは1903年に完成し、シンガポールのラッフルズ・ホテルと並び、「アジアの星」とたたえられた。

　当時この一帯は埋め立てられたばかりで、まだインド門もなく、港も整備されていなかったにもかかわらず、ふたりのインド人設計者は、客室から見えるよう、海に向かってホテルを建てた。

 タージ・マハル・ホテルはインドで初めて女性を雇用したホテル。また初めて電気を取り入れたホテルでもある。さらにインド独立運動のときは、このホテルがインドの運動家たちに宿泊所として無料で開放されたという。

夕暮れどきに訪れたい
マリーン・ドライブ Marine Drive

MAP P.302-B2

アラビア海に弧を描くように続くビーチ沿いの散歩道。沿道にともる光の夜景は"王妃のネックレス"との別名もある。夕日スポットとしても人気で、夕暮れどきには多くの人でにぎわう。

INFO

ムンバイー最大の祭り、ガネーシャ・チャトゥルティー

マラーター王家の守り神だったガネーシャは、マハーラーシュトラ州で熱烈な信仰を集める。富と繁栄の守護神でもあるガネーシャの祭り、ガネーシャ・チャトゥルティーは、8〜9月に行われるムンバイー最大のイベント。10日間続く祭りでは町内会ごとに趣向を凝らした神像を競い、最終日には町を巡行したあと、アラビア海に流す。2023年は9月19日、2024年は9月7日。

Maharashtra　マハーラーシュトラ州

Mumbai (Bombay)　ムンバイー（ボンベイ）

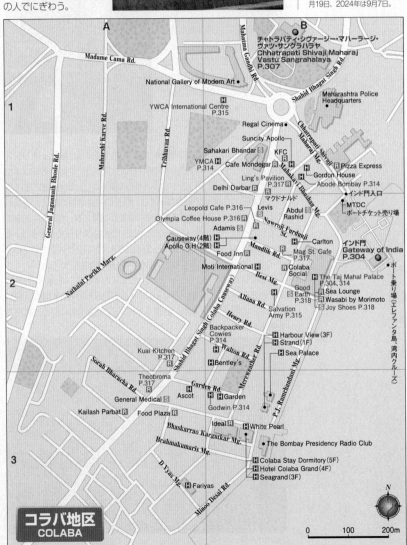

コラバ地区 COLABA

0　100　200m

地図内ラベル：
Madame Cama Rd.、Mahatma Gandhi Rd.、チャトラパティ・シヴァージー・マハーラージ・ヴァツ・サングラハラヤ Chhatrapati Shivaji Maharaj Vastu Sangrahalaya P.307、National Gallery of Modern Art、Shahid Bhagat Singh Rd.、Maharashtra Police Headquarters、YWCA International Centre P.315、Regal Cinema、Chhatrapati Shivaji Maharaj Mg.、Suncity Apollo、Sahakari Bhandar、KFC、YMCA P.314、Cafe Mondegar、Mahakavi Bhushan Rd.、Pizza Express、Gordon House、Ling's Pavilion P.317、Abode Bombay P.314、Delhi Darbar、マクドナルド、インド門入口、MTDC、ボートチケット売り場、Leopold Cafe P.316、Levis、Abdul Rashid、Nawroji Furdunji St.、Olympia Coffee House P.316、Adamis、Causeway(4階)、Apollo G.H(2階)、Mandlik Rd.、Mag St. Cafe P.317、Carlton、インド門 Gateway of India P.304、Food Inn、Moti International、Best Mg.、Colaba Social、ボート乗り場（エレファンタ島 湾内クルーズ）、The Taj Mahal Palace P.304、314、Good Earth、Sea Lounge、Allana Rd.、Wasabi by Morimoto、Joy Shoes P.318、Salvation Army P.315、Henry Rd.、Backpacker Cowies P.314、Harbour View(3F)、Strand(1F)、Kuai Kitchen P.317、Walton Rd.、Sea Palace、Mercewether Rd.、Sorab Bharucha Rd.、Bentley's、Theobroma P.317、Garden Rd.、General Medical、Ascot、Garden、Kailash Parbat、Food Plaza、Godwin P.314、Bhaskarrao Kargutkar Mg.、Ideal、White Pearl、Brahmakumaris Mg.、The Bombay Presidency Radio Club、P.J. Ramchandani Mg.、Colaba Stay Dormitory(5F)、D. Vyas Mg.、Hotel Colaba Grand(4F)、Fariyas、Seagrand(3F)、Minoo Desai Rd.、General Jagannath Bhosle Rd.、Maharshi Karve Rd.、Tribhuvan Rd.、Nathalal Parikh Marg.、Shahid Bhagat Singh(Colaba Causeway)

インドでは植民地時代につけられた英語の地名や道路名を、現地の言葉に変える運動が広がっている。ムンバイーではChurchgate St.→Veer Nariman Rd.、Apollo Pier Rd.→Chhatrapati Shivaji Maharaj Mg.などと道路名が変更された。

世界で最も美しく、忙しい駅

チャトラパティ・シヴァージー・ターミナス駅 (旧ヴィクトリア・ターミナス駅)
Chhatrapati Shivaji Terminus R. S.

MAP P.303-D1

チャトラパティ・シヴァージー・ターミナス駅

駅構内には博物館があり、観光客向けに一般公開を行っている。駅舎西側に入口がある。

CST 鉄道歴史博物館
CST Railway Heritage Museum
🕐 15:00～17:00
🚫 土・日
💰 Rs200

1日に発着する列車は1000本以上、乗降客は200万人を超えるといわれる"アジアで最も忙しい駅"。そのせわしなさとは裏腹に、駅の外観は荘厳で壮大。植民地時代のインドを代表するヴィクトリア=ゴシック様式の建築は、現役の駅ながら2004年に世界遺産に登録されている。時の女王、ヴィクトリア女王の即位50年を記念して、駅には"ヴィクトリア"の名が冠された。1998年に現在の名称"チャトラパティ・シヴァージー・ターミナス (CST)"に変更された。

駅構内のホール

着工から10年をかけて1887年に完成した駅舎の設計は、イギリス人のフレデリック・ウィリアム・スティーヴンス。設計を始めた頃はまだ30歳だったという。ステンドグラスや石の彫刻など、駅舎のあちこちにちりばめられた数々の繊細な細工は、地元の美術学生や職人が担当したという。現在は建物の後ろ側に駅の施設が増築され、そちらは建築として見るべきものはない。ホームとは反対側の正面から見てみよう。また、内部のホールではネオゴシック様式でステンドグラスやカラフルなタイル、美しい曲線の天井など、細かな部分まで観察できる。

かつてはここがセントラル・レイルウエイの本社で、鉄道の切符もこの駅舎で印刷されていた。ちなみに、インドで最初の鉄道列車が出発したのもこの駅。インド国内の鉄道ネットワークの始まりになった場所でもある。

正面門のライオンはイギリス、トラはインドを象徴している

 フォート地区にはイギリス植民地時代に建てられた古いビルがたくさんあり、建築好きにはたまらない。セント・トーマス教会内の英領インドに尽くして亡くなった当時の有名人たちの墓標の経歴を読むと、植民地時代のムンバイーの様子が想像できる。

インド各地の貴重な美術品が集まる

チャトラパティ・シヴァージー・マハーラージ・ヴァツ・サングラハラヤ
Chhatrapati Shivaji Maharaj Vastu Sangrahalaya

MAP P.305-B1

インド門の北西約500mにあり、1905年のイギリス皇太子訪印に合わせて建てられた建物を博物館として使用している。旧名はプリンス・オブ・ウエールズ博物館The Prince of Wales Museum of WesternIndia。インド=サラセン様式の建築ではあるものの、細部にはアフマーダバードやビジャープルの建築様式が取り入れられている。設計はインド門と同じくジョージ・ウィテットによるもの。建物を囲む庭園もすばらしい。第1次世界大戦時には、軍事病院としても使われていたという。

館内ではインドとその周辺地域における古代からのさまざまな美術品や、自然史に関するジオラマの展示を行っている。見どころは何といっても膨大な数にのぼる細密画のコレクション。16世紀から近代までのヒンドゥーとイスラームの細密画が圧巻だ。エレファンタ島出土のシヴァ神像やヴィシュヌ神像、ガンダーラ美術の仏像やブッダの生涯をモチーフにした石刻レリーフなどのほか、インド南西部のバーダーミ、アイホーレ出土の石彫が数多く展示されている。

美しく手入れされた庭と博物館　　1階はさまざまな彫刻が並ぶ

ムンバイ最古の博物館

ドクター・バウ・ダージ・ラッド博物館　Dr. Bhau Daji Lad Museum

MAP P.299-B1

ヴィクトリア・ガーデン内にある博物館。旧名はヴィクトリア&アルバート博物館Victoria&Albert Museumで、ロンドンにある同名の博物館を模して造られた。民間からの寄付により1862年に建設が始められ、1871年に完成。1872年にオープンした。現在はムンバイーの医師、サンスクリット学者であったドクター・バウ・ダージの名が冠されている。2008年には、建築当時の趣はそのままに美しく改装された。

2階の地図、写真、模型などムンバイーの歴史を紹介する展示は必見。実物を見ることができないパールスィーの鳥葬場「沈黙の塔」のレプリカは特に興味深い。1階ではヒンドゥーの神像や象牙細工、工芸品などを展示しており、見応えは十分だ。

チャトラパティ・シヴァージー・マハーラージ・ヴァツ・サングラハラヤ

🏠 159-161 M. G. Rd., Fort
☎ 022-2284-4484、2284-4519
🕐 10:15〜18:00
🚫 1/26、5/1、8/15、10/2
💰 Rs650（オーディオガイド付き。日本語あり）
【Card】ADJMV
【URL】www.csmvs.in
※カメラ付き携帯での撮影無料。カメラ持込料Rs200、ビデオ持込料Rs5000
大きなバッグは持ち込み不可、入口で預ける。

ドクター・バウ・ダージ・ラッド博物館

🏠 91-A Dr. Babasaheb Ambedkar Rd., Byculla
☎ 022-2374-1234
🕐 10:00〜18:00
🚫 水、祝
💰 Rs100
【URL】www.bdlmuseum.org
🚇 チャトラパティ・シヴァージー・マハーラージ・ヴァツ・サングラハラヤからNo.1、3、9のバスで所要約30分、Jijamata Uddyan下車。またはCST駅発の郊外列車でバイキューラ駅下車後、徒歩5分。
※水などのペットボトル類は持ち込み不可。入口で預ける。
※2023年4月現在休業中

Maharashtra　マハーラーシュトラ州　Mumbai (Bombay)　ムンバイー（ボンベイ）

マリーン・ドライブの北の高級住宅地マラバール・ヒルにある空中庭園Hanging Gardens（MAP P.299-A2）からはアラビア海に沈む夕日が美しい。近くにパールスィー教徒が鳥葬を行う沈黙の塔Tower of Silenceがある（入場不可）。

🏠 161B M. G. Rd., Fort
☎ 022-2284-3989
🕐 11:00～19:00
💴 無料
(URL) www.jehangirartgallery.
com
※館内撮影禁止

インドの現代美術に興味があるなら
ジャハーンギール・アート・ギャラリー Jehangir Art Gallery

MAP P.303-C3

ムンバイー出身のアーティストをはじめ、インド国内外の現代美術を展示するギャラリー。チャトラパティ・シヴァージー・ヴァァス・サングラハラヤに隣接しているので、博物館を見たあとに立ち寄るのもいいだろう。

マニ・バワン

🏠 19 Laburnum Rd., Gamdevi
☎ 022-2380-5864
🕐 10:00～17:30
💴 Rs20
(URL) www.gandhi-manibha
van.org
🚃 チャーチゲート駅発の郊外列車でグラント・ロード駅下車後、徒歩10分。警察署を過ぎて、バス停の次のブロックを右に曲がる。大きなサインはないので見落とさないように。

ガーンディーのムンバイー時代の家
マニ・バワン Mani Bhavan

MAP P.299-A2

マハートマー・ガーンディーが1917～1934年までたびたび訪れたムンバイーで滞在していた家を記念館として一般公開している。"サッティヤグラハ（非暴力の抵抗）"の哲学も、このムンバイー時代に生み出されたという。また、ガーンディーのアイコン的な道具チャルカー（紡ぎ車）の操作を覚えたのもこの場所だった。1階はガーンディーの著作や関連資料を集めた図書室、2階は

資料展示室となっている。見どころは3階で、ガーンディーが滞在していた部屋をそのままに保存している様子が見られるほか、ジオラマでガーンディーの活動をわかりやすく紹介している。

マハーラクシュミー・
ドービー・ガート

🚃 チャーチゲート発の郊外列車でマハーラクシュミー駅下車すぐ

HINT

『スラムドッグ$ミリオネア』
2008年に作品賞を含むアカデミー賞8部門を受賞し、日本でも公開されたイギリス映画。ムンバイーのスラム出身の主人公が、クイズ番組で勝ち抜いていったため、警察に連行されて拷問を受ける。そこで主人公は自分の生い立ちを語り始めるというストーリー。重要なシーンで登場するCST駅をはじめ、ムンバイー各所でロケをしているので、訪れる前に見ておくのもいいだろう。ちなみに原作者のヴィカス・スワルーブの本業は外交官で、かつては在大阪インド総領事館の総領事として日本に赴任していた。

洗濯物がはためく風景は圧巻
マハーラクシュミー・ドービー・ガート Mahalaxmi Dhobi Ghat

MAP P.299-B1

ドービーとは洗濯屋のこと。ここは140年前にできたドービーの組合で、ムンバイーのなかでも最も古い歴史がある。機械化が進んだ現在、手作業でのドービー・ガートとしてはムンバイー最大規模だ。洗濯物を打ちつける石もイギリス植民地時代から同じものを使用している。高層ビルがそびえるムンバイーの町並みとのコントラストには圧倒される。

作業場に入ると、法外なチップを要求されるなど面倒なことも起きるので、外から見学するのがいい。マハーラクシュミー駅南に架かる陸橋の上にはドービー・ガートの見学台がある。

 ジンの人気銘柄「ボンベイ・サファイア」は、英国統治下のインドでジンが好まれたことから、ムンバイーの当時の名称である「ボンベイ」がつけられた。生産国はイギリスだが、独特のスパイスと柑橘系の香りがどこかインドを感じさせる。

小さいながら細部まで美しい寺
バーブー・アミチャンド・パナラル・アディシュワルジ・ジャイナ教寺院
Babu Amichand Panalal Adishwarji Jain Temple

MAP P.299-A2 外

マラバール・ヒルに静かにたたずむジャイナ教寺院。地元の敬虔な信者が足を運び、この寺院を敬っている様子が伝わるような雰囲気が漂う。規模としては大きくないが、その美しさには定評がある。特に2階

のドームの天井に描かれたカラフルなジャイナ教の宇宙と神々を表したものは芸術品を鑑賞しているよう。

見学するときは、信者のじゃまにならないよう節度をもったマナーと服装で。信者以外はメインホールには入れない。また生理中の女性は入場できない。靴や水のボトルは入口で預けること。

バーブー・アミチャンド・パナラル・アディシュワルジ・ジャイナ教寺院
🏠 Walkeshwar Mg., Malabar Hill
🕐 5:00～21:00

地元で愛されるヒンドゥー寺院
ムンバデーヴィー寺院　Mumbadevi Temple

MAP P.299-B2

ムンバイーの名称の由来になったともいわれるムンバデーヴィー寺院。ムンバはマラーティ語からきており、マハーラーシュトラで信奉される母なる神とされる女神。寺院

そのものは特筆するべき特徴はないが、ムンバイーの人々にとっては重要な寺。寺院ができたのは17世紀頃といわれている。フォート地区の北にあり、周囲は下町情緒あふれる雰囲気。撮影は禁止。

ムンバデーヴィー寺院
🕐 6:00～21:00
※写真撮影は外からも控えること

ムンバイー最古のヒンドゥー寺院
マハーラクシュミー寺院　Mahalaxmi Temple

MAP P.299-A1

このあたりの地名にもなっているマハーラクシュミー寺院は、ムンバイーでも古い歴史をもつヒンドゥー寺院。ハッジ・アリ湾の突端に建っている。富と繁栄を司る女神ラクシュミーを祀っているこの寺院は、常に多くの参拝者が訪れる。寺院へと続く参道も、お供え物を売る売店が建ち並びにぎやか。毎年9～10月に行われるナヴァラトリの祭りの儀式が行われるときが、最もこの寺が盛り上がりを見せる時期。

マハーラクシュミー寺院
☎ 022-2351-4732
🕐 6:00～22:00
※写真撮影は禁止

ムンバイーとはヒンドゥー教の女神の名前。地元の神と融合して、漁夫の女の外見をしているという。ボンベイという名前はイギリスの植民地になる前からあり、もともとはポルトガル語。

海の中に浮かぶような
ハッジ・アリー廟　Haji Ali's Dargah

　ハッジ・アリー湾の中へと続く、海の中の一本道を渡った所に建つハッジ・アリー廟。まるで海の上に浮かんでいるような白い廟はムンバイーの有名な光景のひとつ。

　15世紀に建てられたという廟は、イスラームの聖者ピール・ハッジ・アリー・シャー・ブハーリーを祀っている。この場所に建てられたのは、メッカへの巡礼中に亡くなったハッジ・アリーの帽子だけが、流れ着いて戻ったからだという伝説も残っている。なお、満潮時は参道を通れないので注意。

アンジュマン・アターシュ・ベーラム
Anjuman Atash Behram
🗺 P.299-B2
※入場はゾロアスター教徒のみ

ワディア・アターシュ・ベーラム
Wadia Atash Behram
🗺 P.299-B2
※入場はゾロアスター教徒のみ

どの寺院も美しい建築
ゾロアスター教寺院　Zoroastrian Fire Temples

　ゾロアスター教（拝火教）は、古代ペルシア生まれの宗教で、火を聖なるものとして祀っている。インドにおけるゾロアスター教の中心地がムンバイー。ムンバイーは世界最多のゾロアスター教徒が暮らす町で50ほどの寺院があるといわれる。どの寺院もゾロアスター教徒のみしか入場はできないため、外から建物を眺めるだけだが、その豪奢な外観を見るだけでも興味深い。市内でアクセスしやすいのは、**アンジュマン・アターシュ・ベーラム**Anjuman Atash Behramと**ワディア・アターシュ・ベーラム**Wadia Atash Behramのふたつ。

アンジュマン・アターシュ・ベーラム　　ワディア・アターシュ・ベーラム

パルスィーってどんな人？

　インド国内だけでなく、世界最大のパルスィーコミュニティをもつムンバイー。その数はおよそ約8万人ともいわれている。町のあちこちでパルスィー料理を食べられるのもムンバイーの特徴だ。

　パルスィーとは、ゾロアスター教を信仰する人のことで、Perisan＝ペルシア人と同義だった。現在ではインド在住のゾロアスター教の信者のことをパルスィーと呼ぶ。

　ゾロアスター教は、アフラ・マズダを主神とする宗教で、拝火教という名のとおり、火を聖なるものとして礼拝の対象にする。また沈黙の塔での鳥葬・風葬など、独特な祭祀をもつことでも知られるが、寺院をはじめとした宗教施設にはパルスィー教徒以外立ち入れないため、外から見るとなにやら謎めいて見える。

　彼らがインドに移住してきたのは8世紀頃。イランの新興イスラーム勢力に追われて、逃れるようにグジャラート州海岸部に住むようになったのが始まりだ。商人や貿易商で成功した人が多く、現在も裕福なコミュニティとしても知られる。ターター財閥の創始者や、クイーンのフレディ・マーキュリーがパルスィーとして知られている。

ANAムンバイー便が到着する夕方の時間帯は道路が非常に渋滞しており、空港のタクシーカウンターには行列ができていました。実はカウンターは4つあり、そのうちひとつのプリペイドのカウンターは「タクシー、タクシー」と呼び込みしていましたが現

エレファンタ島 Elephanta Island

荘厳な雰囲気と圧倒的な迫力

MAP P.296

インド門の裏から船で約1時間。16世紀、ガーラープリー島と呼ばれていた小島にポルトガル人が上陸し、巨大な石彫のゾウを発見、以来エレファンタ島と呼ばれる。島の南端にあったこの石彫は、現在はドクター・バウ・ダージ・ラッド博物館（P.307）で見ることができる。

島には、5窟のヒンドゥー教の石窟寺院があり、すばらしい彫刻が残されている。ムンバイー最大の見どころといってよいだろう。1987年に世界遺産に登録されている。

石窟は6〜8世紀の作とされ、すべてシヴァ神を祀ったもの。多くがポルトガル人に破壊されたが、唯一破壊を免れた第1窟にはシヴァの神話世界が彫刻で表現されている。

最大の見どころ第1窟

●第1窟

いちばんの見どころとなる第1窟は、高さ約200mの岩山の頂上付近にある。船着き場から125段の階段を上ってくると、最初に出てくる石窟だ。エローラの第29窟（P.335）と似た形式で、高さ6m、広さ約40m四方の空間が20本ほどの石柱で支えられている。エレファンタ島最大の見どころは、この奥の壁中央に彫られた**マヘーシャムルティ Mahesamurti**（シヴァの三面上半身像）。トリムルティとも呼ばれる。正面は穏やかな表情、向かって左は破壊者としてのおどろおどろしい表情、右は気品にあふれた女性のような笑みをたたえている。5.5mという大きさにももちろんだが、細部まで丹念に繊細に彫り込まれたまるで動き出しそうな迫力に圧倒される。

第1窟にあるシヴァ三面上半身像。その大きさに圧倒される

地の人が全然並んでいなかったので、私たちも人が多く並んでいるMERUを使いましたが結局40分くらい待ちました。急ぐ人はあらかじめホテルのピックアップなどをアレンジしていくのがよさそうです。(YF '19)

エレファンタ島

- ◑ 9:00〜17:30
- ㊡ 月
- ㊌ Rs600（別途入島税Rs10）

エレファンタ島への船のチケット売り場はインド門近くにある。1等Rs260、2等Rs165（往復料金）。往路の運行は9:00〜15:00だが、6〜9月の雨季は雨と波の状況により運休することがたびたびある。帰りの船は最終便が17:30頃（季節により異なる）ので乗り遅れないように。桟橋からゲートまではミニSLもある（Rs5）。島にはいくつかレストランがあり、食事も可能。

HINT

エレファンタ島での撮影

エレファンタ島の石窟内での撮影はカメラ、デジカメともに可（フラッシュOK）。ビデオの持ち込みはRs25だが、石窟内での撮影は不可。

マヘーシャムルティから左手に進むと、**ガンガダーラ・シヴァ Ghangadhara-Shiva**がある。シヴァとその妻パールヴァティが川の女神ガンガーが地球に下り立つのを手伝っている場面が彫られている。マヘーシャムルティを挟んで反対側にはシヴァとパールヴァティの婚礼の様子を描いた彫刻が見える。

第1窟には、ほかにもさまざまな姿や表情をしたシヴァやヒンドゥーの神々の彫刻が壁面を埋めている。

さらに奥へと進むと第2〜5窟があるが、石窟寺院が見えるものの、特筆すべき彫刻などは残されていない。時間と興味があるならばピクニック気分で歩いてみるのもいいだろうが、第1窟がこの遺跡のハイライトであることは間違いない。

エレファンタ島までは船で約1時間。降りて長い桟橋を渡りゲートで入島税を払う。さらに両側にみやげ物屋が連なる長い坂道を10分ほど上っていくと、頂上にある石窟寺院入口に着く。チケット売り場はここにある。

ガンガダーラ・シヴァとパールヴァティ

仏教の石窟寺院跡 MAP P.296

カンヘーリー石窟群 Kanheri Caves

市の中心から北に約42kmのサンジャイ・ガーンディー国立公園内にある仏教石窟寺院群。紀元前1世紀から1000年以上にわたって造り続けられたという石窟は全部で109あり、かなり風化しているものの、第2窟と第3窟の保存状態がよく、内部の仏塔および入口付近の婦人像などがよく残っている。第4窟から丘を登るが、内部には何もない石窟が多い。これは多くが修行場である僧院（ヴィハーラ）として造られたためで、ここには数百人を超える僧が住んでいたとされる。

なお、石窟には自然光しかないので、明るい時間帯に行こう。公園内は広く、入口から石窟までは数キロの距離があるため、オートリクシャーか、公園内を走るバスに乗って石窟まで行くのがいいだろう。

カンヘーリー石窟群
Kanheri Caves

☎ 022-2886-0362（国立公園）
🕐 9:00〜17:00
🚫 月
💰 Rs200（別途、国立公園入園料Rs53が必要）
🚃 チャーチゲート駅発の郊外列車でボリヴァリ駅下車後、公園入口まで徒歩15分、またはオートリクシャーで。

ムンバイーでの旅の行程。8:30ホテル出発→駅付近の外国人専用窓口で寝台列車の往復切符を買う→郊外列車でマハーラクシュミー・ドービー・ガート→ハッジ・アリー廟→マハーラクシュミー寺院→マニ・バワン→昼食→空中庭園→ジャイナ教寺院♪

Useful Address　ユースフル・アドレス

▶観光情報‥‥‥‥‥‥‥‥‥‥‥‥‥‥‥‥‥

インド政府観光局　India Tourism
📍P.302-A3　🏠 Air Inida Building, Ground Floor, Nariman Point
☎ 022-2207-4333　🕐 8:30〜18:00（土・祝〜14:00）
🈺 日、1/26、8/15、10/2、ディワーリー　URL www.incredibleindia.org

マハーラーシュトラ州観光開発公団　Maharashtra Tourism Development Corporation (MTDC)
📍P.302-B3　🏠 4th Fl. Apeejay House, 3 Dinshaw Vadaha Rd., Near KC
College, Churchgate　☎ 022-2284-5678　🕐 9:45〜17:30
🈺 日、第2・4土、祝　URL www.maharashtratourism.gov.in

▶エアライン‥‥‥‥‥‥‥‥‥‥‥‥‥‥‥‥‥

エア・インディア　Air India
📍P.302-A3　🏠 1st Fl. Air India Bldg., Nariman Point　☎ 022-2279-6666
🕐 9:15〜18:30（土〜17:15）　🈺 日

▶大使館・領事館‥‥‥‥‥‥‥‥‥‥‥‥‥‥

在ムンバイ日本国総領事館　Consulate General of Japan
📍P.299-A1　🏠 1 M. L. Dahanukar Mg., Cumballa Hill
☎ 022-2351-7101　🕐 9:00〜13:00、14:00〜17:30
🈺 土・日、祝、年末年始　URL www.mumbai.in.emb-japan.go.jp

▶病院‥‥‥‥‥‥‥‥‥‥‥‥‥‥‥‥‥‥‥

ボンベイ・ホスピタル　Bombay Hospital
📍P.302-B1　🏠 12 New Marine Lines　☎ 022-2206-7676
URL bombayhospital.com
最新の施設と設備を備えた私立の大病院。外国人の受け入れにも慣れている。

ブリーチ・キャンディ・ホスピタル　Breach Candy Hospital
📍P.299-A1　🏠 60 Bhulabhai Desai Mg. Breach Candy
☎ 022-2367-2888、2366-7809（救急）　URL breachcandyhospital.org
中心部からは少し離れるが、ムンバイーで最も評判が高い病院のひとつ。救急にも対応。

緊急連絡先	
救急車	☎ 102
警　察	☎ 100
消　防	☎ 101

INFO

MTDCのツアー
市内夜景バスツアー
🕐 土・日の19:00〜20:00と
　20:15〜21:15
🈺 6〜9月の雨季
💰 1階席Rs60、2階席Rs180

チャトラパティ・シヴァージー・マハーラージとマラーティ王国

　ムンバイーの町を歩くと、空港から駅、博物館とそこここで見かけるのがチャトラパティ・シヴァージー・マハーラージの名前。彼は、イスラーム勢力が北インドを支配していたその時代に、ヒンドゥー王朝を復興させたヒーローとして、現在にいたるまで、その功績をたたえられている。

　シヴァージー・ボーンスレーは、17世紀にこのデカンエリアにあったマラーティ王国の創始者であり、初代君主。チャトラパティは君主につけられる称号で、マハーラージも「偉大な王」という意味の称号。

　マラーティ族で、軍人の父のもとに生まれたシヴァージーは、若くしてマラーティ族の結束と生まれながらの知恵で、コンカン地方（現在のムンバイーを含む沿岸地域）に一大勢力を築いた。徐々に力をつけたシヴァージーは、アウラングゼーブ帝率

いるムガル帝国にも挑んでいく。一進一退の攻防が続いた結果、1674年、シヴァージーはついにマラーティ王国の樹立を宣言する。ヒンドゥー王朝が樹立されたのは3世紀ぶりのことで、シヴァージーのどんな宗教とも共存する政策は多くの人に受け入れられた。

＼タクシー Rs150でムンバーデーヴィー寺院へ→マハトマー・ジョーティマー・プレー・マーケット→チャーチゲート駅近くのホテルに18:00頃着。疲れましたが、すばらしい1日でした。（江戸川区　鈴木 徹 '18）

Hotel ホテル

インド随一の経済都市ムンバイーのホテル代は驚くほど高く、いつも混んでいる。ムンバイーのホテル事情は全般的に悪い。高級ホテルは需要が多く、料金は上昇してもサービスが追いつかない。ムンバイーの宿泊料金の改定時期は毎年9月なので、ホテル料金はここで紹介しているものよりも値上がりする可能性がある。料金はあくまで目安として参考にしておこう。

ムンバイーのアイコン

[H]タージ・マハル・パレス

The Taj Mahal Palace

コラバ ₹₹₹

MAP P.305-B2

🏠 Apollo Bunder, Colaba ☎ 022-6665-3366
[料] パレス🛁[A/C]Ⓢ[W] Rs2万～、タワー🛁[A/C]Ⓢ[W] Rs1万3000～ [TAX]別 [Card] ADJMV [Wi-Fi] [室] 553室
[URL] www.tajhotels.com

ムンバイーのランドマークでもある高級ホテル。世界中のVIPを迎えてきた実績と建物の美しさ、きめこまやかなサービスなど、インドを代表するホテルだ。タワー部分の新館（タワーウイング）と1903年に建てられた美しい旧館（パレスウイング）に分かれる。

こだわりのホテルステイなら

[H]アボード・ボンベイ

Abode Bombay

コラバ ₹₹

MAP P.305-B1

🏠 Abode, Level 1, Lansdowne House, M.B.Marg, Colaba ☎ 808-023-4066 [料]🛁[A/C]Ⓢ[W] Rs4500～ [TAX]別 [Card] MV [Wi-Fi] [室] 25室
[URL] abodeboutiquehotels.com

コラバ地区にあり、インド門からもほど近いロケーション。おしゃれなブティックホテルで、ホテル内のレストランも美しくコーディネートされている。客室もシックながら、インドらしいデザイン。ムンバイのアート&カルチャー情報なども紹介している。朝食付き。

設備の整ったバックパッカー向けホステル

[H]バックパッカー・カウイーズ

Backpacker Cowies

コラバ ₹

MAP P.305-B2

🏠 15, Walton Road, Colaba Causeway ☎ 882-833-5046、882-833-5045 [料][A/C]Ⓓ Rs1000～1500 [A/C][W] Rs6000～8000 [TAX]込 [Card] ADJMV [Wi-Fi]
[室] 140床&11室 ✉ bookings@cowiesguesthouse.com

キッチンや共有スペースなどを備えた、欧米人に人気のバックパッカー向けのホステル。4、6、8人部屋のドミトリーのほかにダブルルームもある。清掃も行き届き、このエリアのホステルの中ではトップクラスの快適度。各部屋はカードキーシステムでセキュリティも安心。

落ち着いた雰囲気の老舗ホテル

[H]ゴドウィン

Hotel Godwin

コラバ ₹₹₹

MAP P.305-B3

🏠 41, Garden Road, Colaba Causeway ☎ 022-2284-1226、022-2287-2050 [料][A/C]Ⓢ Rs5000 [A/C][W] Rs6800～9800 [TAX]込 [Card] DJMV [Wi-Fi]
[室] 51室 [URL] hotelgodwin.co.in ✉ info@hotelgodwin.in

親日家のオーナー・シンさんが経営する老舗ホテル。建物は比較的古いがきれいにリノベーションされ、部屋も清潔でインテリアも落ち着いた雰囲気。スタッフは皆フレンドリーでとても親切。ルーフトップレストラン・バーからのムンバイーの街の眺めもすばらしい。

セキュリティ面でも安心できる

[H]YMCA

YMCA

コラバ ₹₹

MAP P.305-B1

🏠 12 Nathalal Parekh Marg, Colaba
☎ 022-2202-0079 [料]🛁[A/C][W] Rs3150
[TAX]込 [Card] MV [Wi-Fi] [室] 20室

初回は会員費Rs140がかかるものの、セキュリティ面でも安心できるホテル。部屋はシンプルながら掃除が行き届いており清潔。最低限の設備も整っている。朝食付き。ランドリーサービスがある。敷地内には卓球コーナーなど、YMCAならではの施設もある。

安く個室に泊まるなら

[H]ニュー・ヴァサンターシュラム

New Vasantashram

セントラル ₹

MAP P.299-B2

🏠 232, Narasinh Mansion, 3rd Floor, Lokmanya Tilak Marg ☎ 022-2208-0226、977-320-0702
[料]Ⓓ Rs300～500 Ⓢ Rs600 [W] Rs1200 [TAX]別
[Card] 不可 [Wi-Fi] [室] 15室 [URL] newvasantashram.com
✉ info@newvasantashram.com

クロウフォード・マーケット近くにある安宿。75年を超える歴史の老舗だが、清掃も行き届いている。建物も趣がある。エアコンはないが、個室の安さはムンバイでも屈指。水シャワーだが、頼めばバケツにお湯を沸かしてくれる。

[i] ムンバイーのホテル料金は高く、同等のホテルならデリーの2倍はかかるとみておいたほうがいい。中心部で快適な部屋となるとRs3500以上は覚悟しておこう。

ムンバイーでは老舗の安宿
サルベーション・アーミー
Salvation Army
コラバ ₹
MAP P.305-B2

🏠 30 Mereweather Rd., Colaba　☎ 022-2284-1824　
Ⓢ Rs600 Ⓓ Rs1500 Rs2500 込
不可　21室　✉ tredshieldhouse_mumbai@iwt.salvationarmy.org

タージ・マハル・ホテルの南西の端を南に入った角に昔からあるドミトリー宿。安さを求めるバックパッカーならここがおすすめ。ドミトリーは10人部屋。朝食付き。

閑静で落ち着いた立地がいい
Ｈグランド
Grand Hotel
フォート ₹₹
MAP P.303-D2

🏠 17 Shri S. R. Mg., Fort　☎ 022-6658-0500　
Ⓢ Rs5000～6000 Ⓓ Rs6000～7000 別　
AMV WiFi 68室 www.grandhotelbombay.in

フォート地区の港のすぐ近くにある中級ホテル。三角形の角地に建つ4階建ての小さな建物だが、ジム、エアポートシャトルなどひととおりのサービスが揃う。

面倒見のいいスタッフがいる
Ｈトラベラーズ・イン
Travellers Inn
フォート ₹
MAP P.303-D2

🏠 26 Adi Marzban Path, Shahid Bhagat Singh Rd., Fort　☎ 022-2264-4685、900-422-2052　
Ⓓ Rs600～720 Ⓢ Rs1800 Rs2500　
込 AMV WiFi 20室　
www.hoteltravellersinn.hostel.com

安宿の雰囲気は漂うものの、部屋はまあまあきれい。フロントでは両替、スラムなどへのツアーも催行している。人気があるので予約が望ましい。朝食付き。

バススタンドからすぐ
Ｈザ・サヒール
The Sahil
セントラル ₹₹
MAP P.299-A1

🏠 292 Bellasis Rd.　☎ 022-2308-1421　
Ⓢ Ⓓ Rs6000～1万 AJMV　
WiFi 88室 www.thesahilhotel.com

シンプルで落ち着いた雰囲気の経済的なホテル。モダンなビジネスホテルといった感じだが、セントラル・バススタンドにも近くて移動に便利。トラベルデスク、ランドリーサービス、レストランなどがある。

初めてのインドでも安心
ＨYWCAインターナショナル・センター
YWCA International Centre
コラバ ₹₹
MAP P.305-B1

🏠 18 Madame Cama Rd., Fort　☎ 022-6624-7222　
Ⓢ Rs2964 Ⓓ Rs44680～5863 込　
MV WiFi 41室 www.ywcaic.info

非会員は上記の料金に初日のみRs50プラス（30日間有効）。料金には朝・夕食が含まれており、味も上々。ランドリーや空港送迎などのサービス（有料）もある。シングルなら303号室、ダブル304号室などテラス付きの部屋がおすすめ。

クラシックな外観がいい
Ｈレジデンシー・フォート
Hotel Residency Fort
フォート ₹₹
MAP P.303-C2

🏠 26 Corner of D.N. Rd & Ruston Sidhwa Marg, Fort　☎ 022-6667-0555 Ⓢ Ⓓ Rs4360～ 別　
AMV WiFi 40室 www.residencyhotel.com

クラシックな趣のこぢんまりとした感じのいいホテル。CST駅からすぐで駅移動の人にも便利。客室は改装されておりモダンに整えられている。設備も使いやすい。ビュッフェの朝食付き。類似した名前のホテルがあるので注意。

ウェブサイトからの予約がお得
Ｈシャトー・ウィンザー
Chateau Windsor Hotel
フォート ₹₹
MAP P.302-B2

🏠 86 Veer Nariman Rd., Fort　☎ 022-6622-4455　
Ⓢ Rs2950～6040 Ⓓ Rs3450～7600　
別 ADJMV WiFi 65室　
www.chateauwindsor.com

チャーチゲート駅から徒歩4分。周辺はレストランが多いエリアで便利。客室はゆったりと広く、リノベーションされている。フロントは4階。エレベーターがある。

目の前にアラビア海を望む
Ｈトライデント・ナリマーン・ポイント
The Trident Nariman Point
ナリマーン・ポイント ₹₹₹
MAP P.302-A3

🏠 Nariman Point　☎ 022-6632-4343 Ⓢ Rs 1万5000～ Ⓓ Rs1万7000 別 ADJMV　
WiFi 587室 www.tridenthotels.com

マリーン・ドライブの南に位置する、海に面したホテル。ロビーからはアラビア海が見える。サービスや施設の充実ぶりはさすが一流ホテルだ。時期によって割引がある。

 日本からデリー経由でエア・インディアのムンバイー便を利用すると、到着は夜遅くになるので空港近くに宿を取るのが安心だ。空港内にはトランジットホテルもある。

Restaurant レストラン

ちょっと贅沢しても食べたい
Ⓡ マヘーシュ・ランチ・ホーム
Mahesh Lunch Home
マンガロール料理 ₹₹
MAP P.303-C2

🏠 8-B Cawasji Patel St., Fort ☎ 022-2287-0938
🕐 11:30～16:00、18:00～22:00 🗓 別
Ⓒⓐⓡⓓ ADJMV Ⓤⓡⓛ www.maheshlunchhome.com

ムンバイーに数店舗を構える、シーフード料理を得意とする高級レストラン。数多くの賞を受賞している。地元のグルメたちにも人気で、ランチタイムから満席になるほど。エビたっぷりのブラウンプラオRs550やうま味とスパイシーさが絶妙なマサラ・フィッシュ・フライRs565、紙のように薄いニールドーサ1枚Rs30などがおいしい。数人でいろんな種類を楽しみたい。

老舗の風格漂うレストラン
Ⓡ ブリタニア＆カンパニー
Britannia & Company
パルスィー料理 ₹₹₹
MAP P.303-D2

🏠 11 Wakefield House, 16 Ballard Estate, Opp. New Custom House ☎ 022-2261-5264
🕐 12:00～16:00（土11:30～22:00）
🗓 日 🗓 別 Ⓒⓐⓡⓓ 不可

1923年創業のパールスィー料理のレストラン。熟練のボーイサービスも気持ちよい。名物のチキンベリープラオRs550はフルーツの酸味とナッツの食感が絶妙。サリ・キーマ（マトンの煮込み）Rs650やフライド・ボンベイ・ダックRs400もおいしい。デザートにはキャラメル・カスタードRs170を忘れずに。

ムンバイーの海の幸を楽しめる
Ⓗ ホテル・マスト・マルヴァニ
Hotel Mast Malvani
マルヴァニ料理 ₹₹
MAP P.299-B1枠外

🏠 Jay Mahal Building, Jeejeebhoy Lane, Opp. Income Tax Office, Lalbaug ☎ 982-023-1247
🕐 11:15～15:45、19:15～23:45 🗓 火 🗓 込
Ⓒⓐⓡⓓ MV

街の中心からは外れるが、手頃な値段でムンバイー近海の新鮮な魚介類を使ったターリーが堪能できるレストラン。ムンバイーを代表する大衆魚、ボンビル（ボンベイ・ダック）のターリーが抜群においしい。Rs245。付け合わせのゴールマー（干しエビ）の炒め物も非常に美味。マナガツオやサバ、カニ、エビのターリーもあり、わざわざ中心部から足を延ばす価値のある店だ。

名物キーマ・パヴがおいしい
Ⓡ オリンピア・コーヒー・ハウス
Olympia Coffee House
インドスナック ₹
MAP P.305-B2

🏠 Rahim Mansion No. 1, Shahid Bhagat Singh Rd., Colaba ☎ 022-220-21043
🕐 7:00～23:45（金11:45～13:30は休み）
🗓 込 Ⓒⓐⓡⓓ 不可

1918年創業の老舗イラーニーカフェ。朝食どき9:00頃は大混雑する人気店。客はムスリム男性が多いが、欧米人客もよく訪れる。日中は軽食と喫茶が中心。店の名物はキーマ・パヴ（7:00～10:30のみ）Rs100で、パンRs4につけて食べる。ほかにミルクコーヒー Rs50、マトン・マサーラー・フライRs140などのメニューもある。

リッチなインド料理を味わう
Ⓡ カイバル
Khyber
北インド料理 ₹₹₹
MAP P.302-A1

🏠 145 M. G. Rd., Fort ☎ 022-4039-6666
🕐 12:30～16:00、19:30～24:00
Ⓒⓐⓡⓓ AMV 🗓 別 Ⓤⓡⓛ www.khyberrestaurant.com

店内には彫刻などが置かれていて、まるで美術館さながらの高級レストラン。重厚な扉を開くと、高級感溢れる内装が目に飛び込んでくる。ヨーグルトにじっくり漬け込んだレシュミ・カバーブRs695やパニール・コールマー Rs545がおすすめ。マナガツオのグリーン・チャツネHara Masala Pomfret Rs1010をバター・ナーンと一緒に。タンドリーチキンの評判も高い。

夜遅くまで使えるカフェ
Ⓡ レオポルド・カフェ
Leopold Cafe
インド／中華 ₹₹
MAP P.305-B2

🏠 Near Regal Cinema, Colaba
☎ 022-2287-3362、2282-8185、2284-8054
🕐 7:30～24:30 🗓 別 Ⓒⓐⓡⓓ AJMV
Ⓤⓡⓛ www.leopoldcafe.com

1871年創業の有名店で、欧米人観光客にも人気。メインはインド料理と中華料理で、1品Rs250～1000。料理はボリュームがあり、冷えたビールとよく合う。おすすめはチキン・ティッカ・マサーラーのハーフサイズRs495、フルサイズRs680。朝から夜遅くまで開いているので、朝食からバータイムまでいろいろなシーンで使える。夜は混み合い、座れないこともある。

 ムンバイーがあるマハーラーシュトラ州では、牛肉の提供と所有が法律で禁止されている。違反者は禁固5年、またはRs1万の罰金が科せられる。外国人であっても例外ではないので覚えておこう。ただし、水牛はOK。

R マグ・ストリート・カフェ
Mag St. Cafe

落ち着いた雰囲気でくつろげる

カフェ ₹₹　MAP P.305-B2

🏠 4, Mandlik Rd, Apollo Bandar, Colaba
☎ 720-854-4366、022-2280-1144
🕐 7:00～24:00　🈸 別　Card ADMV

タージ・マハル・ホテルの裏手にあるおしゃれなカフェ。充実したカフェメニューだけでなく、アジア料理を含めた各国料理、アルコール類の提供もあり、さまざまな用途に使えて便利。カプチーノRs225、バドワイザーRs400、ポーク餃子Rs600など。ジンやワインもある。

R カーラ・ゴーダ・カフェ
Kala Ghoda Café

オーガニックにこだわったカフェ

カフェ ₹₹　MAP P.302-A1

🏠 Bharthania Bldg., A Block, 10 Ropewalk La., Kala Ghoda　☎ 959-469-3339　🕐 8:00～23:30　🈸 別
Card AMV　URL www.kgcafe.in

パスタやサンドイッチなどが中心のカフェ。オーガニックの食材を使ったケーキの種類が豊富。朝食メニュー（8:00～12:00）のワッフルのフルーツハニー添えがRs450、フェタチーズとベーコンのオムレツRs500など。料理はどれも洗練された味つけでおいしい。

R ジミー・ボーイ・カフェ
Jimmy Boy Cafe

ランチは地元の人でにぎわう

パルスィー料理 ₹₹　MAP P.303-C2

🏠 Vikas Bldg., 11 Bank St., Fort, Opp. Chetah Gate, off Horniman Circle　☎ 022-2270-0880
🕐 8:00～23:00（日・祝8:00～16:00、19:00～23:00）
🈸 込　Card AMV

おすすめは、マナガツオにミントチャツネをつけバナナの皮で包んで蒸したパトラ・ニ・マッチーPatra ni Machi Rs950や、酸味が利いた優しい味つけのベリー・プラオBerry Pulao Rs395～など。セットメニューもある。

R テオブロマ
Theobroma

ムンバイー発のベーカリーカフェ

ベーカリー ₹　MAP P.302-A1

🏠 Shop No.5 & 6 Ground Fl. Mehta Bldg., Fort
☎ 704-559-0017　🕐 9:00～23:00　🈸 別
Card AMV　URL theobroma.in　🍴 コラバ（P.315-A3）

パステルカラーを基調にしたかわいらしい雰囲気のベーカリー。地元の人にも人気で、ひっきりなしに客が訪れる。イートインも可能で、ちょっとした休憩に最適。ケーキやパン、サンドイッチなどを販売している。ケーキがRs136～、カプチーノRs134など。テイクアウトもOK。

R リンズ・パビリオン（林閣酒家）
Ling's Pavilion

本格的な中華が食べられる

中国料理 ₹₹₹　MAP P.305-B1

🏠 19/21 Mahakavi Bhushan Rd., Behind Regal Cinema, Colaba　☎ 022-2285-0023　🕐 12:00～23:00（月15:00～18:00は休み）　🈸 別　Card ADJMV

シーフードがメインの中華料理店で、スチームしたカニやロブスターが絶品。予算はRs1000～2500。日本の駐在員やビジネスマンの接待にもよく利用されているため、日本人好みの味をウエーターがよく知っており、味つけの好みをあらかじめ聞いてくれる。

R クアイ・キッチン
Kuai Kitchen

醤油味が恋しくなったら

アジア料理 ₹₹　MAP P.305-A2

🏠 16/A Cushrow Baug, Shahid Bhagat Singh Rd., Colaba　☎ 022-2283-0692
🕐 12:00～15:30、18:30～23:30　🈸 別　Card AMV
URL www.kuaikitchen.in

小さいながらもおしゃれな雰囲気のモダンチャイニーズ＆アジアン料理店。シェフは10年間中国人シェフのもとで修業したインド人。味は本格的。一品の量が多いので複数人でシェアするのも楽しい。テイクアウトもOK。

ムンバイーのマーケット巡り

　ムンバイーではマーケットめぐりをしてみるのもおもしろい。クロウフォード・マーケットCrawford Market（MAP P.299-B2）は、おもに食品を扱う市場だが、歴史的建築物としても美しい。その少し北には、テキスタイルやテイラーが集まるマンガルダス・マーケットMangaldas Market（MAP P.299-B2）そのさらに北に行くと、アンティークやジャンクがぎっしりと並ぶチョール・バザールChor Bazar（MAP P.299-A2）。こういった市場は市内に多くある。ひとつでも訪ねてみては？

 10世紀頃インドへ来たパールスィー（P.310）は、独自の料理を今日まで守ってきた。ムンバイーはパールスィー料理が食べられるまれな町だ。ダールスープで肉を煮たダンサークDhansakならどのパールスィー料理店にもある。

Shop ショップ

手仕事のサンダルが買える
S ジョイ・シューズ
Joy Shoes
シューズ
MAP P.305-B2

🏠 Taj Mahal Palace Hotel, Apollo Bunder, Colaba
☎ 022-2202-8696 ⏰ 10:30～19:00 💳 ADMV
🌐 www.joyshoes.in

タージ・マハル・ホテルのショッピングアーケード
内にある創業85年の靴店。現在は2代目の店主で、
セレブの顧客も多いという。カウレザーを使用して
手作業で作るサンダル、コラープリ・チャッパル
Kolhapuri Chappal Rs3450～6450が有名。シン
プルな革のサンダルはも
ちろん、サリーにも似合
うゴージャスなストーン
をあしらったものなど種
類豊富。

伝統的製法のオイルをおみやげに
S ハジ・モハンマド・バシール・オイル・ショップ
Haji Mohammad Bashir Oil Shop
オイル
MAP P.299-B2

🏠 No.426/A Hamidiya Masjid, Opp. Pydhonie Police
Station ☎ 998-739-7876 ⏰ 10:00～22:00
💳 不可

にぎやかな路地の一角にある、100年近い歴史をもつ
オイルショップ。食用油、ヘアオイルなどさまざまな
用途のオイルを取り揃える。今でも伝統的なハンドプ
レスの製法を守り、屈強な男たちが店先でオイルを作
る光景が印象的だ。「値引きはしない」「支店は作らな
い」というところにもプ
ライドを感じられる。100
mLなど小さなポーション
からでも購入することが
できる。

定番みやげならここで
S ボンベイ・ストア
Bombay Store
工芸品ほか
MAP P.303-C2

🏠 Phirozshah Mehta Rd., Fort ☎ 022-2288-5048
⏰ 10:00～20:00（日10:30～18:30）
💳 AJMV 🌐 thebombaystore.com

ムンバイーや、マハーラーシュトラだけにとどまら
ず、インド全土の手工芸品やコスメ、お茶などを販
売するみやげ物店。ムンバイー市内に12店舗を展開
するほか、プーネやグジャラート州、ケーララ州に
も店舗がある。店内は広く、品揃えが豊富なので、
効率よく買い物ができ
る。マーケットで買うよ
り値段は高めだが、定価
制で安心して買い物がで
きる。

選んでいると時間を忘れそう
S チマンラール
Chimanlals
紙製品
MAP P.303-C1

🏠 A-2 Taj Bldg., Wallace St., 210 Dr. Dadabhai
Naoroji Rd., Fort ☎ 022-2207-7717、2207-4764
⏰ 10:00～18:00 休 日、祝 💳 JMV
🌐 www.chimanlals.com

老舗の紙製品店で、カードやラッピングペーパー、ペー
パーボックスなど、さまざまな色や形で、ありとあら
ゆる紙製品がオリジナルのデザインで並ぶ。人気は
レターセット。どれも手頃な値段でデザインもインド
らしい美しさ。1枚から気軽に買えるのもうれしい。
組立て式のボックスはフラットにして持ち帰りができ
るので、おみやげにも最
適。紙製品だけでなく、
手漉きの紙そのものも勿
論購入可。店員さんも親
切で相談に乗ってくれる。

スタイリッシュなインドのおみやげなら
S グッド・アース
Good Earth
ライフスタイル雑貨
MAP P.305-B2

🏠 2 Reay House, Apollo Bandar Colaba
☎ 810-410-7145 ⏰ 11:00～20:00 💳 ADJMV
🌐 www.goodearth.in

ムンバイー発のライフスタイル・ブランドのショップ。
旅行者に便利なのはタージ・マハル・ホテルの裏にあ
るコラバ店。店内はモダンでスタイリッシュ。キッチ
ンやインテリア雑貨もバリエーション豊富だが、おす
すめはコスメやファッション。インドっぽく、かつシ
ックなデザインが揃う。
定番はもちろんシーズン
ごとに変わる限定アイテ
ムをチェックするのも楽
しい。

シンプル＋インドテイスト
S ニコバー
Nicobar
ライフスタイル
MAP P.302-A1

🏠 1st Fl., A Block, Bharthania Bldg., Ropewalk Ln. &
Saibaba Nagar Mar, Ruther Field St., Kala Ghoda
☎ 844-809-5484 ⏰ 11:00～20:00
💳 AMV 🌐 www.nicobar.com

インド各都市にあるアパレル、ライフスタイルブラン
ド。ムンバイーには3店舗あるが、アクセスしやすい
のはカーラ・ゴーダのショップ。カーラ・ゴーダ・カフ
ェ（P.317）の隣にある。
比較的リーズナブルで、
日本でも使えそうなデザ
インが多い。日用雑貨も
センスのいいデザイン。

 タクシーで市内観光するならコラバ地区もいいのだが、郊外列車を使うならCST駅やチャーチゲート駅近くのホテルのほうが移
動が楽。周辺のレストランも観光客向けではなく、インド人ビジネスマン向けが多いので、味も確か。

プネー (プーナ)

宮殿シャーニワル・ワーダの内部

　ムンバイーから南東へ約200kmの所にある文教都市プネーは、370万を超える人口を擁するインドで9番目、マハーラーシュトラ州ではムンバイーに次ぐ大都市だ。標高は約600m。

　1000年以上にわたる歴史をもつ町だが、17世紀までは交易路上の小さなバザールの町にすぎなかった。すべてが一変したのは、18世紀になってマラーター王国がこの町を首都と定めてからだ。ムガル帝国に立ち向かったマラーターの宰相 (ペシュワ) たちは優秀で、インド洋の東西にまたがる中央インド全域に領地を広げ、ムガル帝国を衰亡へと追いやっていく。イギリスがインド侵略を図ったときには、マラーターはインドで最も強力な相手となるまでに勢力を拡大していた。

　マラーター王国は1819年にイギリスに滅ぼされるが、意識の高いプネーの人々はその後もイギリス文化を貪欲に摂取し、インドの社会的指導者を輩出してゆく。「インドのオックスフォード」といわれることもある文教都市プネーの下地は、この頃につくられたものだ。

プネーの歩き方

　多くのインドの都市同様、プネーもまた、旧市街と新市街の対照的な顔をもつ。マラーター王国時代に発展した旧市街は、ラクシュミー・ロードLaxmi Rd.とシヴァージー・ロードShivaji Rd.の交差点あたりが中心。ここは人も車も飽和状態。あちこちにガネーシャの祠があるなど、ガネーシャ神とともに発展したプネーらしい町並みだ。

　新市街は、英領時代のカントンメント。MGロードを中心に、ムンバイーに近い町らしく多くのショッピングモールがあり、思いのほかファッショナブルで人々もアクティブだ。駅周辺はホテルもあり便利だが、1日中交通量が多く、渋滞も激しい。

プネーの市外局番
020

プネーの人口
約376万人

ACCESS

飛行機

デリーからエア・インディアが毎日3便、その他インディゴ、エア・アジア、ゴーエア、スパイスジェット、ビスタラが毎日3～6便、所要約2時間10分。このほかコルカタ、チェンナイ、ハイダラーバード、ベンガルール、ゴアからの便もある。プネー空港は市内の8km北東にあり、市内へはプリペイド・タクシー (Rs450) が便利。

鉄 道

ムンバイーCST駅から急行 (1日22便) で所要2時間55分～5時間。ハイダラーバードのスィカンダラーバード駅から急行 (3～6便) で8時間25分～13時間。ハイダラーバード・デカン駅から急行 (1日2便) で10時間15分～10時間35分。アウランガーバード駅から急行 (1日2便) で9時間5分～10時間45分。

バ ス

ムンバイーのダーダル駅に近いTT Circle付近、RPritam Da Dhaba付近から頻繁にバスが出ている。8:00～20:00、Rs400程度、所要3.5時間。このほかゴア、アウランガーバード、ベンガルール、ハイダラーバードなどからバスの便がある。

 プネー最大のイベントのひとつであるガネーシャ祭(P.638)は、8月から9月に行われる。町中が豪華な飾りであふれ、そのなかを巨大なガネーシャの像が練り歩く。

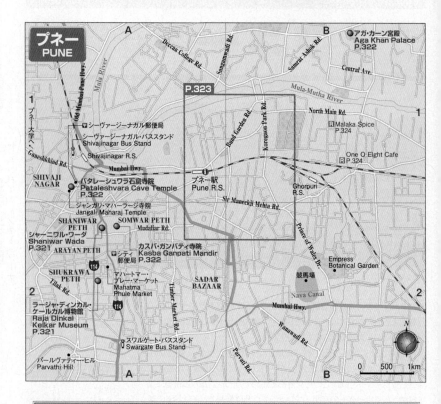

プネー / PUNE

地図内ラベル：
- Aga Khan Palace アガ・カーン宮殿 P.322
- Deccan College Rd.
- Sangamwadi Rd.
- Samrat Ashok Rd.
- Central Ave.
- Mula River
- Mula-Mutha River
- North Main Rd.
- P.323
- Koregaon Park Rd.
- Bund Garden Rd.
- Malaka Spice P.324
- One O Eight Cafe P.324
- シーヴァージーナガル郵便局
- シーヴァージーナガル・バススタンド Shivajinagar Bus Stand
- Shivajinagar R.S.
- Mumbai Hwy.
- プネー駅 Pune R.S.
- Ghorpuri R.S.
- SHIVAJI NAGAR
- Ganeshkhind Rd.
- パタレーシュワラ石窟寺院 Pataleshvara Cave Temple P.322
- ジャンガリ・マハーラージ寺院 Jangali Maharaj Temple
- Sir Maneckji Mehta Rd.
- Prince of Wales Dr.
- SHANIWAR PETH
- SOMWAR PETH
- シャーニワル・ワーダ Shaniwar Wada P.321
- Mudaliar Rd.
- ARAYAN PETH
- カスバ・ガンパティ寺院 Kasba Ganpati Mandir P.322
- シティ郵便局
- Empress Botanical Garden
- 競馬場
- SHUKRAWAR PETH
- 114
- Tilak Rd.
- マハートマー・プレー・マーケット Mahatma Phule Market
- SADAR BAZAAR
- Nava Canal
- ラージャ・ディンカル・ケールカル博物館 Raja Dinkar Kelkar Museum P.321
- 114
- Timber Market Rd.
- Mumbai Hwy.
- Wanawadi Rd.
- スワルゲート・バススタンド Swargate Bus Stand
- パールヴァティー・ヒル Parvathi Hill
- Parvati Rd.
- 0 500 1km

OSHO・インターナショナル・メディテーション・リゾート

緑深い街として知られるプネー市内でも、北東部の特に緑豊かなエリアに、瞑想のためのアーシュラムがある。現在は世界的に「Osho」と呼ばれる、著名な神秘思想家バグワン・シュリ・ラジニーシ（1931～1990）を慕う人々が集まったコミューンをもとに形成された、OSHO・インターナショナル・メディテーション・リゾートだ。

大学で哲学を教えていた若き日のOshoは、35歳で教職を退き、プネーを本拠地として遊説を始めた。彼の思想は欧米の若者をはじめ、インド国内、日本でも若者を中心に熱狂的な支持を受け入れられたという。Oshoが残した教え（講話）は多岐にわたり、日本でも翻訳本が多数出版されている。また、彼は古くからある瞑想について紹介すると同時に、歌や踊りを含む独自の瞑想法を編み出して人々に伝えた。従来宗教の権威主義的構造や精神的抑圧の弊害を指摘し、伝統宗教においてタブーとされがちな性に対しても「非常に重要なもの」とするオープンな姿勢を取った。

1990年にOshoが他界してからもアーシュラムは存続し、近年は1日からでも瞑想体験ができるカジュアルな面もある施設となっている。敷地内にはピラミッド型の瞑想センターのほか、🅷OSHO・ゲストハウス（P.324）、ふたつのレストランなど充実した設備がある。入場には登録が必要で、登録料の他に入場料を支払う。敷地内ではローブ着用が求められる（購入可）。入口の隣にあるマルチメディア・ギャラリーでは、本やCDなどの資料を販売しており、こちらは入口で担当者に申請すれば、登録料や入場料なしでも購入できる。

Osho International Meditation Resort
🗺 P.323-A1 🏠 17 Koregaon Park ☎ 020-6601-9999 🔗 www.osho.com ⏰ 9:00～12:30、14:00～15:30（登録受付）、9:00～16:00（マルチメディア・ギャラリー）🈺 登録料Rs100、入場料1日Rs1950

ワーリング（旋回）瞑想

2010年2月13日、市北東部のNorth Main Rd.にあった🅡ジャーマン・ベーカリーで爆弾テロが起き、外国人2名を含む10名が死亡、負傷者は60名以上にも及んだ。「インドで最も安全な町」といわれたプネーで起きたこの事件は人々に大きなショックを↗

西インドの工芸品が集められた
ラージャ・ディンカル・ケールカル博物館 Raja Dinkal Kelkar Museum

　富豪のディンカル・ケールカルが創設した博物館。マハーラーシュトラ州の民俗アートやミニアチュールなどの西インドの工芸品のほか、石像や彫刻、食器や料理用品などのキッチン関係の品物、布や衣類など服飾に関するものにいたるまで、さまざまなインド民俗関係の品々が展示されている。ディンカル・ケールカルは、13人いた子供たちのうちひとりを除きすべて、幼いうちに亡くしてしまう。ことに息子ラージャの死には打ちのめされ、以後はインドの日用品の収集だけに喜びを見いだしていたという。館内ではフロアや部屋によって、楽器や木造工芸品などを分類して展示している。

　博物館の目玉は宰相のバジラオ1世の愛人、マスタニにちなんで名づけられた「マスタニ・マハル」。また、本館には図書室もあり、この地域の文化を知るには最適の場所だ。

展示フロア。英語でキャプションがあるのがうれしい

マラーター王国の宰相の宮殿
シャーニワル・ワーダ Shaniwar Wada

　ラクシュミー・ロードの北側からムター川にかけた地区は、プネーでいちばん古い地域。ここにあるシャーニワル・ワーダ（土曜宮殿）は、1732年に築造されたマラーター王国の宰相の城。1828年に火災で焼失し、王以上の権力をもった宰相たちの繁栄をしのぶものは城壁以外に残っていないのが残念だ。夜にはここで音と光のショーが行われる。

堅牢な城壁に往時の繁栄が偲ばれる

マハーラーシュトラ州 / Maharashtra
プネー（プーナ） / Pune (Poona)

ラージャ・ディンカル・ケールカル博物館
🏠 1377-78 Natu Baug, Off Bajirao Rd., Shukrawar Path
☎ 020-2448-2101、020-2446-1556
🕐 10:00〜18:00
🚫 1/26、8/15、ガネーシャ祭
💰 Rs300
※カメラ持込料Rs200、カメラ付き携帯電話Rs100、ビデオ持込料 Rs500
🌐 www.rajakelkarmuseum.org

シャーニワル・ワーダ
🏠 Shivaji Rd.
🕐 9:00〜17:30
💰 Rs250
※QRコードによる電子決済のみ

音と光のショー
💰 Rs100
🕐 19:00〜20:00（マラーティー語）
　 20:00〜21:00（ヒンディー語）
🚫 火

INFO

マハーラーシュトラ州観光開発公団（MTDC）
🗺 P.323-A2
🏠 I Block Central Bldg.
☎ 020-2612-8169
🕐 9:45〜18:15
🚫 日、土、祝

与え、以降、レストランやショッピングモールでのセキュリティチェックが厳しくなっている。現在ジャーマン・ベーカリーは営業を再開しているが、このテロのことは記憶にとどめておいたほうがよいだろう。

サイドバー（左列）

パタレーシュワラ石窟寺院

🏠 Jangali Maharaj Rd.
🕐 随時
💰 無料
※寺院内部の撮影は不可

夕涼みがてらお祈りに来る人
もいる

アガ・カーン宮殿

🏠 Ahmednagar Rd. (Pune-
Nagar Rd.)
🕐 9:00〜17:30
💰 Rs300（QRコード決済のみ）
※ビデオ持込不可。モバイルで
の撮影は無料

敷地内は緑が美しい

カスバ・ガンパティ寺院

🏠 Kasba Peth
🕐 6:00〜12:00、16:00〜22:30
💰 無料
🔗 www.kasbaganpati.org

市内に残る石窟寺院
パタレーシュワラ石窟寺院　Pataleshvara Cave Temple

MAP P.320-A1

　シャーニワル・ワーダからは徒歩15分ほどの丘の上、参拝客でにぎわうジャンガリ・マハーラージ寺院Jangali Maharaj Templeの隣にひっそりと建つ、シヴァを祀った石窟寺院。ムンバイーのエレファンタ島のものとほぼ同時期の8世紀頃の建造で、建築の様式も似ている。しかし後に石像はみな削り取られてしまったため、見るべきものは多くない。現在は市民の憩いの場となっている。

マハーラージャの宮殿
アガ・カーン宮殿　Aga Khan Palace

MAP P.320-B1

　1892年、第3代アガ・カーンによって建造された藩王の城。インド独立後に税金が払えなくなった子孫から、1969年に政府の管理下に移された。英統治下にインド独立の志士たちが軟禁されていたことで知られ、ガーンディーの妻カストゥルバーは、ここで74年の生涯を終えた。現在はガーンディー記念館として、ガーンディーたちが使っていた1階部分の数部屋のみが一般公開され、ガーンディーが使っていた生活用具や衣服などが展示されている。

プネーの町の守護神ガネーシャを祀った
カスバ・ガンパティ寺院　Kasba Ganpati Mandir

MAP P.320-A2

　プネーの町の守護神であるガネーシャを祀っている。ガネーシャの姿はプネーではあちこちで見かけるが、小さいながらここは町でいちばん重要な寺院だ。1日中参拝者の姿が絶えない。

ナチュロパシー国立研究所

　「人の体には、自らを治す力が備わっている」。このような考えに基づくナチュロパシー（自然療法）が、インドの各地で行われている。薬を一切使わず、断食や泥パック、マッサージ、食事、ヨーガをとおして自然治癒力を引き出し、病気を治す方法だ。

　近代における自然療法の発想はヨーロッパで生まれたといわれるが、インド建国の父ガーンディーはこれに注目。自らナチュロパシーを実践し病院も設立したことから、この療法はインド国内に広まった。現在、ナチュロパシーは厚生省AYUSH局で、政府の認定する医療体系のひとつとして推進されている。

　プネーのナチュロパシー国立研究所は、数ある自然療法の病院のなかでも旅行者が利用しやすいもののひとつ。滞在施設はないので入院はできないが、近くのホテルなどに泊まって通うことが可能だ。

　診察は無料で受けられ、治療には短く1〜3日必要とのこと。病気の重さや年齢によっても必要な日数は異なる。登録料はRs50（1年間有効）で、治療費は1回Rs750程度。患者の状態を見ながら、治療期間を決めていく。基本は6日間でワンセットの治療だ。高血圧や低血圧、糖尿病、皮膚病、便秘、喘息、てんかん、不眠症、心臓病、麻痺などをはじめとする、ほとんどすべての病気に効果があるという。先に挙げた方法のほかにも、蒸し風呂やサウナ、水圧マッサージ、鍼、浣腸といった方法も用いる。

　また、この研究所にはナチュロパシーとヨーガについての9000冊の書籍（ヒンディー語と英語）を揃えた図書館や、オーガニック食材と製品を扱うショップ、体に優しい食事を提供するダイエット・センター（P.324）などがある。ヨーガクラスなども設けられているので詳細を尋ねてみよう。

National Institute of Naturopathy
🗺 P.323-A1　☎ 020-2605-9682〜85
🕐 診察7:00〜21:00、図書館11:00〜18:00、ショップ8:00〜20:00
📅 日、祝　🔗 ninpune.ayush.gov.in

 ガーンディーが創設したナチュロパシーの病院は、プネーから30kmほど西のウルリ・カンチャンUruli Kanchanにあるニサルゴプチャル・アーシュラムNisargopchar Ashram。入院も可能なので、じっくり治療に取り組みたい人に。

Hotel & Restaurant ホテル&レストラン

安宿から中級ホテルが多いのはプネー駅前。バススタンドにも近く移動には便利だが、交通量が多くてややうるさい。Lodgeと名のつく安宿は、ホテル・ナショナルの裏あたりにある。ほとんどの宿は正午がチェックアウトタイムだ。駅の北東コレガオンパークの周囲には中級以上のホテルやサービスフラットなどの宿泊施設、おしゃれなカフェやレストランがあり、OSHOの施設に瞑想に通う人などこの近辺に宿をとっている旅行者も多い。

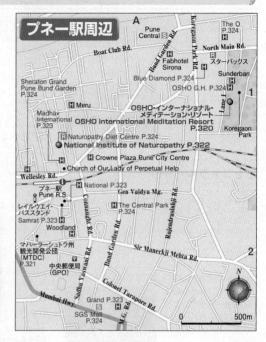

快適なナイトライフも楽しめる

新市街の中心部にも近い
Hグランド
Grand Hotel
駅付近 ₹₹　MAP P.323-A2

🏠 Near Ambedkar Statue, M. G. Rd.
☎ 020-2636-0728 🛏Ⓢ Rs600 🛏Ⓓ Rs1200〜
🍴別 💳 MV 📶 Ⓡ 10室
🌐 www.grandhotelpune.co.in

SGS Mall（P.324）にほど近い安宿。繁華街に近くて便利だが、付近は意外に静か。設備は最低限だが、安さを重視するならおすすめ。レストランやビアバーを併設している。

駅を出て徒歩3分
Hナショナル
National
駅付近 ₹₹　MAP P.323-A2

🏠 14 Sasson Rd. ☎ 982-338-7863
🛏Ⓢ Rs900〜 🛏Ⓓ Rs1800〜 🍴別 💳不可
📶 🛏 50室 ✉ nationalhotel19@gmail.com

駅前にある安宿で、通り沿いに大きめの看板が出ている。客室は中庭に面してコロニアル風の建物とコテージに分かれる。ゆったりと過ごせるが、室内設備はベーシック。ホットシャワーは午前6時〜12時のみ。

レストランやバーが多い通りにある
Hサムラート
Hotel Samrat
駅付近 ₹₹　MAP P.323-A2

🏠 17 Wilson Garden, Opp. Pune Railway Station
☎ 020-2613-7964 🛏Ⓢ Rs1800 🛏Ⓓ Rs2200
🛏ⒶⒸ Rs2500 🛏 Rs2900 🍴別 💳 MV 📶
🛏 49室 🌐 thesamrathotel.com

駅前通りの1本裏にある中級ホテル。施設はやや古びているがよくメンテナンスされていて、スタッフもとても親切。

プネー駅の裏にあるきれいなホテル
Hマーダヴ・インターナショナル
Hotel Madhav International
駅付近 ₹₹　MAP P.323-A1

🏠 6A Ramabai Ambedkar Rd.
☎ 020-2605-9118、020-2605-9219
🛏ⒶⒸ Ⓢ Rs2000〜4000 🛏 Rs2500〜4000 🍴別
💳 MV 📶 🛏 60室
🌐 hotelmadhavint.com

駅から徒歩3分の便利な立地にある中級ホテル。スタンダードの部屋はコンパクトだが、机や液晶TVがありきれいで快適。デラックスルームは広々としている。朝食付きプランもある。ホットシャワーは24時間OK。

 パールヴァティー・ヒルParvathi Hill（MAP P.320-A2）はプネーの南部、駅から約9kmの場所にそびえる丘。108段の階段を上り切った所に、17世紀にこの地域を治めていた宰相によって建てられたパールヴァティー寺院があり、そこから市を一望できる。

ゆったりと瞑想に浸れる
H OSHO・ゲストハウス
OSHO Guest House
コレガオンパーク ₹₹
MAP P.323-A1

🏠 17 Koregaon Park ☎ 020-6601-9900
Rs4500 🛏 Rs5000 別 Card ADJMV WiFi ロビー
エリアのみ 🛌 60室 URL www.osho.com/guesthouse

OSHO・インターナショナル・メディテーション・リ
ゾートに併設された、アーシュラムで瞑想を行う人専
用の宿泊施設。ウェブサ
イト上のフォームから必
要事項を入力、送信す
る。閑散期（3～10月）は
宿泊料は安くなる。

食事がおいしい中級ホテル
H セントラルパーク
The Central Park Hotel
駅付近 ₹₹
MAP P.323-A2

🏠 Near Inox Multiplex,Bund Garden Road ☎ 020-
4010-4000、860-055-4000 🛏 S Rs4000～
🛏 Rs4500～ 別 Card AMV WiFi 🛌 74室
URL www.thecentralparkhotel.com

駅から徒歩10分の中級ホテルで、レセプションの対
応もしっかりしている。1階にあるレストランはおい
しい食事が評判で、日本人の口にもよく合う味つけ。
スイーツも甘過ぎずおい
しくて食べ過ぎてしまう
ほど。部屋もきれい。バ
ー、プール、ジム、スパ
も完備。

快適な滞在を約束する
H オー
The O Hotel
コレガオンパーク ₹₹₹
MAP P.323-A1

🏠 North Main Rd., Koregaon Park ☎ 020-4001-
1000 🛏 S Rs6500～、🛏 Rs7500～ 別
Card AJMV WiFi 🛌 126室 URL www.ohotelsindia.com

コレガオンパークのすぐそば。客室は茶色を基調とし
たスタイリッシュなインテリア。プネーで最初の日本
料理レストランHarajuku
のほか、展望がすばらし
いルーフトップのインド
料理レストランAddahな
どレストランが充実。

プネー最高級クラスのホテル
H シェラトン・グランド・プネー・ブンド・ガーデン
Sheraton Grand Pune Bund Garden
駅付近 ₹₹₹
MAP P.323-A1

🏠 Raja Bahadur Mill Rd. ☎ 020-6641-1111 🛏
S Rs9500～ 別 Card ADJMV WiFi 🛌 179室
URL www.marriott.com/en-us/hotels/pnqmd-
sheraton-grand-pune-bund-garden-hotel/

ムガル宮殿を模した造りのホテルで、部屋は快適。バ
ー、スパ、ジムなどの施設を完備。料金は変動するの
でウェブサイトで要チェック。

タージ系の高級ホテル
H ブルー・ダイヤモンド IHCL セレクションズ
Blue Diamond-IHCL SeleQtions
コレガオンパーク ₹₹₹
MAP P.323-A1

🏠 11 Koregaon Rd. ☎ 020-6602-5555
🛏 S Rs1万2000～ 別
Card ADJMV 🛌 108室
URL www.seleqtionshotels.com/en-in/blue-diamond-
pune

タージ系のホテルらしく、居心地よい客室を提供して
くれる。スタッフによるサービスも洗練されており、
贅沢なステイができる。

ゆったりと落ち着ける
R ワン・オー・エイト・カフェ
One O Eight Cafe
アーユルヴェディック食 ₹
MAP P.320-B1

🏠 Pingale Farm, South Main Road, Koregaon Park,
Pune ☎ 707-108-1080 ⏰ 8:00～22:00 別
Card MV

アーユルヴェーダに基づいた体に優しいメニューが豊
富なカフェ。近年移転し、美しい緑に囲まれた環境の
中で食事やお茶が楽しめる。油少なめで上品な味わい
のダールに、たっぷりの野菜と玄米が添えられたサト
ヴィック・ダール＆ライ
スRs400がおすすめ。ス
タイリッシュな店内はそ
こがインドだと忘れてし
まうほど。

自然療法の考えに基づくヘルシー料理
R ナチュロパシー・ダイエット・センター
Naturopathy Diet Centre
インド料理 ₹
MAP P.323-A1

🏠 Bapu Bhavan, Tadiwala Rd.
☎ 020-2605-9682、020-2605-9683
⏰ 7:00～20:00 🈺 日、祝 Card 不可
URL punenin.org

ナチュロパシー国立研究所（P.322）に併設されたレ
ストラン。塩や油、スパイスをあまり使わない体に優
しい料理を提供している。マイルドな味つけで、イン
ド料理に疲れたときなどにも無理なく食べられる。
ターリーはRs60（12:30
～15:30）。アマラやニン
ジンのフレッシュなジュ
ースもある。セルフサー
ビス。

シーフードも豊富
R マラカ・スパイス
Malaka Spice
アジア料理 ₹₹
MAP P.320-B1

🏠 La. 5, Koregaon Park ☎ 750-701-1226
⏰ 11:30～翌0:30 込 Card AJMV
URL www.malakaspice.com

本格的なアジア料理が食べられるレストラン。マトン
チョップRs755、マレーシア料理カリー・カピタン（ロ
ティ付き）Rs685が人気。醸造所も所有しており、プ
ネーのクラフトビールも常時数種類用意している。

 MGロードにも近いMolediana Rd.に、ピカピカのショッピングモール、SGS Mallがあり、地元の若者たちの人気スポットになっ
ている。A/Cの効いたモール内のファストフードショップでは、しばし町の喧騒を忘れることができる。MAP P.323-A2

アウランガーバード

アウラングゼーブ帝妃の廟、ビービー・カ・マクバラー

アウランガーバードは、ムンバイーの東約350kmのデカン高原にある町。北マハーラーシュトラ州で最も大きな町でもある。6～7世紀に建造された仏教窟院群やムガル時代の建築が残る一方、にぎやかな市場があり、落ち着いた観光地でもある。また、エローラ、アジャンター、ダウラターバードなどへの観光拠点として多くの人が訪れる。

内陸部の乾燥地帯にあるため、夏の暑さは非常に厳しく、観光意欲を喪失しそうになるほどだ。雨季は気温が下がり、雨量もムンバイーの半分ぐらいと少ない。

アウランガーバードはムガル帝国6代皇帝アウラングゼーブ帝とのかかわりが深く、町の名も皇帝の名にちなんで皇帝自身が命名した。皇帝がデカンの大守だった時代に滞在した館はすでにないが、妃の廟、ビービー・カ・マクバラーが残っている。また、皇帝自身の墓は近郊のクルダーバードにある。

アウランガーバードの市外局番

0240

アウランガーバードの人口
約117.5万人

ACCESS

飛行機
ムンバイーからエア・インディア、インディゴ共に毎日1便、所要1時間。デリーからもエア・インディア、インディゴ共に毎日1便、約2時間。空港～市内中心部は約8kmで、プリペイド・タクシーでRs400～500、オートリクシャーでRs300前後。

鉄道
ムンバイー CST駅から急行（1日5便）で所要約6時間15分～7時間35分。ニューデリー駅から急行（1日1便）で約20時間40分。ボーパール駅から急行（1日1～2便）で11～13時間。

バス
ムンバイー（所要約8時間）やプネー（約5時間）などから州営のバスがある。また、アウランガーバードからはセントラル・バススタンド（地図 P.326-A2）から州営の長距離バスが出ているほか、周辺のプライベートのバス会社からも、デラックスバスや夜行バスが発着している。ムンバイー、プネー、アーメダバード行きなどがある。鉄道駅からバススタンドまではオートリクシャーで約Rs50。

アウランガーバードの歩き方

アウランガーバードは中央郵便局を中心に、東西約2km、南北約1kmの範囲が旧市街となっている。駅は町の南端にある。町の中心へは、駅前からバスを使って、**パーンチャッキー・ロードPanchakki Rd.**か**ジュナ・バザール・チョウクJuna Bazaar Chowk**を目指そう。

手頃なホテルは、駅の北側やセントラル・バススタンドそばに多い。中級以上のものは、駅の北約2kmの**ドクター・ラージェーンドラ・プラサード・ロードDr. Rajendra Prasad Rd.**沿いにある。夜遅く着いても駅周辺のホテルは開いている。到着したばかりで荷物が重たければ、オートリクシャーで移動しよう。町は人口100万人を超え、規模はかなり大きい。オートリクシャーやOlaを使って効率よく回りたい。

 各ホテルではプライベートカーの手配ができる。エローラ往復Rs1400～2800、アジャンター往復Rs2200～3800など。車種や冷房の有無で値段は変わるが、数人でシェアするのもいいだろう。

ミニ・タージとして親しまれる
ビービー・カ・マクバラー　Bibi-ka-Maqbara

MAP P.326-A1

アウラングゼーブ帝の妃ディルラース・バーヌーをしのんで息子のアザム・シャーが建てた廟。タージ・マハルをモデルに設計されており、地元の人からは「ミニ・タージ」と呼ばれ親しまれている。マクバラーとは墓または廟の意味。タージの建造で国の財政が傾いていた折、タージほどの国費を使うわけにはいかなかったのか、大理石を使っているのは墓標の周りとドームの部分だけ。あとは石材の上に漆喰を塗って装飾している。廟の周囲は水路を巡らせた四分庭園に囲まれ、日没近くなるとそぞろ歩きをする地元の家族連れでにぎわう。

廟の内部にある大理石の墓

ビービー・カ・マクバラー

◐ 6:00〜22:00
🎫 Rs300
　※カード決済Rs250
🚗 バススタンドからオートリクシャーでRs50程度。

INFO

マハーラーシュトラ州
観光開発公団（MTDC）

🗺 P.326-A3
🏠 MTDC Holiday Resort,
Station Rd.（East）
☎ 0240-234-3169、233-1513
◐ 10:00〜13:00、13:30〜17:45
休 日、土
URL www.mtdc.co/en/
空港にもカウンターがある。

ビービー・カ・マクバラーに行くなら午前中がいいです。朝日を浴びたマクバラーがきれいに撮れます。午後からは混んでくるので、すいているうちにゆっくり見学しましょう。（江戸川区　鈴木　徹　'18）

アウラングゼーブ帝の師が眠る
パーンチャッキー　Panchakki

MAP P.326-A1

　アウラングゼーブ帝の師であった導師ムザーファルの廟が建つ**記念公園Memorial Garden**。一般にはパーンチャッキー（水車場の意味）の名のほうがとおりがいい。この公園は建設当時の灌漑技術のすばらしさを示すもので、10kmほど離れた丘から引いた水で水力製粉機を回し、噴水を造った。貯水池の周囲はイスラーム教の学校で、教室で涼しく勉強できるようになっている。また樹齢600年に及ぶといわれるバニヤンの樹もあり、こちらも涼しげな木陰を提供してくれる。

市民の憩いの場にもなっている

パーンチャッキー
🕐 7:00～21:30
💰 Rs100
※金曜日入場無料

初期の仏教窟として見応えある
アウランガーバード窟院群　Aurangabad Caves

MAP P.326-A1 外

　町の北約3kmの台地にあるアウランガーバード窟院群は、6～7世紀にかけて仏教徒の手によって彫られたもので、全部で10窟ある。ビービー・カ・マクバラーから来ると、窟院群手前のT字路で道が左右に分かれ、左に行くと第1～5窟、右に行くと第6～10窟にいたる。どちらにもチケットカウンターはある。僧院だった第3窟と寺院だった第7窟が重要。第8窟は閉鎖されている。懐中電灯を持参するといい。

窟院群はそれぞれ1kmほど離れている

アウランガーバード窟院群
🕐 6:00～18:00
💰 Rs300
🚗 バススタンドからオートリクシャーでRs80程度

デカンの砦の美しい眺め
ダウラターバード　Daulatabad

MAP P.328

　アウランガーバードの西郊外13km、エローラへの途中にある砦跡。デカンの岩山をそっくり砦にしたもので、その大きさと美しさは数あるインドの砦のなかでも最高の

ダウラターバード
🕐 6:00～18:00
💰 Rs300
※ビデオ持込料Rs25
🚗 アウランガーバードのセントラル・バススタンドからカンナード行きバスに乗って約20分
砦の中に店はないので、水などはチケットカウンターの前に並ぶ茶屋やレストランで買っておくとよい。

ダウラターバードの砦が建つ山の山裾は、すべて人の手で削られたのだという。600段の階段を上るのはちょっときついが、この途方もない作業を体感してみるのもいいだろう。

**エローラ、アジャンター
へのツアー**

現在MSRTC主催のツアーは催
行されておらず、エローラやア
ジャンターにツアーで行きたい
場合は、ホテルや旅行会社でツ
アーを組んでもらうことになる。
駅やバスターミナルからは離れ
るが、街東側のAkvin Tourism
は、ディレクターのアカッシュ
さんをはじめ非常に頼りになる
旅行会社だ。ツアーは通常朝6
時に宿泊先のホテルから出発し、
エローラの場合夜18時、アジャ
ンターの場合夜20時ぐらいに宿
に戻るが、時間などは交渉によ
り調整可。タクシーチャーター
代1台Rs3000程度（エローラ）、
Rs4500程度（アジャンター）。

Akvin Tourism
🗺 P.326-C1
🏠 n-9, r-26/180, raigad na-
gar, Mhada Colony, Cidco
☎ 787-537-7569
🕐 9:00～21:00
✉ info@akvintourism.com

部類に属するだろう。インドの砦で見る者を圧倒するほどのたたずまい
をもつのは、ジョードプルのメヘラーンガル砦とハイダラーバードのゴー
ルコンダ砦、それにこのダウラターバードだという人が多い。

ダウラターバードのバス停は砦の前にある。砦へ上る前に砦の全景
をじっくり頭へ入れておこう。砦の頂上まで徒歩で45分はかかる。じっ
くり観るならば全部で2時間は欲しい。夏は暑いので、早朝または夕方
に訪れるのがいい。最後まで上り、頂上からのデカン高原のすばらしい
眺めを脳裏に刻んできてほしい。縦横に築かれた城壁は、頂上からでな
ければそのすべてを眼中に収めることはできない。

堅固な砦の中を歩いていく

砦の存在する岩山はもともとシヴァ神の聖地として考えられており、
「神の丘」として考えられていた。現在も残る砦の基礎が築かれたのは
1187年。当時マハーラーシュトラで権力を拡大していたヒンドゥー教
王朝・ヤーダヴァ朝がこの地に首都を移転し、その中心としてこの砦を
築いた。しかし、13世紀末になるとトルコ系イスラーム王朝による攻撃
が激しくなり、砦は陥落し、
町はイスラーム教徒の手に
渡ることになった。一時トゥ
グルク朝がデリーからこの
町に首都を遷都するなど、
かつてインド社会の中心で
もあったこの町は続く戦乱
の中で荒廃し、今その繁栄
を伝えるのは残された砦の
みだ。

中世インド最強の要塞と
言われた砦には、かつて何
度も侵入者を撃退した複雑
な仕掛けや大きな建築物が
多数残っている。往時の激
戦地であったこの土地の歴
史にゆっくりと想いをはせ
ながら歩きたい。

アウランガーバード周辺図

0　　20km

↑デリー、アーグラーへ

Bhusawal

Dhule

デリー、アーグラーからの
列車ならここで下車。
駅の近くにホテルあり

Jalgaon

ナーグプルへ↑

60km、バスで2時間

Bhadgaon

Pahur

ムンバイーへ↓

アジャンター石窟群入口から2km、ホテルあり

Fardapur

Malegaon

アジャンター石窟群
Ajanta Caves
P.337

展望台

アジャンター
Ajanta

Chalisgaon

川と石窟群を見渡せる

カンナード
Kannad

Shillod

マンマード
Manmad

ピタルカラ石窟群
Pithalkara Caves

アウランガーバードから
30km、バスで1時間

鉄道乗り換え駅

エローラ
Ellora

エローラ石窟群
Ellora Caves
P.331

104km、
アウランガーバード
からバスで3時間

Yeola

グリシュネーシュワル寺院
Grishnesshwar Temple
P.336

Phulambri

Vaijapur

ダウラターバード
Daulatabad
P.327

クルダーバード
Khuldabad
P.336

アウランガーバード
Aurangabad

Jalna

↓シールディ、プネーへ

ハイダラーバードへ↓

ⓘ クルダーバードからエローラに向かう道路の周辺には、アウランガーバードの特産品ヒムロー（綿と絹の織物）を販売する店が
いくつかある。おみやげを買いたい人はエローラ観光のついでに立ち寄るのもいい。

Hotel & Restaurant ホテル&レストラン

円筒形の建物が目印
H デヴプリヤ
Hotel Devpriya

セントラル・バススタンド ₹

MAP P.326-A2

🏠 Opp. Varad Ganesh Mandir, Near Central Bus
Stand　☎ 827-523-9051　🛏💲Rs1299 🛏Rs
1599 🛏💲Rs1699 🛏Rs1899　🚾 込　Card 不可
WiFi 不可　🛏 55室

セントラル・バススタンドを背に、右に3分ほど歩いた
所にある円筒形の建物。部
屋は広くて清潔。料金の
わりには快適だ。ホット
シャワーは6:00〜10:00
のみ。

好立地の快適ホテル
H ラヴィラージ
Hotel Raviraj

セントラル・バススタンド ₹₹

MAP P.326-A2

🏠 Dr. Rajendra Prasad Rd.　☎ 0240-235-2124
🛏💲🛏Rs2184〜5600　🚾 込　Card 不可
WiFi 🛏 42室　URL hotelraviraj.in

セントラル・バススタンドから駅方面に約10分。
2015年に改装された室内はきれいで、熱めのシャワ
ーがうれしい。スタッフ
も親切。ソファとコーヒ
ーセットが全室にある。
レストランを併設。24時
間制。

メニューはターリー1種のみ
R ボージ
Bhoj

北インド料理 ₹

MAP P.326-A2

🏠 Bhau Phatak Smruti Kamgar Bhavan, Opp. Hotel
Kartiki　☎ 800-777-4887　🕐 11:00〜15:30、
19:00〜23:00　🚾 込　Card 不可

メニューはグジャラート・ラージャスターンスタイル
のターリーRs340の1種類のみだが、いつも人々でに
ぎわっている。味はやや辛め。シェフやスタッフもラ
ージャスターンから呼び
寄せており、民族衣装風
の制服で手際よくサーブ
してくれる。ドリンクメ
ニューはない。

インターナショナルなメニュー
R クリーム・アンド・クランチ・カー・ラウンジ
Kream n Krunch Ka Lounge

モダンインド料理 ₹₹

MAP P.326-C2

🏠 Plot No.2, Jalna Rd.　☎ 0240-236-4464
🕐 11:00〜23:00　🚾 別　Card 不可

地元の人に人気のレストラン。インド、メキシコ、中華、
韓国、タイ、コンチネンタル料理の要素が入ったモダ
ンなメニューが楽しめ
る。スイーツやアルコー
ルもある。パスタやピザ
のメニューも充実。インド
料理に飽きたときにも。

サイババの町、シールディ Shirdi

　アウランガーバードから西に120kmの所にある
シールディは小さな町だが、シーズン（9月頃）とも
なればインド中からこぞってお参りの信者がやって
くる。ここはシュリー・サイババ Shri Sai Babaの
町なのだ（2011年4月、南インドのプッタパールテ
ィで死去したサティア・サイババ Sathya Sai Baba
はこのサイババの生まれ変わりだとされていた）。

　シュリー・サイババは1918年にこの地で亡くな
るまでに数々の伝説をもたらした聖者で、町全体
がサイババの記念碑のように、右を見ても左を見
てもサイババであふれている。ほかの町でも白髪
の老人が右手を挙げている図のサイババの肖像を
見ることはあるだろう。しかしここではどこに行っ
てもサイババに出会う。

　寺院の周辺にはサイババグッズを売るみやげ物
屋がぎっしりと建ち並ぶ。ヒゲをはやし、帽子をか
ぶった老人サイババが石の上に座っているお決ま
りポーズの絵が大・中・小。サイババが座っていた
石というのは、清貧に生きたサイババの象徴で実

際に彼がいつも座っていた石が寺院にある。白大
理石のこの石はサングマルマルと呼ばれ、サイバ
バの足跡が刻まれている。

　小さな町だがリクシャーはたくさん走っている。
バススタンドから歩き出すと（バススタンドのある所
が中心部）町が終わって農村になる。宿泊所はより
どりみどりで、A/C付きの信じられないほど豪華な
ホテルから数室しかないロッジまでいろいろ。早朝
から深夜まで寺院はお祈りや音楽の集まりがあり、
特に19:00に行列をなして人々がやってきて歌を歌
い、その声が朗々と町中に響きわたるのが印象的。

　ムンバイーからアウラン
ガーバードへ向かう人（ま
たはその逆）は、1〜2泊す
る余裕があるならシールデ
ィに立ち寄ってみるのもい
い。アウランガーバードか
らはバスで約4時間。マン
マードからは約2時間。

インド人は清めのために朝にシャワーを浴びるそうです。シャワーを浴びて寺院に礼拝してから出勤する人もいるそうです。シャ
ワーの多くは水であり、お湯のシャワーを浴びるという考えはないそうです。（金沢区　アデノ　'17）

ツアーに参加するなら便利
[H]ホリデイ・リゾート
MTDC Holiday Resort
駅周辺 ₹
[MAP] P.326-A3

🏠 Station Rd.(East) ☎ 0240-233-1513
🌀🛁ⓈⓌ Rs1450 🛁[A/C]ⓈⓌ Rs1900～2850
[TAX] 別 [Card] MV [Wi-Fi] [室] 80室

駅から徒歩6～7分の便利なロケーションにあるMTDC経営のホテル。客室はこぎれいで広々としている。MTDC（P.326）のオフィスのほか、レストランを併設している。敷地内でのイベント開催時（結婚式など）は騒音が気になることもある。

リラックスできる雰囲気
[H]グリーン・オリーブ
Hotel Green Olive
セントラル・バススタンド ₹₹
[MAP] P.326-A2

🏠 13/3, Bhagya Nagar, CBS Road, Nr. Baba Petrol Pump ☎ 0240-232-9490、960-442-2333
🌀[A/C]Ⓢ Rs3500 [A/C]Ⓦ Rs4500 [TAX] 別 [Card] AMV
[Wi-Fi] [室] 22室 [URL] hotelgreenolive.com
✉ gm@hotelgreenolive.com

バススタンド近くにある中級ホテル。スタッフは親切で、部屋もとても落ち着いた雰囲気。併設のレストランには日本語を話すスタッフもおり、おいしいインド料理や中華料理が食べられる。

ホテル内でビールが飲める
[H]カールティキ
Hotel Kartiki
セントラル・バススタンド ₹
[MAP] P.326-A2

🏠 CBS Road, Samarth Nagar ☎ 0240-233-9060、0240-299-1060 🌀🛁Ⓢ Rs794 Ⓦ Rs1064 🛁[A/C]Ⓢ Ⓦ Rs1680～2240 [TAX] 込 [Card] MV
[Wi-Fi] 公共エリア、ACルームのみ [室] 55室

ホットシャワーは6:00～10:00のみ。併設のレストランでは、ビール（大瓶Rs240～300）などのお酒を飲みながら食事ができる。外で買ったアルコール類を部屋で飲む場合は持ち込み料がかかる。ルームサービスあり。24時間制。

駅からすぐのロケーション
[H]ツーリスツ・ホーム
Tourist's Home
駅周辺 ₹
[MAP] P.326-A3

🏠 Station Rd.(West) ☎ 942-252-8544 🌀Ⓓ Rs 450～700 🛁ⓈⓌ Rs1300～1400 🛁[A/C]Ⓦ Rs1400～1550 [TAX] 別 [Card] 不可 [Wi-Fi] [室] 31室
[URL] www.touristhome.co.in

アウランガーバードで初めてのホテルといわれる、広大な敷地をもつ安宿。駅から北に延びる道を500m行った右側にある。ドミトリー、デラックス、スーパーデラックスの3タイプの部屋があり、トイレと水シャワー付き。スーパーデラックスルームのみ24時間湯が出る。部屋は簡素だが清潔。チェックインは24時間制。フロント脇に細長いスペースの食堂があり、くつろぐのにいい。緑あふれる庭も心地いい。スタッフも親切。

比較的新しい快適安宿
[H]ロイヤル・リージェンシー
Royal Regency
駅周辺 ₹
[MAP] P.326-A3

🏠 Opp. Railway Station, Behind Hotel Sky Court
☎ 779-806-7788、915-812-1216
🌀🛁Ⓢ Rs1344～ Ⓦ Rs1680～ 🛁[A/C]Ⓢ Rs1680～ Ⓦ Rs2240～ [TAX] 別 [Card] 不可 [Wi-Fi] [室] 19室

駅から徒歩5分の場所にある、2017年にオープンした新しい宿。小道にあるので周囲は静かで、シャワーの湯の出もいい。マネジャーのナスィールさんは片言の日本語を話し、旅の相談にのってくれる。24時間制。

設備の整った中級ホテル
[H]ジンジャー
Ginger Aurangabad
駅周辺 ₹₹
[MAP] P.326-A3

🏠 Bhapkar Marg, Venkateshwar colony, Bansilal Nagar, New usmanpura, Railway station road
☎ 024-671-3333 🌀[A/C]Ⓢ Rs3000、[A/C]Ⓦ Rs3600～3800 [TAX] 別 [Card] AMV [Wi-Fi] [室] 63室
[URL] gingerhotels.com
✉ reservations.aurangabad@gingerhotels.com

街の中心地にあるビジネスホテルで、部屋は清潔で広い。ジム、会議室などの設備も整っており、レストランの評判も高い。スタッフもていねいで親切。

便利な商業エリアにある
[H]パーンチャヴァティー
Hotel Panchavati
駅周辺 ₹₹
[MAP] P.326-A2

🏠 Padampura, Station Rd.(West)
☎ 0240-232-8755 🌀🛁[A/C]ⓈⓌ Rs1568
[TAX] 込 [Card] 不可 [Wi-Fi] [室] 27室
[URL] www.hotelpanchavati.com

バススタンドと駅の間。このあたりにはレストランも多く、滞在に便利。部屋は明るく居心地がいい。スタッフの応対も親切。駅とバススタンドでのピックアップサービス（無料）あり。A/Cレストランを併設（インド、韓国料理）。24時間制。

ビリヤーニーがおいしい
[R]シルバー・スプーン
Silver Spoon
北インド料理 ₹
[MAP] P.326-A2

🏠 Mill Corner ☎ 0240-236-1013
🕐 13:00～23:00 [TAX] 込 [Card] 不可

手頃な値段でおいしい料理が食べられることでアウランガーバードの中でも人気がある店。おすすめはビリヤーニーで、Hyderabadi Mutton Dum Biryani Rs220は、スパイスの香り高くぱらりとした米に、ほどよい辛さのチキンがマッチしており絶品。エッグやチキンのビリヤーニーもある。ほか、フライドライスやハッカヌードルなどの中華料理などもある。

✉ 「今日は危険だからホテルにいたほうがいい」との忠告を無視して町に出たら、仏教徒とイスラーム教徒の衝突による激しいデモに遭遇しました。博物館で待機しましたが、忠告をちゃんと聞くべきでした。（江戸川区　鈴木 徹　'18）

エローラ

崖上から望むエローラのハイライト、カイラーサナータ寺院（第16窟）

　アウランガーバードを出発したバスは、鉄道に沿って一路北西へ向かう。道の両側はサトウキビや大麦の畑が続き、バニヤンの大木が白い枝を伸ばしている。やがてダウラターバードの砦が見え、城壁や門がいくつか続き、デカンの台地の中に入る。起伏が激しく曲がりくねった道がしばらく続くと、少し開けた向こうに岩の丘の波が見えてくる。さらに目を凝らすと、洞窟らしきものが並んでいるのがわかる。エローラ遺跡だ。

　バスは丘へ向かって進んでいく。小さく見えていた**カイラーサナータ寺院Kailasanath**が、少しずつ大きくなって、小山のように目の前にそそり立つ。バスを降り、ゆっくりとその小山へ近づいていく。まだ半信半疑である。今、自分が見ているように思うものは、本当は目の錯覚ではないのか。本当はもっと小さいもののはずではなかったか。

　しかし、カイラーサナータは錯覚でも幻影でもない。人間が造り出した巨大で精巧な現実である。756年に工事に着手し、完成までに1世紀以上を要した怪物である。当時のインド人の平均寿命は30歳前後だった

カイラーサナータ寺院の回廊部分

から、数世代にわたる大工事だったはずだ。100年以上もの間、毎日毎日、日の出から夕暮れまで、カナヅチとノミの音がこの小さな丘にこだまし続けていた。これは大変な偉業に違いない。

　文明がどんどん進歩し、機械の力でどんなに巨大な建造物ができても、カイラーサナータの偉大さには及ばない。カイラーサナータは人間の力の大きさを示し、人間の能力に際限がないことを教えている。エローラ石窟群は1983年、世界遺産に登録された。

エローラの市外局番
02437

ACCESS

バ　ス
アウランガーバードのセントラル・バススタンドから6:00〜18:00の1時間に1〜2便、所要約1時間。

　岩山を幅47m、奥行き81m、高さ（深さ）33mにわたり、ノミだけで彫り上げたカイラーサナータ寺院。彫り出された岩の量は20万tに達すると考えられている。

　石窟寺院は全部で34窟あり、チケット売り場は第16窟のカイラーサナータ寺院の前にある。ここでチケットを買い、ゲートを越えて中に入る。第1窟までは500mほど南へ下る。第17窟から第29窟までは比較的隣接しているが、第30～34窟は北のほうへ少し離れているので、第29窟の前で待っているリクシャーを使う人が多い。

　これらの石窟をすべて見て歩く人はあまりいない。第1窟から第16窟まで見たらシャトルバスで第30～34窟へ。その後第29窟へ行き、第17窟まで歩くと楽に全部見られるだろう。全部見る時間がない人は、第10窟、第12窟、第14窟～第16窟（カイラーサナータ寺院）、第29窟、第32窟、第33窟を見れば満足できる。第16窟を先に見ると、ほかが色あせて見えるので、第16窟を最後に見るのもいいだろう。

　ホテルは、広場から寺院と反対の方向へ500mほど行った小バザールの中にあるが、アウランガーバードからのバスの便は多いので、よほどじっくりと石窟を見ようと思う人以外はここに泊まらないようだ。

エローラのおもな見どころ

仏教衰退期に造られた
仏教石窟群　Cave No. 1～12（7～8世紀）

MAP P.333

　エローラ石窟群の南には、仏教がインドで衰退していく時期の石窟群がある。それ以前の7世紀ぐらいまでに造られたアジャンターと続けて見れば、仏教美術の流れがわかるだろう。12の石窟のうち、第10窟以外はヴィハーラVihāraと呼ばれる僧院型式で、僧の住居として使われていた。

●第1～4窟

　第1窟はがらんとしており、穀物や食料を貯蔵していた場所と考えられている。第2窟は内部の回廊に多くの仏像が並び、柱の装飾も見応えがある。第3窟と第4窟は未完成だが、残っている仏像の彫刻は魅力的なものが多い。どの窟にも小さな僧房が並んでいる。

第2窟の仏像

第2窟の内部の回廊に並ぶ装飾された石柱　　第4窟

ℹ️ 第16窟の向かって左右に丘の上に登れる小道がある。上から見るとカイラーサナータ寺院の巨大さがよくわかる。ただし手すりなどはないので足元に気をつけよう。

●第5窟

幅18m、奥行きが36mとエローラで最大の内部空間をもつ僧院で、講堂として使われていたという。

広々とした第5窟

●第10窟

ほかの石窟とは異なり、ストゥーパ（仏塔）を祀るために造られた、唯一のチャイティヤ窟だ。7世紀に造られたもので、インドのチャイティヤ建築の最高峰とされている。入口は2階建てだが、内部は吹き抜けの空間が広がっている。ストゥーパの正面には、足を開いて座った仏像が彫られており、この時代になるとストゥーパ自体が目立たなくなっていく傾向ということがわかる。2階のバルコニー部分に上がることができる。

説法をするブッダの像

●第12窟

正面から見ると、まるで学校かアパートのように見える石窟で、1～2階の両脇には僧房が、3階は広々とした講堂になっている。建物前に広いスペースがあるのも特徴的だ。

整然と部屋が並ぶ第12窟

(i) エローラ石窟の特徴のひとつは、古い順に仏教、ヒンドゥー教、ジャイナ教の石窟が、破壊されることなく並んでいることだ。これらの石窟は彫られた時期が重なっていたと考えられており、インドの宗教の寛容性を示すよい例として取り上げられている。

ナンディー堂の脇に建つスタンバ

本堂の柱の彫刻

ナンディー堂の怒れるシヴァ神

入口にあるゾウの像

エローラ最大の見どころカイラーサナータ寺院を含む

ヒンドゥー教石窟群　Cave No. 13〜29 (6〜9世紀)　MAP P.333

第16窟のカイラーサナータ寺院を挟み、全部で17の石窟がある。仏教が衰退していくなか、勢いをつけてきたのがヒンドゥー教だ。仏教窟との大きな違いは、僧たちが住むヴィハーラ窟がないことで、修行の場ではなく、神々を祀るのが目的で造られたということだ。仏教窟に比べ、彫刻の表現がよりダイナミックになっているのが特徴。

●第16窟（カイラーサナータ寺院）

8世紀の中頃、石工たちが岩肌をノミで削り始めた。それからおよそ100年、デカン高原に途切れることなく響き続けた岩を削る音が止まったとき、そこにあったのはシヴァ神を祀る祠でも、何万もの彫刻が施された寺院でもなかった。それは奇跡そのものだった。

カイラーサナータ寺院は、巨大な岩山を奥行き81m、幅47m、高さ33mにわたって切り開き、塔門や寺院部分を彫り残したインド国内でもほかに例を見ない貴重な建築だ。エローラの、というよりインド観光のハイライトと言っていいだろう。

カイラーサナータ寺院入口

まずは塔門（ゴープラム）から、寺院の境内に入ってみよう。ここにある塔門は、後に南インドで高く巨大化していく塔門の原初的な形といえる。最初にあるのがナンディー堂だ。カイラーサナータ寺院はシヴァ神を祀る寺院なので、本殿の向かいにはシヴァ神に仕え、本殿を向いてひざまずくナンディー牛を安置している。

本殿2階部分からの光景

本殿の前にあるのが、方形の前殿だ。内部には通常の建築物のように、柱だけでなく梁の部分まで再現して彫り残されている。建築構造上は不要だが、通常の寺院建築を再現しているのだ。柱の浮き彫り装飾は、非常に細かくかつ豪華なもの。いちばん奥にある本殿の内部には、本尊であるシヴァ神の象徴リンガ（男根）が安置されている。これは現在でも崇拝の対象となっている。本殿の上部は階段状に層をなし、頂点にドーム状の冠石をもつ典型的な南インド様式。高さは33mある。

ⓘ カイラーサナータ寺院本殿裏側のゾウの彫刻は、本殿があまりにも重いので、持ち上げているゾウの首にしわができているという芸の細かさ。

334

基壇の「宇宙を支えるゾウ」の浮き彫り

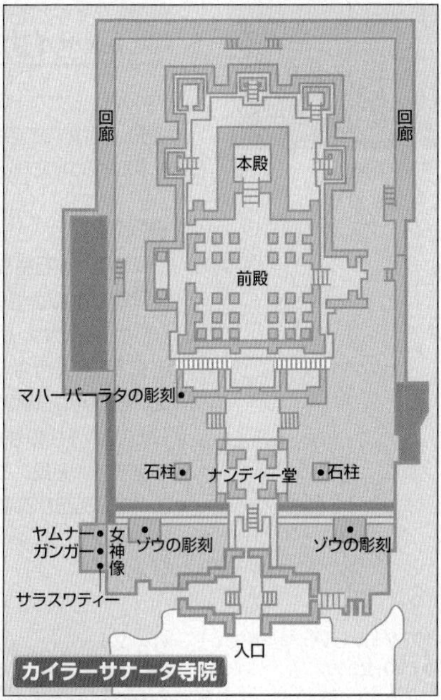
回廊
回廊
本殿
前殿
マハーバーラタの彫刻
石柱
ナンディー堂
石柱
ヤムナー
ガンガー
女神像
ゾウの彫刻
ゾウの彫刻
サラスワティー
入口
カイラーサナータ寺院

寺院内部を見学したら、次にその外側を一周してみよう。ナンディー堂の両脇に建つ方形の石柱（スタンバ）の高さは17m。寺院の外壁には、シヴァ神にまつわる神話のほか、『マハーバーラタ』や『ラーマーヤナ』の場面がいたるところに浮き彫りされている。目を落とすと、外壁の基壇部分には「宇宙を支えるゾウ」の群れが彫られている。これはこの寺院がシヴァ神のすまいであるとともに、全宇宙でもあることを象徴している。

寺院を囲む三方の岩壁の部分は、掘り抜かれて柱廊になっている。そこの一部の側面に2層にわたって彫られた付属の石窟寺院がランケーシュワラ寺院だ。本尊に3面のリンガを祀るほか、内部の壁面にはシヴァ神と妃パールヴァティーはもちろん、ガネーシャやヴィシュヌ、スーリヤなどの神々が浮き彫りされている。また、本殿裏側には付属施設の小堂が並んでいる。

本堂向かって左側にある「マハーバーラタ」の浮き彫り

●第21窟

ラーメーシュワラ窟Ramesvaraとも呼ばれる6世紀頃に造られた石窟で、入口にはナンディー像が座している。内部の彫刻はヒンドゥー石窟群のなかでも最も優れたものといわれている。

●第29窟

第29窟にあるシヴァとパールヴァティーを持ち上げようとするラーヴァナの像（魔王）

ドゥマール・レナ窟Dumar Lenaとも呼ばれている、カイラーサナータ寺院に次ぐ規模の大きさの石窟寺院。内部の聖室の周囲にはヒンドゥーの神々の像がある。エレファンタ島石窟寺院との構造の類似性を指摘する説もある。

INFO

エローラのホテル

[H]Kailas

☎02437-295-811
[料][S][W] Rs2800
[AC][S][W] Rs4000〜4500（コテージ）
[TAX]別
[Card] ADJMV　[室]28室
[URL] www.hotelkailas.com
エローラ石窟群のチケット売り場からすぐ。静かで景色もよく清潔。味のいいレストランもある。Wi-Fi無料。

ⓘ 23窟と24窟の間ほどには「GANESH CAVE」という道標があり、それに沿った道を登っていくとガネーシャ・レナ石窟群にたどり着くことができる。訪れる人は非常に少ないが、隔絶された神秘的な雰囲気の中で石窟に向き合うことができる。

第32窟内部

ジャイナ教特有の繊細な彫刻は必見 MAP P.333

ジャイナ教石窟群　Cave No. 30〜34（9世紀頃）

カイラーサナータ寺院から1kmほど離れた、北の外れにある石窟寺院群。9世紀にこの地を治めた君主がジャイナ教を保護したため、エローラにも5つのジャイナ教石窟が造られた。

●第32窟

ジャイナ教石窟群で最大の見どころ。門をくぐって中に入ると、中庭に石彫りの四面堂があり、カイラーサナータ寺院に似たような造りだ。その奥の石窟2階部分の仏像や柱の装飾の彫刻部分は必見。この2階と第33窟の2階はつながっていて、行き来できる。

第32窟の正面入口

グリシュネーシュワル寺院
🕐 5:30〜21:30
🆓 無料
※カメラ、カメラ付き携帯電話の持ち込みは不可。入口で預ける。

グリシュネーシュワル寺院の入口

ジョーティルリンガを祀るヒンドゥー寺院 MAP P.328

グリシュネーシュワル寺院　Grishneshwar Temple

エローラ石窟群から西へ約1km。石窟とエローラの集落の間にある、シヴァ神を祀る寺院。人の手によらず、自然に形成されたシヴァリンガはジョーティルリンガと呼ばれるが、なかでもここは重要な12のジョーティルリンガのうちのひとつが祀られている、ヒンドゥー教徒にとって重要な巡礼地だ。異教徒の入場を認めているので、内陣まで入って寺院の内部の様子を見ることができるが、写真やビデオ撮影は不可。男性は入場時には上半身裸にならなければならない。幹線道路から少し入った所にある寺院の周辺には、花や灯明を売る店やチャーイ屋が並びにぎわいを見せている。

クルダーバード
エローラ石窟群入口からオートリキシャーで所要約10分。

アラムギール・ダールガー
🕐 6:00〜21:00頃
🆓 Rs10〜20程度のお布施

敬虔なイスラム教徒であった皇帝の小さな廟 MAP P.328

クルダーバード　Khuldabad

エローラから3km、アウランガーバードからは26kmにあるクルダーバードは、小さな村だがイスラームの聖人たちの墓を集めた**アラムギール・ダールガーAlamgir Dargah**という聖地がある。熱心なイスラーム教徒だったアウラングゼーブはその聖人たちの墓のそばに葬られることを望み、1707年に没するとここに墓が造られた。そのため彼の墓はムガル帝国の最盛期の皇帝のものとは思えないほど簡素だ。エローラを訪れるツアーの途中にもこの廟に立ち寄る。

アラムギール・ダールガー

 皇帝アウラングゼーブのとき、ムガル帝国の領域は最大になった。アウラングゼーブは晩年はデリーに戻らず、戦争のためデカンで過ごし、アウランガーバードから100kmほど離れたアフマドナガルで死去した。

アジャンター

ワーグラー川対岸から眺めるアジャンター石窟。密林の中でひっそりと眠っていた

デカン高原の北西、アウランガーバードから北東へ約104kmの所に位置するワーグラー渓谷の断崖中腹に刻まれた仏教寺院群、それがアジャンター石窟だ。ここには、人類の宝ともいうべき、壁画や彫刻などの古代の遺産が現存する。

アジャンターを有名にしたもの……それは、すばらしい壁画だ。インドの絵画は、古代から発展していたことは知られているが、高温多湿な風土のため、残っているものは皆無に近い。しかし、唯一の例外がここアジャンターにある。しかも完成度の高いものばかり豊富に。

これらの壁画は、中央アジアや中国、日本の古代仏教絵画の源流といえるものだ。エローラの窟院群がその巨大さで人を圧倒するとすれば、アジャンターの窟院群は美しさで人を圧倒するといえるだろう。

アジャンターの石窟寺院が開かれたのは、ふたつの時代に分けられる。紀元前1世紀頃の前期窟（上座部仏教期）と、紀元5世紀の後期窟（大乗仏教期）である。前期窟は、ワーグラー渓谷に並んで全部で30ある石窟のうち、真ん中あたりの5つの簡素な石窟群。内部には装飾もさしてなく、仏像という表現がなかった時代なので、ストゥーパを礼拝対象として刻み出している。これら窟院を修行の場と定めた僧侶たちは、美しいワーグラー渓谷を背景に自らの研鑽を重ね、また、通商路からは一般参拝者も礼拝供養に訪れていた。

開窟が再開されたのは、インド文明が黄金期に輝く5世紀中頃。当

第26窟の入口

時、中央インドを支配していたヴァーカータカ帝国の信仰にあつい家臣たちが、財と威信をかけて造営を試み始めたのだ。より荘厳に、より豪華に。最新の技術が用いられて、渓谷にはたちまち石窟寺院が並んでいった。

 この地にトラ狩りに来たイギリス人によって偶然発見されたアジャンター石窟群。川の名「ワーグラー」とはヒンディー語で「トラの谷」の意で、昔はこのあたりにもトラが多かったようだ。

アジャンターの市外局番
02438

ACCESS

鉄 道
最寄り駅は約60km離れたジャルガオンJalgaonで、デリー（1日7便、所要16〜20時間30分）やムンバイー（1日11便、5〜7時間）からの便がある。

バ ス
アウランガーバードのセントラル・バススタンドから、6:00頃から日中30分おきに1便。所要約3時間。Ajanta Caves T-Junctionで下車、ここから石窟の入口まではシャトルバスに乗り換えて行く。所要約10分。戻りの最終シャトルバスは18:00発。ファルダプルFardapurから来る場合も同様。
アウランガーバードから100km以上あるので、できれば1泊したいが、7:00発までのバスに乗れば日帰りでも余裕がもてる。ジャルガオンから所要約2時間。
ジャルガオンのバススタンドは駅からオートリクシャーで5分ぐらい。駅前の道を真っすぐ行き、突き当たりを右に曲がって1km。

しかし、間もなくアジャンターは放棄されてしまう。開窟にたずさわる職人たちだけでなく、僧侶さえも渓谷から姿を消してしまった。ヴァーカータカ帝国の崩壊にともなう戦乱のためといわれている。やがて寺院群はジャングルにのみ込まれ、それから1000年以上もの間、忘れ去られてしまったのだ。1819年、マドラス（現チェンナイ）駐屯のイギリス騎兵隊士官によって密林の中から発見されるまで。

アジャンター石窟群はエローラ石窟群と同じく、1983年に世界遺産に登録された。

HINT

アジャンターの歴史
紀元前2世紀頃に仏教僧たちが雨季の雨を避けて修行を続けることができるように、石窟僧院（ヴィハーラ）と塔院（チャイティヤ）を彫ったことに始まる。この地を修行の地に選んだのは、南北を結ぶ交易路が近くにあり、食料や物資の入手がそれほど困難ではなく、交易路から適度に離れていて修行や瞑想をじゃまされる心配がなかったからだろう。

アジャンターの歩き方

ツアーバスや車で来た場合、入口でアメニティチャージ（施設管理料）を支払い、中の駐車場で降りる。そこからみやげ物店や食堂が並ぶエリアを通り抜け、石窟行きのシャトルバス乗り場まで3分ほど歩く。食事や水の調達はここでしておこう。

シャトルバスはガソリンを使わないエコバスで、普通バス（Rs25）とA/Cバス（Rs30）がある。バスは10分ほどで石窟手前の駐車場に到着。ここにチケット売り場、トイレ、荷物預かり所、レストランがある。ここから石窟までは急坂を5分ほど上るが、足腰に自信のない人は籠の担ぎ手が待機しているので、彼らに頼んで観光することもできる。石窟は川沿いにあるが、階段を使うなど多少の高低差がある。遺跡内は暑季はかなり暑くなり、観光するのもつらくなる。脱水しないように水などは必ず持参すること。

壁画が描かれている壁は、ノミとカナヅチで表面を削ったあと、牛の糞、粘土、もみがらを混ぜたものを塗り、さらにその上に漆喰を塗って仕上げ、その上に絵を描いている。

アジャンター石窟群 Ajanta Caves

大乗仏教の美しい石窟

MAP P.338

●第1窟

アジャンター石窟群のなかでも最大の見どころ。ヴァーカータカ帝国の皇帝ハリシェーナが開窟した、宮殿のような豪華な造りの石窟だ。優れた絵師たちが思う存分筆を振るったので、壁画の完成度が高い。また、保存状態もいい。

実際の寺院を模した空間

浮き彫り装飾が施され、どっしりとした柱が並ぶ正面廊から石窟内部に入ろう。内部中央には広い方形の空間があり、その周囲を柱が、その外側に僧侶たちが暮らした僧坊が並んでいる。いちばん奥が本尊のブッダ像を祀る本堂になっている。

正面に並ぶ柱だが、これはあくまでも見かけの装飾に過ぎず、実際に天井や屋根の重みを支えているわけではない。窟を彫る際に柱の形に彫り残した装飾だ。柱頭部には4つの胴体をもつ鹿が座り、その両側には男女の飛天が舞う姿が浮き彫りされている。また、天井にはさまざまな草花や果物、天界の人々や動物たちが極彩色で描かれている。

周囲を囲む僧坊内は2畳ほどの空間で、入口が唯一の明かり取りだ。片側に段を彫り残し、ベッドとしている。壁のくぼみに灯明をともした煤の跡を残す坊もある。

いつも見学者でにぎわう第1窟の内部。壁画にはライトが当てられている

見応えのある壁画

石窟内の壁には仏教説話に基づく、多くの壁画がある。なかでも後廊の本堂入口両脇に描かれているブッダを守護する守門（脇侍）像は、アジャンター石窟の顔となるほど有名なもの。左が蓮華手守門神、右が金剛手守門神で対になっている。日本の法隆寺金堂壁画に見られた菩薩像（現在は、焼損して非公開）のオリジナルとされていたが、近年は菩

アジャンターの壁画を代表する蓮華手守門神

薩ではなく守門神とする説が有力だ。アジャンター壁画の最高傑作といわれる蓮華手守門神は、右手に優美さを象徴する蓮華を持ち、体を大きくS字状にくねらせるインド固有の「三曲法」で表現されている。周囲には婦人やサルや鳥たち、天界の楽神たちが音楽を奏でる。金剛手守門神は力を表す金剛を手にし、まばゆいばかりの宝冠とあふれるほど身につけたアクセサリーが黒い肌に引き立っている。当時の王子がモデルであろうか。

 足腰に自信のない人は、人力の籠に乗ってアジャンターの石窟群を見て回ることもできる。ポーター料がRs400で、籠代がRs1500。別途チップを用意しよう。

Maharashtra マハーラーシュトラ州　Ajanta アジャンター

アジャンター石窟群
🕘 9:00～17:30
㊡ 月
💰 Rs600
※ビデオ持込料Rs25

HINT

石窟内での撮影
石窟内でのストロボ撮影、三脚の使用は不可。内部照明は暗く、デジタルカメラでもぶれないようにするのは大変だ。

HINT

見晴らし小屋へは
石窟群からは第8窟の正面に下へ行く階段があるので、ここを下りて橋を渡ると見晴らし小屋に通じる道がある。片道約15分。もう一度石窟群に戻ってくる場合は、チケットを再度提示しなければならないのでなくさないように。さらに奥に向かうと展望台がある。

外国の使節らしき人物が描かれた天井画

蓮華手守門神と対になる金剛手守門神の壁画

壁画や天井画が多く描かれた
第1窟内部

このほかの石窟
第3窟　未完成。
第5窟　第4窟と同じ理由で未
　　　完成。
第7窟　広間のない、変わった
　　　ヴィハーラ窟。
第8窟　後期で最初に開窟され
　　　た窟。現在は動力室とな
　　　っている。
第12窟　前期ヴィハーラ窟。
第13窟　前期ヴィハーラ窟。
第14窟　開窟がほとんど手つ
　　　かずの後期窟。
第15窟　12窟を模倣した後期
　　　ヴィハーラ窟。現在は
　　　展示室になっている。
第18窟　後期の貯水槽。
第20・21・22・23窟
　　　アジャンター地方の藩王の未完
　　　成窟。ただし奉納者には異論も
　　　ある。
第25・27窟　未完成。
第28窟　登攀不能。
第29窟　未完成のチャイティ
　　　ヤ窟で登攀不能。
第30窟　1956年に発見された
　　　前期の小窟。

HINT

休みの日に注意
アジャンターは月曜が休みなの
で、エローラは混雑します。エ
ローラは火曜が休みなので、ア
ジャンターが混雑します。アジ
ャンター、エローラに行くなら
月・火曜はできるだけ避けたほ
うがいいでしょう。(江戸川区
鈴木　徹　'18)

奥にある本堂のブッダ像

柱の間を通り、本堂に入る前にあるふたつの壁画は、左が覚りを得る
べく菩提樹の下で瞑想にふけるブッダを魔王マーラが悪魔の軍勢で脅
し、美しい女性たちで誘惑を試みる図、右には覚りを開いたブッダが、
シュラーヴァスティー(舎衛城)の門の前でいくつもの自分の分身を現
出させている奇跡の場面が
描かれている。

本尊のブッダ像は両脇侍
をともなう三尊形式の仏像
で、手は転法輪印(教えを説
き迷いを粉砕することを表
す)を結んでいる。また足元
には仏法が広まることを象徴
する法輪が表現されている。

第1窟奥にある本尊の仏陀像

●第2窟

後期窟としては中規模だが、保存状態がよいので見どころのひとつ。
左廊中央には、誕生したばかりのシッダールタ王子を抱えるブラーフマ
ー神とインドラ神、わが子を見つめる
マーヤー王妃が描かれた釈迦誕生の
場面。その左上には未来仏の弥勒菩
薩。後廊の右側(祠堂)に並ぶ神は、
鬼子母神として知られるハーリティ
ーと、財宝神のパーンチカの夫婦。後
廊は、彫刻も壁画もすばらしい。本堂
両脇には千体仏が壁一面に描かれて
いるし、天井装飾も見事だ。

杯を交わすペルシア人を描いたという
第2窟の天井画

●第4窟

壁画はなく、未完成の天井をもつ第4窟

アジャンターでいちばん大きなヴ
ィハーラ窟(出家僧が住む僧坊)で、
28本の柱で支えられている。完成す
れば壮大な僧院となるはずだったが、
断層が横切っていたために作業が難
航し、壁画も描かれないまま放棄され
た。第1窟や第2窟と比較してほしい。

●第6窟

後期窟のなかでも早い時期に開窟された、唯一の
2階建てヴィハーラ窟。未完成ながらも僧侶たちが
勤行に使っていた様子がうかがえる。わずかに残っ
た壁画の表面が、煤で黒くなっている。

入って右側の急な石段から2階に上がることがで
きる。2階の石の支柱はたたくときれいな音がする
ため、「ミュージカル・ピラーズ」と呼ばれている。

優美な彫刻に彩られる

 明るい外から石窟の中に入ると、内部はかなり真っ暗に見える。壁画を傷めない程度のライトで照らされているが、暗めなので
広域を照らす懐中電灯を持参したほうがいい。

●第7窟

　ヴィハーラ窟のひとつで、奥行きはあまりないが幅が広い特殊な構造をしている。ふたつの柱廊があるファサードおよび、仏堂、幅広の前室と8つの僧室から成り立っている。

　入口を入ると、まずは美しい曲線を誇る頑健な4本柱によって支えられたファサードに迎えられる。作りはやや地味ながら、頑健でありながら優美な印象だ。

　前室の中にはいたる所に無数の小さな仏像が彫られている。これは「舎衛城（サラバスティー）の奇跡」を描いたもので、ブッダが異教徒を仏教に改宗させるために見せた「千仏化現」という奇跡が描かれている。

　仏堂には釈迦五尊像が祀られている。断層の影響のためか、奥深くまで彫られなかった石窟であるため、仏室もかなり明るく、はっきりと釈迦像の姿が確認できる。

「千仏化現」の像

●第9窟

　簡素な前期チャイティヤ窟。紀元前1世紀のものだ。ストゥーパ（仏塔。古くは、屋内のストゥーパをチャイティヤと呼んだこともあった）は、仏像表現のない時代に信仰の核となったものだ。柱の表面に描かれた壁画は後期のもの。

第9窟のファサード

●第10窟

第10窟の内部にあるストゥーパ。柱には壁画が残っている

　広くて天井は高いが、第9窟よりもさらに簡素な前期チャイティヤ窟。ここで注目すべきは、右13番柱の高さ3mくらいの位置に残された落書きだ。John Smith, 28th Cavalry, 28th April 1819（ジョン・スミス、第28騎兵隊、1819年4月28日）。発見者のものである。スミスはこのとき、1.5mも積もった泥の上に立っていたのだ。密林の洞窟で、そのとき彼は何を思ったことだろう。

　なお、この石窟の入口付近には、絵師たちが

第10窟の柱には仏画がきれいな状態で残っている

HINT

後期窟の造営時期
後期窟の造営がなされたのは、一般に5世紀中葉から7世紀にかけての約150年間といわれているが、これは別に根拠のある数字ではない。19世紀の考古学者らが、これほどの規模のものには相当な期間を要したはずだ、と考えたのだ。以来、暗黙のうちに受け入れられているだけのことである。近年、こうした意見には疑問が投げかけられている。

ヴィハーラとチャイティヤ
P.338

ローカルバスでアジャンター石窟群に行きました。車内はA/Cはなく、道が未舗装路なので揺れの連続の3時間。振動で窓が勝手に開き土埃まみれになるのでマスクがあった方がよいです。（埼玉県　猫四匹　'20）

顔料を混ぜるのに使った地面のくぼみがあり、近くにはこの窟を作らせた王の名前がパーリ語で刻まれている。

●第11窟

前期窟の第10窟と第12窟の間に開かれた、後期ヴィハーラ窟。前期窟群は、ワーグラー渓谷をすべて見渡せる景勝の地に並んでいるのだ

第11窟の見事な天井画

が、この第11窟は、そこに無理をして割り込むような形で造られた。そのため少しいびつである。入口や入口の天井の壁画もすばらしいので、忘れず見ていこう。

●第16窟

第16窟にある印を結ぶ仏像

エレファント・ゲートから階段を上っていくと、ヴァーカータカ帝国の宰相が開いたヴィハーラ窟前に出る。寺院左側の岩壁には、帝国の宰相の碑文が刻まれている。内部は、天井がとても高くて空間があるが、後期窟にしては簡素。彫刻のない柱には、唐草模様などが装飾として描かれており、壁画がすべてあればさぞ華麗だったことだろう。左廊に残る壁画は、ナンダ出家物語。ナンダの新妻は世に知られた美人だったが、突然の夫の出家を知って気絶してしまった場面。

第16窟入口にあるエレファント・ゲートのゾウの像

●第17窟

入口にも装飾が残る第17窟

アジャンター地方を治める藩王が開いたヴィハーラ窟。壁画の保存状態がよく、第1窟と並んで最大の見どころといえる。入口を背にして正面廊左壁に残るのは、インドでは珍しい六道輪廻図（部分）。そして正面廊右部の壁画は酔象調伏の場面。ブッダを殺して教団をわがものにしようとしたデーヴァダッタ（提婆達多）の放った狂象も、ブッダの前に来るとおとなしくなってしまった。内部に入ると、周囲一面の壁画に圧倒されるかもしれない。第17窟の壁画のモチーフは、ブッダの前世をつづ

ⓘ 4〜6月のこのエリアは非常に暑い。この時期にアジャンターへの車をチャーターするときは必ずA/C付きを選ぼう。でないと、到着する頃には、暑さですでにグッタリしていることも。

ったジャータカ物語（本生譚）がほとんどで、夢のような豪華な宮廷生活があちこちに描かれている。人里離れたワーグラー渓谷で筆を持つ絵師たちには、まさしく夢物語だったに違いない。また、右廊前壁の鏡をのぞいて化粧をする女は、アジャンターでなくともよく見られるモチーフ。体中にアクセサリーをまといながらも上半身が裸で豊満な乳房があらわなのは、当時では女性の普通のスタイルだ。

第17窟に残る壁画

●第19窟

後期チャイティヤ窟。簡素な前期の第9、10窟と比較すれば、違いは一目瞭然であろう。装飾は複雑で、巧みである。内陣のストゥーパは仏像と一体化し、天にも届くかのように先端が天井に達している。列柱の彫刻も見事。ただし、寺院正面の彫刻はほとんどがあとになって加えられたもので、本来の姿ではない。見た目にも粗い、小さな仏像たちは、王侯ではない庶民たちの精いっぱいの奉納なのだ。

●第24窟

未完のまま放棄された第24窟は誰もが通り過ぎてしまう窟。でも、ぜひ懐中電灯を持って中に入ってほしい。開窟途中で放棄された広間からは、どんなふうにこの岩壁から寺院が彫り出されていったのかがよくわかる。

●第26窟

アジャンターで最後まで開窟作業が続けられた、華麗にして豪華なチャイティヤ窟。第19窟のそれよりさらに美しいストゥーパを中心に、繊細な彫刻が刻まれた柱が並んでいる。側廊左では、インド最大の涅槃仏が右脇を下に静かに横臥する。その奥には、仏伝で最もドラマチックな降魔成道の浮き彫りがある。菩提樹のもとで思惟するシッダールタを攻撃する魔王波旬や、誘惑する魔王の娘たちが彫り出されている。完成度の高い第26窟だが、ここもまた、未完のまま放棄されてしまった。第25、26、27複合窟としての当初の計画が完成していれば、アジャンターで最も壮大な寺院となったはずなのだが。今はただ、涅槃像の不思議な笑みが、アジャンターの終焉を締めくくるように存在するのみである。

第19窟の内部にあるストゥーパ

第24窟の内部

INFO

アジャンターのホテル

H MTDC Tourist Resort
♠ Aurangabad Jalgaon Rd., Fardapur
☎ 02438-244-230
⊕⊡□♨ Rs1232
□A⊡♨ Rs2352
⊠ 別 Card AJMV ⊛28室
Ajanta Caves T-Junctionから1.6km離れたファルダプルFardapurにある。部屋はやや古びているが広く、清潔で快適。TVとホットシャワーが付いている。レストランも併設。アジャンター観光はアウランガーバードから日帰りする人がほとんどだが、デリーやアーグラーから鉄道を利用し、ジャルガオンJalgaon経由で来るような場合などは利用価値がある。ファルダプルには新築を含む数軒の宿やレストランがあり、朝からアジャンターを見学したい人はこの街に宿を取るのもおすすめだ。

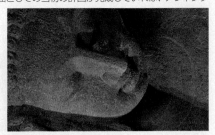
第26窟にある涅槃仏の浮き彫り

 インドの仏教石窟寺院の多くは、マハーラーシュトラ州にある。エローラ、アジャンターのほかにもアウランガーバード（P.325）、カンヘーリー、初期石窟のなかで最大のチャイティヤ窟があるカールリーなどの石窟も有名。

ゴア

夕暮れが美しいアンジュナ・ビーチ

ゴアの市外局番
0832

ゴアの人口
約182万人

ACCESS

飛行機
ムンバイーからエア・インディアが毎日3便、ベンガルールからエアアジアが毎日4便、インディゴが毎日4便、約1時間15分。そのほかにも、プネー、チェンナイ、ハイダラーバードなどから便がある。空港はヴァスコ・ダ・ガマにあるダボリムDabolim空港を利用する。パナジまで24km。プリペイドタクシーでパナジまでRs980〜、マプサRs1320〜、アンジュナ・ビーチRs1570〜。ヴァスコ・ダ・ガマへは路線バスもある。

鉄　道
ムンバイーCST駅から急行（1日4〜5便）でマルガオ（マドガオン）駅まで所要約9〜12時間。

バ　ス
ムンバイーからは各種多数の便が出ている。午後発のパナジ早朝着で所要約16時間。マルガオ（マドガオン）までは約15時間。ハンピ・バザールからのプライベートバスもある。

アラビア海に面したインド亜大陸西海岸のちょうど真ん中に小さな州がある。

天然の入江をもつゴアは、1510年、海洋国ポルトガルの艦隊に占領されて以来、長い間ポルトガルの香辛料貿易航路の拠点として栄えた。ここを占領したポルトガル人は、マンドヴィー川のそばにリスボンを模した町を造った。それが現在のオールド・ゴアだ。1542年にはフランシスコ・ザビエルに率いられたイエズス会も到着。ゴアは繁栄を極め、一時は人口20万人を超え、本家リスボンをしのぐほどの大都市へと発展した。しかし、マラーター族の侵攻に加え、オランダ、イギリスの勢力が強まるにつれ、ポルトガル植民地としてのゴア（現在のオールド・ゴア）もしだいに衰退し、マラリアなど疫病のたび重なる流行で町は廃れ、新しい町パナジに移っていった。

ゴアは現在インドのひとつの州であり、ゴアという町があるわけではない。州都としての役割をもっているパナジ市のほかにヴァスコ・ダ・ガマ市やオールド・ゴアなどの町がある。

今でも植民地時代の面影を色濃く残す町並みと西欧的でオープンな雰囲気で人気があるが、欧米の若者はアラビア海を望む美しいビーチを目指してやってくる。さらに近年はインド人の観光客に人気のビーチリゾートとなっている。

シーズンは10〜3月。平均気温20〜30℃と快適で、雨はあまり降らない。6〜9月になるとモンスーンの季節に入り、1日数回降る大雨と強風、ときには雷まで鳴るという最悪の天候になる。当然観光どころではない。海岸近くのレストランはクローズするところが多い。

サン・トーメ地区の街並み

 6〜9月の間は、ゴアではモンスーンが吹き荒れ観光には向かないが、人は少なくホテルは軒並み大幅ディスカウント。シーフードでも食べながらホテルでゆっくりしたい人にはいいかもしれない。

ゴアの歩き方

パナジ（パンジム）　Panaji (Panjim)

　旧ポルトガル植民地の面影が色濃く残っている町で、ほかのインドとはっきり違った姿をとどめている。ゴアの中心となる町で、マンドヴィー川の河口近くに位置している。小さな町だから、町の北側を東西に貫くこの川と、交差するように南北に走る**オーレム運河Ourém Creek**を目印に歩けば、迷うことなく町のすべてを見て回れる。青空に映える真っ白な建物、**パナジ教会Panaji Church (Church of Our Lady of the Immaculate Conception)** のあたりがこの町の中心だ。

　鉄道の多くはパナジの町の中心から離れた**マルガオ（マドガオン）駅 Madgaon Junction**に停まる。マルガオ駅からオートリクシャーでマルガオ・バススタンドに向かい（15分ほど）、そこからパナジ行きのバスに乗って所要約1時間。バスはオーレム運河東側の**カダムバ・バススタンド（パナジ・バススタンド）Kadamba Bus Stand**に着く。長距離バスも同じくカダムバ・バススタンドに着くので、パナジを訪れるならバスのほうが便利だ。

　パナジらしいカラフルなコロニアル風の町並みが見られるのは、マンドヴィー川に近いMGロードの南側にある**サン・トーメ地区Sao Tome**とその南側にある**フォンテインハス地区Fontainhas**。サン・トーメには安ホテルや旅行者向けのレストラン、旅行会社などもある。フォンテインハスは西欧風の住宅が並ぶ、喧騒のインドとはイメージが異なる静かで落ち着いたエリア。

　繁華街は、MGロード西側付近（地図P.345-A）。道沿いにはたくさんのショップやレストラン、バーやカジノが並んでいる。コロニアルな旧市街の町並みとは打って変わり、夜にはきらびやかなネオンが光る。

　そしてゴアといえば海の幸。エア・インディアのオフィスの裏にある市場で、新鮮な果物、野菜、そして魚介類が手に入る。これらの魚介類はゴア名物のバー兼レストランで食べることができ、魚と酒の好きな日本人にはこたえられない場所だ。

INFO

ゴア州政府観光局
Government of Goa
Department of Tourism
　P.345-B
　2nd Fl., Paryatan Bhavan, Patto Plaza, Panaji
　0832-249-4200
　9:30〜17:45
　土、日、祝
　goatourism.gov.in

GTDC（ゴア観光開発公団）
Goa Tourism Development Corporation
　P.345-B
　3rd Fl., Parayatan Bhavan, Patto Plaza, Panaji
　0832-243-7132
　9:30〜17:45
　土、日、祝
　goa-tourism.com

HINT

市内から空港へ
カダムバ・バススタンドの奥から、ヴァスコ・ダ・ガマ行き直通バスに乗る。約40分。7:00〜19:00の間15分おきに1本運行している。そこから路線バスで15分。タクシーならパナジから所要約1時間、Rs1000が目安。

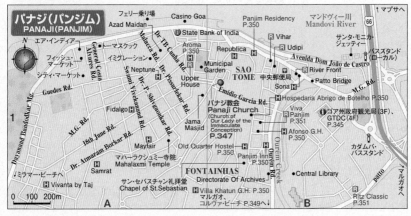

　ゴアは連邦直轄地で、酒税が低いため、ほかの州に比べて酒類を安く買うことができる。地元のブランドビールのキングスKing'sや、地酒のフェニFeniを味わってみたい。

パナジの市内交通
パナジ市内の移動はバイクタクシーかオートリクシャーが便利。黄色と黒のツートンカラーが目印。カダムバ・バススタンドからシティ・マーケットまでバイクタクシーでRs60、オートリクシャーでRs100程度。

タクシーアプリ
ゴアはUberやOLAは利用できない。似たようなシステムとしてGoa Milesというアプリがあり、事前にアプリをダウンロードして利用する。ただし、登録されている車の台数が少なく、使い勝手はイマイチ。
URL www.goamiles.com

INFO

GTDC主催パナジ発のツアー
GTDC（ゴア観光開発公団）が主催するバスツアーが、パナジのHPanjim Residency (P. 350) 前から出ている。申し込みはGTDC (P.345) まで。オールド・ゴアとビーチ間、ビーチ相互のアクセスはあまりよくないので、日程に余裕がなければこういったツアーを利用するのもひとつの手だ。
●北ゴア・ツアー
マンドヴィー川の河口にあるココ・ビーチとフォート・アグアダを訪れたあと、緑多い低い丘に囲まれたメイエム湖でランチを取り、休憩。その後、ヴァランドール、アンジュナ、カラングートの各ビーチを回る。
●8:45〜18:00 Rs350
●南ゴア・ツアー
オールド・ゴアのボム・ジェズ教会、セ・カテドラルを巡る。その後PriolのMangueshi寺院、Farmarguqiでランチを取り、マルガオやコルヴァ・ビーチを回る。
●8:45〜18:00 Rs350

ゴアといえばビーチの印象が強く、多くの観光客はビーチに宿泊して日帰りでパナジを訪れる。しかし、旧市街の趣のある雰囲気と、煌びやかなカジノ街を同じ町に抱えるパナジは日帰りではもったいない。ゆっくりと滞在して、この町の魅力を存分に味わいたい。

パナジの繁華街は、パナジ教会からマンドヴィー川に向かって西側。MGロードに沿って、たくさんのショップやレストランが並んでいる。

ただ、レストランやアクティビティの数はパナジよりもビーチのほうがはるかに上回っているため、パナジには浮わついたところがなく、ポルトガルの雰囲気が漂う町並みと人々のゆったりとした生活が実によくマッチしている。

パナジからの移動

ゴアの中心、パナジから周辺の町へはカダムバ・バススタンドからバスを利用する。ビーチへの拠点となる**マプサMapusa**へは6:00〜21:00の間隔10分おきに便があり、所要約20分。駅があるマルガオや空港の近くの**ヴァスコ・ダ・ガマVasco Da Gama**、**オールド・ゴアOld Goa**へは6:00〜21:15の間10分〜1時間おきにバスが運行している。マルガオやヴァスコ・ダ・ガマへは所要約40分、オールド・ゴアは約25分。シャトルと呼ばれる急行のバスが便利。乗り場のサインはわかりづらいが、呼び込みの人に聞けば教えてくれるだろう。

カダムバ・バススタンド

オールド・ゴア　Old Goa

パナジからマンドヴィー川を少し遡り、少し内陸に入った所がオールド・ゴアと呼ばれる地域だ。ポルトガル植民地時代の首都で、海のシルクロードとして栄えた古い歴史をもっている。栄華を極めたこの町の繁栄も、疫病などにより衰退し、1843年に首都機能はパナジへと移管された。現在では、いくつか残された巨大な教会と修道院にその面影をとどめるのみだ。この地域は「ゴアの教会群と修道院群」として1986年に世界遺産に登録された。

オールド・ゴア
OLD GOA

マンドヴィー川 Mandovi River
Viceroys Arch
St. Cajetan Convent
セ・カテドラル
Se Cathedral P.348
考古学博物館
Archaeological Museum P.348
聖フランシス教会
Church of St. Francis of Assisi P.348
パナジへ
Old Goa Rd.
バススタンド
Convent of St. Monica
ボム・ジェズ教会
Basilica of Bom Jesus P.348
Church of St. Augustine
Our Lady of the Angels Convent
0　200m

ゴア名産のフェニは、アルコール度40%前後の蒸留酒で、ゴア州のみでの販売。カシューの果実とココナッツから作られるものの2種類ある。酒屋で手に入るほか、ホテルやレストランではフェニベースのカクテルも飲める。旅の記念にぜひ。

346

高台に立つ白亜の教会

パナジ教会 Panaji Church (Church of Our Lady of the Immaculate Conception)

`MAP P.345-B`

パナジの町の中心にある教会。この地に最初に教会が建てられたのは1541年で、現在の建物は1619年に改築されたもの。ポルトガルの都市ブラガにあるボン・ジェズス・ド・モンテ聖域を模した外階段が美しい。中に入ると、天井から下がるシャンデリアが華やかだ。ポルトガル時代にキリスト教の洗礼を受け、今なおそれを受け継いでクリスチャンが多いのも、ゴアの町の特徴のひとつになっている。日曜には、ほかの町では聞かなかった教会の鐘の音を耳にすることだろう。

パナジ教会
- Church Square
- 10:00～12:30、15:00～18:00
- 日
- 無料
礼拝が行われているときは入場できない。短パン、ミニスカート、タンクトップなどでの服装での入場は控えること。
※2023年2月現在、観光客の受け入れは臨時中止中。

ゴアの歴史を民芸品からたどる

ゴア・チトラ Goa Chitra

`MAP P.349-A2`

マルガオの郊外、ベナリウムにある私設博物館。4万点を超えるゴアの民芸品を収蔵したゴア・チトラ、馬車や牛車など、インド中から古い乗り物を集めたゴア・チャクラ、ポルトガル支配下でのゴアの植民地時代の品々を収蔵したゴア・クルーティと、3つの博物館から成り立っている。建物はかつてのゴアの伝統家屋の部品を利用して建てられており、伝統的な要素と現代的な要素が見事に融合している。

ゴア・チトラ
館内はガイド付きツアー形式となる。ここでランチやディナーを取ることも可能。
- St.John the Baptist Church Rd., Benaulim
- ☎ 0832-277-2910
- 9:00～18:00 Rs300
- URL www.goachitra.com
※ランチ・ディナーは要予約。

フランシスコ・ザビエルと聖遺物

日本に初めてキリスト教を伝えたことで知られるフランシスコ・ザビエルFrancisco de Xavier（1506～1552）。スペイン生まれの宣教師で、イエズス会の創設者のひとりだ。

ポルトガル王ジョアン3世の命により、ゴアに渡ったのが1542年のことだ。そして、1549年ヤジロウという日本人をともない鹿児島に渡る。2年の日本滞在の後、中国への渡航の途上、1552年12月3日、香港沖合いの上川島で病気のためこの世を去った。46歳だった。ザビエルの遺骨をゴアに送還すべく、遺体の腐敗を早めるため棺に生石灰が入れられたが、遺体はまったく腐敗しないままゴアに到着した。ザビエルの腐敗しない遺体はゴアの人々から奇跡と謳われ、1554年に一般拝観が許されたが、拝観者の女性が右足の指2本を噛みちぎ

って逃走する事件が起きる。

1614年、ローマのイエズス会がザビエルの遺体の一部の返還を望み、ザビエルの右腕は切断された。50年以上たったはずの遺体からは鮮血がほとばしったという。これは公式にカトリックの「奇跡」と認定された。1622年ザビエルは聖人の列に加えられた（この右腕は聖遺物としてローマに保存されているが、1949年と1999年の2回、日本でも展示された）。しかし、腐敗しない遺体も17世紀に入ると乾燥が進みミイラ化し、現在もボム・ジェズ教会（P.348）に安置されている。

彼の命日である12月3日はフランシスコ・ザビエルの祝日Feast of Francisとされ、この前の10日間、オールド・ゴアは多くの参拝者で混雑する。

ⓘ 世界遺産の教会の多くは現役の教会。聖なる場所なので旅行者でも敬意を払って訪れたい。特に服装には注意。肌の露出の多い服（タンクトップや短パンなど）を着ているときは、スカーフなどで露出部分を隠すこと。

ACCESS

**オールド・ゴアへの
行き方**

オートリクシャーの場合、パナジから片道Rs400前後、往復（1時間待機）でRs800。バスはパナジのカダムバ・バススタンドから約5分間隔で出発。所要20分、Rs20。

ボム・ジェズ教会
♠ Old Goa Rd., Bainguinim, Goa
☎ 832-228-5790
◑ 9:00〜18:30　⊕ 無料

聖フランシス教会
♠ Off National Highway 4, Velha
◑ 8:00〜17:00　⊕ 無料

考古学博物館
♠ behind Se Cathedral, Velha
☎ 832-228-5333
◑ 9:00〜17:00　⊕ 金
⊕ Rs10
カメラ、ビデオの撮影不可。

セ・カテドラル
♠ Velha
☎ 832-228-4710
◑ 9:00〜18:00
⊕ 日曜のミサの時間　⊕ 無料

フランシスコ・ザビエルがここに眠る　　　MAP　P.346
ボム・ジェズ教会　Basilica of Bom Jesus

16世紀に建てられた、ルネッサンスとバロックの混合様式の教会。華麗な大聖堂のすぐ右側にある大きな銀の棺の中に、フランシスコ・ザ

ビエルの遺体が安置されている。かたわらには棺を調査した際の写真があり、ミイラ化したザビエルが写っている。棺の公開は10年に1度のみ。次回は2024年を予定している。

歴史ある美しい教会　　　MAP　P.346
聖フランシス教会　Church of St. Francis of Assisi

1517年にゴアに到着した8人のフランシスコ会修道士によって1521年に竣工され、1661年に再建された教会。インドでは他に類を見ない

古い構造のポルトガル・マヌエル様式の門を保持している。インドの木彫技術が生かされた主祭壇や聖フランチェスコの大きな像、美しいフレスコ画など、見応えのある教会だ。

キリスト教伝道の歴史を語る　　　MAP　P.346
考古学博物館　Archaeological Museum

ポルトガル時代のキリスト像や建築の装飾品、ヒンドゥー教徒の神々の石像などが展示されている博物館。2階には歴代のポルトガルの総督や聖職者の肖像画があり、なかでもヴァスコ・ダ・ガマの肖像画は必見。また、カトリックの伝道師がイスラーム教徒に脅迫されながら布教している絵もあり、布教初期の様子がうかがえて興味深い。

オールド・ゴア最大の聖堂　　　MAP　P.346
セ・カテドラル　Se Cathedral

正式名称はSé Catedral de Santa Catarinaという、ポルトガル語でSé＝「見る」という名前がつけられたカテドラル。オールド・ゴア最大の聖堂として知られる。塔には、その豊かな音色から「黄金の鐘」と

して知られる大きな鐘があり、その音色は世界でも最高のものともいわれている。フランシスコ・ザビエルが実際に現地人の洗礼に使用した洗礼盤も残っている。

 アンジュナ・ビーチにある ℝBaba Au Rhum（◑ 9:00〜22:00　⊕ 火）や、カランクート・ビーチのℝKingstork（◑ 8:00〜22:00）は、とてもきれいでサービスも洗練されている。朝から営業しているので朝食にもいい。

開放的な雰囲気に包まれる

ゴアのビーチ　Goan Beaches

MAP　P.349

Goa
ゴア州

Goa
ゴア

ティラコール・フォート
Tiracol Fort
ケリム・ビーチ
Querim beach
Kalacha
Beach
アランボル・ビーチ
Mandrem
Beach
Arambol Beach
Ashwem
Beach
モージ・ビーチ
Bean Me Up P.351
Morgim Beach
Sakana P.351
Colvale
St.Anthony's
Guest House
P.351
ヴァガトール・ビーチ
Vagator Beach P.349
アンジュナ・ビーチ
Anjuna Beach P.349
Tivim
バガ・ビーチ
マプサ Mapusa
Baga Beach
P.349
Divine G.H. P.351
カラングート・ビーチ P.349
Calangute Beach
シンケリム・
ビーチ
Candolim Beach
Sinquerim
Beach
ココ・ビーチ
Coco Beach
オールド・ゴア
Old Goa
P.346
フォート・アグアダ
Fort Aguada
パナジ（パンジム）
Panaji (Panjim)
P.345
Karmali
ドナ・パウラ・ビーチ
Dona Paula Beach
ミラマール・ビーチ
Miramar Beach
Marmugao
ヴァスコ・ダ・ガマ
Vasco Da Gama
Hansa Beach
ゴア国際空港
ボグマロ・ビーチ
Bogmalo Beach
Club Mahindra Acacia Palms
P.351
Utorda Beach
Majorda Beach
Betalbatim Beach
Kadamba
New Bus Stand
コルヴァ・ビーチ
Colva Beach P.349
マルガオ
（マドガオン）
ベナウリム・ビーチ
Benaulim Beach P.349
Margao
(Madgaon)
ヴァルカ・ビーチ
Varca Beach
ゴア・チトラ
Goa Chitra
P.347
キャヴェロッシム・ビーチ
Cavelossim Beach
モボール・ビーチ
Mobor Beach
アゴンダ・ビーチ
Agonda Beach
パロレム・ビーチ
Palolem Beach
ゴア
GOA
パトネム・ビーチ
Patnem Beach
Polem へ

0　5km
A

ゴアで最も美しいのは、アラビア海に面したいくつかの海岸だ。その砂浜の美しさと開放的な雰囲気にひかれて、世界中からの若者や、インド人旅行客が集まり、インドのなかでもゴアのビーチ特有の独特の雰囲気を作り出している。

●北ゴア（パナジ以北）

アンジュナ・ビーチ　Anjuna Beach　MAP P.349-A1

世界中の旅行者がとりあえず目指すビーチがここ。ゴア屈指の美しいビーチだ。毎週水曜に行われる**フリーマーケット**は規模も大きく、よく知られている。オリジナル雑貨の店やインド各地から来たおばさんの店に混じって、長期滞在者が不要になった服や時計などを売ったりしている。

ヴァガトール・ビーチ　Vagator Beach　MAP P.349-A1

アンジュナ・ビーチに比べ、落ち着いてリラックスできる雰囲気をもつ美しいビーチ。欧米人の長期滞在者も多い。北端に17世紀のポルトガル要塞跡がある。

バガ・ビーチ　Baga Beach　MAP P.349-A1

みやげ物屋やホテルが軒を連ねるにぎやかなビーチ。波も風も比較的穏やかで泳ぎやすい。11〜5月の毎週土曜夕方からは、サタデーナイト・マーケットSaturday Night Matketと呼ばれるフリーマーケットが開かれる。

カラングート・ビーチ　Calangute Beach　MAP P.349-A1

1960年代に欧米からやってきたヒッピーたちが集まったのがここ。現在はすごい数のインド人観光客であふれている。ヤシの並木もないし南国ムードは期待できないが、インド人的ビーチリゾートを体験するならここ。

●南ゴア（パナジ以南）

コルヴァ・ビーチ　Colva Beach　MAP P.349-A2

開発が進みマルガオの西のビーチのなかでも中心的存在となったビーチ。長い砂浜とヤシの木のコントラストが美しく、インド人旅行者や欧米の若者たちに人気。すぐ南には静かな**ベナウリム・ビーチBenaulim Beach**がある。

コルヴァ・ビーチ

ⓘ　ゴアのビーチ付近では比較的簡単にドラッグが手に入ってしまうが、例えば大麻の場合所持しているだけで6ヵ月、売買すると10年以上の刑務所暮らしになる。私服警官が絶えず監視しているということを肝に銘じておこう。

ACCESS

北ゴアのビーチはマプサMapusaからバスで所要20分〜1時間。南ゴアのビーチはマルガオからバスで所要10分〜1時間。パナジからの直通バスもある。

Hotel ホテル

ゴアのホテル料金はオンシーズンとオフシーズンでかなり変わってくる。ホテルによって多少異なるが、オンを10月1日〜6月15日、オフを6月16日〜9月30日としているところが多い。12月末のクリスマスは大変な混雑になるので料金がアップするところが多い。逆にオフは2〜3割ディスカウントされる。

フォンテインハス地区随一のヘリテージホテル
H パンジム・イン
パナジ ₹₹
Panjim Inn
MAP P.345-B1

🏠 E-212, 31st January Rd., Fontainhas, Panaji
☎ 0832-222-1122 🛏🆎🅂🐎 Rs6000〜12000
🆈 別 ADMV 🛜 別 ⌨ 37室
URL www.panjiminn.com

古い町並みを残す運河沿いのフォンテインハス地区の中にあって、ひときわ目立つ140年前の建築がここ。外観はクラシックだが、客室はきれいで、水回りも整備されているので、居心地は最高。スタッフも親切。インテリアもシックで趣があり、落ち着いた雰囲気。レストランもおすすめ。ホテルの向かいには同系列のギャラリーもある。

中心地にある政府系ホテル
H パンジム・レジデンシー
パナジ ₹₹
Panjim Residency
MAP P.345-B1

🏠 M. G. Rd. ☎ 0832-222-7103, 222-3396
🛏🆎🅂🐎 Rs4050〜5000 🆈 別 Card MV
🛜 ⌨ 45室 URL goa-tourism.com

美しいマンドヴィー川を見下ろせる部屋がおすすめ。充実した施設やサービスに加え、セキュリティもしっかりしているので安心。部屋もシンプルだがとてもきれいにしてあり、快適に過ごせる。

スタッフが親切で快適な中級ホテル
H アロマ
パナジ ₹₹
Hotel Aroma
MAP P.345-A1

🏠 Rua Cunha Riviera, Opp. Muncipal Garden, Panjim ☎ 0832-2228310, 967-310-7906
🛏🆎 Rs2650〜5500 🆈 別 Card MV
🛜 ⌨ 30室 ✉ hotelaroma@gmail.com

町の中心近くにある中級ホテル。ホテルに面した路地はやや雑然としているが、ホテルそのものは客室も廊下もとてもきれいに保たれていて、スタッフも親切。困りごとにも親身になって対応してくれる。2階のレストラン、Sizzling Chinaは本格的な中華料理を提供し、評判も高い。

雰囲気の落ち着いたブティックホテル
H オスペダリア・アブリーゴ・デ・ボテリョ
パナジ ₹₹
Hospedaria Abrigo de Botelho
MAP P.345-B1

🏠 HN 5/214, 1, 2 Rua de Natal, Fontainhas, Panaji
☎ 0832-2341084, 952-777-8884 🛏🆎🐎 Rs 3500〜5500 🆈 別 Card 不可 🛜 ⌨ 8室
URL hadbgoa.com ✉ reservations@hadbgoa.com

フォンテインハス地区にある、築150年の邸宅をリノベーションしたブティックホテル。木材がふんだんに使われたインテリアが心地よく、オーナーのボテリョ夫妻も親切で落ち着いた雰囲気。中庭もあって朝食をそこで取ることもできる。料金は朝食付き。

屋上テラスで朝食を
H アフォンソ・ゲストハウス
パナジ ₹₹
Afonso Guest House
MAP P.345-B1

🏠 Near St. Sebastian Chapel, Fontainhas
☎ 0832-222-2359, 976-430-0165
🛏🆎 Rs1900〜（ピークシーズン（11〜12月）はRs 3950〜） 🆈込 Card 不可 🛜 ⌨ 8室
URL afonsoguesthouse.com

フォンテインハス地区にある、200年前の建物を改築したきれいなホテル。屋上のテラスは色とりどりの花に囲まれていて美しい。その中で朝食を取ることもできる。ゆったりとステイできる宿だ。

古い家屋を利用した
H オールド・クオーター・ホステル
パナジ ₹
Old Quarter Hostel
MAP P.345-B1

🏠 5/146 Rua 31 de Janeiro ☎ 741-006-9108
🛏🐎 Rs907 🛏🐎 Rs2800 Card MV
⌨ 6室 URL thehostelcrowd.com/oldquarterhostel

バススタンドからも徒歩圏。古い町並みのフォンテインハス地区にある、落ち着いた雰囲気のホステル。ドミトリーでも朝食付きなのはありがたい。併設のカフェでおいしいコーヒーも飲める。レンタルバイクあり。

親切な一家が経営する快適宿
H ヴィラ・カトゥン・ゲストハウス
パナジ ₹
Villa Khatun Guesthouse
MAP P.345-A1外

🏠 House No.E-32, Opp. Cleona Chemist, Mala Portais ☎ 956-140-3653 🛏🆎 Rs1000 🛏🆎 Rs1200 🆈込 Card 不可 🛜 ⌨ 4室

パナジ市街から南へ約2km、静かなロケーションにある。建物は大きくはないが、部屋やバスルームは広めで使いやすく、とにかく清潔。

 ビーチ間を結ぶバスはあまりないので、バイクやスクーターをレンタルすると便利。レンタルにはパスポート、国際免許証が必要。近年は検問が多く、免許不携帯やヘルメット不着用を厳しく取り締まっているので注意が必要だ。

ベジタリアンが集う

[H]ビーン・ミー・アップ
ヴァガトール・ビーチ ₹₹

Bean Me Up

[MAP] P.349-A1

🏠1639/2 Deulvaddo, Anjuna-Vagator ☎776-909-5356 [扇]ⓈRs1000 ⓌRs1300 🛁ⓈRs1500 ⓌRs1800 🛁[A/C]ⓈRs2000 ⓌRs2300 [TAX]込 [Card]AMV [Wi-Fi] [室]15室 [URL]www.beanmeup.in

マプサからはPapa Houseのバス停で降り、徒歩2分。豆腐やテンペなど、健康にこだわったレストランを併設する宿。ゴアで最高のベジフードを楽しめる。サンドイッチRs400～、ブッダボウルRs450～。([R]🕒9:00～23:00、オフシーズンは10:00～22:00)

親切な一家が経営

[H]セント・アンソニーズ・ゲストハウス
アンジュナ・ビーチ ₹

St. Anthony's Guest House

[MAP] P.349-A1

🏠Soranto Waddo, (Near Starco Junction, Anjuna ☎0832-2273612 [扇]Ⓦ1000～1500、[A/C]Ⓦ1500～2000 [TAX]込 [Card]不可 [Wi-Fi] [室]10室 ✉ditosa2050@yahoo.com

家族経営のゲストハウス。部屋は特別豪華ではないが清潔で広く、サービスもきめ細やか。緑に囲まれてとても落ち着ける。

クリスチャンの家族が経営

[H]ディヴァイン・ゲストハウス
バガ・ビーチ ₹₹

Divine Guest House

[MAP] P.349-A1

🏠Near Baga Bridge, Baga, Calangute ☎976-993-2226 [扇]🛁[A/C]ⓌRs1650～3500 [TAX]込 [Card]不可 [Wi-Fi] [室]8室 [URL]www.indivinehome.com

ビーチ北端の川の向こう側。バススタンドからは川沿いを歩き、橋を渡った左側。家族経営で誰かが常に面倒を見てくれる。部屋はとても清潔に保たれており、全室お湯が出る。このゲストハウスの並びには手頃な料金で泊まれるホテルが建ち並んでいる。

豪華なリゾート体験を

[H]クラブ・マヒンドラ・アカシア・パームス
コルヴァ・ビーチ ₹₹₹

Club Mahindra Acacia Palms

[MAP] P.349-A2

🏠4th Ward, Colva ☎0832-272-2600、985-045-3138 [扇][A/C]ⓌRs6000～ [TAX]別 [Card]MV [Wi-Fi] [室]60室 [URL]clubmahindra.com ✉sybol.gomes@mahindraholidays.com

スイミングプール、キッズルームなど設備の整ったビーチ・リゾート。コルヴァ・ビーチにも歩いてすぐ。ビュッフェ形式の食事の評価も高い。金曜日の夜には生演奏もある。

Restaurant レストラン

ゴア料理は、ポルトガル料理の影響を受けているのが特徴。魚、エビ、貝などの魚介類や、ほかの地域ではほとんど食されない豚肉もよく使われる。ここでしか味わえないものも多いので、ぜひ一度トライしてみよう。

ボリュームたっぷりのターリーを

[R]リッツ・クラシック
ゴア料理 ₹₹

Ritz Classic

[MAP] P.345-B1

🏠1st Floor, Wagle Vision, 18th June Road, Panaji ☎726-400-0283 🕒11:00～23:00 [TAX]別 [Card]MV

カダムバ・バススタンドの奥にある、ゴア料理の有名店。ランチタイムにほぼ全員がオーダーするのがフィッシュターリーRs330。9種類のカレーに魚のフライなどが付く豪華なターリーだ。ディナータイムではボンベイ・ダックやサバ、イカや牡蠣などのシーフードをビンダルーをはじめ各種調理法で調理してくれる。ビールやフェニなど、アルコールの品揃えも豊富。こちらはエアコンの効いた高級店で、本店はパナジ教会の近くにあり、もう少し庶民的。

パナジでゴア料理といえばここ

[R]ビバ・パンジム
ゴア料理 ₹₹

Viva Panjim

[MAP] P.345-B1

🏠178, 31st January Road, Behind Mary Immaculate High School, Fontainhas, Panaji ☎0832-242-2405、985-047-1363 🕒12:00～16:30、19:00～23:00 [TAX]別 [Card]MV

フォンテインハス地区にあるゴア料理専門店。邸宅を改装した店構えはとてもおしゃれだが、気取らない雰囲気で入りやすい。観光客から地元の人たちまで人気が高い店。おすすめはザクティ。この店で飲むフェニは地元の人からも評判がよい。デザートのカスタードプディングもおいしい。

ヴァガトール・ビーチでおいしい日本食を

[R]サカナ
日本料理 ₹₹

Sakana

[MAP] P.349-A1

🏠Chapora Rd. Chapora, Vagator Beach ☎989-013-5502 🕒12:00～15:30、18:00～23:30 [TAX]別 [Card]MV

ヴァガトール・ビーチにある日本人女性オーナー・マリさんが経営する日本食レストラン。広々とした庭の中でおいしい和食が食べられる。メニューはうどんやシーフードをたっぷり使った寿司など豊富。日本人はもちろん、欧米人にも人気の高いレストランだ。

[i] コルヴァ・ビーチにある[R]Portofino [MAP]P.349-A2では魚介類を筆頭においしいゴア料理が食べられる。魚のレチャード(酸味と辛味を効かせたゴア名物)などがおすすめ。🕒12:00～16:00、16:30～24:30

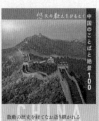
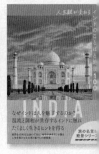

CENTRAL INDIA

中央インド

▶マディヤ・プラデーシュ州 Madhya Pradesh
▶チャッティースガル州 Chattisgarh

中央インドは、マディヤ・プラデーシュ州とチャッティスガール州の2州。もとはひとつの州だったこの地域は多様な少数民族が暮らすエリア。

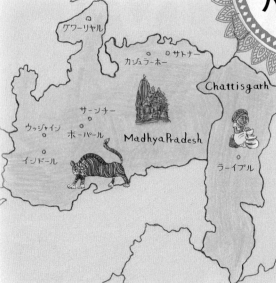

ケワーリヤル
サトナー
カジュラーホー
Chattisgarh
サーンチー
ウッジャイン
ホーパール
Madhya Pradesh
インドール
ラーイプル

1 Bhopal ボーパール

P.357

マディヤ・プラデーシュ州の州都。この町の最大の見どころがビームベトカーの岩陰遺跡。石器時代に描かれたプリミティブな岩絵が残る。

2 Orcha オルチャ

P.374

かつてバンデラ家の王国の都だった城塞都市オルチャ。現在も宮殿跡や寺院が保存状態よく残されている。観光客も多くなく静かな町だ。

3 Sanchi サーンチー

P.362

ボーパールの郊外にある小さな村。ほぼ完全な姿を残しているアショーカ王の仏塔をはじめ、数々の仏教建築を見ることができる。

4 Khajuraho カジュラーホー

P.378

寺院の外壁を埋め尽くす官能的な彫刻が有名なカジュラーホーの寺院群。残された25の寺院だけでも見応えは十分にあるはずだ。

中央インド・旅のモデルプラン

とにかく広い中央インドは、移動に時間がかかる。特にカジュラーホーは州都ボーパールから離れているため、ワラーナシーからのほうがアクセスがいい。ボーパールやサーンチーの観光と国立公園でのサファリを組み合わせるのもいいだろう。

プラン1

中央インドのハイライト8日間

1日目　空路デリーへ（デリー泊）
2日目　or ワラーナシーへ（ワラーナシー泊）
3日目　ワラーナシー観光（ワラーナシー泊）
4日目　or カジュラーホーへ（カジュラーホー泊）
5日目　カジュラーホー観光（カジュラーホー泊）
6日目　ボーパールへ（ボーパール泊）
7日目　ボーパール、サーンチー観光（ボーパール泊）
8日目　ボーパールからデリー経由で空路日本へ

カジュラーホーからアクセスのよいワラーナシーを観光ルートに組み込んだ中央インドのハイライトを巡る旅。カジュラーホーだけが見たいという人は、直通列車があるアーグラーやジャイプルへと向かうのもいいだろう。

中央インド エリアガイド

広大なインド中央高地に位置するこのエリアには、1万年以上前から人間が暮らしていた痕跡がビームベートカーの壁画からうかがえる。世界遺産に登録されているカジュラーホーの石窟寺院、仏跡サーンチーもここにある。またヒンドゥーの大祭クンブ・メーラーが開かれる聖地ウッジャイン、キップリングの『ジャングル・ブック』の舞台で野生のトラが生息するペンチ自然公園など、実は見どころも多い。「ゴンドワナ大陸」の語源となったゴンドをはじめとしたアーディワーシー（先住民族）も多く暮らす。

ベストシーズン　　10～2月

デカン高原の北に位置する中央インドは、北インド同様インドのなかでも最も寒暖差が激しい地域だ。4～6月の酷暑期は連日45℃を超え、激しい熱波に襲われることも。この時期に石窟寺院などを回るのは避けたほうがいいだろう。6月末からは雨季に入り、気温は下がるが、

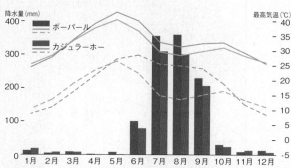

降りしきる雨のため相当不快な旅を強いられることになる。9月になると雨は落ち着いてきて、ここからがシーズンとなる。天気も安定していて、気温も快適だ。ただし12～1月は予想以上に冷え込むので注意しよう。動物公園でトラを見たいのであれば、3～6月が出合える可能性がいちばん高い。植物が枯れ見晴らしがよく、水場に動物が集まってくるためだ。

言 語　　ヒンディー語

マディヤ・プラデーシュ州とチャッティースガル州でおもに使われる言語はヒンディー語。カジュラーホーやサーンチーなど外国人観光客の多い場所では英語を解する人も多い。しかし、外国人旅行者の訪れない場所、つまり大部分の場所では英語も通じにくい。またアーディワーシー（先住民族）は、彼ら独自の言語を使っているが、ヒンディー語は通じる。ほかのエリアと比べると、英語が通じない場合が多く、ヒンディー語が話せないと、旅行が難しい場面もあるだろう。

おもな祝祭日・祭り
◎2028年：クンブ・メーラー（ウッジャイン）
◎2～3月：シヴァラートリ（パチマリー）
◎9～10月：ナヴァラートリ（ウッジャイン）
◎12月：タンセン音楽祭（グワーリヤル）

この地方最大の祭りは、ウッジャインで12年に一度だけ開催されるマハー・クンブ・メーラー。ヒンドゥー神話によれば、乳海攪拌によってできた不老不死のアムリタ（甘露）が入った壺（クンブ）を抱えたヴィシュヌが、空から地上の5ヵ所にそのしずくをこぼしたとされる。その1ヵ所が聖地ウッジャインで沐浴をする。直近では2016年に行われたので、次回開催は2028年の予定。ダシェラーはインド中で祝われるが、ジャグダルプルでは大きな山車が出て特に盛り上がる。

ン。インド中からおびただしい数のサドゥや信者が集まり、シプラ川で沐浴をする。直近では2016年に行われたので、次回開催は2028年の予定。ダシェラーはインド中で祝われるが、ジャグダルプルでは大きな山車が出て特に盛り上がる。

中央インドエリア

0   200km

ハリヤーナー / HARYANA
デリー / DELHI
ニューデリー / New Delhi
ウッタル・プラデーシュ / UTTAR PRADESH
アーグラー / Agra
ジャイプル / Jaipur
カーンプル / Kanpur
ラクナウ / Lucknow
ワラーナシー（バナーラス） / Varanasi (Banaras)
ビハール / BIHAR
ラージャスターン / RAJASTHAN
グワーリヤル / Gwalior
ガンジス河
ナムナー河
オルチャ / Orcha P.374
カジュラーホー / Khajuraho P.378
サトナ / Satna
ジャールカンド / JHARKHAND
サーンチー / Sanchi P.362
ウッジャイン / Ujjain P.373
マディヤ・プラデーシュ / MADHYA PRADESH
ヴィンディヤ山脈
ボーパール / Bhopal P.357
ナルマダー川
インドール / Indore P.366
チャッティースガル / CHATTISGARH
マンドゥ / Mandu P.368
マヘシュワール / Maheshwar P.372
ラーイプル / Raipur
ジャルガオン / Jalgaon
デカン高原
オディシャ / ODISHA
アウランガーバード / Aurangabad
マハーラーシュトラ / MAHARASHTRA
テランガーナ / TELANGANA
プネー（プーナ） / Pune (Poona)
ヴィシャーカパトナム / Visakhapatnam
ハイデラバード / Hyderabad
カルナータカ / KARNATAKA
アーンドラ・プラデーシュ / ANDHRA PRADESH

マディヤ・プラデーシュ州 Madhya Pradesh

インド中央部に位置する広大な州。先史時代の壁画からマハーラージャの宮殿まで、インド史のあらゆる建造物が残されている。観光客にとって最もなじみがあるのが、官能的な彫刻で知られるカジュラーホーだろう。

チャッティースガル州 Chhattisgarh

2000年にマディヤ・プラデーシュ州より分離してできた比較的新しい州。独自の文化を守るアーディワーシー（先住民族）が多く暮らす。村々ではハートと呼ばれる市場が開かれ、優れた工芸品の産地としても知られる。

安全情報 マオイストの動向に注意を

チャッティースガル州の辺境地帯は発展が遅れており、共産主義を掲げる毛沢東主義者（マオイスト）の武装集団ナクサライトが活動している。2013年、2014年と政治家や警察を襲撃する事件も起きており、州境を接するオディシャ州では外国人誘拐事件も発生している。外務省からは「不要不急の渡航は止めてください」とレベル2の注意喚起が出ている。

Madya Pradesh
マディヤ・プラデーシュ州
Bhopal
ボーパール

ボーパール

アッパー・レイクは市民の憩いの場

標高527m、大小ふたつの湖のほとりに広がるマディヤ・プラデーシュ州の州都。18世紀以降、インド独立までボーパール藩王国の都として発展した。ユニークなのはその間に、4人の女性の藩王がいたことだ。市内の見どころは多くはないが、郊外には仏教遺跡サーンチーとビームベートカーの岩陰遺跡というふたつの世界遺産があり、それらに行く起点となる町でもある。

この町の名はまた、1984年12月3日に起こった事故のために、40年近くたった今でも「悪夢」として多くの人々に記憶されている。ユニオン・カーバイド社の化学工場から漏れ出した有毒ガスのために2万人を超える死者を出した、史上類のない大規模なガス漏れ事故だ。土壌汚染、訴訟問題など、いまだ未解決の問題が残されているが、旅行者が一時的に滞在するぶんには特に問題はない。

◀── ボーパールの歩き方 ──▶

町は大きく、湖の北側に広がる旧市街と、湖の南の新市街に大きく分かれている。町の人口の40%を占めるイスラーム教徒の多くは、この旧市街に暮らしている。旧市街の東側には駅やバススタンドがあり、短期の滞在なら両者を結ぶ**ハミディア通りHamidia Rd.**付近のホテルに泊まるのが便利だろう。ただしこのあたりは、交通量が多くて騒々しいのが難だ。旧市街には古い城壁やモスク、廟などが点在しており、ふいに古い城壁が目の前に姿を現したりするなど、町歩きも楽しめる。

市内には**アッパー・レイクUpper Lake**と**ロウアー・レイクLower Lake**というふたつの湖があるが、市民の憩いの場となっているのが、西側にあるアッパー・レイク。州が運営するボートハウスには遊覧船が発着し、ペダルボートなどもあり、休日には大勢の市民でにぎわう。

ボーパールの市外局番
0755

ボーパールの人口
約237万人

ACCESS

飛行機
デリーからエア・インディアとインディゴが毎日各2〜3便、所要1時間20〜30分。ムンバイーからはエア・インディアとインディゴが毎日各1〜2便、約1時間30分。
ボーパール空港から町の中心部までは16km。市内まではオートリクシャー（約Rs300）かタクシー（約Rs500）で。

鉄道
ニューデリー駅6:00発の12002 Bhopal Shatabdiで14:07ボーパール駅着。ムンバイーCST駅8:25発の12534 Pushpak Expressで21:10ボーパール駅着。インドールから急行（1日7〜9便）で所要4時間〜5時間。

バス
市内にはふたつの主要なバススタンドがある。ハミディア通りに近いナドラNadraバススタンド（地図P.359-B1）からはサーンチー行きバスが、ニュー・マーケットの5km東に位置するISBTからは、ムンバイー行きのデラックスバスなどが出ている。ウッジャインから所要約5時間。インドールから30分おき、約5時間。

 アッパー・レイクでくつろぐなら、ボートハウス向かいの坂を少し上った所にある建物の**R Cafe Coffee Day**（地図P.359-A2）がおすすめ。店内席からは湖が見えないが、テラスに出れば湖がバッチリ見える。

アッパー・レイクの南側にある**シャムラー・ヒルShamla Hill**は、閑静な住宅やホテル、政府の施設などが多いエリア。丘に登る途中にあるモダンな建物の**バーラト・バワンBharat Bhawan**は、コンサートや演劇などが行われる文化センターだ。丘の上には充実した展示の州立博物館や民族博物館がある。新市街の中心は、丘の下にあるニュー・マーケット。特に夕方から夜早くにかけて、買い物客でにぎわう。

旧市街には古い建物や門が残っている

ボーパールのおもな見どころ

充実した展示のミュージアム　　　　　　MAP P.359-A2

州立博物館　State Museum

エントランスホールに展示されている、州の内外から発掘された神々のブロンズ像や石像にはいいものが多い。2階には、ボーパール藩王国時代以降のマディヤ・プラデーシュの歴史についての説明、代々の藩王の肖像画や書簡、書類のコピーなどが展示されている。ほかには古いコインやターバン、切手、印章、陶器などが部屋ごとに展示されている。

展示内容も充実し、見応えのある博物館

インドの少数民族について理解を深める　　MAP P.359-A2

民族博物館　Tribal Museum

州立博物館の隣に2013年に開館。マディヤ・プラデーシュ州の7つの少数民族の暮らしや文化、習慣などを5つのギャラリーにて模型などで展示している。展示は非常にモダンで、まるで美術館のよう。夜まで開いているのもうれしい。

民族衣装や手工芸品を展示　　　　　　　MAP P.359-A2

ラシュトリヤ・マナーヴ・サングラハラヤ　Rashtriya Manav Sangrahalaya

シャムラー・ヒルの広大な敷地に広がる民俗村。上記の民族博物館と趣旨は似ているが、こちらはインド全体の少数民族についての工芸品や生活用品を展示、紹介している。

 ハミディア通り付近でお酒の飲めるレストランは限られるが、**H**Surya（P.359-B1）のレストランでは大丈夫。ビールやウイスキーが飲める。ただしやはり店内は薄暗い。

ボーパール
BHHOPAL

0　250　500m

旧市街

ハミディア通り
Hamidia Rd.

サーンチーへ
Chartered Bus
（デラックスバスの
チケット販売）

ナドラ・バススタンド
（サーンチー、
ビームベートカー方面）

Regency H

ボーパール駅
Bhopal
Junction R.S.

Manohar R
P.361

RnB Bhopal H
P.361

Surya H

Bhopal Gate

Main Rd.

● タージウル・マスジッド
Taj-ul Masjid
P.359

AZAD BAZAAR

Hamidia Hospital

Gandhi Medical College ●
Dost Mohammad Khan Tomb ●

● ジャマー・マスジッド
Jama masjid

VIP Rd.

Hot Spot R

Pal Bogda Rd.

Sultania Rd.

Indian Tea House R
Gauhar Mahal ●
Moti Masjid

Chiklod Rd.

アッパー・レイク
Upper Lake

● Kamla Park

ロウアー・レイク
Lower Lake

バーラト・バワン
Bharat Bhawan
P.358

Jahangirabad Rd.

Shah Ali Shah Island

R Tea Pot

Lake View Rd.

Lake View Residency
H P.361

Jail Rd.

Boat Club

Zauq R
入口
Wind And Waves

Cafe Coffee
Day

State Bank ATM

Kamla Park Rd.

Rajbhavan Rd.

ハビブガンジ駅、ISBTへ

Jehan Numa Palace
P.361

Shyamla Hills Rd.

シャムラー・ヒル
SHAMLA HILL

州立博物館
State Museum
P.358

ニューマーケット
New Market

ラシュトリヤ・マナーヴ・
サングラハラヤ
● Rashtriya Manav
Sangrahalaya
P.358

● 民族博物館
Tribal Museum
P.358

新市街

Bhadbhada Rd.

Main Rd.

ISBT（4km）へ

入口

● マディヤ・プラデーシュ州
政府観光開発公団 P.358

ISBT（4km）へ

インド有数の規模を誇るモスク
タージウル・マスジッド　Taj-ul Masjid

MAP P.359-A1

旧市街のシンボルともいえる大きなモスク。ボーパール藩王国の3番目の女王となったシャージャハーン・ベグムが、デリーのジャマー・マスジッドに匹敵するような大きなモスクを建てようと1877年に建設を始めた。しかし1901年の彼女の死によって建設は中断。以降は断続的に建設が進められ、最終的に完成したのは1985年だった。

モスクの建物は3つのドームと八角形のふたつのミナレットをもち、ピンク色の岩で造られている。広い前庭があり、手足を清める池がある。

近くで見るとかなり大きなモスクだ

タージウル・マスジッド
● 6:00〜18:00
⑪ 金12:00〜15:00は非イスラーム教徒の入場不可。
⑫ 無料

タージウル・マスジッドの東側は病院やマーケットが連なり、人も多いにぎやかなエリア。病院の敷地内にかつての霊廟があるなど古い建築物も残っており、時間があったら散策してみるのもいい。

359

ビームベートカーの岩陰遺跡
⏰7:00～18:00
㊊Rs600
※別途駐車料金がかかる
オートリクシャー Rs100
車 Rs200
⊗岩陰遺跡は幹線道路から3km離れた丘の上にあり、ボーパールで車かオートリクシャーをチャーターして行くのが一般的。マディヤ・プラデーシュ州観光局では、途中のボージプルにあるボージシュワール寺院の観光と合わせ車のチャーターがRs2000～3500。市内のタクシー会社で頼むと、ビームベートカーだけなら往復でRs1500～。片道約1時間。

HINT

ビームベートカーの食事

ビームベートカーの丘の上には食堂や売店はないので、暑い日中は飲み物を忘れないように。いちばん近いレストランは、3km離れた幹線道路へ出る所にある Ⓡ Highway Treat Bhimbetka [☎0748-028-1558 ⏰8:00～22:00]。宿泊もできる。

世界遺産にも登録された岩絵

ビームベートカーの岩陰遺跡 Rock Shelters of Bhimbetka

MAP P.361

ボーパールの南46kmの丘の上にある大岩の岩陰には、1万年ほど前の石器時代から紀元後の歴史時代にいたるまでに描かれた、数百に及ぶ岩絵が残っている。

これらの岩絵は地元では古くから知られていたが、公式な記録に登場するのは1888年のこと。しかしその後もこの岩絵群は、長い間忘れられた状態だった。1950年代に入り、ようやく狩猟や家畜を描いた内容から、フランスのラスコー洞窟の壁画やオーストラリアのカカドゥ国立公園の岩絵との関連が話題になり、注目されるようになる。

こうした岩陰に壁画が残っている（第4窟）

岩絵が描かれているのは、自然の浸食でちょうど屋根を架けるように岩山の上部が張り出している所（岩陰）。降雨や強い日差しを避けられることから、石器人たちが住居として利用していた岩陰だ。石器人たちはそこに住むうちに、自分たちの生活や宗教的な儀式などを岩壁に残すようになったのだろう。

絵の具は植物や獣脂などで作られたが、時代によって描かれる内容も変わり、使われる色も変化していった。古いものにさらに上書きされているものもあり、なかにはひとつの岩壁に異なる時代の絵が幾層にも重なっている所もある。

石器時代の岩絵は、ラスコーやアルタミラを彷彿とさせるおびただしい牛の群れや、トラやバッファロー、サイなどを弓矢や槍を使って狩りをする様子、楽器演奏や踊り、埋葬の様子などが描かれている。稚拙なものから躍動感あふれる描写まで、スタイルもさまざまだ。

歴史時代に入ると、リーダーらしき人物に率いられて騎馬で戦闘に臨む人々を描いたものもあり、なかにはゾウにまたがって戦う者の姿も見える。

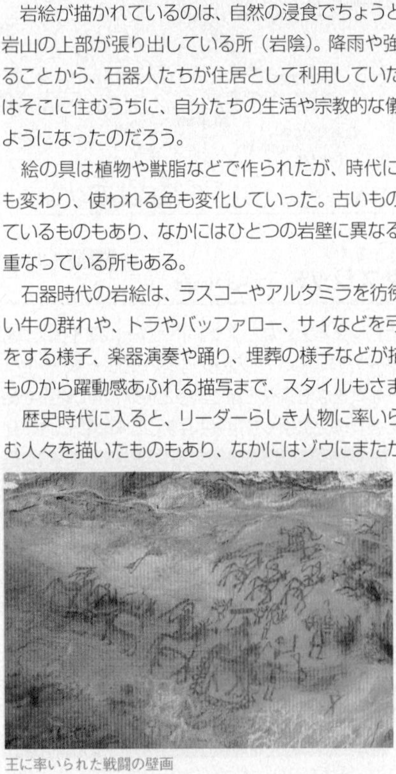
王に率いられた戦闘の壁画

あまり知られていないが、インドにはこうした岩絵が数多くあるという。ビームベートカーの岩陰遺跡は、2003年にユネスコの世界文化遺産に登録された。

ⓘ 駅前のハミディア通りのホテルはSonali、Ranjeet、FabHotel、Regency、Shivalik Goldなど、Rs1000前後の宿が多い。ただしホテル付属以外のレストランが少ないのが難。

インドでは珍しい形の寺院がある
ボージプル　Bhojpur

ボージシュワール寺院
- 6:00～19:00
- 月
- Rs10

　ボーパールの南東32kmに、ボーパールを建設したラージャ・ボージャデーヴァRaja Bhojadevaが11世紀に建設した、シヴァ寺院の**ボージシュワール寺院 Bhojeshwar Temple**がある。建物はインドでは珍しい箱形で、ヒンドゥー寺院には見えない。内部は4本の大きな石柱が天井を支え、中央には巨大なシヴァリンガが祀られている。インド考古学局が選んだ国家重要建築物として登録されている。

ボージシュワール寺院内にある大きなリンガ

ボーパール周辺図

ヘリオドロスの柱 P.365
Berasia　Heliodorus Pillar P.365
ウダイギリ Udayagiri P.365
サーンチー Sanchi
サーンチーのストゥーパ群
Sanchi Stupas P.363
ヴィディシャー Vidisha P.365
Raisen
Mana
ボーパール Bhopal P.357
ボージプル Bhojpur P.361
ビームベートカーの岩陰遺跡
Rock Shelters of Bhimbetka P.360
Obaidullaganj
Gouharganj
0　10km

　州都だけあり、安宿から高級ホテルまでバリエーションは豊富。手頃な安宿～中級ホテルは駅やバススタンドに近いハミディア通りやその周辺に多い。

裏通りにあり静か
H RnB ボーパール
RnB Bhopal

駅周辺　₹₹
MAP　P.359-B1

- 3 Hamidia Rd.　☎ 0755-274-0880
- ⌂🛁🚿Ⓢ🅿 Rs1499　別　MV
- WiFi　35室

部屋はやや殺風景だが、24時間ホットシャワーも出るし、清潔に保たれている。部屋によってはバルコニーもある。24時間制。

人気のヘリテージホテル
H ジャハーン・ヌマ・パレス
Jehan Numa Palace

新市街　₹₹₹
MAP　P.359-A2

- 157 Shamla Hill　☎ 0755-266-1100
- ⌂🛁🚿Ⓢ🅿 Rs7500～　別　AMV
- WiFi　100室　URL www.jehannuma.com

閑静な住宅街のシャムラー・ヒルにある。1890年に藩王の家族のために建てられた邸宅を改修したヘリテージホテル。レストランやバー、プール、スパなど施設が充実しており、宿泊客以外でも食事に訪れる人が多い。

湖を望む部屋に滞在
H レイク・ビュー・レジデンシー
Lake View Residency

新市街　₹₹
MAP　P.359-A2

- Shamla Hills　☎ 0755-266-0090～5
- ⌂🛁🚿Ⓢ🅿 Rs3240～5799
- 別　MV　WiFi　43室
- URL mpstdc.com/accommodation/Bhopal

アッパー・レイクを見下ろす丘の上にあり、ほとんどの客室が湖側でバルコニー付きという眺めのいいホテル。ツアー客がよく泊まっており、屋外プール、スパ、ジム、レストランなど施設も充実している。朝食付き。

人気のファミレス風レストラン
R マノハール
Manohar

南インド　₹
MAP　P.359-B1

- 5 Hamidia Rd.　☎ 0755-274-0454
- 🕐 8:00～23:00　別　不可
- URL manohardairy.com

旅行者向けのレストランが少ない駅近エリアでは重宝する店。店内は明るく、女性や家族連れが多い。マサーラー・ドーサー Rs98、ミニ・ミールス Rs150など、南インド料理のほか、スナック類や中華料理を味わえる。料理はベジタリアンメニューのみ。

ⓘ　R Indian Tea House（MAP P.359-B1）は、フルーツや紅茶を使った飲み物や軽食が楽しめるスタンド風の店。プラスチックの小さな椅子が屋外に並ぶのみだが、19世紀の宮殿とアッパー・レイクに挟まれたロケーションがよく、夜遅くまでインド人でにぎわっている。

サーンチー

ACCESS

バス＆鉄道
最寄りの大きな町はボーパール。サーンチーへはボーパールのナドラ・バススタンド（地図P.359-B1）から日中30分おきに出ているヴィディシャー行きに乗り、所要約1時間30分。バスは幹線道路沿いの遺跡入口に停車する。鉄道の場合、サーンチーの駅はほとんどの急行列車が通過してしまうので、隣駅のヴィディシャーで下車し、各駅停車の普通列車かボーパール行きのバスに乗り換え、少し戻る。また、ボーパール発の普通列車（1日4便）もサーンチーに停車する（所要約40分）。

HINT

ボーパールからの車チャーター料金
ボーパールのホテルでタクシーをチャーターした場合、車種により、サーンチー観光がRs1900〜2100、ヴィディシャーのウダイギリも入れるとRs2100〜2250。
滞在していたホテルで、車の手配はサーンチー、ウダイギリ、ビームベートカー、ボージプルの4ヵ所を1日で回りRs2500と言われました。時間がない人にいいかもしれません。
（四日市市 Katsura '18）

サーンチーは、マディヤ・プラデーシュ州の中央、州都ボーパールの46km北東にある小さな村。アショーカ王のストゥーパ（仏塔）がほぼ完全な姿を残しているため、仏跡のひとつとして知られている（ブッダは訪れていないが……）。

広々と草地になった、なだらかな丘の上に、2000年以上経た大ストゥーパがその穏やかな姿を見せている。牛たちは黙々と草を食み、穏やかな風が木の葉を揺すって通り過ぎる。この静けさはいったい何だろう？

ブッダを慕ってストゥーパを建て、それを礼拝してきた人々の思いのゆえか、ブッダその人の教えの感化か、ここサーンチーは比類なく平和な「気」に満ちている。ここに立てば「仏国土」という言葉が頭に浮かぶ。仏国土はほかのどこでもない、この地上にあり得るのだと実感できるような所だ。

ここはまた、インドの仏教遺跡として非常に重要な所であり、大ストゥーパなど数々の仏教建造物が1989年に世界遺産に登録されている。

西側から大ストゥーパ第1塔を見る

サーンチーの歩き方

村の中心は、駅とボーパール〜ヴィディシャーを結ぶ幹線道路の間にある小さなバザール付近。バザールに隣接して、今は近郊への乗合トラックが発着するだけの旧バススタンドがある。駅からなら幹線道路までは徒歩5分。バスが停車する十字路を越し、3分ほど歩くと遺跡のチケット売り場に出る。村にある宿は3軒のみ。日中はバススタンド付近の食堂も開いているが、夜はホテルのレストランを利用するしかないだろう。

遺跡を訪れるなら気温が40℃以上にもなる酷暑期を避け、7月から3月にかけてがいい。インド人の観光客は、暑い時期は日中を避けて、17時頃に訪れている。

サーンチーから10kmほど離れたヴィディシャーには、紀元前2世紀のブラフマー寺院跡やヘリオドロスの柱、グプタ朝時代のウダイギリ石窟寺院などの見どころがある。

 北インドでは12月末から1月初旬にかけて連日濃霧が発生。道路のあちこちで交通事故を起こし大破した車が転がっている。列車や国内線のスケジュールの遅れや欠航は日常茶飯事なので、余裕をもってスケジュールを組もう。

サーンチーのおもな見どころ

大ストゥーパ 第1塔（大塔）Great Stupa

アショーカ王が創建した

`MAP` P.363

サーンチーの遺跡の中心にあるひときわ大きな半球形のストゥーパで、高さ約100mの丘の上に建てられた3つのストゥーパ（仏塔。卒塔婆の語源）のひとつ。紀元前3世紀にアショーカ王が建立したれんが積みの塔がもとで、これを覆うように紀元前2世紀〜紀元後1世紀頃に拡張し完成した。特に塔門の精緻な浮き彫りが有名で、2000年前の人々の情熱を今にとどめている。直径37m、高さ16m。1989年、遺跡全体が世界遺産に登録された。

トーラナ（塔門）

大ストゥーパを囲む四方の塔門（トーラナ）は、聖俗の境界を示す標識。日本の鳥居の起源であるとされる。本来の木組みの門をそのまま石で再現した造形を特徴としており、その見事な彫刻で有名だ。3本の横梁と2本の柱にはブッダの生涯、また前世の物語が細かく彫られているが、ブッダを直接描くことを避け、仏足跡や玉座、法輪、菩提樹などで表し、人間の姿では表現されない。見上げると、豊かな姿態の天女が、横に渡した石材を支えている。

東の塔門と大塔を見る

4つの塔門はいずれも内部への動線を鍵状に曲げることで、外から内側が見えにくい配慮がされている。ストゥーパ全体を上から見ると中央を占める円形の覆鉢に卍を重ねたデザインとなる。

遶道（にょうどう）

「遶道（にょうどう）」と呼ばれる回廊

ストゥーパを俗界と隔てるために設けられた垣根である欄楯（らんじゅん）と中心の覆鉢との間に設けられた回廊。俗世間よりもわずかにブッダの覚りの境地に近づいた空間で、浄性が高いとされる人体の右側を中心に向け、時計回りにお参りするのが作法。

覆鉢（ふくはち）

ドーム状の覆鉢。仏陀の遺骨（舎利）を埋納する墓であるとともに、入口のない構造がブッダのみが到達した覚りの境地を表しているという。俗人はその境地（覆鉢の中心部）に近づくことができても、実際にそこにたどり着くことはできない。

ストゥーパ群

🕐 日の出〜日没
💰 Rs600（考古学博物館と共通）
※チケットは考古学博物館前の入場券売り場で購入

HINT

第1塔の彫刻のモチーフ

東塔門：中段に父王の城を去るブッダ。またブッダを身ごもり不思議な夢を見る母マーヤー夫人。
西塔門：サールナートにおける最初の説法など。
北塔門：てっぺんはブッダが説いた真理を表す法輪。柱にはブッダの示した奇跡、また菩提樹下の瞑想の場面もある。この門の彫刻が最も優れているとされる。
南塔門：ブッダの誕生。母マーヤー夫人がハスの花の脇に立つ姿で表現されている。アショーカ王の石柱先端部分は考古学博物館に展示されている。第51僧院を通って第2塔までは丘から少し下る。欄に施されたレリーフは多様でそれぞれの意味合いを考えながら見ると興味深い。

↑考古学博物館 P.364へ

売店
ヴィハーラ寺院
トイレ
事務所
売店
ストゥーパ第3塔 P.364
第51僧院（約500m）
ストゥーパ第2塔 P.364
北の塔門
大ストゥーパ第1塔 P.363（大塔）
西の塔門
アショーカ王の石柱 P.364
第17寺院
第45・47僧院
第18寺院
第36僧院
第40寺院
第8建造物
第37僧院
第38僧院

N

0　　50m

第1塔のすぐ脇にある小さな仏塔
ストゥーパ 第3塔 Stupa 3

MAP P.363

紀元前2世紀に建てられたこの仏塔には、ブッダの高弟として知られる舎利弗Sariputraと目犍連Mahamogallanaの遺骨が納められていた。現在この遺骨はヴィハーラ寺院Vihara Templeの奥に大切に祀られている。

第1塔をひと回り小さくした第3塔

丘のふちに建っている
ストゥーパ 第2塔 Stupa 2

MAP P.363 外

大塔から少し離れた場所にある第2塔

第1塔から西へ500mほど斜面を下った所に、ひとつだけ離れてあるこのストゥーパは、紀元前2世紀に建てられたもの。塔上部の傘蓋は失われているものの、ほかの部分はほぼ復元されており、特にレリーフが施された柵は見もの。

仏教の重要な聖地には必ずある
アショーカ王の石柱 Ashoka Pillar

MAP P.363

北インドを中心にインド各地に残るアショーカ王の石柱は、仏教の聖地の所在を示し、また聖地を目指す巡礼のための道しるべにもなったもの。サーンチーのアショーカ王の石柱は第1塔南塔門のすぐ外にあるが、磨き上げられた表面は今もつややかで、2200年の時の経過を感じさせない。

柱頭部分は考古学博物館に展示されている

考古学博物館
🕘 9:00～17:00
🈺 金
🎫 Rs600(ストゥーパ群と共通)
※館内撮影禁止

サーンチーからの発掘品を展示
考古学博物館 Archaeological Survey of India Museum

MAP P.363 外

遺跡のある丘上に行く途中にある博物館

遺跡がある丘の麓にある。サーンチーで発掘されたさまざまな出土品が展示されている小さな博物館で、仏像などの石像を多く展示している。アショーカ王の石柱のライオンが背中合わせに並んだ獅子柱頭(紀元前3世紀)が目玉。遺跡発掘当時の古い写真なども興味深い。

サーンチーの村には食事するところが少ない。ボーパールで食べてから来るか、昼間は考古学博物館近くにあるMPツーリズムのカフェテリアなどで食事ができる。

遺跡が点在する
ヴィディシャー　Vidisha

MAP P.361

　ヴィディシャーはサーンチーの北東8kmにある小さな町だが、アショーカ王の第一夫人であるデーヴィがこの町の商人の娘といわれているように古くから交易の町として知られていた。その後もグプタ朝の時代にいたるまで交易の町として栄えたが、13世紀に奴隷王朝の侵略を受け、多くの寺院が破壊された。町なかに博物館があるほか、周辺にもいくつかの見どころがある。

ウダイギリ　Udaigiri

　ヴィディシャーの北西5kmにある岩の丘ウダイギリには、グプタ朝時代の4世紀前後に彫られた20余りの石窟がある。シヴァの顔が浮き彫りされたシヴァリンガや、イノシシの頭をもったヴィシュヌの化身のヴァラーハ神の浮き彫りなどが見どころだ。

高低差のある岩の壁に石窟が造られている

ヘリオドロスの柱　Heliodorus Pillar

　地元では「カーンバ・バーバKhamba Baba」とも呼ばれる柱。これは紀元前110年頃にバクトリア地方（現在のアフガニスタンやイラン北部）を治めていたグレコ・バクトリア王国（ギリシア人が支配層だった）の使節として、この地方のシュンガ朝にやってきたギリシア人ヘリオドロスによって建てられたもの。

ビジャ・マンデル　Bija Mandal

　パラマーラ朝時代の11世紀に建造が始まった寺院だが、完成することはなかった。後にその建材を使ってムガル皇帝アウラングゼーブが17世紀にモスクを建てるが、これも廃墟と化している。

HINT

ヴィディシャーの観光をするなら
見どころは離れているので、オートリクシャーなどをチャーターして回るのが一般的。ヴィディシャーでチャーターすると所要約2時間でRs200、サーンチーからだと約3時間で、Rs400程度。

ウダイギリ
MAP P.361
● 日の出～日没
無料

ヘリオドロスの柱
MAP P.361
● 日の出～日没
無料

のどかな村の一角にある柱

ビジャ・マンデル
● 10:30～18:00
日
無料

Hotel　ホテル

周囲はのんびりした田舎
H サンボーディー
Hotel Sambodhi
村外れ ₹₹

🏠 Bhopal-Vidisha Rd.　☎ 930-058-5692
Ⓢ Rs4999～6999 ⑩ Rs5999～7999
別　MV
公共エリアのみ　25室

ボーパールからサーンチーへ向かう幹線道路沿い、バスが停車する十字路の1.5km手前にあるホテル。レストランを併設し、スタッフも親切。朝食付き。Wi-Fiはつながらないことも多い。

清潔で快適に過ごせる
H ゲートウエイ・リトリート
Gateway Retreat
村の中 ₹₹

🏠 Near Bus Stand　☎ 07482-26-6723
Ⓢ Rs2788～5090 別
MV　公共エリアのみ
26室　www.mpstdc.com

州政府経営の宿舎で、駅前の交差点を右折し徒歩2分の所にある。ホットシャワーOK。広々とした庭と屋外プールがある。レストラン、バーは宿泊客以外も利用可。朝食付き。

宿泊施設が少ないサーンチー。田舎の村なので夜には真っ暗になり、食事をするところも見つけにくい。村には安宿もあるが、宿の人間がいないことも。のんびりできるが、ボーパールからの日帰りが無難だ。

インドール

インドールの市外局番
0731

インドールの人口
約196万人

飛行機
デリーからインディゴが毎日4便、エア・インディア、ヴィスタラが毎日各1〜2便、所要約1時間30分。そのほかにも、ムンバイー、ハイダラーバードなどからの便がある。空港は市の中心から9kmほど西にあり、プリペイド・タクシーで約30分、Rs400。

鉄 道
デリーから急行(1日2〜3便)で所要11時間30分〜17時間。ボーパールから急行(1日3〜5便)で4〜6時間。アーメダバードから急行(1日2便)で約11時間。ウダイプルから急行(1日1便)で約10時間30分。ムンバイー・セントラル駅から急行(1日2便)で所要12〜14時間。

バ ス
市内にはふたつの長距離バススタンドがある。メインのバススタンドは、駅から南に400mの所にあるサルワテSarwateバススタンド。ボーパールから30分おき、所要約5時間、ウッジャインから20分おき、約2時間。マヘシュワールからはダームノッドDhamnod乗り継ぎで、合わせて所要約3時間。マンドゥからはダールDhar乗り継ぎで、西へ数km離れたガンゴールGangwalバススタンドに着く。約3時間。両バススタンド間は、オートリクシャーで15分、Rs60ほど。

ラージワーダ
🗺 P.367-A1
🕐 10:00〜17:00
🚫 月、祝
💰 Rs250
※カメラ持込料Rs25、ビデオ持込料Rs100
内部にはほとんど何もなく、入場料が高いわりにはたいしたものはない。

州都ボーパールに次ぐ人口の、マディヤ・プラデーシュ州第2の都市。ボーパールが政治の都なのに対して、こちらはビジネスの都といわれている。インドールは、マラーター同盟の指導者のひとりであったマルハール・ラーオ・ホルカールによって1731年に開かれたホルカール王国(後に藩王国)の都として、発展してきた。1767〜1818年にマヘシュワールに都が遷されていた時期もあるが、その間はイギリス軍の駐屯地になっていたこともあり、その後再び、都に返り咲く。

町自体にあまり見るべきものはないが、マンドゥやウッジャインなど周辺へのアクセスの起点となる都市だ。インドのハードな旅のなかでひと息つける場所だろう。

マハーラージャの宮殿だったラージワーダ。手前の像は女性君主のアヒルヤーバーイ

インドールの歩き方

駅を出て南に歩き、陸橋を越えると7〜8分でインドールのメイン・バススタンドである**サルワテ・バススタンドSarwate Bus Stand**に着く。安いホテルを探すなら、この周辺だ。快適な中級ホテルを探すなら、ここから500mほど東のRNTマールグのあたり。

駅のすぐ北側にあるコロニアル風の印象的な建物は、**ガーンディー・ホールGandhi Hall**。1904年にインド=ゴシック様式で「エドワード王タウンホール」として建てられたが、独立後の1948年に現在の名前に変

ガーンディー・ホールは外観のみ見学可

えられた。ここから1kmほど西へ向かうと、1749年にマハーラージャのマルハール・ラーオ・ホルカールによって建てられた宮殿**ラージワーダRajwada**に着く。旧市街の中心部の広場に面し、マラーター、ムガル、西欧などの建築様式を取り入れた、7階建ての姿が印象的な建物だ。

ⓘ 巨大なガネーシャ像があるバダ・ガナパティ寺院Bada Ganapati Temple (🗺P.367-A1外) は、インドールの人気スポット。また、旧市街にはジャイナ教寺院が多く、なかでもカーンチ寺院やアーディナート寺院は宮殿のように美しい。

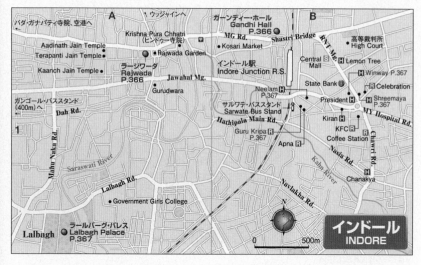

少し離れているが、町の西南の公園の中に、1886年から1921年にかけてホルカー朝の代々の君主によってバッキンガム宮殿を模して造られた**ラールバーグ・パレスLalbagh Palace**がある。1978年まで王族が暮らしていたこのヨーロッパ風の建物の中には、会議室、応接室、ダンスホールなどがある。ただしメンテナンスが悪く、壁が汚れたりしていて豪華な感じがしないのが残念だ。

ラールバーグ・パレス
🗺 P.367-A1
🕐 10:00～17:00
休 月、祝
料 Rs250
館内の写真撮影は不可。ラージワーダからオートリクシャーでRs80ほど。

Hotel & Restaurant ホテル&レストラン

バススタンド近くの安宿
Ⓗニーラム
Neelam
バススタンドそば ₹
MAP P.367-B1

🏠 33/2 Patel Bridge Corner
☎ 0731-246-6001
🛏Ⓢ Rs575～650 🛏Ⓢ Rs775～850 🛏ⒶⓈ Rs875
🛏Ⓢ Rs1075
税 別 Card AMV WiFi 室 35室

バススタンドから北側の陸橋を目指して歩き、陸橋脇の小道に入った所にある。バススタンド近くにも宿はあるが、少し離れたほうが静か。24時間制。

モダンなビジネスホテル
Ⓗウィンウエイ
Winway
RNT Mg. ₹₹
MAP P.367-B1

🏠 164/1 RNT Mg. ☎ 0731-661-1111
🛏🛏Ⓢ Rs2799～ 🛏 Rs3299～ 税 別
Card ADJMV WiFi 室 38室
URL hotelwinway.com

中級ホテルが固まっているエリアにあるホテル。部屋はきれいで、ビジネスにも観光にも快適に滞在できる。湯沸かしポットや冷蔵庫も各部屋に完備。

老舗の大きな中級ホテル
Ⓗシュリーマヤ
Shreemaya
RNT Mg. ₹₹
MAP P.367-B1

🏠 12 RNT Mg.
☎ 0731-423-4888
🛏🛏Ⓢ Rs3500～4250 🛏 Rs4550～5250
税 別 Card AMV WiFi 無料 室 64室
URL shreemaya.com

ビジネス客が多いので、各部屋には仕事用の机があるほか、冷蔵庫やコーヒーメーカー、セーフティボックスもあり快適に過ごせる。直接予約すれば空港への無料送迎あり。朝食付き。

地元の人が絶賛する人気店
Ⓡグル・クリパ
Guru Kripa
北インド料理 ₹₹
MAP P.367-B1

🏠 Opp. Sarwate Bus Stand ☎ 0731-246-5080
🕐 10:00～翌0:00 税 別 Card MV

バススタンド近くにある人気のベジレストラン。英語の看板はないが、行列ができているのですぐわかる。人気はカシューナッツ入りのカジュ・カリーRs130など。

ⓘ Ⓡ Celebrationは、Ⓗシュリーマヤの隣の地下にある、きれいなベーカリーレストラン。パン類やケーキのほか、パスタやピザ、南インド料理まで種類は豊富。🗺 P.367-B1 🏠 12 RNT Mg. ☎ 0731-252-1111 🕐 7:30～22:30

マンドゥ

宮殿地区にあるジャハーズ・マハルと貯水池

ACCESS

バス

インドールのガンゴール・バススタンドからは直通バス（所要約3時間30分）が朝夕に1便ずつあるが、通常はダールDharまで行き（15分おき、約2時間）、そこでマンドゥ行き（30分おき、約1時間）に乗り換える。ウッジャイン（P.373）からはダール行き直通バスもある。マヘシュワールからは街道の町ダームノッドDhamnodへ行き（所要30分）、そこでダール行きに乗り換え（約2時間）、さらにダールでマンドゥ行きに乗り換える。全部で4～5時間かかるが、直線距離はもっと近いので、タクシーを利用すれば1時間30分ほど（Rs1000程度）でマヘシュワール～マンドゥ間を移動できる。

インドールから約100km。マディヤ・プラデーシュ州西部にあるマンドゥは、今では小さな村だが、かつてはこの地方を治めた王国の都だった。標高633m、ナルマダー川によって切り取られたような断崖に囲まれたこの13km四方の台地に、10世紀にラージャ・ボージRaja Bhojが要塞を建設したのがこの都城の始まりだ。

1401年になるとマルワ地方の領主であったアフガン・ディラワール・カーンが、デリー・スルターン朝から独立してグーリ朝を興す。この王国は彼の息子のホシャン・シャーの時代に、都をダールからマンドゥに移し、この地の繁栄が始まった。グーリ朝は短命に終わるが、続いたキルジー朝もマンドゥを都として王国を引き継いだ。しかし1531年にはグジャラートのバッハドゥール・シャー、次いで1534年にはムガル帝国皇帝のフマユーンにマンドゥは征服されてしまう。その後、フマユーンのムガル帝国中断時代にマンドゥはまた独立王国に戻るが、ムガル帝国復活後のアクバルの代にマンドゥ最後の領主バズ・バッハドゥールが打ち破られ、以降はムガル帝国の一部に組み込まれ、マンドゥは廃れていった。

現在のマンドゥは、人口も少ないひなびた村だ。広い城壁内に遺跡が点在し、整備されているものもあれば修復中のものもある。アクセスがあまりよくないことから観光客はまだまだ少なく、ホテルやレストランなどの施設もかぎられている。だが、1977年の映画『キナーラKinara』のロケ地になったこともあるほど美しい場所だ。

ダールへ↑

Malwa Retreat H

マンドゥ
MANDU

0   500m

N

宮殿地区
Royal Enclave
P.369

ジャーミー・マスジッド
Jami Masjid
P.370

P.371

給水塔
ダルヤ・カーン遺跡群
Darya Khan Group of Monuments

Sarai kothdi

● Hati Mahal

Malwa Resort H P.371

Jahaj Mahal H

Malik Mughith's Mosque

● Caravan Sarai

● Dai-Ka-Mahal

Sagar Tank

Manday Rd.

レワ貯水池の遺跡群 P.370
REWA KUND GROUP RUINS

ループマティの離宮 Roopmati Pavilion
P.371

バズ・バッハドゥール宮殿
Baz Bahadur's Palace
P.370

↙Dhamnod、
マヘシュワールへ

Rewa Kund

近年は、貯水池Sagar Tank周辺も整備されてきている

 マンドゥの村に生えているバオバブの木は、500年ほど前にイランからもたらされたものという。各有料地区の入口周辺ではこのバオバブの実がよく売られている。苦味と酸味があり、おいしいとはいえないが、高い栄養価があるという。

マンドゥの歩き方

　台地の間の谷を越え、くねくねとした上り道を通り、ダールからのバスはいくつもの城門をくぐってマンドゥの台地に入る。坂を上り切ると、マンドゥの村の中心までは1kmちょっと。バスは王宮地区の脇を通り抜け、ジャーミー・マスジッドに面した村の中心に着く。中心といっても、商店と食堂、みやげ物屋が数軒あるだけののんびりしたもの。オートリクシャーの姿もなく、村での移動は徒歩かレンタサイクル、あるいは車のチャーターになる。

　遺跡は広範囲に点在しているが、大きな見どころとなる有料地区は3ヵ所。村の北西にある宮殿

地区、村の遺跡群、レワ貯水池の遺跡群で、レワ貯水池の遺跡群以外は、中心部から徒歩圏だ。ただし日陰のない日中の日差しはかなり強く、1kmほどの距離でも歩くとつらい季節もある。

のんびりとした村の中心部

HINT
レンタサイクル
宮殿地区と南のルブマティの離宮は4kmほど離れており、日中の暑いなかを歩いていくのはつらい。村にはレンタサイクルの店が2軒あるほか、ホテルでも自転車を貸し出しているところがあるので利用したい。料金は交渉次第だが、1日Rs100。マンドゥの村からルブマティの離宮までは、自転車で20〜30分の距離。途中の道は少々アップダウンがある。

マンドゥのおもな見どころ

マンドゥのハイライトの遺跡群　　**MAP** P.371

宮殿地区　Royal Enclave

ジャハーズ・マハル　Jahaz Mahal
　入場してすぐ西側にある、幅15m、長さ120mの細長い形をした2階建ての宮殿。貯水池に映った姿がまるで大きな船のように見えることから、「船の宮殿」とも呼ばれている。15世紀末にスルターン・ギャスウッディーンが1万5000人の女性のハーレムとして使うために建てたといわれている。

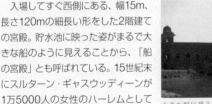
大きな船に見えるというジャハーズ・マハル

ヒンドラ・マハル　Hindola Mahal

2階建て構造のヒンドラ・マハル

　ジャハーズ・マハルの北側にある、片側の壁が傾斜した変わった形の建物。中にアーチが支える広い空間をもつ2階建ての建造物で、外から直接2階に上れる別通路があるのは、2階は女性専用だったためとも、接見の間として使われていたためともいわれる。

宮殿地区
🕐 7:00〜18:00
💰 Rs300
※ビデオ持込料Rs25

外側の階段でジャハーズ・マハルの屋上に行ける

建物の外側に直接2階に行けるスロープがある

 マンドゥの遺跡は広範囲に点在している。有料地区は3ヵ所だが、無料ながら見応えのある遺跡もいくつもある。特に事件は起きてはいないが、ひと気がない場所では安全には気をつけよう。

369

王宮　Royal Palace

　貯水池の北側に位置する、かつての王宮。**チャンパ・バーオリー Champa Baodi**と呼ばれる階段井戸や、トルコ式浴場のハンマームなどの跡が残る。

　そのほかの宮殿地区の見どころとしては、大商人の邸宅だったという**ガーダ・シャー宮殿Gadasha's Palace**、今は展示室として使われている**ターヴェリ・マハル Taveli Mahal**などがある。

王宮の壁の一部

マンドゥ初期の建築物が残る
村の遺跡群　Village Group

MAP P.371

ジャーミー・マスジッド　Jami Masjid

　階段を上がって高さ17mの門を通り抜けると、広い中庭に出る。その向こうに見えるのが、3つの小さなドームをもつモスクだ。ダマスカスのウマイヤド・モスクを参考にして、グーリ朝のホシャン・シャーが

1406年頃に建設を始め、完成したのは彼の死後の1454年だという。

　向かいにある**アシャーフィー・マハルAsharfi Mahal**は、マドラサ（イスラーム神学校）として建てられたものだが、今では建物のほとんどが壊れていて、見るべきものは少ない。

ジャーミー・マスジッドの中庭

ホシャン・シャー廟　Tomb of Hoshang Shah

　王のホシャン・シャーの命で造り始めたが、完成したのは1440年のマフムード・キルジーの治世のとき。インド初の大理石建築といわれる。白いドームをいただいた均整の取れた白亜の建築はタージ・マハルを連想させるが、それもそのはず。タージ・マハルを建設した皇帝シャー・ジャハーンは、タージを造る際に建築家のウスタッド・ハミドをここに送り、設計の参考にしたという。ジャーミー・マスジッドの向かって右の建物から延びる細い通路を抜けた所にある。

白大理石で建てられたホシャン・シャー廟

有名な恋物語の舞台となった
レワ貯水池の遺跡群　Rewa Kund Group Ruins

MAP P.368

バズ・バッハドゥール宮殿　Baz Bahadur's Palace

　レワ貯水池Rewa Kundの脇にある。1509年頃に建てられた、こぢんまりとした宮殿。バズ・バッハドゥールはマンドゥ最後の領主で、ムガル帝国に抵抗したがアクバルの軍に打ち破られて敗走する。イスラーム教徒であるバッハドゥールと、ヒンドゥー教徒の羊飼いといわれている女性ループマティとの恋は、インドでは有名なストーリーだ。バッハドゥールはマンドゥから落ち延びるが、捕われたループマティは服毒自殺をしたという。

バズ・バッハドゥール宮殿の中庭

村から自転車でレワ貯水池の遺跡群へ行く途中、左側にあるのがダルヤ・カーン遺跡群Darya Khan Group of Monuments（MAP P.368）だ。廟やモスクなどの建物がいくつか残っていて、比較的整備されているので寄ってみるといい。

ループマティの離宮　Roopmati Pavilion

バズ・バッハドゥール宮殿から10分ほど坂を上った所にある、ループマティのラブストーリーの舞台といわれる離宮。監視のための建物だが、ループマティがここから眼下に広がる平野やバッハドゥールの宮殿を眺めていたという伝説が残っている。高さ365mの崖の上にあるこの建物からの景色はすばらしく、吹いてくるさわやかな風は一瞬インドの酷暑を忘れさせてくれ、ここまで来た疲れも消える。

ループマティの離宮の下は崖になっている

マンドゥ中心部 MANDU CENTRAL

Hotel ホテル

Rs500以下の安宿は、村の中心部に ⒣ Rama Guest Houseがあるが、いわゆる安宿に慣れている人向け。ある程度の快適さを求めるなら、以下に紹介するホテルになる。村の中に簡単な食事を提供する食堂は2〜3軒あるが、旅行者向けのレストランはホテル併設のものが中心。

まずはここへ行ってみよう
⒣ マルワ・リトリート
Malwa Retreat　村の北 ₹　MAP P.371

☎ 07292-26-3235　⒮⒢ Rs350 ⒮⒢ Rs1892〜 ⒮⒢ Rs2788〜 ⒯込 Card AMV ⒲Fi 公共エリアのみ ⒝11室 mpstdc.com/accommodation/Mandu/MPT-Malwa-Retreat-Mandu

村の中心から北へ500mの外れにあるMP州経営のホテル。部屋は広めでよく管理はされている。24時間ホットシャワーOK。レストランYatrikaの食事もおいしい。ドミトリー以外は朝食付き。ここがいっぱいだったら、隣の ⒣ Hotel Rupmati（⒮⒢ Rs2200〜）へ。

ツアー客がよく利用している
⒣ マルワ・リゾート
Malwa Resort　村の南 ₹₹　MAP P.368

☎ 07292-263235　⒮⒢ Rs3588〜4485 ⒯込 Card AMV ⒲Fi 公共エリアのみ ⒝20室 mpstdc.com/accommodation/Mandu/MPT-Malwa-Resort-Mandu

村の中心部から南へ2km離れた池のほとりにある州政府経営のホテル。広々とした敷地にあり、池を望む気持ちのいいロケーションでのんびりできる。レンタサイクルあり。プールやレストラン、バーなどの施設も完備。朝食付き。インド映画『パッドマン』で、ヒロインのパリーが公演のために泊まっていた宿はここのコテージ。

赤い看板が目印のリゾート風ホテル
⒣ シヴァーニー・リゾート
Shivani Resort　村の中心 ₹₹　MAP P.371

☎ 94253-34777　⒮⒢ Rs1850 ⒯込 Card MV ⒲Fi ⒝15室

2016年にオープン。芝生の庭をもつ平屋の建物で、客室は広々として清潔。プールやレストランを建設予定。近くのレストラン、シヴァーニーも同系列。

ⓘ インドールやダールからバスで来る場合や、⒣ マルワ・リトリートなど村の北側のホテルに泊まる場合は、あらかじめ車掌に告げておくとその前で降ろしてくれる。ダール方面へ戻る場合も同様に、ホテル前から乗車できる。

マヘシュワール

マヘシュワールの市外局番
07283

マヘシュワールの人口
約2.4万人

ACCESS

バ ス

インドールからの直通バス（所要約3時間）もあるが本数は多くないので、まず街道の町ダームノッドDhamnodへ行き（約2時間30分）、そこでマヘシュワール行き（約30分）に乗り換える。マンドゥからは一度ダールへ向かい（約1時間）、そこらダームノッドへ行き（約2時間）、マヘシュワール行きに乗り換える。全部で4〜5時間かかるので、車をチャーターして行くのが一般的。所要1時間30分（Rs1000程度）。

HINT

映画『パッドマン 5億人の女性を救った男』

インドで大ヒットしたボリウッド映画で、その前半の舞台になったのがこのマヘシュワールだ。主人公のラクシュミカント（アクシャイ・クマール）が、妻が生理のときに不衛生な布を使っていることを知り、独力で生理用ナプキンを開発するという話で、実話が元になっている。彼が妻と住んでいるのがマヘシュワールのガート近くという設定で、近くのインドールやマンドゥでもロケがされている。

古来ヒンドゥー教の巡礼地として知られていたマヘシュワールは、小さな町だが、インドール藩王国（ホルカール朝）の女性君主のアヒルヤーバーイAhilyabaiが、18世紀末にこのマヘシュワールに都を遷した時期があった。ガート付近以外には特に見どころはないが、たまにはこうしたインドの地方都市に宿泊してみるのもいいだろう。

ナルマダー川のほとりにあるマヘシュワールのガート

マヘシュワールの歩き方

　町は、バススタンドのある幹線道路と、その1.5kmほど南を流れるナルマダー川の間にある。バススタンドからガートまでは徒歩20分ほど。道なりに歩いていけば着くが、最後のふた股に分かれた所で右側に進めばガート、左側の坂を上れば城門を通って**フォートFort**内に入る。フォートのふたつ目の門をくぐって左に進むと、宮殿の一部が公開されている。アヒルヤーバーイが人々に接見した中庭だ。その他の部分は、現在はヘリテージホテルになっている。ここから階段を下りていくと、ガートに出る。小堂がいくつも建つガートは整備されており、散策にもいい。

Hotel ホテル

ガートに近く観光に便利な
H ハンサ・ヘリテージ
Hansa Heritage

フォート手前 ₹₹

🏠 Kalidas Mg., Kila Rd.　☎ 07283-273-296
🛏🚿🅢🛁 Rs800　🛏🚿🅢🛁 Rs1150〜1550
🌐込　Card MV　🛏 11室
🌐 www.hansaheritage.in

バススタンドから徒歩15分。町を通り抜け、フォートへの坂を上る手前。手頃だが、客室はヘリテージホテルらしいユニークなインテリア。

フォートの入口にあり、ガートもすぐそば
H アーシュレイ
Hotel Aashray

フォート内 ₹₹

🏠 Inside Ahilya Fort, Front of Main Gate
☎ 99260-55878、98265-80049
🛏🚿 Rs750　🛏🅐🚿🅢 Rs1250〜1450
🌐込　Card AMV　WiFi 🛏 10室

バススタンドから2km。城門をくぐって上ったフォート内にある手頃なホテル。部屋は最低限の設備だが、テラスなど落ち着いた雰囲気がいい。

ⓘ　マヘシュワールのガートとそれを背にしたフォートの姿はなかなか絵になるので、ボリウッド映画やタミル映画、インドのミュージッククリップなどのロケ地として有名らしい。フォート内にはシヴァにささげられた寺院がある。

ウッジャイン

シプラー川のほとりにあるウッジャインは、古代から不死の妙薬である「アムリタ」のしずくが落ちた場所として知られ、叙事詩『マハーバーラタ』にも登場するヒンドゥー教の一大聖地だ。また、12年に一度開かれるヒンドゥー教最大の祭りマハー・クンブ・メーラーの開催地としても有名で、巡礼者の姿が絶えることがない。

階段を降りた所にあるマハーカレーシュワル寺院の本殿

~~~~~~~~~~~~~~~~ ウッジャインの歩き方 ~~~~~~~~~~~~~~~~

町は東西に長く、線路の東側にある新市街、西側の旧市街に分かれている。見どころが多いのは旧市街で、駅前にあるバススタンドの向かいの道を15分ぐらい歩くと、シヴァ神を祀った**マハーカレーシュワル寺院Mahakaleshwar Mandir**に着く。寺院の裏側へ歩いていくと、シプラー川のほとりにある**ラーム・ガートRam Ghat**に出る。朝夕は、参拝前に人々が沐浴している姿を見ることができるだろう。

町の南には、ジャイプルのマハーラージャのサワーイー・ジャイ・スィン2世がインド各地に作った天文台（ジャンタル・マンタル）のひとつ**ヴェーデ・シャーラVedh Shala**がある。

Madya Pradesh マディヤ・プラデーシュ州 マヘシュワール／ウッジャイン Maheshwar／Ujjain

ウッジャインの市外局番
0734
ウッジャインの人口
約51.5万人

ACCESS

鉄　道
ボーパールとインドールを結ぶ急行（1日6〜14便）が停車するので、双方からのアクセスは楽。ボーパールから所要3〜4時間、インドールから約1時間30分。アーグラーから急行（1日1〜2便）で約12時間。

バ　ス
ボーパールから所要約5時間。インドールから20分おき、約2時間。マンドゥへの起点となるダールからは午前中に4便あり、約4時間。

マハーカレーシュワル寺院
🅼 P.373　⏰ 4:00〜23:00
寺院に向かって左側に入口がある。中に入る前に手荷物があればロッカーに預け、靴も脱いで預ける。寺院に向かって右側にも入口があり、こちらは有料のプージャー付きのチケットを買った人のみの入口。混んでいるときは、こちらから入るのもいいかもしれない。

ヴェーデ・シャーラ
🅼 P.373外　⏰ 7:00〜19:00
🈺 月、祝　💰 Rs200
※カメラ持込料Rs50

INFO

ウッジャインのホテル
巡礼宿はマハーカレーシュワル寺院付近、普通のホテルなら駅前で探そう。駅から徒歩2分の所に🇭Ramakrishna（🅼P.373　☎0734-255-7012　🈺💻🅢 Rs800 🛀Rs900 🅰🅒🅢Rs900 🛀Rs999）がある。ホットシャワーは朝のみで、チェックアウトは12:00。1階にあるベジレストランSudamaも、清潔でおすすめ。新市街への途中にある🇭OYO 14421 Grand Tower（🅼P.373　☎0734-255-3699　🈺💻🅰🅒🅢Rs1490〜1890 🛀Rs1690〜2190）は、清潔な中級ホテル。駅から徒歩5分。こちらは24時間ホットシャワーOK。

🅡Shivam（🅼P.373　⏰10:00〜21:30）は、マハーカレーシュワル寺院への参道の🇭Satyamの地下にある、人気のベジレストラン。ムガル朝時代のターリーを再現したシンプルなアワンティカ・ターリーのほか、パニールを使った料理などがある。

オルチャ

オルチャの市外局番
07680
オルチャの人口
約 1 万 1500 人

ACCESS

鉄 道
最寄りの鉄道駅はオルチャから約18km離れたジャンスィー駅。アーグラー・カント駅から急行（1日20便以上）で所要3時間〜5時間。カジュラーホー駅から急行（1日2本）で5時間。ボーパールから急行（1日20便以上）で4時間30分〜5時間30分。ジャンスィー駅からオルチャまでは、オートリクシャーでRs250前後で約45分、タクシーだとRs500前後で約30分。カジュラーホーへ車をチャーターする場合は、1台Rs2500前後が相場だが、事前に要交渉。約4時間。

チャトルブージ寺院から見たオルチャの町の全景

ジャンスィーやカジュラーホー方面から車で来ると、バス1台が通るのがやっとという町の北門を最初にくぐる。かつてはここからが城壁に囲まれたオルチャの町だった。ベトワ川のほとりに開けたこの城市は、1501年から1783年にかけて、バンデラ家（ラージプートの一氏族）の王国の都だった場所だ。ムガル帝国に反抗した時期もあったが、マハーラージャのビール・スィン・デーオBir Singh Deoの時代にはムガル帝国と良好な関係を築き、ジャハーンギール・マハルなどの宮殿を建て、繁栄した。かつての宮殿跡や寺院が良好な状態で残るものの、カジュラーホーのような大観光地ではなく、観光客もあまり多くは訪れない静かな観光地となっている。しつこいみやげ物屋や客引きも少なく、のんびりと落ち着ける村だ。

オルチャの歩き方

ジャンスィーからのメインロードと、宮殿群とラーム・ラージャ寺院を結ぶ道が交差する十字路がこの町の中心。町は小さく、ここから徒歩10分以内にほぼすべてが収まる。

この十字路から東へ向かい、橋を渡れば、オルチャ最大の見どころである宮殿群にいたる。逆に小さなバザールを抜けて西へ向かえば、すぐにラーム・ラージャ寺院が見えてくる。この寺院の背後から西へ続く道を1kmほど行くと、丘上にあるラクシュミー・ナーラーヤン寺院だ。十字路から南へ向かうと、すぐにバス＆オートリクシャースタンドがあり、さらに道なりに700mほど進むと、ベトワ川に架かる橋に出る。この橋を渡った先は、オルチャ自然保護区になっている。

ホテルやゲストハウスもこの十字路から徒歩10分圏内にあるので、気に入った宿が見つかるまで歩いて探そう。

 オルチャは、かつて"強盗が出る"と紹介されたこともあったが、今では安全面は改善され、目立った事件も起きていない。ただし町を外れるとひと気がなくなるので、注意は怠らずに。

オルチャのおもな見どころ

かつての王国の栄華をしのばせる

宮殿群　Palaces

MAP P.375-A1

乾季には干上がってしまう小さな川に架かる橋を渡ると、おもにふたつの宮殿からなる建物が要塞のようにそびえている。

ラージ・マハル　Raj Mahal

最初の広場に入ると右に見えるのが、17世紀に建てられた宮殿のラージ・マハルだ。広場に面したその外側には、**ディーワーネ・アーム**

（一般謁見の間）Diwani-Amがある。東側にある門から中に入ると、中庭には**ディーワーネ・カース（貴賓謁見の間）Diwani-Khas**がある。1階の王妃たちの部屋の天井や壁に描かれた、色鮮やかな壁画は必見だ。

ラージ・マハルの中庭

ジャハーンギール・マハル　Jahangir Mahal

17世紀にマハーラージャのビール・スィン・デーオにより、ムガル皇帝ジャハーンギールがオルチャに滞在する場所として建てられた宮殿。イスラーム、ヒンドゥーなどさまざまな建築様式を融合した、ムガル帝国時代ならではの建築だ。有事のときは砦になるように造られている。

敷地内には、そのほかにも**ラクダ厩舎 Camel Stables**、トルコ式浴場の**ハーナ・ハンマーム Khana Hammam**、ムガル庭園の**ラージ・プラヴィーン・マハル Raj Praveen Mahal**などがある。また、橋を挟んだ向かいのラーム・ラージャ寺院前にも、ビール・スィン・デーオの息子ハルドルHardollによって建てられた宮殿の**パルキ・マハル Palki Mahal**と、四分庭園チャールバーグの形式で造られた**プール・バーグ Phool Bagh**がある。

有事のときには砦にもなるジャハーンギール・マハル

宮殿群

🕐 日の出〜日没
💰 Rs250
※カメラ持込料Rs25、ビデオ持込料Rs200

このチケットは、ラージ・マハル、ジャハーンギール・マハル、ラクダ厩舎、ラージ・プラヴィーン・マハル、チャトルブージ寺院、ラクシュミー・ナーラーヤン寺院、王墓群の7ヵ所の見どころと共通。チケットは当日のみ有効で、宮殿群入口でしか売っていないので注意。また、宮殿群ではラージ・マハルとジャハーンギール・マハルに入るときにチェックがあるだけ。敷地内を回るだけなら、チケットはいらない。

音と光のショー

🕐《3〜11月》
19:30〜英語
20:45〜ヒンディー語
《12〜2月》
18:30〜英語
19:45〜ヒンディー語
💰 Rs250

ラージ・マハルに残る天井画

ℹ️ 日中、やってくる参詣客目当てに、ラーム・ラージャ寺院前の広場や参道に多くの露店が出る。規模は大きくないが、アクセサリーなども売られている。

ラーム・ラージャ寺院　Ram Raja Temple

ラーム・ラージャ寺院

⏰〈4～9月〉8:00～12:30、
20:00～22:30
〈10～3月〉9:00～12:00、
19:00～22:30
🈵無料
バッグやカメラなどの持ち込みは不可。寺院入口向かいに、履き物などと一緒に預かってくれる場所がある（チップが必要）。

参拝客を集めるラーム・ラージャ寺院前の広場

　現在のオルチャの中心であり、古い寺院のなかで今なお多くの参拝客を集めているヒンドゥー寺院。16世紀に建てられた当初は、マハーラージャのマドゥカル・シャーの王妃の宮殿だったという。本尊は黒いラーマの像。本尊のある正面のほかにも、中庭を囲んでいくつものお堂が配置され、信者が熱心に祈りをささげている。

とがった屋根が印象的な
チャトルブージ寺院　Chaturbhuji Temple

MAP P.375-A1

チャトルブージ寺院

⏰9:00～17:00
🈵宮殿群とチケット共通（購入は宮殿群でのみ）
屋上への案内人にはチップが必要。料金は事前に要交渉。

　ラーム・ラージャ寺院とその前の広場を見下ろす高台にある、クリシュナを祀るヒンドゥー寺院。そびえる塔は、オルチャのどこからでもよく見える。内部は寺院というよりモスクのような造り。上階へのドアは鍵がかかっているが、鍵と懐中電灯を持った人がどこからともなくやってきて、案内をしてくれる。中は薄暗く、階段は急で一部崩れかけている所もあるので、足元には要注意。屋上からは、オルチャの町の全景が見渡せる。ただし柵などがないので、気をつけよう。

オルチャのシンボル的存在のチャトルブージ寺院

丘の上にそびえる寺院
ラクシュミー・ナーラーヤン寺院　Lakshmi Narayan Temple

MAP P.375-A1外

ラクシュミー・ナーラーヤン寺院

⏰9:00～17:00
🈵宮殿群とチケット共通（購入は宮殿群でのみ）

いろいろな時代の壁画があり、必見だ

　ラーム・ラージャ寺院の裏側から西へ続く道を1kmほど歩いた丘上にある、16世紀建立のヒンドゥー寺院。外観は四角形の宮殿風の建物で、その内部に八角形の塔が建つという、変わった造り。屋上からの眺めもいいが、見逃せないのが天井や壁に描かれた数多くの壁画だ。『ラーマーヤナ』を題材にした16世紀の作品から、イギリス人が描かれた19世紀のものまで、その時代の幅は広い。

宮殿のように見えるがヒンドゥー寺院だ

日中はツアーバスが頻繁に着き、観光客でにぎわうオルチャだが、日が落ちると急に静けさを取り戻す。のんびりできる場所として、バックパッカーには人気の場所だ。

オルチャの支配者たちが眠る

王墓群 Cenotaphs

MAP P.375-A2

ベトワ川のほとりにそびえる、オルチャのマハーラージャたちとその氏族の王墓群。オルチャ全盛期のマハーラージャのビール・スィン・デーオの墓をはじめ、その周辺地域を含めると全部で15の墓がある。方形の建物の上に、とがった高い屋根をもつ塔が特徴。川の向かい側からの眺めがいい。

いろいろな形をした王墓

王墓群
9:00〜17:00
料 宮殿群とチケット共通（購入は宮殿群でのみ）

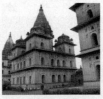

Hotel & Restaurant ホテル&レストラン

バザールの中にある

H シュリー・マハント・ゲストハウス
Shri Mahant Guest House
バザール内 ₹
MAP P.375-A1

Near Ram Raja Temple ☎ 07680-225-2624
Ⓢ Ⓦ Rs510〜800 A/C Ⓢ Ⓦ Rs999〜1050
TAX Rs1000以上は別 Card 不可 Wi-Fi 室 9室

ラーム・ラージャ寺院への短い参道の右側にあり、ロケーションはいい。安い部屋は狭いが、ホットシャワーOK。朝食は別途Rs100。

宮殿が見える部屋もある

H フォート・ビュー
Fort View
町の北側 ₹
MAP P.375-A1

Main Rd. ☎ 786-937-0614、741-582-4104
Rs600〜1000 A/C Ⓦ Rs1800〜 TAX 別
Card 不可 Wi-Fi 室 10室

町の中心から北へ徒歩3分。部屋は広めで、ホットシャワー24時間OK。窓が広く宮殿群を眺められるフォートビューの部屋が3室ありおすすめ。

手頃な2つ星ホテル

H モナーク・ラーマ
Monach Rama
町の北側 ₹
MAP P.375-A1

Main Rd. ☎ 999-366-9608 Ⓢ Ⓦ Rs750
A/C Ⓢ Ⓦ Rs1350 TAX Rs1000以上は別 Card 不可
Wi-Fi 室 10室

町の北側にある手頃なホテル。料金は安いが清潔に保たれているので、宿に困ったらここに当たってみるといい。上階に小さなレストランあり。朝食付き。

宮殿内のヘリテージホテル

H シューシ・マハル
Sheesh Mahal
町の北側 ₹
MAP P.375-A1

Orchha ☎ 07680-25-2624 A/C Ⓢ Ⓦ Rs 2376〜3960 TAX 込 Card 不可 Wi-Fi 室 8室
URL mpstdc.com/accommodation/Orchha/MPT-Sheesh-Mahal-Orchha

宮殿の建物を利用した州政府経営のヘリテージホテル。施設や設備は料金のわりにはいまひとつだが、雰囲気はいい。全8室と少ないので予約を。朝食付き。

ベトワ川を見下ろす

H ベトワ・リトリート
Betwa Retreat
町の南側 ₹₹
MAP P.375-A2

Bypass Rd. ☎ 07680-25-2618
A/C Ⓢ Ⓦ Rs2890〜4335 TAX 込 Card AMV
Wi-Fi 室 30室 URL mpstdc.com/accommodation/Orchha/MPT-Betwa-Retreat-Orchha

町の南、ベトワ川そばにある州政府経営のリゾートホテル。レストラン、バー、プールなどの施設も完備。リバーラフティングやレンタサイクルも申し込み可能。部屋は一般的な部屋と、「コテージ」と呼ばれるテントのふたつのスタイルがある。朝食付き。

オルチャいちばんのホテル

H アマール・マハル
Amar Mahal
町の南側 ₹₹
MAP P.375-A2

Bypass Rd. ☎ 07680-225-2102
A/C Ⓢ Rs6000〜7000 Ⓦ Rs7000〜8000 TAX 別
Card MV Wi-Fi 室 50室 URL www.amarmahal.com

町の南西にあるゆったりとした敷地のリゾートホテル。団体ツアーもよく利用している。レストラン、バー、プール、アーユルヴェーダ、マッサージなどの施設も完備。朝食付き。ジャンスィー駅でのピックアップはRs800。

宮殿群を望みながら食事

R ベトワ・タラン
Betwa Tarang
インド料理 ₹₹
MAP P.375-A1

Sheesh Mahal Rd. ☎ 945-032-5772
8:00〜22:30 TAX 込 Card 不可

街の中心の十字路の2階にある落ち着いた雰囲気のベジ・レストラン。宮殿群などの眺めのいいテラス席と、エアコンの効いた屋内席がある。料理は一般的なインド、中華、西洋料理と幅広い。おすすめは何種類かあるターリーでRs150〜250。サンドイッチやチョウメンもある。観光の途中に寄るのもいいだろう。

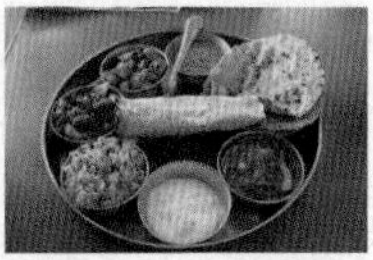

i 川に囲まれているせいかオルチャには蚊が多い。寝る前に宿に頼んで、蚊取り線香をもらっておこう。また、夜に外出する際は、靴下を履いて出るといい。

カジュラーホー

ラクシュマナ寺院の美しく官能性のある彫刻たち。エロチシズムと生命力が同居している

カジュラーホーの市外局番
07686

カジュラーホーの人口
約2万4000人

ACCESS

飛行機

デリーからスパイス・ジェットが毎日1便、所要約1時間20分。空港から町の中心までは約5km。タクシーでRs300程度、オートリクシャーでRs100程度。

鉄 道

ニューデリー駅18:20発の11842 KKDE KURJ Exp.で翌8:00カジュラーホー駅着。ワーナシー・ジャンクション駅18:55発の01026BUI DR SPL（日・水・金）/01028GKP DR SPL（月・火・木・土）で翌5:30カジュラーホー駅着。ウダイプルから22:15発の19666 UDZ KURJ Exp.でカジュラーホー駅着18:50着。この列車は、途中、アジメール、ジャイプル、アーグラーなどを経由する。駅から町の中心まではタクシーでRs350前後、オートリクシャーでRs150前後。

バ ス

ジャンスィー〜サトナー間の幹線道路を走るバス（日中1時間に1本程度）に乗り、カジュラーホーから11km離れた幹線道路上のBamithaで下車（4〜5時間）。そこから乗合オートリクシャーでカジュラーホーへ向かう。

カジュラーホーの寺院群は、そのエロチックな彫刻で有名だ。ヒンドゥー寺院の外壁を埋める天女像やミトゥナ像（男女交合像）は、確かに大胆なエロチシズムを発散している。

それにしても、インドの青空と陽光の下では、われわれのエロチシズムへのイメージなど吹き飛んでしまいそうだ。生命を内に秘めるかのようになまめかしく、触れれば柔らかく温かいのではないかとさえ思わせる官能的な彫刻でありながら、その表情の真面目さはどうだろう？ひょっとするとこれは、人間の次元でのエロチシズムではなく、男女の結合の極みにも似た、神との合一への渇望を、生命力を振り絞って表現したものではないだろうか？　これらの寺院を建て、そこで祈った人たちの神との合一への渇望は、癒やされたのだろうか？

カジュラーホーの寺院群は、月神チャンドラの子孫と称するチャンデーラChandela朝がその最盛期（950〜1050年）に築いた寺院都市の跡。14世紀、イスラーム教徒の支配下に入ると、寺院の彫刻はイスラーム教徒によって破壊され、現在残っているのは85あった寺院のうち25にすぎない。

いずれにしろ人々は死に絶え、その渇望は、これらの彫刻の形に石化されて残り続け、穏やかな田園風景とも不思議に調和しつつ、あふれる生命感をみなぎらせながら身じろぎもしない。これらのすばらしい寺院群は1986年に「カジュラーホーの建造物群」としてユネスコの世界遺産に登録された。

寺院を見て回るだけなら1日あれば十分だが、見るたびに新しい発見がある彫刻群に心奪われ、この村の風物に取り込まれてしまった人にとっては、数日をここで過ごしても決して長過ぎることはないだろう。

内部にも美しい彫刻が残る

 カジュラーホーの遺跡群は日陰も少なく、日中はとても暑いので、11〜2月の冬を除き、訪れるなら早朝か夕方がいい。西群の寺院の多くは東向きなので、堂内をよく見るなら光が差し込む朝のほうがいい。

カジュラーホーの村はひなびて落ち着いた雰囲気

カジュラーホーへのアクセス

各都市へのアクセス

　カジュラーホーは大きな町ではないが世界遺産がある観光地だけあって、デリーやアーグラー、ワラーナシー、ジャイプル、ウダイプルなどほかの観光地との間を結ぶ直通列車が複数出ており、アクセスがよい。夜出発して翌朝到着する便は、時間とお金の節約にもなって利用価値が高いので、積極的に旅程に組み込んでみよう。

▶カジュラーホーからの主な列車

行先	列車番号＆名称	運賃	所要時間	本数	発車時刻	到着駅
デリー	11841 KURD KKDE Exp.	Rs370〜2385	14時間10分	1便／日	8:45	ニューデリー
アーグラー	19665 KURJ UDZ Exp.	Rs255〜1645	7時間55分	1便／日	9:25	アーグラー・カント
アーグラー	11841 KURJ KKDE Exp.	Rs285〜1825	9時間15分	1便／日	18:35	アーグラー・カント
ワラーナシー	01025 DR BALLIA SPL	Rs385〜1440	9時間5分	1便／日（火・木・土）	12:40	ワラーナシー・ジャンクション
ワラーナシー	01027 DR GKP SPECIAL	Rs385〜1440	9時間5分	1便／日（日・月・水・金）	12:40	ワラーナシー・ジャンクション
ジャイプル	19665 KURJ UDZ Exp.	Rs365〜2360	13時間5分	1便／日	9:25	ジャイプル
ウダイプル	19665 KURJ UDZ Exp.	Rs510〜3330	21時間5分	1便／日	9:25	ウダイプル・シティ
ジャンスィー	19665 KURJ UDZ Exp.	Rs160〜1175	4時間15分	1便／日	9:25	ジャンスィー

カジュラーホーの歩き方

　永遠のカジュラーホーを訪れるのにシーズンはないが、青空の下を歩き回りたいなら、雨季が明けた9月から酷暑期に入る前の3月までがいいだろう。この時期なら暑さや雨に悩まされず、エロチックなレリーフが刻まれたヒンドゥー寺院の数々を、日中心ゆくまで見て歩くことができるはずだ。

西群の寺院前が村の中心

　カジュラーホーの駅や空港は村から少し離れた所にあるので、タクシーかリクシャーで村の中心に向かうことになる。

　村の中心は、ちょうど観光の目玉でもある西群の寺院前のT字路だ。この周辺に旅行者が必要とするようなものがすべて揃っている。カフェやレストラン、みやげ物屋、レンタサイクル屋、安宿〜中級ホテルなど

INFO

マディヤ・プラデーシュ州政府観光局
MP Tourism

🗺 P.381-A1
📍 Near Circuit House
☎ 07686-274-051、
　1800-233-7777
🕐 10:00〜18:00
📅 土、日、祝

朝焼けの時間の寺院群もよい

カジュラーホーのホテルには多くのコミッションボーイが出入りしている。彼らはホテルのスタッフではなく、客を連れていくと宿泊料金の半額ほどが懐に入るというシステム。そのぶんの宿泊料金は客に上乗せされることが多い。

民俗博物館
Adivart Tribal & Folk Museum
P.381-A1
942-434-4881
11:00～17:00
月、祝
無料
マディヤ・プラデーシュ州を中心とした民俗アートを集めた小さな博物館。

HINT

レンタサイクル

1日Rs200～300。ブレーキやペダル、サドルなどが壊れていないか、しっかりチェックしてから借りること。西群寺院近くにあるBilal Bicycles（P.381-A1）は評判がよい。989-324-0074、8:00～19:00。

がここにある。観光で成り立っている村なので、通りを歩いていると、日本語を話すインド人が客引きのため声をかけてくる。興味がなければ、うまく対応して断ろう。トラブルで多いのが、近くの村の小学校に連れていかれ、高額の寄付を強要されたり、相場の数倍の値段で宝石や織物などのみやげ物を売りつけられたりするケースだ。

村を歩く。東群、南群にも足を延ばす

村の中心と西群、そしてその周辺は歩いて行ける距離。時間があれば観光客の少ない東群へも足を延ばしてみよう。農村風景を楽しみ、帰りは地平線に沈む夕日を見ながら帰ってくる、そんな1日があってもいい。

東群の寺院までは村の中心から1kmほど。一つひとつの寺院が離れているので、見て歩くのにもけっこう時間がかかる。また、もっとじっくりとカジュラーホーの寺院群やそれに刻まれたレリーフを見て回りたかったら、南群まで足を延ばしてみるのも一案だ。南群は東群からさらに500mほど南に下ったあたり。コーダー川のたもとにあるドゥラーデーオ寺院や、川を渡ってさらに1kmほど行った所にあるチャトゥルブジャ寺院は、南群のなかでも特に見逃せない。

バススタンド近くの露天市

東群や南群を見て回るのに、歩くのでは時間がもったいないという人は、安宿の集まる一画や西群前のマーケットで貸し出しているレンタサイクルを利用するか、オートリクシャーをチャーターするといい。ただし暗くなるまでには必ず町に戻るようにしよう。

西群の寺院
日の出～日没
Rs550＋手数料（※QRコード読み取りによる電子決済のみ）
※ビデオ持込不可
西群の寺院は、マタンゲーシュワラ寺院を除き、柵で囲まれ、ちょっとした遺跡公園のようになっている。

←― **カジュラーホーのおもな見どころ** ―→

広い芝生にブーゲンビリアが咲き乱れる　　　　MAP　P.381-A1
西群の寺院　Western Group

西群の寺院の規模は大きく、興味深い彫刻も多い。もちろんひとりでのんびり見て回るのもいいが、ガイドがいればより理解が深まり楽しめるだろう。人間のもつセクシュアリティを追求した彫刻に、きっと感動を覚えるに違いない。記録によれば、聖と俗が同居するこれらの寺院は、100年足らずの間に建立されたという。チャンデーラ朝の王たちは、これらの寺院群を造ることで、聖なる神と俗なる人間に自らの権力を誇示していたのかもしれない。西群の寺院はすべて東を向いて建っている。外観を見るなら問題ないが、堂内は朝早いほうが明るい。近年寺院群への入口が沐浴池南側、出口がJain Temple Rd.付近に移転した。チケットの購入はQRコードを用いての電子決済のみ。難しい場合は宿のスタッフなどに購入を代行してもらおう（P.78参照）。

左がカンダーリヤ・マハーデーヴァ寺院、右がデーヴィー・ジャグダンベ寺院

レネアの滝Raneh Fallsはカジュラーホーの約20km東、赤味を帯びた花崗岩の大地を流れるケン川にある滝。乾季は乾いた峡谷にわずかな水が流れるのみだが、モンスーンの季節には水量が増し大迫力だ。車やオートリクシャーをチャーターして出かけてみよう。

カンダーリヤ・マハーデーヴァ寺院　Kandariya Mahadeva Temple

　チャンデーラ朝最盛期の美の水準の高さを伝える、北インドを代表する寺院。マハーデーヴァはシヴァ神のこと。リンガ（男根）を祀る本堂の上に、高さ30.5mの塔がそびえる。カジュラーホーの寺院のなかでは、現存する最大規模のもの。11世紀半ば頃建立。前廊、玄関、前殿、本殿と徐々に高さを増す各々の高塔（シカラ）が山の尾根のように連なる姿が印象的。建物全体のプランは典型的な双十字形をな

す。外壁を埋め尽くす神々やアプサラス（天女）、ミトゥナ（抱擁する男女）などの彫刻は精緻を極めるが、神話的場面は少ない。

高塔（シカラ）の繊細な彫りや美しい曲線も見逃せない

HINT

ライトアップは必見

西群の寺院は夜になるとライトアップされる。とても幻想的な光景なのでぜひ見てみよう。また、寺院群に照明を当てる音と光のショーも行われている。西群寺院を出て北側にチケットカウンターがある。（地図P.381-A1）

音と光のショー
〈3〜9月〉
19:30〜（英語）
20:40〜（ヒンディー語）
〈10〜2月〉
18:30〜（英語）
19:40〜（ヒンディー語）
料Rs700

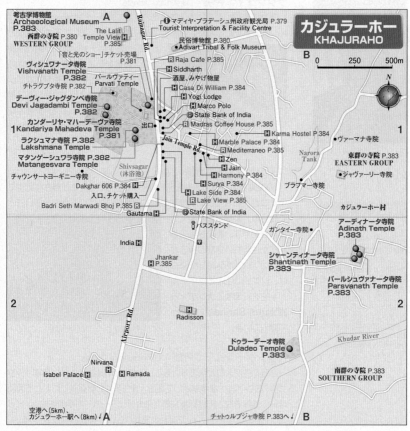

カジュラーホー
KHAJURAHO

0　250　500m

N

考古学博物館
Archaeological Museum P.383

マディヤ・プラデーシュ州政府観光局 P.379
Tourist Interpretation & Facility Centre

西群の寺院 P.380
WESTERN GROUP

The Lalit Temple View H P.385

民俗博物館 P.380
Adivart Tribal & Folk Museum

ヴィシュワナータ寺院
Vishvanath Temple P.382

パールヴァティー寺院
Parvati Temple P.385

Raja Cafe P.385

H Siddharth

酒屋、みやげ物屋

チトラグプタ寺院 P.382

H Casa Di William P.384

デーヴィー・ジャグダンベ寺院
Devi Jagadambi Temple P.382

H Yogi Lodge

H Marco Polo

カンダーリヤ・マハーデーヴァ寺院
1 Kandariya Mahadeva Temple P.381

S State Bank of India

R Madras Coffee House P.385

ラクシュマナ寺院 P.382
Lakshmana Temple

出口

H Karma Hostel P.384

マタンゲーシュワラ寺院 P.382
Matangesvara Temple

Jain Temple Rd.

H Marble Palace P.384

ヴァーマナ寺院

チャウンサートヨーギニー寺院
Dakghar 606 P.384

Shivsagar
（沐浴池）

R Mediterraneo P.385

H Zen

Narora Tank

東群の寺院 P.383
EASTERN GROUP

ジャヴァーリー寺院

R Surya P.384

入口、チケット購入

H Jain

H Harmony P.384

Badri Seth Marwadi Bhoj P.385 R

H Lake Side P.384

R Lake View P.385

ブラフマー寺院

Gautama H

S State Bank of India

カジュラーホー村

バススタンド

ガンタイー寺院

アーディナータ寺院
Adinath Temple P.383

India H

Jhankar H P.385

シャーンティナータ寺院
Shantinath Temple P.383

パールシュヴァナータ寺院
Parsvanath Temple P.383

Airport Rd.

Radisson

Khudar River

Nirvana

Isabel Palace H

H Ramada

ドゥラーデーオ寺院
Duladeo Temple P.383

南群の寺院 P.383
SOUTHERN GROUP

空港へ（5km）、
カジュラーホー駅へ（8km）　A

チャトゥルブジャ寺院 P.383へ　B

i カジュラーホーの寺院の基本的な構造は、基壇の上に寺院があり、ポーチから前室であるマンダバ、聖室である本堂のヴィマーナへと、奥に行くに従って高くなっていく造り。ヴィマーナの上にある砲弾型の塔をシカラと呼ぶ。

デーヴィー・ジャグダンベ寺院　Devi Jagadambi Temple

最もエロチックなミトゥナ像の彫刻で知られる寺院で、カンダーリヤ・マハーデーヴァ寺院の並びにある。11世紀初頭建立の寺院。もともとヴィシュヌ神を祀る寺であったが、その後シヴァ神の妃パールヴァティーを、さらにカーリーを本尊とした。シヴァとパールヴァティー像、壁面を埋めるミトゥナ像に圧倒される。このふたつの寺院の間には、シヴァ神を祀る小さな祀堂の**マハーデーヴァ寺院Mahadeva Temple**がある。

寺院を覆うすばらしい彫刻に目を奪われる

チトラグプタ寺院のミトゥナ像

チトラグプタ寺院　Chitragupta Temple

西群の寺院の北西の端にある11世紀初頭建立の寺院で、カジュラーホーでは珍しく太陽神スーリヤを祀る。

ラクシュマナ寺院　Lakshmana Temple

西群の寺院の敷地に入ってすぐの正面にある、10世紀半ば建立のヴィシュヌ神を祀る寺。寺院本体と四方に祀堂を配した五堂形式をとり、最も完全にチャンデーラ朝寺院建築の全体像を伝える。基壇部分には戦争や狩猟、行列の様子が彫刻されている。寺院の向かいには、ヴィシュヌ神の化身のひとつであるイノシシを本尊とする**ヴァラーハ堂Varaha Shrine**がある。

この寺院の外側も細やかな浮き彫りが覆っている

ヴィシュヌ神の化身のひとつイノシシを祀るヴァラーハ堂

HINT

カジュラーホー・ダンス・フェスティバル

西群の寺院脇の特設ステージで、一流のダンサーが招かれてきらびやかな踊りを披露する。ステージの後ろにはライトを浴びた寺院群がくっきりと浮かんでいる。チケットはMPツーリズムのオフィスで入手できる。2月末～3月上旬のうちの1週間に開催。2024年の日程は以下のウェブサイトで確認のこと。
URL khajurahodancefestival.com

ヴィシュワナータ寺院　Vishvanath Temple

1002年建立のシヴァ神を祀る寺院。五堂形式をとるが現在は祀堂のふたつが失われている。壁面の彫刻には恋に焦がれる女性が多いことで知られ、また手紙を書く、赤子をあやす、音楽を奏でるなど女性たちの日常の様子が表現されている。向かいには、シヴァに仕える雄牛ナンディーを安置する**ナンディー堂Nandi Shrine**が対になって建っている。

シヴァを祀るヴィシュワナータ寺院

マタンゲーシュワラ寺院　Matangesvara Temple

西群の寺院入口左側の外にある。高さ2.5mの巨大リンガ（男根＝シヴァ神のシンボル）を本尊として祀り、今も多くの参拝者でにぎわう西郡唯一の現役寺院。10世紀初頭建立のカジュラーホー初期の寺院で、ピラミッド形の高塔をもつなど、ほかと異なり古いデザインを残している。

ⓘ カジュラーホーの寺院の内部は、外から想像するよりもはるかに狭い。なので最大の見どころは寺院の外側になる。男女交合のミトゥナ像が多いのは、寺院が建てられた当時は男性と女性原理の統一を求めるタントリズムがはやっていたため。

ジャイナ教の寺院群が見どころ
東群の寺院　Eastern Group

MAP　P.381-B1

　一群になっているパールシュヴァナータ寺院Parsvanath Temple、シャーンティナータ寺院Shantinath Temple、アーディナータ寺院Adinath Templeの3つはジャイナ教の寺院。ミトゥナ像は期待できないが、訪れる人も少なく静けさを楽しめる。今もジャイナ教徒が、本尊の前でひそかに祈りをささげる場面に出合うことがある。最大のパールシュヴァナータ寺院の表面は浮き彫りで覆われ、シャーンティナータ寺院内にはアディナート神像が祀ってある。寺院群の隣にはジャイナ教の博物館がある。ここからさらに北にあるヒンドゥー寺院群はこぢんまりしたもので、それぞれ場所も離れている。

西群最大のパールシュヴァナータ寺院

緑の畑に建つ神殿
南群の寺院　Southern Group

MAP　P.381-B2

　寺院群は西群と東群、南群では趣がまったく異なるので、できればこのあたりまでぜひ足を延ばしたい。特にドゥラーデーオ寺院DuladeoTempleは、アプサラス（天女）の像が美しい。橋を渡ったその1km南にはチャトゥルプジャ寺院Chaturphuja Templeがあり、ここから見る夕日は美しい。西群の寺院からここまでは4kmほどある。

小規模ながら優美なチャトゥルプジャ寺院

階段を降りると巨大なシヴァ像が
ジャタシャンカル寺院　JataShankal Temple

MAP　P.379

　川沿いの階段を200段以上降りてたどり着く、巨大なシヴァ像のある寺院。奇跡の水が流れるといわれる。巡礼者がひっきりなしに訪れ沐浴をする、今でもヒンドゥー教徒にとって重要な聖地だ。シヴァ像の近くには3つの目をもち、100年以上生きたといわれる牛の像が祀られているが、この牛はつい最近までこの地で実際に生きていたという。その写真も近くに飾られている。

シヴァ像

謎に包まれた地底湖寺院
ビムクンド地底湖寺院　Bhimkund

MAP　P.379

　マハーバーラタの時代から聖地とされている、地底湖とそれに隣接するヒンドゥー教寺院。青く透明度の高い地底湖の水の中で泳ぐと、あらゆる病や悪いものが消えるという。水はどこからやってくるかいまだに解明されておらず、深さは80mとも600mともいわれている。世界中の大きな災害の前には水が濁ったり、水面が揺れたりするという。

インド人の若者が水の中に飛び込んでいる

HINT

考古学博物館

Ⓗラリット・テンプル・ビューのすぐ北側にある。10分もあればひととおり見学できる程度の小規模の博物館だが、サンスクリット語が書かれた台座に座る美しいブッダ像や、ジャイナ教とヒンドゥー教の彫刻など、見応えのあるものが数多く展示されている。
🗺 P.381-A1
🕐 9:00～17:00
🈳 金
🈺 西群の寺院のチケットと共通。館内での撮影は不可。

西群の寺院の観光の帰りに寄ってみよう

ジャタシャンカル寺院
🕐 日の出～日没
🈺 無料
🚗 カジュラーホーから車で1時間40分程度。

ビムクンド地底湖寺院
🕐 日の出～日没
🈺 無料
🚗 カジュラーホーから車で2時間程度。

　ジャタシャンカル寺院、ビムクンド地底湖寺院ともにカジュラーホーから車をチャーターするのが良い。2つの場所を巡って1日1台Rs4000～6000程度。ホテルや旅行会社で手配可能。

 カジュラーホー行きのバスに乗り込み、到着前に旅行者と仲よくなってホテルに連れて行く客引きがいる。なかには問題の多いホテルに連れて行く者もいるので、要注意だ。

Hotel ホテル

メインストリートとジャイン・テンプル・ロードJain Temple Rd.が交差する村の中心あたりに安宿が多く、高級ホテルは中心部から少し離れた場所に点在している。オンシーズンは10～3月。4～9月はオフシーズンで、ホテルによっては宿泊料がディスカウントされる場合がある。

カジュラーホーの安宿のなかには、日本語を話すインド人が出入りしているところがあるが、彼らはホテルのスタッフではなく、お客をホテルやショップに紹介してコミッションを稼ぐのが商売。すべてが悪い人とはいわないが、なかには日本人女性を恋人気分にさせてお金を引き出す常習犯もいる。彼らは自分たちの実態が知られると困るので、他のホテルのスタッフやお客と話をさせようとしない。またホテルスタッフのセクハラ被害に遭う女性もいる。カジュラーホーならではの特殊な事情だが、実際に被害に遭っている人たちがおり、特に女性は気をつけたい。

昔からの日本人宿
[H]レイク・サイド
Lake Side

村の中心部 ₹
[MAP] P.381-A1

🏠 Opp. Shivsagar Lake ☎ 799-974-7829
[料][D]Rs400 🛁[S][W] Rs500～2000 🛁[A/C][S][W] Rs1500～2000 [TAX] 別 [Card] 不可 [Wi-Fi] [室] 20室

沐浴池の向かいにあり、日本語を話すオーナーがいる、昔から日本人に人気のホテル。

静かに過ごすなら
[H]カサ・ディ・ウィリアム
Casa Di William

村の中心部 ₹
[MAP] P.381-A1

🏠 Front Western Group of Temple ☎ 989-339-8536 [料]🛁[S][W] Rs650～800 🛁[A/C][S][W] Rs1150～1250 [TAX] 込 [Card] ADJMV [Wi-Fi] [室] 15室

部屋や庭など手入れが行き届いていて快適。村の中心から少し外れているので静かに過ごすことができる。

女性たちが生きいきと働いている
[H]ダックガル606
Dakghar 606

村の中心部 ₹₹
[MAP] P.381-A1

🏠 Opp.Shiv Sagar Lake ☎ 626-666-9059 [料][W] Rs2000～2400、[A/C][W] Rs2200～2800 [TAX] 込 [Card] MV [Wi-Fi] [室] 10室 ✉ dakghar606@gmail.com

「女性の雇用を促進し、地域コミュニティをサポートする」というコンセプトの下、地元出身の女性オーナーがインテリアなど、細部にいたるまでデザインした美しいブティックホテル。カジュラーホーでは珍しく、スタッフはほぼ全員が女性で、みな親切。

目が行き届いた宿
[H]マーブル・パレス
Marble Palace

村の中心部 ₹₹
[MAP] P.381-A1

🏠 Opp. Gole Market ☎ 942-534-2160
[料]🛁[A/C][S][W] Rs900 [TAX] 込 [Card] 不可 [Wi-Fi] [室] 9室

部屋は広めでホットシャワー24時間OK。日本語堪能なオーナーが寺院を楽しくガイドしてくれる（有料）。

親切でバイタリティにあふれた若いオーナーがいる
[H]カルマ・ホステル
Karma Hostel

村の中心部 ₹
[MAP] P.381-B1

🏠 Sevagram Ward.10 ☎ 876-648-2890 [料][A/C][W] Rs300～1000 [TAX] 込 [Card] ADJMV [Wi-Fi] [室] 24室

町の西側にあるリーズナブルなホステル。4ヵ国語を喋るオーナーのラージはバイタリティにあふれ、ツアーや通訳、鉄道・バスの手配もひとりでこなす。客室はシンプルながらも快適。共有スペースで他の旅人と話すのも楽しい。有料で駅からの送迎もしてくれる。

快適に過ごせる
[H]ハーモニー
Harmony

村の中心部 ₹₹
[MAP] P.381-A1

🏠 Jain Temple Rd. ☎ 07686-274-135
[料]🛁[S][W] Rs1400 🛁[A/C][S][W] Rs1800～2500
[TAX] 込 [Card] MV [Wi-Fi] [室] 50室

カジュラーホーの宿泊施設のなかでは総体的に評判のいいホテル。博物館や寺院にも近く、観光にも便利なロケーションだ。値段も手頃で、施設の古さは気になるものの、館内、客室とも清潔に保たれている。小さな中庭を囲んで客室があり、併設のレストランは味もいいと評価も高い。オーナーは日本語が少し話せる。

部屋数が多い
[H]スーリヤ
Surya

村の中心部 ₹
[MAP] P.381-A1

🏠 Jain Temple Rd. ☎ 07686-274-145
[料]🛁[S][W] Rs800～1000 🛁[A/C][S][W] Rs1500～1800
[TAX] 込 [Card] 不可 [Wi-Fi] [室] 55室
[URL] www.hotelsuryakhajuraho.com

部屋数が多く、緑が多い中庭もくつろげる。インド料理教室やヨーガ教室も開催している。

[i] 東群の寺院付近で小学校を見に行かないかと声をかけられることがある。着いて行くと授業の見学などをさせてくれたあと、学校に寄付を求めてくるが、そのお金が必ずしも学校に行くとは限らないことは念頭においておこう。

政府系の中級ホテル
H ジャンカール
Jhankar

村の南側 ₹₹
MAP P.381-A2

🏠 Airport Rd. ☎ 07686-274-063 🖥🖳🖵🖵🖶🄢 Rs 2490 📶 別 Card MV WiFi 📶 19室
URL mpstdc.com/accommodation/Khajuraho/MPT-Jhankar-Khajuraho

西群の寺院まで徒歩10分ほどのカジュラーホー村の南の外れにある、州政府経営の手頃な中級ホテル。インド、中華、西洋料理を提供するレストランを併設する。古いホテルだが、改装されて清潔で居心地がよい。客室は広く、周囲は静かな立地。スタッフのサービスも評判がいい。

カジュラーホーの高級ホテル
H ラリット・テンプル・ビュー
The Lalit Temple View

村の中心部 ₹₹₹
MAP P.381-A1

🏠 Opp. Circuit House ☎ 07686-272-111 🄢🖶 Rs1万5000〜8万5000 📶 別 Card ADJMV WiFi プランにより有料（Rs500〜1000）📶 47室
URL www.thelalit.com

カジュラーホーでは最高級の5つ星高級ホテル。西群の寺院まで徒歩8分ほどのカジュラーホー村の北の外れにあり、向かいには政府観光局がある。部屋も敷地も広々としてゆったりくつろげる。フィットネスクラブ、サウナ、屋外プールなど施設も充実。テンプルビューの部屋は、寺院とプールが同時に眺められる。

Restaurant レストラン

カジュラーホーにあるたいていのホテルはレストランを併設しているので、朝食には困らない。独立したレストランはJain Temple Rd.沿いに多くある。冬季のシーズン中は人気の店は旅行者で混み合うところもある。西群の寺院の向かいにもカフェやレストランがあり、上階のテラスから寺院の向こうに沈む夕日を見ながら食事ができる。

南インド料理の店
R マドラス・コーヒー・ハウス
Madras Coffee House

南インド料理 ₹
MAP P.381-A1

🏠 Main Rd. ☎ 831-981-4546 ◕ 9:00〜21:00 📶 込 Card 不可

ジャイン・テンプル・ロードとメインストリートの交差する大木の近くにある南インド料理店。ターリーのほか、ドーサーの種類が豊富。イドリーやワーダなどの軽食もあるので、コーヒーと一緒の朝食にもいい。

町いちばんの人気店
R バドリ・セス・マルワディ・ボージ
Badri Seth Marwadi Bhoj

ラージャスターン料理 ₹₹
MAP P.381-A1

🏠 Opp.Shiv Sagar Lake, Near Canara Bank ☎ 989-395-4395 ◕ 9:00〜22:00 📶 込 Card ADJMV

沐浴池近くにあるベジレストラン。地元の人やインド人観光客でいつも混雑している。おすすめはマールワーディ・ターリー Rs300。料理のボリュームも多い。付け合わせのグリーンチャトニもフレッシュでとてもおいしい。

カフェとしても使える店
R ラージャ・カフェ
Raja Cafe

カフェ ₹
MAP P.381-A1

🏠 Main Rd. ☎ 07686-272-307 ◕ 8:00〜22:30 📶 込 Card MV

くつろげるカフェ&レストラン。木陰の中庭、寺院が見える2階のテラス席、A/Cルームとさまざまなタイプの席がある。メニューの種類も豊富で、インド料理、中華料理、ピザやフィッシュ&チップスといった西洋料理まであるが、ブーナ・ゴーシュトなどのインド料理がふつうにおいしい。

イタリア料理を食べるなら
R メディタレーニアン
Mediterranean

イタリア料理 ₹
MAP P.381-A1

🏠 Jain Temple Rd. ☎ 07686-272-246 ◕ 7:30〜22:30 📶 込 Card AMV

通りを見下ろす上階にある、パスタ、ピザなどのイタリア料理が充実し、西欧人旅行者に人気のあるレストラン。ピザ・メディタレーニアンやスパゲティ・トマトソースなどがおすすめ。パスタは手作りにこだわっていて、麺やソースの種類も豊富。

沐浴池を眺めながら食事
R レイク・ビュー
Lake View

インド料理 ₹
MAP P.381-A1

🏠 Opp. Shivsagar Lake ☎ 799-974-7829 ◕ 7:00〜22:00 📶 別 Card 不可

ホテル・レイク・サイドにあるレストラン。インド料理のほか、醤油や味噌を使った料理などもある。夕暮れ時には沐浴池に沈む夕日が見え、夜には屋上の席から星空が眺められる。営業が不定期な時期もあるので、事前に確認するのが望ましい。

パンナ国立公園はクマやヒョウ、トラなどの野生動物が生息する国立公園。カジュラーホーから車で約26kmのマドラー Madla に入口があり、10〜6月の間ジープサファリを楽しめる。URL www.pannatigerreserve.in

インドの民俗画　その1

色鮮やかで派手なヒンドゥーの神像や華麗なイスラーム建築に目を奪われるインドだが、観光地ではない田舎の村に、民俗画という美しいアートがひっそりと存在している。

インドで最も有名な民俗画といえば、ミティラー画だろう。もともと五穀豊穣や家族の繁栄を祈って壁に描かれてきたものだが、近年になって紙に描かれて販売されるようになり、それが欧米で高く評価され一躍有名になった。ビハール州のミティラー地方は交通の便は悪いが、ジトワルプルなどの村を訪れれば、ミティラー画が描かれた家々を見ることができる。もちろん村では数多くの絵が売られている。

ビハール州のミティラー画

最近、人気になっているのがワルリー画とゴンド画だ。ワルリー画はマハーラーシュトラ州のターネーに住むワルリー族が描く絵で、素朴な線画で村の景色や踊りの風景が描かれている。ワルリー画も元は家族の繁栄を祈って壁に描かれる吉祥画だったが、紙に描かれるようになってその形式を外れ、人々の生活の風景が自由に描写されて人気を得た。ターネーに行くとワルリー画に描かれているそのままののどかな風景が広がっている。

マハーラーシュトラ州のワルリー画

ゴンド画は他の民俗画とはちょっと異なり、ジャンガル・シンというひとりの天才が作り上げた絵のスタイルだ。ジャンガル・シンはマディヤ・プラデーシュのパタンガルに生まれ育ったが、現地の伝統的なレリーフや紋様を取り入れながら、豊かな色彩で独自のスタイルを編み出し、それが高い評価を受けた。そのスタイルを周辺の人々が取り入れて描くようになってゴンド画と呼ばれるジャンルに発展した。テーマやスタイルは描く作家によってさまざまだが、部屋に飾っても違和感のない洗練された絵も多い。

これらの民俗画は、インドでも親しむ人が増え、デリー、ムンバイーといった大都市のエンポリウムやディッリー・ハートなどのみやげ物屋で数多く販売されている。また、ゴンド画を中心としたマディヤ・プラデーシュの民俗画を見るには、ボーパールのラシュトリヤ・マナーヴ・サングラハラヤと民族博物館（ともにP.358）にすばらしいコレクションがある。特にラシュトリヤ・マナーヴ・サングラハラヤはおすすめで、これを見るためだけにボーパールを訪れる価値がある。

これまで紹介した民俗画は紙に描かれて販売されているが、現地に行かないと見られない民俗画もある。元来インドの民俗画は民家の壁に描かれた吉祥画や宗教画であることが多く、そこでしか見られないものが本物の民俗画であるといえる。その代表的なものをいくつか紹介しよう。

ラージャスターンに住むミーナー族が描くミーナー画は、赤く塗られた土壁の上に、白でクジャク、虎、馬といった動物や植物を描いたものだ。描くのはその家の女性で、11月頃のディワリ祭を迎えるにあたって、毎年新しい絵に描き直される。ここでは壁画は「マンダナ」と呼ばれている。また土間には「ランゴリ」という吉祥紋様の床絵もよく描かれる。ディワリ祭の頃になると、村全体がマンダナとランゴリで埋め尽くされ、壮大なミーナー画の世界が出現するので、この時期にミーナーの村を訪れることをおすすめしたい。特にサワイマドプル周辺にミーナー画の村が多いが、最近は土壁の家がどんどん減ってきているので、だんだん見るのが難しくなっているのが残念だ。

ラージャスターン州のミーナー画

グジャラート州西部からマディヤ・プラデーシュ東部にかけてラトワ族という先住民族が住んでいる。彼らの家の内部に描かれているのがピトラ画という宗教画だ。これは家族の繁栄や作物の豊穣を祈って、「ラカーラー」という絵師によって描かれるもので、ラトワ族伝統の神話世界が描かれている。ピトラ画の中心に描かれるのは、ラトワの信仰するピトラ神が馬に乗った図で、ヒンドゥー教ではない神々の絵であることが興味深い。

ピトラ画は民家の内部に描かれているので、外側からは見えない。地元の人に尋ねてピトラ画のある家を紹介してもらうしかないが、グジャラートとマディヤ・プラデーシュの州境周辺の町や村にそういう家は散在している。

また、この周辺にはビル族の描くビル画もある。これもまたビル族独特の神話世界が描かれた絵だが、家の内部に描かれているので、絵を探すのは簡単ではない。ボーパールの人類博物館にはこういった絵が展示されているので、ここが最も簡単で質の高い民俗画を見ることができる場所だろう。

（蔵前仁一）

ラトワ族のピトラ画

EAST
INDIA 東インド

▶西ベンガル州 West Bengal
▶オディシャ州 Odisha
▶ビハール州 Bihar
▶ジャールカンド州 Jharkhand

東インド最大の都市、コルカタから南へ下ると、東インド最大のヒンドゥーの聖地プリーがある。オディシャ州のビーチでバカンスを楽しむこともできる。コルカタから北西に上って、仏教の最大の聖地ブッダ・ガヤーをはじめナーランダーなどブッダの足跡をたどる旅もいい。

top sites in east india
東インドの
ハイライト

1 Kolkata コルカタ

P.404

東インド最大の都市、コルカタ。イギリス植民地時代の拠点として栄えた町は、芸術、政治が盛んな文化発信基地としても知られている。

2 Santiniketan シャンティニケトン

P.416

アジア人で初のノーベル文学賞受賞者となった詩人タゴールが創立した芸術大学がある町。現在でも芸術活動が盛んな場所だ。

3 Bishnupur ビシュヌプル

P.416

コルカタから約200km、素焼きれんがで建てられた寺院が点在するビシュヌプルの町。かつての王朝の首都の名残を味わいたい。

4 Sundarbans National Park シュンドルボン国立公園

P.416

広大なマングローブの原生林にベンガルタイガーやジャングルキャットなど野生動物が生息する動物保護区。バードウオッチャーにも人気。

NE

Bihar

○パト

○ガヤ

ラーン

Odisha

ブバネーシ

プリー

東インド・旅のモデルプラン

範囲は広くないものの、コルカタを除けば大都市はほとんどなく、一般的には貧困地域といわれる州が多い。ただ、それゆえに残された素朴な景色や伝統を目にすることができるのも、このエリアの特徴ともいえる。知られざる魅力が埋もれている地域だ。

プラン1

仏教の聖地を巡る8日間

1日目 ✈パトナーへ。到着後、観光（パトナー泊）
2日目 🚌ナーランダー経由、ラージギルへ（ラージギル泊）
3日目 🚌or🚕ラージギル観光後、ブッダ・ガヤーへ（ブッダ・ガヤー泊）
4日目 ブッダ・ガヤー観光（ブッダ・ガヤー泊）
5日目 🚂ワラーナシーへ（ワラーナシー泊）
6日目 ワラーナシー観光（ワラーナシー泊）
7日目 サールナート観光（ワラーナシー泊）
8日目 ✈or🚂デリーへ（デリー泊）
9日目 デリー観光後、夕方✈空路日本へ

ビハール州を中心に、ブッダの足跡を訪ねるルート。パトナーを起点として、ナーランダー、ラージギルを観光しながらブッダ・ガヤーへ。ここから国境を越えてブッダ生誕の地であるネパールのルンビニーを目指すこともできる。

5 Patna パトナー

P.401

ビハール州の州都、パトナーは町自体には大きな見どころはないものの、仏跡の町、ラージギル、ナーランダー、ヴァイシャーリーへ行くならここが旅の起点となる。

6 Vaishali ヴァイシャーリー

P.400

ブッダが繰り返し訪れ、説法をしたと伝えられているヴァイシャーリーには、その証としてアショーカ王の石柱やブッダ入滅後に8つに分けて祀られた仏舎利のひとつが残る。

7 Naranda ナーランダー

P.400

広大な仏教大学の遺跡で、世界最古の大学のひとつとされるナーランダー。7世紀には1万人もの学僧が学んでいたという。僧院跡や寺院跡が残る遺跡は世界遺産となっている。

8 Bodh Gaya ブッダ・ガヤー

P.392

ブッダが悟りを開いたといわれる仏教徒にとっての聖地。そのときの菩提樹の末裔は現在も残っている。世界遺産でもあるマハーボディー寺院は世界中から仏教徒が訪れる。

9 Bhubaneswar ブバネーシュワル

P.424

オディシャ州の州都ブバネーシュワル。かつては7000を超える寺院があったともいわれる。旧市街には現在も聖地の面影が見られる。町の中心はリンガラージ寺院。

10 Puri プリー

P.430

ヒンドゥー教徒にとっては巡礼の地。土着の神ジャガンナートを祀っていることでよく知られている。また保養地としての顔ももち、穏やかなビーチでゆっくり過ごすのもいい。

11 Konarak コナーラク

P.433

プリーから東に35km、オディシャ州唯一の世界遺産があるのが、ここコナーラク。巨大な神殿、スーリヤ寺院（太陽寺院）。その精巧な彫刻は目を見張る美しさだ。

BANGLA DESH

West Bengal

ヌプル

コルカタ

プラン2

ベンガル湾の2都市をゆっくり旅する

1日目	✈空路、コルカタへ（コルカタ泊）
2日目	コルカタ観光（コルカタ泊）
3日目	コルカタ、シャーンティ・ニケトン観光（コルカタ泊）
4日目	✈or🚂ブバネーシュワルへ（ブバネーシュワル泊）
5日目	ブバネーシュワル観光
6日目	🚌or🚂プリーへ（プリー泊）
7日目	プリー、コナーラク観光（プリー泊）
8日目	プリー観光（プリー泊）
9日目	✈ブバネーシュワルからコルカタ経由で空路日本へ

コルカタからインドに入り、プリーの海辺でのんびりと過ごすプラン。東ベンガル州とオディシャ州は、どちらも魚介類がおいしい。この地域ならではの食文化にも触れてみたい。世界遺産コナーラクは必須の見どころだ。

インドの入域許可証

インドでは地域によっては入域制限が設けられている。2023年5月現在、州全域で入域制限をしているのは、アルナーチャル・プラデーシュとアマンダン＆ニコバル諸島。また一部で入域制限があるのはヒマーチャル・プラデーシュ州、ジャンムー＆カシュミール連邦直轄領、ラージャスターン州、スィッキム州、ウッタラカンド州となっている。なお、以前は入域制限があったマニプル、ナガランド、ミゾラム各州では到着後24時間以内に外国人登録を行うことで訪れられるようになっている。

東インド エリアガイド

ガンジス河の下流域とベンガル湾に面した地域が東インド。インドの東の玄関口でありイギリス植民地時代の面影を残すコルカタを州都とする西ベンガル州、ブッダが覚りを開いたブッダ・ガヤーや入滅の地クシーナガルをはじめとする仏跡が多いビハール州、ベンガル湾を望み世界遺産のコナーラクのスーリヤ寺院やのんびりできるプリーなど海沿いの見どころが魅力のオディシャ州、2000年にビハール州から分離したジャールカンド州がある。なお、西ベンガル州は2016年に名称を「ベンガル州」に変更する決議を採択したが、まだ実施にはいたっていない。

ベストシーズン　10〜3月

標高1500m以下の地域は、インドのなかでも寒暖の差が激しい場所。4〜6月は酷暑となり、観光するにはかなりつらい。特に4月のビハール州は暑い。6〜9月は雨季に入り、気温は下がるが湿度は増すので、不快感は続く。この時期の西ベンガル州コルカタは大雨のあとは町なかに水がたまることも。標高

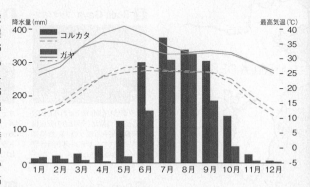

が高いダージリンは、下界が酷暑に悩まされている3〜6月はインド人の避暑客が訪れオンシーズンとなる。朝晩はかなり冷え込むので、上に羽織るものを必ず持っていこう。6月に入るとモンスーンの影響で雨が降る日も増えてくる。ただし、この時期にはヒマーラヤが望める確率はほぼない。ヒマーラヤを見たいのであれば10〜12月に行こう。

言語　ベンガル語（西ベンガル州）、オリヤー語（オディシャ州）、ヒンディー語（ビハール州、ジャールカンド州）、英語

コルカタを中心とした西ベンガル州ではベンガル語、オディシャ州ではオリヤー語、ビハール州とジャールカンド州ではヒンディー語が一般に使われている。オディシャ州やジャールカンド州で暮らす少数民族は独自の言語をもっている。

英語は、コルカタなどの都市部やプリーなどの観光地では比較的通じやすいが、内陸部の外国人に慣れていない場所では、ほとんど通じないところもある。

おもな祝祭日・祭り　◎6〜7月：ラタ・ヤートラー祭（プリー オディシャ州）　◎10月：ドゥルガー・プージャー（コルカタ 西ベンガル州）

コルカタで最も盛り上がる祭りがドゥルガー・プージャーだ。派手に装飾された10本の腕をもつ女神ドゥルガー像が町のあちこちで5日間祀られたのち、神輿のように担がれフーグリー河まで運ばれ、川に投げ込まれる。この祭りのあとコルカタの町は休日となる。

聖地プリーで開催されるラタ・ヤートラーはインド最大の祭りのひとつ。ジャガンナート寺院を出発した高さ14mの山車は、グンディチャ寺院へ向かい、1週間後ジャガンナート寺院へ戻ってくる。かつては神への帰依心から山車の車輪に飛び込む信者もいたという。

各州ポイント

西ベンガル州 West Bengal

コルカタは英領インド時代の首都。栄華はかつてのものとなったが、文化の香りが漂う。北はダージリンまでを含む。東ベンガルにあたるのは現在のバングラデシュ。

オディシャ州 Odisha

ベンガル湾に面したこの土地は、コナーラクの太陽寺院やプリーのジャンガンナート寺院など見所も多く、手工芸品の産地でもある。内陸部には先住民族が暮らす。

ビハール州 Bihar

「僧院」を意味するサンスクリット語Viharaが州名の由来。かつてはマガダ国が栄えブッダ・ガヤーなど仏跡も多いが、現在ではインドで最も貧しい州。

ジャールカンド州 Jarkhand

2000年にビハール州から独立。トラの生息するベトラ国立公園があるほか、家は色鮮やかな壁画が描かれたハザーリーバーグの村々でも知られる (P.386、423)。

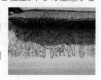

安全情報　ブッダ・ガヤーで話しかけてくるインド人には気をつけて

ブッダ・ガヤーで、親切にしてお金を巻き上げる手口や強引にみやげ物を買わせる手口が頻発している。なかには家族ぐるみでだまし、被害がかなりの金額になる事例もあるので注意しよう。コルカタのサダル・ストリートでも、恐喝やスキミング詐欺などの犯罪が起きている。また、山岳や森林地帯では、共産ゲリラのナクサライトが活動している。

Bodh Gaya बोधगया MAP C-2
ブッダ・ガヤー

いつも祈る人々の姿が絶えない、ブッダが覚りを開いた菩提樹のそば

ブッダ・ガヤーの市外局番
0631
ブッダ・ガヤーの人口
約 3.8 万人

ACCESS

飛行機
デリーからインディゴをはじめ4社が毎日1〜2便、所要約1時間30分。巡礼者が多い冬期は増便され、ワラーナシーなどのインド国内ばかりか、バンコクやヤンゴンからなどの国際便も飛ぶ。ガヤー空港はガヤー・ジャンクション駅の南西約10km、ブッダ・ガヤーの北西約12kmの地点にある。

鉄道
最寄り駅はガヤー・ジャンクション。ニューデリー駅から特急(1日3〜4便)で所要約11時間15分、急行(1日4〜7便)で約15時間。コルカタ・ハウラー駅から特急や急行(1日10〜14便)で6〜7時間。ワラーナシー駅から急行(1日6〜9便)で3時間30分〜4時間。ガヤー駅からブッダ・ガヤーまでの道のりは16kmで、駅前で待機しているリクシャーで行くと、片道Rs150ぐらい。乗り合いだとRs40前後。ただし、夜はRs200以上の料金を請求されることがある。

バス
パトナーからガヤーへの直通バスは1日7〜8本(所要3時間30分)。

ガヤーから南へ16kmほど、ニランジャナ(ナイランジャラー)川沿いに進むとブッダ・ガヤーにいたる。ここここそ菩提樹の下で瞑想を続けたブッダが、ついに覚りを得た所、仏教徒にとっては最高の聖地である。

およそ2500年前のこと、シャーキャ(釈迦)族の王子として生まれたシッダールタは、人生の苦悩を痛感し、解脱への道を求めて世俗の生活を捨て去り、厳しい苦行を続ける。それでもなお解答は得られず、やがてウルヴェーラー村(現在のブッダ・ガヤー)の大きな菩提樹の下で深い瞑想に入った。そして時を忘れた瞑想のさなか、長く暗い夜がまさに明けようとしていたときに、澄み切った覚りがその人の心を訪れたのである。

ここに世界の謎は解け、宇宙はその真の意味を開示した。人間がなぜ存在するのか、またどのように生きればよいのかという疑問への答えなど、透きとおった水の中にあるもののようにはっきりと、その人には見えたことであろう。こうしてブッダ(覚者・覚った人)となり、静かな歓喜に包まれるその人を見守るのは、もの言わぬ大樹と未明の空に輝く明けの明星だけであった。

後にこの覚りの内容は、四諦八正道の教えとしてまとめられ、さまざまな国に伝えられ、多くの人々にとって心の支えとなった。現在のブッダ・ガヤーは仏教徒にとっては最大の聖地であり、タイ、スリランカ、チベット、ミャンマーなどからの信者が、絶えることなく訪れる国際的な信仰の場となっている。

ブッダ・ガヤーには日本のお寺が建てた大仏もある

 列車が遅れたりして遅い夜にガヤー駅に着くと声をかけてくるオートリクシャーの運転手もいるが、ひとりの場合は暗くなってからの移動は禁物。日本人女性がひと気のない所に連れていかれて乱暴された事件も起きている。

392

ブッダ・ガヤーの歩き方

世界的にはブッダ・ガヤーという地名で知られているが、現地では**ボード・ガヤーBodh Gaya**と呼ばれる。

デリー〜コルカタ間の移動の途中だったらガヤー駅下車。ガヤーはヒンドゥーの聖地としても有名な町。到着が遅くなったら、無理せず駅近くのホテルに1泊しよう。夜中に移動しても、ブッダ・ガヤーの夜は早く、ほとんどの店は閉まっているからだ。

ブッダ・ガヤーに着いてしまえば、そこはのどかな村。大都市から来ると、気持ちもリラックスできるはず。大塔のあるマハーボディー寺院を中心に、寺院やホテル、レストランなどが通り沿いに並んでいる。バススタンドは町の西側。中心部へ行くには、電動オートリクシャーに乗り換えるか徒歩、普通のオートリクシャーなら町の外側をぐるっと回ることになる。バススタンドから町へ向かう途中にある**ツーリスト・コンプレックスTourist Complex**には、観光案内所と鉄道予約センターがある。

中心部は各国からの巡礼客や観光客でいつもにぎわっている。ただしマハーボディー寺院の周りの通りは歩行者専用道となっていて、リクシャーも入れないので注意。朝が早い町なので、夜は早々と閉まる店が多い。

各国の寺院のなかでもひときわ目を引くタイ寺院

INFO

ブッダ・ガヤー観光案内所
Tourist Information Centre
MAP P.393-A2
☎ 0631-220-0672
◷ 10:00〜17:00
休 日、祝
ツーリスト・コンプレックス内にあり、パンフレットなどを置いている。

鉄道予約センター
MAP P.393-A2
◷ 8:15〜20:15
休 祝
ガヤー駅まで行かなくても、ここで鉄道のチケットが買える。

ACCESS

ブッダ・ガヤー発のバス
ブッダ·ガヤーからは、コルカタ、ワラーナシー、スィリグリーへの民間バスがR Cafe Coffee Day前のバススタンドから出ている。長距離は夜行バスが主流。チケットは、町なかにある旅行会社やバススタンドで購入可能。公営の長距離バスはガヤーから出ている。ラージギルへのバスは、ブッダ・ガヤーの北15km、ガヤー対岸の町マンプルManpurのバススタンドから。

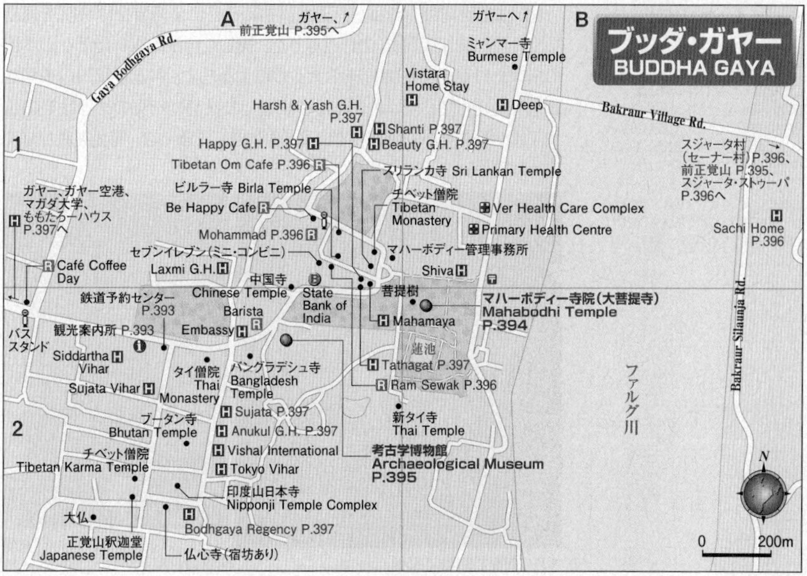
ブッダ·ガヤー
BUDDHA GAYA
A
B
1
2
ガヤー、前正覚山 P.395へ
ガヤーへ
Gaya Bodhgaya Rd.
ミャンマー寺 Burmese Temple
Vistara Home Stay
Deep
Bakraur Village Rd.
Harsh & Yash G.H. P.397
Shanti P.397
Beauty G.H. P.397
Happy G.H. P.397
Tibetan Om Cafe P.396
スリランカ寺 Sri Lankan Temple
ビルラー寺 Birla Temple
チベット僧院 Tibetan Monastery
Be Happy Cafe
Ver Health Care Complex
Primary Health Centre
Mohammad P.396
マハーボディー管理事務所
セブンイレブン(ミニ·コンビニ)
Laxmi G.H.
Shiva
ガヤー、ガヤー空港、マガダ大学、ももたろーハウス P.397へ
Café Coffee Day
中国寺 Chinese Temple
State Bank of India
菩提樹
マハーボディー寺院(大菩提寺) Mahabodhi Temple P.394
鉄道予約センター P.393
Barista
Mahamaya
バススタンド
観光案内所 P.393
Embassy
蓮池
Siddartha Vihar
タイ僧院 Thai Monastery
バングラデシュ寺 Bangladesh Temple
Tathagat P.397
Sujata Vihar
Ram Sewak P.396
Sujata P.397
新タイ寺 Thai Temple
ブータン寺 Bhutan Temple
Anukul G.H. P.397
ファルグ川
Vishal International
チベット僧院 Tibetan Karma Temple
Tokyo Vihar
考古学博物館 Archaeological Museum P.395
印度山日本寺 Nipponji Temple Complex
大仏
Bodhgaya Regency P.397
正覚山釈迦堂 Japanese Temple
仏心寺(宿坊あり)
スジャータ村(セーナー村) P.396、前正覚山 P.395、スジャータ·ストゥーパ P.396へ
Sachi Home P.396
Bakraur-Silaunja Rd.
N
0
200m

ℹ ラージギルからのバスはブッダ・ガヤーの北15km、対岸の町マンプルのバススタンドに着く。所要2時間。そこからはオートリクシャーで。

マハーボディー寺院

☎ 0631-220-0735
🕐 5:00〜21:00
💰 無料
※カメラ持込料Rs100、ビデオ持込料Rs500
🔗 www.bodhgayatemple.com

寺院北側にカメラチケット売り場、携帯預け所（無料）、クローク（無料）、靴預け所（無料）が並んでいる。携帯は持ち込み禁止なので、ここで預けよう。靴は境内まで履いてもいけるが、本堂付近は土足不可なので、ここで預けるといい。境内に入る前に、X線のセキュリティチェックがある。

寺院入口に、携帯や靴を預ける場所がある

HINT

ブッダ・ガヤーの治安について

ブッダ・ガヤーは明るくのんびりとした雰囲気で、長期滞在するのも悪くない。小さい町なので凶悪犯罪も多くない。日本語で話しかけてくる人も多いが、すべてが悪人というわけではなく、話をするだけなら害はない。ただし、すすめられるままむやみに食事をおごられたり、バイクに乗せてもらったり、家についていったりしないこと。
また、ブッダ・ガヤー周辺には、寄付とボランティアで成り立っている組織が数多くある。村に連れて行き、運営のためといってしつこく寄付を求めるケースも多い。寄付をするなら、それが子供の教育などのために使われない可能性もあると了解したうえで。

ブッダ・ガヤーのおもな見どころ

ひときわ高くそびえる大塔
マハーボディー寺院（大菩提寺） Mahabodhi Temple

MAP P.393-B2

　ブッダが覚りを得た地に建つ高さ52mの塔で、2002年に世界遺産に登録された。アショーカ王が紀元前3世紀に建造した寺院を起源とする。現在の建物は5〜6世紀のもので、その後改修を繰り返して現在の形になった。7世紀にインドを訪れた玄奘による『大唐西域記』にも、この寺院の記述がある。

　入場は敷地の東側にあるゲートから。階段を下り、境内に進むと目の前に大塔がそびえる。香煙が漂う寺院内には、金色の仏像が祀られている。寺院のすぐ裏側には、ブッダが座した場所を示す石の台、**金剛座 Diamond Throne**が置かれ、その上には菩提樹が大きく枝を広げている。この金剛座の前で、今もブッダがそこに座しているかのように深い礼拝をささげる僧や巡礼の姿は、時を超えた信仰の力を思わせる。

　寺院を訪れるのならば、夜明け前がおすすめだ。朝もやの中、チベット仏教僧が五体投地を行っている寺院の周りでは、スリランカやタイなど世界各国からの信者が唱える経文が混じり合い、渦となって響き合っている。その光景に激しく心を揺さぶられるだろう。

高い塔をもつマハーボディー寺院の本堂

本殿　Mahabodhi Temple

　紀元前3世紀頃アショーカ王が最初にここに仏塔または寺院を建立し、7世紀頃にほぼ現在の形となった。美しく均整の取れた現在の本殿の塔は、11世紀と19世紀末の大改修によるもの。れんが積みの表面を漆喰で仕上げている。内部には参拝者たちを静かに見つめる金箔の仏像（10世紀末）が安置されている。建物内に入るには、履物を脱がなくてはならない。

本殿に鎮座する黄金の仏像

本殿前のトーラナ（門）は8世紀頃の花崗岩製

ガヤーからブッダ・ガヤーに来る場合は、混んでいなければ乗合オートリクシャーがおすすめ。ただし町の中心部は電動リクシャーしか走れないので、マハーボディー寺院の1kmほど手前のバススタンド前で降ろされる。

菩提樹　Bodhi Tree

　出家後6年を経た35歳のとき、ゴータマ・シッダールタはこの木の下で49日間の瞑想に入り、ボーディ（菩提、覚り）を得てブッダとなった。「菩提樹」と呼ばれるゆえんである。本殿の背後にある現在の木はその木の直接の末裔と伝えられ、ブッダが座した場所には金剛座が祀られている。現在は周囲に柵ができ、菩提樹に直接触れられないようになっている。

この菩提樹の下でブッダに覚りが訪れた

欄楯（らんじゅん）　Vedika

現在、現地で見られるものはレプリカ

　高さ2.4m。ブッダの過去世物語や蓮華文様などが浮き彫りされた、前1世紀頃のものを主体とする。特に有翼の馬や半人半馬、人魚などの生物はヘレニズム文化の影響がうかがえる貴重なもの。今ではほとんどがレプリカに置き換えられ、原物は考古学博物館（欄外参照）に移されている。

それぞれのお国ぶりを見せる
各国の仏教寺院　Buddhist Temples
 MAP　P.393

　あずき色の僧衣を着たチベット僧が集うチベット僧院、少し離れて中国寺、タイ僧院、その先に印度山日本寺もある。この日本寺は日本の各宗派が共同で建立したもの。朝夕2回の勤行の時間があるので、世界各国の信者と共に参加してみては。仏教の聖地にいることを実感できるよい機会にもなる。

1973年創建の印度山日本寺

ブッダが6年にわたる修行をした
前正覚山　Mahakala Mountain
MAP　P.393-A1、B1外

　出家したシッダールタが6年に及ぶ厳しい苦行を行っていたといわれているのが、前正覚山だ。ブッダ・ガヤーからはニランジャナ川を越えて、東の数km先に見える岩山がそれだ。麓から長い坂を上った中腹にはチベット寺院があるが、その1段上に、シッダールタが断食の苦行をしていたという小さな洞窟がある。苦行の末、シッダールタは骨と皮ばかりのやせこけた姿になるが、結局覚りを得ることはできなかった。

左側にシッダールタが苦行した小さな洞窟がある

INFO

そのほかの見どころ
考古学博物館
Archaeological Museum

🗺 P.393-A2
🕐 10:00～17:00
🈳 金
💴 Rs10

ブッダ・ガヤーの出土品を展示。マハーボディー寺院にあった紀元前1世紀頃の欄楯（らんじゅん、装飾を施した垣）が見もの。そのほか8～12世紀頃の仏像が多くある。館内写真撮影不可。

小さな博物館だが、忘れずに寄ってみよう

HINT

昼のクローズタイム
各国の仏教寺院はたいてい6:00～17:30頃は開いているが、12:00～14:00は閉まっている。

ブッダ・ガヤーにある日本のお寺
全部で4つある。印度山日本寺は日本の各宗派が共同で建立したもの。仏心寺は浄土宗、大生山一心寺は日蓮宗、正覚山釈迦堂は大乗教のお寺となっている。

前正覚山
💴 お布施
ガイドのバイクを利用した場合は、スジャータ村やベンガル菩提樹の巨木を通り過ぎ、枯れ川を越えて、未舗装道をさらに30分（マハーボディー寺院から約50分）。オートリクシャーの場合、大回りだが舗装道路を通りスピードも出せるので、マハーボディー寺院からなら40分ほどで着く。麓から洞窟までは、歩いて20分ほど。洞窟内は狭く、一度に7～8人しか入れない。

ブッダ・ガヤーやパトナーがあるビハール州は、2016年に禁酒州となった。酒類が購入できないだけでなく、飲酒や酒類の所持、他州からの持ち込みも禁止。違反した者には、たとえ外国人であっても重い刑罰が与えられるので十分に注意しよう。

のどかな風景が広がる
スジャータ村（セーナー村） Sujata Village (Sena Village)

厳しい苦行だけでは覚りを得ることができないと、シッダールタは前正覚山から下山し、教典に尼連禅河として登場するナイランジャラー川（現ニランジャナ川）で体を清めるため沐浴をする。そのとき、川のほとりのセーナー村の娘スジャータから乳粥供養を受け、断食苦行でやせ衰えていたシッダールタは心身ともに回復する。その後、ブッダ・ガヤーの菩提樹へと向かい、やがて覚りを得た。

当時のセーナー村は、現在は村の娘スジャータにちなんで、スジャータ村、あるいはバクロウルBakrour村と呼ばれている。雑貨店が数軒と市場があるだけの小さな村だが、村にはスジャータから乳粥供養を受けるブッダの像がある。また村には、スジャータが住んでいたという場所に8～9世紀に建てられた**スジャータ・ストゥーパSujata Stupa**の跡がある。

前正覚山とスジャータ村の間、サラワスティ村の近くにはベンガル菩提樹（バニヤン・ツリー）の巨木がある。スジャータ村からは3kmほどの所にあり、ブッダ・ガヤーの町からオートリクシャーやガイドのバイクなどで行くことができる。

巡礼者の姿も見えるスジャータ・ストゥーパ

HINT

スジャータ村のゲストハウス

HSachi Home
MAP P.393-B1
Sujata Village (Bakrour)
997-329-9073
⑩Ⓓ Rs500 Ⓢ Rs1200
⑩ Rs1300
込 Card 不可
Wi-Fi 15室
URL sachihome.org
スジャータ村にあるゲストハウス。スタッフは日本語が話せる。ヒーリング関係のグループや長期のボランティアが泊まっている。食事付き料金、ウイークリー割引などあり。レストランも併設している。

Restaurant レストラン

高級レストランはないが、仏教徒が集まる世界的な巡礼地なので、小さな町ながらもインド料理以外にもチベット料理、中華料理、タイ料理、日本料理などを出すレストランがある。また外国人旅行者向けのカフェもあり、ケーキ類も充実。注意としては、店の閉店時間が早いこと。お客が少ないと早じまいしてしまうので、食べそびれないように。また、仏教の地ということもあり、ほとんどがベジタリアンメニューとなる。

インド料理を安く食べるなら
Rラーム・セワク
Ram Sewak

北インド料理 ₹
MAP P.393-A1

Near Birla Dharamshala ☎ 997-365-3180
🕐7:00～22:00 Rs100 込 Card 不可

地元客が多い食堂風のインド料理ベジレストランだが、旅行者も入りやすく清潔。Rs60の1プレートのターリー（ダールと野菜カレー）が定番の人気だ。朝食はパラータやプーリーがRs40と低価格で食事ができる。マサラドーサRs60など南インド料理のメニューもある。チョーメンなど他のメニューもRs100以下だ。

人気のチベット料理店
Rモハンマド
Mohammad Restaurant

チベット料理 ₹₹
MAP P.393-A1

Miya Bigha ☎ 993-402-2691 🕐7:30～21:30
Rs150～200 込 Card 不可

殺風景な食堂風だが地元では人気の店。一般的なインド料理もあるが、モモやトゥクパなどのチベット料理がおいしいと評判。ケーキなどのデザート類も充実している。

落ち着いたチベット料理店
Rチベタン・オーム・カフェ
Tibetan Om Cafe

チベット料理 ₹
MAP P.393-A1

Near Birla Dharamshala Rd. ☎ 981-686-6717
🕐7:30～21:00 Rs200 込 Card 不可

集合住宅風のビルの中庭に面したチベット料理のレストラン。トゥクパやタントゥクなどの麺系が、スパイスに疲れた胃をなごましてくれる。朝食メニューにはチベタン・ブレックファストRs150もある。落ち着いた雰囲気で、カフェ利用している旅行者も少なくない。チベットみやげ物屋も併設。

 仏心寺には宿坊があり、ドミトリー1泊Rs180、Ⓢ Rs600、⑩ Rs900で宿泊可能。ホテルとは違うので、お寺のマナーを守って宿泊したい。1年のうち半年ほど（おもに冬期）日本人のご住職も駐在しており、希望者は朝晩のお勤めにも参加できる。

Hotel ホテル

仏教の聖地ということで、世界中から訪れる巡礼者や観光客でいつもにぎわっている。特に冬期の12～1月を中心とした巡礼シーズンは満室も多くなり、宿泊料金も上がる。宿の中には、みやげ物屋やツアーへの勧誘がしつこいところもあるので、いらないときはきっぱり断ろう。

なおブッダ・ガヤーにある日本寺は、現在は一般旅行者を受け入れていないが、仏心寺やミャンマー寺、チベット僧院などは宿泊が可能。

ホームステイ気分のももたろーハウス

Ⓢシングル、[DW]ダブル　注：[TAX]の表示のないホテルでもTAXがかかる場合があります。

町の西側 ₹ [MAP] P.393-A1外 [H] ももたろーハウス Momotaro House	🏠 New Tarihide Bhagalpur ☎ 954-679-5256 [料] 🚿 Ⓢ Rs800～1000 [DW] Rs990～1400 [TAX] 込 [Card] 不可 [Wi-Fi] [室] 7室 [URL] guesthouse-bodhgaya.jimdofree.com	観光案内所から徒歩15分。日本人の奥さんとインド人の旦那さんのお宅で、快適なホームステイができる。日本食(有料・予約制)もあり。ガヤの駅や空港からの送迎もあり(有料)。
日本寺周辺 ₹ [MAP] P.393-A2 [H] アヌクル・ゲストハウス Anukul Guest House	🏠 New Temple Rd. ☎ 993-406-3213 [料] 🚿 Ⓢ [DW] Rs900～ 🚿 [A/C] Ⓢ [DW] Rs1200～ [TAX] 別 [Card] 不可 [Wi-Fi] [室] 24室 [URL] anukulguesthouse.com	マハーボディー寺院へは徒歩10分のにぎやかなエリアにある。部屋はシンプルだが清潔で、居心地は悪くない。日本語スタッフがいるときもある。
グラウンド北 ₹ [MAP] P.393-A1 [H] ビューティー・ゲストハウス Beauty Guest House	🏠 Near North Side of Kalachakra Ground ☎ 620-080-0048 [料] 🚿 Ⓢ Rs600 [DW] Rs700 🚿 [A/C] Ⓢ [DW] Rs1200～3000 [TAX] 込 [Card] 不可 [Wi-Fi] [室] 36室 [URL] www.beautyguesthouse.in/ja-jp	Kalachakra Groundの北側。部屋は新しくきれいで、24時間お湯も出る。スタッフはフレンドリーで親切だが、適度な距離も保ってくれるので居心地はいい。
日本寺周辺 ₹₹₹ [MAP] P.393-A2 [H] ボードガヤー・リージェンシー Bodhgaya Regency Hotel	🏠 Near Japanese Temple ☎ 0631-220-0415 [料] 🚿 [A/C] Ⓢ Rs5500 [DW] Rs6500 [TAX] 別 [Card] MV [Wi-Fi] [室] 112室 [URL] www.bodhgayaregency.com	オーナーのスレーシュさんは日本語が堪能。団体客も泊まる大型ホテル。部屋は広くゆったりしており、ビジネスデスクがあるのもうれしい。レストランを併設。4月～9月末まではオフシーズン価格。
中心部 ₹ [MAP] P.393-A1 [H] ハッピー・ゲストハウス Happy Guest House	🏠 Near Birla Rd. ☎ 995-557-4555 [料] 🚿 Ⓢ Rs400 [DW] Rs600 🚿 [A/C] Ⓢ Rs700 [DW] Rs800～1000 [TAX] 込 [Card] 不可 [Wi-Fi] [室] 20室	低料金で泊まりたい人向けのシンプルなゲストハウス。1階はレセプションを兼ねたレストランとジェネラルストア。オーナーは少し日本語が話せる。
グラウンド北 ₹ [MAP] P.393-A1 [H] ハルシュ&ヤーシュ Harsh & Yash Guest House	🏠 Near North Side of Kalachakra Ground ☎ 943-083-9712 [料] 🚿 Ⓢ [DW] Rs650 [TAX] 込 [Card] 不可 [Wi-Fi] [室] 23室	Kalachakra Groundの北側。部屋は値段のわりにきれいで清潔。オーナーは日本語を話し、言葉の面でも安心できる。ホットシャワー24時間可。
日本寺周辺 ₹₹₹ [MAP] P.393-A2 [H] スジャータ Hotel Sujata	🏠 Japanese Temple Rd. ☎ 993-907-4791 [料] 🚿 [A/C] Ⓢ Rs5500 [DW] Rs7400 [TAX] 別 [Card] MV [Wi-Fi] [室] 77室 [URL] sujatahotel.com	日本語が通じるスタッフも常駐しており、日本からの団体客も多い大型ホテル。日本人向けに、男女別の大浴場があるのも人気の理由だ。
グラウンド北 ₹ [MAP] P.393-A1 [H] ホテル・シャンティ Hotel Shanti	🏠 Near North Side of Kalachakra Ground ☎ 909-717-0075 [料] 🚿 Ⓢ Rs300～500 [DW] Rs600～800 🚿 [A/C] Ⓢ [DW] Rs800～1200 [TAX] 込 [Card] 不可 [Wi-Fi] [室] 27室	部屋は狭いが清潔。ホットシャワーOK。朝食付きのA/CダブルルームはRs 1500。12～1月の巡礼シーズンは料金が上がる。
中心部 ₹₹ [MAP] P.393-A1 [H] ホテル・タタガット Hotel Tathagat	🏠 Near MainTemple ☎ 0631-220-0107 [料] 🚿 [A/C] Ⓢ [DW] Rs3500～ [TAX] 別 [Card] AMV [Wi-Fi] [室] 67室 [URL] hoteltathagatbodhgaya.com	マハーボディー寺院へ徒歩2分。にぎやかなエリアにある中級ホテルで客室数も多い。ただしやや古びているとの声も。レストランを併設。

[i] ブッダ・ガヤーの安宿には日本語堪能な自称日本語ガイドが出入りしているところが多く、彼らの目的はお客をみやげ物屋に連れていくこと。話し相手としては楽しくても、断るのが苦手な人はつきあいで買う羽目になる。

ラージギル

ラージギルの市外局番
06112

ラージギルの人口
約4.2万人

ACCESS

パトナーから

列車が1日5本あり、いちばん楽。おすすめは7:49発、ラージギル11:45着の13234Rajgriha Exp.。バスの場合は直通は少なく、ビハール・シャリフBihar Sharif行き（1時間に1～2本、約2時間）に乗り、そこでラージギル行き（ナーランダー経由）に乗り換える（1時間に1～2本、約2時間）。

ブッダ・ガヤーから

ガヤーの対岸マンプルManpurのバススタンドから、ラージギル行きのバスが1時間に1本程度出ている。所要約2時間。マンプルまではオートリクシャーで15分。

ブッダが法華経を説いたというグリッドラクータ山に集まる巡礼者たち

ラージギルは5つの山にぐるっと囲まれた盆地、ブッダの時代にマガダ国の首都ラージャグリハ（漢訳は王舎城）があった所だ。

ここはまた、出家したブッダが修行に入った地であり、晩年も滞在し多くの説法をなした所として有名だ。グリッドラクータ山（霊鷲山）の山頂が、晩年のブッダが滞在し、説法したといわれる聖地。そのほかマガダ国のビンビサーラ王がブッダの教団に寄進した竹林精舎の跡や、ブッダの死後、弟子たちが集まって生前のブッダの言葉を集めた仏典結集が行われたサプタパルニ洞窟もある。

岩山のひとつラトナギリ（多宝山）の上に白く輝くのは、日本山妙法寺が建てたヴィシュワ・シャンティ・ストゥーパ（仏塔）。日本山妙法寺は、日本の仏教教団（日蓮系）のひとつで、仏教の母国インドに帰り、仏法と平和のメッセージを広めるために活動を続けている。

ジャイナ教の開祖マハーヴィーラもこの地で修行したため、ここはジャイナ教の聖地でもあり、寺院も多い。

ラージギル駅
Rajgir R.S.
ナーランダー、ビハール・シャリフ、パトナーへ（100km）
ジャイナ寺院
Anand LOK P.399
Vijay Niketan
日本山妙法寺　広場
タイ寺院
ミャンマー寺　新ジャイナ寺院
Rajgir Residency　ベンガル寺　（丘の上）
インド　Hotel Siddharth P.399
法華
竹林精舎跡
Venuvana P.399
食堂街　ラトナギリ
ターンガー（馬車）乗り場　Ratnagir P.399
ジャイナ寺院　ラクシュミー・ナーラーヤン寺院
Lakshmi Narayan Temple P.399
シヴァ寺院
ジャイナ遺跡　ヴィシュワ・シャンティ・ストゥーパ
サプタパルニ洞窟　Vishwa Shanti P.399　公園　Stupa P.399
ジャイナ教博物館
Veerayatan　小温泉
Jeevakamra 遺跡
門
ビンビサーラ王の牢獄跡　グリッドラクータ山
Griddhakuta P.399
ラージギル
RAJGIR
0　500m
ガヤーへ（66km）

ラトナギリ頂上にあるヴィシュワ・シャンティ・ストゥーパ

 今ではただの空き地にしか見えないが、ラージギルの町外れにマガダ国時代の城壁の一部などが残っている。バススタンドから温泉寺院に行く途中や、ラトナギリに行く途中にあるので、注意してみよう。

ラージギルの歩き方

　ビハール・シャリフまたはガヤーからのバスや乗合ジープが着くバススタンド前の十字路は小バザールになっていて、安宿や食堂がある。十字路を東に700mほど進んだ突き当たりが旧道のバザール。旧道を南へ10分ほど歩くと、左側にミャンマー寺とベンガル寺があり、その先で、旧道はバス道路と合流して一本道となる。

　バススタンドからバス道路をガヤー方向へ約1km行った右側が**竹林精舎跡**Venuvana。塀で囲まれた公園に整備され、日本山妙法寺側のゲートに抜けられる。妙法寺を南側に出ると、バス道路沿いに小さなバザールが見える。その奥に温泉寺院とも呼ばれる**ラクシュミー・ナーラーヤン寺院**Lakshmi Narayan Templeがあり、インドでは珍しい温泉が湧いている。

　温泉寺院の後ろの丘をそのまま頂上まで30分ほど登るとジャイナ寺院があるが、そこから少し下った所にブッダ入滅後に僧たちが最初の結集をしたという**サプタパルニ洞窟**Saptaparni Caveがある。

　ラージギルでは、まずブッダが集まった弟子たちに法華経を説いたとされている岩山、**グリッドラクータ山**Griddhakuta（霊鷲山）を目指そう。バススタンドからは南へ5〜6km。山の麓には頂上へと続く石段や食堂、**ラトナギリ**Ratnagir（多宝山）へと上るロープウエイの乗り場がある。まずはロープウエイでラトナギリ頂上を訪れ、純白の仏塔**ヴィシュワ・シャンティ・ストゥーパ**Vishwa Shanti Stupa（世界平和塔）へ。ラトナギリ頂上には、このストゥーパを建てた日本山妙法寺もある。見学後はそのまま歩いて階段を下り、グリッドラクータへ。その小さく開けた頂上は、今もブッダが「常在」する聖所。履物は脱ぐこと。ここでタイやスリランカからの巡礼者の儀礼を目にすることもあるだろう。その後は麓まで階段を下るのがよいだろう。

第1回仏典結集が行われたというサプタパルニ洞窟の入口

竹林精舎跡
- P.398
- Nimal
- 日の出〜日没
- Rs100

HINT

グリッドラクータ山へのアクセス
バススタンド周辺からは、馬車のターンガーで行くのが一般的。片道約25分。料金は往復でRs200〜300。シャンティ・ストゥーパと伝えたほうが、通りがいい。麓からラトナギリ頂上まではロープウエイ（往復Rs80）が便利（ 8:15〜13:00、14:00〜17:00）。

Hotel ホテル

アクセスが便利
アーナンドLOK
Hotel Anand LOK

バススタンド ₹₹
MAP P.398

- Near Bus Stand
- 834-054-0920
- S Rs999〜2199
- 別 Card MV 35室
- URL hotelanandlok.in

2018年にオープンしたばかりで、部屋もきれいで広め。バススタンドに隣接しているが、裏側にあるので騒音は気にならない。1階のレストランは、旅行者向けのレストランが少ないこの町では何かと便利。チェックアウトは12時。

手頃な中級ホテル
シッダールタ
Hotel Siddharth

温泉寺院 ₹₹
MAP P.398

- Opp. Old Japanese Temple, Nr. Hot Spring
- 878-957-6366
- S Rs1500 Rs2000
- AC S Rs2100〜2700 Rs2500〜3500
- 込 Card MV WiFi 26室 URL siddharthrajgir.in

バススタンドから徒歩10分。温泉寺院に近く、昔から日本人利用も多い老舗ホテルで、オーナーは日本語も話す。少人数のグループ利用が多い。朝食付き。館内は清潔で客室もシンプル。3ベッドルームや2部屋を続きで使えるファミリールームもある。

 ラージギルは旅行者向けのレストランが少ない。バススタンド周辺、温泉寺院の前、ラトナギリへのロープウエイ乗り場の周りに食堂がある程度。あとは基本的にホテルのレストランを利用することになる。

ナーランダー遺跡
🕐 10〜2月9:00〜16:40、
3〜9月9:00〜17:00
💰 Rs600
※ビデオ持込料Rs25

博物館
🕐 9:00〜17:00 休金 💰 Rs5

ACCESS

ナーランダーへ
ラージギルからはビハール・シャリフ行きのバスに乗って約20分。パトナーからはバスでビハール・シャリフへ行き（所要約2時間）、ラージギル行きのバスに乗り換えて約30分。バスは「ナーランダー遺跡」の看板がある幹線道路に停まるので、そこから遺跡までの2kmは電動オートリクシャーかサイクルリクシャーを利用。

アショーカ王の石柱
🕐 日の出〜日没 💰 Rs300
※ビデオ持込料Rs25

博物館
🕐 9:00〜17:00 休金 💰 Rs10

ACCESS

ヴァイシャーリーへ
パトナーからハジプルHajipur行きのバスに乗り、ヴァイシャーリー方面への分岐で下車（所要約45分）。そこから乗合オートリクシャーに乗るかチャーターして行く（約40分）。パトナーでタクシーをチャーターすると、往復でRs2000〜2200程度。

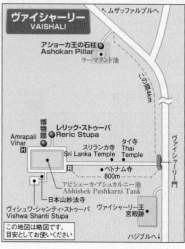

仏教大学が栄えた
ナーランダー Nalanda

MAP 折込C-2

　ナーランダーは広大な仏教大学の遺跡だ。5世紀に建設された世界最古の大学のひとつで、13世紀にイスラーム教徒に破壊されるまで、この大学は仏教学の一大センターであった。7世紀に玄奘がここに滞在したときは、数千人もの学僧が学んでおり、当時としては世界最大級の大学だったという。

　遺跡には、11の僧院跡、14の寺院跡が残っている。遺跡の前には、当時の仏像、ヒンドゥー神像などの美術作品を収めた博物館もある。2016年、ナーランダーはユネスコの世界遺産に登録されている。近くにはパーリ語や仏教学を教えるナワ・ナーランダー・マハーヴィハーラと呼ばれる国立大学や、玄奘メモリアルホールなどの施設がある。

遺跡は、ほとんど土台や壁の一部のれんがしか残ってない

仏典結集が行われた
ヴァイシャーリー Vaishali

MAP 折込C-2

　ヴァイシャーリーは、パトナーからガンジス河を渡り、北東へ60kmほどの所にある仏跡のひとつ。ブッダ在世当時の北インドには、マガダ、コーサラをはじめ16の大国があったという。ヴァイシャーリー（ヴェーサーリー）は、そのうちのひとつであるリッチャヴィ族の首都として繁栄した都市であった。

　ブッダは何度もこの都を訪れて説法し、クシーナガルでの死にいたる最後の旅のときは、遊女アンバパーリーの心の込もった接待を受け入れたので、ブッダをもてなす栄誉を争った貴公子たちはおおいにくやしがったという。

　ブッダが貴重な足跡を残し、またその死後第2回結集（経典編集のための集会）が開かれたこの地には、そのシンボルとして**アショーカ王の石柱Ashokan Pillar**が今も高々と天空に向かって直立している。そこから4kmほど離れた場所にはブッダが入滅したあと、8つに分けて各地に祀られた仏舎利のうちのひとつを納めた、**レリック・ストゥーパReric Stupa**がある。隣にはヴァイシャーリーからの出土品を展示した、小さな博物館がある。

パトナー

仏教関係の出土品の展示が充実しているパトナー博物館

ガンガー（ガンジス河）の南岸にたたずむ、ビハール州の州都。紀元前5世紀にマガダ国の首都として建造されたパータリプトラが町の前身で、紀元前3世紀に仏教公布のためにインド各地に石柱を立てたアショーカ王の都もここだ。その後、ガンガーの流れが変わり、現在の町はパータリプトラ跡から西へ数kmほどずれた場所にある。また、パトナーは仏跡のラージギル、ナーランダー、ヴァイシャーリーを目指す旅の起点となる町でもある。

パトナーの市外局番
0612

パトナーの人口
約205万人

ACCESS

飛行機

デリーからエア・インディアやインディゴなど各社合計毎日15〜16便、所要約1時間40分。コルカタから毎日3便、所要約1時間15分。そのほかにもラクナウやムンバイー、チェンナイ、ハイダラーバード、ベンガルールなどからの便もある。
空港はパトナー・ジャンクション駅から西に7km離れている。駅までプリペイド・タクシーでRs485。建物の外に出て交渉すれば、市の中心部までタクシーでRs300程度。

鉄　道

ニューデリー駅から特急（1日2〜3便）で所要約12時間、急行（1日4〜5便）で12〜23時間。コルカタ・ハウラー駅から急行（1日7〜8便）で8〜10時間。ワラーナシー、ガヤーなどからも列車がある。ゴーラクプルからの列車は、ガンジス河対岸の町ハジプルHajipurの駅発着になる。

バ　ス

長距離バススタンドは、駅の南約1.5kmにあるMithapur Bus Standで、駅の南口から乗合オートリクシャーで行ける。ラージギル（所要約3時間30分）、ガヤー（1日2本、約3時間30分）、ネパール国境の町ラクソウル（約7時間）。

パトナー
PATNA

ゴールガル
Golghar P.403
Gandhi
Gandhi Maidan
バススタンド（近郊）
British Library
State Bank of India
ガーンディー・マイダーン
Gandhi Maidan
Bank Rd.
Buddha Mg.
H Maurya Patna
Ashok Rajpath Rd.
Fraser Rd.
Exhibition Rd.
パトナー博物館
Patna Museum
P.402
Byryani Mahal P.403
Bailey Rd.
New Dak Bunglow Rd.
Rajasthan H
H Roll Corner
H Republic
Pataliputra Ashok
インド観光開発公団（ITDC）
Samrat International H
Bansi Vihar
P.403
Mayur
P.403
H Windsor
Vinayak International
P.403
ブッダ・スムリティ・パーク
Buddha Sumriti Park
P.402
H Clark Inn
H Palji
ビハール州観光開発公団（BSTDC）P.402
中央郵便局（GPO）
モスク
オートリクシャー・スタンド
City Centre
Beer Chand Patel Path
Fraser Rd.
コルカタへ
Kautilya Vihar
Kumhrar Rd.
クムラーハール
P.403
ビハール州
New Market Station Rd.
パトナー・ジャンクション駅
Patna Janction R.S.
Khagani Rd.
インド政府観光局
P.402
空港、ワラーナシーへ
Mithapur Bus Standへ
(1.5km)
0　250　500m

 パトナーを州都とするビハール州はインドのなかで最も貧しい州といわれ、住民の多くは農民だ。いまだに停電も頻繁に起きる。旅行者も少なく、地方の自由旅行はなかなかハードだ。

インド政府観光局
MAP P.401-A2
🏠 R-Block, Kranti Mg., Insti-
tute of Engineering Bldg.
☎ 0612-657-0640

ビハール州観光開発公団
（BSTDC）
MAP P.401-A2
🏠 Bir Chand Patel Path,
Opp. Chanakya Hotel
☎ 0612-222-5411
🕐 10:00～18:00
🚫 土・日、祝
URL bstdc.bih.nic.in

パトナー博物館
🏠 Budh Mg., Lodipur
☎ 0612-223-5731
🕐 10:30～16:30
🚫 月
💴 Rs250（一般展示）、Rs500
（仏舎利展示含む）
※写真撮影料　携帯Rs20、カ
メラRs100、ビデオRs500

ブッダ・スムリティ・パーク
🏠 Fraser Rd.
☎ 790-452-3601
🕐 9:00～18:00（博物館入場
は17:00まで）
🚫 月
💴 公園のみRs20、博物館Rs
40、ストゥーパRs50、図書
館Rs50

パトナーの歩き方

　パトナーの町はガンジス河南岸に東西数kmにわたって広がっている
が、町の中心部はその西部のパトナー・ジャンクション駅とガンジス河に
挟まれた幅2kmほどの地域。駅北口を出て最初の大きなロータリーはオ
ートリクシャースタンドで、市内各所や近距離へ向かう乗合リクシャーが
方面別に並んでいる。ホテルは、駅前から北に延びる**フレーザー・ロード
Fraser Rd.**と1本東の**ジャマル・ロードJamal Rd.**沿いを中心とするガ
ーンディー・マイダーンまでのエリアに点在している。長距離バスは駅の
南2kmほどの**ミタプル・バススタンドMithapur Bus Stand**に発着する。

パトナーのおもな見どころ

仏教関係の展示も多い
パトナー博物館　Patna Museum
MAP P.401-A1

　仏像から動物の剥製にいたるまで、多岐に及ぶ収蔵品を収めた博物館。
衣のひだの表現などにギリシア彫刻の影響が見られる初期のものから、イ
ンド独自のスタイルに発展
していった10～12世紀頃に
いたる仏像や神像のコレク
ションのほか、2階にはヴァ
イシャーリーから発掘され
た仏舎利とそれが入ってい
た壺が特別展示されてい
る。他にもチベットの仏教
絵画、仏像、ミニアチュー
ルなどが充実している。

特別室では、ヴァイシャーリー出土の仏舎利が展示
されている

青い芝生にストゥーパが映える
ブッダ・スムリティ・パーク　Buddha Sumriti Park
MAP P.401-A2

　2010年にオープンした公園。開園セレモニーにはダライ・ラマ14世
が訪れ、ブッダ・ガヤーとスリランカから持ち込まれた菩提樹が植えら
れている。中央にあるパ
ータリプトラ・カルナ・ス
トゥーパ内にはブッダの
遺灰を納めた壺が安置さ
れている。博物館はモダ
ンな展示で、仏教につい
て学ぶことができる。き
れいな芝生の上でのんび
りとしたいところだが、立
ち入り禁止なのが残念。

公園の中央にあるストゥーパ

 仏跡関係ばかり注目されがちなビハール州だが、民俗画で有名なミティラー画のミティラー地方はビハール州北東部にある。中
心都市の名をとって、インドでは「マドゥバニー画」とも呼ばれている。一度見たら、忘れられないタッチの絵だ。

不思議な建物の正体は？
ゴールガル　Golghar

町の北側のガーンディー・マイダーンの西にある、不思議な形をした建物。これは飢饉に備えて1786年に建てられた穀物庫だ。外側に付いた階段を上り、頂上から穀物を落とし込んでいたという。現在は穀物庫としては使用されていないが、頂上に上ることができ、360度のパノラマが楽しめる。

周囲は住民の憩いスポット

ゴールガル
🏠 Park Rd., Raja Ji Salai, Chajju Bagh
🕐 10:00〜17:30
💰 Rs5

マウリヤ朝の都の跡
クムラーハール　Kumrahar

パトナー・ジャンクション駅の東約7kmにある、古都パータリプトラの発掘地。パータリプトラの遺跡は広い範囲に点在しており、ここもそのひとつだが、目ぼしいものはあまり残っておらず、列柱ホール跡に柱が1本展示されているだけだ。小さな展示室があり、20世紀初頭の発掘の写真などが展示されている。

発掘された1本の柱

クムラーハール
🕐 8:00〜17:00
💰 Rs300

ビハール州　パトナー　Bihar　Patna

Hotel & Restaurant　ホテル&レストラン

駅から徒歩7分
H マユール　Hotel Mayur
駅前 ₹₹　MAP P.401-B2

🏠 Fraser Rd.　☎ 957-685-9867
🛏️🅐🅜🅢 Rs1120〜2000　別
Card AMV　WiFi　26室

駅から徒歩7分。フロントは2階で入口が目立たない。部屋は古びているが広い。ただし通りの音がうるさい部屋も。バスルームはタンク付きなのでいつでも熱いお湯が出る。

ビリヤーニーが人気の大衆店
R ビリヤーニー・マハル　Biryani Mahal
ビリヤーニー ₹　MAP P.401-A1

🏠 Near Buddha Mg., Kotwali Chauraha
☎ 930-801-7097　🕐 11:00〜23:00
別　Card MV

店内は食堂風だが、手早く肉料理が食べられる。各種チキン・ビリヤーニーRs130〜。マトン・ビリヤーニーRs150。ベジ・ビリヤーニーRs100もあるので、ベジの人も大丈夫。

駅から近いのがうれしい
H ヴィナヤック・インターナショナル　Vinayak International
駅前 ₹₹　MAP P.401-B2

🏠 Near Bank Of India, Jamal Rd.
☎ 0612-221-8763　🛏️🅐🅜🅢 Rs1650〜2200
別　Card MV　WiFi　36室
URL hotelvinayakinternational.com

駅から徒歩5分、ホテルの多い細い通りにある。駅近だが1本入った通りにあるので、比較的静か。料金のわりに居心地がいい中級ホテル。レストランも評判がいい。

明るいファミレス風の店内
R バンシ・ヴィハール　Bansi Vihar
南インド料理 ₹　MAP P.401-B2

🏠 Near Petrol Pump, Frazer Rd.　☎ 0612-222-4804　🕐 8:00〜22:00　別　Card 不可

女性だけでも気軽に入れるファミレス風の雰囲気の店。料理は南インドと中華が主で、特にドーサは20種類ほどありRs80〜130。中華はチョウメンRs160など。アイスやミルクシェイクなどのデザートも人気。

 ビハール州の安宿は外国人を泊める許可をもたないところが多い。空室はあっても「フル!」と言われて泊めてもらえないこともあり、宿探しには手間がかかる可能性がある。

コルカタ（カルカッタ）

カーリー寺院のそばでプージャー用品を売る女性

コルカタの市外局番
033

コルカタの人口
約 450 万人

ACCESS

飛行機
【国際線】
日本からコルカタへの直行便はない。東京からタイ国際航空がバンコク乗り継ぎで所要約10時間50分。エア・インディアがデリー乗り継ぎで約15時間45分。そのほかにもクアラルンプール、シンガポール、ダッカ、上海、ホーチミン、ドーハなどからの便がある。
【国内線】
デリーからエア・インディアなど各社合計1日24便、所要約2時間10分。ムンバイーからは毎日15便、約2時間40分。チェンナイからは毎日6～7便、約2時間20分。そのほかにもバグドグラ、ブバネーシュワル、プネー、パトナー、ワラーナシー、ラクナウ、ジャイプル、アーメダバード、ハイダラーバード、ゴア、インド北東部の各都市などからの便がある。

鉄道
ニューデリー駅から特急（1日2～3便）で所要17～18時間、急行など（1日2～4便）で20～28時間。チェンナイ・セントラル駅から急行（1日2～3便）で27～28時間。ワラーナシー駅から急行（1日6～9便）で10時間30分～15時間。

コルカタは2001年、植民地時代の英語名であるカルカッタから、正式に現地語名のコルカタに改称した。もともと、ベンガル語では「コルカタ」（Kolkata）と発音していたのだが、長年親しまれてきたカルカッタ（Calcutta）の名称に、今なお愛着を示す人々も多い。

インドのほかの大都市に比べて、コルカタほど生活臭の強い町はないだろう。下町の雑踏に足を踏み入れると、人間や動物や車の喧騒が入り乱れ、その生のエネルギーには圧倒される。

地元のベンガル人はもとより、バングラデシュからの移住者、パンジャーブ人、ビハール人、マールワーリー商人、中国人など、あらゆる異なった出身と階層の人々で町はあふれ返らんばかり。それに犬、牛、カラスの群れも加わっているのだ。それぞれが己の信条、生活規範に従って生活を営み、町は混沌とした熱気で満たされている。

道はバス、車、人力車（リクシャー）などあらゆる交通機関でごった返し、乗り物は常に満員。さらには車両の数の増加にともない、午後から夕方にかけて、道路は動けなくなるほどの大混雑となる。

こうした不便さに辟易する旅行者も多いが、また善きをも悪しきをも容易に包み込んでしまうコルカタの空気に、何かしら居心地のよさを感じる人も少なくない。

人口は現在インド第7位の座に落ちたが、それでも東インド最大の都市であることに変わりない。その発展の歴史は、イギリスの植民地統治と深く結びついている。1690年にイギリス東インド会社がここに拠点をおいたときは、3つの小さな漁村があったにすぎなかった。そのなかのひとつの名、カーリーカタにちなんで、この都市がコルカタと呼ばれるようになったという。

1911年のデリーへの遷都まで、植民地インドの首都として栄え、独立後も産業、商業、輸送の中心として重要性を増すと同時に、多彩な芸術活動、また政治運動が展開されている都市でもある。

本誌の掲載店の客引きにだまされたという報告がときおり寄せられるが、それはコミッション目的の外部の客引きの可能性がある。やむを得ずついていく場合は、目的の店と違う所に連れていかれたりする可能性があることを頭においておこう。

コルカタの歩き方

コルカタは450万もの人口を抱える大都会。渋滞の車から鳴り続けるクラクション、まるでケンカでもしているかのようにどなり声で聞こえてくるベンガル語、大通りにはバクシーシをねだる物乞いたち。

この町を訪れようとしている人も、こんな話を聞かされたら、思わず予定を変更したくなるかもしれない。でも、心配はいらない。町の概観さえつかんでしまえば、コルカタはとても動きやすい町なのだ。

見どころは河の東側に集まっている

町を南北に流れるのは**フーグリー河Hooghly River**。河の西側と東側を結んでいるのがハウラー橋だ。河の西側、橋を渡ってすぐの所にコルカタのメイン駅、ハウラー駅があり、多くの長距離列車が発着する。

駅のある西側は、ハウラー地区と呼ばれ、北の**ベルール・マトBelur Math**寺院（P.414）と南の植物園などが有名。

ハウラー駅に着いたら、外へ出て左に進むとバス、ミニバス乗り場がある。荷物が多い場合は直進してタクシー乗り場へ向かおう。

コルカタのオフィス街ともいえるのが、**ダルハウジー広場Dalhousie Sq.**（ベンガル語では**ビバディ・バーグ**、正式名**B. B. D. Bagh**）周辺。西ベンガル州政府観光局や中央郵便局などもここにある。また、イースタン・レイルウェイ予約オフィスや銀行なども近くにある。

多くの市電、バスがここを経由するので、近くの人にバスなどを指さして、ベンガル語で"ビバディ・バーグ・ジャベ？（ビバディ・バーグに行きますか？）"と聞いてみよう。"ハーン"ならYes、"ナー"ならNoだ。中央郵便局の丸いドームや噴水のある広場が見えたらバスを降りよう。

広場を南へ1kmほど歩くと、市電とバスのターミナルになっている**エスプラネードEsplanade**がある。少し遠くまで行くのなら、ここで乗るのがいいだろう。座れる可能性も高い。エスプラネードからさらに南に歩くと、1km足らずで左手に赤いれんがのインド博物館が見えてくる。その手前の角を左に曲がると有名なサダルストリートだ。

コルカタのメイン駅、ハウラー駅とハウラー橋

西ベンガル州政府観光開発公団（WBTDC）P.417
西ベンガル州政府観光局（WBTC）P.417

イースタン・レイルウェイ予約オフィス P.417
United Bank of India
Standard Chartered
India ExchPlace
Fairlie Ghat
Fairlie Place
Lyons Range
ミレニアム・パーク
ライターズ・ビルディング
Writers Bldg.
セント・アンドリュー教会
St. Andrews Church
BTM Sarani
中央郵便局
ダルハウジー広場
B.B.D.Bagh
Lal Bazaar St.
Strand Rd.
Hare St.
ダルハウジー・バスターミナル
セント・ジョンズ教会
St. John's Church
中央電報局
市庁舎
Town Hall
Govt. Place North
Old Court House
The Lalit Great Eastern P.419
New Aliah Hotel
Esplanade Row West
Council House
ラージ・バワン（州知事官邸）
Waterloo St.
Amber R
Sagar R
ティプー・スルターン・シャヒー・モスク
Tipu Sultan Shahi Mosque
映画館
Chandni Chowk
シャヒード・ミーナール
Shaheed Minar P.410
市電ターミナル
Lenin Surani Rd.
エスプラネード・バスターミナス
Big Bazaar S
Central Cottage Industries Emporium S
Esplanade
The Peerless Inn H
Aaheli P.420 R

N
0   200m

ダルハウジー広場周辺
B.B.D. BAGH

ℹ ダルハウジー広場の正式名称B. B. D. Baghは、独立時の活動家ビノイBinoy、バダルBadal、ディネーシュ Dineshの3人の頭文字から採られている。

ACCESS

駅はひとつではない
コルカタにはハウラー駅のほかに、シアルダー Sealdah駅がある。特急のシアルダー・ラージダニーや急行のダージリン・メイルなどは、こちらの駅から発着する。また、シアルダー駅の約5km北にはコルカタKolkata（チトプルChitpur）駅があり、バングラデシュ行きの国際列車が発着している。

HINT

コルカタでは詐欺に注意
日本でも同様だが、町なかで声をかけてくる人間には何かしらの目的があるということを忘れずにいてほしい。特にコルカタのサダル・ストリート周辺で日本人旅行者に近づき、巧みな言葉で詐欺（なかには恐喝まがいのことも）を繰り返す人物がいるという投稿が多い。くれぐれも肝に銘じてほしい。

ネットで情報収集を
🔍「コルカタ」「詐欺」などのキーワードでネット検索すると、日本人旅行者がコルカタで出合った詐欺被害に関する記事が、ときには実名入りでヒットします。どんなケースがあるかを知っておくだけでも、どういう人やどんな点に気をつければいいかがわかるし、怖がり過ぎることなく楽しく旅できると思います。
（名古屋市　みみ '17）

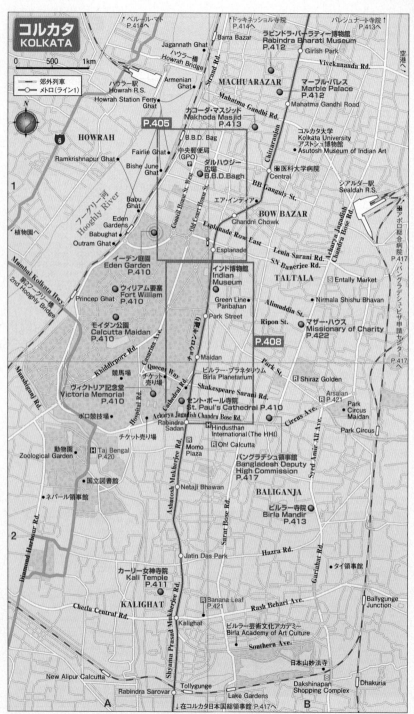

コルカタ
KOLKATA

↑ ベルール・マト P.414へ
↑ ドッキネッショル寺院 P.414へ
↑ パレシュナート寺院 P.413へ
空港へ→

0   500   1km

郊外列車
メトロ（ライン1）

N

HOWRAH

フーグリー河
Hooghly River

Jagannath Ghat
Barra Bazar

ハウラー橋
Howrah Bridge
ハウラー駅
Howrah R.S.
Armenian Ghat

Howrah Station Ferry Ghat

Ramkrishnapur Ghat

Bishe June Ghat
Fairlie Ghat

Babu Ghat

Eden Gardens
Babughat

Outram Ghat

イーデン庭園
Eden Garden
P.410

Princep Ghat

ウィリアム要塞
Fort William
P.410

第2フーグリー橋
2nd Hooghly Bridge

Mumbai Kolkata Hwy.

植物園へ→

モイダン公園
Calcutta Maidan
P.410

ヴィクトリア記念堂
Victoria Memorial
P.410

ポロ競技場

動物園
Zoological Garden

Taj Bengal
P.420

国立図書館

ネパール領事館

Khiddirpore Rd.

Queens Way

チケット売り場

Hospital Rd.

Cathedral Rd.

チケット売り場

Netaji Bhawan

Rabindra Sadan

Momo Plaza

MACHUARAZAR

Strand Rd.

ラビンドラ・バーラティー博物館
Rabindra Bharati Museum
P.412
Girish Park

Vivekananda Rd.

マーブル・パレス
Marble Palace
P.412

Mahatma Gandhi Rd.
Mahatma Gandhi Road

ナコーダ・マスジッド
Nakhoda Masjid
P.413

B.B.D. Bag

中央郵便局
(GPO)

ダルハウジー
広場
B.B.D.Bagh

コルカタ大学
Kolkata University
アストッシュ博物館
Asutosh Museum of Indian Art

医科大学病院
Central

シアルダー駅
Sealdah R.S.

BOW BAZAR

BB Ganguly St.

Chandni Chowk

Esplanade Row East

Esplanade

TALTALA

インド博物館
Indian Museum
P.410

Green Line
Paribahan

Park Street

Lenin Sarani Rd.
SN Banerjee Rd.

Entally Market

Nirmala Shishu Bhavan

Alimuddin St.
Ripon St.

マザー・ハウス
Missionary of Charity
P.422

Maidan

ビルラー・プラネタリウム
Birla Planetarium

Shakespeare Sarani Rd.

セント・ポール寺院
St. Paul's Cathedral P.410

Acharya Jagadish Chandra Bose Rd.

Hindusthan
International (The HHI)

Oh! Calcutta

バングラデシュ領事館
Bangladesh Deputy
High Commission
P.417

BALIGANJA

Park St.

Shiraz Golden

Arsalan
P.421

Park
Circus
Maidan

Park Circus

Circus Ave.

ビルラー寺院
Birla Mandir
P.413

Hazra Rd.

タイ領事館

KALIGHAT

Jatin Das Park

カーリー女神寺院
Kali Temple
P.411

Kalighat

Chetla Central Rd.

Banana Leaf
P.421

Rash Behari Ave.

ビルラー芸術文化アカデミー
Birla Academy of Art Culture

Southern Ave.

Ballygunge
Junction

日本山妙法寺

New Alipur Calcutta

Tollygunge

Rabindra Sarovar

Lake Gardens

Dakshinapan
Shopping Complex

Dhakuria

↓在コルカタ日本国総領事館 P.417へ

ヴィクトリア記念堂の見学後、こぎれいで人のよさそうなインド人男性に写真を撮ってほしいと声をかけられました。その後次の目的地が同じだったので一緒に行き、お昼を食べることになったのですが、シェイクを飲んだあといつの間にか眠っていました。↗

町いちばんの繁華街チョウロンギ

エスプラネード脇からモイダン公園に沿って南北に走る通りが**チョウロンギChowronghee Rd.**（正式名は**Jawaharlal Nehru Rd.**）。コルカタでいちばんの目抜き通りで、州政府物産店や高級商店、ホテルなどが軒を連ねている。

高級ホテルのオベロイ・グランドの裏側へチョウロンギから入っていくと、**ニュー・マーケットNew Market**がある。東京・上野のアメ横のような感じで八百屋からサリー屋、宝石屋、本屋まで多くの店がびっしり詰まっている。欲しいものはほとんどここで手に入るが、値段の交渉には根気がいる。

チョウロンギに面してインド博物館があり、その脇を入ると安宿街として有名な**サダル・ストリートSudder St.**。博物館の向かいのモイダン公園の南東角には白亜のヴィクトリア記念堂、美術アカデミー、丸いドーム型のビルラー・プラネタリウムがある。

コルカタの市内交通

メトロ（地下鉄）

コルカタに来たら、インドで最初に開設されたメトロ（地下鉄）に一度は乗ってみたい。A/Cも効いているし、きれいなうえ常に窓口に係員がいるので安心だ。南端の**Kavi Subhash**からおもな駅を紹介すると、カーリー女神寺院参拝に便利な**Kalighat**、ヴィクトリア記念堂やセント・ポール寺院に近い**Rabindra Sadan**、メインストリートのチョウロンギや中高級ホテルとレストランが多いパーク通りや、インド博物館と安宿街サダル・ストリートへの最寄り駅**Park Street**、市電やバスのターミナル**Esplanade**などで、北の終点はドッキネッショル寺院に近い**Dakshineswar**。ここまでで所要時間は約60分。

郊外列車

イースタン・レイルウェイが運営する鉄道で、通勤時間帯のみ運行している。**B.B.D. Bagh**駅で下車し、すぐ近くのFairly Ghatからフェリーでハウラー駅に行くことが可能。また、**Dum Dum**駅でメトロに接続している。Dum Dum駅から先は空港まで延伸されているが、運行本数は非常に少なくほとんど役に立たない。

コルカタ交通路線図

凡例:
- メトロ（ライン1）
- メトロ（ライン2）
- 建設中
- 郊外列車、鉄道
- （ ）はおもな見どころなど

407

コルカタで配車アプリを
利用する

渋滞の多いコルカタでは、メーターの心配をしなくてよい配車アプリ（P.622）の利用が便利。Uber、Olaでサダル・ストリート周辺から空港までRs360ほど。

駅から町中心部へ

ハウラー駅を出ると、タクシー乗り場がある。サダル・ストリートまで、プリペイド・タクシーで昼間がRs115、夜間がRs130。長距離バスでダージリンやブリーなどから来る場合は、シャヒード・ミーナール東のチョウロンギ通り沿いにあるエスプラネード・バスターミナス（(地図) P.405）に着く。

市電（路面電車）

かつては市内交通の花形だったが、現在は路線は縮小傾向。2両連結で前が1等、後ろが2等になっていて、当然1等のほうが混雑は少ない。渋滞の影響を受けやすく、朝夕は移動に時間がかかる。エスプラネードのターミナルから乗るのが便利。

コルカタはトラムが走る町

バス

やはりエスプラネードを中心に縦横に走っているが、1日中ラッシュアワー。乗るというよりほとんど見るに値する混雑ぶりだ。

タクシー

コルカタでは黄色のモノトーンカラーのタクシーが町なかを走っている。メーターは付いてはいるが今はまったく使われず、ほぼ交渉性。スマホにネット接続があるのならば、UberやOlaを使ったほうが便利。

リクシャー

インド各地で見かけるオートリクシャー。コルカタでは乗り合いで使われることがほとんど。

コルカタ名物が、人がかじ棒を引いて走る人力車、リクシャー。客寄せの鈴が何ともいえない情緒を漂わせているが、営業できる地域と道路が限定され、州や市は廃止の方針を打ち出している。新規ライセンスも発行されていない。その代わりに2000年代から、普通のサイクルリクシャーの姿も少しずつ見られるようになった。

コルカタ名物のリクシャー（人力車）

フェリー

フーグリー河沿いには多くのジェッティー（船乗り場）があり、フェリーが頻繁に運航している。特にハウラー駅と対岸を結ぶルートと、ベルール・マトとドッキネッショル寺院の間のルートは利用価値が高い。川の水位が下がると運航されないことがあり、また日曜は便数が減る。

The Oberoi Grand P.420 H
The Baan Thai R
New Empire Cinema
KFC R
ニュー・マーケット
New Market Green Line Paribahan
（ダッカ行きバス）P.417
Nelly Sengupta Sarani
(Lindsay St.)
サダル・ストリート
Sudder St.
Mirza Ghatib St.
Shohagh Paribahan
（ダッカ行きバス）P.417
インド博物館
Indian Museum
Chowringhee Ln.
Marquis St.
P.418
Dr. M. Ishaque Rd.(Kyd St.)
Khaja Habib
市バスミニバス乗り場
Outram Rd.
Housez 43 P.419
ユナイテッド・エアウェイズ
Park H
Oxford
Kwality
VIP International
Arsalan
Park Street
Ripon St.
マクドナルド R Barista
Flurys R
Golden Dragon
モイダン公園
Calcutta Maidan
P.410
Peter Cat P.421 R
Times Furnishings
Royd St.
Service Apartments
YWCA H
Starbucks
KFC
Citi Bank
Park Centre S
ヴィクトリア記念堂の入口
St. Thomas 教会
Sir William Jones Sarani
Park St.
Maidan S
State Bank of India
Middleton St.
Elliot Park
Vardaan Market
インディーラ・ガーンディー像
Queens Way
Little Ho Chi Minh Sarani
The Air Conditioned Market
アメリカ合衆国領事館
Kenilworth P.419
Shakespeare Sarani Rd.
Astor
インド政府観光局 i
ビルラー・プラネタリウム
Birla Planetarium
ナーガランド州物産店
フィルムセンター
West Bengal Film Centre
美術アカデミー
Academy of Fine Arts
セント・ポール寺院
St. Paul's Cathedral
P.410
ネルー子供博物館
Nehru Children's Museum
0 200m
Haldiram's
Acharya Jagadish Chandra Bose Rd.
Rabindra Sadan
チョウロンギ通り周辺
CHOWRONGHEE
A

空港からシアルダー駅まで向かおうと、インド国鉄のHPでダイヤを確認してBiman Bandar駅に向かいました。しかし駅はすたれていて、電車はありませんでした。ダイヤが掲載されていても、運行しているとは限りません。（坂戸市　タカハラ　'18）

空港から市内へ

コルカタのネータージー・スバース・チャンドラ・ボース国際空港（NSCBI）は、市内から北東に16km離れたダム・ダムDum Dumにある。2013年に国内線と国際線を統合した新ターミナルがオープンした。

市内へは空港のカウンターで払うプリペイド・タクシーが便利。このほか、A/C付きのエアポートバスが運行している。乗り場は1Aの出口から出て、右側に歩いた場所にある。また、空港内にはUberやOlaのカウンターもあり、行き先を告げると車を手配してくれるが、プリペイド・タクシーのほうが安い場合もある。

市バスに乗るなら、バス通りまで空港を出て左へ徒歩20分。また、市バスでDum Dum駅まで行き、そこでメトロに乗る方法もある。ただし、地元の路線バスしかないので、市内に出るまでに時間がかかる。

市内へ出るエアポートバス

URL www.kolkatainternatio
nalairport.com

エアポートバス
空港と市内の数ヵ所との間を8:00〜21:30の間、10〜30分おきに1便程度運行している。エスプラネード行き（VS1）、ハウラー駅行き（VS2）などがあり、所要約1.5時間、Rs50。

空港からのプリペイド・タクシー料金
サダル・ストリート（所要45分〜1時間）Rs377
Ⓜ Dum Dum駅（所要15分）Rs160

西ベンガル州 West Bengal
コルカタ（カルカッタ） Kolkata (Calcutta)

コルカタの歴史

ムガル帝国時代、ガンジス河河口のベンガル地方は綿、絹織物、藍といった特産品で知られ、またガンジス河自体が当時は重要な輸送路だったので、河と海の中継点としても要衝であった。17世紀初めスーラトに到達し、ムンバイー（ムンバイ）、チェンナイ（マドラス）と拠点を築いていたイギリスも、やがてベンガルを目指すようになる。ムガル皇帝の配下であるベンガル太守が統治していた17世紀後半、イギリスはデルタのいちばん西端にあるフーグリー河の岸に商館をおく許可を得た。だが太守との争いからそこを放棄して、同じ流域の寒村があるだけの場所に移ることになった。それがコルカタであった。

やがて新しい商館とともに1702年にはウィリアム要塞が造られた。さらに1757年、プラッシーの戦いでベンガル太守を破ると、イギリスのインド政策は「貿易」から「統治」へと大きくシフトし、コルカタは英領インド全体の拠点となった。こうしてイギリスのインド支配が完成する1857年の大反乱（セポイの乱）の少しあとまでに、新しい要塞（現在はインド軍施設）、ダルハウジー広場（現B. B. D. Bagh）周辺の官公庁、チョウロンギ通りの商店街や瀟洒なイギリス人居住区といった町の構造ができあがっていった。

またイギリスはベンガルの農村で土地支配と徴税の制度を確立し、ザミーンダールというインド人の地主に管理を任せた。ザミーンダールとなったのは富農のほか、権利を買った商人、金貸しなどで、多くは村には行かずコルカタに住んだ。ザミーンダールや、イギリスと提携した貿易商のなかには莫大な富を貯えて、イギリス風の邸宅に外国製の家具調度を整え、優雅な暮らしを送る者も現れた。こうした社会から英国式の教育を受けた若者が育ち、イギリスに留学したり、植民地の高級官僚や医師、法律家など英領統治を支えるインド人エリートとなっていった。

その一方で外国人の支配に疑問を抱き、インドの社会改革や文化の復興を訴えたタゴールや、独立運動のリーダーとなるビハリ・ボース、チャンドラ・ボースなども登場してくる。このようなベンガルの底力を危険視したイギリスは、イスラーム人口の多い東部を分割してベンガルの団結を妨害しようとしたが、逆に全インドで民族運動を鼓舞する結果になってしまった。

1947年の印パ独立時の東西ベンガルの分割と、1971年のバングラデシュ独立戦争では多くの難民が発生し、コルカタに流入した。不安定な社会状況と急激な人口増加は、歴史に輝くインド最先端の町をスラムと路上生活者の世界に作り替えた。西ベンガル州は1977年以来2011年まで共産党が州政権を担当し続けた。デリー、ムンバイーなどには後れを取ったが、外国企業の誘致や郊外の経済地区開発などで挽回を図る。ベンガルの洗練と融合した、着実で円熟した発展もひとつの道だろう。

（関口真理）

コルカタのおもな見どころ

コルカタの歴史的建造物が点在する広大な緑地帯

モイダン公園 Calcutta Maidan

MAP P.406-A1

高くそびえるシャヒード・ミーナール

フーグリー河とチョウロンギ通りの間に広がる公園で、南北の長さが約3kmある。市民の憩いの場で、早朝はヨーガ修行にいそしむ人、夕暮れはフーグリー河に沈む夕日を眺める人、そして夜は涼を求める人々で1日中人影が途絶えることがない。

中央にある**ウィリアム要塞Fort William**はイギリスのインド支配の拠点で、1773年の完成。周囲の堀にはいつでもフーグリー河の水を引き込めるようにし、また敵の奇襲を防ぐため、当時トラやヒョウがいたジャングルを切り開いた。それが現在芝生の美しい公園になった。要塞内部は、州政府が使用しており非公開。

北から公園に入ると、チョウロンギ通り近くに、高さ48mの大円柱**シャヒード・ミーナールShaheed Minar**が見える。これはイギリスが、ネパールとの戦争（1814年）で勝利した記念の塔。夜間はライトアップされる。最上部の丸いドームはトルコ式、円い柱がシリア式、基礎部分がエジプト式というおもしろい建築様式である。塔の上から見下ろすコルカタの町は、熱いエネルギーがうねっているようで印象的だ。

西のフーグリー河のほうにはスイレンの花が美しい**イーデン庭園Eden Garden**の青い芝生が続いている。1835年、当時の総督の妹イーデン夫人の設計で造られたが、後にミャンマーから移された仏塔や野外音楽堂などが、今では人を集めている。

一方、公園の南、チョウロンギ通りに沿って、高さ60mのゴシック式カテドラルをもつキリスト教会**セント・ポール寺院St. Paul's Cathedral**がそびえている。ステンドグラスやモザイクの美しい教会で、熱心な信者が祈りをささげている。そこから公園に入ると白亜の**ヴィクトリア記念堂Victoria Memorial**が美しい姿を見せている。これは1905年、当時インド皇帝を兼ねていたヴィクトリア女王を記念して造られたもので、完成は1921年。タージ・マハルをモデルにジョードプルから

ヴィクトリア・メモリアルとエドワード7世の像

運んだ純白の大理石を使用している。内部は博物館になっており、歴代総督の肖像画、インド各地から集めた美術品が展示されている。また、カルカッタ・ギャラリーでは、コルカタの町の発展の歴史が詳しく解説されている。

モイダン公園
モイダン公園は南北に3km、東西1kmもの大きな公園だ。園内にはクリケットやサッカーのグラウンド、テニスコートなどもあり、早朝にはヨーガをする人たちの姿も見られる。

ウィリアム要塞
MAP P.406-A1

シャヒード・ミーナール
MAP P.405
⬥ Dufferin Rd.

イーデン庭園
MAP P.406-A1

セント・ポール寺院
MAP P.408-A2
⬥ 1A Cathedral Rd.
☎ 033-2223-0127
🕐 10:00〜18:00（日6:00〜12:00、15:00〜18:00）

ヴィクトリア記念堂
MAP P.406-A2
⬥ 1 Queen's Way
☎ 033-2223-1890
🕐 10:00〜18:00
🈲 月、祝
💰 Rs500
※内部撮影は不可。
🔗 www.victoriamemorial-cal.org
コルカタとインドの歴史が、昔の絵や地図、写真などでわかりやすく説明されている。毎日18:30からはヴィクトリアメモリアルでネータージー・スバース・チャンドラ・ボースについてのプロジェクションマッピングショー（約25分）がある。入場券は17:40からセント・ポール寺院の向かいにある東口ゲートにて販売（Rs100）。英語でのナレーションは水曜日のみ。火・金・日がベンガル語、木・土がヒンディー語。

庭園
🕐 6:00〜18:00（博物館・庭園ともにチケット販売は閉館・閉園の30分前まで）
💰 Rs20

エスプラネードとバーブー・ガートBabu Ghat（MAP P.406-A1）バスターミナルに長距離バスが発着してます。ガヤー行きのバスで途中下車すれば、待機しているオートリクシャーでブッダ・ガヤーに行けます。（安曇野市　清水真誠　'17）

コルカタの守り神を拝める
カーリー女神寺院 Kali Temple

MAP P.406-A2

カーリー女神寺院
- ☎ 033-2455-0658（カーリーガート巡礼促進センター）
- ⏰ 5:00〜14:00、16:00〜21:30
- 🎫 無料
- 🚇 M Kalighat駅下車。ホームのDum Dum駅寄りの階段を上ると、出口に「Kali Temple」のサインがある。地上に出て北（裏に回り込むような感じ）へ5分ほど歩き、Kali Temple Rd.を左側へ

寺院内は、バッグ、カメラの持ち込み不可。周囲のみやげ物屋が有料で預かってくれるが、高価なカメラなどの貴重品は、宿に置いてきたほうがいい。靴も周りの店に預ける。

寺院周辺はいつもにぎやか

　サダル・ストリートからチョウロンギ通りを真っすぐ南へ4.5kmほど行った所にある、ヒンドゥー教のカーリー女神を祀った聖地。寺院の中には女神の象徴である真っ黒い石があり、そこにべっとりと顔が描かれている。

　院内は誰もが裸足で歩くので入場前に靴を預ける。各地からの参拝者でごった返し、熱っぽい空気がみなぎっている。午前中、境内ではカーリー女神にささげるためにヤギの首がはねられる。首をはねる前にヤギの体を水で清め、人々はひざまずいて祈りをささげる。その後、両前足を背中でくくり、首を2本の木の間に差し込んで一気に斧をふるう。一連の動作は流れるようにして行われ、見物客は言いようのない衝撃を受ける。特に、秋の女神祭祀には、多くの参拝客が集まり、たくさんの供犠がささげられる。

HINT

カーリー女神寺院での注意事項

参拝には多少のお布施は必要だが、見学のみの場合、基本的にお金はかからない。旅行者をカモにして金儲けをしようと、ガイドを申し出てくる人やお供え物を要求してくる人、花輪を首にかけてくる人もいるが、お金を請求されても払う必要はない。

お供え物の花を手に参拝に来たおじさん

　門前町の店をのぞきながら歩くのもおもしろい。寺院に通じる道から裏側には、ヒンドゥー教の祭礼に使ういろいろな道具や像などが売られている。寺院の周辺には、外国人客を相手にするガイドがたむろしている。寺院へのお布施という名目で法外な値段を要求してくることがあるので、あらかじめ値段の交渉をするか、必要のない人ははっきりと断ること。寺院の先はガート（沐浴場）になっており、身を清める参拝者の姿が見られる。

 M Kalighat駅を出ると、道案内やガイドを申し出てくる者たちが待ち構えている。自分ではガイドではないと言うが、最終的には中まで案内してお金を請求してくるので、必要なければ最初にはっきり断ること。

インド博物館

♠ 27 Jawaharlal Nehru Rd.
☎ 033-2252-1790
🕐 10:00〜18:00
🈺 月、祝
💴 Rs500
※カメラ持込料Rs118
🚇 Ⓜ Park Steet駅下車すぐ。
🌐 www.indianmuseum
kolkata.org
大きな荷物は入口で預ける。

ラビンドラ・バーラティー
博物館

♠ 6/4 Dwarkanath Tagore La.
☎ 033-2269-5241
🕐 10:30〜16:30
🈺 月、祝
💴 Rs150
内部の写真撮影は不可。博物館
の外観の撮影はRs50。
🌐 www.rbu.ac.in
Ⓜ Girish Park駅下車、徒歩約
10分。ナコーダ・マスジッド
からは脇の市電が走る道を北
へ10分ほど歩き、右側の小
路に入った突き当たり。

マーブル・パレス

🗺 P.406-B1
🕐 10:00〜16:00
🈺 月、木
💴 無料
内部の見学にはバスが必要。イ
ンド政府観光局へ行き、パスポ
ートを見せれば無料で発行して
くれる（私有地のため2023年2
月現在コロナ対策のため見学不
可。再開未定）。

インドを代表する国立博物館　　　　　　　　　MAP P.418-A2
インド博物館 Indian Museum

充実した展示で知られるインド博物館

1814年にオープンしたインド最古、アジア最大級の博物館。入るとすぐ右側にバールフット（初期仏教美術）塔門のレリーフが並べられている。カジュラーホー出土の『恋文を書く女』など、インド展で日本人にもなじみの深い石彫もある。

これらのほかに、動植物や地質学的な資料も多い。2階にはミニアチュール絵画、更紗、衣装、少数民族の民具などが展示されている。収蔵物は全部で5万点にも及ぶため、見学には2時間程度はみ

11世紀に制作されたガルーダ像

ておきたい。また、小さいながらもミュージアム・ショップもあり、代表的な収蔵品のポストカードやカタログ、書籍などもあるのでのぞいてみよう。

詩聖タゴールの生家　　　　　　　　　　　　　MAP P.406-B1
ラビンドラ・バーラティー博物館 Rabindra Bharati Museum

ラビンドラナート・タゴールRabindranath Tagore（1861〜1941）は、アジアで初めてノーベル賞を受賞した文学者。インドを代表する詩人であり、母語のベンガル語や英語で数多くの作品を残した。タゴール・ハウスとも呼ばれるこの家は彼の生家であり、かつてはベンガル・ルネッサンスの中心人物が集まるサロンでもあった。現在はそのままラビンドラ・バーラティー大学Rabindra Bharati Universityになっており、歴史や芸術などを学ぶ学生たちでにぎわっている。

別館は博物館になっていて、タゴールにちなんだ品々、自筆の画、手紙などが展示されている。近くには、大理石でできた植民地時代の富豪の屋敷、**マーブル・パレスMarble Palace**もある。

左に行くと博物館の入口だ

 ハウラー橋から2.5kmほど北、フーグリー河の東岸に、クマルトゥリKumartuliという神像職人の工房が多い集落がある。コルカタ最大の祭りであるドゥルガー・プージャー（毎年9〜10月頃開催）などに登場する陶器の像はここで作られている。

1万人が一緒に祈れる
ナコーダ・マスジッド　Nakhoda Masjid

MAP P.406-B1

　1926年に建てられた、コルカタで最も大きなモスク。ムガル帝国の皇帝アクバルの墓を模したといわれる。緑色の3つのドームと、大小さまざまな大きさのミナレット27本をもつ。内部は吹き抜けになっており、ホールがいくつもある。周囲は交通量が激しく喧騒に満ちているのに、中に入ると静寂の世界が広がっている。黙々とコーランを読み続ける信者の姿が印象的。

内部に入ることもできるナコーダ・マスジッド

ナコーダ・マスジット
🕐 6:00〜20:00
5:30、12:30、16:30、18:00前後の20分、1日4回（金曜のみ5回）のお祈りの時間は、入場は信者のみ可。時間は季節によって多少前後する。
🅿 無料
🚇 Mahatma Gandhi Road 駅下車、徒歩約15分。

宝石のようなジャイナ教寺院
パレシュナート寺院　Pareshnath Temple

MAP P.406-B1外

　コルカタにはジャイナ教徒が多く住んでおり、いくつかのジャイナ教寺院がある。なかでも最も有名なのが、市内北西部にあるこの寺院。1867年に建てられ、**シータルナトジ・マンディル**Sheethalnathji Mandirとも呼ばれる。小さな庭園の

印象的な様式の寺院

奥にあり、ステンドグラスや鏡、大理石で装飾されていて美しい。周りには小さな道を挟み、Dadaji Mandirをはじめとする3つのジャイナ教寺院があり、ともに見学できる。

パレシュナート寺院
🕐 6:00〜12:00、15:00〜19:00
🅿 無料
内部の写真撮影は不可。
🚇 Shyambazar駅からなら、出口からすぐのAPC Rd.を南へ曲がって10分ほど歩き、大通りのSri Aurobind Saraniに出たら東へ4分、Raja Dinendra St.を右折。5分ほど歩き、Badri Das Temple St.に入ってすぐ。合計約25分。Shovabazar駅からならSri Aurobind Saraniを東へ1kmほど行き、Raja Dinendra St.を右折する。あとは同様。

とにかく豪華なヒンドゥー寺院
ビルラー寺院　Birla Mandir

MAP P.406-B2

　1970年から建設が始められ、26年もの歳月をかけて造られた白大理石の美しいヒンドゥー教寺院。財閥のビルラー家によって建てられたこの寺院は、ブバネーシュワルのリンガラージ寺院に似ているといわれる。境内には、シヴァとガネーシャ、クリシュナなどが祀られ、見事なシャンデリアが神々を照らし出す。夜間にはライトアップされ、幻想的な雰囲気。また地下にはホールが併設されており、芝居や古典音楽などの文化プログラムも開催される。寺院見学の際にはついでにチェックしてみるのもよいだろう。

ビルラー寺院
📍 29 Ashutosh Chowdhury Rd.
🕐 6:00〜11:30、16:30〜21:00
🅿 無料
入口から先はカメラの持ち込み不可だが、荷物を預けられるクロークはない（履物は預けられる）。

 🚇 Belgachia駅下車徒歩5分の場所にもジャイナ教寺院がある。灯台のような形をしたDigambar Mandirで、なぜかヒンドゥー教寺院の境内の中にある。

ベルール・マト

♠ Dist Howrah
☎ 033-2654-5700~5703
⏰ 6:30~11:30、16:00~21:00
　（4～9月）
　6:30~11:30、15:30~20:30
　（10～3月）
🎫 無料
🚌 エスプラネードからBELUR-
　MATH ESPLANADEと書か
　れた11番バスで所要約40
　分。このバスはハウラー駅を
　経由する。また、フーグリー
　河西岸の船着場に面してお
　り、渡し船に乗ってドッキネ
　ッショル寺院まで行くことが
　可能。
🔗 www.belurmath.org
敷地内での写真撮影不可。

ラーマクリシュナ博物館

⏰ 8:30~11:30、16:00~18:00
　（4～9月）
　8:30~11:30、15:30~17:30
　（10～3月）
🎫 月、祝

ドッキネッショル寺院

♠ Alambazar
☎ 033-2564-5222
⏰ 6:00~12:30、15:30~19:30
🎫 無料
🚌 シアルダー駅から鉄道で約10
　km、Dakshineswar駅、ま
　たは Ⓜ Dakshineswar下車、
　徒歩約5分。館内の写真撮影
　は不可。入場時に靴を預け
　る。Dakshineshwarと書く
　が「ドッキネッショル」と言
　わないと通じない。
🔗 dakshineswarkalitemple.
　org

ラーマクリシュナの思想を反映した巨大寺院

ベルール・マト　Belur Math

MAP　P.406-A1外

印象的な様式の寺院

祈りのために寺院に入るのを待つ参拝者

　ハウラー駅の約6km北、フーグリー河畔に広い敷地を占める宗教施設。宗教家ラーマクリシュナ（1836～1886）の弟子、ヴィヴェーカーナンダ（1863～1902）らによって始められた慈善福祉団体、ラーマクリシュナ・ミッションの本拠地となっている。

　施設の中心をなすのは**ラーマクリシュナ寺院Sri Ramakrishna Temple**。さまざまな宗教のモチーフが用いられた建築で、角度によってはモスクや教会のようにも見える。これはラーマクリシュナが説いた宗教の融合を表しているという。

　ラーマクリシュナ寺院の東には、ラーマクリシュナの弟子を祀った3つの小ぶりな建物がある。入口近くの**ラーマクリシュナ博物館Ramakrishna Museum**では、ラーマクリシュナが実際に使った生活用具や住んだ部屋のレプリカが展示され、その活動がわかるようになっている。

近代インドの宗教改革運動に影響を与えた聖者の寺院

ドッキネッショル寺院　Dakshineshwar Kali Temple

MAP　P.406-B1外

　コルカタの雑踏から離れたフーグリー河畔にある美しい寺で、ラーマクリシュナがいたのがここ。

　いつも信者たちが敬虔な祈りをささげ、院内は瞑想的な雰囲気に満ちている。ときにはキールトン（神をたたえる歌）が聞こえてくる。フーグリー河のガートでせめて手足だけでも清めてみよう。渡し船に乗って川風に吹かれてみるのも心地よいものだ。ベルール・マトとはフェリーで行き来できるので、合わせて見学するとよいだろう。

タンク側から見たドッキネッショル寺院

ベルール・マトとドッキネッショル寺院を結ぶフェリー

サダル・ストリートの名物インド人サトシをご存じだろうか？　伝説の日本人宿パラゴンの前で神様カードやお香などを売っては、関西弁風の流暢な日本語で旅行者を魅了したベンガル人だ。しかし、今やバックパッカーブームも過ぎ去り、サダル・ストリート

414

消えゆく町?! コルカタのチャイナタウンで朝食を

コルカタにチャイナタウンがあるということをご存じだろうか？ 中心部、メトロのセントラル駅からほど近いティレッタ地区に旧チャイナタウンが、そこから5キロほど南東にあるタングラ地区に新チャイナタウンがある。チャイナタウンと聞いても、日本やバンコク、マレーシアなどのチャイナタウンとは随分と雰囲気が異なる。赤や金を基調にしたあのいかにも中国というような色彩や漢字の氾濫も見られず、漢方薬の強烈な匂いや、道端の屋台から漂ってくるうまそうな料理の匂いもない。町を歩いてもそれっぽい活気は感じられず、ときおり漢字の看板が目に飛び込んでくるぐらいだ。今やコルカタのチャイナタウンは斜陽の時を迎えているようだった。

コルカタに華人が移住を始めたのは、18世紀後半。広東出身の貿易商が東インド会社の許可を得て、製糖工場やサトウキビ農園を開いたのが始まりだという。1930年ぐらいからは日本による中国侵略を受けた人々が難を逃れるためにインドに流れ込み、最盛期の1950年代には3万人を数えたという。その後は1962年の中印国境紛争をきっかけとして減少。6校あった華人学校もすべて閉鎖されたという。そして現在も多くの華人がインドを離れ、移住する一方だという。

華人の多くが従事していたのが、皮革業。殺生を嫌うヒンドゥー教徒がやりたがらない業種を華人が手がけたからこそ、彼らも生き抜いてこれたのだという。また西ベンガル州は共産党が長い間政権を取っていたため、華人の得意なビジネスで飛躍ということもままならず、多くの華人は皮革業や製靴業といった「すきま産業」に入り込み、このコルカタで生活を営んできたのだ。しかし、近年政府が環境汚染への配慮から皮革工場の移転命令を出したり、インド企業の皮革業への参入もあり、華人の皮革業は衰退しているという。

タングラを歩いていると、若い華人のグループに遭遇した。話しかけてみると、このタングラで生まれ育ったが、移住して今は台湾で暮らしているという。彼らのほとんどは客家で、世

界中にネットワークをもつ。その伝手を頼れば、移住もさほど難しくないという。彼らは旧正月を祝うために、台湾からコルカタに「里帰り」していたのだ。彼らの身なりや醸し出す幸せそうな雰囲気は、ここにいる華人とはかなり異なっていた。いわゆる「リア充」的なオーラ（それがまったく嫌味でないのだ）は彼らの移住が正しかったということを物語っているように思えた。

「昔はこの都市もすごく活気があったよ。屋台だけでも数十軒は出ていたなぁ」ティレッタ地区の朝市で出会ったコルカタ在住のベンガル人カメラマンは懐かしそうにそう言った。数十年コルカタのチャイナタウンを撮り続けてきたという。「でも、若い人は皆、移住してるし、そのうちなくなっちゃうだろうね」。残念な気持ちを自分自身に無理矢理に言い聞かせるように、彼はポツリとつぶやいた。旧チャイナタウンのあるティレッタ地区の朝市では、毎日朝7時前後から9時過ぎまで中華系の屋台が立つ。といっても、麺やおかゆなどがあるわけではなく、ちょっとした点心系のメニューが中心だ。フィッシュボールスープ（魚のつみれ汁）50ルピー。エビシュウマイ4つで100ルピー。ライスバン（あんまん）、2つで30ルピー。ブラウンチップス（かき餅）、250g70ルピーなどなど。さて、あのベンガル人カメラマンはチャイナタウンの未来に悲観したが、果たしてどうなのだろうか？ 皮革業は衰退したが、チャイナタウンでは中華料理屋を営んでがんばっている華人もいる。ここ最近のインドの経済成長により外食をするインド人は圧倒的に増えている。それに加えてスマホのアプリで注文できるデリバリー業も発達。チャイナタウンの中華料理屋でも、「Zomato」や「Uber Eats」などのデリバリー業のドライバーが次々とやってきては注文をして、そば屋よろしく出前に行く光景を何度も見かけた。もしかしたら、皮革業の次は外食産業が華人にとってはチャンスなのかも!?などと妄想してもみるが、素人考えだけにさていかに？（笑）

何はともあれ、この消えゆくかもしれないチャイナタウンで、華人の行く末を思いながらエビシュウマイをほおばるのも悪くないのではないだろうか？ さぁ、あなたもチャイナタウンで朝食を！（井生明）

でも日本人旅行者を見かけることも少なくなった。ところが、どっこいサトシはまだサダルでがんばっている！ バックパッカーズ・シュンドルボン・ツアー（P.416）の向かいの小路を入った右手に彼の小さな店がある。サトシを懐かしく思う人は会いに行ってみよう！

シャンティニケトン
◎ ハウラー駅から鉄道で所要2、3時間のBolpur-Santiniketan駅下車。10:10発の12337 Santinikatan Expressで12:25着。駅からラビンドラ・バーヴァナ博物館へは約3km、サイクルリクシャーでRs30〜40。

ラビンドラ・バーヴァナ博物館
● 10:00〜13:00、14:00〜17:00
⊕ 水、木
⊕ Rs300
携帯電話、カメラの持ち込み不可。荷物は入口で預ける（有料）。

博物館と美術館
● 10:00〜13:00、14:00〜16:30
⊕ 水、木
⊕ 無料

ビシュヌプル
◎ ハウラー駅から16:50発の12827 Howrah Prr Exp.で20:00ビシュヌプル駅着。

INFO

WBTDCのツアー
シュンドルボン・サファリ
● 8:00〜翌17:30（1泊2日）
⊕ Rs5690〜8300（宿泊、食事、バス代込み、税別）
2泊3日のツアー（Rs7140〜10300）もある。料金の差は宿泊するボートの船室のグレードによる。外国人は別に入域許可証の代金がRs700〜1000必要。催行は10月下旬〜4月上旬のみ。

Backpackers Sundarban Tour
🗺 P.418-B2
📍 4 Totte La.
☎ 629-040-3668
🌐 www.tourdesundarbans.com
サダル・ストリートの近くにあるシュンドルボン・ツアーに詳しい旅行会社。2023年2月現在コロナでオフィスは閉鎖中。ツアー希望者は、上記電話番号か、HPより問い合わせよう。

のどかな空気が流れる大学町
シャンティニケトン（シャーンティニケタン） Santiniketan (Shantiniketan)

MAP 折込C-2

シャンティニケトンとはベンガル語で「平和の家」。1901年、インドの詩人ラビンドラナート・タゴールがこの地に全人格的な教育を理想とした学校を創立し、それが現在見られるビッショ・バロティ大学Vishva Bharaty University（タゴール国際大学）に発展した。芸術が盛んなことで知られ、緑多い大学の一角にはペイントされた建物やオブジェなどのアート作品が多く見られ、ときどき古典音楽のコンサートなども開催される。

キャンパスにある日本庭園の入口

芸術学部のキャンパスで行われた北インド古典音楽のコンサート

大学の向かいには、かつてのタゴールの家を利用した**ラビンドラ・バーヴァナ博物館Rabindra-Bhavana Museum**があり、タゴールが使った生活用具などを展示している。また、近くの**博物館と美術館Museum and Art Gallery**では、企画展をメインに展示を行っている。

テラコッタの寺院が点在する
ビシュヌプル Bishnupur

MAP 折込C-2

コルカタから北西へ約200kmの所にあるビシュヌプルは、素焼きのれんがで建てられた寺院が点在する町。かつてマッラ朝の首都として16世紀後半から17世紀にかけて栄えた。歴代の王はテラコッタ（素焼き）のれんがに浮き彫りをした寺院を多く残したが、イスラーム教徒によってそのほとんどが破壊されてしまった。乾燥した赤土の町には、わずかに残る寺院がひっそりとたたずんでいる。

マングローブの原生林に野生動物が息づく
シュンドルボン（スンダルバンス）国立公園 Sundarbans National Park

MAP 折込C-2

コルカタから南東に約100km、ベンガル湾を望む世界最大の三角州地帯に広がる動物保護区で、世界遺産に登録されている。シュンドルボンとはベンガル語で「美しい森」の意味。網の目のように川が流れる広大なマングローブの原生林に、ベンガルタイガーやジャングルキャットなどさまざまな野生動物が生息しており、なかでも鳥の種類は多く、220種ほどいることが知られている。

ベストシーズンは野鳥保護区なら7〜9月、ほかの動物なら9月中頃〜3月中頃。州政府の発行する入域許可が必要なので、WBTDCや旅行会社が催行するツアー利用がおすすめ。

フーグリー河沿いにあるミレニアム・パーク（🗺 P.405）は、美しく植栽された遊歩道が延び、噴水やベンチが並ぶ公園。ハウラー橋の眺めもよい。チケットはRs10で、フェリー乗り場を挟んだふたつの公園で有効。● 10:00〜18:30

Useful Address　ユースフル・アドレス

▶観光情報

インド政府観光局 India Tourism
📍 P.408-A2　♠ 4 Shakespeare Sarani　☎ 033-2282-1475
🕐 10:00〜18:00　休 土、日、祝

西ベンガル州政府観光局 West Bengal Tourism Centre（WBTC）/
西ベンガル州政府観光開発公団 West Bengal Tourist Development Corporation（WBTDC）
📍 P.405　♠ 3/2 B. B. D. Bagh（East）　☎ 033-2243-6440
🕐 10:30〜16:30（土10:30〜13:00）　休 日、祝

▶病院

アポロ総合病院 Apollo Multispeciality Hospitals
📍 P.406-B1外　♠ 58, Canal Circular Rd, Kadapara, Phool Bagan, Kankurgachi
☎ 033-2320-2122　🕐 24時間　URL apollohospitals.com/hospital/kolkata

▶大使館・領事館

在コルカタ日本国総領事館 Consulate-General of Japan in Kolkata
📍 P.406-A2外　♠ 55 M. N. Sen La. Tollygunge　☎ 033-3507-6830
🕐 9:00〜13:00、14:00〜17:00　休 土・日、日本・インドの祝祭日、年末年始
🚇 Ⓜ Mahanayak Uttam Kumar駅下車、駅を出て右方向へ直進、徒歩約15分。
URL www.kolkata.in.emb-japan.go.jp

バングラデシュ領事館 Bangladesh Deputy High Commission
📍 P.406-B2　♠ 9 Bangabandhu Sheikh Mujib Sarani　☎ 033-4012-7500
🕐 9:00〜17:00　休 土、日、インドとバングラデシュの祝祭日　URL kolkata.mofa.gov.bd

鉄道予約オフィス

イースタン・レイルウェイ予約オフィスの中に外国人専用オフィスがあり、長距離列車や国際列車のチケットを購入できる。購入にはパスポートの提示が必要。

イースタン・レイルウェイ予約オフィス
Eastern Railway Computerised Reservation Office
📍 P.405
♠ 6 Fairlie Pl., B. B. D. Bagh（Dalhousie Square）
🕐 外国人用オフィスは月〜土10:00〜17:00、日、祝10:00〜14:00

コルカタからバングラデシュへ

バングラデシュの旅行にはビザが必要。ビザはまずオンライン申請し、その後7日以内に必要なものを持参しバングラデシュ大使館で申請する（郵送不可）。詳細は以下URLにて確認しよう。
♠ 東京都千代田区紀尾井町3-29（VISAカウンター）
URL bdembjp.mofa.gov.bd/consular-service

コルカタでのビザ申請

バングラデシュ領事館ではなく、バングラデシュ・ビザ申請センター Bangladesh Visa Application Centre Kolkataで申請する。
・6ヵ月以上の残存有効期間と2ページ以上の空白ページがあるパスポート原本
・パスポートのコピー（データー面ページのみ）
・縦45mm×横35mmの顔写真データ（300KB以下）
・バングラデシュでの滞在先の記入、e-mailアドレスが必要

事前にオンラインビザ申請を記入漏れなく済ませ、申請書をプリントアウトして、必要書類とビザ料金支払書を持ってバングラデシュ・ビザ申請センターにて申請。日本人のビザ申請料はUSD50（シングル・マルチ・再入国）。申請要項は頻繁に変わる可能性があるので、事前に確認しよう。またビザ申請センターはスィリグリーにもある。

📍 P.406-B1外　♠ 1st Floor, Plot No. 15（Infinium Digi Space）, CPBlock, Sector 5, Salt Lake
☎ 728-900-0071　URL bdvisa.com/　✉ info@bdvisa.com

飛行機

エア・インディアとインディゴ、バングラデシュの航空会社ビーマン・バングラデシュ航空がダッカへの便を運航している。各社合わせて毎日3〜4便、所要約55分。

鉄道

ダッカ行きはコルカタ（チトプル）駅7:10発のMaitree Exp.13108（月・土）または13109（火・金）で18:00着。

国際バス　📍 P.408-A1

サダル・ストリートそばのMarquis St.に、バングラデシュ行きの主要バス会社が集まっている。

ショハグ・パリバハン Shohagh Paribahan
📍 P.408-A1　♠ 23 Marquis St.　☎ 707-405-4001
ダッカ行きは5:00、7:00、12:15発。Rs950、A/C付きRs1600。所要約12時間。

 バングラデシュ西部の町ジョソールやクルナを目指すなら、ダッカ行きの国際バスに乗って国境で降り、ローカルバスに乗り換えてもいい。コルカタから国境まで所要約3時間。

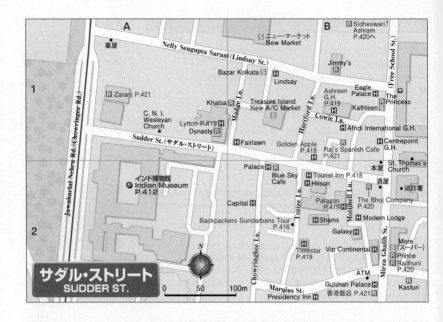

ニュー・マーケット
New Market

薬屋

Nelly Sengupta Sarani (Lindsay St.)

Sidheswari ↑
Ashram
P.420へ

Bazar Kolkata S

Lindsay

Jimmy's

Eagle
Palace H

The
Princess

R Zaranj P.421

Khalsa R

Madge Ln.

Treasure Island
New A/C Market
S

Ashreen
G.H.
P.419

Kathleen S

C. N. I.
Wesleyan
Church

Lytton P.419 H

Dynasty R

Hartford Ln.

Cowie Ln.

H Afridi International G.H.

Sudder St. (サダル・ストリート)

H Fairlawn

Golden Apple
P.418

Raj's Spanish Cafe

Centrepoint
G.H.

Palace R

本屋

St. Thomas's
Church

インド博物館
Indian Museum
P.412

Blue Sky
Cafe

H Tourist Inn P.418

H Hilson

酒屋

消防署

Capital H

Totlee Ln.

Paragon
P.419

Mirza Ghalib St.

The Bhoj Company
P.420

Backpackers Sundarbans Tour P.416

H Shams

H Modern Lodge

Galaxy H

More
S (スーパー)

Chowringhee Ln.

Timestar
P.419

Vip Continental H

R Prince

R Radhuni
P.420

ATM

N

サダル・ストリート
SUDDER ST.

0   50   100m

Marquis St.
Presidency Inn H

Gulshan Palace H

香港飯店 P.421 R

R Kasturi

Hotel ホテル

コルカタのホテル街として有名なのは、チョウロンギ通りからインド博物館の北側の角を入った所にあるサダル・ストリート。安宿からちょっと高級なところまで、たくさんのホテルが集まっている。排水が悪く、雨が降るとよく冠水するなど、決して環境がよいわけではないがバックパッカーブームのときには多くの旅行者でにぎわっていた。今はその当時ほどのにぎわいはないが、それでもまだ旅行者が集まるエリアではある。

他の大都市同様、コルカタも近年新規建設のホテルやサービスアパートメントが市内の広範囲に点在するようになった。アクセス至便の宿や最新の設備の宿などさまざまなので、自分の旅行スタイルやプランに応じて探してみるのもよいだろう。

管理がしっかりしている
H ツーリスト・イン
Tourist Inn

サダル・ストリート ₹
MAP P.418-B2

🏠 4/1 Sudder St., 2nd Fl.　☎ 033-2252-3134
Ⓢ Ⓢ⑥ Rs350 Ⓐ⑥ Rs550 Ⓢ🅰Ⓒ⑥ Rs1700～2200
🆃🆆 込　Card 不可　WiFi　🛏 14室
✉ tourist.inn@gmail.com

部屋はシンプルだが料金は安く、宿の人が親しみやすく安心できる。トイレ、シャワーは共同の部屋が多い。A/C付きの部屋はかなり広い。チェックアウトは12:00。

きれいなドミトリーが人気
H ゴールデン・アップル
Golden Apple

サダル・ストリート ₹
MAP P.418-B1

🏠 9 Sudder St.
☎ 033-6607-7500
🅰🅰Ⓓ Rs700 Ⓢ🅰Ⓒ⑥ Rs1910～2400
🆃🆆 込　Card 不可　WiFi　🛏 32室

2011年にオープンしたきれいなホテル。「キュービカル」と呼ばれるドミトリーは、ベッドの間が曇りガラスで仕切られているので個室のような雰囲気。それぞれにテレビが付いている。ホットシャワーOK。赤いリンゴの看板が目印。

ⓘ サダル・ストリートには日本語を話すインド人が多い。親しくなると一緒にショッピングへ行き、自分が先にUS$100などを払って買い物をするところを見せて旅行者を安心させ、相手に高額の買い物をさせる手口や、女性と親しくなってホテルに誘い、隠 ↗

伝説の日本人宿

[H] パラゴン

Hotel Paragon

サダル・ストリート ₹

[MAP] P.418-B2

⌂ 2 Stuart La. ☎ 759-593-8271
[料] [S] Rs450 🛁 [W] Rs650 🛁 [A/C] [W] Rs850 [T] Rs1200
[TAX] 込 [Card] 不可 [室] 52室

かつての旅行ブームには多くのバックパッカーたちが宿泊してきた宿で、いつも長期滞在者でにぎわっていた。オーナーが変わったこともあり、近年はインド人やバングラデシュ人の利用が多くなっている。シングルルームで南京虫に刺されたという投稿もあり、設備的にもあまりアップデートされておらず、かつてのにぎわいを失いうらぶれた感じも出始めているが、昔を懐かしく思う旅行者には泊まる価値はまだあるだろう。

静か、安全、安い!!

[H] タイムスター

Timestar Hotel

サダル・ストリート ₹

[MAP] P.418-B2

⌂ 2 Tottee La. ☎ 033-406-4911 [料] 🛁 [S] Rs650～700 [W] Rs800～900 🛁 [A/C] [S] [W] Rs1200 [TAX] 込
[Card] 不可 [Wi-Fi] [室] 30室 ✉ timestarhotel@yahoo.co.in

サダル・ストリートからTottee Laneを南下した左手、小路を入った奥にある安宿。部屋は清潔感があり、ゆっくり休める。スタッフも親切でアットホームな雰囲気。フロントには常にスタッフがいるので荷物も安全。いくつかの部屋は上部がつながっていて、周りの部屋の音が室内まで聞こえてうるさいという投稿もあり。睡眠時に周りの音が気になる人は事前に確認しよう。マネジャーのイムランさんは日本語が話せる。

リーズナブルで人気の宿

[H] アシュリーン・ゲストハウス

Ashreen Guest House

サダル・ストリート ₹₹

[MAP] P.418-B1

⌂ 2 Cowie La. ☎ 900-714-3943 [料] 🛁 [A/C] [W] Rs1450～2100 [TAX] 別 [Card] AMV [Wi-Fi] [室] 27室

サダル・ストリートから茶屋が並ぶHartford Laneを北上し、右手のCowie Laneに入ってすぐ左手にある。コルカタのホテルは設備のわりに値段が高いところが多いが、この宿はリーズナブル。室内も広めでシーツも清潔で、お湯も24時間出る。エレベーターがないので、荷物が多いときは上のほうの階になったときは少し大変だが、レセプションでボーイを頼めば大丈夫。チェックアウトは12:00。フロントも24時間対応でルームサービスもあり。人気があるので予約したほうがよい。

老舗の中級ホテル

[H] リットン

Lytton Hotel

サダル・ストリート ₹₹₹

[MAP] P.418-A1

⌂ 14&14/1 Sudder St. ☎ 033-3984-1900
[料] 🛁 [A/C] [S] Rs3000～ [W] Rs3700～ [TAX] 別 [Card] AMV
[Wi-Fi] [室] 54室 [URL] www.lyttonhotelindia.com

サダル・ストリートにある中級ホテル。ホットシャワー24時間OK。併設のサンセット・バー（🕘14:00～24:00）にはワインやウイスキー、カクテルが豊富に揃う。朝食付き。

かわいいプチホテル

[H] ハウセズ43

Housez-43

パーク・ストリート周辺 ₹₹

[MAP] P.408-A1

⌂ 43 Mirza Ghalib St. ☎ 033-2227-6020
[料] 🛁 [A/C] [S] Rs3100 [W] Rs3500～ [TAX] 別 [Card] MV
[Wi-Fi] [室] 27室 [URL] www.thesparkhotels.com

パーク・ストリートの中心部に近い、便利な場所にある。ブティックタイプのホテルで、それぞれの部屋に個性があり、なおかつシンプルでおしゃれな造り。チェックアウトは11:00。ビュッフェスタイルの朝食付き。

4つ星ホテル

[H] ケニルワース

Kenilworth Hotel

ヴィクトリア記念堂周辺 ₹₹₹

[MAP] P.408-A2

⌂ 1 & 2 Little Russell St. ☎ 033-2282-3939
[料] 🛁 [A/C] [W] Rs6000～ [TAX] 別 [Card] AMV
[Wi-Fi] [室] 101室 [URL] www.kenilworthhotels.com

設備の充実した高級ホテルで、モイダンに近く、ヴィクトリア記念堂にも歩いていける距離にあり観光にも便利。室内にはミニバー、TV、コーヒーメーカーなどもあり、ビジネスセンターやジム、ビューティサロンなども完備。ビュッフェの朝食付き。南北インド料理を中心にコンチネンタル料理も味わうことができる[R] Aromasは、気持ちのよい芝生の中庭を眺めながら食事ができる。

快適に滞在できる新しいホテル

[H] ラリット・グレート・イースタン

The Lalit Great Eastern

ダルハウジー広場周辺 ₹₹₹₹

[MAP] P.405

⌂ 1, 2, 3 Old Court House St., Dalhousie Sq.
☎ 033-444-7777 [料] 🛁 [A/C] [W] Rs5460～ [TAX] 別
[Card] AJMV [Wi-Fi] [室] 215室 [URL] www.thelalit.com

B.B.D.バーグにある高級ホテル。ベーカリーとバー、30種類のお茶が飲めるティーラウンジ、プール、6つのトリートメントルームをもつスパがあるなど、設備が充実。朝食付き。

↘し撮りしてそれをネタに脅したりする手口が横行しているという。また買い物の際、ニュー・マーケットなどサダル・ストリート周辺でクレジットカードを使わないほうがいい。スキミングの被害も報告されている。

コルカタで最高クラスのホテル

H オベロイ・グランド
The Oberoi Grand

ダルハウジー広場周辺 ₹₹₹
MAP P.408-A1

- 15 Jawaharlal Nehru Rd. ☎ 033-2249-2323
- Rs7650～12600 別 Card ADJMV
- WiFi 209室 URL www.oberoihotels.com

館内は広く、部屋は当然デラックス＆クリーン。レストランでは音楽の生演奏が行われる。また、アロマテラピー、アーユルヴェーダのマッサージが受けられるスパやプールも完備。

5つ星のデラックスホテル

H タージ・ベンガル
Taj Bengal

モイダン南側 ₹₹₹₹
MAP P.406-A2

- 34B Belvedere Rd., Alipore ☎ 033-6612-3939
- Rs8000～ 別 Card ADJMV WiFi
- 229室 URL www.tajhotels.com

サービス、設備ともにハイグレード。客室はクラシカルな雰囲気で、バスタブとシャワー室を備えた浴室は明るく清潔。インド料理や地中海料理のレストランのレベルの高さでも有名。朝食付き。

Restaurant レストラン

サダル・ストリートから東のミルザ・ガリブ・ストリートMirza Ghalib St.には、ベンガル料理店や中華料理を大衆的な値段で食べられる店が多い。一方、パーク・ストリート沿いには、サダル・ストリートあたりの安い中華レストランとはガラッと変わり、ファッショナブルな高級レストランやバーやパブ、ファストフードの店などがズラリと並んでいる。またコルカタ全体では、サモサやパニプリ、チョウメンにモモ、ロールにシンプルなターリー屋などストリート・フードをそこかしこで味わうことができる。現地の人に交じって、路上のグルメもぜひとも味わいたい。

ベンガル料理の人気店

R アーヘリ
Aaheli

ベンガル料理 ₹₹₹
MAP P.405

- 12 Jawaharlal Nehru Rd. ☎ 033-4400-3900
- 12:30～15:00、19:30～23:00 別 Card AMV
- URL www.peerlesshotels.co.in/f-n-b/index

H The Peerless Innの中にあるベンガル料理を専門とする高級店。洗練されたベンガル料理を存分に堪能できる。Aahelir Bhoj（ベンガル風ターリー）Rs 2295、Bhalo Laga Bhetki Pathoori（バナナの葉を使った魚料理）Rs 1225がおすすめ。著名人の顧客も多い。

ベンガルの大衆食堂

R シデーシュワリ・アーシュラム
Hotel Sidheswari Ashram

ベンガル料理 ₹
MAP P.418-B1 外

- 19 Rashmoni Road
- 10:00～16:00、19:00～23:00 込

地元の人が集まるローカル食堂。ベンガルらしいマスタードの効いた魚料理などが楽しめる。ミシュティ・ドイ（スイートヨーグルト）もあるので、食後のデザートに。

せっかくなら郷土ベンガル料理を

R ラドゥーニ
Radhuni Restaurant

ベンガル料理 ₹₹
MAP P.418-B2

- 17G Mirza Ghalib St. ☎ 033-2217-6465
- 8:00～23:30 込 Card MV

手頃な値段で食べられるため、いつも地元の人々でにぎわっている。おすすめはチングリ・マライ・カレーChingri Malai Curry（エビが2匹入ったカレー）Rs250。フィッシュ・カレーの種類も多い。

きれいで手頃なレストラン

R ボージ・カンパニー
The Bhoj Company

ベンガル料理 ₹₹
MAP P.418-B2

- 30A Free School St. ☎ 033-4006-6003
- 12:00～22:00 別 Card MV

サダル・ストリートにあるおしゃれな内装のベンガル料理店。魚にマスタードをつけ、バナナの葉に包んで蒸したベトゥキ・パトゥリRs300（1個）やベンガリー・プラーオRs150などが食べられる。コルカタに来たならばやはりベンガル料理を食べたいけど、地元の人ばかりのローカル食堂には躊躇してしまうという人におすすめ。

 コルカタに夜に到着し、タクシーでサダル・ストリートに行くと、ホテルを斡旋しようと人が近づいてきます。しつこくつきまとわれ、逃げるように H パラゴンに入りました。ここは、客引きは入れないので助かりました。（豊中市 ウルジャー '18）

コルカタ・ビリヤーニーなら
R アルサラン
Arsalan

ビリヤーニー ₹₹
MAP P.406-B2

🏠 119A Muzaffar Ahmed St. ☎ 900-700-7920
🕐 10:30～翌1:00 別 Card MV
URL arsalanrestaurants.com

ジャガイモが入っているのが特徴的なコルカタ・ビルヤーニーの名店。いくつか支店があるが、サダル・ストリートにいちばん近いのはここ。おすすめはマトン・ビルヤーニーRs369。ジャガイモはホクホクで、肉はジューシーでとても柔らかい。量が多いのでシェアするのもよさそう。テ
イクアウトもできるので、宿の仲間で集まってビルヤーニー・パーティをするのもよい。

ミールスが恋しくなったら
R バナナリーフ
Banana Leaf

南インド料理 ₹₹
MAP P.406-A2

🏠 73 & 75, Rash Behari Avenue, Next to Rolex, Manoharpukur, Kalighat ☎ 033-2464-1960
🕐 月～金8:00～22:00、土7:00～22:00 Card MV

メトロのカーリーガート駅から東へ徒歩6分ほどの場所にある、南インド料理店。おすすめはもちろんミールスRs287だが、その他のアイテムも充実していて、ドーサ、ワダ、イドリーやウタパムなどひととおりの
南インド料理を食べることができる。ベンガル料理に飽きて、違うものを食べたくなったときに行きたい店。

豪華なディナーを楽しむなら
R ザランジ
Zaranj Restaurant

北インド料理 ₹₹
MAP P.418-A1

🏠 26 Jawaharlal Nehru Rd. ☎ 033-2249-0369, 900-706-6664 🕐 12:30～15:00、19:00～23:00
別 Card AMV

チョウロンギ通りからサダル・ストリートに入ってすぐ左手にある、北インド料理を提供する高級レストラン。ノンベジアイテムが豊富で本格的なカバーブなどを食べることができる。おすすめは、Zaranji Raan（骨なしラムのタンドゥーリー焼き）Rs945、Tandoori Jheenga（エビのタンドゥーリー焼き）Rs935ほか、ゴビ・ペシャワーリー Rs745、マーキ・ダールRs725など。予算は、ランチ、ディナーともひとり当たりRs1500～1700ぐらいから。高級レストランな
ので、きちんとした服装で食事をしよう。週末の夜は特に地元の人で混みあうので予約したほうがよい。

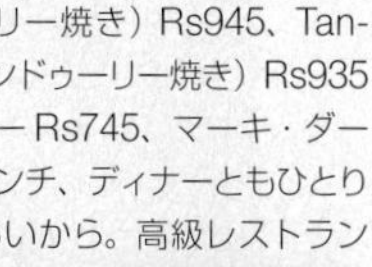

軽食が中心でくつろげる
R ラージス・スパニッシュ・カフェ
Raj's Spanish Cafe

カフェ ₹
MAP P.418-B1

🏠 7 Sudder St. ☎ 033-2252-3456 🕐 8:30～22:30
込 Card MV WiFi URL rajspanishcafe.com

サダル・ストリートからちょっと北に入った突き当たりにあるカフェ・レストラン。屋内と中庭の両方で食事ができる。サダル・ストリートのなかではくつろげる店。軽食のほかに、スペインやイタリア、メキシコ料理などが食べられる。なかでもイタリアン・オーブンを使って焼くピザRs280～450がおすすめ。イングリッシュ／
アメリカン／フレンチブレックファーストなど、朝食メニューも充実しておりRs250～280ほどでしっかり食べられる。

気軽に入れる
R 香港飯店
Hong Kong Chinese Restaurant

中華料理 ₹
MAP P.418-B2

🏠 44 Mirza Ghalib St. ☎ 869-741-6485
🕐 10:00～22:00 別 Card 不可

大衆価格の中華料理店。チキン・ワンタン・ヌードルスープRs150、エビチリ（Garlic Prawn）Rs200、チャーハンRs120。チョウ・チョウ・ライス、豚ではなく鶏を使った酢豚（酢鶏）などもある。2階には広々としたグループ席もあるの
で、大勢で行って何品かシェアして注文するのがいいだろう。お持ち帰りもできる。

ケバブがうまい
R ピーターキャット
Peter Cat Restaurant

北インド料理 ₹₹
MAP P.408-A1

🏠 18A Park Street ☎ 033-2229-8841
🕐 11:30～24:00 別 Card AMV

レストランやカフェ、パブなどが多く集まるパーク・ストリートにある人気のノンベジレストラン。薄暗くムーディな雰囲気の店内は、いつも地元の人や旅行者で混みあっている。特にタンドール料理がおいしく、多くの人が注文している。おすすめはチェロ・ケバブRs415で、ごはんの上に2種類のケバブと目玉焼き、焼きトマト、バターがのったもので、日本人の舌にもマッチするとても食べやすくおいしい一品。その他、タンドゥーリ・ミックスグリルTandoori Mix Grill Rs455も人気アイテム。サンドイッチにハンバーガーや
スナックもあるので、肉をがっつりと食べたい人も、軽めにすませたい人もどちらの人にも重宝する店だ。

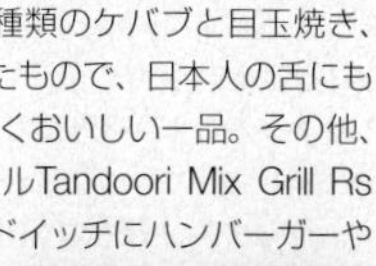

 部屋の状態に比べて宿泊代が高いコルカタ。そのうえ、サダル・ストリートでは安い部屋から埋まっていく傾向があり、ホテル探しに骨が折れる。なるべく前日までに予約をするか、チェックアウト時間の昼前頃に探すのがコツ。

マザー・ハウスのボランティア活動

●マザー・ハウスについて

1997年に亡くなったマザー・テレサ。彼女が人生をささげた活動は、今も多くの人々に受け継がれている。

生前マザーが活動の拠点としたマザー・ハウスの1階に墓石があり、マザーはそこに安置されている。シスターたちが奉仕の合間をみては彼女に寄り添い、聖書を開く姿が見られる。ここは外国人にも開放されていて、多くの人が訪れている。また、その隣にはマザーの生涯を紹介する展示室があり、いろいろな国で発行されたマザーに関する書籍や写真集なども閲覧することができる。開館時間は8:00〜12:00、15:00〜17:30で木曜は休み。

毎日朝と夕に、誰でも参加することができる祈りの時間がある。2階の部屋でマザーはいつも同じ場所に座ってシスターたちと祈りをささげていたという。礼拝をするシスターたちの声が響きわたるなか、今でもマザーはそこに座り彼女たちを優しく見守っているかのようだ。

※マザーが亡くなる直前に作られた小さな像は、いつもマザーが座っていた場所に置かれている（撮影は禁止）。

●ボランティアについて

ボランティアをしたい人は、月・水・金曜の15:00から、マザー・ハウスから徒歩5分ほどの所にあるニルマラ・シューシュ・バワンNirmala Shishu Bhavan（MAP P.406-B1）にパスポートを持参し、登録してオリエンテーションを受ける。また、登録日に行けない人は朝7:00にマザー・ハウスへ直接行き、ワンデイパスをもらってボランティアをすることもできるが、その場合は説明もなしにすぐにボランティア活動となるので、マザー・ハウスではできるだけ登録会への参加をお願いしている。

ボランティアをする場所は、以下の4施設のなかからの選択になる。時期や活動可能な期間で施設が希望に沿わない場合もあるが、その点を了承して参加したい。

・ダヤ・ダーン Daya Dan
ハンディキャップをもつ18歳以下の男子の施設。

・プレム・ダーン Prem Dan
老人ホームのような施設で、重症の人から自立している人まで、多くの障害をもつ人が生活している。

・ニルマル・ヒルダイ(カーリーガート) Nirmal Hriday
「死を待つ人の家」。プレム・ダーンと同様の老人ホームのような施設だが、重症の人が多い。

・シャンティ・ダーン Shanti Dan
障害をもつ女の子と女性の施設。子供と大人とで部屋が分かれる（女性のみボランティア可能）。

●マザーハウス・ボランティア体験記

日本で働くことに疲れてしまい、10年の看護師キャリアをこのマザー・ハウスで終わらせようと、プレム・ダーンでのボランティアに参加しました。マザー・ハウスには幸せな雰囲気があふれ、施設に住んでいる人はたくさんの愛をもってケアされていました。言葉で意思疎通できない人も、私の手を取って自分の方に引き寄せ、抱きしめてくれたり、彼らの方から私たちに愛情表現してくれるのはとてもうれしかったです。奇声を発したり、不可解な行動を取る人もいますが、それは日本の医療・介護現場も同じです。

印象深かったのは、アシッドアタックに遭って目・鼻・口が焼けてしまい、コミュニケーションが取れなくなってしまった人。シスターに何があったのか聞くと、その人に起こったことを教えてくれました。日本では到底起こり得ないことが、インドでは現実に起こっていることを学びました。また、世界中から来ているほかのボランティアの人たちが、優しさの塊みたいな方たちばかりで、忙しく働いている日本人にはもちえない心の余裕から生まれる優しさをもつ他のボランティアの存在も私の心を癒やしてくれました。

シスターは「言葉が通じなくても、その人の表情・行動から読み取れることはたくさんあります。それを感じて必要なことをすればいいのです」とアドバイスしていました。忙しい日本の医療現場では、ついこういう視点も忘れがちになって、業務優先で働いてしまっていたことを気づかされました。もう少し、力を抜いた形で看護師を続けてもいいかなと思わせてくれる場所でした。

（秋田市　しょこボン　'23）

●マザー・ハウスのウェブサイト
URL www.motherteresa.org

マザーの写真に手を合わせるインド人男性

 2000年以前は"リクシャー"といえば人力だったコルカタだが、現在はオートリクシャーやタクシーなどに比べてその数はかなり少なくなった。しかし今でもサダル・ストリート周辺などの細い路地でその姿を見つけることができる。

インドの民俗画　その2

数ある民俗画の中で、現在最も活動的で創意にあふれているのはジャールカンドの民俗画だと思う。ジャールカンドは有名な観光地や見どころがない州で、ガイドブックで取り上げられることがほとんどない。それでツーリストもほとんどいない。

だからといってジャールカンドが旅行するのに大変なところというわけではない。ただ情報がないだけで、インドの他のところのように、普通にバスなどの交通機関はあるし、ホテルもちゃんとある。

ジャールカンドの民俗画はハザーリーバーグ周辺の村々で描かれている。ハザーリーバーグは、ジャールカンドの州都ランチーの北およそ100kmのところにある街だ。ここのすごいのは、村によって描かれる絵のスタイルが異なることだ。壁には、彼らの神話世界や村々の周辺で見られる動植物がおもに描かれているが、同じ部族であっても、村が異なると絵のスタイルも変わる。だから、壁画が描かれている村々を回ると、何種類もの異なったスタイルの絵を見ることができる。これまで見た民俗画の中で、ここほどバリエーションに富んだ壁画があるところはほかになかった。

ジョラガット村のモノクロームの壁画

なぜこの村々には、ほかのインドにはないような豊かなバリエーションの壁画が存在するのか。それは長年にわたって壁画を復興させた人がいたからだ。

1970年代初頭、村々にはほとんど壁画はなかったという。ハザーリーバーグにサンスクリット・ミュージアムという美術館があるが、そこの館長であり考古学者であるブルーム・イマーム氏は、付近にある古代の洞窟絵画を研究していた。その際に、洞窟付近の村に壁画が残っているのを偶然「発見」した。そこで、ブルーム氏と彼の息子ジャスティン・イマーム夫妻は、村人に絵の具となる顔料などを援助し、再び壁画を描くように奨励した。その活動によって村の壁画は少しずつ復活し、現在では20の村で壁画が描かれるよう

オリヤ村

になったという。華やかな色使いの村もあれば、モノクロームの水墨画のような絵で飾られた村もある。村の家々の内外が壁画で埋め尽くされているので、村はまるで壁画の美術館だ。

ハザーリーバーグに限らず、このような土壁に描かれる絵は、インド全体から徐々に消えつつある。そして壁画を描くには時間もかかれば、絵の具代もかさむ。経済的に豊かではない田舎の農村で、描かれなくなるのはしかたがないことではあるのだ。

ベルワラ村の馬に乗った神の壁画

そういう時流にあらがって、イマーム氏が復興活動に力を入れた結果、数百軒という家々が美しい壁画で飾られていることは奇跡といっていいだろう。ブルーム・イマーム氏はその功績をたたえられ、2019年インド最高の文化賞パドマ・シュリ賞を受賞した。

ベルワラ村

ハザーリーバーグ周辺の村々は、ツーリストが自力で回るのは難しい。絵のある村がどこにあるのかわからないし、公共交通機関もないからだ。なので、壁画を見たい人はハザーリーバーグのサンスクリット・ミュージアム（ブルーム＆ジャスティン・イマーム氏）を訪ねられたい。ここで村をめぐるツアーがある。全村を見るには2〜3日必要だ。

（蔵前仁一）

アンゴ村

▶サンスクリット・ミュージアム
🏠 Dipugarha, Canary Hill Road, Hazaribagh, Jharkhand 825301

ブバネーシュワル

ブバネシュワールの中心、リンガラージ寺院。ヒンドゥー教徒でない外国人は立ち入れない

ブバネーシュワルの市外局番
0674
ブバネーシュワルの人口 約89万人

ACCESS

飛行機
デリーからインディゴやビスタラなどが毎日8～9便、所要約2時間15分。ムンバイーから毎日5便、約2時間20分。コルカタから毎日7便、約1時間。そのほかにもラクナウやハイダラーバード、ベンガルールなどからの便がある。空港から町までは約4kmで、タクシーでRs300。

鉄道
コルカタ・ハウラー駅から特急（1日2便）で所要約6時間30分、急行（1日8～10便）で6時間30分～8時間。チェンナイ・セントラル駅から急行（1日2～4便）で18～21時間。プリーから特急または急行（1日11～12便）で所要約1時間20分。バスよりも混み合わず本数が多くて楽。

バス
プリーから所要約2時間。

コルカタからチェンナイへ、あるいはその逆でも、ブバネーシュワルを素通りしてしまう旅人は多い。しかしながら、ここにはベンガル文化と南インド文化を折衷したような独特のオディシャ文化、そして山岳地帯には多くの少数民族が暮らしているのだ。ブバネーシュワルの街なかでも、ときにそういった少数民族を見かけることもある。車窓から眺めているだけではもったいないくらいたくさんのインド風情が詰め込まれているオディシャ州、途中下車してぜひ立ち寄ってみよう。

この町の歴史は古い。紀元前3世紀にマウリヤ朝のアショーカ王が仏教に帰依したのは、カリンガ国征服の惨禍のあとにこの地で仏教の修行僧と出会ったからと伝えられ、紀元前2世紀にはジャイナ教の苦行者が町の西郊で修行を始めたというから、ブバネーシュワルは古くから宗教的聖地であったらしい。

その後10世紀にはガンガー朝の首都となり、15世紀までに数えきれないほどの寺院が建てられ、ワラーナシーなどと並ぶ聖地として町はおおいににぎわった。しかしその繁栄も、イスラーム教徒の侵入によって終止符を打たれてしまった。

ところが、そんな歴史の重みをあまり感じさせないのがオディシャ。州都のブバネーシュワルと、宗教都市であり保養地でもあるプリー、そして静かな遺跡の町コナーラクの3都市は、インド各地からの巡礼と観光客を集めるゴールデン・トライアングルだ。

風土は丸みを帯びてやわらかく、すべてが優しい。ただブラッと立ち寄って、気に入ったら長く滞在すればいい。海辺でゴロゴロしてもいい。自分が気に入ればそれでOK。神妙でも堅苦しくもない。人生を楽しめれば、それでいいのだ。

ヴァイタール寺院のドゥルガー像

 ブバネーシュワルという言葉はふたつの単語、「ブーバナ」＝「世界」と「イーシュワル」＝「主、大いなるもの」からなっている。

ブバネーシュワルの歩き方

オディシャ州の州都であり、人口90万人近い大きな町。かつて周辺に7000もの寺院があったと伝えられるものの、聖地の面影が見られるのは旧市街の一帯だけ。1949年に州都に決まってから造られた駅の西側の新市街は、きれいに区画されたエリアにビルが建ち並び、旧市街とは対照的な表情を見せてくれる。

観光の中心になるのはやはり旧市街。ほかの多くのインドの町に見られるような、典型的な寺町の風情が漂う。リクシャーに乗って、あるいは徒歩で、じっくり歩いて町を見るのがいちばんだ。

現在でも500ほどが残っているというブバネーシュワルの寺院だが、その中心になるのは旧市街の寺院のなかでもひときわ高くそびえ立つ**リンガラージ寺院Lingaraj Temple**。高さ54mの塔をもつこの寺院が祀るのは、もちろんリンガ（シヴァ神）。11世紀の初頭、オディシャ建築の最盛期に造られた代表的な建築物として、プリーにあるジャガンナート寺院と並び、歴史的な価値も極めて高い。ヒンドゥー教徒以外は立ち入ることができないが、入口に向かって右のほうに寺の外側を歩いていくと、井戸の近くに白い手すりのついた見晴らし台があるので、上って眺めよう。リンガラージは、寺の数が全部で108もあるという巨大な建築群だ。また、少し離れた所にある**エカムラーワンEkamravan**という庭園からは、池の向こうにたたずむリンガラージ寺院を眺めることができる。

エカムラーワンの近くには誰でも中に入れる**ヴァイタール寺院Vaital Temple**（9世

参拝客でにぎわうリンガラージ寺院入口

市民の憩いの場エカムラーワン

INFO

オディシャ州観光開発公団（OTDC）
🗺 P.425-B2
🏠 Lewis Rd.
📞 0674-243-0764
🕙 10:00〜18:00
🈺 日、祝
🌐 www.bookodisha.com
駅構内や空港にもカウンターがある。主催するツアーの申し込みができる。

 市内から空港へは、ブバネーシュワル駅近くのシティ・バススタンドから207番のバスに乗って所要約15分。オートリクシャーだとRs150前後。

エカムラーワン
🗺 P.425-A3
🕐 8:00〜13:00、14:30〜17:30
🅿 Rs2
ピンドゥ・サーガルのほとりにある庭園。アーユルヴェーダに使われる250種類以上の植物が植えられており、ここから池の向こうにリンガラージ寺院を眺められる。

ヴァイタール寺院
🗺 P.425-A3

ラージャラーニー寺院
🗺 P.425-B3
🕐 6:00〜21:00
🅿 Rs300

ムクテーシュワラ寺院
🗺 P.425-B3
🕐 6:00〜19:30
🅿 無料
同じ敷地内にシッデーシュワラ寺院Siddheswara Templeもある。

ウダヤギリ
🕐 6:00〜17:30
🅿 Rs300
ウダヤギリとカンダギリへは、市内からリクシャーで所要約20分。往復と待ち時間を含めたリクシャーの料金はRs500程度。

カンダギリ
🕐 6:00〜17:30
🅿 無料
※ジャイナ寺院の内部には革製品の持ち込みは不可。

紀）があり、水牛の悪魔を退治するドゥルガーの壁画が見られる。このほか、たくさんのすばらしい彫刻が見られる**ラージャラーニー寺院**Rajarani Temple（11世紀）や、オディシャで一番古いといわれている細かな装飾が施されたアーチで有名な**ムクテーシュワラ寺院**Mukteswar Temple（10世紀）など、見事な寺院建築が非常に多い。

細かな彫刻がすばらしいムクテーシュワラ寺院

—◆ ブバネーシュワルのおもな見どころ ◆—

多くの石窟が並ぶ丘
ウダヤギリとカンダギリ Udayagiri & Khandagiri
MAP P.425-A1外

ウダヤギリのラーニー・グンパー

紀元前2世紀頃から造られ始めた、ジャイナ教の僧侶が修行した石窟群。ブバネーシュワルの西約7kmの所にある。道を挟んで右側がウダヤギリ（日が昇る丘）で、左側にあるのがカンダギリ（壊れた丘）。

ウダヤギリには18窟、カンダギリには15窟の石窟がある。そのうち最大のものがウダヤギリにあるラーニー・グンパーRani Gumpha（王妃の窟院）で、2層になった僧室が並ぶ。また、同じくウダヤギリにあるバーグ・グンパーBagh Gumphaは、トラの頭を模したユニークな石窟で「タイガー・ケイブ」とも呼ばれている。丘の上からの見晴らしは抜群。ブバネーシュワル市内はもちろん、町の南にあるダウリのストゥーパまで望むことができる。

カンダギリの山頂には、19世紀に建てられた新しいジャイナ教寺院がある。敷地内に入る際に足を洗ってくれる人がいるので、帰りに心づけを渡そう。

カンダギリの山頂に建つジャイナ寺院

 カンダギリへと上っていく階段には、たくさんのサルがいる。ただし穏やかな性質のハヌマーン・ラングールなので危険は少ない。餌などを持参しても楽しいだろう。

少数民族について知ることができる
トライバルアーツ&アーティファクト博物館 Museum of Tribal Arts & Artifacts

MAP P.425-A1外

実はオディシャ州はインドでもアーディヴァーシー（いわゆる先住民族・部族）の人口比率が多く、62もの部族が住んでいるといわれている。この博物館は指定カースト・指定部族研究トレーニングセンター（Scheduled Castes and Scheduled Tribes Research and Training Institute、略称SCSTRTI）により管理・運営されている。

敷地内の屋外には各部族の住居の様子が展示されていて各部族の違いを知ることができる。博物館館内には中庭があり、各部族の祭壇などが再現され、ヒンドゥー教とは異なる信仰形態をみることができる。中庭を取り囲むように平屋の建物があり、カテゴリーごとにいくつかの部屋に分かれている。各部族の衣服、民具、武器、楽器、工芸品などが展示されていて、これまたうれしいことにすべて写真撮影が可能だ。それぞれの部屋にキュレーターがいて英語でオリッサの部族や指定カーストについてていねいに説明してくれる。映像資料を見せるデバイスもあり、貴重な祭りや儀礼、工芸品製作や楽器製作などの様子も知ることができて非常に有益だ。ボンダ、ボッターダ、オラオン、ドングリア・カンダにチェンチュなど、聞いたこともないような部族の名前や信仰や、その人々の生活を目にするとインドの広大さと多様性にあらためて驚くだろう。

展示品の中には近年日本でも知られるようになってきたゴンド画やワルリー画などもあり、ときには部族のアーティスト自身による制作デモ

ンストレーションの様子を見学することができる。敷地内にはカフェやショップなどもあるので、文化人類学や民俗学に興味のある人には半日は必要なぐらい充実した施設だ。ぜひとも訪れてみよう。

あでやかな先住民族の衣装

トライバルアーツ&アーティファクト博物館

- CRPF Square. Nayapalli,
- 0674-256-3649
- 10:00～17:30
- Rs50
- www.scstrti.in

HINT
博物館でターリーを
博物館の敷地内にはおみやげ屋があるほか、その裏手に簡単なレストランもあり、ここでターリーが食べられる。スペシャルベジターリーRs150、フィッシュターリーRs90と値段もリーズナブル。

アーディヴァーシー・メーラー

上述の指定カースト・指定部族研究トレーニングセンター（SCSTRTI）が毎年1月26日～2月9日にブバネーシュワルで開催するイベントがアーディヴァーシー・メーラーだ。会場内には各部族の住居や生活の様子を再現した等身大ジオラマが展示され、実際に部族の人がデモンストレーションをすることもある。各部族の民具、工芸品、楽器などやSCSTRTIが出版する部族関連の書籍を販売するブースもある。現代風にアレンジされた各部族の舞踊などを披露するステージもあるので、現地の人々と一緒に楽しんでみよう。会場や開催日は変わる可能性もあるので事前にSCSTRTIに問い合わせを。

- 0674-256-3649、0674-256-1635
- www.scstrti.in. scstrti@yahoo.co.in

ステージでのパフォーマンスの様子

 オディシャ州では、ベンガル地方同様に魚やエビ、カニといった魚介類がよく食べられる。おもにマスタードオイルを用いて調理され、繊細なスパイスの使い方が特徴。主食は朝食にはローティーやパラーター、昼と夜には米を食べることが多い。

ダウリ

●随時
無料
市の中心部からリクシャーで所
要約20分。往復と待ち時間を
含めた料金はRs250程度。バ
スの場合は、シティ・バススタン
ドから171番のバスで所要約
30分、ダウリへの分岐で途中下
車し、50分ほど歩く。このバス
はピプリやプリーへと向かう。

白亜の巨大ストゥーパがそびえる

MAP P.425-B3外

ダウリ Dhauli

　ブバネーシュワルの南約8km、プリーに向かう道から少し外れた丘
の上に、巨大な白いストゥーパが見える。ここがダウリで、オディシャ
を代表する仏教の巡礼地。殺戮に疲れ果て仏教に帰依することを決意
したアショーカ王の勅命が、紀元前260年頃、ダウリにあった岩壁に刻
まれたのがその由来だ（このアショーカ王の勅命は丘の麓に残っている
ので、ストゥーパと合わせて見学してみよう）。そのため、仏教のゆかり
の地として1972年、日本山妙法寺がこの地にストゥーパを建立した。
ストゥーパの外周には仏教に関連するレリーフが飾られ、仏像も置かれ
ている。ストゥーパの隣にはシヴァ神を祀る白いヒンドゥー寺院
Dhabaleswar Templeがあるが、これはストゥーパ建設時に遺跡だっ
たのを州政府が修
復したもの。仏教徒
だけでなく、ヒンド
ゥー教徒の巡礼者
も多く訪れている。
彼らはシヴァ寺院
だけでなく、ストゥ
ーパにも熱心に祈
りをささげている。

頂上に白いシャンティ・ストゥーパがある

カラフルな店が並ぶ工芸の村

MAP P.425-B3外

ピプリ Pipli

　ブバネーシュワル中心部から南へ約19km、プリーへ向かう途中にあ
る村。鏡や布を縫いつけた色鮮やかな手工芸品で知られる。通りの両側
に店が並び、ランプシェードやパラソル、壁かけ、クッションカバーな
どのほか、ジャガンナートなどのヒンドゥーの神々を描いた製品が並ん
でいる。店の奥に工房があって制作を行っており、製品はインド各地に
出荷される。

 オディシャ州政府観光開発団（OTDC）が1日観光ツアーを行っている。ブバネーシュワルの寺々と博物館、ナンダンカナン動物
園、カンダギリ、ウダヤギリ、ダウリを回るツアー。● 9:00〜18:00 Rs320 月。また、コナーラク、ピプリ、プリーを

Hotel & Restaurant ホテル&レストラン

ブバネーシュワルは州都なので宿は多いが、旅行者に便利なのは駅付近か旧市街の見どころに近いルイスロードLewis Rd.沿いだろう。線路と平行に走るジャンパトロードJanpath Rd.とCTCロードCTC Rd.沿いにはホテルが多く、安宿も見つかる。24時間制のホテルも少なくない。

ホテルが集中するエリアには、レストランも多く幅広いジャンルの料理が食べられる。

ブバネーシュワル随一の高級ホテル

[H]トライデント
Trident Hotel

新市街 ₹₹₹

[MAP] P.425-A1外

⌂ CB-1 Nayapalli ☎ 0674-230-1010 [料][浴][A/C][S] Rs8500〜 [W] Rs9500〜 [TAX]別 [Card] AJMV [Wi-Fi] [室]32室 [URL] www.tridenthotels.com

鉄道駅から約6km。敷地は広く、ランニングコースもあり、中庭をゆったりと散策できる。館内や敷地の随所に、オディシャ様式をあしらった装飾がされている。プールやフィットネスセンター、バーなども完備。併設のレストランも有名で、近くにモールもある。

OTDCの本部にあるホテル

[H]パンタニワース
Panthanivas

旧市街 ₹₹

[MAP] P.425-B2

⌂ Lewis Rd. ☎ 0674-243-2515 [料][浴][A/C][W] Rs3000 [TAX]別 [Card] MV [室]54室 [URL] www.panthanivas.com

部屋は広く、リノベーションされており清潔。敷地内にOTDCがあり、ここからツアーバスが出発する。チェックアウトは8:00まで。モーニングティー、朝食付き。ホテルの1階にはインドでは割と本格的なケーキが食べられるカフェが入っているので、ここでゆっくりお茶をするのもいい。

ITDCのデラックスホテル

[H]カリンガ・アショーク
Kalinga Ashok

駅近辺 ₹₹

[MAP] P.425-B2

⌂ Gautam Nagar ☎ 0674-243-1055 [料][浴][A/C][S] Rs2500 [W] Rs3000 [TAX]別 [Card]不可 [Wi-Fi] [室]36室 [URL] www.hotelkalingaashok.com

ITDCが経営するホテル。ホテル自体は老朽化は否めないが、メンテナンスはわりとしっかりされている。部屋は広く、冷蔵庫とティー・コーヒーセット付き。ランドリーサービスあり。レストランとバーを併設。朝食付き。空港、駅でのピックアップサービス(有料)あり。

駅からすぐの便利なホテル

[H]リチ
Hotel Richi

駅近辺 ₹

[MAP] P.425-B1

⌂ 122A Station Square ☎ 0674-253-4619 [料][浴][S] Rs750 [W] Rs1100〜1800 [浴][A/C][W] Rs1800〜2300 [TAX]別 [Card] MV [Wi-Fi] [室]69室

駅の西口を出ると、建物の上にホテル名のネオンサインが見えるので夜でもわかるだろう。昼間であれば、ホテルの壁面に掲げられた"I LOVE RICHI"のサインが目に留まるかもしれないが、入口はその下ではなく横の路地を少し入ったところ。ホテル内にはレストランとバーを併設。駅前なので少し騒々しいが、1泊して移動するには便利。朝食付き、24時間制。また、ホテルの前には屋台のような食堂が並んでいるし、周辺にはレストランも多いので、食事に困ることはない。

A/Cの効いたおしゃれレスラン

[R]タンジェリン9
Tangerine 9

北インド料理 ₹₹

[MAP] P.425-B1

⌂ 108/A Lotus House, Station Square ☎ 0674-253-0009 🕘 12:00〜15:30、19:00〜22:30 [TAX]別 [Card] MV

駅から徒歩5分の建物の上階にあるノンベジのレストラン。明るい店内は家族連れや若者たちでにぎわい、特に週末の夜は混み合っている。メニューはとにかく豊富で一般的なタンドール系のインド料理や、シーフード料理や西洋料理などもあるので、特に目当ての料理がなくやってきても、何かしらお気に入りが見つかるだろう。予算はひとりRs400〜500。アルコール類はない。

オディシャ料理のベジレストラン

[R]ハレ・クリシュナ
Hare Krishna

オディシャ料理 ₹

[MAP] P.425-B1

⌂ Lalchand Market Complex, Master Canteen ☎ 0674-253-4188 🕘 11:30〜15:30、19:00〜22:30 [TAX]別 [Card]不可

駅から徒歩5分のLalchandという大きな宝石店の建物の3階にある。オクラが入ったビンディ・マサーラーや、ナスが味わい深いダール・ビンジャン、カリフラワーのダニア・ゴービーなどが1品Rs250前後。野菜たっぷりでボリューム満点だ。店内にはオディシャのパッタチトラ画が飾ってあって、雰囲気もよい。

↘回るツアーもある。🕘 9:00〜18:30 [料] Rs400。どちらのツアーも最少催行人数は6人。ツアーは直接カウンターで申し込みができる(P.425)。

プリー

インド人観光客でにぎわうビーチ。ラクダに乗っての記念撮影も

プリーの市外局番
06752

プリーの人口
約20万人

ACCESS

鉄 道
ブバネーシュワル駅から特急（1日1便）で所要約1時間20分～2時間15分。急行（1日11～18便）で1時間40分～2時間。コルカタ・ハウラー駅から特急（1日4便）で6時間30分～9時間30分。

バ ス
ブバネーシュワルのシティ・バススタンドから頻繁にバスの便がある。所要約2時間。
プリー市街にあるバススタンドのほか、市街の北6kmの所に新バスターミナルMalatipatapur Bus Standが新設されている。

　プリーにはふたつの顔がある。ひとつ目は、プリーの名をインド中に知れ渡らせているヒンドゥー巡礼地としての顔。町ができる前からあったといわれるジャガンナート寺院は、一帯の土着神であったジャガンナートを祀る寺院。やがてその地位は、土着の神からヴィシュヌの化身へ、さらに「宇宙の主」と呼ばれる高次の神格に昇格し、全インドから巡礼者を呼び集めている。

　御神体を載せた巨大な山車が町を巡るラタ・ヤートラ祭のとき（2023年は7月19日、2024年は7月7日）、信者の熱狂はクライマックスに達し、かつてはその車輪の下に身をささげる人までいるほどだったという。

　ふたつ目は、保養地としての顔だ。大都会の喧騒を逃れてきた人たちが、日光と潮風を体中に浴びている。波打ち際が金色に染まる頃、ベンガル人の家族連れがゆっくりと浜辺を歩いていく。心と体を解き放ちに来ているのは、インド人だけではない。文明社会をあとにした各国の若者たちが、いつ終わるともしれない長い休暇を楽しんでいるのもプリーの浜辺だ。のんびりした感じのバザールを歩いたら浜に出て、海と溶け合う太陽を眺めながら、優しい潮騒の響きに耳を傾けてみよう。

プリーの歩き方

　駅を出ると例のごとく、客引きのリクシャーワーラーに囲まれるが、大都会のようにうるさくはない。適当にリクシャーをつかまえてもいいし、歩き出してもいい。目指すホテル街**C.T.ロードC.T.Road**は駅を出て海岸に向かって10分ほど歩いた通り。見どころといえば町の西にあるジャガンナート寺院ぐらい。ただしこの寺院も観光客が入ることはできない。ここではベンガル湾を望むビーチでゆっくりと骨休めをしよう。

ⓘ　プリーでは、ヨーガのクラスやティーチャーズトレーニングコース（TTC）の参加や受講が可能だ。TTCでは、朝夕2時間ずつの実践クラスのほかに座学もある。日本語通訳もあり、英語が苦手な人でも受講可。基本的には毎月開催。プログラム前後の／

プリーのおもな見どころ

東インド最大の聖地で町のシンボル

ジャガンナート寺院　Jagannath Temple

MAP P.432-A1

図書館から見るジャガンナート寺院

　町の西にそびえ立つ巨大な白い塔。65mにも及ぶこの塔を中心に、高さ6mの塀に囲まれた約200m四方の境内をもつのが、12世紀に建造されたジャガンナート寺院だ。オディシャ建築の最高傑作ともいわれ、白い塔はホワイト・パゴダ（コナーラクのスーリヤ寺院はブラック・パゴダ）とも呼ばれる。

　ある説によると、ここにはもともとストゥーパ（仏塔）があり、ブッダの歯が祀られていたという。しかし歯はスリランカに持ち去られ、その後同じ場所にジャガンナート寺院が建てられたそうだ。今は周囲にヒンドゥーの巡礼者があふれ、寺の前から延びるグランド通りは、みやげ物やお供え物を売る店が軒を連ね、たいへんにぎやかだ。

　本堂に祀られているジャガンナート神は、黒い体で手足のない丸太のような像。そのほかバラバドラ神とスバドラー神というふたつの重要な神がおり、それぞれ白と黄色の体で、こちらもヒンドゥー教の「普通の神様」とはずいぶんと様子が違う。現在でこそジャガンナート神もヴィシュヌの化身クリシュナ神に同一視されているが、もともとはヒンドゥー教の埒外での信仰を受けてきたという

ジャガンナート寺院の門前で聖なる火に手をかざす信者たち

INFO

🅸 オディシャ州政府
観光局
🗺 P.432-B2
🏠 Chakra Tirtha Rd. Near Banki Muhana
☎ 06752-22-2664
URL www.odishatourism.gov.in
🕐 10:00～17:30
㊡ 日、第4土、祝

オディシャ州観光開発
公団（OTDC）
🗺 P.432-A2
🏠 Hotel Mahadadhi, Sea Beach Rd.
☎ 907-888-5552
🕐 7:30～21:00
㊡ 日
チリカー湖ツアー（P.436）などを催行している。Sea Beach Rd.沿いのヘリテージホテル 🅷 Mahadadhiの入口に小さな窓口がある。ツアーバスの乗り場は 🅷 Pantha Niwas（🗺 P.432-B2）。

ジャガンナート寺院
URL jagannath.nic.in

ジャガンナートは、三柱の神様が一緒に祀られることが多く、左から兄のバラバドラ（白）、妹のスバドラー（黄）、ジャガンナート（黒）の順番で並べられる

ジャガンナート寺院の入口。ここから先はヒンドゥー教徒でないと立ち入ることはできない

HINT

ラタ・ヤートラ祭の時期
に訪れるなら
危険なので遠くから見学するよ
うにしよう。無礼講が許される
雰囲気なので、女性は特に注意
したい。

HINT

オリッサ・ベーカリー
Orissa Bakery
1945年創業のプリーの老舗パ
ン屋。C.T.Roadから3分くらい
北に歩いた所にある。バンズ
(Rs20) などシンプルなパンや
ケーキのほか、ベジバーガー
(Rs25) などの惣菜パンも充実
している。
MAP P.432-C1
● 7:00〜22:00

ことを強くにおわせる。

　グランド通りに面した寺院東門の前には献火台があり、朝晩はこの聖なる火のご利益にあずかろうと多くの人々が集まる。寺院内部にはヒンドゥー教徒以外入ることはできないが、敷地の中が見たい人は、寺院周囲を歩けば、その開かれた門からわずかではあるが、中の様子をのぞき見ることもできる。それでも物足りない人は入口近くのロッジの屋上や近くのラグナンダン図書館の屋上に上れば東門から山脈のように連なる4つのシカラ（尖塔）を見ることができる。

　毎年6月下旬から7月上旬頃には、これら三神にささげられるラタ・ヤートラ祭Ratha-Yatra（山車の祭り）が行われ、あたり一帯は、すさまじい熱気と興奮に包まれる。三柱の神を載せた巨大な砦のような3つの山車が、楽器を打ち鳴らす人々や司祭を載せ力強くうごめいていくさまは圧巻というしかない。グランドどおりを巡行しその先のグンデチャ寺院まで進む山車の周りには人々が文字通り立錐の余地もないほど集まり、日本人にはなかなか理解しにくい宗教的熱狂を見せてくれる。普段は穏やかで控えめなオディシャの人々がこういった熱狂性を見せるとはにわかには信じがたいが、こういった宗教的な熱もまたオディシャの人々のひとつの側面なのだ。祭りを見学する際には、巻き込まれないようにくれぐれも注意しよう。

グランド通り。ラタ・ヤートラ祭ではこの先のグンデチャ寺院まで山車が巡行する。

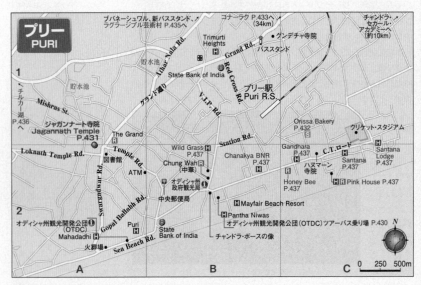

プリー
PURI

ブバネーシュワル、新バススタンド、／
ラグラージブル芸術村 P.435へ

コナーラク P.433へ
(34km)

チャンドラ・
セカール・
アカデミーへ
(約10km)

Trimurti
Heights

● グンデチャ寺院

バススタンド

貯水池

Amar Nala Rd.

Grand Rd.

Red Cross Rd.

State Bank of India

プリー駅
Puri R.S.

貯水池

グランド通り

V.I.P. Rd.

Mishras St.

チルカ湖 P.436へ

ジャガンナート寺院
Jagannath Temple P.431

The Grand

図書館

ATM

Loknath Temple Rd.

Temple Rd.

Swargadwar Rd.

Station Rd.

Orissa Bakery
P.432

クリケット・スタジアム

Gandhara
P.437

C.T.ロード

Santana
Lodge
P.437

Wild Grass
P.437

Chung Wah
(中華)

Chanakya BNR
P.437

Santana
P.437

ハヌマーン

オディシャ州
政府観光局

Honey Bee
P.437

Pink House P.437

中央郵便局

Mayfair Beach Resort

Pantha Niwas

オディシャ州観光開発公団 (OTDC)
オディシャ州観光開発公団 (OTDC) ツアーバス乗り場 P.430

Mahadadhi

Gopal Ballabh Rd.

Puri

State
Bank of India

N

火葬場

Sea Beach Rd.

チャンドラ・ボースの像

0　250　500m

A

B

C

スーリヤ寺院を背にして、真っすぐ進んで右手にある博物館アルカ・ケトラはおすすめです。英語のキャプションも充実している
し、スーリヤ寺院の完成予想模型（カッコイイ!）や、世界各地の太陽信仰に関する展示、オディシャの文化を紹介する／

コナーラク　Konark

オディシャ州唯一の世界遺産スーリヤ寺院。馬車を想像してみよう！

　プリーから東へ35km。海からの風が吹きつける砂地に、崩れかかっているとはいえ圧倒的に大きい神殿が建っている。直径3mを超える24個もの車輪に支えられた、巨大な馬車を模した幻の寺院。13世紀、周辺のどんな寺院をも凌駕する圧倒的スケールで建立されたのが、太陽神を祀るこの**スーリヤ寺院Surya Temple**。まさに地上に舞い降りた神の馬車なのだ。

　このスーリヤ寺院は太陽信仰を建築として表している。本殿と前殿の基壇部は精緻な彫刻が施された24の車輪があり、山車に見立てられている。車輪は南北各面に「12」ずつあり、それは太陽が巡る12ヵ月を象徴している。その山車を7頭の馬が引くのだ。そう、この「7」は1週間を表しているのだ。

　ユネスコの世界遺産にも登録されているこのスーリヤ寺院は、今はその原形をまったくとどめていない。本殿の高塔はかつては60〜70mの高さであったと考えられる。ブバネーシュワルのリンガラージ寺院の高

舞堂の入口にあるゾウの上にのっかったライオン

ACCESS

コナーラクへのアクセス

URL www.konark.nic.in
プリーのバススタンドから所要約1時間。6:00〜16:30の間30分おきに便がある。プリーからの観光バスで訪れることもできる。オートリクシャーで行くと往復Rs1200。旅行会社にタクシーを頼むと往復Rs1800〜2500。

スーリヤ寺院
◐ 6:00〜18:00
⊕ Rs600

Odisha オディシャ州

Puri プリー

　コーナーもあります。しかもエアコン完備なので、観光のあとに涼みがてら見学するのもよいと思います。（北区　ラー・インティライミ　'19)

寺院基壇にある車輪の彫刻にため息がもれる

スーリヤ神の像

踊り子の彫刻

塔とほぼ同じ形状であったと想像されるが、最初から未完、地震で崩れたなど諸説あり定かでない。現在はその下層部分までが残る。その一辺の龕の中にはスーリヤ像が安置されている。

ほぼ完全な姿を残し、どっしりと安定感に満ちているのが前殿。現在見えるいちばん大きな部分で高さは38mもあるが、前殿なのだ。この部分だけでも十分に大きいので、かつてこの後ろにどっしりとそびえていたかもしれない高塔を当時の人々はどのような思いで見上げたのだろうか？ この前殿の屋根の上には、ふっくらとした女性の奏楽者たちがおおらかに太鼓やシンバルを奏でる像が並ぶ。壁面の浮き彫り彫刻にはおびただしい数のミトゥナ（抱擁する男女）像、さまざまなポーズを取る女性や動物の行列、各種文様などが表現され、圧巻というほかない。ただし崩壊を防ぐために建物内部には石が積まれ中には入れない。

前殿の手前にあるのが、舞堂。屋根は失われているが、壁面や基壇側面にびっしりと浮き彫りされた男女奏者、ミトゥナ像などは美的完成度の高さを示している。

13世紀にこのスーリヤ寺院が建てられた頃は、川に面してにぎわったコナーラクも、今はローカル感たっぷりの小さな町。この静けさを味わいたければ、1泊はしたいところだ。

考古学局博物館
🕐 9:00〜17:00
🈳 金
💰 Rs5

アルカ・ケトラ
🕐 6:00〜20:00
💰 Rs30

寺院近辺にはインド**考古学局の博物館**と私設の博物館**アルカ・ケトラArkha Khetra**がある。特に後者は展示が充実しているので、ぜひとも立ち寄ってみよう。

アルカ・ケトラの展示

プリーはナイトマーケットも有名。火葬場（地図 P.432-A2）の向かい側のビーチで、毎晩19:00〜22:00頃になると、雑貨や衣類、みやげ物からスパイスやスナックまでさまざまな屋台が現れ、地元の人たちや観光客でにぎわいを見せる。

村の全員が芸術家
ラグラージプル芸術村 Raghrajpur Art Village

MAP P.432-B1外

　プリーからブバネーシュワル方面に向かって約13kmの場所に、120軒ほどの家が集まるラグラージプル村がある。代々絵などの工芸品で暮らしを立ててきたという芸術村で、布に絵を描く「パッタチトラ」という技法が特に有名だ。伝統的な画材を用いて描かれた、細かい図柄の絵がとても美しい。

　村を歩くと客引きが少々しつこいが、家々の壁に描かれた絵を眺めながら歩いたり、お気に入りの一品を探してさまようのも楽しい。

　また、この村はゴティプアと呼ばれる芸能でも有名だ。ゴティプアは、女装した若い少年がジャガンナート神に奉納する宗教的な舞。オディシャ州の古典舞踊オディッシーの原型でもある。著名なオディッシーダンサーで人間国宝でもあったケルチャラン・モハパトラ氏もこの村の出身で、若かりし頃はゴティプアをやっていたという。村を歩くとゴティプア舞踊団の看板を見かけるだろう。そのうちのひとつはかつて来日公演を行ったこともあるほど。練習をしている様子を見かけたら、声をかけて見学させてもらうとよいだろう。

パッタチトラ職人の作業風景

ゴティプアダンサーの少年と楽器を手入れする太鼓奏者

ラグラージプル芸術村

● 11:00〜19:00頃
🚌 プリーからブバネーシュワル行きのバスで所要約20分。最後の1kmは歩く。オートリクシャーをチャーターして行くのがいちばん楽。往復でRs500〜600。村は幹線道路から奥まったところにあるので、片道で行くと帰りのオートリクシャーは見つからない。

パッタチトラ以外にも、土や木でできた人形やガンジーファ（インドのトランプ）などさまざまな作品があり、その場で買うことができる

未完の世界遺産？　コナーラクのスーリヤ寺院

　西方から侵攻してきたイスラーム勢力は、12世紀末に北インド一帯の支配を確立する。これに対抗し続けたヒンドゥー王朝のひとつが、現在のオディシャからさらに南にかけての地方を支配していたガンガー朝であった。戦いでイスラーム教徒を打ち破ったナラシンハデーヴァ王にとって、その記念として太陽神スーリヤを祀る寺院を建立することは当然のことであったのかもしれない。

　ヒンドゥー教の石積みの寺院建築の基本的なスタイルは、6世紀後半頃の中部インド（デカン高原）で成立したとされる。ここからその後、南北インドへと波及し、それぞれの地域で独自の発展を遂げていくことになる。このうち北方型のひとつの頂点を極めたのが、8世紀から13世紀にかけてのガンガー朝下のオディシャ地方だった。同地方には、この時期のヒンドゥー教寺院がブバネーシュワルやプリーなどを中心に数多く残る。コナーラクのスーリヤ寺院はこれらのなかでも最後の時期に属し、最大規模を誇るとともに最も洗練されたデザインと彫刻で知られている。

　この寺院の建立には1万2000人がその過酷な労働に従事し、王朝の12年分の税収が注ぎ込まれたともいう。これは当時の金額で3億6000万ルピーにも達した。残念ながら、今日では本殿は基礎部分を残すのみで崩壊し、高くそびえ立っていたであろう塔も今は見る影もない。ほぼ完全な姿をとどめている前殿（拝殿）も、石が積み込まれ入口がふさがれてしまっている。しかし、莫大な予算と労力をかけながら、そもそも寺院が実際に完成にまでこぎ着けたのかどうか実は定かではない。このあたりの土地は砂地で、このような巨大な重量を支えきれなかったと考えられている。たとえ完成したとしても、崩壊は免れない運命にあった。命の輝きを表現したはずの無数のミトゥナ像や奏楽の天女、動物たち。あるいはそのすべてがまたマーヤー（幻影）でもあることを、彼らは身をもって語りかけているようにも思える。（小磯学）

ℹ️ コナーラクで時間を取れるなら、美しいビーチも訪れたい。プリーから海岸道路を行くとコナーラクに入る前に通りかかる大きな灯台の向こうに、人影のない砂浜が見渡すぎり広がっている。コナーラクから行くなら約4km、サイクルリクシャーも使える。

チリカー湖

Ⓐ バルクルはChilka駅、ランバはRambha駅またはBalugaon駅で下車する。オートリクシャーで往復Rs1500。旅行会社でタクシーを頼むと往復Rs2250〜3000。

INFO

OTDCのツアー
プリーからサタパラを訪れる。ボート代は別。
🕐 7:00〜19:00 💰 Rs380

HINT

インドの子供たちが通う学校で文化交流

サンタナ・ロッジ（P.437）の経営者一族のひとりで、かつて日本でテレビに出演していたクンナ・ダッシュ氏が創立した学校が、プリーの東約12kmの場所にある。インド人に日本語教育を施す一方で、外国人はボランティアを通して英語やヒンディー語を学ぶことができる。また、学校の広大な敷地内でキャンプをすることも可能で1泊Rs300（テントレンタルはRs50で要予約）。このお金はすべて学校に通えない子供たちのために役立てられる。

チャンドラ・セカール・アカデミー
Chandra Sekhar Academy
🌐 www.chandrasekhar academy.com

アジア最大級の汽水湖

チリカー湖 Chilika Lake

MAP P.432-A1外

琵琶湖の2倍近い面積をもつ巨大な汽水湖（海水と淡水が交わる湖）。一帯には動物が多く、特にフラミンゴやサギなど渡り鳥の種類の豊富さで知られる。また、イラワジイルカもときおり顔を出す。ベンガル湾に沿って、ラージハンサRajhansaと呼ばれる長さ60kmに及ぶ砂浜が延び、海との間を隔てている。

湖の周辺や島には130ほどの村が点在し、住民の大部分が湖での漁業で生計を立てている。観光の起点となる村は湖の周辺にいくつかあるが、そのひとつが湖の南、プリーの南西約50kmに位置するサタパラSatapadaだ。ここからはイルカや野鳥を見ながら河口へ向かう観光用ボートのほか、対岸のジャンヒクラJanhikudaへ向かう定期船も1日に数便出ている。

湖の北から西にかけては鉄道路線が延びており、沿線にバルクルBarkulやランバRambhaなどの町や村がある。それぞれからカリジャイKalijaiやナラバンNalaban島を訪れることが可能。

各村にはホテルがあるので、滞在して湖畔でのんびり過ごすのもいい。湖で取れた魚介類を使ったカレーもぜひ味わいたい。

OTDCをはじめ、プリーのホテルや旅行会社でもチリカー湖へのツアーを扱っているので、バードウオッチングやドルフィンウオッチングなど自分の希望を伝えてアレンジするのがよいだろう。

プリーと日本を結ぶロックフェス オディシャ・ジャパン・フェスティバル

プリーで日本人とインド人が一緒に作る祭り、それが「ODISHA JAPAN FESTIVAL」だ。2014年、光の戦士ナチョスがタブラ修行のため初渡印。プリーの日本人宿サンタナに半年間投宿し、ご縁と経験が重なったフェスは2023年で10年目を迎えた。現在は日本のNPO法人JAPAN INDIA CLUBが現地NPO法人INDIA JAPAN FRIENDSHIP CENTERと協力している。

会場は提灯がともり、人々は浴衣を着て盆踊りを踊る。たこ焼きや、たい焼きといった出店も。

2023年開催地はプリーにある学校のChandra Sekhar Academy。出演者は日印合計60名にも上る。インド人演奏家や日本からもモーモールルギャバンのドラム／ボーカル、ゲイリービッチェ氏のソロヤジマX、そして和楽器グループ、ロックバンドの暴走Rも渡印し日印ともにステージを盛り上げる。

このフェスでは毎年、勉強に役立つような下敷きや文房具などの物資をプリーの子供たちへ寄与している。

あなたも一度このフェスに参加してみてはいかがだろうか？　フェスの情報は以下のサイトでチェックできる。
●NPO法人JAPAN INDIA CLUB
🌐 japan-india.club

法被を着て盛り上がるインドの子供たち

チャンドラ・セカール・アカデミーに新たにITセンターと日本語センターができました。前者では日本の情報処理技術者試験と相互認証されているインドのIT資格に沿ったインドのIT教育を、無料で体験できます。（北区　カリンガ娘　'19）['23]

Hotel & Restaurant ホテル&レストラン

65年続く日本人宿
H サンタナ・ロッジ
Santana Lodge
C.T.ロード ₹
MAP P.432-C1

🏠 Shribihar Chhak ☎ 06752-25-1491
🛏 Ⓓ Rs350 Ⓢ Rs400 🛏 Ⓢ Rs600 Ⓢ Rs800 🆎Ⓢ
Rs1500 Rs1800（DXルーム）🗺込 Card MV Wi-Fi
🛏 40ベッド URL indiasantana.net

宿泊客はほぼ日本人旅行者のみ。スタッフは日本語
堪能で親切。宿には約5000冊のマンガや本、日本人
スタッフが作成したフリーのガイドブックがある。
朝食（手作りパン付き）付きで、刺身などの日本食
も堪能できる。ドリップコーヒーが飲めるカフェも
新しく完成した。無料の早朝ヨーガや現地小学校な
どでのボランティアも紹
介可能。ホットシャワー
24時間可で、ビーチでバ
ーベキューをするツアー
が人気。

マハーラージャの邸宅を改装したホテル
H サンタナ
Hotel Santana
C.T.ロード ₹₹
MAP P.432-C2

🏠 Chakra Tirtha Rd. ☎ 06752-22-7191
Rs800~2000 🆎Ⓐ Rs2000~4000 🗺込 Card MV
Wi-Fi 🛏 28室 URL www.indiasantana.com

コストパフォーマンスとサービスがよく、過ごしやす
い。屋上やテラスからサンセットを眺めることがで
きる。よく手入れされた中庭があり、部屋も清潔。屋
上には外国人専用の居心地のよいバーではビールが
飲める。地下には中華料
理やシーフードを食べら
れるダイニングがある。
旅行会社もあり、両替も
可能。

ビーチにいちばん近いホテル
H ピンクハウス
Pink House
C.T.ロード ₹₹
MAP P.432-C2

🏠 Chakra Tirtha Rd. ☎ 943-720-4850、810-983-
4130、067-522-2253 🛏 Ⓢ Ⓢ Rs1500 🆎Ⓢ
Ⓐ Rs2000~2500 🗺込 Card MV Wi-Fi 🛏 26室
URL www.pinkhousepuri.com

ビーチに面した老舗のホテル&レストランで、欧米のバ
ックパッカーに根強い人気を誇る。A/Cなしの客室は
水シャワーのみ。A/C付きの客室はシービューでホット
シャワー付き。オープンエアのレストランも人気で、葉
葺き屋根のプライベート
シートでは観光客がのん
びりしている。獲れたての
魚を使ったフィッシュバ
ーガーRs120がおいしい。

立地のよさと清潔さには定評あり
H ガンダーラ
Hotel Gandhara
C.T.ロード ₹₹
MAP P.432-C2

🏠 Chakra Tirtha Rd. ☎ 675-222-4117 🛏 Ⓢ 🆎Ⓢ
Rs1500~ Ⓐ Rs2250~ 🗺込 Card AMV Wi-Fi
🛏 16室 URL www.hotelgandhara.com

C.T.ロードのど真ん中、絶好のロケーションにあるホ
テル。中庭のプールとマンゴーツリーが涼しげ。客室
の清潔さとセキュリティのよさには定評があり、ここ
を定宿とする旅行者は多い。レストランにはオムライ
スやオジヤなど簡単な日
本食メニューもある。1階
の旅行会社ではツアーや
チケットの手配、両替も
してくれる。

歴史を感じさせる
H チャナキャ BNR
Chanakya BNR
C.T.ロード ₹₹
MAP P.432-B2

🏠 Chakra Tirtha Rd. ☎ 06752-22-3006、977-
837-3373 Ⓐ Rs5500~ 🗺別 Card MV
Wi-Fi 🛏 37室 URL www.chanakyabnrpuri.com

19世紀の藩王の宮殿を改築したヘリテージホテル。
"インドの鉄道"をテーマにしたホテルでもあり、各部
屋や施設各所にインド鉄道の写真が飾られている。

オディシャ料理も食べられる！
R ワイルド・グラス
Wild Grass
オディシャ料理 ₹₹
MAP P.432-B2

🏠 V. I. P. Rd. ☎ 982-712-5124 🕐 7:00~22:45
🗺別 Card 不可

シーフードが人気のレストランだが、オディシャ料理も
食べられる。おすすめは、
オリッサ・ターリー（ベジ
Rs259、ノンベジRs359）
エビ入りのプローン・マラ
イ・カレー Rs419。

ベーカリー兼ピッツェリア
R ハニー・ビー
Honey Bee
カフェ ₹₹
MAP P.432-C2

🏠 Chakra Tirtha Rd. ☎ 977-743-2262
🕐 8:30~14:00、18:00~22:00 Card 不可

映像制作者がオーナーの雰囲気のよい店。2階席はル
ーフトップになっており、夜は涼しく気持ちがいい。
人気はピザRs200~や、
ドレッシングが選べるグ
リーンサラダRs230。こ
のほかケーキ、コーヒー
もおいしい。

R Chung Wahは、プリーでいちばんおいしい中華料理が食べられると評判の店で、雰囲気もとてもいいです。メインがRs200
~300。🗺P.432-B2 🕐 11:30~15:00、18:30~22:30（杉並区 A.H. '17）['23]

ダージリン

郊外は一面の茶畑が広がる

ダージリンの市外局番
0354

ダージリンの人口
約13万人

ACCESS

飛行機

最寄りの空港は、ダージリンから約70km離れたバグドグラBagdograにある。デリーから毎日5便、所要約2時間。コルカタから毎日6便、所要約1時間。空港からダージリンまではプリペイド・タクシーで約3時間、Rs1860。または最寄りの大きな町スィリグリーまで所要約15分、Rs460。

鉄　道

最寄り駅はダージリンの南東約70km、スィリグリーに近いニュー・ジャルパイグリNew Jalpaiguri駅。コルカタ・ハウラー駅から特急（週6便）で所要約8時間、ハウラーまたはシアルダー駅から急行（1日8～10便）で9時間30分～13時間。コルカタからの夜行列車の到着に合わせて、バス、乗合ジープがダージリンへ向かう。トイ・トレインについてはP.442を参照のこと。

乗合ジープ

スィリグリーのテンジン・ノルゲイ・バスターミナル前、またはHill Cart Rd.から乗合ジープが頻発、所要約3時間。Rs150程度。カリンポン（所要約3時間）、スィッキムのガントク（約2時間）からも便がある。

ダージリンはコルカタから北へ約500km、ヒマーラヤに連なる尾根の上、標高2134mに位置する。遮るもののない北の空にカンチェンジュンガが輝く。この山の町は、ヒマーラヤの展望と良質の紅茶を産することで有名だ。イギリス人が避暑地として開発したので、植民地時代の名残をとどめる洋館や教会、学校も多い。また、斜面に広がる大規模な茶園（Tea Estate）も、ダージリンを象徴する風景だ。

ダージリンやカリンポンなどの西ベンガル州の山岳地帯は、もともとスィッキム王国に属していたが、1780年ネパールからやってきたグルカ人によって支配されることになる。その後植民地化を進めるイギリスと対立してきた。1816年にスィッキム国王により東インド会社に貸し出され、イギリスのヒルステーションとして開発が始まる。誰も住んでいなかった森は茶畑として開墾され、コロニアル様式の建築が立ち並ぶようになり、1857年には人口は1万人に達した。この人口増加の最大の要因は労働力としてネパールから大量のグルカ人が流入したこと。スィッキム王国時代から住んでいたチベット、ブータン系住民に加え、現在では住民の多くはネパール系のグルカ人だ。西ベンガル州北部の独立や自治を求める「グルカランド」運動が、活発に行われている。

観光シーズンはモンスーンの雨季（7～8月）の前後、4～6月と9～11月。ヒマーラヤがよく見えるのは、乾季で空が晴れる11～2月にかけてだが、2000mを超す高さだから相当冷え込む。

トイ・トレインの発着するダージリン駅

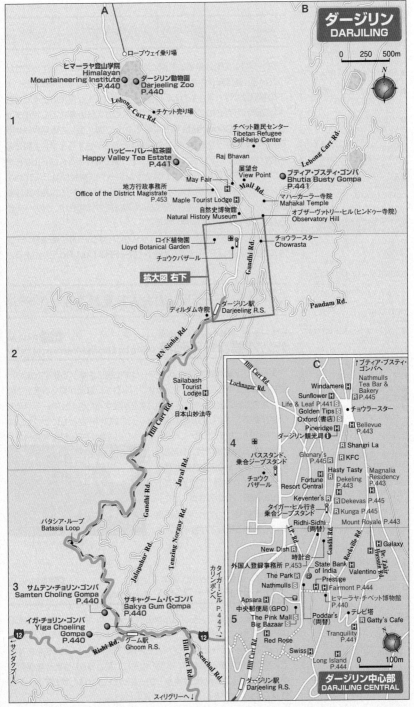

ダージリン
DARJILING

West Bengal
西ベンガル州

Darjiling (Darjeeling)
ダージリン

A

B

ロープウェイ乗り場

ヒマーラヤ登山院
Himalayan
Mountaineering Institute
P.440

ダージリン動物園
Darjeeling Zoo
P.440

チケット売り場

0　250　500m

N

Lebong Cart Rd.

1

チベット難民センター
Tibetan Refugee
Self-help Center

Lebong Cart Rd.

ハッピー・バレー紅茶園
Happy Valley Tea Estate
P.441

Raj Bhavan

展望台
View Point

ブティア・ブスティ・ゴンパ
Bhutia Busty Gompa
P.441

May Fair

地方行政事務所
Office of the District Magistrate
P.453

Maple Tourist Lodge

Mall Rd.

マハーカーラー寺院
Mahakal Temple

自然史博物館
Natural History Museum

オブザーヴァトリー・ヒル(ヒンドゥー寺院)
Observatory Hill

ロイド植物園
Lloyd Botanical Garden

Gandhi Rd.

チョウラースター
Chowrasta

チョウクバザール

拡大図 右下

Pandam Rd.

ディルダム寺院

ダージリン駅
Darjeeling R.S.

R.N. Sinha Rd.

2

Hill Cart Rd.

Sailabash
Tourist
Lodge

日本山妙法寺

Gandhi Rd.

Jayal Rd.

バタシア・ループ
Batasia Loop

Tenzing Norgay Rd.

Jalapahar Rd.

3

サムテン・チョリン・ゴンパ
Samten Choling Gompa
P.440

サキャ・グーム・パ・ゴンパ
Sakya Gum Gompa
P.440

タイガー・ヒル、
カリンポンへ

イガ・チョリン・ゴンパ
Yiga Choeling
Gompa
P.440

グーム駅
Ghoom R.S.

12

12

Rishi Rd.

Hill Cart Rd.

サンダクプーへ

Senchal Rd.

スィリグリーへ↓

C ダージリン中心部
DARJILING CENTRAL

ブティア・ブスティ・
ゴンパへ

Hill Cart Rd.

Lochnagar Rd.

Windamere

Nathmulls
Tea Bar &
Bakery P.445

Sunflower

Life & Leaf P.441

チョウラースター

Golden Tips

Oxford (書店)

4

Pineridge

ダージリン観光局

Shangri La

バススタンド、
乗合ジープスタンド

Glenary's
P.445

Bellevue
P.443

KFC

Hasty Tasty

チョウク
バザール

Fortune
Resort Central

Dekeling
P.443

Magnalia
Residency
P.443

Keventer's

Dekevas P.445

タイガー・ヒル行き
乗合ジープスタンド

Kunga P.445

Ridhi-Sidhi
(両替)

Mount Royale P.443

Gandhi Rd.

New Dish

Galaxy

時計台

Rockville Rd.

Dr. Zakir
Hussain Rd.

外国人登録事務所 P.453

State Bank
of India

The Park

Prestige

Valentino

Apsara

Nathmulls

Fairmont P.444

ヒマーラヤ・チベット博物館
P.440

中央郵便局 (GPO)

Poddar's
(両替)

テレビ塔

5

The Pink Mall
Big Bazaar

Gatty's Cafe

Red Rose

Tranquility
P.441

Swiss

Long Island
P.444

0　　　100m

ダージリン駅
Darjeeling R.S.

ⓘ ダージリンの町の坂はかなりきつい。本書の地図でいえば、縦移動は高低差があまりないので普通に歩けるが、横移動は山の斜面の上り下りになるので、息を切らすことになる。ホテルを選ぶときは、荷物を持ち運ぶことも考えよう。

ダージリン観光局
Deputy Director of Tourism
Tourist Information Centre

🗺 P.439-C4

🏠 Silver Fir Bldg., Bhanu
Sarani

☎ 0354-225-4214、225-
5351、900-221-2300（キ
ショール・ライ）

🕐 10:00～16:30

🈺 日、第2・4土

観光やトレッキング、ダージ
リン鉄道のチケットの買い方、
スィッキムやネパールへの行き方
など、スタッフが親切に質問に
答えてくれる。日本語を話すス
タッフのキショール・ライさん
がいることもある。

**ヒマーラヤ・チベット
博物館**
Himalayan Tibet Museum

2015年にダージリン市内に
オープン。チベットの文化を人形
やジオラマなどで紹介してい
る。ダライ・ラマの著作などが
売られている。

🗺 P.439-C5

🕐 10:00～18:00（12～3月は
9:00～17:00）

🈺 Rs50

**ダージリン動物園と
ヒマーラヤ登山学院**

🏠 Jawahar Parbat

☎ 0354-225-3709

🕐 8:30～16:30（冬季は8:30～
16:00）

🈺 木

🈺 Rs50

※カメラ持込料Rs10

＊博物館内の撮影は不可

(URL) pnhzp.gov.in

チョウラースターから北西へ、
徒歩で緩やかな坂を下ること
30分。帰りは逆に上り坂が続く
ので、ダージリンへ戻る乗合ジ
ープに乗るといい。

イガ・チョリン・ゴンパ

☎ 0354-227-4579

🕐 7:00～17:00

🈺 お布施

※カメラ持込料Rs100

(URL) www.yigachoeling.com

ダージリン中心部からトイ・ト
レインやバス、乗合ジープなど
でグームGhoomへ行き、そこ
から徒歩10分。

〰〰〰 **ダージリンの歩き方** 〰〰〰

　ダージリンの町は尾根の斜面に沿い、ほぼ南北4kmにわたって広が
っている。道は起伏の多い坂道で、斜面に沿って歩く場合は楽だが、上
下の移動はかなり骨が折れる。地図上ではすぐでも、尾根の上までは意
外に時間がかかるのだ。町の中心は、いくつかの道が集まる広場の**チョ
ウラースターChowrasta** 🗺 P.439-C4だ。広場に面して本屋やみやげ
物屋、ホテルなどがあり、朝や夕刻にはそぞろ歩きするインド人観光客
の姿が見える。バススタンドや乗合ジープ乗り場があるバザールからチ
ョウラースターにかけては、レストランやみやげ物屋が並びにぎやか
だ。東インド有数の観光地だけあり、ホテルやゲストハウスの数は多
い。グームやダージリン動物園など少し遠出をする場合は、郊外へ向か
うバスや乗合ジープも利用できる。

　また、スィリグリーやカリンポン、ガントクへ向かう長距離乗合ジープ
は、市街から少し下った**ヒル・カート・ロードHill Curt Rd.**沿いにある。

〰〰〰 **ダージリンのおもな見どころ** 〰〰〰

ヒマーラヤに興味のある人は必見　　　　　MAP　P.439-A1
ダージリン動物園とヒマーラヤ登山学院 Darjiling Zoo & Himalayan Mountaineering Institute

　ダージリン動物園は、おもにヒマーラヤ山脈に生息する動物を集めた
動物園で、ユキヒョウやヒマーラヤブラックベアなどが見られる。この
動物園の敷地の奥に、インドの登山家を訓練するためのヒマーラヤ登山
学院がある。イギリスの登山家ジョージ・マロリーとともにエヴェレス
トに初登頂したテンジン・ノルゲイは、この学校の初代校長を務めた。
一角にある博物館では、1953年
のエヴェレストの歴史的な初登頂
に使用され た装備、エヴェレスト
登山の記録、山々の写真、ヒマー
ラヤの動植物、ヒマーラヤの民族
文化に関する物などが展示されて
いる。

ヒマーラヤの珍しい動物たちが見られる

ダージリン最古のゴンパといわれる　　　　MAP　P.439-A3
イガ・チョリン・ゴンパ Yiga Choeling Gompa

　ゲルク派の僧院で、モンゴル僧のシェラップ・ギャツォにより1850
年に創建された。ダージリン中心部から南へ5km離れたグームの町に
あることから、グーム・ゴンパとも呼ばれる。ダージリンで最も有名
で、かつ見応えある僧院だ。本堂の中央には高さ5mの弥勒菩薩座像が
ある。グームにはほかに**サキャ・グーム・パ・ゴンパ**と**サムテン・チョ
リン・ゴンパ**があるので、合わせて見学したい。

 ダージリンでは食事をする場所に困ることがない。ネパール人やチベット人が多く、ビーフやポークもある。インドのチベット文
化圏に行く予定がない人は、ここでギャトゥク（トゥクパ）やテントゥク、モモなどのチベット料理を試してみよう。

2階建てのゴンパ
ブティア・ブスティ・ゴンパ　Bhutia Busty Gompa

MAP P.439-B1

チョウラースターから北へ、一番右側の細いC. R. Das Rd.を歩いて15〜20分ほど下った所にある。1879年創建の、チベット仏教カルマ・カギュ派（赤帽派）の僧院。僧侶に頼むと2階の小堂を見せてくれる。

山の中腹に建つ幻想的なゴンパ

ブティア・ブスティ・ゴンパ
🕐 24時間（僧侶がいないときや儀式の際は入場不可）
🈺 お布施
※内部の写真撮影は不可。

紅茶の本場で茶つみを見学
ハッピー・バレー紅茶園　Happy Valley Tea Estate

MAP P.439-A1

ダージリンといえば、紅茶の産地としてインドで最も有名な地。市の中心から3kmほどの所にあるこの農園では、3月中旬〜11月下旬（年によって異なる）の茶つみの期間中、茶のつみ取りや発酵など、紅茶作りの工程を見学できる。また、茶つみの期間以外でも、稼働していない工場や茶園の見学が可能。ガイドがいて説明をしてくれ、テイスティングや購入もできる。

市内からも近くて広い茶畑

ハッピー・バレー紅茶園
🕐 9:00〜17:00
🈺 Rs100
多くの乗合ジープが走っているHill Cart Rd.で下車し、畑の中の道を15分ほど下ると工場がある。見学はガイドツアーのみで、説明は英語またはヒンディー語で行われる。15〜20分間の工場見学のあとでテイスティングタイムとなる。

タイガー・ヒル
チャーターの場合は車1台オンシーズンでRs1500前後、オフシーズンでRs1300前後が、相場。オンシーズンのときは時計台の近くで4:00〜4:30頃に呼び込みをしている乗合ジープがある。料金は人数によっても異なるが、基本はRs250〜。天気により何も見えない朝もあるので、星空が見えるかどうかを目安に出発しよう。

ヒマーラヤの雄大な展望はここから
タイガー・ヒル　Tiger Hill

MAP P.439-B3外

町の南13kmにある標高2590mの丘。8:00を過ぎると雲がかかることが多いので、多少寒くてもつらくても日の出前に着くようがんばってみよう。闇から身を起こし、金色に染まってゆくカンチェンジュンガ（8586m）の堂々たる姿は、生涯記憶に残るだろう。条件がよければ、その西にかなり離れてエヴェレスト（8848m）のピークもよく見える。

シーズンは11〜2月。夏は見られない

HINT

ダージリンのショップ
🆂 ライフ&リーフ
Life & Leaf
🗺 P.439-C4
☎ 2253088
🕐 10:00〜19:00
🈺 日曜不定休
Card MV
チョウラースターにあるショップで、竹籠や陶器、絵画などの工芸品のほか、小規模農園のオーガニックティーなど地元産の製品を扱っている。シンガリラ国立公園のスイート&ビターハニーなど、ちょっと珍しいものもある。

テレビ塔のすぐ下にある比較的新しいバー 🆁 Gatty's Caféが、雰囲気がよくおすすめです。イタリア系の料理がおいしいです。
🗺 P.439-C5（東広島市　taikaindia '17）['23]

トイ・トレインに乗ってみよう

世界遺産にも登録されているダージリン・ヒマーラヤ鉄道、通称「トイ・トレイン」。開業は1881年とアジアで最も古い登山鉄道だ。鉄道としてはオーストリアのセメリンク鉄道に次いで、1999年に世界遺産に登録された。出発駅ニュー・ジャルパイグリNew Jalpaiguriは、コルカタの北約570kmにある。ここから全長88km、標高差2000m余りを7時間かけて上るのだ。線路幅はわずか610mmだ（日本では1067mmの軌間が標準的）。

ニュー・ジャルパイグリを出発し、平地をしばらく走っていた列車はスィリグリーを経て、やがて急勾配を上り出す。出発から約4時間30分後、標高1500mのクルシャンに到着。道中は、路面電車のように道路に線路が敷かれた区間も多く、車や歩行者に注意を促すための汽笛も鳴り続けた。

そこから、列車は標高2258mのグームを通り、ダージリンまでは緩い下り坂になる。しばらくすると、ダージリン・ヒマーラヤ鉄道のハイライトともいえる「バタシア・ループ」に列車は差しかかる。ここを過ぎれば30分ほどで、ダージリンに到着する。
ダージリン・ヒマーラヤ鉄道
(URL) dhrs.org

●パッセンジャー・トレインPassenger Train
2010年6月に起きた大規模な崖崩れにより、一部の区間は運行できずにいたが、2015年12月から全面的に開通した。ただし、全線を走るのはディーゼル機関車のみとなる。料金は片道Rs1400～1500。
52541（毎日）
ニュー・ジャルパイグリ10:00→スィリグリー10:30→クルシャン14:30→ダージリン17:20
52540（火・木・土曜）
ダージリン8:00→クルシャン10:40→スィリグリー14:34→ニュー・ジャルパイグリ15:15
また、クルシャン～ダージリン間を運行するディーゼル機関車もある。料金は片道Rs750。
02541（毎日）
クルシャン14:45発→ダージリン17:30着
02540（毎日）
ダージリン9:00発→クルシャン11:30着

アンティークのような機関車

昔ながらの蒸気機関車の雰囲気を味わいたいなら、ダージリンまたはスィリグリーから往復している観光用列車に乗車しよう。ダージリンからはジョイ・ライドとレッド・パンダが、スィリグリーからはジャングル・サファリが運行している。

●ジョイ・ライドJoy Ride
ダージリン～グーム間を約2時間で往復。ダージリンを出発すると、絶景ポイントの「バタシア・ループ」で10分ほど停止し、約50分でグームに到着。グームで20分ほど停車するので博物館などを訪れたら、同じ列車で戻ってくるという内容だ。料金は蒸気機関車Rs1300、ディーゼル機関車Rs800。毎日運行。
蒸気機関車9:15、9:25、11:30、11:40、13:50、16:00発
ディーゼル機関車9:45、12:00発

●レッド・パンダRed Panda
ダージリン～クルシャン間を往復する蒸気機関車。火・木・土曜のみ運行。
ダージリン9:15発→クルシャン12:30着、クルシャン14:00発→ダージリン17:45着

●ジャングル・サファリJungle Safari
スィリグリー～ラントン間を往復する蒸気機関車。土・日曜のみ運行。
スィリグリー・ジャンクション10:30発→ラントン11:50着、ラントン12:20発→スィリグリー・ジャンクション13:55着

街や壁のスレスレを走る

ジョイ・ライドは展望車が連結

ⓘ Ⓢ The Rink Mallはカフェやお茶の店などが入った便利なショッピングセンター。スーパーマーケットチェーンのⓈ Big Bazaar (地図 P.439-C5)もあり、1階で衣料品などを、2階で食品やコスメ、キッチン雑貨などを販売している。

442

Hotel ホテル

標高が高く涼しいので、部屋にはエアコンどころかファンもない。酷暑の4〜6月でも羽織るものは必携。むしろ冬（11月〜3月上旬）は防寒対策が必要なほどで、湯たんぽのサービスがあるところもある。冬季のオフシーズンには、多くのホテルでディスカウントがある。ヒマーラヤはまったく見えないが、5〜6月はインドの休暇となり、涼を求めてダージリンを訪れるインド人の観光客でごった返すので、ホテルは予約したほうがいい。

また、チョウラースター付近はタクシーの乗り入れができないので、荷物が多い場合はそれも加味してホテルを選ぶようにしたい。

インド人観光客でにぎわうチョウラースター

家族経営の2つ星ホテル

[H]デケリン

Dekeling Hotel

チョウラースター ₹₹

[MAP] P.439-C4

⌂ 51 Gandhi Rd. ☎ 0354-225-4159、225-3298
[料][S][W] Rs2700 🛁[S][W] Rs3900〜4500 [TAX] 別
[Card] V [Wi-Fi] [室] 23室 [URL] www.dekeling.com

1階がチベット料理レストランのデクヴァスで、ホテルの受付は脇の階段を上った3階。ウッディな造りの客室は広くて居心地がよい。4階にもストーブを囲んだくつろぎスペースがあり、山々の眺めがいい。冬季は就寝前に湯たんぽのサービスあり。1km離れた所に同系列の古い建築を利用したリゾートホテルもある。

ダイニングからの眺望が最高

[H]マウント・ロイヤル

Hotel Mount Royale

テレビ塔周辺 ₹₹

[MAP] P.439-C5

⌂ 10 Dr.Zakir Hussain Rd., Mall ☎ 0354-225-1026、811-692-3825 [料]🛁[W] Rs4400〜7200 [TAX] 別
[Card] MV [Wi-Fi] [室] 16室

比較的新しめの中級ホテル。客室の設備は整っており、フロントの対応もいい。客室のカテゴリーは3つあるが、一番下のスタンダードは部屋によって窓がない場合がある。朝食は眺めのよい最上階のダイニングで。

おしゃれで清潔

[H]マグノリア・レジデンシー

Magnolia Residency

チョウラースター ₹₹

[MAP] P.439-C4

⌂ Dr Zakir Hussain Road Below S.P Bunglow, Chowrasta, Mall ☎ 912-255-2532 [料]🛁[W] Rs 1800〜4000 [TAX] 別 [Card] MV [Wi-Fi] [室] 12室

チョウラースターから南へ徒歩3分という立地のよさが魅力。手入れの行き届いた客室は、広くはないが部屋ごとにインテリアが異なっておりおしゃれ。ただし、部屋からの眺めは望めない。スタンダードの客室は水シャワーのみ。レストランも併設されている。朝食付き。チョウラースターからこの宿へ至る細い路地は、小さなレストランも多く、夕方になるとモモなどの屋台も出てにぎやかになるので、食事に困ることはない。

チョウラースターの広場に面した

[H]ベルビュー

Bellevue Hotel

チョウラースター ₹₹

[MAP] P.439-C4

⌂ 1 Nehru Rd., Mall, Chowrasta ☎ 0354-225-4075、225-9107 [料]🛁[S][W] Rs2200〜4500
[TAX] 別 [Card] MV [Wi-Fi] [室] 21室
[URL] www.darjeeling-bellevuehotel.com

チョウラースターに面して建つランドマーク的な中級ホテル。客室はクラシックな調度品でまとめられている。公園側の客室からはチョウラースターを見下ろせ、行き交う人たちの姿を見ているだけで飽きることがない。公園側の1階にはおしゃれなレストラン＆バーが入っている。屋上からカンチェンジュンガの山々が見渡せる。このあたりには似た名前のホテルが多い。

居心地のよいゲストハウス

[H]トランキリティ

Hotel Tranquility

テレビ塔周辺 ₹

[MAP] P.439-C5

⌂ Opp. TV Tower, Dr. Zakir Hussain Rd. ☎ 0354-225-7678 [料]🛁[W] Rs1000 [T] Rs1200 [TAX] 別
[Card] 不可 [Wi-Fi] 公共エリアのみ。9:00〜21:00
[室] 11室 ✉ hoteltranquility@yahoo.com

テレビ塔の向かい。チョウラースターから少し離れているが、タクシーはこのテレビ塔まで着けられる。尾根の部分にあるので屋上からの眺めがいい。客室自体はいたって普通だが、各バスルームに湯沸かし器があるのでいつでもホットシャワーが浴びられる。

ⓘ チョウラースターの[S]Golden Tips ([MAP] P.439-C4) をはじめ、多くのお茶の店がある。値段の高いものがおいしいとは限らないが、一般的に香りがいいものほど値段が高い傾向にあるそうだ。好みを伝えたうえで、テイスティングをさせてもらってから選ぶといい。

朝日が見える清潔な宿

H ロング・アイランド テレビ塔周辺 ₹₹
Long Island MAP P.439-C5

♠ 11 A/2 Dr. Zakir Hussain Rd. ☎ 0354-225-2043 🛏Ⓢ Rs800 Ⓦ Rs1500〜1600 🆑込 🅒不可 📶7:00〜23:30 🔑9室

ダージリンの尾根の部分にあり、周囲の眺めがいい。部屋はシンプルだが広く清潔で、快適に過ごせる。共同シャワーの部屋もあるので、見てから決めよう。小さな食堂があり朝食のオーダー可能、トレッキング情報を主とした情報ノートもある。場所は少しわかりにくく、テレビ塔の近くの細い階段を上ったところにある。

手頃な中級ホテル

H フェアモント チョウラースター ₹₹
Fairmont MAP P.439-C5

♠ 10 Gandhi Rd. ☎ 0354-225-3646 🛏Ⓦ Rs1700〜3000 🆑別 🅒MV 📶 🔑18室

部屋は清潔。全室ダブルルームで、ホットシャワー24時間OK。日本語の本も置いてあるライブラリーがある。山が見える眺めのいい部屋もある。日本人割引あり。ヒーターのレンタルは12時間でRs400。節約派には、すぐ近くに同系列の安宿 **H プレスティージHotel Prestige**（🛏▣Ⓢ Rs950 Ⓦ Rs1300）もある。

ダージリンティー

世界三大銘茶

セイロン（スリランカ）のウバ、中国安徽省のキームンと並んで、世界三大銘茶のひとつに数えられるダージリンティー。

ダージリンティーの栽培が始まったのは19世紀中頃。それまで門外不出とされ中国が独占してきたお茶だったが、東インド会社の命を受けたプラントハンター、ロバート・フォーチュンが変装して中国の奥地に潜入。3年間かけてお茶の栽培方法と製法を学んだ。そのとき持ち帰ったチャノキの苗木をダージリンで栽培したのが始まりだ。そもそも、これまでは、紅茶と緑茶が同じチャノキから作られ、製法が違うだけだということさえ知られていなかった。

おいしい紅茶は？

ダージリンティーの味は時期によって異なる。茶つみの時期は年4回。ファースト・フラッシュ（一番茶）が4月〜5月第1週、セカンド・フラッシュ（二番茶）が5月第3週〜6月、モンスーン・フラッシュ（雨季つみ茶）が7〜8月、オータム・フラッシュ（秋つみ茶）が9〜11月。

味・香りともに最高とされるのは、セカンド・フラッシュで、特に「マスカテルフレイバー」と呼ばれるマスカットのような芳醇な香りがするものが特に珍重される。

ファースト・フラッシュは発酵が軽くて、色が薄く緑茶に近い味わい。フレッシュな味わいは日本人向き。

モンスーン、オータム・フラッシュは濃厚な味となり、ミルクティーにも合う。

ダージリンの丘陵に広がる茶畑

ちなみにインドで飲まれているチャイは、イギリス植民地時代にクズ茶をインドで消費させるために、労働者にミルクと砂糖を入れて飲ませたのが始まりといわれている。

本場のお茶をおみやげにいかが？

日本を含め、世界にはたくさんの「ダージリンティー」が出回っているが、生産量はそれほど多くはない。そのほとんどはクズ茶だったり、他の産地のお茶とブレンドされているのが現状だ。本当のダージリンティーは市場に出回っているものの2割程度だろうといわれている。

チョウラースター周辺には、ダージリンティー専門店がいくつかあるので、おみやげにもおすすめだ。店内では喫茶スペースを設けているところも多いので、ぜひ味わってみよう。値段は1杯数十ルピーから数百ルピーするものまでさまざま。また、紅茶だけではなく、緑茶やウーロン茶もある。

すっきりとした色と味わいのファースト・フラッシュ

モンスーン前につまれるセカンド・フラッシュ

 スィリグリーからブータン方面へ行く鉄道路線は、農村地帯やジャングル、大きな川を通り、風景がダイナミックに変化します。私はゾウやクジャクを見ました。Intercity Expressで途中駅のビルパラまで約3時間30分、間違いなく穴場です。（東広島市 taikaindia '17）

Restaurant レストラン

観光客が多い町なのでレストランも多い。しかし、冬季のオフシーズンには客の入り具合によって営業時間を短縮する店もあるので注意。チョウラースターのあたりには、モモやチョウメンの屋台も出る。また、看板は出ていないが、ローカル向けの定食屋がいくつかあり、豚肉のカレーなども食べられる。

中華とチベット料理を食べるなら
R デクヴァス
Dekevas

チベット料理 ₹₹
MAP P.439-C4

🏠 51 Gandhi Rd. ☎ 0354-225-4159
🕐 10:00〜21:00 🈂 別 Card 不可

デケリン・ホテルの1階。チベット料理と中華料理を中心とし、外国人旅行者でにぎわう。モモ、テントゥク（チベット風ヌードル）など1品Rs120〜200。スープ料理はRs110前後。

デクヴァスと並ぶ人気の店
R クンガ
Kunga

チベット料理 ₹₹
MAP P.439-C4

🏠 51 Gandhi Rd. ☎ 967-988-9365
🕐 10:30〜18:30 🈂 別 Card 不可

時計台のそばにあり、モモやトゥクパといったチベット料理が手頃な値段で食べられる。スープ入りテントゥクがRs220、モモ（10個）がRs230〜260。地元の人と観光客でにぎわう。

カフェにもディナーにもいい
R グレナリーズ
Glenary's

各国料理 ₹₹
MAP P.439-C4

🏠 Nehru Rd. ☎ 0354-225-8408 🕐 7:30〜20:00
（ベーカリー＆カフェ）、12:30〜21:00（バー＆レストラン）🈂 別 Card MV

カフェとレストラン、バーと3つのフロアに分かれている。カフェは朝食メニューが充実。天気がよい日はヒマーラヤの山々がテラスから見える。クラシカルかつエレガントで、お酒も飲むことができ、インド、中華、コンチネンタル料理が食べられる。1品Rs 200〜400程度。

お茶専門店で味わう高級ダージリン
R ナットムルス・ティー・バー＆ベーカリー
Nathmulls Tea Bar & Bakery

紅茶 ₹
MAP P.439-C4

🏠 110/92 CR Das Rd. ☎ 0354-225-6586
🕐 9:30〜20:00 Card MV
URL www.nathmulltea.com

チョウラースターにあるティールーム。テーブルからは山々が一望できる。紅茶専門店だけにブラックティーだけでもシーズンやクオリティで9銘柄あり、1杯Rs25〜400。タルトなどのスイーツもある。お茶の販売も行っている。

サンダクプーへのミニトレッキング

ダージリンの北にそびえるカンチェンジュンガ山群。この高峰がインドとネパールとの国境線をなしている。3638mのサンダクプーSandakphuに立てば、正面にカンチェンジュンガ、西にエヴェレスト山群が一望できる。

ダージリンからサンダクプーまでは約60km。登り口のマニバンジャンManibhanjangまで乗合ジープで行ける（所要約1時間30分）ため、実際に歩くのは片道約33km。それほどキツい登りではなく、途中の村には宿泊施設があるし、食料も手に入る、というわけで、特別な経験や準備もいらない手頃なトレッキングコースといえる。国立公園の入場料はRs200。

●ガイドを雇う

このコース自体を歩くのは困難ではないが、集落が少なく、村を結ぶ街道でもないので土地の人と出会うことは少ない。旅行者のみのトレッキング

は何かあった場合に危険性が高まるため、ガイドまたはポーターを付けるのが原則。ガイドはダージリンでも、現地のマニバンジャンでも手配可能。トレッキングを扱うエージェントに頼んで、宿泊費や食費込みですべて手配することも、単にガイドだけ雇うことも可能。ガイド料の基本は1日当たりRs 1500（ガイドの宿泊費や食費なども込み）。ポーターはRs1200。時期によって防寒具が必要となるが、トレッキングエージェントでシュラフやダウンジャケット、手袋などレンタルすることもできる。

●トレッキングのシーズン

ラリグラス（赤いシャクナゲ）が山に咲き、下界が暑くなる3〜5月と、空気が澄み晴天の続く10月〜1月中旬がベスト。12月以降はやや寒くなり、高所では雪が降ることもあるが、凍えることはない。雨季の6月15日から9月15日まではクローズする。

モンスーンの6月はもうオフシーズンだと思って行ってみたらびっくり。インド人観光客でいっぱい！ この季節はバケーションシーズンで避暑にやってくる地元客が多いそう。（神奈川県 S・R）

カリンポン

カリンポンの市外局番
03552

カリンポンの人口
約5万人

ACCESS

バス、乗合ジープ

ダージリンから頻繁に乗合ジープがあり、所要約2時間30分。スィリグリーからは1日約24本のバスがあり、所要約3時間。乗合ジープも多く、所要約2時間30分。ガントクからもバスが1日1～2本あるが、ジープのほうが本数は多い。所要約3時間。ジープが出発するのは6:00～15:30。

　ダージリンから南東へ50km、カリンポンは西ベンガル州の北端、ブータンとの国境やスィッキムの州境に近い標高約1250mの小さな町。歴史的にはスィッキム王国やブータン、イギリスの支配を受け、チベット仏教寺院のほかにもイギリスが創設した教育機関が多いことで知られる。中国がチベットに侵攻する以前は、チベットとインドの交易の要衝として栄えていた。

　町の中心部には高い建物がぎっしりと建ち、それをぬうように走る通りにはローカル色あふれる小さな店が並ぶ。特に水曜と土曜には大きなマーケットが開かれにぎわいを増す。メインロードから南に下った細い通り沿いに雑貨から野菜までたくさんの露店が軒を連ね、かつての様子を彷彿とさせる。

　乗合ジープやバスが着く広場と、その西の時計台の建つ交差点**ダムバル・チョウクDambar Chowk**が町の中心。日中はひっきりなしに車が往来して騒々しい。ホテルや商店、レストランがあるのもこの周辺。山の頂上近い斜面にあるため、横の移動は楽だが、縦の移動は大変だ。中心部では道が狭いわりに、車の通行が多いので注意。

　町にはタルパ・チョリン・ゴンパやトンサ・ゴンパなどチベット仏教寺院がいくつかあるほか、郊外には**グラハム邸Dr.Graham's Home**といったコロニアル建築もあり、それらを眺めて歩くのもおもしろい。

　さらに山に囲まれたカリンポンはハイキングのメッカでもある。簡単に訪れられるのは、町の北9kmにあるデオロ・ヒルか、南5kmにあるドゥルピン・ダラ・ヒル。天気がよければカンチェンジュンガがそびえるヒマーラヤが見える。

タルパ・チョリン・ゴンパからの眺め

毎週行われるマーケット

カリンポン
KALIMPONG
0　　　200m

タルパ・チョリン・ゴンパ
Tharpa Choling Gompa
P.447

トンサ・ゴンパ
Thongsa Gumpa
P.447

デオロ・ヒルへ

Deki Lodge
P.447

JP Lodge

R.C. Miniri Rd.

K.D. Pradhan Rd.

D.B. Giri Main Rd.

メインロード

Manokamana

Anjali

Relli Rd.

時計塔
Dambar Chowk

マーケット（水・土）

Gompu's
P.447

Lee's

乗合ジープ、バススタンド

King Thai

Rishidhara Rd.

ダージリン（54km）、
ガントク（72km）、スィリグリーへ

ドゥルピン・ゴンパ P.447、ドゥルピン・ダラ・ヒルへ

町の北にあるデオロ・ヒルへは、カリンポンからワゴン型のタクシーをチャーターして行くことができる。朝日が昇る頃のカンチェンジュンガの眺めがいい。敷地内にあるツーリスト・ロッジで宿泊や食事ができる。● 7:00～18:00　⊕ Rs50

カリンポンのおもな見どころ

1922年創建のチベット寺院
タルパ・チョリン・ゴンパ　Tharpa Choling Gompa
MAP P.446外

　町の北2km、ホテル・デキ・ロッジを過ぎて15分ほど坂を上った右側にある、ゲルク派の僧院。高僧を招いて儀式が行われることもある。内部は色鮮やかで見応えがある。町を見下ろすように黄金の仏像が建てられており、カリンポンの町全体が眺められる絶好のビュースポットでもある。

歴史あるニンマ派の僧院
トンサ・ゴンパ　Thongsa Gompa
MAP P.446

　1692年創建という歴史あるブータン系の僧院で、「ブータン寺」とも呼ばれる。現在の建物は19世紀の再建で、周囲を200ほどのマニ車が囲んでいる。バススタンドからR. C. Mintri Rd.を10分ほど歩き、脇道へ少し下った所にある。

カリンポン最大の僧院
ドゥルピン・ゴンパ　Durpin Gompa
MAP P.446外

　ドゥルピン・ダラ・ヒルにあるニンマ派の僧院で、創建は1972年。正式名称は**ゾン・ドッグ・ペルリ・フォブラン・ゴンパZong Dog Palri Fo-Brang Gompa**。ニンマ派の開祖グル・リンポチェ像を祀った1階内部は、色鮮やかに彩色されており見応えがある。建物の外側に取りつけられた階段から2階に上って、千手観音像や立体マンダラを見ることができる。周囲には山々が、遠くには町が見渡せる。300mほど下った所にビューポイントがあるので、帰りに立ち寄ろう。

眺望のよい山の上に建つ

グラハム邸
🕐 9:00～12:00、13:15～15:30
🈺 土、日
🈯 無料
1900年に建てられたスコットランド人宣教師JAグラハム氏の住居。彼は地元の子供たちの教育などに尽力した。当時のコロニアル建築として内部を見学できる。町から4kmほどの所にある。

タルパ・チョリン・ゴンパ
🕐 5:30～17:00

トンサ・ゴンパ
🕐 5:30～18:00

ドゥルピン・ゴンパ
🕐 7:00～18:00
カリンポンのバススタンドからタクシーで片道Rs200、所要約15分。往復の場合はRs350。

Hotel　ホテル

町の中心にある中級ホテル
H ゴンプス
Gompu's Hotel
中心部　₹₹
MAP P.446

🏠 Dambar Chowk, Main Rd.　☎ 03552-25-5818
🛏🖥 Rs1800　🈶 込
📺 MV 　📶　🛏 14室

時計台の建つダムバル・チョウクにあり、バススタンドからも徒歩圏内という便利な立地。1920年創業の伝統あるホテル。客室は清潔で、窓も大きくて明るい。レストランが併設されていて、モモが名物。

清潔で感じのいい宿
H デキ・ロッジ
Deki Lodge
町外れ　₹₹
MAP P.446

🏠 Tripai Rd.　☎ 03552-25-5095　🛏S Rs960～
1100 🛏 Rs1100～1840　🈶 込　📶　🛏 15室
🔗 www.dekilodge.yolasite.com

バススタンドから徒歩15分、タクシーに乗るとRs100程度。客室は清潔で、町の中心から少し離れているので静かで居心地がよい。バルコニー付きの眺めのいい部屋もある。テラス席をもつレストランあり。

カリンポンのおすすめレストラン R 季Lee's。ワンタンスープやスペアリブなどポーク料理がおいしい。雑居ビルの4階にある家族経営の小さな店ですが行く価値大。(新潟県　K.M.　'19)

NORTHEAST
INDIA

北東インド

▶スィッキム州 Sikkim
▶メーガーラヤ州 Meghalaya
▶アッサム州 Assam
▶トリプラ州 Tripura
▶ミゾラム州 Mizoram
▶マニプル州 Manipur
▶ナガランド州 Nagaland
▶アルナーチャル・プラデーシュ州 Arunachal Pradesh

top sites in northeast India
北東インドの
ハイライト

以前は入域許可証が必要だった地域も、近年外国人登録のみで訪れられるようになった北東インド。少数民族の暮らしと彼ら独特の文化を見に行こう。

1 Darjiling ダージリン

P.438

州としては西ベンガル州に属するダージリンだが、文化的にはスィッキム王国に属していた地域。紅茶の産地としては世界的にあまりにも有名。

2 Manas National Park
マナス野生生物保護区

アッサム州にある国立公園は総面積500kmにも及ぶ広大な野生保護区。インド初の自然遺産として登録された公園でもある。

3 Gangtok ガントク

P.454

海抜1437mのところにあるスィッキム州の州都。スィッキム最大のチベット僧院やヒマーラヤの稜線が美しく見える展望台などが魅力。

4 Kaziranga National Park
カズィランガ国立公園

アッサム州にある国立公園でマナス国立公園と同時期に世界自然遺産として登録された。世界最大のインドサイの生息地として知られている。

北東インド・旅のモデルプラン

バングラデシュ、ミャンマー、中国に挟まれたインド北東部は、インドらしさよりもその独特な文化を味わいたい人向け。この地域独特の食文化も魅力だ。入域許可がいる地域もあるので、旅の計画は事前にしっかりしておくのがいいだろう。

プラン1

チベット文化を感じる北東インド8日間

1日目	✈ デリーからバグドグラを経てカリンポンへ（カリンポン泊）
2日目	🚌 カリンポン観光後、ガントクへ（ガントク泊）
3日目	ガントク、ルムテク観光（ガントク泊）
4日目	🚌 ガントク観光後ペリンへ（ペリン泊）
5日目	ペリン観光（ペリン泊）
6日目	🚌 ダージリンへ（ダージリン泊）
7日目	ダージリン観光（ダージリン泊）
8日目	✈ バグドグラからデリーを経由して空路日本へ

チベット文化が色濃く残るスィッキム州とヒマーラヤを望む避暑地ダージリンを訪ねる旅。移動が多くなるので、車をチャーターするのが効率的だ。日程に余裕があればペリンからケチュパリ湖まで足を延ばすのもいい。

北東インド エリアガイド

1947年のインド独立時に宗教的対立からバングラデシュ（当時は東パキスタン）が分離したため、地理的にインドの飛び地のようにぶら下がっているのが北東部。幅わずか32kmのシリグリ回廊によってインド本土とつながっている。人種的、言語的にも東南アジアといっていいエリアで、人々の顔つきも日本人に似ていて親しみがわく。それぞれの民族構成によりスィッキムのほか7つの州に分けられているが、これらの州は文化的には近く「7姉妹州」と称されることもある。深い山々に囲まれ、お茶の産地としても知られる。一方、中国とは国境紛争が頻発しているエリアでもある。

ベストシーズン　10〜5月

標高8586mのカンチェンジュンガの麓に位置するスィッキム州は州都ガントクで標高1700m。山を見るために行くのであれば、10〜12月が天候も安定しベストだが相当冷え込むことを覚悟して行こう。4〜5月のインドの酷暑期でも涼しく、さらにインドのバケーションと重なるた

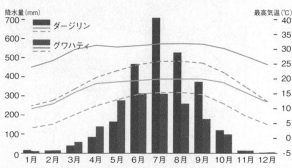

め地元観光客であふれる。ほかの7州はそこまで涼しくなることはないが、山岳地なので12〜2月の朝晩はかなり冷え込む。6〜9月はモンスーンの季節。大量の雨が降り、湿度も高い。

言語

ネパール語（スィッキム州）、アサム語（アッサム州）、カーシ語・ガロ語（メガーラヤ州）、コクバラ語（トリプラ州）、ミゾ語（ミゾラム州）、マニプル語（マニプル州）、ナガ語（ナガランド州）、ベンガル語、ヒンディー語、英語など

複雑に州境が入り組むこの地域では、州ごと民族ごとに使われている言語が異なっている。ヒンデ

ィー語やベンガル語であれば多くの所である程度は通じる。

おもな祝祭日・祭り

◎4月：ロンガリ・ビフ（アッサム州）　◎7月：カング（アッサム州、マニプル州）
◎10月：ドゥルガー・プージャー　◎10〜11月：ディワーリー
◎11〜12月：パワル・クト（ミゾラム州）　◎12月：ホーンビル・フェスティバル（ナガランド州）

各州の各部族がそれぞれの祭りを執り行っている。宗教的にはキリスト教徒も多いが、ヒンドゥー教徒の場合、ドゥルガー・プージャーや新年を迎え

るディワーリーが盛大に祝われる。着飾ったナガ族が集まるホーンビル・フェスティバルは、ナガランド最大のイベント。

各州ポイント

スィッキム州 Sikkim
1975年にインドに併合されるまで、レプチャ人による独立王国だった。現在はネパール人が多数を占める。

アッサム州 Assam
紅茶の名産地。空港のあるグワーハーティは北東部インドの玄関口で、外国人向けのゲストハウスも多い。

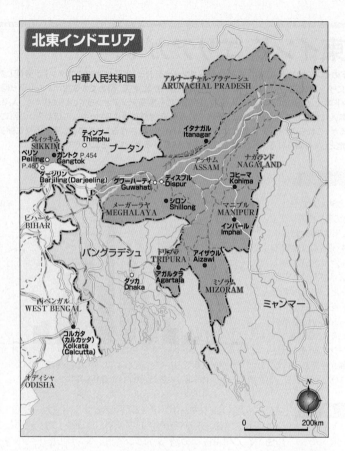

北東インドエリア

中華人民共和国

アルナーチャル・プラデーシュ
ARUNACHAL PRADESH

シッキム
SIKKIM
ペリン
Pelling
P.460

ティンプー
Thimphu

ブータン

イタナガル
Itanagar

ガントク P.454
Gangtok

ダージリン
Darjiling (Darjeeling)

グワーハーティ
Guwahati

ディスプル
Dispur

アッサム
ASSAM

ナガランド
NAGALAND

コヒーマ
Kohima

ビハール
BIHAR

メーガーラヤ
MEGHALAYA

シロン
Shillong

マニプル
MANIPUR

インパール
Imphal

バングラデシュ

トリプラ
TRIPURA

アガルタラ
Agartala

アイザウル
Aizawl

ダッカ
Dhaka

ミゾラム
MIZORAM

ミャンマー

西ベンガル
WEST BENGAL

コルカタ
(カルカッタ)
Kolkata
(Calcutta)

オディシャ
ODISHA

N

0   200km

メーガーラヤ州 Meghalaya

世界で最も雨が多い地域で、州名はサンスクリット語で「雲のすみか」から取られた。アッサム州から1972年に分離。

マニプル州
Manipur

第2次世界大戦のインパール作戦でも知られ、慰霊のため訪問する人も多い。伝統芸能マニプルダンスが有名。

トリプラ州 Tripura

ヒンドゥー藩王国があり、かつての都は現在の州都アガルタラから車で2時間ほどのウダイプル。カーリー寺院がある。

ナガランド州
Nagaland

首狩り族として名をはせた勇猛果敢な民族ナガが多く暮らす地域（現在は首狩りはしていない）。

ミゾラム州 Mizoram

ミャンマーの北西にあり、文化的にも東南アジアの色が濃い州。州都アイザウルでは、毎週土曜日に市が立つ。

アルナーチャル・プラデーシュ州
Arunachal Pradesh

インドの秘境中の秘境として旅行者の間でひそかに人気がある。アディ、ニシなど26の少数民族が暮らす。

安　全　情　報 事前の許可証取得や現地警察への申告が必要な場合も

国境問題や民族問題を抱える北東部では、最近まで外国人の立ち入りが厳しく管理されていた。現在は小康状態が続いているが、分離独立を主張する勢力やマオイストが活動している。またアルナーチャル・プラデーシュ州では現在でも中国との国境紛争が続いている。

スィッキムの入域許可証

スィッキム州を訪れるには「入域許可証Restricted Area Permit」が必要。この許可証は無料で、有効期間は入域日から15日または30日間。現地での延長も可能。ただし入域日と出境日を指定しなければならないので（出境日は申請日より前であれば特に問題にはされない）、予定がはっきりしてから申請したい。

ダージリンからスィッキム州に入る場合、州境での入域許可証の取得も可能（2019年10月現在）。ガントク方面に向かう場合はランポRangpoで、ペリン方面に向かう場合はメリーMelliで取ることができる。ペリンへの最短ルートであるジョレタンJorethangでは入域許可証を発行していないだけでなく、入出境もできないので注意。

州境では必ず外国人登録事務所（FRO）（⏰ 8:00〜20:00）に出向く必要がある。発行された入域許可証とパスポートを窓口に提出し、パスポートにスタンプを押してもらう。スィッキム州から出境するときもまた同様だ。

州境での入域許可証取得は状況が変わる可能性があるうえ、乗合ジープに乗る場合は、許可証申請や外国人登録のために他の乗客に待っていてもらうことになるので、ダージリンやスィリグリーであらかじめ取得していくことを強くおすすめする。

スィリグリーで

最も簡単で確実。スィッキム方面へのバスが発着するSNTバスターミナルにあるスィッキム観光局Sikkim Tourist Information（☎ 0353-251-2646 ⏰ 10:00〜16:00 ㊡日・祝）にて。最長30日間分が取得可能。パスポートとインドビザのコピー、顔写真1枚が必要。

ダージリンで

ダージリン市街の時計塔の中にある外国人登録事務所Foreigner's Registration Office（MAP P.445-C5 ⏰ 10:30〜16:30 ㊡土・日・祝）で書類に記入。要パスポート、顔写真不要。そのあと、バススタンドから1kmほどの地方行政事務所 Office of the District Magistrate（MAP P.439-A1 ⏰ 10:30〜13:30、14:30〜16:30 ㊡土・日・祝）で書類を提出。15日間まで取得可能。

ランポの外国人登録事務所

バグドグラ空港で

到着ロビーにあるスィッキム州観光案内所Sikkim Tourist Information（⏰ 10:00〜16:00）で取得可能。パスポートとインドビザのコピー、顔写真1枚が必要。その場ですぐに発給してくれる。

ランポまたはメリーのチェックポストで

ランポでは、外国人登録事務所のある建物から50mほど先へ進んだ左側にある、トラベル・ロッジ内の観光オフィスで取得できる。そのあと、発行された許可証を持って外国人登録事務所へ戻り、登録を行う。メリーでは外国人登録事務所へ直接行く。どちらもパスポートとインドビザのコピー、顔写真1枚が必要。

●入域許可証の延長

ガントクではスィッキム州観光案内所（P.456）のほか、約5km南にある外国人登録事務所で、ペリンは4km離れたティクジュクTikjukの警察署でできる。1回につき15〜30日間延長可能で、計2ヵ月滞在できる。

●入域許可証で行ける地域

ガントク、ルムテク、ボダン、ケチュパリ湖、ペリン、タシディン、ユクサムなど。これらのほか、北スィッキムなど特別な許可証が必要な地域があり、旅行会社の手配でのみ行くことができる。

ガントクからスィリグリー行きの乗合ジープは、原則ラル・バザールから2km下ったMainline Taxi Standに発着していますが、7:00〜9:00の間は中心部のSouth West Taxi Standから乗合ジープや中型バスが何本も出ます。（品川区　うくじん　'15）['23]

ガントク

山の斜面に貼り付いたようなガントクの町

ガントクの市外局番
03592

ガントクの人口
約11万人

ACCESS

飛行機
デリーから週5便スパイスジェットが運航。飛行機が発着するのはガントクから30kmほど離れた所にあるパッキョン空港Pakyong。

バス、乗合ジープ
ダージリンからバスもあるが（所要約6時間）、乗合ジープのほうが本数も多く、約4時間と早い。Rs300。

海抜1437mの山の上にあるスィッキム州の州都で、人口約11万人。住民の大半がネパール系だ。秘境をイメージして行くと、意外に大きな町なので驚くかもしれない。もともとチベット系のスィッキム王国が成立していた土地だが、チベット、中国（清朝）、イギリス、そして戦後はインドという大国の狭間で翻弄され、1975年に王国は廃止され、国民投票によりスィッキムはインドの22番目の州として再スタートを切った。

州都ガントクにはインド各地から人が流れ込むようになり、今では町の中心部にいるかぎりは、チベット色はあまり感じないだろう。オンシーズンは10〜6月。ヒマーラヤの山々を見るために行くのであれば天気が安定する11〜2月がベスト。それでも毎日必ず見られるわけではないので、余裕をもった日程を取ったほうがいいだろう。3〜6月は山が見られる可能性はほとんどないが、避暑に訪れるインド人で混み合う。6月末あたりからはモンスーンの影響で雨季に突入する。

スィリグリー（西ベンガル州）経由でスィッキムへ

スィリグリー（MAP P.453）はスィッキム州やダージリン、カリンポンなどの西ベンガル州の山岳地域を目指す者の出発地となる町だ。バグドグラ空港からは約17km、ニュー・ジャルパイグリ駅からは4km程度の場所にある。

スィリグリーのバススタンドは町の中心から川を越えた北西に位置し、幹線道路を挟み東側にスィッキム方面へのバスが発着するSNTバススタンド、西側にダージリンやカリンポンなど西ベンガル州各地へのバスが発着するテンジン・ノルゲイ・バススタンドがある。近くの路上には、ガントクやダージ

リン行きの乗合ジープが並んで客待ちをしている。SNTバススタンド内には、スィッキム入域許可証を発行するスィッキム州観光案内所（P.456）がある。

カリンポンへの乗合ジープ乗り場はバニタンキ・モールと呼ばれ、1.5kmほど離れている。橋を越えて町なかに入り、北東へ行った所。

スィリグリーを出たバスや乗合ジープはすぐに市外に出て、山あいの道へと入っていく。景色を眺めるなら右の窓側がいい。西ベンガル州とスィッキム州の州境の町ランポRangpoとメリーMelliには、入境チェックポストがある。

 町は坂が多いのでリクシャーはいない。その代わりワゴン型のタクシーが走っている。ダージリンやカリンポンなどから来る乗合ジープが着くのは、町の中心よりも2kmほど坂を下りたあたり。National Rd.に出れば、乗合タクシーで中心部まで行ける。

ガントクの歩き方

　町は斜面に沿って開けており、町歩きは坂の上り下りが多くなる。中心はラル・バザールLal BazarやMGマールグM.G. Marg周辺。ホテルやレストランもこのあたりに多い。MGマールグ北端にはスィッキム州観光案内所がある。ここから尾根の頂上にあるエンチェイ・ゴンパまでは3kmほど。エンチェイ・ゴンパから尾根沿いに王宮（入場不可）付近を通り、ロープウエイ乗り場があるタシ・リンTashi Lingまでは、2kmほどの散歩コースだ。ここから1kmほど下った町の南側、ロープウエイの南の終点周辺には、チベット学研究所、ド・ドゥル・チョルテン&ゴンパがある。

観光客でにぎわうMGマールグ

スィリグリーから
早朝から午後にかけて1時間に1便バスがあり、約4時間30分。乗合ジープは30分おきにあり、約4時間。Rs300。

カリンポンから
バスは1日1～2便、乗合ジープは1～2時間おきにある。約3時間。Rs170。
※ダージリン、スィリグリー、カリンポンからガントクへ向かう際はランポRangpoのチェックポストを通るが、ここでスィッキムの入域許可証を取る場合、乗合ジープの切符はランポまでしか売ってくれないことがある。

ペリンから
乗合ジープが1日3便ほどある。

乗合ジープスタンド
ダージリン、カリンポン、スィリグリー行きはラル・バザールから2kmほど下った所、ルムテク、ベリンへは町の中心部にある乗合ジープスタンドに発着している。

ガントクのおもな見どころ

朝焼けの山々を望むなら
ヒマーラヤの展望台　View Points of Himalaya

MAP　P.455-1外

　町の北側にタシ・ビューポイントTashi View Point、ガネーシュ・ビューポイントGanesh View Point、ハヌマーン・ビューポイントHanuman View Pointの3つの展望台がある。ホテルなどで前日にタクシーを予約しておき、カンチェンジュンガが赤く染まる早朝に3ヵ所を回ってみよう。3ヵ所回ってRs500～600。

朝日で赤く染まるヒマーラヤ

のどかな雰囲気が漂う
エンチェイ・ゴンパ　Enchey Gompa

MAP　P.455-1

　ガントクの町の丘の上、大きな電波塔の向かいにある、1909～1910年に建てられた僧院。堂内には見応えのある壁画があり、地元の参拝客が多い。12月から1月にかけて仮面舞踏の祭りが行われる。観光案内所から約3km、徒歩45分ほどだがずっと上り坂なので、行きはタクシーを使うほうがいい。

ガントク GANGTOK

0　100　200m

↑タシ・ビューポイント P.455へ

ハンディクラフト・エンポリウム Handicrafts&Handloom Emporium P.456

電波塔

Paljor Stadium Rd.

エンチェイ・ゴンパ Enchey Gumpa P.455

The Elgin Nor-Khill P.457

SNT バススタンド

ガネーシュ・ビューポイント P.455、ハヌマーン・ビューポイント P.455へ

タクシースタンド

Snowlion P.458

Tibet P.458

Mayur

National Rd.

Tibet Rd.

スィッキム州観光案内所 P.456

Gangtok Lodge P.458

高等裁判所

Netuk House P.457

Bakers Cafe P.457

Roll House P.458

Tarayana P.457

M.G. Marg

Nehru Mg.

View Point

Mig-Tin

Golden Pagoda

王宮

Tsugla Khang Gompa

Orchid

Cacao

Taste of Tibet P.458

ラル・バザール

乗合ジープスタンド（ルムテク、ベリン、ジョレタン方面）

Doma Residency

The Oriental P.457

Thakali P.458

Kazi Rd.

Tashi Ling

The Coffee Shop P.458

National Rd.

ロープウエイ P.456

チベット学研究所 Namgyal Institufe of Tibetology P.456

Deorali Market

ド・ドゥル・チョルテン&ゴンパ P.456

乗合ジープスタンド（ダージリン、カリンポン、スィリグリー方面）へ（1.5km）

エンチェイ・ゴンパに来たら、展望台を兼ねたヒンドゥー寺院、ガネーシュ・トクまでもうひと息。山門を背に、電波塔を左に見ながら右の道を30～40分。王宮やガントクの町が見渡せる。向かいのヒマーラヤ動物園もおすすめ。（品川区　うくじん　'15）

エンチェイ・ゴンパ
🕐 6:30～16:00
🆓 無料
内部の撮影は不可。

INFO

スィッキム州観光案内所
🗺 P.455-1
🕐 10:00～16:00
📍 M. G. Mg.
☎ 03592-20-9090
🕐 9:00～20:00 🈺 祝
🌐 www.sikkimtourism.gov.in

ハンディクラフト・エンポリウム
Handicrafts & Handloom
Emporium
🕐 9:00～20:00 🈺 日
🆓 無料
ギャラリー
🕐 10:00～12:30、13:00～16:30
🈺 Rs15

チベット学研究所
🕐 10:00～16:00
🈺 日、祝 🈺 Rs20
🌐 www.tibetology.net
内部の写真撮影は不可。

ロープウエイ
🕐 9:30～17:00チケット売り場
は13:00～13:30の間クロー
ズ。夕方は16:30まで。
🈺 Rs117（往復も同料金）

ルムテク・ゴンパ
🕐 6:00～18:00 🈺 Rs50
内部の写真撮影は不可。
🌐 www.rumtek.org
町の中心に近い乗合ジープスタ
ンドから乗合ジープが出ている
が、本数は少ない。特に午後は
1～2本しかないので、日帰りす
るなら朝早くに出発すること。
所要約1時間。タクシーをチャ
ーターすると往復Rs1200程度。

スィッキムの手工芸品が揃う MAP P.455-1
ハンディクラフト・エンポリウム　Handicrafts & Handloom Emporium

　地元で作られる絨毯や木工品、手漉き紙などが集められている。中に
はタンカ（布に描かれた仏画）や大型のテーブルも。もちろん定価販売
で購入も可能。2階には絨毯織りのデモンストレーションなどを行うギャ
ラリーも併設されている。

厳選された仏教美術品が見られる MAP P.455-2
チベット学研究所　Namgyal Institute of Tibetology

　チベット仏教に関する博物館で、仏像やタンカ（布に描かれた仏
画）、お経など、見応えある美術品を展示している。2階は多数の蔵書を
誇る図書館。
　近くには、1945年にニンマ派の高僧トゥルシ・リンポチェによって建
てられたゴンパ（僧院）とド・ドゥル・チョルテンDo-drul Chorten（仏
塔）があり、国内外からの参詣者を集めている。

絶景を眺めながら移動する MAP P.455-2
ロープウエイ　Ropeway

　チベット学研究所などがあるDeorali Market付近から、丘上のタシ・
リンまでの1km余りを結ぶ。晴れていれば遠い山々まで見渡せ、景色が
いい。そのまま乗って往復する人が多いようだ。途中駅で降りればMG
マールグも近い。

スィッキム最大のチベット僧院 MAP P.453
ルムテク　Rumtek

　ガントクから24km、谷を下りて向かいの山の尾根に上ると、巨大な
ルムテク・ゴンパ Rumtek Gompa（僧院）を擁するルムテクの村が
ある。僧院の入口で入域許可証をチェックされパスポートを預ける必要
があるので、携帯を忘れずに。

　ルムテク・ゴンパの正式名称は**ダルマ・チャクラ・センター Dhar-
ma Chakra Center**。カギュ派の宗
主である16代のカルマパは、ダラ
イ・ラマらとともに中国から亡命し、
この僧院を基地として布教を行い
1981年に没した。中国で即位した現
在のカルマパ17世も2000年にインド
へ亡命したが、ダラムシャーラーに本
拠をおいている。4階建ての本堂内に
は、多くの仏像や壁画が残っている。
　本堂の裏側には16代カルマパの遺
灰を納めたゴールデン・ストゥーパが
あるので、忘れずに見ていこう。

仏教学校を併設する巨大コンプレックス

外国人は北スィッキムのマンガンManganまで単独旅行できます。途中のPhesang、Phodongとマンガンに仏教僧院があり、
PhesangとPhodongの間にセブン・シスターズの滝があります。North Sikkim Taxi Stand（通称Vajra Taxi Stand）は、

Hotel ホテル

スィッキム王国の面影を残す
H エルジン・ノールキル
The Elgin Nor-Khill
バススタンド ₹₹₹
MAP P.455-1

🏠 Paljore Stadium Rd. ☎ 03592-20-5637、20-0170 💵Ⓢ Rs1万1700 ⓓ Rs1万2000 📶 別 Ⓒⓐⓓ AMV Ⓦ🇫🇮 🛏 27室 Ⓤ🇷🇱 www.elginhotels.com

コロニアルな雰囲気を残すホテル。もともとは1942年にスィッキム王国のゲストハウスとして建てられたもので、数多くの来賓がここに滞在した。敷地、部屋ともにゆったりしており、歴史を感じさせる造りになっている。宿泊料金には朝・夕食が含まれている。

スィッキムらしさあふれるブティックホテル
H オリエンタル
The Oriental
MG マールグ ₹₹₹
MAP P.455-2

🏠 M.G. Mg. ☎ 03592-20-1180、22-1181 💵Ⓢ Rs2850～ ⓓ Rs3600～ 📶 別 Ⓒⓐⓓ MV Ⓦ🇫🇮 🛏 20室 Ⓤ🇷🇱 www.orientalsikkim.com

MGマールグのマーケットを見下ろす最高の立地。スィッキムの伝統工芸が端々に取り入れられており、手入れやサービスが行き届いている。朝食付き。1階には旅行会社もある。

スィッキム料理レストランを併設
H ネトゥク・ハウス
Netuk House
チベットロード ₹₹₹
MAP P.455-1

🏠 Tibet Rd. ☎ 03592-20-6778、20-4766 💵ⓢ Rs6200 ⓓ Rs6499 📶 別 Ⓒⓐⓓ MV Ⓦ🇫🇮 🛏 13室 Ⓤ🇷🇱 www.netukhouse.com

スィッキムに来たら泊まってみたいヘリテージホテル。1950年代に建てられた建物は、かつて高僧の所有物だった。客室はスィッキム風家具や装飾で美しく飾られ、オーナー家族のもてなしにも心があたたまる。バーではスィッキム伝統の酒「トゥンバ」を飲めるが、ないこともあるので確認を。

清潔な宿
H タラヤナ
Tarayana
チベットロード ₹₹₹
MAP P.455-1

🏠 Tibet Rd. ☎ 03592-20-3858 💵Ⓢ Rs2500～ 📶 別 Ⓒⓐⓓ MV Ⓦ🇫🇮 🛏 15室 Ⓤ🇷🇱 hoteltarayana.com

2013年に改装されているので、客室は広くて快適。バスルームには湯沸かし器があり、いつでもホットシャワーを利用できる。MGマールグへも歩いてすぐとアクセスも最高だが、目の前にバーがあり夜遅くまでにぎやか。ピーク時を除き通常40%ほどのディスカウントあり。

スィッキム王国

スィッキムの先住民族とされるレプチャ人は、13世紀頃、現在のアッサムやミャンマーから移住してきたとされる。

15世紀に入りチベットでの宗教対立が激化しゲルグ派（ダライ・ラマ政権）によって統一されると、ニンマ派の高僧たちと彼らに率いられたチベット人（ブティヤ人）がスィッキムに亡命。プンツォ・ナムゲルを王とし、スィッキム王国（ナムゲル朝）を興した。しかし、この王国はチベットの亡命政権であったため、チベットはスィッキムを属国とみなし、同様にチベットを属国としていた清朝もスィッキムを属国とみなすという状況に置かれていた。それでも王国の全盛期には、その領土は東はブータンから西はネパール東部、南はダージリンやベンガル北部にまでいたった。しかし、その後はブータンやネパールとの戦いに敗れ、その領土は縮小されていった。

19世紀に入ると、この地域でのイギリス東インド会社の勢力が拡大。チベットとの交易の要所となるスィッキムへの干渉を強めていった。スィッキムが支配していたダージリンを、イギリス東インド会社に割譲すると、宗主国であったチベットが激怒。スィッキム王も反英的スタンスを取るようになる。しかし、1861年にはティタリヤ条約により、スィッキムの国権はイギリスに譲渡されることとなった。

1888年、チベットはスィッキム領内に要塞を築くが、イギリスはこれを撃退。1890年にイギリスと清朝の間で協定が締結され、チベットとスィッキムの国境が定められた。またスィッキムがイギリスの保護国であることが確認された。

イギリスは、労働力としてヒンドゥー系のネパール人を移住させ、住民の大半を占めるようになり、チベット系25%に対しネパール系75%という人口比率の逆転が起こっていった。

1947年、インドが独立を果たすとスィッキムはインドの保護国となったが、1963年、パルデン・トンドゥプ・ナムゲルが王に就くと、スィッキム王国の独立を模索。しかし逆にネパール系住民の反乱を招き、1975年にインド軍が介入し混乱を収拾。スィッキム王国は廃止され、国民投票によりインドに併合された。

一方、中国は、スィッキムが清朝の属国であったチベットの属国という歴史から、2000年代に入るまでインドによる領有を認めてこなかった。

﹨ハンディクラフト・エンポリウムからタシ・ビューポイント方面へ1km行った左側です。シェアタクシーでRs15。（品川区　うじくん '15)

行き届いた中級ホテル
H チベット
Hotel Tibet

バススタンド ₹₹
MAP P.455-1

- 🏠 Paljor Stadium Rd. ☎ 03592-20-3468
- 🛏🚻 Ⓢ Rs1800〜2400 Ⓦ Rs2000〜2600 Ⓣ 別
- Ⓒ AMV WiFi 🚪 32室
- URL www.hoteltibetgangtok.com

MGマールグとSNTバススタンドの中間にあり、どちらからも徒歩5分程度。部屋は清潔で、24時間ホットシャワーが使える。スタッフの対応が気持ちよく、併設しているレストランの食事もおいしくおすすめ。

アクセスのよい安宿
H ガントク・ロッジ
Gangtok Lodge

MG マールグ ₹₹
MAP P.455-1

- 🏠 M.G. Mg. ☎ 03592-20-6562
- 🛏🚻 Ⓢ Rs1000 Ⓦ Rs1200
- Ⓦ 込 Ⓒ 不可 🚪 8室
- URL www.modern-hospitality.com

MGマールグの入口、乗合ジープスタンドに比較的近い便利な場所にある。部屋は新しくはないが広々としており快適。タオルと石鹸付きで、ホットシャワー可。スタッフの対応もよく、旅行会社を併設している。ただしWi-Fiはない。

Restaurant レストラン

いつも混み合う人気店
R テイスト・オブ・チベット
Taste of Tibet

チベット料理 ₹₹
MAP P.455-2

- 🏠 M.G. Mg. ☎ 9816276789
- 🕐 11:30〜21:00 Ⓒ MV

MGマールグにあるチベット料理店。観光客と地元客で1日中混み合っている。モモやトゥクパなどおなじみのメニューのほか、アルコールと一緒にポークドライフライなどもおすすめ。

どこか懐かしい
R ベイカーズ・カフェ
Baker's Cafe

コンチネンタル ₹₹
MAP P.455-1

- 🏠 M.G. Mg. ☎ 359-222-0195
- 🕐 9:00〜20:00 Ⓒ MV

山小屋を思わせるウッディな内装のカフェ。MGマールグに面しているが、いちばん奥の谷を見下ろす席もおすすめ。メニューはバーガーやパスタ、シェイクなど。パンの持ち帰りもできる。

おしゃれなベーカリーカフェ
R コーヒー・ショップ
The Coffee Shop

コンチネンタル ₹₹
MAP P.455-2

- 🏠 M.G. Mg. ☎ 991-175-6228
- 🕐 9:00〜22:00 Ⓣ 別 Ⓒ JMV

MGマールグに面した2階にある。ピザRs355〜495をはじめ、ハンバーガーやパスタ、ラザニアなどが食べられる。

高級ネパール料理を
R タカリ
Thakali

タカリ料理 ₹₹
MAP P.455-2

- 🏠 M.G. Mg. ☎ 629-488-4512
- 🕐 11:00〜22:00 Ⓒ MV

食材やスパイスをふんだんに使いリッチな味わいで知られるネパールのタカリ族のカレーが食べられるお店。ターリーはポークやビーフも選べる。アルコールメニューも充実。窓際のテーブル席からは谷間が見下ろせ、眺めがよい。

小腹がすいたら
R ロールハウス
Roll House

スナック ₹
MAP P.455-1

- 🏠 M.G. Mg. ☎ 947-565-456
- 🕐 9:00〜21:00 Ⓒ MV

ロールとは薄焼きのロティ（パン）に具材を巻いたベンガル名物のファストフード。サイズも大中小とあるので、お腹の空き具合でチョイスできる。おすすめはマッシュルームチーズ。お店はMGマールグから細い坂道を少し上った所にある。

味つけがよくおいしい
R スノーライオン
Snowlion Restaurant

チベット料理 ₹₹
MAP P.455-1

- 🏠 Paljor Stadium Rd. ☎ 03592-20-3468
- 🕐 7:00〜21:30 Ⓣ 別 Ⓒ AMV

ホテル・チベット内にある人気のレストラン。チベット、コンチネンタル、中華のほかに、タンドゥーリーを使ったインド料理も食べられる。焼き餃子やすき焼きなどの日本料理もある。おすすめはチベット料理のテントゥクRs140〜160や、小麦粉を丸めて煮込んだソクトゥクRs140〜160など。

ダージリンから乗合ジープでガントクに入ったのですが、乗合ジープスタンドは町から2km近く離れています。そこからタクシーに乗らないと行けないのですが、相当ふっかけられました。（世田谷区　Ai　'19）

ナガランドのホーンビルフェスティバル

ナガランド州はインドで最も独特の文化が残る州のひとつ。ここで毎年12月に開催されるのがホーンビルフェスティバルだ。ひと口にナガといっても、主要なものだけで16～17の部族があり、それぞれの衣装、歌や踊り、祭など独自の慣習を持っている。この祭の期間中は、州内のおもな部族の代表団がコヒーマに集結する。

ナガはしばしば「最後の首狩り族」という名で語られる。その勇猛な民族性は周辺の国々に恐れられ、長い間独立を保ち、独自の文化を育んできた。宣教師の布教によりキリスト教化され、現在では首狩りの風習はなくなったが、一説には90年代まで首狩りの風習を放棄しなかった部族があったとも伝えられる。今でも彼らが身に着けるネックレスなどにその名残が見られ、実際に奥地に分け入ればかつての首塚が残っている村もある。ホーンビルフェスティバルでも、演目として首狩りの儀式を目にすることがあるかもしれない。もちろん狩るのは人の首ではなく、藁人形の首だが……。

このホーンビルフェスティバルは、古くから続く伝統的な祭ではない。ナガ独自の豊かな文化を守り後世に伝えるために、20年ほど前に州政府主導ではじめられた観光祭だ。ナガランドは交通の便も悪く、部族社会であるため排外的な側面があり、一般の観光客が訪れるにはまだまだハードルが高いエリアだが、この祭はナガの踊りや風習を一同に目にすることができる絶好の機会だ。そして、これが単なる観光客向けの祭なのかといえばそうとも言い切れず、演者はもちろんナガなのだが、観客の多くもナガ。ナガ同士の交流の場ともなっており、ほっこりする。

ホーンビルフェスティバルの開催日は、例年12月の第1週目。2023年は12月1日～10日に開催される予定となっている。会場となるのは、コヒーマの郊外にあるキサマ・ヘリテージ・ビレッジ Kisama Heritage Village。ビレッジ内にはメイン会場となるスタジアムのほか、それを取り囲むように部族ごとのハットが建っており、ここが各部族の控室も兼ねている。ハットの前では皆が歌ったり踊ったり、食事を出したり、おみやげを売ったりして

スタジアムを埋め尽くすナガ

いるので、そこを巡るのも楽しい。メイン会場よりもむしろこちらの方がおもしろいかもしれない。

ちなみにホーンビルとはサイチョウのこと。その羽根は首狩りの儀式にも用いられたとされ、ナガの間では勇猛さと強さの象徴として崇められてきた聖なる鳥だ。今でも空を見上げると、悠々と翼を広げるホーンビルの姿を目にすることがある。

【アクセス】
ナガランド州の玄関口となるのは、州都ディマプル。デリー、コルカタ（西ベンガル州）、グワーハーティ（アッサム州）からの便が就航している。またグワーハーティからは鉄道でも結ばれている。ディマプルからコヒーマまではタクシーまたはバスで所要約2～3時間。

【外国人登録】
事前のパーミット取得の必要はないが、ナガランド州到着後24時間以内にFRO（Foreigners Registration Office）または警察署に自己申告で外国人登録をする必要がある。飛行機でディマプルに到着した場合は、空港内にカウンターがある。

【宿泊】
コヒーマ市内のホテルやゲストハウスを利用することになるが、当然ながらフェスティバルの期間はほとんどの宿がいっぱいとなるので、予定が決まったら早めに予約を入れた方がいい。ビレッジのすぐ近くにテント村がつくられる場合もあり、そちらに宿泊する方法もある。夜は冷え込むので、防寒対策をしていったほうがいい。　　　　（松岡宏大）

演じられる戦いのシーン

各部族のハットの前で歌う

ペリン

ペリンの市外局番
03595

ペリンの人口
約 600 人

ACCESS

バス、乗合ジープ

ガントクから

町の中心部に近いジープスタンドから、乗合ジープが1日3本程度出ている。所要約4時間。Rs 350。ケチュパリ行きに乗って途中下車することも可能。バスは麓のゲイジンまでならあるので、そこでペリン行きの乗合ジープ (所要30分) に乗り換えてもいい。

ダージリンから

州境のジョレンを経由する乗合ジープもあるが、外国人はジョレンタンの州境を越えてスィッキムに入境できない。残念ながら、ランポかメリーを経由するしかない。

スィリグリーから

乗合ジープが1日数本出ている。所要約5時間。ゲイジン行きのほうが本数は多い。ゲイジン経由のバスが10:30に出ている。所要約6時間。

INFO

ペリンの観光局
☎ 779-788-7401
🕐 9:00〜17:00 ⑭日

HINT

ペリンでの両替

State Bank of IndiaのATMがあるほか、USドル現金なら旅行会社で両替可能。

ラブデンツェ

🕐 日の出〜日没 ⑭ 無料
ペリンからゲイジン方面へ徒歩30分ほどの所に入口がある。

ペマヤンツェ・ゴンパ

🕐 夏季7:00〜17:00、
冬季7:00〜16:30
⑭ Rs20
内部の写真撮影は不可。ペリンからゲイジン方面へ20分ほど行き、白い大きな仏塔が見えたらその手前を左へ曲がり、急坂を10分ほど上った所。

歴史ある西スィッキムには多くのチベット僧院があり、美しい自然 を楽しめるトレッキングも盛ん。なかでも標高2150mの山の上にあるペリンは、カンチェンジュンガを抱くヒマーラヤの山々の眺望がいいことから、小さな村ながらも観光客が多く、ホテルやゲストハウスの数は多い。最寄りの町は8kmほど麓に下ったゲイジンGeyzing。

村の中心はアッパー・ペリンにある、ホテル・ガルーダ前の小さなロータリー。周辺に宿や食堂、旅行会社のオフィスがある。このロータリーからペリンの各見どころへは、少し遠いが徒歩圏内だ。

雪をかぶったカンチェンジュンガを望む

ペリンのおもな見どころ

スィッキム王国のかつての都
ラブデンツェ　Rabdentse

1670年から1814年までスィッキム王国の都だった場所で、王宮や寺院の跡が残る。かつてはれんがの土台だけだったが、きれいに修復されており、古さを感じさせなくなっているのが残念だ。入口はペマヤンツェ・ゴンパへの分岐から1kmほどゲイジン方面へ下った所にある。門から森の中の遊歩道を20分ほど歩くと、遺跡の下に出る。

スィッキムで最も古いゴンパのひとつ
ペマヤンツェ・ゴンパ　Pemayangtse Gompa

1705年、法王ラツン・チェンポによって建てられた3階建てのニンマ派の僧院。堂内に描かれた仏画は、スィッキム有数のすばらしさ。毎年チベット新年 (2〜3月) には、チャムと呼ばれる仮面舞踏が行われることで知られる。境内から眼下に見える遺跡は、ラブデンツェだ。

散歩がてら訪ねてみよう

ペリンの標高は高いので、日が暮れると一気に寒くなる。11月から2月までは特に寒いので、防寒対策を。また、7〜8月はオフシーズンになり、レストランも閉まるところが多い。

ペリンの重要な巡礼地のひとつ
サンガ・チョリン・ゴンパ　Sanga Choling Gompa
MAP　P.453

　こちらも法王ラツン・チェンポによって1697年に創建された、スィッキム有数の古さを誇る僧院。アッパー・ペリンのロータリーから西へ約3km。1時間ほどの気持ちのいいウォーキングができるが、高い山の上にあるので、上りは少々きつい。途中は未舗装道なので、車で行くならジープをチャーターする。

森に囲まれた神秘的な湖
ケチュパリ湖　Khecheopalri Lake
MAP　P.453

　ペリンの約25km北西にある湖で、仏教徒とヒンドゥー教徒にとっての聖地となっている。その形はチベット仏教の女神、グリーン・ターラーの足跡といわれ、願いがかなう湖として信仰を集めている。湖の周辺には、チベット系のブティア族がやってくる前からスィッキムにいる、レプチャ族が多く暮らしている。人々は水面に落ちた葉を野鳥がひろうため、湖面が常に美しく保たれていると信じている。

　湖周辺には小さな寺院があるほか、洞窟や滝も多く、修行をする僧侶を見かけることもある。湖から2時間ほど登った所にあるグリーン・ターラー・デーヴィー洞窟は、湖の形がきれいに見える絶好のビューポイント。これらを訪れたり、村の風景を眺めたりして過ごすのが、ケチュパリ湖での楽しみ方だ。

　観光シーズンは7〜9月の雨季を除く時期で、特に3〜5月は国内外からの観光客が多い。ほかの町への乗合ジープは基本的に午前中しか出ていないので注意。湖周辺にゲストハウスがいくつかあるので、のんびり過ごすのがおすすめだ。

グリーン・ターラー・デーヴィー洞窟から見た湖

サンガ・チョリン・ゴンパ
🕐 6:00〜18:30

ケチュパリ湖
🚍 Rs100
ゲイジンを出た数台の乗合ジープが、13:30〜15:00の間にペリンを通ってケチュパリ湖へ向かう。ペリンから所要約1時間。このほか、ガントク、スィリグリーから毎日乗合ジープがあり、空席があればペリンの🇭ガルーダ前から乗車できる。

HINT

🆂 **スィッキム屋**
Sikkim-ya
🏠 Khecheopalri Lake
☎ 747-847-0273
🕐 10:00〜16:00
🌐 tashidelek.blog28.fc2.com
✉ khecheopalrilake@gmail.com
ケチュパリ湖の門を入って右側にある、ブティア族と結婚した日本人女性のお店。ハンディクラフト製品やポストカード、仏教関係のグッズなどを販売している。周辺地域に関する情報も教えてくれる。湖が見える自宅でのホームステイもあり。雨季や冬や家事で休業する日があるので事前に確認を。

そのほかの見どころ
北スィッキムは標高6000m以上の険しい山が連なる地域で、ガントクからツアーで行くことが可能。旅行会社で車とガイドを手配し、入域許可証を取得してもらう必要がある。
ラヴァンラ
ガントクから約3時間。チベット人が多く暮らす町で、ブッダ・パークが見応え満点。
タシディン
17世紀に建てられた美しいゴンパがある。このほか、ラヴァンラ近くのボロン温泉やラロン温泉など、多くの温泉がある。

Hotel　ホテル

すぐ前にバスやジープが発着するペリンの宿
🇭 ガルーダ
Garuda

🏠 Upper Pelling　☎ 973-307-6484
🛏🚿🛁 Rs900〜1900　🍴 別　💳 MV
🛏 18室　🌐 hotelgarudapelling.com

カンチェンジュンガの雄大な山並みを一望できる絶好の立地。スタッフのていねいな対応で、1989年のオープン以来、世界中の旅行者に愛されている。

ペリンで安く泊まるなら
🇭 パクサム・ホームステイ
Paksam Homestay

🏠 Upper Pelling　☎ 973-596-3819
🛏🚿🛁 Rs600〜1000　🍴 込
💳 不可　🛏 10室　✉ sikkimruby12@gmail.com

ペリンの中心となる交差点のすぐそば。バス発着ロータリーにも近く、とにかく便利な場所にある。料金も手頃で、朝・夕食込みの料金設定もある。

 ケチュパリ湖から2日間のトレッキングをすると、ヒマーラヤ山脈を360度見渡す山頂を訪れることができる。8日間なら山々の雄大な眺めが楽しめ、カンチェンジュンガを間近に見られる。ケチュパリ湖またはユクサムから出発。ガイドは現地で手配可能。

インド北東部の7姉妹州へのアクセス

バングラデシュの北、中国（チベット自治区）、ミャンマー、ブータンと国境を接するインド北東部には、アッサム州、メーガーラヤ州、マニプル州、ナガランド州、トリプラー州、ミゾラム州、アルナーチャル・プラデーシュ州があり「7姉妹州」と称される。「未開拓の楽園」とも呼ばれ、インド領ではあるものの、民族的・文化的にインドとは隔たりがあり、見た目ではむしろ日本人に近く、豚肉も日常的に食する。周辺国との関係が不安定であったことから外国人の入域が制限されてきた。近年になりアルナーチャル・プラデーシュ州以外は、観光目的の入域が可能となっている。

ただし、インドからの分離独立を主張する少数民族の過激派が活動しているので、外務省からは2023年現在、アッサム州（グワーハーティを除く）、メーガーラヤ州（シロンを除く）、マニプル州、ナガランド州の4州で「レベル2：不要不急の渡航は止めてください」との危険情報が出ている。状況は変わりやすいので、出発前に現地の状況を確認しておこう。

●アッサム州 Assam
州都：ディスプル Dispur
ACCESS：グワーハーティへデリーやコルカタなどからエア・インディア、インディゴ、スパイスジェットなどが毎日就航。デリーやコルカタから特急列車も運行している。首都に指定されているディスプルは、中心都市グワーハーティ郊外にある衛星都市。

●メーガーラヤ州 Meghalaya
州都：シロン Shillong
ACCESS：グワーハーティ（アッサム州）からバスで所要約2時間半。スィリグリーから約12時間。

●マニプル州 Manipur
州都：インパール Imphal
ACCESS：コルカタとグワーハーティからエア・インディアとインディゴが毎日運航。グワーハーティー（所要約17時間）、ディマプール（コヒーマ経由、所要約8時間）からバスも運行している。

インパールの慰霊碑

※州到着後24時間以内に外国人登録所（FRO）で登録が必要。

●ナガランド州 Nagaland
州都：コヒーマ Kohima
ACCESS：エア・インディア、インディゴがコルカタから毎日就航。空港があるのはディマプルDimapur。ディマプルからコヒーマまでバスで所要4時間
※州到着後24時間以内に空港や市内にある外国人登録所（FRO）で登録が必要。

ナガランドのホーンビル・フェスティバル

●トリプラ州 Tripura
州都：アガルタラ Agartala
ACCESS：エア・インディア、インディゴ、スパイスジェットがコルカタとグワハーティーから毎日就航。

●ミゾラム州 Mizoram
州都：アイザウル Aizawl
ACCESS：エア・インディア、インディゴがコルカタとグワーハーティから毎日就航。空港があるのはアイザウルから35km離れたレンプイLengpui。
※州到着後24時間以内に外国人登録所（FRO）で登録が必要。

●アルナーチャル・プラデーシュ州 Arunachal Pradesh
州都：イタナガル Itanagar
ACCESS：グワーハーティ（アッサム州）からバスが運行している。所要11時間。シロン（メーガーラヤ州）から所要約12時間。
※入域制限あり。グワーハーティ、デリー、コルカタのアルナーチャルハウスで入域前に入域許可証（PAP：Protected Area Permit）の申請の必要がある。事前に確認のこと。

SOUTH INDIA

南インド

▶テランガーナ州 Telangana
▶アーンドラ・プラデーシュ州 Andhra Pradesh
▶カルナータカ州 Karnataka
▶タミル・ナードゥ州 Tamil Nadu
▶ケーララ州 Kerala

北インド各都市からの乗り継ぎ便も多く、以前よりぐっと旅行しやすくなった南インド。人も親しみやすく、食事もおいしいので、インド初心者にもおすすめ。

1 Hyderabad ハイダラーバード

P.467

テランガーナ州とアーンドラ・プラデーシュ州の州都。イスラームの雰囲気が漂うこの町は「トリウッド」と呼ばれるほど映画産業が盛ん。

2 Mahabalipuram マハーバリプラム

P.481

のんびりとした海岸沿いの町には、世界遺産の遺跡がいくつもある。1世紀の間に風化しつつも形をとどめている海岸寺院が特に有名だ。

3 Puducherry プドゥチェリー

P.495

イギリス植民地時代にも点々と残っていたフランス領のひとつ。プドゥチェリーは地中海風のコロニアルな雰囲気が漂う町。食事もおいしい。

4 Kumbakonam クンバコーナム

P.501

小さな町ながらいくつもの寺院がある門前町で、巡礼者が多い。世界遺産のあるダーラースラムやガンガイコンダチョーラプラムの起点でもある。

5 Thanjavur タンジャーヴール

P.505

9〜13世紀にチョーラ朝の王朝として栄えた町には多くのシヴァ寺院が残る。世界遺産ブリハディーシュワラ寺院が大きな見どころ。

6 Madurai マドゥライ

P.511

ドラヴィダ様式の代表的な建築でもあるミーナークシー・アンマン寺院が、この町の中心。大きな都市ながら、どこかのんびりした空気が漂う。

地図：
Telanga
ハイダラー
ハンピ
Karnataka
Andra Pradesh
ベンガルール
マンガロール
マイソール
Tamil Nadu
Kerala
ティルチラパ
マドゥラ
コチ
ティルヴァナンタプラム
カニヤークマリ

南インド・旅のモデルプラン

日本からの直行便が就航したチェンナイとベンガルールを起点にすると効率がいいが、東南アジア乗り継ぎも便利。南インドはバス網が発達しており、見どころの都市同士も近いので、周遊はしやすい。またアーユルヴェーダなど滞在型の旅も人気だ。

プラン1

タミル・ナードゥのヒンドゥー寺院を巡る8日間

1日目 ✈ 空路、チェンナイへ（チェンナイ泊）
2日目 🚌 マハーバリプラムへ移動後、観光（マハーバリプラム泊）
3日目 🚌 プドゥチェリーへ移動後、観光（プドゥチェリー泊）
4日目 🚌 チダムバラムへ移動後、観光（チダムバラム泊）
5日目 🚌 クンバコーナムへ移動後、観光（クンバコーナム泊
6日目 🚌 タンジャーヴールへ移動後、観光（タンジャーヴール泊
7日目 🚌 ティルチラパッリへ移動後、観光（ティルチラパッリ泊
8日目 🚌✈ チェンナイへ戻り、空路日本へ

タミル・ナードゥの寺院を駆け足で回る旅。日本からチェンナイへの直行便が就航したことでぐっと旅程自体はラクになったが、時間に余裕があるなら各都市でもう1日ずつ時間をとるか、タンジャーヴールのあとマドゥライまで足を延ばすのもいいだろう。

7 Kanyakumari カニャークマリ

P.530

インド亜大陸の最南端。ここは太陽が海から昇り、海に沈むインド唯一の場所。朝日を、夕日を、海辺で沐浴する人々をゆったりと1日眺めていたくなるような町だ。

8 Quilon/Alappuzha クーラム/アラップーラ

P.543

バックウォーターの旅の起点となるふたつの町がクイロンとアラップーラ。町そのものを観光するというよりは、船旅のスタート地点。ぜひハウスボートで1晩過ごしたい。

9 Kochi コチ

P.546

風光明媚な港町コチは、のどかな風景とは裏腹にインド有数の国際貿易港としての顔ももつ。とはいえ植民地時代のコロニアルな町並みはのどか。町歩きが楽しい場所だ。

10 Western Ghats 西ガーツ山脈

インド亜大陸の西海岸に沿うように連なる全長1600kmの山脈。ヒマラヤ山脈よりも古い歴史をもち、多くの国立公園や自然保護区がある。世界自然遺産にも登録されている。

11 Ooty ウーティ

P.522

西ガート山脈に連なるニルギリ山中にある高地の町、ウーティ。避暑地や新婚旅行先としても人気。緑豊かで、夏でも涼しく過ごせる。世界遺産ニルギリ登山鉄道の起点でもある。

12 Mysore マイソール

P.568

デカン高原最南端にある高原の町マイソールは年中避暑客や旅行者でにぎわう場所。毎年9〜10月のダシャラー祭が有名で、この日を目がけて世界中から多くの人が集まる。

13 Hampi ハンピ

P.577

奇怪な巨岩群と町なか、郊外に点在する寺院や宮殿。かつては南インド全域を支配するほどの都市が現在ではすっかり荒廃し、なんとも不思議な風景をつくりだしている。

14 Badami バーダーミ

P.583

かつて6〜8世紀には強大な勢力を誇っていた国だったというバーダーミ。現在は小さな村だが、世界遺産のパッタダカルや遺跡の村アイホーレなど、近郊にも見どころがある。

プラン2

ゴアのビーチと世界遺産建築を巡る8日間

1日目	✈ 空路ベンガルールを経由してゴアへ
2日目	ゴアのビーチサイドでくつろぐ（ゴア泊）
3日目	オールド・ゴアとパナジ散策（ゴア泊）
4日目	🚗or🚌 ハンピへ（ハンピ泊）
5日目	ハンピ観光（ハンピ泊）
6日目	ハンピ、郊外の寺院観光（ハンピ泊）
7日目	🚗or🚌 ベンガルールへ（ベンガルール泊）
8日目	ベンガルール観光後 ✈ 空路日本へ

西インド最南端のゴアとハンピを組み合わせたリラックス要素の強い8日間。コロニアルな雰囲気が濃うゴアでは町並みとビーチを堪能し、旅行者に人気の高いハンピでは奇岩の織りなす雄大な景色と寺院を楽しめる。成田・ベンガルールの直行便を使えば、日本との往復もラクになる。

プラン3

ケーララとバックウォーターを満喫する8日間

1日目	✈ 空路チェンナイを経由してティルヴァナンタプラムへ
2日目	コーヴァラム・ビーチでくつろぐ（コーヴァラム・ビーチ泊）
3日目	🚌 ティルヴァナンタプラムを観光後、アラップーラへ移動（アラップーラ泊）
4日目	バックウォータークルーズ（ハウスボート泊）
5日目	🚌 コチへ移動後、観光（コチ泊）
6日目	コチ観光（コチ泊）
7日目	コチ観光（コチ泊）
8日目	✈ チェンナイを経由して、空路日本へ

ケーララの海とバックウォータークルーズをのんびり過ごすプラン。ティルヴァナンタプラムに着いたら、空港からそのままコーヴァラム・ビーチへ。時間があるなら、アーユルヴェーダ・リゾートで数日過ごすのもいい。コチでは食事もおいしいグルメホテルに宿泊するのもおすすめ。

南インド エリアガイド

デカン高原南部、ベンガル湾沿い、アラビア海沿岸地域などからなる。南インドの中心となる都市は、インド第3位の人口のベンガルール（カルナータカ州）と第4位のハイダラーバード（テランガーナ州・アンドラ・プラデーシュ州）、第6位のチェンナイ（タミル・ナードゥ州）だ。世界遺産に登録されているマハーバリプラムの海岸寺院、南方型寺院の傑作があるタンジャーヴール、聖地ラーメーシュワラムやカニャークマリ、古都マイソール、都市遺跡のハンピ、コロニアル建築が残るコチ、水辺の生活を垣間見られるケーララのバックウオーター船の旅などが、観光のハイライトとなる。

ベストシーズン 1～3月

年間を通じて気温が高く、北インドのような寒い冬がなく過ごしやすいのが特徴。デカン高原南部（ベンガルールなど）は標高1000m以上の地域もあり暑くなく過ごしやすい。熱帯モンスーンの影響を受け、6～8月に1年の大半の雨が降るが、そ

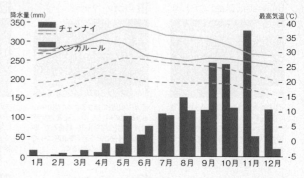

れ以外は比較的過ごしやすい。アラビア海沿い（コチなど）は年間を通じて雨が多いが、5～7月の小雨季と10～12月の大雨季のふたつの雨季があり、ベンガル湾沿い（チェンナイなど）は10～12月が雨季となる。全体的に、旅行をするなら1～3月がベストシーズン。

| 言語 | タミル語（タミル・ナードゥ州）、テルグ語（テランガーナ州、アーンドラ・プラデーシュ州）、カンナダ語（カルナータカ州）、マラヤーラム語（ケーララ州）、ウルドゥー語（ハイダラーバード）、英語 |

各州がそれぞれの言語を用いている。南インドの言語は、インド・アーリア語族の流れをくむヒンディー語と異なり、ドラヴィダ語系の言語。この言語の歴史は古く、古代インダス文明でも使われていたとする研究者もいる。また、国語学者の大野晋氏はタミル語の共通点を挙げ、日本語がドラヴィダ語の影響を受けて成立したという説を唱えたが批判も多い。イスラーム王朝のあったハイダラーバードではウルドゥー語話者が多い。

| おもな祝祭日・祭り | ◎1月：ポンガル（タミル・ナードゥ州）
◎4～5月：プーラム（トリシュール　ケーララ州）
◎8～9月：オーナム（ケーララ州）
◎9～10月：ダシャラー（マイソール　カルナータカ州） |

ポンガルはタミルの収穫祭。土鍋でミルク粥を噴きこぼし、家の前の地面にコーラムという吉祥文様を描く。またタミル・ナードゥ州の12～1月は音楽と舞踏のシーズン。チェンナイ市内やマハーバリプラムで毎日のように公演がある。

ケーララ州で数十頭ものゾウが行進するプーラム祭が行われる。オーナムはマハーバリ王を祝う祭り。ダシャラーは『ラーマーヤナ』にちなんだインド全土で祝われる大祭だが、マイソールのものは特に盛大。

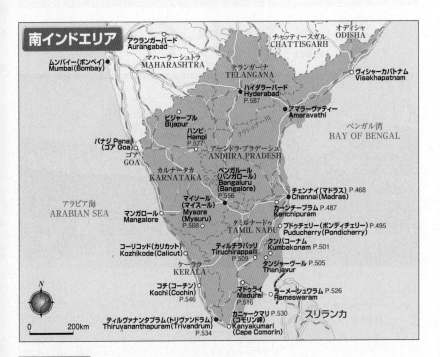

南インドエリア

アウランガーバード
Aurangabad

チャッティースガル
CHATTISGARH

オディシャ
ODISHA

ムンバイー（ボンベイ）
Mumbai(Bombay)

マハーラーシュトラ
MAHARASHTRA

テランガーナ
TELANGANA

ヴィシャーカパトナム
Visakhapatnam

ハイダラーバード
Hyderabad
P.587

アマラーヴァティー
Amaravathi

ビジャープル
Bijapur

ハンピ
Hampi
P.577

ベンガル湾
BAY OF BENGAL

パナジ Panaji
（ゴア Goa）
ゴア
GOA

アーンドラ・プラデーシュ
ANDHRA PRADESH

カルナータカ
KARNATAKA

ベンガルール
（バンガロール）
Bengaluru
(Bangalore)
P.556

チェンナイ（マドラス） P.468
Chennai(Madras)

アラビア海
ARABIAN SEA

マイソール
（マイスール）
Mysore
(Mysuru)
P.568

カーンチープラム P.487
Kanchipuram

マンガロール
Mangalore

タミルナードゥ
TAMIL NADU

プドゥチェリー（ポンディチェリー） P.495
Puducherry(Pondicherry)

コーリコッド（カリカット）
Kozhikode(Calicut)

ティルチラパッリ
Tiruchirappalli
P.509

クンバコーナム
Kumbakonam P.501

ケーララ
KERALA

タンジャーヴール P.505
Thanjavur

コチ（コーチン）
Kochi(Cochin)
P.546

マドゥライ
Madurai
P.516

ラーメーシュワラム P.526
Rameswaram

ティルヴァナンタプラム（トリヴァンドラム）
Thiruvananthapuram(Trivandrum)
P.534

カニャークマリ P.530
（コモリン岬）
Kanyakumari
(Cape Comorin)

スリランカ

N

0   200km

各州ポイント

テランガーナ州
Telangana

2014年にアーンドラ・プラデーシュ州から独立。18世紀にイスラーム王朝のニザーム王国が興って以来、南インドのイスラーム文化の中心地。

アーンドラ・プラデーシュ州
Andhra Pradesh

歴史的に多様な宗教や文化が交わってきた場所。州都ハイダラーバードがテランガーナ州となったため、2024年にアマラーヴァティーへ遷都予定。

カルナータカ州
Karnataka

インド随一のIT都市ベンガルール（バンガロール）が有名。マイソールやハンピなど古代都市もあり見どころは多い。高原地帯で過ごしやすい。

タミル・ナードゥ州 Tamil Nadu

ドラヴィダ文明を受け継ぐ南インドの中心地。数々の王朝が君臨し、独自のヒンドゥー文化を花開かせてきた。タミル語は世界屈指の古い言葉といわれる。

ケーララ州 Kerala

アラビア海に面し、古代から中東やヨーロッパと交易があった。原始キリスト教が伝わったともいわれ、現在でも住人の2割がキリスト教徒だという。

安全情報 総じて治安はいいが、最低限の注意は怠らないこと

インドのなかでは比較的治安のよい地域だが、2014年にベンガルールのレストランで爆弾事件が発生するなど、テロの可能性はゼロではない。不特定多数の人が集まる場所は注意すること。観光客を狙った一般犯罪は少ないが、ゴアではドラッグ絡みの事件もまれに起きている。2016年にはケーララ州で日本人女性が性的暴行を受ける事件も発生している。

チェンナイ (マドラス)

カーパーレーシュワラ寺院の境内

チェンナイの市外局番
044

チェンナイの人口
約 468 万人

ACCESS

飛行機
【国際線】
日本からチェンナイへの直行便
はない。タイ航空がバンコク乗
り継ぎで毎日2便、所要約16時
間。マレーシア航空がクアラル
ンプール乗り継ぎで毎日1〜2
便、所要約14時間。シンガポー
ル航空が毎日1〜6便、所要14
〜18時間。エア・インディアが
週4便、所要約16時間。
【国内線】
デリーからエア・インディア、
インディゴなどが毎日各社合計
19便ほど、所要約2時間50分。
ベンガルールからは、毎日14便
ほど、所要約1時間。ムンバイ
ーからは毎日22便ほど、所要約
2時間。

鉄道
コルカタ・ハウラー駅から急行
など（1日2〜4便）で所要25時
間30分から27時間20分。コチ
のエルナクラム・ジャンクショ
ン駅から急行など（1日4〜7便）
で所要11時間50分から19時間
15分。ハイダラーバード・デカ
ン駅から急行で（1日1便）で所
要12時間55分。

ベンガル湾を望む南インドのゲートウエイで、インド4大都市のひと
つ。1996年に植民地時代の名称マドラスから、正式にチェンナイに改
称した人口468万人の大都会だ。

デリーやコルカタなどからチェンナイにやってくると、「同じインド
なのに、どこか違うな」と感じるだろう。看板の文字は、丸っこいタミ
ル語、聞こえてくる言葉も、流れるような滑らかさがある。そして、
人々の顔は丸くて、そんなに高くない鼻にも親しみがもてる。

それもそのはず、チェンナイを州都にもつタミル・ナードゥ州は、ド
ラヴィダ文化の世界。つまり、イスラームの影響を受けていないインド
文化の宝庫なのだ。何かと北のアーリア文化と対比させられるタミル・
ナードゥだが、そのたびにドラヴィダ文化の独自性を主張し、デリーの
中央集権に頑とした抵抗を示している。

経済的にも、南インドの中心的存在で、外国の公館はもちろん、商
社、銀行なども支店をチェンナイにおいている。1639年にイギリス東
インド会社がここに設立され、その商館を基地に南インド全体を掌握し
たように、今、先進各国の経済基地は、違った形でこのチェンナイに集
まっている。

また、チェンナイで忘れてはならないのが映画。市の西部**コーダンバ
ーッカムKodambakkam**に撮影所などの映画関連施設が集中してお
り、「コリウッド」と呼ばれるタミル語映画が数多く生産されている。

インドのほかの大都市と同様、町の混沌とした熱気と交通渋滞には圧
倒させられるものがあるが、そんな喧騒に疲れたら、マリーナ・ビーチ
へ行ってみよう。ベンガル湾の優しい潮風が焼けた肌に心地よく、心を
癒やしてくれるだろう。そして夜にはゆったりと古典音楽や古典舞踊な
どを楽しもう。時には、映画音楽のプレイバックシンガーのコンサート
も行われる。ラジニカーントもA.R.ラフマーンもチェンナイ在住。チェ
ンナイは南インド随一の文化都市なのだ。

ⓘ ベンガル湾沿いのマリーナ・ビーチには、夕刻になるとたくさんの露店が並び、多くの人が和みにやってくる。チェンナイっ子
の多くは、より静かなエリオット・ビーチへ行くようだ。

→ チェンナイでの入国と空港案内 →

チェンナイ国際空港

　チェンナイの空港は、市内中心部から南西へ17kmほど離れたティルスラムTirusulamにある**チェンナイ国際空港Chennai International Airport**。

　ターミナルビルは現在も拡張工事中で、向かって右側が国内線ターミナル、そこから600mほど離れた左側が国際線ターミナルで、それぞれ1階が到着、2階が出発階になっている。

　チェンナイ国際空港では、日本人はアライバルビザとeツーリストビザの取得が可能。ただし最新情報は、在日インド大使館のホームページなどで確認してほしい。

国際線ターミナル

　到着した乗客は案内に従って、すでにインドビザがある人は入国審査へ、空港でアライバルビザやeツーリストビザの発給を受ける人は、それぞれのカウンターへ進む。ここで記入済みの入国カード（現地でビザ申請の場合は申請書類）とパスポートを提示。入国審査後はエスカレーターで1階へ降り、手荷物のX線検査を受け、ターンテーブルへ。預け荷物をピックアップしたら税関を通って外へ。

国内線ターミナル

　国内線ターミナルは、国際線ターミナルから600mほど離れており、徒歩10分程度。その間を無料の電動カートが運行している。

空港から市内へ

　市内へはチケット制のプリペイド・タクシーを利用するのが一般的だ。空港からエグモア駅、またはアンナー・サライなどの町の中心部までは、所要30〜40分。オートリクシャーなら空港の敷地の外でひろえる。

　また、国際線と国内線のターミナルビルのちょうど中間にある駐車場の先に、チェンナイ・メトロの駅がある（路線はP.470欄外参照）。バススタンドがあるCMBT駅へ行って（所要約20分）そのまま他都市へ移動したり、鉄道のエグモア駅近くのNehru Park駅まで行き（所要約40分）、そこからオートリクシャーに乗り換えたりすることができる。メトロのAirport駅と各ターミナルビル間は、無料の電動カートが行き来しているが、歩いても3分程度。

出国の手順

　搭乗者は出発ロビー入口で航空券のチェックを受け、各航空会社別に機内預け荷物のX線検査へと進む。X線検査済みのシールがないと、チェックイン時に荷物を預けられないので注意。国際線のチェックインは原則では出発の3時間前から。

　イミグレーションカウンターでは、出国審査を受けたあとに、搭乗ゲート前で機内持ち込み手荷物のX線検査がある。

バス

ベンガルールから所要約8時間。ハイダラーバードから約16時間。マドゥライから約9時間。マハーバリプラムから約2時間。

チェンナイ国際空港

URL www.chennaiairport.com

HINT

空港での両替

国際線で到着すると、ターンテーブルのあるフロアに両替所があるが、かなりレートが悪い。外にも両替所とATMがある。空港より市内の両替所のほうがレートがいい場合が多いので、空港での両替は少額（1〜2日分）にしておくといいだろう。

市内での両替

銀行は時間がかかるので、両替所またはATMの利用がおすすめ。エクスプレス・アヴェニュー（P.477）の両替所がおすすめ。エグモア駅前のケネット・レーンKennet La.入口付近にも私設両替所がある。レートは交渉可能な場合もあるので、事前にレートをチェックしておこう。

ACCESS

空港から市内へ

プリペイド・タクシーで市内のセントラル駅、エグモア駅、トリプリケインがRs800。マイラポールへはRs700。

市内から空港へ

エグモア駅から鉄道を利用するか、タクシー（Rs700〜）またはオートリクシャー（Rs350〜400）で。オートリクシャーだと空港の敷地の外で降ろされる。

HINT

道路名に注意

インドでは植民地時代につけられた英語の道路名を、土地の言葉やインド人名士の名前に変える例が多い。マウント・ロードは州政府首相だったアンナードゥライの名をとってアンナー・サライに、サウス・ビーチ・ロードは、やはり政治家の名前からカーマラージ・サライに変わった。しかし市民はそんなことにおかまいなく、呼びやすい名前を使うので、旧名のほうがとおりがいいことも多い。

 エグモア駅からⓂ Nehru Park駅までは、オートリクシャーでRs50くらいでした。メトロは、空港までは乗り換えの必要はなく、直通運転していました。所要約40分。（座間市　ケレタロ　'18）['22]

駅

一部の都市を除いてタミル・ナードゥ州のほとんどの長距離列車が発着するのは、チェンナイ・セントラルChennai Central R. S.。19世紀に建てられたコロニアル風の建物が印象的だ。チェンナイ・セントラルから西へ2kmほど離れたチェンナイ・エグモア駅Chennai Egmore R. S.は、マドゥライなど州内の一部の地域から来た列車が発着している。また空港方面への郊外列車が発着するのもエグモア駅。郊外列車のチケット窓口は長距離とは別で、南口なら向かって右側。北口にもあり、こちらはすいている。

バススタンド

チェンナイの長距離バススタンドは、チェンナイ・セントラル駅から西に10km離れたチェンナイ・モフジール・バスターミナスChennai Mofussil Bus Terminus (CMBT)。エグモア駅まではオートリクシャーでRs250～300ほど。エグモア駅前のバス停からは、27Bのバスに乗って終点下車。または M CMBT駅下車。

郊外列車

Chennai Suburban Railと呼ばれ、5:00～22:50の間、10～20分間隔で運行している。1等、2等、女性専用車両がある。チケットは乗車前に駅の窓口で。MRTSと通しでチケットを買える。

MRTS

Mass Rapid Transit Systemの略。高架鉄道で、5:00～23:00の間、朝夕のラッシュ時はほぼ10分間隔、それ以外は20～30分間隔で運行している。ジョージ・タウン、カーパーレーシュワラ寺院などの観光時に利用価値がある。

チェンナイのメトロ

地上と地下を走るメトロの建設が進行中。2023年5月現在開通しているのは、1号線のAirport駅とWimco Nagar Depot駅間（26駅）と、2号線のSt. Thomas Mount駅とCentral Metro駅間（17駅）。5:00～23:00の間に10～30分間隔で運行。両路線はAlandur駅で接続しているので、空港からバスターミナルのあるCMBTへ行くことは可能。また、Airport駅からNehru Park駅まで直通運転も行っている。乗車は、チャージ式のICプリペイドカードを買い（デポジットRs10）、それに適当な金額を窓口や自販機でチャージして使う。空港からNehru ParkまでRs60。
URL chennaimetrorail.org

チェンナイの歩き方

チェンナイは広いが、地図をよく見ると市内は2本の川と1本の南北に長い運河でざっと5つに分けられる。

まずクーム川の北側。ここがバッキンガム運河でさらに東西に分かれる。海に面した東側は「ジョージ・タウン」と呼ばれる旧市街。イギリス植民地時代の面影を残した町で、バザールなども多くいちばん庶民的な雰囲気をもっている。運河の西側、チェンナイ・エグモア駅周辺は、中級ホテルや病院、博物館などがあり、旅行者の拠点になる地区といえよう。西に行くほど緑の多い静かな環境になっている。

クーム川とアディヤール川を貫いて南北に流れるバッキンガム運河は重要な水路。この運河の西側で2本の川に挟まれた内陸部分は、現在のチェンナイの心臓部にあたり、南北に延びる市内随一の目抜き通りアンナー・サライAnna Salaiを中心にビジネス街が続き、高級ホテルも点在している。運河の東はすぐ海岸で、カーマラージ・サライKamaraj Salaiに沿って市民の憩いの場がいくつもある。

最後は市の南部をゆったりと流れるアディヤール川の南、アディヤール地区で、大学などの多いいわば新市街。チェンナイでは最も緑の多い美しい地区だ。

郊外列車も発着するエグモア駅

●市内交通

チェンナイは大きな町なので、徒歩で回るのは限界がある。市バス、メトロ、郊外列車、MRTS（都市高速交通）、タクシー、オートリクシャーなどをうまく使いこなそう。オートリクシャーはメーターではなく交渉制なので、料金の相場は事前にホテルなどで聞いておこう。流しのタクシーはないので、ホテルで呼んでもらうのが一般的。

市バスは番号によって整理されており、ルートも多く慣れると便利だが、複雑なので旅行者がすぐ使いこなすのは難しい。

メトロは空港からチェンナイ・セントラル駅を結ぶ予定の1号線（レッドライン）、それに交差しCMBTやエグモア駅を通ってチェンナイ・セントラル駅で再びつながる予定の2号線（グリーンライン）があるが、まだ全線開通していないので使いづらい。

郊外列車はビーチ駅からフォート駅、エグモア駅などを通り、市街を通って南へ向かい、空港のあるティルスラム駅、さらに先へと続く。MRTSは海岸線に沿って走る高架鉄道で、ビーチ駅から市街南部のティルマイライThirumayilai駅を通り、終点のヴェラチェリーVelacherry駅まで続いている。郊外列車とはビーチ駅とフォート駅で接続している。

旅行者の足となるオートリクシャー

 チェンナイで市バスを利用するなら URL chennaicitybus.inなどのサイトを活用しよう。ルートごとの時刻表や観光物件などの情報も得られる。Googleマップなどと併用するといい。

← チェンナイのおもな見どころ →

かつてのインド商人の居住区
ジョージ・タウン George Town

MAP P.472-B1

イギリス植民地時代に、チェンナイ港に出入りする商船相手にインド人商人たちがつくった町ジョージ・タウンGeorge Town。1911年に当時のイギリス国王ジョージ5世が訪れたことから、この名前がつけられ

交差点に面して建つ法律専門学校

た。港の入口から旧バスターミナルの北側一帯に、布製品、金物、陶器……と商品ごとにバザールが連なる。その活気や商いの方法こそ、17世紀の開港以来の伝統なのだろう。

そんなにぎわいの一角に、赤れんがの重々しいイスラーム風の建築物がある。1892年に建てられたマドラス高等裁判所Madras High Courtで、地裁、家裁が併設されている。

樹木の茂る前庭や廊下には、黒い法服の裁判官や若い司法研修生らが威厳のある足どりで歩いている。すぐ前のバザールで、大声でどなって品物を売っているインド人とは対照的。法律専門学校の女学生がサリーの上に法服をまとっている姿も見られる。中央にあるのは、高さ49mの灯台だ。

イギリスによる植民地戦略の基地
セント・ジョージ砦 Fort St. George

MAP P.472-B1

1639年、東インド会社がジョージ・タウンの南に商館を建て、それを守る城塞の建築が始まった。以後イギリスはここを基地に南インドの植民地支配を進めた。18世紀半ばにはフランス軍との戦闘があったが、今ではそんな歴史も砦の一角にある要塞博物館Fort Museumの中にすっぽり納められてしまった。要塞博物館は1階が軍服や刀や銃など植民地時代の武器、2階が当時の肖像画やコイン、3階がインドで

インドで初めて建設されたイギリスの交易所兼要塞

の英仏の戦争にかかわるものの展示になっている。砦の南に1680年に建てられた、インド初の英国国教会であるセント・メアリーズ教会St. Mary's Churchがあり、落ち着いた風景をつくっている。

旧市街やセントジョージ砦はセキュリティが厳しいだけでなく、外国人や観光客入場不可のゲートが複数あります。マドラス高等裁判所は、敷地開放は日曜のみと外観撮影も不可でした。(東京都　Urara　'20)

旧市街
最寄り駅はビーチ駅とフォート駅。エグモア駅から郊外列車に乗り、10分ほど。またはブロードウエイ（バリーズ・コーナー）行きのバスに乗り終点。

マドラス高等裁判所
MAP P.472-B1

要塞博物館
MAP P.472-B1
☎ 044-2567-1127
🕐 9:00～17:00
休 金
料 Rs300
博物館にチケットカウンターはなく、現金でのチケット購入は不可。入口にはQRコードが表示してあり、オンライン決済でのみチケット購入が可能となっている。ただし、日本で発行したいわゆる「国際クレジットカード」では決済できない。現時点での対処法の一例は現地の人に代わりにオンライン決済（要パスポート番号など入力）してもらい、現金をその人に支払うなど。
内部の写真撮影はモバイルのみ可。
要塞博物館へはセント・ジョージ砦東側の入口が近いが、砦内は今も政府関係の施設が多いため、ゲートで名前や携帯電話番号を記入させられる。また、フォート駅からセント・ジョージ砦へ向かう場合、砦の西側から入ることができる。ここから入る場合は要塞内の道をしばらく歩くことになる。

Tamil Nadu　タミル・ナードゥ州

Chennai (Madras)　チェンナイ（マドラス）

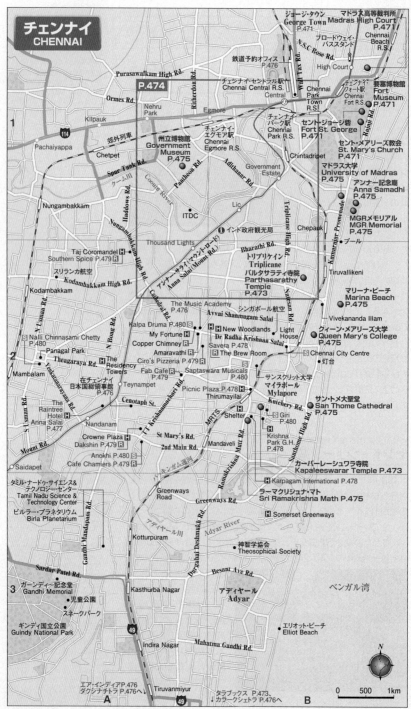

チェンナイ
CHENNAI

P.474

ジョージ・タウン George Town P.471

マドラス高等裁判所 Madras High Court P.471

ブロードウェイ・バススタンド Broadway Bus Stand

N.S.C. Bose Rd.

チェンナイ・ビーチ Chennai Beach R.S.

Purasawalkam High Rd.

Ritherdon Rd.

鉄道予約オフィス P.476

チェンナイ・セントラル駅 Chennai Central R.S.

High Court

チェンナイ・フォート駅 Chennai Fort R.S.

妻墓博物館 Fort Museum P.471

Ormes Rd.

Nehru Park

Egmore

Central

チェンナイ・パーク駅 Chennai Park R.S.

Town R.S.

セント・ジョージ砦 Fort St. George P.471

Rajaji Rd.

Kilpauk

郊外列車

チェンナイ・エグモア駅 Chennai Egmore R.S.

セント・メアリーズ教会 St. Mary's Church P.471

Pachaiyappa

州立博物館 Government Museum P.475

Chintadripet

マドラス大学 University of Madras P.475

Chetpet

Pantheon Rd.

Adithanar Rd.

Government Estate

アンナー記念廟 Anna Samadhi P.475

Spur Tank Rd.

Coovum River

Lic

MGRメモリアル MGR Memorial P.475

Nungambakkam

ITDC

インド政府観光局

Chepauk

プール

Thousand Lights

Bharathi Rd.

Kamarajar Promenade

Taj Coromandel Southern Spice P.479

トリプリケイン Triplicane

Tiruvallikeni

スリランカ航空

アンナー・サライ(マウント・ロード) Anna Salai (Mount Rd.)

バルタサラティ寺院 Parthasarathy Temple P.473

マリーナ・ビーチ Marina Beach P.475

Kodambakkam High Rd.

Triplicane High Rd.

Saidan Rd.

ヴィヴェーカーナンダ・イッラム Vivekananda Illam

Kodambakkam

Cathedral Rd.

The Music Academy P.476

シンガポール航空

Ayvai Shanmugam Salai

Light House

クイーン・メアリーズ大学 Queen Mary's College P.475

N. Usman Rd.

Kalpa Druma P.480

New Woodlands

Nalli Chinnasami Chetty P.480

My Fortune

Dr. Radha Krishnan Salai

Chennai City Centre

Panagal Park

Copper Chimney

Savera P.478

灯台

Theagaraya Rd.

The Residency Towers

Amaravathi

The Brew Room

Venkatanarayanan Rd.

Ciro's Pizzeria P.479

Saptaswara Musicals

サンスクリット大学

Mambalam

Fab Cafe P.479

Picnic Plaza P.478

マイラポール Mylapore

N. Boag Rd.

Teynampet

Thirumayilai

Kutchery Rd.

サン・トメ大聖堂 San Thome Cathedral P.475

S. Usman Rd.

Cenotaph St.

The Raintree Hotel Anna Salai P.477

TT Krishnamachari Rd.

MRTS

Shelter

Giri P.480

Krishna Park G.H. P.478

Nandanam

St Mary's Rd.

Crowne Plaza P.479

2nd Main Rd.

Mandaveli

カーバーレーシュワラ寺院 Kapaleeswarar Temple P.473

Mount Rd.

Dakshin P.479

Anokhi P.480

Cafe Chamiers P.479

Ramakrishna Mutt Rd.

Santhome High Rd.

Karpagam International P.478

ラーマクリシュナ・マト Sri Ramakrishna Math P.475

Saidapet

タミル・ナードゥ・サイエンス&テクノロジー・センター Tamil Nadu Science & Technology Center

ビルラー・プラネタリウム Birla Planetarium

Gandhi Mandapam Rd.

Greenways Road

Greenways Rd.

バッキンガム運河

Somerset Greenways

Kotturpuram

アディヤール川 Adyar River

Durgabai Deshmukh Rd.

神智学協会 Theosophical Society

Sardar Patel Rd.

ガーンディー記念堂 Gandhi Memorial P.476

Besant Ave Rd.

ベンガル湾

児童公園

Kasthurba Nagar

アディヤール Adyar

スネークパーク

ギンディ国立公園 Guindy National Park

エリオット・ビーチ Elliot Beach

Indira Nagar

Mahatma Gandhi Rd.

Tiruvanmiyur

エア・インディア P.476 ダクシナチトラ P.476へ タラブックス P.473、カラークシェトラ P.476へ

0   500   1km

N

市バスの前面にはバス番号と行き先が書いてあるが「Broadway」「High Court」「Anna Square」以外は英語表示がなく、タミル語のみのことが多い。

ふたつのヒンドゥー寺院
カーパーレーシュワラ寺院とパルタサラティ寺院　Kapaleeswarar Temple & Parthasarathy Temple

MAP P.472-B2

神像をのせた山車がカーパーレーシュワラ寺院の周りを回る

　市の南部、サン・トメ聖堂の西にあるカーパーレーシュワラ寺院は、高さ40m近い塔門（ゴープラム）をもつドラヴィダ様式の寺で、シヴァ神を祀る。南インドはチェンナイだけしか行かないという人は、ぜひ南インドらしいこの寺を見ておきたい。寺の前には大きな浄めの池があり、雨季になると沐浴をする風景が見られる。

　パルタサラティ寺院はカーパーレーシュワラ寺院から北に3kmほど行った所にある、クリシュナを祀る寺院。

　いずれも聖堂までは入れないが、靴を脱いで中庭に入れば南インド寺院の雰囲気は十分過ぎるほど伝わってくる。なお、どちらの寺院も昼から16:00にかけては閉まっているので注意。

美しい本を作る出版社
タラブックス　Tara Books

MAP P.472-B3外

　チェンナイ中心部からやや南に下ったティルバンミュールにある出版社。手刷り手製本で仕上げられる本は、工芸品のような美しさ。インドの民俗画で紡がれる物語の数々は、2017〜2019年には日本でも美術館で展示されて話題になった。建物の1階は書店になっており、絵本やステーショナリーなどタラブックスの出版物が購入できる。不定期にブックイベントも開催される。

カーパーレーシュワラ寺院
☎ 044-2464-1670、044-2461-1356
⏰ 4:00〜12:30、16:00〜21:30
🎫 無料
※カメラ持込料Rs25、ビデオ持込料Rs25
🚉 MRTSのThirumayilai駅下車、徒歩5分。
🌐 mylaikapaleeswarar.hrce.tn.gov.in

パルタサラティ寺院
☎ 044-2844-2462
⏰ 6:00〜12:30、16:00〜21:30
🎫 無料
🌐 parthasarathy.hrce.tn.gov.in
寺院内部での写真撮影は不可。

トリプリケインにあるパルタサラティ寺院

柱に彫られた神像に祈りをさげる

タラブックス
📍 9 Kuppam Beach Rd., CGE Housing Colony, Thiruvanmiyur
☎ 044-2442-6696、915-032-3115
⏰ 10:00〜18:30
🎫 日、祝
Card AMV
🌐 tarabooks.com

 第158回芥川賞受賞作品『百年泥』はチェンナイを舞台にした小説。2015年12月にチェンナイを襲った未曾有の豪雨に直面した著者の石井遊佳さんの経験を下敷きに、川の泥の中からさまざまなものが出てくる不思議なエピソードが展開する。

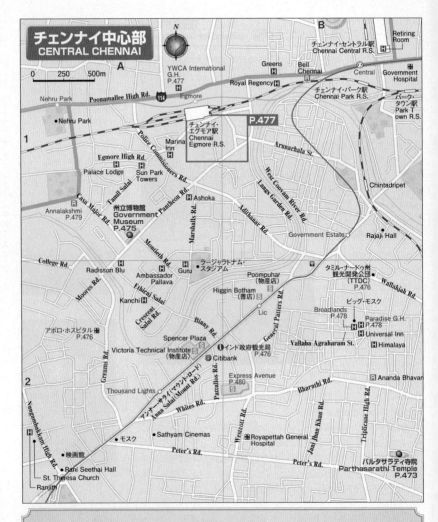

チェンナイ中心部 / CENTRAL CHENNAI

A | B

0 250 500m

- Nehru Park
- Poonamallee High Rd. 114 Egmore
- YWCA International G.H. P.477
- Royal Regency H
- Greens
- Bell Chennai
- チェンナイ・セントラル駅 Chennai Central R.S.
- Retiring Room
- Central
- Government Hospital
- チェンナイ・パーク駅 Chennai Park R.S.
- パーク・タウン駅 Park Town R.S.
- チェンナイ・エグモア駅 Chennai Egmore R.S.
- P.477
- Marina Inn H
- Police Commissioners Rd.
- Arunachala St.
- Egmore High Rd. H
- Palace Lodge H
- Sun Park Towers H
- Tamil Salai
- West Coovam River Rd.
- Langs Garden Rd.
- Chintadripet
- Casa Major Rd.
- Annalakshmi P.479
- 州立博物館 Government Museum P.475
- Ashoka H
- Marshalls Rd.
- Pantheon Rd.
- Adithanar Rd.
- Government Estate
- Rajaji Hall
- College Rd.
- Montieth Rd.
- Radisson Blu H
- Ambassador Pallava H
- Guru H
- ラージャラトナム・スタジアム
- Poompuhar (物産店)
- Higgin Botham (書店) S
- タミル・ナードゥ州 観光開発公団 (TTDC) P.476
- Wallajah Rd.
- ビッグ・モスク
- Moores Rd.
- Ethiraj Salai
- Kanchi H
- Crescent Salai Rd.
- Binny Rd.
- General Patters Rd.
- Lic
- Broadlands P.478
- Paradise G.H. H P.478
- Universal Inn H
- Himalaya H
- アポロ・ホスピタル P.476
- Spencer Plaza
- Victoria Technical Institute (物産店) S
- Citibank
- インド政府観光局 P.476
- Vallaba Agraharam St.
- Greams Rd.
- アンナー・サラィ(マウント・ロード)
- Pattullos Rd.
- Express Avenue S
- Ananda Bhavan R
- Thousand Lights
- Anna Salai (Mount Rd.)
- Whites Rd.
- Bharathi Rd.
- Triplicane High Rd.
- Nungambakkam High Rd.
- モスク
- Sathyam Cinemas
- Westcott Rd.
- Royapettah General Hospital
- Jani Jhan Khan Rd.
- 映画館
- Rani Seethai Hall
- St. Theresa Church
- Ranjith
- Peter's Rd.
- Peter's Rd.
- バルタサラティ寺院 Parthasarathi Temple P.473

チェンナイを舞台にしたタミル語映画『響け！情熱のムリダンガム』

南インドの古典音楽で演奏される両面太鼓ムリダンガム。そのムリダンガムを作る楽器職人の息子ピーターがプロのムリダンガム奏者になろうと、バラモンを中心に形成される南インドの古典音楽シーンの伝統や慣習に直面しながらも奮闘する映画が『響け！情熱のムリダンガム』だ。監督はチェンナイ在住のラージーヴ・メーナーン。母親も映画音楽で活躍したミュージシャンで自身も大の音楽好きだ。作品はチェンナイでの古典音楽シーンを中心に描いており、実際にチェンナイの街なかやミュージック・アカデミー（P.476）で撮影されたシーンなどもふんだんに出てくる。この映画は東京

にある南インド料理屋「なんどり」が2026年まで配給権を所有しているので、今後あなたの住む町でもこの映画が上映されるかもしれない！チェンナイに行く予定の人は、この映画を観て旅の気分を盛り上げるのがオススメ！

『響け！情熱のムリダンガム』の日本語チラシを手にするラージーヴ・メーナーン監督

Himalaya ResidencyからTriplicane High Rd.を南へ徒歩3分。R Anandha Bhavanは最近は減った、昔ながらのミールスが味わえる店。バナナの葉を使用し、どんどんお代わりを盛るスタイル。MAP P.474-B2（市川市　ХАТТОРИ Кэйхо　'17）[22]

マリーナ・ビーチ　Marina Beach

サリー姿で海水浴、チェンナイ市民の憩いの浜

MAP P.472-B2

セント・ジョージ砦から南にクーム川の橋を渡ると、カーマラージ・サライ。海岸はサン・トメ聖堂のあたりまで5kmも続いており、その間にさまざまなモニュメントがある。

いちばん北、砂浜に向かって州政府首相だったアンナードゥライを記念する、**アンナー記念廟Anna Samadhi (Anna Memorial)** がある。アンナードゥライはDMK（ドラヴィダ進歩連盟）という、デリーの中央政府に対しドラヴィダの独自性をことあるごとに主張する政府の党員だった人物。その向かいの赤れんがの建物は**マドラス大学University of Madras**、立派なキャンパスをもつ大学だ。

アンナー記念廟の隣には、タミル・ナードゥの州政府首相であったM.G.ラーマチャンドランを記念する**MGRメモリアル**がある。さらに南下すると**クイーン・メアリーズ大学Queen Mary's College**、そして灯台、**サン・トメ聖堂San Thome Cathedral**と見えてくる。このカトリック教会は、キリストの12使徒のひとりだった聖トーマスが、南インドへ布教に来てここで死亡し、その墓のそばに建てられた教会だという。教会の後ろにある博物館の中に、聖トーマスの墓があり見学が可能。

州立博物館　Government Museum

州政府運営の博物館やギャラリーが集まる

MAP P.474-A1

1851年に設立された、南アジア有数の大きさを誇る博物館。コルカタのインド博物館に次いでインドで2番目に古く、広い敷地内には100年以上経過した建物が点在している。

メインの建物内では、紀元前から近代までの石像を展示。巨大なクジラの骨や動物のはく製を展示する動物学ギャラリーもある。ブロンズ・ギャラリーBronze Galleryは、ヒンドゥーやジャイナ教などの古いブロンズ像やコインが集められた建物。

子供博物館Children's Museumでは、世界各地の民族衣装を着た人形を展示し、その風俗を紹介している。子供博物館の隣にあるナショナル・アート・ギャラリーは、2023年2月現在改装のため閉館中。

さらに西にある**現代美術ギャラリーCantemporary Art Gallery**では、工芸品や絵画、ホログラフィー・アートなどを展示している。

ラーマクリシュナ・マト　Sri Ramakrishna Math

寺院内は静かで清らかな別世界

MAP P.472-B2

宗教家ラーマクリシュナの弟子によって、ラーマクリシュナ・ミッションの南インド初の支部がおかれた場所。オレンジ色の衣をまとった僧が行き来する敷地内には、2000年に完成した優雅な装飾のユニバーサル・テンプルがある。靴を預けて寺院内に入ると、中央に黄色い衣をまとったラーマクリシュナの大理石像がある。左右に弟子のヴィヴェーカーナンダとサーラダー・デーヴィーの写真が飾られ、訪れた人々は静かに祈りをささげている。外の喧騒から逃れて、心洗われるひとときが過ごせる場所だ。

アンナー記念廟
MAP P.472-B1

マドラス大学
MAP P.472-B1

MGR メモリアル
MAP P.472-B1

クイーン・メアリーズ大学
MAP P.472-B2

サン・トメ聖堂
MAP P.472-B2
▲ 38 Santhome High Rd., Basha Garden, Mylapore
☎ 044-2498-5455
◷ 6:00～19:30　◉ 無料

美しい外観のサン・トメ聖堂

州立博物館
▲ Pantheon Rd., Egmore
☎ 044-2819-3778
◷ 9:30～17:00（入場は16:30まで）
㊡ 金、祝　◉ Rs250
※カメラ持込料Rs200、ビデオ持込料Rs500

見応えのあるブロンズ・ギャラリー

ラーマクリシュナ・マト
▲ 31 Ramakrishna Math Rd. Mylapore
☎ 044-2462-1110
◷ 4:30～11:45、15:30～21:00
◉ 無料
⊠ MRTSのThirumayilai駅から徒歩10分。
URL www.chennaimath.org
寺院内部の写真撮影は不可。

美しいユニバーサル・テンプル

MAP P.472-A3外
アディヤール川の約21km南の
ムットゥカドゥ Muttukaduにあ
る、南インドの文化の保護と育
成を目的とした野外博物館。広
大な敷地に各州の典型的な建築
物が移築されている。
🏠 East Coast Rd., Muttuka-
du
☎ 044-2747-2603
🕐 10:00〜18:00
🈲 火、ディワーリー　💰 Rs350
※カメラ持込料Rs50、ビデオ
及び一眼レフ、プロ用カメラ
持込料Rs250
URL www.dakshinachitra.net

INFO

鉄道予約オフィス
MAP P.472-B1
チェンナイ・セントラル駅隣の
建物。1階は郊外列車の駅にな
っており、その2階にコンピュ
ーター導入のオフィスがある。
外国人専用窓口は鉄道予約オフ
ィスの20番窓口。

Useful Address　ユースフル・アドレス

▶観光情報
インド政府観光局 India Tourism
MAP P.474-A2　🏠 154 Anna Salai　☎ 044-2846-0285、044-2846-1459
🕐 9:00〜18:00　🈲 土、日、祝　URL www.incredibleindia.org

タミル・ナードゥ州観光開発公団 Tamil Nadu Tourism Development Corporation（TTDC）
MAP P.474-B2　🏠 2 Wallajah Rd., Triplicane　☎ 044-2533-3358
🕐 10:00〜17:00　URL tamilnadutourism.tn.gov.in
ツアー予約は24時間可。チェンナイ・モフジール・バスターミナス（CMBT）にもオフィスがある。

▶エアライン
エア・インディア Air India
MAP P.472-A3外　🏠 Airlines House,Mennambakkam, Near Meenambakkam
Metro Station　☎ 044-2256-9877　🕐 9:45〜13:00、13:45〜17:00　🈲 日

▶病院
アポロ・ホスピタル Apollo Hospital
MAP P.474-A2　🏠 21 Greams Ln., Off, Greams Rd., Thousand Lights West
☎ 044-4040-1066　🕐 24時間　URL www.apollohospitals.com

▶大使館・領事館
在チェンナイ日本国総領事館 Consulate-General of Japan in Chennai
MAP P.472-A2　🏠 12/1 Cenotoph Rd., 1st St., Teynampet　☎ 044-2432-3860、
044-2432-3862　🕐 9:00〜17:45（領事業務窓口は13:00〜14:00は閉まる）
🈲 土、日、インドと日本の祝日、年末年始　URL www.chennai.in.emb-japan.go.jp

芸能のメッカとしてのチェンナイ

　南インド随一の大都市チェンナイは今や芸能の
メッカといっても過言ではなく、毎年12月半ばから
1月初旬ぐらいにかけて開催される「チェンナイ・
ミュージックシーズン」は特に有名だ。南インドの
古典音楽「カルナータカ音楽Carnatic Music」や
タミル・ナードゥ州を中心に踊られる古典舞踊「バ
ラタナーティヤムBharatanatyam」を軸に、数日か
ら数週間に及ぶ音楽・舞踊祭がこの時期に一気に
集中して開催される。近年は開催時期もどんどん
肥大化し、11月下旬ぐらいから徐々に盛り上がり
始め1月末まで続くものもある。間違いなくインド
で最大の音楽イベントといえるだろう。その中心的
存在でミュージシャンやダンサーが出演を夢見る
のがミュージック・アカデミー The Music
Academyだ。新型コロナウィルスの流行期間は、
さすがにこのチェンナイ・ミュージックシーズンも
開催されなかったが、2022年末のシーズンからは
例年の7割程度の規模で復活。2023年末からはほ
ぼ例年通りの規模になることが見込まれている。
　コンサート情報は「The Hindu」や「Times of
India」などの英語新聞でチェックしよう。最近は
インターネットでもコンサート情報を集約したサイト
がいくつかあるので、そこでおもしろそうな公演を

見つけて出向いてみるのもいいだろう。コンサート
には音楽や舞踊に詳しい観客が多く集まっている
ので、そういった人たちにいろいろとおすすめの公
演を尋ねてみよう。なかには「子供の頃から古典音
楽を聴き続けて50年以上！」というような強者も
いるので、ぜひとも仲よくなって南インド流の楽し
み方を身につけよう！
　もうひとつ忘れてはならないのがチェンナイ南部
の新市街にあるカラークシェトラKalakshetra 。ル
クミニ・デヴィというダンサーが創立した芸術学校
で、南インドの古典音楽や古典舞踊を中心に演劇そ
の他インドの工芸なども学ぶことができる。チェン
ナイ・ミュージックシーズン期間中はこのカラーク
シェトラでも音楽祭が開かれ、芸術学校ならではの
センスよくセレクトされた公演を観ることができる。

ミュージック・アカデミーでのカルナータカ音楽のコンサート

アディヤール川の橋の南は新市街。1875年にニューヨークで生まれた宗教改革運動の団体・神智学協会の本部のほか、エリオ
ット・ビーチ、スネークパーク、ギンディ国立公園、ビルラー・プラネタリウムなどの見どころがある。

Hotel ホテル

南インドでは一般的にHotelという言葉は宿泊可能な「ホテル」という意味と「食堂」という意味の両方で使われる。高級ホテルを除きほとんどの宿泊施設が24時間制を取っている。これは何時にチェックインしても、そのときから24時間部屋を使えるというシステムだ。夜にチェックインすれば、翌日の夜まで1泊分の料金でホテルに滞在できるので、夜行列車で町を出る予定がある場合などは便利。

チェンナイはエグモア駅周辺にホテル街があるが、どこも老朽化して時代遅れになりつつある。場所としても一般の人があまり生活していないエリアなので人々の暮らしが垣間見えるということも少ない。最近は町なかにも多くの宿泊施設ができていて、どこもきれいで快適なので、チェンナイ到着後すぐに移動する人でなければここでなくてもよいだろう。メジャーブランドの高

級ホテルも多く、それらは町の南側に固まっている。南インドらしい雰囲気を楽しみたい人は

カーパーレーシュワラ寺院の門前町マイラポールあたり、バックパッカー的雰囲気を好む人はトリプリケインエリアに宿を取るのもよいだろう。

エグモア駅前ホテル街

男性も宿泊可能

Ⓗ YWCAインターナショナル・ゲストハウス
YWCA International Guest House

エグモア ₹₹

MAP P.474-A1

🏠 1078-1087/2 Poonamallee High Rd. ☎ 044-2532-4234　🛏Ⓢ Rs1474　🛏 Rs1886　🛏Ⓢ Rs2063〜2712　🛏 Rs2594〜3419　別 🔲 MV　📶 63室　✉ igh@ywcamadras.org

エグモア駅北口から徒歩5分。大きな通りに面しているが、敷地内は静かで車の音はさほど気にならない。建物はゆったりとした造りで、落ち着いた雰囲気で快適に過ごせる。人気があるので予約したほうがいい。石鹸、シャンプー、トイレットペーパー、バスタオル付き。朝食付き、24時間制。

ゆったりくつろげる中級ホテル

Ⓗ パンディアン
Hotel Pandian

エグモア ₹

MAP P.477

🏠 15 Kennet La., Egmore ☎ 044-2819-1010　🛏Ⓢ Rs1144〜1430　🛏 1773　🛏Ⓢ Rs2116〜2460　🛏 Rs2460〜2803　別 🔲 AMV　📶 90室　URL hotelpandian.com

エグモア駅南口から徒歩5分ほどとアクセスもよく、安宿やレストランが多いエリアにある中級ホテル。1階には中華レストランがあり、ルームサービスを頼むこともできる。お湯は24時間問題なく使えて、ランドリーサービスもある。ビュッフェスタイルの朝食付きプランを選ぶこともできる。スタッフも何かとフレンドリー。チェックインは24時間制。

レストランが充実

Ⓗ フォーテル
Fortel

エグモア ₹

MAP P.477

🏠 3 Gandhi Irwin Rd., Egmore ☎ 044-3024-2424　🛏Ⓢ Rs3500〜7500　🛏 Rs4500〜7500　別 🔲 AMV　📶 95室　URL www.fortelhotels.com

エグモア駅から徒歩約3分。客室は品のあるインテリアで、快適に過ごせる。スイートルームはバスタブ付き。多国籍料理レストランと中華料理レストラン、バーがある。朝食付き、24時間制。地球の歩き方読者は25%割引。

洗練された5つ星ホテル

Ⓗ レインツリー・アンナー・サライ
The Raintree Hotel Anna Salai

アンナー・サライ ₹₹₹

MAP P.472-A2

🏠 636 Anna Salai, Teynampet ☎ 044-283-0999　🛏Ⓢ Rs5177〜　別 🔲 ADJMV　📶 230室　URL www.raintreehotels.com

チェンナイの目抜き通りアンナー・サライ（マウントロード）沿いにあるモダンでスタイリッシュな5つ星ホテル。部屋は5つのカテゴリーがあり、どれも広々としてゆったりと快適に滞在できる。1階のザ・キッチン（多国籍料理）、屋上のアップ・ノース（北インド料理）とふたつのレストランにバー（現在改装中）がある。特にアップ・ノースはパンジャーブ料理の評判がよく眺めもいい。プールやスパも完備。

 チェンナイを含む南インドの各地では、町角でフレッシュココナッツウォーターが飲める。注文するとナタで飲み口をすぱっと落としてくれる。飲み終わったら中の果肉も食べられる。水よりも体内への吸収がよいとされ、暑い南インドでの水分補給にうってつけの。

バックパッカー御用達！

[H]ブロードランズ
Broadlands

トリプリケイン ₹

MAP P.474-B2

⌂ 18 Vallabha Agraharam St., Near Hotel Comfort, Triplicane ☎ 044-2854-5573 [扇]Ⓢ Rs650〜850 Ⓦ Rs950 🛁Ⓢ Rs950 Ⓦ Rs950〜1500 🛁[A/C]Ⓦ Rs 1500〜3500 [TAX]込 [Card] MV [Wi-Fi] [室]44室 ✉ broadlandshotel@yahoo.com

インド人向けの宿が多いトリプリケイン地区にある老舗安宿。宿泊客は外国人のみという珍しいホテルで、外国人バックパッカーの間では有名。建物は奥行きがあり、大半の部屋は中庭に面している。部屋はどれもシンプルだが南インドらしく落ち着いた開放的な雰囲気で清潔に保ってある。屋上から周囲の景色を眺めることができ、特に夕暮れ時などはまったりとできる。すぐそばにモスクがあるので、アザーンの音が気になる人は注意。24時間制。

トリプリケイン地区にある

[H]パラダイス・ゲストハウス
Paradise Guest House

トリプリケイン ₹

MAP P.474-B2

⌂ 17/1 Vallabha Agraharam St., Triplicane ☎ 044-2859-4252 [扇]🛁Ⓢ Rs450 Ⓦ Rs600 🛁[A/C]ⓈⓌ Rs1100 [TAX]別 [Card]不可 [Wi-Fi] [室]60室 ✉ paradisegh@gmail.com

老舗の[H]ブロードランズの隣にあるゲストハウスで、外国人バックパッカーがよく泊まっている。客室はシンプルだが、広々とはしている。シングルの部屋はお湯をバケツにもらえる。それ以外の部屋は全室ホットシャワーOK。屋上のテラスからは、チェンナイ市内を見渡すことができる。オートリクシャーで行く際には、Star Theatre(今はもうないが）の近くといえば運転手には通じる。

門前町の宿

[H]クリシュナ・パーク
Krishna Park Guest House

マイラポール ₹

MAP P.472-B2

⌂ 1 South Mada Street ☎ 044-2461-3701 [扇]🛁Ⓦ Rs1300 🛁[A/C]Ⓦ Rs1800 [TAX]別 [Card]不可 [室]20室

カーパーレーシュワラ寺院まで徒歩3分。チトラクラムと呼ばれるタンクのそばにあるゲストハウス。建物は新しくはないが、部屋はきれいに手入れしてある。活気のある門前町的雰囲気あふれるロケーションで、宿の下にはATM、近くには八百屋や日用品を売る雑貨屋に食堂、おいしいコーヒーが飲めるコーヒーストールなどがあり便利。お湯は24時間、チェックアウトは11:00。

寺院に近い宿

[H]カルパガム・インターナショナル
Hotel Karpagam International

マイラポール ₹

MAP P.472-B2

⌂ 41 South Mada Street, Mylapore ☎ 044-2495-9984 [扇]🛁Ⓢ Rs1000 Ⓦ Rs1400 🛁[A/C]Ⓢ Rs1300 Ⓦ Rs1800 [TAX]別 [Card]不可 [Wi-Fi] [室]58室 [URL] hotelkarpagam.com

カーパーレーシュワラ寺院のタンク（貯水池）のすぐそばにある手頃なホテル。設備は新しくはないが、清潔で必要十分。部屋は広めでゆったりできる。お湯は3:00〜10:00の間しか出ないが、それ以外の時間は個別に頼めばバケツに入れて持って来てくれる。ルームサービスもあり。タンクに面したベランダ付きの部屋がおすすめ。入口を出たすぐ右手にはミールスが食べられるローカルな食堂もあって便利。希望者には朝刊サービスあり。ラーマクリシュナ・マトにも徒歩3分ほど。

ティルマイライ駅のすぐ近く

[H]ピクニック・プラザ
Hotel Picnic Plaza

マイラポール ₹₹

MAP P.472-B2

⌂ 3 R.K.Mutt Road, Mylapore ☎ 044-2461-7663 [扇]🛁[A/C]ⓈⓌ Rs2084〜3334 [TAX]別 [Card] MV [Wi-Fi] [室]20室

ティルマイライ駅から徒歩2分ほどの雑居ビル内にあるホテル。レセプションはエレベーターの手前にある。部屋は基本的には広めだが、多少ばらつきがあるので、実際に部屋を見せてもらってから決めるのがよいだろう。カーパーレーシュワラ寺院まで徒歩5分とロケーション良好で観光にも便利。チェックアウトは11:00。

マイラポール地区のおすすめホテル

[H]サヴェラ
Savera Hotel

マイラポール ₹₹₹

MAP P.472-B2

⌂ 146 Dr. Radhakrishnan Rd., Mylapore ☎ 044-2811-4700 [扇]🛁[A/C]Ⓢ Rs5500〜6000 Ⓦ Rs6500〜7450 [TAX]別 [Card] ADJMV [Wi-Fi] [室]235室 [URL] saverahotel.com

プール、レストラン、バーも併設した、ビジネス利用にも最適の4つ星ホテル。繁忙期などを除き、客室料金は通常50%ほどディスカウントされていることが多い。周囲にレストランも多くATMもあり、ミュージック・アカデミーにも近い便利な立地だ。朝食付き。また敷地内の入口そばにはThe Brew Roomという雰囲気のいいカフェ（無料Wi-Fiあり）があるので、エスプレッソコーヒーやスイーツを楽しみながらのんびりすることもできる。

[i] 日本でも上映中のタミル語映画「響け！情熱のムリダンガム」はチェンナイで撮影されたシーンが多く見られるだけでなく、実際のカルナータカ音楽（南インド古典音楽）のミュージシャンもセリフのある役で出演している。

Restaurant レストラン

高級ミールスが楽しめる
R アンナーラクシュミー
Annalakshmi
南インド料理 ₹₹₹
MAP P.474-A1

🏠 6 Spurtank Road, Chetpet ☎ 044-2852-5109
🕐 12:00〜14:30、19:00〜21:00 🏖 月・祝 🅿 別
Card MV URL annalakshmichennai.com

南北インドの洗練された料理をおまかせコースで食べることができる人気のベジタリアンレストラン。人気のメニューは上品な味付けのミールス、マハーラクシュミー・プリーティーボジャンRs975でとても美味。予算はひとりRs1000〜。飛び込みでは食事はほぼ不可能なので、必ず行く前に予約をしよう。最近は週末だけでなく、平日でも予約が取りにくくなってきている。

おいしいイタリアンの店
R シーロズ・ピッツェリア
Ciro's Pizzeria
イタリアン ₹
MAP P.472-A2

🏠 New No.63, T.T.K.Rd., Alwarpet ☎ 755-000-1158 🕐 8:00〜23:00 🅿 別 Card MV

ミュージック・アカデミーから南へ徒歩3分ほどの場所にあるピッツェリア。ソース・具材・トッピングを自分で選んでピザやパスタを注文できる。ドライトマトやベーコンなどもあるのがうれしい。またパティスリーコーナーもあり、ティラミスやパンナコッタなども食べられる。ミルクシェイクも濃厚でおいしい！ 観光に疲れたときやインド料理に飽きたときにはとてもありがたい店。

ヘルシーかつおしゃれ
R ファブカフェ
Fab Cafe
カフェ ₹
MAP P.472-A2

🏠 New No 390, Fabindia Experience Centre Building, TTK Road, Alwarpet ☎ 044-4862-6292
🕐 10:00〜22:00 🅿 別 Card AMV

ファブインディアが経営するカフェ。インド各地の名物料理をオーガニックかつ洗練された味付けでヘルシーに味わうことができる。コールドプレスジュースRs210やシェイクRs250〜などもありドリンクが充実。雰囲気もよく、地元のハイソな人々や外国人でにぎわっている。メニューには玉ねぎやニンニク不使用のピュアベジタリアンマークやデイリーフリーなどを明記してあるので、食事にこだわりたい人にもありがたい。

チェンナイを代表する南インド料理店
R サザン・スパイス
Southern Spice
南インド料理 ₹₹₹
MAP P.472-A2

🏠 37 M. G. Rd. ☎ 044-6600-2827 🕐 12:30〜14:45、19:00〜23:45 🅿 別 Card ADMV

ホテル・タージ・コロマンデル内にあり、タミル・ナードゥ、アーンドラ・プラデーシュ、カルナータカ、ケーララの南インド4州のベジ、ノンベジ料理がハイグレードな形で見事に網羅されている。アラップーラのフィッシュ・カレー、ケーララのマトン・シチュー、パニールと長ネギのマサーラーなどがおすすめ。予算はスターターがRs650〜、メインがRs750〜1950程度。

ホテル・クラウン・プラザ内にある
R ダクシン
Dakshin
南インド料理 ₹₹₹
MAP P.472-A2

🏠 Crowne Plaza Chennai Adyar Park, 132 T. T. K. Rd., Alwarpet ☎ 044-2499-4101 (内線1830)
🕐 12:30〜14:45、19:00〜23:15 🅿 別 Card ADMV
URL www.ihg.com/crowneplaza/hotels/jp/ja/chennai/maaca/hoteldetail

インド各地にある高級南インド料理店の本店。ミールスは昼も夜も注文可。5種類のバナナを使ったドーサーのIyer's Specials（Rs475）は、創業時からあるスターターメニュー。入口手前の壁には来店したセレブのメッセージと顔写真が額装してあり、それらを眺めるのも一興。

インドにいるのを忘れるひととき
R カフェ・チャミエルス
Cafe Chamiers
カフェ ₹
MAP P.472-A2

🏠 106 Chamiers Rd., R. A. Puram ☎ 044-4203-0734 🕐 8:30〜22:30 🅿 別 Card AJMV

花柄の壁紙と水色の藤の椅子がかわいらしい雰囲気のカフェで地元のハイソな人や外国人でいつもにぎわっている。紅茶各種Rs210。焼き菓子やスナック、サラダ、サンドイッチなどの軽食のほか、パエリアやリゾット、ノンベジのパスタやピザなども食べられる。Wi-Fi利用はPC・タブレットは不可で、スマホのみ可（1時間 Rs50）。1階にはブロックプリントの布製品を売るショップ、アノーキー（P.480）もありお茶や食事をするついでに、おみやげ探しするのもいいだろう。

 R Copper Chimnyは、レストランが多いマイラポール地区にある人気の北インド料理レストラン。店内は明るく、身なりのいい家族連れやカップルが多い。タンドゥーリー料理もある。MAP P.472-A2 🕐 12:00〜15:00、19:00〜23:00

町いちばんのショッピングモール
S エクスプレス・アヴェニュー
ショッピングセンター
Express Avenue
MAP P.474-B2

🏠 Club House Rd, Royapettah ☎ 044-4995-4646
🕐 10:00〜22:00

チェンナイでいちばんの大型ショッピングモール。現代インドを象徴するかのようなブランドが軒を連ねる。衣料品、電化製品、書籍や文房具、フードコート、映画館、両替所にスターバックスまであり、買い物をせずともブラリと歩くだけで楽しい。館内はエアコンが効いており快適で、インドではまだ珍しい有料のマッサージチェアもある。4階のフードコートにATMあり。

ヒンドゥー教関連のグッズが揃う
S ギリ
ヒンドゥー教グッズ
Giri
MAP P.472-B2

🏠 Old No.10, New No.14, Kapaleswarar Sannidhi Street ☎ 044-2464-2530 🕐 9:00〜21:00 💳 AMV

カーパーレーシュワラ寺院の東ゴープラムのすぐそばにあるショップ。儀礼用品やお香、書籍などヒンドゥー教関連のグッズを販売。日本ではお目にかかれないようなものもたくさんあるので、ヒンドゥー教やインドをより詳しく知りたい人にはおすすめ。また、ちょっとしたインドっぽいおみやげを選ぶのにもちょうどよい。店内に入る際には、入口で荷物を預けるシステム。

チェンナイでいちばんの有名店
S ナッリ・チンナサーミ・チェッティ
サリー
Nalli Chinnasami Chetty
MAP P.472-A2

🏠 9 Nageswaran Rd., T. Nagar ☎ 809-560-2255
🕐 9:00〜21:30 💳 JMV 🌐 www.nalli.com

アメリカやシンガポールにも支店があるサリーの老舗で、特にシルクサリーの品揃えはチェンナイ随一。ローズウォーターの香り漂う奥行きのある広い店内は、地元の人でいつもにぎわっている。サリーの生地の種類や産地、値段が各カウンターの上部に書かれているので外国人にもわかりやすく、店員もていねいに説明してくれるので買いやすい。創業者から数えて3代目にあたる現在のオーナーは文化にも理解があり、チェンナイの古典音楽や舞踊に対する広範なスポンサーシップも行っていて、インド政府から文化勲章も受けている。

チェンナイでのみやげ物探しに
S カルパ・ドゥルマ
民芸品・雑貨
Kalpa Druma
MAP P.472-A2

🏠 72 Cathedral Rd., Gopalapuram ☎ 044-2811-7652 🕐 10:00〜20:15 💳 JMV
🌐 shopkalpadruma.com

入口は小さいが、奥にはいくつも売り場があり品揃え豊富な民芸品店。インド各地の手工芸品やアクセサリーを集めており、センスのいいみやげ物が見つかる。入口は小さいが、内部はいくつも売り場があり品揃えも豊富なショップ。インド各地の手工芸品やアクセサリー、日本でも着られるようなセンスのよいインド服やオーガニックフードにナチュラルコスメ、ちょっとした文房具にタラブックスの本なども置いており、おみやげを探すのにもとても重宝する。

かわいくてインドらしい布製品
S アノーキー
ファブリック
Anokhi
MAP P.472-A2

🏠 106 Chamiers Rd., R. A. Puram
☎ 044-2431-1495 🕐 10:30〜19:30 💳 AMV
🌐 www.anokhi.com

インド全土に展開している、ブロックプリントによる布製品などを扱う店で、カラフルでさまざまな柄の洋服やテーブルクロスやクッションカバーなどのファブリックが揃う。ハンカチやポーチ、バッグなどの小物やブロックプリントや小型のノートやインドのデザインをあしらったかわいい封筒などおみやげ向けの手頃な商品も揃っている。2階にはカフェ・チャミエルス（P.479）がある。

古典楽器に興味があるなら
S サプタスワラ・ミュージカルズ
楽器
Saptaswara Musicals
MAP P.472-B2

🏠 165 Royapettah High Rd., Opp. Sanskrit College, Mylapole ☎ 984-076-5881 🕐 10:00〜20:00
🈺 日・祝 💳 AMV 🌐 www.saptaswara.in

サンスクリット大学の斜め前にある店。南インドの代表的弦楽器ヴィーナや両面太鼓ムリダンガムなどの古典楽器からエレキギターやキーボードまで、多くの種類を取り扱っている楽器の専門店。日本でも上映中のタミル語映画「響け!情熱のムリダンガム」を観て、ムリダンガムや南インドの楽器に興味を持った人はぜひとも訪れてみよう。

Ｒアンナーラクシュミーに行きました。人気店と聞いていたので事前に予約しました。サーブの演出も上手で、どんどん出てくるコース料理はどれも新鮮でおいしかったです。一度は体験してみる価値のあるレストランだと思います。(岩手県　つやこ '19)

マハーバリプラム（マーマッラプラム）

長年の風雨で表面が削られている海岸寺院

Tamil Nadu
タミル・ナードゥ州

マハーバリプラム (Mamallapuram)
マハーバリプラム（マーマッラプラム）

チェンナイから海沿いに南へ約60km下った所にある、ベンガル湾を望むのんびりとしたリゾート地。世界遺産に登録されている数々の遺跡があり、学術的に極めて重要な村として知られている。

7世紀頃、東からはインド洋を越えて、また西からは遠くアラビア海を渡ってくる商人たちの東西交易の拠点として栄えたが、今は当時造られた数々のヒンドゥー遺跡によって、その面影をとどめるだけだ。

砂浜を歩いていくと、海岸近くに2基の海岸寺院が建っている。長い年月を経て風化した、もろくも崩れそうな切り石のその建物は、そのままこのマハーバリプラムの消長を物語るようだ。近くの砂浜では、漁をするのか、木造のカヌーも見られる。ビーチもあり、1日海で遊ぶのも、旅の疲れを癒やすのもいいかもしれない。

マハーバリプラムのおもな見どころ

青い海を背に素朴な美しさを見せる
海岸寺院 Shore Temple
    MAP P.482-B2

8世紀初頭、パッラヴァ朝時代に造られた小さな寺院で、造られた当時は文字どおり波打ち際に建てられていた。1984年にユネスコの世界遺産に登録され、現在は波や風による浸食を少しでも防ぐために海側に防風林が植えられている。かつては同じような寺院が7つあったといわれているが、残っているのはこの寺院だけだ。

チケットを買って入口から入り、海に向かって敷地内を歩いていくと、長年の風雨に表面が削り取られ丸みを帯びたシルエットとなった褐色の寺院が見えてくる。人の背丈ほどになってしまった外壁の上にはシヴァ神の乗り物である聖牛ナンディーの像が、まるでシヴァ神にお仕えしているかのようにいくつも並んでいる。その外壁の内部、基礎を残す

マハーバリプラムの市外局番
044

マハーバリプラムの人口
約1.5万人

ACCESS

バス

チェンナイ・モフジール・バスターミナス（CMBT）から所要2時間。直通便はないので、ポンディシェリー行きのバスに乗りイースト・コースト・ロード（ECR）沿いで下車して、オートに乗り換えてマハーバリプラムへ。もしくはチェンナイ南部ティルヴァンミュールのバススタンドからは直通便がある。カーンチープラムから日中約1時間おき。または本数の多いチェンガルパットゥ Chengalpattu 行きに乗り、そこでマハーバリプラム行きのバスに乗り換える方法もある（オールド・バススタンドとニュー・バススタンドがあるが、乗り換えはニュー・バススタンド）。ともに約2時間。プドゥチェリーからは日中約1時間おき。所要2時間。

海岸寺院

🕐 6:00〜18:00
🎫 Rs600（ファイブ・ラタ、クリシュナのバターボールと共通）
バススタンドから東へ約600m行った所にある。チケット売り場は敷地に入る手前左側にある。チケット販売は17:30まで。

ⓘ マハーバリプラムの中心部の岩山には、クリシュナのバターボールや灯台などがあり、以前は無料で観ることができたが、海岸寺院やファイブ・ラタとの共通のチケットによる入場となった。アルジュナの苦行はチケットなしで観ることができる。

481

```
マハーバリプラム
MAHABALIPURAM
0    250    500m
N
```

Map labels:
- チェンナイ、ブドゥチェリー行きバス停 (900m)
- Mukunda Nayanar Temple
- Abhirami G.H.
- Radisson Blu Resort Temple Bay
- タミル・ナードゥ州観光開発公団 (TTDC) P.482
- East Raja St.
- Namaste Restaurant With German Bakery P.486
- Sri Ananda Bhavan P.486
- Ruby Forex (両替所)
- 給水塔
- Moonrakers
- Sea Breeze Anex
- Sea Shore
- Tirukkalukkundram Rd.
- Valayankuttai Ratha
- 出入口・チケットカウンター
- Trimurti Cave
- Othavadai St.
- Siva G.H.
- Santana Beach
- ティルカールクンドラム P.485へ
- Pidari Amman Ratha
- Ganesha Ratha
- Mamallaa Heritage P.486
- Vinodhara G.H.
- Joe's Cafe P.486
- Sea Breeze P.486
- アルジュナの苦行 Arjuna's Penance P.484
- Gazebo
- Arun
- Othavadai Cross St.
- West Raja St.
- クリシュナのバターボール Krishna's Butter Ball P.485
- バススタンド
- 有料トイレ
- Mahishasura Rock
- Beach Rd.
- 海岸寺院 Shore Temple P.481
- Mahishamardini Mandapa
- 灯台
- Perumal Tank
- Dharmaraja Mandapa
- Sthala Sayana Perumal Temple
- 出入口
- ベンガル湾
- A
- B
- ファイブ・ラタ P.483へ
- 49
- 1
- 2

チェンナイ国際空港から

プリペイド・タクシーでRs 1500、所要1〜2時間。マハーバリプラムのおもなホテルでも、空港への送迎を受け付けている。

マハーバリプラムのバススタンド

マハーバリプラムの中心にはバススタンドがあるが、ここからはチェンナイ南部のティルヴァンミュール、カーンチープラム行きのみが発着している。ブドゥチェリーへのバスは、ここから1.4kmほど北のイースト・コースト・ロード（ECR）沿いから乗車する。

タミル・ナードゥ州観光開発公団（TTDC）

- P.482-B1
- Kovalam Rd.
- 044-2744-2232
- 10:00〜17:45
- 土、日、祝

インディアン・ダンス・フェスティバル

マハーバリプラム・ダンス・フェスティバルと呼ばれ年末年始にアルジュナの苦行の前で開催されていた舞踊祭が、海岸寺院前の芝生広場で開催されるようになった。南インドの古典舞踊バラタナーティヤムを中心にフォークダンスなどを無料で観ることができるので、夜風に吹かれながらインドの踊りを堪能してはいかがだろうか？情報はtamilnadutourism.tn.gov.inでチェック！

だけとなっている前殿と向かい合うように大小の祠堂が塔のように並んでいる。手前にある小さな建物が小祠堂。入口が陸に面しており7世紀に造られたヴィシュヌ像が祀られている。

その後ろの大祠堂は入口が海に面しており、シヴァ神のシンボル・リンガ（男根）を本尊とする。両脇に守門神が立つ入口を入った祠堂の内壁には、シヴァ神の家族やこれを見守るヴィシュヌ神やブラフマー神が浮き彫りされている。階段状に何層も重なる高塔は、初期の南インド建築を代表する最もエレガントで典型的な形。

小祠堂の裏側、大祠堂を囲む回廊部分に面して第三の祠堂があり、海岸に露出した岩を彫刻した「アナンタ竜に横たわるヴィシュヌ神」を祀っている。実はこのヴィシュヌ像がいちばん古く7世紀に遡るとされ、後にこれを挟むようにシヴァ神を祀る大小の祠堂が増設された。外壁にはガルーダに乗るヴィシュヌやクリシュナなどが浮き彫りされている。

海岸寺院のこの均整の取れた形は、現在の南インド各地で見られる派手な寺院やゴープラムと比べると随分と地味ではあるが、ベンガル湾を渡ってくるやわらかな風のなかに1000年以上もたたずんでいる、その姿には何ともいえない風情があり、旅人の心を優しく解きほぐしてくれるだろう。

外壁の内側のレリーフ

 マハーバリプラムの正式名「マーマッラプラム」は、パッラヴァ朝の第4代の王、ナラスィンハヴァルマン1世（630〜668年）の称号「マーマッラ（偉大なる戦士）」に由来する。

ファイブ・ラタ Five Rathas

ドラヴィダ建築の原型となった

MAP　P.482-A2外

アルジュナの苦行が刻まれた岩山の南端にある灯台の下から、さらに15分ほど南に向かって歩くと、砂地に石造りの寺院が見えてくる。7世紀の半ばに造られた、「ファイブ・ラタ」と呼ばれるこれらの建造物は、実はひとつの巨大な花崗岩から彫り出された、巨大な彫刻なのだ。もともと全体が砂に埋もれていたものを掘り出し、現在見られるような姿になった。5つそれぞれが特徴をもった寺院であり、周りに配されたライオンやゾウ、ナンディーなどの彫刻を含め、その後のドラヴィダ建築様式の「プロトタイプ」ともいえるもの。つまり現在、南インドに見られるさまざまな寺院は、ここにある5つのタイプの寺院のいずれかがもとになっていると考えられている。

インド寺院建築の原型がここにある

5つの寺院にはそれぞれ『マハーバーラタ』の登場人物の名前がつけられている。「ナクラ・サハデーヴァ・ラタ」は後方が円形をなし仏教礼拝堂の形を受け継いでいる。建物に向かって右側には丸彫りのゾウがある。「ドラウパディー・ラタ」は寄棟屋根の民家をルーツとする方形の祠堂。建物の前にはライオンが、また裏側にはひざまずく牛が丸彫りされている。「アルジュナ・ラタ」の3層からなる階段状の屋根は、初期の南インド建築の典型的な形。壁面には、さまざまな神像のレリーフがある。「ビーマ・ラタ」は長方形のプランをもち、切妻の屋根はやはり民家に由来する。その後に南インドで発達するゴープラムの原初形ともいわれる。「ダルマラージャ・ラタ」は4層の階段状屋根をもち最も背が高い。

ファイブ・ラタへはクリシュナのバターボールから岩山の尾根を南に進み、灯台に上って眺望を楽しんでから、そのまま南下し南側の出口から行くのがおすすめ。クリシュナのバターボールまで戻らずにファイブ・ラタに行くことができる。

ドラウパディー・ラタで記念写真を撮るタミル人家族

いちばん右が屋根の浮き彫りが見事なダルマラージャ・ラタ

 ECR（イースト・コート・ロード）沿いからマハーバリプラムのバススタンドへはオートでRs100。ポンディー行きのバスで来たら、ほかの乗客とシェアして乗るのがよいだろう。

真ん中のくぼみの部分がガンガーの降下を表しているという。右下部分にはアルジュナにならって修行をしている猫のレリーフがある。

🕌 巨大な岩に彫られた壮大な彫刻
アルジュナの苦行　Arjuna's Penance

MAP P.482-A2

バススタンドから西に向かうと小高い岩山があり、数々の貴重な遺跡が残されている。まず目につくのは幅29m、高さ13mの岩に彫られた「アルジュナの苦行」だ。「ガンガーの降下Descent of the Ganga」とも呼ばれ、女神ガンガーがこの世に降りてきたときの物語をレリーフにしている。この岩山では数々の石窟も見逃せない。特にレリーフの南にあるKrishna MandapaやAdivaraha Mandapa、Mahishamardini Mandapaなどの石窟内部にある彫刻に注目。迫力あるヴィシュヌ神の姿などが見られる。

世界最大のレリーフともいわれる「アルジュナの苦行」

巨大彫刻を楽しむには

マハーバリプラムを代表する巨大彫刻「アルジュナの苦行」。本文中で説明しているとおり、この彫刻は「ガンガーの降下」とも呼ばれている。旅行者の多くは「アルジュナの苦行」といわれても「？？？」だろう。これはインドの叙事詩『マハーバーラタ』に出てくる物語の一場面を描写したものだ。「ガンガーの降下」はインド最古の聖典『リグ・ヴェーダ』にあるシヴァ神にまつわる神話の一場面だ。

南インド、特にタミル・ナードゥ州は、ヒンドゥー教の文化がインドのどこよりも色濃く現れている土地。派手なヒンドゥー寺院があちこちにあることからも、そのことがわかるだろう。

せっかくインドまで出かけて行くのだから、少しでも充実した旅にしたいもの。出発前に（旅行中でもいいが）、インドの神話や彫刻のモチーフになる物語をぜひ読んでおきたい。間違いなくインドの旅が何倍もおもしろくなるだろう。

上記『マハーバーラタ』やもうひとつの重要な叙事詩『ラーマーヤナ』など、世界一長い叙事詩といわれているほどで、全部のストーリーを追うのはほとんど不可能。それでも書籍やネットを探せば、簡単に内容が追えるものが多数出ている。インドの神話をちょっとかじっただけでも、なぜあれほどたくさんの、そしてさまざまな格好の神様がいるのかがわかってくる。そして神様の名前と背景のストーリーがわかるだけで、ヒンドゥー文化に一歩近づいたことを実感するはずだ。『インド神話入門』（長谷川明著　新潮社とんぼの本）など、わかりやすく、読みやすい本も多い。

インド叙事詩の世界に触れれば旅がいっそう楽しくなる

遺跡のチケット購入時に地図や見学者用パンフレットは配布されない。海岸寺院やファイブ・ラサの入口にあるマハーバリプラムの地図を写真に撮るとよい。各遺跡には英語の案内板がある。（千葉県　N.A.　'22）

ゾウが引いても動かない不思議な岩
クリシュナのバターボール　Krishna's Butter Ball

MAP　P.482-A2

　アルジュナの苦行のレリーフに沿って岩山を北へ行くと、まず小さなガネーシャ寺院がある。そのまま先に進むと、目の前に何とも不思議な光景が広がる。巨大な丸い岩が坂の途中で止まっているように見えるのだ。

　これがクリシュナ神の大好物バターボールに似ているため、「クリシュナのバターボール」と呼ばれるようになった岩。パッラヴァ朝時代にゾウを使って動かそうとしたがビクともしなかったという奇妙な岩だ。

さらに斜面を上って、裏側から見ると、まさにバターボールをナイフで切ったようになっており、謎が深まる。

敷地内は人々の憩いの場になっている

田園地帯にある門前町
ティルカールクンドラム　Tirukalukundram

MAP　P.482-A2外

　マハーバリプラムから西へ14km、道沿いにある小さな町で、ふたつの有名なヒンドゥー寺院がある。貯水池（タンク）のかたわらにいくつもの塔門がそびえるのがバクタヴァツァーラ寺院Bhaktavatsala Temple。13世紀頃の創建で、小さな本堂から外側へと寺院が拡張され、巨大化していった様子がわかる。

　より有名なのが、町を見下ろす丘上にある**ヴェーダギリーシュワラル寺院Vedagirisvarar Temple**だ。550段ある急な石段を上って頂上に立つと、360度のパノラマが楽しめる。この寺には毎日正午になると、遠い聖地ワラーナシーから2羽のワシ（タカともいわれる）が飛んできて、ここのバラモン僧から餌をもらうと伝えられていた。

バクタヴァツァーラ寺院の塔門

ヴェーダギリーシュワラル寺院の入口にあるゴープラム。丘の上を目指そう

　ヴェーダギリーシュワラル寺院は毎日2羽のワシが飛んでくるということで有名だったが、残念なことに10年ほど前にこの2羽とも亡くなったそうだ。今は寺院の登り口に描かれたワシの絵が残るだけだ。

クリシュナのバターボール
- 6:00〜18:00
- Rs600（海岸寺院、ファイブ・ラタと共通）

クリシュナのバターボールがある岩山エリアのチケットカウンターは、東側のクリシュナのバターボールに近い出入口のそばにある。同エリア南側のファイブ・ラタに近い出入口ではチケットは買えず入場のみ。

灯台
- 10:00〜12:30、14:00〜16:30
- Rs25（クリシュナのバターボールなどの入場料とは別途必要）
※カメラ持込料　Rs20
ビデオ持込料　Rs25

クリシュナのバターボールから南へ500mほど。らせん階段を上った上部からは、岩山全体や遠くに海岸寺院を見ることができる。

ヴェーダギリーシュワラル寺院
- 8:30〜12:00、16:00〜18:00
- Rs2
※カメラ持込料Rs25、ビデオ持込料Rs250
- ティルカールクンドラムへはマハーバリプラムからチェンガルパットゥ Chengalpattu行きのバスに乗り、約30分。ヴェーダギリーシュワラル寺院は、バススタンドのひとつ手前の寺院へと上る階段の下で降りると近い。靴は麓で預けるので、日中は靴下を履いて上ったほうがいい。荷物も同じ場所で預かってくれるが、料金は要交渉。

Hotel & Restaurant ホテル&レストラン

手頃な安宿
H シヴァ・ゲストハウス ホテル街 ₹
Siva Guest House
MAP P.482-B2

🏠 NO.4 Othavadai Cross Street ☎ 979-106-4550
Ⓢ Rs700 Ⓓ Rs1000 Ⓐ/ⓒ Rs1500 ⓣ Rs2500
別 Card 不可 WiFi 15室

旅行者向けの宿やレストランが多く集まるOthava-dai Streetから南へ入った道の左手にある宿。部屋は標準的な広さだが清潔で手入れが行き届いている。各部屋の前には小さなテーブルと椅子があり、本でも読みながらのんびり快適に滞在できる。レストランは付属していないが、徒歩圏内にいくつもレストランがあり、またすぐ向かいがJoe's Cafeなので便利。

南国のリゾート気分に浸れる
H シー・ブリーズ ホテル街 ₹₹
Hotel Sea Breeze
MAP P.482-B2

🏠 18 Othavadai St. ☎ 044-2744-3035
Ⓢ Ⓐ/ⓒ Rs4000〜7500 込 Card MV
WiFi 公共エリアと室外のみ 50室
URL sea-breeze.hotelsintamilnadu.com/en

海に面した広い敷地をもつ中級ホテルでプールもある。中庭にはちょっとした遊具が設置された中庭があり、小さな子連れでの旅行者にはありがたい。部屋は清潔で快適にできる。ビーチや海岸寺院を見渡すことができるレストランは11:00〜23:00まで遅くまで営業しており、ビールも飲めるのがうれしい(宿泊者でなくても利用可能)。朝食付き。

メインストリートにある
H マーマッラ・ヘリテージ 町の中心部 ₹₹
Mamallaa Heritage
MAP P.485-B2

🏠 104 East Raja St. ☎ 044-2744-2260、044-2744-2060 Ⓢ Ⓓ Ⓐ/ⓒ Ⓢ Rs3500〜4000 込
Card MV WiFi 41室
URL www.hotelmamallaheritage.com

バススタンドから北へ300mほど行った左手、観光に便利な立地にある中級ホテル。部屋はスタンダードとデラックスの2種類でスイミングプールもある。スタッフの対応もよく、気分よく滞在できる。ピュアベジタリアン料理のGolden Palateと中華料理のWok to Dhabaのふたつのレストランがあり食事にも困らない。チェックインは14:00以降、チェックアウトは12:00。

インド人向けの味つけなら
R シュリー・アーナンダ・バワン 南インド料理 ₹
Sri Ananda Bhavan
MAP P.482-B2

🏠 1 Aanaikatti St. ☎ 944-374-2981
🕐 7:00〜22:00 URL srianandhabhavan.in

バススタンドから北へ徒歩約5分ほどにある典型的な南インド大衆食堂。観光客向けのレストランが多いマハーバリプラムで、普通の南インド料理がローカルプライスで食べられるのがうれしい。店内は清潔で入りやすく、朝早くから開いているので観光前の朝食にも便利だ。ドーサー Rs90〜110、イドリーRs20、ミールスRs100。各種ミルクシェイクも美味!各種ナーンやダールなど北インド料理もある。

ゆったりとコーヒーを飲もう
R ジョーズ・カフェ 各国料理 ₹
Joe's Cafe
MAP P.482-B2

🏠 11/5 Othavadai Cross Street ☎ 967-711-3100
🕐 7:30〜20:30 込 Card 不可 WiFi
URL joes-cafe-coffee-shop.business.site

イタリア製のエスプレッソマシーンを使ったおいしいコーヒーが飲めることで人気の小さなカフェ。カプチーノ、カフェラテなど多彩なコーヒーメニューが揃う。朝食セットはパンやサンドイッチ、ハンバーガーなど5種類ある(Rs180〜280)。その他、パンケーキにフルーツサラダ、シリアルなどもあり、軽めに食事をしたいときや、ただただまったりとコーヒーを飲んでのんびりしたいときにもおすすめ。

ネパール気分も味わえる
R ナマステ・レストラン with ジャーマンベーカリー 各国料理 ₹₹
Namaste Restaurant with German Bakery
MAP P.482-B2

🏠 7 Othavadai Street ☎ 944-571-4304
🕐 7:00〜22:00 込 Card 不可

ネパール人のスニルさんが経営するカフェ・レストランでジャーマンベーカリーとのコラボ。店内にはひと昔前のバックパッカー全盛期を思わせる懐かしい雰囲気。フレンチRs160、アメリカンRs220、イスラエルRs190の3種類の朝食セットがある。パンケーキRs80〜やピザRs240〜などのイタリアンも評判がいい。またネパールのカレー定食ダルバートやトゥクパやモモがあるので、インド料理に飽きたときにもよい。

 クマール・ゲストハウスに宿泊しました。スクーターレンタルもやっているので、2日間借りてマハーバリプラムとティルカールクンドラムを走りました。南インドの風がとても心地よかったです!(ミールス・デイヴィス 上越市 '23)

カーンチープラム

　チェンナイから南西へ77km。広い緑の田園を走り終えると、ヒンドゥー教7大聖地のひとつ、カーンチープラムに出る。7〜8世紀にかけてパッラヴァ朝の古都として栄えた町で、シヴァ神やヴィシュヌ神を祀る多くの名刹や僧院などがあることから、寺院都市として知られている。パッラヴァ朝のあとにも、チョーラ朝、ヴィジャヤナガル朝、ナーヤカ朝が多くの寺院を残し、その数は合わせて200を数えるともいわれる。これらの寺院は、21世紀の今も当時の姿をそのままにとどめ、たくさんの巡礼者を集めている。

　カーンチープラムは、東西の端から端まで4kmほどの小さな町だ。マハーバリプラムなどから日帰りも可能だが、泊まってゆっくり寺院見学してみるのもいいだろう。外国人観光客よりもはるかにインド人巡礼者が多く、南インドの信仰生活を垣間見ることができる。

カーンチープラムの市外局番
044
カーンチープラムの人口
約19万人

ACCESS

鉄道
チェンナイ・エグモア駅からカーンチープラム駅かカーンチープラム・イースト駅まで郊外列車（1日10数便）で所要約2時間30分〜。

バス
チェンナイ・モフジール・バスターミナス（CMBT）から所要約2時間。マハーバリプラムからは直通バスが日中約1時間おきにあり、約2時間。または本数の多いチェンガルパットゥChengalpatti行きに乗り、そこでカーンチープラム行きのバスに乗り換える。プドゥチェリーからは約3時間、ティルヴァンナマライからは約3時間30分。

ワラダラージャ・ペルマール寺院の門で神聖なる牛に供物を与える女性

寺院で灯明をともす女性たち

カーンチープラムの地図

カーンチープラム KANCHIPURAM

A｜Arakkonamへ
B｜カーンチープラム駅 Kanchipuram R.S.
58
エーカンバラナータル寺院 Sri Ekambaranathar Temple P.489
カイラーサナータル寺院 Kailasanathar Temple P.488
ヴァイクンタ・ペルマール寺院 Sri Vaikuntha Perumal Temple P.488
Pandava Perumal Temple
Pillai St.
カーマークシ・アンマン寺院
Kanchipuram East
Kanchi Kudil P.488
MM Hotels
Kamakshi Amman Sannathi St.
Vaiyavoor Rd.
Sri Rama Lodge P.490
Neo Sri Ram Cafe P.490
Nellukara St.
Railway Rd.
バススタンド
Krishnan St.
Nachammai Silks
Madam St.
Varamahalakshmi Silks
Jaybala International P.490
Regency Kanchipuram by GRT Hotels P.490
N
0 500m
Vandavasi Rd.
Gandhi Rd.
マハーバリプラムへ
Vandavasiへ
ワラダラージャ・ペルマール寺院 Sri Varadaraja Perumal Temple P.489
118A
カーマークシ・アンマン絹織物集落 P.490へ

HINT

カーンチープラムの絹織物

カーンチープラムは高品質な絹織物の産地として知られており、町なかにはシルクショップがたくさんある。近郊には絹織物の染色や織りで暮らしている人々の集落（P.490）もあり、インドを代表する踊り、バラタナーティヤムの踊り子の豪華な衣裳もこのカーンチープラム製のシルクで作られている。

シルクショップの店内の様子

 カーンチープラムはヒンドゥー教の7大聖地のひとつ。残りの6つとは、ハリドワール、マトゥラー、アヨーディヤー、ワラーナシー、ウッジャイン、ドゥワールカー。

カイラーサナータル寺院

カイラーサナータル寺院
- ◷ 9:00〜12:30、16:00〜18:30
- 🆓 無料

Kanchi Kudil
- 🗺 P.487-A1
- ⌂ 53-A, Sangeetha vidwan Nayanar Pillai Street
- ☎ 27227680
- ◷ 9:00〜17:00 🆓 Rs10
- 内部の撮影はモバイルのみ可
- 🔗 www.indiamart.com/kanchikudil

古きよきタミルの生活をしの
ぶことができる

ヴァイクンタ・ペルマール寺院
- ◷ 8:00〜13:30、16:30〜19:30
- 🆓 無料

回廊の壁面にある彫刻

初期のドラヴィダ様式といわれる   MAP P.487-A1

カイラーサナータル寺院 Kailasanathar Temple

　町の西の外れにあるこの寺院は、8世紀初頭のパッラヴァ朝時代に造
られたもの。カーンチープラムで最も美しい寺院のひとつだ。マハーバ
リプラムの海岸寺院（P.481）が原型といわれ、造られた年代はそれほ
ど変わらないが、建築様式の変化はふたつの寺院を見比べるとよくわ
かる。僧が瞑想するための50以上の小祠堂が外壁と回廊を造り、本堂
のヴィマーナ自体も周囲に小祠堂が巡らされている。本堂内の石像は創
建当時の姿をとどめているものもあるが、回廊の小祠堂の浮き彫りに塗
られた漆喰は
後代のもの。
本堂にはシヴ
ァ神が祀られ
ている。また、
パッラヴァ王
のシンボルで
あるライオン
の彫刻があち
こちに施され
ているのも興
味深い。

カーンチープラム最古の寺院

ヴィシュヌ神を祀る   MAP P.487-B1

ヴァイクンタ・ペルマール寺院 Sri Vaikuntha Perumal Temple

　カイラーサナータル寺院とほぼ同じ8世紀に造られた代表的なドラヴ
ィダ建築の寺院で、ヴィシュヌ神を祀っている。寺院内部の壁面いっぱ
いに刻まれた彫刻は、ヒンドゥーの神話だけでなく、当時の人々の暮ら
しをしのばせるものもあり興味深い。寺院にはガイドがいるので、ここ
ではガイド料をけちらずに、しっかり彫刻の説明をしてもらおう。

ひと気が少なく静かな寺院

　町のメインの寺院は、パールヴァティー女神の4つの化身のひとつであるカーマークシ女神を祀るカーマークシ・アンマン寺院
（🗺 P.487-A1）。パッラヴァの王によって6世紀頃建てられたといわれる古い寺院だ。非ヒンドゥー教徒は黄色い壁の本堂内へ

美しい池や見事な塔門（ゴープラム）がある

ワラダラージャ・ペルマール寺院　Sri Varadaraja Perumal Temple

MAP P.487-B2

　バススタンドから南東へ3kmとやや離れているが、ぜひとも訪れてほしい寺院。ここもヴィシュヌ神を祀っている寺院だが、ヴァイクンタ・ペルマール寺院に比べると時代はぐっと新しくなり、大部分は16世紀のヴィジャヤナガル朝時代に建てられたもの。前記のふたつの寺院より規模も大きく、チェンナイなどのドラヴィダ建築の寺院で見られるような塔門（ゴープラム）がある。

　建物の主要な部分に入れるのはヒンドゥー教徒のみだが、敷地に入ってすぐ左側にある巨大な婚礼ホールMarriage Hallは見学可。96本あるという石柱に細かく施された彫刻は一見の価値がある。その隣には沐浴池があり、静かに沐浴する人の姿が見られる。寺院の中では額に3本の縦線を入れたヴィシュヌ派の僧（ちなみにシヴァ派は横3本線）たちが熱心に祈りをささげている。

白いゴープラムの先にはヒンドゥー教徒しか入れない

カーンチープラムのハイライトのシヴァ寺院

エーカンバラナータル寺院　Sri Ekambaranathar Temple

MAP P.487-A1

　カーンチープラム最大の寺院で、16〜17世紀の建築。シヴァ神を祀ったこの寺院に近づくと、まず目に入るのは高さ60mの巨大な白いゴープラム。内部は5つの部分に分かれており、巨大な回廊はひんやりとした空気に満ちている。寺院内には2000本の柱があるといわれており（実際は540本）、本堂を囲むように136本のリンガがある。本堂の一角には樹齢3500年という小さなマンゴーの木があり、そこに祠が造られている。伝説ではこの木の下でシヴァとカーマークシ（パールヴァティー）女神が結婚したという神聖な場所。4つの枝には甘、苦、酸、辛の4つの異なる味のマンゴーが実るという。

　本堂にはヒンドゥー教徒しか入ることはできないが、ゴープラムに施された精巧な彫刻など見るべきものは多い。寺院内にはウロウロしているガイドが多いが、値段交渉をして頼んでみるのもいい。説明があるのとないのとでは大違いだ。

寺院内のマンゴーの木

ワラダラージャ・ペルマール寺院

🕐 7:30〜12:30、15:30〜20:00
🅿 無料
※カメラ持込料Rs5、ビデオ持込料Rs100

婚礼ホール

🕐 9:00〜11:00、16:00〜8:00

寺院での注意事項

ほとんどの寺院は正午から16:00頃にかけての時間帯は閉まっているので、チェンナイやマハーバリプラムから日帰り観光する人は時間に注意。寺院はどこも無料で入れるが、中央の聖域はヒンドゥー教徒のみ入域が認められている。また、寺院では外国人を見つけると「自称ガイド」が寄ってくることがある。ていねいに説明してくれる人もいるのだが、片言の英語で同じことを繰り返すだけの者もおり、頼むときには料金交渉も含めて注意が必要だ。写真撮影料に関してはレシートを切ってくれる人以外への支払いは、基本的にはバクシーシだと思っていい。また靴預け料も基本的には無料だ。

婚礼ホールの柱の彫刻

エーカンバラナータル寺院

🕐 5:30〜12:30、16:00〜20:30
🅿 無料
※カメラ持込料Rs20、ビデオ・タブレット持込料Rs100
参堂入口（大きなゴープラム）で靴を預けるように言ってくる人もいるが、みやげ物屋を抜け、中庭を通った本堂前までは靴を履いたまま行ける。そこで靴を脱いで入れば楽だ。

に入ることはできないが、敷地内に入るのは無料。地元の人の信仰を集める生きた寺院のひとつなので、町歩きの途中で寄ってみよう。特に朝晩がおすすめだ。

カーマークシ・アンマン絹織物集落

バススタンドからリクシャーでRs150程度。帰りも少し広い通りに出ればバスや流しのリクシャーをひろえるので、チャーターする必要はない。

こういった手織り職人も希少となってきている。

絹織物で有名なカーンチープラムならではの見どころ　[MAP] P.487-B2外

カーマークシ・アンマン絹織物集落 Kamakshi Amman Silk Weavers Colony

バススタンドから南へ約8kmの場所にある、織布工や染色工の集落。ヴェガヴァティ川を渡ってから幹線道路を2kmほど進み、細い道を右に折れる。「KAMAKSHI AMMAN SILK CO-OP. SOCIETY」の看板を掲げた建物が見えたら、その一帯がそうだ。

工房は家族経営の小さなものが多く、最近では機械織りの隆盛で手織りで作業をする人も少なくなってきた。しかしぶらぶらと歩いているうちに、民家の薄暗い部屋の中に大きな機織り機が置かれているのに気づいたり、通りで織り機の道具にシルクの糸を張り渡している人々に出会ったりするだろう。ここの人々はとても素朴で、頼めば喜んで工房を見せてくれる。インド中にその名を轟かせているカーンチープラムシルクの製作風景をぜひとも見てみよう。

この建物が目印だ

Hotel & Restaurant ホテル&レストラン

バススタンドにも近い老舗

[H]シュリー・ラーマ・ロッジ Sri Rama Lodge

バススタンド付近 ₹　[MAP] P.487-A1

⌂ 20, Nellukara Street ☎ 044-2722-2435
[料][🛁][S] Rs350 [W] Rs550 [🛁][A/C][S] Rs1050 [T] Rs1200
[税]別 [Card] MV [Wi-Fi] [室] 55室
✉ sriramalodgekancheepuram@gmail.com

1943年創業の老舗の宿で、かつては多くの巡礼者だけでなく、イギリスの女王やインドの人間国宝でもある南インド古典声楽家を迎えたこともあるという。造りも古く、今となっては懐かしさすら感じさせる古きよきタミルの宿ではあるが清潔にしてありスタッフも親切。バススタンドにも近く観光にも便利。ネオ・シュリー・ラーマ・カフェと同じ経営で、食事にも困らない。

庶民的なミールスが食べられる

[R]ネオ・シュリー・ラーマ・カフェ Neo Sri Rama Cafe

南インド料理 ₹　[MAP] P.487-A1

⌂ Opp. Adyar Anandha Bhavan, 19 Nellukkara St.
☎ 044-2722-2435 🕘 5:00～22:00

シュリー・ラーマ・ロッジの隣にある、ローカル感たっぷりの大衆食堂。ミールスはテーブルの上に直接バナナの葉を敷いてサーブしてくれ、味も素朴でおいしい。ミールスの提供時間が11:00～16:00までと午後遅めでも食べられるのがありがたい。旅行者にも親切で感じがいい。

便利なロケーション

[H]ジャイバラ・インターナショナル Hotel Jaybala International

ガーンディー通り沿い ₹₹　[MAP] P.487-B2

⌂ 504 Gandhi Rd. ☎ 044-2722-4348
[料][🛁][W] Rs1350 [🛁][A/C][W] Rs2000 [税]別 [Card] MV
[Wi-Fi] [室] 32室 [URL] www.hoteljaybala.com

ガーンディージー通りから少し入った所にある中級ホテル。ロビーは立派でスタッフの感じもよく、プールもあり、料金からするとコストパフォーマンスは高めに感じられる。部屋も清潔で3人部屋、4人部屋もある。敷地内にベジレストランのサラヴァナ・バヴァンもあって食事にも便利。チェックインは24時間制。

快適に過ごせる

[H]リージェンシーカーンチープラム by GRTホテル Regency Kanchipuram by GRT Hotels

ガーンディー通り沿い ₹₹　[MAP] P.487-B2

⌂ 487 Gandhi Rd. ☎ 044-2722-5250 [料][🛁][A/C][S] Rs4000 [W] Rs5000 [税]別 [Card] AMV [Wi-Fi]
[室] 35室 [URL] www.grthotels.com/kanchipuram

地元でも評判の多国籍レストラン「ダクシン」、カーンチープラムで唯一、酒を提供するバーを併設の3つ星中級ホテルでチェンナイからのツアー客もよくランチに利用している。バスも多く通るガーンディージー通り沿いにあり、スタッフも外国人慣れしている。部屋は清潔で居心地がよい。ブッフェスタイルの朝食付き。

[i] 町外れのカイラーサナータル寺院ではリクシャーをつかまえにくいので、片道ではなく往復で頼み、外で待っていてもらったほうがいい。

ティルヴァンナマライ

　　チェンナイの南西約170kmほどにあるティルヴァンナマライは天を指す白いゴープラムが印象的なアルナーチャレーシュワラ寺院を中心にした町。この寺院の背後にある聖なるアルナーチャラ山はシヴァ神の火の化身アルナーチャレーシュワラとしてあがめられている。毎年11〜12月のタミル暦のカルティガイ月に行われる祭りカルテイガイ・ディーパムでは、この山の頂上で2000Lのギーが燃やされ、その燃え盛る炎は数十km離れた場所からも見えるという。

　　山全体がシヴァリンガともみなされるアルナーチャラ山中の寺院や洞窟では今でもサードゥーが修行に励み、山を右回りに巡礼を行っている。山麓には聖者ラマナ・マハリシのアーシュラムがあり、多くの人々が静かに瞑想を行っている。名刹と聖山をもつこのティルヴァンナマライでは誰しもが、胸がすっと浄化されるような聖性を感じるだろう。

　　ティルヴァンナマライのバススタンドは、アルナーチャレーシュワラ寺院の北東にある。鉄道駅も近いが、チェンナイからの直行便はなく乗り換えが必要なので、列車よりバスのほうが便利だ。

　　バススタンドからアルナーチャレーシュワラ寺院の周辺にかけては、にぎやかなバザールが続く。寺院から南西に向かうと少し静かになり、アーシュラムやホテルも多いエリアとなる。外国人旅行者も多く、インターネットカフェやスーパーなどもある。

スカンダ・アーシュラム近くからアルナーチャレーシュワラ寺院を見下ろす

ティルヴァンナマライの市外局番
04175
ティルヴァンナマライの人口
約15万人

ACCESS

鉄　道
プドゥチェリーから急行（週4便）で所要約2時間、ティルチラパッリから約7時間（週3便）。

バ　ス
チェンナイから20分ごと、所要約4時間。プドゥチェリーから1時間に1便、所要約2時間。ティルチラパッリから1時間に1便、所要約4時間30分。

HINT

レンタサイクル
アール・ジー・エル
RGL

📖 P.491-B1
☎ 944-470-5433
🕐 6:00〜21:00
💰 6:00〜18:00の利用Rs40、24時間の利用Rs60

ティルヴァンナマライ中心部
CENTRAL TIRUVANNAMALAI

Hotel Aakash B
バススタンド
Polur Rd.
RGL（レンタサイクル）P.491
Railway Station Rd.
ティルヴァンナマライ駅
Tiruvannamalai R.S.
Chinnakadai St.
Durgai Amman Koil St.
Chetty St.
Arcot Lutheran Church
Anna Salai （77）
ジンジー要塞へ
Hotel Kanna
Ganesh International Lodge P.494
Nala Residency P.494
Sri Kalaimagal Residency
Big St.
Sri Annamalaiyar Sannidhi　北塔
Park
西塔
Trishul P.494
Old Karkana St. P.494
アルナーチャレーシュワラ寺院
Arunachaleshwar Temple P.492
南塔　東塔
Thousand-pillared Mandapam
Udupi Brindhavan Lodge
Main Rd.
Sannathi St.
Murugan Temple
Hotel Kanna
Ramalinganar Main St.
Thiruvoodal St.
Kamatchi Amman Temple
Thaligmer Iyer St.
Car St.
（77）
（6）
インドラ・リンガ
Indra Lingam
0　　250　　500m

ⓘ　ティルヴァンナマライのアルナーチャレーシュワラ寺院は、シヴァ神を祀った「地・水・火・風・空」の5大元素を表すパンチャ・ブータ寺院のうち「火」を象徴する。

アルナーチャレーシュワラ寺院

☎ 04175-25-2438
🕐 5:00～12:30、15:30～21:30
🎫 無料
※本堂の奥に入るにはRs20

インド最大級のヒンドゥー寺院

MAP P.491-A2

アルナーチャレーシュワラ寺院 Arunachaleshwar Temple

　白く大きなゴープラムに囲まれたシヴァ寺院。ゴープラムのうち最大のものが、メインの入口となる東のゴープラムで、66mの高さがある。寺院の広さは10haを超え、敷地内では宗教的な静謐さを感じるだろう。

　この寺院は7世紀の詩にも歌われているが、現在見られる形になったのは16～17世紀で、三重の壁が本堂を取り囲む。入口から入ると、左側にムルガン神を祀るお堂、右側に千柱堂がある。真っすぐ進んで階段を上ると中ぐらいのゴープラムがあり、ゾウのいる建物がある。さらに先にある小さめのゴープラムから先は聖域となり、写真撮影は禁止。

白いゴープラムが天を指す荘厳なる空間

アルナーチャラ山

🕐 随時
🎫 無料
かつては山頂まで登ることは問題なかったが、今では禁止されている。中腹にあるスカンダ・アーシュラムまで登るのは可能。スカンダ・アーシュラム近辺はアルナーチャレーシュワラ寺院を見渡すことができる。

シヴァリンガと同一視される聖なる山

MAP P.493

アルナーチャラ山 Mt.Arunachala

　ティルヴァンナマライの中心にそびえる高さ約800mの山で、シヴァリンガそのものとされている。山中には洞窟や庵が点在し、何人ものサードゥーが修行に励んでいる。毎年11～12月の満月の夜、山頂で11日間にわたって巨大な火を燃やす祭りで知られ、多くの巡礼者が山を登る。祭りのない通常期間は山頂への登頂は禁止されている。スカンダ・アーシュラムより上には登らないようにしよう。

　山の周囲は約16kmの巡礼道となっており、インドラ、アグニ、ヤマなどの主要な8つのリンガを祀ったお堂が配されている。道中にはそのほか小さなリンガや寺院が多くあり、オレンジ色の衣服を身にまとったサードゥーや巡礼者がはだしで巡礼している。

　巡礼は時計回りで行う。時間と体力があれば徒歩もいいだろうが、レンタサイクルを借りたりオートリクシャーをやとったりして回るのが簡単だ。静かに巡礼するサードゥーを目にすれば、ティルヴァンナマライ独特の聖地らしい雰囲気をいっそう強く感じることができるだろう。

寺院の背後にそびえるアルナーチャラ山

聖なるアルナーチャラ山の周辺を右回りに回って巡礼することをタミル語でGirivalam（ギリヴァラム）と呼ぶ。徒歩やレンタサイクルで自分で回るのもよいが、オートリクシャーをチャーターするのもよい。ドライバーが地元の人しか知らないちょっとした

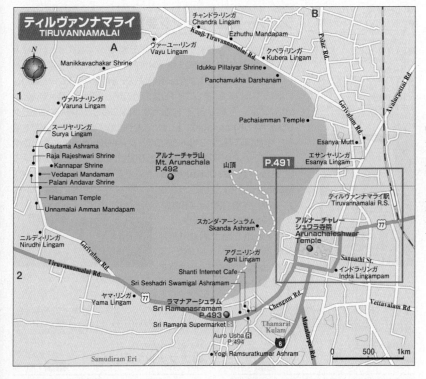

ティルヴァンナマライ
TIRUVANNAMALAI

A / B

N

Manikkavachakar Shrine

チャンドラ・リンガ
Chandra Lingam

Ezhuthu Mandapam

ヴァーユ・リンガ
Vayu Lingam

クベラ・リンガ
Kubera Lingam

Kanji-Tiruvannamalai Rd.

Polur Rd.

Idukku Pillaiyar Shrine

Panchamukha Darshanam

ヴァルナ・リンガ
Varuna Lingam

スーリヤ・リンガ
Surya Lingam

Gautama Ashrama

Raja Rajeshwari Shrine

Kannapar Shrine

Vedapari Mandamam

Palani Andavar Shrine

Hanuman Temple

Unnamalai Amman Mandapam

ニルディ・リンガ
Nirudhi Lingam

アルナーチャラ山
Mt. Arunachala
P.492

Pachaiamman Temple

Giripalam Rd.

Avalurpettai Rd.

Esanya Mutt

エサンヤ・リンガ
Esanya Lingam

山頂

P.491

ティルヴァンナマライ駅
Tiruvannamalai R.S.

スカンダ・アーシュラム
Skanda Ashram

アルナーチャレー
シュワラ寺院
Arunachaleshwar
Temple

77

Giriyalam Rd.

Tiruvannamalai Rd.

アグニ・リンガ
Agni Lingam

Shanti Internet Cafe

Sri Seshadri Swamigal Ashramam

ヤマ・リンガ
Yama Lingam

77

ラマナアーシュラム
Sri Ramanasramam
P.493

Sri Ramana Supermarket S

Auro Usha H
P.494

Sannathi St.

インドラ・リンガ
Indra Lingampam

Chengam Rd.

Vettavalam Rd.

Thamarai
Kulam

Mandaipet Rd.

6

Samudiram Eri

Yogi Ramsuratkumar Ashram

0 500 1km

世界中から人々が訪れる
ラマナアーシュラム Sri Ramanasramam

MAP P.493-B2

　アルナーチャラ山の麓にあるアーシュラムで、聖者ラマナ・マハリシを慕う人々によって造られた。マハリシはマドゥライ近郊の村で生まれ、16歳でティルヴァンナマライへやってきたあと、生涯この地を離れることはなかったという。敷地内へは入口で履物を脱いで入る。奥へ進むと左側にニュー・ホールがある。マハリシが1949〜1950年の間住み、瞑想と特別な行事に使った部屋だ。その奥のバガワン・サマーディー寺院の地下には聖者の亡骸が安置されており、日々の儀式や祝いごとの会場として、また瞑想や特別の集まりに使われる。さらに奥にマハリシが1928〜1950年に住んだ最も重要な場所、オールド・ホールがある。

　これらのほか、敷地内にはマハリシの母親が安置されたマトゥルーブーテーシュワラ寺院や、アルナーチャラ山周辺の巡礼路マップやマハリシ関連のグッズ、書籍が購入できるショップもある。

　敷地の裏からスカンダ・アーシュラムへの道が続いているが、そちらへ向かう場合は履物を手に持って敷地内を通ってもよい。

ラマナアーシュラム
☎ 04175-23-7200
◐ 5:00〜21:00
8:00〜11:00、14:00〜18:00
（ショップ）
⑭ 無料
URL www.sriramanamahar
shi.org

今なお、聖者を慕って多くの人が訪れる

＼見所を教えてくれたり、30年にわたり無言の行を行うサードゥーの所に連れて行ってくれることもある。宿でチャーターしてくれる所もあるので、頼んでみるとよいだろう。

ジンジー要塞

🕘 9:00～17:00（チケットの発券は16:30まで。山頂への登山は15:00までに要開始）

[料] Rs300（クリシュナギリ、ラージャギリ共通。カメラ持込料込み）

※ビデオ持込料Rs25

[交] ジンジーの町からリクシャーでRs50程度

途中猿がいるので、途中で何か長めの枝でもひろって猿よけに使うとよい。

宮廷地区にあるカリャーナ・マハル

難攻不落の城塞として知られた

ジンジー要塞（シェンジ要塞） Gingee Fort

MAP P.491-B1外

ティルヴァンナマライの東約37kmにある、3つの岩山にまたがる壮大な城塞。創建は1200年頃のチョーラ朝期だが、現在見られる建造物はおもに16世紀のヴィジャヤナガル時代のもの。その後マラーター王国やムガル朝、フランス軍、そしてイギリスの手に渡り、19世紀以降は無人となった。ジンジーの町から西に約2kmの、町から最も近い場所にある丘**クリシュナギリKrishnagiri**の上には、寺院や倉庫などの建物が、道路を渡った対岸にある高さ約240mの岩山**ラージャギリRajagiri**へ向かう途中に宮廷地区があり、厩舎や体育館などの建物がある。7階建ての塔のような**カリャーナ・マハルKalyana Mahal**が印象的。頂上にはランガナータ寺院や穀倉庫などの建物があり、周囲の眺めがすばらしい。

見学はクリシュナギリが1時間30分ほど、ラージャギリは3～4時間かかる。合わせて半日は見ておきたい。

ラージャギリ山頂にあるランガナータ寺院と時計塔

Hotel & Restaurant ホテル&レストラン

典型的なタミル宿

[H] トリシュール Trishur

寺院付近 ₹

MAP P.491-B2

⌂ 6 Kanagarayar Street ☎ 04175-22-2219
[料] 🛏 [S] Rs950 🛏 [W] 1500 🛏 [A/C] [S] Rs1200
🛏 [A/C] [W] Rs1850 [TAX] 別 [Card] JMV [Wi-Fi] [室] 48室
[URL] www.hoteltrishul.com

設備のわりにスタッフが多い、古きよきタミル宿。スタッフは皆陽気で、楽しく滞在できる。イドリーやドーサーなど南インド料理の朝食付き、24時間制。

バーもある中級ホテル

[H] ナラ・レジデンシー Nala Residency

アンナーサライ ₹₹

MAP P.491-B2

⌂ 21 Annasalai ☎ 04175-25-2818、958-555-0205 [料] 🛏 [A/C] [S] Rs1840 🛏 [A/C] [W] Rs2000
[TAX] 別 [Card] MV [Wi-Fi] [室] 33室
[URL] www.hotelnalaresidency.in

アンナーサライ沿いにあり、アルナーチャレーシュワラ寺院まで徒歩約8分。部屋がきれいな中級ホテルで、レストランやランドリーサービスもある。朝食付き、24時間制。

清潔な安宿

[H] ガネーシュ・インターナショナル・ロッジ Ganesh International Lodge

寺院付近 ₹

MAP P.491-B2

⌂ 111-A Big Street
☎ 04175-22-6701、948-722-6701
[料] 🛏 [S] Rs475 🛏 [W] Rs990 🛏 [W] Rs1680 [TAX] 込
[Card] MV [Wi-Fi] 公共エリアのみ [室] 24室
✉ mannulingam52@gmail.com

客室はシンプルだが清潔。24時間制でアルナーチャラ山の周囲の巡礼道を回るギリヴァラム（Girivalam）をするオートの手配も可。レセプションは2階、1階には食堂もあり便利。

ラマナアーシュラムの近く

[R] オーロ・ウシャ Auro Usha Hotel

インド料理 ₹

MAP P.493-B2

⌂ 154 Chengam Road ☎ 979-041-3052
🕘 8:00～22:00 [Wi-Fi] [Card] AJMV

20年以上の歴史をもつ、外国人に人気のレストラン。ラマナアーシュラムの近くにある。朝食にも利用しやすく、夜はインド料理のビュッフェもあり、どの料理もマイルドな味付けでおいしい。そのほかにもサンドイッチ、パスタにサラダなどもあり野菜不足のときにはありがたい。

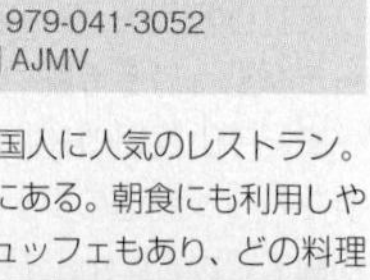

[i] ジンジーにもバススタンド周辺を中心にいくつか宿はあるが、おもに地元の人向けのローカルなホテルなので、よほどのことがない限りはジンジーへは日帰りで十分だろう。

プドゥチェリー（ポンディチェリー）

プロムナードの開放的な雰囲気

| プドゥチェリーの市外局番 |
| 0413 |
| プドゥチェリーの人口 約24万人 |

ACCESS

鉄道

チェンナイ・エグモア駅から急行（1日1〜2便）で所要3時間30分〜4時間30分。マドゥライからはまず急行に乗って幹線のヴィルプラムVillupuramまで行く。所要約5時間。そこからバスに乗り換えて約1時間。

バス

チェンナイからエクスプレスバスが10分間隔で24時間運行。所要約4時間。カーンチープラム（3〜4時間）からは直通バスも1日10便。マハーバリプラムからは、町なかから1kmほど北にあるバス停から1時間に数本直通バスがあり、約2時間。チダムバラムからはほぼ30分おきにバスがあり、約2.5時間。カニャークマリからは週3便（約10時間）、マドゥライからは1日1便（約7〜8時間）と少ないので、幹線のヴィルプラムで乗り換え。タンジャーヴールやティルチラパッリ（約5時間）からは1日数便直通バスがあるが、時間が合わなければ、やはりヴィルプラムで乗り換えたほうが早い。

市内交通

市内なら徒歩圏。バススタンドから町の中心やプロムナードまではオートリクシャーでRs100。観光地なので、南インドでは例外的だが、ふっかけてくるリクシャーワーラーも多い。

　チェンナイから南へ162km、ベンガル湾に臨む海岸沿いにあるプドゥチェリーは、これまで旅してきたインドとは異なった空気を感じさせる。白壁のコロニアル建築が建ち並ぶ整然とした旧市街の街路は、木々の緑や色鮮やかな花々が多く、目に優しい。

　プドゥチェリーにフランスが商館を建設したのは、1673年のこと。7年戦争中の1761年には英軍に占領されたこともあるが、非武装を条件に1763年にはフランスに返還された。以降、独立後のインドに返還されるまで、約250年にわたってフランス領「ポンディシェリー」として栄えてきた。インドが英領となったあとも、インドにはこうしたフランス領が点々と残されており、そのなかでも最も大きな町がプドゥチェリーだった。そのため、町並みはコロニアル風といっても英国風ではなく、どこか地中海風なのが印象的。食にうるさいフランス人が住んでいたせいか、コンチネンタル料理を提供するレストランが多いのもこの町の特徴だ。1954年にインドに返還されると、プドゥチェリーは連邦直轄領となるが、かつての英領と仏領の線引きが今も残り、周囲のタミル・ナードゥ州との境界は複雑に入り乱れている。

　また、この町は独立運動にもかかわったヒンドゥー哲学者オーロビンド・ゴーシュ（1872〜1950）が始めた、独特の新宗教のアーシュラムの所在地としても知られる。

町にはキリスト教の教会も多い

フランス名ポンディシェリーの英語読みであるポンディチェリー Pondicherryから、現在のプドゥチェリーに町の名前が変更になったのは2006年10月。しかし州外ではまだ定着しておらず、旧名や単に「ポンディ Pondy」という呼び名もよく使われている。

INFO

プドゥチェリー観光局
Tourist Information Bureau

- P.496-B2
- 2 Lal Bahadur Shastri St., Old Court Complex
- 0413-233-5371
- 9:00〜17:00
- 祝
- www.pondytourism.in

政府広場
- P.496-B2

HINT

観光案内所主催のツアー
プロムナードにある観光案内所で受け付けている。市庁舎の向かいにも観光案内所の支店があり、そこでも申し込み可。

1日観光ツアー
- 9:30〜17:30
- Rs550（食事は含まれない）
オーロビンド・アーシュラム、プドゥチェリー博物館、マナクラー・ヴィナーヤガル寺院、聖心教会、オーロヴィル（マトリマンディル）、ハヌマーン寺院など。

プドゥチェリーの歩き方

活気のあるマナクラー・ヴィナーヤガル寺院

駅は町の南端、バススタンドは町の西端にある。それぞれ町の中心部までは少し遠いのでオートリクシャーを使うことになるだろう。

フランス時代に築かれた旧市街は、城壁跡に造られた卵形の円周道路の中にあり、道は碁盤の目状に整備されている。中ほどを南北に流れる運河を境に、かつては東側がフランス人居住区、西側がインド人居住区に分けられていた。おもな見どころは、植民地時代の政府関係の建物や邸宅が並ぶ旧フランス人居住区にある。中心となるのは**政府広場Government Square**で、その北側には、プドゥチェリー博物館、オーロビンド・アーシュラム、フランス領事館などがある。海岸沿いはよく整備されていて、**プロムナードPromenade**と呼ばれる遊歩道になっている。政府広場のすぐ東にあるガーンディー記念像から南へ向かえば、市庁舎、カフェ、観光案内所が並んでおり、夕刻から夜にかけて散策するインド人の家族連れなどでにぎわう。

プドゥチェリー（ポンディチェリー）
PUDUCHERRY (PONDICHERRY)

オーロビンド・アーシュラムの近くにあるマナクラー・ヴィナーヤガル寺院は、プドゥチェリーがフランス領になる前からある、ガネーシャを祀ったヒンドゥー寺院。1969年にマザーによって拡張された。

プドゥチェリーのおもな見どころ

オーロビンドとマザーが眠る
オーロビンド・アーシュラム　Sri Aurobindo Ashram

MAP P.496-B1

　オーロビンドとマザーにより、1926年に創設されたアーシュラムはここから始まった。アーシュラムの機能がオーロヴィルに移った今も、建物の多くは文化・教育機関として使われている。メインビルの中庭にはオーロビンドとマザーの墓があり、誰でも訪れることができる。中は入口で履物を預けてから順路に従って一方通行で進む。墓の周りにはオーロビンドとマザーをしのぶ人々が座って祈っているので、じゃまをしないようにしよう。

今なお多くの人が訪れるアーシュラム

オーロビンド・アーシュラム
🏠 12 Marine St.
☎ 0413-223-3604
🕐 8:00〜11:30、14:00〜18:00
💰 無料
🌐 www.sriaurobindoash ram.org
内部の写真撮影は不可。

プドゥチェリーの歴史がわかる
プドゥチェリー博物館　Puducherry Museum

MAP P.496-B1

　ゆっくり見ても20分もあれば回れるほどの小さな博物館。プドゥチェリー南郊外の**アリカメードゥArikamedu**遺跡から発掘されたローマの壺、フランス植民地時代の家具やコイン、チョーラ朝時代の石像などを展示している。

小さいながらも充実した展示

プドゥチェリー博物館
🏠 St. Louis St.
☎ 0413-222-3950
🕐 9:00〜18:30
📅 月
💰 Rs50
内部の写真撮影は不可。

オーロビンドの理想を実現するコミューン
オーロヴィル　Auroville

MAP P.496-B1外

　プドゥチェリーの北約10km。オーロビンドの後継者であるフランス人女性ミラ・アルファッサ（通称マザー、1878〜1973）の提唱によりつくられた理想都市。世界中の人々が、国籍や信条、思想を超えて結ばれることを目的とし、現在約2500人がここで生活している。その3分の2は西欧諸国から移住してきた外国人だ。広大な森の中には、アーシュラム、学校、病院、レストラン、ゲストハウスなどが点在している。ビジターセンターには、オーロヴィルの成り立ちや瞑想ホールの構造などを説明する展示、オーロビンド関連の本を扱う書店、カフェ、オーロヴィル・グッズのショップなどがある。

　オーロヴィルの中心にある、近未来的な球状の瞑想ホールが**マトリマンディルMatrimandir**だ。マザーの死とともに工事が中断されていたが、1988年に建築が再開され、現在は完成した姿を見ることができる。内部の見学には予約が必要。

マトリマンディルを眺める観光客たち

オーロヴィル・ビジターセンター
☎ 0413-262-2004
🕐 9:30〜16:45（日9:30〜13:00）
🌐 www.auroville.org
マトリマンディルを展望台から見るなら予約は不要。ビジターセンターで申し込むと、数分間の紹介ビデオ鑑賞のあとでバスを発行してくれる（9:00〜16:00、日曜9:00〜13:00のみ）。マトリマンディルの内部で瞑想したければ、このときに予約ができる（火曜を除く10:00〜11:00、14:00〜15:00のみ）。ビジターセンターから展望台へは1kmほど歩くことになる。帰りは無料のシャトルバスがある。

アーシュラム直営のショップ
オーロブティック
Auroboutique
🗺 P.496-B1
🏠 12-A Jawaharlal Nehru St.
☎ 0413-223-3705
🕐 9:30〜19:30
📅 火
お香や石鹸、ペーパークラフト、キャンドル、エッセンシャルオイルなどを販売している。

　プドゥチェリーの目抜き通りM.G.Roadの一本東を並行して走るMission Street沿いにはバイクのレンタル屋がいくつかあります。レンタル料金は1日Rs300で、市内の観光やオーロヴィルへ行くのにも便利でした。（北九州市　秋雷王　'19）

Hotel & Restaurant ホテル&レストラン

ホテルやレストランの数は多い。料金のわりに快適なのが、アーシュラム運営のゲストハウス。一般旅行者でも宿泊できるが、門限やゲストハウス内での禁煙、禁酒などの制約がある。

安いわりにこぎれいなホテル
[H] ニュー・ゲストハウス
New Guest House

旧市街南部 ₹
[MAP] P.496-B2

🏠 64 Romain Rolland St. ☎ 0413-222-1553
[料]🛁[W] Rs500 🛁[A/C][W] Rs900 [TAX] 込 [Card] 不可
[室] 30室 [URL] www.sriaurobindoashram.org/visitors/stay.php ✉ newguesthouse@gmail.com

オーロビンド・アーシュラム経営の宿泊施設で、周辺のホテルに比べるとかなり安い。基本は事前払いのため、予約なしで行くと泊まれない場合もある。客室はシンプルで清潔。レストラン、瞑想ホールを併設しており、レンタサイクル（1日Rs75）、ランドリーサービスもある。門限は22:30。玄関が施錠される。なおプドゥチェリー内には、オーロビンド・アーシュラムが運営するゲストハウスが、ここを含め合計8軒ある。

どこへ行くにも便利な
[H] インターナショナル・ゲストハウス
International Guest House

旧市街中心部 ₹
[MAP] P.496-B1

🏠 47 Netaji Subash Chandra Bose Salai
☎ 0413-233-6699
[料]🛁[S] Rs700 [W] 900 🛁[A/C][S] Rs950 [W] Rs1700
[TAX] 別 [Card] 不可 [室] 78室 [URL] www.aurosociety.org

町の中心部にある、アーシュラム運営の大型ゲストハウス。向かいにパン屋があり、商店街も近い便利なロケーションにある。チェックアウトは12:00まで、門限は22:30。

海まで徒歩10秒
[H] アジャンター・ビーチ・ゲストハウス
Ajantha Beach Guest House

旧市街南部 ₹₹
[MAP] P.496-B2

🏠 1 A-1 Bazaar Saint Laurent St. ☎ 0413-233-8898 [料]🛁[A/C][S][W] Rs1500～3300 [TAX] 別 [Card] MV
[Wi-Fi] [室] 15室 [URL] ajanthaguesthouse.com

海岸近くにあるホテルで、シービュールーム（Rs2800～）もある。町なかの喧騒を忘れるほど周囲は落ち着いた雰囲気。ルームサービスは24時間あり。チェックアウトは12:00まで。1階は小さなレストランとなっている。

隠れ家的ゲストハウス
[H] グラティテュード・ヘリテージ
Gratitude Heritage

旧市街南部 ₹₹
[MAP] P.496-B2

🏠 52, Romain Rolland St, White Town
☎ 0413-222-6029 [料][W] Rs3999～4999 [TAX] 別
[Card] MV [Wi-Fi] [室] 9室 [URL] gratitudeheritage.in

フランス植民地時代、1800年代後半に建てられたという邸宅を改装したゲストハウス。プドゥチェリーのタミル建築に特徴的なマドラステラスまで忠実に復元されている。各部屋はそれぞれ違う造りで、インテリアもおしゃれ。日差しがたっぷりと入る中庭も開放感があり居心地がよい。ルームサービスなどホテルのようなサービスはないが、アットホームな雰囲気でくつろげる。中心部にも近く便利。

ビーチフロントの気軽なカフェ
[R] ル・カフェ
Le Cafe

カフェ ₹
[MAP] P.496-B2

🏠 23 Beach Rd, White Town ☎ 0413-233-4949
🕘 8:00～22:00 [TAX] 別 [Card] 不可

政府広場のほど近くのビーチ・ロードにある、プドゥチェリーで唯一のシーフロントカフェ。のんびりとベンガル湾を眺めながら時間を過ごせるのはもちろん、朝早くから夜遅くまでオープンしているので使い勝手がいい。店内にも席はあるが、ここに来たらテラス席に座りたい。空が赤く染まる夕暮れの時間帯もおすすめだ。ただしこの時間は混雑するので、人混みを避けたいなら夜がいい。コーヒー、エスプレッソ、カフェラテ、コンブチャなどドリンクメニューは豊富。ペストリーやサンドイッチなどの軽食も食べられる。

内装もおしゃれなカフェ
[R] カフェ・デ・アーツ
Cafe De Arts

カフェ ₹
[MAP] P.496-B2

🏠 10, Suffren Street ☎ 999-448-1914
🕘 9:30～18:00 [休] 火 [TAX] 別 [Card] MV

インスタ映えするスポットとしても人気のカフェ。週末や観光シーズンには多くのインド人観光客が訪れ、入口の壁を背に自撮りしている姿が見られる。アンティーク調の内装を施した店内と庭にテーブルがあり、ゆっくりできる。バゲットやクロワッサンに卵料理、ワッフルやクレープなどの甘いものもある。ブランチセットはRs430から。

[i] プドゥチェリーにはおしゃれなレストランが多い。値段は高めだが、おいしいコンチネンタル料理を食べたいという人にはおすすめ。インドのほかの地域では食べにくい「ビーフ」もここにはある。また連邦直轄領なので、アルコール類が比較的安い。

チダムバラム

タミル・ナードゥ州には、州外からも巡礼者が訪れる名高いヒンドゥー寺院が数多いが、チダムバラムのナタラージャ寺院もそのひとつだ。プドゥチェリーから南へ71km。町は寺院を中心に広がる門前町で、巡礼者

ナタラージャ寺院の境内から見た南のゴープラム（塔門）

でいつもにぎわいを見せている。見どころはこのナタラージャ寺院しかないので、プドゥチェリーやクンバコーナムからの日帰りも可能だ。

バススタンドは寺院から南東へ徒歩10分。駅は南へさらに10分ほど行ったところにある。

チダムバラムのおもな見どころ

踊るシヴァ神を祀った

ナタラージャ寺院　Sri Nataraja Temple　MAP P.499

ナタラージャとは「ナタ（舞踊）」＋「ラージャ（王）」というふたつの単語からなっており、踊るシヴァ神の呼び名だ。破壊と創造の神であるシヴァが踊っている間は、宇宙は存続するという意味がある。

このナタラージャを祀った寺院の創建は、チョーラ朝時代の12世紀。ただし同じチョーラ朝の代表寺院であるタンジャーヴールのブリハディーシュワラ寺院（P.506）よりも時代が下っているので、本堂よりも周囲の塔門（ゴープラム）のほうが大きい南方型の寺院の造りになっている。東西南北にあるゴープラムは、高さも建てられた年代も異なり、最も古いのは東門で12世紀、最も高いのは南門で49mある。本堂の北には柱のある回廊に囲まれたシヴァガンガー池があり、そこから眺めるゴープラムの姿は格別だ。そのほかにも千柱堂、パールヴァティー寺院、シヴァの息子であるガネーシャとムルガン神の小堂が境内にある。

シヴァガンガー池と北のゴープラム（塔門）

本堂内はほかの寺院同様、非ヒンドゥー教徒の立ち入りはできないが、中で行われるプージャーの様子を外から垣間見ることはできる。

チダムバラムの市外局番
04144

チダムバラムの人口
約6.2万人

ACCESS

鉄道
チェンナイ・エグモア駅から急行（1日7〜9便）で所要約4時間。バスのほうが本数も多く便利。

バス
プドゥチェリーからは便数も多く、日中なら15分おきに運行。所要約2〜3時間。クンバコーナムからは5分おきに運行、所要約3時間。チェンナイからは15分おきに運行しており所要約6時間。その他、ティルチラパッリやマドゥライから1日約10便ほど運行している。

INFO

タミル・ナードゥ州観光開発公団（TTDC）
P.499
🏠 Railway Feeder Rd.
☎ 04144-23-8739
🕐 10:00〜17:45
🚫 土、日、祝

ナタラージャ寺院
🕐 6:00〜12:00、17:00〜22:00
💰 無料

チダンバラムのバススタンドにある洋風のカフェ「TEA POINT」は、小ぎれいで清潔感があり、店員も気さくで親切で、居心地がよかった。おすすめはゆで卵の入った辛口サモサ。（トラベラー YASU '23）

499

神へとささげる舞踊祭、ナティヤンジャリ

シヴァ神への信仰が盛んなチダムバラムでは、毎年2～3月に行われるシヴァ神の祝祭である「シヴァラートリ」の前後に「ナタラージャ・ダンス・フェスティバル」という舞踊祭が開催される。一般にインド人ダンサーの間では広く「ナティヤンジャリNatyannjali」として知られている。この言葉はNatya（舞踊）とAnjali（ささげ物）というふたつの単語からなり、まさにシヴァ神へ舞踊を奉納するというものだ。期間は5日間で、町の象徴でもあるナタラージャ寺院の境内や町なかにステージが設置されて行われる。ナティヤンジャリで踊るということはダンサーにとっては名誉なことで、タミル・ナードゥ州だけでなく、南インド中からシヴァ神へ自らの踊りをささげようとプロ・アマチュアを問わず多くのダンサーがやってくる。中心となる舞踊は、デーヴァーダーシと呼ばれる寺院付きの巫女が神にささげる踊りから発展したバラタナーティヤムだが、州外からのダンサーも多くあり、ケーララ州のカターカリやモヒニアッタム、アーンドラ・プラデーシュ州のクチプディなどの舞踊が観られることもある。時間は18:00頃から22:00頃までで、入場は無料だ。スケジュールは主催者ウェブサイト（[URL] natyanjalichidambaram.com）やタミル・ナードゥ州観光開発公(TTDC、P.499)で確認しよう。

ナティヤンジャリのステージの様子

Hotel & Restaurant ホテル&レストラン

客室数の多い安宿

[H]RKVロッジ

R.K.V. Lodge

寺院付近 ₹

[MAP] P.499

⌂ No.8, V. O. C. St. ☎ 04144-22-0679
[料]🛁[S][W] Rs500 🛁[A/C][S][W] Rs1000 [TAX] 込
[Card] 不可 [室] 25室

3階建ての安宿で、建物内には長い廊下が続いている。部屋はシンプルかつベーシックな仕様だが清潔にはしてある。バススタンドからも近く、近隣には食堂やコーヒーストールなども多く観光や食事にも便利なロケーション。ナタラージャ寺院までは徒歩7～8分、鉄道駅からは徒歩10分ほど。チェックインは24時間制。

この町ではトップクラスのホテル

[H]サラダーラム

Hotel Saradharam

バススタンド付近 ₹₹

[MAP] P.499

⌂ 19 V. G. P. St. ☎ 04144-22-1336、944-259-1475
[料]🛁[A/C][W] Rs2408～ [TAX] 込 [Card] MV [Wi-Fi] [室] 40室
[URL] www.hotelsaradharam.com

バススタンドのすぐそばにある、町を代表する中級ホテル。3つのレストランがあり、パッラヴィはノンA/Cのベジレストラン、ギータンジャリはA/Cのベジレストラン、アヌパッラヴィはA/Cの多国籍レストラン。ミールスがおいしいので、宿泊しなくても、昼食だけを食べに行くのもよいだろう。バーも併設している。朝食付き。

清潔な安宿

[H]マンスール・ロッジ

Mansoor Lodge

寺院付近 ₹

[MAP] P.499

⌂ 91 East Car St.
☎ 04144-22-1072 [料]🛁[S][W] Rs600
[TAX] 込 [Card] 不可 [室] 26室

ナタラージャ寺院東口近くにあるロッジで、外国人バックパッカーもよく泊まっている。ピザ屋やスナックが食べられる小さなレストランが1階にあり、使い勝手がよい。

地元で人気のピュアベジ食堂

[R]シュリ・クリシュナ・ヴィラス

Sri Krishna Vilas

南インド料理 ₹

[MAP] P.499

⌂ 95/129,East Car Street ☎ 04144-22-0207
🕐 7:00～10:30、11:30～14:00、15:30～21:45
[TAX] 込 [Card] 不可

ナタラージャ寺院東ゴープラム近くにあるピュアベジタリアンレストラン。典型的な南インドの食堂といった風情。昼はお代わり自由のミールスRs90が食べられる。

[i] チダムバラムでノンベジの料理を食べたければ[R]ニュームールティカフェ New Moorthy Cafe（[MAP] P.499）がおすすめ。定番のチキン65などをはじめ種類が豊富。🕐 11:00～23:00

クンバコーナム

タンジャーヴールの北東37kmのカーヴェリー川沿いに位置する、多くの寺院がある門前町。外国人観光客が訪れることは少ないが、現在も重要な寺院都市なので巡礼者は多く、ホテルなどの施設も充実している。タンジャーヴールから日帰りできる距離だが、世界遺産に登録されたふたつの寺院があるダーラースラムやガンガイコンダチョーラプラムへの起点として宿泊してもいいだろう。

また、この町はインドが生んだ天才数学者、シュリニヴァーサ・ラマヌジャン・アイヤンガールSrinivasa Ramanujan Aiyangarの出身地としても知られている。かつて住んでいた家が今も残っており、内部を見学することができる。

巨大な塔門をもつサーランガパニ寺院

クンバコーナムの市外局番
0435
クンバコーナムの人口
約14万人

ACCESS

鉄　道
チダムバラム駅から急行（1日4〜6便）で所要1時間10〜30分。タンジャーヴールから急行（1日5〜9便）で35〜50分。

バ　ス
チェンナイからは30分おきに所要約7時間。タンジャーヴール行きのバスで途中下車。ブドゥチェリーからは1時間おきに約4時間。もしくはチダムバラムで乗り換える。チダムバラムからは20分おきで約2時間。タンジャーヴールからは日中は10〜15分おきと本数も多く、約1時間30分。バススタンドは町の東の外れにある。中心部まで徒歩15分、リクシャーを使ってもRs70ぐらいだ。

サーランガパニ寺院
🗺 P.502-A1
☎ 0435-243-0349
🕐 7:00〜12:30、17:00〜21:00
🆓 無料
※寺院内部の写真撮影は不可。

クムベーシュワラ寺院
🗺 P.502-A1
☎ 0435-242-0276
🕐 6:00〜12:30、16:00〜20:00
🆓 無料

<hr>

クンバコーナムの歩き方

町の規模はそれほど大きくはないが、幹線道路沿いにあるため、交通量は多い。駅とバススタンドは町の中心部から1kmほど東に離れた所にある。タンジャーヴール方面から来たバスは、主要寺院が並ぶ町のメインロードの**アイクーラム通りAyikulam Rd.**を通ってバススタンドへ向かう。町なかに出る場合は、クムベーシュワラ寺院前のバスストップで降りてしまったほうが便利だ。

クンバコーナム最大級の寺院が**サーランガパニ寺院Sri Sarangapani Temple**だ。南インドではティルチラパッリのランガナータスワーミ寺院に次ぐ由緒あるヴィシュヌ派寺院で、本堂はチョーラ朝末期、残りの大部分は17世紀のナーヤカ朝に造られた。東の塔門（ゴープラム）は高さ45mもある。東の塔門前には、毎年2〜3月に行われる祭りで使われる山車が置かれている。塔門周辺には貴金属のアクセサリー屋が多く、日が暮れてもきらびやかな雰囲気だ。サーランガパニ寺院と貯水池を挟んで西側に建つのが、クンバコーナム最大のシヴァ派寺院である**クムベーシュワラ寺院Sri Kumbeshwara Temple**だ。シヴァ自身が造ったというリンガが本尊になっている。にぎやかな通りから寺院内に入ると、うす暗いなかにいくつも店が並んでいる。本堂前にはゾウがいて、チップを渡すと長い鼻で頭に触れて祝福を与えてくれる。

クムベーシュワラ寺院のゾウが祝福してくれる

ℹ️ 当初、チョーラ朝の寺院の世界遺産はタンジャーヴールのブリハディーシュワラ寺院だけだったが、「それに匹敵する」ということでこのクンバコーナム近郊のふたつの寺院が拡大登録された。ともに入場無料なのもうれしい。

クンバコーナム
KUMBAKONAM

0 500m

ガンガイコンダチョーラプラムP.504、
チダムバラムへ

Cauvery River
カーヴェリー川

Kamatchi Joshiyar St.

Sri Chakrapani
Swami Temple

East Sannadhi St. Dosa Plaza
Metro P.504

State Bank of India
Dr Besant Rd.
Chela

サーランガパニ寺院
Sri Sarangapani
Temple P.501
Pandian
P.504

ナーゲーシュワラ寺院
Sri Nageshwara Temple
P.502

Sastra University

MIM Park
バススタンド

アイクーラム通り AyikulamRd.

Sarangapani South St.
Gandhi Adigal Salai

Raya's
P.504
Raya's
Annex

St Mary's
Cathedral

タンジャーヴール、
ダーラスラムへ

ラーマスワーミ寺院
Sri Ramaswami
Temple
P.502

クムベーシュワラ寺院
Sri Kumbeshwara
Temple
P.501

マハーマハーム・タンク
Mahamaham Tank
P.503

Kamaraj Rd.
Lal Bahadur Sastri Rd.

クンバコーナム駅
Kumbakonam R.S.

ラーマスワーミ寺院
📖 P.502-A1
🕐 5:00〜12:00、17:00〜21:00
🅿 無料
※カメラ持込料Rs100、ビデオ
持込料Rs200

ナーゲーシュワラ寺院
📖 P.502-A1
🕐 6:00〜12:00、16:30〜21:00
🅿 無料

このふたつの寺院の間を南北に走るのが**ビッグ・ストリート**Big St.。その名とは裏腹に道幅は狭いが、かつては町のメインストリートだったようだ。現在はバザールになっている通りの南北の端には、それぞれ寺院が配置されている。南端にある16〜17世紀の**ラーマスワーミ寺院**Sri Ramaswami Templeも重要な寺院で、塔門の彫刻がおもしろい。また、回廊の壁に描かれた『ラーマーヤナ』物語の絵も見応えがある。

シヴァ派の**ナーゲーシュワラ寺院**Sri Nageshwara Templeは、おもに12世紀頃の後期チョーラ朝時代の建築。塔門はほかに比べると大きくはないが、本堂を囲む壁に建物を山車に見立てて馬と車輪が彫刻されているのが特徴的だ。朝夕に地元の人に交じって訪れてみよう。

ラーマスワーミ寺院のゴープラム（塔門）

夭折の天才数学者、ラマヌジャン

1887年にクンバコーナムの貧しいバラモン階級の家庭に生まれたラマヌジャンは、幼い頃から学業において優秀で、働きながら数学の研究に没頭するようになる。やがてイギリスの教授に出した手紙が認められ、1914年にケンブリッジ大学に招かれる。しかしイギリスの生活が体に合わずに帰国。翌年の1920年に病死してしまう。32歳の若さだった。ラマヌジャンは系統立った教育を受けていなかったため、彼の公式を自ら「証明」することが困難だった。有名な「ラマヌジャン予想」が解決されたのは彼の死後50年以上もたった1974年のことだった。ラマヌジャンの生涯は映画『奇蹟がくれた数式』（2016年）でも紹介されている。ラマヌジャンのケンブリッジ大学留学時代を中心にした映画だが、インド時代の場面もあり、彼の業績を理解するのにはいい作品だ。

ラマヌジャンの家の内部の様子

 ラマヌジャンの家は、Ħパンディアンの2軒隣にある。内部にはラマヌジャンの像や写真があり、実際に彼が寝起きしていた部屋にはベッドも残されている。天才ラマヌジャンの面影を探しに訪ねてみよう。🕐 9:00〜13:00、13:30〜18:00 🅿 無料

マハーマハーム・タンク**Mahamaham Tank**は方形の大きな貯水池で、周囲には全部で16の小堂（パビリオン）が建つ。12年に一度のマハーマハームの大祭もここで行われる（次回は2028年）。朝夕は洗濯や沐浴を行う地元の人々の姿が見られる。

マハーマハーム・タンク
🗺 P.502-B1
🕐 6:30〜12:30、16:00〜20:00
💰 無料

周囲にはのどかな雰囲気が漂う

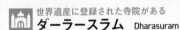

世界遺産に登録された寺院がある
ダーラースラム　Dharasuram

MAP P.502-A1外

クンバコーナムの西4kmにある小さな町で、ここにはチョーラ朝の傑作である**アイラーヴァテシュワラ寺院Airavateshvara Temple**がある。12世紀半ばに時の王ラージャラージャ2世によって造られたこのシヴァ寺院は、寺院自体が山車に見立てられており、壁面には寺院を引くゾウや馬、車輪などが彫刻されている。

大きさでいえばタンジャーヴールのブリハディーシュワラ寺院には及ばないが、彫刻の密度と完成度はチョーラ朝寺院のなかでも随一で、美しさの点では引けを取らない。クンバコーナムの町にある他の寺院の鮮やかなゴープラムに比べると華やかさはないが、赤茶色の石の風合いが逆に寺院の迫力を増している。周囲は高い外壁で囲まれており、外から内部をうかがうことはできない。正面入口は東側。正門の向かい側に未完のゴープラムの跡がある。寺院を拡張しようとした名残だ。

このほか寺院内には見事な彫刻が施された柱が並ぶホールもある。2004年には「大チョーラ朝の寺院群」として、ガンガイコンダチョーラプラムとともにユネスコの世界遺産に拡大登録された。

アイラーヴァテシュワラ寺院
🕐 7:30〜12:30、16:00〜20:00
💰 無料
アイクーラム通りを走るタンジャーヴール方面へ向かうバスに乗り、所要約15分。ダーラースラムのバスストップから寺院までは徒歩5分。リクシャーでは往復Rs200が目安。

寺院自体が山車に見立てられており、内部の柱も美しく装飾されている

ⓘ　クンバコーナムは、タンジャーヴールから北東へ向かう幹線にあるのでバスの本数も多く、移動には便利な町。寺院が多い小さな町だが、アイクーラム通りは交通量も意外に多い。

もうひとつのブリハディーシュワラ寺院
ガンガイコンダチョーラプラム Gangaikondacholapuram

MAP P.502-A1外

クンバコーナムの北35kmにあるガンガイコンダチョーラプラムは、今では小さな寒村だが、11世紀にはチョーラ朝の首都がおかれたこともある。村の名前は、「ガンジスを征服したチョーラ朝の都」という意味だ。遠くからでも目を引くのが、高さ55mの本殿（ヴィマーナ）をもつ**ブリハディーシュワラ寺院Brihadishwara Temple**。この寺院はラージェンドラ1世（在位1016〜1044年）が、先王が建設した同名のタンジャーヴールの寺院様式を受け継いで建設したもの。高さはタンジャーヴールのものよりは低いが、完成度においては匹敵するといわれ、ともにチョーラ朝建築の最高傑作に挙げられている。ぜひ足を延ばして訪れてみたい。この寺院も2004年には「大チョーラ朝の寺院群」として、ユネスコの世界遺産に拡大登録された。

ブリハディーシュワラ寺院
● 4:00〜20:00
（料）無料
クンバコーナムのバススタンドから1時間に1〜2本バスが出ている。所要1時間〜1時間30分。クンバコーナムから向かうと、左側の車窓に大きな寺院が見えてくるのでそこで下車する。終点ではないので注意が必要。チダムバラムからはバスで1時間ほどのKattomanarkoilで乗り換え、そこからさらに約30分。

チョーラ朝建築の最高傑作ともいわれるブリハディーシュワラ寺院。彫刻が美しい

Hotel ホテル

巡礼地なのでホテルの数は多いが、ホテル街というものは特になく、バススタンド近辺やアイクーラム通り沿いを中心に町中に点在している。マハーマハームの大祭時などは特に予約が取りにくくなる。食事に関しては、寺院都市と呼ばれるだけあって、ノンベジが食べられる場所はあまり多くない。ベジミールスはアイクーラム通りにある食堂「Thulasi（トゥラシー）」、「Gowrikrishna（ゴウリクリシュナ）」や H パンディアンのレストランなどで食べることができる。

寺院巡りにも便利な安宿
H パンディアン
Pandian

町の中心部 ₹

MAP P.502-A1

🏠 52 Sarangapani Rd. ☎ 0435-243-0397
⬛⬛⬛ Rs450 ⬛⬛ Rs770 ⬛⬛ Rs660 ⬛⬛ Rs 1090 ⬛込 [Card] MV ⬛ 19室

サーランガパニ寺院の東のゴープラムから徒歩2分の所にある安宿で、外国人バックパッカーもよく泊まっている。1階にノンベジレストランもあり、ミールスもRs90で食べることができる。チェックインは24時間制。

アクセスもいい中級ホテル
H メトロ
Hotel Metro

町の中心部 ₹₹

MAP P.502-A1

🏠 19/11 Sarangapani Rd. ☎ 0435-240-3377
⬛⬛⬛ⓢ Rs1200〜1700 ⬛別 [Card] MV
[WiFi] ⬛ 21室 [URL] www.thehotelmetro.com

サーランガパニ寺院の東のゴープラムから徒歩3分のロケーションにある中級ホテル。部屋はスタンダード、デラックス、エグゼクティブの3種類あるが、どれも清潔に保たれており、快適に過ごせる。スタッフも親切で、クンバコーナム近郊の観光についても相談にのってくれる。ルームサービスは24時間オーダー可能で、ランドリーサービスもある。24時間制。

老舗の中級ホテル
H ラヤズ
Hotel Raya's

町の中心部 ₹₹₹

MAP P.502-A1

🏠 18 Head Post Office Rd. ☎ 0435-242-3170
⬛⬛⬛ Rs1475 ⬛⬛ Rs1750〜2250 ⬛別
[Card] MV [WiFi] ⬛ 54室 [URL] www.hotelrayas.com

バススタンドから徒歩15分で、マハーマハームタンクのすぐそば、町の中心にも近い。外国人旅行者の宿泊も多く、フロントの応対も手慣れていて感じがいい。1階にA/Cの効いたノンベジレストラン、2階にバーがある。24時間制。

タンジャーヴール（タンジョール）

ライトアップされたブリハディーシュワラ寺院の威容

9世紀から13世紀にかけてチョーラ朝の首都として栄えた古都。この王朝時代に多くのシヴァ寺院が建てられ、バラモン文化が栄えた。チョーラ建築の最高傑作で世界遺産のブリハディーシュワラ寺院や王宮などの見どころがある。小さな町ではあるが、ヴィーナーと呼ばれる弦楽器の製作地としても有名で旧市街を散歩していると工房でのヴィーナー製作風景を目にすることもあるだろう。また、カーヴェリー川のデルタ地帯に点在するチョーラ朝の寺院巡りの起点としても非常に便利だ。

タンジャーヴールの歩き方

ふたつのバススタンドがあり、長距離はおもに町の中心から約6km南西にあるニュー・バススタンド発着。町の中心、旧市街にあるオールド・バススタンドは最近リニューアルされ、おもに市内や近郊の町へ行くバスが発着している。このふたつのバススタンドは市バスによって結ばれている。オートリクシャーならRs100前後。町の中心はオールド・バススタンド周辺で、ホテルはオールド・バススタンドの北側やガーンディージー通り沿いと駅の南に数軒ある。町は小さいので歩いて回ることも十分可能。

旧市街でのヴィーナー製作風景

タンジャーヴールの市外局番
04362
タンジャーヴールの人口
約22万人

ACCESS

鉄 道
チェンナイ・エグモア駅から急行（1日4〜7便）で所要6〜7時間30分。ティルチラパッリ・フォート駅から急行（1日2便）で約1時間10分。

バス
ニュー・バススタンド
町の中心部から約5km離れた場所にある。プドゥチェリーから所要約6時間だが、本数は少ない。ティルチラパッリから約1時間30分。チダムバラムから約4時間。クンバコーナムから約1時間30分。マドゥライから約4時間。
オールド・バススタンド
チェンナイからのエクスプレスバスが1日17便、所要約8時間。

タミル・ナードゥ州

Tamil Nadu

Thanjavur (Tanjore) タンジャーヴール（タンジョール）

 タンジャーヴールで知られているもののひとつにタンジョール絵画がある。南インドを代表する伝統画で、金箔や貴石をあしらったゴージャスさから宝石画とも呼ばれる。ナーヤカ朝の時代から発展した。

ブリハディーシュワラ寺院

♠ Gandhiji Rd.
☎ 04362-23-1325
🕐 5:30〜20:30
🎫 無料

壮大な世界遺産の寺院
ブリハディーシュワラ寺院 Brihadishwarar Temple

MAP P.505-A2

1010年、チョーラ朝の最盛期の王ラージャラージャ1世（在位985〜1012）によって建てられたシヴァ寺院。マハーバリプラムに始

一枚岩から彫られた巨大なナンディー像

まった南方型寺院建築の最高峰で、そのあとを継いだラージェンドラ1世がガンガイコンダチョーラプラム（P.504）に建てた同名寺院と、チョーラ建築の双璧をなす。

唯一の入口の塔門（ゴープラム）は東側にあり、左右に守護神を配置した彫刻は見事。境内に入ると、正面にシヴァリンガを祀った南インド最大の本殿（ヴィマーナ）の姿が目に飛び込んでくる（非ヒンドゥー教徒は本堂奥の聖域には入れない）。高さ63mの頂部には重さ81トンの単石の冠石（シカラ）が置かれている。

外壁に彫られている神々の彫像もすばらしい。このヴィマーナと向き合うようにしてあるのが、インドで2番目に大きいという巨大なナンディー像。単石から切り出され、高さ4m、重さは25トンあるという。境内を囲む回廊には多くのシヴァリンガが置かれ、壁にはチョーラ朝時代以降に描かれたフレスコ画があり目を引く。

INFO

タミル・ナードゥ州
観光開発公団（TTDC）
📍 P.505-A2
♠ Hotel Tamil Nadu Complex
☎ 04362-23-0984
🕐 10:00〜17:45
🎫 土、日、祝

ゴープラム（塔門）の守護神

寺院内部から見たナンディーと入口のゴープラム

ⓘ 町の名産品として、陶器で作られたタンジャーヴール人形もよく知られている。起き上がりこぼしのような形をしたものや、首や腰が動いて踊っているように見えるダンシングドールなどがあるので、みやげ物屋で探してみよう。

塔の上にも上ってみよう

王宮 Palace

MAP P.505-A1

1550年頃マドゥライのナーヤカ王が建て、マラーター時代に拡張された王宮の一部が博物館として公開されている。まずは柱の細工と宗教画が見もののダルバール・ホール**Dharbar Hall**へ。チョーラ朝の石像やブロンズ像100体以上を飾る美術館Art Galleryは別料金。奥に建つヒンドゥー寺院のヴィマーナに似た8階建ての**アルセナル塔Arsenal Tower**は、6階まで上ることができる。次に美術館入口手前右横から**見張り塔Bell Tower**へ上り町を一望。敷地内にはほかに、**セルフォージ記念ホールSerfoji's Memorial Hall**、王室博物館Royal Museum、**サラスヴァティー・マハル・ミュージアムSarasvathi Mahal Museum**がある。バルコニーだったサルジャ・マディSaarjah Madiには帰りに立ち寄ろう。

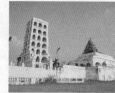

アルセナル塔と見張り塔

王宮
◷ 9:00～17:00（チケット売り場は13:00～13:30は昼休み）
料 Rs200
※カメラ持込料Rs100、ビデオ持込料Rs200

美術館
◷ 9:00～13:00、14:00～17:00

セルフォージ記念ホール
◷ 9:00～17:30 料 Rs5
※カメラ持込料Rs30、ビデオ持込料Rs150

サラスヴァティー・マハル・ミュージアム
◷ 10:00～13:00、13:30～17:30 休 祝
写真撮影は不可。

Hotel & Restaurant ホテル&レストラン

バススタンドのすぐそば

H ラームナート
Hotel Ramnath

バススタンド付近 ₹₹
MAP P.505-A1

⌂ 1335、South Rampart, Old Bus Stand ☎ 978-686-8888 料 Rs950 AC S Rs1050～1200 W Rs1150～1250 税 別 Card 不可 Wi-Fi 室 36室 ✉ hotel_ramnath@yahoo.com

バススタンドの北側すぐそばにあるホテルだが、室内では騒音はほぼ気にならない。値段にしては部屋は広めでコスパがよく、きれいに手入れされている。同じ建物内にビリヤーニーが食べられる食堂もある。チェックインは24時間制。レセプションは階段を上がって2階。

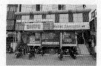

旧市街にあるこぎれいな宿

H ヴェーダズ・ステイ
Vedha's Stay

旧市街 ₹₹
MAP P.505-A1

⌂ 45/1628,Bogi Lakshmana Naiken Lane, South Main Street ☎ 04362-23-8899 料 AC S Rs1100～1650 W Rs1400～1800 税 別 Card AMV Wi-Fi 室 24室

旧市街の小路にある快適な中級宿。部屋はさほど広くはないが、清潔に手入れされ快適に過ごせる。湯沸かし器やティーバッグもあり、朝食付き。オールド・バススタンドからは徒歩5分ほど。オートで行く場合にはロイヤル・ホスピタルの近くといえば通じやすい。

バスタブのある宿！

H タンジョール・ハイ
Tanjore Hi

旧市街 ₹₹
MAP P.505-A1

⌂ 464, East Main Street ☎ 915-955-0341 料 AC Rs2200～3950 税 別 Card MV Wi-Fi 室 12室 URL dunewellnessgroup.com/tanjore-hi

1920年に建設された商人の古い家を改築したブティックホテルで、王宮入口から北に少し歩いた右手にある。部屋だけでなくバスやトイレも広めに作ってあり、ほとんどの部屋にバスタブがあるのが何といってもうれしい。ゆっくりとお湯につかって旅の疲れを癒やせる宿。

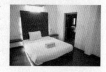

夜遅くまでやっている

R サタルス
Satahars

北インド料理 ₹₹
MAP P.505-A2

⌂ 167, Gandhiji Rd. ☎ 04362-23-1041 ◷ 12:30～16:30、18:00～23:00 税 別 Card 不可

ガーンディージー通り沿いにある北インド料理を中心に南インド料理やインド中華も出すレストラン。オールド・バススタンドからは徒歩約5分ほどで、地元の人にも人気がありノンベジ料理も豊富。タンドゥーリー・チキン（ハーフRs230）やマトン・ビリヤーニー（Rs280）、クラブ・ロリポップ（Rs190）がおすすめだ。スナックやスイーツも食べることができる。

ⓘ タンジャーヴールの北約13kmにある村、ティルヴァイヤールThiruvaiyaruには南インド古典音楽を代表する楽聖ティヤーガラージャが住んでいた家がある。毎年1月頃には慰霊音楽祭が開催され、南インド古典音楽を朝から晩まで楽しむことができる。

聖と俗の支配 —— ブリハディーシュワラ寺院

前代未聞の大寺院

　この寺院が、世界遺産に登録されていることを知る人は少ない。チョーラ朝のラージャラージャ（「王の中の王」の意）1世がおよそ7年の歳月をかけて1010年に完成、63mもの高さにそびえ立つ本堂は、それ以前に南インドで建立された数多くの寺院の本堂の高さを、5倍以上もしのいでいる。当時としては、インドはおろか世界最大規模を誇る。ドラヴィダ様式の寺院建築は、ここにひとつの頂点を極めたといってよい。本堂の高さの記録は、インドの寺院建築では今日にいたるまで破られていないのではなかろうか。ヤシの木々がなければふと日本にいるような気さえしてしまう、美しい水田がどこまでも続く周辺の田園地帯。そのどこからでも望むことができるこの寺院を、1000年前の人々はどのような思いで眺めやったことであろう。

　240m×120mの敷地全体は2重の周壁で囲まれ、東側に開く重厚な塔門（ゴープラム）からのみ、境内に入ることができる。細かな彫刻が全体としては華麗な印象を与えるこの塔門は、周壁とともに内と外、あるいは聖と俗とを明確に分離する意味をもつ。南インドではその後時代が下るにつれて本堂の規模が縮小していくのに対し、塔門は巨大化の道をたどり、さらに強調されていくことになる。ブリハディーシュワラ寺院は、ちょうどその画期となっている点でも建築史上重要視されている。塔門をくぐると正面に、御本尊のシヴァ神の乗り物、聖牛ナンディーの像を祀った堂が建つ。本堂の規模にふさわしくこの像もまたインド有数の巨大なもので、実際の牛の数倍もある。

　境内を囲む周壁の内側は柱廊（遶道）となっており、寄進されたいくつものリンガがずらりと並ぶ（左側柱廊の一部は博物館）。またその壁面には17世紀のナーヤカ朝時代の壁画が描かれているが、一部その下から創建時の壁画が発見された。これはチョーラ朝の作品としては唯一のもので、そのシヴァ神や天界の楽士・天女たちの表現は躍動感に満ち、本殿の基壇外壁を飾る浮き彫り像と比較してみるのもおもしろい。

　巨大な本殿は、その形は直線的で一見シンプルとはいえ、これほどのものを建立することのできた王の権力と自信のほどをうかがわせる。その頂上に戴いている半球状の塊は、ヒン

ドゥー教寺院を特徴づける冠石と呼ばれるものである。ただしこの寺院の冠石は全体のプロポーションからしても巨大で、つなぎ目のないひとかたまりの花崗岩を加工したその重さは80tに達するという。建設の際には、長さ6kmにも及ぶ傾斜路を造って頂上まで引き上げたらしい。また本殿手前の前室は正面と奥左右の3ヵ所に入口があり、平屋根で簡素な造りとともに、南インド固有の設計となっている。

　御神体のリンガ（男根）を安置した本殿内部の聖室には、ヒンドゥー教徒以外は入ることは許されない。しかし戸口は開けられているので、これまた巨大な、高さ4m、周囲7mものサイズのそのシンボルを外側からでも十分に拝することができる。

寺院と神と王と

　そもそもなぜラージャラージャ1世は、それまでの常識を超えるこのような規模の寺院を建てたのであろうか。ラージャラージャ1世の治世は、周辺の宿敵の国々を撃退しスリランカ北部をも制圧するなど、チョーラ朝の絶頂期にあった。こうして得た巨万の富が、寺院建設のための資金源となっていたことはいうまでもない。ただしそこには、単に経済力の誇示というだけでなく、王権の絶対化を図るという政治的なもくろみが強く働いていたという。

　それまでの寺院が神話や伝承にちなんだ伝統的な聖地に建てられてきたのに対し、ブリハディーシュワラ寺院は王の意思に基づくまったく新たな場所に建設された。御神体のリンガも、「ラージャラージェーシュワラ」という、王とシヴァ神（イーシュワラ）を同一視するような名で呼ばれている。インドでは、東南アジアに見られるような明確な神格化に発展することはなかった。ただ、大宇宙の中心にシヴァ神が君臨しているように、その投影である人間社会という小宇宙に王が君臨していることを象徴的に示すことを意図したという。当然ながらそれは、儀礼をとおして王権を正統化し、諸侯の忠誠を集中させることに最大の目的があった。

（小磯学）

　ブリハディーシュワラ寺院にはかつて、ヒンドゥー寺院に仕えるデーヴァダーシと呼ばれる、寺院付きのダンサーが数百人以上も所属し、ヒンドゥー教の神々へ舞を奉納していたという。

ティルチラパッリ（ティルチィ）

通称ティルチィまたはトリチー。タミル・ナードゥ州中部の中心都市でチョーラ朝時代から栄え、現在も交通の要衝にあることから産業都市として発展を続けている。現存する寺院の建物の多くは、17世紀にマドゥライのナーヤカ王によって建てられたもの。その一方で町なかにはイギリス統治時代に建てられたキリスト教会も見られる。安宿から中級ホテルは、セントラル・バススタンドの周辺からジャンクション駅へ向かうエリアに多い。旅行者向けのおもなレストランはホテルに併設されている。

◀── ティルチラパッリの歩き方 ──▶

ティルチラパッリの町はかなり広いので、市バスやオートリクシャーを使って観光することになる。町は**南の新市街**、ロック・フォートを中心とする**北の旧市街**、さらに北のカーヴェリー川中州の寺院都市**シュリーランガムSrirangam**の3つの地域に分けられる。

南の新市街（カントンメント・エリア）の中心はセントラル・バススタンド。長距離バスやほとんどの市バスもここに発着している。頻繁に発着している市バスのNo.1が、ほぼすべての見どころを回るので便利。タミル・ナードゥ州観光開発公団（TTDC）はセントラル・バススタンドの目の前、ホテル街の一角にある。日中にバスで着いたらまずここへ寄ってみよう。

鉄道駅（ティルチラパッリ・ジャンクション駅）もあるこの新市街から北へ約4.5km、旧市街の中心ロック・フォート周辺は門前町の活気があり、大きいバザールを形成している。ここからさらに北へ向かい、大河カーヴェリー川を越えた中州のシュリーランガムには、参拝客を集めるふたつの寺院、ジャンブケーシュワラ寺院とランガナータスワーミ寺院がある。ここまでカントンメント・エリアから約9kmだ。

ランガナータスワーミ寺院の東のゴープラム（塔門）

ティルチラパッリの市外局番
0431
ティルチラパッリの人口
約85万人

ACCESS

飛行機

【国内線】
チェンナイからインディゴエアが1日4便、所要約1時間〜1時間15分。空港は市の約6km東にあり、リクシャーでRs200程度。

【国際線】
ティルチラパッリ国際空港へは、クアラルンプールからエアアジアが毎日2〜3便、マリンド・エアが毎日1便、所要約4時間。コロンボからスリランカ航空とフィッツ・エアが計週9便、約1時間。シンガポールからスクートが毎日2便、エア・インディア・エクスプレスとインディゴエアが各毎日1便、所要約4時間。

鉄道

チェンナイ・エグモア駅から急行（1日約10便）で所要約5時間。マドゥライ・ジャンクション駅から急行など（1日15〜18便）で2時間〜3時間30分。

バス

チェンナイから所要6〜7時間。マドゥライから約2〜2時間30分。タンジャーヴールから約1時間30分。

INFO

タミル・ナードゥ州観光開発公団（TTDC）
🗺 P.510-A2
🏠 101 Williams Rd.
☎ 0431-246-0136
🕙 10:00〜17:45
🈲 土、日、祝
セントラル・バススタンド向かいにある。

ジャンブケーシュワラ寺院に行きました。本堂前の空間の柱の彫刻はすばらしく、その横にある列柱にもヒンドゥーの神々の浮き彫りがあって見応えがあります。個人的には三本足の聖者の浮き彫りが好き！（北九州市　印南好男　'19）

ランガナータスワーミ寺院

☎ 0431-243-2246
🕐 6:00～21:00
💰 無料
　ビューポイントRs20
※カメラ持込料Rs50、ビデオ持込料Rs100
🌐 www.srirangapankajam.in
🚌 セントラル・バススタンドからNo.1のバスで約30分、終点。ジャンブケーシュワラ寺院、ロック・フォートの近くを経由する。リクシャーならRs170。

※ビューポイントへ入るチケットと、カメラ・ビデオ持ち込みチケットは、4番目のゴープラムの中に入り、左側へ行った所で買える。

面積はなんと2.5km²
ランガナータスワーミ寺院 Sri Ranganathaswamy Temple

MAP P.510-A1

ランガナータスワーミ寺院本堂のゴープラム（塔門）

新市街の北9km、カーヴェリー川とその支流が作る東西に長い中州。インドでは川の中州は聖なる場所とされるが、その中州にインド最大の寺院都市シュリーランガムがある。

旧市街のロック・フォート頂上からも見やることのできる、このシュリーランガムにあるランガナータスワーミ寺院はインドに108あるヴィシュヌ派の聖地のひとつで、南インドでも最大級のヒンドゥー寺院として有名だ。境内は広大で7重の周壁に囲まれ、21の塔門（ゴープラム）をもち、外側から4番目までは民家やバザールが続く門前町を形成している。本尊はランガナータ神（ヴィシュヌ神）で、オリジナルはチョーラ朝時代の創建。その後、歴代の王朝が次々と聖所に外周壁を加え拡張。東西南北の定位置に外側に向かってより高く大きいゴープラムが建てられるようになった。

現存する建築物はほとんど17世紀にマドゥライのティルマライ・ナーヤカ王によって建てられたもの。ただし最大の72mの高さをもつ南門のラージャ・ゴープラムは、長い間未完のままであったものを1987年にユネスコの援助を得て完成した。本殿には非ヒンドゥー教徒は入れないが、4番目の塔門をくぐって左側の建物の屋根に上り、黄金に輝く頂部を見ることはできる（6:30～18:00）。12～1月に行われるヴァイクンタ・エカダシ大祭Vaikunta Ekadasiのときは、インド中から訪れる多くの巡礼者でにぎわう。

0　　1km
N

ランガナータスワーミ寺院
Sri Ranganathaswamy Temple P.510

Srirangam R.S.

81
38

Annamandapam Rd.
Sannathi St.
Kumbakonathar Salai

ジャンブケーシュワラ寺院
Sri Jambukeshwara Temple P.511

シュリーランガム
Srirangam

カーヴェリー川
Cauvery River

81

1

ロック・フォート
Rock Fort P.511
67

Our Lady of Lourdes Church

Rohini Service Apartment P.512

テッパクラム沐浴池

Tiruchirappalli Town R.S.

Kannappa R P.512

Tiruchchirappalli Fort R.S.

ロック・フォート入口

Chinna Kadai

旧市街

Shastri Rd.
Big Bazaar St.
Karappalayam Kattur Rd.
Madurai Rd.

Courtyard by Marriott Tiruchirappalli P.512

新市街

Tiruchchirappalli Palakkarai R.S.

Bharathidasan Salai
Collector Office Rd.
Williams Rd.
Femina P.512
Kaja Pettai Main Rd.
CSI Church
Ramyas P.512

セントラル・バススタンド

Kurinji P.512

Bharathiar Salai

タミル・ナードゥ州観光開発公団（TTDC）P.509

83

ティルチラパッリ・ジャンクション駅
Tiruchchirappalli Junction R.S.

83

セント・ジョンズ教会
エア・インディア

ティルチラパッリ
TIRUCHIRAPPALLI

A

ℹ ランガナータスワーミ寺院の敷地の多くは民家やバザール。最初の大きなゴープラム前でうっかり履物を預けてしまうと、それから何分も商店街を裸足で歩くことになる。履物を必ず脱がなければならないのは、外側から4番目のゴープラムから。

ジャンブケーシュワラ寺院　Sri Jambukeshwara Temple

MAP P.510-A1

　ランガナータスワーミ寺院の東1.5kmにあるシヴァ神を祀った寺院で、5重の周壁と7つの塔門 (ゴープラム) をもつ。建設はランガナータスワーミ寺院と同じ17世紀頃。かつてここにはジャンブーの森があり、その木の下で、クモとゾウがシヴァリンガを祀る方法を巡って争ったという話が伝わっている。本殿の聖所は水をたたえた床下に御神体のシヴァリンガを祀ってあるが、非ヒンドゥー教徒は入ることはできない。奥にあるアンマン寺院も同様。特に本堂周辺の彫刻はすばらしいので、ゆっくり見て回るのもよいだろう。

　寺院内の写真撮影は有料で、チケットは非ヒンドゥー教徒は入れない本堂の中でしか入手できないという難易度の高いシステムになっている。寺院関係者に頼んで買ってきてもらおう。

シヴァとパールヴァティの像　西側入口2番目のゴープラム (塔門)

そびえ立つ岩山の正体は……？

ロック・フォート　Rock Fort

MAP P.510-A1

　新市街の北、セントラル・バススタンドより約4.5km、カーヴェリー川近くにある高さ83mの岩山で、マドゥライのナーヤカ王によって要塞化されたが、現在は寺院となっている。岩をくり抜いて頂部まで続く階段は437段。途中にはシヴァ神を祀るターユマーナスワーミ寺院Sri Thayumanaswamyがある。入場ができるのはヒンドゥー教徒のみだが、内部には100本もの柱が並ぶホールがあり、3世紀頃の彫刻が残っているという。

　ここを通り過ぎると石段は屋外に出て、左側の6世紀のパッラヴァ朝時代の石窟の脇を通り、頂部のガネーシャ神 (ヴィナーヤカVinayaka) を祀る

ウッチピライヤール寺院Ucchipillayarへと続く。この小さな寺院は一般観光客でも参拝できる。展望台からはティルチラパッリの町やカーヴェリー川、その向こうのランガナータスワーミ寺院まで見渡せ、非常に眺めがよい。

テッパクラム側から見るロック・フォート

ジャンブケーシュワラ寺院

🏠 Thiruvanaikkaval
☎ 0431-223-0257
🕐 5:30〜13:00、
　 15:00〜20:30
🎫 無料
※カメラ持込料Rs30、ビデオ
　持込料Rs200

※カメラ・ビデオ持ち込みチケットは、不思議なことに非ヒンドゥー教徒は入れない本堂内でしか入手できない。寺院のスタッフにお金を渡して、チケットを買ってきてもらおう。

ロック・フォート

☎ 0431-270-4621
🕐 5:30〜20:30
🎫 Rs10
※カメラ持込料Rs20、ビデオ
　持込料Rs100
🚌 セントラル・バススタンドからNo.1のバスで約15分。

ⓘ ロック・フォート正面のChinna Kadai St.とNSB Rd., Big Bazaar St.が旧市街の中心でとてもにぎやか。またテッパクラム沐浴池の周りにも午後から屋台が並ぶ。

Hotel & Restaurant ホテル&レストラン

近代的なホテル

Hフェミナ

Femina Hotel

バススタンド付近 ₹₹

MAP P.510-A2

109 Williams Rd. ☎0431-241-4501
料 AC Ⓢ Rs1400～3500 Ⓦ Rs1850～6000
TAX 別 Card DMV Wi-Fi 室 178室
URL www.feminahotel.net

バススタンドから徒歩3分で、ティルチラパッリ最大規模のホテル。レストランやショップも併設しており、客室も快適。バスタブ付きの部屋や旧市街を眺められる部屋もある。併設のレストランWoodlands（ベジ）やTaj（ノンベジ）には南北インド、コンチネンタル、中華の各料理が揃っているほか、ジムやプールもある。朝食付きで、チェックインは24時間制。

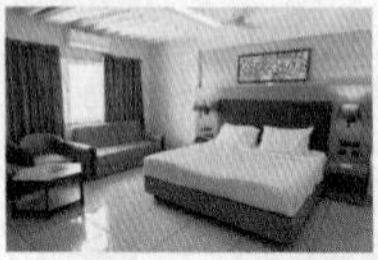

設備の整ったきれいなホテル

Hラムヤス

Ramyas Hotels

バススタンド付近 ₹₹

MAP P.510-A2

13-D/2 Williams Rd. ☎0431-400-0400
料 AC Ⓢ Ⓦ Rs3500～7450 TAX 別
Card AJMV Wi-Fi 室 117室
URL www.ramyashotels.com

バススタンドすぐそばの便利なロケーションの中級ホテル。客室はエグゼクティブ、デラックス、スイートに分かれており、モダンで機能的。レストランやバー、ビジネスセンターなど施設も充実。24時間ルームサービス、ランドリーサービスあり。料金には朝食が含まれている。チェックインは24時間制。ホテル内にはノンベジレストラン「メリディアン」もある。

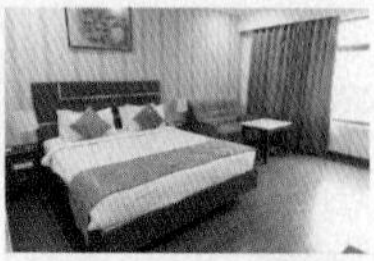

清潔で快適に過ごせる

Hローヒニ・サービスアパートメント

Rohini Service Apartment

旧市街 ₹₹

MAP P.510-A1

New No.4, 6th Cross Street, Salai Road
☎0431-276-1661 料 AC Ⓢ Rs1600 Ⓦ Rs2100～2400 TAX 別 Card MV Wi-Fi 室 36室
URL www.rohiniaparthotel.com

2019年5月オープンのサービスアパートメント。ティルチラパッリ・フォート駅にも近く、近隣にもいくつかホテルや食堂が並ぶ便利な場所にある。2～3部屋ごとに共用の居間とキッチンが付いていて、どの部屋も広くて清潔で快適に滞在できる。アパートとはいえ、フロントデスクも24時間オープンしており不便はない。屋上からはロック・フォートも見える。南インド料理の朝食付き、24時間制。

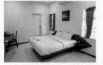

町いちばんの高級ホテル

Hコートヤード・バイ・マリオット ティルチラパッリ

Courtyard by Marriott Tiruchirappalli

バススタンド付近 ₹₹

MAP P.510-A2

Collector's Office Rd. ☎0431-424-4506
料 AC Ⓢ Rs3500～16320 Ⓦ Rs4250～16320
TAX 別 Card AMV Wi-Fi 室 90室
URL sangamhotels.com/trichy

セントラル・バススタンドの北、新市街の外れにある高級ホテル。かつて「サンガム」として営業していたホテルがマリオットグループの一員となった。外観、内装とも全面的に改装し、モダンな装いに。客室はゆったりとしており、ベッドも広い。多国籍料理のレストラン、プール、バー、ジム、トラベルデスクを完備している。朝食付き、チェックアウトは12:00まで。

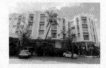

みんな知ってる町の有名店

Rクリンジ

Kurinji

南インド ₹

MAP P.510-A2

13-A Royal Road, opp. to Centralbus stand
☎0431-241-5881 6:00～22:30 TAX 込
Card MV

バススタンドの真向かいにあるベジレストラン。店内は清潔で、スタッフのサービスもいい評判の店。バナナの葉に定食のように盛ってくれるミールスRs90はランチタイムのみ。ドーサやウッタパムなどのスナックやビリヤーニー、フライドライスや麺類のインド中華メニューが豊富。周辺ホテルに宿泊するならおすすめ。

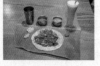

チェッティナード料理ならばここ！

Rカンナッパ

Hotel Kannappa

チェッティナード料理 ₹₹

MAP P.510-A1

73A, Salai Road ☎0431-276-5806
11:30～23:30 TAX 込 Card AMV
URL www.hotelkannappa.com

市内に4店舗展開するチェッティナード料理のレストラン。ティルチラパッリでおいしいノンベジ料理を食べたければここがおすすめ。清潔な店内は地元の人でにぎわっている。チキン、フィッシュ、マトンなどひととおりのチェッティナード料理を食べることができるが、おすすめはマトン・ビリヤーニーRs250、マトン・ムガール・ビリヤーニーRs270。

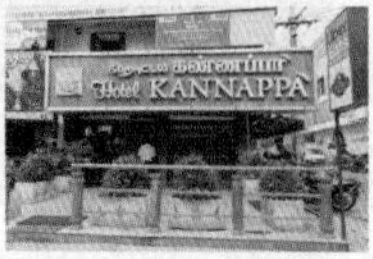

ⓘ テッパクラムを挟んでロック・フォートと向かい合うように建つのがローマカトリック教会のルルド聖母教会。毎日ミサが行われているが、日曜午後五時からのミサは英語で行われるので、参加したい人は失礼のないようにおじゃまさせてもらうとよいだろう。

カライクディ

タミル・ナードゥ州南部に位置するチェッティナード地方Chettinad。チェッティヤールと呼ばれる商人コミュニティの拠点となる地方で、カライクディとその周辺の70以上の村からなる。

チェッティヤールは、金融や塩などの商売で財をなした人たちで、7世紀くらいから活動していた記録が残っている。もともとはこの内陸地方ではなく、タンジャーヴール近くの海岸沿いで暮らし、船を使って貿易業を営んでいたという。しかし、津波で甚大な被害を受けて、家に残していた家族を失ったことから集団で内陸へ移住。海から遠く、雨の少ない、この地方を選んだといわれている。

全盛期を迎えるのはインドがイギリスの植民地となった18〜20世紀初頭。アジアにおけるイギリスの勢力拡大に乗じて、多くのチェッティヤールが、ミャンマー、マレーシア、スリランカなど各地に進出して、その富はこのチェッティナード地方に流れ込んだ。現在でもこの時代に建てられた建築があちこちに見られる。これらの建築は「チェッティナード・マンション」と呼ばれ、ミャンマー産のチーク材、イタリア産の大理石、ベルギー産のガラス、日本製の陶器タイルなど世界中から建材を集めて建てられた豪奢なものだ。

しかし、インド独立後チェッティヤールの商売は大きく傾き、多くの人々はこの地を離れて大都市で暮らすようになった。今では古くて大きな邸宅が残るばかりだが、結婚式などの行事になると家族でここに戻ってくるという。

また、この地方がインド中に名前を知られるのは、チェッティナード料理と呼ばれるこの地方独特の料理による。チキン、マトン、ハト、魚、カニなど豊富な食材とスパイスを使ったカレーで、リッチで深い味わいが特徴だ。これらの料理は、チェッティヤール商人たちが大きく関わっている。一説には、もともとベジタリアンであった彼らが、海外進出したことにより、外国の食文化や他宗教の食文化を取り入れることで成立していったとされる。また彼らがスパイスを扱う商人であったことも大きく影響している。

カライクディの市外局番
04565

カライクディの人口
約11万人

ACCESS

鉄道
チェンナイからカライクディ・ジャンクション駅へ1日3〜5便、所要時間45分〜9時間55分。ティルチラパッリから1日3〜6便、所要約2時間。

バス
ティルチラパッリから所要約3時間。マドゥライ、ラーメシュワラム、タンジャーヴールからも便がある。

INFO

タミル・ナードゥ州
政府観光局
🗺 P.514-B1
🏠 13 Kannadasan Manimandapam
☎ 04565-23-0705
🕘 9:30〜18:30
㊡ 日、祝
🌐 www.tamilnadutourism.org

カディアパッティの町並み

バナナの葉の上に盛られた🅷バンガラのチェッティナード料理

 カライクディへは、マドゥライからタクシーをチャーターして行くという方法もある。料金は交渉次第だがRs3000〜3500くらい。所要時間は2時間弱。

カライクディの歩き方

カライクディは大きな町ではないが、チェッティナード地方の起点となる町だ。ホテルも多いし、料理を味わえるレストランもある。

現在のカライクディ市街の中心となるのは、ニューバスターミナルのある**100 Feet Rd.**。この周辺にホテルやレストラン、銀行なども多い。

鉄道駅の**カライクディ・ジャンクション駅kraikudi Junction**は、ニューバスターミナルの東、3kmくらい離れた所にある。

カライクディの町はいたるところに豪商の邸宅が建っている。現在も人が住み続けている家は少なく、荒廃しているものも多いが、それがまた独特の味わいを出しているともいえる。基本的には中に立ち入ることはできないが見事な門構えや装飾などを外から眺めてぶらぶらと街歩きするのも楽しい。また、タミル・ナードゥ州は女神信仰の強い土地であるが、このカライクディでは**ムットゥ・マリアンマン寺院Muthu Mariamman Temple**がその代表格だ。小さな寺院ではあるが、特に朝夕の礼拝の時間には人々が集い女神へとあつき祈りをささげている。

カライクディ近郊にもいくつかの村に豪商の邸宅があって、カライクディから訪れることができる。また、そういった邸宅の中には食事や宿泊ができるところもあるので、泊まってみるのもよいだろう。カライクディの北北西13kmほどにある村、**アッタングディAthangudi**にある**アッタングディ・パレスAthangudi Palace**も一般に開放されている。1932年に建てられたもので、世界中から集められた建材を贅沢に使った建物だ。

チェッティナード・マンション
🗺 P.515
🏠 S.A.R.M. House, Behind Raja's Palace, Kanadukatan
☎ 984-634-4305
🛏 ⓐⓖ@ Rs7000〜　💴込
💳 MV 📶 🔑8室
🔗 chettinadmansion.com

吹き抜けのあるチェッティナード・マンション

ムットゥ・マリアンマン寺院

アッタングディ・パレス
🗺 P.515
🏠 Athangudi Road
🕐 9:00〜17:00
💴 Rs100
※カメラ・ビデオ持込料Rs200
🔗 athangudipalace.com

アッタングディ・パレスの外観

アッタングディ・パレス内部のホール

ⓘ チェッティナードの特産品として「コタン」と呼ばれる籠がある。チェッティナードの女性が編んだもので、美しい色使いや模様が特徴。

カライクディ広域図

チダンバラ・ヴィラス
Chidambara Vilas

🗺 P.515
🏠 TSK House, Ramachan-drapuram, Kadiapatti, Off Thirumayam Fort
☎ 894-000-0860（予約）
💰 Rs8749～ 税別
🛏 25室
🌐 chidambaravilas.com
✉ bookings@sangam hotels.com（予約）

またこのアッタングディから東へ8kmの所にある村**カナドゥカタンKanadukathan**にある**チェッティナードゥ・マンションChettinadu Mansion**はホテルになっており、豪華な建築の内部を見学できる。1902年、チェッティヤール商人が大活躍していた頃の建築で、ダイニングホールや中庭などの豪華さは目を見張るものがある。さらにこのカナドゥカタンから11kmほど北の村**カディアパッティKadiapatti**にも同様に豪華な邸宅が見られ、ぶらぶらと歩いてみるのもおもしろいだろう。**チダンバラ・ヴィラスChidambara Vilas**はホテルとして宿泊できる。プールやビリヤード台もあり、かつてのチェッティヤール商人の気分を味わいながら滞在するのもよいだろう。

Hotel & Restaurant ホテル&レストラン

チェッティナードの伝統を伝える
H バンガラ
The Bangala

街外れ ₹₹₹
MAP P.514-A3

🏠 Devakottai Rd. ☎ 944-318-3021 💰 Rs 6888～ 税込 💳 MV 📶 🛏 33室
🌐 www.thebangala.com

1916年と1930年に建てられた邸宅を利用したヘリテージホテル。客室には当時のアンティークが飾られシックな雰囲気。スイミングプールもある。ダイニングも有名で、予約すれば宿泊客でなくても食べることができる。

アクセスがよく便利
H SMSロッジ
S.M.S.Lodge

中心部 ₹
MAP P.515-B1

🏠 No.6/1, New Bus Stand（North Side）
☎ 04565-22-7741 💰 Rs600～
税別 💳 不可 🛏 51室

ニューバススタンドの北側すぐ近くにある安宿。客室はいたってシンプルだが清潔に保ってある。スタッフもフレンドリーだ。お湯は太陽光発電なので、夜遅いとお湯がぬるい時もある。ATMがすぐそばにあるので便利。チェックインは24時間制。

快適な中級ホテル
H スッパラクシュミパレス
Hotel Subhalakshmi Palace

中心部 ₹
MAP P.514-A1

🏠 1 Church 1st Street, TT Nagar ☎ 456-523-5200 💰 Rs1344 🛏 Rs2464～8400 税込 💳 MV 📶 🛏 66室
✉ info@hotelsubhalakshmipalace.com

快適に滞在できる中級ホテル。南インド料理の朝食付きで時間を指定すれば部屋に持ってきてくれる。24時間制。

町なかにあるチェッティナード料理の名店
R シュリ・プリヤ・メス
Sri Priya Mess

チェッティナード料理 ₹₹
MAP P.514

🏠 24 AR.A.St. ☎ 944-313-3144
🕐 12:00～16:00 💳 不可

高級店ではないが、バラエティ豊かなチェッティナード料理を堪能できる行列必至の地元の人気店。店の奥には大きな鍋がいくつも並んでいるので、自分の好みの料理を指差しで頼めるのも外国人にはありがたい。

 カライクディから近郊の村へのバスは以下。アッタングディ 5、6a、9a番。カナドゥカタン1、1a、8、8a番、カディアパッティ 1、1a番。カナドゥカタンへはトリチー行きのミニバスでも行ける（バイパス便は行かない）。

マドゥライ

遠くからミーナークシー・アンマン寺院のゴープラム（塔門）を望む

マドゥライの市外局番
0452

マドゥライの人口
約102万人

ACCESS

飛行機
チェンナイからインディゴエアが1日7便、スパイスジェットが4便、エア・インディア2便、所要1時間〜1時間35分。そのほかに、ムンバイー、ベンガルール、ハイダラーバードからも便がある。空港は市の11km南にあり、市内へはタクシーでRs500、オートリクシャーでRs300程度。

鉄道
チェンナイ・エグモア駅から急行など（1日12〜15便）で所要6時間30分〜10時間50分。ティルヴァナンタプラム・セントラル駅から急行など（1日4便）で5時間25分から15時間20分。

バス
チェンナイから10分おきにあり、所要約10時間。ティルチラパッリから1時間に数便、3〜4時間。ラーメーシュワラムから30分おきにあり、4〜5時間。カニャークマリから1〜2時間おき、約6時間。ベンガルールから1日10便、10〜12時間。

インドには、お寺を中心に発展した町が少なくなく、ここマドゥライもそのひとつ。チェンナイの南西470kmにある、人口約102万人のタミル・ナードゥ州第3の都市。かつてはパーンディヤ朝の都として栄え、その歴史は2000年を超えるインドでも最古の都市のひとつである。もちろん州都のチェンナイよりもはるかに古いのだ。

町のシンボルとなっているミーナークシー・アンマン寺院は、16世紀に入って、地方領主ナーヤカがこの地を統治して大部分が完成した。以後、タミル人の心のよりどころとして今日にいたっている。

ミーナークシー・アンマン寺院を中心として広がっている旧市街は、町というより大きなバザールといったほうが的を射ている。リクシャーワーラーのかけ声、売り子の呼びかけ、古ぼけたスピーカーから聴こえてくる宗教讃歌にインド音楽、牛車、巡礼の人々、物乞い……。それらがミーナークシー寺院を中心にうごめき、やがて自分もその一部になってゆく。

マドゥライを訪れる旅行者、巡礼者は1日1万人を超すという。彼らに交じって町を歩き、寺院に響く祈りの声をその体で感じてみよう。ここは北インドとは異なるドラヴィダ文化の中心地なのだから。かつてはサンガム（宮廷文芸院）がこの町に置かれ、数多の文筆家や詩人が集ったといわれる。そんな知的な雰囲気が残る町だ。

神様をのせた山車がミーナークシー・アンマン寺院の周りを回る

ミーナークシー寺院東側出入口近くで、ヒンドゥー教の彫像が居並ぶ小規模店舗が雑多に展開していたショッピングアーケード「プドゥ・マンダパ'Pudu Mandapa」は寺院からの立ち退きを求められ、少し北側の建物内に移った。

マドゥライの歩き方

マドゥライはミーナークシー・アンマン寺院を中心とする都市。寺院の門は、東西南北に4つ、そのほかに東南門がある。ほぼ正方形をした**ミーナークシー・アンマン寺院Sri Meenakshi Amman Temple**を核に、その壁に沿った形の環状道路がどんどん外に広がっていく。

そういう道のなかで旅行者がいちばんお世話になる道は、**ウエスト・ヴェリ通りWest Veli St.**だろう。マドゥライ・ジャンクション駅の前を南北に走っている道だ。この道沿い、駅を出て北へ向かうと中央郵便局があり、南にはローカル用のペリヤール・バススタンド、そしてタミル・ナードゥ州観光開発公団がある。市内観光に使えるローカルバスは必ずこの道を通るし、また繁華街は西門からウエスト・ヴェリ通りにいたる西側一帯にあるので、だいたいの用事はここで済む。宿もこのウエスト・ヴェリ通りの一本東に並行して走る道沿いや、駅前からミーナークシー・アンマン寺院西門に通じる**Town Hall Rd.**に集中している。

町の中央にはヴァイハイ川が流れており、それより北側一帯が新市街。広い大学キャンパスがいくつもあり、アカデミックな雰囲気をもっている。また、役所やオフィス、高級ホテルもこの新市街にある。

リクシャーが非常に多く、利用しやすい乗り物だが、ミーナークシー・アンマン寺院を中心とした旧市街では、リクシャーよりも自分の足で見て回りたい。人どおりも多く、使うとかえって不便なこともあるのだ。

ミーナークシー・アンマン寺院の
東側の出入口

INFO

**タミル・ナードゥ州
観光開発公団（TTDC）**
🔲 P.517-A2
🏠 West Veli St.
☎ 0452-233-4757
🕐 10:00～17:45　休 土、日、祝
ペリヤール・バススタンドの向かいにある。また、空港、マドゥライ・ジャンクション駅舎内、ミーナークシー寺院の東入口にもカウンターがある。
☎ 0452-234-2888
🕐 10:00～17:45

マドゥライのバススタンド

マトゥッターバニ・バススタンド
セントラル・バススタンドとも呼ばれる。中心部より北東へ約6kmの所に位置する長距離バスの発着点。ここから中心部へは市バスが出ている。リクシャーを利用した場合、Rs200ぐらい。

ペリヤール・バススタンド
市内バス、近郊ローカルバスが発着。

アラバラヤム・バススタンド
コインバートール、コダイカナルなどへのバスが出ている。

ショッピング・コンプレックス・バススタンド
ペリヤール・バススタンドの向かいにある。プライベートバスの発着点。

マドゥライ
MADURAI
0　250　500m

アラバラヤム・バススタンドへ
Sellur Rd.
マトゥッターバニ・バススタンド、アラガール・コイル P.520へ
72
ガーンディー記念博物館
Gandhi Memorial Museum P.520
85
Workshop Rd.
MGR High Level Bridge
Simmakkal Konar Kadai P.521
Sri Meenakshi Government College for Women
新市街
Panagal Rd.
1
中央郵便局
North Veli St.
North Veli St.
ヴァイハイ川
Vaigai River
マドゥライ・ジャンクション駅
Madurai Junction R.S.
Park Plaza
Supreme
Meenakshi Treasures
Temple View P.521
North Avani Moola St.
North Chitrai St.
Thalavai St.
East Masi St.
85
タミル・ナードゥ州観光開発公団（TTDC）P.517
Prem Nivas
International
Sabareesh Plaza P.521
ミーナークシー・アンマン寺院
Sri Meenakshi Amman Temple P.518
Munichalai Rd.
マーリアンマン池へ
P.519
New College House
Boopathi
YMCA
South Chitrai St.
ペリヤール・バススタンド（ローカル）
Nethaji Rd.
West Masi Rd.
South Avani Moola St.
2
ショッピング・コンプレックス・バススタンド
South Masi St.
New Ramnad Rd.
Chairman Muthuramalingam Rd.
Tamil Nadu P.521
コーダルアラガル・ペルマル寺院
タミル・ナードゥ州観光開発公団（TTDC）P.517
ティルマライ・ナーヤカ宮殿
Thirumalai Nayakkar Palace P.519
195
South Veli St.
32
195
The Gateway Hotel Pasumalai、ティルパランクンドラム P.520へ
マドゥライ空港へ

ⓘ カニヤークマリからバスでマドゥライに入る場合、終点のマトゥッターバニ・バススタンドより先にペリヤール・バススタンドに立ち寄る。市の中心部で宿を探すつもりなら、ここで降りたほうが便利。

ミーナークシー・アンマン寺院
☎ 0452-234-4360
⏱ 5:00～12:30、16:00～21:30
　（入場は21:00まで）
💰 無料
※荷物預け料Rs2、携帯電話預け料Rs5
※履物は無料で預けることができる。寺院内にはカメラ、ビデオ、携帯電話は持ち込めない。
🌐 www.maduraimeenakshi.org
近年ミーナークシー・アンマン寺院入場の際の持込禁止品が増えている。上記カメラ、ビデオに加えて以下の物品が禁止とアナウンスされている。携帯電話、パワーバンク（モバイルバッテリー）、大きなバッグ、皮革製品、電化製品（USBケーブル含む）、化粧品、懐中電灯、傘、外部で購入した食品。入場時にセキュリティチェックがあるので、寺院のクロークに預けるか、宿に置いておくようにしよう。

クロージング・セレモニー
ミーナークシー・アンマン寺院では毎晩21:00よりクロージング・セレモニーが行われる。ナーダスワラムという長いチャルメラやダヴィルという太鼓を鳴らしながら、男たちがスンダレーシュワラの神像を神輿に乗せてミーナークシー・アンマン神殿へと運ぶ。

町の守護神ミーナークシー女神を祀る

ミーナークシー・アンマン寺院 Sri Meenakshi Amman Temple

MAP P.517-A2

　ミーナークシー女神（パールヴァティー）とその夫であるスンダレーシュワラ神（シヴァ）、ふたりの子供であるガネーシャ（ゾウの頭をした神）やらナンディー（シヴァの乗り物の牡牛）などを祀った、代表的なドラヴィダ様式のヒンドゥー寺院。

　東西南北にある4つの塔門（ゴープラム）は市内のどこからでも見え、まさに町のシンボル。駅のほうから真っすぐ来ると西門になるが、ぐるっと回って東南門から入ろう。神々にささげる花やギーなどを売る店が並び、行く前から雰囲気が盛り上がる。

黄金のハスのタンクとゴープラム（塔門）

　東門から入ると、内部は屋根に覆われており、薄暗いなかに宗教グッズを売る店が連なっている。真っすぐ進むと、右側にこの寺院のハイライト**千柱堂1000 Pillar Mandapam**（実際には985本だが……）への入口がある。

　先ほどの道へ戻って真っすぐ進むと、大きなナンディー像があるホールにいたる。その正面が**スンダレーシュワラ神殿Sundaresvara Shrine**。その左奥が主役の**ミーナークシー・アンマン神殿Meenakshi Amman Shrine**になる。異教徒は神殿内部には入れないが、それだけに薄暗い内部が何やら神秘的に見える。

　手前にある黄金のハスのタンクでは、人々が周囲のガートに座ってくつろいでいる。

　「魚の目をもつ女神」と称されるミーナークシーは、元来ドラヴィダ民族の土着の女神として、この地で人気をもっていたが、後代のヒンドゥー教の勢力拡大により、シヴァ神と（強引に？）結婚させられ、パールヴァティー（シヴァの妃）として祀られることになった。

　おかげで元来ミーナークシーの夫であったアラガール（ドラヴィダの土着神）は、ミーナークシーの兄として格下げ。市の中心から21km北東のアラガール・コーイルAlagar Koil（P.520左）に、今はヴィシュヌ神として祀られている。

　ミーナークシー寺院の見どころは、ゴープラムを彩る3300体といわれる神々の彫刻と、訪れる礼拝者たちの信仰心ともいえるだろう。特に朝晩に供物や灯明をささげ、一心に祈る人々は例えようもなく美しい。

寺院内で灯明をささげる人々

ⓘ ミーナークシー・アンマン寺院でガイドを頼むと、ひととおり寺院内を案内したあと、北門の通りにある政府公認みやげ物店
Ⓢ Meenakshi Treasures 📍P.517-A1の屋上から寺院を眺め、そこで買い物というのがパターン。

かつては現在の4倍もの広さがあった
ティルマライ・ナーヤカ宮殿 Thirumalai Nayakkar Palace

`MAP` P.517-A2

いくつもの柱が並び立つ中庭

ミーナークシー・アンマン寺院から南東に1km、徒歩15分の所にある宮殿。1636年、この地方を治めたティルマライ・ナーヤカ王の命により建造された。ミーナークシー・アンマン寺院のドラヴィダ様式とはまったく違う、インド・サラセン様式(ヒンドゥー建築＋ムガル建築)だったが大部分が破壊され、今は王冠の間、謁見の間などの一部が残っている。奥が博物館になっており、古い石像などが陳列されている。

宮殿の奥は博物館になっている

ティルマライ・ナーヤカ宮殿

🏠 Palace Rd.
🕐 9:00〜13:00、13:30〜17:00
💴 Rs50
※カメラ持込料Rs30、ビデオ持込料Rs100

音と光のショー
🕐 18:45〜19:35 (英語)
　　20:00〜20:50 (タミル語)
💴 Rs60

幻想的な雰囲気の音と光のショー。季節によっては蚊が多いこともあるので、蚊よけを準備していこう

テッパムの祭りで有名な人造池
マーリアンマン池 Mariamman Teppakulam Tank

`MAP` P.517-B2外

ミーナークシー・アンマン寺院から約3km、市の東端にある正方形の池で、中央に庭をもつ寺院がある。毎年1〜2月(タミル暦のタイ月)の満月の夜に行われるテッパムの祭りTheppam Festivalの際は、周りを囲む池は水で満たされ、そこにマーリアンマン女神の神像を乗せた筏が浮かべられる。寺院は美しくライトアップされ、池の周りには多くの信者や見物客でにぎわう。近年、1年を通して常に水をたたえるようになり、マドゥライっ子の憩いの場となっている。

池の周りでくつろぐ学生たち

ℹ️ 郊外のお寺やガーンディー記念博物館、マーリアンマン池などを回る場合は、オートリクシャーをチャーターすると便利。料金の目安は1kmでだいたいRs30。待ち時間はあまり勘定に入れなくていい。

ガーンディー記念博物館

☎ 0452-253-1060、0452-252-2822
⏱ 10:00～13:00、14:00～17:45
㊡ 日、祝
💰 無料
※携帯電話持込料Rs50、カメラ持込料Rs50、ビデオ持込料Rs50
🚌 ペリヤール・バススタンドからNo.1、2、75のバスでCentral Telegraph Office前下車。
🔗 gandhimmm.org

ガーンディー博物館の隣には小さな政府博物館Government Museum（⏱ 9:30～17:00、💰 Rs100、㊡ 金、第二土、祝）がある。マドゥライの歴史や文化を知りたい人は訪れてみよう。カメラ持込料Rs20（ブロンズ像の撮影は不可）

ガーンディーの血に染まったドーティを展示

ガーンディー記念博物館　Gandhi Memorial Museum

MAP P.517-B1

ヴァイハイ川の北側の新市街にある博物館。イギリスから独立を獲得するまでの資料や、写真や絵によるガーンディーの生涯の説明が観られる。展示品のなかには、1948年にガーンディーが暗殺された際に身に着けて

ガーンディーが身に着けていたショール

いたドーティがある。庭にはガーンディーが勉強に使った小屋などが残

政府博物館の入口

されており、敷地内には墓がある。これは遺骨の一部がこの地に残されていたものを、日本山妙法寺が墓にしたもの。墓石にはガーンディーの最後の言葉「ヘー・ラーム（おお、神よ！）」がいくつかの文字で刻まれている。

スブラマニヤ・スワーミ寺院
Sri Subramanya Swamy Temple
🗺 P.517-A2外
ペリヤ・バススタンドからNo.5、48のバスで所要約20分。下車後、徒歩約10分。
☎ 0452-2482-2248
⏱ 5:30～13:00、16:00～21:00

INFO

そのほかの見どころ
アラガール・コーイル
Alagar Koil

マドゥライの北東21kmに位置する寺院で、ミーナークシー女神の夫、後に兄になったヴィシュヌ神アラガールを祀る。寺院から4km離れた山の中腹にはシヴァ神の息子となったムルガン神のお寺と聖泉がひっそりとある。ペリヤール・バススタンドからNo.5、44のバスで所要約1時間。終点下車。
🗺 P.517-B1外
☎ 0452-247-0228
⏱ 6:00～12:30、15:30～19:30
🔗 www.alagarkoil.tnhrce.in

ムルガン神の6大寺院のひとつがある

ティルパランクンドラム　Tiruparankundram

MAP P.517-A2外

マドゥライの南西8kmにある町。タミル・ナードゥであつく信仰されているムルガン神の6大寺院のひとつで、第1の寺院とされるスブラマ

岩山を背にした荘厳なゴープラム（塔門）

ニヤ・スワーミ寺院Sri Subramanya Swamy Templeがある。寺院自体は8世紀のパーンディヤ時代に建造されたが、この地は4、5世紀頃のタミル文学にも記述がみられるほどの歴史をもち、ムルガン神が悪魔を退治した際に、インドラ神の娘ディヴァヤーナイと結婚した場所とされる。

神像に灯明をささげる女性たち

H ニュー・カレッジ・ハウスを出て右手に進み、ウェスト・ヴェリ通りに突き当たった左手の角に、いつも地元の人で混雑している人気のスイーツショップ「プレマ・ヴィラス」がある。甘党の人はぜひとも挑戦してみよう！

Hotel & Restaurant ホテル&レストラン

TTDC経営のホテル

H タミル・ナードゥ
Tamil Nadu

駅付近 ₹₹

MAP P.517-A2

🏠 West Veli St. ☎ 994-433-2616 🛏🗚🅰🆆 Rs
1400 🛏🗚🅰🆆 Rs2000〜2200 🍽 別 Card MV WiFi
🚪 42室 URL www.ttdconline.com

タミル・ナードゥ州観光開発公団（TTDC）の経営で
オフィスと同じ敷地内にあるホテルで、ペリヤール・
バススタンドの近くにあり、観光にも便利。新市街の
Alagar Koil Rd.沿いにも
同ホテルがあり、そちら
は🛏🗚🅰🆆 Rs2600〜。チ
ェックアウトは10:00ま
で。朝食付き。

まずここにトライしてみよう！

H ニュー・カレッジ・ハウス
New College House

駅付近 ₹

MAP P.517-A2

🏠 Town Hall Rd. ☎ 0452-234-2971
🛏🗚🆆 Rs800〜1000 🛏🗚🆆 Rs1100〜1300
🛏🗚🅰🆆 Rs1200 🛏🗚🅰🆆 Rs1700〜2700
🍽 別 Card 不可 🚪 150室
✉ collegehouse_mdu@yahoo.co.in

中庭を取り囲む大きな建物がホテルになっている。安
宿にしては部屋数も多くバラエティに富んでいて、好
みの部屋を選ぶことができる。レストラン、カフェ、
トラベルデスクもあり便利。お湯も24時間OK。チェ
ックインは24時間制。駅とミーナークシ寺院のどち
らにも出やすく料金も手
頃なこともあり、週末や
結婚式シーズンは満室で
泊まれないこともあるの
で事前に予約をしよう。

ミーナークシ寺院のすぐそば

H サバリーシュ・プラザ
Hotel Sabareesh Plaza

寺院付近 ₹₹

MAP P.517-A2

🏠 No.18, 19 North Chitrai Street, Near Meenakshi
Temple North ☎ 0452-498-3991
🛏🗚🆆 Rs1000 🛏🗚🅰🆆 Rs1400〜1600 🅰 Rs1600
🍽 別 Card MV WiFi 🚪 33室
✉ hotelsabareeshplaza@gmail.com

ミーナークシ寺院北西側角にある快適なホテル。
西ゴープラムの入口までは徒歩1分足らずで、寺院
見学にも便利。部屋は清潔でお湯も問題なく出る。
フロントのスタッフの雰囲気もよい。建物の東端の
部屋は窓から寺院がよく見えるので、南インドの雰
囲気を味わいたい人には
おすすめ。24時間ルー
ムサービス可で、チェッ
クインは24時間制。3人
部屋や4人部屋もある。

ウエスト・ヴェリ通りの2本東

H チェントゥール
Hotel Chentoor

駅付近 ₹₹

MAP P.517-A2

🏠 106 West Perumal Maistry St. ☎ 636-993-
8033 🛏🗚🅰🆆 🆂 Rs1350〜1750 🅰 Rs1700〜2100
🍽 別 Card MV WiFi 🚪 43室
✉ chentoor01@yahoo.co.in

駅からは徒歩数分という観光には何かと便利な立地に
ある中級ホテル。部屋はさほど広くはないが、手入れ
が行き届いていて清潔に保ってある。昔ながらのイン
ドスタイルの薄暗いバーを併設しており、1日の疲れ
をアルコールで癒やすこ
ともできる。チェックイ
ンは24時間制で、日本円
の両替も可能。お湯も24
時間出る。

屋上でゴープラムを眺めよう

H テンプル・ビュー
Hotel Temple View

寺院付近 ₹

MAP P.517-A2

🏠 55, Dhanappa Mudali Street ☎ 936-104-8431
🛏🗚🆆 Rs990 🛏🗚🅰🆆 Rs1200 🛏🗚🅰🆆 Rs1350 🛏🗚🅰🆆
Rs1880 🍽 別 Card 不可 WiFi 🚪 39室
URL hoteltempleviewmadurai.com
✉ hoteltempleviewmadurai@gmail.com

ミーナークシ寺院の西側ゴープラムまで徒歩5分ほ
どにある安宿。部屋はさほど大きくはないがPC作業が
できる机と椅子、クローゼットが付いている。屋上が
ありマドゥライの街を見渡すことができる。朝は日の出
を見ながら、夜は暗闇の
中に浮かび上がるミーナ
ークシ寺院のゴープラ
ムを眺めることができる。
チェックインは24時間制。

マドゥライ名物カリ・ドーサーの名店

R シンマッカル・コナール・カダイ
Simmakkal Konar Kadai

チェッティナード料理 ₹

MAP P.517-A1

🏠 North Veli Street, Simmakkal ☎ 801-502-8001
🕐 12:30〜16:00、17:30〜23:30 🍽 別 Card AMV

1943年創業の老舗。生地に卵を使ったマドゥライ名物
カリ・ドーサーで有名なチェッティナード料理店。ノン
ベジメニューが豊富で、おすすめはカリ・ドーサー（チ
キンRs235、マトンRs248）だが、羊のレバー・腎臓・
脳みそなどのレアアイテムも食べることができる。マ
ドゥライ駅のすぐ近くのWest Veli通りにもテイクアウ
ト中心だが、イートイン
もできる店舗もある。近年
チェンナイのエグモア駅
近くの H Park Plazaにも
新店舗を出した。

 南インドの飲み物「ジガルタンダ」はマドゥライが本場。煮詰めた牛乳またはアーモンドミルクとゼリーを混ぜ、サルサパリラ
というハーブのシロップを入れ（バラのシロップのことも多い）、アイスクリームをのせたもの。屋台などで飲むことができる。

ウーティ（ウダガマンダラム）

ウーティの市外局番
0423

ウーティの人口
約9万人

ACCESS

鉄道

メットゥパーラヤムMettupa-
layamからニルギリ登山鉄道（1
日1便）で所要約4時間50分。
ウーティの駅名はUdhaga-
mandalam。メットゥパーラヤ
ムへはチェンナイ・セントラル駅
21:05発の12671 Nilagiri Exp.
で翌6:15着。

バ ス

マイソールから1日18便、所要
約5時間30分。チェンナイから
1日3便、約11時間。ベンガル
ールから1日8便、約7時間30
分。コインバトールから30分に
1便、約3時間。マドゥライから
1日1便、約7時間。

INFO

タミル・ナードゥ州
観光開発公団（TTDC）
📍 P.523-B1
🏠 Wenlock Rd.
☎ 0423-244-3977
🕐 10:00～17:00 🈳 土、日、祝
🌐 www.ttdconline.com

ウーティ湖
📍 P.523-A1
☎ 0423-244-3977
🕐 9:00～18:00
💰 Rs560
※カメラ持込料Rs50、ビデオ
持込料Rs150

植物園
📍 P.523-B1
☎ 0423-244-2545
🕐 7:15～18:30
💰 Rs30
🌐 nilgiris.nic.in/gallery/
botanical-garden-ooty
※カメラ持込料Rs50、ビデオ
持込料Rs100

博物館
📍 P.523-B1外
🏠 Near Arts College, Stone
House Area
☎ 0423-244-1402
🕐 9:30～17:00
💰 金、第2土、祝
💰 Rs100（カメラ持込料込み）

西ガーツ山脈に連なるニルギリ山中にあるウーティは、海抜約2300mの高地に開けた町。その昔はイギリス人の避暑地として利用され、現在はインド人の避暑地兼保養地、そして新婚旅行先としてにぎわっている。旅に疲れたらここでひと休みして、英気を養おう。

バスまたは列車のどちらでここを訪れようとも、車窓から眺める風景はすばらしい。風景を見ているとウーティは、「木」のWoodがなまってOotyになったのではないかと思ってしまうほど緑豊かだ。

動物たちの姿、樹木、標高が高くなるにつれてかすかに痛む耳、それらがウーティに近づいていることを教えてくれる。

ウーティの歩き方

駅、バススタンドはともにウーティ湖の東側にあり、200mほど離れている。ここから緩い坂道を上るような感じで、東に延びる商店街を10分ほど歩くとメイン・バザールに出る。ここからさらに1kmほど先の**チャリング・クロスCharing Cross**まで続く一本道の**Commercial Rd.**が町の中心。通り沿いには貴金属店や食堂、お茶を売る店が並ぶ。安宿や中級ホテルは、この通りの1本裏あたりに多い。Commercial Rd.の中ほどから分かれる**Wenlock Rd.**には、TTDC経営のホテル・タミルナードゥがある。この分岐からチャリング・クロスにかけてが、ウーティでいちばんにぎわう所だ。チャリング・クロスの北側は別荘地となり、商店は少ないが緑が多く、散歩にいい感じだ。このエリアにはふたつの見どころがある。**植物園Goverment Botanical Gardens**はチャリング・クロスから徒歩10分の所にある。山腹にある広大な園内は、うっそうとした大木の森林に覆われており、芝生では人々がくつろいでいる。同じくチャリング・クロスから徒歩15分ほどの所には**博物館Goverment Museum**がある。こぢんまりとしているがウーティ近辺のトライブの紹介や美しい木彫りの像などが展示されている。

ウーティのいちばんの見どころは**ウーティ湖Ooty Lake**。1824年に完成した人造湖だ。バススタンドや駅から湖の北岸沿いの道を20分ほど歩いた所がTTDC経営のアミューズメントパークになっていて、ボート乗り場やアトラクションもあり、インド人観光客と一緒にはしゃいでみるのも楽しいだろう。また観光用の馬に乗ることもできるので、これに乗って湖を眺めるのも爽快だ。

ウーティ湖でボートに乗るインド人観光客

緑豊かな植物園

ⓘ ウーティは標高が高いため、クーヌールやコタギリほど茶の生産量は多くない。しかし一帯にはユーカリの木が多く、あちこちで精油が売られている。このオイルはのどの痛みや鼻詰まりなどの風邪の症状に効果があるとされ、また虫よけにもなる。

また、市の郊外9kmほどの場所にある**ドダベッタ山Doddabetta**（標高2633m）はニルギリ地方の最高峰で、山頂の展望台からウーティ市街や周囲の山々が一望できる。午後になると景色がかすんで見えにくくなるため、空気がクリアな午前中に訪れるとよい。

また、ウーティからドダベッタ山へ行く途中には**お茶工場&博物館The Tea Factory & Museum**が2軒あり、ガイドの説明を聞きながら茶の加工工程を見学できる。それぞれの工場に屋内と屋外のアミューズメント施設も併設しているので、インド人と一緒に楽しむこともできる。道路から入った手前側がフードコートも備えた複合施設**ベンチマーク・ツーリズム・センターBenchmark Tourism Center**で5Dシネマや蝋人形館などがあり、インド映画の大御所俳優アミターブ・バッチャンや映画「ムトゥ 踊るマハラジャ」でもおなじみのラジニ・カーントなどの蝋人形と一緒に記念写真を撮ることもできる。さらに奥には屋外アミューズメント施設の**イーグルス・デアEagles Dare**があり、バンジースイングやジップラインなどを楽しめる。またここにはキャンプサイトもあって宿泊も可能。

お茶工場付近からの風景

イーグルス・デアでジップラインを楽しむ親子

ドダベッタ山
MAP P.523-B1外
⏱ 8:00～18:00
💰 Rs10

お茶工場 & 博物館
MAP P.523-B1外
🏠 Dodabetta Rd., Mel Koddapmund
☎ 944-3411-8000
⏱ 9:00～18:00
📅 土、日、祝
💰 Rs10（試飲付き）
🔗 homewoodtea.com

ベンチマーク・ツーリズム・センター
MAP P.523-B1外
🏠 Benchmark Bus Stop, Doddabetta Rd.
☎ 902-593-9818
⏱ 10:00～22:00
💰 Rs350

イーグルス・デア
MAP P.523-B1外
🏠 Doddabetta Rd.
☎ 948-958-4574
⏱ 9:30～18:00
💰 無料（各アトラクションごとの支払いRs200～1000）
🔗 eaglesdare.org

ウーティ OOTY

（地図）

A
- Havelock Rd.
- The Willow Hill P.524
- Savoy H
- 181
- Woodcock Rd.
- North Lake Rd.
- ムドゥマライ動物保護区、マイソールへ
- アミューズメント・パーク
- ボート乗り場
- ウーティ湖 Ooty Lake P.522
- Reflections G.H.
- Green Valley H
- City Palace H
- St. Thomas Church
- クーヌールへ
- ウダガマンダラム駅 Udagamandalam R.S.
- Sapphire Garden View
- バススタンド
- Raja Lodge H
- Hi Lodge H
- Venus Cottage
- Hospital Rd.
- メイン・バザール
- Maneck H P.524
- Royal Park H
- St. Stephen's Church
- Shinkow's（中華）
- State Bank of India
- 競馬場
- YWCA

B
- Botanical Garden P.522 植物園
- Sacred Heart Cathedral
- Higgins Rd.
- Ootley Rd.
- Green Nasco P.524
- Sarkar Palace P.524
- TTDC Youth Hostel
- Charing Cross
- The Wildlife Warden
- Wenlock Rd.
- Barista
- Commercial Rd.
- Nahar H Nahar's Sidewalk Cafe P.524
- Ettines Rd.
- Tamil Nadu P.524 タミル・ナードゥ州観光開発公団（TTDC）P.522
- Elk Hill Rd.
- 博物館 P.522、ドダベッタ山 P.523、お茶工場&博物館 P.523、ベンチマーク・ツーリズム・センター P.523、イーグルス・デア P.523 へ
- クーヌール、コインバトールへ

0 250 500m

Hotel & Restaurant ホテル&レストラン

高原の避暑地だけあって、4〜6月中旬のシーズン中はどこもいっぱい。この時期に訪れるなら、必ず予約をしておきたい。これ以外のシーズン（クリスマスや1月半ばのポンガルを除く）は、大幅ディスカウントがある。12〜2月はホテルは問題なく取れるが、安宿のなかには暖房代が追加でかかるところがある。

TTDC経営のホテル
H タミルナードゥ
Tamil Nadu
チャリング・クロス ₹₹
`MAP P.523-B1`

- 🏠 Wenlock Rd. ☎ 0423-244-4371
- 🛏🖥Ⓢ Rs2400〜 🆈 別 💳 MV 🛏 65室
- 🔗 www.ttdconline.com

バーがあり、お酒が飲めるホテルで部屋も清潔。4〜6月は⑩ Rs2200〜3500。それ以外は上記のオフシーズン料金になる。朝食付き。チェックアウトは10:00。

トラベルデスクがある
H マネック
Hotel Maneck
駅近辺 ₹₹
`MAP P.523-B1`

- 🏠 205 Main Bazaar Rd. ☎ 0423-244-3494
- 🛏🖥Ⓢ Rs800〜1000 ⑩ Rs1000〜2800 🆈 別
- 💳 AMV 🛜 公共エリアのみ 🛏 30室
- 🔗 hotelmaneckooty.com

駅から徒歩5分の手頃な宿。客室はシンプルで清潔。トリプルルームRs2400や4ベッドルームRs3500もある。シングル以外の部屋では24時間ホットシャワーが使える。オフシーズン割引あり。

チャリング・クロスに近い
H サルカール・パレス
Sarkar Palace
チャリング・クロス ₹₹
`MAP P.523-B1`

- 🏠 5C Doddabetta Road ☎ 0423-244-9310
- 🛏🖥 Rs1400〜3200 🆈 別
- 💳 MV 🛜 公共エリアのみ 🛏 41室

チャリング・クロスから徒歩3分。どの部屋も清潔で、チェンナイ行きのプライベートバスが敷地内に発着するので便利。建物内にレストランと広めのみやげ物屋があって買い物もできる。お湯は7:00〜9:30、19:00〜21:00のみ。チェックアウトは11:00。宿の隣にはタミル映画の大俳優ラジニ・カーントのファンクラブがある。

山小屋風の隠れ宿
H ウィロー・ヒル
The Willow Hill
郊外 ₹₹
`MAP P.523-B1`

- 🏠 58/1 Havelock Rd. ☎ 0423-222-3123
- 🛏🖥 Rs1700〜5200 🆈 別 💳 MV
- 🛜 🛏 10室

部屋や庭からの眺めがすばらしい山小屋風のぬくもりのある造りの宿。トレッキングや乗馬などの手配も可能で、お湯は24時間使うことができ、いくつかの部屋にはバスタブもある。朝食付き。町からは離れているが、外出の際はオートを呼んでくれるので、さほど不便さは感じないだろう。

ここで数日山ごもりのようにゆっくりと高原のリゾート感を存分に味わうのもいいだろう。

ウーティでいちばんの親日レストラン
R グリーン・ナスコ
Green Nasco Food Court
北インド料理 ₹₹
`MAP P.523-B1`

- 🏠 Super Market Bldg., Commercial Rd.
- ☎ 0423-244-8800 🕐 9:00〜23:00
- 🆈 別 💳 不可

東京の新大久保にあるハラール食材店グリーン・ナスコの親戚が経営。日本人は特に歓迎してくれ、旅の相談や困ったときにも助けてくれるのでありがたい。フードコート的なレストランは気軽に入れて、ひとり旅でも重宝する。ノンベジアイテムが充実していて、ロール（Rs50〜）やシャワルマ、フライドライスなどインド料理に飽きたときにはうってつけのアイテムも多くある。ビーフも食べることができるのでトライしてみよう（ビーフマサラはRs220）。

日本のファミレスを思わせる
R ナハールズ・サイドウオーク・カフェ
Nahar's Sidewalk Cafe
コンチネンタル料理 ₹
`MAP P.523-B1`

- 🏠 52A Charing Cross ☎ 0423-2442173
- 🕐 10:00〜22:30 💳 不可
- 🔗 www.naharhotels.com

H Nahar Nilgirisの1階にある。店内は日本のファミレスやフードコートのような造りになっていて、ハンバーガー（Rs165〜）やパスタ（Rs245〜）、ピザ（Rs215〜）などのメニューが充実。フレッシュ・ジュースやスムージーもあるので、旅先では不足がちになるビタミンや食物繊維の補給もできる。休憩にもちょうどいい。

 ムドゥマライ動物保護区Mudumalai Wildlife Sanctuaryは、タミル・ナードゥ、ケーララ、カルナータカの3州にまたがる国立公園のうちタミル・ナードゥ州の部分で、面積321km²、平均標高1140mの保護区。シカやサル、クジャクなどに加え、運がよければ…

世界遺産のニルギリ登山鉄道に乗ってみよう

ニルギリ登山鉄道の蒸気機関車

黒煙を上げながらニルギリ山中を登っていく

インド最古の山岳鉄道

　メットゥパーラヤム～ウーティ間の約46kmを走るニルギリ登山鉄道Nilgiri Mountain Railwayは、インド最古の山岳鉄道のひとつ。1891年に着工し、1908年に完成した。現在はダージリン・ヒマラヤ鉄道、カルカ・シムラー鉄道とともに「インドの山岳鉄道群」としてユネスコの世界遺産に登録されている。

約4時間の鉄道の旅

　メットゥパーラヤムからの上りは毎日7:10発。チェンナイ・セントラル駅発（20:55発）のニルギリ・エクスプレスに乗れば、乗り換えも簡単だ（6:15着）。この便が遅れた場合、ニルギリ登山鉄道も待ち合わせをする。切符は人気があるのでオフシーズンでも入手しづらい。メットゥパーラヤム駅の駅舎向かいにブッキングセンターがあり、空席があれば事前に購入できる。仮に空席がなくても毎日当日販売分があるので、早朝5時や6時から並べばよい。駅にはリタイアリングルームもあるがダブルルームが2部屋しかない。メットゥパーラヤムにも宿はたくさんあるのでバススタンドや駅近辺に宿を取ればよいだろう。メットゥパーラヤム駅

2等の客車内

のそばにはニルギリ鉄道博物館があるので、鉄道に興味がある人はのぞいてみるとよいだろう。
　最後尾に連結されたスイス製のラック式蒸気機関車が、客車を押しながら急勾配をぐんぐん上っていく。周囲は緑が生い茂りサルやシカを見ることもあるだろう。道中は茶畑が広がる美しい景色を堪能できる。数多くの橋を渡り、約3時間20分で28km地点のクーヌールCoonoorに到着。クーヌールから先は勾配は緩やかになり、蒸気機関車の代わりにディーゼル機関車が連結される。12:00には海抜約2300mのウーティ（Udagamandalam駅）に到着だ。
　ニルギリ山岳鉄道のチケットはインディアン・レイルウェイのオフィシャルウェブサイトなどから予約ができる。ハイシーズンは2～3ヵ月前に予約しておかないと満席になる。旅行会社などを通して予約してもらうのもいいだろう。

《ニルギリ山岳鉄道》
#56136 Metupalaiyam Udagamandalam Passr

7:10　Merupalaiyam始発
↓
10:30　Coonoor
↓
10:47　Wellington
↓
10:59　Aravankadu
↓
11:19　Ketti
↓
11:39　Lovedale
↓
12:00　Udagamandalam終点

＼ベンガルトラやヒョウも見ることができる。ベストシーズンは2～6月、10～12月。ウーティからの日帰りバスツアーで訪れる、保護区内Theppakaduにあるレセプションセンター近くに宿泊することもできる。

ラーメーシュワラム

ラーメーシュワラムの市外局番
04573
ラーメーシュワラムの人口
約4万人

ACCESS

鉄 道
チェンナイ・エグモア駅から急行（1日2～3便）で所要11～14時間。マドゥライから急行で約2時間45分～4時間（週3便）。

バ ス
マドゥライから日中なら10分おきに運行。所要約3時間。チケットは乗車してから購入。ティルチラパッリから30分おきに1便、約6時間。そのほかにもチェンナイ1日3便（約12時間）、カニャークマリ1日4便程度（約8時間）からの便がある。長距離バススタンドはラーマナータスワーミ寺院の西2kmにあり、Middle St.とRamarpadam Rd.の交差点まで10分おきにNo.1の市バスが結んでいる（約10分）。

市内交通
市内なら徒歩圏。長距離バススタンドから町の中心（ラーマナータスワーミ寺院前）まではオートリクシャーで約Rs50。

INFO

観光案内所
Tourist Information Centre
📍 P.526
☎ 04573-22-1371
🕕 6:00～22:00
🚫 土、日、祝

本土とラーメーシュワラム島を結ぶパンバン鉄道橋。電車で通ると車両の左右がすぐ海！

南インドの東岸から細長く延びた半島の先端にあるラーメーシュワラム島。本土とは道路と鉄橋でつながった島の中心地ラーメーシュワラムは、インド有数の巡礼地のひとつだ。

この島はインドの国民的叙事詩『ラーマーヤナ』の舞台としても知られる。ヴィシュヌの化身のひとつであるラーマ王子は、その妻スィータを魔王ラーヴァナにスリランカへとさらわれてしまう。ラーマは魔王を攻めてスィータを救い出すが、ラーメーシュワラムはラーマがサルの将軍であるハヌマーンの助けを借りて、橋を架けたとされる場所だ。ここからスリランカへ向かって東南東へ鎖のように連なる島々や岩礁は、アダムズ・ブリッジと呼ばれている。伝説ではこれらはラーマがスリランカへ行くための踏み石となったという。魔王を破り凱旋したラーマが、神へ感謝をささげてリンガを祀ったというのが、ラーメーシュワラムの中心となるラーマナータスワーミ寺院。町は寺院を中心とした小さな門前町で、ホテルやレストランはこの寺院の周辺に集まっている。巡礼者用の安宿や食堂は寺院の東の参道と、寺院南側の通りにあり、高級ホテルは寺院付近にはない。また聖地の近くなので当然ながらノンベジ料理を提供する店もない。寺院のすぐ東の浜はアグニ・ティールタムと呼ばれる沐浴場となっており、朝夕は沐浴する巡礼者でいっぱいだ。時には浜辺でプージャ（儀礼）を行っていることもあるので、じゃまにならないように見学させてもらおう。インドの聖地は水辺が多いがガンガーのほとりのリシュケーシュやワラーナシーとはかなり異なる開放的な海辺の聖地の雰囲気を楽しみたい。また、町の周囲にも見どころとなる寺院が点在しているので、時間を作って足を運んでみよう。

ラーメーシュワラム
RAMESWARAM

（地図内の表記）
ガンダマダナ・パルヴァターム P.527へ
Tamil Nadu P.529
ラーマナータスワーミ寺院
Ramanathaswamy Temple P.527
Hare Rama Hare Krishna P.529
アグニ・ティールタム Agni Theertham P.527
Middle St.
Maharaja's P.529
South Car St.
長距離バススタンド、観光案内所へ（1.2km）（マドゥライへ）
Island Star
ATM
ラーメーシュワラム駅 Rameswaram R.S.
Shri Kannika P.529
Sri Saravana
コタンダ ラーマール寺院、ダヌシュコディ、アリチャル・ムナイ P.528へ
パーク湾 0 200m

ℹ️ ラーメーシュワラムへバスで行く場合、町の12kmほど手前に大きなパンバン橋が架かっている。昼間に通過するととても眺めがよく、海岸に並ぶ家並みや船を見ることができる。

町の中心である巡礼地
ラーマナータスワーミ寺院 Sri Ramanathaswamy Temple

MAP P.526

12世紀の創建といわれ古い歴史を誇るこのラーマナータスワーミ寺院こそ、ラーメーシュワラムを聖地たらしめている。高い塔門（ゴープラム）をもち、回廊が中央の聖室を囲む南インド特有の寺院構造で、正門である東のゴープラムは高さ53mもある。ゴープラムから真っすぐ海に向かって進むと、300mほどで**アグニ・ティールタムAgni Theertham**と呼ばれる砂浜の沐浴場に出る。日の出の海で沐浴し、寺院に参拝するのが巡礼者のならわしで、特に早朝はたくさんの沐浴者でにぎわっている。寺院の中央の聖室はヒンドゥー教徒のみ入場でき、非ヒンドゥー教徒が入れるのは回廊部分のみ。彫刻が施された柱が1000本以上も整然と並ぶ長い回廊は合計で1.2kmの長さがあり、神聖なるものがおわす場所ならではの荘厳な雰囲気をかもしだしている。寺院内には22の聖なる泉がありそこやアグニ・ティールタムで沐浴してきた人々が通るため、床はいつも水でぬれている。

ラーマナータスワーミ寺院の西のゴープラム（塔門）

周囲の眺望が望める
ガンダマダナ・パルヴァタム Gangadamadana Parvatham

MAP P.526外

ラーマナータスワーミ寺院の北西3kmの丘の上にある、ラーマの足跡を刻んだ石が祀られた寺院。2階建てになっており、2階からは周囲の風景はもちろんラーマナータスワーミ寺院まで見渡せる。寺院の周りには小さな露店が並び、のんびりした雰囲気が漂っている。

小さな寺院だが多くの参拝者が訪れる

Tamil Nadu タミル・ナードゥ州 Rameswaram ラーメーシュワラム

ラーマナータスワーミ寺院
🕐 5:00〜13:00、15:00〜20:00
💰 無料
※携帯電話預け料Rs10、カメラ・バッグ預け料Rs50

靴や荷物は寺院周辺の商店などで有料で預かってくれる。寺院内部は撮影不可で、カメラ、携帯電話、大きなバッグ、ビニール袋などの持ち込みはできない。

海辺の沐浴場アグニ・ティールタム

ガンダマダナ・パルヴァターム
🕐 随時
💰 無料
バスはないので、オートリクシャーをチャーターするか、徒歩で行く。徒歩の場合、所要約40分。ご本尊の撮影は不可。

ⓘ ラーメーシュワラムはヒンドゥーのチャールダム（4大聖地）のひとつ。このほかに北のバドリナート、東のプリー、西のドゥワールカがあり、それらのヤートラ（巡礼）がヒンドゥー教徒の夢となっている。

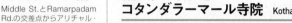

コタンダラーマール寺院

Middle St.とRamarpadam Rd.の交差点からアリチャル・ムナイ行きのバスが1時間おきに出ているので、それに乗って寺院手前で降ろしてもらえる。

浅瀬に浮かぶ小島に建つ

コタンダラーマール寺院　Kothandaramar Temple

ラーメーシュワラム島には、スリランカ方向に長く突き出した半島がある。コタンダラーマール寺院は、ラーメーシュワラムから南東へ約8km、半島から浅瀬に突き出すように延びる道を左に曲がり、さらに900mほど行った小島に建つ。この寺院は、スィータをさらった魔王ラーヴァナの弟ヴィビシアナが、ラーマに降伏した場所に建てられたという伝説をもつ。寺院内には伝説を描いたパネルがいくつも掲げられている。またこの寺院近辺は湿地帯となっており、その年の天候によってはグジャラート州のカッチ湿原のような風景になることもある。

寺院からラーメーシュワラムの町を見やる　　明るい雰囲気の寺院

**ダーナシュコディと
アリチャル・ムナイ**

上記のようにアリチャル・ムナイ行きのバスがあるが、アリチャル・ムナイでの停車は15分程度。こちらの都合には合わせてくれないので、オートリクシャーをチャーターしたほうが便利。ガンダマダナ・パルヴァターム、コタンダラーマール寺院、ダーナシュコディ、アリチャル・ムナイなどを約3時間程度で回ってRs800〜1000程度。

南国の最果て感を味わいたいなら

ダーナシュコディとアリチャル・ムナイ　Dhanuskodi & Arichal Munai

コタンダラーマール寺院からさらに南東に向かうと道はいよいよ細くなる。この先を8kmほど行くと**ダーナシュコディDhanuskodi**という小さな漁村に着く。ここでは1964年のサイクロンで甚大な被害を受け、廃墟となってしまった教会や駅舎などの建物を見ることができる。現在はみやげ物屋や小さな食堂もあり、食事を取ることもできる。ダーナシュコディから岬の突端アリチャル・ムナイまではさらに7kmほど。岬の突端からは**アダムズ・ブリッジAdam's Bridge**と呼ばれる小島が連なり、スリランカへと続いている。インド最南端のカニャークマリと同じように端っこまで来たという旅愁分に浸り、『ラーマーヤナ』の世界に思いをはせてみよう。辺境好きにはたまらないはずだ。ダーナシュコディやアリチャル・ムナイは風が強い日が多く、砂浜の細かい砂が風に巻き上げられ砂つぶてとなって体にあたる。時にそれは痛いほどなので、そのつもりで準備しておこう。カメラなどの精密機械はビニール袋にくるむなど、防御をしっかりとできるようにしておこう。

ダーナシュコディの教会跡　　　　　最果ての岬アリチャル・ムナイ

ラーメーシュワーラムへの出入りのときに、バンバン鉄道橋を見下ろす絶景を見るにはタクシーチャーターがおすすめ。ローカルバスは橋の上では停まってくれません。（北九州市　印南好男　'19）

Hotel ホテル

TTDC経営のホテル

[H]タミル・ナードゥ
Tamil Nadu

桟橋付近 ₹₹
MAP P.526

🏠 Near Agni Theertham ☎ 04573-22-1064
[料][🛁][S][W] Rs980 [🛁][A/C][S][W] Rs2800
[TAX] 別 [Card] MV [Wi-Fi] [室] 56室
[URL] www.ttdconline.com

ラーマナータスワーミ寺院の東のゴープラムからアグニ・ティールタムに出て、海沿いを北へ徒歩7分ほど。遊覧船乗り場の近くにあるTTDC経営のホテル。A/C付きダブルの部屋はシービューで海側にバルコニーがあって気持ちいい。3人部屋もあり、ベジレストランも併設している。

テンプルビューの宿

[H]シュリー・カンニカ
Hotel Shri Kannika

寺院付近 ₹₹
MAP P.526

🏠 West Car Street, Near Indian Bank
☎ 04573-22-1766
[料][🛁][A/C][W] Rs1500 [TAX] 別 [Card] 不可
[Wi-Fi] 公共エリアのみ [室] 18室

ラーマナータスワーミ寺院の西南角にある。部屋はどれも広くて清潔でお湯も24時間出る。寺院に近い側にある3部屋はいずれもバルコニー付きで寺院が見えるのでおすすめ。予約時に希望するとよいだろう。4人部屋もある。隣にレストランもあるので、食事にも困らない。

寺院の目の前

[H]マハーラージャズ
Maharaja's

寺院付近 ₹
MAP P.526

🏠 7 Middle St. ☎ 04573-22-1271
[料][🛁][W] Rs650～1000 [🛁][T] Rs1500 [TAX] 込
[Card] 不可 [室] 32室

ラーマナータスワーミ寺院の西のゴープラムを出たすぐ目の前。インドの典型的な安宿で、設備は全体的に少々古びてはいるが、清潔に手入れされている。早朝に寺院のスピーカーから宗教賛歌が流れてくるが、それをインドらしい！と楽しめる人や節約したい人におすすめ。

静かで落ち着けるホテル

[H]ハレ・ラーマ・ハレ・クリシュナ
Hare Rama Hare Krishna

寺院付近 ₹₹
MAP P.526

🏠 15/24 Ramarpadam Rd. ☎ 04573-22-3500
[料][🛁][W] Rs900 [🛁][A/C][W] Rs1300 [TAX] 別 [Card] 不可
[室] 24室 [URL] hotelhareramaharekrishna.com

ラーマナータスワーミ寺院から徒歩約5分ほど。西のゴープラムから出て真っすぐ歩き、最初の四つ角を右折した右手すぐ。バススタンドからバスで来るなら四つ角で下車するとよい。部屋はシンプルだが清潔。ルームサービスあり。お湯は7:00～11:00と19:30～20:30のみ。24時間制。

遊覧船に乗ってみよう！

アグニ・ティールタムから北へ行った[H]タミル・ナードゥのすぐそばに小さな桟橋があり、そこから遊覧船に乗ることができる。約30分ほどのクルーズで、アグニ・ティールタムで沐浴する人々や、その後ろにそびえるラーマナータスワーミ寺院のゴープラムや巨大なTV塔を眺めながら、南国の雰囲気、さらには叙事詩「ラーマーヤナ」で猿の神ハヌマーンたちがランカーに渡るために架けた橋を想像しながら乗るのも楽しい。[料]Rs70。ボートは75人乗りで、決まった運航スケジュールはなく、少なくとも20人ほど人が集まればボートを出してくれる。ボートに向かう桟橋の右手の海中にシヴァリンガもあるので、これも見逃さないように！

遊覧船から見たアグニ・ティールタムとラーマナータスワーミ寺院のゴープラム

[i] 南インドの旅は、北インドに比べて一度の移動距離が短いのでバス移動が便利。3時間程度の距離なら1時間に1本は運行しているし、それ以上の距離でも中間の町で乗り換えれば、バスは頻繁に運行しているので容易にたどり着くことができる。

カニャークマリ（コモリン岬）

カニャークマリの市外局番
04652

カニャークマリの人口
約1万人

ACCESS

鉄 道
ムンバイー CSMT駅から1日1～2本。所要約40時間～45時間。チェンナイ・エグモア駅から急行（1日3～4便）で13時間～14時間30分。ティルヴァナンタプラムから急行（1日2～30便）で2時間30分～3時間30分。カニャークマリへの直通便はあまりなく、手前のナーガルコイルNagarcoilまでは多くの列車があるので、そこでバスに乗り換えてもよい。

バ ス
チェンナイ、プドゥチェリー、ウーティなどのタミル・ナードゥ州の都市のほか、ティルヴァナンタプラム、コチ（エルナクラム）などケーララ州の町からも直通バスが出ているが本数は少ない。19km手前の大きな町ナーガルコイルまで移動し、そこで乗り換えるほうが本数も多い。ティルヴァナンタプラムからナーガルコイルまでは、1時間おき、所要約2～3時間。ナーガルコイルからは20～30分おきで30～60分。

INFO

タミル・ナードゥ州
観光開発公団（TTDC）
🗺 P.530-B2
🏠 Beach Rd.（州立博物館隣）
☎ 04652-24-6276
🕐 10:00～17:30
🈺 土、日、祝

神々しいまでのインド最南端の日の出

　カニャークマリは、インド亜大陸の最南端。太陽が海から昇り海に沈む、インド唯一の場所である。アラビア海、インド洋、そしてベンガル湾、3つの海がここでひとつに合する。敬虔なヒンドゥー教徒はここを聖地とし、朝は東の空が白み始めた頃、夕はアラビア海に真っ赤な太陽が沈むのを拝しながら、この聖なる海水で沐浴する。処女神クマリがこの村の名の由来だという。古くはギリシア、ローマの史書にも「聖なるコモリ」と記され、聖地としての歴史は古い。

地図内の表記：
- ティルヴァナンタプラムへ↑
- Singaar International
- Main Rd.
- **カニャークマリ KANYAKUMARI**
- 0　250　500m
- N
- カニャークマリ駅 Kanyakumari R.S.
- ATM
- Wax Museum
- The Church of Our Lady of Ransom
- Anchukootuvilai Rd.
- Sun View
- Sangam P.533
- Manickam P.533
- サンセット・ポイント P.531へ（1.5Km）
- Rajam P.533　Maadhini P.533
- East Car St.
- Gopi Nivas Grand
- バススタンド
- Sun World
- Narmadha P.533
- Sea View
- Sea Face
- ベンガル湾
- Kovalam Rd.
- 灯台 179
- バススタンド
- Saravana
- Kerala House
- Tamil Nadu House
- 放浪僧展示館 P.531
- ボートチケット売り場
- ボート乗り場
- ヴィヴェーカーナンダ岩 Vivekananda Rock P.532
- タミル・ナードゥ州観光開発公団（TTDC）P.530
- サンセット・ポイント行き電動カート乗り場
- Samudra
- Saravana Lodge P.533
- Aqua World
- Beach Rd.
- カーマラージ記念堂 Kamaraj Memorial P.531
- クマリ・アンマン寺院 Kumari Amman Temple P.532
- 記念堂 P.532
- サンセット・ポイント P.531へ（1.5Km）
- ビュー・タワー View Tower P.531
- ガーンディー記念堂 Mahatoma Gandhi Memorial P.531
- 3つの海の合流点
- ガート Bathing Ghat
- ティルヴァッルヴァル像 Thiruvalluvar Statue P.532
- アラビア海
- 州立博物館 Government Museum P.531
- インド洋

ⓘ　1世紀頃書かれたとされる『エリュトラ海案内記』に、カニャークマリに関しての記述がある。──この地には多くの男女が生涯をささげるために訪れ、沐浴をしたり独身で過ごしたりする。ここにはかつて女神がすみ、沐浴したことがあるといわれている。

ほかの南インドの聖地がそうであるように、ここカニャークマリも多くの巡礼者の姿は見かけるが、ワラーナシーのような喧騒は見られない。「ゆっくりと時が流れる」という言葉がこれほど似合う町はないような、のんびりとした雰囲気だ。にぎわいを見せるのは、日の出の頃の海岸の沐浴場とヒンドゥー寺院の周辺のみやげ物屋だけ。3つの海を眺めながら心身を休めるには最適の場所だ。

メイン・ロードMain Rd.とコーヴァラム・ロードKovalam Rd.の交差点近くにある停留所あたりが町の中心。バスで町に入るなら、終点のバススタンドまで行かないで、ひとつ手前のこの停留所で降りたほうがいい。バスを降り、南の海に向かって歩くとすぐにコーヴァラム・ロードとの大きな交差点。真っすぐ行けば、インドの宗教家ヴィヴェーカーナンダについて、インドや諸国放浪の時代を中心に紹介した**放浪僧展示館Wandering Monk Exhibition**や**州立博物館Gov. Museum**、**ガーンディー記念堂Mahatoma Gandhi Memorial**があり、その先、神殿のように見えるのがガート、つまり沐浴場だ。ここでの沐浴は要するに海水浴。ガンガーでは二の足を踏んだ人も、ここでなら何の抵抗もなく沐浴できるだろう。このガートを訪れるなら、早起きして日の出の頃に行ってみよう。どこから出てきたのかと思われるほど多くの人が、聖地の日の出を拝みに来ている。真っ赤な朝日に向かって手を合わせて祈る人の姿は、本当に美しい。ガーンディー記念堂は、マハートマー・ガーンディーの遺灰の一部が海に流された場所に、氏を記念するため建てられた。

ガーンディー記念堂の隣には、**カーマラージ記念堂Kamaraj Memorial**がある。タミル・ナードゥの元州知事で、インドの政治に大きな影響を与えた自由の闘士、カーマラージ氏の業績を伝える記念館だ。カーマラージ記念堂の西側は公園として整備されていて、近くにある**ビュー・タワーView Tower**は、夕方には夕日を見に来るインド人観光客でいっぱいになる。

交差点から逆に北（海と反対方向）へ行くとカニャークマリ駅。駅までは1km弱あるので、この町へのアクセスはバスのほうがいい。

交差点を東に曲がると、浅草の仲見世のようなみやげ物屋がズラリと並んだ道。いずれも巡礼者向けのみやげ物が中心なので、値段も高くな

夕方になるとサンセット・ポイントに人が集まる

い。のぞいて歩けば掘り出し物を発見できるかもしれない。

その道を最初の角で右（南）に曲がっていちばん奥にあるのが、女神クマリを祀るヒンドゥー寺院であ

放浪僧展示館
🗺 P.530-B2
🕐 8:00～12:00、16:00～20:00
💰 Rs10

州立博物館
🗺 P.530-B2
🕐 9:30～17:00
🚫 金、第2土、祝
💰 Rs100
※カメラ持込料Rs20、ビデオ持込料Rs100
南インドのブロンズ像や古い貨幣、楽器、山車などを展示。

ガーンディー記念堂
🗺 P.530-B2
🕐 7:00～19:00
💰 無料

カーマラージ記念堂
🗺 P.530-A2
🕐 7:00～19:00
💰 無料

ビュー・タワー
🗺 P.530-A2
🕐 5:30～18:30
💰 Rs15

HINT

そのほかの見どころ
サンセット・ポイント
Sunset Point
🗺 P.530-A2外
💰 無料
町の中心からBeach Rd.またはKovalam Rd.を西へ約2km行った所にある。小高い場所にあるちょっとした広場と、その近くの岩がゴロゴロした海岸が夕日スポットになっている。ガーンディー記念堂の前あたりから、サンセットに合わせて17:30～18:10頃に乗り合いの電動カートが出発している。片道Rs10。帰りもこれに乗ればいい。オートリクシャーで行く場合、片道Rs50程度。

ガーンディー記念堂の中央のドームの高さは、ガーンディーが暗殺された年齢と同じ79フィート。また、ガーンディーの誕生日の10月2日の正午には、太陽の光がガーンディーの遺灰が安置されていた場所に当たるようになっている。

クマリ・アンマン寺院

MAP P.530-B2
⏰ 4:30〜12:30、16:00〜20:15
💰 無料

ヴィヴェーカーナンダ岩とティルヴァッルヴァル像

MAP P.530-B2
⏰ 8:00〜16:00
💰 ボート往復運賃Rs50、スペシャル・エントリーチケットRs200
岩までは岸から400m。ボートの運航時間は7:45〜16:00（季節により異なる）。スペシャル・エントリーチケットを買うと、待たずにボートに乗ることができる。大きな荷物はボートに持ち込めないので、近くのショップに預ける。なお、ビデオカメラによる撮影は不可。

記念堂

MAP P.530-B2
💰 Rs20
内部の写真撮影は不可。

るクマリ・アンマン寺院Kumari Amman Temple。カニャークマリで最もにぎやかな場所だ。寺院内には男性は上半身裸で入るのが原則。下はズボンでなくルンギーがよい。

東の海岸に向かうと、海に浮かぶふたつの岩へのボート乗り場がある。ひとつは19世紀末にヒンドゥー教の宗教改革者ヴィヴェーカーナンダが瞑想にふけったことで有名になり、記念堂が建てられているヴィヴェーカーナンダ岩Vivekananda Rock。その隣には、古いタミルの詩人であるティルヴァッルヴァルThiruvalluvarの巨大な像が立つ岩がある。朝から夕方までこれらの岩との間を渡し船が往復している。ボート乗り場のすぐ北には漁港があり、朝は漁で活気にあふれ、その向こうには白い教会（The Church of Our Lady of Ransom）が見える。

先ほどの交差点を西に真っすぐ行くとバススタンド。バススタンドへ向かう途中の左側には灯台がある。その先さらに西に向かうとサンセット・ポイントだ。

白亜の教会の向こうに見えるヴィヴェーカーナンダ岩とティルヴァッルヴァル像

カニャークマリ周辺の見どころ

スチンドラムSuchindramはカニャークマリの14km北西、ナーガルコイルから5km南東にある町。ここのタヌマラヤン寺院Thanumalayan Templeは17世紀の建築で、ブラフマー、ヴィシュヌ、シヴァが結合した神を祀るユニークな寺院。本尊のムーラスターナム像は、頭頂の蛇がヴィシュヌを、帽子のようなリングがシヴァ、顔がブラフマーを表しているという。また、ひとつの石から彫られた高さ6.7mのハヌマーン像があり、この類のものではインド最大だという。スチンドラムへはカニャークマリのバススタンドから所要約30分。下車後、徒歩約5分。

また、カニャークマリの北東34km、ナーガルコイルから約17kmのタッカレーThuckalay近郊には、トラヴァンコール藩王国により18世紀に建てられたパドマナーバプラム宮殿Padmanabhapuram Palaceがある。ケーララ様式の木造宮殿で、ガイドが各部屋におり、無料で部屋の説明をしてくれる。敷地は広く見応えがある。カニャークマリからはナーガルコイルへ向かうバスに乗り、終点でタッカレー行きに乗り換える。所要約2時間。タッカレーのバススタンドから宮殿までは2km弱で、徒歩またはオートリクシャー（片道Rs50〜）を利用する。

▶タヌマラヤン寺院
☎ 04652-24-1270　⏰ 4:30〜11:30、17:00〜20:30　💰 無料
カメラの持ち込み不可。入口で預ける。

▶パドマナーバプラム宮殿
☎ 04651-25-0255　⏰ 9:00〜12:30、14:00〜16:30　休 月　💰 Rs300
URL www.padmanabhapurampalace.org
※カメラ持込料Rs50、ビデオ持込料Rs2500

タヌマラヤン寺院のタンクとゴープラム。実に南インドらしい風景だ

ⓘ ヴィヴェーカーナンダ岩のはるか向こうから昇ってくる日の出は、言葉にならないほど美しい。太陽が顔を出すと、沐浴が始まる。帰り道にチャーイ屋で朝食を取るのもいい。

Hotel ホテル

快適に過ごせる
H ラジャム
Hotel Rajam

中級ホテルエリア ₹₹
MAP P.530-B1

🏠 2/17-D East Car St.　☎ 04652-24-6042
🛏 Rs1500〜1800　別 Card MV
Wi-Fi　32室　URL hotelrajam.com

ボート乗り場から北に行った中級ホテルが集まっているエリアにあるホテル。建物も新しく部屋はどれも清潔で快適に滞在できる。お湯は5:00〜10:00のみ使用できる。朝食付き。チェックアウトは12:00まで。スタッフもフレンドリー。ハイシーズンは料金は約倍のRs2500 〜 3500となる。フロントで尋ねれば、空港送迎や市内観光の車のチャーターもアレンジしてくれる。

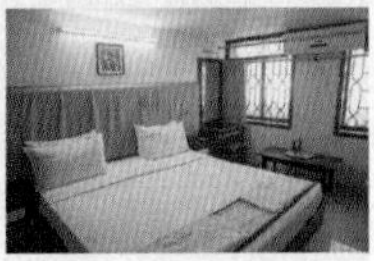

海側の部屋に泊まりたい
H マニッカム
Hotel Manickam

中級ホテルエリア ₹₹
MAP P.530-B1

🏠 North Car St.　☎ 04652-24-6687
🛏 Rs1000 🛏 Rs1800 込
Card 不可 Wi-Fi 公共エリアのみ　59室　URL www.hotelmanickam.in

清潔で雰囲気のいい中級ホテル。海を見下ろせる好立地にあり、ほとんどの部屋がオーシャンビューで日の出や月の出を拝める。お湯は5:00〜10:00のみ利用可。ルームサービスは24時間いつでも利用できる。部屋はダブルのみ。スタンダード、デラックス、スイートの3カテゴリーの部屋がある。チェックアウトは12:00まで。トラベルカウンターや両替サービスも行っている。

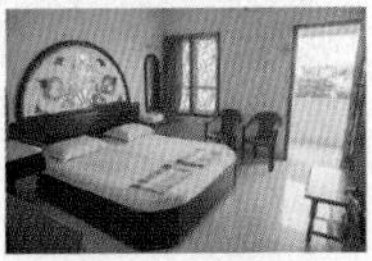

とにかく安いところがいいなら
H ナルマダ
Hotel Narmadha

バススタンド付近 ₹
MAP P.530-A2

🏠 Kovalam Rd.　☎ 04652-24-6365
🛏 Rs700〜1000 🛏 Rs1500 込
Card MV Wi-Fi 公共エリアのみ　18室

町からバススタンドへ行く途中右手にある安宿。部屋は広くバスルームも大きい。バルコニー付きシービュールームは2室のみで、1泊Rs870。チェックアウトは午前中にチェックインの際は24時間制、午後にチェックインの際は12:00までと、ちょっと変則なシステムになっているので要注意。ホテル内にはトラベルカウンターもある。にぎやかな町なかにあり、ビーチまでは1km。

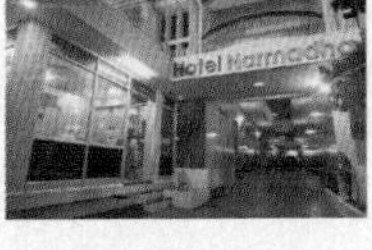

バス通りにある
H サンガム
Sangam

郵便局向かい ₹₹
MAP P.530-B1

🏠 Opp. Post Office Main Rd.　☎ 04652-24-6351
🛏 Rs2200〜2800 別 Card MV Wi-Fi
25室　URL hotelsangam.chobs.in/Index.aspx

Main Rd.とKovalam Rd.の交差点から北に行った所にあるホテル。客室はすっきりとしたインテリアで清潔かつ快適な造り。全部屋冷蔵庫付き。ランドリーサービスもあり、朝に出せばその日のうちに受け取りできる。朝食付きでレストランもふたつ併設し、南北インド料理はもちろん多国籍な料理を提供している。シーフードが評判。ホットシャワー24時間OK。

オーシャンビューを楽しみたければ
H マーディニ
Hotel Maadhini

中級ホテルエリア ₹₹
MAP P.530-B1

🏠 East Car Street.（Seashore）　☎ 04652-24-6787
🛏 Rs1200 🛏 Rs1800〜2800 別
Card 不可 Wi-Fi 公共エリアのみ　75室
URL hotelmaadhini.in

エアコン付きの35部屋はすべてオーシャンビューで美しい日の出を見ることができる。また、満月の日も部屋にいながらにして、幻想的な風景を堪能できる。広々としたロビーラウンジからも海を望むことができ、開放的な雰囲気。レストランふたつとルーフトップバーを完備。お湯は5:30〜10:00の利用のみ。24時間ルームサービス利用可。チェックアウトは12:00。

インド最南端の宿！
H サラヴァナ・ロッジ
Saravana Lodge

アンマン寺院付近 ₹
MAP P.530-B2

🏠 1/60 Sannathi St.　☎ 04652-24-6007
🛏 Rs600 🛏 Rs1200〜1600
別 Card 不可 Wi-Fi　32室

クマリ・アンマン寺院の北側すぐそばにある安宿で、屋上からは寺院や日の出が見える。最上階の部屋にはテラスが隣接しているので、予約時に空室状況を聞いてみよう。部屋はベーシックな造りだが、きちんと手入れされている。お湯は6:00〜8:00の間のみ利用可。チェックアウトは24時間制。インド最南端地点にいちばん近い宿！早朝はお祈りなどの音が鳴り響く。

 この町で気をつけたいのが訪れる時期。4〜5月、11〜1月には料金が倍ぐらいになり、どのホテルも満室になる。早めの予約が望ましい。

ティルヴァナンタプラム (トリヴァンドラム)

町のシンボルとなっているパドマナーバスワーミ寺院

ティルヴァナンタプラムの市外局番
0471

ティルヴァナンタプラムの人口
約76.2万人

ACCESS

飛行機

ムンバイーから各社合計毎日4便、所要約2時間15分。チェンナイから各社合計毎日3便、約1時間20分。そのほかに、デリー、ベンガルール、コチからの便がある。空港は鉄道駅から南西に5〜6kmほど離れた場所にあり、国内線ターミナル（ターミナル1）と、滑走路を挟んで5kmほど離れた新しい国際線ターミナル（ターミナル2）に分かれている。すべての国際線はターミナル2に発着しているが、モルディブなど海外への発着を含む国内線もターミナル1発着なので、必ずチケットを確認すること。

鉄道

チェンナイから急行（1日4〜6便）で所要14〜18時間。ベンガルールのバンガロール・カント駅から急行（1日1便）で約16時間。

バス

チェンナイから1日10便、所要約17時間。コチ（エルナクラム）から30分ごと、約5時間。アラップーラから約4時間、カニャークマリからは1日6便、約2時間。

インド亜大陸の南部、アラビア海の海岸線に細長く延びるケーララ州。18世紀以降はトラヴァンコール藩王国の都として、そして現在はケーララ州都として栄えてきたティルヴァナンタプラムは、人口75万を超えるインド西海岸有数の都市だ。しかし国際線が発着する空港にも、忙しく列車が行き交う駅にも、都会の慌ただしさは感じられない。アラビア海から吹きつける風が、町なかにあるたくさんのヤシの木を揺らし、歩く人々の足取りは誰もがゆっくり。まぶしい太陽の下を歩いていると、南国に来たことを実感する。

海から3kmほど内陸にあるこの町は、なだらかにうねった丘の上にある。この町を訪れる人の多くは、町から16km南にあるインドで最も美しいといわれるコヴァーラム・ビーチやインド最南端の町カニャークマリに行くためにここに立ち寄った人たちで、1泊の旅行者がほとんどだが、なかには素どおりで町を見ずに終わってしまう人もいる。だが、見どころは1日あれば十分見て回れるので、ぜひ時間をつくって町を歩いてみよう。

← ティルヴァナンタプラムの歩き方 →

この町は、すべてが**MGロード**（マハートマー・ガーンディー・ロード）に集中している。南北に3km余りの長い大通りだが、鉄道の線路を境に新旧ふたつの町に分かれており、地理はつかみやすい。

駅の出口は北側の新市街側。駅前のビル内に**セントラル・バススタンドCentral Bus Stand**と**KSRTCバススタンドKSRTC BusStand**があり、カニャークマリやコーラムなどへの長距離バスが発着しているので、列車、バスのどちらで到着しても同じエリアに立つことになる。

さて、駅の西にあるメインストリートのMGロードだが、ここから北

ⓘ 🏨Mascot（地図P.535-A1）内にあるKairali Ayurvedic Health Spaでは、本格的なアーユルヴェーダのトリートメントが受けられる。医師が常駐し、男女別のトリートメントルームがある。URL www.kairali.com

534

駅前のセントラル・バススタンド

に向かって銀行、郵便局、電報局、諸官庁、大学と、すべての都市機能が集まっている。なだらかな坂を40分ほど歩くと、突き当たりに町でいちばん有名な🄷Mascotがある。そこから東に200mほど歩いて行くと右側にケーララ州政府観光局と歴史遺産博物館、左に動物園や美術館のある文化公園が見えてくる。ティルヴァナンタプラムの町の北側の見どころは、ほぼこのエリアに集中している。駅にはプリペイドのオートリクシャースタンドもあるので、そこからリクシャーに乗って直接ここを目指すのもいい。

　線路の南側はトラヴァンコール藩王国時代の城塞都市で、中心にある**パドマナーバスワーミ寺院 Padmanabhaswamy Temple**は、この町の象徴でもある。この寺院、ヒンドゥー教徒以外は入場不可。信者でもドーティーやサリーなどの正装が必要（入口横の建物で貸してくれる）。内部に入らなくても、MGロードから続く参道と浄めの池、塔門などは見学できる。美しい彫刻に飾られた塔門が、強い日差しを受けて輝いて見える。駅北側の州都としての都市らしい雰囲気と比べると、南側は南インドの門前町らしい雑多でにぎやかな雰囲気を残している。寺院の近くの市内バスターミナルからはコヴァーラム・ビーチ行きも発着している。

ティルヴァナンタプラム（トリヴァンドラム）
THIRUVANANTHAPURAM
(TRIVANDRUM)

動物園 Zoological Park P.536
自然史博物館 Natural History Museum
文化公園
エア・インディア P.537へ
シュリー・チトラ美術館 Sree Chitra Art Gallery P.537
東ゲート
KIMSホスピタル P.537へ
Mascot 🄷
Kairali Ayurvedic Health Spa
西ゲート
LMS Vellayambalam Rd.
運動場
ネイピア博物館 Napier Museum P.536
歴史遺産博物館 P.537 Museum of History & Heritage
ケーララ州政府観光局 P.537
スタジアム
セント・ジョセフ教会
モスク
Zam Zam P.538
コネマラ・マーケット
Spencer's（スーパー）
South Fortune Park
セント・ジョセフ教会
YWCA
スリランカ航空
新市街
政庁
スタジアム
Pankaj 🄷
YMCA Rd.
YMCA P.538
中央郵便局(GPO) 🄷
ATM
The Residency Tower P.538
Ayurveda College
Princess Inn
Central Residency
Sivada
Regency
Teekay Palace
Indian Coffee House P.538
Horizon
空港へ
City Queen
Apollo Dimora
Amrita
Highland 🄷
Ariya Nivaas P.538
セントラル・バススタンド、KSRTCバススタンド
Grand Chaithram P.538
Station Rd.
パドマナー バスワーミ寺院 Padmana bhaswamy Temple P.535
Big Bazaar
ティルヴァナンタプラム・セントラル駅 Thiruvananthapuram Central R.S.
ガナパティ寺院
旧市街
シティ・バススタンド（イースト・フォート・バススタンド）
プーテン・マリガ宮殿博物館 Puthen Maliga Palace Museum P.536
Saj Luciya
Chalai Bazaar
コヴァーラム行きバス、タクシー
スニルの蝋人形館 Sunil's Wax Museum P.537
←トリヴァンドラム国際空港（5km）へ
A
0　250　500m

駅前のインディアン・コーヒー・ハウス

ACCESS

空港から市内へ
空港から市の中心部まではプリペイド・タクシーでRs350。オートリクシャーでRs100〜150。コヴァーラムまではプリペイド・タクシーでRs500。国内線と国際線ターミナル間は、オートリクシャーでRs50〜。

 シティ・バススタンドは、かつての城塞の東側（イースト・フォート）にあるため、イースト・フォート・バススタンドと呼ばれることもある。

**プーテン・マリガ宮殿
博物館**

☎ 0471-247-3952
🕐 9:00～12:30、14:00～16:45
休 月
料 Rs150（アートギャラリー
は別途Rs75）
※建物内部の撮影は禁止。外部
のみモバイルで撮影可。モバ
イル持込料Rs50
人数が集まりしだい（最低5人）、
ガイド（英語と現地語）が中を
案内してくれる。

南インドのマハーラージャの宮殿を公開
プーテン・マリガ宮殿博物館 Puthen Maliga Palace Museum

MAP P.535-A2

　トラヴァンコール藩王国時代のマ
ハーラージャの宮殿を博物館として
公開しており、パドマナーバスワー
ミ寺院への参道の途中、ゴープラム
に向かって左手に入口がある。基本
的には5～6人以上集まった段階でガ
イドが案内してくれる。築200年を超える宮殿は南国らしく開放的で、
随所に彫られた精彩な木彫りも美しい。象牙やクリスタルでできた玉
座、マハーラージャが集めた楽器や陶磁器、武具類などが展示してあ
る。マハーラージャでありながら南北インド古典音楽の作曲もし名曲を
多く残したスワーティ・ティルナール（1813～1846）が毎日瞑想し、
作曲もしたという小部屋なども見ることができる。

ネイピア博物館

☎ 0471-231-8294
🕐 10:00～16:45（水13:00～
16:45）
休 月、祝
料 Rs200

インド・サラセン建築もすばらしい
ネイピア博物館 Napier Museum

MAP P.535-A1

　文化公園の敷地内にあるなんとも
エキゾチックな外見の博物館。19世
紀建築の建物自体も見どころのひと
つで、インド＝サラセン建築とケーラ
ラの伝統的スタイルが見事にミック
スされている。建物内は天井が高く

広々としており、南インドのブロンズ像、ヒンドゥーの祭事に使われた
17世紀の木造の山車、象牙の工芸品、木彫りの神像、マハーラージャ
がインドネシアで収集した影絵人形などが展示されている。チケットカ
ウンターは建物に向かって左手に回り込んだところにある。

動物園

🕐 9:00～17:15
休 月
料 Rs200
※カメラ持込料Rs50、ビデオ
持込料Rs200
URL www.museumandzoo.
kerala.gov.in

インドの固有種が多く見られる
動物園 Zoological Park

MAP P.535-A1

　同じく文化公園の敷地内にあるの
が動物園。上野動物園の約1.5倍ほど
の広さの園内にはインドライオン、
ベンガルタイガーなど、インドの固
有種を中心にヒョウ、サイ、カバな
ど多くの動物が飼育され、ダチョウ

や鳥類・キングコブラなどの爬虫類なども見ることができる。園内はか
なり広いが、途中お茶や軽食を食べられる場所もあるので、地元の人
に交じってのんびり見学してみよう。なお、2023年3月現在動物園の
入園者要マスク着用。入口でもマスクを販売している。

ケーララ州はインドのなかでも教育水準が高いことで知られ、インド独立時にインド全体の識字率が20%を切っていたのに対
し、男性で60%近く、女性でも40%近くあった。これはトラヴァンコール藩王国時代に教育熱心な藩王たちが公立学校をつく

536

ラヴィ・ヴァルマのコレクションが充実　　　MAP P.535-A1
シュリー・チトラ美術館　Sree Chitra Art Gallery

　動物園の入場ゲート脇にある小さなギャラリー。ティルヴァナンタプラム出身の画家ラージャ・ラヴィ・ヴァルマRaja Ravi Varma（1846〜1906）の絵画を中心としたコレクション。ラヴィ・ヴァルマはマハーバーラタやラーマーヤナといった古典を題材に、西洋絵画の手法を取り入れた作品を多く残し、19世紀末にはインドで最も名が知られた画家でもあった。

シュリー・チトラ美術館
☎ 0471-231-6275
🕐 10:00〜16:30
🚫 月、指定の祝日
💰 Rs200
※写真・ビデオ不可。撮影はモバイルのみ可。

南インドの歴史を古代から見る　　　MAP P.535-A1
歴史遺産博物館　Museum of History & Heritage

　文化公園と道路を挟んだ南側にある博物館。先史時代の副葬品や、ローマ帝国との交易を示す貨幣、14世紀の石像、ケーララのブロンズ像など考古学展示から民家の台所を再現した民俗学展示まで幅広い。

歴史遺産博物館
☎ 0471-232-0235
🕐 10:00〜17:30
🚫 月、祝
💰 Rs200（大人）、Rs50（子供）
※カメラ持込料Rs25、動画撮影は不可
🌐 www.museumkeralam.org

インドの有名人が勢揃い　　　MAP P.535-A2
スニルの蝋人形館　Sunil's Wax Museum

　パドマナーバスワーミ寺院の南側にある蝋人形館。インドを中心に映画スターや政治家、スポーツ選手などの精巧な蝋人形が展示されている。日本でも大ヒットしたテルグ語映画「バーフバリ」の主人公を演じたプラバースや日本でも「ムトゥ　踊るマハラジャ」でも有名なラジニカーントなどの蝋人形もある。写真撮影＆SNS投稿OKなので、旅の「映え写真」をアップしよう！

スニルの蝋人形館
☎ 944-734-1974
🕐 9:00〜20:00
💰 Rs100
🌐 celebritywaxmuseum.com/

Useful Address　ユースフル・アドレス

▶観光情報……………………………………………………

ケーララ州政府観光局　Government of Kerala Tourism
🗺 P.535-A1　🏠 Park View　☎ 0471-232-1132　🕐 10:00〜17:00
🌐 www.keralatourism.org
地図やパンフレットをもらえる。カウンターは空港や駅にもある。

▶病院…………………………………………………………

KIMSホスピタル　Kerala Institute of Medical Science（KIMS）
🗺 P.535-A1外　🏠 1 Vinod Nagar Rd, Anayara
☎ 0471-294-1400、0471-294-1101（24時間）　🌐 kimshealth.org/trivandrum
鉄道駅から北西7kmの所にある私立病院。外国人の受け入れも可能。

▶航空会社……………………………………………………

エア・インディア　Air India
🗺 P.535-A1外　🏠 Musem Rd., Vellayambalam　☎ 0471-231-0310
🕐 9:30〜17:30　🚫 日

くり、義務教育を施した結果だ。2011年の国勢調査でも、識字率は男性で約88%、女性も約86%とインド国内では高い標準を保っている。

ロケーションは抜群
H グランド・チャイトラム
Hotel Grand Chaithram
駅周辺 ₹₹
MAP P.535-A2

🏠 Station Rd., Thampanoor　☎ 0471-233-0977
💳🏧Ⓢ Rs2500～3500 ⓦ Rs3000～4000
📶 別 Card MV 🛏 88室 URL www.ktdc.com

KTDC運営のホテルで、セントラル・バススタンドとテイウヴァナンタプラム・セントラル駅にも近く観光や移動にとにかく便利。建物は多少古いが内部は一部改装され、きれいで快適。バススタンド側の部屋はバスの音がうるさいので、音が気になる人は事前に静かな部屋をリクエストしよ
う。ホテル内にはノンベジの南インド料理レストランとビールやワインが飲めるバーもある。

快適に滞在できる安宿
H YMCA
YMCA Trivandrum
新市街 ₹
MAP P.535-A2

🏠 YMCA Rd.　☎ 0471-233-0059
💳Ⓢ Rs1000 ⓦ Rs1200 🏧Ⓖ Rs1500 ⓦ Rs1700
📶 別 Card MV WiFi 公共スペースのみ 🛏 18室
URL www.ymcatvm.org

駅やバススタンドなどの中心部から離れているが、部屋は広々としており、シンプルで清潔。24時間お湯が出る。男女とも滞在が可能。デラックスルームはRs200追加。入口が多少わかりにくいが、敷地内の奥の建物に「YMCA Cafeteria」と書かれた赤く
て丸い看板があり、そこの小さな階段を下りた奥にレセプションがある。

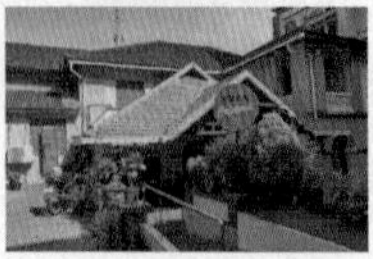

快適な四つ星ホテル
H レジデンシー・タワー
The Residency Tower
新市街 ₹₹
MAP P.535-A2

🏠 South Gate of Secretariat Press Road,
☎ 0471-433-5555 💳🏧Ⓢ Rs3800～8260
ⓦ Rs4300～8500 📶 別 Card MV WiFi 🛏 48室
URL residencytower.com

政府の南側にある四つ星のビジネスホテル。多国籍料理とパンジャーブ料理を中心としたインド料理を提供するふたつのレストランとワインやカクテルが飲めるバー（11:00～23:00）を備える。またルームサービスが24時間オーダー可能なのもありがたい。ビジネス
センター、プール、フィットネスジムと充実した設備を誇り、スタッフの対応もよく、仕事でも旅行でも快適に滞在できる。

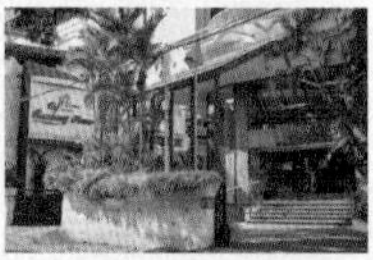

ランチタイムのミールスが人気
R アーリヤ・ニヴァス
Ariya Nivaas
南インド料理 ₹
MAP P.535-A2

🏠 Manorama Rd., Thampanoor　☎ 0471-233-0789
🕐 6:45～22:00 📶 込 Card 不可

同名のホテル「Ariya Nivaas」の1階にある、鉄道駅からは徒歩3分ほどの距離にあるレストラン。ホテル宿泊者やレストランのみの外部利用者などでいつもにぎわっている。早朝から開いているので朝食に利用するのもいい。ミールスRs140はバナナの葉ではなく丸いプレートで供されるタイプだが、シンプルでおい
しく、ランチの時間帯（11:30～15:00）は地元客で混み合う。滞在中何度も通いたくなるレストラン。

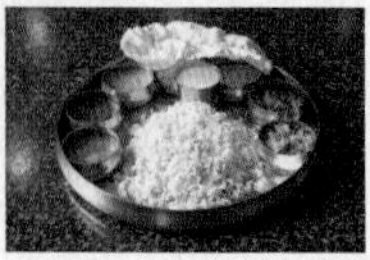

インドとアラブ料理の店
R ザム・ザム
Zam Zam
インド・アラブ料理 ₹₹
MAP P.535-A1

🏠 Opp. MLA Hostel, Palayam　☎ 0471-401-1033
🕐 11:00～23:00 Card MV
URL www.zamzamrestaurants.com

市内に6店舗を展開する人気レストランで、ノンベジアイテムとスイーツが豊富。ビーフステーキRs450、チキンケバブRs165（6個）など。どれも量が多いが、少量での注文も可能な「おひとり様カリー（Single Person Curry）」や「Half Noodles」、「Half Fried Rice」
などもあるのがうれしい。ビーフカリー（Rs99）、チキン・バター・マサラー（Rs187）、ハーフ・チキンヌードル（Rs120）など。

建物がおもしろい
R インディアン・コーヒー・ハウス
Indian Coffee House
南インド料理 ₹
MAP P.535-A2

🏠 Near KSRTC Bus Station, Thampanoor
☎ 907-257-6977 🕐 7:00～22:00 Card 不可

インド中にあるインディアン・コーヒー・ハウスだが、市内にも何店舗かあり、なかでもここは特にユニークな造りになっている。塔のような赤い建物の内部はらせん状のスロープになっており、周縁の壁側にテーブル席も設置されており、行くだけでおもしろい。下のほうから席は埋まっていくので上のほうが空
いてはいるが、上に行けば行くほどスタッフもなかなか来なくなる。レジはいちばん下、建物入ってすぐにある。

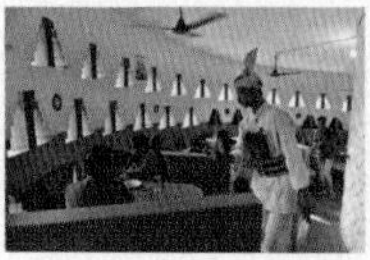

 中心部から少し外れた空港近くの **R** Villa Mayaは古い邸宅を改装したケーララ料理の高級レストラン。世界のラグジュアリーレストラン賞も受賞しており、ロケーション、味ともに贅沢な時間を堪能できる。URL villamaya.in

コヴァーラム・ビーチ

　南インド最高といわれるビーチ、コヴァーラムは、ティルヴァナンタプラムから南へわずか16km。ヤシの木が茂るゴールデン・ビーチと青い海、歩くたびにキュッキュッと鳴く砂浜、そしてアラビア海に沈む夕日が待っている。ビーチの高級ホテルからエコノミーな旅行者向きのコテージまで、宿泊施設は幅広く揃っている。安くておいしい食堂や、海の近くだけあってシーフードが食べられるレストランなども多い。カニャークマリに行くついでに寄るだけではもったいない。本を2、3冊携えてのんびり過ごしたくなる所だ。

灯台から見下ろすコヴァーラム・ビーチ

コヴァーラム・ビーチ
KOVALAM BEACH

コヴァーラムの市外局番
0471

コヴァーラムの人口
約2.5万人

ACCESS

バス

ティルヴァナンタプラムのシティ・バススタンドの南端の乗り場から市バスで30分ほど。カニャークマリから直通バスが1日2～3便、所要約2時間。コヴァーラムでは、終点のバススタンドまで行くとビーチから離れてしまうので、乗降はその約500m手前のジャンクションで。ただし、そこからビーチまでは急坂を下りるので、荷物がある人は町からオートリクシャーを使ったほうが楽。
ティルヴァナンタプラムからは、オートリクシャーで所要約30分、Rs350で坂下まで行ってくれる。空港からはプリペイド・タクシーで約20分、Rs500。

INFO

ケーララ州政府観光局

🏠 P.539-A2
🏢 Tourist Facilitation Centre
☎ 0471-248-0085
🕐 10:00～17:00
🈺 日、祝

HINT

コヴァーラム・ビーチのシーズン

10～3月の間で、ゴアのビーチと同じ。旅行者が集まるのもやはりこの時期で、いろいろな楽しみも多い。南西モンスーンによる雨季は6～9月で、ホテル代も半額程度になる。日本の夏休みの7～8月頃は海が荒れて人が少なくなってしまうのは残念だ。

シーズンは10～3月

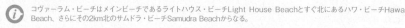
コヴァーラム・ビーチはメインビーチであるライトハウス・ビーチLight House Beachとすぐ北にあるハワ・ビーチHawa Beach、さらにその2km北のサムドラ・ビーチSamudra Beachからなる。

ライトハウス
[MAP] P.539-A2
🕐 10:00～12:30、14:00～17:00
[休] 月 [料] Rs50
※カメラ持込料Rs10
リュックなどの大きな荷物はクロークに預ける。(Rs10)

灯台に昇って絶景を眺めよう

コヴァーラム・ビーチの歩き方

コヴァーラムへのバスの終点はホテル・リーラのゲート前。このホテルは高台にあり、この一帯では最高級ホテルのひとつだ。敷地内にはエアコンの効いたケーララ州観光案内所があり、地図やパンフレットが入手できるほか、ホテルや旅の相談に親切に応じてくれる。

バススタンド横の急坂を下るとビーチに出る。ビーチ沿いには歩道があり、**灯台Light House**に向かって歩くと、安ホテルやレストランが集中し、ツーリストでいちばんにぎわうエリアとなっている。しかしビーチに面したホテルは全体的に少し高め。裏の迷路のように入り組んでいる路地に入ると、静かで落ち着いた雰囲気の安宿や食堂などがある。

ビーチ周辺にはバックパッカー向けの安い宿が多いが、高級リゾートも次々と建設されており、インド有数のビーチリゾートとなっている。ちょっと奮発して、アラビア海を眺めながら優雅なバカンスを過ごしてみてはいかがだろう。

ケーララでアーユルヴェーダ

アーユルヴェーダとは

アーユルヴェーダは古くからインドに伝わる伝統医療。「アーユス」はサンスクリット語で「生命」を、「ヴェーダ」は「知識」を意味する。ドーシャと呼ばれる生命エネルギーを想定し、そのバランスを取ることによって自然治癒力を引き出す。治療にはマッサージなどのトリートメントや投薬、パンチャカルマという体の浄化法を用いる。心と体のつながりも重視し、ヨーガや瞑想を行うのもアーユルヴェーダの大きな特徴だ。

アーユルヴェーダは西洋医学と異なり、病気になってから治すのではなく、病気にならない体をつくる予防医学の考えに立つ。健康な人でも、アーユルヴェーダによってさらに健康になることが可能だ。デトックス、痩身、若返り、老化防止、ストレス解消などの効果も期待でき、多くの施設が、痩身や若返りに特化したコースを設けている。

基本のトリートメント

アビヤンガは、薬草を含むオイルを用いた全身マッサージ。疲労回復、血行促進、神経鎮静、若返りなどの効果がある。また、温めたハーブオイルや薬用ミルクを額にたらすシロダーラは、不眠症や頭痛、精神疾患などに効果があるとされている。これらを基本として、全部で50ほどのトリートメントがある。アビヤンガは普通スウェダナと呼ばれるスチームバスとセットになっており、マッサージを終えた体から汗と一緒に毒素を排出させる。

アーユルヴェーダの本場、ケーララ州

ケーララ州はアーユルヴェーダが盛んな土地。小さなクリニックから大きな病院、本格的なトリートメントを受けられるリゾート、アーユルヴェーダを売りにした食事付きリゾートなどさまざまな種類があるので、予算と目的に見合った施設を選びたい。

アーユルヴェーダは季節を通じていつでも受けられるが、雨季の5～7月と10～11月は、オイルやハーブの成分が皮膚に浸透しやすいとの理由から、古来アーユルヴェーダに適した季節とされている。リゾートでは雨季にはオフシーズン料金を設定していることもあるので調べてみよう。

ケーララ州政府は、無数にあるアーユルヴェーダ施設のなかから、設備や技術が優れたものを上から「ダイヤモンド」「ゴールド」「シルバー」の3つのカテゴリーに認定している。選ぶ際の目安になるので、このマークにも注意してみよう。
[URL] www.keralatourism.org/ayurvedacentres

●コヴァーラム・ビーチ近くの滞在型クリニック
ミトラ・アーミタージュ・アーユルヴェーダ・ホスピタル
Mitra Hermitage Ayurveda Hospital
[MAP] P.539-A1 ⌂ Venkara, Thiruvallam PO, Trivandrum ☎ 0471-238-1888 [料] [AC] [S] Rs 2400～4000 [Card] MV [Wi-Fi] 公共エリアとコテージのみ [室] 12室 [URL] www.mitrahermitage.com
2009年にオープンした州のダイヤモンド認証取得クリニック。ドクターは4代続くアーユルヴェーダドクターと女性ドクター3名。デイパッケージ・数日間パッケージなどがある。

ⓘ コヴァーラム・ビーチには仏画や刺繍製品など、インド北部の民芸品を売るみやげ物屋が多い。これは、この地にカシュミール地方から出稼ぎでやってきている人が多いためだ。

Hotel & Restaurant ホテル&レストラン

ケーララ州 Kerala　コヴァーラム・ビーチ Kovalam Beach

ライトハウスビーチの中心にある
H シー・フェイス
Hotel Sea Face

コヴァーラム・ビーチ ₹₹
MAP P.539-A2

🏠 N. U. P. Beach Rd. ☎ 0471-248-1835
Rs3750～5000 Rs4500～7450
MV 21室
URL www.seaface.com

H Sea Rockの向かいのオートリクシャースタンドから徒歩3分の中級ホテル。部屋は改装され、設備も整い居心地がいい。ガーデンレストランでは腕のいいシェフが作る多国籍料理が食べられるほか、アーユルヴェーダセンターでのマッサージも可能。部屋と直結しているプールもある。4～9月は宿泊料が25%オフとなる。

バスタブがある部屋もある
H シヴァダヌー
Sivadanu

コヴァーラム・ビーチ ₹₹
MAP P.539-A2

🏠 Kovalam Beach ☎ 944-769-4153
Rs1000～1800 Rs1500～2200
別 不可 8室

ビーチから小路を少し入った所にある宿で、部屋はシンプルだが清潔に保ってある。1階はアーユルヴェーダ施設で、レセプションは2階。ビーチに近い宿にしては手頃な価格設定で、すぐそばに隠れ家的ローカル食堂があるのがうれしい。全8室のうち5室にバルコニーがあり、2室にはバスタブがある。オートで行く場合は H Sea Rock向かいのオートリクシャースタンドが近い。

海に面した家庭的なホテル
H オリオン・ビーチ・リゾート
Orion Beach Resort

コヴァーラム・ビーチ ₹₹
MAP P.539-A2

🏠 Light House Beach ☎ 940-032-3992（Whatsapp可） Rs1100～2500 Rs1800～3500
込 MV WiFi 17室
URL orionbeachresort.com

海に面したふたつの建物が宿になっている。部屋はシンプルだが清潔。全17室のうち14室がバルコニー付きで、朝起きて部屋の扉を開けるとすぐに海が目に飛び込んでくる。共用バルコニーと専用バルコニーの部屋と2種類あり、後者を希望する場合は予約時に伝えよう。日本円の両替やランドリーサービスあり。灯台そばのオートリクシャースタンドから徒歩2分ほど。

伝統とモダンが共存する
H リーラ
The Leela

サムドラ・ビーチ ₹₹₹
MAP P.539-A1

🏠 Kovalam Beach ☎ 0471-305-1234
Rs1万7000～15万1000 別
ADJMV 188室
URL www.theleela.com

コヴァーラム・ビーチで最高クラスのホテル。高台にあり、広々としたテラスからアラビア海を見下ろせる。海にそのまま溶け込むかのようなインフィニティプールが自慢。プールサイドにはカフェもあるので、そこでゆっくりとお茶をするのもよい。1～3週間のアーユルヴェーダパッケージやパレスルームと呼ばれる豪華なスイートルームを備えた、コーヴァラム・ビーチを代表する最高級ホテル。

海を見ながらビールでも
R カフェ・デ・ラ・マル
Cafe De La Mer

シーフード ₹₹
MAP P.539-A2

🏠 Light House Beach Rd ☎ 974-538-6662
込 不可

ジーヴァン・ビーチ・リゾート付属のレストラン&バー、奥にはプールと鮮やかな色彩のホテルの建物がある。1階がレストランで2階がバーとなっているが、頼めば2階でも食事ができる。ビーチに面しているので、海を眺めながらシーフードとビールやワインなどをまったりと楽しみたい。おすすめはやはりシーフードでPrawn Pakora（Rs300）Tiger Prawn Moilee（ケーララスタイルのエビカレー）Rs600。その他ミックスフライドライス（Rs250）やパスタなどもある。

海を眺める気持ちのよいカフェ
R ジャーマン・ベーカリー&ウェーブス
German Bakery & Waves

カフェ ₹₹
MAP P.539-A2

🏠 Light House Beach, Kovalam ☎ 0471-248-0179 ⏰ 7:30～22:30 別 不可 WiFi

インド各地にあるジャーマン・ベーカリーとのコラボカフェ。ビーチ・ホテルの2階のゆったりとしたスペースにある。早朝からオープンしていて、カフェや軽食など気軽に使える。メニューはとにかく豊富で、朝食セットだけでも10種類以上。さらにサンドイッチ、パスタ、ピザ、キッシュにシリアル、タイ料理にドイツ料理まで幅広く堪能できる。ビーチに面したカウンター席に座って、海を眺めながら食事するのがオススメ。

 コヴァーラムより素朴なビーチを求めるなら、さらに南を目指そう。インド初のアーユルヴェーダリゾートとして知られるソマーセラムSomatheeramは、コヴァーラム・ビーチの南のビーチのひとつ、チョワラ・ビーチにある。

コーラム（クイロン）

ACCESS

鉄 道
コチのエルナクラム・ジャンクション駅から1日19〜26本。所要2時間30分〜4時間30分。トリヴァンドラム・セントラル駅から1日20〜26便。所要約1時間。

バ ス
コチ（エルナクラム）から10〜20分ごと、所要約3時間30分、Rs110（A/Cなし）〜Rs225（A/C付き急行）。
ティルヴァナンタプラムから10〜20分ごと、所要2時間、Rs78（A/Cなし）〜Rs115（A/C付き急行）。
アラップーラから10〜20分ごと、所要約2時間30分。Rs85（A/Cなし）〜Rs110（A/C付き急行）。

クリシュナプラム宮殿
🏠 Kayamkulam
☎ 0476-244-1133
🕐 9:00〜13:00、14:00〜16:30
🈳 月
🎫 Rs20
※カメラ持込料Rs40、ビデオ持込料Rs400
🚌 コーラムからアラップーラ方面行きバスでクリシュナプラム下車。徒歩約10分。

バックウォーターへの入口であるコーラムは、**アシュタムディ湖 Ashtamudi Lake**のほとりに位置する町。アラビア海に面する最古の貿易港で、ローマ人が往来し、9世紀にはアラブ人による香辛料貿易港として栄えた。その後もポルトガル、オランダ、イギリスが競って香辛料やカシューナッツを求めやってきた。13世紀にはマルコ・ポーロが、また14世紀にはイブン・バットゥータもこの地を訪れたといわれる。

町の中心部から3kmほど西にある**タンガッセリTangasseri**にはポルトガルが残した砦のあとがある。

バックウォーターへのジェッティーやアラップーラ行きのボート乗り場、バススタンドは、アシュタムディ湖のほとりにある。鉄道駅はここから東へ2kmほど行った所。駅の周辺はにぎやかでホテルも多い。

クイロンの北西32kmの所には**クリシュナプラム宮殿Krishnapuramu Palace**がある。これは18世紀トランヴァンコール藩王国のマールターンダ・ヴァルマによって建てられたケーララ様式の宮殿。現在のものはオリジナルではなく再建されたものだが、内部は当時のものを並べた博物館となっている。巨大で美しい壁画「ガジェーンドラの解放」が飾られている。

タンガッセリの海岸に残るポルトガルの砦跡

Hotel ホテル

時計塔の前にある中級ホテル
🅷 ナニ ₹₹
Nani

🏠 Opp. Clock Tower, Chinnakada
☎ 0474-275-1141、920-773-6707
🅿🅰🅲🆂 Rs2250〜 🅳 別
💳 MV 📶 🛏 28室 🌐 www.hotelnani.com

モダンな設備と落ち着いたシックなインテリアでまとめられた客室は広々としており快適で、タオル、シャンプー、石鹸などのアメニティが揃っている。ルームサービス、ランドリーサービスあり。2階にレストランがある（臨時休業中）。朝食付き。

快適に滞在できる安宿
🅷 YMCA コーラム ₹
YMCA Kollam

🏠 YMCA Rd., Chinnakkada
☎ 0474-276-6505
🅿🅰🅲🆂 Rs650 🆆 Rs750 🅿🅰🅲🆂 Rs1050 🆆 Rs1150
🅼 別 💳 不可 🛏 14室

時計塔の近くから踏切を越えてすぐ。敷地はかなり広く、バスケットコートを中心に、食堂やアクティビティセンターなどの施設が集まっている。チェックインとチェックアウトは24時間制。ドミトリーもあり1泊Rs150。

 ケーララの雨季は5〜7月の大雨季と、10〜11月の小雨季に分かれる。特に大雨季にはまとまった雨が降り、風も強いのでとてもクルーズが楽しめる時期ではない。クルーズをするなら11〜3月がいい。

アラップーラ（アレッピー）

コチの南約64kmの所にあるバックウオーターの中心地。ほとんどのハウスボートはこの町の近郊を拠点としている。

　白い砂浜の海岸線、鮮やかなヤシの木の緑、そしてヨーロッパ風の古い教会の姿が造り出す美しい町だ。アラップーラの町の名は「家」を意味する"Alayam"と「水路、川」を意味する"puzha"が組み合わされたものといわれている。その名のとおり、町なかを流れる運河は、そのまま周辺の水田地帯の碁盤の目のように張り巡らされた運河網へとつながっていく。インド総督カーゾン卿はこの町を「東洋のヴェニス」と呼んだ。毎年8月の第2土曜日には、**プナマダ湖Punnamada Lake**でネルー杯スネークボートレースが盛大に開催される。

　クイロン行きの船や公共フェリーが発着するジェッティーは、バススタンドから徒歩5分ほどの町の中心近くにある。一方、駅は町の中心から南西に4kmと離れている。**アラップーラ観光開発公団（ATDC）**や**地域観光振興協議会（DTPC）**は、バススタンド前の運河沿いにある。ホテルはバススタンド周辺にいくつかあるほか、町のあちこちに点在している。古い民家を改装したヘリテージ・ホームステイと呼ばれる宿が安くておすすめ。

市内を流れる運河にたくさんの船が往来する

アラップーラの市外局番
0477

アラップーラの人口
約17.5万人

ACCESS

鉄 道
コチのエルナクラム・ジャンクション駅から1日10～13本。所要50分～1時間50分。トリヴァンドラム・セントラル駅から1日7～9便。所要約1時間30分。

バ ス
コチ（エルナクラム）から10～30分ごと、所要約1時間30分。ティルヴァナンタプラムから20分ごと、所要約3時間30分、Rs 78（A/Cなし）～Rs115（A/C付き急行）。コーラムから20分ごと、所要約2時間。

HINT

アラップーラ観光開発公団
（ATDC）
🏠 2nd Fl. Municipal Library, Thanthampally
☎ 858-981-8818
🕐 7:30～20:30
URL www.atdcalleppey.com

地域観光振興協議会
（DTPC）
🏠 Boat Jetty Rd.
☎ 0477-225-3308
🕐 9:30～17:30
URL www.dtpcalappuzha.com

Hotel ホテル

落ち着いた雰囲気が漂う
H チェルカラ・ネスト　　₹
Cherukara Nest

🏠 IX.774, Cherukara Buildings, East of KSRTC Bus Station　☎ 0477-225-1509、994-705-9628　Ⓢ Rs800　Ⓦ Rs1000　Ⓐ Rs1500　Ⓑ Rs1800　込　不可　5室　URL www.cherukaranest.in

バススタンドから徒歩約5分の所にある小さなゲストハウス。100年ほど前の民家で木製の調度品が落ち着く。部屋は広々としており清潔。朝食付き。ハウスボートやバックウォータークルーズ、アーユルヴェーダトリートメントのアレンジもしてくれる。

運河沿いにある
H アレッピー・アネックス　　₹
Alleppey Annex

🏠 Nest St., George Auditorium, C.C.N.B. Road, Vazhicherry Ward　☎ 889-188-4775、808-988-4775　Rs800～　Rs1400～　込　不可　5室

運河沿いにある家族経営のホテル。フロントなどはなく、入口で声をかけて扉を開けてもらうシステム。客室のタイプはさまざまだが、総じて広々としており清潔。周辺にはレストランも多く、どこへ行くにも便利。セントジョージ教会が目印。

ケーララでぜひとも食べたいのが揚げたてのバナナチップス。日本のものと違って塩味で、一度食べたら止まらないおいしさ。アラップーラのボートジェッティーの周りに何軒かお店があります。（東京都　KM　'19）

ケーララ州　Kerala　コーラム（クイロン）／アラップーラ（アレッピー）　Kollam (Quilon) / Alappuzha (Alleppey)

バックウオーターの旅

ケーララ州の海岸線、特にコチの南は無数の川と入江が複雑なデルタ地帯を形成する地域。かつて東西交易が盛んだった頃、この地方は 要所として栄えた。中国やアラビアなどの文献にもこのデルタ地帯の名が残されているという。

バックウオーター（水郷地帯）——。現代において私たちがこう呼ぶ地域には、ヤシの木の間を流れる運河や湖を行き来するボートを日常に使い、ほかでは見られないようなのんびりした生活を送る人々がいる。アラビア海を背にした、インドのなかでも最も南国的な風情は、旅行者にとっても非常に魅力的な所だ。

中心になる町はアラップーラとコーラム。これらの町から出発する船の旅はケーララのハイライトのひとつだ。ケーララ州の「ケーララ」とは、一説によると「ヤシの国」という意味だが、バックウオーターの船旅ほど、その雰囲気を味わえる旅はほかにないだろう。

ハウスボートは意外と大きい

でハウスボートを所有していたりする。設備や料金はさまざま。2名でRs5000〜が目安。オンラインで予約することもできるし、アラップーラのATDCやDTPCでも手配できる。乗り場はアラップーラの郊外になり、ハウスボートによって乗り場が異なる。

だいたいの1日の行程としては、10時頃にハウスボートに乗船し、ほどなくしてランチ。その後、船はゆっくりと細い水路に入っていく。田園風景のなか、地元の人たちの暮らしが垣間見られるはず。夕暮れ時は最高のシャッターチャンス。日が暮れるとハウスボートは停留してディナー。翌朝、9時頃には乗船場所に戻ってくる。

ハウスボート

バックウオーターを心ゆくまで堪能したいのであれば、クルー付き貸切ハウスボートがおすすめ。別名ハネムーンボート。クルーズにはかつて米やスパイスの運搬に使われたケットゥヴァラムKettuvalamという伝統的で素朴な木造の船が使われる。ベッドルームやバスルーム、リビング、テラス、キッチン、トイレが完備されており、A/C付きのものもある。ボートはどれも形や大きさが異なり、快適さも船の造りによって異なる。船が走っていて気持ちのよい風が吹きつける昼間と異なり、夜間は停泊する。そのため夜を過ごす予定ならA/C付きのほうが快適だ。クルーはふたりの操縦士にひとりのコック。食事時にはケーララ料理がテーブルに運ばれてくる。ハウスボートはアラップーラがその中心。アラップーラ近郊には1000以上ものハウスボートがあるといわれ、ゲストハウスや小さな商店のオーナーま

ベッドルームにはエアコンも完備

ロビーから見た操縦席

メインディッシュはもちろん魚

ⓘ バックウオーターは大型のハウスボートのほか、小型のボートやカヌーで観光することもできる。詳しくは観光案内所に聞いてみよう。

アラップーラ～クイロン間の観光ボート

　もっと手軽にバックウォーターを楽しみたいのであれば、アラップーラ～コーラム間の主要な運河や湖を約8時間かけて行く、観光客向けの公営ボートがある。10:00頃出発し、チャイニーズ・フィッシング・ネットや岸辺の村人の生活を見ながら進み、13:00頃にランチのために着岸。チケットはDTPCや、ジェッティーにあるオフィスで購入できる。ハイシーズン（11～4月）以外の季節には運航されなかったり、1日おきの運航となったりするので確認すること。料金はRs400。

ヤシの木の向こうに日が沈む

シー・クッタナードSee Kuttanad

　アラップーラのボート・ジェッティーを出て、運河が縦横に走るクッタナード地方を行く公営ボート。アラップーラ～コーラム間の観光ボートと同じ2階建てボートを利用。約2時間30分で同じルートを往復する間に、変化に富んだ景色を眺められる。アラップーラを10:45、13:15、15:30、17:25発。料金はRs 120。（2023年現在）

定期運航船

　もっと庶民の感覚で旅をしたいのであれば、定期運航船に乗船するという方法もある。

　アラップーラと24km北東にある町コタヤムKottayamの間を結ぶ定期船は、所要約2時間30分。ベンバナード湖Vembanad Lakeを行くもので、アラップーラ～コーラムのクルーズ船が行くルートに比べ、変化に富んだ景色が楽しめる。また、カヴァーラムKavalam、チャンバックラムChambakkulam、ネドゥムディNedumudy、チャンガナッシェリーChanganassery、キダンガラKidangaraなどの村や町にも定期船が運航している。

　コーラムからは、アシュタムディ湖の対岸にあるグハナンダープラムGuhanandapuramやペルモンPerumonへの定期船が出ている。

アンマのアーシュラムへ

　ただボートに乗るだけでは……という人は、マーター・アムリターナンダマイー・ミッションMata Amrithanandamayi Missionのアムリタプリ・アーシュラムAmritapuri Ashramへ行ってみるという行程はどうだろうか。

　マーター・アムリターナンダマイーは、「アマチ」あるいは「アンマ」と呼ばれる女性で、信者を抱きしめる「抱擁する聖者」として有名だ。1953年、パラヤカダヴ（現在アーシュラムのあるアムリタプリ）で貧しい漁師の娘として生まれたアマチは、幼少時より数多くの神秘体験をし、1970年代末から地元で聖人としてあがめられ、1980年代から世界中に教えを説くようになった。現在では、インドのみならず、世界中に信奉者がおり、来日したこともある。

　アーシュラムの場所はVallikkavuで下船し、ピンクの橋を渡った所。敷地内に入るには登録が必要だが、日本語の説明書も用意されている。アーシュラムに宿泊することもできるので、宿泊希望者はウェブから事前に申し込んでおこう。

●Amritapuri Ashram
🏠 Mata Amritanandamayi Math, Amrithapuri
☎ 0476-289-7578　[URL] www.amritapuri.org

観光船も発着するコーラムのジェッティー

アラップーラを出発する定期運航船

ハウスボートは走っているときはあまり気になりませんが、停泊すると蚊が飛んでくることも。蚊よけを持っていくのがおすすめ。
（岡山県　M　'19）

コチ（コーチン）

ケーララ州の伝統芸能劇カターカリ

<table>
<tr><td>

コチの市外局番

0484

コチの人口
約 27.5 万人

</td></tr>
</table>

ACCESS

飛行機
【国際線】
東京と大阪から、シンガポール航空がシンガポール乗り継ぎで所要時間14時間20分〜。そのほかにもアラビア半島各地やコロンボ、クアラルンプールからの便がある。
【国内線】
デリーから各社合計毎日7〜10便、所要約3時間5分。ムンバイーから毎日8〜11便、約1時間30分。ベンガルールから毎日16便前後、約1時間。そのほかに、チェンナイ、ハイダラーバード、ティルヴァナンタプラムからも便がある。空港からエルナクラムまでは約30kmで、プリペイド・タクシーで1kmにつきRs36〜（車種による）。フォート・コーチン行きバスも1時間に1〜2便あり、所要約1時間。

コーチン国際空港
(URL) cial.aero

コチは、ケーララ州に広がる広大な水郷地帯の北端に位置し、天然の入江や湖に恵まれた風光明媚な港町だ。コチは細長い島や半島の集合体からなっている。

この地は古くから交易で潤い、フェニキア人や古代ローマ人、アラブ商人などが訪れていたが、16世紀以降は、ポルトガルやオランダ、イギリスに支配されるなど、苦難の歴史を歩んできた。

現代のコチは、ケーララ州で最も国際的な都市であり、インド有数の国際貿易港として発展を続けている。それぞれの時代の植民地の遺産

 日本円はエルナクラムの銀行や両替屋でも可能だが、フォート・コーチンのほうがレートがいい。同日に両替すると、1万円が前者はRs5700、後者はRs5950〜5975だった。（市川市　ХАТТОРИ Кэйхо　'17）['19]

と、現代的な景観が混在する町並みが、コチの魅力となっている。

コチの歩き方

　コチと呼ばれる町は、次の4つの地区から成り立っている。まず、バスや列車で入る人が着く**エルナクラムErnakulam**と呼ばれる内陸部分、次が、その対岸になる人工の島**ウィリンドン島Willingdon Island**。このふたつの地区には外国貨物船が絶え間なく往来する貿易港があり、巨大な造船所や大型ホテルなど、躍進するインド経済を象徴するダイナミックな産業都市だ。

　島の西側でアラビア海の波を真っすぐに受ける半島部分、ここに残りのふたつの地区、**フォート・コーチンFort Cochin**とマッタンチェリー**Mattancherry**がある。この北に突き出した広い半島には、植民地時代の歴史的な見どころがある。

　陸路で来るかぎり、コチの表玄関はエルナクラム。北から列車やバスで下って来ると、まずエルナクラム・タウン駅（北駅）**Ernakulam Town R.S.**に停まり、10分ほど走ってエルナクラム・ジャンクション駅（南駅）**Ernakulam Junction R.S.**に着く。ここが町の中心で、多くの旅行者の下車駅だ。

　島も半島もエルナクラムと橋でつながっており、市バスが行き来しているが、移動はボートが安くて便利。ボートの乗り場は**ジェッティーJetty**と呼ばれ、エルナクラムにはメイン・ジェッティーなど5つの桟橋があり、いくつもの島を結んでいる。

　したがって市内の足、地区から地区へと移動するときはこのボートで十分。各地区内はエルナクラムを除けば歩いて回れる。もちろん疲れたらオートリクシャーを利用するのもいい。ちなみに、到着時に大きな荷物がある場合は、タクシーを利用して橋から回るのが最も楽だ。

アラビア海に面したコチのビーチ

ACCESS

鉄道
デリーのハズラト・ニザームッディーン駅から特急（週3便）で所要約38時間、急行（1日1～3便）で47～49時間。ムンバイーCST駅から急行（1日1便）で約37時間。ベンガルールから急行（1日3～6便）で11～12時間。チェンナイ・セントラル駅から急行（1日4～6便）で11～13時間。ゴアのマルガオ（マドガオン）駅から特急や急行（1日2～5便）で13～15時間。

バス
ティルヴァナンタプラムから30分ごと、所要約5時間。ベンガルールから1日4便、約14時間。チェンナイから1日1便、約16時間。

INFO

コチの観光情報
P.552のユースフルアドレスを参照。

ボートの運航状況
P.550を参照。

エルナクラム
ERNAKULAM

A

コーチン空港へ

Mangrove
Forest

ボルガッティ島へ

エルナクラム・タウン駅（北駅）
Ernakulam Town R.S.

Lissie

Old Railway Station Rd.

Banerji Rd.

ハイコート・ジェッティー
KSINジェッティー
M.G Road

ヴァイピーン島へ

マリーン・ドライブ・ジェッティー
（ボートツアー出発）

Jew St.

Mahatma Gandhi Rd

ケーララ州
観光開発公団
（KTDC）
P.552

KSRTCバススタンド
（長距離）

YWCA

Luciya

YMCA

Shanmugham Rd.

Broadway

The Gateway

ATM

シーロード・ジェッティー
（ボートツアー出発）

Tourist Desk

Indian Coffee House

Biju's Tourist Home
P.553

Maharaja's College

Park Avenue Rd.

Grand P.553

エルナクラム・
ジャンクション駅
（南駅）
Ernakulam
Junction R.S.

メイン・
ジェッティー

Boat Jetty Bungalow

地域観光振興協議会
（DTPC）P.552

Woodlands

Grand
Seasons

Bharat

Durbar Hall Rd.

エア・インディア

Kayees

Aiswarya

Ceylon Bake House

サウス・バススタンド（フォート・コーチン方面）

Excellency

Manikkath
Rd.

Niko
P.553
エバーグリーン
トラベル
P.552
（400m）へ

15

Milano
Ice Cream

メディカル・トラスト P.552

トーマスクック

ウィリンドン島
WILLINGDON
ISLAND

フォート・コーチン、マッタンチェリー・エリア、ウィリンドン島へ

Carrier Station Rd.

N

0　250　500m

ケーララ民俗博物館 P.551、
レイクショア・ホスピタル P.552へ

 荷物が大きかったので、タクシーでヴァイピーン島からフォート・コーチンに入りました。ヴァイピーンのジェッティーは大混雑で、カーフェリーに乗るまでに1時間近く待ちました。ジェッティーにはいくつか店があり、水なども買えます。（武蔵野市　N.H　'19）

547

マッタンチェリー宮殿

- ☎ 0484-222-6085
- ◷ 9:00～17:00（チケットの販売は9:00～16:45）
- 休 金
- 料 Rs5

※内部の写真撮影はモバイルでのみ可。
受付は入口の門を抜けて、奥へ進んだ建物の2階。

パラデシ・シナゴーグ

- ◷ 10:00～18:00、（金）10:00～14:00
- 休 土、ユダヤ教の祝日
- 料 Rs10

※写真撮影は可だが、三脚・フラッシュの使用は不可。
※露出の多い服は避けること

HINT

ユダヤ人街のアンティークショップ

パラデシ・シナゴーグの周辺には、古いオランダ式の建物が残っている。こうした建物がアンティークショップになっていることも多く、アンティークが好きならじっくりと時間を取ってほしい。ケーララ独特のアンティークも多く出ている。

コチのおもな見どころ

壁画で飾られた木造建築
マッタンチェリー宮殿　Mattancherry Palace
MAP P.548

　マッタンチェリー・ジェッティーのすぐ向かい、クリーム色の門を入ると、奥に2階建ての黄色がかった白い建物が見える。ポルトガル時代の1555年、コチの藩王のために建てられたが、オランダ時代の1663年に総督邸になったので、それ以降ダッチ・パレスとも呼ばれるようになった。

　各部屋には藩王の肖像画や建設当時の家具が陳列され、クラシカルな雰囲気が漂っている。また壁にはヒンドゥーの神話の壁画が何面にもわたって描かれており、よく観察すると実に楽しい。

ユダヤ人街の中心にある
パラデシ・シナゴーグ　Paradesi Synagogue
MAP P.548

　かつてはユダヤ人街として栄えたエリアの中心にあるシナゴーグ（ユダヤ教の会堂）で、インドで最古といわれている。

　インドにおけるユダヤ人の移民の歴史は古く、1世紀頃にはコチの北約30kmのコドゥンガルールに住み着いていたという。16世紀初頭のポルトガルの侵攻により、やむなく移住したところからコチのユダヤ人街が発展することになる。香辛料貿易に携わっていたユダヤ人も多く、1940年には約2500人いたユダヤ人人口は、今日では数えるほどしかいないといわれている。

　パラデシ・シナゴーグは1568年に建造された。現在の建物は1662年にポルトガルにより破壊されたものを、オランダの援助により1664年に建て直したものだ。館内は撮影禁止だが、天井から下がるオイルランプやクリスタルのシャンデリア、1枚ずつ手描きされた染付のフロアタイルなど、まるでシナゴーグ全体が美術品のような豪奢な造り。細部までじっくり見たい。

マッタンチェリー
MATTANCHERRY

0　100m

- Gujarathi Rd.
- M. Mahalai Rd.
- Jain Temple
- Bazaar Rd.
- Spice Heritage
- Shan Palace
- マッタンチェリー・ジェッティー
- マッタンチェリー地区 MATTANCHERRY
- Moulana Azad Rd.
- Pepper Town P.554
- マッタンチェリー館 Mattancherry Palace P.548
- The Ethnic Passage
- Palace Rd.
- パラデシ・シナゴーグ Paradesi Synagogue P.548
- Little Queen Embroidery P.555
- Ginger House P.554

コチ空港からフォート・コーチンへ、ボートなどを乗り継いで行く方法です。まず、空港前の駐車場から604番の路線バスに20分ほど乗り、左側にメトロの高架が見えてきた所で下車。運賃はRs36。降りた場所はメトロの始発Aluva駅です。ここか↗

フォート・コーチン
FORT COCHIN

（地図内表記）
A　B
ヴァイピーン島へ↑
ベンバナード湖
Vembanad Lake
Sonnetta Residency P.552 H
Fort Bridge View P.552 H
フォート・コーチン・バススタンド
Seagull
カスタム・ジェッティー
チャイニーズ・フィッシング・ネット
Chinese Fishing Nets P.550
ツーリスト・ジェッティー
Fort House H
River Rd.
Brunton Boatyard
Calvathy Rd.
Greenix Village P.551
モスク
Bazaar Rd.
ヴァスコ・ダ・ガマ広場
インド政府観光局 P.552
Tower Rd.
聖フランシス教会
Church of St. Francis P.549
Old Harbour H
Cochin Cultural Centre
Rossitta Wood Castle H
Kashi Art Café P.554
フォート・コーチン地区
FORT COCHIN
Princess St.
Burgar St.
Fusion Bay P.554
Brisbane Lodge & Hostel H
Church Rd.
KB Jacob Rd.
Malabar House P.553
Parade Ground
Rose St.
サンタ・クルス聖堂 P.549
Santa Cruz Basilica
Fraveli Rd.
ダッチ・セメタリー
The Dutch Cemetary P.550
Anokhi
Kunnumpuram Rd.
Kerala Kathakali Centre P.551
Tibetan Chef's Restaurant
Pullupalani Rd.
モスク
Quiros St.
Dal Roti
Bishop Kurectharn Rd.
Fort Heritage
The Fort Bungalow
Lily St.
Kunnumpuram Juma Masjid Rd.
司教の館
Bishop's House P.550
Orion Sky Wings P.553
Santa Cruz Tourist Home
Niraamaya P.555
Herschel Rd.
The Teapot Cafe P.554
Chirattapalam Rd.
Pattalam Rd.
Kunnumpuram Rd.
0　100　200m

ヴァスコ・ダ・ガマが埋葬された
聖フランシス教会　Church of St. Francis

MAP　P.549-A1

　1500年代初頭にポルトガル人によって建てられた教会。インド国内にあるヨーロピアン建築の最古のもののひとつで、シンプルなファサードが特徴。その後、多くの教会建築に取り入れられた。1524年にコチで死んだヴァスコ・ダ・ガマの墓があり、遺体は死後14年を経て故国ポルトガルに返還された。オランダ人がコチを占拠した1665年以降、教会はプロテスタントに変わり、ここで死んだオランダ人たちも多く埋葬されている。

聖フランシス教会
☎ 0484-221-7505
🕐 月〜金　9:00〜17:00
　　土　　9:00〜13:00
　　日　13:00〜17:00
※日8:30〜11:30は入口までのみ入場可。

内部にあるヴァスコ・ダ・ガマの墓

起源はポルトガル時代に遡る
サンタ・クルス聖堂　Santa Cruz Basilica

MAP　P.549-A2

　聖フランシスコ教会のすぐ近くにある白亜の聖堂。もともとの聖堂は1506年に建てられたといわれているものでポルトガル時代に起源をもつが、現在の建物は1902年に造られたもの。ケーララ州に8つあるバジリカ（大聖堂）のうちのひとつで、荘厳な造りながら、パステルカラーを基調とした内部はどことなくインドらしさを感じさせる。
　各時代ごとのコチの美術品がところどころに見られるのも興味深い。

サンタ・クルス聖堂
🕐 9:00〜13:00、14:30〜17:30（日10:30〜13:00）

↘らメトロで、エルナクラムのMaharaja College駅まで所要約30分、Rs50。そこからメイン・ジェッティーまでは徒歩約10分です。（大和市　井上博　'18）['19]

インド・ポルトガル美術館

☎ 0484-221-5400
● 9:00～13:00、14:00～18:00
㊡ 月・祝
㊍ Rs40
※内部は撮影不可。1階は展示室、地下はポルトガルの砦の遺構となっている。

今なお現役の植民地時代の名残

司教の館　Bishop's House

16世紀に建てられた建築。当時はポルトガルの知事の住まいとして使われていた。現在はコチの司教の住まいとなっている。館内には入れないので、外からの見学のみとなる。

司教の館の庭園にあるのが**インド・ポルトガル美術館Indo-Portuguese Museum**。インドにおける初期のカトリックコミュニティが保管してきた美術品などが展示されている。

植民地時代のオランダ・イギリス人が眠る　MAP P.549-A2

ダッチ・セメタリー　The Dutch Cemetary

コチビーチのすぐ裏手にある墓地。1724年に造られたこのオランダ人墓地は、国内最古のものと考えられており、植民地時代にこの地で亡くなった軍人や貿易商などが眠っている。現在はかなり荒廃しているが、墓は当時のオランダ建築の様式で建てられ、墓標には古いオランダ文字が刻まれている。通常門は閉じられているので、外からの見学となる。聖フランシス教会が管理しており、お願いすると内部を見せてくれる。

INFO

ボートの運航状況

エルナクラム（メイン・ジェッティー）→フォート・コーチン（カスタム・ジェッティー）
5:00～21:50の間に46便。
エルナクラム（メイン・ジェッティー）→ヴァイピーン島
6:00～21:30の間に26便。
エルナクラム（メイン・ジェッティー）→マッタンチェリー
5:55～18:45の間に1日23便。
エルナクラム（メイン・ジェッティー）→ウィリンドン島（エンバーケーション・ジェッティー）
5:35～21:10の間に17便。
メイン・ジェッティーとフォート・コーチン間の運賃はRs6。このほかにツーリスト・ジェッティーとヴァイピーン島、エルナクラムのハイコート・ジェッティーとボルガッティ島を結ぶボートなどがある。

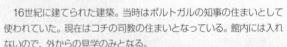

夕日に光る四ツ手魚網　MAP P.549-A1

チャイニーズ・フィッシング・ネット　Chinese Fishing Nets

マカオのポルトガル人によって伝えられたコチ独特の漁法で、網を海中に沈め、ロープで引き上げる仕掛けが海岸に沿ってズラリと並んでいる。14世紀頃から始められたといわれている。運がいいといろいろな魚が揚がってくるのを見られる。夕暮れどきは特にケーララ州ならではのロマンティックな風景のひとつ。

フォート・コーチン地区の北の海岸に多くあり、週末には夕日を眺めにたくさんの人がやってくる。近くには魚屋があり、そこで買った魚やエビを向かいの食堂に持っていくと有料で料理してくれる。

M.G.Rd沿いにある🅡Milano Ice Creamは、イタリア人オーナーのジェラート店。着色料不使用で自然な味わい。📖 P.547-A2
🏠 M. G. Rd, Ravipuram, Ernakulam　☎ 0484-391-1137　● 10:00～24:00

ケーララの伝統的な宗教舞踏
カターカリ・ダンス　Kathakali

MAP P.549-A2　P.549-B1

コチではケーララの伝統舞踊カターカリ・ダンスを観ることができる。歌舞伎のようなメイクとずしりと重そうな衣装を身につけ、顔の筋肉の動きや指先で心の動き、感情を繊細に表現する踊りは圧巻。土地に伝わる民話などを1～2人の踊り手が演じる。ケーララに来たならぜひ見てみたい。

フォート・コーチンで観るなら**ケーララ・カターカリ・センター**Kerala Kathakali Centreかグリーニックス・ヴィレッジGreenix Villageがおすすめ。ショーは夕方からなので、あらかじめチケットは買っておこう。メークアップやケーララの武術カラリパヤットゥもあわせて観られる。

この地域のさまざまな美術品が見られる
ケーララ民俗博物館　Kerala Folklore Museum

MAP P.547-A2外

伝統的なケーララスタイルを取り入れた建物の博物館。ケーララ、タミル・ナードゥなど16～17世紀頃の南インド各地の民俗美術が見られる。日常の道具から宗教儀礼の道具、植民地時代のヨーロピアンなものなどコレクションは1万点を超える。上階では運営資金調達のため、一部アンティークを販売もしている。

ケーララ・カターカリ・センター
- MAP P.549-A2
- ♠ Near Santa Cruz Basilica, K. B. Jacob Rd., Fort Cochin
- ☎ 0484-221-7552
- ◐ メークアップ17:00～、ダンス18:00～19:00　◐ Rs500
- URL keralakathakali.com

ケーララの武術カラリパヤットゥ（◐ 19:15～20:00　◐ Rs400）の実演や、インド古典楽器の演奏（◐ 20:00～21:00　◐ Rs500）もある。

グリーニックス・ヴィレッジ
- MAP P.549-B1
- ♠ Kalvathi Rd., Fort Cochin
- ☎ 0484-221-7000
- ◐ メークアップ17:00～18:00、ダンス18:00～19:00
- ◐ Rs650～850
- URL greenix.asia

フォート・コーチンのカスタム・ジェッティー近くにある文化センター。カラリパヤットゥ（◐ 16:00～17:00　◐ Rs650）のみのショーもある。

ケーララ民俗博物館
- ♠ Thevara Ferry Jn., Thevara
- ☎ 944-607-6499
- ◐ 9:30～18:00　◐ Rs300
- ※カメラ持込料Rs100
- URL www.keralafolkloremuseum.org

エルナクラム・ジャンクション駅からリクシャーで南に6km。

コチ（コーチン）のユダヤ人

ユダヤ人はパレスチナに源流をもち、ユダヤ教を互いの結合の要とする民族であるが、古代から強大な国家によってしばしば亡国の憂き目に遭ってきた。その結果世界各地に散らばり、おもに商人として名前を知られるようになった。

古代ローマ帝国に故郷を滅ぼされた紀元1世紀頃からインドにも到来し、南インドの港町、やがてムンバイー、コルカタと貿易の基地に定着していった。なかでもコチには「ユダヤ人町（ジュー・タウン）」と呼ばれる一画ができ、いっときは香辛料貿易を一手に引き受けるほど活躍した。ここには、その富を注いで、世界各地から材料を集めて造ったユダヤ教の礼拝堂（シナゴーグ）が建っている。コチのユダヤ人は「十分にユダヤ的であり、インド的である」といわれている。厳格な教義やしきたりを守るユダヤ人らしさを保ちながら、日常の衣服や儀

式のヒンドゥー的な要素など、はた目には「インド人」として溶け込んでいるという不思議な（？）状態。世界各地のユダヤ人のなかでもユニークな存在なのだという。ただし「ユダヤ人」と「インド人」どちらにも詳しい人はそうはいないから、この特徴を判断するのは非常に難しい。

1948年にイスラエルが建国され、インドも前の年に独立して世の中が変わるなか、多くのユダヤ人が「故郷」に帰ることを選んだ。最近ではコチのユダヤ人は数人が残るのみと報告され、「ジュー・タウン」はほとんど名ばかりの場所になっている。逆にイスラエルに移住した人たちによって建てられたシナゴーグは「コーチン様式」と呼ばれて、長いユダヤ人の歴史にインドの日々の名残を加えることになった。
（関口真理）

ⓘ　カターカリは17世紀頃誕生したケーララの伝統舞踊劇。「カタ」は物語、「カリ」は舞踊を意味する。女性役もすべて男性が演じ、かつては夜通し行われていた。表情豊かに見せるために目にスパイスを入れて充血させるともいう。

コチの旅行会社
エバーグリーントラベル

インド人と結婚してコチに暮らす日本人、真美デービスさんが経営する旅行会社。内科開業医の家に生まれ、かつて薬剤師をしていた真美さんはアーユルヴェーダなどの医療に造詣が深く、メディカルツーリズムに力を入れている。アーユルヴェーダ施設や病院の予約、通訳などのほか、一般の旅行の手配も可能だ。

Evergreen Travels
MAP P.547-A2外
♠ 4 Fl. Niko Hotels, K. P. Vallon Rd.
☎ 0484-286-7650、286-7625
🕐 9:00〜18:00
休 日、祝
URL www.egkerala.com

Useful Address ユースフル・アドレス

▶観光情報

ケーララ州観光開発公団（KTDC）
MAP P.547-A1　♠ Shanmugham Rd., Ernakulam　☎ 0484-235-3234
🕐 10:00〜17:00　URL www.ktdc.com

地域観光振興協議会（DTPC）
MAP P.547-A2　♠ Opp. Rajendra Maidan, Park Avenue Rd., Ernakulam
☎ 0484-236-7334　🕐 10:00〜17:00　休 日、第2土、祝
URL www.dtpcernakulam.com
メイン・ジェッティーにもカウンターがある。

インド政府観光局 India Tourism
MAP P.549-A1　♠ Willingdon Island　☎ 0484-266-9125　🕐 9:30〜18:00
休 土、日、祝

▶病院

レイクショア・ホスピタル Lakeshore Hospital
MAP P.547-A2外　♠ NH-66 Bypass, Maradu　☎ 0484-270-1032、99616-30000（救急）　URL vpslakeshorehospital.com
英語の通じる大型の総合病院。最新の設備が整っている。

メディカル・トラスト Medical Trust
MAP P.547-A2　♠ MG Rd., Ernaklam　☎ 0484-235-8001、235-8035（24時間）
URL www.medicaltrusthospital.com
外国人向けのヘルプデスクもあり、24時間対応してくれる。英語のみ。

Hotel ホテル

立地、サービスなどバランスがいい
H フォート・ブリッジ・ヴュー フォート・コーチン ₹₹
Fort Bridge View　MAP P.549-A1

♠ 1/381 Princess St., Fort Cochin　☎ 933-758-5893　Rs1800〜3300　込　不可
🛜　10室　fort-bridge-view-hotel.business.site

メインエリアにある便利な立地。101号室のスイートルームがコスパがよい。スタッフもフレンドリー。価格は朝食込み、ホテルに直接予約した場合。

アットホームなゲストハウス
H ソネッタ・レジデンシー フォート・コーチン ₹
Sonnetta Residency　MAP P.549-A1

♠ 1/387, Princess Street, Fort Kochi　☎ 989-554-3555　Rs1500　Rs2000　MV
🛜　✉ mail@sonnettaresidency.com

宿やレストランなどが多いプリンセス・ストリートにあるクリスチャン経営のこぢんまりとした宿。部屋はきれいに手入れしてあり、快適に過ごせる。お湯は24時間使える。

ラグジュアリーなデザインホテル
H マラバール・ハウス フォート・コーチン ₹₹₹
Malabar House　MAP P.549-A2

♠ 1/269 Parade Rd., Fort Cochin
☎ 0484-221-6666　Rs23000〜35000
別　AJMV　🛜　17室
URL malabarescapes.com

伝統的なケーララテイストとコロニアルな雰囲気を兼ね備え、設備やインテリアはモダンなラグジュアリーホテル。レストランも評判がよく、インド産のワインやビールを飲むこともできる。宿泊者でなくても立ち寄ってみたいホテル。

バルコニーから通りを眺められる
H ブリズベン ロッジ＆ホステル フォート・コーチン ₹
Brisbane Lodge & Hostel　MAP P.549-A1

♠ 1/401, Princess Street　☎ 989-542-7691
Rs750〜950　Rs400　不可　🛜

宿がどこも値上がりするなか、プリンセス・ストリートにある手頃な料金の安宿。ドミトリーは女性のみ宿泊可。

 ボルガッティ島には1744年にオランダ人が建てた宮殿ホテルがある。現在はKTDCの運営だが、存分に贅沢気分を味わえる。
H Bolgatty Palace　♠ Mulavukadu, Bolghatty Isld.　☎ 0484-275-0500　URL www.ktdc.com/bolgatty_palace

日本円での支払いも可能

H オリオン・スカイ・ウィングス
Orion Sky Wings
フォート・コーチン
MAP P.549-A2

🏠 926B K. L. Bernard Master Rd., Njaliparambu Junction, Fort Cochin ☎ 984-605-2897 💳 Rs1000 🅦 Rs1600 🅐🅒🅢 Rs1300 🅐 Rs2000 🅜 込 Card 不可 WiFi 🛏 8室

部屋は広くはないがとてもきれいに手入れされており、アットホームな雰囲気で快適に滞在することができる。小さいながらも全室バルコニー付きなのがうれしい。1泊Rs1000の部屋以外はすべて朝食付き。24時間湯が出る。チェックアウトは11:00までだが、部屋が空いていれば少しだけ延ばすことができる。

大人気のヘリテージホテル

H オールド・ハーバー
Old Harbour Hotel
フォート・コーチン
MAP P.549-A1

🏠 1/328 Tower Rd., Fort Cochin ☎ 0484-221-8006 🅐🅒🅢 Rs1万5340～2万6000 🅜 込 Card AMV WiFi 🛏 13室 URL www.oldharbourhotel.com

天井が高く開放的な築300年の建物を改装した4つ星のブティックホテルで、チャイニーズフィッシングネットから徒歩数分ほどの距離にある。部屋は広々としており、なおかつシックでリラックスできる雰囲気に整えられている。中庭に面したカフェレストランでは、トロピカルな雰囲気の中おいしい料理やスイーツを味わうことができ、インド産のワインやビールを飲むこともできる。プールやアーユルヴェーダスパもあり、大人のリゾートを満喫できる。朝食付き。

快適に過ごせる

H ニコ
Niko Hotel
エルナクラム
MAP P.547-A2外

🏠 K. P. Vallon Rd. ☎ 0484-286-7600、974-769-9005 🅐🅒🅢 Rs1499～3399 🅦 Rs2899～3999 🅜 込 Card AMV WiFi 🛏 29室 URL www.niko-inn.com

2017年にオープンした新しめのホテルで、旅行会社エバーグリーントラベルEvergreen Travels (P.552)がある。観光エリアではないロケーションではあるが、移動に車などを使うなら宿泊料金のわりに、部屋も広めで高級感がありコスパがよく満足できる。おもてなしを前面に出していることもあり、スタッフもフレンドリー。宿泊客はランドリーも無料で使える。1階にはモダンなカフェレストランも併設。朝食付き。

レストランがおすすめ

H グランド
Grand Hotel
エルナクラム ₹₹
MAP P.547-A2

🏠 M. G. Rd., Ernakulam ☎ 0484-238-2061 🅐🅢 Rs3500～3800 🅦 Rs4300～5800 🅐 別 Card MV 🛏 39室 URL www.grandhotelkerala.com

エルナクラム南駅から近い中級ホテル。部屋は4カテゴリーあり、どのカテゴリーも全室A/C付きで部屋は広く快適に滞在できる。レストランやバー、コンフェクショナリーなどの充実した施設に加え、スタッフの対応もフレンドリーでおもてなしにも満足できる。ビュッフェの朝食付き。

ジェッティーのすぐそば

H ボート・ジェッティー・バンガロー
The Boat Jetty Bungalow
エルナクラム ₹
MAP P.547-A2

🏠 Opp. Main Boat Jetty, XL/1512 Cannon Shed Rd., Ernaklam ☎ 0484-237-3211 🅐🅒🅢 Rs1350 🅜 込 Card 不可 WiFi 🛏 25室 ✉ theboatjettybungalow@gmail.com

1891年に建設された古くて趣のある建物を改装した手頃な値段のホテル。メイン・ジェッティーまで徒歩2分と非常に便利なロケーションにある。部屋はさほど広くはないがシンプルで清潔に保たれている。いくつか照明の暗い部屋もあるのでチェックイン時に事前に部屋を見せてもらった方がよいだろう。オーナーは内装や備品の製作・修理など何でも自分でやるような多方面に積極的な人で、教室に通って料理の腕も磨いたという。頼めば有料で朝食をつけることもできる。場所柄、外国人旅行者も多く受け入れているのでスタッフも外国人慣れしていてフレンドリー。

メイン・ジェッティーから近い

H ビジュース・ツーリスト・ホーム
Biju's Tourist Home
エルナクラム ₹
MAP P.547-A2

🏠 Cannon Shed Rd. Junction, Near Main BoatJetty, Ernakulam ☎ 0484-238-1881、236-1661 🅐🅒🅢 Rs784～980 🅐🅒🅢 Rs1400～1680 🅜 込 Card AMV WiFi 🛏 27室 URL www.bijustouristhome.com

1981年に創業のエコノミーな宿。エルナクラム・ジャンクション駅からメイン・ジェッティー方面に徒歩25分、メイン・ジェッティーからは徒歩4分ほどのところにある。部屋は清潔で広く、スタッフも親切で外国人旅行者の応対には慣れている。チェックインは24時間制で、お湯も24時間出る。ランドリーサービスも行っている。また1階には、コーヒーショップも併設。

ⓘ コチには、レストランとしての評判も高いホテルがいくつかある。本誌でも紹介しているマラバール・ハウス、オールド・ハーバーなどは宿泊客でなくても食事が楽しめる。

ケーララのシーフード料理なら
R フュージョン・ベイ
Fusion Bay
ケーララ料理／シーフード ₹₹
MAP P.549-A1

🏠 KB Jacob Rd., Fort Kochi ☎ 999-546-8085
🕐 12:00〜16:00、19:00〜22:30 🍴 Rs500〜700
別 Card MV

フォート・コーチンのバススタンドから南に4分ほど下った右手にあるケーララスタイルの人気レストラン。地元産のシーフード料理目当ての外国人旅行者でいつもにぎわっている。エビとココナッツのケーララ風Rs490がおすすめ。その他コーチン・ジューイッシュのメニューなど、コーチンでしか食べられないメニューもあるので、食に興味のある人は挑戦してみよう。

メニューはショウガだらけ
R ジンジャー・ハウス
Ginger House
カフェ ₹
MAP P.548

🏠 Jew Town Rd., Mattancherry ☎ 0484-221-3400
🕐 8:00〜22:00 🍴 Rs200〜500 Card MV

Ginger House Museum Hotelの敷地内にあるカフェレストラン。ホテルの中庭の湖畔部分にあり、S ヘリテージ・アーツ横のアーチを通り抜けて入る。名前の通りショウガを使ったフードやドリンクを多種提供しており、メニューを見るだけで血行がよくなりそう。湖を眺めるテラス席は落ち着いた空間でのんびりとできるが、ツアー客のランチと重なるととても混み合う。中庭にはエキセントリックな彫像なども飾ってあるので、食事がてら旅の「映え写真」を撮るのも楽しい。

おうちを訪ねたような雰囲気
R ティーポット・カフェ
The Teapot Cafe
カフェ ₹
MAP P.549-A2

🏠 Opp. Santa Cruz Basilica, Peter Celli St., Fort Cochin ☎ 0484-221-8035 🕐 8:30〜21:00
込 Card 不可

無理に席数を増やさずにゆったりとしたスペースを保ったカフェで、静かな時が流れる空気感が心地よい。店内に飾られたティーポットやカップを眺めながら、のんびりくつろげる。フレーバーティーの種類が豊富でカモミール、アールグレイ、バニラやペパーミントなどがあり各Rs120。その他フィルターコーヒーがRs100、コールドコーヒーがRs120。朝食セットの評判がよい。

キャッチ後送
R トゥルヴェイル
Trouvaille
カフェ ₹₹
MAP P.549-A1

🏠 Princess Street, Fort Kochi ☎ 974-724-6536
🕐 10:30〜22:30 込 Card MV

プリンセス・ストリートにあるゆったりとした造りで落ち着けるカフェ。コーヒーやアイスティーなどのドリンクを中心にハンバーガー Rs380やパスタ、クロワッサンやシーザーサラダRs320なども食べることができ、朝食にもよい。ドリンクはエスプレッソRs125、マサラチャイRs95、レモネードRs115。店内ではゴンド画などインドの民俗画をギャランティなしで展示・販売し、アーティストをサポートしている。

キャッチ後送
R ペッパータウン
Pepper Town
インド料理 ₹
MAP P.548

🏠 Jew Town Rd, Jew Town, Mattancherry
☎ 965-683-3399 🕐 10:00〜21:00 込 Card MV

マッタンチェリー地区にある、手頃な価格でインド料理を出すレストラン。天井が高く、ゆったりとした造りで居心地がよい。ベジ・ミールスRs280、チキン・ビリヤーニー Rs250、エッグ・マサラドーサー Rs220、アッパムRs20。湖側の通りに入口があり、店内を通ってシナゴーグのある反対側の通りへと抜けられる。

ギャラリーを併設した
R カシ・アート・カフェ
Kashi Art Cafe
カフェ ₹₹
MAP P.549-A1

🏠 Burgher St., Fort Cochin ☎ 0484-221-5769
🕐 8:30〜22:00 別 Card MV
URL www.kashiartgallery.com

フォート・コーチンを代表するカフェで、2年に一度開催されるコチ・ビエンナーレの時期はインスタレーションや絵画などの作品が展示され芸術的な雰囲気が増す。店で挽いたおいしいコーヒーが飲める。朝食セットやサンドイッチも種類が豊富。吹き抜けになっている小さな中庭に面した半オープンテラスの席や薄暗くアーティスティックな雰囲気の室内に席があるが、混んでいることも多い。近年は外国人旅行者だけでなく、インド人観光客も多く訪れ、ハイシーズンには開店前から人が並んでいる。

ⓘ マッタンチェリーのアンティークショップの2階にあるカフェもおすすめ。小さなテラス席からは町並みを見下ろせる。R Crafters Cafe 🏠 VI/141 Jew Town Rd. ☎ 0484-222-3346 🕐 9:30〜18:00 Card MV URL www.crafters.in

Shop ショップ

繊細な刺繍の美しい手仕事

S リトル・クイーン・エンブロイダリー クラフト・雑貨
Little Queen Embroidery `MAP P.548`

🏠 IV/542 Synagogue Lane, Jew Town,
Mattancherry ☎ 790-775-5657
🕐 10:00~18:30 休日 Card MV

ボビンレースや刺繍の手仕事は植民地時代にポルトガルから伝わったもの。現在はアラップーラ近郊の村の女性たちのコーポラティブで作られている。最近では失われつつある手仕事になっているという。刺繍入り
の子供服や肌ざわりのよいバスローブのほか、クロスステッチ刺繍タオルRs850（P.54）はおみやげにも喜ばれそう。

アーユルヴェディックな布製品

S ニラーマヤ ファブリック
Niraamaya `MAP P.549-A1`

🏠 1/605 Peter Celli St., Fort Kochi
☎ 938-809-9002 🕐 10:00~18:00 Card AMV
URL www.niraamaya.org

かつてケーララの王族が使っていたというアーユルヴァストラというハーブなどで染めたオーガニック布製品が豊富に揃う。タオルやヨーガマット、シーツなど肌に直接触れるものに関心がある人におすすめ。新型コロナウィルスが流行し
てからはマスクも製品化している。薄手のフェイスタオルRs100、ショールRs784~など。

コーチン発の「ココナッツ・レザー」

「革のような和紙のような」─素朴でありながらもしっかりとした質感をもつエコな素材がコーチンで創られている。「Malai（マライ）」のCEO・共同創業者であるスロヴァキア出身のズザナさんはココナッツミルクなどを工業的に作る過程で大量に廃棄されていたココナッツ・ウオーターに着目し、どうにかアップサイクルできないかと考えた。試行錯誤の末に、このココナッツ・ウオーターを発酵させバクテリアセルロースというものを生成し、藁などの植物素材を混ぜ込んで乾燥させた独自の「ココナッツ・レザー」を作り上げた。日本でもおなじみのナタデココもバクテリアセルロースで、いわばこれが「つなぎ」として藁などの混ぜ込んだ素材をまとめ上げ「ココナッツ・レザー」として生まれ変わるのだ。現在はこの素材を使ってバッグやポシェットなどの製品が作られているが、完全にプラスチックフリーなため、製品としての寿命を全うし廃棄される際にはそのまま土へと還すことができる。

ボテンの葉の粉末を使った「サボテン・レザー」、パイナップルの葉の繊維を使った「パイナップル・レザー」、さらにはキノコの菌糸体を使った「キノコ・レザー」などもあり、動物愛護の観点や天然皮革のなめしの際に大量に必要とされる水を節約できるなどエコな動きにもかなっている。インドのなかでも特に南国感にあふれ多くの椰子の木が生えているケーララ州ならではの代替レザーといえるだろう。ズザナさんのこのプロジェクトはまだ始まったばかりだが、地元の雇用も創出しながら、この素材を利用してのさらなる製品開発など持続可能なかたちを模索している。この「Malai」の小さなオフィス兼ショップがフォート・コーチンにあるので、興味がある人は訪ねてみてはいかがだろうか？

●Malai（マライ）
☎ 790-715-6996
URL malai.eco
✉ info@malai.eco

できあがった素材を伸ばして平面にしていく

この「ココナッツ・レザー」は植物由来のいわば代替レザーともいえるもので、例えば世界では、サ

左の女性が持っているのが「ココナッツ・レザー」で作られたバッグ。真ん中の女性がかぶっているキャップは「ココナッツ・レザー」で作られた試作品。

 2018年度のコチ・ビエンナーレの時期に旅行しました。植民地時代の古い建物が会場になっていたり、町の中にはビエンナーレのときだけのポップアップ・ショップもオープンしていたりと、いつもより町もにぎやかでした。（広島市 なお '19）

ケーララ州 Kerala　コチ（コーチン） Kochi (Cochin)

ベンガルール（バンガロール）

ベンガルールの象徴ヴィダーナ・サウダ。記念写真を撮る人も多い。

ベンガルールの市外局番
080

ベンガルールの人口
約844万人

ACCESS

飛行機
【国際線】
日本航空が成田から月・水・木・土の週4便直行便を就航。所要約9時間。
その他、香港、シンガポール、クアラルンプール、コロンボからの便がある。
【国内線】
デリーからエア・インディアなど各社合計毎日34〜36便、所要約2時間40分。コルカタからは毎日14便、約2時間30分。ムンバイーからは毎日35〜36便、約1時間30分。チェンナイからは毎日13〜14便、約1時間。そのほかにも、ラクナウ、ワラーナシー、インドール、アーメダバード、ブバネーシュワル、ゴア、コチ、ハイダラーバード、ティルヴァナンタプラムからの便がある。

鉄道、バスはP.558参照のこと。

INFO

ケンペゴウダ国際空港
URL www.bengaluruairport.
com

「インドの庭園都市」と呼ばれるベンガルールは、カルナータカ州の州都。標高920mの所にある高原都市だ。かつては南インドで強大な権力を誇ったマイソール藩王国の都のひとつであり、チェンナイと並ぶ、南インドの政治・経済の中心都市である。

現在、インド第3位、人口840万を数える大都市で、インドのIT産業の中心地。最先端の町らしく、町はいたって整然としていて、まったくインドらしくない。特にイギリス人の手によってつくられた**カントンメントCantonment**は緑が多く、歩く人々の姿もどこかほかの町とは違う。若い女性も、サリー姿よりジーンズやスカートをはいた人が多い。

州政府は2006年11月より、都市の名を植民地時代につけられたバンガロールからカンナダ語で「豆の町」という意味のベンガルールに改名、インド政府も2014年に認めた。

← ベンガルールでの入出国と空港案内 →

ケンペゴウダ国際空港

ベンガルールの**ケンペゴウダ国際空港Kempegowda International Airport**は、市の北約40kmにある。国際線で到着した場合、インドのほかの国際空港同様、イミグレーションで入国手続き後、手荷物のX線検査を受け、ターンテーブルへと向かう。預け荷物をピックアップしたら税関を通り、到着ロビーへ。ロビーには空港インフォメーション、両替所、売店、ホテルカウンター、KSTDCオフィスなどがある。国内線の場合は、ターンテーブルで荷物を取り、そのまま外へ出ればいい。ターミナルの建物を出て左端にタクシー乗り場、荷物預かり所が、右端にエアポートシャトル、Uber、Olaなどの乗り場がある。

ⓘ 2016年3月1日以降、日本人はベンガルールの空港でもアライバルビザが取得できることになった（P.604）。ただし状況はよく変わるので、事前に最新情報を確認すること。

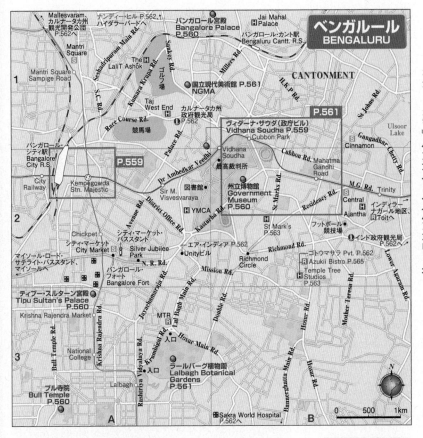

ベンガルール
BENGALURU

Karnataka
カルナータカ州

Bengaluru (Bangalore)
ベンガルール（バンガロール）

空港から市内へのアクセス

　市内へはエアポートバスかタクシーを利用する。エアポート・シャトルと呼ばれるエアポートバスは、現在10路線。原則的には20～30分間隔で24時間運行だが、渋滞時や夜間は1時間ほど間隔が開いてしまうことがある。バス乗り場に路線図があり、係員が乗るバスの相談に乗ってくれる。マイソールへの直行バスもある。

　タクシーはターミナルの外、左端に乗り場がある。運賃はA/C付きの車が1km当たりRs19.5のメーター制で明朗会計だが、距離があるので、市内中心部まではRs800前後になる。タクシーよりも安いのが、Uber（欄外参照）とOlaだが、アプリをダウンロードし、現地でアプリが使えるインターネット環境が必要。それぞれの乗り場は、バス乗り場近くにある。

空港の標識も英字、ヒンディー文字、カンナダ文字の併記になっている

INFO

エアポート・シャトル

[URL] www.mybmtc.com
多数ある路線のうち旅行者が利用しやすいのはバンガロール・シティ駅の向かいのケンペゴウダ・バスステーション（マジェスティック・バスステーション）へ向かうルート「KIA-9」（所要約1時間）、MGロードを通るルート「KIA-5」、「KIA-5D」、「KIA-6」、「KIA-7A」（所要約2時間）など。料金はルートや下車する場所によって異なる。

HINT

便利なUber（ウーバー）

アメリカ発の配車サービスUberがベンガルールでも展開しており、車だけでなくオートリクシャーの手配もできる。配車アプリについてはP.622を参照。

 空港到着後にUberを利用。空港内はSMSが受信できれば無料Wi-Fiが利用可能。これで予約すれば市内まで均一Rs549です。乗り場は空港を出て右に行ったUberピックアップポイントです。（横浜市　Bucky　'17）

INFO

シティ駅の鉄道予約オフィス

🗺 P.559

シティ駅を正面に見て左側の建物の2階。8:00〜14:00、14:15〜20:00（日曜日は8:00〜14:00）。外国人専用窓口はなくなったが、予約オフィス手前の「Chief Reservation Supervisor」の部屋で、外国人の予約を受け付けてくれることがあるので、窓口が混んでいたら試してみよう。

ACCESS

バ ス

マイソールから10分おきに24時間運行、所要約3時間。チェンナイから1時間おき、7〜8時間。ハイダラーバードから1〜2時間おき、9〜11時間。ゴアのパナジから1日4便、約13時間。

ケンペゴウダ・バスステーション

🗺 P.559

バンガロール・シティ駅の前、通りを挟んで長距離（KSRTCバスステーション）と、市内および近郊（BMTCまたはシティ・バスステーション）とに分かれている。その間の通り沿いにエアポート・シャトルが発着している。また、KSRTCバスステーションの南側はバンガロール・メトロのマジェスティック駅とつながっている。

INFO

バンガロール・メトロ

5:00〜23:00の間、パープルラインは4〜15分おき、グリーンラインは5〜15分おきに運行し、日曜、祝日は減便する。チケットはトークンで、1乗車につきRs10〜43。朝夕の通勤通学タイムは非常に混み合う。パープルラインを使い、バスステーションのあるMajestic駅からヴィダーナ・サウダ（政府ビル）があるVidhana Soudha駅や、町の中心部のMahatma Gandhi Road駅、グリーンラインを使いティプー・スルターン宮殿のあるKrishna Rajendra Nagar駅などへ行く際に利用価値がある。バンガロール・シティ駅へ行くときは、City Railwayで降りると駅の西側に出てしまうため、東側にあるチケット窓口へはMajestic駅で降りて歩いたほうが早い。

🔗 kannada.bmrc.co.in

ベンガルールへのアクセス

飛行機 P.556を参照

鉄 道

　チェンナイやムンバイー方面から列車で来た場合のおもな下車駅は**バンガロール・シティBangalore City R.S.駅**。町の名前は変更になったが、駅の名はいまだ旧名のままだ。ハイダラーバードのスィカンダラーバード駅から特急（1日1便）で所要約12時間。マイソールから急行など（1日18便〜）で2〜4時間。チェンナイ・セントラル駅から特急（週6便）で約5時間、急行（1日7〜8便）で6〜7時間。

バ ス

　バンガロール・シティ駅前がバスターミナルになっており、駅を背に右（南）側が長距離バスが発着するKSRTCバスステーション、左（北）側が市バス専用のBMTCバスステーション（またはシティ・バスステーション）で、総称して**ケンペゴウダKempegowda・バスステーション**という。ただし地元では、地名からきた**マジェスティックMajestic・バスステーション**という名前のほうがよく使われている。

　また、バンガロール・シティ駅の南西約6kmのMysore Rd.沿いにある**マイソール・ロード・サテライト・バススタンド（MCTC）**からは、ケーララ州やタミル・ナードゥ州など南部の都市へのバスが出ているほか、マイソール行きエクスプレスバスもこちらから発着している。両バススタンドは、直通の市バスで結ばれている（所要約20分）。

ベンガルールの市内交通

　市内の足はバスかオートリクシャー、メトロ、それにタクシー。市内は広く、シティ駅からMGロードまで約5km、オートリクシャーで15分。町角にあるスタンドに並べばメーターで行ってくれることが多い。

　市内中心部は高架と地下を走るメトロが2路線走っている。東西に結ぶパープルラインと南北に結ぶグリーンラインがケンペゴウダ・バスステーションのあるMajestic駅で交わり、乗り換えできる。渋滞知らずで、旅行者には使いやすい。将来的には5路線になる予定だが、現在、開通しているのはパープルラインのBaiyappanahalli駅〜Kengeri駅間と、グリーンラインのNagasandra駅〜Silk Institute駅間だ。

KSRTCバスステーションの南側に隣接してメトロMajestic駅がある

　町の名前は変わったが、ベンガルールのメトロの名前は「バンガロール」のままになっている。このメトロの開業には日本の円借款や、技術提供が行われており、日本との関わりも深い。

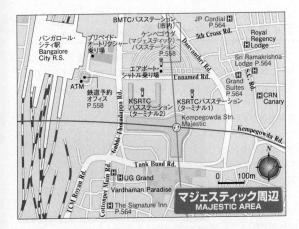

マジェスティック周辺
MAJESTIC AREA

他州への長距離バスも発着しているKSRTCバスステーションのターミナル1

マジェスティックにあるエアポート・シャトル乗り場

ネオンがまぶしいMGロード

ベンガルールの歩き方

　鉄道、バスで着いても、町のスタート地点は西側のバンガロール・シティ駅とバスターミナルがある**マジェスティックMajestic**エリアから。メトロもMajestic駅が乗り換え駅になっているので、ここがベンガルールの交通の要所と言っていい。騒々しいが、短期の滞在ならこのあたりに宿を取ると楽だ。

　町はそのマジェスティックの南にある**シティ・マーケットCity Market**を中心にした下町と、**MGロードMahatma Gandhi Rd.**や**レジデンシー・ロードResidency Rd.**を中心にした**カントンメント**のふたつに分かれ、好対照をなしている。のんびりしたかったら、緑も多い公園や、シルクなどの高級みやげ物店やカフェ、レストランやショッピングモールもあるカントンメントをぶらぶらすればいい。一方、シティ・マーケットには食料品を中心に、花や香料、ありとあらゆる物がところ狭しと並べられており、南インドの生活ぶりがよくわかる。

ベンガルールのおもな見どころ

今はカルナータカ州の政庁ビル

MAP P.557-A1

ヴィダーナ・サウダ（政庁ビル）　Vidhana Saudha

　1957年、当時のマイソール州の新庁舎として完成した、新ドラヴィダ様式の大建築。

　カボン公園Cubbon Parkの北の官庁街にあり、ベンガルールの観光名所として、日中はこの建物の前で記念撮影をする人々の姿が絶えない。日曜と祝日の18:30〜20:00の間ライトアップされ、きらびやかなイルミネーションに彩られる。向かいにあるれんが色の建物は高等裁判所。

カボン公園の北にある堂々とした建物

ヴィダーナ・サウダ

♦ Dr. Ambedkar Veedhi
Ⓜ Vidhana Saudha駅下車すぐ。一般公開はしていないので、外観のみの見学になる

シティ・マーケットとティプー・スルターン宮殿の間に、かつての城壁の一部が残り、バンガロール・フォートと呼ばれている。看板には「Fort」と書いてあり、中に入って見学できる。MAP P.557-A2　● 8:30〜17:00　休日　料Rs200

ティプー・スルターン宮殿

☎ 080-2670-6836
⏱ 8:30～17:30
🎫 Rs250
チケットカウンターはなく、現金でのチケット購入は不可。入口にはQRコードが表示してあり、オンライン決済でのみチケット購入が可能となっている。ただし、日本で発行したいわゆる「国際クレジットカード」では決済できない。現時点での対処法の一例は現地の人に代わりにオンライン決済（要パスポート番号入力）してもらい、現金をその人に支払うなど。
※ビデオ持込料Rs25（1階の展示は撮影不可）
Ⓜ Krishna Rajendra Nagar
駅下車徒歩3分

HINT

バンガロール宮殿
Bangalore Palace

マイソール藩王国の藩主であるウォルデヤール家所有の建物。19世紀末にイギリスのチューダー様式で建てられたが、その後、幾度となく改築、改修が加えられている。
🗺 P.557-B1
🏠 Palace Rd., Vasanth Nagar
☎ 080-2336-0818
⏱ 10:00～18:00
🎫 Rs480
🈺 月
※宮殿内部の撮影は不可。モバイルでの外観のみ撮影可能。

ブル寺院

🏠 Bull Temple Rd., NR Colony Basavanagudi
☎ 080-2667-8777
⏱ 7:30～20:30
🎫 無料
Ⓜ National College駅下車、徒歩20分。カメラでの写真撮影は不可だがスマホならOK。靴預け料Rs3

州立博物館

🏠 Kasturba Rd.
⏱ 10:00～17:00
🈺 祝
🎫 Rs20（隣接するヴェンカタパ美術館と共通）
Ⓜ Cubbon Park駅下車、徒歩12分。写真撮影はモバイルでのみ可。動画撮影は不可。

小さいが一見に値する建物
ティプー・スルターン宮殿　Tipu Sultan's Palace

MAP　P.557-A3

　シティ・マーケットの南に、マイソール王国の支配者ティープー・スルターンが18世紀末に建てた宮殿と城壁の一部が残っている。このあたりでは珍しい木造建築の宮殿で、美しい装飾は必見だ。宮殿にしては小さいが、ティープーの本拠地はマイソールだったので、ここは夏の離宮にあたる。1階は写真展示室になっていて、ティープー・スルターンの人物とゆかりの地を紹介している。

木造建築の宮殿はインドでは珍しく感じる

巨大な牡牛像（ナンディー）が迎えてくれる
ブル寺院　Bull Temple

MAP　P.557-A3

　この町の創立者ケンペゴウダKempegowda王によって16世紀に建てられた、ドラヴィダ様式のヒンドゥー寺院。高さ4.5m、幅6mの一枚岩の牡牛が見もの。境内や寺院内には、靴を脱いで素足で行かなければならない。隣接してふたつのヒンドゥー寺院がある。シティ駅から南に4kmほど下ったバサヴァングディBasavangudi地区の東側にある。

飾り付けられた牡牛の像

細密画や石像が見もの
州立博物館　Government Museum

MAP　P.561-B2

　MGロードの西端からカボン公園に沿うKasturba Rd.に面した、マイソール王国時代のコレクションやモエンジョ・ダーロの出土品などを集めた州立博物館。インドで最も古い博物館のひとつで、1886年に開設された。

　ここでの見ものは、1階に展示されているヒンドゥーの神々などの石像群。カルナータカ州のグルバルガGulbargaから出土した「牛と翼のある馬」「牛車」「シッダールタ」などの石像レリーフが代表的なもの。ほかにはプドゥチェリー近郊のアリカメードゥArikameduから出土した陶器の壺や動物像、さらに2階には細密画などがある。

見応えのある展示の州立博物館

メトロのグリーンラインで観光スポットへ行けます。Krishna Majendra Market駅はティプー・スルターン宮殿およびフォートの目の前に出入口が、ブル寺院もNational College駅からオートリクシャーでRs80でした。（八千代市　ゆーじん　'18）

MGロード周辺 M.G. ROAD AREA

0 ——— 200m

在ベンガルール
日本国総領事館
P.562

中央郵便局
(GPO)

電話局

Infantry Rd.

Union St.

Central St.

Bowring Hospital Rd.

Commercial St.

買い物客でにぎわう

Cubbon Park

Cubbon Rd.

Queens Rd.

Kamaraj Rd.

Ksca Stadium
（クリケット）

カボン公園
Cubbon Park

ガーンディー像
Hard Rock Café

Sri Lakshmi Comforts P.563
Empire International P.563
Coconut Grove
Barton Centre
Ebony (13F)

Cubbon Rd.

産業技術館
Visvesvaraya
Industrial &
Technological Museum
P.561

マクドナルド

St. Mark's
Cathedral

M. G. Rd.

Higgin Bothams（書店）
Mahatma Gandhi Road

州立博物館
Government
Museum
P.560

ヴェンカタバ美術館

The
Chancery
P.563

Matsuri P.565

Koshy's
P.564

Southern Star

Kasturba Rd.

Kasturba Cross Rd.

Highgates

Bheemas

Mainland China

Church St.

Cauvery

Nargarjuna
P.565

The Only Place
P.564

Thai Hub
P.565

Kuuraku
P.565

Brigade Rd.

State Bank of India Rd.

Museum Rd.

Mota Shopping
Arcade

Communiti P.565

Residency Rd.

JW Marriott

UB City

Third Wave
Coffee

Shiro

Smoke
House Deli

State Bank of India

H H The Gateway
Karavalli

Grant Rd.

Lavelle Rd.

St Marks Road

Grant Rd.

The Grand Magrath
P.563

Magrath Rd.

The Biere Club
SodabottleOpenerWala

機械の仕組みや動力について学べる　　　MAP P.561-A2
産業技術館　Visvesvaraya Industrial & Technological Museum

　工業が盛んなベンガルールらしい博物館。内部は5階建てで、飛行機の模型からディーゼルエンジンや蒸気機関、宇宙工学やバイオテクノロジーに関する展示などもある。インドのお父さんが自分の子供に熱心に教えている姿など、ほほ笑ましい場面が見られて楽しい。5階はカフェテリアになっていて食事をしたり、お茶を飲んで休憩もできるので、じっくりと楽しむことができる。

熱帯の花が咲き乱れる　　　MAP P.557-A3
ラールバーグ植物園　Lalbagh Botanical Gardens

　18世紀のマイソール王国時代に造られた、96ヘクタールの広さを誇る美しい大庭園。Lalbagh Rd.を道なりに南西へ進むと北門が、メトロの駅から行くと西門に出る。中は広々として、植物園というよりは公園で、週末は人でにぎわう。

産業技術館

🏠 Kasturba Rd.
☎ 080-2286-6200
🕐 9:30～18:00
🚫 ガネーシャ祭とディワーリー
💰 Rs85
🚇 Ⓜ Cubbon Park駅下車徒歩12分
🌐 www.vismuseum.gov.in

HINT

国立現代美術館
NGMA

インドの現代アートに興味のある人は必読。絵画や彫刻など、インド人作家の500点以上の作品が展示されている。
🗺 P.557-A1
🕐 10:00～17:00
🚫 月、祝
💰 Rs500
🌐 ngmaindia.gov.in/ngma_bangaluru.asp

ラールバーグ植物園

☎ 080-2657-0181
🕐 5:00～19:00
※カメラによる撮影は不可。モバイルのみ可。
🚇 Ⓜ Lalbagh駅下車、徒歩3分

 州立博物館の隣にあるヴェンカタバ美術館では、規模は小さいがインド人作家の企画展を行っている。州立博物館のチケットで入館できるので、時間があったら寄ってみよう。

561

KSTDCの市内観光ツアー
🕐 10:00～18:30
🎫 Rs340（A/C付き）
ブル寺院、ティプー・スルターン宮殿、ヴィダーナ・サウダ（車窓から）、ラールバーグ植物園、産業技術館などを訪れるツアー。

マイソール・ツアー
🕐 6:30～23:30
🎫 Rs850（A/C付き）
カルナータカの古都マイソールとシュリーランガパトナムを訪れる。

ナンディー・ヒル
Nandi Hills
ベンガルール市内より60km北にある海抜1479mの美しい丘。頂上へは1175段の石段を上る。夏の平均気温が22.3度で、ティプー・スルターンやその後のイギリス人の夏の避暑地としてにぎわい、ホテルなども建てられた。
🗺 P.557-A1外
🎫 Rs15

Useful Address　ユースフル・アドレス

▶観光情報

インド政府観光局 India Tourism
🗺 P.557-B2外
🏠 10th Floor, Sir Visvesvaraya Kendriya Bhawan, Domlur　☎ 080-2951-3031
🕐 月～金9:30～17:30　🏖 土、日、祝

カルナータカ州政府観光局 Karnataka Tourism
🗺 P.557-A1　🏠 49 2nd Fl., Khanjia Bavan, Race Course Rd.
☎ 080-2235-2828　🕐 10:00～17:30　🏖 日、第2土、祝
🔗 karnatakatourism.org

カルナータカ州観光開発公団（KSTDC）
Karnataka State Tourism Development Corporation（KSTDC）
🗺 P.557-A1外
🏠 BMTC Yeshwantpur TTMC（Bus Stand）, Yeshwantpur Circle,
☎ 897-065-0070　🕐 6:00～20:30　🏖 日、祝　🔗 www.kstdc.co
✉ info@kstdc.c
各種バスツアーを催行。申し込みはKSTDCへ

▶航空会社

エア・インディア Air India
🗺 P.557-A2　🏠 K Block, Unity Bldg., J. C. Rd.
☎ 080-2297-8427（国内線）

▶病院

サクラ・ワールド・ホスピタル Sakra World Hospital
🗺 557-B3外　🏠 SY NO 52/2 & 52/3, Devarabeesanahalli, Varthur Hobli,
☎ 080-4969-4969（予約）、080-4962-4962（救急）　🔗 sakraworldhospital.
com　✉ intl.connect@sakraworldhospital.com（外国人患者用）

▶その他

在ベンガルール日本国総領事館
🗺 P.561-A1
🏠 1st Fl., Prestige Nebula, 8-14 Cubbon Rd.
☎ 080-40649999　📠 080-41660114
🕐 8:30～12:00、14:00～17:00　🏖 土・日、祝
🔗 www.bengaluru.in.emb-japan.go.jp

ベンガルールにある日系の旅行サービス会社

　大学生の研修旅行からビジネス視察まで、日本人スタッフが常駐するインドのよろず屋的存在で各種サービスを提供している。ビジネス向けには、ベンガルールの町の雰囲気やビジネスの可能性を知りたいという人や、日本企業の駐在予定者に向けた「ベンガルール生活案内ツアー」「一日視察ツアー」など催行。また、これからのインド駐在生活における不安点などを事前に相談し、実際にツアーで現地を見て不安を解消するツアーなども人気だ。その他、外国人登録サポート、アパートなどの不動産紹介や、長期滞在予定者へのサービスアパートメントホテルの紹介、現地視察ツアーのサポート

など、NHKラジオでバンガロールリポートなどの仕事もしているインド在住30年超で経験豊富な社長の後藤理恵さんのチームが対応してくれる。日本語でのメール問い合わせ、現地でのクレジットカードでの支払いも可能だ。

●**ゴトウマサラ　プライベートリミテッド**
Gotomasala Pvt. Ltd.　🗺 P.557-B2
🏠 Temple Tree Studio内, 11/1 Alfred St.,
Richmond Town Bangalore
☎ 080-4121-4342、988-654-9315（後藤）
🕐 12:00～23:00　（旅行相談は要事前予約）
✉ goto@gotomasala.com

Ⓜ Mahatma Gandhi Road駅から北に徒歩10分の所に、コマーシャル・ストリートと呼ばれるさまざまなお店がひしめくおしゃれなエリアがあります。地元の人や外国人観光客もたくさん来ています。（所沢市　坂本修一　'17）

Hotel ホテル

大都市だけに、一般観光客用の高級ホテルから中級のビジネスホテル、安いインド式ホテル（ロッジ）まで種類も豊富。

安ホテルは、シティ駅を出て右側の一画と、ケンペゴウダ・バスステーションの東・南側のマジェスティック・エリアに並んでいる。ただし、地価が高いベンガルールなので、安宿といってもほかの都市に比べると高めだ。高級ホテルはMGロードの南や競馬場の北側にある。

MGロードの経済的なホテル

[H] シュリー・ラクシュミー・コンフォート
Sri Lakshmi Comforts

MG ロード ₹
MAP P.561-B2

🏠 117 M. G. Rd., Near Kumble Circle ☎ 080-2555-9388 [料][バス]Ⓢ Rs960 [W] Rs1250 [バス][A/C]Ⓢ[W] Rs1750 [TAX] 別 [Card] MV [Wi-Fi] [室] 27室

MGロードから15mほど引っ込んだ路地の突き当たりにある。カフェやレストランの多いチャーチ・ストリートにも近くて便利。部屋は少々古びているわりに高めだが、このエリアでこの値段なら仕方ないだろう。1階は南インドレストランになっている。24時間制。

便利な中級ホテル

[H] エンパイヤ・インターナショナル
Empire International

MG ロード ₹₹
MAP P.561-B2

🏠 36 Church St., Off M. G. Rd. ☎ 080-4267-8888 [料][バス][A/C]Ⓢ Rs2500～ [W] Rs3000～ [TAX] 込 [Card] MV [Wi-Fi] [室] 32室 [URL] www.hotelempire.in

MGロードと並行して走るチャーチ・ストリートに建つ。この通りにはカフェやレストランなども多く便利。1階は人気のレストランで、ベーカリーもある。朝食付き（ルームサービス）。満室のことが多いので予約がおすすめ。24時間制。

中級ホテルだが雰囲気は高級

[H] グランド・マグラート
The Grand Magrath Hotel

MG ロード ₹₹₹
MAP P.561-B2

🏠 30 Magrath Rd.,Ashok Nagar ☎ 080-2555-1555 [料][バス][A/C] Rs7000～ [W] Rs8000～ [TAX] 別 [Card] AMV [Wi-Fi] [室] 80室 [URL] www.thegrandmagrath.com

ゆったりとしたたたずまいの4つ星ホテル。料金のわりには部屋も広々としており、ビジネス目的でも快適に滞在できる。併設のレストラン&バーも雰囲気がよい。朝食付き。

ビジネスにも観光にもいい立地

[H] チャンセリー
The Chancery

MG ロード ₹₹₹
MAP P.561-A2

🏠 10/6 Lavelle Rd. ☎ 080-4118-8888 [料][バス][A/C]Ⓢ Rs4500～1万500 [W] Rs7500～1万500 [TAX] 別 [Card] ADJMV [Wi-Fi] [室] 125室 [URL] www.chanceryhotels.com

中心部のラベル・ロードにあり、1階には日本食レストラン「マツリ」があるので食事にも便利。日本人スタッフが常駐するJapanDeskがあり宿泊客のケアにあたるほか、大浴場があり疲れを癒やせるのがうれしい。随所に日本語の説明があるなど、徹底した日本人向けのサービスが特色で、部屋のアメニティも充実している。日本食もあるビュッフェの朝食付きのプランもある。

機能的でホスピタリティもいい

[H] セント・マークス
St. Mark's Hotel

MG ロード ₹₹₹₹
MAP P.557-B2

🏠 4/1 St. Mark's Rd. ☎ 080-4001-9000 [料][バス][A/C]Ⓢ Rs6500～ [W] Rs8000～ [TAX] 別 [Card] AJMV [Wi-Fi] [室] 96室 [URL] www.stmarkshotel.com

出張者に人気の4つ星ホテル。プールやスパはないが、清潔感にあふれており快適に滞在できる。部屋は広くはないが、ビジネスデスクなどは機能的で仕事もしやすい。スタッフも日本人慣れしていて、ホスピタリティも一流ホテルに引けを取らない。朝食付き。

設備が充実

[H] テンプル・トゥリー・スタジオ
Temple Tree Studios

MG ロード ₹₹
MAP P.557-B2

🏠 11/1, Alfred Street, Richmond Town ☎ 804-110-0712 [料][バス][A/C][W] Rs4000～4500 [TAX] 別 [Card] MV [Wi-Fi] [室] 24室 [URL] templetreestudios.com ✉ reservations@templetreestudios.com

ブリゲイド・ロードからは徒歩10分ほどにある、日本からの出張者利用も多いモダンなサービスアパートメント。部屋は広く、寝室・リビング・キッチンと分かれており、手入れが行き届き快適。キッチンでのノンベジ調理やアルコール持込みもOKと日本人向け仕様がありがたい。無料の洗濯機と乾燥機あり。Wi-Fiも高速で仕事もストレスフリー。1階には[R]あずきビストロ（P.565）があり食事にも困らない。一般の旅行者も利用可。

[i] 中級以上のホテル料金はそのときの予約状況によって1日単位で変わる。大きな国際会議やインド人の休みのシーズンは値段が上がるが、逆に数日前に大きな値下げがあることも。こまめにチェックしてみよう。

とにかく安いところがいいなら

Ｈシュリー・ラーマクリシュナ・ロッジ
Sri Ramakrishna Lodge

マジェスティック ₹
MAP P.559

🏠 262 Subedar Chatram Rd. 　☎ 951-356-3041
🛏🚿🚽Ⓢ Rs600 🛏🚿🚽Ⓓ Rs1230 　税込 　Ｃard 不可
🛏 200室

駅から徒歩10分。バスステーションからも近い大型の安宿。部屋は広く、全室TV付き。シャワーのお湯が24時間出る。1階に低料金の手軽なインド料理の食堂があり、便利。

バスステーション近く

Ｈグランド・スイーツ
Grand Suites

マジェスティック ₹
MAP P.559

🏠 4, 1st Cross Annamma Temple Extn. Gandhinagar
☎ 080-4370-7011 　🛏🚿🚽Ⓢ Rs1000 🚿Ⓓ Rs1400
Ⓐ🚿🚽Ⓢ Rs1600 🚿Ⓓ Rs1800 Rs1000以上の部屋は別
Ｃard AMV 　Wi-Fi 　🛏 50室
URL hotelgrandsuites.business.site

バススタンドの東、徒歩5分。地下道をくぐり抜け、商店街の脇道に入ってすぐ。にぎやかな繁華街にあるが、直接面していないので、さほどうるさくはない。建物は新しめで、部屋はそこまで広くはないがきれいに手入れされていて快適に滞在することができる。スタッフも感じがいい。チェックインは24時間制だが、追加料金を支払うことでレイトチェックアウトもできる。1階にノンベジレストランがあるので、食事にも便利。

シティ駅の南側のエリアにある

Ｈシグネチャー・イン
The Signature Inn

マジェスティック ₹
MAP P.559

🏠 479 OTC Rd., Cottonpet 　☎ 080-3966-4722
🛏🚿🚽Ⓢ Rs900 🚿Ⓓ Rs1100 Ⓐ🚿🚽Ⓢ Rs1200 🚿Ⓓ Rs1500
Rs1000以上の部屋は別
Ｃard AJMV 　Wi-Fi 　🛏 50室
URL www.thesignatureinn.in

シティ駅を出て右へ5分ほど歩き、通りを渡ってそのまま真っすぐやや細い道に入ると左にあるホテル。部屋はシンプルだが、このあたりでは清潔なほうでおすすめ。マジェスティック東側のエリアに比べるとこちらのエリアのほうがより下町っぽい。

マジェスティックの中級ホテル

ＨJPコーディアル
JP Cordial

マジェスティック ₹₹
MAP P.559

🏠 68/1 Near Anand Rao Circle, Opp. Movie Land
Theatre 　☎ 934-124-8306 　🚿🚽Ⓢ Rs3000～
🚿Ⓓ Rs3500～ 　別 　Ｃard MV 　Wi-Fi 　🛏 99室

マジェスティックの東側にあるチェーン系の3つ星ホテル。近年さらにホテルやレストランが増えてにぎやかになっているS.C.Road沿いにある。客室は比較的ゆったりとした造りで、繁華街の中のホテルとしてはゆっくり快適にくつろげる。アメニティも揃っているので急ぎの出張にも便利だ。ビュッフェの朝食付き。バーも付属しているので、1日の疲れをアルコールで癒やすのにもよいだろう。

Restaurant レストラン

白い制服の給仕が働く

Ｒコーシーズ
Koshy's Bar and Restaurant

インド・西洋 ₹₹
MAP P.561-A2

🏠 39 St. Mark's Rd. 　☎ 080-2221-3793
🕐 9:00～23:00 　別 　Ｃard AMV

イギリス植民地時代の雰囲気を残す老舗。かつてインドの著名人やジャーナリストたちが集ったサロン的な香りがわずかに残る。料理はインド、中華、コンチネンタル料理などがある。肉はビーフも置いてあるが味はいまいちなので、カレーならチキンやエビのカレーRs530などがおすすめ。各種フライドライスRs180～360。ローストポークRs440などの豚肉も置いてある。併設のカフェ&バーも人気で、ビールにワイン、ウオッカやジン、ウイスキーにブランデーなども飲むことができる。

ステーキがおいしい

Ｒオンリー・プレイス
The Only Place

西洋料理 ₹₹
MAP P.561-B2

🏠 No.13, Museum Road 　☎ 998-601-1112
🕐 12:00～15:30、19:00～23:00 　別 　Ｃard AMV

1965年創業のステーキハウスで、Museum Roadにある郵便局のそばにある。開放的な造りのフラットなフロアでどことなく日本のファミレスのような雰囲気もあって入りやすい。種類豊富なステーキ、パスタやラザニア、ハンバーガーなどを食べることができる。おすすめはやはり15種類以上もあるビーフステーキでシャトーブリアン・スプリームがRs680。チキンステーキ、フィッシュステーキもある。スタッフも外国人慣れしているので、気楽に肉を食べにいける。

ショッピングをするなら、Ⓜ Mantri Square Sampige Road駅そばにあるショッピングモール Ⓢ Mantri Square（MAP P.557-A1）が品揃えもよく、いちばん気に入っています。（さくら市　ベジ夫婦 '17）

アーンドラ料理が食べられる
R ナーガルジュナ
Nargarjuna

アーンドラ料理 ₹₹

MAP P.561-B2

🏠 44/1, Residency Rd, Beside Galaxy Theatre
☎ 080-2555-9848　🕐 12:00～15:45, 19:00～22:45
別　Card MV　URL www.nagarjunarestaurants.com

レジデンシー・ロードに面したビルの3階。アーンドラ料理の店。ランチ時はほとんどの人が食べているBhojanamというアーン

ドラ・ミールス（ベジ）が人気で、Rs275。他にも各種ビリヤニやケバブがある。

地元の人でにぎわっている
R コミュニティ
Communiti

西洋料理 ₹₹

MAP P.561-B2

🏠 N0.67/68, Brigade Solitare, Residency Rd.
☎ 080-4099-9755　🕐 12:00～24:00　別　Card MV

ビール、ウイスキー、コニャック、ブランデーにラムやインド産のワインも揃える人気のダイニングバー。インドではまだ珍しい開放的な雰囲気で気兼ねなくアルコールを楽しむことができる。食事の種類も豊富で、食事がてら仲間と一緒に一杯飲んでいく仕事帰りの人や若者のグループも多いので、彼らと酒を酌み交わす

のもいい。注文はウエーターを呼ぶか、QRコードを読み込んでスマートフォンからでもできるというハイテク仕様！

タイ料理ならここ
R タイ・ハブ
Thai Hub

タイ料理 ₹

MAP P.561-B2

🏠 Ground Floor, 5th Avenue Mall, Ashok Nagar, Brigade Road　☎ 973-947-6845　🕐 11:00～21:00
別　Card 不可

ブリゲイド・ロード沿いにある5th Avenue Mallの1階ミニフードコートにある屋台風タイ料理屋。タイ人のシェフが本場さながらのタイ料理を出してくれる。カオパッ（タイ・チャーハン、Rs350～410）やトムヤムクン（酸味と辛みが特徴的なタイのエビ入りスープ、Rs430）、ソムタム（青パパイヤのスパイシーサラダRs300～480）、そのほかガパオライスやカオニャーオ（スティッキーライス）などもある。メニューが豊富なので、選ぶのにうれしい悲鳴が上がる。インド料理に疲れたときの舌と胃のオアシスだ。惜しむらくは、アルコールを提供していないので、タイ料理を食べてビールを一杯ひっか

けたいという人は近隣のバーに繰り出そう。気兼ねなくお酒が飲めるのもベンガルールならではだ。

インド人のグルメも集う
R くふ楽
Kuuraku

日本料理 ₹₹₹

MAP P.561-B2

🏠 Forum Rex Walk 1st Floor, Shanthala Nagar, Ashok Nagar　☎ 959-978-0020　🕐 12:00～14:30, 18:00～22:30　別　Card JMV

グルガオンやチェンナイなどインドの他都市にも出店している日本料理屋で、ブリゲイド・ロード沿いにあるモールの2階にある。厨房やホールもすべてインド人スタッフで味・サービスともに上質。ちょっとしたオープンキッチン風になっているので、焼き鳥を焼くインド人スタッフの働きぶりも見ることができる。お

すすめはくふ楽ラーメンRs720、鳥串コースRs480、鉄板餃子（ノンベジ）Rs460。その他、ヤクルトとレッドブルのハイボール「ブルヤクハイボール」Rs490もおいしい。

駐在員御用達の日本料理店
R マツリ
Matsuri

日本料理 ₹₹

MAP P.561-A2

🏠 The Chancery, 10/6 Lavelle Rd.
☎ 080-4118-8888
🕐 12:00～15:00, 18:00～23:00
別　Card ADJMV

日本人利用客が多いホテル、チャンセリー（P.563）の1階にある本格的な日本料理店。モダンで明るい店内は、ビジネス客から旅行者まで幅広い層が利用しやすい雰囲気だ。予約制の個室もある。寿司、刺身、天ぷら、肉じゃがなどなどメニューも豊富。海鮮あ

んかけチャーハンRs680、エビフライカレーRs850、ランチメニューも多数ありRs500。メニューも豊富。

甘味もある日本料理店
R あずきビストロ
Azukii Bistro

日本料理 ₹₹₹

MAP P.557-B2

🏠 H Temple Tree Studio内、11/1 Alfred St., Richmond Town　☎ 080-4121-4342
🕐 12:00～23:00
Card AJMV　別

日本からの出張者がよく利用する H Temple Tree Studios（P.563）の1階にある日本料理屋。寿司、うどん、蕎麦、丼物などメニューも豊富。おすすめは自家製煮豚Rs520、鶏白湯ラーメンRs800など。葉物野菜と大根が食べられる和風大根サラダRs280も恋

しくなる味。また、どら焼きRs150、大福餅Rs180など甘味や弁当もあるので出張者にもうれしい。

 R The Only Placeは、ステーキRs370～とピザやパスタRs330～が人気のイタリア料理店だ。インドでは珍しく、客席からガラスの向こうのキッチンが見える造りになっている。MAP P.561-B2　☎ 080-3271-8989　🕐 12:00～15:00、19:00～23:00

アーユルヴェーダの本場、南インド

アーユルヴェーダは、インドで3500年以上前から伝えられてきた伝統医学。3500年といえば、日本では縄文時代の晩期にあたる。当時の人々も現代の私たちと同じように病気になり、死に対する不安をもっていた。民衆は聖者に救いを求め、聖者は神ブラフマン（梵天）のもとへ向かい、真理アーユルヴェーダを授けられたと古典書に記されている。もし我々の祖先が生きることへの強い希望をもたなければ、アーユルヴェーダはこの世になかったかもしれない。

発祥の舞台は、インド最北の地ヒマラーヤ。しかし現代のアーユルヴェーダで本場といわれるのは、遠く3000km以上も離れた南インドのケーララ州。理由のひとつが、ケーララが古代から有名なスパイスの産地であったこと。スパイスは、アーユルヴェーダの生薬でもある。また南国気候で年中フレッシュな薬草がふんだんに手に入る。西はアラビア海、東は西ガーツ山脈に阻まれているという立地も、文化が残りやすかった。今でもケーララでは、石臼で材料を潰し、薪の火でオイルを煮込み、花の力で発酵させ、手のひらで薬を丸める光景が見られる。

日本では、オイルマッサージや、額にオイルを垂らすシロダーラというトリートメントといった美容のイメージが強いが、インドでは医療であり、管轄する省庁AYUSHもある。一般的には大学で医師資格を取るが、師から医術を受け継いできた治療家も多く、現代医学では信じられないような治療や薬も残っている。

シロダーラは、脳のマッサージとも呼ばれている

現代のアーユルヴェーダが得意とするのは、内科系である。その真骨頂がパンチャカルマと呼ばれる浄化療法で、唯一病気の原因から取り除くことができると考えられている。薬草の成分を入れたギー（すましバター）などの油分を用い、体の中にたまったものを緩め、オイルマッサージなど数々の発汗法で体の中心部へと移動させ、5種類の排出方法パンチャカルマをたくみに用い体外に排出させ、不足しているものを補うトリートメントを行い、しっかり養生するという、アーユルヴェーダ独自のフルコーストリートメントだ。パンチャカルマを受けるなら、経験豊富な医師のもとで、最短21日滞在することをおすすめする。

一方、骨折などの外傷でよく利用されるのが、治療家である。ケーララではカラリパヤットゥという武術の師が、この治療に長けている。古代、いくつもの王国が存在していた頃、自国を守るための戦士を育てた。敵にダメージを負わせるための戦術と、味方のダメージを回復させるための医術が発展した。薬草オイル、ペーストなどを用い、骨折、脱臼、切り傷などを見事に治療する。14日、21日といった連続で行われるパンチャカルマに近い療法も存在する。

アーユルヴェーダとカラリパヤットゥが生きるケーララでは、雨季が浄化に最も適したシーズンと考えられている。その時期の療法を、カリキダカチキツァと呼び、毎年治療のために帰国するケーララ人も少なくない。

骨の治療をするカラリパヤットゥの師

短期滞在の旅行者でも体験できるアーユルヴェーダを紹介しよう。

ひとつ目は、薬の処方を受けて、帰国後も継続する方法。現地で医師の診察を受け、帰国後の薬を処方してもらうのだ。できればトリートメントを受けたいが、本格施設は、滞在日数を最短14日に設定しているところもあるため、事前にメールなどで確認をしておこう。

ふたつ目は、アーユルヴェーダトリートメントを提供しているホテルに宿泊すること。もし付属していなくても近隣の施設を紹介してもらうことができる。ケーララ州では、政府によるアーユルヴェーダ施設の認証制度があるため、施設選びは難しくない。現在ふたつの制度が混在しているが、いずれかの認証を受けた施設であれば、免許をもつ医師の監督のもとでトリートメントを行う、セラピストが政府が認めたトレーニングを受けている、セラピストは男性・女性の両方がいる、薬の品質がよい、入浴施設があるなどの評価をクリアしている。ちなみに認証による称号は、オリーブリーフ／グリーンリーフと、アーユルシルバー／アーユルゴールド／アーユルダイアモンドであり、どちらも後者になるほどランクが高くなる。地域や予算に合わせて選ぼう。

短期間でアーユルヴェーダを学ぶためのスクールもケーララ州各地にある。ただし認証制度はないた

 上記で紹介しているアーユルヴェーダ施設があるコッタヤムまでは、コチのエルナクラム（P.547）から列車で約1時間強、ティルヴァナンタプラム（P.534）からは列車で約2時間40分。またカンヌールは国際空港が2018年にオープンしたため、インド＞

め、誰でも開くことができるということを覚えておきたい。インターネットで調べるときは、施設側の意見だけでなく、Tripadvisorなどで生徒側の口コミもチェックしてみよう。期間は数日～数ヵ月あり、トリートメントや理論を学ぶコース、料理コース、美容コースなどがある。

ほとんどの施設は、現地マラヤラム語だけでなく、英語で診察やクラスを受けることができる。まずは問い合わせてみよう！（AROUND INDIA 田村ゆみ）

アーユルヴェーダ施設情報

地元の人も外国人も多く利用する施設を紹介する。日本のような清潔さやホテルのようなサービスを求めるなら、高級リゾートに滞在することをおすすめする。

▶グリーンズ・アーユルヴェーダ Greens Ayurveda
🏠 Azhiyur, Calicut (Kozhikode) District, Kerala
☎ 0496-250-4334
💴 スクール2週間700ユーロ～、トリートメント 2種1泊当たり70ユーロ～
URL ayugreen.com

スクールも併設するアーユルヴェーダ病院。治療と授業を同時に受けることができ、授業は毎週月曜日から始まる。滞在型施設で、朝の無料ヨーガクラス、1日3食のケーララ菜食料理などが含まれる。外来患者も多く訪れ、院内で製薬も行っている。ビーチまで歩いてすぐという立地もうれしい。アーユルゴールド認証。

座学の授業は医師が担当する

▶エム・ジー・エス・カラリ・サンガム MGS Kalari Sangam
🏠 Kunhiplli, Kottali (P.O.), Kannur, Kerala
☎ 0497-274-7536
💴 マルママッサージ指導1ヵ月 Rs3万3000、武術指導1ヵ月Rs6000、マルママッサージ治療14日間Rs1万5000など
URL mgskalari.com

1934年創立、多くのチャンピオンを輩出する古代武術カラリパヤットゥの道場。診療所併設でアーユルヴ

ェーダ医もいる。院内で製薬も行う。治療と武術のトレーニングを受けることができる通い型施設。診療所は7時に開くが、7日・14日・21日といった連続トリートメントは事前に予約しよう。武術のデモンストレーションも依頼可能。

脚を使ったマッサージもある

▶コーッタカル・アールヤ・ヴァイディア・シャラ Kottakal Arya Vaidya Sala
🏠 Ayurvedic Hospital and Research Centre, Kottakkal (PO), Malappuram (Dt), Kottakkal, Kerala
☎ 0483-280-8000
💴 問診後に決定
URL www.aryavaidyasala.com/index.php

1902年創立。薬局、本屋、薬草園、大学、出版社、博物館、研究所など、小さな町全体にアーユルヴェーダ関連施設が点在している。多くの医師やセラピストを輩出し、インド各地に薬局を有し、コチ、デリーにも総合病院がある。事前にオンラインコンサルテーションを受け、入院期間などを相談することができる。

博物館ではアーユルヴェーダの歴史をのぞける

▶クマラコム・レイク・リゾート Kumarakom Lake Resort
🏠 Kumarakom North Post, Kottayam, Kerala
☎ 0481 2524900
💴 Rs1万7000～
URL www.kumarakomlakeresort.in

数々の賞を受けているCGHグループの高級リゾート。新婚旅行で訪れたカップルも夢のような時間だったという。湖畔にケーララ伝統様式のヴィラが建ち並び、サンセットクルーズも体験できる。アーユルヴェーダの評判もいいが必須ではなく、1泊から滞在可能。

◎もっと詳しく知りたい人は
『こころとからだが目覚め出す ケララ秘伝 暮らしのアーユルヴェーダ 身近な素材でできる季節のレシピ』
田村ゆみ・伊藤武 著（めるくまーる）
※2023年8月下旬発売

マイソール（マイスール）

マイソール観光のハイライトとなるマイソール宮殿

マイソールの市外局番
0821

マイソールの人口
約90万人

ACCESS

鉄　道

バンガロール・シティ駅から特急（週6便）で所要約2時間、急行（1日8便）で2時間30分〜4時間。バンガロール・カント駅発の列車もある。

バ　ス

ベンガルールのマイソール・ロード・サテライト・バススタンドからはノンストップのエクスプレスバスがほぼ24時間、1時間に3〜5便走っている（約3時間）。A/C付きのバスが快適。そのほかコチ（9〜11時間）、ホスペット（10〜12時間）、ウーティ（4〜5時間）、チェンナイ（10〜12時間）などとも結ばれている。

HINT

便利なFlybus

ベンガルールのケンペゴウダ国際空港からは、マイソールへの直通バスも出ている。Flybusと呼ばれるVolvoタイプのA/Cデラックスバスで、24時間ほぼ1時間間隔で運行、所要約4時間。Rs750。マイソールから行く場合はセントラル・バススタンドから乗車できる。
（URL）www.ksrtc.in/oprs-web

マイソールは、王宮（マイソール宮殿）を中心にこぢんまりとまとまった町だ。デカン高原の最南端の町で、海抜770mの高原にあるため、1年中避暑客や旅行者でにぎわっている。

現在はカルナータカ州の一都市だが、1973年まではマイソール州と呼ばれ、インド独立までマイソール藩王国の都として、この地方の政治経済の中心となっていた。このマイソール王国を築き上げたのは、ハイダル・アリーHyderAliとその息子ティブー・スルターンTipu Sultanのふたりの王。彼らは2代にわたって、マイソールの北16kmの**シュリーランガパトナSrirangapatna**を中心に、マイソール、ベンガルールなど、この地方に数多くの宮殿や寺院を建て、強大な勢力を誇った。しかし1799年、第4次マイソール戦争でイギリス軍に敗れ、この繁栄は終わる。

イギリスはその後ウォルデヤール家を王家に据え、マイソールを藩王国として残した。マイソールは現在観光都市として栄えているが、それもすべて歴代の王の残した遺産によっているわけだ。

マイソールの歩き方

駅があるのは町の西側。長距離バスが発着するのは、町の東側にあるセントラル・バススタンド（KSRTCバススタンド）。町の中心部はその間の2km四方にすっぽりと収まり、徒歩圏。特にデーヴァーラージ・マーケット周辺は、1日中にぎわいを見せている。マイソールを訪れたら必ず行くべきマイソール宮殿は、町の南側にある。

セントラル・バススタンドにはカルナータカ州各地や、ウーティなど他州へのバスが発着している。周辺にはホテルが多いので、バス移動を続けるならこの付近が便利。市内や近郊へのバスは、KR Circle近くのシティ・バススタンドに発着している。

 毎年9月末から10月初めにかけての10日間、マイソールでは宮殿を中心に世界中の観光客を集めるダシャラー祭が行われる。この期間はほぼすべてのホテルが満室となるので注意。

マイソールのおもな見どころ

藩王の豪華な暮らしに圧倒される

マイソール宮殿　Mysore Palace

MAP　P.569-A2

　マイソール藩王の宮殿で、現在は博物館として一般に公開されている。インドで1、2といわれた藩王の宮殿だけに、マイソールでは絶対見逃せない見どころだ。イスラームとヒンドゥーの様式がうまく融合したインド・サラセン様式の代表的建築物で、1897年から16年の歳月を経て完成した。

　1階の中庭左側にあるのが、婚礼のパビリオンと呼ばれるホール。鋳鉄製の柱が支える八角形の天井にはステンドグラスが飾られ、シャンデ

1階にある豪華な広間の婚礼のパビリオン

リアが下がっている。それを囲む壁にはダシャラー祭のパレードの様子の絵が飾られている。周囲を囲む部屋は王室関係のコレクションの展示室。2階に上ると、謁見や会議に使われたダルバール・ホールに出る。

INFO

カルナータカ州政府観光局
MAP P.569-A1
☎ 0821-242-2096
🕐 10:00～17:30
🚫 日、第2・4土、祝
H マユラ・ホイサラ（P.572）内

カルナータカ州観光開発公団（KSTDC）
MAP P.569-A1
☎ 0821-242-3652
🕐 9:30～20:00
H マユラ・ホイサラ（P.572）内。観光バスツアーやホテルの手配、ウーティなどへの観光手配業務を行っている。

マイソール宮殿
☎ 0821-242-1051
🕐 10:00～17:30　💰 Rs100
URL www.mysorepalace.gov.in
※宮殿内は土足禁止（靴預け無料）

レジデント博物館
MAP P.569-A2
🕐 10:30～17:30　💰 Rs180
※土足禁止（靴預け無料）
藩王やその家族のプライベートな品を展示する小さな博物館。

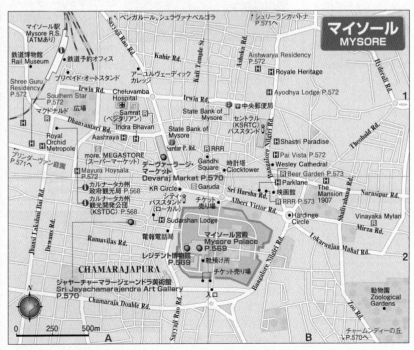

ジャヤーチャーマラージェーンドラ美術館
🏠 Jagan Mohan Palace Rd., Chamrajpura
☎ 0821-242-3693
🕐 8:30〜17:30
💴 Rs60
🔗 museumsofindia.org/museum/12411/jayachamrajendra-art-gallery
カメラは入口で預ける（無料）。地元ではジャガンモハーン・パレスと言わないと通じにくい。

王家のコレクションを展示した
ジャヤーチャーマラージェーンドラ美術館 Sri Jayachamarajendra Art Gallery

MAP P.569-A2

ティプー・スルターンというマイソール王国の2代目は、イギリス軍と戦い戦死したためか、このカルナータカ州では特に人気が高い。その王の生活ぶりや、そのほかの藩王たちが残した生活用品、日本をはじめとした海外のコレクションが、古い宮殿を美術館にした**ジャガンモハーン・パレスJaganmohan Palace**に陳列されている。2階は王室の肖像画や細密画など、3階は楽器類やゲームのコレクションが中心。

入口はこの建物の向かって右奥にある

チャームンディーの丘
🚌 シティバススタンドから201番のA/C付き赤色のバスが、ほぼ直行で約25分。2021年10月に発生した土砂崩れにより、現在バスやオートリクシャーでナンディー像に行くことはできない。頂上か麓からの階段によるアクセスのみとなる。

シュリー・チャームンデーシュワリ寺院
🕐 6:30〜14:00、15:30〜18:00、19:15〜21:00
💴 無料。Rs30とRs100の優先入場券もある
🔗 chamundeshwaritemple.in

マイソールを一望する丘
チャームンディーの丘 Chamundi Hill

MAP P.569-B2外

丘からはマイソールの町が見下ろせる

マイソールのシンボルとなっている眺めの美しい丘。頂上にはチャームンディー女神を祀るドラヴィダ様式の**シュリー・チャームンデーシュワリ寺院Sri Chamundeswari Temple**がそびえ、丘の中腹にはインド有数の大きさというナンディー像（牡牛）が祀ってある。野猿が観光客に果物などをねだっており、のどかな山の風景が広がる。

赤色の市バスで、頂上のシュリー・チャームンデーシュワリ寺院まで上れる。頂上からはナンディー像まで階段で降り（約20分）、また頂上まで戻る（約300段）か、麓まで約700段の階段を降りきるかしかないので注意。

HINT

マイソール宮殿のライトアップ

日曜と祝日の18:30から、マイソール宮殿（P.569）周辺から光を当てるシンプルなライトアップが行われる。19:00にそのライトが落とされ、建物の外側に取り付けられた5万個の電球が点灯。点灯は20:00までで、同時に軍の楽隊によるコンサートが行われる。敷地内は18:30から無料開放されるので、日曜にマイソールにいるならぜひ行ってみよう。

バザールが好きな人におすすめ
デーヴァーラージ・マーケット Devaraj Market

MAP P.569-A1

KR Circleの少し北にある、果物と野菜、スパイス、生活雑貨などを売る市場。周囲は壁で囲まれており、行き交う人々で常に活気に満ちている。市民の生活を知るには絶好の場所だ。こういう所こそ、王国当時の雰囲気をいちばんよく残しているのではないだろうか。

マーケットの様子

 サンダルウッド（ビャクダン）はインド原産の植物で、よい香りを放つため古くから珍重されてきた。なかでもマイソール地方産のものは高品質とされる。しかし盗伐により希少となり、今では政府によって流通を厳しく管理されている。

ティブー・スルターンが築いた都
シュリーランガパトナ　Srirangapatna

MAP　折込B-4、P.576

ランガナータ寺院のゴープラム

マイソールの北東16kmの
カーヴェリー川のほとりにあ
る、ハイダル・アリーと息子
のティブー・スルターンによ
って築かれた城塞都市。1760
〜1799年にはここへマイソー
ル王国の都が移されてお
り、第4次マイソール戦争で英
軍と戦ったティブーが戦死したのもここだ。城壁に囲まれた町なかには
ティブーによって建てられた**ジャーミア・マスジット**Jamia Masjidや、
巡礼者が絶えない**ランガナータ寺院**Sri Ranganatha Temple、ティ
ブーの遺体が発見された**ティブー戦没地**Tipu's Place of Death、ラ
ール・マハル宮殿跡Lal Mahal Palaceなどの見どころがある。

●城壁外の見どころ

城塞の外側、東1kmほどにはティブーの夏の離宮**ダリア・ダウラト・
バーグ**Daria Daulat Baghがある。美しい庭園の中にある離宮は、ベ
ンガルールに残るティブー・スルターン宮殿（P.560）と似た造りだ。
現在は博物館として公開されており、シュリーランガパトナの都市模型
や、絵画、武器などが展示されている。離宮の壁には、第2次マイソー
ル戦争でのティブーの戦いぶりや軍隊の行進を描いた大きな壁画が描
かれており見応えがある。

グンバズにはイスラーム教徒の参詣者が多い

ダリア・ダウラト・バーグからさら
に東に2kmほど離れた所には、ティ
ブーとその妻、さらに父のハイダル・ア
リーの墓を納めた廟の**グンバズ**Gum-
bazがある。大きなドームを抱いたそ
の姿は、ハイダラーバードにある王た
ちの廟と似た外観だ。

年間200万人が訪れる人気の庭園
ブリンダーヴァン庭園　Brindavan Gardens

MAP　P.569-A1外、P.576

マイソールの北西19km、カーヴェリー川をせき止めて造ったダムの
堤防に隣接した庭園で、1932年に完成した。緑が多くマイソール市民
の憩いの場となっており、
暑い日中を避け、夕方から
夜にかけて家族連れなど
で混み合う。庭園の各所
に噴水があり、夜のライト
アップも美しい。インド映
画のロケでもおなじみの
場所だ。

暑い日中を避け、庭園は夕暮れから混みだす

シュリーランガパトナ

⊟ シティ・バススタンドから市
バスに乗るか（所要約25分）、
セントラル・バススタンドか
らベンガルール行きの赤い
バスに乗り、途中下車（約
20分）。それぞれの見どころ
は離れているので、降りたら
オートリクシャーをチャータ
ーするといいだろう。3時間
でRs300ほど（要交渉）。マ
イソールでオートリクシャー
をチャーターして往復すると
Rs500程度。

ランガナータ寺院

◑ 7:00〜13:30、16:00〜20:30
❸ 無料

ダリア・ダウラト・バーグ

◑ 9:00〜18:00
❸ Rs250
離宮（博物館）内に入るときに、
チケットの再チェックがあるの
でなくさないこと。

グンバズ

◑ 8:00〜18:30
❸ 無料（靴預け料Rs5）

ブリンダーヴァン庭園

◑ 8:00〜20:00
❸ Rs50（カメラ持込料Rs100）
⊟ シティ・バススタンドからは
303番のA/Cバスで約45分。
30分間隔で出ているが、週
末の夕方はかなり混み合い、
乗り切れないことも。駐車場
から庭園入口までは徒歩約
20分。イルミネーションは
月〜金曜は19:00〜19:55、
土・日曜は18:30〜19:30。
10〜12月は1時間延長され
る。マイソールへの最終バ
スは現地20:45発なので乗り
遅れないように注意。

シュリーランガパトナから307番のバスでポンプハウスまで行き、そこで303番のバスに乗り換えてブリンダーヴァン庭園まで
行くこともできる。効率よく回れて便利だ。

Hotel ホテル

清潔感のある中級ホテル
H アイシュワリヤ・レジデンシー バススタンド ₹₹
Aishwarya Residency
MAP P.569-B1

🏠 2932/A Off Bangalore-Ooty Rd., Near KSRTC
Bus Stand ☎ 0821-244-5592 📶Ⓢ⑥ Rs1600
〜1800 📶Ⓢ⑥ Rs2000〜2500 📶込 Card AMV
Wi-Fi ⑥ 32室 URL www.aishwaryaresidency.com

セントラル・バススタンドからベンガルール方面へ3
分ほど歩き、小道を左折して100m。部屋は広くはな
いが、必要な設備がコンパクトにまとまっており、ま
た清潔。レストランはな
いが、ルームサービス。
ホットシャワーは24時間
OK。チェックアウトは
12:00。

バススタンド近くのいいホテル
H パーイ・ビスタ バススタンド ₹₹
Pai Vista
MAP P.569-B1

🏠 35A Bangalore-Ooty Rd. ☎ 0821-252-1111
📶Ⓢ⑥ Rs3800〜 ⑥ Rs4500〜
📶 別 Card AMV Wi-Fi ⑥ 66室
URL www.paihotels.com/hotel-pai-vista-mysore

バススタンドから近く部屋にはTV、コーヒーメーカ
ー、ミニバー、セーフティボックス、ドライヤーなど
の設備が整っていて快適。ビジネスユースにも適して
いる。屋上プールにジムやスパもあり、洞窟をイメー
ジしたレストランGufha、アーンドラ料理が食べられ
るAndhra Ruchulu、
Mulbagal Dosa Corner
の3つのレストランがあり
食事にも困らない。朝食
付き。

政府系の中級ホテル
H マユラ・ホイサラ 鉄道駅 ₹₹
Mayura Hoysala
MAP P.569-A1

🏠 2 Jhansi Lakshmi Bai Rd. ☎ 0821-242-6160
📶Ⓢ⑥ Rs1400〜1900 📶Ⓢ⑥ Rs2499〜2999
📶込 Card MV Wi-Fi ⑥ 31室（Yatri Niwasが21室）
URL kstdc.co/hotels/hotel-mayura-hoysala-mysuru/

駅から南へ歩いて約7分ほどのところにあるKSTDCが
運営するホテル。敷地内にはKSTDCのオフィスもあ
り、ツアーなどに参加する際には便利。建物自体は多少
古目ではあるが広々としており部屋も余裕のある造り
で清潔にしてあり、快適に滞在できる。宿泊料金は週
末に少し値上がりする。
同じ敷地内にKSTDC運
営のもうひとつの H Yatri
Niwasもあり、こちらは
Rs500ほど安めの設定。

バススタンドから近くて便利
H アヨーディヤー・ロッジ バススタンド ₹
Ayodhya Lodge
MAP P.569-B1

🏠 2927 Bangalore-Ooty Rd., Beside KSRTC Bus
Stand ☎ 0821-244-9592 📶Ⓢ⑥ Rs550 ⑥ Rs
900 📶Ⓢ⑥ Rs850 ⑥ Rs1200 📶込 Card MV
Wi-Fi 公共エリアのみ ⑥ 44室
URL hotelayodhyamysore.com

セントラル・バススタンドのすぐ北側にあり、夜遅く
到着する日やすぐに移動するときに使いやすい安宿。
3人部屋や4人部屋もあ
る。ただし予約確認をし
たにも関わらず空室がな
く門前払いされたという
読者投稿もあり。

駅近くの快適なホテル
H シュリー・グル・レジデンシー 鉄道駅 ₹₹
Shree Guru Residency
MAP P.569-A1

🏠 10/1 Jhansi Laksmi Bai Cross Rd. ☎ 0821-
242-4400 📶Ⓢ⑥ Rs999 ⑥ Rs1500 ⑥ Rs
1900〜2400 ⑥ Rs2400〜2900 📶 別 Card MV
Wi-Fi ⑥ 65室 URL shreegururesidency.in

駅から南へ進み、マユラ・ホイサラの向かいを西へ入
った所にある。徒歩だと8分ほど。新館と旧館のふた
つの建物がある。インド料理中心のベジレストランが
ありミールスやフライドヌードルなども食べられる。
ビュッフェの朝食付き。
チェックインは基本は24
時間制だが、チェックア
ウトは遅くとも18:00ま
で。

町なかにある高級ホテル
H サザン・スター 鉄道駅 ₹₹₹
Hotel Southern Star
MAP P.569-A1

🏠 13/14 Vinoba Rd. ☎ 0821-242-6426 📶Ⓢ⑥
Ⓢ⑥ Rs5310〜9060 📶込 Card MV Wi-Fi
⑥ 107室 URL www.hotelsouthernstar.com/mysuru/

駅南側の中級から高級ホテルが集まっているエリアに
ある4つ星ホテル。広々とした部屋は広々として余裕
のある造りでTVや冷蔵庫はもちろん、セーフティボッ
クスも完備するなど旅行でもビジネスでも快適に滞在
できる。スタッフのサービスも料金以上と感じさせる
もので、ゴージャスな気分を味わえる。レストランが
ふたつ、スイミングプールにフィットネスジムやスパ
もあるうえに、アロマテ
ラピーやマッサージも受
けることができるなど、
ホテル内設備も充実して
いる。

マイソールでヨガをしてきました。道場がたくさんあるゴークラム地区は、街の中心から離れていますが、治安のよい高級住宅
街。たくさんの素敵なカフェやレストランがあります。コーヒーの質は特に高く、どこでも本当においしいコーヒーが飲めます。
（兵庫県 yumip '22）

Restaurant レストラン

南インド料理のミールスなら
R アール・アール・アール
Hotel RRR

南インド料理 ₹
MAP P.569-B2

🏠 Sri Harsha Rd. ☎ 0821-244-2878
🕐 12:00～16:30、19:00～22:30　Tax 込　Card MV

A/Cが効いた快適な南インド料理のレストラン。人気は、バナナの葉の上におかずやご飯が盛られたベジ・ミールスRs225。ベジ・ビリヤニはRs205。Gandhi Squareにも同経営のレストラン（MAP P.569-A1）があるが、そちらはA/Cのない大衆食堂風だがこちらもおすすめ。

くつろげる雰囲気で旅行者に人気
R ビアー・ガーデン
Beer Garden

インド・西洋料理 ₹₹
MAP P.569-B2

🏠 2720 Harsha Rd. ☎ 0821-400-3500
🕐 7:00～23:30　Tax 込　Card AMV

ホテルParklaneの2階にあり、外国人・インド人問わずいつも旅行者や地元の人でにぎわっている。バター・チキンRs400、フィッシュ・ティッカRs340。生ビールも飲める（330㎖でRs115～）。金・土・日の19:30～21:30にハルモニウムやタブラーの生演奏あり。

Somnathapura ಸೋಮನಾಥಪುರ
MAP B-4

ソームナートプル

　マイソールの東35kmにある小さな村だが、ハレービードやベルールのものと並ぶホイサラ朝時代の傑作寺院がある。完成度の高さや保存状態のよさからも、ぜひ訪れたい場所だ。

　その**ケーシャヴァ寺院Keshava Temple**は、ホイサラ朝のナラスィンハ3世治世の1268年に、武将のソーマSomaによって建てられた。正面入口があるのは東側。小祠堂が列をなす回廊に囲まれた境内の中央に寺院がある。星形の基壇の上にひとつのマンダパ（前室）を共有した小さな3つの聖室からなり、聖室の外側も星形のプランになっている。

　この寺院を名高いものにしているのは、外壁を埋め尽くすおびただしい彫刻群だ。幾段もの層に分割された外壁は、神々やラーマーヤナの場面、カーマ・スートラなどさまざまなモチーフの彫刻で彩られており、まるで精巧な細工の箱を見ているようだ。聖室内は明かり取りの窓もなく、まるで洞窟のように暗くなっているが、天井の彫刻や柱のデザインは見応えがある。

ACCESS

マイソールのセントラル・バススタンドからバヌールBannur方面行きに乗り（約45分）、バヌールでソームナートプル方面行きに乗り換え、村の入口で降りる（約20分）。このバスの終点はソームナートプルではないので注意。村の入口から寺院までは徒歩2分。バヌールからオートリクシャーで寺院まで往復するとRs200～300。

ケーシャヴァ寺院
🕐 8:30～17:30
💰 Rs300
※ビデオ持込料　Rs25

正面から見たケーシャヴァ寺院

寺院内部の石柱はろくろを使って造られた

ⓘ　マイソールからソームナートプル往復には、バスの待ち時間などもあるのでスムーズに行って4時間ぐらいかかると見ておいたほうがいい。寺院は東向きなので、写真を撮るなら午前中の訪問がおすすめ。

シュラヴァナベルゴラ

ACCESS

マイソールからも直行バスがあるが本数は少ない。通常はベンガルール〜ハッサン（P.576欄外）を結ぶ幹線の町チャンナラヤパトナChannarayapatna（地図P.576）へ行き、そこでシュラヴァナベルゴラ行きのローカルバスに乗り換える。チャンナラヤパトナへはベンガルールから所要約3時間30分、ハッサンから所要約45分。日中なら10〜20分間隔でバスがある。チャンナラヤパトナからシュラヴァナベルゴラへのローカルバスは日中は10分間隔で、所要約20分。距離は13kmなのでオートリクシャーでも行ける。

チャンドラギリとヴィンディヤギリ

🕐 6:00〜18:00
💰 無料
各岩山の麓で履物を預ける。ここでは12年ごとにMahamastakabhishekaというジャイナ教の祭りが行われ、数千人の参拝客が集まる。次の開催は2030年。

　ベンガルールから150km弱。街道沿いの町**チャンナラヤパトナChannarayapatna**を出たバスは湖やヤシ園を通り抜け、やがてふたつの大きな岩山に挟まれた小さな町に着く。このシュラヴァナベルゴラは、ジャイナ教徒にとって南インドにおける最大の聖地。伝説によると、紀元前3世紀にマウリヤ朝のチャンドラグプタ王が師と仰ぐバグワン・バドラバーフとともにこの地にやってきたという。

　大きな方形の池（タンク）を挟んで立つふたつの岩山は、北の低いほうを**チャンドラギリChandragiri**、南の高いほうを**ヴィンディヤギリVindhyagiri**という。高さ143mのヴィンディヤギリの頂上には、高さ18mの**ゴマテーシュワラGomateshvara**の像がある。新しい像に見えるが、古いカンナダ語碑文によればこれは981年に切り出されたもの。その像の腕や足部分の風化ぶりが長いときの経過を感じさせる。一枚岩からの石像としては世界最大級のものといわれている。ジャイナ教では、開祖マハーヴィーラ以前にも23人の聖人ティールタンカラ（祖師）がおり、ゴマテーシュワラはその初代であるアディナータの息子。石像が裸なのはジャイナ教の教えである「無所有」を表したもので、手足に絡まったツタの模様はゴマテーシュワラが立ったまま何年も瞑想にふけったという言い伝えを表している。頂上ではこの像を取り囲むようにして寺院が建てられている。

　岩山に刻まれた614の石段にはほとんど日陰がない。頂上までは急いでも15〜20分ほどかかるが、履物は麓で脱いで行かねばならないので、暑季の日中には足の裏をやけどしてしまうこともある。早朝に訪れるか、厚めのソックスを履いて行くといい。岩山の中腹からは、チャンドラギリや周辺を眼下に見渡せ、すばらしい眺望が楽しめる。

　チャンドラギリの中腹には、10余りのジャイナ寺院が建ち並んでいる。ホイサラ朝の寺院を見慣れた目には、これといって装飾がない寺院はずいぶんシンプルに見えるだろう。

　シュラヴァナベルゴラの町なかにも、ジャイナ教寺院は多い。

ヴィンディヤギリの頂上にあるゴマテーシュワラの像

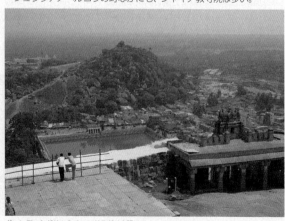

ヴィンディヤギリからチャンドラギリを眺める

 シュラヴァナベルゴラにはRs700〜1500程度の手頃な料金のホテルが何軒かあるので、ゆっくり滞在してもいい。泊まらずにそのまま移動するなら、バススタンドの食堂や岩山の靴預かり所で荷物を預かってもらえる（要チップ）。

ベルール

ベンガルールとインド西岸のマンガルールを結ぶ幹線上の町**ハッサン Hassan**の北には、精巧な彫刻が寺院の内外を覆うすばらしいふたつの寺院がある。それらの寺院があるふたつの町ベルールとハレービードへは、車をチャーターすればベンガルールやマイソールから日帰りできなくもないが、できればハッサンに宿を取るなどして、じっくりと見学するのがおすすめだ。

ベルールはハッサンの北西38kmにある小さな町だが、かつては南インドに栄えたホイサラ朝の都であり、12世紀にはその代表的な寺院である**チェナケーシャヴァ寺院ChennakeshavaTemple**が建てられた。チャールキヤ朝の封臣だったホイサラ家は、13世紀前半のヴィシュヌヴァルダーナ王Vishunuvardhanaの頃になると半ば独立状態となり、周囲へ勢力を広げていった。この寺院はそのヴィシュヌヴァルダーナ王が、タンジャーヴールを拠点としていたチョーラ朝に対しての戦勝を記念して、1117年に建てたものだ。

寺院の正門は東側。寺院の本堂は星形の基壇の上に三方に入口があるマンダパ（前室）とその奥にある聖室からなる。聖室の上部にはかつて塔状の屋根があったが現在は失われ、マンダパ入口の階段にあるミニチュア祠堂がわずかに往時の姿をしのばせている。マンダパ内の列柱ホールの柱はろくろを使って壺のように仕上げられ一見の価値があるが、なかでも「ナラスィンハ柱」と呼ばれる、浮き彫りがびっしりとなされた柱がすばらしい。しかし最大の見ものは寺院の外側を取り囲むおびただしい数の彫刻群だ。その密度と完成度に驚かずにはいられないだろう。ひさしの下には踊る女神たちの彫像が並び、特に「鏡を見る美女」と名づけられた彫刻は有名だ。

境内にはそのほかにもいくつもの小寺院があるが、すべてあとから付け加えられたもの。入口のゴープラム（塔門）も14世紀のものだ。なお、ベルールとハレービード（P.576）に残るホイサラ朝の建造物群は、ユネスコの世界遺産登録を目指して申請中だ。

カルナータカ州 | Karnataka

シュラヴァナベルゴラ／ベルール | Sravanabelagola／Belur

ACCESS

ベルールとハレービード（P. 576）を一度に回る場合は、先にハレービードへ行ったほうがバスをつかまえやすい。ハッサンからハレービードへは、日中なら30分おきにバスが運行している。所要約45分。ハレービード〜ベルール間も日中30分おきにバスがあり、約30分。ベルールからハッサンへのバスは10〜15分間隔で、所要約1時間。そのうちの何本かはベンガルール（約5時間）、マイソール（約4時間）まで行く。ハッサンから日帰りするなら、遅くとも14:00には出発したほうがいいだろう。朝早めに出ればマイソールからの日帰りも可能だ。

チェナケーシャヴァ寺院
● 7:30〜19:30
⊚ 無料
バススタンドを背に右へ。一本道の正面に見える寺院のゴープラム（塔門）が目印。徒歩8分ほど。

INFO

ベルールのホテル
Ⓗ Mayura Velapuri
♠ Temple Rd.
☎ 0817-722-2209
⊚ 🛏 Rs1700〜
🔗 kstdc.co/mayura-hotels

チェナケーシャヴァ寺院の入口。階段の両脇には寺院のミニチュアがある

ⓘ ベルールのチェナケーシャヴァ寺院、ハレービードのホイサレーシュワラ寺院はともに東向き。なので午前中に訪れるほうが堂内に光が差し込み、内部が明るい。

ハレービード

ACCESS

ベルール（P.575）のACCESS
を参照のこと。

ホイサレーシュワラ寺院
🕐 日の出〜日没　🎫 無料

博物館
🕐 9:00〜17:00　🎫 金　💴 Rs5

ハレービードの表記
Halebeed、Halebiduなどと異
なるスペルで地図や標識に記載
されていることもあるが、場所
は同じ。寺院は小さなバススタ
ンドの向かい。

ハッサン
Hassan
🗺 P.576
幹線上にある交通の要衝の町。
ベンガルールからはハッサン、
またはマンガルール行きに乗
り、所要約4時間。マイソール
からは1時間おきにバスがあり、
所要約3時間。町から1kmほど
南にあるニュー・バススタンド
（NBS）にほとんどの長距離バ
スが発着している。鉄道利用の
場合はマイソール駅から急行な
ど（1日8便）で所要約2時間。
駅とバススタンドの間は1.5km
ほど離れている。

ハッサンの北31km、ベルールの東16kmにあるハレービードは現在
は小さな村だが、12〜13世紀にはホイサラ朝の首都ドワーラサムドラ
Dwarasumdraとして栄えていた。ここには現存するホイサラ朝最大の
寺院の**ホイサレーシュワラ寺院Hoysaleswara Temple**がある。シヴ
ァを祀ったこの寺院は、ヴィシュヌヴァルダーナ王の治世の1121年に
王とその妃のための専用寺院として建てられた。その完成には105年を
要したという。しかし14世紀にはデリー・スルターン朝のひとつハルジ
ー朝の侵入を受け、町は廃墟と化す。「ハレービード」とは「廃墟の
町」の意味だという。

現在の入口は寺院の北側にあるが、本来の正面はナンディー像のあ
る東側になる。同じ形の寺院がふたつ並んでくっついている2連構造が
この寺院の特徴で、聖室、マンダパ（前室）、ナンディー堂などがすべ
てふたつずつある。ろくろを用いた石柱の装飾やその柱頭彫刻は見事
なものだ。とはいえここも最大の見ものは、寺院の外壁に刻まれた彫刻
群だ。ラーマーヤナやマハーバーラタのシーンや、踊るシヴァ神、フル
ートを吹くクリシュナなど、何もない空間をつくらないようにびっしり
と刻まれた彫刻を見ていると、この寺院自体が装飾細工を施された工

芸品のように
見えてくる。
この寺院も
本来は塔状
の屋根があっ
たが、今では
失われて平
坦になってい
るのが残念
だ。敷地内に
は小さな博
物館があり、

ホイサレーシュワラ寺院の東側の外壁

周辺から出土した仏像など
を展示している。

ホイサレーシュワラ寺院
の500m南には、12世紀に
建てられた**ジャイナ寺院**
Basadi Halliや、14世紀の
ヒンドゥー寺院の**ケダレー**
シュワラ寺院Kedare-
swara Templeがあるの
で、時間があれば合わせて
見るといいだろう。ジャイ
ナ寺院の近くには考古学博
物館もある。

ベンガルール、マイソール周辺図

ハンビへ
ハイダラーバードへ
Nitur　Tumkur　Dodballapur
ハレービード
Halebid P.576　Tiptur
ネラマンガラへ
Nelamangala
ベルール
Belur
P.575
チャンナラヤパトナ
Channarayapatna　Nelligere　Kunigal
チェンナイへ
ハッサン
Hassan
P.576
シュラヴァナベルゴラ
Sravanabelagola
P.575
ベンガルール
Bengaluru
P.556
Hole Narsipur
シュリーランガパトナ
Srirangapatna
P.571
チェンナイへ
ブリンダーヴァン庭園
Brindavan Gardens
P.571
Maddur
クシャルナガール
Kushalnagar
Krishnarajanagara
Mandya
バイラクッペ
Bylakuppe　Piriyapatna
バヌール
Bannur　Malavalli
マイソール
Mysore
P.568
ソームナートプル
Somnathpur
P.573
ウーティへ
0　20km

ハッサンのバススタンドは、町の中心から1kmほど南にあるニュー・バススタンド。市内にあるMaharaja Parkに隣接してオール
ド・バススタンドがあったが、その機能は完全にニュー・バススタンドに移されている。

576

ハンピ

ヴィルーパークシャ寺院を眺める

ホスペットの町からバスで約30分。サトウキビ畑やバナナ園を抜けると、奇怪な巨岩群が目に飛び込んでくる。ヒンドゥー王朝として南インド全域にわたって繁栄を極めた、ヴィジャヤナガル王国の14世紀から16世紀にかけての都ハンピだ。もともとトゥンガバドラー川南岸に位置する岩だらけの荒野に人為的に造られた都市だったが、イスラーム勢力の破壊により今では廃墟と化し、静かな村となっている。

26km²の広さにわたって、おもなものだけでも40余りのヒンドゥー寺院などの遺跡が点在。それが周囲の荒涼とした巨岩群に溶け込み、その奇妙な調和がハンピの不思議な魅力を生み出している。これらの建造物群は1986年に世界遺産に登録されたが、広い範囲に遺跡が点在しているため、旅行者で混み合うこともない。

ハンピの歩き方

ハンピのバススタンドに到着しすぐそばのT字路を左に折れると、200mほど先にヴィルーパークシャ寺院の塔門が見える。寺院の右手前のエリアがハンピ・バザールだ。ここには旅行者向けのゲストハウスやレストランが密集しているが、現在立ち退きを迫られており政府と裁判中。この裁判の決着がつくまでは強制退去ということはないと思われるが、係争中であることは心に留めておこう。ハンピ・バザールのすぐ対岸のヴィルーパプール・ガッディ村にもかつては宿やレストランがあったが、こちらも退去を命じられ、今は更地になってしまった。

ハンピ周辺に散らばる遺跡は、ざっと見るだけで2日、丹念に見るならそれ以上かかる。オートリクシャーや車を使えば丸1日あれば回ることができるが、のどかな空気が流れ、旅行者に必要な施設が整った居心地のよい村なので、できれば時間を多めに取って訪れたい。

ハンピとホスペットの市外局番

08394

ハンピの人口
約2800人
ホスペットの人口
約20万人

ACCESS

ハンピへのゲートシティはホスペット（ホサペテ）Hospet (Hosapete) 圏P.584。ホスペットのバススタンドから6:30～21:30の間30分ごとにハンピ行きのバスが出ている。所要約30分。

飛行機

ハンピから約160km離れたフーブリ空港が最寄りでIndigoがベンガルールから1日2便、デリー、ハイダラーバード、チェンナイから1日1便。

鉄道

バンガロール・シティ駅からホスペット駅まで急行など（1日2～3便）で所要9～13時間。ハイダラーバード・デカン駅から急行（1日1便）で約11時間。マイソールから急行（1日1～2便）で約12時間。鉄道駅からホスペットのバススタンドまでは、列車の到着に合わせて市バスや乗合オートリクシャーが出ている。所要10分。また、ハンピへの直行バスが出ていることもある。

 ハンピ・バザールにはゲストハウスしかないので、快適さを求めるならホスペットのホテルに泊まったほうがいい。そのうえ、シーズン中はハンピ・バザールの宿は宿泊料がかなりつり上がる。ホスペットのホテルは通年、料金は変わらない。

ACCESS

バス

ホスペットまでベンガルールから約30分おきに出ていて、所要約8時間。ハイダラーバードから1日4〜5便、約10時間。マイソールから一日3便、約10時間。ゴアから直通寝台バスで約8時間。バーダーミから1日2便（早朝のみ）、約6時間、またはイルカルIlkalで乗り換える。

ヴィルーパークシャ寺院
🕐 6:30〜12:30、14:00〜20:00
🎫 Rs2
※カメラ持込料Rs50、ビデオ持込料Rs500

HINT

オートリクシャーでハンピへ
ホスペットからハンピ・バザールまでは、日中ならRs250〜。バスが終了したあとはRs300〜に値上がりする。

HINT

ハンピの旅行会社
ハンピには旅行会社もあり、ゴアやコチ、ベンガルール、チェンナイ行きのバスや鉄道のチケットを手配してくれる。

クリシュナ寺院

ナラスィンハ像

＊＊＊ ハンピのおもな見どころ ＊＊＊

ハンピ・バザールの中心的存在
ヴィルーパークシャ寺院　Virupaksha Temple
MAP P.579-A1

　ハンピ最古の寺院で、創建年代には諸説あるが、ヴィジャヤナガル王国が栄える前からこの場所にあったといわれる。ハンピの数ある寺院がほぼ遺跡と化しているのに対し、ここはバラモンがいて、現在も活動する寺院だ。シヴァの化身とされるヴィルーパークシャ神を祀り、多くの巡礼者が訪れている。

　入口の立派な塔門（ゴープラム）は高さ50m。これをくぐると石が敷かれた広々とした場所に出る。さらに門をくぐった奥に本殿があり、天井に美しい絵が描かれている。

参拝者が寺院付きのゾウ、ラクシュミーにお布施を渡す

ヴィルーパークシャ寺院を見下ろす
ヘーマクータの丘　Hemakuta Hillock
MAP P.579-A1

　ヴィルーパークシャ寺院の南側にある低い岩山は、ヘーマクータの丘と呼ばれ、小さな寺院遺跡が集まっている。ピラミッド形の塔をもつ小さな寺院群は、10〜14世紀に建てられたジャイナ教寺院の**ヘーマクータ寺院群Hemakuta Temples**だ。丘の上は大きな岩がゴロゴロした不思議な光景。ヴィルーパークシャ寺院やハンピ村が見下ろせるほか、サンセット・ポイントと呼ばれる場所もあり、夕日の観賞ポイントになっている。

　丘を越えた先には、ほかにも高さ2.7mの**ガネーシャ像Sasivekalu Ganesha**、16世紀の**クリシュナ寺院Krishna Temple**がある。

　クリシュナ寺院からホスペット方面に歩くとすぐ右側に小道がある。ここに入って100mほど進むと、大きな人獅子の**ナラスィンハ像 Narasimha Statue**、そしてその隣にシヴァリンガが収められた寺院がある。

ヘーマクータ寺院群

 ヴィルーパークシャ寺院には「ラクシュミー」と呼ばれるゾウがいて、お金を渡すと受け取ってゾウ使いに渡し、鼻で頭をなでて祝福してくれる。このゾウはトゥンガバドラー川で気持ちよさそうに水浴びをしていることがある。

岩だらけの風景に溶け込んだ寺院

アチュタラーヤ寺院　Achutharaya Temple

MAP P.579-B1

　ハンピ・バザールのT字路から東に向かうと、石段の上に巨大な聖牛ナンディー像がある。そのまま東に進んで岩だらけの丘を越えるか、または像より手前で左に分かれる道を行き、南に折れる参道を通ると、20分ほどでアチュタラーヤ寺院（別名ティルヴェンガラナータ寺院）に着く。塀に囲まれた大きな寺院で1513～1538年の間に建てられた。すぐ近くにある**マータンガ丘Matanga Hill**に登れば、この寺院や周囲の景色を眼下に眺めることができる。

　アチュタラーヤ寺院の門前からは、傾いた石の回廊**スーレ・バザールSule Bazaar**が、トゥンガバドラー川近くまで続いている。川沿いに東に進むと、大小さまざまな寺があり、ヴィッタラ寺院へは20分ほどで着く。

マータンガ丘から見下ろすアチュタラーヤ寺院

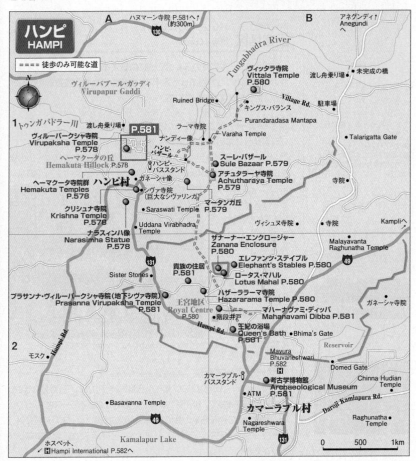

ハンピ
HAMPI

==== 徒歩のみ可能な道

N

ハヌマーン寺院 P.581へ↑
（約300m）

アネグンディ↑
Anegundi
へ

Tungabhadra River

ヴィルーパプール・ガッディ
Virupapur Gaddi

ヴィッタラ寺院
Vittala Temple
P.580

渡し舟乗り場
未完成の橋

トゥンガバドラー川

渡し舟乗り場

Ruined Bridge

Village Rd.
駐車場

ラーマ寺院

キングス・バランス

ヴィルーパークシャ寺院
Virupaksha Temple
P.578

P.581

ナンディー像

Purandaradasa Mantapa

ヘーマクータの丘
Hemakuta Hillock P.578

ハンピ・
バザール

Varaha Temple

Talarigatta Gate

ハンピ・
バススタンド

スーレ・バザール
Sule Bazaar P.579

ヘーマクータ寺院群
Hemakuta Temples
P.578

ハンピ村

ガネーシャ像

アチュタラーヤ寺院
Achutharaya Temple
P.579

寺院

クリシュナ寺院
Krishna Temple
P.578

シヴァ寺院
（巨大なシヴァリンガ）

Saraswati Temple

マータンガ丘
P.579

Kampliへ

ナラスィンハ像
Narasimha Statue
P.578

Uddana Virabhadra
Temple

ヴィシュヌ寺院

寺院

ザナーナ・エンクロージャー
Zanana Enclosure
P.580

Malayavanta
Raghunatha Temple

Sister Stones

貴族の住居
P.581

エレファンツ・ステイブル
Elephant's Stables P.580

プラサンナ・ヴィルーパークシャ寺院（地下シヴァ寺院）
Prasanna Virupaksha Temple
P.581

ロータス・マハル
Lotus Mahal P.580

王宮地区
Royal Centre
P.580

ハザーララーマ寺院
Hazararama Temple P.580

ガネーシャ寺院

マハーナヴァミ・ディッパ
Mahanavami Dibba P.581

階段井戸

モスク

王妃の浴場
Queen's Bath
P.581

Bhima's Gate

Reservoir

Mayura
Bhuvaneshwari
P.582

Domed Gate

カマーラプル・
バススタンド

考古学博物館
Archaeological Museum
P.581

Chinna Hudian
Temple

ATM

カマーラプル村

Basavanna Temple

Daroji Kamlapura Rd.

Nagareshwara
Temple

Raghunatha
Temple

Kamalapur Lake

ホスペット、
Hampi International P.582へ

0　　500　　1km

(i) ハンピを訪れたら必ず登りたいマータンガ丘。ここから眺める周囲の景色はすばらしい。ただし、過去に旅行者狙いの強盗が出たことがある。ひとりで登らないようにし、やむを得ずひとりで行く場合はほかの旅行者がいるか確認しながら登ろう。

◐ 6:00〜18:00
⊛ Rs600（ザナーナー・エンクロージャー、考古学博物館と共通。同日のみ）
※ビデオ持込料Rs25
⊕ アチュタラーヤ寺院から徒歩で20分。また、遠回りになるが、ハンピ・バザールからは南回りの車道を通ればオートリクシャーなどでも行ける。駐車場から寺院入口までは1kmほど離れており、電動カートが結んでいる（往復Rs20、片道Rs10。所要約7分）

ヴィッタラ寺院　Vittala Temple

　15世紀頃に建てられた寺院。塀に囲まれた入口をくぐると目に入る、山車形の小堂が印象的だ。また塔門をはじめ、柱や天井の精緻な彫刻のすばらしさは、ハンピの寺院のなかでも群を抜いている。なかにはカジュラーホーのようなミトゥナ像（男女交合像）もある。たたくとそれぞれ異なった音が響くために、ミュージック・ストーンと呼ばれている56本の列柱も必見だ。

右側は柱の装飾が美しい前室

山車をかたどった小堂の装飾は必見

王宮地区　Royal Centre

　アチュタラーヤ寺院の2kmほど南に位置するこのエリアは、ヴィジャヤナガル王国の城塞があった場所で、城壁に囲まれた遺跡群が比較的平らで広い地域に点在している。

ザナーナー・エンクロージャー
◐ 8:30〜18:00
⊛ Rs600（ヴィッタラ寺院、考古学博物館と共通。同日のみ）

ザナーナー・エンクロージャー　Zanana Enclosure

　有料地区になっているエリア。宮廷の女性たちがここで暮らしていた。ヒンドゥーとイスラームの建築様式が融合した独特なスタイルの東屋**ロータス・マハルLotus Mahal**は、1階がオープンスペース、2階がバルコニーになってるいる。その東側にあるのが、かつて王宮のゾウがつながれていたという**エレファンツ・ステイブルElephant's Stable**。その前の広場の北側の建物は出土品の展示室になっている。

ロータス・マハルはイスラーム建築の影響を受けている

それぞれのドームの形が異なるエレファンツ・ステイブル

ハザーララーマ寺院　Hazararama Temple

　ザナーナー・エンクロージャーから南へ徒歩10分。王宮地区内にある唯一の寺院建築で、ヴィシュヌ神とその化身であるラーマを祀っている。本殿内部の黒花崗岩の柱には美しい彫刻が施され、また外壁には、ラーマーヤナ物語をテーマとした戦士やゾウの行進などの見事なレリーフが刻まれている。

ハザーララーマ寺院のラーマーヤナのレリーフ

　時間のない人はオートリクシャーをチャーターして、おもな遺跡を回ってもらうことができる。ただしヴィッタラ寺院からアチュタラーヤ寺院を通ってマータンガ丘、ハンピ村へと続く道は車では通行できない。徒歩とうまく組み合わせるようにしたい。

王妃の浴場　Queen's Bath

王宮地区の南東の端にある。かつては回廊に囲まれた建物の内側に水を溜め、宮廷の女性が水浴びしていた。張られた出窓は、ヴィジャヤナガラ建築とイスラーム建築の折衷という。

かつては水をたたえていた浴場

そのほかの見どころ

ハザーララーマ寺院の西には、**貴族の住居Noblemen's Quarters**や、シヴァ神を祀った**プラサンナ・ヴィルーパークシャ寺院（地下シヴァ寺院）Prasannna Virupalsha Temple**が、南には3段からなるピラミッド型のテラスの**マハーナヴァミ・ディッパ Mahanavami Dibba**、階段井戸などの見どころがある。

王宮地区でいちばん大きな建物のマハーナヴァミ・ディッパ

ハンピが一望できる
ハヌマーン寺院　Hanuman Temple

MAP P.579-B1外

トゥンガバドラー川の対岸Hanumanahalliの巨大な岩山（Anjanadri）の上に建つハヌマーン寺院Hanuman Templeはインドの叙事詩「ラーマーヤナ」にも出てくる猿の神様ハヌマーンの生まれた場所とされている。ハヌマーンが熱烈なラーマ神の信徒であったことから、参拝者たちは「Jai Shri Ram（ラーマ神、万歳）」と口々に唱えながら、頂上を目指す。頂上からはハンピが一望できてすばらしい。

ハヌマーン寺院から見下ろす

考古学博物館

📮 P.579-B2
王宮地区から南へ1kmほどのカマラーブラム村にあり、ハンピから出土した石像などを展示している。ハンピ全体の俯瞰ジオラマがあり、観光前に見ておくと理解が深まるだろう。
🕐 9:00～17:00
🚫 金
💰 Rs600（ヴィッタラ寺院、ザナーナー・エンクロージャーと共通。同日のみ）
　撮影不可。カメラはクロークに預ける。

ハヌマーン寺院

🕐 日の出～日没
💰 無料
ハヌマーン寺院へ行くにはトゥンガバドラー川の対岸へはヴィルーパークシャー寺院の近くからはヴィルーパープール・ガッディへ、そしてヴィッタラ寺院の先からはアネグンディへと渡し舟で行くことができる。それぞれの船着場からAnjanadriまでは約4kmほどで徒歩約1時間。自転車を借りて渡し舟に載せるか遠回りになるが、オートリクシャーをチャーターして行くことも可能。

アネグンディへの渡し場

Hotel & Restaurant ホテル&レストラン

ハンピ・バザールには多くのゲストハウスやレストランがあるが、現在、遺跡から立ち退きを求める政府と裁判係争中になっている。観光には便利で雰囲気もいい場所だが、このエリアに宿泊予定の場合はそれを念頭においておいたほうがいいだろう。現在、旅行者はハンピ・バザールや中級以上の大型ホテルのあるホスペットを中心にしつつも、近隣で博物館やATMのあるカマラーブル村やカディランブラ村などにも散らばって滞在している。

ハンピの観光シーズンは12～2月で、その間は料金が倍近くに上がる宿も多い。

渡し舟乗り場へ

River Rd

R Archana Roof Restaurant P.582
H Archana G.H.
Archana G.H. H
Gopi G.H. H
Pushpa G.H. H
H Lakshmi Heritage Tourist Home P.582
H Chill Out
Vicky's H
Kalyan H P.582
Gopi G.H. H
Sunny G.H. H
Hermann's G.H. H
アチュタラーヤ寺院へ

ヴィルーパークシャ寺院 Virupaksha Temple P.578

ハンピ・バザール Hampi Bazaar

ハンピ・バザール HAMPI BAZAAR

0　　50m

ヴィルーパークシャ寺院の北側に、トゥンガバドラー川を渡って対岸のヴィルーパブール・ガッディ村へ渡る渡し舟乗り場がある。運航は日が出ている間のみで、人数が集まり次第出発。渡し舟代金は片道Rs50。

H ラクシュミー・ヘリテージ・ツーリストホーム
Lakshmi Heritage Tourist Home

ハンピ・バザール ₹

MAP P.581

🏠 Janatha Plot ☎ 948-171-5421
🛏 Rs800〜1500 🛏 Rs1500〜2000
込 不可 WiFi 7室

ハンピ・バザールにある小さなゲストハウスだが、客室は広めでPC作業ができる机がある部屋もあり清潔。2階にある3室が、木を多用したナチュラルな雰囲気

の部屋。1階は普通のタイル張り。新棟もある。すぐ向かいには、飲み物やビスケットなどを売る小さな雑貨店もあり便利。

H カルヤン・ゲストハウス
Kalyan Guest House

ハンピ・バザール ₹

MAP P.581

🏠 Janatha Plot ☎ 827-747-9962 🛏 Rs1200
〜1500 🛏 Rs1800〜2100 別 不可
WiFi ✉ jambookalyan@yahoo.co.jp

ハンピ・バザールの端のほうにある、日本人の滞在が多い宿。敷地に入ってすぐ各部屋の前が共有スペースになっており、皆でのんびりできる（日本語の本もあり）。部屋は清潔にしてあり、お湯も出る。宿泊者が自由に使えるキッチンもあり、地元の食材を調達して、自分で調理できるのもうれしい。ローシーズンはRs500ほど安くな

る。多少狭いがドミトリーもあるので、長期滞在などで節約したい人にもおすすめ。

H マユラ・ブバネーシュワリ
Mayura Bhuvaneshwari

カマーラプラ ₹₹

MAP P.579-B2

🏠 Kamalapuram ☎ 08394-200172
🛏 Rs2399〜5589 別
不可 WiFi 30室
URL kstdc.co/hotels/hotel-mayura-bhuvaneshwari-hampi

KSTDC運営のホテルで、中庭があるゆったりとした開放的な敷地。部屋は広めでどの部屋も清潔に保たれており、スタッフも外国人慣れしている。併設のノンベジレストランも中庭に面しており、宿泊客でなくても食事ができる。考古学博物館やATMがあるカマーラプラム村にあるので、遺跡観光の途中に立ち寄って腹ごしらえをするのもよいだろう。ドミトリーも6部屋あり、1ベッドRs600（2段ベッド）とお手頃。ドミトリー以外のデラックス、スイートの客室は、週末料金が適用されRs200〜300程度高くなる。

地図内テキスト：
N
ホスペット駅
Hosapete (Hospet)
R.S.
（市内、ハンピ）
Hampi International
P.582
Royal Orchid Central Kireeti H
通り沿いにいくつか
ATMあり
67
H Priyadarshini
Pride
Chittawadigi Rd.
Sardar Patel Rd.
Bus Stand Rd.
H Krishna Palace
Swagath H
College Rd.
Pratap
H Residency
H Shivananda
Bellary Hubli Rd.
KSRTCバススタンド
0 200m
Medinova Hospital
ハンピへ

ホスペット
（ホサペテ）
HOSPET
(HOSAPETE)

ハンピへ

R アールチャナ・ルーフレストラン
Archana Roof Restaurant

多国籍料理 ₹

MAP P.581

🏠 Janatha Plot ☎ 944-819-1619 🕐 6:00〜22:00
込 不可

ハンピ・バザールの川に近い場所にあり、インド料理からピザ、パスタ、サンドイッチにモモなどもあるメニューが豊富なツーリスト・レストラン。アールチャナ・ゲストハウスの2階にあり、生い茂るバナナの草と岩山というハンピらしい景色を眺めながら、ゆっくりと食事をするのに最適。席数が少ないので早めに行くなど、多少

時間をずらしたほうが眺めのよい席に座れる。朝食セットは5種類ありRs190〜220。サウスインディアンターリーはRs150。

H ハンピ・インターナショナル
Hampi International

ホスペット ₹₹₹

MAP P.582

🏠 Station Rd. ☎ 924-316-1111 🛏 Rs
2100〜 別 MV WiFi 79室
URL www.hotelhampiinternational.com

ホスペットの鉄道駅から徒歩2分、バススタンドまでは1kmの距離にある快適な中級ホテル。部屋はクラシック、プレミアム、スイートの3カテゴリーあり、どれも清潔で快適。チェックアウトは11:00。チェックインは12:00だが、列車で早朝着いた人はリクエストすればアーリーチェックイン（7:00〜、追加Rs1000）できる。1階にあるレストランはお酒も飲め、味もおいしい。トラベルデスクもある。

 ハンピ・バザールの村はヒンドゥー寺院が近いこともあり、基本的には肉や酒を出すレストランはない。そのため、肉料理や酒が飲みたい人はホスペットやカマーラプラム村などのホテルに滞在するとよい。

バーダーミ

　バーダーミはデカン高原南部の小さな町。現在ののどかな雰囲気から想像するのは難しいが、ここは6～8世紀に前期チャールキヤ朝の首都がおかれ、ヴァータービと呼ばれていた。チャールキヤ朝は最盛期には、グジャラート州からタミル・ナードゥ州のカーンチープラムまで勢力を伸ばした強大な国であった。玄奘三蔵がこの国を訪れ、『大唐西域記』に当時の様子を記している。

　またこの地は有史以前に遡るともいわれ、『マハーバーラタ』の神話にも登場したと信じられている。ヴァータービやアガスティアの名もそれにちなんだものとされている。

　この小さな田舎町も、年々交通量が増えてきているが、それでも幹線道路から一歩離れて岩山のほうへ行くと、緑色の水をたたえた大きなアガスティアティルタ池があり、色鮮やかなサリーを身にまとった女性たちが洗濯をしている。そんな姿は、周囲の赤砂岩の岩山やその上の砦の跡の風景と相まって、忘れがたい眺望を生み出している。

　世界遺産のパッタダカルや遺跡の村アイホーレなど、バーダーミは近郊にも見どころが多い。大都市からのアクセスがよくないぶん観光客は少なく、穏やかな気分で旅を楽しめる場所だ。ぜひ、1泊して町を散策してみよう。

〈━━　バーダーミの歩き方　━━〉

　バススタンドを背にして歩き始めよう。メインストリートを右へ向かってしばらく行き、岩山が近づいた所で左に折れると静かな住宅地に入る。ふたつの岩山の間を目指して500mほど進むと、たどり着くのが**アガスティアティルタ池Agastyatirtha Tank**だ。5世紀に造られた1km四方ほどの貯水池で、周囲を岩山に囲まれている。バーダーミの見どころはこの池の周辺に集まっている。

　池の南側の岩山には石窟寺群が、北側には**考古学博物館Archaeological Museum**がある。池の対岸に見えるのは**ブータナータ寺院Bhutanatha Temple**だ。小さな寺院だが、水際にある姿が美しい。

町とアガスティアティルタ池を囲むようにして岩山がある

バーダーミの市外局番
08357

バーダーミの人口
約3.1万人

ACCESS

鉄 道
ベンガルールのバンガロール・シティ駅18:50発の16535 Gol Gumbaz Exp.で翌6:10バーダーミ駅着。バーダーミ駅はバススタンドの4km北西にあり、列車の到着に合わせて乗合オートリクシャーなどが待機している。

バ ス
ベンガルールから1日4便、所要約12時間。ハンピからはホスペットに出て乗り換える。直通バスは早朝のみ2本、約6時間。普通はホスペットからガダグGadagへ行き（約2時間）、市内のオールド・バススタンドへ市内バスで移動し（約10分）、そこからバーダーミ行きに乗る（約1時間30分）。面倒そうだが、どのバスも頻発しているのでそれほど大変ではない。またはイルカルIlkal乗り継ぎでも行ける。

考古学博物館
⊙ 9:00～17:00
⊛金　⊜Rs5
出土した石像やアイホーレの寺院のミニチュアなどを展示

ブータナータ寺院
アガスティアティルタ池の東のほとりにせり出して建つ、7～8世紀の前期チャールキヤ朝様式の寺院。
⊙ 日の出～日没　⊜無料

シヴァラヤ寺院
考古学博物館の敷地から通じる背後の岩山の上へ通じる途中と、頂上の2ヵ所にある。
⊙随時　⊜無料

岩山の上にあるシヴァラヤ寺院

バーダーミのバススタンドの前には食堂が何軒か並んでおり、そのなかのひとつ**R**Golden Caves Cuisineは奥の中庭席が気持ちいい。チキンやフィッシュなどのノンベジ料理も提供している。🏠 Station Rd.　☎944-872-9812　⊙ 8:00～23:00

石窟寺院群
◑ 9:00～17:30
🎫 Rs300
※ビデオ持込料 Rs25

INFO

カルナータカ州観光開発
公団（KSTDC）
🏠 Ramdurg Rd.
☎ 08357-220-046
◑ 10:00～13:30、14:15～17:30
🚫 日、第2土、祝
バススタンドからメインストリートを南東に向かい、右折する。所要約15分。🅷 マユラ・チャールキヤ（P.584）内にある。

バーダーミ最大の見どころ
石窟寺院群 Cave Temples

岩窟寺院群の入口。右側に第1窟がある

アガスティアティルタ池の南側の岩山に彫られた4つの石窟からなる。南インドのヒンドゥー窟としては最古のもので、第1～3窟が6世紀後半に、第4窟が7～8世紀に造られた。茶色い砂岩に刻まれた彫刻が、現在も美しい姿をとどめている。ここから見る池とバーダーミの町の姿はすばらしい。

入口に最も近いのが第1窟。4つの石窟のうち最初に彫られたとされるシヴァ寺院だ。入口手前の右側には18本の腕をもつシヴァ神が踊る、躍動感あふれるレリーフがある。列柱をくぐった前廊の右側に、右半身がシヴァ、左半身がシヴァの妻パールヴァティーの両性具有の像が、その反対側には、右半身がシヴァ神で左半身がヴィシュヌ神であるハリハラ像が彫られている。第2窟はヴィシュヌ神を祀り、前廊の右側にはヴィシュヌの化身である巨大な猪ヴァラハが、左側にもヴィシュヌの化身であるトリヴィクラマが彫られている。第3窟は6本の列柱が入口の天井を支える最大の石窟で、彫刻もすばらしい。前廊には蛇の上に座るヴィシュヌや4本の腕をもつヴァラーハが彫られている。第4窟は唯一のジャイナ教寺院で、内部にはティールタンカラと呼ばれるジャイナ教の祖師が彫られている。

バーダーミ周辺図
0　50km
Devar Hippargi　Sindagi
ヴィジャープール
Vijyayapura　Basavana Bagewadi
Jamkhandi　Talikoti
Mudhol　Bilgi　Almatti　Muddebihal
Lokapur　Bagalkote　アイホーレ Aihole P.586　Lingsugur
Ramudurg　Ilkal
バーダーミ Badami P.583　パッタダカル Pattadakal P.585
Navalgundo　Rona　Yelburga　ハンピ Hampi P.577
Gadag-Betageri　ホスペット Hosapete P.577
フーブリー Hubballi

Hotel ホテル

KSTDC経営のホテル
🅷 マユラ・チャールキヤ
町外れ ₹
Mayura Chalukya

🏠 Ramadurga Rd.　☎ 08357-220-046
🛏🔄🚿🚿 Rs1099～　🛏🔄🚿🚿 Rs1799～2999
💳 込 ADMV　🚪 26室　🔗 www.kstdc.co/hotels/hotel-mayura-chalukya-badami

バススタンドから徒歩15分。部屋やバスルームは広々として快適。レストランではビールも飲める。KSTDCのオフィスあり。

2015年にオープンした新しいホテル
🅷 クラークス・イン
バススタンド ₹₹
Clarks Inn

🏠 1755 Veerapulakeshi Circle
☎ 08357-222-0150　🛏🔄🚿🚿 Rs3800～5000
💳 込 AMV　📶 🚪 43室
🔗 www.clarksinn.in

バーダーミで最高クラスのモダンなホテルで、バススタンドから徒歩5分。部屋は新しくとてもきれいで、湯沸かしポットがあるのがうれしい。レストランを併設している。朝食付き。石窟寺院群からはわずか450mという好立地。

池の北側の岩山にあるシヴァラヤ寺院は、石窟から石積み建築に移行する初期の寺院建築だという。岩山の頂上は昼間でも人が少ないので用心が必要だが、上からはバーダーミの町が遠くまで見渡せる。

パッタダカル

　バーダーミから東へ約22km。マラプラーバ川の岸に位置し、L字形をした道を挟んで店が数軒あるだけの小さな村だが、ここには1987年に「パッタダカルの建造物群」としてユネスコ世界遺産に登録された寺院群が屹立している。

　前期チャールキヤ朝の都はバーダーミだったが、ここパッタダカルは王の戴冠も行われる第2の都市として多くの寺院が建立された。世界遺産の寺院群は、7～8世紀に建立された8つのヒンドゥー寺院と、東方500mにある9～10世紀に建立されたひとつのジャイナ寺院。様式的には北方型、南方型、さらに両方が交ざり合ったものがあって、まだ独自の様式の確立は見られず、他文化の伝統や技術が取り入れられている。

　北方型と南方型では「シカラ」と呼ばれる本殿の屋根の形に特徴の違いがあり、北方型は曲線的な砲弾の形、南方型は直線的なピラミッドの形をしている。この遺跡では寺院が北から南へと時代順に並んでいて、時代を追うごとに規模が大きくなっていく過程を見ることができる。

ヴィルーパークシャ寺院　VirupakshaTemple

　パッタダカル最大の建造物であるこの寺院は、8世紀にパッラヴァ朝を破った記念としてふたりの王妃によって建てられた。ヴィマーナ（本殿）のシカラが3段重ねのピラミッド形で、外壁にはすき間なく彫刻が施されている。片足を上げて踊るシヴァ神や、窓からのぞく人などのユニークな彫刻を見つけ出してほしい。

南方型と北方型

　ヴィルーパークシャ寺院、その後ろにある**マッリカールジュナ寺院 Mallikarjuna Temple**、**サンガメーシュワラ寺院Sangameshwara Temple**の3つが南方型を代表する寺院とされ、カーンチープラムのパッラヴァ朝の建築と関係が深いことに特徴がある。

　ガラガナータ寺院Galaganatha Templeは北方型の代表といわれ、こちらは砲弾形をしたシカラ（塔）に特徴がある。**カーシー・ヴィシュヴェーシュワラ寺院Kashi Vishveshwara Temple**、**ジャンブリンガ寺院JambulingaTemple**とともに、後の北・西インドの壮大なシカラの発展へとつながっていく。

さまざまなタイプの寺院が密集するパッタダカル

Karnataka カルナータカ州

Badami / Pattadakal バーダーミ／パッタダカル

ACCESS

バーダーミのバススタンドの向かいあたりからミニバスが運行している。人が集まりしだい出発、所要約45分。

パッタダカルの寺院群
🕕 6:00～18:00
💰 Rs600
※ビデオ持込料　Rs25

世界遺産の寺院
南方型の寺院群
ヴィルーパークシャ寺院
マッリカールジュナ寺院
サンガメーシュワラ寺院
ジャイナ教寺院
北方型の寺院群
ガラガナータ寺院
カーシー・ヴィシュヴェーシュワラ寺院
ジャンブリンガ寺院
カーダーシッデシュワラ寺院
南北の様式が混在
パーパナータ寺院
※パーパナータ寺院は、ほかのヒンドゥー寺院群から150mほど南に離れた場所にある。

外壁に彫刻がびっしりとあるヴィルーパークシャ寺院

HINT

ホテル＆レストラン
パッタダカルやアイホーレにホテルはないので、宿泊はバーダーミになる。また、遺跡入口にスナックやソフトドリンクを売る店がある程度なので、食事もバーダーミで取るほうがいい。

 バーダーミでオートリクシャーをチャーターする場合は、パッタダカルとアイホーレ両方を回って所要約5時間、Rs1000が目安。アイホーレでは4～5つの代表的な寺院を回る。

アイホーレ

ACCESS

バーダーミからバスがある。所要約1時間20分。バーダーミに戻るバスは16:00が最終なので注意。パッタダカルからはバスまたはオートリクシャーで約30分。

ドゥルガー寺院
⏰ 6:00～18:00
💰 Rs300
※カメラ持込料＆ビデオ持込料 Rs25

博物館
⏰ 10:00～17:00
🚫 金
💰 Rs5
チケットは遺跡入口で購入する。

ドゥルガー寺院の本殿の回廊部分

丘上のメーグティ寺院

バーダーミから約34km、パッタダカルからは約14km。前期チャールキヤ朝が最初に都をおいたアイホーレには、4～6世紀に建てられた100以上の寺院遺跡が点在する。

有料地区の前でバスを降りて、遺跡に入ろう。いちばんの見どころは、馬蹄のような形をしたドゥルガー寺院。中心部は徒歩圏だが、町の南の岩山の麓にあるジャイナ教石窟寺院は2kmほど離れているのでオートリクシャーで行くといい。

ドゥルガー寺院　Durga Temple

7世紀半ばに建てられたアイホーレ最大の寺院で、それまでの仏教寺院建築の影響が残り、前方後円の馬蹄形をしている。北方型のシカラをもち、入口天井や内部に美しい彫刻が施されている。珍しいのはヴィマーナ（本殿）だけでなく、マンダパ（前室）、ポーチの外側まで回廊で囲われていること。敷地内には小さな**博物館Museum**があり、彫像やアイホーレの町の模型を展示している。

メーグティ寺院　Meguti Temple

有料地区を出てバスで来た道を戻ると、いくつもの遺跡がある。前方に見える丘の上に建つのはメーグティ寺院。7世紀前半に建てられたアイホーレ最古の寺院で、麓から階段が通じており、上からアイホーレの村が一望できる。

ジャイナ教石窟寺院

町の南の岩山の麓に掘られた石窟寺院で、ベランダから石窟内に入ると前室、その三方に祠堂がある造り。正面には本尊のパールシュヴァーナタの座像がある。

ジャイナ教石窟寺院の内部

インドでは珍しい形をしたドゥルガー寺院

 ドゥルガー寺院のそばにあるラードカーン寺院Ladkhan Templeは初期のチャールキヤ朝のシヴァ寺院で、後に建物の外に出るナンディー像がまだ建物の中に入っている。

ハイダラーバード

チャール・ミナール周辺は歩行者天国になっており、いつも人が絶えない

デカン高原の中央に位置する町ハイダラーバードは、テランガーナ州とアーンドラ・プラデーシュ州の州都。ここはイギリス植民地下で独立を保ち続けた藩王国のうち、インド最大の規模を誇った旧ハイダラーバード藩王国の首都であった。インドで4番目の人口を擁する大都市だが、それは19世紀に市の北部に建設されたツインシティ、**スィカンダラーバードSecunderabad**の発展による。

ハイダラーバード、スィカンダラーバードの「アーバード」は「町」を表し、イスラーム教徒がつくった町に多い。名前からうかがえるとおり、南インドにしては意外なほどイスラームの雰囲気が濃い町だ。

ハイダラーバードの歩き方

ハイダラーバードの町は、大きく3つの部分に分けられる。第1は、ハイダラーバード・デカン駅とその東側一帯。ハイダラーバードの心臓部ともいえる所で、主要な都市機能はほとんどこの地区にある。

第2は、ムースィーMusi川の南側の城壁に囲まれた旧市街。ハイダラーバードのシンボルともいえるチャール・ミーナールを中心にバザールが広がる、喧騒に満ちた伝統的な商業地区だ。イスラーム色の強いエリアでもある。

第3は市北部のスィカンダラーバード。特に見るべきものはないが、スィカンダラーバード駅があり、町の玄関口のひとつとなっている。

市内の主要駅は、このスィカンダラーバード駅とハイダラーバード・デカン（別名ナンパリー）駅と、市南東部のカチェグダーKacheguda駅。ムンバイーやチェンナイからの列車は、このどれかに停車する。近距離バスは、ムースィー川の北岸Gowligudaのバススタンドに発着。川の中州にあるMGバススタンドからは、南インドの主要都市へ向かうバスがある。

ハイダラーバードの市外局番
040

ハイダラーバードの人口
約680万人

ACCESS

飛行機

空港はハイダラーバード・デカン駅の約25km南にあるラージーヴ・ガーンディー国際空港。デリーからエア・インディアなど各社合計毎日20便前後、所要約2時間。ムンバイーからは毎日20便前後、約1時間20分。そのほかにも、ジャイプル、コルカタ、プネー、ベンガルール、チェンナイ、ベンガルールなどからの便がある。

鉄　道

ハイダラーバード・デカン駅へは、ムンバイーCST駅から急行（1日2便）で所要14〜17時間。チェンナイ・セントラル駅から急行（1日2便）で13〜14時間。

バ　ス

長距離バスの多くは、ムースィー川の中州にあるMGバススタンドに発着。チェンナイから所要12〜14時間。ベンガルールから9〜11時間。ホスペットから8〜11時間。チェンナイやゴア、プネー、ベンガルール、コチなどへは、ハイダラーバード・デカン駅前の旅行会社で手配するプライベートバスのほうが快適。

 ハイダラーバード国際空港のターミナルは巨大かつモダンな建物で、2階が到着階、3階が出発階。両替所は国際線の到着ロビーにある。マクドナルドなどの飲食店が充実している。国際線はアラブ諸国への便がほとんど。

空港からのシャトルバス

シャトルバスPushpak Airport Linerが空港と市の中心部の間を30分〜1時間おきに早朝から深夜まで運行している。JNTUメトロ駅、Paryatak Bhavan、Lakdikapulやスィカンダラーバード、Hi-Tec Cityなどへ向かう。所要約1時間、Rs100〜300。
(URL) www.hyderabad.aero

ハイダラーバード・メトロ

運行時間は各ターミナル駅から始発が6:00発で、終電は23:00発。10〜15分間隔で運行。チケットはトークンで、区間に応じてRs10〜60。乗車前にX線によるセキュリティチェックがある。メトロ内では撮影、および飲食不可。ブルーラインとレッドラインは、市内北のAmeerpat駅で乗り換えできるようになっている。グリーンラインが開通すると、チャール・ミーナールやサラール・ジャング博物館へもメトロで行けるようになる。
(URL) www.ltmetro.com

チャール・ミーナール

♠ Char Kaman, Ghansi Bazaar
☎ 040-6674-5986
◔ 9:30〜17:30
(R) Rs300
※ビデオ持込料Rs25
毎晩18:30〜22:00はライトアップされる。

チョウマハラ宮殿

♠ 20-4-236 Motigalli, Khilwat
☎ 040-2452-2032
◔ 10:00〜17:00
(R) 金、祝
(R) Rs400
※カメラ持込料Rs50（モバイルでのみ撮影可）

豪華なシャンデリアが下がるダルバール・ホール

ビルラー寺院

♠ Hill Fort Rd., Ambedkar Colony, Khairatabad
☎ 040-2345-0165
◔ 7:00〜12:00、14:00〜21:00
カメラ、携帯電話、ノートパソコンの持ち込みは不可。入口で預ける。肌の露出の多い服装での入場は不可。(M) Lakdi-Ka-Pul駅から徒歩15分。

市内は広く、常に交通渋滞している。おもな公共の移動手段は長らくバスしかなかったが、2017年よりメトロが開通。現在はフセイン・サガール湖の北のNagole〜HITEC City間を東西に走るブルーライン、LB Nagar〜Miyapur間を南東から北西に湖の西を走るレッドラインが運行している。Fulaknuma〜Parade Groundを南北に走るグリーンラインも近々開通予定だ。レッドラインのNampally駅はハイダラーバード・デカン駅、ブルーラインのSecunderabad East駅は鉄道のスィカンダラーバード駅と接続している。

ハイダラーバードのシンボル

MAP P.589下

チャール・ミーナール　Char Minar

1591年にクトゥブ・シャーヒー朝の王によって建造された、4つの尖塔をもつ高さ56mの塔。インドのお札の裏側に印刷されていたり、お菓子メーカーのシンボルに使われていたりと、インド人にはおなじみの建物だ。ここを起点に東西南北に道が走っており、道沿いにはイスラーム色の強い商店が軒を連ねている。まさにハイダラーバードの中心であり、シンボル的な建築物として人々に親しまれている。

近くには1694年に完成したという町いちばんのモスク、**メッカ・マスジッドMecca Masjid**がある。

王族の優雅な暮らしがうかがえる

MAP P.589下

チョウマハラ宮殿　Chowmahalla Palace

1750年から100年にわたって建設された、ハイダラーバード王国の宮殿。広い中庭の先に建つ黄色い建物が見どころの中心で、1階にダルバール・ホール（謁見の間）があり、2階には王族が使った家具や衣類、食器などの工芸品を展示している。

敷地内ではこのほか、王族が暮らした建物や、王族のコレクションだったビンテージカーなどを見ることができる。

市街の眺めがすばらしい

MAP P.591-A1

ビルラー寺院　Birla Mandir

フセイン・サガール湖を見下ろす丘の上に建つ、白大理石造りのヒンドゥー寺院。1976年、財閥のビルラー家によって建てられた。ヴィシュヌ神と同一視されるヴェンカテーシュワラ神を祀り、銀色の装身具をまとった黒い石像が安置されている。建物には美しい彫刻が施され、涼しい風が吹く夕暮れどきには淡い光に照らされる。地上の雑踏から来ると、とても心落ち着く平和な聖域だ。

 フセイン・サガール湖の中には高さ17.5m、重さ350トンの石造りの仏像が立っている。1990年に完成したが、設置の際に一度湖に沈んでしまった。幸い1992年に無傷で引き上げられ、現在の場所に設置された。

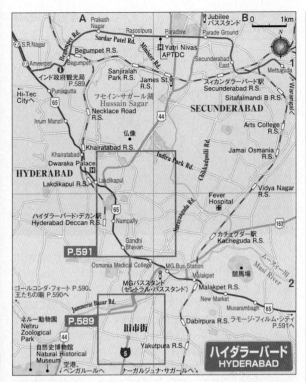

A B | Jubilee バススタンド | 1km
Prakash Nagar / Rasoolpura / Paradise / Parade Ground
S.R.Nagar / Sardar Patel Rd. / Minister Rd. / H Yatri Nivas APTDC / Secunderabad East
Begumpet R.S. / James St. / スィカンダラーバード駅 Secunderabad R.S. / Mettuguda
Ameerpet / Begumpet / Sanjiralah Park R.S. / R.S. / Sitafalmandi B R.S.
インド政府観光局 P.589 / フセイン・サガール湖 Hussain Sagar / SECUNDERABAD / Warangalへ
Hi-Tec Cityへ / Punjagutta / Necklace Road R.S. / Arts College R.S.
Irrum Manzil / 仏像 / Jamai Osmania R.S.
Khairatabad R.S. / Indira Park Rd. / Vidya Nagar R.S.
Khairatabad / Dwaraka Palace H
HYDERABAD / Lakdikapul R.S. / Lakdikapul / Fever Hospital
ハイダラーバード・デカン駅 Hyderabad Deccan R.S. / Nampally / 163
P.591 / Gandhi Bhavan / カチェグダ駅 Kacheguda R.S. / ムースィー川
Osmania Medical College / MG Bus Station / Malakpet / 競馬場 / Musi River 2
ゴールコンダ・フォート P.590、王たちの廟 P.590へ / MGバススタンド (セントラル・バススタンド) / Malakpet R.S.
Jummerat Bazar Rd. / New Market / Musarambagh 65
ネルー動物園 Nehru Zoological Park / P.589 / 旧市街 / Dabirpura R.S. ラモージ・フィルム・シティへ P.591へ
自然史博物館 Natural Historical Museum / 空港、ベンガルールへ / Yakutpura R.S. / ナーガルジュナ・サガールへ
ハイダラーバード HYDERABAD

インド政府観光局
MAP P.589-A1
▲ GF Balayogi Paryatak Bhavan, Greenland Begumpet
☎ 040-2340-9199
🕐 月〜金 9:30〜18:00
　　土　　9:30〜13:00
🈺 日、祝

テランガーナ州観光開発公団（TSTDC）
MAP P.591-A1
▲ TNSF Shakar Bhavan, Opp. Police Control Room, Basheerbagh
☎ 040-2980-1040
🕐 7:30〜20:30
URL www.telanganatourism.gov.in

細密画から伊万里焼まである

MAP P.589下

サラール・ジャング博物館 Salar Jung Museum

サラール・ジャング博物館
▲ Salar Jung Rd., Near Minar Function Hall,
☎ 040-2457-6443
URL www.salarjungmuseum.in
🕐 10:00〜17:00（チケットカウンターは16:15まで）
🈺 金、祝
💰 Rs500
※カメラ持込料Rs50
荷物の持ち込みは女性用のバッグやポーチ程度はOKだが、A4サイズ以上は預けなくてはならない。建物内にはキャンティーンがある。

　旧市街の入口、ムースィー川に架かるアフザル橋のそばにある博物館。インドに3つある国立博物館のひとつで、ハイダラーバード藩王国の宰相サラール・ジャング一家が、世界各地から集めた美術品がその基礎になっている。サラール・ジャングは英国王から最初に「サー」の称号を与えられたインド人で、有能な政治家のみならず美術品愛好家だった。インド各地から収集した美術品はもちろん、日本やヨーロッパの陶器や家具なども豊富に展示されている。

見学には少なくとも1時間30分は見ておいたほうがいい

総合病院 General Hospital / Musi River
ムースィー川 / サラール・ジャング博物館 Salar Jung Museum P.589
Quli Qutub Shah Stadium
ニザーム博物館 The Nizam's Museum
チャール・ミーナール Char Minar P.588 / Rathkhana St. / Yakutpura Rd.
メッカ・マスジッド Mecca Masjid P.588 / Char Minar バススタンド
チョウマハラ宮殿 Chowmahalla Palace P.588
ハイダラーバード旧市街 HYDERABAD OLD CITY
0 200m

ⓘ 中央郵便局（GPO）前のロータリーを中心としたあたりをアビッズAbids、デカン駅前付近をナンパリー Nampallyと呼ぶ。リクシャーに乗るときには、そう言えば通じやすい。

自然の岩山に建つ堅固な城
ゴールコンダ・フォート　Golconda Fort

ゴールコンダ・フォート

♠ Ibrahim Bagh
☎ 040-2351-2401
🕐 9:00〜17:30
💰 Rs300
※ビデオ持込料Rs25
オートリクシャーの場合、ハイ
ダラーバード・デカン駅からRs
250〜300。途中は渋滞が多い
ところなので、約40分ほどかか
る。バスは本数が少なく、帰り
に時間が合えば利用する程度。
所要約1時間。

音と光のショー

🕐 3〜10月 19:00〜、20:15〜
　11〜2月 18:30〜、19:45〜
💰 Rs80〜140
ショーは1回目が英語、2回目が
テルグーまたはヒンディー語で
行われる。

城の規模は大きいが、内部に残っているものはほとんどない

　ハイダラーバード・デカン駅から西に約10kmにある丘上の城塞。城を築いたのは、1518〜1687年にこの地を治めたクトゥブ・シャーヒー朝の王様。しかし平和な時代になると城は不便になり、都はムーシー川沿いにある現在のハイダラーバードの場所に移された。その後この城はムガル帝国軍の前に落城し、二度と使えないように徹底的に破壊されてしまう。ハイダラーバードはやがてニザーム王国の都として繁栄するが、ゴールコンダの城は近年まで長い間廃虚のままだったという。

　一つひとつの建造物はとりたててどうということはないが、周囲を約3kmにわたって取り巻く城壁の上を歩いていると、一瞬、万里の長城にいるかのような錯覚に陥る。山頂の城に向かう門をくぐると、手をパンパンと打っている人を見る。王の謁見所バーラダーリと、「音の通路」をとおしてコミュニケーションできるようになっているのだ。また、ゾウなどの突進に対して、煮えた油や鉛の塊を落とす仕掛けが上部に見える。

ハイダラーバードの王たちが眠る
王たちの廟　Qutb Shahi Tombs

王たちの廟

♠ Fort Rd., Toli Chowki
☎ 040-2351-3410
🕐 9:30〜17:30
💰 Rs50
※カメラ持込料Rs50、ビデオ
　持込料Rs200
ゴールコンダ・フォートからオー
トリクシャーで5分、Rs100程度。

　ゴールコンダ・フォートから約2km北にある、クトゥブ・シャーヒー朝の7人の王の廟。ハスの葉や芽が装飾された四角い建物の上に、玉ねぎのようなドームをもつのが特徴的。いちだんと目を引くのは、スルターン・ムハンマド・クイルとアブドゥッラ・クトゥブ・シャーヒーの廟だ。各廟の入口に表示されている王の名前や統治した時代を見て、当時のことを想像するのもおもしろい。

敷地は広く、奥のほうにも多くの廟が建っている

市内の移動はおもにオートリクシャーになるが、渋滞のため排ガスで頭が痛くなるほど。メトロの全線開通が待ち遠しい。ホテルもメトロ駅近くに取ると何かと便利だ。また、UberやOlaも発達している。

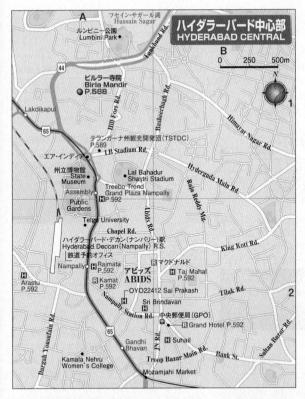

A — フセイン・サガール湖 Hussain Sagar

ルンビニー公園 Lumbini Park

ハイダラーバード中心部
HYDERABAD CENTRAL

B　0　250　500m

44

ビルラー寺院 Birla Mandir P.588

Lakdikapul

65

テランガーナ州観光開発団 (TSTDC) P.589

エア・インディア

州立博物館 State Museum

LB Stadium Rd.

Lal Bahadur Shastri Stadium

Himayat Nagar Rd.

Assembly

Public Gardens

Telgn University

Treebo Trend Grand Plaza Nampally P.592

Hyderguda Main Rd.

Reju Reddy Mg.

Chapel Rd.

ハイダラーバード・デカン(ナンパリー)駅 Hyderabad Deccan (Nampally) R.S. 鉄道予約オフィス

King Koti Rd.

Rajmata P.592

Nampally

Arastu P.592

Kamat P.592

マクドナルド

アビッズ ABIDS

Taj Mahal P.592

OYO22412 Sai Prakash

Sri Brindavan

Tilak Rd.

中央郵便局(GPO)

Grand Hotel P.592

Gandhi Bhavan

Suhail

Kamala Nehru Women's College

Troop Bazar Main Rd.　Bank St.

Mozamjahi Market

Sultan Bazar Rd.

MAP P.589-B2外

インド映画好きにはたまらない
ラモージ・フィルムシティ　Ramoji Film City

　ハイダラーバードの南東約32kmにある、ギネスブックにも認定された世界最大の撮影スタジオ&アミューズメントパーク。インドでは言語ごとに多くの映画が作られているが、ここハイダラーバードを中心とするテルグ語の映画産業は「トリウッド」と呼ばれる。その拠点がこのスタジオで、日本でも大ヒットした『バーフバリ』2部作や『RRR』など多くの映画がここで撮影されている。

　まずは巡回バスに乗り、撮影所内を数回乗り換えながら一方通行で見学する。この2時間ほどのコースのなかに、空港や鉄道駅のセット、日本庭園や噴水、バーフバリのセット見学などが含まれている。その後、併設のテーマパークで食事やスタントショーやミュージカルなどのアトラクションなどを自由に楽しめるようになっている。インド人の家族連れに混じって、1日遊びたい。

映画『バーフバリ』2部作に使われたマヒシュマティ王国のセット

フセイン・サーガル湖の東岸を走るタンク・バンドロード沿いにはテランガーナ州とアーンドラ・プラデーシュ州の政治や文化に貢献した人々の彫像が立っている。南インド古典音楽の楽聖ティヤーガラージャやアンナマーチャリヤ、独立の志士にテルグ語詩人などなど、その数34名にも及ぶが、そのなかには2022年に日本でも大ヒットしたテルグ語映画『RRR』のふたりの主人公ラーマとビームのモチーフであるアッルーリ・シータラーマ・ラージュとコムラム・ビームの像もある。前者はイギリス領インド帝国に対して、後者はニザーム藩王国に対する抵抗運動を指揮した実在の革命指導者だ。『RRR』を観て興味をもった人はぜひとも訪れて、フセイン・サーガル湖を吹き抜ける風を感じながら、映画のバックボーンに思いをはせてみよう。

アッルーリ・シータラーマ・ラージュの像。『RRR』ではラーム・チャランが演じた

ラモージ・フィルムシティ
🏠 Anaspur Village, Hayathnagar Mandal
☎ 1800-120-2999
🕐 9:00～17:30 (入場は14:00まで。季節により～20:00)
💰 普通Rs1350。パッケージにより料金が異なる
🌐 www.ramojifilmcity.com
タクシーやUber(デカン駅から片道Rs500程度)のほか、Pick Up and Drop Bus (市内各所から6:30～7:30頃出発、9:25到着、Rs350)、TSTDC (テランガーナ州観光開発公団)や旅行会社のツアーを利用して行くこともできる。

TSTDCのフィルム・シティ・ツアー
🕐 8:00～19:00
💰 Rs1900 (A/C付きバス、普通入場券付き)
申込みはTSTDC(P.589)まで。
✉ info@tstdc.in

ⓘ ラモージ・フィルムシティ内のアトラクションやショー観賞料金は、基本的にチケットに含まれている。レストランやカフェ、売店なども各所にあり、食事には困らない。

Hotel ホテル

ハイダラーバード・デカン駅前のナンパリーNampallyと、そこから1kmほど離れたアビッズAbids地区に比較的安いホテルがある。高・中級のホテルは中心街に多い。スィカンダラーバード駅の北側のMGロード周辺にもホテルがある。

メトロの駅前にあり移動も便利
H トリーボ・トレンド・グランド・プラザ・ナンパリー
ナンパリー ₹₹₹
Treebo Trend Grand Plaza Nampally
MAP P.591-A1

🏠 5-9-88/A/1, Beside Haj House, Opp. Public Gardens, Nampally ☎ 810-682-8111 🖥🛁🛏Ⓢ Rs2500〜 Ⓓ Rs3000〜 🍴込 Card AMV Wi-Fi 🛏 35室 URL www.treebo.com

Ⓜ Assemblyの駅前にある快適な中級ホテル。部屋もきれいで快適。周囲には何もないが、多国籍料理のレストランがある。スタッフも親切で空港へのOlaの手配なども手伝ってくれる。またトラベルデスクもあり、ラモージ・フィルムシティのツアーも手配可能。チェックアウトは11:00でチェックインは12:00。

有名ホテルチェーンとは関係なし
H タージ・マハル
アビッズ ₹₹₹
Taj Mahal
MAP P.591-B2

🏠 4-1-999 Abids Rd. ☎ 040-2475-8250 🖥🛁🛏 Rs2059〜 Ⓡ Rs3309〜 🍴別 Card MV Wi-Fi 🛏 80室 URL www.tmhgroup.in

アビッズ地区にある古い建物を利用したホテルだが、外観や室内は改装されてきれい。部屋も広い。多国籍料理を出すレストランを4つ併設しており、食べ物にも困らない。

デカン駅の向かいにあり便利
H ラージマータ
ナンパリー ₹
Rajmata
MAP P.591-A2

🏠 5-8-230 Public Gardens Rd., Opp. Hyderabad R.S. ☎ 040-6666-5555 🖥🛁Ⓢ Rs1000 Ⓓ Rs1100 🛁🔣Ⓢ Rs2000 Ⓓ Rs2350 🍴別 Card AMV Wi-Fi 🛏 60室 URL hotelrajmata.chobs.in

ハイダラーバード・デカン駅を出て真っすぐ300m歩くとぶつかるメトロの駅がある広い通り沿いにあるホテル。24時間制で食堂付き。お湯が出るのは5:00〜14:00のみ。その後はバケツのお湯をもらえる。

1階にレストランがある
H アラストゥ
ナンパリー ₹₹
Hotel Arastu
MAP P.591-A2

🏠 11-2-9 Darga Yousufain 'X' Road, Nampally ☎ 040-2321-4505 🖥🛁🔣Ⓢ Rs1600〜2000 🛁🔣 Rs2000〜2400 🍴別 Card 別 Wi-Fi 🛏 30室 ✉ info@hotelarastu.com

ナンパリー駅から徒歩5分ほどの交通量の多い道路沿いにある宿。室内は清潔で快適に滞在できるが、道路に面した部屋は多少うるさいので、音が気になる人は、奥まった部屋をリクエストしよう。宿のスタッフは親切で、お湯も24時間出る。1階にはレストランもあり、肉をスパイスなどと一緒に長時間煮込んだニハーリーも食べることができる。南インドではなかなかお目にかかれないので、ぜひともトライしてみよう。宿の近所にはイスラームの有名な聖者廟があるので、ぶらぶらと散歩してイスラームの雰囲気を楽しむのもおすすめ。

Restaurant レストラン

ナンパリーでミールスならここ
R カマート
北インド料理 ₹
Hotel Kamath
MAP P.591-A2

🏠 5-8, 56/A, Nampally Station Rd., Abids ☎ 402-320-3351 🕐 7:30〜22:30 🍴別 Card 不可

アビッズ地区の中央郵便局の並びにあるレストランで地元の人でいつもにぎわっている。1階はエアコンなし、2階はエアコン付きになっていて、朝食にはニハリも食べられるRs180（フル）。その他、チキン・ティッカRs200、フィッシュ・ビリヤニRs200など。

アビッズの繁華街にある
R グランド・ホテル
北インド料理 ₹₹
Grand Hotel and Restaurant
MAP P.591-B2

🏠 4-1-395, Bank St., near General Post Office, Abids 🕐 11:00〜24:00 🍴込 Card MV

アビッズ地区の中央郵便局の並びにあり、1階がケーキなどのカフェ、2階がレストランになっている。チキン・ティッカRs160、フィッシュ・マサラRs170、マトン・ヌードルRs140など、一般的なインド料理が食べられる。

 Taj Falaknuma Palaceは、藩王国の宮殿を利用した贅沢なホテル。レストランのみの利用も可能で、食事をすれば宮殿全体の見学も可能。🏠 Engine Bowli, Falaknuma ☎ 040-6629-8585 URL taj.tajhotels.com

TRAVEL
TIPS

旅の準備と技術編

旅の情報収集

日本で情報を得る

インド政府観光局
「Incredible India!」
(URL) incredibleindia.org

●インド政府観光局ウェブサイト

　以前は東京にオフィスがあったが、現在は閉鎖。インド政府観光局の情報はウェブサイトでのみ見られる。各州の観光局にもリンクされており、インド全土の観光情報が網羅されている。日本語ページもある。

インド大使館
🏠 〒102-0074　東京都千代田区九段南2-2-11
☎ 03-3262-2391〜7
🕐 9:00〜17:30
休 土・日、インドと日本の祝日
(URL) indembassy-tokyo.gov.in

●インド大使館

　観光情報以外の政治や経済などの情報は、こちらに問い合わせを。

●外務省海外安全相談センター

　インドは特に危険な国とはいえないが、治安が不安定な地域や、領土問題や宗教対立による暴動や爆弾テロ、伝染病などが起こっている地域もあるので注意したい。

外務省海外安全相談センター
●外務省海外安全情報
(URL) anzen.mofa.go.jp
●外務省領事局領事サービスセンター（海外安全相談班）
🕐 03-3580-3311（内線2902、2903）
🕐 9:00〜12:30、13:30〜17:00
休 外務省の閉庁日

在インド日本国大使館
(URL) in.emb-japan.go.jp

●国・地域別の海外安全情報

　外務省の海外安全ホームページでは、各国にある日本の大使館・領事館などから、暴動やテロ発生の有無、日本人が被害に遭っている犯罪とその対策、伝染病の有無などの情報を入手し、国別に情報を提供している。その際、治安情勢の悪化などによって特別に注意が必要な国や地域には、次のような4段階の「危険情報」を発している。

　『レベル1：十分注意してください』

　渡航、滞在に当たって危険を避けるため、特別な注意が必要。

　『レベル2：不要不急の渡航は止めてください。』

　不要不急の渡航は止めるか、渡航する場合には特別な注意を払うとともに十分な安全対策をとること。

　『レベル3：渡航は止めてください。（渡航中止勧告）』

　渡航はどのような目的であれ止めること。

　『レベル4：退避してください。渡航は止めてください。（退避勧告）』

　滞在者は滞在地から、安全な国・地域へ退避すること。この状況では、当然のことながらどのような目的であれ新たな渡航は止めること。

渡航先で最新の安全情報を確認できる「たびレジ」に登録しよう
外務省の提供する「たびレジ」に登録すれば、渡航先の安全情報メールや緊急連絡を無料で受け取ることができる。出発前にぜひ登録しよう。
(URL) www.ezairyu.mofa.go.jp/index.html

現地で情報を得る

インドには2種類の観光案内所がある

インフォメーションはどこにある
インフォメーションは、主要都市の空港、駅、バススタンドに小さなカウンターがある。地方の駅では、列車の到着時刻に合わせて開くところもある。市内の観光案内所は、たいてい新市街の高級ホテルが建つ通りなどにある。ただし、多くのインフォメーションは円滑に機能しているとは言いがたい。ほとんどの情報がインターネットで調べられる昨今、わざわざ足を運んでも無駄足に終わることも。街歩きのついでがあれば立ち寄るくらいのほうがいいだろう。

　インドの観光案内所には、インド政府運営のインド政府観光局**India Tourism**と、各州政府運営の観光案内所がある。

　インド政府観光局は、インド観光開発公団ITDC (India Tourist Development Corporation) という組織の1部門で、インド政府が案内所を運営し、その州や町の地図やさまざまなインフォメーションを旅行者に提供している。ITDCにはほかに観光バスやプライベートカーの手配をするAshok Travel & Tours、ツーリスト・バンガローなどホテルを統轄するホテル部門などがある。インド政府観光局は、インド全体についての情報も網羅することになっており、他州のパンフレットなども置いてあるが、実際にどの程度教えてくれるかは、担当者次第で、無駄足に終わることもある。

　州政府は観光案内所のほかに「州観光開発公団」(Tourism Development Corporation) も運営している。こちらは州経営のホテルや観光バス、プライベートカーの手配などをおもに行い、インフォメーションの提供は通常していない。

旅がラクになる！　必携スマートフォンアプリ

インド旅に役立つアプリを紹介する。容量の大きいアプリは、出発前に日本でダウンロードしておくのが必須。また、オフラインモードでデータを使用する場合もあらかじめダウンロードしておこう。

インドのアプリは電話番号経由のパスワードを利用してサービス登録しておくものが多い。短期旅行など、インドでSIMカードを購入する予定がない場合は、登録&ログインを出発前に済ませておくとよい。

●WhatsApp
アメリカ発のメッセージアプリで、日本での「LINE」と同じ位置づけ。メッセージのやりとりや通話も可能。インド人と仲よくなるとよく聞かれるのがこれ。インドではユーザー4億人といわれるほどポピュラーだ。ホテルなどの予約確認なども送られてくることがあるので、入れておくと便利。

●ixigo trains
インドの鉄道アプリ。IRCTCともダイレクトにリンクしており、鉄道チケットの予約・購入が可能。予約番号PNRから、自分が乗る列車の最新運行情報もチェックできる。チケット購入にはクレジットカード登録が必要だが、海外発行カードだと使えない場合もある。

●Ola
インド発の配車サービスアプリ。タクシーやリクシャーを選べば、現在地まで迎えに来てくれる。乗る前にだいたいの料金もわかる。カードを事前登録しておけばキャッシュレスで乗れるが現金払いも選べる。出発前にドライバーにスマホに送られてくる4桁の数字を伝える必要がある。

●Uber
こちらはアメリカ発の配車サービスアプリ。インドでは200近い都市で対応している。Ola同様、使い慣れれば最も効率がよく、手頃な交通手段だが、現地の電話番号で登録が必要なため、SIMカードの購入が必要となる。都市部では交渉するよりはるかに安く乗れる。

●Cleartrip
航空券やインド国内および世界各地のホテルを予約できるアプリ。主要大都市の観光情報なども閲覧できる。長距離バスの予約も可能。ただしインド国内の電話番号が必要なので、利用できるのはSIMカードを持つ人に限られる。

●Delhi Metro Rail
デリーのメトロをルート検索するアプリ。発着駅の入力で最短最速ルート&時刻を検索してくれる。各線の運行状況や始発、終電、メトロマップも見られるので、メトロをメインの移動手段にしてデリーを観光する人には便利だ。

●m-indicator
ムンバイーのローカル列車、バス、モノレール、メトロ、フェリーのルート検索ができたり、時刻表が見られるアプリ。市内交通ネットワークのマップもある。ムンバイーの観光地やショッピング、飲食店の情報も掲載されている。

●AirVisual
都市部の空気汚染がしばしば話題になるインド。特に季節によっては町歩きをするだけで、のどを痛めることもある。AirVisualは現在地やマップから、その場所のPM2.5の数値や空気の状態を教えてくれるアプリ。マスクやのどケアアイテムを準備する目安に。天気予報も同時に見られる。

●Google Maps
言わずと知れたオンライン地図サービス。事前に目的地の地図をダウンロードしておくと、オフラインでも閲覧可能になる。また出発前に行きたい場所をリストで登録しておくこともできる。目的までの経路案内も現地では役立つ。Wi-Fiルーターを持っていれば町歩きでも迷うことがない。

●Google Translate
100以上の言語に対応した翻訳アプリ。インドではヒンディー語はもちろん、タミル語、マラーヤム語などにも対応している。ちなみにインドアクセントの英語もバッチリ。テキスト入力だけでなく、音声・手書き・カメラ入力での翻訳も可能。

●新型コロナワクチン接種証明アプリ
マイナンバーカードとパスポート情報などの必要情報を入力するとオフラインでも利用できるQRコードと証明書が発行される。『Visit Japan Web』にも同様の機能がある。インドでは現在はほとんど提示を求められることはないが、念のため持っておくに越したことはない。

●外務省 海外安全アプリ
渡航先の国をアプリで登録すると、スマートフォンのGPS機能から緊急連絡先や現地の安全情報を確認することができる。事故や緊急時は情報が錯綜しやすいもの。有事には在インド日本大使館の情報などと合わせて公式なものを確認しよう。

行く前に、帰ってから読みたいインド本

●紀行文・エッセイ

『新ゴーゴー・インド』（蔵前仁一／旅行人／2001年／1600円）

90年代のバックパッカーたちから絶大な支持を受けた蔵前仁一の『ゴーゴー・インド』を自身が新たに書き下ろした旅のエッセイ。時代は変わっても、旅の本質は変わらない。肩の力を抜いて読める一冊。

『南インドカルチャー見聞録』（井生明・春菜＆マサラワーラー／阿佐ヶ谷書院／2014年／1700円）

本書でも執筆陣として参加している著者たちによる南インド本。それぞれ料理、音楽、舞踊、映画などさまざまな南インドカルチャーをビジュアル中心に紹介した入門書。出発前に読めば、旅がより楽しくなる。成田・南インド直行便の就航により、さらに需要が増えそうだ。

『タラブックス インドのちいさな出版社、まっすぐに本をつくる』（野瀬奈津子、松岡宏大、矢萩多聞／玄光社／2017年）

南インドにある小さな出版社が、いかに世界を魅了する本を生み出すのか。近年さまざまな機会で注目されるタラブックス（P.473）の本作りの背景から、彼らの働き方、日本との関係までを読み解く。

『インドで考えたこと』（堀田善衞／岩波新書／1957年／740円）

詩人、小説家でもある著者が1956〜1957年にかけて旅したインドについて、感じ考えた旅行記。インドでの考察と当時の日本の文明批判を描いたものだが、60年以上たった現代にも通じる時代を超える名著。

●永遠の定番

『印度放浪』（藤原新也／朝日文庫／1993年）

初版の出版は1972年。藤原氏が1970年前後に旅したインドを写真と随筆でまとめた一冊。時代を超えてなお、インドを旅するバックパッカーのバイブル的な作品となっている。現在は古本で入手可。

『深い河』（遠藤周作／講談社文庫／1996年／610円）

遠藤周作の代表作のひとつで、ガンジスのほとりが舞台となった小説。執筆前に本人も何度か訪印したという。それぞれに業を負った5人の日本人。さまよいの果てに彼らが出会ったものは……。

『深夜特急』（沢木耕太郎／新潮文庫／1994年／各490円〜）

インドに初めて足を踏み入れたとき、誰もが受けるカルチャーショックを、著者の当時の鋭い感性で表現した。文庫版では、第3巻がインド・ネパール編。せっかくならシリーズを通して読んでみたい。

『河童が覗いたインド』（妹尾河童／新潮文庫／1991年／630円）

舞台美術、デザイナー、著述家である著者がスケッチブックと巻き尺を持って旅したインドを全編手描きした一冊。宿泊した部屋から世界遺産まで、その常人離れした着眼点と細やかさには圧倒される。

●実用書・インド事情

『新インド入門 生活と統計からのアプローチ』（田中洋次郎／白水社／2019年）

インド留学と現地駐在を経た著者が、統計による数字、実際の生活から現在進行形の大国インド社会を解説している。これからインドで暮らす人にとっては必読書、インドへの思い込みを変えてくれる一冊だ。

『世界の食文化8 インド』（小磯千尋・小磯学／農山漁村文化協会／2006年／3048円）

現地滞在の長かった研究者夫妻の体験と学術的分析が合体した、インド料理や暮らしを知るための本。単なるインド料理、食文化本ではなく、インドの食を信仰や儀礼との関わりで語っているのも興味深い。

※書籍の価格はすべて税抜

旅のプランニング

旅のプランは決めすぎず

インドの旅は急ぐものではない

　まず、インドはとてつもなく大きい。面積は日本の9倍近く。自然のさまざまな変化と、その大地をびっしり埋めて多彩な生活を繰り広げる人間のおもしろさ、多様な文化の底の深さは計り知れない。

　インドはどことどこを見たらおしまいというような国ではない。1～2週間で何都市も回るとなると、表面をざっと見るだけで終わってしまう。できるだけじっくりと滞在する旅を考えたい。それは、スローペースだから速く動けないという意味ではなく、インド特有の、悠々とした時の流れに、走り回るような旅はまったくかみ合わないのだ。ふと立ち止まったときに、その時の流れにジワッと包み込まれるのが感じられるだろう。

　実際インドに入って、この感じをつかんだ人は、その瞬間から旅が変わるだろうし、次からのインドの旅は、最初のものとはまったく違ってくるだろう。事情を考えずに言えば、インドの旅はどこへ行きどんな旅をするにも、1ヵ月は欲しい。もちろんもろもろの事情があるだろうが、何とか少しでも長い時間を用意してインドに入ることをすすめたい。

ハプニングこそおもしろがろう

　インドの旅にかぎらず、予定どおりにならないのが旅のおもしろさでもある。旅先で出会った仲間に、どこがおすすめかを聞いていると、知らぬうちにまったく予定していなかったルートをたどっていたりするものだ。だから時間に余裕があるなら、スケジュールは大まかに立てればよいと思っておこう。

　細かく決めても、すべてがスケジュールどおりに進むとはかぎらないし、思いがけぬ出会いや発見の結果、スケジュールを変更したくなるかもしれない。いずれにしろ、予定に支配されて振り回されるのは愚かなことだ。

　観光スポットの位置、交通の便の関係で、北インドではデリーとムンバイーを結ぶ線が基本になる。これに沿って、デリーIN（入国）、ムンバイーOUT（出国）とでも決めて、その過程に行きたいポイントを付け加えていけばよい。もちろん進み方は逆にしてもよい。

　最低1ヵ月は欲しいとはいっても、そうはいかないことのほうが多いだろう。1週間でもルートは作れるが、それは手始めの旅のつもりで。一生に一度しかインドに行けないわけでもないし（かもしれないが）、短期間にあれもこれもと欲張ってもあまりいい旅にはならない。

インド中の情報が集まる首都デリー

　デリーをインド旅行の最初の町にする理由はいくつかある。まず交通の便がよいこと。鉄道にしろバスにしろ飛行機にしろ、どこへ行くにもさまざまな手段が用意されており、自由旅行に大切な鉄道のチケットの手配や航空券の予約もスムーズにいくことが多い。

　しかし便利な半面、チケットの購入や予約をするときにだまされたとかトラブルに遭った、ということがほかの町より多いのも事実。

　空港からプリペイドタクシーに乗ったら変な旅行会社に連れていかれ、むりやりツアーの申し込みをさせられた、なんて話は日常化している。初めてのインドで、右も左もわからない状態でデリーに到着するのだから、悪徳旅行会社のカモになりがち。

　特に日本からデリーへの直行便は早くても夕方、遅い便では深夜をまたぐ。初心者は多少の出費は覚悟して、1泊目のホテルと空港の出迎えは日本で手配しておいたほうがいい。

海外旅行の最旬情報はここで！

「地球の歩き方」公式サイト。ガイドブックの更新情報や、海外在住特派員の現地最新ネタ、ホテル予約など旅の準備に役立つコンテンツ満載。
URL www.arukikata.co.jp

旅の図書館

観光の研究や実務に役立つ専門図書館。約6万冊の蔵書があり、国内外の観光地について深く知りたい人におすすめ。地図やパンフレット等の配布は行っておらず、旅行の相談や問い合わせも受け付けていないが、資料の閲覧やコピー（有料）は可能。
■公益財団法人日本交通公社「旅の図書館」
🏠 〒107-0062　東京都港区南青山2-7-29　日本交通公社ビル
☎ (03) 5770-8380
🕙 10:30～17:00
🚫 土・日曜、毎月第4水曜、年末年始、その他
URL www.jtb.or.jp/library
　※蔵書検索可能

南インドを起点にする旅もしやすくなった

西インドや南インドだけの観光なら、デリーやコルカタから入る必要はない。日本の航空会社各社が日本からの直行便や接続便を増やしている。JALはバンガロールへの直行便を週3～4便運航、ANAはジェットエアウェイズとコードシェアをしており、デリー経由でバンガロール、チェンナイ、ハイダラーバード行き国内線とスムーズに乗り継ぎが可能。また東南アジア系の航空会社やスリランカ航空は、ムンバイー、チェンナイ、ベンガルールなどに就航している。そこを拠点に鉄道やバスを使って移動してみよう。この地域は、デリーに比べると「だまされた」とか「トラブルに遭った」という被害が格段に少ない。

597

旅の予算

インドは安い国か？

　日本と比較すれば、確かにインドの物価は安い。日本から持っていったお金の価値が何倍にもなるような気がしてくる。何か楽しそうだが、これはいったいどういうことなんだろう？

　インド旅行での衣食住—バザールの食堂にしても高級レストランにしても、また高級ホテルだって「その設備なら日本でいくらするか」と考えれば確かに安い。安いゲストハウスなら1泊500円程度で泊まることも可能だ。

　だが現地での物価感覚がわかり、庶民の生活水準も見えてくると、格安の物価も地元の人々にとっては安いわけではなく、ギリギリのレベルで日々生活している人がいることもわかってくる。庶民の平均的な日収をRs500（約810円）とすれば、1泊Rs350のホテル、1食Rs150の食事でも決して安くないことに気づくだろう。

　インドでは昨今特に物価の上昇が激しく、庶民の生活は決して楽ではない。そのことを理解すると、ルピーの価値もわかってくる。

　また、貧富の差が激しいインドでは、1泊のホテル代もドミトリーRs500、シングルでRs900からUS$1000以上までと天と地ほどの差がある。食事をするにしても、お茶を飲むにしても出入りする店が違うし、列車の座席や映画館でも、この区別ははっきりしている。貧と富はたまたまその日に、金があるとかないとかで決まるものではなく、互いに無縁の世界。この多次元世界の住人たちは、間違ってもほかの世界に迷い込むことはないのだ。

　インドは日本に比べると、あるモノやサービスについての価格のギャップが激しい。そして往々にして価格と質は比例している（もちろんボラれたりしていない場合の話だが）。外国人である私たちは、縦横無尽にさまざまな階級に入っていける。庶民の食堂で安い食事をすることも、最高の料理とサービスを楽しめる高級レストランに行くこともできる。どちらも紛れもない「インド」の一面なのだ。

タイプ別・旅の予算

《タイプ I 》1日3500円前後

庶民の体臭とともにうごめきたい人なら

　いつもインドの臭いに浸っていたい、その臭いの発生源（？）である民衆と顔を突き合わせていたい、それがあなたにとっての「インドの旅」のイメージだったら、必然的に安上がりになる。

　宿泊は、安ホテルの個室かドミトリー、Rs200〜500。食事はバザールの安食堂で、1日3食Rs250前後。飲み物はチャーイか水、1日Rs50（酷暑季はもう少し必要）。移動は、市内なら徒歩か市バス、たまにリクシャーで1日Rs100。長距離の移動は1日平均200kmとして（デリーからアーグラーくらいの距離）、鉄道の2等の自由席か寝台車でRs200、観光地の入場料Rs300。そのほか雑費は、小さな買い物などが1日Rs200。合計は、1日Rs1300〜1600。少し多めに1日Rs2000（約3500円）みておけば何とかなるだろう。

　ただ2016年以降、観光スポット（特に世界遺産などの遺跡）の入場料が値

上がりし、観光にかかわる出費を抑えることが難しくなった。

《タイプⅡ》1日8500円以内

ほどほどにインドを体験し、たまには贅沢も

　インドの臭いは嫌いじゃないが、ずっと浸りっきりでは疲れるし、せっかくインドに来たからには高くてもうまいものを食べたい。観光も積極的にしたい。そんな人はこのタイプⅡ。

　宿泊はわりに経済的で設備のよいところで、A/Cが付いたり付かなかったりでRs1000〜2000。食事は、開けっぴろげの安食堂ではなく、たまにはA/Cが付いているレストラン。インド料理のほか、洋食・中華など変化をつけて楽しむ。1日3食Rs600。飲み物は、チャーイのほか、フレッシュジュースやラッスィー、コーヒーなど。夕食時にはビールも飲んでRs300くらい。移動は、市内ならリクシャーかオートリクシャー、たまにタクシーも使いRs300。長距離の鉄道は、やはり1日平均200kmとして、1等かA/CチェアカーでRs500、バスならデラックスバスでRs600ぐらい。そのほかの雑費に使う金も、生活が変わるとたまにはチップも必要になり、Rs50。観光地の入場料がRs500。合計すると、Rs3250〜4350。1日Rs5000（約8500円）みておけば、そこそこリッチな旅になる。

　ただ、このタイプの旅は、大都市と地方都市では同じ感覚でお金を払っていても、実際の支払い額にはかなりの差が出てくる。そのことを頭に入れておかないと、地方から大都市に戻ってくると、お金の減り方の違いにとまどうだろう。

《タイプⅢ》1日2万5000円〜

ハイエンドなインドを旅したい人に

　日数のかぎられた旅だからこそ、苦労せずに効率よく見どころを回りたいと考えている人。また不幸にしてインドになじめず、それ以上一歩もインドには近づきたくない気持ちにとらわれてしまった人にも、このタイプⅢは救いの道。

　宿泊は、リストにある有名ホテルのなかでも高級なところや、その町のトップクラスのホテルでRs8000〜1万5000。食事は、ホテル内や町なかの高級レストランで洋食・中華・高級インド料理。朝食はホテル代に含まれているので、1日2食Rs1000〜2000。飲み物は、ホテルのコーヒー、紅茶、ジュース、ビールなどでRs500。市内観光はプライベートカーにガイドを付けて1日Rs3000〜4000。長距離の移動には、1日平均200kmとして、特急列車のA/CクラスでRs1000。そのほかの雑費は、高級ホテルやその周辺で買い物すると何でも高くなり、チップの出費も増えることは避けられず、Rs150。

　合計するとRs1万3650〜2万2650。下手すると1日4万円以上もの出費になってしまう。確かに金額だけ見ると多いが、内容のともなったお金の使い方であれば無駄遣いではない。このタイプの人は、金額よりも「何のために」お金を使うのかをよく考えて旅をしたい。

全体としていくら持っていけばいいのか？

　それぞれのタイプの1日の出費×日数で、だいたいの予算はつかめるし、タイプⅡ・Ⅲの人は予算がオーバーし始めたらレベルを落として多少調整できるので、その線でまず安心。

　ただタイプⅠは、それ以上大幅にダウンさせるのは難しいし、思わぬ出費に充てる余裕があまりない。高級ホテルに泊まる旅ではないので、日用品・衣類などこまごました買い物も必要だし、病気にかかったときの費用のことも考慮に入れておきたい。また、日程の都合で飛行機を使うこともあり得るだろう。それにタイプⅠの人は、予定よりも長い旅になりがち。

　以上を考え合わせて、1日の出費×日数×1.5くらいの金額を見込んでおけば問題ないだろう。クレジットカードや国際キャッシュカードをメインに利用する予定でも、万一に備えてUSドルまたは日本円の現金を予備費として持っていこう。USドルは余っても次の旅で使える。

「地元の人」になりきるのは無理

　よく「地元の人の目線で」という旅に浸ろうと、屋台で食事をして、安宿に泊まり、観光スポットも訪れず、ひたすら町をブラブラしている人がいる。もちろんそれが間違っているわけではないし、どんな旅でも「インドを歩く」ことには変わりない。また、お金をかけなければいい旅ができるというわけでもない。ただ、いくら本人が地元の人になりきろうとも、残念ながら周りは旅行者のことを「地元の人」と思うことは決してない。せっかくインドまでやってきたのだから、肩の力を抜いて、外国人という立場を生かしてこの「不思議の国」をいろんな方向から見て回ればいいんじゃないだろうか。

旅の季節

インドは暑いだけの国ではない

インド最北のカシュミールあたりが日本の九州と同緯度で、最南の町カニャークマリが北緯8度。その位置を見ると、インドは日本よりずっと暑い国というイメージがあるが、それは必ずしも正しくない。確かに国土の大部分は、日本の感覚でいえば「暑い」ところが多い。だが国土が約328万km²と広大なインドは、気候もバラエティに富んでいる。

例えば最高気温を記録するのはインド北部の平地で、4～5月の夏（酷暑季）は50℃に近づくこともある。一方、冬のヒマーラヤや高地では、最低気温が零下何十度にもなる。また、乾燥地帯では昼夜の気温差が非常に大きい。緯度のうえでは熱帯に当たる南インドでも、デカン高原南部の町では1年中"夏の軽井沢"。避暑地ウーティでは、夜はセーターが必要なほどと、とにかく場所によって気候が大きく異なるので、事前のチェックは抜かりなく。行く場所と季節に合わせて準備をしていこう。

インドには3つの季節がある

「インドの季節はホット、ホッター、ホッテストだ」というジョークがあるが、実際は大きく雨季、乾季、暑季の3つに分けられる。

●雨季
雨季は6～9月。地域によっても違いがあるが、この時期はインド中で雨が多い季節。ただ、日本の梅雨とは違い、ある時間帯にまとまって雨が降る場合が多いので、まったく観光ができないわけではない。

けれども、この時期の南インド観光は避けたほうが無難。インド南西から、アラビア海の湿気を含んだ季節風（モンスーン）が吹き寄せ、これがインドの大部分に雨をもたらす。特にヒマーラヤの山沿い、ガンジス河流域の中部から東、また南インドの西ガーツ山脈の西側では多量の雨が降る。なお、南インドのベンガル湾沿いは、東北モンスーンの影響を受け、10～11月にいちばん雨が多い。

●乾季
雨季以外の季節が、いわば乾季。なかでも11～2月は冬。北部山岳地域で零下何十度にもなるのが1～2月。冬山登山を目的にするなら別だが、この時期、北部の高原地帯では観光はムリ。デリーあたりでも、朝晩はストーブが欲しくなるくらい冷え込むことがある。

年間を通じてあまり気温の変化がない南インドでも、朝晩は多少涼しく思える時期。北部山岳地帯を除けば、インド旅行のベストシーズンといえるだろう。ただし、北インドで夜行列車や深夜バスに乗る予定の人は、夜はかなり冷え込むため、寝袋や毛布の用意が必要だ。

●暑季
3月末から雨季に入る直前の約2ヵ月間が、いちばん気温の上がる暑季。特に北インドの気候が最も激しく、デリー周辺でも日中40℃台はザラ。北西部のラージャスターン地方の砂漠では50℃に達することも。この時期の北インドの旅行は覚悟が必要だ。

南インドでは乾季終盤から徐々に気温が上がるが、つらいというほどではなく、この地域を中心に旅をするなら悪くないシーズンといえる。

雨季ならではの場所は

ラダックやヒマーチャル・プラデーシュ州でヒマーラヤを仰ぎ見つつハイキングやトレッキングを楽しむのは7～8月ならではの旅。またウッタラカンド州のヒマーラヤ山中の聖地は、雨季の間（6～10月）が巡礼のシーズンだ。ラージャスターンの砂漠地帯もモンスーンの影響は少ない。

インド初心者は乾季がいい

インドを初めて旅行するなら、やはり11～2月がおすすめ。この頃は雨具はいらないし、移動も楽。ただしデリーなどの北インドでは、夜はかなり冷え込む。安宿で水シャワーを使うのはけっこうつらいし、夜間の列車・バス移動の際は、寝袋や毛布がないと寒くて眠れなかったりする。

暑季でも訪れる場所はある

さわやかなインドの高原リゾートを味わうなら、暑い時期がいい。ヒマーラヤの展望が開け、紅茶の産地として有名な東インドのダージリンや北インドの山岳部は夏が涼しい。南インドなら、こちらも紅茶の産地として知られるニルギリ山地にあるウーティなどが代表的な場所。

旅の道具

インドの旅に必要なものは

　インドの旅に必要なものは、まずは健康な体と前向きな心。ほかに必要なものがあれば現地調達でほとんど手に入れることができる。

　極端に言えば、持っていかなければならない物は何ひとつない。必需品はインドで手に入る。荷物の重さと旅の楽しさは反比例する。物を持つほど、それを運ぶ体力のロスが生じるうえ、管理にも気を使うことになる。大きな荷物は飛行機の機内持ち込みにできないし、バスでは屋根の上に積まなければならないことを覚えておこう。

暑さ、寒さに備えるには？

　4～5月頃の強烈な日差しには帽子が必要。インド風なら男性はガムチャと呼ばれる頭布、女性はスカーフを。暑い季節に限らず、体力が衰えているときは日射病にかかりかねない。

　防寒着は、夏季のインド平地の旅や、おもに南インドを回る旅なら特に必要ないが、12、1月の北インドの夜はけっこう冷え込むむ、夏でも山あいの避暑地（ウーティやダージリンなど）に行くのだったら、軽いウールのセーターや、カーディガンがあったほうがよいだろう。

　現地でショールを買うのもいい。ウールの入った薄地のもので十分で、冬はインド人もショールを巻いて旅する人が多い。着て歩けば暖かくて、荷もかさばらないし、毛布代わりにも使えて便利。

　TPOを考えるなら、男性は白い半袖シャツと夏物スラックス、女性はブラウスと長めのスカートなどを荷物に入れておけばいい。

平地の旅ならサンダル履きで十分

　平地を歩く旅ならサンダルだけで過ごせる。靴下を履いて着用できるタイプなら季節も問わない。チャッパルと呼ばれるインドのサンダルはどこでも入手可能。素材は何でもいいけれど、交通機関の乗り降りや、荷物を持って歩くことを考慮して、履きやすく足にぴったりしたものを選ぼう。路上の牛糞や割れ瓶などのことも考えれば、底の厚いもののほうがベターだ。また寺院では脱ぎやすいもののほうが便利。気温の下がる高地へ行ったり、多少山歩きするのなら、靴のほうが心強いが、靴屋にインド製スニーカーがあるので心配はいらない。

荷物は何に入れる？

　長期間にわたり各地を旅するなら、バックパックが便利だ。両手が使えるし、荷物が体を離れないから安心できる。ただし、貴重品は別にしよう。特にサイドポケットは、盗難の被害に遭いやすい。

　リュックの形としては、縦長で背負いやすく、左右に幅を取らず、余分なパイプなどがじゃまにならないタイプがいい。中身の増減に応じて、きっちり荷造りできるものがベストだ。さらに雨ぶたをしたあと、小さなロックやダイヤルキーを取り付けられるものや、ファスナーの金具に錠をかけられるものなど、すぐ開けられないようになっているものにしたい。盗難防止はもちろん、場所によっては駅の荷物預かり所でも鍵のかからない荷物は預かってくれない。

　周遊するような旅でなければ、スーツケースでの旅も問題なくできる。重い荷をかつがずに済むぶんとても楽だ。

　貴重品、カメラ、よく使う物は、まとめてショルダーバッグに。丈夫で、ファスナーや雨ぶたで口が閉められるもので、長さが調節できるものがよい。

インドで感じた、これは便利！

☑ ビーチサンダルが便利です。インドではだいたいトイレとシャワーが一緒についています。シャワーで水が跳ねてしまって、それ以降トイレに行くたびに足がぬれてしまいます。室内履き用のビーチサンダルがあると足をぬらさずにトイレに行けるのでたいへん便利です。（さくら市　ベジ夫婦　'16）

出発前にかついでみよう

荷造りが済んだら、試しにリュックを背負って1km以上歩いてみよう。その重さをひしひしと感じるはず。リュックはせめて8kg以内、ショルダーバッグを含めて10kg以内に収めたい。

持ち物チェックリスト　　　必要度　◎＝必ず　○＝できれば　△＝必要に応じて

		必要度	チェック	備考
貴重品	パスポート	◎		有効期限の確認を。コピーやスキャン画像を取って別に保管する
	現金	◎		日本円のほかに、地方都市に行くならUSドルも必要
	クレジットカード	◎		違う種類のカードが2枚以上あると便利。VISAまたはMasterCardが使い勝手がいい
	国際キャッシュカード	○		現地のATMで現金を下ろせるもの
	航空券(eチケット)	◎		念のためコピーを取って別に予備を保管する
	海外旅行保険証	○		カード付帯のものでは不十分なことが多い。いざというときの連絡先も控える
	顔写真	○		何かあったときのために。パスポートサイズが2～3枚あればいい
衣類	アンダーウエア	◎		吸湿速乾性の高い素材のものを。必要最低枚数を用意し、洗濯して使う
	上着	◎		暑い季節に行く場合でも、車内の冷房対策に薄いフリースなど
	シャツ、Tシャツ	◎		きちんとした場所に行くときは、男性は襟付きのシャツがあるといい
	雨具	○		激しい雨のときは移動しない、と決めれば不要
	防寒具	△		ヒマーラヤのトレッキングを除けば、特に不要
	帽子	○		日よけ、雨よけ、防寒と目的に応じて用意したい
	手袋	△		寒さ対策だけでなく、悪路を歩くときのけが防止にも
	シューズ	◎		履き慣れたものを。目的に応じて防水機能が必要な場合も
	サンダル	△		インドでも買えるが、履き慣れた丈夫なものがあれば
	サングラス	○		日差しが強い遺跡巡りのときに。またインド人と交渉のときに
	水着	△		プールがあるような高級ホテルに泊まるとき、またはビーチのある町へ行くときに
身の回り品	洗面用具	○		石鹸、シャンプーなどは現地でも購入できる
	ドライヤー	△		洗濯物がなかなか乾かないときにも使える
	洗剤	○		小分けした粉洗剤があると便利。現地でも買える
	薬品類	○		飲み慣れたものと常備薬を。現地の薬は効きが強過ぎる
	レジ袋	△		衣服を入れたり洗濯時のバケツ代わりにと、サイズの違うものを数枚ずつ用意
	輪ゴム、ロープ	△		荷物の整理に。部屋で洗濯物を干すのに役立つ
	洗濯ばさみ	△		洗濯物を干すときに。S字フックで代用も
	筆記用具	○		メモ帳やボールペンなど。世話になった人にあげる分も含めて多めに
	裁縫道具	△		インドではわずかなお金で縫ってくれるので、人に頼んでもいい
	ウエットティッシュ	△		食事の前に、ハンカチ代わりにと、あると便利
	トイレットペーパー	○		ホテルを除き、ペーパーを備えつけていないトイレがほとんどだ
	リップクリーム	△		ハンドクリームも必要であれば用意しよう。現地でも購入可
	日焼け止め	○		日差しが強いインドでは必需品。現地でも入手可能だが、使い慣れたものを
	生理用品	△		インドでも買えるが、短い滞在なら日本から持っていってもいい
その他、雑貨	カメラ	○		使い慣れていないものなら、必ずマニュアルも持参する。充電器も忘れずに
	メディア(SDカードなど)	△		現地でも入手できるが、品質が心配
	PC、タブレット	△		Wi-Fiスポットも増えてきている。ただし盗難には十分気をつけること
	電池	△		現地でも入手可能
	電卓	△		両替や支払いの際にあると便利。スマホのアプリでも
	懐中電灯	○		停電が多い地域に行くときに。遺跡の中で壁画を見るときや暗い階段で
	目覚まし時計	○		朝早い移動の際に。ホテルでモーニングコールを頼むこともできる
	スマートフォン	◎		日本との連絡に。現地での旅の情報やホテルやガイドとの連絡に

旅の保険

保険には入って行こう

　インドでトラブルに巻き込まれたり、病気になったりする可能性は、残念ながらアメリカやヨーロッパより高いのが現状。そこで必要になってくるのが海外旅行保険だ。保険に入るかどうかはあくまでも任意だが、ことインドを旅するなら最低限の保険には入っておくべきだろう。

　海外旅行保険は、旅行中のけがの治療費用や、死亡や後遺症への補償が行われる保険だ。通常、傷害保険の部分が基本契約となり、そのほかの病気の治療費用や盗難に遭った品物の補償など、プラスαの部分は特約でカバーすることになる。保険への加入は基本契約のみでもOKで、特約は必ずしも付けなくてもいい。けれども、旅行中は何が起きるかわからない。特にインドでは体調を崩して病気になったり、持ち物を盗まれたりする可能性が高いので、特約は必要だろう。

　保険料は以前は各社横並び状態が続いていたが、1998年の金融の自由化を受け、各社が独自の保険内容や料金を設定するようになった。各国の治安状況により、渡航先ごとに料金を細かく設定したり、特約補償に特徴をもたせたりしている。各社の特徴を比較・検討して選びたい。インターネットで商品紹介や見積もりなどを行っている保険会社・代理店も多く、そのまま加入手続きができるものもある。

　また、トラブルが起きた際や、帰国後の補償請求に、いかにスムーズに対応してくれるかという点も、保険会社を選ぶ重要な基準となる。

上手な保険加入の仕方

必要なものを見極めて上手に加入

　現在は、パッケージ商品でも設定が細かく選べるようになっているものが増え、個々のニーズに合わせて柔軟に組み立てることができるようになっている。「傷害死亡・後遺障害」に加えて「傷害治療・疾病治療」、「疾病死亡・後遺障害」、「携行品損害」といったものを組めば、最低限のものがカバーできると考えていいだろう。クレジットカードによっては、あらかじめ旅行保険が組み込まれていることがあるが、あくまでもそれを補う形での契約を考えておこう。なぜなら旅費をカードで支払ったときだけ有効となる（利用付帯）、病気は対象外という場合もあるのだ。保障内容とその条件は出発前にきちんと確認しておこう。

　自分のために使うのか、残された者のために使うのかで補償額が違ってくるが、まずはけがや病気の治療費用と携行品を盗られた場合を考えよう。

　インドも治療費用は高くつくことがあるので、自らのことと他人へかける迷惑のことも考えて、保険には必ず入って行こう。携行品については「盗まれてもいいや」と思うなら保険は掛けなくてもよいだろう。

旅行保険の免責事項

　旅行保険はすべての事故に保険が下りるわけではない。自分に非がある場合や暴動や騒乱に巻き込まれた場合などは「免責」、つまり保険会社に保険金を支払う責任がないとみなされる。

　また危険なスポーツ（例えばロープを使用しての山岳登はん、ハンググライダーなど）をやっていたときに起こった事故も同様だ。ゾウのタクシーから落ちてけがをした、なんていう場合も自分に非があると判断されることがある。加入時にどんなケースが免責になるかは約款に詳しく書いてあるのでしっかりチェックしよう。

保険の種類

①基本契約
保険会社によって異なるが、最も多く設定されているのが「傷害死亡・後遺障害」または、「傷害治療・疾病治療」。

②特約
・傷害死亡・後遺障害
・傷害治療
・疾病死亡・後遺障害
・疾病治療
旅行中に感染した伝染病などにより旅行終了後72時間以内に医師の治療を開始したときも有効。
・賠償責任
ホテルでカーペットを水浸しにしてしまった、商店で品物を破損してしまったときなどに適用される。レンタルのスーツケースやビデオカメラの破損などもこの賠償責任で補償される。
・携行品損害
カメラ、衣類、航空券、パスポートなどが盗難、破損、火災などの偶然の事故によって損害を受けたとき。ただし、小切手、現金、コンタクトレンズ、補聴器などは対象外。
・救援者費用
けがや病気などで3日以上入院または死亡したときに、家族など救援者の旅費など。
・旅行取消費用
2親等以内の親族がけがや病気で14日以上継続して入院したとき、3親等以内の親族の危篤・死亡などにより旅行を中止したとき（ただし契約日から出国まで7日未満の場合は付帯できない）。

「地球の歩き方」ホームページで海外旅行保険について知ろう

「地球の歩き方」ホームページでは海外旅行保険情報を紹介している。保険のタイプや加入方法の参考に。
URL www.arukikata.co.jp/web/article/item/3000681

パスポートとビザ

パスポートを取得する

パスポート（旅券）は、日本政府から発給される国際的な身分証明書。申請は原則として住民票がある都道府県庁の旅券課窓口で行う。また、2023年3月末からパスポートのオンライン更新申請が可能になった（マイナンバーカードが必要）。初めての申請や氏名、本籍地変更の場合はオンライン申請対象外なので注意。ビザ取得にはパスポートが必須。遅くとも出発予定日の1ヵ月以上前には準備を。また、パスポートの残存有効期限が6ヵ月以上、余白ページがあることがビザ申請の条件となる。事前に確認しておこう。

ビザの種類と有効期間

インドビザについての規定はよく変わる。細かい規定を含む最新情報はインド大使館（URL indianvisaonline.gov.in）のサイトなどで確認のこと。地球の歩き方サポート掲示板（URL support.arukikata.co.jp）でも更新情報を掲載している。

インドのビザには観光、商用、通過、留学などの種類があり、通常の旅行で必要な観光ビザには、事前にインド国外で取得する**一般のビザ**、到着時に空港で取得する**アライバルビザ**、インターネットで申請が完結する**eツーリストビザ**の3種類がある。観光ビザで入国した場合、インド国内でビザの延長はできない。

e-ビザ　e- Visa

2019年9月、eビザに新制度が加わったことにより、格段に使いやすくなった。出発前に日本で申請、支払いがネットで完結することがおもな利点だったが、新制度では有効期限が最長5年と一般ビザよりも長くなり、eツーリストビザで入国できる空港も32ヵ所（＋陸路、港）と増えた。有効期間は30日、1年、5年から選べる。30日のみ入国は2回までに制限されているが、1年、5年は入国回数の制限がないマルチプルビザだ。日本人の場合、1回の入国での滞在は180日まで認められている。もはや膨大な手間と時間をかけて一般ビザを申請する意味はないといってもいいだろう。

申請はeビザ専用サイト URL indianvisaonline.gov.in/evisa/tvoa.html（英語のみ）から行う。「Apply for e-visa」から申請フォームに入り、必要事項を入力する。質問数は膨大だが、入力内容を保存しておけるので、一度で申請フォームを埋める必要はない。発行されるIDで入力を再開できる。サイト内の指示に従い、パスポートの顔写真があるページのPDFデータ（300KB以下）と、顔写真のJPGデータ（10KB～1MBの正方形のもの）をアップロードする。料金は有効期間にかかわらずUS$25＋手数料。支払いはVisaまたはMasterCard、AMEXで。支払いが終了すると72時間以内にメールが届き、「Granted」とあれば必要書類をプリントアウトして携行する。

到着4日前までに取得する必要がある。申請には時間の余裕をもっておこう。また、eビザは、自分の名前の一般パスポートのみが対象。外交パスポートなどの一般以外のパスポートや家族のパスポートでは申請はできない。

インドの各空港では、e-Tourist Visaの表示に従ってカウンターへ。e-ビザのプリントアウトとパスポート、入国カードを提出。顔写真の撮影と両手の指紋採取があり、パスポートにスタンプビザが押される。

アライバルビザ　Visa on Arrival

インドの6空港で、事前申請不要のアライバルビザが取得できる。対象国は日本と韓国、アラブ首長国連邦のみで、観光や商用などの渡航に使用可。60日間有効で2回の入国が可能なダブルエントリービザだ。

申請書は空港のアライバルビザカウンターにあるほか、機内でも配布される。インド大使館のサイトからもダウンロードできる。インドの空港に着いたらVisa on Arrivalの表示に従ってカウンターへ行き、クレジットカードか現金でビザ料金（Rs2000）を支払う。その後、顔写真の撮影と両手の指紋採取がある。顔写真は必要ない。詳細はウェブサイトで確認のこと。

一般ビザ（ステッカービザ） Regular Visa (Sticker Visa)

従来どおり大使館などに申請して、パスポートに査証が貼られるビザ。ステッカービザSticker Visaとも呼ばれる。有効期間は6ヵ月、入国回数の制限がないマルチプルビザで1回の入国で最大180日の滞在が認められる。大使館等で申請する際の申請書作成はオンラインのみに限られており、それを印刷して持ち込むという手順。取得費用は1年までの観光ビザで1万830円、5年までで2万1660円。煩雑な手続きを考えると、今後は特別なビザが必要な人に限られそうだ。

ビザの申請場所と受付時間

e-ツーリストビザ、アライバルビザを除くすべての種類のビザ申請および交付は、以下の場所で行われる。

●インド大使館 領事部

🏠〒102-0074 東京都千代田区九段南2-2-11
☎(03) 3262-2391～7 🕘9:30～11:30（申請）、16:00～17:00（受領）
[休]土・日、インドの祝日、日本の祝日（一部）
[交]東京メトロ東西線・半蔵門線、都営地下鉄新宿線の九段下駅下車、2番出口から徒歩5分 [URL] www.indembassy-tokyo.gov.in

●インド総領事館

🏠〒541-0056 大阪府大阪市中央区久太郎町1-9-26 船場ISビル10階
☎(06) 6261-7299 🕘9:30～11:30（申請）、15:30～16:30（受領）
[休]土・日、インドの祝日、日本の祝日（一部） [交]大阪市営地下鉄堺筋線・中央線の堺筋本町駅から徒歩2分 [URL] www.indconosaka.org

ビザを申請したら、オンラインビザ申請のホームページで処理状況が確認できる。通常、申請から3営業日以降（大阪は5営業日）にビザ発行となる。

その他の申請方法

旅行会社に依頼する

ビザの申請と受け取りを代行会社に頼めば、本人は行かないで済むが、手数料がかかる。その場合、インターネット上での入力を自ら行うか、代行会社が行うかによっても料金が異なり、目安は4000～1万2000円。証明写真とパスポートを用意し、出発2～3週間ほど前までに依頼すること。昨今ビザ代行申請サービスの詐欺も報告されているので、信頼できるところを見極めて頼みたい。

大使館、領事館の郵送サービス

オンラインで作成した申請書に署名をしたものに加え、申請書1通につき申請料900円と、インド大使館に送る場合は返送料1000円の現金、さらに返送先住所氏名を記した封筒を同封し、インド大使館またはインド総領事館に現金書留で送付する。宛先の横に「ビザ申請書類在中」と記入すること。書類等に不備や不足がなければ、休みを除き、日本人は15日、外国籍の人は21日後にビザが発行される。総領事館の場合は着払いのゆうパックにて返送される。北海道、東北、関東、中部、沖縄は東京インド大使館、それ以外の地域は大阪領事館が管轄となる。

アライバルビザ
[URL] indianvisaonline.gov.in/visa/visa-on-arrival.html

ビザ申請フォーム
おもな質問の内容
①申請者の詳細
名字、名前、姓名を変更したことがあるか、性別、生年月日、生まれた町と国、国民番号（日本人は「NA」と入力）、宗教、外見の特徴、最終学歴、国籍、国籍は生まれながらのものか帰化したのか、過去の国籍。
②パスポートの詳細
パスポート番号、発行地、発行日、失効予定日、ほかに有効なパスポートまたは証明書はあるか、あればその詳細。
③申請者の居住地
現在の住所、郵便番号、在住国、電話番号、eメールアドレス、本籍。
④家族の詳細
父・母それぞれの名前と国籍、以前の国籍、生まれた場所、生まれた国、婚姻の状況、配偶者の詳細、祖父母がパキスタン国籍をもっていたことがあるか、パキスタン領にいたことがあるか。家族がすでに逝去している場合も必要。
⑤申請者の職業
現在の職業、雇用主または企業名、役職、事務所の住所、電話番号、過去の職業、現在または過去に軍隊や警察に所属しているか/いたか。
⑥必要とするビザの詳細
ビザのタイプ、訪問予定地、有効期間、入国回数、訪問の目的、旅行開始予定日、インド入国予定地、インド出国予定地。
⑦過去のインド訪問の詳細と現在有効なビザの詳細
かつてインドを訪れたことがあるか、その際の滞在地の住所、訪れた都市、前回／現在所有しているビザナンバー、ビザの種類、発行地、発行日、以前にインド訪問やインド滞在の延長を拒まれたことがあるか、その場合いつ、誰によってか。
⑧そのほかの情報
過去10年間に訪れた国。
⑨SAARC国訪問の詳細過去3年以内に訪れたSAARC諸国の詳細。
⑩連絡先
インドでの連絡先（宿泊予定のホテルなど）、日本の身元保証人の名前、住所、電話番号。

ルピーの通貨
記号

通貨と両替、クレジットカード

インドの通貨

インドの通貨はルピー。2023年6月14日現在、Rs1（1ルピー）は日本円に換算すると、約1.7円。ルピーの下にはパイサーという単位があり、1ルピーは100パイサーとなるが、現在はパイサー単位のやりとりはほぼない。

インドの通貨には紙幣とコインがある。券種については、P.8のジェネラルインフォメーションを参照してほしいが、よく使うのは紙幣ならRs10、Rs20、Rs50、Rs100、Rs200、Rs500、コインならRs1、Rs2、Rs5、Rs10だ。

2010年から導入されたルピーの通貨記号もかなり普及しており、従来のRs表示とともにあちこちで見かける。

インドはどこでもおつり不足

インドでは物を買おうとしても「おつりがない」と言われることはしょっちゅう。また、リクシャーと長々と交渉して乗っても、お金を払う段階になって「おつりがない」と言われることも。

両替するとRs500、Rs2000の紙幣も混じってくるが、これらの紙幣を町なかの商店で出すと、「勘弁してくれ」といった態度を取られることがある。インドではおつり不足の場所が多く、Rs500以上の高額紙幣を使っておつりがもらえるのは、ホテルの支払い、高めのレストランやショップ、駅の窓口、旅行会社などぐらいと考えたほうがいいだろう。だから高額紙幣は、おつりがもらえそうなところでこまめに崩し、小額紙幣をある程度ストックしておいたほうがいい。使いやすいのがRs10札で、ちょっとしたチップや、ぴったりの金額でリクシャーに支払いたいとき、露店で物を買うときに便利だ。

インドでの両替

両替する場所

銀行以外にも、空港や市内の両替所、中級以上のホテルなどで両替が可能だ。レートや手数料は、場所によって異なるので、そのつど確認したほうがいい。どんな地方都市にもたいてい銀行はあり、USドルの現金なら両替が可能だが、常に混雑していて手続きに時間がかかる。また、小さな町では両替業務をしていないところもある。

両替所はトーマスクックやアメックスから、小さな看板を掲げたところまでいろいろあるが、銀行に比べ手続きが早いのが利点。また、私設の両替商では、両替額や交渉により、多少レートが変わることもある。一般的にはホテルのレートはよくないが、両替所に出向く手間が省けるし、銀行が閉まっている時間帯や休日にも両替できる利点がある。

インドでは同じUSドルでも、US$1、US$5、US$10の小額紙幣よりも、US$50、US$100の高額紙幣のほうが、US$1当たり数ルピーほどレートがいい場合がある。

ATM

インドではたいていの町に銀行のATMがあり、その多くが24時間営業して

破れたお札に注意

インドでは、破れたり一部が欠損していたりする紙幣は、誰も受け取ってくれない。ホチキス留めの穴や、ボールペンの書き込みは誰も気にしないが、少しでも端が切れていたり、破れたあとをテープで補修していたりすると、価値がないものと見なされる。こうした紙幣を自分が受け取ったら、何とかして使ってしまおうと考えるのは万国共通。この「ババ抜き」ゲームでは、外国人旅行者が格好のカモになる。空港や各地の両替所で、こうした紙幣を受け取ってしまった旅行者からの報告が絶えない。必ず紙幣はその場で確認して交換してもらおう。また、旧札のRs500とRs1000が混じってないかも要注意。

空港での両替トラブル

インドでは空港での両替トラブルの投稿が少なくない。多いのは、インドにまだ慣れていない旅行者が多く入国するデリーやコルカタ、ムンバイーなどの国際線到着ターミナルの両替所。必要もない手数料や税金を要求したり、わざと細かい札を用意してそのなかから何枚か抜いたりという手口。受け取ったら必ずその場でお札の数を数えよう。どうしても信用できなかったら、小額だけ両替するか、税関を出た外の両替所を利用する。または出発ターミナルの両替所を利用するなどの手段を。また、大きな空港ならATMは必ずある。

いる。両替所が閉まっている曜日や時間帯も利用でき、便利。入口にはセキュリティがいることが多いので安心だ。VISA／Plus系かMaster／Cirrus系なら、たいていのATMで利用できる。ただし一度に引き出せる額は1万ルピーまでなどの制限があり、1回の利用手数料がRs400程度かかることもある。またATMにキャッシュがない、故障中で引き出せないこともしばしばある。

持っていくのは日本円かUSドルか

現地でインドルピーを手に入れるには、どんな通貨を持っていくのがベストだろうか。日本から直行便があり、日本人旅行者も多いデリーやムンバイーから入り、旅行期間が短いなら、日本円だけで困ることはない。これらの大都市では日本円からルピーに直接両替でき、しかもレートも悪くないからだ。しかし、地方都市や日本人旅行者が少ない所を中心に回るなら、USドルが必須になる。こうした所では、日本円は両替できないか、レートがとても悪いからだ。旅行期間が長い場合は、どこでも両替できるUSドルを中心に用意するか、大都市でまとめて両替するほうがいいだろう。

クレジットカードなど

クレジットカードでの支払い

キャッシュレス決済が進み、クレジットカードでの支払いが可能なところは以前よりもかなり広がった。インドでポピュラーなブランドはVISAとMaster。このどちらかがあれば使えないことはほぼないだろう。AMEXは以前よりも取り扱いが増えたが、いまだ使えないところもある。最低1枚持っておくと安心だ。
ICカード（ICチップ付きのクレジットカード）で支払う際は、サインではなくPIN（暗証番号）が必要。日本出発前にカード発行金融機関に確認し、忘れないようにしよう。

クレジットカードによるキャッシング

海外キャッシュサービスが可能なクレジットカードを持っている場合に利用できる。操作方法はATM機によって異なるが、まず言語選択で英語を選ぶ。Insert your cardと出たらATMにカードを入れる。Enter your PIN, Then Press Enterの表示が出たら、4桁のPIN（暗証番号）を入力し、「Enter」ボタンを押す。次のSelect Type of Transaction画面で「WITHDRAWAL」、または「CASH ADVANCE」を選択。Select Account for Withdrawalと表示が出たら、「CREDIT CARD」を指定する。金額を打ち込んでEnterキーを押すものもある。現金が出てきたあとはそのまま終了、もしくはWould You Like Another Transaction?（ほかの取引を行いますか?）と聞かれる。終了後はカードの取り忘れに注意。PIN（暗証番号）は渡航前に必ず確認しておこう。
クレジットカードでのキャッシングの場合、日本で所定の口座から引き落とされるのは1～2ヵ月後。レートは規定の上乗せがなされたもので、利息もかかるが（締め日までの日数により異なる）、現金から現金へ両替するときの手数料よりもわずかに安い。また、利用金額に応じての利息なので、小額でも利用しやすい。帰国が迫っているので、少しだけ両替したいが高額のUSドル紙幣しかないというときにも最適だ。

クレジットカードをなくしたら

旅先でクレジットカードを紛失した場合は、大至急カード発行金融機関に連絡し、無効化すること。万一の場合に備え、カード裏面の発行金融機関、緊急連絡先を控えておこう。現地警察に届け出て紛失・盗難届出証明書を発行してもらうと、帰国後の再発行がスムーズだ。

✉ 町なかの両替所では新しいUS$100紙幣のみ、レートがよかったです。同じ金額でも、古い札や小額紙幣だと、なぜかレートが悪かったです。（坂戸市 タカハラ '18）

海外発行のクレジットカード

たまにレストランやショップなどで「インドで発行されたクレジットカードのみ使用可」と言われることがある。こうなると、現金で支払う以外に方法はない。クレジットカードが使える場面は増えてはいるが、ある程度の現金は持っておこう。

決済は円建てか現地通貨建てか

クレジットカードで支払いをする際に「円かルピーか」と尋ねられることがある。現地通貨建ては、クレジットカード会社での決済時のレートが適用される仕組み。円建てはその場で請求金額が確定するが、手数料が現地通貨決済より高いため最終的には現地通貨建てより高くなることのほうが多い。これ自体は合法だが、ちゃっかり店側に有利な為替レートになっていたりするので注意したい。サインする前には通貨と為替レートを確認すること。店側の説明なしで勝手に決済されたときは、帰国後でも発行金融機関に相談を。

国際キャッシュカード（デビットカード）

クレジットカードでのキャッシングと異なり、お金を借りるわけではなく、自分の口座残高から引き落とすので利息はかからない。通常、海外のATM利用から数日以内に、口座から引き落とされる（ATMの項を参照）。規定の％を上乗せしたレートが適用される。口座残高以上に使えないので予算管理をしやすい。渡航先での盗難・紛失による再発行サービスがなかったりなどのデメリットもある。

海外専用プリペイドカード

海外専用プリペイドカードは、外貨両替の手間や不安を解消してくれる便利なカードのひとつ。多くの通貨で日本国内での外貨両替よりレートがよく、カード作成時に審査がない。出発前にコンビニATMなどで円をチャージ（入金）し、入金した残高の範囲内で渡航先のATMで現地通貨の引き出しやショッピングができる。各種手数料が別途かかるが、使い過ぎや多額の現金を持ち歩く不安もない。アプラス発行の「GAICA ガイカ」や「MoneyT Global マネーティーグローバル」、トラベレックスジャパン発行の「Multi Currency Cash Passport マルチカレンシーキャッシュパスポート」などが代表的だ。

再両替

インドルピーの現金は、外国人の持ち出しはRs1万まで。しかし国外ではルピーの両替ができるところはほとんどないので、当分インドに来る予定のない人は、日本円やUSドルなどに再両替しておこう。空港内はクレジットカードが使えるので、最低限のルピーを残しておけば問題ない。

インドへの道

かつてこの国が「天竺」と呼ばれた頃は、陸路や海路でインドを目指したが、今では空路で行くのが一般的。ネパールやバングラデシュ、パキスタンといった近隣諸国からは、陸路の入国も一般的だ。

直行便か乗継便か

直行便で行く

最も早いのは直行便。直行便とは、その最終目的地まで便名を変えずに行くもので、ノンストップ便と経由便がある。

東京～デリーもしくはムンバイー間なら、所要時間は約10時間。エア・インディア（AI）、日本航空（JL）、全日空（NH）の直行便がある。就航都市はデリー、ムンバイー、ベンガルールの3都市。日本の発着地は、AIが東京（成田）と大阪（関空）、JLとNHは東京（羽田と成田）のみ。

乗継便で行く

直行便以外にも日本とインドを結ぶ航空会社は多い。同一の航空会社便を乗り継ぐ方法と、経由地で別の航空会社に乗り換える方法がある。

●同一の航空会社を乗り継ぐ

直行便より料金が安いものが多く、比較的予約が取りやすいこと、何かあった際の手続きが一度で済むこと、そして東京（成田・羽田）や大阪（関空）などの主要空港からだけでなく、地方空港からの出発ができるのが利点だ。例えば韓国の大韓航空（KE）は国内13空港、アシアナ航空（OZ）は9空港から出発しており、成田や関空を経由せず地方空港から出発できる。ソウル（仁川空港）からは、KEがデリーへ週3便のフライトがある（2023年4月現在）。右で紹介しているようにアジアの航空会社各社の便を乗り継げば、インドへの行き先は広がる。

また、日本での出発地はかぎられるが、インドの到着都市数が多いタイ国際航空（TG）や、スリランカ航空（UL）も人気の航空会社。また少し遠回りになるが料金の安さから、アラビア半島を経由するエミレーツ航空（EK）やカタール航空（QR）などを利用する手もある。

●別の航空会社に乗り換える

とにかく選択肢が多いのが利点。混雑期には、直行便はおろか、同一航空会社の乗り継ぎ便の予約も取れないことがある。そんな場合でも、インドへのゲートシティとなる都市まで飛んで、そこでほかの航空会社に乗り換えれば、インドに近づける可能性は高い。

ゲートシティとしては、バンコク、香港、シンガポール、クアラルンプールなどが考えられる。なかでも便利なのはタイのバンコク。バンコク発の航空券は日本で予約可能だし、現地で購入することもできる。インターネット購入し、eチケットを持参するのもOK。

どこで、どんな種類の航空券を買うか

メリット・デメリットを知っておくこと

航空券の購入はネットでの購入が最も手軽な方法だろう。「航空券」「デリー」などのキーワードで検索すると、その航空券を扱う旅行会社や旅行専門の検索サイトがヒットする。値段やフライト時間、マイレージがつくかどうかなどの条件で比較できるうえ、その場で空席照会が可能だったり、クレジットカー

インドへの直行便フライト

《エア・インディア》

成田→デリー（月・水・土・日）
AI307 11:30→18:00
デリー→成田（火・金・土・日）
AI306 21:15→08:00（+1）
関空→デリー→ムンバイー（火・木・土）
AI315 13:25→21:30→01:05（+1）
ムンバイー→デリー→関空（月・水・金）
AI314 20:00→23:15→12:05（+1）
※関空便は香港経由

《日本航空》

羽田→デリー（週7便）
JL039 10:45→16:35
デリー→羽田（週7便）
JL030 19:05→6:05（+1）
成田→ベンガルール（週3〜4便）
JL753 18:50→0:15（+1）
ベンガルール→成田（週3〜4便）
JL754 2:00→14:20

《全日空》

羽田→デリー（週7便）
NH837 10:15→15:55
デリー→羽田（週7便）
NH838 18:00→5:35（+1）
成田→ムンバイー（週3便）
NH829 11:30→17:35
ムンバイー→成田（週3便）
NH830 19:40→7:35

海外主要都市経由で行くなら

■大韓航空（KE）
■アシアナ航空（OZ）
■チャイナエアライン（CI）
■キャセイパシフィック（CX）
■中国国際航空（CA）
■中国東方航空（MU）
■中国南方航空（CZ）
■タイ国際航空（TG）
■スリランカ航空（UL）
■シンガポール航空（SQ）
■マレーシア航空（MH）

国際観光旅客税

日本からの出国には、1回につき1000円の国際観光旅客税がかかる。原則として支払いは航空代に上乗せされている。

ペックス運賃航空券

各航空会社が独自のルールで発行する割引航空券。正規割引運賃だが、競争で値段が下がり、格安航空券とあまり変わらないものも出ている。出発の何日前までに買わなければいけない、などの条件があるが、キャンセルや予約の変更などに関する規制が緩やかで、マイレージも貯められる。

「LCC」とは「Low Cost Carrier」の略で、人件費を抑えたり、サービスを簡素化したりして運賃を低料金で抑えた格安航空会社のこと。インターネットでチケットを購入でき、運賃も他社便に比べて安い、片道運賃の購入ができるというメリットは魅力だ。ただしデメリットもある。フライトキャンセルになっても他社便へのフライトの振り替えは通常はなく、そのために新たに必要になったホテルやその間の食事などは全部自前になる。スーツケースなど預け荷物も別料金。マイレージもつかないし、食事や飲み物などの機内サービスも有料だ。トラブルがあっても自分で解決することを念頭に購入しよう。

インドに就航しているLCC

インディゴ
URL goindigo.in
エア・アジア
URL www.airasia.com

ドでの支払いができたりする。空席の問い合わせが必要なチケットならば、それを扱う旅行会社などの連絡先が表示されるので、出発日と帰国日を決めてメールや電話などで問い合わせる。予約後に料金を支払うと発券される。

航空券の購入は『アルキカタ・ドット・コム』のサイト（URL www.arukikata.com）でもできる。成田や関空、中部といった主要空港だけでなく、全国の空港発着の航空券の手配が可能だ。

インドに向かう人の多くが利用する格安航空券だが、その中身は千差万別。チケットの利用規定や制限事項など、細かな条件が定められている。購入する前にどんな条件があるか確認を。以下の項目は、制限事項の代表的なもの。

●航空会社の変更ができない

A社の格安航空券を買ったら、A社の飛行機しか利用できない。何らかの理由で予約便が欠航になった場合、次の便（それも満席なら、その次の便）まで待たなくてはならない。

●払い戻しができない

航空券の発券以降、払い戻しができない。発券前の予約の取り消しにはキャンセル料が必要。キャンセル料は旅行会社によって異なる。

●ルート変更ができない

予約したルートやスケジュールの変更は格安航空券ではできない。ルート上にある都市でも、途中で勝手に降機すればそれ以降の区間はすべて無効になると覚えておこう。ただし、追加料金を払うことにより、途中降機が可能になるものもある。

陸路でインドを目指す

インドと国境を接する国は、西からパキスタン、中国、ネパール、ブータン、バングラデシュ、ミャンマーの6ヵ国。そのうち、外国人旅行者にも国境が開放されているのは、パキスタンとネパール、バングラデシュの3ヵ国。

①パキスタンから

長い国境線をもつインドとパキスタンだが、外国人旅行者が越えられるのは、アムリトサルの西30kmにあるアターリー Attari／ワガWagah国境（P.171）のみだ。パキスタン側で国境に近い都市はラーホール。鉄道を利用する場合は、ラーホールから国境までは約30分とすぐだが、出入国審査にかなりの時間がかかる。バスの場合、ラーホールからワガの町までミニバスで行き（約1時間）、そこで国境行きのミニバスに乗り換える（約15分）。国境地帯ではパキスタン側とインド側を合わせると700〜800mほど歩くことになる。インド側ではリクシャーで2kmほど離れたアターリーの町へ行き、そこでアムリトサル行きのバス（所要約45分）に乗ることになる。

②バングラデシュから

鉄道で行く方法とバスで行く方法とがある。鉄道の場合、ダッカのカントンメント駅発の国際列車Maitree Exp.が週4便ある（所要約11時間）。コルカタの到着駅はハウラーではなく、コルカタ（チトプル）駅なので注意。バングラデシュ鉄道のサイトURL www.railway.gov.bdを参照のこと。

国際バスは、ショハグ・パリバハンShohagh Paribahanやグリーン・ライン・パリバハンGreen Line Paribahanといったバス会社のデラックスバスが、ダッカから毎日午前中を中心に数便運行されている（所要約12時間だがよく遅れる）。安く行くなら、ローカルバスを乗り継いで国境を越える方法もあるが、非常に時間がかかる。

③ネパールから

おもな国境越えルートは3つある。最も旅行者にポピュラーなのが、カトマンドゥやポカラからバイラワの町へ行き、そこからスノウリ国境を越え、ゴーラクプルを経由してワラーナシーへ向かうというもの。スノウリの国境越えについては、ルンビニー（P.150）にも記述があるので、そちらも参照のこと。バイラワからスノウリ国境までは4kmで、ミニバスかリクシャーで。国境を越えたあとは、ゴーラクプルまでバスか乗合ジープで、所要約3時間。

ふたつ目のルートは、カトマンドゥからビールガンジBirganjiまでバスで行き（所要約9時間）、歩いて国境を越えてインド側のラクソウルRaxaulへ。ラクソウルからパトナーまではバスで所要約6時間。途中のムザッファルプルMuzaffarpurから鉄道で他の都市へ行ってもいい。

3つ目はあまり利用する人はいないが、ネパールからダージリン方面に抜けたい人が使うルート。カトマンドゥから東の国境の町カーカルビッタKakarbhittaまでバスで移動し（所要約15時間）、そこから国境を越えてインド側の町パニタンキPanitankiへ。パニタンキからはバスか乗合ジープを利用しスィリグリーへ（所要約1時間）。そこからダージリン行きのバスか乗合ジープに乗り換える。

出入国について

日本での出入国

日本出国

　搭乗手続き（チェックイン）は通常フライト時刻の2時間30分前から。利用航空会社のカウンターでチェックイン。航空会社によっては、ウェブで事前チェックインもできる。その場合でも、預け荷物はカウンターで預ける。セキュリティチェック、税関（申告がなければ素通り）、出国審査を受け、搭乗開始10分前までに搭乗ゲートへ。
　乗り継ぎ（トランジット）でインドへ向かう場合、乗り継ぎ空港では入国審査を受ける必要はなく、「Transit」と書かれた案内標識に従って進む。預け荷物は乗り継ぎ便に載せられるので、受け取る必要はない。

日本入国（帰国）

　体調不良や異常のあった場合は検疫へ。入国審査を受け、預け荷物を受け取る。税関で税関申告書を提出し出口へ。

インド入国

入国カードの記入

　飛行機がデリーやムンバイーに到着すると、まずは入国審査を受けることとなる。ここで入国カード（アライバルカードArrival Cardと呼ばれる）に記入して提出。下記の記入例を参考にしてアルファベットで記入する。空欄は必ず埋

入国カード（表）記入例

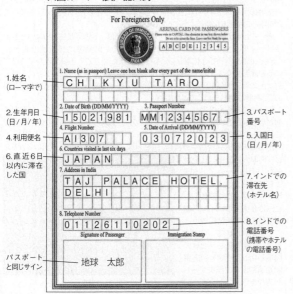

1. 姓名（ローマ字で）
2. 生年月日（日／月／年）
3. パスポート番号
4. 利用便名
5. 入国日（日／月／年）
6. 直近6日以内に滞在した国
7. インドでの滞在先（ホテル名）
8. インドでの電話番号（携帯やホテルの電話番号）
パスポートと同じサイン

※裏面に記入欄はない

機内預け荷物制限

エア・インディアの国際線エコノミークラスの場合、手荷物1個の3辺の和が158cm以内のサイズが2個まで。なおかつその2個の3辺の和が273cm以内（1個目が158cmの場合、2個目は115cm）。重量は1個23kg以内。詳しくは各航空会社を参照。

《エア・インディア》
URL www.airindia.in/baggage.htm
《日本航空》
URL www.jal.co.jp/inter/baggage/
《全日空》
URL www.ana.co.jp/ja/jp/international/prepare/baggage/

機内持ち込み手荷物制限

エア・インディアの場合、国際線、国内線やクラスにかかわらず、3辺の合計が115cm以内、重量8kg以内のものひとつのみ。詳細は上記のウェブサイトを参照。

液体物の持ち込み制限

機内には液体類、ジェル類などは原則持ち込み不可。医薬品、ベビーミルクなどを除き、すべて100mℓ以下の容器に入ったものに移し替える必要がある。液体物の持ち込みに関しての詳しい規定は、国土交通省のウェブサイトを参照のこと。
URL www.mlit.go.jp/koku/15_bf_000006.html

免税で持ち込める物

①たばこ（Cigarettes）200本（1カートン）または葉巻50本、もしくは刻みたばこ250g
②酒は種類にかかわりなく2ℓまで
③Rs8000相当以下の贈答用の品

以上の物は、インド国内で自分が使う（もしくは人にあげる）ことを前提に無税で持ち込める。したがって出国時にはなくなっていてもよい。また、インド国内で使用し、帰国時に持ち帰ることを前提に無税で持ち込めるものは、旅行中に必要な身の回り品であり、かつ新品でない（使用された）物であることが条件となる。

免税範囲を超えたら

手荷物には税率36.05%、酒やたばこ類には商業輸入と同じ153〜218%の税金が適用される。

めるよう指示されるので、ホテルが決まっていない場合でも、ガイドブックにある適当な宿の住所と電話番号をとりあえず書いておく。

入国審査

飛行機を降りたら、**入国審査Immigration**へ進む。空港によりインド人用、外国人用の列が分かれている所もある。eビザやアライバルビザなど、ビザの種類ごとにカウンターが分かれている。

パスポートと記入済みの入国カードをここで渡し、審査官の簡単な質問に答える。何も質問されないことも多いが、聞かれるとしたら、旅の目的や期間など簡単な質問だ。

入国審査が終わったら**Baggage (Luggage) Claim**で荷物を取り、税関へと向かう。待てど暮らせど自分の荷物が出てこない場合は、Lost & Foundに引換証（クレームタグ）を示して申し出ること。損傷があった場合も同様に。必ずその場で主張すること。事後のクレームは一切受け付けてくれない。

税関審査

税関Customsでは、以前必要だった税関申告は現在簡略化されており、申告するものがなければ税関申告書の提出も不要となっている。課税対象になる物を持っている人のみ税関申告書を提出する。

税関を抜けたらロビーへ。必要な人は両替やATMもここにある。

インド出国

航空会社別にターミナルが分かれている空港もあるので、事前に搭乗便が発着するターミナルを調べておこう。出発ロビー入口ではパスポートと航空券のチェックがあり、チケットがない人は中に入れないようになっている。eチケットのプリントアウトかスマホのeチケット画面を必ず持参すること。

出発ロビーに入ったら、機内預け荷物のX線検査へ。検査を受けた荷物に検査済みのシールが貼られたことを確認して、チェックインカウンターへ。国際線のチェックインは、通常出発の3時間前には始まっている。特に昨今のデリー空港の混雑はひどいので出国にかなり時間がかかる。余裕をみて、遅くとも2時間前には空港に着くようにしたい。

続いてセキュリティチェックへ。空港によっては、出発時間が迫らないとセキュリティチェックに進めないことがあるので、出発案内掲示板の表示が「Security Check」になっているか確かめよう。ここで手荷物と身につけている金属製品やノートPC、携帯電話、上着などをX線検査台のトレイに入れ、男女別の列に並びボディチェックを受ける。通過に数十分もかかることがあるので、時間に余裕をもって通りたい。

次は出国審査。パスポートと搭乗券をイミグレーションカウンターに提出。列がなかなか進まず、1時間近くかかることもある。空港には早めに着いておくに越したことはない。

出国審査後は免税店や飲食店、両替所などがあるフロア。外国人はインドルピーの海外持ち出し制限があり、1万ルピーまで。出国手続きを終えたあとも、ロビー内で買い物や飲食にルピーは使えるが、インドを出てしまうと両替できるところは少ないので、使い切るか、両替所で他の通貨に両替したほうがいい。搭乗開始時刻までに搭乗ゲートへ向かおう。

eツーリストビザ用の入国審査カウンター

飛行機の旅

　短期間で多くの場所を回ろうとする人や、長距離移動で楽をしたい、時間を有効に使いたいという人には国内線の利用がおすすめだ。鉄道やバスは安いが、どうしても移動で丸1日はかかってしまう。その点、飛行機なら、半日あればたいていの所に移動できる。

　インドは国内線LCCも多く、各航空会社がさまざまな都市に就航している。上手に予約すれば、手頃な値段で移動することも可能だ。

インドの航空会社

　インドの航空業界は、民間の航空会社8社を1953年に国有化して以来、国際線のエア・インディア、国内線のインディアン・エアラインズが独占してきた。

　しかし1990年代に入り、民間の航空会社が次々と設立される。その後規制緩和によりさらに新規参入の航空会社が増え、質やサービスの向上、価格競争という、今までのインドにない状況が生まれた。急激に増えた路線に、各地の空港の拡張が追いつかないといった問題も生まれている。また、経済発展にともない、国内移動に飛行機を使う人は年々増えており、最近では人気路線は予約が取りづらくなっている。

●エア・インディア　Air India (AI)
　国有航空会社だけあり、インド各地に細かい路線網をもつ。支店も各都市にあり、予約やリコンファームにも便利だ。しかし遅延が多いことと、以前のお役所的な体質が抜け切れておらず、サービスもいまひとつ。毎年赤字が続いており、政府の支援を受けていたが、2022年タタ・グループの出資により民営化された。ハブ（路線の中心）空港はデリーとムンバイー。
URL airindia.com

●エア・インディア・エクスプレス　Air India Express (IX)
　エア・インディアが近距離の国際線を運航する子会社として設立（現在はタタ・グループ）。コチを拠点とし、おもに中近東の都市とインドを結んでいる。
URL airindiaexpress.in

●インディゴ　IndiGo (6E)
　ハリヤーナー州のグルグラム（グルガオン）に本社があり、デリーを拠点に国内77都市に路線をもっている。2011年よりバンコクやシンガポールなど国際線も56都市に運航。業績もよく、2017年にはインド国内の航空市場で最大シェアをもつエアラインに成長した。
URL goindigo.in

●スパイス・ジェット　SpiceJet (SG)
　オンラインでの予約やチケッティングに積極的に取り組み、低価格での航空券の販売を売りにしている。ムンバイーやチェンナイを拠点に海外数都市を含む61都市に就航している。
URL spicejet.com

●ゴーエア　GoAir (G8)
　ムンバイーを拠点にデリーやバグドグラ（ダージリンの最寄り空港）、ベンガルール、ゴアなど国内27都市を結ぶ。国際線も8都市に就航。機内食を有料にするなどサービスを簡略化し、低価格に抑えている。
URL www.goair.in

●ビスタラVistara (UK)
　インド3大財閥のひとつであるタタ・グループとシンガポール

デリーをハブ空港とするエア・インディア

国内線の予約・購入
●インターネットで予約
ほぼすべての航空会社で、オンラインでチケットの予約や購入ができる。その場合、eチケットをプリントアウトして、当日空港に持参する。チェックインは予約番号だけでもできるが、出発ロビーに入るときの証明としてセキュリティに見せなければならないので、必ずプリントアウト、またはオフラインでも閲覧できるようにスマートフォンに保存しておくこと。
●現地にて
現地航空会社オフィスに直接出向くか、旅行会社を通じて買うのが一般的。料金はどちらもそう変わらない。大都市間を結ぶ路線は本数も多く、各社の競争も激しいので、ディスカウントチケットもある。

国内線LCC予約の際に
国際線は単純往復の場合に、国内線のみLCCで移動することもあるだろう。国内線かつLCCは預かり荷物の制限が大幅に少なくなる。日本からの荷物をすべて持って移動する際には、預け荷物の容量を予約の時点で追加しておくこと。迷ったら多少余裕をもった重量を購入しておこう。チェックインの際に重量オーバーすると、追加料金がかなり高額になる。
また、航空券の変更ができるようにしておくのもポイントだ。何かがあったときにキャンセルができず、全額取られるよりは、数百ルピーの追加のほうがかえって安く済む。

航空との共同出資により、2015年1月から運航が始まった。デリーを拠点に、ムンバイーやアーメダーバードなど国内外48都市を結んでいる。また、成田↔ムンバイー間やインド国内7路線でANAと相互スルーチェックインサービスを行っている。

(URL) www.airvistara.com

●エアアジア・インディア　AirAsia India (I5)

マレーシアのエアアジアとインドのタタ・グループが共同出資で設立。2014年6月より運航を開始しており、ベンガルールやデリーを本拠地としてインド21都市に就航している。

(URL) www.airasia.com

この他にもおもに南インドの都市をつなぐローカルLCCもある。ベンガルールを拠点にした**スターエアーStar Air** (URL) starair.inやムンバイーベースのアカサエアーAkasa Air (URL) akasaair.comなどがそれにあたる。

空港でのチェックイン

チェックインは早めに

国内線チェックインカウンターは通常、出発の1時間30分～2時間前から開く。そこから逆算して、フライトの予定出発時刻の2時間前、遅くとも1時間30分前には空港に着いておくようにしたい。その際デリーのように航空会社によってターミナルが異なる空港もあるので気をつけよう。たいていの空港では、出発ロビーに入るときにセキュリティによる航空券のチェックがある。eチケットの人はプリントアウトを見せる（スマートフォンに保存したものでもよい）。

次に、チェックインカウンターに向かう前に、機内預け荷物をX線検査機に通し、セキュリティチェックを受けた印としてシールを貼ってもらう。このシールがないと、航空会社は荷物を預からない。荷物によっては検査後に何も入れないように、プラスチックのひもをかける場合もある。大きな空港ではX線検査機が、航空会社別のところもある。

チェックインの仕方は国際線と基本的に同じ。IDとしてパスポートなどの提示を求められることがある。原則的に機内預け荷物はエコノミークラスならひとり15～25kg（航空会社により異なる）まで。

セキュリティチェック

チェックインが済んだら搭乗ゲートへ向かう。搭乗ゲートの前にはセキュリティチェックがあるが、該当便のセキュリティチェックが始まるのは、電光掲示板の便名のあとに「SECURITY」の文字が表示されてから。だいたい出発の40分～1時間ほど前だ。それ以前に行ってもチェックを受けられず、待つように指示されることもある。

液体物の持ち込み制限があるのは日本と同じ。水などのボトルは、空港によって没収されることもあれば、見逃されることもある。チェックが済んだ証拠として、搭乗券にスタンプが押される。このスタンプがないと搭乗できないので、しっかり確認しよう。

チェックインが終わったら、できるだけ早くセキュリティチェックに進むようにしておこう。空港や時間帯によってはかなり混み合い、通過に1時間以上かかってしまうこともある。ゲート内でも買い物や飲食はできるので、まずはゲート内に入ることを優先しよう。

セルフ・チェックインができる空港も増えている

発着ターミナルに注意
国際線区間のある便の国内部分を利用する場合、エア・インディアはその空港の国際線ターミナル発着ということもあるので、eチケットにあるターミナル番号をよく確認すること。

リコンファームは必要か
インド国内で手配した航空券に関しては、基本的に予約再確認（リコンファームReconfirm）は必要ない。フライトキャンセルや出発時間の変更はよくあるが、出発前にネットで運航情報をチェックしておけばよい。また航空会社によってはSMSなどで通知してくれるサービスもある。ホテルのフロントに頼んでチェックしてもらうのもひとつの方法。

鉄道の旅

　1853年4月16日、ボンベイ（現ムンバイー）で最初の鉄道が走って以来、主要都市間はもちろんのこと、全土に広がった線路網は6万7000kmを超えた。これはアメリカ、ロシア、カナダ、中国に次いで世界第5位の規模といわれている。利用者は年間延べ約72億人、まさにインドは世界に冠たる鉄道大国なのだ。

列車の種類

　インドの列車は、大きく分けると急行、特急、普通の3種類ある。

●ExpressとMail（急行）

　長距離を主要駅だけ停車して走る列車。名称は異なるが、乗る側から見れば同格に考えてよい。Mailはイギリスの植民地支配の当時、政府の重要な書類を運ぶ列車だった名残。現在はは1、2等、またはA/C（エアコン）車も連結する普通の急行。料金も変わらない。

　列車には番号以外にそれぞれ名称がつけられている。Flying Mailとか、走る地方を表すUpper India Exp.、行き先を示すVaranasi Exp.や、走る区間をとってDelhi-Howrah Janata Exp.などがある。

●Super Express（特急）

　表示上は急行も同じExpressだが、停車駅は少なくてスピードも速く、全車両A/C付きの特急も走っている。旅行者にとって特に便利なのが、**シャターブディー・エクスプレスShatabdi Express**と**ラージダーニー・エクスプレスRajdhaniExpress**。また、目的地までノンストップで移動する**ドゥロント・エクスプレスDuronto Express**もある。

●Ordinary（普通）

　長距離を走ることはあまりない普通列車。時刻表には、列車番号とPass.（Passenger旅客列車）として記されている。旅行者でも、ローカル線や近距離ではこれに乗ることもある。

どの車両で旅をするか

　車両は全部で8クラス。どの列車にもすべてのクラスがあるわけではなく、普通列車なら2等のみ、特急ならA/C車両のみというように種類や距離により、車両のクラスや編成は異なる。その内訳は、インターネットで確認できる。

　最も高いのはA/C1等で、いちばん安い2等座席に比べて10倍近くも料金の差がある。どのクラスに乗るかは、財布と時間、そして体力次第。上のクラスほど「安全」や「快適」度は増すが、2等座席だからといって危険なわけではないし、逆にインドの人々と気楽にコミュニケーションが取れる絶好の場となることもある。ただし暑季で体力が落ちているときは、無理をしないほうがいいだろう。

　日本を出る前、あるいはインドでも、これからの旅の計画を立てる際に、都市間をどんな列車が運行しているかを調べることができる。

　インドの鉄道公式サイトのほかCleartrip（URL www.cleartrip.com）やIxigo（URL www.ixigo.com）などのサイトもある。これらの見方はだいたいインド鉄道のサイトと同じ。まずは鉄道検索を選択したうえで、出発駅と目的地の駅名を入力し、日付を選ぶ。クラスの選択や人数の入力が必要な場合もある。該当する列車のリストが出てきたら、便名をクリックすれば、詳細情報やウエイティングの人数などがわかる。

チケットの予約と購入

　以前は1日がかりの大仕事だった予約も、現在ではネット予約が可能になった。チケットは60日前から購入でき、いくつか方法がある。

インド鉄道公式サイト
URL www.indianrail.gov.in

列車の見方

「Reserved Train Between Stations」
↓
「Journey Date（乗車予定日）」
「Source Station（発駅）」
「Destination Station（着駅）」
を選択入力
↓
該当する列車一覧が出る
↓
詳細運行スケジュール
「Train Number」をクリック
↓
運賃を調べる
「Classes」から乗車クラスを選択

座席の種類

A/C 1等　A/C First（1A）
A/C、洗面台付きの快適な1等コンパートメント（個室）。4つまたは2つの寝台が取り付けられ、内側から鍵がかけられる。

A/C 2段寝台　A/C 2-Tier Sleeper（2A）
A/C付きの2段ベッド寝台車。寝台の幅、高さも余裕があり快適。

1等寝席　1st（FC）
コンパートメント形式のA/Cなしの1等車。現在あまりない。

A/C 3段寝台　A/C 3-Tier Sleeper（3A）
A/C付きの寝台車で、ベッドは3段。寝心地は悪くない。

エグゼクティブ座席
Exective Chair Car（EC）
A/C付き座席車。1列4席で、シートは布張り。シャターブディー・エクスプレスなどにあるクラス。

A/C座席　A/C Chair Car（CC）
A/C付き座席車。席はリクライニングシート。1列5席。

3段寝台　3-Tier Sleeper（SL）
3段ベッドの寝台車。A/Cがなく、小さなファンが回っている。インドで最も一般的な車両。

2等座席　2nd Seating（2S）
ジェネラルGeneralと呼ばれる予約不要の自由席で、特急にも1〜2両連結しているが、混んでいて座れないこともある。木製のシートは硬いので、長距離を乗るにはつらい。

※料金が高い順。（ ）内は時刻表上の記号。

**チケット予約が可能な
サイト**

インド国鉄予約サイト
(URL) www.irctc.co.in
Cleartrip
(URL) www.cleartrip.com
Ixigo
(URL) www.ixigo.com

ウエイティングリストとは

どうしても乗りたい列車が満席
の場合、ウエイティングリスト
（WL）で待つこともできる。
WLでも料金を支払い、チケッ
トは発券されるが、乗れるかど
うかは購入時にはわからない。
「WL10」のような番号がチケッ
ト記入され、番号が早ければ
早いほど乗れる確率は高くな
る。出発日が近づくとたいてい
WL番号が繰り上がっていく。
チケットに印字されているPNR
という予約番号を使えば、イン
ド鉄道のサイトのPNR Enquiry
やアプリで最新のWL番号がわか
るので、発車12時間ほど前に確
認しておいたほうがいい。RAC
または席が確定していればOK
（RACは座席番号が未確定の状
態）。払い戻しもできるが、最終
的な座席表（チャート）が確定
するまで待つこともできる。出
発当日にWL番号が一気に繰り
上がることがあるからだ。その
場合は乗車ホームに張り出され
る最終リストや駅の窓口で最終
ステータスを確認できる。ただ
し期待しているほどキャンセル
が出ないこともあるので、適当
な時点で見切りをつけよう。

チケットの払い戻し

体調不良、スケジュールの変更、
乗り遅れなどの事情で列車に乗
れない場合、所定の手数料はか
かるが、チケットの払い戻しを
受けることができる。予約が取
れているチケットの場合、手数
料は出発時刻の48時間以上前
ならRs60〜240（クラスによ
って異なる）、48時間前から12
時間前までは料金の25%、12
時間前から4時間前までは50%
で、その後は払い戻し不可。ウ
エイティングリストのチケット
は、出発時刻の30分前までに
キャンセルすると、手数料Rs
60を除いて全額払い戻される。

駅で購入する

小さな駅を除き、チケット売り場は「当日売りCurrent」と「翌日以降Advance」、
さらに方面や列車別に分かれている。まず**エンクワイアリーEnquiry**で自分
の買いたいチケットの種類を告げて、どの窓口に並んだらいいか教えてもらお
う。たいてい英語が通じるが、紙に書いておけば間違いは少ない。

鉄道予約オフィスRailway Reservation Officeは駅構内ではなく、隣接
した建物の中にあることも多い。出発日、列車番号、座席クラスなどを**予約フ
ォームReservation Form**に記入し、目的の列に並ぶ。同旅程のチケットを
購入する場合、6人まで予約フォーム1枚で可能。チケット代のほかに、若干の
手数料（クラスによって異なる）がかかる。

予約オフィスは駅だけでなく、町なかにある場合もある。また駅がない町で
も予約オフィスがある町もあり、最寄り駅からのチケットなどを購入すること
ができる。また、デリーやコルカタ、ムンバイーなどの空港の到着ロビーにも鉄
道予約オフィスがある。

大都市や観光地には、**外国人旅行者専用窓口Foreign Tourist Reser-
vation**がある。一般の窓口よりもすいており、英語が通じる。一般とは別に外
国人用の座席や寝台の枠をもっており、365日前から2日前まで予約が可能。
利用にはパスポートが必須。忘れると購入できないので注意。

旅行会社を利用する

手間もかからず、時間も節約できるため、多くの旅行者が利用している方法
だ。ホテル街やツーリストエリアには、たいてい鉄道やバスのチケットを扱う旅
行会社がある。行きたい都市名を言うと、時刻や料金を調べてくれるので、手
間も省ける。料金はチケット代＋手数料で、手数料はだいたい1枚につきRs
200〜300。ただし、なかには法外な手数料やチケット代を請求したり、ウエ
イティングのままのチケットを売りつけるような、悪徳旅行会社もあるので注
意。受け取り時には必ず券面を確認しよう。

インターネットで購入する

インド国鉄予約サイトや、ネット予約専門の旅行会社のサイトから予約でき
る。購入には、インド国鉄予約サイト上でのアカウント作成が必要。以前はイン
ド国内の携帯電話に送られたパスワードを使っての登録が必要で、国際クレジ
ットカードでの支払いができないなどかなりハードルが高かった。数年前に国
際クレジットカードも使用できるようになったが、2023年4月現在では再び使
用できなくなっている。インド鉄道のインターネットでのチケット購入方法は、
ほぼ毎年のように変わるので、必ず自分でチェックすること。

列車の旅のトラブル

最も多いのは列車の遅延。現在では現在ではかなり改善されて、始発駅では
定時に発車（数分早く出発することもある）、ほぼ定刻で運行する便も増えてき
た。それでもやはり、接続の都合や事故の影響、そのほかの不可抗力で大幅に
遅れることはある。**National TrainEnquiry System**（URL）enquiry.
indianrail.gov.in）のサイトのほか、CleartripやIxigoなどのサイトやアプリに
列車番号や予約番号などを入れて遅延状況を確認できるので、駅に向かう前
に確認しておけば安心だ。

また車中で多いトラブルが盗難。置き引きからスリ、睡眠薬泥棒まで手口も
さまざま報告されている。列車に乗って席に着いたらすぐにチェーンロックで
荷物をどこかに結び、常に荷物が体の一部に触れているように心がけよう。ま
た、飲み物や食べ物をすすめられてもむやみに口にしないなどの常識を頭にお
いて行動したい。事故衝突や脱線、火事など防ぎようのない事故も起こり得
る。万一に備えて脱出ルートを考えておこう。

駅のすべて

駅にはさまざまな機能がある。ホームには水飲み場、トイレ、チャーイやスナックを売るスタンド、売店、食堂などがあり、宿泊施設を備えた駅もある。出口は、ホームとホールを仕切る引き戸を開いた所に駅員が立っているだけだ。ホームへの改札もほぼなく、人はけっこう自由に出入りしている。

●食堂　RestaurantまたはRefreshment Room
駅構内、たいていはホームに面してある。トーストやオムレツといった軽食から、ターリーやビルヤーニーまで食べられる。大きな駅では、ベジタリアンVegetarianとノンベジタリアンNon-Vegetarianの2ヵ所ある場合も。出発前、また、到着して腹ごしらえしてから町へ出たいときに利用してみよう。

●エンクワイアリー　Enquiry
鉄道や駅に関するインフォメーション。チケットの購入窓口、乗車ホーム、リタイアリングルームの場所などはまずここで聞いてみよう。

●観光案内所　Tourist Information
中規模以上の町や観光地の駅にあり、観光案内のほかに、ホテルの予約や紹介もしてくれる。ここでまず地図をもらい、ホテルまでのリクシャー料金の相場などを聞いてから町へ出よう。地方政府の観光開発公団が運営する案内所がある場合、そこで市内観光ツアーなども申し込める。列車の本数が少ない駅では、列車の到着時に合わせて開くだけ、というところも少なくない。

●ウエイティングルーム　Waiting Room
列車の出発を待つ乗客のための待合室で、1等と2等に分かれている。チケットの提示が必要だが、外国人だと何となく通れることもある。1等ならA/Cが付き、トイレやシャワーも清潔で快適な場所もある。女性専用のLadies' Waiting Roomがある駅もある。

●リタイアリングルーム　Retiring Room
中規模以上の駅に付属する宿泊施設で、早朝や夜遅く発着する便を利用するときに便利。1泊してすぐ移動するときなどは利用価値があるだろう（P.623）。

●荷物預かり所　Cloakroom
駅には荷物の一時預かり所がある。料金は荷物ひとつ当たり1日Rs10～20。

●ポーター　Porter
荷物がかなり大きいか重いときは、ポーターを頼むこともできる。赤い上着姿で、巨大な荷物を頭に載せてホームを歩いている。真鍮の鑑札を身につけているのが公認のポーター。荷物運びは1個Rs50ほど。このポーター氏、自由席の席取りを売り込んでくることがある。頼むと混雑をかき分けて素早く席を確保してくれる。チップはRs50くらいから。

乗車までの道のり

1　ホームを探す
大きな駅なら、電光掲示板を見て探す。小さな駅のなかには、黒板にチョークで書かれている駅もある。わからなければ、エンクワイアリーへ行き、チケットを見せて自分の乗車するホームの番号を聞く。大きな駅だと、目的のホームまで意外と遠いこともある。少なくとも30分前には着いておこう。

2　乗車位置を探す
ホームを見つけたら、自分の乗る車両が停まるあたりで待つ。始発駅なら、30分前には列車はホームに停車しているだろう。インドの長距離列車は20両ぐらいあるので、ホームも長い。場所を早めに確認したほうが安心だ。

3　列車を待つ
途中駅では列車の到着の遅れや乗車ホームの突然の変更もしょっちゅうだ。夜中に2時間も夜行列車を待ち続けていると、朝までに列車は来るのだろうか？と不安にかられることもあるだろう。また、ホームにいた人がいっせいにほかのホームへ移り始めるのを見て、ようやく乗車ホーム変更のアナウンスが流

写真撮影に気をつけよう
インドでは、鉄道、駅、鉄橋（そのほか空港、港湾、軍の施設、橋も同様）の撮影は基本的に禁止されている。いわば準戦時態勢にある国にとっては、軍隊の輸送能力を示す機密だということだ。スナップを撮っているくらいなら問題になることはあまりないが、一眼レフや三脚などを用いて撮影をしていると、必ず係員が注意しにやってくる。

車内は禁煙
現在インドでは禁煙法が施行され、車内どころか駅での喫煙も禁止されているので注意しよう。

寝台車　Sleeper Coach
寝台車の寝台使用は22:00～翌6:00。3-Tierは3段式のこと。カーテンはなく、敷布や毛布もない。寝台（というより寝ダナ）は硬いが、体が伸ばせるだけでも楽。寝袋がなくても、衣類、ショールなどの布を使って、寝心地がよくなるように工夫しよう。北部では乾季は冷え込むし、山地部はかなり寒くなる。2段寝台（2-Tier Sleeper）は下が座席になっていて、上に寝台があるもの。下の人が座っている上で横になるのでできないような気がする。だが、遠慮しているとほかの人がいつの間にか上で横になっていたりする。寝台が取れなくても（あるいは昼間の列車なら）、座席指定のReservation Coach2等に席が取れると楽だ。座席指定車は、2等自由車の車両を使う場合もあるが、2段寝台車の座席、昼間の3段寝台車も指定席の車両として使われる。

車内での食事

車内販売や停車駅で、弁当や飲み物を買えるが、水ぐらいは乗車前に買っておいたほうが安心だ。駅売りの弁当の場合、スプーンやフォークは付いていないこともある。特急列車は食事付きなので、心配はいらない。

ダイナミックフェア

ラージダーニー・エクスプレスやシャターブディー・エクスプレスなどの特急列車には、残席数の割合が少なくなるほど値上がりするダイナミックフェアという料金システムが導入されている。最初の10%までのチケットが基本料金で購入できるが、その後は段階的に上がり、最大1.5倍となる。下に紹介する運賃はダイナミックフェアを想定しない場合なので、実際に購入する際はこれよりも高くなる可能性がある。ただしA/C1等クラスだけは、ダイナミックフェアの適用はない。

パレス・オン・ホイール
- 9〜4月の毎週水曜発
- US$4046〜5257（2名利用の場合のひとり当たり料金。食事・観光込）
- thepalaceonwheels.org

デカン・オデッセイ
- 9月下旬〜5月中旬の毎週土
- US$8330〜1万7850（食事・観光込）
- deccan-odyssey-india.com

その他の豪華列車
マハーラージャ・エクスプレス
Maharajas' Express
the-maharajas.com
ロイヤル・ラージャスターン・オン・ホイール
Royal Rajasthan on Wheels
royal-rajasthan-on-wheels.com
ゴールデン・チャリオット
Golden Chariot
goldenchariottrain.com

その他の登山鉄道
カールカー＝シムラー鉄道
Kalka Shimla Railwai
www.kalkashimlarailway.in

マーテラーン登山鉄道
Matheran Hill Railway
www.irctc.co.in

れていたことに気づくこともある。

4 いよいよ乗車
途中駅での停車時間は5分ほど。2等座席以外は、乗車口に乗客名簿が張り出されているので、それを確認してから乗ろう。列車の構造上、走行中にクラスの異なる車両間の移動はできないので、間違えたらけっこう面倒なのだ。間に合いそうもないと思ったら、赤服のポーターにチップを払って案内してもらおう。

5 乗車したあとは
乗車したら、すぐに自分の席を確認しよう。予約もせずに列車に乗り込んで、何くわぬ顔で他人が座っていることもある。ギリギリに乗車すると、荷物の置き場所がないことがあるので早めの乗車を心がけたい。また、荷物の盗難の多くは、まだ隣に誰が座っているか覚えていないような、出発前が多い。

乗ってみたいインドの列車

特急列車

●バンド・バーラト・エクスプレス　Vande Bharat Express
2019年に新たに導入された特急列車。ニューデリーからバナーラスをはじめ8路線で運行している。試運転では最高速度180km/hを記録したが、実際は160km/hでの運行となっている。

●ラージダーニー・エクスプレス　Rajdhani Express
ニューデリーからコルカタやムンバイー間をそれぞれ約17時間で結ぶなど、全国23路線で運転されている特急列車。車両はA/C完備、食事付き。

●シャターブディー・エクスプレス　Shatabdi Express
主要都市間、観光地を結ぶ特急列車で、走行スピードは（110〜150km/h）。ラージダーニー・エクスプレスより短い距離を走り、夜行はないので寝台車は接続されていない。食事やドリンクなどのサービスがある。

豪華列車

特別編成の列車を使ったパッケージツアー。豪華な個室に寝泊まりし、観光地を巡る。もちろん食事も贅沢だ。人気で予約も取りづらい。

●パレス・オン・ホイール　Palace on Wheels
ニューデリーを起点に、エキゾチックな砂漠地帯のラージャスターン州を走る豪華列車。デリー南部のサフダールジュン駅を出発し、全行程約2500kmを7泊8日で走破する。風光明媚な観光地や趣向を凝らしたイベントを体験できる。

●デカン・オデッセイ　Deccan Odyssey
ムンバイーからマハーラーシュトラとゴアを巡りながら、5ヵ所の世界遺産を訪れる。客室とレストランはタージ・ホテルが担当している。

登山鉄道

イギリス植民地時代に避暑を目的として建設された4つの登山鉄道があり、トイ・トレインとも呼ばれるおもちゃのように小さくてユーモラスな車両が特徴。すべて急勾配の山間地を走るため、迫力がある。「インドの山岳鉄道群」として世界遺産に登録されているものもある。

●ダージリン・ヒマーラヤ鉄道　Darjeeling Mountain Railway
1881年に運行を開始した歴史ある登山鉄道。現在はほとんどの機関車がディーゼル機関車にリニューアルされたが、いまだ昔のように、蒸気機関車が運行されている区間もある。コルカタからの夜行列車が着くニュー・ジャルパイグリから、紅茶で有名なダージリンまでの88kmを約7時間で走破する。すばらしいヒマーラヤの風景が楽しめる。

●ニルギリ登山鉄道　Nilgiri Mountain Railway
チェンナイから南西へ約530km、起点のメットゥパーラヤムMettupalayamからウーティOotyまでの46kmを4時間50分で走破。

バスの旅

バスは生活に密着した乗り物

インドでの移動は鉄道と並んでバスも便利だ。幹線の立派な舗装道路から、もうもうと土ぼこりを上げる田舎道にいたるまで、鉄道より細かな道路網がインド全土を覆っている。

バス旅行の魅力は、地方の町や村の中の生活風景を見られることだ。道路を歩く人々、通り過ぎるさまざまな商店、遊び回る子供たち、そして牛、ロバ、ゾウやラクダなどの動物……。道路を走るバスは、目の位置が低く、人々の生活が間近にある。決まった軌道を走る列車や、ましてや飛行機では決して味わうことができない体験ができる。

鉄道にする？　バスにする？

結論からいえば、移動が短ければバス、長ければ鉄道。特に短い距離の場合、鉄道は時刻表があってないような普通列車しかないので、料金は安いがスケジュールが立たない。ただ、鉄道がない場合を除き、ある程度以上の距離（時間にして4〜5時間、距離にして200km以上）の移動は鉄道に軍配が上がる。

狭い車内にぎゅうぎゅう詰めの状態が続くバスの移動は、2等列車での移動より苛酷なことも。ただし長距離バスになると、リクライニングシート付きのデラックスバスや寝台のシートもあり（A/C付きもある）、鉄道より快適な場合もある。特に南インドでは本数も多く、ルートが発達しており、鉄道だけを利用するよりずっと旅がしやすい。ただし料金は鉄道の2等より高いのが普通。

バスの種類

公営バスと民間バスがあるが、民間バスのほうが料金が高いぶんバスも立派ということが多い。ふたつ以上の州を走る**インターステート・バスInterstate Bus**、長距離の**急行バスExpress Bus**と、比較的短い路線を細かく停まりながら走る**ローカルバスLocal Bus**（こちらはほとんど公営）の区別がある。長い距離だったら多少料金は高くても急行のデラックスバスにするほうがよいが、デラックスとはいっても、会社や車体によってかなり差があるのであまり期待しないこと。ローカルバスのほとんどは、日本の感覚だと「オンボロ」の部類に入るものばかり。

バススタンドへ行ってみよう

バス乗り場はほとんどが町の中心にあると考えてよい。主要な町では、バスの発着所**バススタンドBus Stand**が1ヵ所とはかぎらない。行き先により2、3ヵ所に分かれていることもあるし、急行用とローカル用が別々の場所にある場合もある。だがメインのバススタンドは「セントラル・バススタンドCentral Bus Stand」と呼ばれ、長距離バスはたいていここが発着場所だ。

また、公営バスのほかに民間のバス会社がルートをもっている都市の場合、「プライベート・バススタンドPrivate Bus Stand」といって別になっていることが多い。

大きな荷物はどうする？

側面に荷物入れのあるバスも走っているが、屋根の上が荷物置き場になっているバスもいまだにある。ひざに抱えられないような大きな荷物は車内に持ち込めないこともあるので、バスの屋根の上に置く。後部のハシゴで人が上り下りできるようになっているが、荷物はバススタンドのポーターか車掌助手の少年が屋根に上げてくれる。

荷物の重さや量にもよるが、Rs 10〜20ほどのチップを請求されるので素直に払おう。屋根の上に荷物を置く場合は、それが落ちないようにしっかり固定されているかどうか確認すること。雨季にはぬらしたくない物はビニール袋に入れるなどして自衛しよう。

バスチケットの購入

バススタンドのほか、ネットでもバス予約ができる。インドのクレジットカード以外は使用不可のサイトもあるが、以下はVisaやMasterCardなどの国際クレジットカードで支払える。乗車場所が表示されるのできちんと確認または選択して乗車時に迷わないよう注意。
Redbus
URL www.redbus.in
Busindia
URL www.busindia.com
Ixigo
URL www.ixigo.com

※編集部注：2019年は使用できた海外発行のクレジットカードが、2023年4月時点では使用できなくなっているケースが頻発している。直接バススタンドの窓口で購入する、旅行会社に頼む、知り合いのインド人にお願いするなどの対策が必要になる。

自分のバスはどれだろう？

バスは長距離なら2～3時間ごとに途中のバス停や茶屋で休憩がある。途中で降りたら、置いて行かれないように注意。自分のバスの特徴や、バスのナンバーなどを覚えておくこと。いつの間にか場所を移動してしまうこともあるし、ほかのバスも多い所では見つけるのに手間取る。エンジンをかけてから警笛を鳴らして出発の合図はするが、一人ひとり乗客の確認などしない。隣の乗客と「どこ行くの？」くらいでも言葉を交わしておくと、こういうとき「ジャーパーニーがいない」と言ってくれるだろう。そのためにも、周りの乗客とは親しくなっておくといい。トイレなどでやむを得ずバスを離れるときは、降り際に車掌に「Five minutes!」(ヒンディー語なら「パーンチ・ミネット！」) とでも言って印象づけておけば、たいてい待っていてくれるだろう。ある程度の大きさの町のバススタンド内には公衆トイレらしきものがある。

チケットの買い方

行き先を決めたら、まずバススタンド内にあるエンクワイアリーEnquiryと書かれている案内所へ行き、自分の行き先を告げて、バスのスケジュールを聞いてみよう。

長距離バス (だいたい6時間以上) や夜行バス、デラックスバスなどは事前にチケットが売り出されるので、**Booking Office**、あるいは**Reservation**の窓口へ行って事前購入する。座席指定制のバスなら10日前ぐらいから発売されるが (州やバススタンドによって異なる)、連休や休みのシーズンを除けば前日までならたいてい席を確保できる。長距離でも日中走るバスは、バス内で車掌からチケットを買うように言われることもある。

近距離 (1～2時間) や中距離 (3～5時間) のバスのチケットは、たいてい乗車後に車掌から直接買う。ただし北インドの州によっては、中距離でも座席指定があるものもあり、チケットは窓口で買うように言われることもある。南インドではバスの本数も多いせいか、乗車後に車掌から直接買うことがほとんどだ。おつりはまずきちんとくれるが、たまに忘れられることもあり、インド人乗客もよく催促をしている。車内検札は頻繁に行われているので、チケットはなくさないように。なくしてしまうと「不正乗車」と見なされ、高額の罰金を取られることもある。

自分の乗るバスを見つける

さて、大きな都市のバススタンドはともかく、小さな町だとスタンドのプラットホームの行き先表示はヒンディー語 (あるいはその州の公用語) のみで英語がない場合も多い。チケットを購入する際もそうだが、自分の乗るバスがどの番号のホームから出発するのかエンクワイアリーで必ず確認すること。教えた人が間違っていたり、直前に出発場所が変更されたりすることもあるので、乗る前にバスのそばでもう一度、乗車後もほかの乗客や車掌にだめ押しで確認するくらい、念には念を押してから乗るつもりでいたほうがいい。

バススタンドに行く時間

席の予約をしていないときは出発1時間前、予約をしてあるときでも、30分前にはバス停に着くようにしよう。バスはだいたい定刻に出発する。バスが遅れて置いてけぼりにならずに済んだ、なんてこともあり得るが、初めからそれを見越してはいけない。

どこに座る？

自由席の場合、満席でほかに選択の余地がない場合を除いて、女性の隣は女性、男性の隣は男性が座るのが習慣だ。もっとも外国人女性に興味を示して積極的に座ってくるインド人男性もいないわけではない。インドでは何となく前のほうの座席に女性が固まる傾向がある。選べるほど席に余裕があるなら、座席はバスの中央付近を選んだほうがいい。運転が荒く、すぐに追い越しをかけるインドでは、バスの交通事故も少なくない。長距離移動中、正面衝突をして前部がつぶれて路肩に停まっているバスを見かける。かといっていちばん後ろも追突されるおそれがあるうえに、揺れが激しい。また出入口付近は、スリや置き引きが活躍する場所でもある。いろいろ考えると真ん中あたりがいちばん安全なのだ。

インドの市内交通

インドの大都市は広く、暑い炎天下の日中を歩いて移動するのはなかなかつらい。市バスは慣れないといまひとつ利用しにくいのと、メトロが一部の都市にしかなく、渋滞する時間帯になると、少しの移動でも時間がかかるのも難だ。しかし町なかを流しているオートリクシャーの数は多いので、うまく交渉して徒歩と組み合わせて使うと便利だろう。

オートリクシャー Auto-Rickshaw

インドの町での代表的な乗り物といえば、その筆頭はリクシャーだ。

第2次世界大戦前に日本から輸入し、広まった「人力車」がその語源だ。だが、人がかじ棒を引いて走る文字どおりのリクシャーは、コルカタに残っているだけで、それも絶滅寸前。ここでいうリクシャーは、町なかをちょこまか走り回っている黄色と黒か緑の2色のオートリクシャーのこと。小型オート3輪の後部をふたり掛けにした幌付きの小さな車で、ある程度の大きさの町であればインド中どこでも見られる乗り物だ。インド人は略して「オート」と呼ぶこともある。

市内を流しているものが多く、意外に速くて小回りが利き、さらにタクシーよりもぐっと安いので、旅行者にとっても便利。ただし、メーター付きが基本なのだが、旅行者がメーターで利用するのは至難の業。たいていは目的地を言って料金交渉をしなければならない。

ドライバーはリクシャーワーラーと呼ばれ、あるときは旅行者の味方、あるときは敵となる難しい存在だ。料金交渉では吹っかけてくるのは当たり前だし、頼んだホテルには行かずコミッションの入るホテルに行ったり、頼みもしないみやげ物屋に連れていこうとする輩も多い。ただ初めての町で宿が決まっていないときは、リクシャーワーラーに任せておけばホテルまで案内してくれるし（もちろん宿が気に入らなければ断るのは自由）、具合が悪いときは救急車になって病院に連れていってくれることもある。

本書でリクシャーと表記しているものは、オートリクシャーを指す。

都市によっては大きいタイプも

サイクルリクシャー Cycle-Rickshaw

日よけの幌が付いたふたり乗りの車体を、前の自転車で引っ張るもので、日本では昔リンタクと呼ばれていた。

全体が3輪車の形で、クッションのある座席に座っていれば、スイスイと自転車のスピードで進んでくれる。しかし、すぐ目の前では、背中に汗を流し、細い足をこわばらせてリクシャーワーラーがペダルを踏み続けている。都会ではあまり見られなくなったが、旧市街や田舎町ではまだまだ現役だ。

タクシー Taxi

黄一色、または黄と黒のツートンカラー。車種はインド国産のアンバサダーが多い。空港、駅、高級ホテル、大都市の中心街のタクシースタンドのほか、コルカタやムンバイーでは流しもつかまる。メーターがない（または使用しない）タクシーが多いので、最初に料金の交渉をすること。何台かにあたってみたほうがいい。メータータクシーであれば、走り出す前にメーターを倒すのを確認すること。このほか、駅な

ツートンカラーのアンバサダー

リクシャーとのトラブルを避けるには

●大都市の主要駅やバススタンド前には、プリペイド式のリクシャースタンドがある。窓口で行き先を告げると、手数料Rs1〜2で料金が印字されたチケットを発行し、下車時にチケットに表示された料金を直接運転手に支払うシステム。追加料金は必要なく、交渉するよりも安い料金（といっても本当はこれが普通の料金なのだが）で乗れ、トラブルも回避できる。

●駅前や高級ホテル前などで旅行者を待ち構えているリクシャーには乗らず、少し離れてから流しの車を停める。

●乗る前に行き先を告げ、料金が折り合ってから乗り込むこと。決めた料金は、こちらもフェアに払おう。そのために、周りの人たちに目的地までの相場を聞いておくとよい。

●料金を言わず、「As you like」とか「Up to you」と言う人は、まずやめたほうがいい。また、やたらに安かったり、調子のいい人にも注意。

●「あのホテルはつぶれた」とか「あそこは高い」と言われたら「予約がある」「友人がいるから」と切り返そう。走行中も地図を片手に、おおよその現在地は見当をつけておこう。

●みやげ物屋や市内観光に強引に誘われたら、その気がまったくないとはっきり告げる。「見るだけ」と言われてみやげ物屋についていったら最後、必ず何か買わされるハメになる。

●交渉しておいても、降りるときになって「それでは少ない」と言われた場合。「それもそうだ」と思えば、多少上乗せすればよいし、「それはないぞ！」と思ったら、相手が受け取らなくても、金を座席に置いてさっさと立ち去る（そのためには常に小額紙幣を用意しておくこと！）。それで追いかけてこなければ、一応解決。

その他の乗り物

ターンガー Tonga
1頭立ての2〜4輪馬車。乗り合いの場合は、一定地点までひとり当たりいくらで行く。人数が5〜6人も揃えば、交渉して貸し切りで雇える。

路面電車 Tram
コルカタを走っているチンチン電車。市バスと同じように、長い距離を安く行ける。

どにはプリペイド・タクシーのブースが設置されている場合もある。

メトロ　MRTS（Mass Rapid Transit System）

日本でメトロといえば地下鉄だが、インドでは地下だけではなく、高架を含む。渋滞緩和のために、インド各地で地下鉄や高架鉄道を含む都市交通システムが計画されているのだ。すでに開通しているのは、デリー、ラクナウ、ジャイプル、コルカタ、ムンバイー、チェンナイ、ハイダラーバード、ベンガルール、コチ。道路状況に左右されることなく時間どおりに運行し、運賃も決まっているので利用しやすい。

デリーのメトロ

市バス　City Bus

都市を走る市バスは、いちばん安い（Rs5〜25くらい）交通機関。特に大都市ではルートも本数も多く、市民の足として愛用されている。1都市に少し長く滞在するときは、積極的に使ってみよう。観光案内所やバスターミナルで、バスのルートナンバーを聞く。行き先がはっきりしていれば、バス待ちの人々に尋ねても教えてもらえるだろう。ナンバーはたいてい、車体の前面と乗降口の横に記してある。混んでいるときは、貴重品、バッグは体の前に確保しよう。痴漢も出るので女性は婦人専用席Ladies' Seatの近くにいること。

郊外列車　Suburban Train

ムンバイー、コルカタ、チェンナイなどの大都市では、市内と郊外を結ぶ鉄道が走っている。朝夕は、開きっぱなしのドアからこぼれ落ちそうなほど人を詰め込んでいるので、ラッシュ時の利用は避けたい。車内ではスリに注意。女性は婦人専用車Ladies' Coachに乗るほうが無難。

ムンバイーの郊外列車

Uber & Ola Cabs　配車アプリで便利に移動

世界的に有名なUber（ウーバー）と、インド生まれのOla Cabs（オラ・キャブ）は、インドで利用できる2大シェアライドサービス。アプリ上での操作だけで、タクシーやオートリクシャー、バイクの手配が可能。利用前に運賃を確認でき、手頃な料金交渉の必要がない配車アプリは、インド人も多く利用している。利用には町なかでのインターネット環境が必要だ。SIMフリーのスマートフォンなら、SIMカードを購入する（P.629）と便利。
《Uber》デリー、ベンガルール、ムンバイー、コルカタなど約200都市
《Ola Cabs》デリー、ベンガルール、ムンバイー、コルカタなど約250都市

【使い方】
利用にはアプリのインストール＆アカウント登録

が必要。現在地をONにし、アプリを起動する。電話番号を入力し、SMSで認証コードを受け取る。アプリの地図上で乗車場所と降車場所を指定し、車種を選ぶ。このとき、クレジットカード払いと現金払いを選択可能。乗車ボタンを押して予約を完了すると、手配されたドライバー情報（名前、評価、車のナンバーなど）と到着予定時間、車の現在地が表示される。

車が来ない場合、ドライバーに電話できる。また、アプリをインストールしておくと、グーグルマップの経路検索を利用してUberとOlaを手配することも可能。

乗客とドライバーが乗車後に互いを評価し合うことで、評判の悪い人物は自動的に淘汰されていく。しかし、悪質なドライバーがゼロとはかぎらないので注意しよう。

町はこうなっている

町は旧市街と新市街からなっている

　町に入る前に、市内地図に目をとおして町の全体像をつかんでおこう。たいていの町は旧市街と新市街とに分かれており、その位置関係を知るだけでも町の顔が見えてくる。

　旧市街に当たるのは、イギリス統治以前からある歴史の古い城や王宮、または由緒ある寺院を中心にして、バザールが広がる地区だ。町（ジャイプルなど）によっては、この地区全体が、今も城壁に囲まれている場合もある。中心になる寺院は、ヒンドゥー寺院にかぎらず、イスラーム教のモスク（**マスジッドMasjid**という）であることも。また両方が共存していることも珍しくない。

　旧市街のおもしろさは、昔の面影を残した古い町並みと、庶民の活気があふれるバザールを見て歩くことだ。それに対して、新市街はとりすました感じ。イギリス支配時代に、旧市街の外側に建設されたものが多い。軍隊を駐屯させて、そこをイギリス人居住区やオフィス街にした地区を、**カントンメントCantonment（軍の駐屯地）**と呼んでおり、それがそのまま新市街となっていることが多い。ただ、場所によっては単にインド軍の駐屯地区ということもある。

　イギリスによって造られ、その支配の拠点となった新市街は、今もその性格を残している。新市街のメインストリートは、イギリス風にザ・モールThe Mallと名づけられていることがよくある。一般に新市街には、広々とした並木通りに、官庁、銀行、オフィス、大学、植民地時代からあるホテル、新しい高級ホテルが建っているケースが多い。

ジャイプルの旧市街

駅とバスターミナルのあるところ

　インドの鉄道は、もともとイギリスにとって便利なように造られたこともあって、ひとつの市の中心駅は、旧市街寄りというより、町の周辺の新市街近くにあることが多い。

　大都市にはふたつ以上のターミナル駅があり、行き先によって駅が違う。また同一路線上でも市内に複数の駅があり、先のカントンメントのほかにセントラル、ジャンクション（ともに町の中央になる場合が多い）などの駅名があるので、乗降の際は十分注意しよう。

　駅にあるおもな施設はホテルの案内、観光バスの申し込みなどができる観光案内所。そのほか、列車の問い合わせや予約の窓口もある。さらには宿泊できる**リタイアリングルームRetiring Room**や軽食が取れる**リフレッシュメントルームRefreshment Room**、それにトイレ、シャワーが利用できる（P.617）。

　バスは列車より町の中心に入りやすい乗り物だけに、ターミナルは市の中央部にあることが多い。中・小都市では駅に比較的近い場所にあったりもするが、逆に4大都市（デリー、コルカタ、ムンバイー、チェンナイ）などでは、混雑を避けるためか、見当違いのような場所にポツンとあることもある。例えばデリーは行き先ごとに3つのバススタンドがある。ひとつは市街中心部、残りはそれぞれオールドデリー、サウスデリーとやや郊外に散らばっている。出発直前になってあわてないよう、都市部ならではのルールとして覚えておこう。

バスターミナルの名称

鉄道と同様、行き先によってターミナルの場所が違う町もあるので注意しよう。呼び名も「ターミナス」、「スタンド」など、地方によっても人によってもさまざま。本書では基本的に「バススタンド」としている。

ホテル街は駅やバススタンドが便利

　安ホテル街は、どこにあるのか？　目安となるのは、旧市街のバザールの中やその周辺、寺院都市なら巡礼が集まる門前町のあたり、そして長距離列車の停まる駅や、長距離バスのターミナル周辺など。こういった所なら、間違いなく安宿がいくつか見つかるはずだ。見当のつかない町に着いたら、「Cheap hotel?」とか言って、声をかけてくるリクシャーワーラーの兄ちゃんに任せてみるのもひとつの手だ。泊まりたい部屋の条件やおよその料金を伝えれば、それなりのホテルに、スムーズに連れていってくれる。リクシャー代も、初めに交渉しておけば、それほどかかるものではない。

　バス停や駅に来ている客引きに、部屋代を確かめてから案内してもらってもよい。いずれにしろ安宿街に行くのだろうから、そこの宿が気に入らなければお断りして、ほかを当たってみることもできる。

バザールはインドの活気に満ちている

　インドの町の心臓、庶民のエネルギーが脈打っているのがバザールだ。せっかくインドに来ても、新市街の高級ホテルに泊まってタクシーで観光地へ行くだけでは、インドを旅したというには不十分。それではインドを歩く楽しみの、最もおもしろい部分を見逃している。

　バザールは、その町の匂いを、胸の底まで吸い込める所。旧市街の中心部や、寺院があればその周辺に、通りに沿ってずらっと店が並んでいる。旅行者にとって買うべきものはないかもしれない。でも、人々の生活が垣間見えるバザールの活気に身を浸すだけで十分楽しい。

　高級商店が並ぶ大通りではなく、入り組んだ細い道に沿って、小さな店がぎっしりある所へ入っていこう。くたびれたら、にぎわいを眺めながらチャーイ屋で一服。安い大衆食堂も必ずある。

ムンバイーのマーケット

インドのトイレを制覇しよう

トイレが見つからないとき
インドでは急におなかが痛くなったり、下痢をしたりすることがある。そんなとき、トイレは野山も含めて何とか見つかるとしても、紙の用意がない、なんてことが起こる。だから普段から、やや多めのポケットティッシュを手持ちのバッグに入れておき、いざ！というときに備えたほうがいい。もしくはペットボトルの水も使うことができる。

　インドの旅が楽しいものになるかどうかの、重要なキーポイントのひとつに、トイレの問題がある。まずは、インド式を知っておこう。インド人は紙を使わない。もちろん小便の場合だけではない。これがインド式の最も特徴的なところであり、そして私たちとの決定的な違いだ。

　彼らは用を済ませると、水の入った手桶を右手に持ち、後ろから器用に水をかけながら、左手で洗い流す。そして残しておいた半分の水で左手を洗い清め、完了ということになる。これは、カースト、暮らしのよい悪いなどに関係なく、全インド人のやり方といっていい。

　早朝、バスや列車に乗って野原を通ると、三々五々、缶などを手にした人々が野に出ていく風景を目にする。ハテ、と思って見ていると、朝もやのなか、池や川の岸辺に悠々としゃがみ込んでいる人の姿が見えてくる。そして私たちが列車を降りたとき、川や水辺に見つけてギョッとするのが、ほかでもないこの人たちの残したモノなのだ。

　大都市の路上で見つけるのはともかく、田舎で見るこうした風景は、文化度が低いとか貧しいとか、いろいろ言うことはできるだろうが、ともかく広いからできるのだというのも、また真実。

　そうはいっても、それがどんな安宿でも、ホテルにトイレがないということはないから安心していい。また、駅にしても、それがどんなものかということを別にすれば、トイレはある。

ホテルについて

インドに「ホテル」はこれだけある

インドにも多くの宿泊施設のタイプや名称がある。予算やロケーション、条件の好みによってうまく使い分けたい。本書では、ホテルの予算を₹アイコンによって示しているので、ここではその予算に沿って、宿泊施設を紹介する。

[₹] 1泊当たりRs1000以下　ドミトリー〜安宿

日本円にして、だいたい1泊2000円以下、複数の旅行者が部屋をシェアするドミトリーならRs600程度から見つかる。お湯が出ないことも多い。個室の場合でもトイレやシャワーが共同だったり、部屋にはベッドひとつのみという簡素な造り。駅の簡易宿泊所リタイアリングルームRetireing Roomも安宿のひとつ（ただし部屋数は少なく予約はできない）。バックパックひとつで長期間旅行する予算重視派ならドミトリーがいい。セキュリティ面ではやや不安があるが、同宿の旅行者と旅の情報をやりとりできたりというメリットもある。最近はモダンなドミトリーも大都市には登場している。

[₹₹] 1泊当たりRs5000以下　中級ホテル

おそらくいちばん多くの旅行者が選ぶカテゴリーがこの中級。ダブルの部屋でバス、シャワーが部屋ごとにあり、最低でもファンがついている。エアコンが備えられている所も多い。価格に幅はあるが、基本的に値段が上がるほど清潔度や設備の充実度が上がると考えてよい。安宿街のなかでも最もよいホテルや、ビジネスホテル、小さなブティックホテルなどがこのカテゴリーに入る。民泊サイトAir BnBもこの価格帯が圧倒的に多い。また大都市ではYMCAやYWCAのホテルが必ずといっていいほどあり、簡素ながら設備・セキュリティ面では安心。

[₹₹₹] 1泊当たりRs5000以上　高級ホテル

町いちばんの高級ホテルから、マハーラージャの宮殿をホテルに改装した宮殿ホテルや、タージグループやオベロイグループなどの高級ホテルなどがこのカテゴリー。ホテルに確実な快適さを求める人、宿泊そのものを体験として楽しみたい人におすすめ。美食レストランを併設しているところも多い。値段だけを見れば安くはないが、日本で同じ設備とサービスのホテルに泊まることを考えればコストパフォーマンスはいい。

予約は絶対に必要か

結論からいえば、観光の繁忙期や高級ホテルでなければ予約はなくても大丈夫。直接ホテルを訪ねて、空きがあれば部屋を見せてもらう。部屋の明るさや清潔さ、お湯が出るかなどもチェックしよう。納得できればそのまま宿泊すればいいし、まだ見たければ「あとでまた来る」と言い残して、ほかのホテルを見せてもらおう。

ただし、日本からの到着日の初日はよほど慣れた人でない限りは日本から予約しておくことをおすすめする。日本からの到着便は夜遅い場合が多いし、フライトで疲れた体で荷物をかついでホテルを回るのは安全ではない。まずは初日の夜だけは宿を確保して、宿探しは翌日以降に。

また深夜に目的地の駅に着いた場合も気をつけたい。まずは駅のリタイアリングルームを当たろう。駅やバススタンドの周りには、たいてい安宿があるから、そこを当たるのもいい。とにかく土地勘がない所を深夜にうろつくのは男女問わず得策とはいえない。

最近はある程度の安宿もネットから簡単に予約できる。公示価格より安く泊まれることもあるので、一度チェックしてみるのもいい。

高い＝安全ではない

高級ホテルには身なりの悪い人はうろついていないが、外国人であれば、宿泊客ではなくても出入りが自由だし、その気になれば部屋の前だって歩ける。それに対して小さい安宿は、どこに誰が泊まっているか宿のオヤジさんがよく知っているので宿泊客以外は入れない。つまり、どちらが安全かということは一概にはいえないのだ。

アタッチド・バスとコモン・バス

インドでは、バス付きをAttached Bath（バツと聞こえる）、部屋の外の共同バスの場合はCommon Bathという。安宿の個室は、このコモン・バスが多い。バスといってもほとんどがシャワーのみ。バスタブが付いているのはかなりの高級ホテルかイギリス植民地時代の伝統を引き継ぐ古いホテルだけ。

ホテルの予約サイト

安宿でもウェブサイトをもち、宿の紹介をしているところが増えている。1泊Rs2000以上のエコノミーホテル以上なら、たいていウェブサイト内で予約ができるようになっている。予約サイトも多くのホテルを掲載している。予約のときには口コミも一緒に調べてみよう。実際の宿泊者の生の投稿を読むことができる。

《口コミサイト》
トリップアドバイザー
URL www.tripadvisor.jp
フォートラベル
URL 4travel.jp
旅スケ
URL tabisuke.arukikata.co.jp
《予約サイト》
Booking.com
URL booking.com
Air BnB
URL airbnb.jp
Cleartrip
URL cleartrip.com

チップは必要？

基本的にインドにチップの習慣はないが、ホテルの従業員やドライバーにチップをあげるのはよくあること。荷物を運んでもらったり、ルームサービスなどを頼んだときは、チップをあげるのが礼儀。荷物を運んでもらったらRs10～20、高級ホテルでもRs50程度で十分だろう。相手はチップをくれる相手のことは覚えている。数ルピーで物事が円滑に進むことを考えればチップは無駄ではない。

ホテルの宿泊税

2017年7月にGST（物品サービス税）が導入され、州ごとに異なっていた税率が統一された。ホテルでの宿泊もこの税制の対象となる。税率は泊まるホテルの料金により異なり、2022年7月に改定された税率では一泊Rs7500までの場合12%、Rs7501以上では18%となっている。

南インドの24時間制メリット・デメリット

南インドの中級クラスのホテルでは、チェックインした時間から丸24時間利用できるシステムの宿がある。部屋さえあれば何時でもチェックインできるので、例えば早朝着いたときにはチェックインの時間を待たずに部屋を使えて便利な反面、チェックアウトの日は早朝に部屋を出さなければいけない。使い方によっては便利にも不便にもなり得るシステムだ。

宿泊料の安さではドミトリーがいちばん

ホテルについて知っておきたいこと

安いホテルはどこにある？

鉄道かバスで動いているかぎり、その駅やバススタンドの近くに安宿が固まっているので心配はいらない。特に地方の都市では、町自体の大きさも知れているし、旅行者の足場を考えてか、安宿は駅やバススタンド周辺に集中している。

ただ、この手の宿は繁華街にあったり、車の往来の激しい道路に面していたりして、決して環境がいいとはいえない。夜遅く着いたときや、1～2泊のためにわざわざ静かな環境を探し求めるのも面倒だというときは、まあ手近だし妥協するということになるのだろう。

ウダイプールの宮殿ホテル、レイク・パレス

安さにこだわるなら、A/Cとお湯は期待できない

安宿やときには辺鄙な場所にある田舎のホテルでは、シャワーからお湯が出ないのは珍しいことではない。年中暑いインドでは、体は水で洗うのが普通なのだ。ただし冬の北インドは意外に冷える。暖かい日中にシャワーを浴びたり、フロントに頼んでバケツ1杯の熱湯をもらい、水でうすめながら使おう。

A/Cはお湯よりさらに贅沢品。安宿で天井のファンがあればまだいいほうだ。部屋代金とは別に冷房代をチャージするホテルもある。

高級ホテルは移動に不便な閑静なエリアにある

高級ホテルやリゾートは繁華街の中心ではなく、新市街の閑静なエリアにあることがほとんど。広い庭の緑に囲まれた居心地のいい造りで、レストランやスパなどサービスも充実している。一方で、観光やショッピングで町なかに出かけるときは、タクシーでの移動がおもになる。また、繁忙期は高級ホテルから部屋が埋まっていく傾向にあるので、オンシーズンの予約は必須。飛び込みの宿泊は避けたい。

ネット予約の際に気をつけたいこと

さまざまなウェブサイトを通じて、日本からも気軽にインドのホテルを予約できるようになった。便利な反面、いざ行ってみるとがっかりすることもあるだろう。そうならないためのいくつかのヒントを紹介しておこう。

土地勘のない初めての場所なら、必ず住所をGoogle Mapなどで確認してみること。自分の旅の行動範囲からあまり外れないほうがいい。また、部屋全体や細部の写真が極端に少なく、スナップ写真のようなイメージばかりを掲載している施設もやや疑わしい。宿泊者の口コミも頼りになるが、あまりに極端なものは排除して、冷静に判断してみること。多くの宿泊者は星の数だけ残して投稿しないことが多いということを知っておこう。

また、意外にも予約サイトを通さず、ダイレクトにホテルのホームページから予約するほうが安かったり、サービスがよかったりする場合もある。最終予約をしてしまう前にホテルのウェブサイトもチェックしておきたい。

質素だが古いホテルは広々している

インドの食事

「マサーラー文化」を知ろう

　料理とは、その国の民族の感覚・知恵・伝統がそこに表現され重要な文化のひとつ。例えば日本料理なら、醤油・味噌を味つけに使えばいわゆる「日本風」の味になるだろう。インド料理で、この醤油・味噌に当たるのが**マサーラーMasala**。マサーラーとはおもに植物の実・種・葉・根から作られた香辛料のことで、その種類は実に多彩。インド料理では、材料に火をとおしてから、このマサーラーをさまざまに調合したものを加え、香りをつけて味を調えるのが基本。おかずからスナックまで、インドの食べ物のほとんどが、このマサーラー抜きには考えられない。インド料理は、ユニークな「マサーラー文化」といえる。

　インド＝カレーというのはよく知られたイメージだが、インドには日本人の考えるカレーライスはない。インド料理は「カレーライス」とはかけ離れた料理だ。主食のおかずになる料理は煮込んだり炒めたりして作る汁気のある料理が外国では総称してカレーまたはカリーと呼ばれている。通常は肉でも野菜でも一種の材料だけを使い、素材によってマサーラーの組み合わせも変わる。

　また、手を使って食べるのも特徴。抵抗がある人は無理せずスプーンを頼めばもってきてくれるが、慣れてくれば理にかなった食べ方であることがわかるはず。インドの食堂には必ず手洗い場がある。

　インド人は左手を不浄とするので、食べるときは右手を使うのが原則だが、左手を補助的に使う人もいる。あまり深くこだわらず、食事を楽しもう。指先を揃えてスプーンのようにして汁っぽいカレーをすくうのを見ていると、手にはこんな使い道もあったのかと感心させられる。

手で食べると新たな発見がある

街角のチャーイ屋は憩いの場

インド・グルメガイド
→P.36

ベジ？　ノンベジ？

　インド料理は、肉類を食べるかどうかによって、**ベジタリアンVegetarian**（菜食主義）と、**ノンベジタリアンNon-Vegetarian**（非菜食主義＝肉を食べる、略してノンベジNon-Veg.）に分かれる。

　ベジタリアンは、おもに宗教的理由で肉類を一切食べない。不殺生のジャイナ教徒をはじめ、ヒンドゥー教徒、それも上位カーストの者ほどこの傾向は強い。厳密なベジタリアンになると、肉・魚類だけでなく、卵も食べない。その代わり、タンパク源として乳製品や豆類をよく食べる。貧しい層の人々は、宗教的というより経済的理由からベジタリアン食を強いられている場合もある。また、反対に肉は食べないが、魚介類は食べるという人もなかにはいる。一般的にはベジメニューのほうがノンベジより安い。ベジタリアンと聞くと、物足りなく思う人もいるかもしれないが、インドのベジ料理の幅広さには驚くはずだ。

　ノンベジタリアンは一般に、イスラーム教徒、スィク教徒、キリスト教徒。そして、外国人である私たちも、まず、ノンベジであろうと見なされる。このベジ、ノンベジの区別は極めて厳格なもので、インド人にとっては、その日の気分で切り替えられるようなものではない。レストランの厨房ではノンベジとベジの調理場や道具を明確に分けることも多いし、ベジタリアンのなかには、ノンベジとの同席を拒む人もいる。

　駅の構内食堂も、このふたつにはっきり分かれていて別室になっている。町のレストランでも内部で分かれていたり、メニューが違ったりすることが多い。

市販品もすべて表示されている
町で売られている市販の食品にもすべてベジ・ノンベジの表示が義務づけられている。下のようなアイコンがそれで、赤がノンベジ、緑がベジだ。

ベジタリアン・ターリー

インドのショッピング

どこで、何を買うか

インド買い物カタログ
→P.54

ビジネスアワー
インドの店は飲食店を除いて、朝はそれほど早くない。だいたい10時くらいから各店舗とも開け始め、夜は19〜20時くらいまでと遅い。店によってはムスリムの経営で金曜日の昼間にお祈りのために閉めるところもある。

レシートチェック
デパートやスーパーで買い物をしたときのレシートは、最低でも店を出るまで必ず取っておこう。警備員が出口で買ったものと突き合わせてチェックしている場合がある。

インドのおみやげといえば、カーディなど布製品、紅茶、スパイス、アーユルヴェーダ・コスメなどが思い浮かぶ。特に都市部は年々ショッピング・デスティネーションとしての魅力も高まっている。

町なかのローカル・バザール

地元のインド人も日常の買い物をするバザールは、最もインドらしさを垣間見られる場所。食料品から日用雑貨、衣類、薬まで、ありとあらゆるものが売られている。根気よく探せば、安くて魅力的なものも見つかる。定価の店もあれば、交渉次第で安くなる店もある。ある程度の相場を知らないと、定価の何倍もの値段で買うことになりかねない。

政府が運営するみやげ物屋

デリーであればセントラル・コテージ・インダストリーズ・エンポリウム（P.104）やディリー・ハート（P.105）など、都市部には政府が運営するみやげ物屋がたいていある。紅茶から家具までなんでも揃い、値段は定価制。だいたいの相場もわかる。最近は旅行者のトレンドを取り入れている所も多い。

ハイエンド・マーケット

いわゆるデザイナーズ・ブランドのアパレルや雑貨、高級コスメなどのブティックが集合しているハイエンド・マーケット。デリーならカーン・マーケット（P.86）などがこれに当たる。値段は高いが質のよい買い物ができる。大型ショッピングモールにもこういった店はある。

買い物の注意点

交渉の際に

バザールでの買い物には必須の値引き交渉だが、やり過ぎは禁物。相場より低い値段には絶対にならないし、相手を怒らせてまで値切ったところで、数十円の差であるということは念頭においておきたい。

おつりがもらえるとはかぎらない

Rs10以下のコインのおつりは必ず返ってくるとはかぎらない。ごまかしているのではなく、本当にコインが足りていない場合が多い。Rs1の代わりにキャンディを渡されることがよくあるので、そういうものだと思って受け取っておこう。

サービスは期待せずに

日本のように店員がサービス精神をもって接客していることは珍しい。無愛想な接客を受けたり、あと回しにされ長時間待たされたりするのも当たり前。イライラせずに、時間にも心にも余裕をもっておくことが大事だ。

インドの通信事情

電話

インドの電話番号は市外局番を含め11ケタ。固定電話で国内にかける場合は、市内なら市外局番を除いた番号、市外なら0から始まる市外局番から、携帯電話へはすべての番号をプッシュする。インドの携帯電話からインド国内へかける場合は、すべての番号をプッシュする。

電話のかけ方
→P.8

日本の携帯電話をそのまま使う

ローミングサービスを使えば、日本の携帯からそのまま電話ができる。ただし、着信料金も発生するうえ、通話料は高額。参考までにインドから日本にかけた場合の通話料は180円／分。着信した場合は220円／分となる（ドコモの場合）。普段の通話に使うことはないが、超短期の旅行やビジネスの人、緊急時の連絡手段として知っておきたい。

インドでSIMカードを購入する

SIMフリーのスマートフォンがあれば、現地でSIMカードを購入することも可能。インド最大手の通信業者はAirtelでVodafone-Ideaが続く。どちらかのSIMがあれば、国内はだいたい通信可能だ。SIMにいくらかをチャージして使用料に応じて払うもの、日数を通話料、データ通信量が決められたものの2種類がある。

SIMカードの購入は空港カウンターや町なかにある公式ショップや携帯ショップで。パスポートと顔写真が必要。デメリットはアクティベートされるまでに2時間〜1日かかること。日本の携帯にSIMを挿した場合は、日本で使用している番号は使用できなくなる。

インターネット

ここ数年でインドのインターネット環境はかなりよくなってきた。ただし携帯電話の普及とともに、町なかのインターネットカフェは消滅しつつある。Wi-Fiは最近では多くのホテルで利用できるようになってきた。ホテルによって部屋で使えるか、フロント周りの公共エリアのみ分かれるので、本書やホテルのウェブサイトなどで確認しておくといい。一般的には宿泊客は無料だが、高級ホテルは有料の場合も。そのほか、カフェやレストランでWi-Fiが無料で利用できるところもある。

配車アプリや地図、現地での情報にはWi-Fiがないと使えないもの、あれば便利なことは多い。日数や必要性に応じて選びたい。

日本でSIMを購入していく

大手通販サイトなどで購入できるグローバルSIMを事前に購入して行けば、着いたらすぐにネットにつなぐことができる。例えばプリペイドグローバルSIM『SIM2Fly』は8日間で6ギガまで使えて1850円。日数分、または使用容量分買って行けば、現地でSIMを買う手間やアクティベートまでの時間を省ける。

インドでSIMを購入する

上記、電話のSIMカードと同じ。長期滞在者や現地での電話のやりとりが多く発生するなら便利。最近は旅行会社などの代行サービスもある。日本で買ったSIMをアクティベートまでのつなぎとして持って行くのものひとつの方法。

空港等でWi-Fiルーターをレンタル

空港でWi-Fiルーターをレンタルするという手もある。インドの場合、プランにより異なるが1日870〜1970円程度。複数台での接続が可能なので、PC、タブレット、スマートフォンなど機器が複数台ある人、グループで旅行する人にはSIMより安くなることもある。

日本のキャリアのローミングサービス

高額になるのでおすすめはしないが、最も手間がなく、そのまま日本のスマートフォンを使用できるというメリットはある。大手キャリア各社は24.4MBまで1980円、データ量無制限で1日2980円で海外ローミングができる。事前の手続きも特に必要ない。

郵便事情

インドの郵便事情はよくない。近年は改善されてきたが、日本から出した手紙や荷物が届かなかったということも珍しくない。そのため駐在員は、FedEXなどの民間の国際宅配便を使うか、追跡調査ができるEMS（国際スピード郵便）を利用することが多いという。また、インドでの発送や受け取りも、なるべく国際線が発着しているような大都市で行ったほうが、時間もかからない。

INFORMATION
インドでスマホ、ネットを使うには

スマホ利用やインターネットアクセスをするための方法はいろいろあるが、一番手軽なのはホテルなどのネットサービス（有料または無料）、Wi-Fiスポット（インターネットアクセスポイント。無料）を活用することだろう。主要ホテルや町なかにWi-Fiスポットがあるので、宿泊ホテルでの利用可否やどこにWi-Fiスポットがあるかなどの情報を事前にネットなどで調べておくとよい。ただしWi-Fiスポットでは、通信速度が不安定だったり、繋がらない場合があったり、利用できる場所が限定されたりするというデメリットもある。そのほか契約している携帯電話会社の「パケット定額」を利用したり、現地キャリアに対応したSIMカードを使用したりと選択肢は豊富だが、ストレスなく安心してスマホやネットを使うなら、以下の方法も検討したい。

☆ 海外用モバイルWi-Fiルーターをレンタル

インドで利用できる「Wi-Fiルーター」をレンタルする方法がある。定額料金で利用できるもので、「グローバルWiFi（【URL】https://townwifi.com/）」など各社が提供している。Wi-Fiルーターとは、現地でもスマホやタブレット、PCなどでネットを利用するための機器のことをいい、事前に予約しておいて、空港などで受け取る。利用料金が安く、ルーター1台で複数の機器と接続できる（同行者とシェアできる）ほか、いつでもどこでも、移動しながらでも快適にネットを利用できるとして、利用者が増えている。

▼グローバルWiFi

海外旅行先のスマホ接続、ネット利用の詳しい情報は「地球の歩き方」ホームページで確認してほしい。
【URL】http://www.arukikata.co.jp/net/

マナーと習慣

人間のるつぼを旅する

　日本のような、全体が何となく同質の社会に生まれ育った私たちは、インドに来るといろいろなショックを感じる。この国では、それぞれに個性が強い人間や集団がひしめき合い、多様な価値観や生き方が渦巻いていて、どんなことでも平気で起こりそうな感じがする。

　インドを旅することは、人間臭い混乱の真っただ中へ飛び込むこと。そこには、汗の臭い、騒音、色の洪水、叫び声、砂ぼこり、強い日差し……ありとあらゆる刺激が待ち受けている。インドの旅は、人間との出会い、人のぬくもりのなかを泳ぐことだ。

　インドに行けば、私たちはこれらの人間たちのひとり。国籍が違おうと文化背景が違おうとおかまいなしだ。自分の（というか日本の）価値観を通し抜こうとすると、ほうぼうでぶつかってしまう。「自分の眼」にばかりこだわらず、たまには向こう側から自分を眺めてみよう。

　まずは、人に会ったら朝でも夜でも「ナマステー（またはナマスカール）」。この言葉、ヒンドゥー教徒のフォーマルなあいさつだが、特に宗教に関係なく全インドで通用する「あなたを敬う」という意味のあいさつ。「ナマステー・ジー」と「ジー」を付けて言うと、もっとていねいな言い方になる。合掌は、インドでは日本のおじぎに当たるしぐさ。人と人とがお互いを拝む、と考えると気持ちがよい。

　また、握手や物を受け取るのは「右手」で。「左手」は不浄とされる。西欧風の習慣になじんでいる人は、握手の手をさしのべてくるので、ガッチリ右手で握手に応じよう。左手は不浄なので、要注意だ。ただ、女性の場合は、相手によっては握手に応じなくてもいい。これは、異性との付き合いにも関係してくる。

　インドでは、結婚が神聖視されているため、未婚の男女に対する管理は厳しい。若者はフリーな恋愛結婚への憧れを口にするが、実際には親の決める結婚Arranged Marriageのケースがほとんど。

　都会では変わりつつあるが、異性との付き合いには十分気を使おう。特に女性への風当たりはまだ強い。一方、外国人はみんな性的にフリーだ、という妄想・偏見にとらわれているインド人（特に男性）もいるようなので、女性は強引な接近には要注意。常にはっきりした態度を取って、勘違いされるような曖昧な態度は決してしないこと。

　あなたがどんな人であろうと、インドに対してどんな思いをもっていようと、「豊かな国からやってきた旅行者」と思われる立場にあることを自覚しなくてはいけない。

　都市や観光地では、いろいろな企みをもった人が接近してくるが、あくどい手を使う、その筋のプロの連中には警戒を。そういう手合いは、旅行者の不安な心理をよく知っていて、英語や変にくだけた日本語で話しかけてくる。本当に親切な人は、控えめに必要なことだけをしてくれるが、強引に自分のペースに巻き込もうとしてくる人間は危ない。

物乞いとどう付き合うか

　インドの旅といえば、物乞いの話がつきもの。確かに物乞いの数は多いし、豊かな国から来た旅行者と見ればつきまとわれるケースも多い。だがこれは、インドを旅するからには避けられないこと。ここでも私たちの感性や考え方がいわば試されるのだ。初めから先入観や偏見で身を固めないで、素直な気持ち

デタラメな道ばかり教えるインド人？

通行人に、バススタンドへの道を尋ねたとしよう。言われたとおり行ってみたら、まったく別の場所。そこで別の人に尋ねたら、また違う場所。けれども「デタラメ」を教える人に、ぜんぜん悪気はないのだ。「知らないよ」と冷たく言い捨てることができないだけの話。すごく遠い所でも、「ほんの2〜3分」とか言って、あなたを励ましてくれているのだ、と善意に解釈しよう。

キミの物はオレの物、オレの物はキミの物

例えば列車の中などで、ひざに置いていた新聞を、前に座っている男がひと言の断りもなく取って読み始めたりする。ひとつのボックスに座る人たちが、和気あいあいとたばこを交換したり、ほかの人のペットボトルに手を出して水を飲んだりする。それでいて知り合い同士かと思えば、実はバラバラに乗り合わせた客だった、なんてこともある。金や財産は別として、日常の細かい物は気軽に融通し合おうという、助け合い精神なのだろうか。これも案外いいものだから、遠慮せずに仲間に入れてもらえばいい。

「バクシーシ」とは？

「バクシーシ」は、物乞いに与える「施し」よりも広い意味をもつ言葉で、「チップ」の意味を含むことが少なくない。例えば町を歩いていると、いつのまにか子供が案内してくれている（ということがインドではよくある）。ただの親切だと思っていると、別れ際に「バクシーシ」と手を出してくる。つまりチップの要求だ。また、寺を見学していると、横からあれこれ話しかけてきて、やはり最後に「バクシーシ」を要求する。チップといっても、こちらが頼んでいるわけではないので、一切払わなくてもいいかもしれない。でも、案内が親切なら、ガイドがおもしろかったら、相応のチップを払う余裕がほしい。実はその「余裕」が、インドの旅をより楽しくしてくれるのだ。

カーストとは？

インドのヒンドゥー教における身分制度で、インドでは「ヴァルナ（"色"を意味する）」または「ジャーティ（"生まれ"を意味する）」という言葉が使われている。身分や職業を規定するもので、その職業とともに世襲されてきた。近年は都市部を中心にこうした身分制度は崩れてきているが、農村部では今も根強く残っている。

禁酒法とドライデー

グジャラート州とビハール州、マニプール州、ナガランド州では禁酒法が施行されている。ケーララ州でも禁酒法が段階的に施行されている。ただし、グジャラート州では外国人に対し1ヵ月間リカーパーミット（飲酒許可証）を発行している。空港や高級ホテルのワインショップなどで、パスポートを見せる必要がある。また、インターネット（URL eps.gujarat.gov.in）上での取得も可能になった。禁酒法が施行されていない州でも、ドライデー（禁酒日）が月に1～2日設定されている場合があり、この日は酒類を一切販売しないのが普通。また、ガーンディー生誕祭（10月2日）は全州で飲酒が禁止されている。

で物乞いたちを眺めてみたい。

インドの物乞いについて「貧困と怠惰のせい」などと言う人がいる。だが、貧困については、インドの国内問題とばかりもいえない。世界の一方に富が集中し、他方では餓死者が出ているような世界全体の構造のしわ寄せが、ここに表れているともいえる。

またインドのように富が一部に集中し、誰もが好きな所へ行って好きな仕事をすることができない社会では、本人が怠惰であるなしにかかわらず、物乞いによってしか生きられない人がいるのも事実だ。

インドでは、物乞いは必ずしも脱落者として冷たく扱われているわけではない。体が不自由であったり、ほかに職を得られない人々にも、そういう形で生きる場が与えられているといったらよいか、庶民の社会保障のような面があるようだ。上流階級然とした人が、物乞いなどまったく目に入らないかのように振る舞うのと対照的に、貧しげな庶民のほうがこまめに小銭を与えている。そうして善行を積むことにより、よりよき来世を願う宗教的な考え方もその背後にはある。

そして物乞いは、わりに堂々と喜捨を要求し、必死の生命力を見せて私たちをたじろがせる。インドで物乞いを見るときよりも、日本の華やかな都会で、周囲を無視し、周囲からも無視されてひとりごみ箱をあさるホームレスを目にするときのほうが、ずっと心の冷える思いがする。

結局、どうするのがいいのか？

だが与え尽くしても際限はないし、それで事態は解決しない。あなたのお金がなくなるだけだ。また、与えない主義をとおすのも難しい。小さな女の子が足にまとわりつき、あなたの足に触れた手を自分の額に何度も当てながらどこまでもついてくるとき、逃げ切れるだろうか？

近寄ってくる人をみんな一緒くたに物乞い扱いしてはいけない。ただ近づかないこと、逃げることだけを考えず、その場その場の出会いに応じて心を決めるくらいの気持ちでいこう。金が目的ではなく、何か親切をしてくれようとする人もいる。また物乞いをしながら巡礼している修行者や、神の讃歌を歌いながら回ってくる歌唄いなどには、相応の敬意をはらって、数ルピーでよいから、皆がするように喜捨すればよい。

物乞いに手を差し出されるということは、私たちが一応人間らしく（気弱く、甘く、ということかもしれないが）見られているということだ。少なくとも、物乞いを空気のように無視して通り過ぎる人種とは見られていない。それに感謝して終わろう。あとはあなたの判断次第だ。

飲酒と喫煙

飲酒は日本ほど簡単ではない

インドは全面禁酒国ではないが、酒を大っぴらに飲むにははばかられる雰囲気がある。イスラーム教では酒を禁じているし、ヒンドゥー教でもあまりいいこととはされていない。社会的にも「見栄えがよくない」こととされ、また、ビールの値段は庶民には高過ぎる。そんなわけで、われわれ外国人旅行者にとっても、その場所はかぎられてくるのだ。

近年、大都市では普通にお酒が飲める場所が増えてきたが、それでもインドでは酒類の販売許可のライセンス料が高いので、どこのレストランでもアルコール類を置いているわけではない。むしろ地方都市などでは、「飲める場所」を探すのに苦労するほどだ。店にもいろいろと規定があり、外から見えるような場所で飲酒をさせるレストラン営業は禁じられている所も多い。また巡礼者が集うようなヒンドゥー寺院がある聖地も、表向きは酒類の販売は禁止されている。必ず飲めるのは外国人がよく泊まっているような高級ホテルの中。州政府系のホテルにもたいていいいバーがある。外国人旅行者向けのゲストハウスのレストランでは、メニューになくても頼めばビールぐらいは出してくれるところも多い。ただしこれはライセンスなしのモグリで、表向きは客に頼まれて買ってきただけということになる。

酒屋はワインショップなどと呼ばれ、注意深く見ればバザールやホテル街の一画にたいていある。ホテルで聞けば場所を教えてくれる。

また2017年4月から主要道路沿い、鉄道駅、メトロ駅から500m以内での酒類の販売やレストランでの提供が禁止となった。これは高級ホテルにも適用されるようなので、気になる人は事前に確認しよう。

インドには禁煙法がある

　インドには、宗教上の理由から一切たばこを吸わない人々（例えばスィク教徒）がいる。外国人は関係ないから自由に吸わせてもらうよ、と言いたいところだが、そうも言っていられない状況だ。

　インドでは2003年以降禁煙法が施行され、公共の場所での喫煙が禁止されている。つまり駅、バスターミナル、ホテル、レストラン、パブ、オフィス、国際空港、路上などは原則的に禁煙で、違反すれば罰則を適用される。もちろん、自分の部屋で吸うぶんには誰にも文句を言われないし、たばこの種類も豊富にあり（外国産のものは高いが）、買うにも困らないので、スモーカーはそんなに心配しなくても大丈夫だ。

ドラッグ（麻薬）を軽く考えている人へ

年々厳しくなる取り締まり

　ひと口にドラッグといっても、種類はさまざま。一般に出回っているものには大麻（マリファナ、ガーンジャー。樹脂はチャラスまたはハシーシと呼ばれる）やアヘン（オピウム）、ヘロイン（アヘンを精製してできたモルヒネをさらに精製したもの）などがあり、なかでもヘロインは常習性が高い。

　かつてインドでは、宗教や独特の文化に結びついて、大麻やアヘンなどの使用が認められていた時代があった。また1980年代までヒッピーの楽園と呼ばれていた南インドのゴアで、ドラッグパーティが開かれることもあった。

　そんなイメージから、インドがドラッグに寛容な国だと思う人がいるかもしれない。しかし、インドでも麻薬は当然非合法のものだ。

　インドはアメリカやヨーロッパ、東アジア、東南アジア諸国へ密輸される麻薬の供給源にもなっていることもあり、当局も取り締まりにはかなり力を入れている。特に1989年に改定された法律によると、密輸に関しては最高刑が死刑、逮捕令状なしの拘束も認められている。

好奇心の代償は

　酩酊状態のときにけがをした、身ぐるみ剥がされた、精神に異常をきたして暴れているところを病院に保護されたなど、ドラッグがらみの事件、事故の報告は絶えない。インドではガーンジャーやチャラスは比較的軽い麻薬と勝手に受け取り、手を出す旅行者もいる。また、摂取による錯乱などの精神障害を起こしたり、あるいは過去に精神障害を抱えていた人はこれをきっかけに病状が再発したり、心身ともに危険な状況に陥ってしまう人もいる。在インドの日本大使館や日本総領事館などには、ドラッグによるトラブル例がいくつも報告されており、死亡、自殺、自殺未遂など、深刻なものもある。

　また麻薬所持で逮捕される旅行者の数も決して少なくない。麻薬所持で逮捕された場合、有罪になればRs10万～20万の罰金に加えて懲役2～20年、極端な場合は死刑の可能性もある。実際に麻薬所持で有罪判決を受けた日本人が、長期間刑務所に収監されていたこともある。

　インドは裁判が始まるまでの時間が非常に長い。外国人の場合は国外逃亡のおそれがあるために保釈されないことが多く、拘留期間も長期にわたる。デリーの刑務所は、夏は40℃超え、冬は0℃近くになる。有罪になればそんな過酷な環境で10年以上の期間を過ごすことになる。

インドのたばこ
ビーディーとパーン

ビーディーはたばこの葉少々を、ボンベイコクタンの葉で巻いた小さな葉巻き。1パケット25本入りで、Rs10ほどの安さ。包装したものでは501のナンバーがついたガネーシュ・ビーディーが香りがよい。ただしこのビーディー、下層労働者や農民しか吸わないようだ。また、パーンはキンマの葉にビンロウの実や香辛料を包んだもの。

実際にあった日本人の事件

〈実例1〉2018年、ワラーナシーのガンジス河でボートに乗っていた青年が、近づいてきたインド人からすすめられたドラッグを吸い、河に飛び込んでインド人に救出された。そのドラッグを吸うまで、青年にはまったく異常がみられず、短時間で急に錯乱したことから、かなり強力なドラッグだったと想像される。〈実例2〉2011年、ワラーナシーで言動が不審な日本人男性が保護された。周囲がすべて自分をだましていると被害妄想が強く「助けてくれ」と通りがかりの人を見つけては声をかけていた。男性はドラッグ目的で1週間のインド旅行に来ていたという。〈実例3〉2006年、インドを旅行中の20代の男性ふたりがグルで、麻薬取締法違反で逮捕された。裁判になり、男性のひとりは仮釈放されたが、その期間中に再度ドラッグに手を出し、また収監されたという。

インドの宗教

「宗教の国」インド

インドでは、宗教は人々の外側に「形」としてあるのではなく、その生活に深く根差し、人々の内側でその生死を支えている。

信仰をもつ人も、宗教に無関心だったり逆に反感をもっている人も、インドに出合えば「宗教とは自分とこの世界にとって何なのか?」という根源的な問題に対面しているのに気づくのではないだろうか。

●ヒンドゥー教 Hinduism

「ヒンドゥー」は、「India」の語源でもあり、ヒンドゥー教とはその名のとおり、「インド教」でもある。それは、インドの社会生活のあらゆる面と複雑に絡み合っており、単に宗教としてだけ説明するのは、たいへんに難しい。無宗教ということがほとんどあり得ないインドでは、イスラーム教、キリスト教などのように外にルーツをもつ宗教の信者以外は、すべてヒンドゥー教徒だともいえる。

そもそも、紀元前1500年頃に成立したバラモン教がインド先住民のもつ宗教観念や土着の神々を次々取り入れながら変化し、ヒンドゥー教へと発展していった。ヒンドゥー教徒は、特定の開祖・聖典をもたず、教団として組織されてもいないが、基本はこの至高の存在への信仰であり、また日常生活でも、カースト制を守り、特有の儀礼・風習を続けることを法(ダルマ)にしている点で、共通性をもっている。

●イスラーム教 Islam

7世紀にムハンマドが創始した宗教で、『コーラン』を聖典とし、唯一神アッラーを崇拝する。インドには、8世紀頃から侵入したアラブ人によって伝わり始めた。やがてインドにイスラームの王朝が建てられると、いっときはインドの大部分を政治的に支配するほどの勢力になり、この後イスラーム教は、ヒンドゥーとの融和でインド文化(特に北インドで)に大きな影響を及ぼし、インド=イスラーム文化が花開いた。

●キリスト教 Christianity

伝説によれば1世紀にシリアの聖トーマスが、インドにキリスト教を伝えた。16世紀にポルトガル人が伝えたカトリックとも異なる系統のキリスト教が今もインドに残る。キリスト教信者が多いのは、南インドのケーララ、タミル・ナードゥ、ゴアや西インドのマハーラーシュトラ。

●スィク教 Sikhism

パンジャーブ人であるグル・ナーナク(1469~1539)が開祖。イスラームの影響を受けて、ヒンドゥー教を改革した宗教。絶対真理としての神を崇拝し、偶像礼拝、カースト制度を否定し、人間平等を唱える。パンジャーブを主にインド全域でビジネス、交通運輸、軍関係の仕事に活躍しており、比較的裕福な層も多い。頭髪や髭を切らないおきてがあるため、ターバンとたっぷりたくわえた髭が特徴的。

●仏教 Buddhism

「ブッダ」とは、「覚った人・覚者」のこと。2500年ほど前、ルンビニー(現ネパール領)でシャーキャ(釈迦)族の王子として生まれた。人生の苦悩を解決する道を求めて出家、苦行を経て静かな瞑想に入り、ブッダ・ガヤーの菩提樹の下で覚りを開き、ワラーナシー郊外のサールナートで、初めて法を説いた。多くの人々を教化して80歳の高齢に達したブッダは、説法の旅の途中で発病し、クシーナガルで入滅した。

●ジャイナ教 Jainism

仏教とほぼ同時期に成立した宗教で、ヴァルダマーナ(紀元前549頃~477頃)を開祖とする。ヴァルナ(カースト)制を否定し、行為が業を生み、輪廻に束縛されると考え、厳しい戒律と苦行を守って解脱にいたろうとする。そのために不殺生、無所有が強調される。空衣派の僧は、無所有の極み、全裸で暮らし、修行に励む。

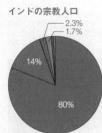

インドの宗教人口

- 2.3%
- 1.7%
- 14%
- 80%

■ ヒンドゥー教
■ イスラーム教
■ キリスト教
■ スィク教
■ 仏教
■ ジャイナ教

ヒンドゥー教の行者、サドゥー

旅のトラブル

パスポートをなくしたら

　パスポート（以下旅券）をなくしたら、まず現地の警察署へ行き、紛失・盗難届出証明書を発行してもらう。次に日本大使館・領事館で手続きをする。旅券の顔写真ページと航空券や日程表のコピーがあると手続きが早い。コピーは原本とは別の場所に保管しておこう。

　手続きに必要な書類および費用は以下のとおり。

■失効手続き
①紛失一般旅券等届出書　②写真（縦45mm×横35mm）　1枚　※3
■発給手続き
①新規旅券：一般旅券発給申請書、手数料（10年用旅券1万6000円、5年用旅券1万1000円）※1 ※2
②帰国のための渡航書：渡航書発給申請書、手数料（2500円）※2
③現地警察署の発行した紛失・盗難届出証明書
④写真（縦45mm×横35mm）　1枚　※3　⑤戸籍謄本　1通　※4
⑥帰国のための渡航書：旅行日程が確認できる書類（旅行会社にもらった日程表または帰りの航空券）

　⑤の取り寄せが難しい場合、第三国を経由せず直接日本に戻るのであれば帰国のための渡航書で済ますことも可能。その場合、日本国籍があることを確認できる書類と日程等が確認できる書類が必要。ただインドの場合、新規にパスポートや帰国のための渡航書を取得しても出国予定の空港等を管轄する外国人登録事務所（FRRO）で出国許可を得ないとインドを出られない。

荷物をなくしたら

　旅行中、荷物を盗られたり、置き忘れたりしたら、まず出てこないと思ったほうがいい。どんな場合でも（一流ホテルでも）荷物の管理は自分でするもので、なくしたら、運がよくて紛失証明をもらえるくらい。ホテルや鉄道で弁償してくれたり、警察が探してくれるということはまずあり得ない。

　ただ、航空機で正規の手続きをして預けた荷物は、運送協約に従って補償してくれる。別の町で受け取ることもできるが、ありかがはっきりするまでは、なくした地点にとどまるほうがベター。

交通事故に気をつけよう

交通事故には十分注意を

　海外旅行中の死亡原因で多いのが交通事故だ。インドでは人よりも車優先で、われわれ旅行者はとても弱い立場になる。ひき逃げや当て逃げは日常茶飯事で、自分の乗っている長距離バスが自転車をはねてそのまま逃げ去るのを経験した旅行者もいる。インド人運転手は周囲の人からのリンチを恐れて、さっさと逃げてしまうことがよくあるという。

　インドで交通事故に遭ったら、誰もなかなか助けてくれないと思ったほうがいい。倒れている人がいても、知り合いでなければ面倒を恐れて、見て見ぬふりをすることも多い。事故に遭っても自分で何とかするしかないのがインドなのだ。万一、あなたが入院ということになり、相手に賠償請求したとしても、払われる金額に期待はできないだろう。そのためにも海外旅行保険には必ず入っておこう（P.603）。

※1：改正旅券法の施行により、紛失した旅券の「再発給」制度は廃止
※2：支払いは現地通貨の現金で
※3：撮影から6ヵ月以内。IC旅券作成機が設置されていない在外公館での申請では、写真が3枚必要
※4：発行から6ヵ月以内。帰国のための渡航書の場合は原本が必要

再申請するとき

「旅券申請手続きに必要な書類」の詳細や「IC旅券作成機が設置されていない在外公館」は、外務省のウェブサイトで確認を。
(URL) www.mofa.go.jp/mofaj/
toko/passport/pass_5.
html

旅行者が実際に遭ったトラブル
→P.146

読者から寄せられた具体的な被害の報告。実際に被害に遭った人も、あとで読んだらまったく同じ手口だったという人もいる。これらのページを読んでその傾向をつかみ、心の備えをしておきたい。

インド国内の在外公館
デリー　P.94
コルカタ　P.417
ムンバイー　P.313
チェンナイ　P.476
ベンガルール　P.562

外国人登録事務所
FRRO（Foreign Regional Registration Office）
《デリー》
♠ Level II, East Block-8, Sector-I, R K Puram
☎ 011-2671-1384
(URL) indianfrro.gov.in/frro
その他国内13ヵ所にオフィスがある。

病気になったら

　旅をしていて困ることの筆頭に挙げられるのが旅先での病気。ましてひとり
旅ともなれば、不安もつのることだろう。マラリア、コレラ、腸チフスなど、次々
に恐ろしい病名が浮かんでくる人もいるかもしれない。しかし、基本的な自己
防衛の認識さえあれば、インドはそれほど怖い所ではない。

　町には、英語の話せる医者のいる立派な病院が必ずあるし、伝染病対策など
は国が力を入れている。よくある風邪、下痢など病気の原因の大半は睡眠不
足、空腹、暑さなどからくる疲れと体力の消耗から起こる。よほど悪い条件が
重ならなければ、隔離入院を必要とされるような伝染病などにかかることはま
ずない。要は、スケジュールには余裕をもたせ無理をしない、疲れたら休むと
いう、どんな旅でも基本となる鉄則を守ることだ。

多くの旅行者がかかる病気

●風邪　Cold
　インドは暑いから風邪を引かないと思っていたら間違い。無理をすれば風邪
を引く。直接の原因で多いのは、睡眠中に扇風機の風に当たったり、冷房で体
を冷やしてしまったりなど、気をつけることで回避できるものばかり。特に夜
行列車に乗るときは、たとえ暑くても羽織るものを用意しておこう。

●下痢　Diarrhea
　インドで最も起こりやすいのが下痢。下痢といっても、その原因はさまざま
で症状もまた違う。これを見分けることが最も重要なポイント。
①食物不適合による下痢
　これは、いわゆる水が変わったとか、食べ過ぎたとかによって起こる普通の
下痢。吐いたりする場合もあるが、おなかが痛くなって下痢するという場合が
多い。通常熱はなく、胃腸薬、消化剤、下痢止めの薬を飲んで、水分を多めに消
化のよい食事を取り1〜2日休んでいれば治る。
②細菌性／感染性下痢
　細菌性下痢とは、赤痢菌、チフス菌、パラチフス菌、サルモネラ菌、病原性大
腸菌、腸炎ビブリオ菌、ブドウ球菌などが体内に入って起こる下痢。感染性下
痢は、患者の汚物から何らかのものを経由して口から伝わるもの。生水、生も
のを口にしない、手をよく洗うなどで防げる。

　これらの菌は熱に弱いので、よく火をとおしたものを食べていれば防げると思
っていい。38℃以上の高熱、1日10回以上の下痢、便の中に粘液や血液が混じ
る、腹痛もひどく初めは全体に痛むがあとには左下腹へ移る、しぶり腹（下痢が
終わってもすっきりしない）が特徴。もちろん軽症の人もいる。潜伏期間は1〜5日
だが、2〜3日で発病する人が多い。入院隔離期間は2週間半以上必要とされる。

　水っぽい下痢が止まらないときはアメーバ赤痢Amoebic Dysenteryのおそ
れがある。これは赤痢アメーバ（原虫の一種）が原因の病気で、患者やその保
菌者の糞便から排出されたアメーバで汚された水や野菜から感染する。嘔吐
があり、下痢状態になる。熱は出ないが、やがてイチゴゼリー状の粘液血便が見
られ、その回数が増える。アメーバが肝臓に入って腫瘍を作ると熱は出るが下
痢はしない。潜伏期間は数日から数ヵ月、あるいは数年ともいわれ、治療が不
完全だと再発のおそれが
ある。放置していると生命
の危険がある。予防薬はな
いが医者の指示で絶食し、
薬を飲んで治療すれば数
日で治る場合が多い。

　胃腸の弱い人は気をつ
けていても①の下痢になる
ことは多いが、②は生水、
生ものを口にしなければ
ほとんど防げる。

自己対処の不可能な病気はただちに病院へ

●コレラ　Cholera

コレラ患者や保菌者の糞便や吐瀉物で汚された飲食物により感染する。突然の激烈な下痢と嘔吐の繰り返しに始まり、脱水虚脱状態になる。下痢便は、多量の米のとぎ汁のようなもので、回を重ねるにつれ色が薄く白っぽくなる。粘血便は見られない。重症の場合は激しい脱水症状のため手足が冷たくなり唇は紫色になる。一般に大人は発熱しない。なかにはごく軽い下痢で済む人や、まったく下痢のない保菌者もいる。潜伏期間は5日以内で、1～2日で発病する人が多い。

●マラリア　Malaria

マラリア患者の血を吸ったハマダラ蚊によって媒介される。2週間前後の潜伏期間を経て、頭痛、倦怠感、吐き気が約1日あったあと、典型的なマラリア熱発作（1日のうちに寒気、震え、高熱、発汗、解熱が起こる）を起こす。そのあと2、3日ごとに熱発作を繰り返す。熱帯熱マラリアの場合は治療が遅れるとショック状態で死亡することもある。マラリアに感染するおそれのある所へ行く人は、現地に着いたらさっそく地元の薬屋や日用雑貨屋で予防薬を購入し服用し始めよう。日本では、かつてその使用法と副作用に問題があったため、国内ではごく一部の薬局以外では、それらを購入することはできない。マラリアの薬には予防薬と治療薬、また分量によってその両方に使えるものがある。

●A型ウイルス肝炎　Hepatitis

潜伏期や発病初期の患者の便で汚染された水や食物から感染する。潜伏期間は15～45日。初めは発熱と同時に消化器系症状（食欲不振、悪心、嘔吐、上腹部痛、下痢や便秘）や全身倦怠感、筋肉・関節痛が現れるが、風邪に似ているために気がつかないことが多い。数日後に黄疸が出て、尿の色が紅茶のような褐色になる。治療は入院治療が原則で、安静にして、食餌療法、薬物療法を行う。発病から入院までの間が長くなるほど療養期間も長くなり、より重症化する。

これら、病気の重さ軽さは、熱が出るかどうかがひとつの目安になるので、体温計を1本持っていくと判断しやすいだろう。

海外渡航者のための感染症情報
URL www.forth.go.jp
病気とその予防についての詳しい情報は、厚生労働省のサイトも参照したい。

Travel Tips 旅の準備と技術編　**旅のトラブル**

ボラれたりだまされたりのトラブル

法外な値段で品物を売りつけられたり、儲け話をもちかけられて何千ドルも払う羽目になったりするトラブル。また、睡眠薬を飲まされて眠っているうちに身ぐるみ剥がされる事件。被害に遭わないためにも、インドでは次のことに気をつけよう。

●物を買うときには、まず相場を調べてから。政府物産店などで正価販売しているので、一度足を運んでみよう。また、近寄ってくるインド人が「兄弟の店」や「友人の店」で安く買い物ができるからと誘っても、決してついていかないこと。

●自分でできることは自分でする。列車のチケットの購入などは人任せにせず、面倒でも自分でやること。

●観光ポイントで近寄ってくるインド人を相手にしない。好意で案内してくれていると思ってついていくと、最後に「ガイド料」を請求される。

●たばこ、キャンディ、ジュースなどを見知らぬ人からすすめられても、決して口にしない。睡眠薬や下剤を入れられていることがある。

●宝石やカーペットなどの運び屋を頼まれても相手にしない。カードで支払いをして、日本にある指定の会社に商品を運べば、多額のコミッションが入ると言われるが、こんなうまい話は絶対にない。一度サインをしてしまったら、商品が届かなくても偽物でも、支払う義務がある。

もしこれらのトラブルに巻き込まれたら、泣き寝入りせずに即座にその町のツーリストポリス、または警察に届けよう。

また予防策のひとつとして、尋ねてもいないのに町なかでむやみに日本語で話しかけてくる人は要注意だ。普通のインド人は知らない外国人に声をかけてきたりすることはほとんどない。日本でキャッチやセールス、ナンパで声をかけられることを考えればわかりやすいだろう。それと同じように、冷静に対応することがポイントだ。

トラブルを防ぐにはどうしたらいいのだろう
→P.147

インドの祭り

●Pongal/Makar Sankranti 1月
南インドで4日間にわたって祝われる収穫祭。タミル・ナードゥ州、アーンドラ・プラデーシュ州ではポンガル、カルナータカではマカラ・サンクラーンティと呼ぶ。

●Vasant Panchami 1〜3月
ヴァサントは「春」のこと。春の訪れを喜び、北インドを中心に祝われる。サラスヴァティー・プージャー（学問と芸術の女神サラスヴァティーへの礼拝）としても行われ、ベンガル、ビハール地方では、女神の神像を担いで行列する。

●Shivaratri 2〜3月
何億もの信者が徹夜で礼拝するシヴァの祭り。インド中でヒンドゥー教徒が、破壊神のシヴァを祀る。信者は夜通し讃歌を歌い続け、シヴァ寺院ではプージャーが行われる。

●Khajuraho Dance Festival 2〜3月
カジュラーホーで行われるダンスフェスティバル。

●Hemis Festival 6〜7月
ラダックのヘミス・ゴンパで行われる祭り。チベット仏教ニンマ派の創始者、パドマサンバヴァの誕生を祝う。

●Rath Yatra 6〜8月
プリーのジャガンナート寺院で行われる山車祭り。

●Teej 7〜8月
ジャイプルで行われる、モンスーンの到来を告げる祭り。

●Krishna Janmashtami 8〜9月
インドで人気のあるクリシュナ神（温和な世界維持神ヴィシュヌの化身）の誕生を祝う祭り。

●Ganesh Chaturthi 8〜9月
庶民に最も親しまれている神様、ガネーシャ（シヴァ神とパールヴァティーの子）の誕生を祝う祭りが、毎年8月から9月の間の10日間、ムンバイーやプネーで盛大に行われる。

●Onam 8〜9月
ケーララ州の収穫祭。

●Kumb Mela
4年に一度のヒンドゥー教の大祭。4大聖地が持ち回りで会場になり12年に一度、マハー・クンブ・メーラが行われる。

インドを旅していると、短い間でも何かの祭りに出合うことが多い。ヒンドゥーにかぎらず、各宗教の祭り、またローカルなものも加えれば、インドは年中、祭りなのだ。祭りの華やかな色彩と人々のはずんだ表情は、その場にいる人たちも巻き込んでしまう。

大きな神像が担がれていく、家々よりも高い山車が通る。寺院では、終日祈りが続く。色とりどりの露店が並び、人々の歓声とざわめきが夜遅くまで続く。祭りに集まるインド人は、ささやかな生活の喜びを楽しむ人間らしさでいっぱい。熱狂すれば、日常など吹っ飛ばして、命さえ捨てかねないようなすごみも、ときにはギラッと見せてくれる。

インドの3大祭り　（*は2023年、**は2024年の日程）

●ホーリー　Holi　3月 (3月24〜25日)**
この日ばかりはカーストも貧富の差も関係ない、インドで最もアツい1日。春の到来を祝って行われる祭りで、北インドを中心に、インド中がエキサイトする。2日間にわたり、初日は街頭で焚き火をする。2日目の午前中は人々が色粉や水を、相手かまわずかけ合って楽しむ。

●ダシェラー　Dussehra　9〜10月 (10月24日*)
雨季が終わった頃に行われる、三大祭りのなかでもいちばん人気のある大祭。国中が10日間、正月休みのようになるほどだ。北インドでは、叙事詩『ラーマーヤナ』の主人公のラーマ王子の生涯が野外ステージで演じられ、最後の日には、ラーマと戦った悪魔の大きな人形に火がつけられる。ハデな花火の爆発とともに燃え上がる光景はスペクタクル。ベンガルなど東インドでは、ドゥルガー・プージャーとして祝われる。水牛に化けた悪魔と戦うドゥルガー女神の像が、あちこちに祀られる。最後の日は人々に担がれて川に運ばれ、惜し気もなく水に投じられる。

●ディワーリー　Diwali　10〜11月 (11月12日*)
富と幸運の女神ラクシュミーの祭り。ダシェラーの3週間ほどあと、ディワーリーを挟む前後5日間にわたり、繁盛を願う商人、幸運を祈る庶民が、家々の戸口に灯明をともし、女神を招く。光の祭りだが北インドでは花火も飛び交い、ちょっとした市街戦のような騒ぎになる。

全国規模の国民的な祝日

●共和国記念日　Republic Day (1月26日)
1950年の共和国憲法発布を祝う日。各州都で行事があるが、デリーは特に壮観。軍隊、ゾウやラクダ、民族衣装の大行進が行われる。

●独立記念日　Independence Day (8月15日)
日本においては「終戦の日」だが、インドでは、1947年のイギリス植民地からの独立を祝う日。

●ガーンディー・ジャヤンティー　Gandhi Jayanti (10月2日)
この日にデリーにいたら、ヤムナー河畔のラージ・ガートに行ってみよう。「国父」とも呼ばれるマハートマー・ガーンディーの生誕を祝って、多くの人が参拝する。この日は全国的にドライデー（禁酒日）。

旅の言葉

英語でなんとかなるけれど……

インドでは全土で英語の教育が進んでいるため、旅をするだけであれば、英語だけでほとんどコミュニケーションができる。インド人にとっても母語ではないので、訛っていたり文法を無視して話す人も多い。だからこそ、日本人でも気にせず話せばたいてい通じる。

またインドの英語は、ネイティブの英語から離れ独自の進化を遂げている。英語が得意な人ほど最初は困惑するかもしれないが、その特徴をつかんでおけばわかりやすい。

(1) Rは「ラ行」としてしっかり発音する
例) Restaurant→レスターラント、Reservation office→リザルベーションオフィス

(2) Thは「タ行」としてしっかり発音する
例) Thousand→タウザンド、thermometer→タルモミータル

(3) 日常会話でよく使われるフレーズも覚えておこう
Hello ハロー
（あいさつだけでなく、呼びかけとしてもよく使われる。そのときは「ハ」にアクセントをおく）
No Problem ノープロブレム
（問題ない、大丈夫）
Actually アクチュアリー
（ほんとに、マジで）
Super スーパル
（すごい！ ＊おもに南インドで使われる）

インドの人は概して人懐っこい

現地の言葉にトライしてみよう！

観光地を巡る旅をするだけであれば英語でなんとか押し切れるが、現地の言葉を話すことによるメリットは予想以上に大きい。あいさつだけでもとたんに表情がにこやかになってくれる。ちょっとでも覚えて話してみることをおすすめしたい。

とはいえ、インドには22の公用語があり、州ごと地方ごと、あるいは宗教によっても言葉が異なっている。ここでは、北インド一帯で話されているヒンディー語と、南インドのタミル・ナドゥ州で話されているタミル語を中心として取り上げてみたい。

あいさつは「ナマステー」なのか？

最も気軽なあいさつは、英語での「Hello」や「Hi」だが、あいさつこそが大事なところ。現地の言葉であいさつするだけで好感度が上がる。

ヒンディー語のあいさつは合掌して「ナマステー」。会ったときも別れるときも「ナマステー」。目上の人には「ナマスカール」と言うこともある。これはおもにヒンドゥー教徒のあいさつだ。

ムスリムのあいさつは「アッサラーム・アレイクム」。このとき合掌はしない。ターバンが特徴のシーク教徒は「サートスリアカール」。また、仏教徒とわかる人に会うときは「ジャイビーム」とあいさつしたら感動されるかもしれない。これは、不可触民として抑圧されていた人々を仏教徒に集団改宗させたビームラーオ・アンベードカル博士をたたえる言葉として、インドの仏教徒のあいさつやスローガンのように使われている。

タミル語に代表される南インドのドラヴィダ語の世界ではヒンディー語が通じないことが多い。ドラヴィダ語に誇りがあり、中央政府から公用語として押し付けられるヒンディー語に抵抗感をもつ人が多いからだ。そのためタミル・ナドゥで「ワナッカム」とタミル語であいさつすると、とてもウケてくれる。

役に立つヒンディー語

数字

0	シューンニャ
1	エーク
2	ドー
3	ティーン
4	チャール
5	パーンチ
6	チェッ
7	サート
8	アート
9	ナゥ
10	ダス
11	ギャーラー
12	バーラー
13	テーラー
14	チョウダー
15	パンドラー
16	ソーラー
17	サットラー
18	アターラー
19	ウンニース
20	ビース
25	チース
30	ティース
40	チャーリース
50	パチャース
60	サート
70	サッタル
80	アッスィー
90	ナッベー
100	（エーク）ソウ
200	ドーソウ
1000	（エーク）ハザール

何　キャー
どれ　キダル
だれ　カォン
どこ　カハーン
いくつ？　キットネー
どれぐらい？　キットネー
大きい↔小さい
　バラー↔チョーター
高い↔安い
　メヘンガー↔サースター
たくさん↔ちょっと
　アディック↔トーラー
近い↔遠い　パース↔ドゥール
甘い↔塩っぱい
　ミターイー↔ナムキーン
熱い↔冷たい
　ガラム↔タンダー
清潔な↔汚い
　スワッチュ↔ガンダー
だいたい　ラグバグ タ
絶対　ザルール
美しい　スンダル
おいしい　スワーディシュト

Google Translate
→P.595

役に立つタミル語

数字
0	プージョン
1	オンヌ
2	レンドゥ
3	ムーヌ
4	ナール
5	アンジ
6	アール
7	エール
8	エットゥ
9	オンバドゥ
10	パットゥ
11	パディノンヌ
12	パンニレンドゥ
13	パディムーヌ
14	パディナール
15	パディナンジ
16	パディナール
17	パディネール
18	パディネットゥ
19	パットンパドゥ
20	イルパドゥ
30	ムッパドゥ
40	ナーパドゥ
50	アンパドゥ
60	アルパドゥ
70	エルパドゥ
80	エンパドゥ
90	トンウール
100	ヌール
200	イルヌール
1000	アーイラン

何 ｨエンナ
どれ エドゥ
だれ ヤール
どこ ｨエンゲ
いくつ？ ｨエッタネ
どれぐらい？ ｨエッヴァラヴ
大きい↔小さい
　ペリヤ↔チンナ
高い↔安い
　ジャースティ↔マリヴァー
たくさん↔ちょっと
　ネラヤ↔コンジョン
近い↔遠い
　パッカマー↔ドゥーラマー
甘い↔塩っぱい
　イニッパー↔ウッパー
熱い↔冷たい
　チューダー↔クルラー
清潔な↔汚い
　スッタマー↔アシンガマー
だいたい キッタタッタ
絶対 カンディッパ
美しい アラハー
おいしい
　スーパル(Super)、イルック

旅で使える簡単フレーズ集

　最後に北インドのヒンディー語 (H) と南インドのタミル語 (T) のサバイバルフレーズを紹介しておこう。これらの言葉を現地の人たちとのコミュニケーションのきっかけとして、さらに言葉を覚えていってみてほしい。言葉を知ることは文化を知ることなのだから。

こんにちは
H：ナマステー नमस्ते、ナマスカール नमसकार
T：ワナッカム வணக்கம்

はい／いいえ
H：ジー ハーン जी हाँ／ジー ナヒーン जी नहीं
T：アーマ ஆமாம்／イッレ இல்லை

ありがとう
H：ダンニャワード धनयवाद
T：ナンドゥリ நன்றி
＊どちらも、普段は「ターンクス／Thanks」

なんでもない、どういたしましてNo Problem
H：コーイー バート ナヒーン कोई बात नहीं
T：パラヴァーイッレ பரவாயில்லை

いいね！／よくない！
H：アッチャー！ अचछा／アッチャー ナヒーン अचछा नहीं
T：ナッラ イルック！ நல்லா இருக்கு／ナッラ イッレ！ நல்லா இல்லை
＊アッチャーは「よい」のほかに「OK」や相槌にも使われる。

すばらしい！
H：バリヤー！ बढिया
T：スーパル！ சூப்பர் (英語のSuper)
＊スポーツ観戦や音楽鑑賞のときなど、賞賛の言葉としてウルドゥー語の「サバーシュ！」が南北関係なく使われる。

元気ですか？
H：キャー ハール ヘ？ कया हाल है？
T：サリヤー？ சரியா？
＊タミル語では疑問のときに語尾にアーをつける。

OK
H：ティーク ハェ ठीक है
T：サリ சரி

～をください
H：ディージエ दीजिए
T：コドゥンガ கொடுங்க

ほしい／いらない
H：チャーヒエ चाहिए／ナヒーン チャーヒエー नहीं चाहिए
T：ヴェーヌン வேணும்／ヴェーンダーン வேண்டாம்

これ／あれ は何ですか？
H：イェ／ウォ キャー ハェ？ यह／वह कया है？
T：イドゥ／アドゥ ｨエンナ？ இது／அது என்ன？

～はどこですか？
H：～カハーン ハイ？ कहाँ है？
T：～ｨエンゲ？ எங்கே？

いくらですか？
H：キットネー ハェン？ कितने है？
T：ｨエッヴァラヴ？ எவ்வளவு？

もう十分です（おなかいっぱいのときなど）
H：バス बस
T：ポードゥン போதும்

インドの歴史

　インドの歴史は一筋縄にはいかない。広い国土にたくさんの民族、さまざまな宗教や文化が絡み合い、非常に複雑な道筋をたどって現在がある。それでもなおこの歴史を踏まえたうえで「インド」という枠組みによって括られ、国家として成立しているのがインドの不思議なところでもある。

インド文化の原点インダス文明

　インド史の源流となるのが、世界4大文明のひとつに数えられるインダス文明だ。現在のインドとパキスタンの国境あたりに、人々が定住しだいに都市を築き上げていった。このときすでにシヴァ神やコブ牛など、現在のヒンドゥー文化を連想させる遺物が発掘されている。

アーリヤ人の侵入

　西方のアフガニスタン、中央アジアからアーリヤ人が侵入（諸説あり）。先住民族のドラヴィダ人は南へと追いやられる。聖典となるヴェーダが書かれ、カースト制度ができる。
　紀元前7世紀頃になると、アーリヤ人がガンジス河流域に定住し、16王国が成立する。紀元前5世紀頃にブッダが誕生し、仏教が興る。

仏教に帰依した最初の帝国マウリヤ朝

　小国がしのぎを削り、西方からアレクサンダー大王による侵攻を受けたインドで、紀元前4世紀、初めて成立した帝国がチャンドラグプタによるマウリヤ朝だ。仏教に帰依したアショーカ王の治世に王朝は全盛期を迎える。

ヒンドゥー教による支配を進めたグプタ朝

　320年にチャンドラグプタ1世によって興されたグプタ朝は勢力を急速に拡大し、5世紀初頭、チャンドラグプタ2世の治世に最盛期を迎えほぼインド全土を支配下に収める。
　グプタ朝末期になると仏教が衰退し、バラモン教から発展したヒンドゥー教が支配的になり、シヴァ、ヴィシュヌ信仰が始まる。

南インドのヒンドゥー王国

　北インドの王朝の興亡と関係なく、ローマやエジプトとの交易を行っていた南インドには、ヒンドゥー教を基盤とした独自の王国が栄えていた。850年に興ったチョーラ朝は勢力を拡大し、985年に即位したラージャラージャー1世の治世には南インド全土のほか、スリランカ、マレー半島、スマトラ島にまでその支配権を広げていった。1336年にはハンピを首都としたヴィジャヤナガル王国が成立する。

イスラム勢力の侵入

　中東で興ったイスラーム勢力は、8世紀頃になるとしだいにインドへも侵入し始める。1192年にはゴール朝のムハンマドがデリーを征服し、北インドがイスラーム勢力に支配されることになる。

アーグラーのアクバル帝の霊廟

インド歴史年表

（紀元前）
BC3500〜2000年
インダス文明——インド史の源流　モエンジョ・ダーロ、ハラッパーほかの遺跡〉
BC1500年頃〜
アーリヤ人、西北インドに侵入、ガンジス河流域に入る
BC1200年頃
『リグ・ヴェーダ』成立
BC600年頃
北・中部インドに16王国。マガダ国の繁栄
BC463〜383年頃
ブッダ（釈尊）の生涯。ほぼ同時に、ジャイナ教を開いたマハーヴィーラ（BC549頃〜477頃）
BC327〜BC325年
アレクサンダー大王のインド遠征
BC321年
チャンドラグプタ、マウリヤ朝を興す
BC268年
アショーカ王即位。南端を除く全インドを統一、仏法を統治理念に〈アショーカ王の石柱〉

（紀元後）
150年頃
クシャーナ朝最盛期。カニシカ王、仏教を保護、大乗仏教興る
320年〜
チャンドラグプタ1世、グプタ朝を興す。グプタ朝時代、インド統一なる（5世紀初め）。〈アジャンターの石窟〉
500年頃
グプタ朝衰え、12世紀末まで諸勢力割拠（ラージプート時代）
750年頃
東インドにパーラ朝興る
753年
デカンにラーシュトラクータ朝成立〈エローラの石窟〉
830年〜
ガンジス河中流に、チャンデーラ国〈カジュラーホーの寺院〉
985年
南インドでチョーラ朝勢力が拡大。東南アジアへも遠征
1192年
ゴール朝のムハンマド、ヒンドゥー軍を破り、インド中央を支配
1206年
デリーを都にアイバクのマムルーク朝（奴隷王朝）始まる——イスラーム支配の開始〈クトゥブ・ミーナール〉
1206〜1574年
デリーを都にして5つの王朝（デリー・サルタナット）交代
1336年
南インドのハンピにヒンドゥーのヴィジャヤナガル王国が興り、北のイスラーム勢力と対立
1498年
ヴァスコ・ダ・ガマ来航
1526年
パーニーパットの戦い。バーブル、ムガル帝国を創始

そして、チンギス・ハーンとティムールの末裔であるバーブルによって興されたのがムガル帝国だ。1526年のパーニーパットの戦いでデリーのスルタン軍を破り北インドを支配下に収める。

第3代皇帝アクバルの治世には、ヒンドゥー教やキリスト教も受け入れる寛大な政策を取り、ムガル帝国は最盛期へと向かっていく。しかし、タージ・マハルを建てたシャー・ジャハーンに続く、アウラングゼーブの以降、ラージプートやシヴァージーに率いられたマラーター王国といったヒンドゥー勢力の抵抗、さらにヨーロッパ列強の進出により、ムガル帝国の勢いは下降線をたどっていく。

ヨーロッパ勢力の到来

ヨーロッパで大航海時代が幕を開け、1498年にポルトガルのヴァスコ・ダ・ガマがインドに到着した。ポルトガルはゴアを起点にインド貿易を独占するが、しだいにイギリスやフランスにその勢力を奪われていく。そして、最終的に

インドを支配したのは、イギリス政府により権威を与えられた東インド会社だった。

この状況に対し、傭兵セポイなどインドの勢力が蜂起したのが1857年のインド大反乱だ。これを鎮圧したイギリスは、ムガル皇帝を追放。ヴィクトリア女王がインド皇帝に即位し、インドは大英帝国の一部に組み込まれることになった。

オールド・ゴアのセ・カテドラル

インド独立へ

20世紀に入りマハートマー・ガーンディーと国民会議派に率いられた民衆は、非暴力非服従運動によりインド独立への道を歩み出す。

そして第2次世界大戦後、民族意識が高まりを見せるなか、1947年インドはイギリスからの独立を果たした。

しかし、この独立の過程で、ヒンドゥー教徒、イスラーム教徒、シク教徒らの宗教対立が顕在化。ガーンディーは暗殺され、パンジャーブはインドとパキスタンに分割され独立することとなった。

独立から現在

インドの初代首相にはジャワーハルラール・ネルーが就任。彼が属する国民会議派は、パキスタンや中国との国境紛争を抱えながらも、すべての宗教を受け入れながらの国策運営を進めていった。ネルーが亡くなると、その娘のインディラ・ガーンディーが首相に就任する。しかし、彼女は1984年スィク分離独立主義者排除のためアムリトサルの黄金寺院にインド軍を派兵。この高圧的な態度に反発したスィク教徒の護衛によって暗殺される。それでも、政権は、インディラの娘のラジーヴ、ラジーヴの妻ソニアへとネルー一族と国民会議派が引き継いでいく。

しかし、2014年、ヒンドゥー至上主義を掲げるインド人民党（BJP）が総選挙で大勝。ナレンドラ・モディを首相とする政権が誕生している。高まる民族意識のなかで、宗教対立は激化する傾向にあり、2019年にはカシミールでパキスタンとの紛争が発生。ジャンムー・カシミール州は政府直轄領として再編された。

ワラーナシーにあるムスリムのガート

INDEX

INDEX

INDEX

INDEX

INDEX

INDEX

読者の皆さんにお礼とお願い

いつも『地球の歩き方』をご利用いただき、ありがとうございます。創刊から30年以上もの長い間改訂版を出し続けられたのは、ひとえに、読者の皆さんのおかげと感謝しております。

さて、ご存じのように『地球の歩き方』では、皆さんからいただく旅の情報を生の声として重く受け取り、多少主観的なものでも積極的に掲載し、臨場感あふれる本作りを目指してまいりました。特にインド編においては、皆さんからの情報はたいへん貴重で、本作りの大きな柱になっています。

編集室では、皆さんからの投稿を最大限に生かすべく努力をしていますが、すべての投稿を採用できるわけではありません。誌面の制約もひとつの理由ですが、投稿の情報が不十分であることも、掲載できない大きな理由となっています。投稿情報については、できるかぎり編集室で追跡調査をしていますが、それには限界があります。せっかく書いていただいた情報を採用させていただくために、以下の点に注意して情報をお寄せください。

▶物件の名前を正確に

ホテル、レストラン、ショップ、見どころなど、ご紹介いただく物件の名前を正確に書いてください。カタカナではなく、必ず英文字で表記してください。

▶できるかぎりの情報を

住所、電話番号、eメールアドレス、ウェブサイトアドレス、営業時間、定休日などのほか、ホテルであれば1泊の料金、レストランであればメニューの金額など、物件についてその場でわかるかぎりの情報を書いてください。ショップやホテルのカードがあれば、現物も送ってくださると助かります。

▶地図を付けてください

『地球の歩き方』では、掲載物件をできるかぎり地図に入れるよう努力しています。住所から物件の位置を割り出すのは難しいので、紹介物件がどこにあるか、簡単な手書きの地図でけっこうですので同封してください。

▶ご自分が感じたことを教えてください

投稿のなかには、ホテルのオーナーに頼まれて推薦文を書いているかのようなものや、単なるデータだけを並べたものが見受けられます。ご自分がどう感じたか、何を思ったかを、なるべく具体的な体験とともに、ご自分の言葉で書いてください。

▶投函、送信前にもう一度チェックを

店の紹介はあるのに都市名が書かれていない投稿も見受けられます。大切な情報に漏れがないか、いま一度ご確認ください。

▶こんな投稿も歓迎します

すでに掲載されている物件の追加情報も歓迎します。できるだけフレッシュな情報を掲載するため、ご協力ください。そのほか、喜怒哀楽の体験、小ネタなども大歓迎です。

▶投稿は3月末までがGood

ご投稿いただいた情報は、よりわかりやすくするため、またスペースの関係などで編集部にてリライトをすることがあります。編集作業の都合上、3月末までにいただいた投稿は、その年の夏に出版する最新版への採用確率が高くなります。もちろん投稿の締め切りはありません。思い立ったときにいつでもお寄せください。

『地球の歩き方』では、これからも具体的で役に立つガイドブックを目指して編集をしてまいります。ご協力のほど、どうぞよろしくお願いいたします。

『地球の歩き方』編集室　インド編担当

地球の歩き方 シリーズ一覧

2023年7月現在

*地球の歩き方ガイドブックは、改訂時に価格が変わることがあります。 *表示価格は定価（税込）です。 *最新情報は、ホームページをご覧ください。www.arukikata.co.jp/guidebook/

地球の歩き方 ガイドブック

A ヨーロッパ

A01 ヨーロッパ	¥1870
A02 イギリス	¥1870
A03 ロンドン	¥1980
A04 湖水地方＆スコットランド	¥1870
A05 アイルランド	¥1980
A06 フランス	¥2420
A07 パリ＆近郊の町	¥1980
A08 南仏プロヴァンス コート・ダジュール＆モナコ	¥1760
A09 イタリア	¥1870
A10 ローマ	¥1760
A11 ミラノ ヴェネツィアと湖水地方	¥1870
A12 フィレンツェとトスカーナ	¥1870
A13 南イタリアとシチリア	¥1870
A14 ドイツ	¥1980
A15 南ドイツ フランクフルト ミュンヘン ロマンチック街道 古城街道	¥1760
A16 ベルリンと北ドイツ ハンブルク ドレスデン ライプツィヒ	¥1870
A17 ウィーンとオーストリア	¥2090
A18 スイス	¥2200
A19 オランダ ベルギー ルクセンブルク	¥1870
A20 スペイン	¥2420
A21 マドリードとアンダルシア	¥1760
A22 バルセロナ＆近郊の町 イビサ島／マヨルカ島	¥1760
A23 ポルトガル	¥1815
A24 ギリシアとエーゲ海の島々＆キプロス	¥1980
A25 中欧	¥1980
A26 チェコ ポーランド スロヴァキア	¥1870
A27 ハンガリー	¥1870
A28 ブルガリア ルーマニア	¥1980
A29 北欧 デンマーク ノルウェー スウェーデン フィンランド	¥1870
A30 バルトの国々 エストニア ラトヴィア リトアニア	¥1870
A31 ロシア ベラルーシ ウクライナ モルドヴァ コーカサスの国々	¥2090
A32 極東ロシア シベリア サハリン	¥1980
A34 クロアチア スロヴェニア	¥1760

B 南北アメリカ

B01 アメリカ	¥2090
B02 アメリカ西海岸	¥1870
B03 ロスアンゼルス	¥2090
B04 サンフランシスコとシリコンバレー	¥1870
B05 シアトル ポートランド	¥1870
B06 ニューヨーク マンハッタン＆ブルックリン	¥1980
B07 ボストン	¥1980
B08 ワシントンDC	¥2420

B09 ラスベガス セドナ＆グランドキャニオンと大西部	¥2090
B10 フロリダ	¥1870
B11 シカゴ	¥1870
B12 アメリカ南部	¥1980
B13 アメリカの国立公園	¥2090
B14 ダラス ヒューストン デンバー グランドサークル フェニックス サンタフェ	¥1980
B15 アラスカ	¥1980
B16 カナダ	¥1870
B17 カナダ西部 カナディアン・ロッキーとバンクーバー	¥2090
B18 カナダ東部 ナイアガラ・フォールズ メープル街道 プリンス・エドワード島 トロント オタワ モントリオール ケベック・シティ	¥2090
B19 メキシコ	¥1980
B20 中米	¥2090
B21 ブラジル ベネズエラ	¥2200
B22 アルゼンチン チリ パラグアイ ウルグアイ	¥2200
B23 ペルー ボリビア エクアドル コロンビア	¥2200
B24 キューバ バハマ ジャマイカ カリブの島々	¥2035
B25 アメリカ・ドライブ	¥1980

C 太平洋／インド洋島々

C01 ハワイ1 オアフ島＆ホノルル	¥1980
C02 ハワイ島	¥2200
C03 サイパン ロタ＆テニアン	¥1540
C04 グアム	¥1980
C05 タヒチ イースター島	¥1870
C06 フィジー	¥1650
C07 ニューカレドニア	¥1650
C08 モルディブ	¥1870
C10 ニュージーランド	¥2200
C11 オーストラリア	¥2200
C12 ゴールドコースト＆ケアンズ	¥1870
C13 シドニー＆メルボルン	¥1760

D アジア

D01 中国	¥2090
D02 上海 杭州 蘇州	¥1870
D03 北京	¥1760
D04 大連 瀋陽 ハルビン 中国東北部の自然と文化	¥1980
D05 広州 アモイ 桂林 珠江デルタと華南地方	¥1980
D06 成都 重慶 九寨溝 麗江 四川 雲南	¥1980
D07 西安 敦煌 ウルムチ シルクロードと中国西北部	¥1980
D08 チベット	¥2090
D09 香港 マカオ 深セン	¥1870
D10 台湾	¥2090
D11 台北	¥1650

D13 台南 高雄 屏東＆南台湾の町	
D14 モンゴル	
D15 中央アジア サマルカンドとシルクロードの国々	
D16 東南アジア	
D17 タイ	
D18 バンコク	
D19 マレーシア ブルネイ	
D20 シンガポール	
D21 ベトナム	
D22 アンコール・ワットとカンボジア	
D23 ラオス	
D24 ミャンマー（ビルマ）	
D25 インドネシア	
D26 バリ島	
D27 フィリピン マニラ セブ ボラカイ ボホール エルニド	
D28 インド	
D29 ネパールとヒマラヤトレッキング	
D30 スリランカ	
D31 ブータン	
D33 マカオ	
D34 釜山 慶州	
D35 バングラデシュ	
D37 韓国	
D38 ソウル	

E 中近東 アフリカ

E01 ドバイとアラビア半島の国々	
E02 エジプト	
E03 イスタンブールとトルコの大地	
E04 ペトラ遺跡とヨルダン レバノン	
E05 イスラエル	
E06 イラン ペルシアの旅	
E07 モロッコ	
E08 チュニジア	
E09 東アフリカ ウガンダ エチオピア ケニア タンザニア ルワンダ	
E10 南アフリカ	
E11 リビア	
E12 マダガスカル	

J 国内版

J00 日本	
J01 東京 23区	
J02 東京 多摩地域	
J03 京都	
J04 沖縄	
J05 北海道	
J07 埼玉	
J08 千葉	
J09 札幌・小樽	

地球の歩き方 aruco

●海外

1 パリ	¥1320
2 ソウル	¥1650
3 台北	¥1650
4 トルコ	¥1430
5 インド	¥1540
6 ロンドン	¥1650
7 香港	¥1320
9 ニューヨーク	¥1320
10 ホーチミン ダナン ホイアン	¥1430
11 ホノルル	¥1320
12 バリ島	¥1320
13 上海	¥1320
14 モロッコ	¥1540
15 チェコ	¥1320
16 ベルギー	¥1430
17 ウィーン ブダペスト	¥1320
18 イタリア	¥1320
19 スリランカ	¥1540
20 クロアチア スロヴェニア	¥1430
21 スペイン	¥1320
22 シンガポール	¥1650
23 バンコク	¥1430
24 グアム	¥1320

25 オーストラリア	¥1430
26 フィンランド エストニア	¥1430
27 アンコール・ワット	¥1430
28 ドイツ	¥1430
29 ハノイ	¥1430
30 台湾	¥1320
31 カナダ	¥1320
33 サイパン テニアン ロタ	¥1320
34 セブ ボホール エルニド	¥1320
35 ロスアンゼルス	¥1320
36 フランス	¥1430
37 ポルトガル	¥1650
38 ダナン ホイアン フエ	¥1430

●国内

東京	¥1540
東京で楽しむフランス	¥1430
東京で楽しむ韓国	¥1430
東京で楽しむ台湾	¥1430
東京の手みやげ	¥1430
東京おやつさんぽ	¥1430
東京のパン屋さん	¥1430
東京で楽しむ北欧	¥1430
東京のカフェめぐり	¥1480
東京で楽しむハワイ	¥1480
nyaruco 東京ねこさんぽ	¥1480

東京で楽しむイタリア＆スペイン	¥1480
東京で楽しむアジアの国々	¥1480
東京ひとりさんぽ	¥1480
東京パワースポットさんぽ	¥1599
東京で楽しむ英国	¥1599

地球の歩き方 Plat

1 パリ	¥1320
2 ニューヨーク	¥1320
3 台北	¥1100
4 ロンドン	¥1320
6 ドイツ	¥1320
7 ホーチミン／ハノイ／ダナン／ホイアン	¥1320
8 スペイン	¥1320
10 シンガポール	¥1100
11 アイスランド	¥1540
14 マルタ	¥1540
15 フィンランド	¥1320
16 クアラルンプール／マラッカ	¥1100
17 ウラジオストク／ハバロフスク	¥1430
18 サンクトペテルブルク／モスクワ	¥1540
19 エジプト	¥1320
20 香港	¥1100
22 ブルネイ	¥1430

23 ウズベキスタン サマルカンド ブハラ ヒヴァ タシケント	
24 ドバイ	
25 サンフランシスコ	
26 パース／西オーストラリア	
27 ジョージア	
28 台南	

地球の歩き方 リゾートスタ

R02 ハワイ島	
R03 マウイ島	
R04 カウアイ島	
R05 こどもと行くハワイ	
R06 ハワイ ドライブ・マップ	
R07 ハワイ バスの旅	
R08 グアム	
R09 こどもと行くグアム	
R10 パラオ	
R12 プーケット サムイ島 ピピ島	
R13 ペナン ランカウイ クアラルンプール	
R14 バリ島	
R15 セブ＆ボラカイ ボホール シキホール	
R16 テーマパークin オーランド	
R17 カンクン コスメル イスラ・ムヘーレス	
R20 ダナン ホイアン ホーチミン ハノイ	

地球の歩き方 関連書籍のご案内

インドや周辺諸国への旅を「地球の歩き方」が応援します!

※表示価格は定価(税込)です。改訂時に価格が変更になる場合があります。